辛亥革命百周年纪念国际学术研讨会论集

孙中山与辛亥革命

SUN YAT-SEN AND
THE REVOLUTION OF
1911

（上 册）

社会科学文献出版社
SOCIAL SCIENCES ACADEMIC PRESS (CHINA)

本书由孙中山基金会全额资助出版

目 录

·上 册·

孙中山思想研究

辛亥革命前后的社会思潮与历史事件

·下　册·

辛亥革命的历史地位及影响

历史人物与辛亥革命

辛亥革命研究现状与回顾

孙中山思想研究

孙中山先生的辛亥革命论

罗福惠　郭　辉

辛亥革命已经过去一百年，在百年中的不同阶段上不同的人可能形成各自的辛亥革命论。孙中山作为辛亥革命的亲历者和最高领袖，他的辛亥革命论不仅会影响当时和事后中国人对辛亥革命的记忆和理解，而且成了他本身思想的一部分，因此极具研究价值。学界曾着力讨论孙中山对辛亥革命的反思①，这些文章多关注孙中山对革命未能成功原因的梳理，且据此认为辛亥革命完全失败。其实，研究者所论之辛亥革命成败与孙中山之辛亥革命成败有范围大小之别。通过分析孙中山有关言论，可知他对武昌起义和各省光复基本肯定，他所说的失败乃指"二次革命"结束之后的局势变化，而且包含动员国民党党员和人民群众继续革命的意图。故对孙中山的辛亥革命论有必要作整体考察，并对其中的若干具体问题作进一步分析。

一　辛亥革命成功说

辛亥革命发生后，孙中山在其生前十几年中，曾多次表达他对这场革命的记忆、诠释和反思，且因时、因境而表述有异。但对于辛亥革命的必要性，他从未有过怀疑和否认。而且，在不同历史环境下，随着孙中山认识的变化，他对辛亥革命的成功与成功原因有不同方式的解说。

1912 年 1 月 1 日，南京举行临时大总统就职典礼，欢庆声中孙中山发布临时大总统宣言，称"武昌首义，十数行省先后独立"，正是"血钟一

---

① 如李侃、陈东林《孙中山对辛亥革命失败原因和教训的认识过程》，《社会科学战线》1986 年第 4 期；李益然：《论孙中山对辛亥革命历史经验的总结》，《扬州师院学报》（社会科学版）1996 年第 2 期；徐万民：《俄国十月革命后孙中山对辛亥革命的反思》，徐万民主编《孙中山与辛亥革命》，北京图书馆出版社，2002，第 47 ~ 64 页。

鸣，义旗四起，拥甲带戈之士遍于十余行省"。① 充分肯定武昌首义的示范意义，由此而致各省反正。在对外宣言中，孙中山为了强调革命的合理性与必然性，以期获取"友邦"对中华民国的承认与支持，称清朝为专制政府，而中华民国为共和民国。武昌起义树立的是"义旗"，为的是"荡涤旧污，振作新机"。② 孙中山在祭明太祖陵文中对武昌首义同样褒扬有加，称"武汉首义，天人合同，四方向风，海隅景从"。③ 肯定武昌起义和军事斗争，但重点是强调这场革命的合理性。

从武昌起义到"宋案"发生这段时间，孙中山还多次称：辛亥革命之后，民族、民权主义已达，现宜进行者只剩民生主义。清帝退位之后，孙中山曾乐观地表示："今日满清退位、中华民国成立，民族、民权两主义俱达到，唯有民生主义尚未着手，今后吾人所当致力的即在此事。"④ 孙中山辞去临时大总统后，在对广州报界演说时仍持同样观点，"武汉起义，不三月间而全国底定，五族共和，民族、民权目的已达。今后欲谋国利民福，其进行之方针，惟有实行提倡民生主义"。⑤ 此后直到宋案前夕，孙中山仍称"民族、民权二大主义均经达到目的。民生主义，不难以平和方法逐渐促社会之改良"⑥，表明他对已完成阶段性任务的辛亥革命的高度肯定，并对民国前途充满信心。

孙中山对革命成功原因的诠释则体现出他多方面的思考。武昌起义爆发后，孙中山在巴黎与记者谈话中，分析"此次革命"之主因"须于民间不平之点求之"，"满洲入关，屠杀残酷，其恨盖二百六十余年如一日"。即认为革命有着深厚的民众基础，"民间以种恨之深，秘密结社极多，要以灭清复明为惟一之目的"。⑦ 将革命的成功归因于民众中强烈的种族主义，民众对清王朝的仇恨。当然这种情感也影响到广大的海陆军将士，"吾国成功之迅速，为从来所未有，文独有以知吾海陆军将士皆深明乎民

---

① 孙中山：《临时大总统宣言书》，《孙中山全集》第二卷，中华书局，1982，第 2 页。
② 孙中山：《对外宣言书》，《孙中山全集》第二卷，中华书局，1982，第 8 页。
③ 孙中山：《谒明太祖陵文》，《孙中山全集》第二卷，中华书局，1982，第 96 页。
④ 孙中山：《在南京同盟会会员饯别会的演说》，《孙中山全集》第二卷，中华书局，1982，第 319 页。
⑤ 孙中山：《在广州报界欢迎会的演说》，《孙中山全集》第二卷，中华书局，1982，第 354 页。
⑥ 孙中山：《在东京留日三团体欢迎会的演说》，《孙中山全集》第三卷，中华书局，1984，第 35 页。
⑦ 孙中山：《与巴黎〈巴黎日报〉记者的谈话》，《孙中山全集》第一卷，中华书局，1981，第 562 页。

族、民种之大义，故能一致进行，知死不避，以成此烈"。① 他有时又将革命成功称为"自然发生之结果，亦即吾民国公意所由正式发表者也"。② 孙中山对革命成功原因的分析虽然时有差别，但显然不是无原则的应机说法，而是客观表明这场革命顺天应人，因而得到多方面的响应和支持。

孙中山对革命成功原因的解释具有某种策略性，这在他解职后到各处的演讲中表现得极为明显。面对报界时他说："此次革命事业，数十年间，屡起屡仆，而卒睹成于今日者，实报纸鼓吹之力。"③ 面对军界又称"此次革命之所以成功，民国之得以成立者，全靠军人之力，兄弟特代同胞感谢"。④ 当军警界一同集会欢迎时，他则称"我国去岁起义武昌，各省响应，亦皆由军警界同胞热心向义，始得将专制政府推翻。今共和告成，外侮环伺，所赖于军警界同胞较革命时为尤甚"。⑤ 在山西演说称"去岁武昌起义，不半载竟告成功，此实山西之力，阎君百川之功，不惟山西人当感戴阎君，即十八行省亦当致谢"。⑥ 孙中山针对不同对象而言论各异，似乎成了对欢迎他的团体或个人的应景客套与恭维，但也体现了孙中山不居功，而归美于人，尤其是归功于大众的广阔襟怀。1912年8月25日他在对北京同盟会演说时强调："吾国此次革命，非系一党之功，乃全国人之功。即我同盟会奔走十余年，流多少热血，提倡革命，苟不得全国人心之赞成，其成功必不致如是之速。"⑦ 则意在告诫同志不要居功自傲，而强调全国人民的作用，且为对"内部"同志讲话，可视为肺腑之言。

"二次革命"失败后，孙中山流亡海外，此时辛亥革命的成果在孙中

---

① 孙中山：《通告海陆军将士文》，《孙中山全集》第二卷，中华书局，1982，第4页。

② 孙中山：《对外宣言书》，《孙中山全集》第二卷，中华书局，1982，第8页。

③ 孙中山：《在上海〈民立报〉之答词》，《孙中山全集》第二卷，中华书局，1982，第337页。

④ 孙中山：《在广州军界欢迎会的演说》，《孙中山全集》第二卷，中华书局，1982，第345页。

⑤ 孙中山：《在北京军警界欢迎会的演说》，《孙中山全集》第二卷，中华书局，1982，第428页。

⑥ 孙中山：《在太原各界欢迎会的演说》，《孙中山全集》第二卷，中华书局，1982，第470页。

⑦ 孙中山：《在北京同盟会欢迎会的演说》，《孙中山全集》第二卷，中华书局，1982，第406页。

山心中逐渐褪色。他在与革命同志的通信中写道："前年之革命，武昌一起各省响应，其成功多不在吾党，故弟亦不过因依其间。而吾党之三民主义，只达其一，其余两主义，未能施行。"① 意思是说在武昌首义和各省的军事斗争中，同盟会作用有限，清朝政权的覆灭，固然是民族主义的完成，但袁世凯统治下的共和制度成了空名，所以民权、民生两主义仍然有待再次革命来争取。不过孙中山虽然认为辛亥革命成果有限，却依然重视这场革命所体现的革命精神的巨大意义。1917 年 10 月 10 日孙中山发布《纪念双十节布告》，说："辛亥八月，鄂渚首义，而海内群起应之。时不数旬，遂覆清祚，成功之速，振古未有。斯不惟天夺虏运，亦以诸先烈百折不挠之概，深有感于国人。正义既昌，势不反顾"，且"知民国缔造之由来，暨夫诸先烈之耿光伟业，为吾人所宜拳拳服膺，致其诚敬"。② 肯定辛亥革命，尤其强调革命精神对国人的鼓舞作用。

俄国十月革命爆发，使孙中山开始注意辛亥革命的国际意义，此无疑为孙中山对辛亥革命意义的崭新认识。他认为俄国革命乃深受辛亥革命之影响："共和成立六年，其成绩似殊无足观"，然而其对于世界"为力之伟大，则真令人不可思议"，在世界这个"最强大之国家，最腐败之国家，最不易受外潮激动之国家，其执政诸人威力之猛，积数百年如一日"的俄国，如今将"牢不可破之专制国，一举而倾覆之，成立一新共和国，与中国作佳邻"，"俄罗斯之变专制而为共和，全由中国之影响也"。③ 稍后国民党左派人士廖仲恺对此意亦有阐发，他在 1923 年 10 月 10 日国民党恳亲大会上代孙中山致训词："回思民国十二年过去，究竟是否三民主义已经完成，吾主义已经得达目的否乎？此为极有价值之问题。观乎李宁（今译列宁）之以实行革命相号召，迹其所为，亦有与我三民主义暗相吻合。其党员能为其主义而奋斗，故能以最促之时间，奠俄国巩固之初基。"他甚至说俄国革命之成功，"由于能力行信仰三民主义之真精神，一旦时机可乘，一举之劳，将万斤压力翻掉"。④ 人们历来受制于只有先进影响后进，大国强国影响小国弱国的潜意识，几乎绝口不谈中国影响俄国的问题，甚至怀

---

① 孙中山：《复黄芸苏函》，《孙中山全集》第三卷，中华书局，1984，第 129 页。
② 孙中山：《纪念双十节布告》，《孙中山全集》第四卷，中华书局，1985，第 215～216 页。
③ 孙中山：《在广州黄埔欢迎会上的演说》，《孙中山全集》第四卷，中华书局，1985，第 114 页。
④ 〔美〕陈福霖、余炎光：《廖仲恺年谱》，湖南出版社，1991，第 224～225 页。

疑孙中山是否在自夸，所以从未对此加以研究而不置一词。但孙中山对辛亥革命国际意义的观察似在国民党内有一定影响，而且这场革命对菲律宾、越南等国的影响更是客观存在的。

最后，由于武装革命的需要，为振奋士气，孙中山晚年特别强调对辛亥革命精神意义的发挥。1921 年 12 月 10 日，孙中山在桂林对滇赣粤军演说时表示：当时之革命之所以产生，乃因"革命精神，渐次膨胀"，而民族革命之所以能够成功，则由"革命党人以革命精神铸成之"。孙中山在对辛亥革命进行事实性回忆之后说："以为打破武昌者，革命党人之精神为之。兵法云，先声夺人。所谓先声，即精神也。准是以观，物质之力量小，精神之力量大，可于武昌一役决之。"[1] 对精神意义的诠释与发挥，是孙中山晚年肯定辛亥革命的最重要表现。

二　辛亥革命失败说

宋案发生后孙中山起兵反袁，进行"二次革命"，不幸很快失败。客观现实迫使孙中山开始反思辛亥革命的失败并总结原因。有学者统计了从 1913 年"二次革命"失败到 1925 年孙中山逝世这段时间里，孙中山论及辛亥革命失败原因和教训的讲话和文章，竟然多达 166 处，可制作成统计表如下[2]：

孙中山有关辛亥革命失败原因、教训言论分类统计表

阶段 失败原因分类	与袁世凯斗争阶段（1914～1915）	与南北军阀斗争阶段（1916～1919）	接受五四运动、十月革命影响，国共合作阶段（1920～1925）
革命党内部分裂、涣散、组织不纯，未建成一个真正的革命党，及"革命军兴，革命党消"的破坏作用。	9	2	12

---

[1]　孙中山：《在桂林对滇赣粤军的演说》，《孙中山全集》第六卷，中华书局，1985，第 11～13 页。

[2]　统计表参照李侃与陈东林的《孙中山对辛亥革命失败原因和教训的认识过程》（《社会科学战线》1986 年第 4 期）一文，并略有改动。

阶段 失败原因分类	与袁世凯斗争阶段（1914～1915）	与南北军阀斗争阶段（1916～1919）	接受五四运动、十月革命影响，国共合作阶段（1920～1925）
未实行三民主义、革命方略，与封建势力妥协，没有真正的革命目标和理论。		6	37
国民觉悟低：革命者未依靠、宣传、发动民众，只依靠少数人的军事斗争。	1	9	19
对帝国主义抱有幻想，未认识到反对封建军阀必须反对帝国主义。		1	16
封建军阀的窃夺、背叛。	2	14	12
未建立三民主义的革命军队。			6
其他具体原因：个人的软弱、失误，未及时北伐、未行地方自治、约法有缺陷等。	3	11	6

说明：据中华书局出版《孙中山全集》第三至十一卷统计，同一篇内反复论述的同一观点计为 1 次。

用数字反映孙中山对辛亥革命失败原因和教训的认识，不一定能说明所有问题，但能反映出其记忆的频繁之势和诠释的明显深化。

组建中华革命党时孙中山与黄兴等人的分歧，使孙中山回忆起同盟会军事斗争时代的多次失败，南京临时政府时期和同盟会改组为国民党时的意见分歧，尤其是"二次革命"时党内的举棋不定等，这使得孙中山在总结辛亥革命失败的原因时，首先把原因归结为党的组织涣散，思想混乱。孙中山说："第一次革命之际及至第二次之时"，同盟会员（国民党员）"皆独断独行，各为其是，无复统一，因而失势力、误时机者不少，识者论吾党之败，无不归于散涣"。在南京临时政府内，他"忝为总统，乃同木偶，一切皆不由"其主张。[①] 同盟会改组为国民党之后，"党员虽众，声

---

① 孙中山：《致南洋革命党人函》，《孙中山全集》第三卷，中华书局，1984，第82页。

势虽大，而内部分子意见纷歧，步骤凌乱，既无团结自治之精神，复无奉令承教之美德，致党魁则等于傀儡，党员则有类散沙"。显然，革命派缺乏统一的组织纪律是事实，但孙中山本人当时是否毫无实权，恐怕要另当别论。更重要的是，总结此类教训时如果不能科学划分党内民主和思想分歧的界线，很可能为纠正一种偏向而导致另一种偏向。所以中华革命党成立时，孙中山提出"首以服从命令为〔惟〕唯一之要件。凡入党各员，必自问甘愿服从文一人，毫无疑虑而后可"。① 且在入党时要求党员加盖指模，在"第三次成功之后，欲防假伪，当以指模为证据"。② 此为孙中山对"绝对自由"的防范措施，但他把党员服从主义的要求落实为服从领袖个人，自然遭到了不少党员的抵触和反对。

当然孙中山因此高度重视"党"的作用的认识是不错的。由此他对武昌起义后章炳麟、黎元洪、张謇等人提出的"革命军起，革命党消"作过反复批判。1914 年他就指出"革命军兴，革命党消"之说，造成革命派"沮抑过甚"之气氛，影响革命事业发展。③ 此后，孙中山越来越清楚"革命军起，革命党消"口号的危害。在 1920 年对上海中国国民党本部的演说中，他强调当年武昌起义后的"十二月间"，上海出现"一种很可怪的空气"，那就是"一般［班］官僚某某等及革命党某某等人所倡言的'革命军起，革命党消'"，"当时这种言论的空气充塞四周，一倡百和，牢不可破。我实是莫名其妙，无论如何大声疾呼，总唤不醒"，后来革命的失败，几乎都在这句话上面。④ 此后他还多次谈及。如 1923 年 10 月 10 日《在广州国民党党务会议的讲话》还说："光复时有一种谬说，谓'革命军起，革命党消'，此说倡自热心赞助革命之官僚某君，如本党党员黄克强、宋渔父、章太炎等，咸起而和之"，影响到革命党成为政党后，"革命精神遂以消失"。⑤ 其演讲或谈话皆针对国民党员，意在警醒党人，希望从中汲取教训，永远保持革命的精神和态度。

---

① 孙中山：《致陈新政及南洋同志书》，《孙中山全集》第三卷，中华书局，1984，第 92 页。
② 孙中山：《批释加盖指模之意义》，《孙中山全集》第三卷，中华书局，1984，第 141 ~ 142 页。
③ 孙中山：《致吴敬恒书》，《孙中山全集》第三卷，中华书局，1984，第 151 页。
④ 孙中山：《在上海中国国民党本部的演说》，《孙中山全集》第五卷，中华书局，1985，第 262 页。
⑤ 孙中山：《在广州国民党党务会议的讲话》，《孙中山全集》第八卷，中华书局，1986，第 268 页。

除了革命党自身的原因之外，孙中山也认识到辛亥革命后武人、政客等的投机、捣乱亦是导致革命失败的原因。他比喻说，要建立一个真正的中华民国，像盖建筑物一样，必须将地基打牢，而打地基则须将"陈土"挖出，远远搬开。中华民国没有建立起来，中国没有改造好，就是因为地基打得不牢固，这与几种陈土有关系，一是"旧官僚"，一是"武人"，一是"政客"。所以，"要建筑灿烂庄严的民国，须先搬去这三种的陈土，才能立起坚固的基础来。这便是改造中国的第一步"。① 革命党人原本是出于"大公无私，求和平统一的"，旧势力打着"咸与维新"的旗号，固守或窃取了权力，武人、官僚对政权的把持，使得"武昌革命而后，所谓中华民国者，仅有其名，而无其实，一切政权，仍在腐败官僚、专横武人之手"，"革命未竟全功，因而难收良果"。② 至此，孙中山的思考已经与共产党人的看法相近。当时的陈独秀就指出辛亥革命的失败是由资产阶级不成熟所造成，因为"当时幼稚的中国资产阶级，未曾发达到与封建官僚阶级截然分化的程度"，所以出现了"小资产阶级和平苟安的根性"。③ 不同的是陈独秀采用的是阶级分析，而孙中山终其一生对阶级分析持保留态度。

晚年孙中山对辛亥革命失败原因的认识更有深化，即指出帝国主义对中国革命的干扰和破坏是一重大因素。1924 年 1 月 23 日，孙中山撰稿的《中国国民党第一次全国代表大会宣言》，总结"革命第一次失败之根源"，称"当时之实际，乃适不如所期，革命虽号成功，而革命政府所能实际表现者，仅仅为民族解放主义。曾几何时，已为情势所迫，不得已而与反革命的专制阶级谋妥协。此种妥协，实间接与帝国主义相调和"。④ 在 1924 年 3 月 2 日的致全党同志书中，将袁世凯敢冒天下之大不韪归因于"有外国帝国主义为之后援"，从而使得此后"十年大乱，不能平治"。⑤ 在 1924 年年底发表的《北上宣言》中也说："辛亥之役，吾人虽能推翻满洲政府，

① 孙中山：《在上海青年会的演说》，《孙中山全集》第五卷，中华书局，1985，第 125 ~ 126 页。

② 孙中山：《在桂林对滇赣粤军的演说》，《孙中山全集》第六卷，中华书局，1985，第 10 页。

③ 陈独秀：《资产阶级的革命与革命的资产阶级》，《陈独秀著作选》第二卷，上海人民出版社，1993，第 448 页。

④ 孙中山：《中国国民党第一次全国代表大会宣言》，《孙中山全集》第九卷，中华书局，1986，第 114 页。

⑤ 孙中山：《致全党同志书》，《孙中山全集》第九卷，中华书局，1986，第 541 页。

曾不须臾，帝国主义者已勾结军阀，以与国民革命为敌，务有以阻止国民革命目的之进行"①，把矛头指向自辛亥革命以来与军阀勾结，阻止国民革命进行的帝国主义。孙中山对帝国主义与军阀关系的认识逐步清晰，显然是受当时共产党人的影响所致。

三　与时俱进的辛亥革命论

人们的思想认识，既受到自己的立场、认知能力和认知水平的指导和制约，也受到不断变化的环境和时代的影响。尤其是对于一些重大历史事件，客观上也需要通过较长时间的验证，其历史地位和得失成败等意义才能充分体现。

在"二次革命"以前孙中山乐观地宣讲辛亥革命成功论的阶段，他不仅充分肯定这场革命的"顺天应人"，符合时代潮流，有着深厚的民众基础和社会根源，以革命的必然发生暗中批判形形色色的"偶然论"，而且针对少数西方人把这场革命视为局部地方"叛乱"的观点，指出武昌起义后"由全国各地革命势力蓬勃发展及其响应的快速看来，可以显示这不是一种局部性的叛乱，而是一种事先经过长期准备，且有完善组织，旨在建立一联邦式共和国的起义"②，初步揭示了辛亥革命的现代性。尽管孙中山在建立临时政府后常把清王朝被推翻视为"民族、民权二大主义均经达到目的"，但是他的辛亥革命成功说显然不是仅限于这场军事斗争，而是包含着共和政府的成立所体现出的路向意义。

孙中山所理解的革命包含"破坏"和"建设"两部分，而他对后者之"难"具有足够的预计，所以他说，"专制业已推翻，破坏之局已终，建设之局伊始。然以二者相较，破坏易，建设难"。③ 所谓建设，既包括政治方面的民主制度，更包括经济方面的发展实业，改善民生。为了抗拒外来侵略，还要有强大的军力和国防。因此他感到，"民国大局，此时无论何人执政，皆不能大有设施。盖内力日竭，外患日逼，断非一时所能解

---

① 孙中山：《北上宣言》，《孙中山全集》第十一卷，中华书局，1986，第294页。
② 《1911年11月23日与法国东方汇理银行经理西蒙的谈话》，陈锡祺主编《孙中山年谱长编》上册，中华书局，1911，第582页。
③ 孙中山：《在北京同盟会欢迎会的演说》，《孙中山全集》第二卷，中华书局，1982，第406页。

决。……必先从根本下手，发展物力，使民生充裕，国势不摇，而政治乃能活动"。① 在孙中山的思想中，革命是为了"救中国"，而要救中国，必须使中国的经济基础和政治上层建筑都走"上轨道"，通过长期奋斗，才能达到目的。

因此，在与袁世凯彻底决裂，发动"二次革命"之前，孙中山还是竭力维护全国统一的北京政府。当时社会上和革命派内部已经有人抱怨民国"空有共和之名，而无共和之实"，孙中山视之为"少数无意识者""不满意于政府"，这是不知民国肇造之艰难，中国由千年专制进为民主共和，"非旦夕所能为力。故欲收真正共和效果，以私见所及，非十年不为功"。② 因为一方面虑及各项建设之难，另一方面鉴于民主共和制度的来之不易，所以孙中山对辛亥革命的成果非常珍视。

但冷酷的现实一直不断地刺激着孙中山，历经"二次革命"的失败，袁世凯的帝制自为，张勋复辟，北洋政府毁弃约法，政坛上翻云覆雨，大小军阀连年混战之后，孙中山也不得不承认，虽然民国成立多年，但"现在得到的结果，只有民国之年号，没有民国之事实"。③ "辛亥年革命推翻满清、创造民国，一直到今日，徒有民国之名，毫无民国之实。关于民国的幸福，人民丝毫没有享到。"④ 他有时甚至激愤地说，民国"一切政治等，还不如满清"。⑤ 当然"民国不如满清"一语的发明权不属于孙中山，其最先的说法"民国不如大清"出自不满辛亥革命的遗老们，接踵而来的混乱和黑暗又引发了社会上一部分人的怀旧之情，这种现象在古今各国历史上也不少见。

然而应该注意和强调的是，孙中山和遗老、守旧派乃至怀旧者根本不同，他对辛亥革命之后的现状不满意，但丝毫没有回过头去美化王朝时代的一切，更不能容忍专制复辟一类的事情了。坚持并维护辛亥革命的理想

---

① 孙中山：《致宋教仁函》，《孙中山全集》第二卷，中华书局，1982，第404页。
② 孙中山：《在北京袁世凯欢宴席上的答词》，《孙中山全集》第二卷，中华书局，1982，第419页。
③ 孙中山：《在陆军军官学校开学典礼的演说》，《孙中山全集》第十卷，中华书局，1986，第290页。
④ 孙中山：《在广州中国国民党恳亲大会的演说》，《孙中山全集》第八卷，中华书局，1986，第280页。
⑤ 孙中山：《在上海民治学会的演说》，《孙中山全集》第五卷，中华书局，1985，第173页。

和信念，也就是肯定辛亥革命的价值。他说"在大家看来，都以为共和是不祥之物，还不如满清专制的好。革命党当日所说的幸福太平的话，全是骗人的"，"共和之政治果如何？我们还未曾见及"。① 但这一切绝"非共和之罪"，根本原因在"一般官僚武人辈"，他们或是"执共和国政之人，以假共和之面孔，行真专制之手段"；② 甚至"欲自根本上推翻共和国体"，致使"数十年革命事业之成绩，固全被推翻，而将来国家根本之宪法亦无从制定，国本动摇，大乱无已"。③ 这才是中国人民未享共和之福的问题所在，不能颠倒是非因果，把问题的根本原因归咎于革命与共和。

不仅如此，孙中山作为一个坚定的革命者，是无论如何也不肯向黑暗的旧势力屈服的。"革命军起矣，民国由之立矣；但革命之事业，尚未成功也，革命之目的，尚未达到也，尚有待于后起者之继成大业"。④ 直到临终时他念兹在兹的仍是"革命尚未成功，同志仍须努力"。而要动员和鼓舞革命同志和人民大众继续革命，辛亥革命中革命志士们的不怕牺牲，英勇奋斗的事迹和精神，就是最切近最生动的教材。孙中山说，"三月廿九广州之役与武汉起义继续发现，卒底于成。然当时武器缺乏，革命军之所恃者决心而已。即如河口、镇南关诸役，革命军以少数与多数战，以手枪、炸弹与长枪、大炮战，虽归失败而相持甚久，亦可见革命之精神不懈，到底终能成功也"，如今"各人具有大决心，有较多之武器，建国目的何有不达？"⑤ 他总结说，"革命党推翻满清政府，究竟是靠什么本领呢？简单的说，就是靠一个人能够打几百个人。那时的革命党因为有那样大的胆量和牺牲精神，所以能够成那样大的事"。⑥ 从孙中山类似的讲话和文章中，显然能感到他对辛亥革命中革命者的奋斗目标和牺牲精神的高度肯定。

此外，孙中山一直都比较关注民众与辛亥革命的关系，但他对民众的

① 孙中山：《在汕头各界欢迎会上的演说》，《孙中山全集》第四卷，中华书局，1985，第111～112页。
② 孙中山：《在广州黄埔欢迎会上的演说》，《孙中山全集》第四卷，中华书局，1985，第114页。
③ 孙中山：《复头山满犬养毅函》，《孙中山全集》第四卷，中华书局，1985，第421页。
④ 孙中山：《八年今日》，《孙中山全集》第五卷，中华书局，1985，第132页。
⑤ 孙中山：《在帅府欢宴各军政长官的演说》，《孙中山全集》第九卷，中华书局，1986，第12页。
⑥ 孙中山：《对驻广州湘军的演说》，《孙中山全集》第九卷，中华书局，1986，第500页。

觉悟和革命积极性的看法也是有变化的。民国初年，他曾高度赞扬民众在辛亥革命中的作用，在给南京参议院的解职辞中说："三月以来，南北统一，战事告终，造成完全无缺之中华民国，此皆中国国民及全国军人之力所致"。[①] 并对国民寄予厚望："将来国家政治之得失，前途之安危，结果之良否，皆惟我国民是赖。"[②] 但随着"二次革命"失败和革命低潮的到来，孙中山的看法有所改变，认为当初将全国人民都称之为"国民"并不妥当，故 1918 年写给陈赓如的信中称："夫民国既为国民所公有，则关于民国一切设施，不可不以国民为之基础。不幸当时国民于此责任，尚未了解，于是少数为民请命之党人，陷于孤立无援之苦况"。[③] 在 1919 年致友人信函中甚至表现出对国人的失望："民国成立以来，以国民习为因循敷衍，故专制瑕秽，不克根本上荡涤廓〔廓〕清，以致国事飘摇，共和仅为虚名"。[④] 但五四运动的爆发很快使孙中山改变了对民众的认识，此后更受到共产国际与共产党人影响，感受到民众中蕴藏着巨大的革命潜力，以为国民革命要想取得成功，必须"恃全国农夫、工人之参加，然后可以决胜"。[⑤] 从而肯定民众力量，赞之为国民革命主力军。他在 1924 年年底受邀北上，绕道日本时在长崎与人谈话中说："在十三年前，中国国民即有国民自身力量成立民国。现在中国国民之能真团结，实出外人意想之外，定能在巩固基础之下建立事业。……中国决不望任何友邦帮助，将以国民势力收拾时局"。[⑥] 将政治问题的解决、民国的前途全部寄托在国民身上，显示了对民众力量认识的最后升华。

晚年的孙中山对辛亥革命的价值有过中肯的阐述："此役斯得之结果，一为荡涤二百六十余年之耻辱，使国内诸民族一切平等，无复轧轹凌制之象。二为划除四千余年君主专制之迹，使民主政治于以开始。自经此役，中国民族独立之性质与能力屹然于世，不可动摇。自经此役，中国民主

---

① 孙中山：《在南京参议院解职辞》，《孙中山全集》第二卷，中华书局，1982，第 317 页。

② 孙中山：《在广州耶稣教联合会欢迎会的演说》，《孙中山全集》第二卷，中华书局，1982，第 361 页。

③ 孙中山：《复陈赓如函》，《孙中山全集》第四卷，中华书局，1985，第 537 页。

④ 孙中山：《复伍肖岩函》，《孙中山全集》第五卷，中华书局，1985，第 15 页。

⑤ 孙中山：《中国国民党第一次全国代表大会宣言》，《孙中山全集》第九卷，中华书局，1986，第 121 页。

⑥ 孙中山：《在长崎与欢迎者的谈话》，《孙中山全集》第十一卷，中华书局，1986，第 366 页。

政治已为国人所公认，此后复辟帝制诸幻想，皆为得罪于国人而不能存在。此其结果之伟大，洵足于中国历史上大书特书，而百世皆蒙其利者也。"① 这应该是孙中山先生经历了反复思索，结合中国历史、现实和未来走向而总结得出的定论。对比毛泽东的有关评论，如他说孙中山"公开号召实行资产阶级民主革命，推翻了清朝的统治，结束了中国两千多年的封建帝制，建立了中华民国和临时革命政府，并制定了一个《临时约法》。辛亥革命以后，谁要再想做皇帝，就做不成了。所以我们说它有伟大的历史意义"。② 除了点明辛亥革命的阶级属性之外，两者的大意并无参差。由此可见晚年孙中山和中国共产党人在思想上的相互影响，尤其是建构革命新传统上两者思想的连续性。

作者单位、职务：华中师范大学中国近代史研究所教授、博士生导师
　　　　　　　　　华中师范大学中国近代史研究所博士生

---

① 孙中山：《中国革命史》，《孙中山全集》第七卷，中华书局，1985，第66页。
② 毛泽东：《关于辛亥革命的评价》，《毛泽东文集》第六卷，人民出版社，1999，第345～346页。

新形势下管理思想的应用

——以三民主义中的民族主义为例

✐ 刘性仁

一 前言

孙中山先生深究其民族主义的意涵，认为其本意是根源于人类天性之族类意识感，他认为民族主义是从人类种性出发的，他说："凡民族主义却不必要什么研究才会晓得的，譬如一个人见父母总是认得，绝不会把他当做路人，也绝不会把路人当做父母，民族主义也是这样，这是以种性发展出来的，人人都是一样的……这就是民族主义的根本。"①

他对于民族主义的最大贡献，在于形塑中华民族，关于中华民族，费孝通先生在提出《中华民族多元一体格局》理论时，曾说过："中华民族是包括中国境内五十六个民族的民族实体，并不是把五十六个民族加在一起的总称，因为……五十六个民族已结合成相互依存，统一而不可分散的整体，在这个民族实体里所有归属的成分都已经具有高一个层次的民族认同意识，即共休戚、共存亡、共荣辱、共命运的感情和道义。"② 费孝通先生在提出《中华民族多元一体格局》理论后，国外提出了不同的意见，主要认为中国每个族群各自就是一个民族，中华民族的提法主要是一个政治概念，在对民族的学术研究中没有意义，他们认为中国存在几十个民族，但不存在一个中华民族，只有多元而没有一体。

---

① 孙文：《三民主义与中国民族前途》，载于秦孝仪编《国父思想学说精义录》第一编，（台）正中书局，1976，第122页。
② 马戎：《民族与社会发展》，民族出版社，2001，第80页。

他也曾经说过："民族主义就是国族主义"①，又说"民族主义这个东西，是国家图发达和种族图生存的宝贝"、"民族主义就是人类图生存的宝贝"、"民族主义便是人类生存的工具"② 以及 "民族主义就是要中国和外国平等的主义"③，这些都是孙中山对于民族主义本身所下之定义；那么民族主义的目的何在？依学者周世辅的看法认为可从三个角度来看，一是消极的目的与积极的目的，消极的目的在于推翻清朝统治，积极的目的在于各族同化；二是对内的目的与对外的目的，对内的目的在于追求中国境内各民族一律平等，对外的目的是在求中国民族解放；三是对世界人类的目的，消极方面在追求世界上被压迫的民族得到解放，积极方面则是追求世界各民族一律平等，以求世界大同。④

今年是辛亥百年，对于孙中山思想的研究，有研究上时间点的意义与价值，对于中山思想研究，也应该随着时间的变化而有所转化、调整及应用，故激发笔者对于研究中山学说的兴趣及动机；中山思想并非是一成不变的，它会随着时代的发展及变迁而产生不同的时代意义与生命力。

政治的本质便是管理，三民主义更是管理之学，笔者之所以选择管理思想作为研究主题，一来其在当代世界各领域中皆是十分重要的研究主题；二来管理思想对于现今社会扮演非常重要且关键性的角色，但由于管理思想太过广泛，特别是在三民主义思想中范围尤其宏大，故选择以民族主义为研究范围，希望能从三民主义中的民族主义思想里，找出对于新形势下管理思想的应用，以提供后学参考研究之用，更能从中找出其现代意义与时代价值性。至于本文的研究方法为文献分析法，透过对于三民主义相关文献的研读，使其找出对于现代管理之新义，从中发现其应用性之价值意义。

从西方管理（Management）的意义来探讨，多半学者认为不容易加以说明，因为它是一种功能，也是指担负管理功能的人员，也代表着一种社会地位和阶层，它更是一门学问，一种科学的使命，也是一种艺术。

---

① 孙文：《民族主义第一讲》，1924 年 1 月 27 日，收录于《国父全集》第一册，（台）中央文物供应社，1984。
② 孙文：《民族主义第三讲》，1924 年 2 月 10 日，收录于《国父全集》第一册，（台）中央文物供应社，1984。
③ 孙文：《女子要明白三民主义》，1924 年 4 月 4 日，收录于《国父全集》第一册，（台）中央文物供应社，1984。
④ 周世辅：《国父思想要义》，（台）三民书局，1976，第 47 页。

企管学者多半认为管理系指有效地运用人力、财物及方法，以达成企业之目标，同时管理亦指管理人员之探讨，如高层、中层及低层管理，现代管理趋向于整体观念的发展，以决策理论与技术为核心，并寻求目标的确立与达成①；此外亦有学者认为管理乃指有系统地推动组织内人力与物力朝向既定目标，以期顺利达成任务之整个行为过程，此管理乃以人为中心②；另外，也有学者认为管理代表人们在社会中所进行的一类具有特定性质和意义的活动，其目的借由群体合作，以达成某些共同的任务或目标，亦是管理乃是人类追求生存、发展和进步的一种途径和手段③。因此综上我们可以大致了解西方管理视角及企管学者对于管理之见解，这使我们将其内涵摆放在理解三民主义中。

二　三民主义管理思想兴起原因之探讨

三民主义本身其实能充分体现出管理的思想，那么三民主义的管理思想，其兴起的原因究竟为何？我们可以从两方面来探讨。

（一）顺应世界潮流

孙中山先生在《〈民报〉发刊词》上称"予维欧美之进化，凡以三大主义，曰民族、曰民权、曰民生，罗马之亡，民族主义兴，而欧洲各国以独立，洎自帝其国，威行专制，在下者不堪其苦，则民权主义起，十八世纪末，十九世纪初，专制仆而立宪政体殖焉，世界开化，人智益蒸，物质发舒，百年锐于千载，经济问题继政治问题之后，则民生主义跃跃然动，二十世纪不得不为民生主义之擅场时代"。从上述这段话，可以得知三民主义的思想，是从世界进化的事实所产生的。

从三民主义中可知，孙中山重视方法，就管理的角度来说，就是如何能够提高效率，以增进人民福祉，孙中山期勉我们能够顺应时代趋势，提倡建立适合中国的管理方式，使其能迎头赶上，甚至后来居上，至于这个方法，恐怕就是儒家文化中的中庸之道，万物并育而不相害，道并行而不相悖。

---

① 王德馨：《现代工商管理》，（台）三民书局，1982，第 3 页。
② 郭昆漠：《现代企业管理学》，（台）华泰书局，1978，第 187 页。
③ 许士军：《管理学》，（台）东华书局，1982，第 1 页。

（二）适合中国国情需要

三民主义不但要合乎世界潮流，更重要的是它必须活在中国的环境，针对中国的问题及现实需要，从中华民国宪法第一条就可以看出，基于三民主义为民有、民治、民享的共和国，从此可知三民主义是管理的最高指导原则，它所涉及的内容是适合中国的国情，诚如孙中山先生所说"夫事有顺乎天理，应乎人情，适乎世界之潮流，合乎人群之需要，而为先知先觉者所决志行之，则断无不成者也"。[①]

综上所述，三民主义的管理思想，其兴起的原因，我们可以从顺应世界潮流及适合中国国情需要两方面来理解。

三　民族主义下的管理思想及其应用发展

关于民族主义中的思想，笔者从几个面向来研究其对于管理思想的应用，以提供现代世界人民所参考。

（一）伦理本质引申社会生活之人际管理学

蒋介石先生曾说："民族主义的本质，与其说是救国，或者说是文化，还不如用我们民族可大可久的特点伦理来代表民族雄厚的基础，较为完备"[②]，蒋介石先生并说"伦就是类，理就是纹理，引申为一切有条贯、有脉络可寻的条理，是说明人对人的关系，这中间包括分子对群体的关系，分子与分子间相互的关系，也就是个人对于家庭、邻里、社会、国家和世界人类应该怎么样，阐明他各种关系上正当的态度，诉之于人的理性而订出的行为标准，伦理与法制不同，就是伦理是从人类本性上启发人的自觉"[③]，因此伦理就是人际关系的行为准则，而此行为准则，就是诉之于人类理性订出来的，故伦理就是民族主义的本质，民族主义就是伦理高度发

---

① 孙文：《孙文学说》第八章，1919，收录于《国父全集》第一册，（台）中央文物供应社，1984。

② 蒋介石：《三民主义的本质》，1952年7月7日，收录于张其昀主编《先总统蒋公全集》一至三册，（台）中国文化大学出版社，1984。

③ 蒋介石：《三民主义的本质》，1952年7月7日，收录于张其昀主编《先总统蒋公全集》一至三册，（台）中国文化大学出版社，1984。

扬的结果，伦理的基本精神就是仁爱，大同思想便是伦理的极致表现。

随着时代的发展，民族主义的伦理观，引申成为人际关系的一种管理学，包括亲子间的伦理，这是一种人际关系的伦理；政治层面上的政治伦理，变成民主政治及政党政治发展中资深制度的建立；社会层面上的伦理，变成维持社会秩序中不可或缺的价值秩序，这些伦理思想的应用，都与人际关系有关，也都与仁爱的精神有关，民族主义中的伦理已经在新形势下成为人类生活的道德伦理观与人际关系之管理思想，倘若这种伦理思想能够充分发挥，那么现今社会上所存在的许多问题都能迎刃而解。

（二）民族国家观引申世界上之国家自主管理性

孙中山先生曾经在民族主义第一讲中指出"中国自秦汉以后都是由一个民族造成一个国家"[1]，这也就表示，民族就是国家；嗣后蒋介石先生亦指出"中华民族是多数民族所融合而成的，融合于中华民族的宗族历代都有增加，但融合的动力是文化而非武力，融合的方法为同化而不是征服"，他同时也指出"我们中华民族对于异族，抵抗其武力，而不施以武力，吸收其文化，而广被以文化"[2]；从上述都可以看出民族与国家的等同关系，并且要以文化来创造国家民族的价值。

我们更可以从孙中山先生曾说的一段话，来看出中华民族自秦、汉以后都是靠着一个民族造就一个国家，也就是民族国家观来发展国家自主管理，那便是孙中山先生曾说"汉族当牺牲其血统、历史与夫自尊大的名称，而与满、蒙、回、藏之人民，相见以诚，合为一炉而冶之，以成一中华民族之新主张"[3]。

（三）民族主义人口观引申现代人口政策中的质量并重管理学

孙中山先生曾说"夫聚人以为群，群之盛衰，则常视乎其群之人以为进退，国之大群于部落，亦犹是群也，故国之兴衰治乱，视其民而知焉，国之籍以胶固者，其力常在于民，主治者其末矣。脆弱之群，得贤明之元

---

[1] 孙文：《民族主义第一讲》，1924年1月27日，收录于《国父全集》第一册，（台）中央文物供应社，1984。

[2] 蒋介石：《中国之命运》，1943年发表，收录于张其昀主编《先总统蒋公全集》一至三册，（台）中国文化大学出版社，1984。

[3] 孙文：《三民主义》，1919，收录于《国父全集》第一册，（台）中央文物供应社，1984。

首，非不足以维持其态度于一时，然其敝也，则终至失其扶衰集散之力，西方之人，其心目中有天国，庄严华妙，而居之者皆天人，盖欲造神圣庄严之国，必有优美高尚之民，以无良民质，则无良政治，无良政治，则无良国家"①，从上述孙中山先生这段谈话，我们可以知道，一个国家的强弱及生存发展，乃在于国民的素质与数量，人口的质与量，对于一个民族及一个国家来说，是非常重要的，没有人口的质与量，就不可能有管理思想的产生。

此外，蒋介石先生也对于人口的质与量有清楚的提及，他曾在民生主义育乐两篇补述中指出，人口的问题不但是要量的增加，而且还要质的提高，因为健全的人口才是伟大的力量，总的来说，民族主义的人口观，追求的是质与量双方面的成长，这对于管理思想来说，具有相当重要的意义。

（四）民族平等思想引申现代管理的重要精神

三民主义中的民族平等思想，就是主张各民族间一律平等，而这种民族平等的思想来自于中华文化，就三民主义来说就是王道文化，王道文化就是仁义礼智的文化，王道文化中就是爱和平及求平等，更是济弱扶倾，将中华文化的道德观与西方的民主科学观结合，以求国际间的平等和平相处，追求天下为公及世界大同的理想。

民族与民族间，国家与国家间，所追求的平等思想，便是管理思想中很重要的精神，平等对待各民族，尊重国家与国家间、区域与区域间的差异，便是管理思想的重要元素。

综上所述，可以看出几项民族主义下的管理思想，包括伦理本质引申社会生活之人际管理学、民族国家观引申世界上之国家自主管理性、民族主义人口观引申现代人口政策中的质量并重管理学、民族平等思想引申现代管理的重要精神等，都对现代社会及公民们具有相当的启示意义。

（五）民族主义伦理群与关系中的企业伦理

关于民族主义伦理群与关系发展成为企业伦理，有几个方面的问题我

---

① 孙中山此段谈话在1911年9月之《中国同盟会为团结同志宣言》中所提到，收录于《国父全集》第一册，（台）中央文物供应社，1984。

们必须深思，家族观如何扩充至整个企业，使企业中的每个人对于公司都有向心力，愿意替公司效命，民族主义下的伦理群与关系无非是把国家当成个人的大家长，进而结合成一个完整的家族关系，对于整个企业能够全心全意服务，特别是在今日科技快速发展与变迁的时代，我们对于维持正常的企业关系及其对于社会之责任十分看重，因此我们必须要发扬民族主义伦理群与关系中的企业伦理精神，以建立稳定和谐的劳资关系，厂商与客户间的互信亦能建立，而同业之间更要避免恶性竞争，以发扬良好的社会美德。

（六）民族主义道德观使管理者有遵循的方向

民族主义中的特点是伦理道德，良好道德的养成是我们每个人修身处事的根本，无论在世界上任何国家，身为管理者，本身都必须具备良好的道德，方能以身作则，否则又如何能带领部属？就以"八德"中的信来说，管理者当然要有信用，一言九鼎；又以"八目"中的诚来说，倘若管理者能够诚，那么下属必然会诚服。

在企业经营上，虽然必然是以营利为目标，但在营利的基础上，仍需要道德为支撑，如《大学》中所谓的"德者，本也；财者，末也"，也就是人如果有德，则财富自然就会降临到他的身上，只有道德才是真正的根本，而财富只是技末而已，没有财富并不是可耻之事，但如果没有道德，那才是真正的耻辱，这正是民族主义给管理者及企业一个最好的启发，它将方向指明得很清楚。

此外，"四维八德"一向是中国社会的行为规范，这正是民族主义道德观的核心，从这些规范中，给予管理者一个遵循的方向便是要守信笃实，要能够济弱扶倾，要能够公平竞争，更要能推己及人，同时也要维护公益，并尽己所能，这些道德影响着管理者，使企业家对自己、员工、股东、消费者、政府以及社会大众负责。

（七）民族主义下的民族文化管理

中华文化备受世人肯定，蒋介石曾经说过"国家是一个有生命的、超于一切的集体组织，它全部的机构就是他生活的史实和精神的产果。每个国民就是构成这个生命全体的一个细胞，而全民族的历史文化，就是他生活的史实和精神的产果，而此种历史文化之传统的根本精神就是国家的灵魂，这个灵魂的强弱兴替，就直接影响这一个国家的兴衰"①；故民族文化非常重要。

而中华文化的精髓就是以伦理、民主与科学为内涵的三民主义，因为伦理所以尽己之性，其根本在于仁，因此民族主义在文化管理部分便是行仁。

文化是一切社会价值、民间神话、习俗传统的典范，再加上社会组成分子创造与分享的结果，它是人类生活人为的整个环境，也是人类所创造一切事物的总体；若分析文化特质，可以得知：①文化是有意与无意之间形成的，②文化是学习的行为，③文化具有分享性，④文化是人类生理的上层建筑，⑤文化具有普遍性，由此可以归结文化的普遍性、特殊性与选择性；民族主义的文化就是王道，王道谈的就是仁义道德，主张仁义道德就是由正义公理来感化人，这就是中华民族的特点，也是民族主义的精华。

对于一个国家来说，任何国家的建设都必须以维护民族文化与凝聚民族精神为前提，在国家建设上所面临的几项挑战，一是民族生存的威胁；二是西方文明挟带着科技威力与力求现代化，这使得国家更要认清，在致力于经济发展之时，更要努力文化建设。

（八）民族主义下开启国族观念与团结合作管理

孙中山在民族主义中指出我国的民族只有家族和宗族团体，应结合成民族国族团体②，因为家族主义只是中国民族互助协力的表现，不能扩大造成整个群力，这是致弱的原因；孙中山先生希望我们能以家族观念为基础，扩大联合成一个国族，以各部分的协力为基础，创造整个民族的群力，因此中华民族必须同心协力，团结一切力量，创造一个伟大的群力。

在现代社会之一般组织中，常常出现的是冲突情况，而不是合作，因此现代管理的重点在于需要应用行为科学知识，有助于增进团体间的相互关系，而达到协力合作的组织文化，这也就是公共行政领域中所探讨之"组织发展"（Organizational Development OD）；特别常常在中国社会中缺乏

---

① 蒋介石在 1934 年 7 月 16 日所演讲之《中国魂》，收录于张其昀主编《先总统蒋公全集》一至三册，（台）"中国文化"大学出版社，1984。

② 孙文：《民族主义第五讲》，1924 年 2 月 24 日，收录于《国父全集》第一册，（台）中央文物供应社，1984。

合作精神，因此我们必须从民族主义中找寻经验，加强团队合作的精神，无论是在国家层面上或是个人层面上，也都应该发挥团结互助之合作精神。

四 结论

三民主义不是死学问，它是活的，是有生命力的，对于现今社会，是具有启发意义与时代价值，在辛亥百年当下，重新检视孙中山思想，格外有时间点的意义与价值；另外从本文的探讨中，也可看出管理思想在当代世界各领域中皆是十分重要且突出的地位；管理思想亦对于现今社会扮演非常重要且关键性的角色，特别是在三民主义思想中的应用，从民族主义中，管理思想更可以提供后人许多启发与教育意义。

当然三民主义本身就是一门管理之学，它也没有脱离西方管理学所探讨的领域，但它却有更多的应用性，这些包括：伦理本质引申社会生活之人际管理学、民族国家观引申世界上之国家自主管理性、民族主义人口观引申现代人口政策中的质量并重管理学、民族平等思想引申现代管理的重要精神、民族主义伦理群与关系中的企业伦理、民族主义道德观使管理者有遵循的方向、民族主义下的民族文化管理、民族主义下开启国族观念与团结合作管理等，透过上述笔者粗浅不成熟的观察，希望能够带给中山思想研究新的面向，以迈向第二个辛亥百年，迎接新的契机。

作者单位、职务：台湾文化大学中山与中国大陆研究所兼任助理教授、法学博士

孙中山民族主义与中国现代化

✒ 邵宗海

一 民族与民族主义之意义讨论

孙中山先生在《民族主义第一讲》及其他有关遗教中，曾经提到民族的意义与形成，他认为"民族是由于天然力所造成，国家是由武力所造成……自然力便是王道，由王道所造成的团体便是民族"①。此外，孙中山先生又说"造成种种民族的原因，概括来说就是自然力，分析起来便很复杂，当中最大的力量就是血统……次大的力是生活……第三个大力是语言……第四个大力是宗教……第五个大力是风俗习惯……我们研究许多不相同的人种，所以能够结合成种种相同民族的道理，自然不能不归功于血统、生活、语言、宗教和风俗习惯五种力"②。因此从上述孙中山先生谈话可知民族的意义及形成。

孙中山先生的民族主义，其本意是根源于人类天性之族类意识感，他认为民族主义是从人类种性出发的，他说"凡民族主义却不必要什么研究才会晓得的，譬如一个人见父母总是认得，绝不会把他当做路人，也绝不会把路人当做父母，民族主义也是这样，这是以种性发展出来的，人人都是一样的……这就是民族主义的根本"③。

---

① 孙文:《民族主义第一讲》，载于《国父遗教类编》，（台）中央文物供应社，1979，第53页。
② 孙文:《民族主义第一讲》，载于《国父遗教类编》，（台）中央文物供应社，1979，第53~54页。
③ 孙文:《三民主义与中国民族前途》，载于秦孝仪编《国父思想学说精义录》第一编，（台）正中书局，1978，第122页。

关于探讨民族的意义，主要是在下列几种意义上使用[①]：①与国家观念相联系的民族，这也就是政治意义上的民族，其含义与现在人们所说的国族概念相一致，例如中华民族、法兰西民族等，此等于英文中的 Nation。②作为国族组成部分的民族，此便是狭义的民族，例如中华民族是由 56 个民族所组成的说法，此等于英文中的 Ethnic Group。③指小民族、不够发达的民族、血缘和人种意义上的群体，如部族、种族、部落等，此等于英文中的 Race 或 Tribe。④指历史演进中的人类群体，例如古代民族、近代民族及现代民族的说法。⑤指人们与居住地之间的历史联系，例如土著民族、外来民族等说法。⑥指具有共同生产方式、生活方式的某种类别的群体，例如农耕民族等。⑦作为一种习惯法，指汉族以外的少数民族，如民族地区。

二 孙中山民族主义与中国现代化现象之关联性探讨

关于民族主义与现代化现象，可以从下列几个面向来探讨。

（一） 对内求取民族平等

民族主义主张民族间的地位一律平等，孙中山先生说"民族主义者，打破种族不平等阶级也，如满清专政，彼为主而我为奴，以他民族压制我民族，不平孰甚？故种族革命因之而起[②]"，这是孙中山先生明文点出反对国内种族的不平等。

总之，孙中山先生反对"满清"以单一民族宰制全中国，因为这是非民主的，所以在推翻"满清"建立民国后，"国内各个民族必须皆能以平等的地位成为国家的主权者，皆能平等参与国家政治，并且在法律上均享有平等的权利与义务，如此方能逐渐同化成一个中华民族"（国族建构）。此外，孙中山先生在求中国民族生存与发展的理念下，也提倡"民族自决"，也就是"对外在求中国民族能独立于世界（独立权），对内则求中国之内各民族能自治（自治权）"。换言之，孙中山先生的民族自决原则不仅

---

① 宁骚：《民族与国家：民族关系与民族政策的国际比较》，北京大学出版社，1995，第 4～5 页。

② 孙文：《军人精神教育》，载于秦孝仪编《国父思想学说精义录》第一编，（台）正中书局，1976，第 123 页。

在使中国对外拥有独立行使的主权，也就是中国人决定自己民族的一切事务，不容他人来决定或干涉，并且国内各民族必须在平等的基础上加以统一团结，同化成一个中华民族，组成一个民族国家（使文化共同体等于政治共同体）。诚然各个民族皆有"血统、生活、语言、宗教、风俗习惯"之客观因素及"民族意识"之主观因素的文化差异性（文化共同体），但是为了使各民族的"文化得以延续发扬"（教民）、"生存得以维持"（养民）、"安全得以保障"（保民），即有必要在尊重各民族平等与自治的前提下，将各民族所汇聚定居于同一土地上（领土）的一群人（人民），利用统治组织（政府）以行使对外独立与对内最高的权力（主权），以形成一个复合民族国家。此等复合民族国家组成后，随着时间的演进，各民族血统与文化相互融合下，自然又会凝聚成一个新的民族，而这样的民族国家才能较为团结、稳定与和谐。此等强调国内民族平等的精神，即可促进民族融合与国家进步。

（二）对外求取国际地位平等

孙中山先生说"民族主义是对外国人打不平的，如果外国人和中国人的地位有不平等，中国人便应该革外国的命"[1]。这是孙中山先生反对国际间的民族不平等，他认为只有各民族间达成确实的平等，才有可能出现真正的和平，而世界上的和平，要能维持长久，有赖于各民族间的互助合作，透过彼此的互助合作，使战争不会发生。

因此，孙中山先生主张世界上任何民族不受其他民族的控制与压迫，各个民族都有平等的地位和同等的生存权。此外，孙中山先生并主张要发扬"济弱扶倾"的精神，对于弱小国家要加以扶持，对于世界列强要加以抵抗。最后，在世界各民族平等的前提下，要以道德、和平做基础，使世界民族问题获得根本解决，以建立全人类共有、共治、共享的"大同世界"。此等强调世界民族平等的精神，即可矫正过去西方民族主义的质变，进而促进国际合作与世界和平。

（三）国族认同

今日大家所称的"中华民族"这一提法源自梁启超，它并不单指某一

---

① 孙文：《救国救民之责任在革命军》，载于秦孝仪编《国父思想学说精义录》第一编，（台）正中书局，1976，第126页。

民族文化，而是中国境内各民族的统称。而中华民族中 56 个民族之间，有黄种人也有白种人；在宗教、语言、文化、习俗与传统等方面，都存在不同程度的差异，所以有人认为"中华民族"是"国家共同体"概念的"国族"，而非一般所指的民族。有学者认为"中华民族"作为中国民族国家的称谓，是现代意义上的民族、国族与国家三种认同的"三位一体"。孙中山先生大力促进各民族在"中华民族"之下的"国族认同"，而在这大前提之下，大力维护和发扬一些少数民族的风俗、文化、语言等①。

（四）语言普遍化

语言包括文字是人类用来沟通意见、表达情意、传递知识的桥梁。语言会影响到一个团体的凝聚力，因此孙中山不但认为语言是构成民族的一大力量，同时还指出语言是民族同化的利器。

孙中山先生力排众议，跳出乡土观念，劝说同乡，并不辞劳苦地逐个说服，劝那些粤籍同乡还是以大局为重，放弃具有九个音阶、难懂难推广的广州话，奉北京话为国语。即使这样，赞同北京话的优势也不明显，粤语仅以一票之差败给北京话而未能晋身成为国语，国语终被定为北京话②。

之后，他又进行了国语统一运动及推广普通话运动。虽然当时中国经济落后，但依然有"国语统一筹备会"这样的机构。1924 年，"国语统一筹备会"放弃了被讽为"联合音系"的"老国音"，确立北京语音为国语的标准音，这无疑大大提高了北京话的地位。1932 年民国教育部公布《国音常用字汇》（即"新国音"），修订了"老国音"，较之中华人民共和国成立后的普通话，它更立足于北京的土语土音。由于在颁布之后长期作为学校教科和各种字典、词典的语音依据，因此对巩固甚至扩展北京土语土

---

① 刘乃强：《国族认同下的新民族主义》，载于《南风窗》，网址 http：//big5. news365. com. cn：82/gate/big5/www. news365. com. cn/wxpd/wz/gqgc/200805/t20080509_ 1864479. htm〈检索日期 2010 年 2 月 10 日〉。

② 参见香港网络大典《孙中山否决粤语为国语支持用北京话作为国语》，网址 http：//evchk. wikia. com/wiki/% E5% AD% AB% E4% B8% AD% E5% B1% B1% E5% 90% A6% E6% B1% BA% E7% B2% B5% E8% AA% 9E% E7% 82% BA% E5% 9C% 8B% E8% AA% 9E% E6% 94% AF% E6% 8C% 81% E7% 94% A8% E5% 8C% 97% E6% 96% 9A% E8% A9% B1% E4% BD% 9C% E7% 82% BA% E5% 9C% 8B% E8% AA% 9E〈检索日期 2010 年 2 月 10 日〉。

音的势力无疑发挥了巨大作用①。

（五）济弱扶倾的世界责任

孙中山先生一再强调民族主义是东方王道文化的传统，孙中山先生指出"中国古时常讲济弱扶倾，因为中国有了这个好政策，所以强了几千年，安南、缅甸、高丽、暹罗那些小国，还能够保持独立……如果中国强盛……对于弱小民族要扶持他，对于世界的列强要抵抗他……那才算是治国、平天下……这便是我们民族主义的真精神"②。

因此孙中山先生的济弱扶倾也就是反对帝国主义政策，同时要消灭任何帝国主义的行为，对于国内弱小民族，政府当扶植之，使之能自决自治，对于国外之侵略强权，政府当抵御之，并同时修改各国条约，以恢复我国际平等③。

（六）世界大同的理想

三民主义之最终目的，即在"世界大同"之实现，就是打破一切国际的侵略压迫，使世界各国一律和平相处，各个民族一律平等。因为要想达到这个"世界大同"的境界，第一步便当先厉行民族主义，使中国民族得到自由，中国境内的民族都得平等，中国在国际上取得尊严和独立，我们才可讲到"世界大同"。不然，自己的民族受制于外族，国家处于次殖民地，没有尊严，没有独立，怎么能够同强大民族讲"世界大同"？不过今天所讲的民族主义，绝不是狭隘的国家主义；狭隘的国家主义，充其量只是走帝国主义的老路，绝不是我们所讲的民族主义。

因此孙中山先生的民族主义，并非是贪图中国民族之强大，同其他强大民族一样，去压倒一切弱小民族；如此便是帝国主义，不是民族主义。

---

① 参见香港网络大典《孙中山否决粤语为国语支持用北京话作为国语》，网址 http: //evchk. wikia. com/wiki/% E5% AD% AB% E4% B8% AD% E5% B1% B1% E5% 90% A6% E6% B1% BA% E7% B2% B5% E8% AA% 9E% E7% 82% BA% E5% 9C% 8B% E8% AA% 9E% E6% 94% AF% E6% 8C% 81% E7% 94% A8% E5% 8C% 97% E6% 96% B9% E8% A9% B1% E4% BD% 9C% E7% 82% BA% E5% 9C% 8B% E8% AA% 9E〈检索日期2010年2月10日〉。

② 孙文:《民族主义第六讲》，载于《国父遗教类编》，（台）中央文物供应社，1979，第67~68页。

③ 孙文:《三民主义》，载于秦孝仪编《国父思想学说精义录》第一编，（台）正中书局，1976，第124页。

诸位教师要认清：民族主义既在求中国民族之独立平等，推而广之，就是要扶助一切弱小民族，获得独立平等。因为我们不甘受帝国主义者之压迫，也不甘愿一切弱小民族受帝国主义者之压迫，更彻底点说我们不许任何帝国主义者压迫中国民族；也不赞成任何帝国主义者去压迫任何弱小民族。中国民族起而革压迫中国民族的帝国主义者之命，中国民族也当联合世界上以平等待我之民族共同协力去帮助各弱小民族求得独立，以求得自由。

三　中山先生民族主义对于中国现代化的启发

中山先生当初以民族主义作为反抗"满清"政府的基调，今日中国大陆以中山先生，经过时代的转化，在民族主义部分，对于中国现代化的启发，可以就以下几个层面来探讨。

（一）爱国主义的发扬

1994 年 9 月，中共发表了经党中央批准、由中共中央宣传部拟定的《爱国主义教育实施纲要》（以下简称《纲要》）。同时，为了帮助宣传思想工作者、各级党政机关领导干部和工作人员、广大群众学习这份《纲要》，中共中央宣传部还出版了《爱国主义教育学习文选》，这本书汇集了毛泽东、邓小平、江泽民关于爱国主义和爱国主义教育重要论述、讲话、文章①。《纲要》全文八千字，共四十条，分为爱国主义教育的基本原则、爱国主义教育的主要内容、爱国主义教育的重点是青少年、搞好爱国主义教育基地的建设、创造爱国主义教育的社会氛围、提倡必要礼仪、增强爱国意识、大力宣传爱国先进典型与加强爱国主义教育的领导八个部分②。中共中央宣传部副部长刘云山在接受记者访问时指出，《纲要》的起草工作历经了一年多的时间，除了在开始时的搜集资料与调查研究之外，中宣部尚约请了各民主党派和全国工商联负责人、文博界专家召开座谈会征求意见和建议。再将此征求意见稿发至各省、自治区、直辖市党委宣传部、中央和中央机关有关部委、有关人民团体、各民主党派征求意见。总之，

① 参见 1994 年 9 月 7 日《人民日报》（3 版）。
② 参见 1994 年 9 月 6 日《人民日报》（3 版）。

"《纲要》是在党中央直接领导和关心下起草的。同时，还得到了国家领导人和老同志关心和指导"。①

故这份《纲要》不是中共中央宣传部一时兴起之作，中共对爱国主义的强调也绝非是针对某种情势的权宜性措施。这是中共调动整个党与国家机器的力量所试图发起的一个群众运动及试图创造出来的一种社会意识。从宏观的角度来看，这是中共政权合法性基础重建过程的一部分。

就中国政治民族主义的角度而言，其特征集中表现在爱国主义上。爱国主义本身是一个非常暧昧而定义分歧的名词，爱国主义与民族主义不同，它不是一种理论，也不是一种意识形态；而仅是对民族国家表现忠诚的行动、姿态或奉献和承诺。民族主义作为现代民族国家的意识形态，叙述民族国家对爱国主义提供了一个理论的辩护，爱国主义表现在向国旗敬礼、唱国歌，也是对民族主义所表现的机构的承诺，甚至为民族大义而奉献生命②。爱国主义是从民族主义所派生出来的一个概念，是民族主义所含有的政治意涵。从政治分析的角度而言，爱国主义是包括在民族主义之内的概念，由国家所发起的爱国主义，第一个目的在于保护国家免于分离瓦解，第二个目的在于增强政权的合法性，凝聚人民的认同感。

中国大陆对爱国主义教育的解释是："进行热爱祖国、忠于祖国的思想、行为和情感的教育。爱国主义是千百年来巩固起来的对自己祖国的一种浓厚的思想感情，即对祖国忠诚与热爱。作为一种社会意识形态，它是在各民族悠久历史文明的基础上产生的一种伟大的凝聚力和向心力，是推动各民族向前发展的巨大精神力量，是对待祖国的一种政治原则和道德原则。它又是一个历史范畴，不同的历史时代，不同的阶级，赋予其不同的内容和要求。剥削阶级的爱国主义，带有阶级的局限性，但在一定条件下也有积极的意义。无产阶级的爱国主义同国际主义相结合，从本国人民和世界各族人民的共同的根本的利益出发，既忠于自己的祖国，也支持世界人民的革命斗争。"③ 由这里可以看出，中共承袭列宁思想对爱国主义作出了解释，同时，又扩大了爱国主义的范围，它包括：一种思想、行为和情感；是一种社会意识形态、是政治原则和道德原则；是一个历史范畴，有

---

① 参见 1994 年 9 月 7 日《人民日报》（3 版）。
② 杨逢泰等编《民族主义论文集》，（台）黎明文化事业公司，1994，第 54 页。
③ 参见《中国共产党大辞典》，中国国际广播出版社，1991，第 197 页。

着剥削阶级与无产阶级的分类。但是扩大解释的后果却是无法调和的矛盾。一方面，它是"在各民族悠久历史文明的基础上产生的一种伟大的凝聚力和向心力"；另一方面，它又有剥削阶级与无产阶级的分别。但是，爱国主义既然是民族历史文明的产物，那么它就谈不上有阶级的差别。因为，渗入个别的民族国家性质的爱国主义，正是列宁所极力斥责的那种爱国主义。

爱国主义本身的性质是属于一种情绪性的信仰，它带有矛盾的成分。一方面，它虽然起源于自己的民族国家悠久的历史文化，但是它的基本特质却是具有现代性。另一方面，它是促进民主自由与国家发展的动力，但却也可以成为反民主自由保守势力的盾牌。爱国主义的性质之所以如此复杂，是因为它与民族主义有着不可分割的关系。在现代中国，民族主义既可以用于有效地组织社会力量共同抵御外族的入侵，又可以彰显畸形的排外心态；既可以用于组织民族国家朝向现代化的目标，又可以为专制主义的独裁统治提供一个简单而有效的政治动员手段。民族主义如此，爱国主义更加容易具有保守反动的色彩，因为爱国主义常常是和国家机器脱离不了关系。

（二）中国现代民族主义与中国和平崛起之关系

孙中山先生的民族主义在中共建政后转化为中国现代民族主义，而中国的"和平崛起"的口号喊出，是否与"中国现代民族主义"的兴起有一定的互动关系？或者说，"中国现代民族主义"在 1990 年代开始兴起之后，导致中国当局必须向外界说明它要遵循"和平发展"的路线拓展它的崛起？

1. 中国现代民族主义是基于中国的兴起而产生

根据 Alexis Tocqueville 在《论美国的民主》（*The American Democracy*）的记录中，提及美国早期民族主义是起源于人们对"旧世界"有一种对外国人无理仇视的情绪，以及用道德的审判反抗欧洲君主政体和贵族操控的制度。[①] 中国现代民族主义在前文中也有提到它反西方的情结，但是这项情结被激化有一部分原因是中国开始强盛。

此外，美国学者 Lucian Pye 认为"中国是一个假装为民族国家的文明

---

① Alexis Tocqueville, Democracy in America, pp. 235 – 236.

国家"。① 因为根据他的观点，中国纯粹是由文化所团结起来的，与其他类似的国家相比，中国要成为一个现代化国家，其组成的因素显然是太薄弱了。在他其后发表的文章中，他一直指出中国的民族主义观念是被地区化的，而不是民族化的②。不过，文明和民族主义的结合显见是当前中国要走的方向。自从 2002 年新左翼人士甘阳和盛洪已开始提议将中国由一个"民族国家"转变为一个"文明国家"，并将"中国的民族主义"演变为"中国的全球主义"。③

这也是部分解释了为什么和平崛起理论明显地意图安抚周边的国家，并借此宣称要履行其维持地区内的和平和地方上文化特色的责任。2003 年在该理论提出后，作者如王韬开始谈论中国作为"负责任的大国"的"非凡的领导力（charisma）"和"细微差别（nuance）"④，很多内地学者追溯在明朝的三宝太监郑和（1371～1435），他带领中国的舰队航行至南亚和东非洲等地区，为中国开设了传扬和平理论的先例及建立了对郑和的风靡景仰。⑤ 和平崛起论者如彭湃（Peng Pai）甚至追溯中国的和平理论至唐朝丝绸之路的传说，并使用这一历史先例去解释中国文化的显赫和它对邻国地区的潜在吸引力。⑥ 中国领导人如交通部副部长徐祖远对这个景仰加添官式特征来总结这个讨论，他谓郑和七次下西洋也是"解释了和平崛起是中国历史发展上无可避免的结果"。⑦

在耶鲁毕业的中国年青学者陈志敏在 2005 年年中一期的《当代中国》

① Lucian Pye, (1990). *China: Erratic State, Frustrated Society, Foreign Affairs*, Vol. 69, No. 4, 1990, pp. 45 – 74.

② Pye, Lucian. (1996), *How China's Nationalism was Shanghaied.* In Unger, Jonathan (ed). *Chinese Nationalism.* New York: ME Sharpe, 1996. pp. 86 – 112.

③ Yang Gan, *Cong 'Minzu – Guojia Zouxiang' Wenming – Guojia.* [2] Hong Sheng, *Cong Minzuzhuyi Dao Tianxiazhuyi (From Nationalism to Globalism).* In Shitao Li (ed), pp. 74 – 85.

④ Tao Wang, (2004) *Daguo De Zeren He Qidu (Responsibility and Charisma of Big Countries), Women Nenggou Chaoyue Minzuzhuyi Ma (Can We Excel Nationalism).* Beijing: Xinhua Shudian, 2004. pp. 24 – 27.

⑤ *Jinian Zhenghe Xiaxiyang* 600 *Zhounian Xueshu Huiyi Zai Nanjing Kaimo, Academic Conference in Memory of the* 600th *Anniversary of Zheng He's Expedition Opened in Nanjing). Nanjing Chenbao (Nanjing Morning Post),* 11 August 2005.

⑥ Pai Peng, (2005). Heping Jueqi Lun: Zhongguo Zhongsao Daguo Zhilu (*The Peaceful Rise Theory: the Path of China to Reconstruct as a Big Nation*). Guangdong: Guangdong Renmin Chubanshe, 2005. pp. 107 – 140.

⑦ *China Celebrates Ancient Mariner to Demonstrate Peaceful Rise. PDO,* 8 July 2004.

（*Journal of Contemporary China*）期刊中指出，"当中国日益地（结合）使本身进入这个全球化和相互依赖的世界内时，中国在信心上（增长），及中国民族主义在（过去）现时是采取一个较正面的表达方式，那就是（合并了的）一种可扩大的原素构成的国际主义了"。①

马来西亚的史蒂芬梁（Stephen Leong）的论文则提出了一些很令人关注的提议，他对"东亚共同体（EAC）"的核心价值建议如下：理想中的"东亚共同体（EAC）"，原则上必须建基于彼此的互相尊重、共同谋求利益、平等主义、一致性的和民主的、不掌握霸权的、优先选择多边主义多于单方面政策，以及在全球系统内和谐共处。他承认他所提出的价值建议是相等于中国的现代民族主义价值，主要是将其加以强调及扩大，以降低其他国家例如美国的猜疑。② 建议中的隐藏议程，例如在非美国路线的特殊群体中，如何用非美国路线去加强特殊群体中的团结意识，都显著地与中国的意见一致。如果中国民族主义能"抓紧机会"和填补东亚地区的真空，那么"中国的文化"发展成为"主义"亦未尝不可。

同样的，前中国外交部部长唐家璇觉察到在伊拉克战争时期，以及国家反恐活动的解释均呈现出中国价值来，在世界上为中国缔造了一个强大、有公义和负责任的国家形象。③ 根据唐的说法，中国因此"赢得国际社会上广泛的赞同评论"。④ 令人鼓舞的是这些价值似乎亦已被其他思想相近的国家例如俄罗斯或南斯拉夫所接受。⑤

可以预期的是，这些中国价值会令一些美国人起疑心，他们会"很想知道他们的总统对这点有什么想法"。⑥ 和平崛起理论激发起国家集权论者对一向避免的问题讨论，如台湾问题。无论怎样，在公民背景中，这些价值的可能性会被应用到更多的国家中。中国民族主义未必会对全球秩序造成威胁，甚至可以有助东亚的稳定。

---

① Zhimin Chen, （2005） *Nationalism, Internationalism and Chinese Foreign Policy. Journal of Contemporary China*, Vol. 15, No. 42, February 2005, pp. 35 - 53.

② Stephen Leong, （2005）, *Realizing the East Asian Community*. Working Paper in the Fifth Asian International Forum in Fukuoka. 31 August - 1 September 2005. p. 4.

③ "Talk Freely about World Situation, Speak Glowingly of China's Diplomacy".

④ "Talk Freely about World Situation, Speak Glowingly of China's Diplomacy".

⑤ [1] *China, Russia Pledge Anti - terrorism Cooperation. PDO*, 30 November 2001. [2] "*Yugoslavian President Pleased with His China Visit*". *PDO*, 11 January 2002.

⑥ *Bush Counselling Patience in Anti - terrorism Campaign, Rice Says*. US White House Office of the Press Secretary, 19 September 2001.

2. 中国"和平崛起"是鉴于中国现代民族主义的兴起

实际上,"中国现代民族主义",应是一个自社会主义社会转型为近似资本主义社会的一个转折产物。或者说,它也是一个从落后发展的国家进步到开发中国家水平的心理调适产物。我们试以应用一些例子,特别是中国对外关系的一些指导说法来说明这种独特的现象。

"九一一"前,中国外交的指导思想依然是邓小平的批示:"冷静观察,守住阵地,沉着应付,韬光养晦,善于守拙,绝不当头。"带有道家思想的"韬光养晦"难得神似,最常见的版本是"conceal our capacities and bide ourtime"。这意译令西方觉得中国外交不但虚伪,且有"坏心肠"。按字面解释,中国继续"隐藏实力、等待时机",就是为国家利益服务、不尽责任,中国的实力应更透明地向世界展示。"九一一"后,江泽民认为美国反恐需要中国,把"韬光养晦,绝不当头"更新为"把握机遇,因势利导",此后外交称为"全方位外交"。"因势利导"源自先秦战略家鬼谷子,由门生孙膑发扬光大,但译成英文,一样自我感觉不良好:"grasping opportunities and making best use of the situation"。这次美国反应更激烈,认为这是中国借助国际形势投机、争夺中亚的声明,才加速推动"七色革命"向中亚反渗透。①

郑必坚在中美反恐蜜月期访美,会见赖斯等高官,发现美国并没有将中国视为真正盟友。他回国后成立研究小组,研制"和平崛起论",认为中国在全球化时代通过融入国际社会"崛起",能破除以往新兴国家通过现实主义扩张而"不和平崛起"的宿命。这一理论被胡温使用后,官方翻译为 peaceful rise 或 peaceful ascendancy,而不是 rise for peace。美国舆论自然认为"和平"是中国崛起的手段而非目的。更甚的是新领导人不能公开推翻邓小平理论,中国宣告"和平崛起",也就是说"韬光养晦"的需要再不存在;两者结合,被演绎为"中国已很强大"。2005 年起,中国不再用"和平崛起",只说"和平发展"。2005 年 4 月 21 日,胡锦涛会见了中国驻文莱使馆工作人员、中资机构和留学生代表表示:"我们要始终牢记坚定不移地走和平发展的道路,坚持独立自主的和平外交政策,努力营造一个和平的国际环境和良好的周边环境。"国新办在 2005 年 12 月 23 日发

---

① 沈旭辉:《大国责任论:美国的紧箍咒?》,2005 年 11 月 20 日(香港)《明报》(A16 版)。

布了《中国的和平发展道路》白皮书，全文包括五部分以及结束语，共
1.2万多字。白皮书称，中国将坚定不移地走和平发展道路，努力实现和
平的发展、开放的发展、合作的发展、和谐的发展。① 据香港中文大学助
理教授沈旭辉求证，连郑必坚外访时私自用他的理论，也被中共内部文件
严批，颜面尽失。现在的"和平发展"和美国眼中的"中国责任"距离
最近。②

现在美国把"中国责任"定义为"国际体系的股东责任"，中国人自
称生活在"尽责大国"，但问题是国际社会和中国内部都未对如何融合才
算"尽责"达成共识。近年中国最被认同的"尽责"举动有三：金融风暴
时坚持人民币不贬值；SARS后期让信息全面流通；把朝鲜拉进六方会谈。
但这些举措，跟官方坚持的其他信念，如"在联合国框架内解决国际问
题"等并非完全符合。中国不愿完全将"责任"界定为国际组织的集体责
任，情愿承包六方会谈而不让联合国负此责，因它不愿把主权上缴，也不
敢错过绕过联合国框架独当一面的机会，结果"中式尽责"却失去了和国
际政府主义或多边主义彻底合流的机会。当"责任"的定义权交给主导国
际格局的大国，"责任外交"变成大国外交，中国对朝鲜、缅甸、巴基斯
坦一类传统盟友的"责任"就变得不合时宜（结果一个被拖入和会，一个
被吓得秘密迁都，另一个更换门庭）。"国家是否尽责"其实是"什么样的
国际体系才应尊重"的辩题，当中国未能提供前后一致的 model answer，
"尽责"就无可避免地成为美国话语权。

**3. 中国现代民族主义与中国和平崛起基本上是互补而且还是互动的
作用**

一般追求富强的民族主义，不仅在行动上会威胁到其他国家的生存利
益，而且有时在意识形态上，它也会觉得自己是"适者生存理论"下的产
物。譬如中国人民即使民族主义情绪高涨，但对台湾问题的处理仍然支持
当局通过和平方式来解决，而这样的主张甚至不受到时间拖延的影响。

---

① 《胡锦涛：坚持以经济建设为中心不动摇，坚定不移地走和平发展道路》，《中国网》，2005年8
月22日，http://big5.china.com.cn/economic/zhuanti/txt/2005-08/22/content_5947588.htm。
《中国的和平发展道路》白皮书，全文http://big5.china.com.cn/economic/zhuanti/txt/2005-
12/23/content_6070763.htm。
② 沈旭辉：《大国责任论：美国的紧箍咒?》，2005年11月20日（香港）《明报》（A16
版）。

但是，对于传统的民族主义来说，当一个国家内部另一股追求分离的势力，在企图拖延统一目标，并借助任何可能的机会去寻求脱离母国而独立时，早就可能牵动内部不同的争议，进而让反独力量情绪沸腾爆发内战。如果中国肯克抑自己，并希望在和平崛起之时也能和平统一台湾，像胡锦涛在 2007 年中共十七大"政治报告"中，甚至可以搁下北京对台湾"入联公投"的反弹，反而提出"和平协议"的建议列入官方重要文件。① 如果到时大陆民众并没有反弹，而是跟进，这样受到当局主导的民族主义，我们又是如何来看待？也就是说，这样的民族主义典型我们又应该如何定位？

（三）转化后的民族主义成为大陆最有感召力的意识形态

孙中山先生民族主义经时代变迁，在大陆，民族主义作为一种意识形态，并且是极其简单的意识形态，也是最为成功的政治信条，它在世界绝大多数地方，都对世界的变迁和重塑发挥了重大的推动作用。此外，民族主义是对中世纪宗教普世意识形态的超越，也重构了历史，因此，民族主义作为一种意识形态，其重要性无与伦比，这不仅是因为它的政治影响，而是因为它已经深刻破坏其他主要意识形态的理论性。

（四）转化后的民族主义与马克思主义相结合

从马克思的哲学思考来看，马克思主义和民族主义基本上是相互对立的，民族主义是从民族性来划分人类，而马克思主义则以经济来划分，民族主义将革命建立在阶级意识上，二者是不兼容的②。马克思在《共产党宣言》中说："无产阶级首先必须取得政治统治，上升为民族的领导阶级，把自身组织成为民族，所以它本身暂时还是民族的……随着资产阶级的发展，随着贸易自由的时限和世界市场的建立，随着工业生产以及与之相适应的生活条件的趋于一致，各国人民之间的民族隔阂和对立日益消失了。无产阶级的统治将使它们更快地消失。联合的行动，至少是各文明国家的联合的行动，是无产阶级获得解放的首要条件之一。人对人的剥削一消

---

① 《胡锦涛强调：推进"一国两制"实践和祖国和平统一大业》，国台办网站，政务要闻，2007 年 10 月 15 日，网址：http：//www.gwytb.gov.cn/gzyw/gzyw1.asp? gzyw_ m_ id =1418。

② Walker Connor, *The National Question in Marxist-Leninist Theory*, New Jersey：Princeton University Press, 1984, p. 1.

灭，民族对民族的剥削就会随之消灭。民族内部的阶级对立一消失，民族之间的敌对关系就会随之消失。"①因此，马克思主义认为民族的问题是经济上的问题，而非种族和国家的问题。

史普卢克（Roman Szporluk）认为，尽管马克思及其追随者视民族主义代表的是资产阶级自私的经济利益，而蔑视它存在的价值，但在事实上，民族主义是马克思主义与资本主义作战战场上的第三参与者，民族主义是对西方先进资本主义强权的一种反应。它特别对自由贸易体制作出批判，在这个意义上，民族主义是马克思主义的同盟军，同时，民族主义不但是古典"普世性"资本主义的另一条出路，也是马克思主义之外的另一个选择②。从这个层面看，民族主义与马克思主义都是在面对资本主义工业化社会时，所提出来的对应之道，二者最重要的共同之处在于，对新工业社会秩序合法性的无效，具有共同的认知，此合法性即为自由放任；二者最重要的相异处在于对国家角色认知的不同，民族主义视国家为迟后发展者无可取代的保护者，也恰恰在如何保证后来发展的地区如何顺利地实现工业化这一点上，马克思主义抛弃了国家。史普卢克也认为，由于马克思错误地认知民族主义与工业化的关系，使得后来的马克思主义者在实践上走上了民族主义的道路，吉芮也认为，民族道路对资本主义或是社会主义而言，不但是可行的，而且是命定的。就迈向工业化而言，民族道路才是本质的，资本主义或是社会主义只是这条道路上的变量而已。

因此，从理论上而言，马克思主义的实践无可选择地必须走上民族道路。南斯拉夫共产党人吉拉斯曾经说过："所有的共产主义运动在不同的程度上，都是民族共产主义运动……为了本身的生存，任何共产主义政权都必须成为民族的。"的确，第二次世界大战以后，共产主义运动或多或少地以民族主义的面貌出现，就如同专研这个问题的学者兹维克所说的："无论它是共产主义运动或是民族主义运动，在不同的民族条件系统下每一个共产党来决定自己未来的权利已经成为马克思主义者的普遍命题"。这个问题在中国共产党的身上表现得更为突出，因为历史"规定"了中国的民族主义运动最后走上了马克思主义的道路，或是说在一开始的时候，

① 《共产党宣言》，《马克思恩格斯选集》第一卷，人民出版社，1972，第270页。

② Roman Szporluk, *Communism & Nationalism – Karl Marx versus Friedrich List*：New York：Oxford University Press, 1988, pp. 14 – 15.

马克思主义就是从民族主义运动的方式进入中国。从前者而言，受到挟带着工业文明优势的近代资本主义世界体系碰撞而产生的中国民族主义运动，最后走上批判工业文明与资本主义的马克思主义道路，似乎是理所当然的事；从后者而言，就算排除前者的历史命定论的看法，马克思主义作为百年来中国民族主义运动的一个环节，仍是一项不可忽视的历史基本事实①。

郝思顿则认为，马克思主义进入中国后变成一种新的民族国家形态，其特征为：①非西方的思想家在拥抱马克思主义的同时，将国家保留下来，将之视为对抗西方保护人民的可欲之物，②尽管引进马克思主义作为民族发展的模式，但是奠基于西欧经验的马克思主义与非西方社会内希望维持本土文化的主张形成一种紧张关系②。由西方所引进的马克思主义，迫使中国共产党党员与自己的文化传统和民族认同相疏离与紧张，随着革命思想的传播与革命成果的累积，如何解决这些紧张成为中共越来越迫切的问题，这就是毛泽东提出"马克思主义中国化"的背景。马克思主义进入中国的时机，恰巧是在中国进行民族主义革命的时候，因此，民族主义势必改造由西方引进的马克思主义以符合自己革命的需要。无论毛泽东自觉或是不自觉，历史任务已经规定了他必须将马克思主义予以民族主义化。

作者单位、职务：台湾中国文化大学教授兼社会科学学院院长

---

① Peter Zwick, *National Communism*, Colorado：Westview Press, 1983, p. 1.
② Germaine A Hoston, *The State, Identity, and the National Question in China and Japan*, New York：Princeton University Press, 1994, p. 8.

孙中山先生的远见：要致富，先修路

——论今日大陆的铁路公路建设

✒ 朱言明

一 前言

必非常之人，方克成就非常之事，故毛泽东在 1956 年 11 月 12 日孙中山诞辰 90 周年，于《纪念孙中山先生》一文中衷心指出："纪念伟大的革命先行者孙中山先生！……纪念他在辛亥革命时期，领导人民推翻帝制，建立共和国的丰功伟绩。"[①]

2011 年欣逢辛亥革命一百周年，我们纪念孙中山先生，在于他不只是领导人民推翻帝制，建立共和国的丰功伟绩；他更是一位爱国爱民者，为图国强民富，"以吾人数十年必死之生命，奠国家亿万年不朽之根基"，从而宵衣旰食，呕心沥血以著述、演讲等方式，将其治国思想、建设理念表达出来，成为今日国人专心研究的《孙学》。

毛泽东说："不但在过去和现在已经证明，而且在将来还要证明：中国共产党人是革命三民主义最忠诚最彻底的实践者。"[②]

大陆于 1979 年初推动改革开放之后，不时对外宣称实践了孙中山先生的《实业计划》。

例如：

（1）1981 年 9 月大陆对外宣称：30 年来在大陆西南已建成 6 条铁路干线，长达 4200 公里，大大地超越了孙中山先生实业计划的设想，且实业计划系立足于国际共同开发，但中共对西南铁路的建设，由设计到施工，

---

① 《毛泽东选集》第五卷，人民出版社，1977，第 311 页。
② 《毛泽东选集》第三卷，人民出版社，1966，第 1061 页。

从资金到设备，全部都是自力更生，独立完成；再者，孙中山先生当年关于西北铁路的设想，其未竟之业，中共已经实现。[①]

（2）中共中央党校于1991年3月出版的《中外近代历史上的改革》一书，内有一讲"孙中山的治国理想"，结语谓："孙中山开创的革命事业和未竟的治国理想，由中国人民在共产党的领导下继往开来，并加以完成和发展了。"[②]

（3）江泽民于1996年11月12日在孙中山诞辰130周年纪念大会上讲话时指出："中国共产党人从来就是孙中山革命事业的坚定支持者、合作者和继承者。……我们可以告慰孙中山先生的是：他一生追求的振兴中华的目标，他所憧憬的一个现代化中国的美景，正在一步步的变成活生生的现实，而且在许多方面远超出了他的设想。"[③] 江泽民另于2001年10月9日于北京人民大会堂纪念辛亥革命90周年大会上再次做了类似的陈述。

（4）胡锦涛于2006年11月12日在孙中山先生诞辰140周年纪念大会上的讲话宣称："中国共产党是孙中山革命事业最坚定的支持者、最亲密的合作者、最忠实的继承者。……抚今追昔，我们可以告慰孙中山先生的是，令他忧虑重重的旧中国积贫积弱的状况已经一去不返了，令他念兹在兹的中国人民的生活已经发生了翻天覆地的变化，令他魂牵梦萦的中国现代化的理想正在逐步实现。"[④]

综观这30余年来的民生建设，有些地方确实令人刮目相看，果欲致富，得先修路。限于篇幅，本文仅探讨今日大陆的铁路公路建设。

二　如何建设民生？

孙中山先生的一生，有长达30年的时光系在海外或外国度过（含当时已割让给英国的香港及葡萄牙人占领的澳门）[⑤]，"满清"末年，最具国

---

① 1981年9月10日、1981年9月23日《文汇报》。

② 《中外近代历史上的改革》，中共中央党校出版社，1991，第293页。

③ 1996年11月13日《人民日报》。http：//www.wh3551.com/ssbl/whb－w/sun/Jzmlzs.htm。

④ 《孙中山诞辰140周年纪念大会举行，胡锦涛发表讲话》，《华夏经纬》，http：//big5.huaxia.com/xw/dl/2006/00536705.shtml。

⑤ 参阅罗家伦主编，黄季陆、秦孝仪增订《国父年谱》（中国国民党中央委员会党史委员会，1958年10月10日出版，1985年11月12日第3次增订），增订本，上下两册，由光绪五年五月五日（1879年6月）赴檀香山起，至民国13年11月13日，离粤起程北上，取道日本赴天津，其间在日本停留11天，逐一统计出来。

际观的人物非他莫属，他除奔走筹划革命大业外，一则仔细考察各国的政治、经济、交通、宪政……一则手不释卷，勤于研究；为革命建国后建设新的中国做准备。

要如何建设民生：

（一）要致富，先修路

中山先生以其旅居欧美的经验，深知要富强，先修路。

光绪二十年五月（1894年6月），中山先生上书李鸿章陈救国大计书，未被采纳，因见和平改革无望，乃走檀香山，创办兴中会，翌年即在广州进行第一次革命起义。光绪二十二年五月（1896年6月），中山先生起义失败后，先逃抵檀香山，再至旧金山，第一次游美，系搭乘火车横越美洲大陆，以达大西洋滨之纽约，沿途所过之处，或留数日，或留十数日①。美国由东往西开发，铁路运输之功至大至极，给了他至深至刻的印象。

中山先生旅居北美（含加拿大）、欧洲期间，亦每每搭乘火车。例如，1896年9月，由纽约乘船赴英国利物浦，抵利物浦后，系乘火车到伦敦②。1897年7月，在英国乘船赴加拿大门德尔（Montreal），改乘火车赴温哥华，后又乘火车赴附近的南尼亚本（Naiamo）③。1904年5月，始游美国各埠，由西往东，历时月余至纽约，9月游匹兹堡（Pittsburgh），并参观各铁路工厂。④

苏格兰的工程师詹姆士·瓦特（James Watt）发明蒸汽机，在此基础上，英国的工程师乔治·史蒂芬孙（George Stephenson）于1825年研制蒸汽火车头成功，促进了运输的大进步。

1899年冬，中山先生在东京绘印中国现势地图，即已附有铁路计划路线⑤。说明了他当时即已受到西方兴建铁路来从事客、货运输的影响。要发展经济，开发资源，欲致富，先筑铁路。

民国元年4月1日，卸下大总统一职后，中山先生在与记者谈话、接受访问，或应邀演讲，均在兹念兹吁请国人，果欲建设中国，振兴实业，

---

① 《国父年谱》增订本，上册，第88页。
② 《国父年谱》增订本，上册，第89页。
③ 《国父年谱》增订本，上册，第107页。
④ 《国父年谱》增订本，上册，第197、198、201、203、205页。
⑤ 《国父年谱》增订本，上册，第132页。

当先以发展交通为首要；而欲发展交通，当先以建筑铁路为最。①

中山先生另指出："铁路以外，尚有要紧之事，并且办法也稍微容易一点，这是什么呢？就是要想办法造道路（公路）。道路的造法较容易，而且最有利于国家，最有利于社会。……造铁路的费用很大，没有造道路便宜而容易。"② 又云："自动车（即汽车）与火车较，则自动车之速力，优于火车速甚，伦敦仅一处有自动车……今则到处皆有，且可以自动车的多寡，卜其文明之程度。吾国若能赶造铁路，并整理道路，则相离较近之地，可使自动车以代火车，往来大为迅速。"③

欧美等地铁、公路交通运输，影响了中山先生，在中国欲国家发展要迎头赶上，得先建设铁、公路。

（二）规划《实业计划》④

民国 10 年 4 月 25 日，中山先生于广州完成其英文本《实业计划》（*The International Development of China*，又名国际共同发展中国），民国 10 年 10 月 10 日，由廖仲恺、朱执信、林云陔、马君武四位同志将其译为中文。

中山先生为何要著《实业计划》？其在英文本之序言中指出："盖欲倾竭绵薄，利用此绝无仅有之机会以谋世界永久和平之实现也。……此政策果能实现，则大而世界，小而中国，无不受其利益。"另在中文本之序言中指出："欧战甫完之夕，作者始从事于研究国际共同发展中国实业，而成此六种计划。盖欲利用战时宏大规模之机器及完全组织之人工，以助长中国实业计划之发达，而成我国民之一突飞之进步，且以助各国战后工人问题之解决。"⑤

中山先生在演讲《民生主义》第二讲时指出："中国今日单是节制资本，仍不足以解决民生问题，必须加以制造国家资本，方可解决之。何谓制造国家资本呢？就是发展国家实业是也。其计划……又名实业计划。"⑥

---

① 《国父全集》第 3 册，（台）近代中国出版社，1989，第 461 页。
② 《国父全集》第 3 册，第 119 页。
③ 《国父全集》第 3 册，第 171 ~ 172 页。
④ 《国父全集》第 1 册，（台）近代中国出版社，1989，第 423 ~ 551 页。
⑤ 《国父全集》第 1 册，第 423、424 页。
⑥ 《国父全集》第 1 册，第 156 页。

又谓：照美国发达资本的门径，第一是铁路，第二是工业，第三是矿产。故中国要发展国家实业，首要便是发展交通运输事业，其次要赶快开采矿产和建设种种工业，因中国资本不足，必须借助外国资本不可，然主权须操之在我。[1] 中山先生所规划的《实业计划》，包括建筑铁路 10 万英里、碎石子路 100 万英里，创办机关车（火车头）、客货车等的制造工厂，长江三峡建坝，开发中西部等。

（三）演讲《民生主义》

中山先生立志革命救国后，由民前 9 年 10 月 25 日在檀香山演说至民国 13 年 11 月 28 日在日本神户演讲，内容为三民主义及有关的建设主张，不下 240 余次。

由民国 13 年 1 月 27 日起至民国 13 年 8 月 24 日止，作有系统的整理讲述，共讲了民族主义 6 讲，民权主义 6 讲，民生主义 4 讲。

就民生主义而言，两大重点如下：

一是民生主义就是社会主义，又名共产主义，即是大同主义[2]：

（1）用民生主义较之用社会主义或共产主义等名词为适当、切实，而且明了。

（2）民生主义主张的共产，是指"共将来"，不是共现在，其意是指在将来，也许是数千年，也许是数万年之后，当人类的道德非常高尚，物品的产量异常丰富之时，再来实施各尽所能、各取所需的共产主义。"这是人类最高的理想"。

二是民生主义的两个办法[3]：

（1）土地：平均地权。做法包括地主自报地价、照价征税、照价收买、涨价归公。农村除实施平均地权外，必须要耕者有其田。

（2）资本：一方面要节制私人资本。二方面要制造国家资本，就是发展国家实业，其计划即建国方略之物质建设，又名实业计划。

---

[1] 《国父全集》第 1 册，第 156~157 页。
[2] 《国父全集》第 1 册，第 129、136、148、154 页。
[3] 《国父全集》第 1 册，第 145~157 页。

（四）亲自手书《国民政府建国大纲》①

民国 13 年 4 月 12 日，中山先生亲自手书的《国民政府建国大纲》：

第二条建设之首要在民生。故对于全国人民的食、衣、住、行四大需要，政府当与人民协力，共谋农业之发展，以足民食；共谋织造之发展，以裕民衣；建筑大计划之各式屋舍，以乐民居；修治道路、运河，以利民行。

欲使人民过着丰衣足食、安居乐业的生活，这是属于物质层面。中山先生讲民生主义只讲了 4 讲，1953 年 11 月，蒋介石先生撰写了《民生主义育乐两篇补述》，这是属于精神层面的，从而完全了三民主义的思想体系。

三　今日大陆的铁路建设

今日大陆的陆、海、空运输，对支持与促进经济的发展与成长，都担负着重要任务。

就陆路运输而言，包括铁路与公路，长程、长距离、数量庞大的客、货，几都仰赖铁路运输。唯不必讳言，由于大陆土地广大，人口众多，以现有的铁路数量或长度，其运输量无法达成或满足客、货运输之需求。

所谓运输量是指运输部门在一定的时期内运送旅客和货物的数量，以运量和周转量表示。运量是运输部门实际运送的旅客人数和货物吨数，分为客运量和货运量。周转量则是全面反映运量和运输距离的运输生产量指标，分为旅客周转量和货物周转量。旅客周转量是一定时期内，运输部门实际运送的旅客人数和其运输距离的乘积。货物周转量则是一定时期内运输部门实际运送的货物吨数和其运输距离的乘积。②

以 2009 年的运输量为例③：

就客运量而言：铁路占 5.12%，公路占 93.35%，水运只占 0.75%，民航只占 0.78%。

---

① 《国父全集》第 1 册，第 623 页。

② 《互动百科》，http://www.hoodong.com/wiki/%E8%BF%90%E8%BE%93%E9%87%8F。

③ 《2010 年中国统计年鉴》，中国统计出版社，2010，第 626 页。

就货运量而言：铁路占 11.80%，公路占 75.32%，水运占 11.29%，民航仅占 0.02%，管道占 1.57%。

就旅客周转量而言：铁路占 31.73%，公路占 54.40%，水运占 0.28%，民航占 13.59%。

就货物周转量而言：铁路占 20.67%，公路占 30.45%，水运占 47.13%，民航占 0.10%，管道占 1.65%。

理论上，铁路的运输量大，运输距离也较长，其运输量与周转量都应名列前茅才是；但事实上，却又不尽然，铁路的客运量、货运量、旅客周转量、货物周转量，都落在公路之后，在在凸显了其建设的不足。

至 2009 年年底时，总长度达 85517.9 公里。[1] 至 2010 年年底则增至 9.10 万公里，居世界第二。[2] 但平均每平方公里拥有的铁路密度仅 0.0089 公里，平均每人拥有的铁路长度仅有 6.4 厘米，还不及一根香烟长度，致在全球的排名仍在中段之后。

诚如温家宝总理在 2003 年 11 月 23 日于中南海紫光阁接受美国《华盛顿邮报》采访时称："作为中国的总理，我感觉担子很重，工作难度很大，工作也做不完。13 亿人口，是一个很大的数字，如果你用乘法来算，一个很小的问题乘以 13 亿，都会变成大问题；如果你用除法的话，一个很大的总量，除以 13 亿，都会变成一个小数目。这是许多外国人不易理解的。"[3]

量虽不足，但在质的方面却相当尽力，在 2009 年年底时，电气化里程达 3.02 万公里[4]，名列全球第二，仅次于俄罗斯；复线里程达 2.87 万公里[5]，自动闭塞里程达 3.16 万公里。[6] 铁路营业里程占世界铁路总营业里程的 6%，却完成世界铁路 25% 的工作量，是世界铁路运输量最大的国家之一。[7] 铁路网形成了 8 纵信道与 8 横信道，铁路行车密度全球第一。

---

[1] 《2010 年中国统计年鉴》，第 627 页。

[2] 《中国铁路营业里程世界第 2，高铁营运里程排榜首》，《南海网》，http://www.big5.hinews.cn/news/system/2011/03/04/012107097.shtml。

[3] 《温家宝总理接受华盛顿邮报编辑采访（全文）》，《新华网》，http://big5.xinhuanet.com/gate/big5/news.xinhuanet.com/newscenter/2003-11/23/content1193918.htm。

[4] 《2010 年中国统计年鉴》，第 628 页。

[5] 《2010 年中国统计年鉴》，第 628 页。

[6] 《2010 年中国统计年鉴》，第 628 页。

[7] 《2007 年中国简况》，《中国网》，http://big5.china.com.cn/aboutchina/zhuanti/2007zgjk/node_7037334.htm。

四　今日大陆的公路建设

今日大陆在交通运输建设上最具成效的便属公路，一则公路总量快速增加，二则高速公路的建设突飞猛进，三则农村公路发展迅速。[①]

因铁路的数量或长度仍然不足，严重影响经济发展，故有大陆作者指出："我国铁路的总体发展仍比较滞后，运能尚处于紧绷状态，路网密度相对较低，平均每万人拥有的铁路长度，在世界上排名是 100 名之后；每万平方公里国土拥有的密度，在世界排名是 60 名之后；致运能与运量之间产生巨大缺口，使得春运期间一票难求的问题仍难以在短期间内解决……铁路的春运潜力已挖至极限，局部地区有货运不出的矛盾。"[②]

以前述 2009 年的运输量为例：公路运输在客运量、旅客周转量、货运量，始终都居第一，铁路运输次之，水路运输又次之，凸显了公路运输大大弥补了铁路运输能力的不足，也显示出公路运输对大陆经济的发展，厥功最伟。

依据世界贸易组织公布的数据，2009 年，中国大陆是世界第二大贸易国，进出口总额达 22072 亿美元，仅次于美国的 26607 亿美元，排名第三的德国为 20523 亿美元。[③] 由于大陆进出口贸易的蓬勃发展，对外的远洋贸易量不断上升，水运周转量增加，因水运运输的航程远，故在货物周转量上，水运居第一，公路次之。

2004 年年底时，公路总长为 187.07 万公里，由 2005 年起，大陆将村道正式纳入公路的里程统计，致这一年年底，公路里程高达 334.52 万公里，2009 年年底时，则已达到 386.08 万公里。[④]

早在 1992 年时，大陆发布实施《五纵七横国道主干线系统规划》，由 5 条纵线和 7 条横线组成。这 5 条纵线是：同江—三亚、北京—福州、北京—珠海、二连浩特—河口、重庆—湛江；7 条横线是：绥芬河—满洲里、

[①] 《中国公路建设 60 年：从 8.07 万公里到 373 万公里》，《中国经济网》，2009 年 8 月 14 日。http://www.ce.cn/cysc/ztpd/op/jtys/glsl/200908/14/t20090814_ 19583982.shtml。

[②] 王军华：《人均铁路长度不足一根香烟，铁路春运潜力已挖至极限》（2006 年 2 月 9 日），《北京晚报》，http://society.people.com.cn/GB/1063/4089868.html。

[③] 《2010 年中国统计年鉴》，第 1030 页。

[④] 《2010 年中国统计年鉴》，第 628 页。

丹东—拉萨、青岛—银川、连云港—霍尔果斯、上海—成都、上海—瑞丽、衡阳—昆明。这 12 条主干线全是二级以上的高等级公路，其中高速公路约占总里程的 76%、一级公路占 4.5%、二级公路占 19.5%。规划的这 12 条主干线连接了首都、各省省会、直辖市、经济特区、主要交通枢纽和重要的对外开放口岸，覆盖了全大陆所有人口在 100 万人以上的特大城市和 93% 的人口在 50 万以上的大城市，经过 15 年的建设，2007 年年底建设完成，总长约 3.5 万公里。①

今日大陆的铁路建设，若与孙中山先生的《实业计划》相较，尚有一段距离。② 但公路建设则大大地超过了《实业计划》的设想。无论铁路、公路等交通建设，在政治上、军事上、经济上，都有其一定的作用，就经济上而言，可以调配供需、互通有无，更可以开发资源、富国裕民。一个国家或地区，其交通建设的网络愈密，该处的经济就愈发展，今日大陆的经济发展与其交通建设是互为影响，与其相辅相成的。

五　机车（火车头）车辆工业

1949 年之前，中国大陆铁路上行驶的机车、车辆，绝大部分系依赖进口，前清及国民政府时期虽有创办机车制造工厂，但所生产出的产品，杯水车薪，质与量均明显不足。

中共建政后，铁路部门接受俄援，开始建设机车车辆工厂，1952 年制成蒸汽机车，1958 年有内燃机车（柴油机车），1960 年研发自制电力机车，1998 年自行开发制造动车组。

所谓动车组，是城际和市郊铁路实现小编组、大密度的高效率运输工具，以其编组灵活、方便、快捷、安全、可靠、舒适为特点的而备受世界各国铁路运输与城市轨道交通运输的青睐，欧美、日本系从 20 世纪下半叶

---

① 王恒斌：《交通部公路司公路建设处》，"五纵七横国道主干线基本建成"，《2008 年中国交通年鉴》，中国统计出版社，2008，第 209 页。

② 《实业计划》设计的铁路全长约 7.6 万英里，另有多数干线当铺双轨（复线），故至少应有 10 万英里。由于外蒙古已于民国 35 年元月脱离中华民国独立，原先在其境内设计有 7000 英里长的铁路应予扣除；复次，有不少人认为中山先生规划在人口稀少、气候恶劣的青康藏高原上要修筑 16 条铁路组成的庞大高原铁路系统，现阶段应无必要，是以再将此一部分 1.1 万英里扣除，则只须建 5.8 万英里，约等于 9.28 万公里长的铁路。

开始大规模研制并运用动车组，大陆也于 20 世纪 90 年代起研制动车组。[①]
我们通常看到的电力机车和内燃机车，其动力装置都集中安装在机车上，
在机车后面挂着许多没有动力装置的客车车厢，如果把动力装置分散安装
在每节车厢上使其具有牵引动力，又可以载客，这样的客车车辆便叫做动
车，而动车组就是几节自带动力的车辆加几节不带动力的车辆编成一组，
带动力的车辆叫动车，不带动力的车辆叫拖车。[②]

大陆铁路机车、车辆的制造管理机构，为适应变迁，尤其是改革开放
后，为推动走社会主义市场经济道路，改实施公司化、股份制。

其发展沿革如下[③]：

第一阶段：由 1949 至 1985 年

从铁道部厂务局，到机车车辆制造局、修理局，之后又经几次调整，
1975 ~ 1985 年改名铁道工业局，行使政企合一职能，对所属工厂和研究所
实行统一领导和全面管理。

第二阶段：由 1986 至 1995 年

从改组工业总局为工业总公司，到转变为企业性质的中国铁路机车车
辆工业总公司。

第三阶段：由 1996 至 2000 年 9 月

改组总公司为控股公司，名称为中国铁路机车车辆工业总公司，简称
中车公司，进行资产经营。

第四阶段：由 2000 年 9 月至 2008 年 6 月

与铁道部脱钩重组，分立为南北两个集团公司，互相竞争。

第五阶段：由 2008 年 6 月迄今

中国南方机车车辆工业集团公司于 2007 年 10 月改造为中国南车股份
有限公司；中国北方机车车辆工业集团公司于 2008 年 6 月改造为中国北车
股份有限公司。

由 1949 至 2009 年，60 年来，各机车车辆工厂共生产各种机车 23700

[①] 《中国火车百年史》（2006 年 12 月 26 日发表），《旅游信息》，http：//unisunprint. net/
bbs/thread - 15349 - 1 - 1. html。

[②] 《中国火车百年史》，《旅游信息》。

[③] 《中国北车股份有限公司》，《互动百科》。http：//www. hudong. com/wiki% E4% B8% AD%
E5% 9B% BD% E5% 8C% 97% E8% BD% A6% E8% 82% A1% E4% BB% BD% E6% 9C% 89%
E9% 99% 。

多台（其中蒸汽机车 9700 多台，内燃机车 11000 多台，电力机车 2800 多台），各种客车 45600 多辆，各种货车 69.67 万多辆。[①] 今日大陆所需之机车、客货车，除素质提高外，并能完全自制内燃机车、电力机车、动车组，且外销内燃机车与有关客货车至东南亚、中东、非洲、南美洲等地。[②]

六 汽车工业

今日大陆的汽车工业始于 1953 年长春第一汽车制造厂在苏联的帮助下，引进其汽车制造技术，建立了第一家大规模的中型汽车制造厂，1956 年为中共生产了第一辆自己制造的汽车，1987 年被批准成为全国三大轿车生产基地之一，亦是全国三大汽车制造商之一。[③] 另外两个如下：

上海汽车工业（集团）总公司，最早的名称是上海市动力机械制造公司，成立于 1958 年，同年制成第一辆凤凰牌轿车，后改名上海牌轿车，其后上海大众汽车有限公司成立，上海汽车工业（集团）总公司于 1995 年 9 月在上海成立，不久上海通用汽车有限公司成立；2004 年 7 月，上海汽车工业（集团）总公司首次进入《财富》世界 500 强，同年 12 月，上海汽车集团股份有限公司成立。[④]

按销售统计：上海汽车工业（集团）总公司已是今日中国最大的汽车制造商。[⑤]

湖北省十堰市第二汽车制造厂，于 1969 年 "文化大革命" 时期建造，1990 年代改名为东风汽车公司。[⑥]

1980 年时，大陆共生产了 22 万辆汽车，厂家达到 200 家左右，每家的平均生产量也只有年产 1000 辆左右。第一汽车制造厂的生产能力为年产

---

① 《回顾新中国铁路建设 60 年》，《中国物流产品网》，http：//www. 56products. com/hnew/focus/2009 - 09 - 25/content04. html。

② 《中国柴油机车列表》，《维基百科》，http：//zh. wikipedia. org/zh - tw/% E4% B8% AD% E5% 9B% BD% E6% 9F% B4 E6% B2% B9%。

③ 《中国长春第一汽车制造厂》，http：//www. cvs. expo. com/html/zhanhuijigou/qiyezhanshi/20070820/514. html。

④ 《上海汽车工业（集团）总公司》，《维基百科》，http：//zh. wikipedia. org/wiki/% E4% B8% 8A% E6% B5% B7% E6% B1% BD% E8% BB% 8A。

⑤ 《上海汽车将从母公司手中收购人民币 286 亿的资产》，2011 年 4 月 6 日《华尔街日报》。http：//cn. wsj. com/big5/20110406/MKT090805. asp？ sourse = rss。

⑥ 《第二汽车制造厂》，http：//gaige. rednet. cn/c/2008/04/15/1484945. htm。

6万辆，主要产品是货车，也生产中国大陆最有名的红旗牌轿车。1984年上海汽车和大众公司设立合作汽车厂，开始生产轿车。1990年代其他外资企业投资中国，设立合作汽车厂，当时买车的大部分是租车公司，2002年前后以来，由于个人所得增长，一般民众开始购买私人汽车，这一年，大陆的汽车生产超过100万辆。①

2000年时，世界最大汽车生产国是美国，其次分别是：日本、德国、法国、韩国，中国大陆排名第八。②

2008年时，日本成为世界最大的汽车生产或制造国，中国大陆第二，美国第三；中国大陆生产的汽车包括一般乘用车、轻型卡车等，制造企业主要包括本土制造商以及合资企业，如通用汽车（GM）、本田（Honda）、丰田（Toyota）和福斯（Volkswagen）等，至于美国的车厂很大比重的产能，外包到加拿大和墨西哥，这也是造成美国汽车产量下滑的主要原因。③

2009年时，中国大陆的汽车生产量跃居世界第一。

2010年时，中国大陆连续第二年保持第一汽车制造大国的地位，共生产了1826万辆；日本以960万辆的年产量排名世界第二；美国排名第三，产量为776万辆；德国排名第四，产量为590万辆。④

表面上看，2010年时中国大陆汽车的产销分别是1826.47万辆和1806.19万辆，均居全球第一，是汽车大国，但欲成为汽车强国、追赶先进国家则有相当距离，一是中国大陆的汽车工业虽发展迅猛，潜力很大，但技术和知识产权仍面临强大挑战；二是中国大陆的汽车品牌附加价值较低，无法在世界上立于强者之林。由于知识产权和品牌难以逾越，需要多长时间方可以解决此一问题，无法断定。⑤

---

① 《中国汽车制造业》，《维基百科》，http：//zh. wikipedia. org/wiki/% E4% B8% AD% E5% 9B% BD% E6% B1% BD% E8% BD% A6% E5% 88% B6% E9% 80% A0% E4% B8% 9A"。

② 《中国汽车产量全球第8》，2001年8月14日（香港）《文汇报》，http：//news. wenweipo. com/2001/08/14/INO108140044. htm。

③ 《超越美国、威胁日本，中国汽车产量全球No.2》，《电子工程专辑》，http：//www. eettaiwan. com/ART_ 8800568322_ 480202_ NT_ eb2a356c. HTM。

④ 《去年中国汽车产量连续第2年排名世界第1》，《香港新闻网》，2011年3月24日，http：//www. hkcna. hk/content/2011/0324/92863. shtml。

⑤ 《产销稳居全球第一，中国汽车驶向何方？》，《优讯》，http：//big5. china. com. cn/info/auto/2011 –03/13/content_ 22122660. htm。

七　高速公路发展现况

今日世界的第一条高速公路是德国的艾伏斯公路，它是 1932 年所建造。① 至孙中山先生在著《实业计划》时，当时的时空环境，尚未出现高速公路，故不可能论及。

大陆自 1979 年初推动改革开放后，每年的经济增长率平均几达两位数，但与之相对应的基础建设如交通运输系统之数量，却严重不足，会制约经济的发展。

今日大陆的第一条高速公路是 1984 年 12 月 21 日动工兴建的沪嘉高速公路，1988 年 10 月 31 日建成，长 15.9 公里，这是首期工程；二期工程于 1991 年 12 月动工，1993 年 12 月竣工，长 2.746 公里，两者加起来全长 18.646 公里，沪嘉高速公路的建成，承担了上海市区至嘉定 56% 的客货运交通量。② 经济上的效益是显而易见的。

至 2009 年年底，高速公路总长达到 6.51 万公里。③ 名列全球第二，依据世界银行发布一份名为《中国的高速公路：连接公众与市场，实现公平发展》的报告，指出其能快速发展的五大因素为④：

（1）中国大陆制定了以 5 年计划为基础的长远发展规划。

（2）中央政府投资力度不断地加大和地方政府共同的努力。

（3）通过自筹资金和国内外贷款，集中中央和省级政府的资源。

（4）大部分的高速公路都属新建工程，实施时对已有的网络影响不大。

（5）大量国内有资质的建设公司和设计工程师，满足了空前的建设需求。

世界银行的报告另外指出，目前中国大陆用在高速公路的投资与美国、日本高速公路网扩展初期的投资大体相当；美国、日本都花了超过 40

---

① 《高速公路》，《维基百科》，http：//zh. wikipedia. org/wiki% E9% AB% 98% E9% 80% 9F% E5% 85% AC% E8% B7% AF。

② 《中国大陆第一条高速公路——沪嘉高速公路》，《中共上海市嘉定区委统战部》，http：// www. tzb. jiading. gov. cn/sub. asp？ id＝25&d＝tab_ jiading。

③ 《2010 年中国统计年鉴》，第 628 页。

④ 《世行：五大关键因素促进中国高速公路迅速发展》，《中国经济网》，http：// big5. ce. cn/cysc/jtys/gonglu/200702/21/t20070221_ 10476382. shtml。

年的时间来建设其国家高速公路网，美国的建设始于 1950 年代中期，日本稍晚，大约滞后美国 10 年；至于中国大陆的高速公路建设历史不过 20 年，且主要系集中在 1990 年后的 15 年间。[①]

有关国家高速公路网的布局，中共交通运输部一直反复修改和论证在 5 年计划中启动编制的《国家高速公路网规划》，最终完成 7 条首都放射线、9 条南北纵向线、18 条东西横向线，简称"7918 网"，总规模 8 万多公里。[②]

今日中国大陆，高速公路网仅占公路总里程的 2%，却承担了约 20% 的行驶量。2005 年的公路客、货平均运距为 55 ~ 65 公里，而高速公路的平均运距则达到 400 ~ 450 公里，大约是普通公路的 7 ~ 8 倍；高速公路比普通公路节约时间 50% 以上；运输成本降低 30% 左右；从而增强了综合运输通道的运力和运量。再者，高速公路的建设，每 1 元的投入能带来 3 ~ 4.6 元的收益，经济效益显著；每 1 亿元的投资能带来约 1 万人的就业；在提供相同通行能力的条件下，土地占用量仅为普通双车道公路的 50% ~ 66%；事故率比普通公路降低 40%，汽车废气的排放量仅为普通双车道公路的 1/2 到 1/3。[③] 时间就是金钱，高速公路发挥的功效是肯定的。

八　高速铁路发展现况

"二战"后，工业发达国家方开始对高速铁路进行大量的研究与实验，1964 年日本建成世界上第一条最高时速达 210 公里的东海道新干线；此后，法国、英国、联邦德国分别于 1967、1976、1978 年等相继建成最高时速达 200 公里的高速铁路线。[④] 故孙中山先生在著《实业计划》时，当时的时空环境，尚未出现高速铁路，致不可能论及。

中国大陆由于地广、人众，加上改革开放后，经济迅速发展，其火车运输与世界各国相较，不论客运量、货运量、换算周转量、行车密度等，

---

① 《世行：五大关键因素促进中国高速公路迅速发展》，《中国经济网》。
② 王德荣：《中国高速公路通车总里程世界第二》，2008 年 12 月 29 日发布，《晋城在线》，http：//www. jconline. cn/big5/Contents/Channel_ 2439/2008/1229/171362/content_ 171362. htm。
③ 《中国第一条高速公路》，《中国高速公路 China Expressway》，http：//www. maol. cn/Article/ziliao/200905/991. html。
④ 《中国大百科全书·交通》，中国大百科全书出版社，1986，第 136 页。

均居世界第一。① 即或如此，其运能始终无法满足运量的需要，解决之道
包括：

（一） 加强建设铁路运输线路的质量，用以提高运输的数量

单位:%，公里

项　目	1990 年	1995 年	2000 年	2008 年	2009 年
国家铁路营业里程	53378	54616	58656	63975	65491
复线里程	13024	16909	21408	26599	28682
占营业里程比重	24.4	31.0	36.5	41.6	43.8
自动闭塞里程	10370	12910	18318	28100	31619
占营业里程比重	19.4	23.6	31.2	43.9	48.3
电气化线路里程	6941	9703	14864	25007	30243
占营业里程比重	13.0	17.8	25.3	39.1	46.2

资料来源：《2010 年中国统计年鉴》（中国统计出版社，2010），第 636 页。

（二） 重要大城市建地下铁，上海则建有磁浮铁路

北京是早在 1965 年 7 月便开始修建地下铁路，1969 年 10 月建成
通车（台湾称为捷运）。时至今日，中国大陆建有地下铁路的城市还包
括天津、上海、广州、深圳，至于香港在 1979 年 10 月即建有地下
铁路。

上海于 2001 年 3 月动工兴建磁浮铁路，西起上海地铁 2 号线龙阳路站
南侧，东至浦东国际机场 1 期航站楼东侧，全长 30 公里，行车只需 8 分
钟，2004 年初投入营运。大陆媒体认为，上海高速磁浮列车的通车，是大
陆交通建设的历史时刻，其最大的意义是对兴建连通北京与上海的京沪高
速铁路以及其他铁路系统都有重要参考价值，连接北京与上海 3 个小时抵
达的时代来临。②

---

① 《精彩中国》，《新华网》，http://big5.xinhuanet.com/gate/big5/politics/2007 ＿ 10/
04content＿ 6830639. htm。所谓换算周转量是指全部的货物周转量和旅客周转量的总和。
② 2003 年 1 月 1 日（台）《联合报》第 3 版，焦点，http://memo.cgu.edu.tw/yun‐ju/CGVWeb/
Sciknow/phynews/emglev. htm。

（三）兴建高速铁路

大陆第一条高速铁路：京津城际铁路，于 2006 年初动工兴建，历时 2.5 年完工，于 2008 年 8 月 1 日正式通车，全长 120 公里，时速可达 355 公里，由北京至天津仅需 27 分钟。①

2008 年 4 月动工兴建京沪高速铁路，连接北京与上海总长 1318 公里，为全球最长的高速铁路，设计时速 350 公里，届时将可解决京沪铁路超负荷 4 倍的运行问题。② 2011 年 5 月开始试运，6 月 30 日正式营运。

武（汉）广（州）高速铁路于 2009 年 12 月 26 日建成通车营运，全长 1068.6 公里，时速 350 公里，是当今世界上一次建成里程最长，营运速度最快的高速铁路。③

至 2010 年 9 月，大陆拥有 6500 多公里，时速超过 220 公里的高速铁路，居全球第一。④

九　建设成就与问题挑战

建设成就

（一）工程最为艰难的青藏铁路建成通车

由孙中山，经毛泽东，至邓小平，几代人的梦想终于实现，也达成了自 1950 年代起即喊出"各省、自治区、市通铁路"的愿望。

1958 年 7 月、大陆动工兴建兰青铁路（甘肃兰州—青海西宁，全长 216 公里），1959 年 9 月建成。"文化大革命"结束，"中共当局"决定修建青藏铁路（青海西宁—西藏拉萨，全长 1956 公里），1979 年青藏铁路第一期工程由西宁至格尔木段的 814 公里铺轨完成，1984 年通车营运；2001 年 6 月第二期工程由格尔木至拉萨段的 1142 公里动工兴建，工程至为艰

---

① （台）《中国时报》，2008 年 6 月 28 日 A13 版，亓乐义综合报道。
② （台）《中国时报》，2008 年 4 月 19 日 A17 版，林克伦上海报道。
③ （台）《中国时报》2009 年 12 月 27 日 A14 版。（台）2009 年 12 月 27 日《中国时报》A13 版。
④ 《美国铁路速度及技术被中国等国家赶上》，《aTV 亚视新闻》，2010 年 9 月 7 日，http：//www.hkatvnews.com/v3/share_out/_content/2010/09/07/atvnews_142996.html。

巨，面临世人公认的三大难题：多年冻土层的施工技术问题、高山缺氧施工者的生命安全问题、如何维护环保与野生动物的保育问题。① 最终都一一给予克服。

2006 年 7 月 1 日，青藏铁路正式通车营运，由北京可直达拉萨。

（二）高速公路之建设发展快速

自 1988 年建成第一条高速公路后，其建设便快速地发展，2001 年年底达 1.9 万公里，即跃居全球第二。② 第三名为加拿大，通车总里程为1.65 万公里；第四名德国，拥有 1.1 万公里；第五名法国，拥有 1 万公里。至 2008 年年底止，全世界已有 80 多个国家和地区拥有高速公路，通车总里程超过 23 万公里，高速公路的建设和发展，是一个国家和地区经济发展水平的风向标③。其他国家如意大利拥有 8860 公里，日本有 7393 公里，英国有 3300 多公里。④

2010 年年底，大陆的公路网总里程达到 398.4 万公里，其中高速公路通车里程为 7.4 万公里，仍居世界第二，第一的是美国，拥有约 10 万公里。⑤

（三）高速铁路的建设令人刮目相看

大陆高速铁路的建设起步虽晚，但发展却最快。至 2010 年年底时，高铁投入营运的里程达到 8358 公里，高居世界第一。2010 年 12 月 3 日，其国产的"和谐号" CRH380A 新一代的高速动车组在京沪高铁先导段创造了时速 486.1 公里的世界高铁最高实验营运的新纪录，时至今日中国大陆已一举成为世界上高速铁路发展最快、系统技术最全、集成能力最强、营

---

① 《新华网》，2004 年 10 月 14 日，http：//www. china. com. cn/chinese/zhuanti/qztljs/680096. htm。《新华网》，2005 年 7 月 28 日，http：//www. china. com. cn/chinese/zhuanti/qztljs/926809. htm。《新华网》，2004 年 10 月 6 日，http：//www. china. com. cn/chinese/PI_ c/673478. htm。

② 《中国高速公路通车逾 6 万公里》，《文汇网》，2010 年 1 月 18 日，http：//bj. wenweipo. com/? action_ viewnews_ itemid =741。

③ 《高速公路》，《百度百科》，http：//baike. buidu. com/view/13570. htm。

④ 《中国高速公路发展史》，《相约海威》，2009 年 4 月 22 日发布，http：//hi. baidu. com/% CF% E0% D4% BC% CD% FE% BA% A3% blog/item/403fb7fc9cdbed4dd〉887db7. html。

⑤ 《中国高速公路通车里程 7.4 万公里，仍居世界第二》，《金融理财》，2010 年 12 月 28 日，http：//finance. sina. com/bg/chinamkt/xinhuanet/20101228/0206201970. html。

运里程最长、营运速度最高、在建规模最大的国家。①

（四）公路建设大大超过孙中山先生《实业计划》的构想，在大陆的交通运输中担负重要任务

孙中山先生在当时的时空背景下，所规划建筑的公路虽长达100万英里（160万公里），但只是"碎石子路"而已，谈不上类似今日高等级的柏油路面。

大陆推动改革开放后，每年的经济成长率平均达到9.7%②，但铁路建设每年平均只增加893公里，反而不及改革开放前每年平均约增加1000公里③，由于基础建设中的铁路发展不足，致其运输能力始终无法满足运输的需求数量，最明显的现象，在年节假日，客运上非常吃紧，往往一票难求；货运上大批的货物无法及时运送，或延宕抵达。

幸而大力建设了公路，弥补了铁路、水运、民航等运输能力的不足。让大陆人最有自信的是在2020年时，基本建成国家高速公路网，届时通车里程将达10万公里。④追上美国，甚至成为全球之最。

问题挑战

（一）除铁路建设长度不足，使运能与运量间有巨大落差外，而铁路建设的速度也是缓不济急

孙中山先生在其《实业计划》中，是主张在10年内建筑铁道10万英里，即16万公里，若扣除外蒙古、青康藏高原，则至少仍应建92800公里，即平均每年须建9000公里以上，方足以适应经济发展之需要或迎头赶上西方。大陆改革开放后，经济发展相较于过去，是快速的成长，但铁路

---

① 《中国铁路营业里程世界第二，高铁营运里程排榜首》，《南海网》，http://www.big5.hinews.cn/news/system/2011/03/04/012107097.shtml。

② 林毅夫：《解读中国经济》，（台）《时报文化》，2009年3月1日，《三民网络书店》，http://www.sanmin.com.tw/page-product.asp? pf_ id =99k155m10m107Q63e108r68k111u121。中国大陆改革开放后，这30年来的年平均经济成长率，版本不同，说法就不同，9.5%、9.6%……到10%都有。

③ 中国大陆由1979年至2007年，28年共增建2.5万公里，每年平均增建893公里；由1949～1978年，29年共建2.99万公里，每年平均增建1000多公里。

④ 《中国高速公路通车逾6万公里》，《文汇网》，2010年1月18日发布。

的建设相较于过去，其速度似乎不及以往，当然会制约经济的发展，幸公路建设大有成就，公路运输在不少方面代替了铁路运输，改革开放前，每年平均增建 2.89 万公里，改革开放后，则达 3.77 万公里①，尤其自 1988 年起建高速公路，幸公路建设大有成就，弥补了铁路运输的不足。

（二）重大铁路事故频传，致老百姓的生命、财产遭受严重损失

（1）1988 年 1 月 24 日，昆明往上海的 80 次特快列车，行至贵昆线且午至邓家村时翻倒，造成 88 人死亡，202 人受伤。

（2）1988 年 3 月 24 日，南京往杭州的 311 次列车因冒进信号，与长沙往上海的 208 次列车正面相撞，造成 28 人死亡，99 人受伤。遇难者包括 1 名日本教师和 26 名日本学生。

（3）1993 年 7 月 10 日，北京往成都的 163 次列车，行至京广线新乡南场至七里营间，与前行的 2011 次载货列车追尾冲撞，造成 40 人死亡，48 人受伤。

（4）1997 年 4 月 29 日，昆明往郑州的 324 次列车，行至京广线湖南荣家湾站时，与停在该站长沙开往茶岭的 818 次列车相撞，造成 126 人死亡，230 人受伤。

（5）2008 年 1 月 23 日，北京往青岛的列车行驶至胶济线安丘至昌邑时，撞倒正在路轨上工作的工人，造成 18 人死亡，9 人受伤。

（6）2008 年 4 月 28 日，北京往青岛的 T195 次列车行至山东省胶济铁路周村至王村间因超速脱轨，与烟台至徐州的 5034 次客车相撞，造成 71 人死亡，416 人受伤。②

台湾的《中国时报》指出，大陆铁道部政企不分，导致球员兼裁判，致问题丛生；因铁道部作为中央部委，应该是监督管理机构，但又同为中央级企业，致铁道部又负担着营利的任务，加上铁道系统内的利益纠葛以及公检法体系，铁道部俨然是中国政府体制内的"酷斯拉"（怪兽），叫不

---

① 1949 年中共建政时，公路里程 8.07 万公里，改革开放前夕的 1978 年为 89.02 万公里，由 1950 至 1978 年的 28 年间共增建了 80.95 万公里，平均每年增建 2.89 万公里。2004 年时为 187.07 万公里，26 年间共增建了 98.05 万公里，平均每年增建 3.77 万公里。参阅《2008 年中国统计年鉴》（中国统计出版社，2008），第 606 页。

② 以上事故资料引自《中国大陆近年的重大铁路事故》，《亚洲周刊》，http://www.yzzk.com/cfm/Content_ Archive.cfm? Channel = br&path = 3522178462/18br4b.cfm。

动，改不成，革不了，难怪会事故丛生①。包括腐败相当严重。

（三）交通运输领域，官员贪腐情形相当严重

中共官方坦承，大陆的工程建设，当大量的资金拥向高速公路、高等级公路等的设施建设时，工程的发包和承包让交通部门门庭若市，稍不注意就出现腐败、漏洞。②

2011年2月，铁道部部长刘志军因贪污被免职，总理温家宝于2月27日说，最近刘志军因严重违纪而被免去职务并接受审查，这反映了党和政府的决心，无论什么人，有多高的职务，只要他违法乱纪、贪污受贿，都会受到严厉惩处，在这个问题上绝不能手软③。

大陆这些年扫贪打黑，依据国际透明组织（Transparency International）从1995年起每年都公布的各国官员清廉度排行榜，以2010年为例，全球共有178个国家与地区接受评比，以亚洲四个华人治理的国家或地区为例：新加坡官员的操守（清廉度）排名全球第1，中国香港排第13名，中国台湾排第33名，中国大陆排第78名，大陆排名较过去虽有进展，但显示贪腐仍相当严重。

孙中山先生在其所著《孙文学说》中指出，中国贫弱的原因在于"官吏贪污，政治腐败之危害也；倘此害一除，则致中国之富强，实头头是道也。……国害（官员贪污、政治腐败）一除，则国利自兴，而富强之基于是乎立"④。其后民国12年2月20日在香港大学演讲《革命思想之产生》指出："香港政府官员皆洁己奉公，贪赃纳贿之事绝无仅有，此与中国情形正相反；盖中国官员以贪赃纳贿为常事，而洁己奉公为变例也。……英国及欧洲之良政治，并非固有者，乃人经营而改变之耳，从前英国政治亦复腐败恶劣。……中国对于世界他处之良好事情皆可模做，而最要之先着，厥为改变政府。"⑤

大陆工程建设面临的问题与挑战甚多，诸如高速公路之建设失控，坏

---

① 林克伦：《政企不分，中国铁道部问题丛生》，2008年4月29日（台）《中国时报》A13版。

② 《中国交通领域腐败严重，九名交通厅长下台》，2004年3月8日发布，《大纪元》，http://www.epochtimes.com/b5/4/3/8/n481115.htm。

③ 《温家宝谈刘志军被免职，反贪腐不能手软》，2011年3月1日，《华夏经济网》，http://hk.huaxia.com/xw/gdxw/2011/03/2310689.html。

④ 《孙文学说》，《国父全集》第一册，第402页。

⑤ 《国父全集》第三册，第324页。

账风险增高；另官方坦承，在没有相应的监督、沟通下，出现许多"一尺未通，使万丈闲置"的断头路，全大陆现约有 6000 多公里的高速公路，未真正连通，不少高速公路在省界附近，往往戛然而止无路可行①。

改革开放后，强调"承认落后，才能改变落后；学习先进，才能超越先进"。这是至理名言，一方面，知耻近乎勇，才能急起直追，冀能迎头赶上；另一方面，则派遣大量留学生到美国、欧洲、日本等地，学习他们先进的科学技术与管理知识。这些年来，大陆的铁路、公路之建设与发展，现阶段已实现前一句话，未来须加强行政管理，杜绝浪费，澄清吏治，整饬贪渎，做到实事求是，才有机会超越先进。

作者单位、职务：台湾明新科技大学人文社会与科学学院院长

---

① 《大陆高速公路建设失控，坏账风险高》，2009 年 8 月 9 日（台）《中国时报》A13 版，转引自《华夏时报》之报道。

孙中山思想中的功利主义色彩

✐ 王宏斌

孙中山先生在向西方寻求真理过程中阅读了许多书籍。无论是法国启蒙思想家的著作，还是英国古典经济学的经典，抑或是欧美各种社会主义流派的作品，都是他的涉猎范围。过去，人们在研究孙中山民生主义思想渊源时，比较重视其土地单税制、社会分工理论、生产要素论、劳动价值论以及分配论的思想渊源，在这方面取得了比较丰硕的研究成果①。相比而言，人们很少注意其与英国功利主义的思想联系。笔者在阅读孙中山先生关于民生主义的论著时，发现他的许多思想看法，或者直接继承，或者有所批判，都与19世纪的英国功利主义发生了某些联系。这在孙中山思想研究中不应被忽视。

一 "取善果"与"避恶果"

功利主义者承认，功利是各种道德生活的根本。当我们对于一个行为予以赞成或不赞成的时候，我们要看该行为是增多了还是减少了"利益有关者"的"幸福"。这一原则被称为"最大多数人的最大幸福"原则。"所谓幸福，是指快乐和免除痛苦；所谓不幸，是指痛苦和丧失快乐"。②"幸福"在功利主义者看来，既是精神的又是物质的，等同于实惠、好处、

---

① 夏良才：《论孙中山与亨利·乔治》，载孙中山研究国际学术讨论会文集《孙中山和他的时代》中册，中华书局，1989，第 1462～1481 页。王宏斌：《西方土地国有思想的早期输入》，《近代史研究》2000 年第 6 期；王宏斌：《孙中山对欧洲古典经济学的继承与批判》，《民国档案》2008 年第 5 期。

② 〔英〕约翰·穆勒：《功利主义》（*Utilitarianism*），徐大建译，世纪出版集团 上海人民出版社，2008，第 7 页。

快乐和利益。边沁这样解释说，"功利"的性质，是指倾向于对利益有关者带来实惠、好处、快乐、利益或幸福，或者倾向于防止利益有关者遭受损害、痛苦、祸患或不幸①。

功利主义者强调"幸福"是人生追求的唯一目标。他们认为，人的一生都受痛苦和快乐这两个情绪来支配。边沁在其著作中开宗明义道："自然把人类置于两位主公——快乐和痛苦——的主宰之下。只有他们才指示我们应当干什么，决定我们将要干什么。是非标准，因果联系，俱由其定夺。凡我们所行、所言、所思，无不由其支配。"② "人生的终极目的，就是尽可能地免除痛苦"③，"趋乐避苦"或"趋利避害"。人类的行为有两个基本动机：一是直接追求幸福感；二是追求那些足够引起快乐，间接产生幸福的东西（即利益）。既然人生的目的如是，那么，判断一切事物或行为的好与坏、善与恶的标准就是看它是否增进了"利益有关者"的幸福。凡是有助于增进幸福的就是好的，就是善的；凡是增加"利益有关者"痛苦的就是坏的，就是恶的。边沁这样表述道："功利主义原理是指这样的原理，它按照看来势必增大或减小利益有关者之幸福的倾向，亦即促进和妨碍此种幸福之倾向，来赞成或非难任何一项行为。我说的是无论什么行动，因而不仅是私人的每项行动，而且是政府的每项措施。"④ 这里的"利益有关者"既可以是行为者本人，也可以是"一般的共同体"。功利主义试图以功利来概括全部人的行为动机，把快乐当做道德的唯一价值，把追求快乐当做人生的唯一目的，忽略了人的需要的多样性，经不起现代心理学研究成果的考验。

如同功利主义的概念一样，孙中山从人的感性经验出发，也将人们道德标准的体验简单归结为"幸福"与"疾苦"，并且认为追求幸福生活乃是人类社会发展的原始的"主动力"。"人类之在社会，有疾苦、幸福之不同，生计实为其主动力。盖人类之生活，亦莫不为生计所限制。"⑤ 在他看来，人类物质文明和技术在 18 和 19 世纪取得了空前的进步，"文明有善

---

① 〔英〕边沁：《道德与立法原理导论》（*An Introduction to the principles of morals and Legislation*），时殷弘译，商务印书馆，2009，第 57 页。

② 〔英〕边沁：《道德与立法原理导论》，时殷弘译，第 57 页。

③ 〔英〕约翰·穆勒：《功利主义》，徐大建译，第 12 页。

④ 〔英〕边沁：《道德与立法原理导论》，时殷弘译，第 58 页。

⑤ 孙中山：《在上海中国社会党的演说》（1912 年 10 月 14 日），《孙中山文集》上册，团结出版社，1997，第 329 页。

果，也有恶果，须要取那善果，避那恶果"。① 孙中山在这里所说的"取善果"和"避恶果"，与功利主义所强调的"趋乐避苦"的意思十分相近，思维方法应当是一脉相承的。尽管前者的主体是指整个社会，而后者指的是"利益有关者"的团体，相互之间只有群体大小的差异，并不影响其推理判断。在孙中山看来，欧美文明的结果尚未达到功利主义者的预期，并没有实现"最大多数人的最大幸福"，恰恰相反，欧美文明的"善果"被少数富人所享有，而贫民不仅没有享受到"善果"，反而承受的是"恶果"。少数人垄断技术进步带来的巨大利益，"把持文明幸福"，多数人贫穷甚于前代，无法享受文明带来的幸福生活，这在孙中山看来是极不公正的、极不平等的，需要进行"社会革命"。欧洲人"不愿少数富人专利，故要社会革命"。大多数人起来"革此少数人之命"，便是追求最大多数人的最大利益。"趋乐避苦"或"趋利避害"是人类一切行为的动机和目的。

正是基于这种对人类"趋乐避苦"或"趋利避害"的人性本质认识，孙中山遂向国民党员公开倡导发财主义。在他看来，"中国人不知自由，只知发财"。② 与其在中国民众中灌输自由思想，不如直接提倡发财主义。"因为提出一个目标，要大家去奋斗，一定要和人们有切肤之痛，人民才热心来附和……假如现在中国来提倡自由，人民向来没有受过这种痛苦，当然不会理会。如果在中国提倡发财，人民一定是很欢迎的。"③ 他说："以发财而论，则人人皆欲之。我党之救人亦属发财主义。但常人则欲个人发财，我党则欲人人发财而已。今日私人发财者，无险不冒。就以南洋猪仔而论，其冒险性较军队为强大。军队死亡，反不如猪仔死亡之多，而人之甘心为个人发财者，乃乐而为之。此发财主义实与我党无背。所不同者，乃我欲人人发财，彼则谋个人发财而已。损人利己，乃能发财成功者，我党人不为也。我党须人人发财，始为成功。故须向各界人士说明，如君欲真发财，必人人发财，乃可达真发财目的。因此必须组织良好之政府，人人明白本此主义以组织政府，乃可达到人人发财之目的。"④ 这里所说的"个人发财"，就是承认人们对于自身利益的正当追求；这里的"人人发财"强调的是最大多数人的最大利益。这种说法，与功利主义的"最

---

① 孙中山：《在东京〈民报〉创刊周年庆祝大会的演说》，《民报》第10号，1906年12月2日。
② 孙中山：《三民主义·民权主义》，《孙中山选集》下卷，人民出版社，1956，第687页。
③ 孙中山：《在东京〈民报〉创刊周年庆祝大会的演说》，《民报》第10号，1906年12月2日。
④ 孙中山：《党员应协同军队来奋斗》（1923年12月），《孙中山选集》下卷，第488~489页。

大幸福"原则完全一致。

二 "利己"与"利人"

为了具体推行其"最大多数人的最大幸福"原则，边沁提出了一道幸福公式（Felicific calculus），用来计算快乐和痛苦的数量。这道算术公式的七个项目是：其强度、其持续时间、其确定性和不确定性、其邻近或偏远、其丰度、其纯度、其广度。把前六项相加，比较一下快乐与痛苦的数量大小，如果快乐的数量大一些，这个行为对于某一个人来说就是善的，就是好的，就是有利的；反之，则是恶的，就是坏的，就是不利的。最后，再加上第七项，即有利害关系人的数目，权衡该行为对于群体是好还是坏，决定其最终的取舍①。边沁的这一计算公式，实际上把道德的善恶标准简单归结为利害关系。这一功利原则显然以个人利益为中心，明显具有利己主义的倾向。这种公开反对禁欲主义的主张，反映了商品经济条件下人们对于自身利益的普遍重视，顺应了西方社会经济的发展。不过，任何想把历史的发展和错综性的多种多样的社会内容都总括在贫乏而片面的公式中，都是"童稚之见"②。这一公式有一个明显的缺点，就是漠视了人们对美德的追求，因此，被目为利己主义，颇受非议。

约翰·穆勒是英国功利主义的又一重要代表人物，他十分同情工人阶级的贫苦境遇，而又不想改变资本主义制度，在《功利主义》一书中，对于功利主义的利己倾向进行了重要修正。他认为，以功利主义原理为基础的财富生产规律是永恒的"自然规律"，因此，这样的生产制度不可随意选择和改变。不过，人生的目标应当超出个人幸福的小圈子，应当关心他人的生活状况和幸福。他说："构成功利主义的行为对错标准的幸福，不是行为者本人的幸福，而是所有相关人员的幸福……功利主义要求，行为者在他自己的幸福与他人的幸福之间，应当像一个公正无私的仁慈的旁观者那样，做到严格的不偏不倚。"③ 这就是说，功利主义者要求人们在追求个人幸福的时候，不得影响他人的幸福；关心个人利益的时候，不得损害

---

① 〔英〕边沁：《道德与立法原理导论》，时殷弘译，第87~88页。

② 恩格斯：《自然辩证法》，《马克思恩格斯选集》第三卷，人民出版社，1972，第572页。

③ 〔英〕约翰·穆勒：《功利主义》，徐大建译，第17页。

他人的利益。穆勒的功利主义主张显然具有利他主义的倾向。他相当重视社会的正义原则，并且认为正义与功利是一致的。在强调社会应当保护个人的利益，尊重免除祸害个人的愿望的同时，要求人们关心公益，主持公道，主张政府对于分配领域进行适当管理，通过立法消除劳动产品与劳动分配成反比例的消极现象，增加公众的社会福利。这就对资本主义社会人们的利己行为进行了限制，即只要在谋取个人利益时不妨碍其他人的权利，就是正当的。这样，利己与利他相互兼容，使功利主义成为"无损于他人的利己主义"。在穆勒这里，功利主义既否定了抹杀个人利益的禁欲主义，肯定了人们对私利追求的合理性；又肯定人们对利他主义的道德追求，要求人们遵守公德，遵守法律，对于极端自私行为加以限制，比较符合资本主义社会发展的需要。所以，穆勒修正后的功利主义，虽然仍以追求个人幸福为出发点，但要求个人对社会承担无损于他人利益的义务。

孙中山也将人类的行为动机归为利己与利人两类。"一种就是利己，一种就是利人。重于利己者，每每出于害人亦有所不惜。此种思想发达，则聪明才力之人专用彼之才能，去夺取人家之利益，渐而积成专制之阶级，生出政治上的不平等。此民权革命以前之世界也。重于利人者，每每至到牺牲自己亦乐而为之。此种思想发达，则聪明才力之人专用彼之才能，以谋他人之幸福，渐而成博爱之宗教慈善之事业。惟是宗教之力有所穷，慈善事业有所不济，则不得不为根本之解决。实行革命，推翻专制，主张民权，以平人事之不平也。"[①] 显然，孙中山这里所说的"利己"者是指那些"损人利己"者，即行为缺乏限制的利己者。他所说的"利人"者是指宗教人士，而这种人数相当少，解决不了实际问题，因此需要政治革命，从制度上限制其"损人利己"者。穆勒虽然提倡利他主义，但不否定"无损于他人的利己"行为。孙中山对于利己行为试图加以行政限制，强调"人人当以服务为目的，而不以夺取为目的"。即聪明之力大者，当尽其能力服务于千万人，造千万人之福；聪明之力小者，当尽其能力服务于十百人，造十百人之福；聪明之力全无者，当尽其能力以服一人之务，造一人之福。从本质上说，利己是人类生活的本能和本质，利他是道德的外在表现。如果忽略人类的利己本性，一味要求个人的行为必须利人，甚至在个人利益受到侵犯时不计个人得失，无条件做出牺牲，这不仅违反人类

① 孙中山：《三民主义·民权主义》，《孙中山选集》下卷，第 706 页。

的本性，而且不利于社会发展。不理解什么是个人利益，谈论群体的利益便毫无意义。此处，孙中山的这些设想与穆勒的主张略有差异。

三　"使大多数人享大幸福，非民生主义不可"

孙中山还认为，民生问题（或者叫做生存）是一切人类活动的原动力。"因为民生不遂，所以社会的文明不能发达，经济的组织不能改良和道德退步，以及发生种种不平的事情。象阶级战争和工人痛苦，那种种压迫，都是由于民生不遂的问题没有解决，所以，社会中的各种变态都是果，民生问题才是因。"① 边沁认为，人类的一切行为动机都是追求幸福，穆勒认为人类行为的唯一目的是追求快乐。因此，对于幸福和快乐是否促进成为判断人们行为的标准。孙中山所说的"民生不遂"，是指工人阶级的利益得不到保障，与功利主义的"痛苦"概念相当。这是强调最大多数人的"避苦"问题，同样符合功利主义的"最大幸福原则"。

孙中山没有停留在"最大多数人的最大幸福"的口号上，而是在苦苦地寻觅达到"最大幸福"的途径。在他看来，无论是民族主义还是民权主义，都是为绝大多数人谋福利的，都是中国人实现最大幸福的主义。尤其是民生主义"关系国民生计至重，非达到不可。使大多数人享大幸福，非民生主义不可"②。"民生主义能够实行，社会问题才可以解决；社会问题能够解决，人类才可以享很大的幸福。"③ "这三民主义就是救种种痛苦的药方。这三个问题如果同时解决了，我们才可以永久享幸福。如果达到了民有、民治的目的，不管民享的问题，二三十年后必定再有一种痛苦发生……我们如果把民生问题现在能够同时解决，就可以免将来经济革命的痛苦。"④ "使大多数人享大幸福"是孙中山对于"最大多数人的最大幸福"的表述方式。用"三民主义"来解除中国社会的各种痛苦，是孙中山的最真切的愿望。

按照功利主义者的想法，没有必要将人类的幸福建立在一个虚构之上，没有必要将社会的金字塔建立在沙滩上。一个政府的合法性证明来自

---

① 孙中山：《三民主义·民生主义》，《孙中山选集》下卷，第797页。
② 《初三四日之孙先生欢迎会记》，1912年9月10日《民立报》。
③ 孙中山：《三民主义·民生主义》，《孙中山选集》下卷，第791页。
④ 孙中山：《在桂林军政学七十六团体欢迎会的演说》（1921年12月7日），《孙中山先生演说集》，上海，民智书局，1926。

于功利的原则，由于人民的意志常常与普遍利益相一致，政府应当受制于社会的普遍利益，也就是受制于"最大多数人的最大幸福"的原则。如果政府的行为减少了"最大多数人的最大幸福"，这个政府就是邪恶的，就是非法的；如果政府的行为增加了"最大多数人的最大幸福"，这个政府就是良善的，就是合法的。所以，任何政治方针和政策都必须服从"最大多数人的最大幸福"这个原则，尽可能将其"痛苦"缩减到最少。边沁说："当一项政府措施之增大共同体幸福的倾向大于减小这一幸福的倾向时，它就可以说是符合或服从功利原则。"① 孙中山认为，政治和经济两个问题总是有连带关系的。"人民的一切幸福都是以政治问题为依归的，国家最大的问题就是政治。如果政治不良，在国家里头无论什么问题都不能解决。"②"最大多数人的最大幸福"是衡量政策正确与错误的基本标准。

在穆勒看来，导致人类苦难的所有根源，都能在很大程度上通过人类的关心和努力得以消除，其中的许多根源则几乎是完全能够消除的。虽然这些根源的消除是一个令人痛苦的漫长过程，虽然消除这些根源要经过许多代人的不懈努力，从而这个世界才能在不缺乏意志和知识的条件下成为本可以容易造就的最好世界③。功利主义者不仅强调个人对幸福的合理追求，而且认为社会需要合作，只有合作才能在比较大的程度上实现最大幸福的目标。穆勒说："当他们合作的时候，他们的个人目标与别人的目标是一致的；或至少会暂时地感到，别人的利益就是他们自己的利益。各种社会联系的加强和社会的健康发展，不仅会使每一个人在感情上日益倾向于他人的福利，或者至少倾向于在很大程度上实际考虑他人的福利。"④

孙中山同样主张人们在追求幸福时互相合作，对待经济利益相互调和。不仅如此，他还把人类对于"最大幸福"的不懈追求与社会进化论相结合，说明社会进化乃是人类追求幸福、寻求生存的结果。他说："社会之所以进化，是由于社会上大多数的经济利益相调和，不是由于社会上大多数的经济利益有冲突，社会上大多数的经济利益相调和，就是为大多数人谋利益。大多数有利益，社会才有进步。社会上大多数的经济利益之所以要调和的原因，就是因为要解决人类的生存问题。古今一切人类之所以

---

① 〔英〕边沁：《道德与立法原理导论》，时殷弘译，第59页。
② 孙中山：《三民主义·民权主义》，《孙中山选集》下卷，第705页。
③ 〔英〕约翰·穆勒：《功利主义》，徐大建译，第14～15页。
④ 〔英〕约翰·穆勒：《功利主义》，徐大建译，第32页。

要努力，就是因为要求生存；人类因为要有不间断的生存，所以社会才有不停止的进化，所以，社会进化的定律是人类求生存。人类求生存才是社会进化的原因。"① 这里的"求生存"，就是追求利益，就是追求快乐，也就是边沁所说的"幸福"。

孙中山对待东西方文化的态度一向是无所偏倚，总是试图冶中西文化于一炉，兼容而并蓄。即"取欧美之民主以为模范，同时仍取数千年旧有文化而融贯之"。② 在孙中山心目中，没有绝对真理，只有相对真理，因此，他对于西方的各种政治、伦理、经济等学说既勇于吸收，又敢于扬弃。孙中山对于西方文化的吸收，既不是盲目的，也不是不加批判的。因此，他对每一种西方学说的解释和利用通常介于"似"与"近似"之间，显示出一种"融贯"的特点。既然对于各种学说采取"融贯"的态度，那么，在运用时难免出现失真的问题和变异的现象。加之所处的环境有所不同，个人的心智和阅历也有所不同，孙中山对于功利主义的领会、解释和运用会与原著之间存在一些差异，这是可以理解的。

经过上述关于孙中山、边沁和穆勒功利主义主要观点的考察和对比，我们认为，孙中山先生不仅接受了英国功利主义的主要概念，而且承认功利主义的原理，并且将"使大多数人享大幸福"的功利主义原则贯彻于其三民主义的思想和行动之中。"如果一个人对任何行动或措施的赞许或非难，是由他认为它增大或减小共同体幸福的倾向来决定并与之相称的，或者换句话说，由它是否符合功利的法规或命令来决定并与之相称的，这个人就可以说是功利原则的信徒。"③ 按照边沁这一关于功利主义信徒的定义，孙中山应是功利主义的信徒，在他的思想中功利主义色彩是非常明显的。伦理学特别重视人的行为动机，功利主义特别强调人的行为效果。孙中山无论在青年时期呼吁改良，还是中年时期提倡革命；无论是利用会党发动起义，还是依靠军阀打倒军阀；无论是早期提倡旧三民主义，还是晚期赞成新三民主义，都有重视政治行为效果的思想倾向。

作者单位、职务：河北师范大学历史文化学院教授

---

① 孙中山：《三民主义·民生主义》，《孙中山选集》下卷，第779页。

② 孙中山：《在欧洲的演说》（1911年11月），《孙中山全集》第一卷，中华书局，1981，第560页。

③ 〔英〕边沁：《道德与立法原理导论》，时殷弘译，第59页。

论孙中山的国民观

✐ 宝成关

孙中山思想的突出特点，是"以一民字贯之"①，"三大主义皆基本于民"②。后来孙中山自己也说："此民字之意义，为仆研究十余年之结果而得之者。"③由此可见，"民"是孙中山思想的核心，也是其革命思想的出发点和落脚点。孙中山先生一生为之奋斗的主要目标之一，就是使中国人民从清政府封建专制统治下的"子民"、"愚民"，转变为具有主人翁思想和"居于尊严地位"的中华民国国民，而且是世界上的"第一等国民"④或"头等国民"⑤。为此，深入探讨孙中山的国民观，应是研究孙中山政治思想不可或缺的重要课题。

一 孙中山国民观的形成

孙中山国民观的形成，是与革命思想尤其是与共和思想的形成息息相关、同步完成的。

早年的孙中山，受传统封建教育的影响，他头脑中产生的只能是王朝体制下的朝廷观念和臣民思想。所以在《孙中山全集》中，我们见到孙中山关于"民"的最早表述，就是"子民受制而无告"⑥。所谓"子民"，语

① 《讨论撰著〈民报〉发刊词》，郝盛潮主编《孙中山集外集补编》，上海人民出版社，1994，第32页。
② 《〈民报〉发刊词》，《孙中山全集》第一卷，中华书局，1981，第288页。
③ 《在沪尚贤堂茶话会上的演说》，《孙中山全集》第三卷，中华书局，1984，第323页。
④ 《在黄鹤楼群众欢迎会上的演说》，《孙中山集外集补编》，第75页。
⑤ 《在广州岭南学生欢迎会上的演说》，《孙中山全集》第八卷，中华书局，1986，第542页。
⑥ 《檀香山兴中会章程》，《孙中山全集》第一卷，第19页。

出《礼记·表记》："君天下，生无私，死不厚其子，子民如父母。"孔颖达疏："子民如父母者，子谓子爱于民，如父母爱子也。"①

在漫长的封建社会中，形成的所谓"爱民如子"的"子民"观念，显然是从百姓（民）与君（天子）之间的关系出发，"子"既显示君（天子）是民的最高家长，又是最高统治者。"民"与"君"之间完全是一种依附关系，"民"没有独立的政治人格，是作为"君"的附庸而存在，所以称之为"子民"。"子民"代表政治等级的最底层，完全是"君"的统御对象，没有任何地位和政治权利可言，所以才产生"子民受制而无告"的现象。

1897 年，孙中山著《伦敦被难记》，谈到中国现时政治时，说"无论为朝廷之事，为国民之事，甚至为地方之事，百姓均无发言或与闻之权"②。这是孙中山首次使用"国民"概念。接着讲清政府反动统治，致"彼人民怨望之潮，又何怪其潜滋而暗长乎！至其涂饰人民之耳目，锢蔽人民之聪明，尤其可骇者。……是故中国之人民，无一非被困于黑暗之中"。③ 这是孙中山首次使用"人民"特别是"中国人民"概念，说明孙中山此时已开始摆脱古代"子民"或"臣民"观念的束缚，向近代国民观念转变。但这个转变尚未完成。因为在同一文内，孙中山谈到清政府官吏时，使用的词汇依然是"其身为民牧者"。④ 所谓"民牧者"，即牧民之谓也。古代以牧民养畜，比喻人君之治民，故曰牧民。管子《牧民篇》，可称经典之作。孙中山在这里显然把"民"视为牛羊，或者至少是视为待开化的愚民，与古代"氓"、"萌"概念相通了。足见孙中山向近代国民观念的转变尚不彻底。

同年 8 月中下旬，孙中山与日本宫崎寅藏、平山周的谈话，则较年初有了很大进步。首先孙中山明确表示："余以人群自治为政治之极则，故于政治之精神，执共和主义"；并批驳了"共和政体不适支那之野蛮国"的谬论，强调"勿谓我国民无理想之资，勿谓我国民无进取之气"；最后，孙中山坚定认为："且夫共和政治不仅为政体之极则，而适合于支那国民

---

① 《礼记正义》卷五十四，《十三经注疏》下册，中华书局，1980，影印本，第 1642 页。
② 《伦敦被难记》，《孙中山全集》第一卷，第 50 页。
③ 《伦敦被难记》，《孙中山全集》第一卷，第 51 页。
④ 《伦敦被难记》，《孙中山全集》第一卷，第 50～51 页。

之故，而又有革命上之便利者也"①。这是孙中山第一次把国民概念与共和观念联系在一起，表明孙中山向近代国民观念的转变已接近完成。

1906 年秋发布的《军政府宣言》，孙中山不仅正式提出了"驱除鞑虏，恢复中华，建立民国，平均地权"的革命纲领，而且首次揭示"今者由平民革命以建国民政府，凡为国民皆平等以有参政权，大总统由国民公举。议会由国民公举之议员构成之。制定中华民国宪法，人人共守。敢有帝制自为者，天下共击之"②。这是首次以同盟会文件的形式，正式把国民观念与共和国体及国民参政权即权利观念联系在一起，表明孙中山近代国民观念的最后完成与确立。

二　孙中山国民观的基本内涵

孙中山先生一生最大理想就是把中国建设成为一个"民族的国家，国民的国家，社会的国家"③；特别是要用民权主义，"把中国改造成一个'全民政治'的民国，要驾乎欧美之上"④。为此，他要以培养"第一等国民"来实现这一理想。孙中山的国民观正是从这一远大理想出发而提出的，由此也决定其国民观内涵，虽然在不同时期侧重点有所不同，但一以贯之的基本思想则一直未变，始终强调以下六点。

（一）民族精神

由于近代中国处于"异种残之，外邦逼之"的危险境地，孙中山首要目标就是把中国建成一个"民族的国家"。为此其国民观首要一条就是树立正确的民族观，要有民族意识、民族精神。他强调"我们鉴于古今民族生存的道理，要救中国，想中国民族永远存在，必要提倡民族主义"。"但是中国的人只有家族和宗族的团体，没有民族的精神，所以虽有四万万人结合成一个中国，实在是一片散沙，弄到今日，是世界上最贫弱的国家，处国际中最低下的地位。"⑤

---

① 《与宫崎寅藏平山周的谈话》，《孙中山全集》第一卷，第 172~173 页。
② 《军政府宣言》，《孙中山选集》，人民出版社，1981，第 2 版，第 78 页。
③ 《在东京〈民报〉创刊周年庆祝大会上的演说》，《孙中山选集》，第 89 页。
④ 《三民主义·民权主义》，《孙中山选集》，第 757 页。
⑤ 《三民主义·民权主义》，《孙中山选集》，第 621 页。

　　有鉴于此，孙中山的民族主义，如果说早期"驱除鞑虏"，主要强调的是民族平等，他说："民族主义，并非是遇着不同族的人便是排斥他，是不许那不同族的人来夺我们民族的政权。""我们并不是恨满洲人，是恨害汉人的满洲人。"① 因此辛亥革命成功后，孙中山便提出"五族共和"，主张民族平等。晚年的孙中山所讲的民族主义，更多的则是强调民族独立，解决中国处于"次殖民地"的问题。在孙中山看来，辛亥革命前，中国人民是"奴隶中的奴隶，叫做'双重奴隶'。推翻满清以后，脱离一重奴隶，还要做各国的奴隶"②，为此他一再说，中国"不只做一国的殖民地，是做各国的殖民地，我们不只做一国的奴隶，是做各国的奴隶"。所以他认为"叫中国做半殖民地，是很不对的。依我定一个名词，应该叫做'次殖民地'"。③

　　面对这种国际地位，孙中山认为，作为国民必须树立民族主义。"民族主义这个东西，是国家图发达和种族图生存的宝贝，中国到今日已经失去了这个宝贝。"④ 失去的原因很多，首先是"被异族征服的原因为最大"，满洲贵族"把汉人的民族思想完全消灭"⑤。其次就是世界主义。对于世界主义的实质，孙中山揭露说："强盛的国家和有力量的民族已雄占全球，无论什么国家和什么民族的利益，都被他们垄断。他们想永远维持这种垄断的地位，再不准弱小民族复兴，所以天天鼓吹世界主义，谓民族主义范围太狭隘。其实他们主张的世界主义，就是变相的帝国主义与变相的侵略主义。"⑥ "世界上的国家，拿帝国主义把人征服了，要想保全他的特殊地位，做全世界的主人翁，便是提倡世界主义，要全世界都服从。"⑦

　　既然世界主义的本质如此，"我们受屈民族，必先要把我们民族自由平等的地位恢复起来之后，才配得来讲世界主义"⑧。不止如此，"我们今日要把中国失去了的民族主义恢复起来，用四万万人的力量为世界上人打

---

① 《在东京〈民报〉创刊周年庆祝大会上的演说》，《孙中山选集》，第 80~81 页。
② 《在广东第一女子师范学校校庆纪念会的演说》，《孙中山选集》，第 891 页。
③ 《三民主义·民族主义》，《孙中山选集》，第 635 页。
④ 《三民主义·民族主义》，《孙中山选集》，第 644 页。
⑤ 《三民主义·民族主义》，《孙中山选集》，第 648 页。
⑥ 《三民主义·民族主义》，《孙中山选集》，第 659 页。
⑦ 《三民主义·民族主义》，《孙中山选集》，第 651 页。
⑧ 《三民主义·民族主义》，《孙中山选集》，第 662 页。

不平，这才算是我们四万万人的天职"①。而"能知与合群，便是恢复民族主义的方法"。所谓"合群"，就是"要善用中国固有的团体，像家族团体和宗族团体，大家联合起来，成一个大国族团体。结成了国族团体，有了四万万人的大力量，共同去奋斗，无论我们民族处于什么地位，都可以恢复起来"。②

此外，孙中山还强调，"要维持民族和国家的长久地位，还有道德问题，有了很好的道德，国家才能长治久安"。所以孙中山主张，"除了大家联合起来做成一个国族团体以外，就要把固有的旧道德恢复起来。有了固有的道德，然后固有的民族地位才可以图恢复"。③对旧道德，孙中山特别讲了忠孝、仁爱、信义、和平，认为"这种特别好的道德，便是我们民族的精神。我们以后对于这种精神不但是要保存，并且要发扬光大，然后我们民族的地位才可以恢复"。④

由此可见，要有民族意识，树立民族精神，特别是要保存和发扬中华民族优良的固有道德，为实现"世界人类各族平等，一种族绝不能为他种族所压制"⑤的理想而努力奋斗，这应该是每个中国国民的"天职"，也是孙中山国民观的首要内容。

(二) 国家观念

国民观念的前提是近代国家观念。没有近代国家观念，仍然抱着封建王朝的朝廷观念，近代国民观念就无从谈起。因此孙中山强调："我国自有历史以来，人民屈服于专制政府之下，我祖我宗，以至于我之一身，皆为专制之奴隶，受君主之压制，一切不能自由。所谓国家者，亦不过君主一人一姓之私产，非我国民所有也。故人民无国家思想，且无国民资格"⑥。由此可见，国家思想对于国民观念的重要性。

辛亥革命后，针对一些人虽然做了中华民国的国民，却仍然不知道中华民国和大清帝国的分别。为此孙中山特别指出，"民国是和帝国不同的：

---

① 《三民主义·民族主义》，《孙中山选集》，第 661 页。
② 《三民主义·民族主义》，《孙中山选集》，第 679 页。
③ 《三民主义·民族主义》，《孙中山选集》，第 680 页。
④ 《三民主义·民族主义》，《孙中山选集》，第 684 页。
⑤ 《在广东旅桂同乡会的演说》，《孙中山选集》，第 508 页。
⑥ 《在芜湖各界欢迎会的演说》，《孙中山全集》第二卷，中华书局，1982，第 537 页。

帝国是由皇帝一个人专制，民国是由全国的人民做主；帝国是家天下，民国是公天下。……所以从前清朝是家天下，现在民国是公天下。这便是民国和帝国的分别"①。弄清这种区别之后，孙中山希望人们要"以做民国的国民为光荣，以做帝国的子民为耻辱"，知道"人民在民国，无形中的地位很高"②。

弄清民国和帝国的区别，作为中华民国的国民就要有爱国心，热爱自己的国家。为此孙中山呼吁："今民国成立，国民须人人有爱国心，则知中华民国乃自己的民国，非政府的民国。"③ 又说："做人的最大事情是什么呢？就是要知道怎么样爱国，怎么样可以管国事"④，但是中国的百姓长期受封建统治，"不知国与己身之关系，每顾个人之私事而不为国出力，不知国与己身之关系如身体之于发肤，刻不可无"⑤。对此孙中山一再强调："家和国是什么关系呢？家庭要靠什么才可以生活呢？各个家庭，都要靠国才可以生活，国是合计几千万的家庭而成，就是大众的一个大家庭。"⑥

在明确家与国关系的基础上，作为国民还要有"化国为家"的思想，"人人当去其自私自利之心，同心协力，共同缔造"。总之一句话："当铲除旧思想，发达新思想。新思想者何？即公共心。"⑦ 有了"公共心"，国家观念自然牢固，爱国主义思想就会得到发扬。

（三）主人翁思想

这是孙中山国民观中讲得最多的一点。他说："现在中华民国既经成立，满清专制时代已经结束，中华民国的国民再不是满清专制统治下的愚民百姓了。从今开始，大家应有主人翁思想，享国民权利，尽国民义务，绝不能再循满清专制时代做百姓的习惯，任人奴役、愚弄、宰割。"⑧ 又说："从前是皇帝在上，人民在下，现在我中华民国人民，已从奴隶的地

---

① 《在广州商团和警察联欢会的演说》，《孙中山选集》，第 572 页。
② 《在广州商团和警察联欢会的演说》，《孙中山选集》，第 572～573 页。
③ 《在沪南商会分会欢迎会的演说》，《孙中山全集》第二卷，第 339 页。
④ 《在广东第一女子师范学校校庆纪念会的演说》，《孙中山选集》，第 890 页。
⑤ 《在中国同盟会葛仑分会成立大会上的演说》，《孙中山全集》第一卷，第 523 页。
⑥ 《在广东第一女子师范学校校庆纪念会的演说》，《孙中山选集》，第 890 页。
⑦ 《在广东旅桂同乡会欢迎会的演说》，《孙中山选集》，第 507～508 页。
⑧ 《在黄鹤楼群众欢迎会上的演说》，《孙中山集外集》，第 49～50 页。

位变做主人的地位。我们既然到了主人的地位，就应该以主人自居。"①

但是中华民国毕竟刚刚建立，国民"初次脱去奴隶的地位，忽然升到主人的地位，还不知道怎么样做主人的方法"②。对此，孙中山的答复是："我们做主人翁的，要晓得做主人有主人的资格，有主人的学问，有主人的度量。"③

什么是做主人的资格？孙中山认为，这就是国民对国家应尽的责任和义务。"人民对于国家，又当然要尽足国民之义务，否则失去国民之资格。凡失去国民之资格者，就是失去主人之资格。"④ 所以作为中华民国的主人翁，一定要有责任、义务意识。"一国的人民都有一定要尽的义务，大家尽了义务，方能算是主人。"⑤

做主人的学问又是什么呢？就是三民主义。"本党的三民主义，便是无形中改造人民思想的。"⑥ 只有学习、掌握了三民主义这门学问，才能克服旧思想，学会怎么样去做民国主人，怎么样去享受和行使民国赋予的权利，怎么样去恪尽国民的天职。

什么是做主人的度量？就是"立大志"，"做大事"，"怎么样去图国家的富强"。孙中山认为，"我们要图国家富强，必须要自己振作精神，大家团结起来，公同向前去奋斗。万不可自私自利，只知道要自己什么地位，不知道国家到什么地位。我们有了这项志气，便是国民志气"⑦。而且"要有国民的大志气，专心做一件事，帮助国家变成富强"，成为世界上的"头等国"⑧。为此孙中山一再告诫青年学子：要"做大事，不可要做大官"⑨。这应该是每个中华民国国民应有的度量。

（四）自治观念

"立国根本在于人民先有自治能力"，而官僚执政，最不愿意看到的就

---

① 《在江阴各界欢迎会的演说》，《孙中山全集》第二卷，第 525 页。
② 《宣传造成群力》，《孙中山选集》，第 562 页。
③ 《在江阴各界欢迎会的演说》，《孙中山全集》第二卷，第 525 页。
④ 《三民主义·民生主义》，《孙中山选集》，第 879 页。
⑤ 《在江阴各界欢迎会的演说》，《孙中山全集》第二卷，第 525 页。
⑥ 《宣传造成群力》，《孙中山选集》，第 563 页。
⑦ 《在广州岭南学生欢迎会的演说》，《孙中山全集》第八卷，中华书局，1986，第 540 页。
⑧ 《在广州岭南学生欢迎会的演说》，《孙中山全集》第八卷，第 542 页。
⑨ 《在广州岭南学生欢迎会的演说》，《孙中山全集》第八卷，第 535 页。

是"人民有自治的能力"①。所以孙中山认为国民应当树立自治观念，具有自治能力。为此他强调"国民之命运在于国民之自决"②。

为什么国民要有自治能力？根本原因在于"成立民权政体，凡事都是应该由人民做主的"③。就是说政权由人民掌握，国民享有各项政治权力，特别是直接管理国家事务的权力。按照孙中山的"建国三序"，经过军政、训政到宪政时期，国民即实行直接民权，享有选举权、罢官权、创制权和复决权，"能够实行这四个权，才算是彻底的直接民权"④。

而直接民权的实行，按照孙中山的设计，"则莫先于分县自治。盖无分县自治，则人民无所凭藉"。接着他又强调说："当知中华民国之建设，必当以人民为基础；而欲以人民为基础，必当先行分县自治"⑤。理由是，"盖县之范围有限，凡关于其一乡一邑之利弊，其人民见闻较切，兴革必易，且其应享之权利，亦必能尽其监督与管理之责"⑥。既然要分县自治，实行直接民权，如果国民没有自治能力，那么分县自治将是绝对难以实现的。而"地方自治者，国之础石也。础不坚，则国不固"⑦。因此孙中山十分重视国民自治观念的培养与自治能力的提高，也就不足为怪了。

（五）法制精神

中华民国建立，人民追求民主，向往法治，作为国民，要树立法制精神，自然是题中应有之义。

对此，孙中山特别强调两点。首先是要讲求宪法，要有宪法观念。早在辛亥革命前，孙中山就开始考虑研究将来中华民国的宪法，并提出了五权宪法。他认为，"所谓宪法者，就是将政权分几部分，各司其事而独立"⑧。孙中山在这里把宪法只限定在国家制度和国家政权组织方面，并说，"宪法的作用犹如一部机器……政府就是一个机器"，"宪法就是一个大机器，就是调和自由和统治的机器"。"我们现在讲民治，就是将人民置

---

① 《改造中国之第一步》，《孙中山选集》，第 474 页。

② 《时局宣言》，《孙中山选集》，第 955 页。

③ 《三民主义·民权主义》，《孙中山选集》，第 769 页。

④ 《三民主义·民权主义》，《孙中山选集》，第 796 页。

⑤ 《中华民国建设之基础》，《孙中山集外集》，第 35～36 页。

⑥ 《在"俄国皇后号"邮船上的谈话》，《孙中山集外集补编》，第 296 页。

⑦ 《在沪举办茶话会上的演说》，《孙中山全集》第三卷，中华书局，1984，第 327 页。

⑧ 《五权宪法》，《孙中山选集》，第 485 页。

于机器之上，使他驰骋翱翔，随心所欲。机器是什么？宪法就是机器。"①
总之，孙中山的本意就是国民一定要掌握宪法，学会用宪法这个武器实现
民有、民治、民享。其方法就是把人民置于宪法之上，让人民享有直接民
权。用直接民权保障宪法的实施，这就是孙中山所说的，"五权宪法如一
部大机器，直接民权又是机器的制扣"②。这就可以保障五权宪法，作为
"治国的根本法"，使之永远掌握在国民手里。因此作为国民，一定要牢牢
树立宪法意识。

其次，还要树立规则意识、程序意识。因为任何一种民主权利的行
使，都是在法定的秩序之内，按照一定的程序进行的。为了使国民学会行
使直接民权，孙中山鉴于民国初年，国民不知道怎么做主人，不会行使直
接民权，甚至于连"民权初步"的集会，也不知道如何按规范举行。于是
写了《民权初步》一书，作为《社会建设》的重要内容，与《心理建
设》、《物质建设》并重，构成孙中山的建国方略。

《民权初步》完全是一部关于如何集会、如何议事的一些具体规则和
程序设计，虽然琐碎，却是培养国民规则意识、程序意识所必不可少的。
孙中山把它视为"教吾国人行民权第一步之方法也。倘此第一步能行，行
之能稳，则逐步前进，民权之发达必有登峰造极之一日"，所以"行第一
步之功夫万不可忽略也"。"苟人人熟习此书，则人心自结，民力自固。如
是，以我四万万众优秀文明之民族，而握有世界最良美之土地，最博大之
富源，若一心一德，以图富强，吾决十年之后，必能驾欧美而上之也。"③
由此可见，孙中山希望通过《民权初步》，教育国民树立规则意识、程序
意识，其期待之大。

（六）创制精神

"二十世纪之国民，当含有创制之精神，不当自谓能效法于十八、九
世纪成法而引为自足。"④ 这是孙中山对国民的又一重大要求。

孙中山一生向西方学习，其"宗旨无非得一良好政府而已"⑤，即在中

① 《五权宪法》，《孙中山选集》，第 493～494 页。
② 《五权宪法》，《孙中山选集》，第 497～498 页。
③ 《建国方略之三·民权初步（社会建设）》，《孙中山选集》，第 385～386 页。
④ 《在沪尚贤堂茶话会上的演说》，《孙中山全集》第三卷，第 323 页。
⑤ 《在香港大学的演说》，《孙中山集外集补编》，第 361 页。

国建立一个良好的政治制度。为此他首先把目光投向了美国，希望采用美国的共和制①；此外，他还对法国的共和制产生了兴趣②。但他认为这两个国家的制度，虽各有长处，但都不完全适合中国国情，所以他要"选择一种间于二者的共和体制"③，于是有了"五权宪法"。孙中山讲述"五权宪法"的产生时说："历观各国的宪法，有文宪法是美国最好，无文宪法是英国最好。英是不能学的，美是不必学的。英的宪法所谓三权分立，行政权、立法权、裁判权各不相统，这是从六七百年前由渐而生，成了习惯，但界限还没有清楚。后来法国孟德思鸠将英国制度做为根本，参和自己的理想，成为一家之学。美国宪法又将孟氏学说做为根本，把那三权界限更分得清楚，在一百年前算是最完美的了。……但是这百余年间，美国文明日日进步，土地财产也是增加不已，当时的宪法现在已经是不适用的了。"孙中山正是从"英国宪法不能学，美国宪法不必学"出发，提出"将来中华民国的宪法是要创一种新主义，叫做'五权分立'"。④

孙中山既向西方学习，又不落于西方政治制度窠臼的创制精神，促使他激励国民："吾人今既易专制而成代议政体，然何可故步自封，始终落于人后。故今后国民，当奋振全神于世界，发现一光芒万丈之奇采，俾更进而底于直接民权之域。……如是数年，必有一庄严灿烂之中华民国发现于东大陆，驾诸世界共和国之上矣。"⑤

发扬创制精神，"底于直接民权之域"，从而"驾诸世界共和国之上"，这就是孙中山对国民也是对中华民国的未来前途所寄予的厚望。

总之，孙中山国民观的上述内涵，如果加以概括的话，民族精神是特色，国家观念是支柱，主人翁思想是核心，自治观念是基础，法治观念是保障，创制精神则是国民观的最高境界。这六个方面相互联系，密切结合，形成体系严谨、思想完备的近代国民观。国民如果树立和具备了上述观念，那么就一定会像孙中山所期望的那样，成为世界上"第一等国民"

---

① 如美国记者林奇 1901 年在一份报道中就说："以联邦或共和政体代替帝政统治，这是孙逸仙的愿望。"见《林奇谈话的报道》，《孙中山全集》第一卷，第 211 页。

② 孙中山认为，法国"虽为欧洲先进文化之邦"，但"彼之国体向为君主专制，而其政治向为中央集权，无新天地之地盘，无自治为之基础"，《建国方略之一·孙文学说·行易知难（心理建设）》，《孙中山选集》，第 170 页。

③ 《在上海与〈中法新汇报〉总编辑的谈话》，《孙中山集外集》，第 155 页。

④ 《在东京〈民报〉创刊周年庆祝大会的演说》，《孙中山选集》，第 87 页。

⑤ 《在沪尚贤堂茶话会上的演说》，《孙中山全集》第三卷，第 323 页。

或"头等国民"。

三　国民观的"孕育"和培养

由于长期封建统治，人们的臣民意识根深蒂固，近代国民观是难以自发产生和形成的。于是如何孕育和培养人们的国民观念，便成为孙中山不能不思考和回答的问题。

对此孙中山认为，培育国民观念，首先必须明确指导思想，即"当先知国民由何种主义孕育而来"①。在孙中山看来，这个问题答案很明确："三民主义、五权宪法，为立国之根本"②。因此"孕育国〈之〉民主义为何？即三民主义"③。就是说，必须由三民主义来"孕育"国民。孙中山曾说："多年来，我一直奉献毕生于向国人浇灌民主之理想，遍及于全中国。播种确已在望，事实上，我们已有了一个共和制的政府，但若我们仅是孤立拯救自己，发展就将停止。"④就是说只有国民观念在全国得到普及和确立，才能确保国家的永续发展。为此孙中山曾一再告诫革命党人："今日革命虽已成功，然人民多未明革命真理，固我辈仍不得谓功成身退。"⑤

其次，是由谁来"孕育"和培养国民，孙中山的答案也非常明确，这就是"由先知先觉之国民当当仁不让而自负之也"⑥，即由先知知后知，先觉觉后觉。为什么？道理很简单，天之生人，其聪明才力是不平等的，"世界人类其得之天赋者约分三种：有先知先觉者，有后知后觉者，有不知不觉者。先知先觉者为发明家，后知后觉者为宣传家，不知不觉者为实行家"⑦。对于先知先觉者来说，他们有责任也有义务去帮助或"辅助"后知后觉者。这就是孙中山所说的，"大凡天之生人，聪明才力终不相同，聪明才力之有余者当辅助聪明才力之不足者，在政治为政治之工人，在社

---

① 《在广东第五次教育大会上的演说》，《孙中山全集》第五卷，中华书局，1985，第558页。

② 《与刘成禹的谈话》，《孙中山集外集》，第230页。

③ 《在广东第五次教育大会上的演说》，《孙中山全集》第五卷，第558页。

④ 《复威廉·舒尔茨函》，《孙中山集外集补编》，第195页。

⑤ 《在广州都督府欢宴席上致词》，《孙中山集外集》，第55页。

⑥ 《建国方略之一·孙文学说·行易知难（心理建设）》，《孙中山选集》，第177页。

⑦ 《三民主义·民权主义》，《孙中山选集》，第740页。

会为社会之公仆"。因此，"应主张社会道德，以有余补不足"①。这样人类才能避免社会达尔文主义所宣扬的"生存竞争，优胜劣汰"的命运，走向共同发展的道路。

再次，孕育和培养国民的途径，孙中山的答案也很明确，这就是"训政"。孙中山训政思想一直受到人们的诟病，包括有些革命党人从一提出就有不同意见。有的甚至"以为训政是皇帝时代把戏，以皇帝来训小百姓，革命党既不做皇帝，哪里说的上训政"。对此，孙中山"闻言莞尔笑曰：你们太不读书了，《尚书·伊训》不是说太甲是皇帝，伊尹是臣子，太甲年幼无知，伊尹训之不听，还政于桐宫。我们建立民国，主权在民，这四万万人民就是我们的皇帝，帝民之说，由此而来。这四万万皇帝，一者幼稚，二者不能亲政。我们革命党既以武力扫除残暴，拯救无知可怜的皇帝于水火之中，就是要行伊尹之制，以'阿衡'自任，保卫而训育之，使一些皇帝如太甲之'克终允德'，则民国之根基巩固，帝民亦永赖万世无疆之休"②。

后来，孙中山在晚年再次谈到"训政"说："'训政'二字，我须解释。本来政治主权是在人民，我们怎么好包揽去作呢？其实，我们革命就是要将政治揽在我们手里来作。这种办法，事实上不得不然。试看民国已经成立了九年，一般人民还是不懂共和的真趣。所以迫得我们再要革命。现在我不但是用革命去扫除那恶劣政治，还要用革命的手段去建设，所以叫做'训政'。这'训政'好象就是帝制时代用的名词，但是与帝制实在绝不相同。须知共和国，皇帝就是人民，以五千年来被压作奴隶的人民，一旦抬他作起皇帝，定然是不会作的。所以我们革命党人应该来教训他，如伊尹训太甲样。我这个'训'字，就是从'伊训'上'训'字用得来的。"③ 一句话，"训政"的目的，是使国民懂得"共和的真趣"，学会行使直接民权，为实现完全的民主宪政而过渡。

最后，"孕育"和培养国民的根基则在教育。孙中山强调"共和政体，以教育为根基"④。对于发展教育，孙中山曾有过设想：国家实行社会政策，把地税收入用作教育费，"法定男子五六岁入小学堂，以后由国家教

① 《在北京湖广会馆学界欢迎会上的演说》，《孙中山集外集》，第63页。
② 《讨论中华革命党总章时的谈话》，《孙中山集外集》，第223页。
③ 《在上海中国国民党本部会议的演说》，《孙中山全集》第五卷，第400～401页。
④ 《在上海圣约翰大学毕业典礼上的致词》，《孙中山集外集》，第76页。

之养之，到 20 岁为止，视为中国国民之一种权利。学校之中备各种学问，务令学成以后可独立为一国民，可有参政、自由、平等诸权"①。由此可见，设想通过普及全民的教育来实现培养"独立国民"的目标，从而巩固共和制度的根基，这是孙中山为之深思熟虑的问题之一。他一再强调："因为民国的人民，人人都是主人翁，人人都要替国家做事的，所以建设一个新地方，首在办教育。要办普及的教育，令普通人民都可以得到教育，然后人人〈才〉知道替国家去做事。"② 在这里孙中山实际上等于提出了教育优先的发展战略，这对国民观的培养和国民素质的提高，显然是具有深远影响的。

　　辛亥革命时期，受革命风潮激荡及清政府预备立宪的影响，知识界关于国民观念的宣传与论说，屡见报端。其中"制造国民"③、"陶铸国民"④、"鼓铸国民"⑤ 等，不一而足；而与国民观念相关的国家观念、自治观念、权利观念乃至宪法观念，也多有论及；由此形成的"民族国民"⑥、"独立国民"、"自立国民"、"自治国民"⑦、"责任国民"⑧、"文明国民"⑨、"道德国民"⑩，甚至"健康国民"⑪，等等，可谓五花八门。但这些论说，大都浅尝辄止，很少深入探讨。真正形成体系的，还属孙中山的国民观。百年后的今天，我们重新审视，其观点有的或可斟酌，但其中的理性思索，仍值得珍视，对今天国民素质的提高，仍不失其借鉴与启发价值。

作者单位、职务：吉林大学行政学院教授

---

① 《在南京同盟会员饯别会的演说》，《孙中山选集》，第 98 页。
② 《在桂林学界欢迎会的演说》，《孙中山全集》第六卷，中华书局，1985，第 74 页。
③ 《论立宪宜先制造国民》，《之罘报》第二期。
④ 《陶铸国民以储才说》，《广益丛报》第 160 号。
⑤ 《敬告同乡学生》，《湖北学生界》第五期。
⑥ 《民族的国民》，《民报》第 1 号。
⑦ 《国民自治会意见书》，《国报》第 1 号。
⑧ 《国报叙言》，《国报》第 1 号。
⑨ 《国民宜有医学思想》，《广益丛报》第 138 号。
⑩ 《爱国》，《竞业旬报》第三十四期。
⑪ 《国民的健康主义》，《云南》第 8 号。

论孙中山行政伦理思想

✒ 杨冬艳

中国民主革命的先行者孙中山先生不仅是一个身体力行的革命实践家，而且是一个进步的思想家，他对中国的政治、经济、军事、文化、教育、伦理道德等方面都提出了自己独特的见解。孙中山先生在谋求中国独立与解放的同时，探索、研究了中国的治国强邦之道，认为要维持民族和国家的长久地位，必须有很好的道德，有了很好的道德，国家才能长治久安。他将"尚道德"、"明公理"视为革命和新型政府建设的基本条件，将伦理道德作为新政权建立和权力运作的基础。孙中山不曾写过专门的行政伦理方面的著作，但在其论证以三民主义建设现代型国家的政治理念中，包含着丰富的政府行政伦理思想。其行政伦理思想与他的三民主义政治思想紧密联系在一起，是他的整个思想体系的一个重要的组成部分。其中有关政府行政的道德基础、政府行政的价值理念与理想模式、政府行政道德观等思想都具有鲜明的时代气息和传统特色。本文试图从行政伦理的视角检视孙中山行政伦理思想的理论渊源与主要内容。

一 孙中山行政伦理思想的理论渊源

政府行政是一种重要的社会管理活动，行政伦理则表现为政府行政权力来源的合法性及其运作的正当性与善。建立一个民主共和制的现代政府，是孙中山毕生追求的伟大目标，也是其行政伦理思想的重要载体。孙中山的行政伦理思想与他的政治理想一样，有着丰厚的文化传承和自己独特的理性思考与理论创建。正如孙中山在阐述自己的思想渊源时所说："余之谋中国革命，其所持主义，有因袭吾国固有之思想者，有规抚欧洲之学说事迹者，有吾所独见而创获者。"① 孙中山立足于中国的现实，集中外政治与伦理思想之精华，殚精竭虑地规划了建设新型民主国家的政治蓝图，提出了系统、全面的政权建设和政府行政思想，其所体现出来的行政伦理思想，既来源于对中国传统伦理的继承与发展，又有对西方伦理的吸收与改造，具有明显的中西合璧的特点。

（一）对中国传统伦理的继承与发展

孙中山十分认同中国的传统文化，认为"中国之文明已著于五千年前，此为西人所不及"。在他看来，中华民族是一个道德高尚的民族，中国古代的心性文明，伦理道德方面，远远高于欧美西方国家。他曾指出："中国有一个正统的道德思想，自尧、舜、禹、汤、文、武、周公、孔学而绝。我的思想，就是继承这一个正统的道德思想来发扬光大的。"② 他主张要恢复"中国固有的道德"，认为"中国固有的道德"是"恢复民族的地位"，批判帝国主义文化侵略的必要手段。但孙中山对中国传统伦理的恢复与继承，不是拘泥于古人，而是批判地继承，并进行新的创造。正如他所说：我们固有的东西，如果是好的，当然要保存，不好的才可以放弃。主张继承和重塑传统"固有道德"，剔除封建思想的糟粕，去糟存精，继承发展，赋予传统伦理以新的活力。孙中山对我国传统伦理思想的继承和发展，主要体现在以下三个方面。

1. 对儒家"大同理想"的传承

儒家追求的最高境界是"天下大同"。早在两千多年前，孔子就提出了"大道之行也，天下为公"，将"大同理想"作为人类的一种理想社会图景。此后的漫长岁月中，便不断有志士仁人为了使这一崇高理想成为现实而不断努力，并在实践中不断完善与发展这一理想的内涵。《礼记·礼运》说："大道之行也，天下为公，选贤与能，讲信修睦。故人不独亲其亲，不独子其子，使老有所终，壮有所用，幼有所长，矜寡孤独废疾者，皆有所养。男有分，女有归。货恶其弃于地也，不必藏于己；力恶其不出于身也，不必为己。是故谋闭而不兴，盗窃乱贼而不作，故外户而不闭，是谓大同。"孙中山继承儒家伦理"大道之行也，天下为公"的观念，将

---

① 《孙中山全集》第七卷，中华书局，1985，第60页。
② 《戴季陶、孙文主义之哲学的基础》，（台）中央文物供应社，1973，第34~35页。

"大同世界"作为改造近代中国所追求的最高社会理想，并在革命实践中将之发扬光大，赋予新的内涵。

孙中山所构想与追求的大同社会建设蓝图虽是对传统儒家大同理想的继承，但同时也有所超越，他既把"大同世界"作为他的政治理想，又把它作为其政权建设、社会管理伦理思想的核心内容。一方面，孙中山秉承儒家大同理想的核心理念"天下为公"，倡导儒家的"民本"思想以及政权建设与经济建设中的"公"、"平"伦理思想，提倡平等的"仁爱"道德，满足社会成员的合法权益，促进人和社会的幸福与发展。另一方面，孙中山又在继承中有所发展与创新，创立了三民主义来表达新时期的大同理想，突出"政权之公天下"以取代君主专制的"家天下"，把孔子的"天下为公"演绎为"民权主义"，"对大同理想进行了现代诠释，注入了新的时代内容"。①

孙中山借用儒家的大同理想和"天下为公"来阐发自己的新思想，憧憬一个"政权公之天下"的新世界。为了将孔子的大同理想由理念变为现实，孙中山设计了实现大同理想的政治、经济、思想道德等方面的举措，在中国大地上推行民族、民权、民生的"三民主义"政治纲领和社会建设蓝图，并为"天下为公"的大同理想能够变为现实献出了毕生的精力。

2. 继承儒家"为政以德"的伦理思想

孙中山对儒家"为政以德"、以德辅政的伦理思想十分推崇，认为德政是中国特有的"政治伦理"，因为德政是以仁义道德、"正义公理"来感化人，是"要人怀德"，而"不是要人畏威响"。孙中山认为"忠孝、仁爱、信义、和平"等道德规范是儒家文化中的精华，主张革命党人应学习古人，将政治建设和行政管理与伦理建设结合起来。为了适应国内政治斗争和建设新型的行政管理组织结构的需要、寻求政府行政管理的合理格局和新型的行政管理道德秩序，孙中山对传统的"忠孝、仁爱、信义"等道德规范作了新的阐释，注入了新的内容。

关于"忠"，孙中山认为，过去的"忠"，强调"忠君"，忠于皇帝一人，是对帝王的愚忠，而现在讲"忠"，是要忠于国家，忠于人民，为四万万人效忠，比较为一人效忠，要高尚得多；关于"孝"，他认为，应理解为孝敬老人，孝敬师长，不是父为子纲的宗法道德观念，而是主张将宗

---

① 黄明同等：《孙中山的儒学情结》，社会科学文献出版社，2010，第51页。

族主义扩充为民族主义，发扬敬祖宗亲的爱国主义精神。孙中山十分赞同孔子的"仁爱"思想，视之为"中国的好道德"，仁爱是"为公爱和非私爱"，要把爱"普及于人人"，要把仁爱恢复起来，并发扬光大，便是中国固有的精神，革命者的仁爱就是要实行三民主义，救国救民于水深火热之中；而"信义"、"和平"就是要反对帝国主义的"背信弃义"、对弱小民族的欺诈和掠夺，是维护民族独立的道德规范。

3. 对儒家传统道德修养方法的继承与发展

孙中山十分重视道德教育与道德修养，认为良好的道德、完善的人格是齐家、治国、平天下的根本。革命者和社会治理者只有先做到正心、修身才能形成好人格，而"欲聚此四万万散沙，而成为一机体结合之法治国家"，也非好人格所能实现的。只有革命者、社会治理者以及四万万人都变成了好人格，才能实现以改良人格来救国。

儒家最初的人格观念就是孔子提出的"仁"，要塑造完善人格，必须具备"恭、宽、信、敏、惠"的修养功夫。孔子认为，"能行五者于天下，为仁矣"。[①] 孙中山从传统的"修身"、"人格"论中汲取了有益的营养，加以拓展，将"修身"、人格与国格结合起来，主张将国民个体道德的完善与国家的繁荣富强统一起来，应将人生的价值与国家的兴旺、民族的振兴联系起来。由此出发，孙中山主张从政者要树立正确的"利人与利己观"、"死价值观"，并通过自身的道德修养和道德实践来扩大加深道德在社会生活中的影响，以促进民国时期社会良好道德风尚的形成。孙中山要求从政者不可居心发财、想做大官，图一己之利，而应该更多地致力于他人和国家的利益，甚至在一定条件下为了他人和国家的利益牺牲自己的利益乃至生命。鼓励从政者用崇高的人格和道德价值的实现，激发和提高民族的自尊心和自信心，从而为反帝爱国和民主革命事业服务。

（二）对西方伦理思想的改造与吸收

孙中山行政伦理思想不仅来自"中国固有的道德"，而且由于孙中山受过良好的西方文化的熏陶，也深受当时西方资产阶级平等、自由、博爱伦理思想的影响。与此同时，西方的工业文明所显示的前所未有的勃勃生机，对于一心想建立民主共和国的孙中山也有着巨大的吸引力。因此，孙

---

① 《论语·阳货》。

中山深感向西方文化学习的重要性与迫切性。他强调应对欧洲文明采取开放态度，取西人的文明而用之。但他深知东西方文化包括伦理思想的差异性，主张把西方的"平等、自由、博爱"伦理思想引进之后，融会到中国传统伦理道德中去，将之作为行政伦理观念的基本原则。

首先，关于民主与自由。孙中山所倡导的不是西方的个体民主与自由，而主要是国家、民族的独立、自由与自主。中国的封建专制官僚制是以皇帝为权力核心的社会统治和管理组织模式，皇帝具有无上的权力并总揽一切大权，实行独裁统治，所以在专制官僚体制内是绝无所谓民主的。在这种统治下的中国国民更无自由可言，人们显得愚昧、麻木与无知，如果直接过渡到西方的个体民主与自由，无论是政府行政还是国民都将无法适应。因此孙中山极力反对那种不要纪律不要集中不讲服从的极端民主与自由，强调牺牲个人自由，以求得团体、国家的民主与自由。

其次，关于"平等"。孙中山没有生搬硬套西方资产阶级的平等观，提倡政治权力的平等，主张男女的平等，并且通过"民权"革命来打破人为的不平等，最终实现政治上的平等。孙中山认为，通过"民权"革命，可以实现政治上的人人平等。因此，孙中山号召大家为"民权"而战，指出：民权发达了，便有真正的平等，如果民权不发达，我们便永远不平等。孙中山非常向往俄国十月革命所取得的"平等"，经过自己革命的切身经历，他最终清醒地认识到俄国十月革命与西方资产阶级革命的根本区别在于：消灭私有制，消灭剥削阶级，实现人人政治地位、经济地位的平等。为此，孙中山提出了"联俄、联共、扶助农工"的新三民主义，走上了新民主主义革命的道路。

最后，关于"博爱"。"博爱"是西方资产阶级的重要伦理观，即提倡爱一切人，一切人互爱，是一种超越时代、阶级、阶层的广泛之爱。这种博爱思想具有深刻的基督教文化背景。爱一切人，就是连仇人、敌人也要爱。"博爱"与中国的"仁爱"既有相通之处，又有不同的地方。人与人之间应当互爱，这是相通的，但所谓连仇人、敌人也爱则不符合中国的文化传统。所以孙中山认为，革命党人的"仁爱"是有条件的，应该表现为对人民、对国家的爱。与中国社会现实的要求紧密地结合起来，博爱的目的就是为中国人民谋福利，为祖国争取独立和自由。当然，孙中山的"博爱"观既为其实现三民主义政治思想，建立中华民国起过积极的作用，又给他的革命事业带来了消极影响。主要体现在他仁慈宽厚的"博爱"品格，泯灭了严肃的政治理性与伦理规范的区别。这种伦理思想的缺陷，也可以认为是辛亥革命软弱性、不彻底性的思想根源之一。

二　孙中山行政伦理思想的主要内容

孙中山民主革命的理想不仅是要推翻"满清"政府，而且是要建立一个民主的共和政体。他领导人民推翻帝制，建立了中国历史上第一个资产阶级的民主共和国政府。辛亥革命失败后，他在之后的一系列革命实践活动中，始终为建立民主共和国的目标而奋斗，直至献出自己毕生的精力。民主共和国建设是孙中山中华民国行政管理组织结构与管理思想的一个重要的实践探索的载体，蕴涵着丰富的现代国家行政管理的伦理思想。

（一）"民为邦本"的行政道德基础

孙中山政治思想与治国方略是以他的"民为邦本"思想为基础的，"民为邦本"思想同时也是其政府行政的道德基础。"民为邦本"的思想在我国传统社会中很早就出现了，《尚书·夏书·五子之歌》中曾记载："民可近，不可下。民为邦本，本固邦宁。"表明了民众是国家的根本，对于国家的基础，统治者应该尊重亲近民众的价值观。孙中山继承传统"民为邦本"思想的精髓，在总结中外社会统治与管理历史经验的基础上，将庶民百姓作为立国的根本。他曾对"民为邦本"的主张作了一次十分形象、生动的论述。他说"中西人筑屋有一异点，可于其典礼见之。国人筑屋先上梁，西人筑屋先立础。上梁者注目于最高之处，立础者注目于最低之地。注目处不同，其效用自异。吾人作事，当向最上处立志，但必以最低处为基础。最低之处，即所谓根本也。国之本何在乎？古语曰'民为邦本'。故建设必自人民始"。[①] 在孙中山看来，民即为国之本，他把四万万同胞奉为主人，国家为全国国民所公有，民国之政治，为国民所共理，民国之权利，为国民所共享。

孙中山"民为邦本"行政道德思想的形成来自两个方面的因素，一是他对人民力量的深刻认识。他认为人民表面上似无能力，其实，人民的实

---

① 中共中央党史教研室编《三民主义历史文献选编》，中共中央党校科研办公室，1987，第 75 页。

力异常伟大，不使枪炮，而力大于枪炮十倍百倍而未已。二是与他对于民众深厚的同情心有关。孙中山出生于农家，从小便深深感受到庶民百姓生活的艰辛，对百姓有着深厚的感情。孙中山身处太平天国农民革命发生过的两广地区，口碑流传的革命故事在青少年时期的孙中山心中埋下了关心人民疾苦的种子，同时他也看到了人民中所蕴藏的无穷力量，这些都促进了孙中山"民为邦本"的行政道德思想的产生，并成为他的一系列行政伦理主张的理论基础。他的"主权在民"的行政价值理念、"权能区分"的高效行政管理模式、"替众人服务"的行政道德观等都是他的"民为邦本"思想在政府行政中的具体体现。

孙中山"民为邦本"的行政道德思想，与我们今天社会主义国家政府行政的道德基础是一致的，即把人民群众真正看成是国家和社会的主人。这不仅反映出孙中山作为民主革命的先驱者所具有的超前的现代化思想，也说明充分重视人民群众的权力和作用，乃是有效实行社会管理的关键和必须。

（二）"主权在民"的行政价值理念

民权主义是孙中山三民主义的核心内容。孙中山民权主义的实质就是反对君主专制等级特权主义，实现民主主义，充分体现人民主权的政治理想。民权主义是政治革命的根本，通过政治革命，推翻君主专制政体，以自由、平等、博爱取代封建的等级、特权，最终实现专制主义向民主主义转变，建立一个民主行政的政府。

对民主的追求，也是现代政治与政府行政的根本方向。新型民主国家与过去封建王朝的根本区别，在于前者系"主权在民"，后者系"主权在君"。"主权在民"是现代型新国家的基本政治特征和行政特征。孙中山指出，所谓"主权在民"，即意味着人民在政治上平等，有参与政治的充分权利，"凡人民之事，人民分理之"。①"主权在民"，使国家的法理基础从万世一系的"君权"变革为"四万万人一切平等"的民权，这不仅扩大了民众政治参与的程度，唤起了民众对政治改革的欲望，而且奠定了新型民主国家政府行政的"合法性"基础。在新型民主国家中，不是政府决定人民的意志，而是人民的意愿决定要建立什么样的政府；或者说，人民有权

---

① 《孙中山全集》第一卷，中华书局，1981，第318页。

选择究竟建立什么样的政府。辛亥革命后所建立的中华民国是中国开天辟地第一个民主共和国，结束了几千年来君临天下、一人独尊的专制独裁政体，开始了人民为最高统治者的时代。

共和国成立以后怎样才能使人民真正掌握国家权力呢？如果民权不能得到有效落实，任何民主的愿望都难以实现。孙中山在研究了欧美国家的民权情况之后，针对它们所存在的缺陷，提出了扩大国民参政权范围的"四种民权"理论。他提出，人民不仅拥有选举权，还要拥有罢免权、创制权和复决权。罢免权即人民有权罢免不称职的政府官员；创制权即人民有权创制法律；复决权即人民对已定的法律有权修改。孙中山认为："人民有了这四个权，才算是充分的民权"，人民行使"四权"来管理政府的"五权"，那才算是一个完全民权的政治机关，"人民和政府的力量才可以彼此平衡"，才能充分体现"主权在民"的民国基本政治原则。孙中山"主权在民"的行政价值理念是对延续了几千年的中国封建专制统治的颠覆，是新型民主政府行政合法性的充分体现，对于近现代中国政府行政价值理念的确立具有开创意义。

（三）"权能区分"理想行政模式

现代民主国家的一个显著特征就是其权力设置的"合理性"。合理性是德国社会学家马克斯·韦伯官僚制理论的重要学理预设，是他设计现代官僚制组织模式的一个基本原则。在韦伯看来，只有建基于现代工业社会的理性官僚制才是一种理想的行政组织类型，兼具合法性与合理性的特征，是最有效率、"最纯粹类型"的组织形式。中国古代由于缺乏既具合理性又具合法性官僚制的"土壤"——法理型统治的理性国家，所以，中国古代的专制官僚制只具有合法性而缺乏合理性。辛亥革命后所建立的民主共和国开创了中国政体之先河，如何建构治权、政府行政模式的合理性问题成为新政权建设的当务之急。在现代政府行政管理模式方面，孙中山的构想与马克斯·韦伯有相通之处。他们都主张现代化国家形式应得到充分的发展，应建立一个高效率的、真正能行使国家职能的强有力的政府。这一思想体现在孙中山提出的"五权分立"的政府学说中。

"五权分立"以"权能区分"为重要前提。孙中山所提出的"五权分立"的政府与西方的"三权分立"的政府最根本的区别，是将西方政治学说所忽略的"政权"与"治权"作了明确的区分。孙中山强调，政权是指民权，而治权则是政府权。讲求民权，就是强调"主权在民"；讲求治权就是要把这个大权，完全交到政府的机关之内，要使政府拥有治理全国事务的充分的权力。在权能区分的基础上，孙中山主张在"治权"范围内以"五权分立"来规划国家的政体建构。他提倡汲取中国传统政治的精华，在西方行政、立法、司法"三权"之外，再加上考试权和监察权，合而创设"五权"。并且，要使"五权"之内能够很好地相互配合，"连成一个很好的完璧，造成一个五权分立的政府"。[①]

按照孙中山的设计，依"五权宪法"建立的国家机构形成了一套完善的互相制约的机制。国民大会下面分设立法、行政、司法、考试、监察五个院，五院分工明确，各自独立，都向国民大会负责，各院及国民大会人员皆接受监察院监督，监察院则接受国民大会监督。国民大会人员与全国大小官吏的资格皆经由考试院确定。与"三权分立"强调权力间的制衡不同，"五权分立"最重要的目标是建立"万能政府"（即高效政府），而政府的本质是行政功能，故行政权在五权中是最为具体、最能代表政府行为的，因此，行政权在理论上是五种治权的中心，其他四权应配合行政而发挥作用。孙中山的治权学说在强调"五权分立"，防止专权的同时，更注重五权之间相辅相成的作用，要使五权密切配合，相辅为用，为民众谋福利。权能区分学说及"五权分立"模式是孙中山行政学说中最具特色的部分，是他对政府行政的合理性建构，也是他的行政伦理理念的充分体现。正如孙中山所认为的，这是他的一大"发明"，是一种"破天荒的政体"，依靠"五权宪法"所建立的民主共和国将是最为理想和良善的政体，是一种可以达到"完全无缺的治理"。虽然，孙中山对于自己的政府行政模式的评价过于理想化，但这一模式的确是中国至民国以来最为科学与理想的行政模式。

（四）"替众人服务"的行政道德观

孙中山看到了道德在实施社会调控中的特殊作用，认识到道德作为一种社会调控的特殊方式，可以"补政治之所不及"。[②] 在他看来，一方面，国民道德水准的高低直接决定着国家政治进步的程度；另一方面，政党的

---

① 《孙中山选集》下卷，人民出版社，1956，第731页。
② 《孙中山全集》第二卷，中华书局，1982，第447页。

行政道德状况关系到政党的盛衰成败。因此，孙中山十分重视政党道德建设，把革命党人和广大的社会民众道德觉悟的高低与革命能否取得成功直接联系起来，强调政党的目的在于为国家造幸福，为人民谋乐利，要求革命党人必须培养高尚的人格。认为三民主义能否实现、共和制度能否真正落实，"全视乎党人智能道德之高下，以定结果之胜负"。所以"政党自身之道德，尤当首先注重"。① 在他看来，一个政党如果没有高尚的"党德"，则"声誉必堕地以尽，国民必不能信任其政策"，就一定不能"长久存在"。相反，革命政党道德高尚，就能得到人民的拥护和支持，就能"求发达，求长久"。②

"古时极有聪明能干的人，多是用他的聪明能力，去欺负无聪明能力的人。所以由此便造成专制和不平等的阶级。现在文明进化的人类，觉悟起来，发生一种新道德。这种新道德就是有聪明能力的人，应该要替众人来服务。这种替众人服务的新道德，就是世界上道德的新潮流。"③ 孙中山认为"替众人服务"的精神是一种顺应时代的新道德，有聪明才能的人，尤其是那些为官者，在重塑国民性的过程中，应树立公德心和主人翁的责任感，自觉为人民服务，甚至牺牲个人利益，牺牲小我成就大我。孙中山把实践"新道德"的责任主要放在少数社会精英即当权者身上，因此，孙中山要求当权者平日立志，应该想做大事，不可想做大官。为此，孙中山反复阐述国民与政府官员之间的主仆关系，将历史上君为主、民为奴仆的关系，变为人民为主人、政府官员为公仆的关系。孙中山在辛亥革命后的执政时期，大力破除官与民的关系上的封建落后性，从多方面力求实现"官为公仆，民为主人翁"的关系。他取消了清朝法律中对于各类"贱民"的限制，规定各种职业的下层人民享有同等的国民权利。孙中山的民权学说反映了他诚挚的公仆意识，他曾经用阿斗与诸葛亮的关系来比喻人民与政府官员之间的关系。他要求政府官员要像诸葛亮忠于阿斗那样，忠于人民。他认为人们放心将"治权"交给政府，不是人民无能，而是因为政府官员有着"仁慈的好道德"，能够为了人民"鞠躬尽瘁，死而后已"。万能政府只有由那些有才能又有"替众人服务"道德心的人群所组成，才能真

---

① 《孙中山全集》第三卷，中华书局，1984，第1~2页。
② 《孙中山全集》第三卷，中华书局，1984，第37页。
③ 《孙中山全集》第十卷，中华书局，1985，第156页。

正为人民谋福利。

虽然在其历史条件下，孙中山"这种替众人服务的新道德"难以完全实现，但他所创导的"替众人服务"的行政道德观，主张政府官员忠于国家和人民、尽职守责的公仆意识却是十分可贵的，充分体现了一个伟人崇高的道德品质，反映了他对从政者的高尚行政道德的要求，也是当代政府"为人民服务"道德观念的理论先声。

孙中山的行政伦理思想博大精深，其内容十分丰富，涉及面也很广，是孙中山先生在中国民主革命与政府行政理论建设中的理性创造，有着同时代所没有的独特内容。同时，由于历史的原因，其行政伦理理论的提出和实现也存在一些理想性和局限性，但是我们不能用今天的理论来苛求先人，孙中山先生的行政伦理思想具有"适乎世界之潮流，合乎人群之需要"的先进性和时代价值，开创了中国近代国家与现代行政伦理的先河，直至今天仍旧有很多宝贵的内容值得我们进一步地学习和探讨，并要把这些珍贵的思想遗产继承下来并且发扬光大。

作者单位、职务：郑州大学公共管理研究中心教授、哲学博士

"中山先生之痛"及其反思

——孙中山知行关系学说再评析

✒ 谢扬举

一 "中山先生之痛"

知行关系新学说在孙中山先生的思想中占有十分重要的地位，是他极其珍视的、颠倒千古的理论创造，用他自己的话说："文奔走国事三十余年，毕生学力，尽萃于斯，精诚无间，百折不回，满清之威力所不能屈，穷途之困苦所不能挠。"① 中山先生对自己理论的估价并没有自夸，其知行关系在整部中国哲学史上确实占有一席重要地位。非但如此，由于其出现在中国社会现代化过程的关键时期，还带有近代思想启蒙的价值，因为一个传统社会在走向近代化的过程中，必须要重新确立新型认识论的标准和社会基础。一个知识论水准混乱低下的社会，不可能发生清明良性的转变，无法迈上持久正当的道路。古今中外，社会革新和进步必待新知识、新观念、新思维的启蒙觉醒，原因就在这里。今天，我们需要重新评价知难行易说的内涵和深远意义。为突出孙中山知行学说的意义，笔者在这里姑且妄造"中山先生之痛"这一说法。这一说法依本于孙先生自己的说法。

众所周知，中国革命的发生是中国近代历史演变的结果，但是，这种结果在很大程度上不是中国历史内生性因素驱动，而是由腐败无能的清廷闭关专制和列强暴力入侵的双重原因激发的。也就是说，中华民族的启蒙

---

① 《建国方略之一：孙文学说——行易知难（心理建设）》，见《孙中山全集》，中华书局，2006（第二版），6：157（以下引《孙中山全集》均简称《全集》，且均以文中夹注形式标明卷次和页码；页码标准格式是：冒号前数字表示卷次，冒号后数字表示该卷页码）。

思潮和民主建国运动不是中华民族内在思想自觉的结果，事实上，当时的民智，乃至整个国民综合素质离完成民主共和国建设重任的要求还相去甚远。由于封建专制势力的长期高压和麻痹，并不是当时的中国人都主动渴望革命，近代历史上许多精英们也缺乏近代政治思想的启蒙和革命理论的装备。有些曾经的先锋分子，因为意识到革命力量素质的局限，畏惧革命的艰难，遂消极地转而主张延缓或取消革命；有些则在革命的洗礼中坚定了革命意志。

孙中山早年也并不是天生的激进革命者①，1885 年始，他发愿倾覆清廷，可是 1890 年还上书香山籍洋务派退职闲居官员郑藻如（《致郑藻如书》，1：3），谋求改良，尽管 1893 年他纠合同志在广州开会并提出"驱除鞑虏，恢复华夏"的口号，可是 1894 年更上书清朝重臣李鸿章（《上李鸿章书》，1：8～18），言辞之恳切、激愤令人感动，甚至希望李鸿章起而反清，可见改良之心没有断念。1894 年 7 月甲午战争爆发，1895 年败签辱约，中国短暂的和平时期和自强机遇荡然无存，终于使他认识到和平改良之路"无可复施"（《伦敦被难记》，1：52；《建国方略》，6：229）。同年 11 月，他在檀香山建立兴中会，走上义无反顾的武装革命道路。经过与保皇党的论战，1903 年孙先生在美国反复极力申明"革命是唯一法门"（1：226），"观于昏昧之清朝，断难行其君主立宪政体，故非实行革命、建立共和国家不可也"（1：227）。他和其追随者虽然看出了上层昏庸守旧、下层蒙昧无知的症结，可是都期望通过政治革命而同时完成社会革命，对文化和思想启蒙的艰巨性认识不够，这也是 20 世纪处于革命风暴中的中国一直存在的特点，这些客观上确实是时难所迫造成——客观形势逼迫他们是偷着革命，而不可能和国民一道同行。从后人的立场看，这恐怕是不小的误区，因此，不可否认，民众甚至革命党内部的思想启蒙和社会动员实际上没有公开的——也没有真正的基础，这给中国民主革命埋下了思想无根的隐患。而无形的思想启蒙和共识确是有形的社会革命和建设的决定性武器之一。革命之后挫折的现实教训，给了中山先生最大的打击，旧思想观念巨大的历史惯性力量刺痛了他，痛定思痛，他才反思性地开始了思维上

---

① 1885 年 4 月清政府在巴黎签订中法"停战协定"，6 月签订《中法条约》，这深深刺痛了中山先生，他回忆"予自乙酉中法战败之年，始决倾覆清廷、创建民国之志"（《建国方略》，6：229）。但是，以后多年中他对自上而下的改良没有立即释怀，直到 1895 年才真正决意革命。

的革命和思想启蒙的工作。令人难以思议的是，中山先生自认为最重要的思想革新不是更多地引进西方思想，而是落实到对传统知行哲学的反思上，这恐怕是历史悠久的中国走向近代革命而必定带有的特点。

引发中山先生思考知行问题的直接动因是中国民主革命的曲折。1911年辛亥革命爆发，专制腐败的满清王朝被一举推翻，中华民族奋五千年文明自强不息之余烈，通过急速的革命，一朝得以重新跻身于当时世界先进政体的前列，眼看着似乎可以凭民主国家的身份证加入世界历史的进程了，然而共和建国的理想很快落空，不久袁世凯即篡权复辟，三民主义、"五权宪法"、《革命方略》所规划的宏基伟业蓝图无法实现。更令人忧心的是，革命曲折之后，"失去一满洲之专制，转生出无数强盗之专制，其为毒之烈，较前尤甚"（6：158），更不必说转向国家建设阶段了。由此，革命党人内部也出现了彷徨、消沉和动摇，甚至核心圈子里出现了内讧，"不图革命初成，党人即起异议，谓予所主张者理想太高，不适中国之用；众口铄金，一时风靡，同志之士亦悉惑焉"（6：158）。

这些情况震撼了孙中山的灵魂，他在书中陈述道："迨夫民国成立之后，则建设之责任当为国民所共负责，然七年以来，犹未睹建设事业之进行，而国事则日形纠纷，人民则日增痛苦。午夜思维，不胜痛心疾首"（6：159）。

正是鉴于孙先生"不胜痛心疾首"的感受，我将孙先生对知行关系理论的反思命名为"中山之痛"。笔者认为这是中国民主革命过程中真正触及传统社会神经及认识论的重要觉醒，也是中国必须要经过的认识和社会共同进步的必经阶段。可以说，认识论和社会的关系在今天的中国仍然有待解决！

"中山先生之痛"的直接起因虽然在于革命的失败，可是由此而引发的反思性深度超过了革命活动本身的范围。对于革命受挫，孙先生认为，"然吾党之士，于革命宗旨，革命方略亦难免有信仰不笃、奉行不力之咎也，而其所以然者，非尽关乎功利达而移心，实多以思想错误而懈志也"（6：158）。这个思想错误，他认为就是："知之非艰，行之惟艰"这个说法，数千年来"深中于中国之人心，已成牢不可破矣"。所以，他又说："此说者予生平之最大敌也，其威力当万倍于满清。夫满清之威力，不过只能杀吾人之身尔，而不能夺吾人之志也。乃此敌之威力，则不惟能夺吾人之志，且足以迷亿兆人之心也"（6：158）。

根据这种思路，他悟出了一个道理，即"夫国者人之积也，人者心之器也，而国事者一人群之心理之现象也。是故政治之隆污，系乎人心之振靡……夫心也者，万事之本源也。满清之颠覆者，此心成之也；民国之建设者，此心败之也"（6：158～159）。他取法于兵道"攻心为上"的故言，决意从纠正"国人社会心理"重新开始，因此将其阐述知难行易学说的著作改称为"心理建设"，列入《建国方略》的第一部分。我们认为，孙先生的"心理建设"是孙中山对中国民主革命的反思，又是对中华传统认识论总问题以及中华民族心理结构的深沉反思。从孙先生对心的强调上看，他反思的要害似乎就是社会心理认识和信念的误区，甚至可以说他陷入了中国历史上传统的内在心性论或者心归因论。其实，从其著作论述的选材和其自身所受的科学教育看，他的反思带有一般认识论的意义。

鉴于这些认识，笔者以为胡适对孙先生的评论是失之公允的。胡先生立足于其实用主义经验知识和社会改良的立场，又完全局限于具体的时代背景，对孙先生提出两点批评，一点是动机的还原，他认为，"所以'行易知难'的学说的真意义只是要使人信仰先觉，服从领袖，奉行不悖。中山先生着书的本意只是要说：'服从我，奉行我的《建国方略》'"。另一点是指出孙先生将知行分为两截，"行易知难说的根本错误在于把'知''行'分的太分明。中山的本意只要教人尊重先知先觉，教人服从领袖者，但他的说话很多语病，不知不觉地把'知''行'分作两件事，分作两种人做的两类的事。这是很不幸的。因为绝大部分的知识是不能同'行'分离的，尤其是社会科学的知识。这绝大部分的知识都是从实际经验（行）上得来：知一点，行一点；行一点，更知一点，——越行越知，越知越行，方才有这点子知识"①。胡适的评价没能看到孙先生反思所内含的科学和理论深意。当然，胡适以为训政是拿国家的名义和利益侵犯个人的尊严和权利，他撰文的动机是批评国民党三大宣布军政结束、训政开始，主张实行宪政，防范和抵制独裁专制的复活，所以就含有太强的政治色彩。如果平心而论，顺着胡适的论断，也可以窥视出他虽然强调知行不离，但是实质上却也是承认了"知"的艰难，不过他主张是点点滴滴的过程性。

笔者命名"中山先生之痛"基于两点认识，其一，中山知难行易说提出的直接和显在意义；其二，中山先生知难行易说的间接和潜在意义。在

---

① 胡适：《知难，行亦不易：孙中山先生的"行易知难说"述评》，《新月》2卷4号。

某种程度上说，笔者更在意孙先生知难行易说可能的哲学启发意义。放眼看来，中国现代化事业至今没有达到预期目的，其实有更深的反思需要，整个中国古代哲学思想必须转型，中国传统文化中隐藏未发的专制细胞仍然具有活性，中国需要在哲学上构建主导的认识论标准、理性精神和知识价值观。孙先生的反思具有典范的意义，可以设想，如果天假以年，让他继续往前走，他可能会对中国古代思想文化的现代化有更多的推进，甚至可能像近代启蒙大师一样直接从主体的认识能力出发打开理性思想之路。

二　关于知难行易说十证的回顾

根据孙先生的说法，革命破坏告成之际，建设发端之始，他是兴高采烈的。不料有人给他泼了一瓢冷水，"先生之志高矣、远矣，先生之策闳矣、深矣，其奈'知之非艰，行之惟艰'何"？他乍听到这样的质疑，感到恍然若失，感到自己开始也是坚信"行之惟艰"的，并且曾经以王阳明"知行合一"说勉励同人，再反思下去，才发现知易行难这等古人所传、今人所信的说法是"实似是而非也"，"予乃废然而返，专从事于'知易行难'一问题，以研求其究竟"，于是悟出，"知中国事向来之不振者，非坐于不能行也，实坐于不能知也；及其既知之而又不行者，则误于以知为易、以行为难也"，于是他致力于证明"行之非艰，而知之惟艰"（6：160）。

知易行难说是中国哲学史上影响长久的一个命题，属于中国哲学史上知行问题的一种表述，蕴藏有太多的历史、政治、文化积淀。知行关系本身是中国哲学史上的重要问题，它既是认识论的问题，也是伦理学难题。就中国哲学史看，一般认为，"知"广义上指知识或认识活动，狭义上指道德原则、规范或实践理性；"行"与"知"相对，指行为、行动、践履、实施、推行。关于该问题，有多种断定和表述形式。

最早出现的经典表述之一是"非知之实难，将在行之"①。这一命题更明确的表述是："非知之艰，行之惟艰"②。老子、孔子、墨子、子思、孟子、庄子等对知或者行都有很多论述，但是在他们那里，直接将知行范畴

---

① 《左传·昭公十年》。
② 伪《古文尚书·说命中》。

放到一起讨论的论述不算典型。荀子认为知要落实到行，"知之不若行之"，"知之而不行，虽教必困"①。北宋程颐高度重视知行问题，他虽然接受知易行难说，但是提倡"以知为本"②，主张知先行后、知难行亦难。南宋的朱熹对知行关系有许多论述，提出"论先后，知为先；论轻重，行为重"，"知行常相须，如目无足不行，足无目不见"，"知之愈明，则行之愈笃；行之愈笃，则知之益明"③，不过又主张功夫全在行上。明代王阳明认为"知"指人心的"灵明"，力主知行合一论，说"我今说个知行合一，正要人晓得一念发动处，便即是行了"④，被后人指为纳行入知。明清之际，王夫之一方面颠覆程朱知先行后的看法，认为行先知后，说天下事情没有认识尽了才去行的道理；另一方面又认为知行互为中介，"知非先，行非后，行有余力而求知"，"行可兼知，而知不可兼行"⑤。

以上说法有共同的言说特点，一是或潜或隐，多针对伦理道德对象说事；二是从先后或者难易上辨析。二者都带有很大的局限，使得纯粹知识、理性能力和道德伦理、实践理性的讨论混同在一起，妨碍了知识论的发展，也限制了实践科学的独立发展。深层原因看来还是由于中国思想文化在源头上科学理性精神动力不足造成的。实际上，尽观中国古代知行理论，人们会发现其中充满着不少循环和混乱。在某种意义上我们似可以接受：中国古代理性能力、理论理性、认知主体、知识体系尚没有足够发达，而个体自由意志和实践理性的科学也没有独立基础，知行说这个问题甚至很难定义和刻画成纯粹思想的对象。

诚如孙先生所言，知易行难说是中国历史上出现最早、影响最大的知行关系观。孙先生着力批判的是知易行难说，但是剖析孙先生的具体论述，已经是站在现代科学发展阶段对知行关系的崭新审视和重建，具有现代科学支撑基础上认识论反思的价值，又因为他将其和中华民族心理（实际上包括认识）结合起来，就起到了对中国历史和文化传统批判的作用。为破知易行难说，孙先生共列举十件事实作为证明。

第一是以饮食为证。饮食带有本能的特点，人和动物一出生，不待教

---

① 《荀子·儒效》。
② 《二程遗书》卷十五。
③ 《朱子语类》卷九。
④ 《传习录》上、下。
⑤ 《尚书引义·说命中二》。

就能实行。但是如果问其"底蕴",孙先生说,"不独普通一般人不能知之,即近代之科学已大有发明,而专门之生理学家、医药学家、卫生学家、物理学家、化学家,有专心致志以研究于饮食一道者,至今已数百年,亦尚未能穷其究竟者也"(6:160)。这里,孙先生显然指:饮食卫生的科学理论知识是很难掌握清楚的。就中国而言,其饮食之道向来为外国人惊异和称道,中国饮食例如猪血、豆腐等食品的开发历史悠久,还有烹调技艺的创作堪称举世无双、世界之冠,可以说在西方号称精于烹饪的法国人也羡慕不已,而且按照孙先生的看法,中国食品和烹调方法还暗合于科学卫生知识,例如素食和五味调和术。但是,中国饮食之道毕竟是"习之成自然"(6:163),即令妙手巧妇,烹得一手好饭菜,恐怕也不知所以然。不过,不"行"是不可得"知"的。仔细分析,孙先生这里指的是:中国饮食之道属于经验性的、技艺积累的知识,是行之而不知其科学上的所以然。他这里的论述,仍然是为了说明关于饮食的营养卫生科学是在经验之后的,也就是在"行"之后的,这同时见证了"行"之不一定能知道究竟,也能说明深化到"知"更难。"行"及其经验,很大程度上说,仍然是这样、那样的知识,是关于如何操作的知识,而不是在科学上成立的为什么的知识、揭示了原因和原理体系的知识、类的知识、概念化的知识。孙先生接着从饮食方式和人体健康的关系上解说知难行易,同样印证了这方面中国有高明的经验,但是有关的科学知识在今天的科学状态下仍然是难知究竟。在孙先生眼里,"由此观之,身内饮食之事,人人行之,而终身不知其道者,既如此;而身外食货问题,人人习之,而全国不明其理者,又如彼。此足以证明行之非艰,知之实惟艰也"(6:169)。孙先生这里以自然科学一例立说,从他分析的总倾向看,突出了获取知识,求知、求道,即真理认识和科学理论的困难。尽管他未必仅仅是为了突出知高于行,可是,起到了推崇科学知识和理性求知愿望及能力的莫大意义,当然一并包括其艰难之处。不过其论述也附带透显出,从自发性人类科学史看,就知识源头上而言,不行不知,先行后知,行先知后,知高于行。

第二是以用钱为证。用钱是文明人后天习得的行为,可是人们视其为自然而然的事情,而对于钱的本质、用途,一般人未加深思和实求。孙先生概述了专门钱币学者对金钱性质所做的七种归纳,认为"古今中外,皆采用金银铜为钱币者,以其物适于为百货之'中准'也"(6:170~171)。西汉起初,朝廷下令铸钱,后来钱币多了,又禁民铸钱。孙先生以为,西汉开始为货少所困，后来为货积而不能流通所困，桑弘羊推行均输、平准之法，使用金钱，国家买贱卖贵，这样货畅其流，国家、人民皆得其利。他叹惜道："能用钱而不知钱之为用者"，古今中外比比皆是。孙先生讨论了商业市场、交易、买卖的历史，从劳动分工和社会发展角度指出，"不知自日中为市之制兴，则自耕而食、自足而衣之兼业可以废；至金钱出，则日中为市之制可以废；至契券出，而金钱之用亦可以废矣"（6：175）。他借鉴欧美学者的言论，提出人类生活程度有三期进化，即所谓："需要时代，以日中为市为金钱；安适时代，以金钱为金钱；繁华时代，以契券为金钱也"（6：177）。阐述了从货币、金钱、纸币到契券的起源和发展。孙先生知识广博，利用了经济学、金融学、财政学理论，而又善于分析和解说。他特别提出金融信用问题。他谈到的知识涉及今天的经济学、货币银行学等，当时一般人确实知之甚少。他感到，要不是仔细研究财货、银行、币制、工商等历史，是无法认识金钱的用途和现状的，他的结论是："世人只能用钱，而不能知钱者也。此足证'行之非艰，知之惟艰'"（6：179）。这里是以社会科学为例，揭示专业科学知识来之不易，一方面说明了人类货币知识自发产生的过程是行在先，但是就自觉的科学理性程度而言，学科知识后成而且更难。

第二是孙先生又以创作为例，否认知易行难说。中国文字在古代传播广远，历代能文善书之士极多，可是，"中国自古以来，无文法、文理之学"（6：181），所以即使历史上大文人也说不出作文的法则是什么，就连普通的语法结构也是能用而说不清形式规律。孙先生这里，"文法"指西人之语法（Grammar），"文理"指西人之逻辑（Logic，中山先生认为当翻译为"理则"）。他认为"然而数千年以来，中国文人只能作文章，而不能知文章，所以无人发明文法之学与理则之学……"（6：185）这个例子是从语法和逻辑方面证明，普遍形式规律和论证是不容易获得的，系统自觉的科学知识则更加难得，而且顺着自发的历史，即使作文技艺达到很高成就，也不一定能自行进化出这些东西。这个例子比上面两例更进一层，是从文法和逻辑层面上的例子，它们是各门知识通用的准则，比如，逻辑是"诸学诸事之规则，为思想云〔行〕为之门径也"（6：184）。

上述三件事，第一件人人能行而其学难明，第二件事文明人能行却难明其道，第三件事文人学士能行之而不知能行之规则。即便从事专门研究三件事之间的道理的，穷其毕生精力也有多不能知的。在孙先生看来，都说明能行而不能知的在在俱有，从而证明了"行之非艰，而知之实艰"。

接下来孙先生又增加建筑、造船、筑城、开河、电学、化学、进化七件事实作为例证。这七件事也是精心挑选出来的，涵盖从工程到当时先进的基础科学。其一是建筑，他认为中国那时还没有建筑学，建筑学涉及经济学、物理学、美术学、心理学等多学科知识，中国更不成系统，所以说中国人的建筑不是靠建筑学知识，相当于行而不知。中国建万里长城、开运河也没有工程家预先规划、设计和预算，当然即便有专家也难以给这种工程作出精确规划，可见长城、运河是因为需要而逼出来的。孙先生以为这也证明知难行易。这三个例子都是工程事例，工程科学显然不同于理论学科、基础科学，它本来就是实践性、技艺性特色很强的学问，而且工程中不确定因素也更难控制，需要专门学问。表面看来，这三例中孙先生似乎混淆了不畏难、不知难和认知之难，其实这里透视出，某种程度上孙先生不仅考虑到了客观的困难，而且看到了认知在人类实践活动中的自身限度，突破这个限度自然更加困难。换句话说，任何科学技术活动实际上都带有探索性、过程性特色，一劳永逸、穷尽一切的科学实际上是没有的，靠一己之力的科学也是不可能壮大的。电学、化学、进化论都证明从零散的、自发的、经验性的、特殊的、具体的、直观的实践到自觉的、理论性的、普遍性的、系统的、概念性的、反思性的知识之间存在极大差距。从具体科学历史入手，进行知行关系分析和总结，这是孙先生比古代学者高明和占有优势的地方，也是因为赖科学时代能提供条件。这样的分析虽然还受到知行范畴框架的约束，可是明显具有科学史、知识论研究的意义，至少我们可以说，孙先生站在科学史的高度，对中国哲学史上知行关系提出了全新的诠释、裁断和论证，这是中国哲学近代化中的重要一步。

三 知难行易说的历史意义、批判价值和可能意义

正如孙先生反复申明的，他是为坚定党人和国民的革命意志、促进革命行动而不得不起而推翻知易行难说，进而提出并论证知难行易说的。他甚至说，知难行易之理是"救中国必由之道也"（6：198）。他的做法自然具有时代意义，因为知行难题当时确实是中国革命最高的实践课题，不能不回答。针对革命而言，中山先生知难行易学说发挥了应有的作用。孙先

生认为，知易行难说让中国人"畏其所不当畏，而不畏其所当畏"（6：198）。按照他的意思，知是当畏的，行是不当畏的。人们一旦相信知易行难，会产生这样一种心态：开始想求得知识再实行，知之不得，就望洋兴叹而作罢；即使求得一些知识，以为实行更难，于是知了也行不下去，"如是不知固不欲行，而知之又不敢行，则天下事无可为者矣"（6：199）。孙先生思想疏导的目的是要人明了："不知固行之，而知之更乐行之"，像欧美人一样（6：200），既有探索勇气，更要有科学精神。他以日本明治维新的例子为证说，日本的成功"皆成于行之而不知其道者"，"是故日本之维新，多来冒险精神，不先求知而行之；及其成功也，乃名之曰维新而已。中国之变法，必先求知而后行，而知永不能得，则行永无其期也"（6：198），又说日本维新之后的 50 年来，都是科学为之，即是知而后行（6：200）。就革命而言，孙先生的知难行易说确实可鼓动士气，打消畏难情绪，同时能引导人们敬畏科学理论，不断向理论目标凝聚，颇有实际意义。

他的论证包含其独特的新理论，他认为，知难行易合乎人类进化的原理。人类进化第一是由草昧进入文明，这是不知而行的时期；第二是由文明再进文明，为行而后知之时期；第三是自科学发明后，为知而后行之时期。中国历史上讨论知行，一般是从认识主体或行为主体抑或是从心物关系上来谈论的，孙先生别出心裁，构造了一个历史进化的坐标系，将横向的知行问题纳入纵向的历史进化模式（6：199~201）。

如果将这个纵向模式还原为横向模式，那么他讨论的实际上就是知行四种可能关系问题，即不知而行、行以致知、知而行之、不知又不行，这本来是知、行二者组合的几种逻辑可能性形式，也是中国历史上一般从先后、难易讨论知行的习见形式，孙先生将其转化为历史阶段模型，显然更便于人们直观理解，同时，也确实具有科学史的意义，这里是将知行转化为知识和人类行为互为中介的几种情况。这可以说明，有些境遇是草创阶段，必须坚持不知亦力行之，需要冒险精神；有时候，不管是什么情况，需要在力行的同时注意总结、提高，转行为知，即需要理论化工夫；最好的状态是：知之而行，即以科学知识为指导的行动，但是这需要科学昌明的时代条件。针对不同的条件和历史阶段性，我们可以区分知行主次的不同形式，在知、行二者关注上采取不同的态度和行动。他以此理论分析中国的衰落，认为周代以前中国处于进步时期，这是不知而行的时期，而中国人能行之不懈，所以创获甚丰。周以后是衰落期，因为知识渐增，进入知而后行时期，国人忘掉了其沿袭的知识都是祖先冒险猛进而来，反而以知为现成或易得的，只知因袭守成而不知创造开新，不善于因行而求知，不仅以为知易，而且不知的又不去力行探索，所以三代以后中国文明有退无进。他对三代之后现状的分析，实际所指就是中国人丧失了不知而力行的冒险和原创精神，也丢掉了因行而致知的求知追求，所以，于知于行都没有进步。

孙先生知难行易说富于批判精神，他的论述始终是围绕着对中国古代知行说的评析而展开的。他对王阳明知行合一论的批驳具有近代思想的特色。王阳明提出知行合一命题的背景与中山先生思考知行关系的语境是不同的。王阳明的知行理论和心物关系论是二而合一的关系，他批评朱熹"外心以求理，此知行之所以二也"①，认为"心外无事，心外无理，故心外无学"②。正是出于这些判断，他重新处理心物和内外的关系，提出了知行合一论。王阳明所说的"知"、"行"概念本身和程朱并无大异，分歧在于对二者关系的看法。阳明子倡导新说，是为了反对烦琐教条、支离破碎和空思妄行的时代流弊，王、朱毕竟是门内交争。

王阳明的理论号称知行合一，其实如何合一呢？他举了疼痛感的例子，借以论证知行分不开，"知"就是反应，连带着是"行"；又以行路为例，说欲行之意是行之始，将意和行当成知和行。另外，他用知行互相考评对方，比如学习射箭，你的操作必须射中靶子才叫"知"了，"知"的开始、过程、终了都属于"行"，射不中说明还是不算"知"得了，也就是说"知"应包含"行"，反过来也一样。结果，在他那里，知行某种程度上成了交叉、重叠和附随的关系。再一点，他归行入知，为了惩忿窒欲，正心诚意，他断言"一念发动处便即是行"③。最大的差异是，王阳明一并朱熹的理论主要局限于政治、伦理、心理范围。这些语境和孙先生讨论知行的时代特征、用意、条件等都是不一样的。孙先生指出，王阳明的知行合一论，就是为了勉人为善，所以才声称"即知即行，知而不行，是为不知"，中山先生认为这是"与真理背驰"（6：197）。

---

① 《传习录中·答顾东桥书》。
② 《王文成公全书·紫阳书院集序》。
③ 《传习录下》。

最关键的是，今天我们研究孙先生知难行易说究竟有什么意义？笔者以为，孙先生知行论既有适用于科学认知心灵、科学发现或科学理论逻辑运动问题——小知行环节的价值，也有适用于理性、知识和社会——大知行环节的价值。在我们这个时代，关键是需要整合大、小知行环节，从中找到历史的启示和未来的定向，以便更好地认识科学的本质、发展模式及其社会意义。孙先生有关知行关系论述的文字昭示出，其知、行、知行关系的定位和论述有深邃的内涵与可发展余地。可以说，他使得中国知行哲学涂上了近代化的、合乎科学的特色。中山先生终身以革命为使命，可是其知行关系理论确具有一定的广普价值。从他的论证可以看出，放在科学昌明的时代，他所谓"知"，广义上可以诠释为：可理解的、关于原因性的、潜深的、理论性的、经过试验的、有预知性的、系统的知识，是"道"层面的知识，动物不可能有而只有有理性的人类才可能有这类知识。根据这些特点可以推测，他讲的"知"相当于科学性知识（含人文社科知识）。他认为，"夫科学者，统系之学也……舍科学而外之所谓知识者，多非真知识也"，中国古代天圆地方、天动地静、螟蠃变螟蛉在各方面违背了"知"的标准，因而都是谬误（6：200）。他所谓"行"，指实行、见于行动、实验、实证、实效、行动及其成果、转化为技术或实际事物等。鉴于身处科学时代，孙先生特重知识。所谓知难行易，其应有的意义之一就是指科学知识是难得的，这是崇尚科学，弘扬科学，敬畏科学。他曾经就知行难易问过杜威，杜氏说"吾欧美之人，只知'知之为难'耳，未闻'行之为难'也"（6：196）。在《孙文学说》"自序"中，他说："国民！国民！究成何心？不能乎？不行乎？不知乎？吾知其非不能也，不行也；亦非不行也，不知也！"（6：159）用到他自己强调的科学时代，归根结底，就轻重而言，孙先生特别重视的是知识包括科学认知模式和活动，在此基础上才是知行互动的关系。

笔者以为，从科学发现、认识和社会、知识社会学、科学社会学等诸多层次上看，孙先生提出的问题以及其部分回答，昭示了科学知识、思想智慧和理性启蒙的无上价值。孙先生虽然对某些"新学之士"、"醉心新文化的人"的文化归因论思维以及某些激烈的反传统言论不满，可是他承继中国古代知行关系范畴而又进展到对科学理性的高度重视，并特重认识活动中知行的结构和动力关系，与"五四"宣扬科学精神，倒是有一定的殊途同归、异曲同工之处。只不过，"五四"学者一般虽然口号响亮，然而在对具体的科学认识本质的理解上，未必有孙先生这样的建树。这可能跟孙先生受过系统的现代科学教育有关。

研究中国科学史的学者都知道有个"李约瑟"难题，关于这一问题提出方式的适当性与否，学界至今争议很大，否定者认为是个假问题（实在是徒限于文字之争，岂有此理），认可者对之作出的回答也五花八门。不管怎样，大多数学者会认同，中国古代科学技术虽然有辉煌的具体成果或者操作的技巧，然而常常是可以意会，不可言传；可以言传，不可以授受；可以授受，却难以创新，始终存在自身的缺陷，归根结底就是理论性建构不充分，实证性考虑也不够，没有达到近代科学要求的程度。近代科学所需要的基本数学、逻辑基础，特别是自由探索精神、科学实证原则，在中国历史上一直是非常之匮乏薄弱的。

回眸历史，不难看出，西方近代科学的诞生，有其深厚的历史文化基础。从古希腊开始，理性精神就埋下了日后西欧科学和思想文明昌盛的种子。古希腊哲人造就了一种独特的纯粹学者人格，他们在思想和行动上信奉独立自主，以非功利的求知为乐趣，唯有真理是认。经过文艺复兴时期的继承和批判，出现了人文主义的人性解放理论取向，古希腊思想启示和古希腊人的精神成了现代人心灵的一部分，在更高的层次上重新发现了人本能力和人文的价值。没有这样的地基，16、17世纪的近代科学革命是不可能发生的。

也不能笼统地说西方人不重行而只重知，就行之于外部、行之于功利等看，西方学人大多不认为"行"是自己的终极皈依，他们更加需要的是知识；但是究其探索的内在结构而言，自然包括"行"，包括观察、实验、验证、试行、实践等。从某种程度上，科学革命时代杰出学者的研究过程内部包含着新的、规范的知行关系安排，即认识和对象相证、理论和实验相须。

在某种意义上说，孙先生所得出的"行其所不知以致其知"、"因其已知更进于行"的结论，不只是暗合于近代科学理论知识和实验验证不断循环上升的事实，其实，他年轻的时候学习西医，受的是西式科学教育，以后到美国求学，游历欧美许多国家，思维方式、心理取向上和一般国人已大为不同，例如，对中医他一直心存疑虑，而且连"四书五经"一开始都是看英译本或中英对照本，他一生购买和阅读了大量西方最前沿的自然科学和人文社会科学著作，可见其受西方科学和文化习染至深①，也熟知西方人的精神和价值追求。

知、行二者是合人类内外行为而言，也是总括人类一切心物之间最普遍、最根本的两种行为或活动。迄今为止，人类科学和知识分化越来越大，可是，从另外的划分标准看，无非是从心灵、意识、思想到行动和行为连续过程的区分性认识形态。也可以说，心灵和事物是世界上终结面对的两种对象，而其关联，在某种程度上说就是知、行关系。从目的上看，人类的存续附随无数事件，但是都不过是为了知、行二者，除此之外，别无其他。知、行两个范畴比西方的理论和实践范畴具有更宽的用途，在今天的哲学界理应占有重要地位。我们应该在中国知行理论探讨的遗产上做出新的成就。孙先生的知行观对我们今天发展科学文明、培育科学精神有几点深刻的启示，这是我们最宜加以研究的。

其一，其知行观以及中国哲学史上有关知行关系的合理论述，可以延伸和运用于科学发现过程及其结构的分析，我们甚至可望在此基础上重构一种新型的科学发现理论。

其二，近年来，科学社会学、知识社会学兴起，如果对知行范畴及其关系重新定义，则可以将知行关系引入科学社会学、知识社会学的研究中，这有可能给认识与社会、理性和社会、认知和社会等的探讨提供新的思想资源，有可能开辟中国哲学发展的新生长点。

其三，在我们今天的科学研究活动中，孙先生的观点仍然有直接指导意义。他似乎出于立说方便而用了历史参照系，可是，我们可以将其运用于科学创新的需求。任何科学创新都不能是知而行之，换句话说，任何科学研究始终都是处在从不知到知的过程中，同时包含不知而行、行而致知、知而行之三种相互作用的境遇和活动，科学研究因此始终需要探求勇气、理论参与和不断的理论建树三者结合。

其四，我们在对学者的要求上要分知分行。孙先生指出，知行合一学说在科学时代，指某个事业是适当的，要是说"乃合知行于一人之身，则殊不通于今日矣"（6：198）。因为科学愈明，则知行分工越突出，知者不必自行，行者不必自知。孙先生将经济学中的分工论运用到知行关系上，

---

① 姜义华：《孙中山的革命思想与同盟会：上海孙中山故居西文藏书的一项审视》，《史林》2006 年第 5 期。

提出"分知分行"（6：198）。这个认识有创新意义，更有实际意义。科学认知更多的是在个体和科学团体内在、心脑之间展开的。知识一并知识团体，在今天已经成了社会的大脑，以"不见行"而否定知识形态的劳动，就等于取消了现代社会进化最重要的发动机。

其五，就我国而言，孙先生有关知行关系的科学哲学思考，最大的社会意义在于它仍然具有思想启蒙和科学精神培育的价值。中国目前处于转型期，不可漠视存在大量社会危机，而社会危机在本质上是理性精神缺失的危机。回顾近代科学和哲学在中国的传播和发展，反观今天我国社会、科学界、高等教育界、科学界存在的一些不合科学精神的规定、制度、导向和强迫，因此我们不能不觉悟到：只有自由独立精神和理性能力的发展才能成就共识、促进科学创新，最终振兴中华。

如果我们的社会长期滞留在诈伪、迷信和虚妄横行的低俗状态，如果我们的社会一直在不同人、不同团体、不同行业、不同学科分离甚至对立中挣扎，那么就必须在认识和社会关系的大问题上不断探索，而怎么看待知识及其社会意义，怎么看待知行关系是这个大问题的核心所在。没有严格知识的标准和信念，没有知行、学术和社会的反馈循环，我们就无法建设完善的有形社会。或者说，如果中国不在知识论环节有所树立，自我实现、科学精神、公共理性等都不可能有真正的进步！

中山先生是民主革命的先行者，也是对中国人的心性进行反思的先行者。自由求知、求真、原创、理性权威、知行共进尚未成为中国人普遍的心灵习惯、智慧德性和价值指导，所以我们对中国心性传统的反思和重建仍然任重道远。

作者单位、职务：西北大学中国思想文化研究所教授、副所长

试探孙中山的立国精神

——文化及道德观

⟋ 赵玲玲

今年（公元 2011 年）是孙中山领导辛亥革命、推翻"满清"成功的第一百周年。在此时刻，回头省视孙中山一生革命的事迹及言论主张，从中梳理出他的"一贯之道"，理解之、奉行之，应该是对他最好的纪念，也是对未来最好的预划依据。根据经验可知，历史的具体事件虽然不会重复，但是历史的脉络及轨迹却是有其一定的规律可循的。因为"人的心是相同的"。正所谓"东方有圣人焉，西方有圣人，此心同，此理同"①。换言之，前人后人其"心及理"都是相同的。所以"历史"之所以可贵，就正是因为有这个"能帮助人人得到鉴往知来的智能"的功能。

一 孙中山的革命目的：为了中国的发展

第三国际代表马林曾询问孙中山，什么是他革命思想的来源？孙中山回忆说：一连八天，每天八小时，我向他解释，我是从孔子到现在的中国伟大的改革家的直接继承者，如果在我生前不发生重大的变革，中国的进一步发展将推迟陆百年。②

从孙中山的这个说明可见，孙中山是为了中国的发展，才有革命的起意及行动。从历史的观察中，孙中山领略到孔子的"改革"精神，关系着社会国家的生存与发展，换言之，他认为中国的发展也必须是学习孔子的方法，建基于"改革人心"上。

---

① 陆象山语录："东海有圣人焉，其心同，其理同；西海有圣人焉，其心同，其理同。"
② 见伊罗生《与斯内托夫（马林）谈话记录，马林在中国的有关资料》。

孔子所处的春秋末世，是个周王室衰微，贵族失势、礼崩乐坏的时代。天下大乱，社会无序，战争不断；大多数的有识之士，皆自外于社会而归隐山林，成为隐士，不问世事；甚至还讥讽孔子为"知其不可而为之"①的不识时务之人。孔子却秉持"以天下为己任"②的国士精神，教化众人行君子之道，借以改造社会人心，进而能建立富而好礼的大同社会为目标。

孙中山发现，当晚清末年时，列强入侵，国事蜩螗；而许多知识分子，却是或者不关心世事，以名士自居，与春秋末隐士一般；或者在朝为官，逢迎侍主，无视于国家危亡在即，不思救亡图存之道。其间虽有康、梁等，提出改革之策，但不幸失败。于是，孙中山发心要继承孔子的"改革家"之精神，提倡以"革心"为宗旨的革命运动。期望对民族的发展能有所贡献。而革心的改革，必须从教育及宣传上入手，方能蔚成风气，产生力量。

他在广东省第五次教育大会闭幕式的演说中，曾说道："中国最大之教育家厥为孔子。我国人视孔子为圣人，为宗教家。以世界学者的眼光观察之，则孔子为政治家，为政治教育家。试读孔氏书，其教旨于诚意正心修身以及齐家治国平天下三致意焉。所谓齐家、治国、平天下，非政治教育而何？孔子且以政治为第一要务，而今之教育家辄舍政治而不谈，何也？"由此可见，孙中山是为了"国家兴亡匹夫有责"③的政治担当而革命的。这正是我中华民族传统中的、优秀的"国士"精神，可惜自汉朝以后"国士"精神褪色，取而代之的或是专图为己之利的"朝士"，或是专图为己之名的"名士"而已，从此"国家大事"乏人闻问矣！

孙中山以身作则，首先唤起"国士"精神，教育知识分子应该关心国事。

孙中山在1923年广州对国民党员的演说中，为了强调宣传工作的重要，他又举出孔子为例，认为孔子周游列国，就是因为他要宣传"尧舜禹

---

① 《论语·宪问第十四》："子路宿于石门。晨门曰：'奚自？'子路曰：'自孔氏。'曰：'是知其不可而为之者与？'"

② 《论语·尧曰第二十》："虽有周亲，不如仁人；百姓有过，在予一人。谨权量，审法度，修废官，四方之政行焉。兴灭国，继绝世，举逸民，天下之民归心焉。"

③ （1894年6月）《上李鸿章书》："且人之才志不一，其上焉者，有不徒苟生于世之心，则虽处布衣而以天下为己任，此其人必能发奋为雄，卓异自立，无待乎勉勖也。"

汤文武周公之道"；孔子删《诗》、《书》，作《春秋》，也是为了注重后世宣传尧舜禹汤文武周公之道，以至于现在，便有文化。并且认为"今日中国的旧文化，能够和欧美的新文化并驾齐驱的原因，都是由于孔子在三千年以前所作的宣传功夫"。①

可见，孙中山一直视"革心"的教育及宣传，是建立革命的心理力量的来源。孙中山以因袭传统文化为主而作的三民主义，作为思想改革的核心理论，推动革命，他说"主义就是思想、信仰、力量"②。孙中山的革命虽然最后也还是恃之于"武力"方得以成功，但是，就其本质及力量的来源而言，仍是建基于"革心"教育及宣传的成功所致。③

孙中山于建立"中华民国"后，关注于"为全国人民求一生路"，这成为他建国后的革命目的。这一目的一直到他过世为止都未完成，所以他在遗嘱中要强调"革命尚未成功，同志仍须努力"的遗志。

1924 年 1 月通过《中国国民党第一次全国代表大会宣言》，这时孙中山强调指出："自辛亥革命以后，以迄于今，中国之情况，不但无进步可言，且有江河日下之势，军阀之专横，列强之侵蚀，日益加厉，是中国深入半殖民地之泥犁地狱，此全国人民所为疾首蹙额，而有识者所以彷徨日夜，急欲为全国人民求一生路者也。"可惜，此一志愿到他过世时（1925 年 3 月），都未能完成。

"为人民求一生路"的使命，有史以来，一直都被中国传统视为"因受有天命而得以为人君者"的天职。也是为君者应行的"君道"。在《尚书》中有"文王受命说"；强调"天命靡常，唯德是辅"④ 的观念，就是强调商纣王之所以应该被诛灭，就是因为他违反了此一"天命"，所以不可再让他"继续保有天命——担任君王"；而周文王则因"欲为人民求一生路"起来革命，讨伐纣王，并取而代之，这是正道，也是天命。根据甲骨文上的记载，我们得知，殷商之时，即认为："为君王者"，是受命自帝

---

① 《孙中山选集》、中国国民党中央执行委员会宣传部编《孙中山先生最近讲演集》（广州，1924 年 7 月版）中的《宣传造成群力》（1923 年 12 月 30 日）。

② 《三民主义——民族主义第一讲》。

③ "国民！国民！究成何心？不能乎？不行乎？不知乎？吾知其非不能也，不行也；亦非不行也，不知也。"

④ 如《尚书·召诰》："有殷受天命，惟有历年；我不敢知曰，不其延，惟不敬厥德，乃早坠厥命。"《尚书·泰誓上》："予小子夙夜祇惧，受命文考，类于上帝，宜于冢土，以尔有众，底天之罚。天矜于民，民之所欲，天必从之。"

而得其位的人，是上帝授予与众不同"帝命"的人，上帝授民、授疆土给他；而授予此特殊之命的"帝"，乃是一切生命的源头，她有生育的至上功能，从生发万物及养育万物的最后及最高存在的角度看，"帝"即是"蒂"之意，"帝命"① 亦即是"君王必须贯彻上帝所赋予的使人民有生路的使命"之意。为君者必须完成其所受之"帝命"，也就是保卫疆土的完整，以及人民的生命安全与美善，使人民能符合"帝意"，而获得"帝之保佑"得其福、保其生命。至西周文王开始将"帝"改为"天"，取其"一大之为天"、"天者巅也"的至高地位之意。② 自此以下，将最高君王称为"天子"。这一称谓，至少含有二义：即天子既受有与众不同的天命，也负有与众不同的"使命与责任"，不能完成使命的天子就是违逆天道，必得灾殃而丧失天命。所以历来中国的天子都必须把"为人民求生路"视为"至高无上的使命与天职"。历史上，史官们的春秋论断，其褒贬的标准也莫不是以此为据。

孙中山念兹在兹，以此为建国后的"革命"志向，真可谓是"圣贤"之见。可惜，很多人都未能理解国父在其遗嘱中所说的"革命尚未成功"究竟意指为何。故争议甚多，所行也远。

二 孙中山的革命原则：在继承的基础上做改革

（一）以中国传统优良文化为命脉，是为继承

由于孙中山的革命动机是为了"中国的发展"及"为人民求一生路"。因此他的大前提，首要就是在保住具有五千年文化的"中国"。

孙中山说："一个人不论是受了什么病，不是先天不足，就是在未受病之前身体早起了不健康的原因。中国在没有亡国以前，已经有了受病的根源，所以一遇到被人征服，民族思想就消灭了。"③ 又说："彼于中国文明一概抹杀者，殆未之思耳。且中国人之心性理想无非古人所模铸，欲图

① 《尚书·大诰》："予惟小子，不敢替上帝命。"《君奭》："我亦不敢宁于上帝命，弗永远念天威，越我民；罔尤违，惟人在。"
② 《尚书·康王之诰》："敢敬告天子，皇天改大邦殷之命，惟周文武，诞受羑若，克恤西土。"《尚书·汤誓》："有夏多罪，天命殛之。"
③ 《民族主义第三讲》。

进步改良，亦须从远祖之心性理想，究其源流，考其利病，始知补偏救弊之方。"① 显见，孙中山认为实践是改革的基础，也就是说，若欲图进步改良，必须从"深究远祖的心性理想源流之利病"着手，方才可能知道，应该"补偏救弊"的地方及方法。为此孙中山视"文化传统的承袭与发展"为革命的命脉，为民族存亡的关键，也是立国的核心骨干。

王船山先生曾提出他所忧心的文化毁灭论。② 他说：文化是民族的命脉，如果民族文化被毁灭了，那么民族也就灭亡了。中国文化历经五千年才成，但是消灭这五千年所累积下来的文化，却只需要一代，即30年。所以必须警惕，注意维系文化的生命力，不可毁伤。孙中山深知此理，所以有了"驱除鞑虏，恢复中华"的革命宗旨，极欲从恢复"固有正统思想"作为手段与途径，以期能助长中国的发展，务使不遭延误。所以孙中山对于传统文化与思想的态度，在革命时期，他固然是不同于当时的"中体西用派"，更完全不同于当时的"全盘西化派"及"保守派"；及至建国后，他也并不认同于五四时期的知识分子的主张。③ 他有着自己的独到之见——选择性地传承尧、舜、禹、汤、文、武、周公、孔子的传统。

---

① 《孙文学说第一卷心理建设第三章以作文为证》。
② 船山担忧文化萎弱。如其词《浣溪沙·即景》："幸草犹余几段残，烧痕斜插野鸡斑，灰堆无数米家山。双眼瞢腾疑梦觉，一天晴雨两阑珊，不愁也索带愁看。"描写兵劫后的惨相，隐喻战争毁灭文化后果的无奈。
③ 五四前后各种图强主张纷纷涌现。对科学重要性的认知，在那个人文反思的年代更掀起了巨大的波涛。1918年蔡元培提出"当今时代是科学万能时代"。著名的知识分子几乎都有留学海外的经历。如陈独秀、李大钊、鲁迅、胡适等。海外留学的经历加速了他们新的文化观的形成。实用主义的代表人物是胡适。他对传统的中国生活观念进行了大胆突破。他的文学改良思想和对白话文的提倡，推动了思想的改变。且无疑，他的实用主义哲学在面对现实社会时遇到了尴尬，这导致了其社会责任的失落。陈独秀则是把矛头直指封建社会的腐朽，扬起民主与科学两面大旗。把反孔提高到反对整个封建旧制度旧思想的高度（曾乐山：《五四时期陈独秀思想研究》，福建人民出版社，1983）。李大钊逐渐把阶级斗争与社会发展的客观规律性相统一，批判了四类历史观。复古主义者们玩弄所谓国粹是循环的历史观，神权的和英雄的历史观则产生于圣君情结，遵循于道德听受于天命是精神的历史观。并认为它们都受唯心史观的支配，不足取也。鲁迅则在其杂文中，辛辣、反复、无休止地纠缠于封建社会与腐朽文化的黑暗之处。他写道："扫荡这些食人者，掀掉这筵席，毁坏这厨房，则是现在的青年的使命。"

　　而国粹主义者们是始终坚信中国之精神的。他们的代表人物有梁启超、章太炎、刘师培、辜鸿铭等。虽然都对西方文明保持着一种审慎的态度，但对补救时弊的主张则不尽相同。如刘师培在1912年创立了无政府主义团体——"晦鸣学会"，成为中国无政府主义的先驱。在五四前后，既批判封建主义、也抨击资本主义，反对马克思主义：无助于国家的发展（曾乐山：《五四时期陈独秀思想研究》，福建人民出版社，1983）。

孙中山曾针对当时国人对待传统文化的错误心态与主张，提出语重心长的改革主张。他说："中国固有的道德，中国人至今所不能忘记的，首是忠孝，次是仁爱，其次是信义，其次是和平。这些旧道德，中国人至今还是常讲的，但是现在受外来民族的压迫，侵入了新文化，那些新文化的势力，此刻横行中国，一般醉心新文化的人，便排斥旧道德，以为有了新文化，便可以不要旧道德；不知道我们固有的东西，如果是好的，当然是要保存，不好的才可以放弃。此刻中国正是新旧潮流相冲突的时候，一般国民都无所适从。"① 可见，孙中山以为，国人绝不可以"以为有了新文化，便可以不要旧文化；旧文化中，如果是好的当然要保存，不好的才可以放弃"。换言之，如果完全醉心于新文化而抛弃旧文化的话，那等于是"自灭"，而不是"求生"了。所以为了"中国的发展"，必须选择性地保存好的传统文化。总之，孙中山在革新事业中，对待传统文化的态度，既不同于康有为的"托古改制"，也不同于章太炎的"国学振兴"。

孙中山认为西潮东渐，最容易渗透到的地方就是社会生活的各方面，也就是传统文化的道德部分。而道德是民族心理结构的深层本质，它关系着维系民族与国家的凝聚力及生命力的强与弱、有与无。因此也最令人忧虑。因为它会引起整个社会的巨大震荡。日本明治维新后的日本社会，就是"日本和欧美各国，互相交际往来，把这些国家的货物，以及制度、文化、习惯、风俗、服装一起传入到日本的时候，日本的固有文化，陡然烟消云散，整个国家一起闯进了新的世界。结果便是唯利是图、损人利己、骄奢淫逸、道德沉沦；以致教育家、社会事业家、政治家，一开口没有不谈论腐化堕落的问题"（参见日本中江兆民的《一年有半》中的描述）。章太炎也在 1906 年以后，深以"早年过于鄙薄传统道德为悔"，一改过去的主张，而提出以"知耻、厚重、耿介、必信等四德作为革命队伍的要求"，因为他在这时候，也已看到日本社会问题的严重性，而意识到"道德堕废是亡国灭种的根极"，也是"革命不成之原"。可惜章氏把重建传统道德作为"文学复古"的组成部分，以道德说教为主。孙中山则不同于章氏的做法，他将传统文化熔铸于时代潮流之中，从解决社会的进化问题角度，使之与生活相结合，成为建国方略的核心思考点，这样一来，不但排除了"革命建国"的心理及社会障碍，而且避免了"亡国灭种"的危机。

---

① 《民族主义第六讲》。

兹将孙中山所认为的，应该继承的传统好文化，概述如下。

1. 孙中山所继承的传统思想，是中庸之道的正统道德文化

戴季陶认为："（孙中山先生）基本思想，完全渊源于中国正统思想中的中庸之道，先生实是在孔子以后，中国道德文化上继往开来的大圣。"①

蒋介石先生更进一步，认为"（孙文）完全继承五千年来历史文化的正统"。并且以见证人身份指出：孙中山在回答马林询问，什么是他的革命哲学基础，他的革命主义是由什么地方发生出来的时候，孙中山自己说："我们中国有一个立国精神，有一个自尧、舜、禹、汤、文、武、周公、孔子，数千年来历圣相传的正统思想，这个就是我们中华民族的道统。我的革命思想、革命史，就是从这个道统遗传下来的。我现在就是要继承我们中华民族的道统，就是继续发扬我们中华民族历代祖宗遗传下来的正统精神。"②

2. 孙中山所重视且传承的"自尧、舜、禹、汤、文、武、周公、孔子，数千年来历圣相传的正统思想"，到底有哪些具体的内容

（1）孙中山所谓的正统思想，就是"大学"中所言的固有道德。

兹以三民主义为例。孙中山在《三民主义》中，强调"我们现在要恢复民族的地位，除了大家联合起来作成一个国族团体以外，就要把固有道德恢复起来。有了固有的道德，然后固有的民族地位，才可以恢复"。孙中山在这里所指的固有道德就是"忠、孝、仁、爱、信、义、和、平"③。同时，孙中山又积极提倡，要恢复中国的固有智能：即《大学》中所言："格物、致知、诚意、正心、修身、齐家、治国、平天下。""何以中国要退步呢？就是因为受外国政治经济的压迫，推究根本原因，还是由于中国人不修身。不知道中国从前讲修身，推到正心、诚意、格物、致知，这是很精密的知识，是一贯的道理。像这样很精密的知识和一贯的道理，都是中国所固有的。我们现在要能够齐家、治国，不受外国的压迫，根本上便要从修身起，把中国固有知识一贯的道理先恢复起来，然后我们民族的精神和民族的地位才都可以恢复。"④

（2）孙中山所谓的中国传统之正统思想，就是"以民为主的民权思

---

① 参见戴季陶《孙文主义之哲学基础》。
② 《中国魂》，1934年7月16日在庐山军官团总理纪念周讲稿。
③ 《民族主义第六讲》。
④ 《民族主义第六讲》。

想"。

孙中山在 1924 年指出，"现在中国号称民国，要名符其实，必要这个国家真是以人民为主。要人民都能够讲话，的确是有发言权，像这个情形，才是真民国，如果不然，就是假民国。我们中国以前十三年，徒有民国之名，毫无民国之实，实在是一个假民国"。① 孙中山在说明"民主共和国"思想的时候，曾指出："两千多年前的孔子、孟子便主张民权。孔子说：'大道之行也，天下为公'。便是主张民权的大同世界。又言必称尧舜，就是因为尧舜不是家天下，尧舜的政治，名义上虽然是用君权，实际上是在行民权，所以孔子总是宗仰他们。孟子说：'民为贵，社稷次之，君为轻'。又说：'天视自我民视，天听自我民听'。又说：'闻诛一夫纣矣，未闻弑君也'。他在那个时代，已经知道君主不必是一定要的，已经知道君主一定是不能长久的。所以便制定那些为民造福的，就称为圣君。那些暴虐无道的，就称为'独夫'，大家应该去反抗他。"②

由此可知，孙中山所自称的"自尧舜至孔子的正统思想"，就是"以民为主"的民权主张。圣君的政治原则，基本在于不能家天下，也就是必须有"天下为公"的道德"心"怀；并实践儒家的大同理想，而最终目标则在于必须为民造福。换言之，君主不必是一定要的，而人民的幸福保障则是不能少的。由此就可以与美国的共和理想相呼应。美国林肯总统指出，美国的民主共和国的理想就是"为民而有，为民而治，为民而享"的共和国。

（3）孙中山所谓的中国传统之正统思想，就是世界大同的道德政治哲学。

孙中山说："世界主义在欧洲，是近世才发表出来的，在中国，二千多年以前，便老早说过了。我们固有的文明，欧洲人到现在还看不出；不过讲到政治哲学的世界文明，我们四万万人从前已经发明了很多，就是讲到世界大道德，我们四万万人也是很爱和平的；但是因为失去了民族主义，所以固有的道德文明，都不能表彰，到现在更是退步了。至于欧洲人现在所

---

① 1924 年 10 月 25 日，冯玉祥发出通电，邀请孙中山北上，共商国事，并提出召开由各实力派参加的和平会议，产生正式政府。11 月 1 日，冯玉祥、段祺瑞、张作霖电请早日入京。4 日，孙中山决定接受邀请。11 月 10 日，发表《时局宣言》（即《北上宣言》）。13 日北上。14 日抵香港。17 日抵上海。11 月 19 日，在寓所招待新闻记者时发表之谈话。

② 《民权主义第一讲》。

讲的世界主义，其实就是有强权无公理的主义，英国话所说的武力就是公理，这就是以打得胜的为有道理。中国人的心理，向来不以打得胜为然，以讲打的就是野蛮，这种不讲打的好道德，就是世界主义的真精神。"①

（4）孙中山所谓的中国传统之正统思想，就是以"社会均富"为本的政治经济哲学。

孙中山在建国后，认为"为全国人民求一生路"是当时的革命建设目标。而人民的生路，其最基本的要求就是经济生计的均等。也就是均富的社会，才能带给全体人民以生路。孙中山说："不患寡，而患不均"。虽然政治上的不平等，于人民的生存来说，是有其压迫性；但是经济上的贫富悬殊，其所造成的心理及生活上的冲击，尤胜于政治阶级所造成的对立与伤害。针对这一事实，孙中山曾以西方历史为例，说道："欧美之进化，凡以三大主义：曰民族，曰民权，曰民生。罗马之亡，民族主义兴，而欧洲各国以独立。洎自帝其国，威行专制，在下者不堪其苦，则民权主义起。十八世之末，十九世纪之初，专制仆而立宪政体质焉。世界开化，人智益蒸，物质发舒，百年锐于千载，经济问题继政治问题之后，则民生主义跃跃然动，二十世纪不得不为民生主义之擅场时代也。是三大主义皆基本于民，递嬗变易，而欧美之人种胥冶化焉。……夫欧美社会之祸，伏之数十年，及今而后发见之，又不能使之遽去。吾国治民生主义者，发达最先，睹其祸害于未萌，诚可举政治革命、社会革命毕其功于一役。还视欧美，彼且瞠乎后也。"②

（二）以西方文化中的精华为借镜，是为改革

孙中山曾手书"世界潮流，浩浩荡荡，顺之则昌，逆之则亡"③。关注世界潮流的进化，就成为孙中山革命思想的重要依据。其中尤以世界上的道德的新潮流为最。

孙中山极为重视世界上道德的新潮流，并吸收之，且融入传统中。因

---

① 《民族主义第四讲》。
② 《〈民报〉发刊词》（1905 年 10 月 20 日）。
③ 孙中山墨迹之一。此 16 字词语源出自孙中山观潮后之感受。于民国五年（1916 年）的农历八月十八日观潮节，当时担任临时大总统的孙中山先生，偕同夫人及部属张人杰、孙棣三、蒋介石、张静江、朱执信等人专程从上海到海宁盐官观潮后有感而书，是次观潮，上海的《民国日报》曾有过简略的报道（http://www.lib.hku.hk/syshk/F.html，孙中山在香港）。

此有了他的"新的道德观——以服务为目的道德观"①。

首先，他将法国革命所提倡的"自由，平等、博爱"三大概念，结合尧舜的"博施济众"，孔子的"仁爱"，墨子的兼爱，而提倡"广义的博爱"。他说："（现在应该提倡的是）为人类谋幸福，普遍普及，地尽五洲，时历万世，蒸蒸芸芸，莫不被其惠泽的广义之博爱。"② 只有这样才符合人道主义的精神。

其次，他主张绝对的平等，也就是人人都该享有机会的平等。孙中山说："就中国政治伦理的学说讲，古人说道忠君爱国，便以为很好，近来人类思想改革，对于这种伦理观念，还不甚以为然，必要人类得到极端的平等，才算是正当。"③

最后，孙中山还坚持主张"互助的原则"。他说："社会国家者，互助之体也，道德仁义者，互助之用也。"④ 在孙中山看来，他一本孟子的人性本善之观点，主张"互助是人类的一种天性与本能"。他说"强权虽合于天演之进化，而公理实难泯于天赋之良知，故天演淘汰为野蛮物质之进化，公理良知实道德文明之进化"⑤。

基于上述三大出于人类天性的伦理道德新观念——博爱、平等、互助的成立；孙中山进一步将之运用于具体的"革命"——"革心"上，就成了他在民权主义中所主张的具体实践之行为标准，即"替众人服务"、"以服务为目的的道德观"。孙中山认为人虽有知觉能力的不同，而分成"先知先觉、后知后觉及不知不觉"⑥ 三大类，但不论哪一类人，都应该成为"重于利人者"，而不能成为"重于利己者"。也就是"人人当以服务为目的，不以夺取为目的"。他说："聪明才力愈大的人，当尽其能力，而服千万人之务，造千万人之福。至于全无聪明才力的人，也当尽一己之能力，

---

① "重于利人者，每每至到牺牲自己亦乐而为之。此种思想发达，则聪明才力之人专用彼之才能，以谋他人的幸福，渐而积成博爱之宗教慈善之事业。惟是宗教之力有所穷，慈善之事有不济，则不得不为根本之解决……则人人当以服务为目的，而不以夺取为目的。聪明才力愈大者，当尽其能力而服千万人之务，造千万人之福。聪明才力略小者，当尽其能力以服十百人之务，造十百人之福。"（《民权主义第三讲》）

② 孙中山文献检索中心：《在上海中国社会党的演说》（http://www.zsda.gov.cn/html/szswx/szsysui/list_43_36.html）。

③ 胡汉民编《总理全集》第2集，第351页。

④ 《建国方略·心理建设第四章》。

⑤ 民国元年国父演讲《社会主义之派别及批评》。

⑥ 《建国方略·心理建设第五章》。

以服一人之务，造一人之福。"①

他认为"为众人服务"是新时代高尚的新道德，是"世界道德的新潮流"。他说："古时极有聪明能干的人，多是用他的聪明能力，去欺侮无聪明能力的人，所以由此便造成专制和各种不平等的阶级。现在文明进化的人类觉悟起来，发生一种新道德，这种新道德，就是有聪明能力的人，应该要替众人来服务。这种替众人来服务的新道德，就是世界上道德的新潮流。"② 孙中山认为，我们的伦理道德观念，也应该适应这个道德的新潮流。

因此，"替众人来服务"，就成为了孙中山革新后的新道德核心。他并且把人人都有这种道德的实践，称为"平等的精义"。

此外，孙中山毫不含糊地指出："外国的长处是科学。"所以想要革新发展，除了恢复我们的固有道德、知识和能力之外，"还要去学欧美的长处，然后才可以和欧美并驾齐驱。如果不学外国的长处，我们还是要退后"。③

（三）以他个人的"时代"创见为入径，是为实践

孙中山认为，人类社会历史是一个进化发展的过程，他强调"文明进步是自然所致，不能逃避的"。又说"就历史上进化的道理说，民权不是天生出来的，是时势和潮流所造就出来的"。"世界的潮流，由神权流到君权，由君权流到民权；现在流到了民权，便没有方法可以反抗。"林肯氏曰："为民而有，为民而治，为民而享者，斯乃人民之政府也。"有如此之政府，而民者始真为一国之主也。

因此孙中山力排众议，"主张民权，就是顺应世界的潮流"。这是孙中山从实践革命，建立新政治的"顺应时代而有的创见"。④

孙中山自己曾明确地说道："余之于革命建设也，本世界进化之潮流，循各国已行之先例，鉴其利弊得失，思之稔熟，筹之有素，而后订为革命

---

① 《民权主义第三讲》。
② 1924 年 5 月 2 日，为旧历三月二十九日黄花岗起义纪念日，岭南大学举行纪念史坚如烈士像揭幕暨黄花岗起义七十二烈士殉国十三周年纪念会。孙中山发表演说勉励学生们学习黄花岗先烈的志气和新道德。
③ 《民族主义第六讲》。
④ 《民权主义第一讲》。

方略。"① 所以在发动革命之初，他便下了这个决心，主张要中国强盛，"实行革命，便非提倡民权不可"②。

他更有自己独到的"民权"主张及制度设计。他说："民权主义，于间接民权之外，复行直接民权，即为国民者不但有选举权，且兼有创制、复决、罢官诸权也。民权运动之方式，规定于宪法，以孙先生所创之五权分立为之原则，即立法、司法、行政、考试、监察五权分立是已。凡此既以济代议政治之穷，亦以矫选举制度之弊。近世各国所谓民权制度，往往为资产阶级所专有，适成为压迫平民之工具。若国民党之民权主义，则为一般平民所共有，非少数者所得而私也。"③

从顺应时代的发展，到注意防患于未然；从承袭优良传统文化，到能用古人而不为古人所惑，能役古人而不为古人所奴，这是孙中山革命思想建国的基本态度。

孙中山的三民主义正是这个态度下的思想产物。

三民主义是孙中山的思想结晶。它既反映了"时代潮流"，提出民族、民权、民生三大主义；又反映了为求防患欧美社会所积重难返的问题，而提出"未雨绸缪"的新见——民生主义。孙中山说："要解决民生问题应该用什么方法呢？这个方法，不是一种玄妙理想，不是一种空洞学问，是一种事实。这种事实不是外国所独有的，就是中国也是有的。我们要拿事实做材料，才能够定出方法"④；"今日欧美文明先进之国，其民族、民权两问题，皆已解决矣，惟民生问题则日陷于苦境。资主则日虞生产过剩，苦于销场；工人则俯仰不给，罢工要值；贫富悬殊，竞争日剧。是知，欲由革命以图国治民富者，不得不行民生主义也。"孙中山的民生主义，在勇于变革中，力求权衡得失，以"取那善果，避那恶果"⑤ 为思考的重要标准。既要有"中国富强，全国人民都可以享幸福"⑥ 的实效，又要能"堵其祸害于未萌"⑦，更要有"当看至数十年、数百年以后，及于全世界

---

① 《孙文学说第一卷·心理建设》。

② 《民权主义第一讲》。

③ 《中国国民党第一次全国代表大会宣言》。

④ 《民生主义第二讲》。

⑤ （1906 年 11 月）《东京创刊的〈民报〉周年庆祝会上讲话》。

⑥ （1923 年 10 月 15 日）《在广州中国国民党恳亲大会的演说》。

⑦ （1905 年 10 月 20 日）《〈民报〉发刊词》。

各国方可"① 的远见效果。

这是孙中山思想的基本精神。他从青年时期，就思索着"国家治乱之源，生民根本之计"② 的大问题。他为了"推倒败坏一切的恶政府，决计抛弃其医人生涯，而从事于医国事业"（注：革命思想之产生）。"将振兴中国之责任，置之于自身之肩上。"③ 他一生坚持革命，至死不渝。追求真理，永不放弃。

三　孙中山的革命主轴：以唤醒"人心"道德为力量

（1）"吾党欲收革命之成功，必有赖于思想之变化，兵法'攻心'，语曰'革心'，皆此之故。故此种新文化运动，实为最有价值之事。"④

（2）辛亥革命成功之后，孙中山一再强调，"人格之丧失已久，从而规复之，需力绝巨，为时亦必多"⑤。"今民国既已完成，国民之希望甚大，然最要者为人格"⑥。为此，他向青年大声呼吁"国民要以人格救国"。号召国人大家齐心协力去奋斗。他强调"我们要造成一个好国家，便先要人人有好人格"⑦。

革命成功之后，建国之初，孙中山由于看到军阀武人及官僚政客的胡作非为，造乱国家，对之深恶痛绝，故严厉地评论他们"加入本党的目的都是在做官，所以党员的人格便非常卑劣，本党的分子便非常复杂"⑧，"全为自私自利，阴谋百出，诡诈恒施，廉耻丧尽，道德全无，真无可耻于人类者"。所以他倡导国人，尤其是对青年，要"以改良人格来救国"。真要能达到"四万万人都变成好人格"，就能改善社会风气。这就是社会的"正道"的力量。

孙中山认为"有了很好的道德，国家才能长治久安"。如果人人能对

---

① （1912 年 4 月 1 日）《在南京同盟会员饯别会的演说》。

② （1894 年 6 月）《上李鸿章书》。

③ （1905 年 8 月 13 日）《在东京中国留学生欢迎大会的演说》。

④ 《关于五四运动（1920 年 1 月 29 日）》，吴拯寰编《孙中山全集》第四集《与海外国民党同志书》。

⑤ （1912 年 4 月 10 日）《在湖北军政界代表欢迎会的演说》。

⑥ （1912 年 5 月 6 日）《在广东女子师范第二校的演说》；《孙中山全集》第二卷，第 358 页。

⑦ （1923 年 10 月 20 日）在广州全国青年联合会演讲《国民要以人格救国》。

⑧ （1923 年 10 月 15 日）《在广州中国国民党恳亲大会的演说》。

父母、子女、师友及社会国家中的人民，有很好的道德，那就是有高尚的人格。他希望"人人都能立志做大事，而不要做大官"①。他并且认为："得人心的方法很多，第一是要本党现在的党员，人格高尚，行为正大。不可居心发财，想做大官；要立志牺牲，想做大事，使全国佩服，全国人都信仰。"②

孙中山并认为每个生存于社会国家中的人的天职，就是要"令社会天天进步，不能成为社会堕废混乱的祸首。要社会人群天天进步的方法，当然是在合大家力量，用一种宗旨，互相劝勉，彼此身体力行，造成顶好的人格。人类的人格既好，社会当然进步"。可见，孙中山深信道德是凝聚力的来源根基。"人心能行善"，就是社会能进步、国家能发展、人民有生路的原动力。孙中山说："吾国有六千年文明之历史，有四万万之民众，地大物博，人习勤劳，加以尚慈善、好和平、善服从之诸美德，苟见发挥而光大之，则民生日遂，国度日昌，可操左券而获。"③

孙中山认为清末之时，"中国人举动缺乏自修的功夫。孔子从前说'席不正不坐'，由此便可见他平时修身虽一坐立之微，亦很讲究的。到了宋儒时代，他们正心、诚意和修身的功夫，更为谨严。现在中国人便不讲究了"。④ 由于传统的"正心"功夫失传了，所以中国社会混乱，人们品德衰败，导致国事不彰。必须要倡导恢复中国传统的"心性之善"的政治道德智慧，方有可为。

在民族主义中，他说："凡一个国家所以能够强盛的缘故，起初的时候，都是由于武力发展，继之以种种文化的发扬，便能成功。但是要维持民族和国家的长久地位，还有道德问题。——有了固有的道德，然后固有的民族地位，才可以图恢复。我们要想将来能够国治、天下平，便先要恢复民族主义和民族地位。用固有的道德和平做基础，去统一世界，成一个大同之治，这便是我们四万万人的大责任。"⑤ 可见，孙中山的主张恢复固有正统，是要让中国传统文化重新"活起来"，找回其生命的社会定位，

---

① （1920 年 5 月 16 日）《在上海中国国民党本部的演说》："我常劝人要立心做大事，不要立心做大官。"

② （1923 年 10 月 15 日）《在广州中国国民党恳亲大会的演说》。

③ 1916 年《规复约法宣言》，《孙中山全集》第三卷，中华书局，1985，第 305 页。

④ 《民族主义第六讲》。

⑤ 《民族主义第六讲》。

不是要让它成为博物馆中的"骨董"文物；孙中山的建国理念，是要使得中国传统的道德文化（民族命脉）能活起来，能再度与这个时代的人民、社会的心理及现实生活相结合，使得民族真正能有发展，有前途。所以他的三民主义是个能实践的，真正能"致用"的，是使社会有道德，世界有和平的"经世济民"之实学。

四　孙中山的建国首要基础是心理建设①

孙中山认为"心理作用"会直接影响革命事业的成与败。所以革命成功之后，建国一直不成的主要原因，就是有个"知之非艰，行之惟艰"的错误"心理观念"所致。若要改善这个情形，就必须要从积极建设国人的正确的心理观念——即"知难行易"做起。

孙中山说："古人说：'无敌国外患者国恒亡'，又说：'多难可以兴邦'，这两句话完全是心理作用。譬如就头一句话说，所谓无敌国外患，是自己心理上觉得没有外患，自以为很安全，是世界中最强大的国家，外人不敢来侵略，可以不必讲国防，所以一遇有外患，便至亡国。至于多难可以兴邦，也就是由于自己知道国家多难，故发奋为雄，也完全是心理作用。照从前四次所讲的情形，我们要恢复民族主义，就要自己心理中知道现在中国是多难的境地，是不得了的时代，那末已经失去了的民族主义，才可以图恢复；如果心中不知，要想图恢复，便永远没有希望，中国的民族，不久便要灭亡。"②

孙中山所要建立的是个"善人"国③，而"善"必须通过教育，是人在学习并修养"人文"加工的道与德之后的行为表现。所有的人群问题，都只能通过这种"人文之善"的方式来处理，改正其旧有的错误心理观念，才得以解决。他的《心理建设》正是这个精神的代表性产品。

孙中山将人群分为三类。他认为"文明之进化，成于三系之人：其一，先知先觉者即发明家也，其二，后知后觉者即鼓吹家也，其三，不知

---

① 《建国方略之一心理建设》（1918 年）。
② 《民族主义第五讲》。
③ "实行革命党所抱持之三民主义、五权宪法，与夫《革命方略》所规定之种种建设宏模，则必能乘时一跃而登中国于富强之域，跻斯民于安乐之天也。……溯夫吾党革命之初心，本以救国救种为志，欲出斯民于水火之中，而登之衽席之上也。"《心理建设·自序》。

不觉者即实行家也"。"中国不患无实行家,盖林林总总者皆是也。"① 孙中山急切地指出,辛亥革命成功之后的建国初期,中国极需要将以往的错误"社会心理",即"知之非艰,行知惟艰"的观念,予以唤醒注意。并积极去建设"知难行易"的正确心理取代之。使得先知先觉的发明家、后知后觉的鼓吹家及不知不觉的实行家,都能成为建国的力量。则革命建国的成功,必将指日可待矣。

孙中山强调,建国以后,他所提出的建国方略,总是因为受梗于"知之非艰,行之惟艰"的心理障碍,而被国人们视为理想空言,拒绝接受。难怪,梁寒操先生曾特别指出,"孙中山的思想是真理,不是理想;因为真理是一定能实现的,而理想则未必"。大概就是有感于此而发的吧!

孙中山说:"今日国人社会心理,犹是七年前之党人社会心理也,依然有此'知之非艰,行之惟艰'之大敌横梗于其中,则其以吾之计划为理想空言而见拒也,亦若是而已矣。故先作学说,以破此心理之大敌,而出国人之思想于迷津,庶几吾之《建国方略》,或不致再被国人视为理想空谈也。"②

但是,因为"夫'知之非艰,行之惟艰'一语,传之数千年,习之遍全国四万万人心理中,久已认为天经地义而不可移易者矣。今一旦对之曰'此为似是而非之说,实与真理相背驰',则人必难遽信。无已,请以一至寻常、至易行之事以证明之"。③

孙中山为了能破除"成见",证明他所说的"知难行易"是真知确凿的真理,特别提出十件"至寻常、至易行"的生活要件为例。他的"至寻常、至易行"之事,也就是生活"人文"的基础。而生活之十要件,略举如下:饮食、用钱、作文、建屋、造船、筑城、开河、电学、化学、进化等十事。

（一）"夫饮食者,至寻常、至易行之事也,亦人生至重要之事而不可一日或缺者也"

"我中国近代文明进化,事事皆落人之后,惟饮食一道之进步,至今

---

① 《心理建设·第五章知行总论》。
② 《心理建设自序》。
③ 《心理建设·第一章以饮食为证》。

尚为文明各国所不及。中国所发明之食物，固大盛于欧美；而中国烹调法之精良，又非欧美所可并驾。至于中国人饮食之习尚，则比之今日欧美最高明之医学卫生家所发明最新之学理，亦不过如是而已。"①

（二）用钱一事，为"行易知难"之证

"夫金钱之力，虽赖买卖而宏，而买卖之事，原由金钱而起，故金钱未出之前，则世固无买卖之事也。然当此之时，何物为金钱之先河，何事为买卖之导线，不可不详求确凿，方能得金钱为用之奥蕴也。欲知金钱之先河、买卖之导线者，必当从人文进化之起源着眼观察，乃有所得也。"②

（三）以作文为证

"盖一民族之进化，至能有文字，良非易事；而其文字之势力，能旁及邻圉，吸收而同化之。所以五千年前，不过黄河流域之小区，今乃进展成兹世界无两之巨国。虽以积弱，屡遭异族吞灭，而侵入之族不特不能同化中华民族，反为中国所同化，则文字之功为伟矣。"

"夫中国之文章富矣丽矣，中国之文人多矣能矣，其所为文，诚有如扬雄所云'深者入黄泉，高者出苍天，大者含元气，细者入无间'者矣。然而数千年以来，中国文人只能作文章，而不能知文章，所以无人发明文法之学与理则之学，必待外人输来，而乃始知吾文学向来之缺憾。此足证明行之非艰，而知之惟艰也。"③

（四）以建屋事为证

"今上海新建之崇楼高阁，与及洋房家宅，其设计多出于有（此种）知识之工程师也，而实行建筑者皆华工也。由此观之，知之易乎？行之易乎？此建筑事业可为'知难行易'之铁证者四也。……"

（五）以造船为证

"郑和竟能于十四个月之中，而造成六十四艘之大舶，载运二万八千人

---

① 《心理建设第一章》。
② 《心理建设第二章》。
③ 《心理建设第三章》。

巡游南洋，示威海外，为中国超前轶后之奇举；至今南洋土人犹有怀想当年三保之雄风遗烈者，可谓壮矣。然今之中国人借科学之知识、外国之机器，而造成一艘三千吨之船，则以为难能，其视郑和之成绩为何如？此'行之非艰，知之惟艰'，造船事业可为铁证者五也。……"

（六）以筑城为证

"欧战场：当德军第一次攻巴黎之失败也，立即反攻为守，为需要所迫，数月之间筑就长壕，由北海之滨至于瑞士山麓，长一千五百余里。有第一、第二、第三线各重之防御，每重之工程，有阴沟，有地窖，有甬道，有栈房。工程之巩固繁复……当过于万里长城之……而英法联军方面所筑长壕亦如之。二者合计，长约万余里。比之中国之长城，其长倍之。此万余里之工程，其初并未预定计划，皆要临时随地施工，而其工程之大，成立之速，真所谓鬼斧神工、不可思议者也。而欧洲东方之战线……长约三倍于西方战场……然欧洲东西两战场合计约有四万里之战壕，今已成为历史之陈迹矣。而专门之工程家，恐亦尚难测其涯略也。由此观之，'行之非艰，知之惟艰'，始皇之长城、欧洲之战壕可为铁证者六也。"

（七）以开河为证

"开凿巴拿马运河……于 1989 年一败涂地……原因，半由预算过差，半由疾疫流行……夫预算过差，尚可挽也；疾疫流行，不可救也。……近年科学进步，始知……巴拿马之黄热疫则由蚊子所传染。其后美国政府……先从事于除灭蚊子，改良卫生。此事既竣……至 1915 年则完全告成……美国政府之成功者，在知蚊子之为害而先除灭之也。此'行之非艰，知之惟艰'，中外运河之工程可为铁证者七也。"

（八）以电学为证

"学识之难关一过，则其他之进行，有如反掌矣。以用电一事观之，人类毫无电学知识之时，已能用磁针而制罗经，为航海指南之用；而及其电学知识一发达，则本此知识而制出奇奇怪怪层出不穷之电机，以为世界百业之用。此'行之非艰，知之惟艰'，电学可为铁证者八也。"

（九）以化学为证

"中国瓷器……烧炼之技术，则属夫人工与物理之关系，此等技术今已失传，遂成为绝艺，故仿效无由。此欧美各国所以贵中国明清两代之瓷，有出数十万金而求一器者。今藏于法、英、美等国之博物院中者，则直视为希世之异宝也。然当时吾国工匠之制是物者，并不知物理、化学为何物者也。此'行之非艰，知之惟艰'，化学可为铁证者九也。"

（十）以进化论为证

"达文氏发明物种进化之物竞天择原则后，而学者多以为仁义道德皆属虚无，而争竞生存乃为实际，几欲以物种之原则而施之于人类之进化，而不知此为人类已过之阶级，而人类今日之进化已超出物种原则之上矣。此'行之非艰，而知之惟艰'，进化论可为铁证者十也。"[①] "此书（心理建设）第一版付梓之夕，适杜威博士至沪，予特以此质证之。博士曰：吾欧美之人，只知'知之为难'耳，未闻'行之为难'也。"[②]

他的《三民主义》正是这个精神的代表性产品。而这个"人文"精神的存与废、强与弱、兴与衰，正是决定着中国五千年来的生存与发展状态的命脉，从孔子至今，未曾有变。这也正是春秋大义[③]中所定例的"华夏"精神，华夷之别因此而立；存亡之别也依此而定。

1941 年 5 月，美国驻华公使约翰逊，在与蒋介石先生饯行的叙席上，作临别赠言时，曾以我国之三民主义，列为世界四大文献之一。其次序如：

1. 耶教圣经《登山宝训》
2. 英国大宪章
3. 美国独立宣言
4. 孙中山先生所创造之三民主义

---

① 《心理建设第四章》。

② 《心理建设第四章》。

③ 司马迁《史记·太史公自序》："夫《春秋》，上明'三王'之道，下辨人事之纪，别嫌疑，明是非，定犹豫，善善恶恶，贤贤贱不肖，存亡国，继绝世，补敝起废，王道之大者也。"

可见，孙中山的思想有其超越西方之处。孙中山之思想，真可谓集古今中外之精华于一炉的真理。不但具高瞻远瞩之见，而且有除弊切用之效，若真能持之、用之，则国家建设没有不成的。只可惜，自孙中山提出以来，始终未能受到国人的"认真"理解与对待，以至于，到如今辛亥百年，仍然是建设未成，这难道真是"中国人"的现代宿命吗？

作者单位、职务：台湾，孙文学术思想研究交流基金会董事长

孙中山的国家统一理念与实践

国家，是政治持久延续、民众繁衍生息和经济长期发展之所。孙中山把统一问题视为国家的头等大事。1912年，他刚刚就任中华民国临时大总统一职，就在《临时大总统宣言书》中，郑重地提出中华民族当务之急的任务是：实现"民族之统一"、"领土之统一"、"军政之统一"、"内治之统一"、"财政之统一"，把统一作为国家政治、经济、军事等各项事业的基础。

民族团结、国家统一，是人心所向、大势所趋。因为"中国是一个统一的国家，这一点已牢牢地印在我国的历史意识之中，正是这种意识，才使我们能作为一个国家而被保存下来，尽管它遇到了许多破坏力量"。① 孙中山继承和发扬中华民族的优良传统，始终不渝地为维护国家的统一而奋斗。

一　抵御列强分裂中国

孙中山出生于中国最早对外开放的地区之一——广东香山县（今中山市），耳濡目染西方列强的侵略暴行。1894年11月24日，他在《檀香山兴中会章程》中，第一次提出"振兴中华"的响亮口号，立志把懦弱、分裂的中国，变成富强、统一的中国。

西方列强的侵略给中华民族带来了无穷的灾难。孙中山指出："方今强邻环列，虎视鹰瞵，久垂涎于中华五金之富、物产之饶。蚕食鲸吞，已效尤于接踵；瓜分豆剖，实堪虑于目前。有心人不禁大声疾呼，拯斯民于

---

① 《孙中山全集》第六卷，中华书局，1985，第528～529页。

水火，切扶大厦之将倾。"① 数十年来，中国与外国所结条约，皆陷于分割中国主权及利益之厄境。西方殖民主义者把中国推入苦难的、四分五裂的深渊。

西方列强为何能够在中国横行霸道呢？在孙中山看来，除了他们依仗雄厚的资本和坚船利炮外，清政府腐败不堪、助纣为虐也是一个重要原因。"政府若有振作，则强横如俄罗斯，残异〔暴〕如土耳其，外人不敢侧目也。人民能发奋，则微小如巴拿马，激烈如苏威亚，列强向之承认也。盖今日国际，惟有势力强权，不讲道德仁义也。"② 孙中山根据近代中国国情，依靠新兴的资产阶级革命派，制定了"驱除鞑虏，恢复中华，建立民国，平均地权"的资产阶级革命纲领。他在《〈民报〉发刊词》中，把这个纲领概括为民族、民权、民生三大主义。所谓民族主义，直接矛头对准封建统治者，亦即帝国主义的走狗，实际上，间接矛头也就指向了帝国主义。把反对封建君主专制与反对殖民主义的斗争结合起来，大大丰富了民族主义的内涵。此后，他又提出"五族共和"、"五族平等"的口号，进一步完善了民族主义。但是，应当指出的是，受时代和阶级的局限，辛亥革命前后，孙中山的民族主义只是隐寓着反抗帝国主义侵略的意思，而没有公开地、明确地提出反帝的口号，不能不说是一大缺憾，有待以后逐步完善。

对于列强的侵略，不能熟视无睹。1903 年，孙中山明确地指出：中华民族历来"风俗齐一、性质相同"，"有统一之形，无分裂之势"，决不容许列强"分割"。③ 他高度赞赏中国人民抵御帝国主义侵略的正义行动。针对外国诬称义和团为"拳匪"、"拳祸"之举，孙中山义正词严地反驳道：义和团要排除欧美的势力，因此要与八国联军打仗，要用大刀去抵抗侵略军的机关枪和火炮。"中国自有历史以来，以和平为民族之特性，有时不幸遇着他民族的侵略，才不得已而抵抗⋯⋯我们对于'义和团事件何以发生'的一问，可以无疑无二的回答：'是因为帝国主义逼着他发生的！'"④ 义和团运动完全是一场由帝国主义的政治、经济和文化侵略所激起的中国人民反帝爱国的民族自卫战争。他高度赞赏义和团抗击八国联军侵略的壮

---

① 《孙中山全集》第一卷，中华书局，1981，第 19 页。
② 《孙中山全集》第一卷，中华书局，1981，第 233 页。
③ 《孙中山全集》第一卷，中华书局，1981，第 223 页。
④ 《孙中山集外集》，上海人民出版社，1991，第 531、532 页。

举，把义和团运动上升为反帝爱国的性质，超出了当时一般资产阶级分子的认识水平，达到了一个新的高度。

受俄国十月革命的启示，孙中山对帝国主义的认识进一步深化。首先，他对帝国主义的侵略本质有了新的认识，看到帝国主义是中华民族最凶恶、最主要的敌人。其次，他旗帜鲜明地提出反对帝国主义。1924年1月，由孙中山提交代表大会审查讨论并表决通过的《中国国民党第一次全国代表大会宣言》指出：当务之急是，"中国民族自求解放"，"故民族解放之斗争，对于多数之民众，其目标皆不外反帝国主义而已"。[1] 他主张坚决"废除不平等条约"，免除帝国主义侵略，使中华民族得自由独立于世界。再次，强调国内各民族一律平等。他认识到，"今后国民党为求民族主义之贯彻，当得国内诸民族之谅解，时时晓示其在中国国民革命运动中之共同利益"。"承认中国以内各民族之自决权，于反对帝国主义及军阀之革命获得胜利以后，当组织自由统一的（各民族自由联合的）中华民国。"[2] 他冲破大汉族主义的桎梏，使民族主义达到新的境界。

反对民族压迫，主张民族平等，这是孙中山的一贯主张。孙中山憎恶清政府"宁赠朋友，不与家奴"的卖国行径，主张即便将来中国强大了，也不能恃强凌弱。他说："如果中国强盛起来……我们要先决定一种政策，要济弱扶倾，才是尽我们民族的天职。……将来到了强盛时候，想到今日身受过了列强政治经济压迫的痛苦，将来弱小民族如果也受这种痛苦，我们便要把那些帝国主义来消灭，那才算是治国平天下。"[3] 中华民族应该自立于世界民族之林，也应该联合一切平等待我之民族。这种主张根源于他"大同"、"博爱"的灵魂深处。

二 警惕军阀肢解中国

避免内讧，增强民族凝聚力，是孙中山关注近代社会的一个焦点。在中华民族发展的历史长河中，统一是主流，分裂割据只是短暂的。在孙中山看来，"不合群"、一盘散沙，是中国很大的弱点。孙中山大力倡导说：

---

① 《孙中山全集》第九卷，中华书局，1986，第119页。
② 《孙中山全集》第九卷，中华书局，1986，第119页。
③ 《孙中山选集》，人民出版社，1981，第691页。

"我们要将来能够治国平天下，便先要恢复民族主义和民族地位。用固有的道德和平做基础，去统一世界，成一个大同之治，这便是我们四万万人的大责任。诸君都是四万万人的一分子，都应该担负这个责任，便是我们民族的真精神！"① 四万万人同心同德才能凝聚成一个统一的、坚强的民族国家，才能成为独立自主、傲然屹立于世界民族之林的强大民族。

孙中山把国家统一与国家富强联系起来考虑问题，指出统一成而后一切兴革乃有可言；"统一之时就是治，不统一之时就是乱的。"② 他痛恶北洋军阀割据、混战的局面，指出："军阀专擅，道德坠地，政治日窳，四分五裂，不可收拾，以至于今。"驻守洛阳的直系军阀吴佩孚与驻守长沙的湖南军阀赵恒惕以"联省自治"为名勾结在一起，实则为军阀割据，危害甚巨。1921 年 10 月，非常大总统孙中山抵达桂林准备北伐，谋求国家的统一，进而推进国家建设。当时"桂林各界欢迎孙大总统歌"曰："跸节兮遥临，桂岭兮生春，君子兮至迟？万众齐欢腾！笑徐逆（指北京政府大总统徐世昌——作者注）抗命伪廷，卖国计空逞，指日义师到，消除国贼庆升平！不见武鸣陆（指广西都督陆荣廷，籍贯广西武鸣——作者注），祸桂残民终自焚，不见谭、陈、莫（指军阀谭浩明、陈炳焜、莫荣新——作者注），黩武穷兵尽逃奔。到头来还是强权失败民权胜。五权、三民主义尊，欢迎我元勋！"③ 可见，当地人民对军阀割据的憎恶，对孙中山北伐统一壮举的欢迎。

孙中山反对军阀割据，表现出惊人的勇气和毅力。1924 年 1 月，孙中山阐述《中国国民党第一次全国代表大会宣言》的宗旨时，特别强调："此次我们通过宣言，就是重新担负革命的责任，就是计划彻底的革命。终要把军阀来推倒，把受压迫的人民完全来解放，这是关于对内的责任。"④ 1924 年 9 月，孙中山在韶关誓师第二次北伐。他认为：中国的战祸与分裂，直接来自军阀，间接来自帝国主义。北伐"之目的，不仅在推翻军阀，尤在推翻军阀所赖以生存之帝国主义。"⑤ 把军阀与帝国主义联系起来，这种眼光可谓具有穿透力。

---

① 《孙中山选集》，人民出版社，1981，第 691 页。
② 《孙中山全集》第九卷，中华书局，1986，第 304 页。
③ 陈迩东：《中山先生在桂林》，1956 年 11 月 16 日《人民日报》。
④ 《孙中山全集》第九卷，中华书局，1986，第 126 页。
⑤ 《孙中山全集》第十一卷，中华书局，1986，第 76 页。

为了国家统一，孙中山不计个人安危，甚至不计个人生命。本来，已患重病的他，还是风尘仆仆地从广东到达北京。1925 年 3 月 11 日，他在生命垂危之际，语重心长地对身边的人士说："我这次放弃两广到京，是谋求和平统一，我所主张统一的办法，是开国民会议，实行三民主义和五权宪法，建设一个新国家。"① 维护国家统一，是孙中山终生不渝的理念。

孙中山为国家统一而不懈奋斗的业绩，受到中国共产党人的充分肯定。1925 年 3 月 15 日，中国共产党为孙中山的逝世向中国国民党发唁电指出："内部的统一，是孙中山死后防御敌人进攻的必要保证。然而这种统一必须是不违背中山主义或修改中山主义的统一，而是真正建立在中山革命主义之上的统一；也必须这样的统一，才是防御敌人进攻的真正担保和完成中山志愿的真正前提。"这表明中国共产党人切实继承孙中山的意愿，真诚地维护内部的团结，提防国家的分裂。

三　渴求海峡两岸的统一

孙中山在领导中国人民推翻帝制、建立共和的斗争中，始终像关注大陆一样，关注台湾、关心台湾民众，渴求海峡两岸实现统一。

台湾本来与大陆一样，是中国不可分割的一部分。只是，甲午战争后，日本帝国主义逼签《马关条约》强行割占台湾，造成骨肉分离的悲剧。兴中会在檀香山成立时，孙中山就主张"恢复台湾，巩固中华"。② 此后，在革命活动中，他"一再重申收复台湾"③。这种思想不仅揭示出光复台湾，收复失地是全国人民的职责，而且唤起了台湾同胞的觉醒。

1897 年 8 月，孙中山抵达日本横滨，与自己在香港西医书院的同学陈少白商讨革命发展的计划，对《马关条约》割让台湾的行径极为义愤。于是，孙中山派陈少白前往台湾，希望"把那里的中国人联络起来，发展我们的势力"。陈少白到台湾后，找到兴中会会员杨心如，又结识了吴文秀、赵满朝、容祺年等台湾商界人士，于同年 12 月在台北成立兴中会台湾分会，以杨心如的住宅为会所，从事革命活动。这是以孙中山为代表的革命

① 何芬：《中山先生在北京卧病的时候》，1956 年 10 月 28 日《工人日报》。
② （台）秦孝仪：《光复台湾之筹划与受降接受》，（台）中国国民党党史委员会 1990 年印，第 291 页。
③ （台）蒋子俊：《辛亥革命与台湾早期抗日运动》，文史出版社，1990，第 225 页。

党人首次在台湾建立革命组织，也是台湾同胞直接参与祖国革命运动的开端。

中国首个政党同盟会的成立，进一步加强了大陆与台湾的联系。1898年，义和团运动风起云涌，席卷北部中国。1900年，孙中山认为，这是推进革命活动的大好时机，于是，决定以台湾为指挥基地发动惠州起义。9月25日，他化名吴仲，从日本神户乘"台南丸"轮，经台湾基隆，于28日抵达台北，将起义指挥部设在台北新起町（今长沙街）的一座楼房里，筹备军饷，就地聘请军官，指挥自己的同学郑士良在广东惠州发动起义。当时《台湾日日新报》报道说，惠州起义的首领"系孙逸仙"，发动起义目的是"驱逐满清政府，独立民权政体"。台北市良德茶庄老板吴文秀为孙中山的活动提供了经济资助。孙中山设法与兴中会台湾分会成员密切接触，直接播下了革命种子。惠州起义队伍发展很快，孙中山写信给犬养毅说："时不再来，机不可失，支那兴亡，在此一举"，并请求日本"政府如允济弱扶危则各物可以从台湾密送，文当划一切施行之策，可保无虞'①。他希望日本朋友说服首相伊藤博文和日本政府，"暗助一臂之力，借我以士官，供我以兵械，则迅日可以扫除清朝腐政，而另设汉家新猷矣"②。但是，日本新政府于29日却发出指示："对孙逸仙阴谋采取防遏方针"，"严格阻止"，并于10月初，将参与孙中山此次行动的40余名日本人强制遣回日本。孙中山在台湾陷入孤立的境地。再加上承担购买枪械的日本人中村弥六舞弊渔利，所购枪弹全为废品。孙中山在台北坐镇指挥42天的广东惠州起义，因缺乏强有力的具体领导和援助，于22日完全失败。日本驻台湾政府遂下达逐客令，孙中山被迫于11月10日从台湾基隆港搭乘"横滨丸"轮前往日本。

1905年8月20日，以孙中山为首的资产阶级革命党人在日本东京成立了中国第一个资产阶级政党——中国同盟会，大大加强了领导力量。1910年，同盟会福建支部派会员王兆培赴台湾建立革命组织。翁俊明于同年5月1日加入同盟会，成为中国同盟会的第一位台籍会员。9月，翁俊明被中国同盟会漳州支部任命为交通委员，负责发展台湾会务。中国同盟会台湾分会随后成立，蒋渭水等人先后入会，会员分布从台北医学校扩大

---

① 《孙中山全集》第一卷，中华书局，1981，第200页。
② 《孙中山全集》第一卷，中华书局，1981，第201页。

到台湾高等学府国语学校及农事实验场。据统计，至 1910 年 7 月，中国同盟会台湾分会的成员发展到 76 人。

辛亥革命胜利后，孙中山对收复台湾寄予颇大希望。1912 年 1 月 1 日，中华民国临时政府在南京正式成立，孙中山就任中华民国临时大总统。曾追随孙中山从事革命活动的台湾著名爱国诗人丘逢甲出任临时参议院议员，并代表台湾人民参加了大总统就职典礼。孙中山在中外记者招待会上表达了复台意愿："中国如不能收复台湾，即无法立于大地之上。"① 当时，台湾同胞对辛亥革命极为关切，纷纷奔走相告："唐山发生了革命，'漩桶'已经退位，孙逸仙做了大总统。"台湾同胞一向称呼大陆为"唐山"；"漩桶"与"宣统"两字是谐音，是"马桶"、"尿桶"的土语。由此可见，台湾同胞把"宣统"念成"漩桶"，表示对清朝统治者的痛恶。台湾苗栗人罗福星早年在厦门加入同盟会，于 1912 年 10 月，受孙中山指派回到台湾，秘密进行抗日活动。1913 年 3 月 15 日，他在苗栗召开各地抗日志士大会，发表《大革命宣言》，号召台湾人民团结起来，举行全省大起义，赶走日寇，收复台湾。起义失败后，罗福星被日本警察逮捕。他在法庭上慷慨陈词："此次募集革命党员，系为反抗日本政府，脱离其统治，计划使本岛（即台湾）复归中国所有。"

孙中山在颠沛流离的困难关头，仍然亲赴台湾、关注台湾问题。1913 年 8 月初，举行的二次革命，兴兵讨袁，由于寡不敌众，很快失败，国内的革命地盘丧失殆尽。在万分危急关头，孙中山与胡汉民从上海到福州，原拟赴广东伺机再次起义，但因陈炯明反对，只好从福建马尾乘"抚顺丸"到台湾基隆。当时，孙中山化名为"王国权"，胡汉民化名为"涂黎民"。8 月 5 日，他们住在台北日据时期台北最繁华的日式酒家——"梅屋敷"。台湾总督对孙中山的到来非常恐惧，以安全为名在梅屋敷四周严加警戒，企图阻止孙中山与抗日志士的联系。然而，在 10 多天里，孙中山还是设法与在台的同盟会成员罗福星、杨心如、翁俊明等促膝长谈，详细听取汇报，商讨革命的策略。孙中山特别叮嘱：台湾革命不同于推翻清政府，只许成功，不许失败。孙中山为梅屋敷酒家的老板大和辰之助夫妇写下："博爱"、"同仁"等条幅，表达了坚定的革命信念。然后，经日本朋友的帮助，孙中山乘"信浓丸"从台湾转往日本。台湾光复后，

---

① 庄政：《国父生平与志业》，（台）《中央日报》缩印合订本，第 358～359 页。

"梅屋敷"被辟为"国父史迹纪念馆",这是当今仅存的孙中山赴台纪念遗址。

孙中山领导的护国运动,得到台湾同胞的支持。1917年,张勋复辟失败。皖系军阀首领段祺瑞以"再造共和功臣"自居,重任国务总理,却拒绝恢复《临时约法》。7月中旬,孙中山率领部分国会议员南下广州,开展护法运动。后来因"非常国会"擅自改组中华民国军政府体制,将大元帅制改为七总裁制。孙中山愤而辞职,离开广州,偕同胡汉民等人于1918年6月1日从汕头乘"苏州丸"轮,于次日抵达台湾基隆。他此行的"唯一的希望是:到台湾会会台湾同胞,发表意见,宣传主义,唤起民族意识,鼓吹爱国精神"。① 但是,日本殖民统治者畏惧国民革命思想在台湾生根、台湾同胞民族意识觉醒,从而导致台湾殖民统治崩溃,因此,不允许他久留。孙中山在台北仅住了一夜,便改乘"信浓丸"轮离台赴日。

即便在在身心交瘁的情况下,孙中山仍然关心台湾局势。1924年10月,直系将领冯玉祥受南方革命影响,在第二次直奉战争中,倒戈回师,发动北京政变,推翻了曹锟、吴佩孚的统治,成立了临时摄政内阁,致电邀请孙中山北上共商国是。孙中山为谋求国家和平统一,毅然带病北上。11月15日,孙中山途经台湾,寄宿在基隆港,由于时间紧迫,未有上岸。在他终因病重住进协和医院,仍然牵挂着台湾问题。1925年2月11日,孙中山病情稍显平稳时,就向在身边照料的戴季陶谈道,台湾同胞的革命要与祖国人民的革命联系起来,实现"中国完全独立"。②

台湾同胞明智地把台湾的命运与大陆的命运紧密地联系在一起。20世纪20年代初出版的《台湾新青年》杂志发表的一篇文章说:"若要救台湾,非先救祖国着手不可!欲致力于台湾革命运动,非先致力于中国革命成功。待中国强大时候,台湾才有回复之时;待中国有实力时候,台湾人才能脱离日本强盗的束缚。"这里所说"中国革命",指的就是孙中山领导的民主革命。由此可见,身居大陆的台湾爱国青年学生受五四新思潮的影响,密切关注中国革命形势的发展,把台湾摆脱日本殖民统治的希望,寄托于中国革命的成功。

---

① 台湾省文献委员会编《台湾省通志稿·革命志·抗日篇》,(台)海峡学术出版社,2002,第247页。

② 戴季陶:《孙中山先生与台湾》,转引自王功安、林家有《孙中山与祖国和平统一》,中山大学出版社,2001,第497页。

台湾同胞非常尊重孙中山。《台湾民报》于 1925 年 2 月发表了《革命领袖孙中山》一文，详细报道了孙中山进京时受到民众欢迎的情形。该文称颂孙中山"是站在泰山顶上大敲其警醒之钟，把四万万还在打鼾深睡的同胞叫醒"，"同外国帝国主义和国内军阀官僚打仗，屡扑屡起，愈垮愈强，其百折不挠的精神，是为中国所绝无而仅有"。该报其后发表多篇文章，称赞孙中山为"平民的导师"、"汉民族的领袖"、"中华之列宁"、"弱小民族之救主"，并怒斥日本殖民统治者和岛内反动分子对孙中山的造谣诬蔑。

台湾同胞深受孙中山思想的影响。其中不少人积极宣传孙中山的革命学说，投入反抗日本殖民统治的运动。著名民众运动领袖蒋渭水早在 1912 年就参加了同盟会。1913 年 11 月底，孙中山到台湾时，他欲前往拜见，但因日本警察戒备森严未能如愿，事后孙中山给他回信，并赠送民国纪念章。1927 年，蒋渭水发表《我之主张》，明确地阐述了反抗日本殖民统治的思想，提出要以实行扶助农工政策的中国国民党为榜样，把新三民主义与台湾的民族运动相结合，通过"以农工阶级为基础的民族运动"来解救台湾。他创建台湾民众党，以新三民主义为蓝本，拟定了"确立民本政治；建立合理经济组织；改除社会制度之缺陷"三大纲领。他在演说中，大声疾呼践行孙中山关于和平、奋斗、救中国的遗愿！正如《台湾省通志稿》指出："台湾民众党，深受中国国民党之革命运动影响，努力于全台湾人之组织化。"[①] 至今，台湾同胞仍然尊称蒋渭水是"台湾的孙中山"。

1929 年 6 月，南京紫金山中山陵建成，举行"奉安大典"，台湾民众党派代表敬献了花圈。一位台湾同胞深情地说："日据时期，祖国人士之中，影响台湾同胞最深远、最为台湾同胞所尊敬的，便是被台湾民报尊为'国民之父'、'弱小民族向导者'的孙中山先生。中山先生对台湾同胞的影响，以及台湾同胞对中山先生的尊敬，均可从台湾同胞在中山先生逝世前所表现的关切之情，以及逝世后所表示的追悼之意，得到深刻的印象。"[②]

---

① 台湾省文献委员会编《台湾省通志稿·革命志·抗日篇》，（台）海峡学术出版社，2002，第 189 ~ 204 页。

② 乔宝泰：《孙中山先生与台湾》，2006 年 9 月 29 日（台）《中央日报》。

孙中山反对帝国主义侵略和奴役，维护国家主权的斗争，受到中国人民的崇敬。正如周恩来所说："中国人民崇敬孙中山先生，因为他是中国民主革命的先行者，是一个伟大的爱国者，是为我们祖国的独立和自由而奋斗终生的战士。"① 他的国家统一理念与实践，鼓舞着世人为民族独立和解放英勇奋斗。

作者单位、职务：中共中央党校文史教研部教授、博士生导师
中共中央党史研究室副研究员

---

① 《中国人民政协全国委员会举行纪念孙中山先生逝世三十周年》，1955 年 3 月 12 日《人民日报》。

孙中山中国近代化的理论、纲领和方案

✒ 张　磊　张　苹

以 1840 年鸦片战争为发端，中国历史从中世纪进入近代时期。

因此，近代化作为主课题也就同步提上议事日程。

然而，"近代"时期的实际社会内涵及演变，在中国却是迥异于西方，即半殖民地半封建化代替了资本主义化。意味深长的是：新阶段的历史舞台帷幕的开启既非社会生产力的巨变所导致，亦非波澜壮阔的革命运动所引发，而是为一场肮脏的英国侵华战争所拉动。强烈的外铄作用深刻影响了近代中国社会进程，阻断了健康发展道路，使之循着一条充满窒碍、痛苦和牺牲的路途滑向悲惨的深渊，形成一种畸形的过渡社会形态。

历史已经证明，资产阶级总是"按照自己的面貌为自己创造出一个世界"。对于这个科学的论断应当加以具体的历史阐释：所谓"自己的面貌"，在资本主义发展的不同阶段有着明显的差异。而"为自己"的欲望和意图，则是一以贯之。在资本主义处于上升时期，为了在本国乃至世界范围内确立自己的统治，资产阶级需要"伙伴"，所以援助为资本主义化而斗争的国家；对它心目中的"野蛮"民族的征服，则是必要的补充。待到资本主义进入帝国主义阶段，"阳光下的地盘"已经分割殆尽，对殖民地附属国掠夺超额利润越发成为自身生存的必要条件。以致旧有的"伙伴"成为竞争的对手，新"伙伴"——新对手的出现便绝对不再允许，而只"创造"出"为自己"服务的"仆役"，即是使这些国家的变革仅囿于附庸地位的保持。正是这种意义上，可以确认"帝国主义侵略中国，反对中国独立，反对中国发展资本主义的历史，就是中国近代史"。

帝国主义的侵略虽然在客观上加速了中国封建主义社会经济的解体，促进了资本主义的萌发，但却又以"残酷的统治"截断了中国社会近代化的发展，使中国社会在殖民地化的同时依然保留了封建主义。中世纪状态仍旧牢固存在于社会经济、政治和文化领域，根深蒂固，盘根错节，半封建定语的"半"字并不意味着仅仅是"对开"。毋庸置疑的事实是：帝国主义既促使中国社会殖民地化，又力求保持它的半封建状态，以便把贫弱的中国沦为其附庸。西方的"文明使者"竭力保护封建主义的朽败事物，并与反动统治者结成联盟，以阻碍任何真正的社会变革，维护现存社会秩序；而国内统治者也愈益勾结外国侵略者，借卖身投靠以自保。清朝政府在它的末期已经成为"洋人的朝廷"。"民国"时期的形形色色的反动统治者大都莫非列强的鹰犬。帝国主义充当封建主义的靠山，而封建主义则是帝国主义的支柱——这种极其丑恶腐朽的联盟，严重阻滞了近代中国社会的正常发展。没有真正的独立，缺乏起码的民主，贫困而又落后，就是半殖民地半封建社会的基本特点。中国人民并未在失掉"旧世界"的同时"获得一个新世界"，因为"新的社会因素"只有在完全粉碎殖民主义与封建主义枷锁后才能结成"果实"。

近代中国的根本国情，就在于此。任何变革的方案如不植根于现实的土壤，就只能是不结果实的花朵。中国近代化的构想，亦不例外。它必须从根本国情出发，反映社会的基本矛盾及其特点，把握亟待解决的中心课题，才能成为先进的、科学的方案。在当时的历史条件下，孙中山的近代化主张无疑是那个时代中各种有关纲领和方案中的最佳构想。因为，它的出发点和归宿正是"适合中国国情，顺应世界潮流，建设新国家"。

一　挣破殖民主义与封建主义双重枷锁是近代化的前提

中国近代化的前提必须是经由民主革命以挣破殖民主义与封建主义的双重桎梏。孙中山在长期的实践中愈益深切地认识到这种基本国情：中国只是"半独立国"、"殖民地"，甚至可以称之为"次殖民地"；同时，它又"以千年专制之毒而不解"。

与此相应，孙中山越来越清楚地理解到这样一个严峻的现实：帝国主义列强威胁着中华民族的生存，中国业已面临着瓜分、共管的厄运，国之将亡，更遑论国家的近代化。还在辛亥革命以前，他就深刻指出："他们（指欧美资本家——引者）不至于笨到这种地步：实行商业的自杀，来帮助中国拥有自己的工业威力而成为独立的国家。我坚决相信，如果我们稍微表现出要走向这条道路的趋向时，那么整个欧美资本主义世界就会高嚷着所谓工业的黄祸了。因此，他们的利益首先在于使中国永远成为工业落后的牺牲品。"而在经历了旧民主主义革命的实践后，他更理解到帝国主义的"政治力"、"经济力"侵略是中国贫困落后的主因。所谓"政治力"，意味着"军事侵略"和"外交侵略"；较之"政治的压迫还要厉害"的"经济力"，则包含了"洋货的侵入"、"外国银行的纸币侵入市场、汇兑的折扣、存款的转借"、"进出口货物的运费"、"租界与割地中的赋税"、"地租和地价"、"特权营业"、"投机事业"和其他种种剥削。因此，孙中山也就把救亡图存的民族主义思想发展为"努力推翻帝国主义"以扫除"最大障碍"的明确政纲。

封建主义是中国近代化的主要内在障碍，孙中山对此有切身的感受。这不仅由于封建专制帝制束缚了社会经济的发展，它所维护的封建土地所有制成为贫困落后的主要根源之一；还因为它充当了侵略者的鹰犬，并以昏庸朽败的统治为殖民主义侵华提供了可行性。"荼毒苍生，一蹶不振"——这就是孙中山对封建暴政所下的论断，不论其形式为帝制抑或假共和。

历史证明，不破除沉重的双重枷锁是不可能实现近代化的。正如孙中山所断言的："国家最大的问题是政治，如果政治不良，在国家里头不论什么问题都不能解决。"

二 "实业化"是近代化的重要内涵

"实业化"无疑是近代化的重要内涵。孙中山认为"发展中国工业"乃是"无论如何必须进行的大事"，因为"实业主义为中国所必需，文明进步，必赖乎此"。他十分理解小生产和自然经济的局限，非常懂得社会化的近代大生产的重大意义，而没有在当代物质文明面前表示——如民粹派之类的小资产阶级"社会主义者"那样——恐惧和伤感，并批判了"文明不利于贫民，不如复古"的偏见迁词，采取了现实主义积极态度，即"承认生活强迫他承认的东西"。

孙中山的社会经济纲领的主要内涵，如他自称"不外土地与资本问题"。他十分重视改变生产关系，孜孜以求地探索适合生产力发展的经济基础。土地方案采取"核定地价"、"照价纳税"、"照价收买"和"涨价归公"的手段和步骤，实现"土地国有"、"平均地权"，从而达到防止地主"垄断"祸害、"解决农民自身问题"、造福社会和使中国尽快像"英国、美国一样富足"的多元目标。在资本的课题上，他曾在"屡遭艰难顿挫"的时刻编制了社会经济发展的宏伟蓝图《实业计划》，并对其实施途径规定了特色鲜明的原则——"节制资本"和"发展国家资本"。即"可以委诸个人或其较国家经营为适宜者，应任个人为之"，而"不能委诸个人及有独占性质者，应由国家经营之"。目的在于预防"托拉斯"掌握国家的"民生权"、关怀工人的利益以及"合全国之资力"，而尽快从"不发达"状态臻于"实业主义"。

孙中山关于实业化的具体构思，无疑是难能可贵的：优先发展交通运输业，重视开发能源，强调重工业的基础作用，注重农业和轻工业的建设，以求"农工商矿，繁然待举而不能偏废者"。他嘲讽闭关自守者为鲁宾逊式的"荒岛孤人"，主张实行"开放主义"，在"保持主权"的前提下，充分引进外资、技术、装备和人才。孙中山的《实业计划》，不愧为中国历史上第一个国家工业化方案。

孙中山的社会经济纲领诚然带有一定的主观社会主义色彩，实质上却是最大限度地自觉发展资本主义的方案，当然，带有中国的特色。而在19世纪后期和20世纪之初的中国，资本主义化大体等于"实业化"——近代化。

三　民主政治是促进近代化的杠杆

民主政治是民主革命的主要目标和促进近代化的杠杆。

孙中山认为封建暴政是罪恶的渊薮：妨碍我们在智力方面和物质方面的发展，造成可怕的贫困和落后；使人民处于无权的状况，"无一非被困于黑暗之中"。所以，国体的变革是非常必要的。他主张通过"国民革命"的途径和手段推翻作为"恶劣政治之根本"的封建专制制度，代之以共和制度。他确信"一个新的、开明而进步的政府"的建立，必将"为我们未来的经济发展打下基础"，并在短期内"使自己摆脱困境"，"跻身于世界上文明和爱好自由国家的行列"。显而易见，孙中山极为重视先进政权对近代化的重大作用。

孙中山还为共和政体的擘画煞费苦心，力求顺畅完满地实现民主建政。革命程序论表述了民主革命——民主建政的主要内容和阶段划分，政党政治论阐明了"代议政治"的基本准则，权能区分论规定和赋予了民主政治以实际内容——人民有"权"，政府有"能"，地方自治论和全民政治论则是体现"主权在民"精神的具体方案，五权宪法论主要是分权主义的理想政府结构的蓝图。他在这方面的探索是重要的，使政体与国体的变革相适应，以体现国体的实质和特点，显然是有着积极意义的尝试。

1911年秋爆发的辛亥革命，导致了封建帝制的崩溃和共和制度的建立。这既是一场政治、思想的启蒙，也促进了实业化的进展。作为近代化进程中迈出的重要步伐，先进政权的杠杆作用得到初步的显示。

由于缺乏必要的土壤与气候，主要是世界进入了帝国主义时代，而中国资产阶级在经济、政治上和思想上均孱弱无力，共和制度未能也不可能真正在中国社会生根开花。所以，它应有的杠杆作用也就无从充分发挥。

四　科学、教育、文化的更新与发展是近代化的必要条件

科学、教育和文化的革新与发展，显然是近代化的必要条件。

受过"欧洲式教育"的孙中山对此完全能够理解，并给予充分的重视。他崇尚科学，认为"科学的知"方为"真知"，把"科学家之试验"看成"文明之动机"，"于人类则促进文明，于国家则图致富强"。甚至以为日本明治维新以后的"文明"、"发达"和"进步"，"皆科学为之也"。他看重教育事业，确信这是关乎国家兴亡的问题。他痛心于国人中"不识丁者十有七八，妇女识字者百中无一"的状况："此人才安得不乏，风俗安得不颓，国家安得不弱。"他十分关注教育的发展和改革，主张实行全民义务教育，同时，以新的"教养有道"的教育体制取代封建教育。1920年，他曾在上海与朱执信、廖仲恺研究中小学教育并拟编写教科书，并在开府广州时到广东第一女子师范等院校演讲，倡议创办广东大学。此外，他也非常重视技术、装备和管理方面的"好的方法"。

应当指出，孙中山非常重视人才——国民综合素质的提高。还在青年时代，他就把"人尽其才"视为"富强之大经，治国之大本"。他所期望的新人是有文化和信仰的，"当用其学问，为平民谋幸福，为国家图富强"。

由于客观条件的限制，孙中山的上述观念和实践未能更为充分地展开。

孙中山在这方面的真知灼见，迄今仍然具有现实意义。

五　变革、"开放主义"是近代化的主旋律

民主革命与近代化须臾离不开变革乃是必然的规律。孙中山对此有着深切理解。变革是全面的，涉及社会生活的各个领域。

开放，对于长期闭关自守的中国社会显然是重大的变革——无论在观念、体制和实施方面，都是如此。因此，开放成为孙中山思想体系和广泛活动中文化取向主旋律的重要内涵。他所奉行的"开放主义"，在当时无疑具有进步意义。

孙中山的故乡——广东香山翠亨毗邻澳门，致令外部世界的信息不断传来。少年孙中山曾经渴望一睹镇上牧师收藏的世界地图而未果，却终于在13岁时从澳门乘船前往檀香山。此行开阔了他的胸襟和眼界："始见轮舟之奇，沧海之阔，自是有慕西学之心，穷天地之想。"他先后在檀香山和香港学习了10余年，较为深入广泛地了解西方社会经济、政治学说和自然科学。他的这种际遇在当时是不可多得的，对世界的认识使他不再囿于闭关锁国所造成的狭隘观念。在他看来，"迎合世界的潮流"，并在对这种大趋势的理解基础上谋求"中国问题的真解决"，方是符合时代精神的文化取向。事实上，孙中山的思想形成与发展是同吸收世界先进文化分不开的。他所面对的尖锐的中国现实是：传统的中世纪缺乏新的经济成分与阶级基础，不可能产生近代民主主义和科学社会主义；而在逐步畸变并沦为半殖民地半封建社会后，也难以及时地、完整地铸造这种先进思潮。由是，外铄作用在近代中国社会思想领域中成为不可或缺的重大因素。为了制定正规的民主革命政纲，孙中山必须"竭力从欧美吸收解放思想"。这种引进包括了文化的各个层次，从精神文化、制度文化以迄物质文化。他多次确认三民主义与18世纪法国资产阶级革命的"自由、平等、博爱"口号一致，并将林肯所主张的"民有、民治、民享"与之等同。三民主义的哲学基础，也在很大程度上是对"西学"的摄取。在擘画社会政治、经济和文化架构诸方面，他明确主张"步泰西之法"，至于引进外资、技术、装备和人才，在"保持主权"的前提下亦应实施。待到晚年，他认识和体验到日益显示出诸多"弊端"的西方国家不仅未曾真正援助仿效者，恰恰相反，经常支持反动势力"以扑灭吾党"。于是把目光转向新生的苏维埃

国家，赞颂十月社会主义革命为"新世纪的曙光"，强调"以俄为师"，俾得"另为彻底之革命运动"。显而易见，孙中山不愧为近代中国向西方学习的先进代表人物。

应当指出，坚持开放和面向世界的孙中山从不全盘接受和盲目崇拜外来事物，而是采取分析辨别的态度和方法，并力求使之与中国的国情和民族的传统相结合。他曾反复指出："在效仿欧洲的生产方式"时，一定"要避免其种种弊端"，绝不能"随西方文明之旧路径而行"。又曾多次申明欧美有欧美的社会，我们有我们的社会，彼此的人情风土各不相同。所以，"我们能够照自己的社会情形，迎合世界潮流去作，社会才可以改良，国家才可以进步"。否则，只能给国家、民族带来"退化"和"危险"。在他晚年提出"以俄为师"口号以促进国民革命时期，孙中山也未曾生搬硬套别国的可贵经验。正是在这种意义上，如同他的当年战友所忆述，"从来不说太平天国不好，有时还称赞太平天国的许多方法好"的孙中山，批评"洪秀全一辈人不懂中国国情及传统的信仰，而打起天主教的旗帜，因此造成多数人，尤其是读书人的反对"。同时，一贯与时俱进的孙中山，强调保存中华民族固有的优良传统，振奋民族精神，恢复中华民族应有的地位和作用。作为情感炽烈的爱国者，孙中山摒弃民族虚无主义，并力求从传统文化中吸取其精华，他所反对的只是僵化和倒退：在"浩浩荡荡"的世界潮流前故步自封，在纷至沓来的新事物前抱残守缺。

实践证明，对转型期的社会而言，关于西方文化和传统文化的取向问题极为重要，不仅关乎近代中国经济与社会的发展途径与模式，甚至成为近代化进程中成败的决定性因素之一。在世界日益融为有机整体的时代，闭目塞听只能徒贻"荒岛孤人"之讥。但是，任何引进都必须有所抉择，并且结合国情，否则难以结出硕果。即使是先进的、科学的学说，也必须经由中国化才能实现。孙中山的有关文化取向的观念，实为他的民主革命与近代化思想中的优秀组成部分。

孙中山的近代化思想是他的精神遗产中的瑰宝，在近代中国历史阶段具有重要的地位和作用。

他的近代化思想反映了当时社会的必然走向及其特色，体现了人民的深切期望。

他的近代化思想具有丰富内涵，与民主革命纲领不可分割，即以三民主义为主干而形成一个完整的体系：挣破双重枷锁——殖民主义与封建主义乃是前提；"实业化"构成中心；民主政治则是杠杆；科学、教育和文化当是必要条件；变革、开放主义成为主旋律。近代化的根本目标，在于建立独立、民主和富强的新中国。他的近代化思想和实践，在中国近代化的历史进程中具有空前的、划时代的意义。先驱者的事业虽然未能及身而成，他的民主革命与近代化思想也不可能不带有历史局限的印记，但无疑推动了中国民主革命与近代化步伐，为后继者开拓了道路。

作者单位、职务：广东省社会科学院研究员
广州市社会科学院副研究员

孙中山民主思想与中小学校园民主教育

✍ 李酉潭

一 前言

翻阅《国父全集》，民主、自由与平等就是民权主义的主要内容，且孙中山于提出民权主义时也特别强调："余之民权主义，第一决定者为民主。"① 由此可见，民权主义就是民主，民权思想就是民主思想，民权政体就是民主政治。②

台湾校园民主的发展事实上伴随着台湾政治民主化的过程，台湾校园在改革过程中，无疑是朝民主化的方向前进，不论是在教育制度、学校管理、辅导与管教上，透过大法官会议、"立法院"立法、"教育部"之行政命令，无不强调多元与民主的参与，来商议解决教育上之事务。③ 可见学校教育并非独立自存的体系，而是社会的次级系统，受到国家政治、经济、文化等诸多因素的影响，因此当时代进展、社会变迁，教育措施往往也必须随时调整，以作因应。

进步主义大师杜威（John Dewey）指出："民主的特性，在于共同参与事务面的扩大，以及个人能力更多样化的自由。"④ 这两个民主的特性，前者指民主的平等方面，后者指民主的自由方面，但自由与平等在这里也很难分开，对于教育为何有助于民主之实现，杜威举出三个理由：①民主有

---

① 孙文：《中国革命史》，《国父全集》第二册，（台）中国国民党中央党史会，1981，第182页。
② 李酉潭：《民权主义与修正民主理论之比较研究》，（台）《国立政治大学学报》1988年第57期，第71~84页。
③ 林佳范：《校园民主的深化？——浅谈"校园公投"的法律观点》，（台）《师友》2004年第441期，第1~3页。
④ 王开府：《道德教育与民主理想——由杜威之有关思想谈起》，《台湾师范大学学报》1987年第32期，第21~25页。

赖于人民接受教育；②民主有赖于教育以培养自愿的性格与兴趣；③民主有赖于全民均等之教育机会。①

因此基于对民主的关心与人权的落实，本文欲从孙中山人文思想中有关民主与人权的理念与学说，进一步反思学校教育中是否有发展民主教育的条件，而民主与人权思想在学校教育中又扮演何种角色，以及如何培养具有民主素养的学生。另外，在当前国民义务教育下，学生在面对学测的压力下，教师该如何在班级经营与教学中落实民主与人权思想。

二　孙中山民主与人权思想概述

自从联合国于 1948 年通过《世界人权宣言》以来，国际间已有超过 100 项条约直接或间接与人权有关，人权成为国际政治运作中相当重要的一环。国际社会不但以具体的文件与行动，明确表示人权规范所具有之普遍性意涵，以美国为首之西方民主阵营，也一再强调人权乃是普世价值，应该成为各国所追求的目标。进一步来看，民主与人权可说是一体两面的：在民主原则的正常运作之下，每个人的基本权利都能得到公平的保障，而蕴涵在这些民主原则之中的平等逻辑，更是在近代几波民主化过程中，确保所有人能够享有普遍人权实践的推手。职是之故，民主原则以及人权的普遍性与包容性，不但是驱使国际社会进一步改造的原动力，也成为各国迈向先进国家的必要条件。

从以人权作为普世价值的观点来看，民主化与主权国家的确立是密切相关的。人权概念中所强调的普遍性与包容性，反映在国际社会里，意味着每一个国家的人民皆为其自身主权的决定者。因此，民主化浪潮除了造

---

① 王开府：《道德教育与民主理想——由杜威之有关思想谈起》，《台湾师范大学学报》1987 年第 32 期，第 21～25 页。可见民主的社会有赖于具备民主素养的公民，而教育正是培育民主公民的重要机构。现今校园中许多不合时宜的校园规范与制度尽管已随民主化的潮流而更替或消失，但制度的改变容易，"文化"却必须慢慢深植。在新旧文化的冲击下，校园中存有需多亟待澄清辩证的民主与人权价值观，如个人与团体、自由与秩序、自由与平等、自由与权威、自由与人权、人权与责任、义务与服从等，均牵涉社会中的文化问题，而欲提升民主质量，让人民拥有民主文化与民主的生活方式，学校更须进一步澄清这些民主课题。但现今教育制度却仍侧重于智育与成绩表现，少见民主与人权的落实，且在九年一贯社会学习领域所公布能力指标中，对于民主的说明也仅以简单的文字来描述。如：5－3－5 举例说明在民主社会中，与人相处所需的理性沟通、相互尊重与适当妥协等基本民主素养之重要性。6－4－5 探索民主政府的合理性、正当性与合法性。

就众多的新兴民主国家外，其背后一项重要的意义是：民主化强调"主权在民"的上位概念，并有助于一个国家主体性文化的确立。而在宪政民主的理念下，校园更当是自由与公民社会的具体展现场所，因此，校园中必须具备一些民主的基本属性与内容，尤其是作为国民教育阶段的中小学校园更是如此，透过探讨孙中山的民主与人权思想可以发现，其内容正符合此一世界文化潮流。

（一）提倡主权在民

在当前全球化的影响下，民主与人权显然成为各国普遍追求的理想与价值，综观孙中山整个民权主义的精神，即在贯彻"主权在民"的明确目标，而主权在民，或称"人民主权"（popular sovereignty）也正是民主政体的基础与目标[①]，亦是民主政治最基本的原则及观念的核心。[②] 孙文学说中清楚提出："夫中华民国者，人民之国也，君政时代则大权独揽于一人，今则主权属于国民之全体，是四万万人民即今之皇帝也。"[③]

同理，孙中山欲以民主思想取代中国传统民本思想，企图打破中国长期的君权循环统治，达成政治体质的典范（paradigm）转移。但他也体认到中国自有历史以来，从来没有实行过民权，故主张："以民立国之制，不可不取资于欧美。"[④] 孙中山深刻了解到"民本"的实践前提，端赖圣君贤相，然与其等待可遇而不可求的圣君贤相，倒不如建立具体可行之民主政治；何况再怎样的开明专制，仍无法改变其专制本质。而民主的可贵就在于人民拥有选择的权利，这亦是孙中山要缔造民国，使"四万万人当皇帝"的革命目的。

《国父全集》中关于"主权在民"的思想不胜枚举[⑤]，而推论其主张"主权在民"之理由，或许即在于：避免过去发生在中国历史上的皇帝之争，要为中国人民消除内战的祸害和痛苦，建立政权和平转移的政治生活方式，这不只是防止政府专制和腐化，也是为了顺应世界民主潮流。[⑥] 换句话说，

---

① Bryce，James：*Modern democracies.* New York：The Macmillan Company. 1924，p. 1.
② Austin，Ranney：*The Governing of Men*，4ed. Illinois：The Dryden Press. 1957，p. 307.
③ 孙文、秦孝仪主编《国父全集》第一册，（台）近代中国出版社，1989，第392页。
④ 孙文、秦孝仪主编《国父全集》第二册，（台）近代中国出版社，1989，第355页。
⑤ 详参李酉潭《中山先生主权在民理论之研究》，（台）正中书局，1991，第98～100页。
⑥ 陈春生：《国父政权思想之研究》，（台）五南图书出版公司，1981，第148页。

是为了使中国脱离历代以来一治一乱的循环，走入长治久安的境界。①

（二）民权与自由

所谓"民权"，就是"人民的政治力量"②，而"以人民管理政事，便叫做民权"③。至于孙中山的民权主义就实质而言就是西方之民主理论，故"自由"即为民主的一项核心概念，谈民主政治或民主主义，鲜有不涉及此一概念者。孙中山对于自由的定义，则是："自由的解释，简单言之，在一个团体中能够活动，来去自如，便是自由。因为中国没有这个名词，所以大家都莫名其妙。但是我们有一种固有名词，是和自由相仿佛的，就是'放荡不羁'一句话。既然是放荡不羁，就是和散沙一样，各个有很大的自由。"④ 既然认为，中国人像一片散沙，因此孙中山大声疾呼，期求大家结合成一个坚固的团体，民权主义第二讲中所强调的自由，即明显偏重于团体层次的国家、民族自由。但孙中山民权主义的自由思想是否只重视国家自由，笔者认为似难认定，如其于《民权主义第三讲》中说道："真平等自由是甚么地方立足呢？要附属到甚么东西呢？是在民权上立足的，要附属于民权。民权发达了，平等自由才可以长存；如果没有民权，甚么平等自由都守不住。"⑤ 由此可见，孙中山反而是认为透过争取民权以实现"个人自由"，或者说"民权是自由的保障"。

（三）强调自由与人权

孙中山认为，对个人自由最大的危害就是君主在政治上的专制。而他所领导且推翻"满清"政府的革命，就是要争取个人的自由与权利。因此，他在辛亥革命前后积极主张"天赋人权"，例如民前二年指出："革命者乃神圣之事业，天赋之人权，而最美之名辞也。"⑥ 而民国成立，则在就任临时大总统时，于《布告友邦书》中说："吾人鉴于天赋人权之万难放弃，神圣义务之不容不尽，是用诉之武力，冀脱吾人及世世子孙于万重羁

---

① 李西潭：《中山先生主权在民理论之研究》，（台）正中书局，1991，第100页。
② 孙文、秦孝仪主编《国父全集》第一册，（台）近代中国出版社，1989，第55页。
③ 孙文、秦孝仪主编《国父全集》第一册，（台）近代中国出版社，1989，第55页。
④ 孙文、秦孝仪主编《国父全集》第一册，（台）近代中国出版社，1989，第68页。
⑤ 孙文、秦孝仪主编《国父全集》第一册，（台）近代中国出版社，1989，第84页。
⑥ 孙文、秦孝仪主编《国父全集》第三册，（台）近代中国出版社，1989，第18页。

轭。……今日之日，始于吾古国历史中展光明灿烂之一日。自由幸福，照耀寰宇，不可谓非千载难得之盛会也。"① 可见，他视革命为天赋人权，其目的就是为了人民的自由与幸福。

而民国二年以前，最能说明孙中山为何要倡导革命，推翻"满清"专制，争取自由与人权的，就是 1904 年秋，在美国发表的《中国问题的真解决》（The Solution of the Chinese Question）一文，当中便列举了十项"满清"统治下人民所受到的虐待②，这是孙中山参照美国的独立宣言，所列的中国人之"人权清单"。③

孙中山对于提倡维护自由人权的表示，不胜枚举，甚至在他晚年，还透过各种宣言，表达他对维护基本自由人权的尊重，如 1923 年于国民党宣言中主张："确定人民有集会、结社、言论、出版、居住、信仰之绝对自由权。"④ 1924 年 1 月中国国民党第一次代表大会中，则将"确定人民有集会、结社、言论、出版、居住、信仰之完全自由"，列入该宣言所附的政纲⑤，并指出："凡真正反对帝国主义之个人及团体，均得享有一切自由及权利。"⑥ 可见孙中山提倡自由与人权，应该不只是所谓的"公务上的惯俗"而已。⑦

（四）自由的范围与限制

孙中山认为自由的观念，自 19 世纪末 20 世纪初，从西洋传入中国，

---

① 孙文、秦孝仪主编《国父全集》第二册，（台）近代中国出版社，1989，第 26 页。
② （1）那鞑靼人的政府，一切举动，只顾他们自己的利益，而不顾被治的人的利益。（2）他们阻碍吾们在智识和物质上的发展。（3）他们看待吾们，是一个下等的民族，不许吾们享同等的权利和特典。（4）他们剥夺吾们天然得到的人生权利、自由和财产。（5）他们常常施行官场的贿赂行为和纵容受贿的人。（6）他们禁止言论自由。（7）他们不征求吾们的许可，而征收很烦重和不法的税捐。（8）他们于审讯一个可以申辩的罪犯时候，常常施以各种很野蛮的暴刑，强迫地使他供出本身确是犯罪的证据。（9）他们往往不经过法律的手续，就来削夺吾们的权利。（10）他们在保护一切人民的生命财产失职的时候，能得不受法律的惩戒。详参孙文、秦孝仪主编《国父全集》第二册，（台）近代中国出版社，1989，第 248～249 页；孙文、秦孝仪主编《国父全集》第十册，（台）近代中国出版社，1989，第 91～92 页。
③ 参考陈仪深《中山先生的民主理论》，（台）商务印书馆，1980，第 100～101 页。
④ 孙文、秦孝仪主编《国父全集》第二册，（台）近代中国出版社，1989，第 112 页。
⑤ 孙文、秦孝仪主编《国父全集》第二册，（台）近代中国出版社，1989，第 139 页。
⑥ 孙文、秦孝仪主编《国父全集》第二册，（台）近代中国出版社，1989，第 136 页。
⑦ 比较陈仪深《中山先生的民主理论》，（台）商务印书馆，1980，第 119 页；曾建元：《孙中山自由思想评述》，（台）《人文及社会学科教学通讯》1992 年第 3 卷第 3 期，第 111 页。

在中国发生了促成革命风潮的作用，在推翻专制王朝上，有其重要意义。然而，其后自由思想却在中国发生负面的影响，其故何在？他认为乃是中国人对自由往往不能正确地了解。其所以如此，在于传统中国并未因自由发生过问题，人民不曾感受到失去自由的痛苦。[①] 由于中国人不曾受到君主与教会的压迫，未感受过言论、信仰、生活上的不自由，故与西方人的经验大不相同，自由的观念在中国未曾发展，故中国人不懂自由的真谛。满清异族统治，使中国人顿失自由，遂有争取自由的革命，但是，在根深蒂固的传统影响下，中国人仍然曲解自由，孙中山对于中国人忽视团体纪律，形成"放荡不羁"或"一盘散沙"似的极端个人自由极力反对。故而他引述西方的例子以及弥勒所说的话来说明，自由必须有所限制。他提出："英国有一个学者叫做弥勒氏的，便说一个人的自由，以不侵犯他人的自由为范围，才是真自由；如果侵犯了他人的范围，便不是自由。"[②] 此处之弥勒是否为约翰·弥勒（John Stuart Miller）仍有待确认，然约翰·弥勒确曾在其《自由论》（On Liberty）中说过："个人自由必须有一个特别限制，就是任何人都不可以使自己妨害别人。"[③]

比较两者，可以发现孙中山只引述了其自由的限制部分，但约翰·弥勒亦强调："当个人的行为并不影响他人的利益，或对他人利益的影响为他人所接受，那么，其他任何人即无置喙的余地。在这类情形下，人们都该有法律和社会的完全自由，去从事行动和承担其后果。"[④] 对于弥勒维护个人自由的精神部分，孙中山则并未提及。

一般来说，国人由于受到高中三民主义课本的影响，以致对于孙中山

---

① 不过，对于中国人民何时失去自由，孙中山有另两种说法：其一是秦始皇并六国，统一天下，实行专制后，即失去自由；另一为近代社会出现以前，人民都是自由的，因为人民只要缴税完粮，就与君主无涉，"天高皇帝远"，可以以己意过自己的生活。详参孙文、秦孝仪主编《国父全集》第二册，（台）近代中国出版社，1989，第 69~70 页；孙文、秦孝仪主编《国父全集》第三册，（台）近代中国出版社，1989，第 250 页；吕亚力：《民主政体的建立与维护》，（台）《政治科学论丛》1991 年第 2 期，第 153 页。

② 孙文、秦孝仪主编《国父全集》第一册，（台）近代中国出版社，1989，第 72 页。

③ Miller, John Stuart：Essays on Politics and Society, ed. J. M. Robson with and Introduction by Alexander Brady, *Collected Works of John Stuart Mill*, Vol. XVIII. Toronto：University of Toronto Press. 1977, p. 260.

④ Miller, John Stuart：Essays on Politics and Society, ed. J. M. Robson with and Introduction by Alexander Brady, *Collected Works of John Stuart Mill*, Vol. XVIII. Toronto：University of Toronto Press. 1977, p. 276.

自由观的印象，大多以为孙中山只是强调"国家、民族的自由"，以及"合理的自由，就是限制个人自由，以保持人人之自由；牺牲个人之自由，以求得国家之自由"①。但笔者以为孙中山仍相当重视个人自由②，他不仅曾参照美国独立宣言，列出中国的"人权清单"，甚至说明他平日所信仰的就是"共和与自由主义"。

由于孙中山所处时代乃革命时期，加上目睹当时中国人误用、滥用自由所产生的流弊，故进而主张限制个人的自由，但其并未因此排斥所有的思想、言论、集会、出版的基本自由，他认为人民有了这些自由以后，反而可以"人心固结，群力发扬"，此正可以说明"个人与团体"、"自由与秩序"间，并非完全冲突。孙中山除特别强调人民有"集会、结社、言论、出版、居住与信仰"的一般自由，另一方面亦强调国家、民族自由的重要性，此外孙中山所特为提倡的乃是，公民必须具备选举、罢免、创制、复决四种参政权，亦即享有充分参与的程序性政治自由③，而这四种政治自由正是孙中山所谓的"民权"，他在《民权主义第三讲》中明白指出："因为有了民权，平等自由才能够存在，如果没有民权，平等自由不过是一种空名词。"④ 可见孙中山乃是将自由与平等当成民权主义的目标。⑤

三　民主、人权思想与中小学教育

诚如孙中山认为民权获得保障，自由平等才能存在，而民权要获得保障，便需社会中的公民能具备民主自由社会的价值观且于生活中体验民主的生活方式。就中小学教育而言，乃是属于义务教育性质，因此更需指导学生了解社会共同的目标、价值与标准，培养其在自由社会中成为一个健

---

① 高中课本引述的这段话其实并不是孙中山所说的，而是蒋中正所言。详参李酉潭《高中三民主义课本民权主义部分内容商榷》，（台）《国立政治大学中山社会科学期刊》1992年第3期，第102～104页。

② 详参李酉潭《孙中山自由观之分析》，（台）《国立政治大学中山人文社会科学期刊》1994年第3卷第2期，第133～155页。

③ 郭仁孚：《民权主义的理论与实践》，（台）正中书局，1982，第93页。

④ 孙文、秦孝仪主编《国父全集》第一册，（台）近代中国出版社，1989，第84页。

⑤ 朱坚章：《中山先生民权主义中的平等观念》，《中华民国历史与文化讨论集》1984年第三册，第4、12页。

全的公民，不但可以洞察人类的思想领域，亦有其应具的责任感。① 以下即从孙中山民主、人权思想中的重要概念出发，论述民主与人权思想融入中小学教育的重要性。

（一）主权在民与人权教育

从孙中山民权主义中对于自由、平等与民主关系的阐释即给予现今校园一个最好的省思机会，基于将自由与平等当成民权主义的目标②。

就学理而言，人之存在即有追求"基本人权"之可能，所谓"人之理知与自觉乃权利之源"。③ 孙中山所处时代背景，为 19 世纪末 20 世纪初，西方公民政治权利蓬勃发展，而中国则尚处于"满清"专制之下，从国父遗教中明显可见其对人权的感受是明显而深刻的。人权问题在孙中山的革命生涯中，并非一成不变，而是随着时空背景而有所调整，但其基本前提——"人权"——人之诸权利——是不可任意被剥夺的，进而应给予保障。

传统以来，在儒家的伦理观念与特别是权力关系理论的影响下，校园里师生关系的不对等被视为理所当然。然而，吾人如欲倡导人权教育，自不得不先深刻反省，在生活中体现的各种教育理念，是否符合人权的精义及其相关的法律规范与制度。而此人权理念的实践，实际上与孙中山"主权在民"的目标一致，皆含有对"人性尊严"的尊重。而此对于人性尊严的尊重，其实便是以"人自身即为目的"的人性观为出发点，建立一套关乎人的概念之价值观架构：包括人与自我、人与他人、人与社会及人与自然等相互关联性之价值体系，这样的理念呈现于教育关系上，便是对于学生主体性的尊重。学生的主体性显现在自我实现、个人权利与责任两个层面，前者除了肯认学生作为学习的主体之外，更重要的是借由人权教育来促成学生的自我开展、自我决定，也就是以自我人格的自由开展为主，并以自然人性的发展为导向，去建构并实践自己内心所向往的世界。④

---

① Harvard Committee：*General Education in a Free Society*. Cambridge：Harvard University Press. 1945，p. 51.

② 校园中也应将学生当成一个具有尊严的个体去对待，亦即尊重其身为人所应具有之基本权利，换言之，我们可以说目前校园里所推行的各项重要教育措施如友善校园、人权教育、校规检视等，事实上同时也是要去反思学校存在的教育目的，亦即学校的任务为何。

③ 张佛泉：《自由与人权》，（台）菁出版社，1979，第 120 页。

④ 许育典：《法治国与教育行政：以人的自我实现为核心的教育法》，（台）高等教育文化有限公司，2002，第 25 页。

因此，就主权在民观念与人权的伦理价值而言，学生与老师的人格地位，并不会因为其身份而有所差别，其所强调的应是平等地相互尊重，唯有当身处于民主自由社会中的人民体认到"人民为教育权之主体"，学校才能转化其教育环境，改变其教育心态与行动，彰显其目的性与任务性。

（二）民主的生活方式与友善校园

学习牵涉人类与世界的关联，当政治上主张民主，经济上走向自由竞争，乃系对于个人人格的尊重，而社会正是许多个人的组合，所以社会必须提供一个公平正义的民主环境，因而如果我们期待教育必须培养民主公民，那么实在看不出一个"非民主"甚至"反民主"的校园如何能够达成这个教育目标。

孙中山倡导国民革命的目的，在求中国之自由平等理念的实现，他说道："民权发达了，平等自由才可以长存；如果没有民权，甚么平等自由都守不住。"① 可见民主是实现自由与人权的手段，但若就教育实务来看，我们的校园生活却未必符合民主的意涵，而此一症结也正是对于教育实践的挑战。就学校内部组织而言，学校是一种组织，而凡是组织通常便存在着权力，于是而有冲突与协调、选择与决策等过程，因此自然就会存在着"政治"现象，例如教师与行政部门间的关系，若不加以批判任其发展，便有可能违反民主意涵，甚至干扰或损害教育意涵。至于就社会与学校的关系而言，学校是实施政治社会化的重要场所，因而很可能沦为主流社会文化再制的工具，课程则沦为政治权力的一种反应，因此学校教育所发挥的功能往往达成既有意识形态与权力结构的巩固，如此一来，民主与教育的理想尽皆落空。因此，讨论校园民主主要有两大课题，一方面是民主议题，另一方面则是教育课题。

教育的民主化开展对于个体之重视，且基于教育本身即为民主的过程，教育是培养人类生活的必需，因此，其过程也唯有处于民主的教育气氛中，才容许人与人相互尊重与自由沟通，特别是师生的关系。在民主的社会中，"服从"的专制教育方式已不符时代所需，如再将顺从当成目标，而牺牲掉学生个别的特性，那么教育所生产出的将是没有自我特色的个

---

① 孙文、秦孝仪主编《国父全集》第一册，（台）近代中国出版社，1989，第84页。

体，枉顾了个人本位的意义。

政治学者 Samuel P. Huntington 特别将"民主政治文化的培养"列为是有利民主巩固的条件，他并提出：民主政治的本质是以定期、公平、公开及竞争性的选举来选择统治者，检验民主的一个标准是，政治菁英和民众坚信统治者应按上述方式加以选择的程度，也就是这个国家民主政治文化的形成进行态度上检验。而民主文化的问题集中在：新民主政府的政绩、效能，及其合法统治权威上，即菁英和民众相信民主体制之价值的程度。[①] Don Chull Shin 亦曾指出：民主政治文化是评估民主巩固的关键因素。[②] Francis Fukuyama 认为"民主巩固"乃是涉及四个层次的问题：①意识形态，②制度，③公民社会（civil society），④文化。民主制度依赖健康的公民社会，其先决条件是政治文化的水平，如：道德价值、公民意识与特殊的历史传统等。[③] 从整个社会结构来看，促成民主社会持续趋向进步成熟的重要因素很多，"教育"往往只是因素之一，众多因素之间关系错综复杂，教育所能产生的贡献因而较难具体验证。因此，在一个民主社会中，教育活动自身（特别是学校内部）对于民主的实践程度，便是一个较能清晰加以探讨的课题，尤以现今台湾社会政治日益民主化的趋势下，现今校园亦正处于民主化的过程，那么学校能否确保校园中所牵涉的"政治"权益或权力之合理分配？又该如何凸显学校所坚持的教育意涵？

民主巩固不是纯粹的政治过程，也需要社会与经济的变迁，且巩固最后阶段乃是民主的制度与实际变成政治文化（political culture）根深蒂固的过程。[④] 因此，民主政治文化的培养有时反而是新兴民主国家所面临的首要任务，因为当人民无法信任此一民主价值时，民主制度将无法获得合法性支持，而容易导致对旧权威的怀念，如此则不利于民主的巩固。

故而从孙中山民主与人权思想切入中小学教育，我们将能跳脱出传统孔孟儒家思想的强烈道德规范以及传统士大夫封闭文化所形成的牢不

---

① Huntington，Samuel P.：*The Third Wave：Democratization in the Late Twentieth Century*. Norman and London：University of Oklahoma Press. 1991，p. 258.

② Shin，Don Chull："On the Third Wave of Democratization：A Synthesis and Evaluation of Recent Theory and Research"，*World Politics*，1994，47，p. 145.

③ Fukuyama，Francis：Democracy's Future：The Primacy of Culture. *Journal of Democracy*. 1995，6：1，pp. 7 – 9.

④ Sorensen，Georg.：*Democracy and Democratization：Processes and Prospects in a Changing World*. Oxford：Westview Press. 1993，p. 46.

可破的尊卑等级观念，并能对"权利"与"义务"做出广泛的讨论与建立正确的观念。身为教育人员更须体认民主与教育本有相通之处，两者均注重自由人的价值及其在社会生活中实践的能力与机会，这正是校园民主的基本意涵，而一个日益进步成熟的民主社会，也较能以理性透过完善的教育活动去落实平等与自由的理想，因而我们必须透过教育，培养具有民主素养的人，并让学生于校园中体会民主文化的真谛且以民主的生活方式学习。

（三）自由、民主与自律的体验与省思

然而，吊诡的是随着社会走向更为民主与自由的同时，校园却与社会存在着落差，学者的研究中不乏发现学校存在着违反人权的事件[1]，而在相关人权法令陆续发布后，更可发现校园中持续发生许多冲突事件，如学生不满教师管教、教师动辄得咎等问题。可见校园中时时面临权威、隐私、责任、正义等观念与价值观的争议与迷思，校园中许许多多的事件，如制服绣姓名，同志学生，学生申诉，学生的隐私作业、私人信件之拆阅处理，书包、抽屉之抽查，体液（尿液、血液）筛检与吸毒、艾滋防治，学生偷窃案，舍监、教官、外来者无故进入校园，罚站，搜身，搜书包，发禁等，事实上都存在着许多的争议，需要不断反省思考，方不至于因为误解民主开放的真义而导致对立的产生。

从上述这些冲突中更显见的是，目前各级学校中，虽然一面推动校园民主与人权教育，传播民主与人权的理念，但另一方面却仍然于有意无意中做出一些违反自由民主的决定，尤其是对学生要求人权的呼声，往往未能妥适响应，这对于学校推动校园民主，不啻是一大反讽。孙中山于其民主理论中早已说明，对个人自由最大的危害就是君主在政治上的专制，而他所领导且推翻"满清"政府的革命，就是要争取个人的自由与权利。是故，校园中所产生问题若不能以民主的方式，透过体制、思想的改变，落

---

[1] 如冯朝霖（2004）透过搜寻国内各报纸相关新闻发现校园内侵害学生人权的报道确实不少，包含：校园暴力、不当体罚、不公处遇、性别歧视、侵犯隐私……林惠真（2002）发现教育场域中常见的校园恶质文化有：忽视校园环境安全，漠视学生身心安全；训导人员或教师自以为正义之师扮演严厉的法官或警察的角色；不适任教师损害学生学习权甚深；以分数贴标孩子卷标，不容许个别差异的存在；对学生惯以命令口吻发号施令，长期实施填鸭式教学，不允许有异议；漠视儿童平等受教权；不尊重孩子的隐私权。

实民主的生活方式，反而以威权的方式解决现今校园乱象，笔者以为不仅误解民主政治自由的真谛，亦无法根本解决民主开放后的自由人权问题。

我国传统的教育背负太多的"文化复制"功能，造成"囤积式的教育"深埋于校园意识深层，因而使得教育的实践越发机械化，而欠缺"自由"。批判教育学者 Freire 的观点认为教育学的内涵离不开教育与自由，自由毕竟是教育应有的无上关注（ultimate concern），因为"教育从来就不是中立的，它若不是使人自由，就是奴役人类"，教育可为自由之父，也能是奴役之母！人因教育而学得谦卑，也因教育而习得傲慢！人能因教育而得"发现自我"，但也可能因教育而"迷失自我"！① 校园的民主开放，并非意味自由是为所欲为，中山先生亦早已提出自由的限制问题。可见人权精神应是体现于对个人自由限制的合理性，而唯有当自由的限制获得人民的同意，此一限制才能取得合法性与正当性，因此"民主"是人权制度化的表现。②

从孙中山引弥勒氏之语，认为"一个人的自由以不侵犯他人的自由为范围才是真自由"，正可引为校园规制最好的反思课题，且从台湾特殊的教育发展历史来看，我国学校的日常生活规范包括了大量爱国教育、军事化管理及思想控制的部分，在军事化的规训系统中，每一个学生将完全地被"驯化"。故而当社会逐渐走向自由民主潮流之时，各种因自由而产生的问题，开始冲击校园管理，校规与学生的生活行为、思想开始产生落差，于是校园中便产生许多冲突，孙中山民主与人权思想给了我们一个思考观点，亦即教育人员应重新反省于学生生活秩序的管理上何者应为教育性措施？何者为维持秩序的措施？何者应为管理的范围？何者又不需加以限制？借此教育人员将更能处理因权利争执而引起的学生问题，帮助学生建立正确使用权利的态度；且透过尊重人权与基本自由，教育人员也能建立自身的专业素养。

孙中山毕生力主民权，且欲用民权的作用，以保障人民的生存，可见其是以民主为前提，保障自由人权，当民权越发达，人民的自由便会越充分。教育的作用即在于透过学习的历程养成人民的自律自主，西哲康德曾

---

① 转引自冯朝霖《教育部委托"各级学校人权评估项目之建立与研究"计划案成果报告》，（台）"教育部"人权教育信息网 http：//www.hre.edu.tw/report/4-1.htm，2004。

② 转引自曾慧佳、徐筱菁《世界各国推动学校人权教育之比较研究报告》，台北师范学院，2004。

说过："无自由的自律是空的，无自律的自由是瞎的。"① 可知，如果没有自由为条件，意志的自律是空谈，反之，如果高唱自由而不受规范的自律约制，则犹如盲人骑瞎马，易流于无律放纵。

透过民主的方式，经由真实生活的体验，养成道德意识、情感及道德判断力，尤其在今日家庭教育、宗教教育效果不彰之时，学校的民主教育更显重要。民主观念之运用，不仅有助于品格、道德教育之力量，反过来说，透过民主化的品格、道德教育，养成学生民主思考的方式及生活习惯，对于提高国民民主素养、促进民主政治之发展，扮演极为重要的角色。

目前我国教育已朝向民主化、自由化迈进，校园民主对于校园的安定、和谐、团结、进步，具有积极的意义，学校要能缔造民主的环境，不仅需要结构、制度的改变，更要促成学校成员心态的民主化。

（四）校园民主的实践

开放大师卡尔·波柏（Karl Popper）曾说过："民主固佳，但却脆弱无比，民主和高度的警戒必须同时存在。"② 校园民主涉及观念、价值规范与态度，应具有文化与社会的意义，因此，欲有效推动校园民主，极应营造和谐的组织气氛，建立积极的学校文化，方能跨越民主的陷阱，进而将民主的文化与生活方式根深蒂固于校园中。透过上述关于孙中山民主人权思想的分析，如能把握：民主只是手段，自由人权的保障才是目的③，我

---

① 康德（Immanuel Kant）：《判断力批判：康德三大批判之三》，邓晓芒译，（台）联经出版有限公司，2004，第1页。

② 引自索罗维基《导读：愿大家都成为有智慧的群众》，《群众的智慧：如何让个人、团队、企业与社会变得更聪明》，杨玉龄译，（台）远流出版有限公司，2005。

③ 参见李西潭《从民主巩固到民主深化：台湾民主文化的培养》，（台）私立东吴大学，2003，第8~9页。"自由既是民主的结果，也是民主的条件"（Bova, R.: "Democracy and Liberty: The Cultural Connection," *Journal of Democracy*, 1997, 8：1, p. 113.）。自由与民主的紧密关系，长久以来被视为理所当然。诚如萨脱里（Giovanni Sartori）所指出的："自由的民主"二个组成因素，首先是人民自由，即自由主义（liberalism），或称"人民防卫"（demo - protection），亦即防卫人民免于专制。其次才是授权给人民，即民主，或称"人民权利"（demo - power），亦即实现民治（popular rule）（Sartori, G.: "How Far Can Free Government Travel?" Journal of Democracy. l995, 6：3, p. 102.）。西方自由民主的传统，首先是自由主义的（即限制国家对公民社会的权力），然后才是民主的（即人民主权）。甚至当焦点放在民主时，自由主义者仍有许多保留。他们怕民主妨碍自由社会的建立（Sorensen, Georg.: *Democracy and Democratization: Processes and Prospects in a Changing World.* Oxford: Westview Press. 1993, p. 5.）。

们方能建立一个民主的文化校园，因为所谓校园伦理与校园民主事实上概念虽然不同，但并无绝对的冲突，传统的伦理观念常随时代与社会的变迁而改变。当前社会趋于开放，传统的校园伦理，在民主、自由的前提下，应重新加以检讨与调整，以满足师生双方面的需要，且所谓的校园民主，在本质上除了自由与平等外，仍强调"尊重"、"容忍"、"理性"、"和谐"、"法治"等理念，而排斥"专断"、"盲从"、"蛮横"、"对立"、"放纵"等现象，这些明显的特质，与校园伦理的含义是一致的。

透过制度的建立、文化的塑造以及实践民主的智慧，方能使校园民主在一定的规范下发展，免于放任不拘。不健全的民主是学校发展的致命伤，现今校园之所以会出现许多令人不可思议的怪现象，此不失为一大原因。职是之故，透过人文精神的培养，营造对于人的尊重，民主应是一种良性互动的历程，必须在维护个人尊严与争取个人权益的同时，也兼顾成员的感受与反应，方能创造共赢的局面。民主之可贵在于其"开放"，但开放必须要在一定条件下才能得到满意的回馈。笔者认为民主绝非万灵丹，同时也会产生许多副作用，且与社会互动息息相关，实践校园民主需要在个人自由与专业责任间维持微妙的平衡，避免误入民主的陷阱，方能使校园民主进一步培养与深植。

四　建构民主的教育环境

从孙中山民主与人权思想的基本逻辑探究中小学教育环境，显见目前校园中仍有许多明显的议题，值得给予必要的关注与积极的改善。而欲建立一个具备民主环境的校园，更应从意识形态、制度与行为等方面进行系统的规划与思考。

首先，就民主的意识形态（ideology）而言，构成校园的主体，包括校长、教师、学生、职员或工友，均应对民主的价值体系有所了解，并且要能在民主的共识（consensus）中互动，体认人权与民主间的建设性互动关系。[①] 因为人权与民主都是从对人性尊严的尊重出发，民主是以体现人权为目的，基于人的尊严（human dignity），侵犯人权就等于否定人的尊严、

---

① McClosky, H. J.: "Human Needs, Rights and Political Values." *American Philosophical Quarterly*, 1976, 13, p. 15.

否定民主的存在。① 因此，无论如何，人权教育就是民主的基础教育，校园必须免除各种歧视，并尊重每个个体之权利保障，使校园成为一个民主的小区。

其次，就制度面而言，民主需与法治相互配合，故在法律规范上学校也应力求周延并明定参与规准，学校内部各项会议、作业（如校务会议、编班作业、学生申诉制度），其参与规准（如程序、规范、流程、回避原则）应该明确，使大家有一个共同依循遵行的准则，并畅通沟通管道，透明决策，方能塑造优质的学校文化。可见处于求新求变的时代，学校要力求增进变革意愿、强化变革能力，才能创新教学、培养适应，并能带动社会发展的优质公民。

在行为层面上，校园中民主环境建立之目的不仅是要使师生都能对民主有所认识与认同，更重要者在于将民主的理念内化成为信仰，甚至成为自己的人格特质，这也是校园民主教育相当核心的教育工程。目前中小学校园，虽已关注到人权教育对于学生主体的重要性，并体认到辅导的重要性，但在民主专业的辅导上则仍有待加强，以免滋生更多因民主所带来的困扰。

五 展望与结论

21世纪的学校教育应根植于民主真谛的发扬，在落实民主道德的前提下教导民主知识与技巧，但更应落实"服从多数，尊重少数"之民权初步的基本精神，改善多数暴力之偏差发展。且新世纪也应该是世界观的公民教育，在全球化逐渐成为文化重心的今日，我们应将教育的格局从"国家中心"扩大到"世界公民"，让学校、教育机构能够积极投入并参与全球民主活动。配合终生学习时代的到来，学习型的社会将取代学历型的社会，因此，不断学习的持续力和旺盛的探索动力才是新世纪教育的核心，作为培育公民的中小学教育机构，更须有实验与创新的精神，让我们的学生拥有更宽广的视野、见识与胸襟。

美国民主理论大师 Robert Dahl 曾指出民主三个关键性条件为：①军队和警察控制在由选举产生的官员手里；②民主的信念和政治文化；③不存

---

① Donnelly，Jack：*The Concept of Human Rights.* New York：St. Martin's Press. 1985，p. 35.

在强大的敌视民主的外部势力。① 因此，民主文化的培养更是台湾迈向民主巩固的关键因素。② 而吾人 2007 年开始接受台湾翰林出版社聘请担任总主编，组织 42 位学者的团队编写高中《公民与社会》科教科书共六册，其所抱持的最重要目标乃是：为台湾下一代应有的公民素养而努力。③

而欲将"文化"深植于人民的价值观中，学校教育人员扮演着关键性的角色。杜柏（Doob）指出"社会化"（socialization）为："个人要成为团体或社会的一员，所必须经历的文化内涵与行为模式的学习过程"④，可见，"社会化"是一种学习个人所处文化及文化里的规则与期望的过程。⑤ 教育受到外在制度与环境的影响，同时教育也有能力创造社会，因此，为了落实民主与人权的社会生活趋势，身处教育场域第一线的教师更应具备民主素养，透过校园的民主化来培养民主文化，使民主根深蒂固于文化中，此正是台湾从民主巩固到民主深化不可或缺的条件。而培养民主素养之道莫过于教师需能转化自身角色与思考模式，体会到自身的主体性与在政治社会改造过程中的积极性角色，期勉自身能成为一个"转化型的知识分子"，且勇于接受挑战与评价，积极回流与充实自身在自由、民主与人权方面的相关知识。

孙中山作为一位深受现代中国人尊崇的政治革命者和思想家，其民主与人权理论正可唤起世人对于民主政治与民主文化深化与植根的探讨。台湾在华人社会中拥有得天独厚的历史经验得以历经民主化进程的洗礼，并且"以民主突破民本，以法治替代德治"，去除中国传统几千年来正统、道统、法统、大一统的障碍，使政党有可能轮替、政权获得和平转移的机会。而历史的事实也证明，唯有自由民主政治体制才能获得长治久安的基础。台湾属于全球 87 个自由民主国家和地区之一，已经走在历史正确的方向，我们的教育也不应落后于世界潮流之外。因此，笔者以为从民主与人权的角度重新省思我国中小学教育，首先需从心态上进行调整，教师需重新思考自身的角色，并肯认学生人格的独立性，让学生能有所谓"自己"

---

① Dahl, Robert A. : *On Democracy*. New Haven, Conn. : Yale University Press. 1998, pp. 147 – 158.

② 李西潭：《从民主巩固到民主深化：台湾民主文化的培养》，（台）私立东吴大学，2003。

③ 李西潭，2011 – 04 – 21，中国时报论坛版名人观点。网站：http://news.chinatimes.com/forum/11051401/112011042100430. html。

④ 引自郑世仁《教育社会学导论》，（台）五南图书出版公司，2001，第 160 页。

⑤ 蔡文辉、李绍嵘：《社会学概要》（二版），（台）五南图书出版公司，2002，第 47 页。

的意思与意见，其意思或许不明确与欠缺思虑，但老师应助其发展意思自主的可能性。其次，学校要有彰显民主治校的目标理念与实践，缔造一个互尊、互重、互谅的温馨校园。

总之，欲求民主与人权能在中小学校园扎根，学校教育参与者应有一番觉知与体认，"首要改变土质，再求改善气质，终致提升质量"。而以民主化培养民主的文化，使民主根深蒂固于文化中，正是台湾从民主巩固到民主深化不可或缺的条件。

校园民主教育环境的建立，无须太多的形式与口号，教育人员与学生如何真正严谨地遵循民主的逻辑来运作，才是解决今日校园问题的核心途径。当然，我们也期待校园中种种的纷争、紧张、矛盾与对立，均能以真诚的了解与沟通、民主平等的协商和尊重，达到高质量的成果，并以友善的态度对待我们的下一代。也相信唯有在尊重自由、民主与人权的校园中长成的幼苗，方能长成具备民主文化素养的大树，并成为能够独立思考、爱好自由的世界公民。

作者单位、职务：台湾，"国立"政治大学"国家"发展研究所教授

孙中山思想历程之检视

✐ 匡思圣

前　言

1840 年鸦片战争后，西方文明正式敲开了中国的大门，中国从此进入诡谲多变的时代，必须响应西方之挑战，李鸿章称中国当时处于"三千年未有之变局"，中国从此进入追求富强以与西方抗衡为目的之现代化路程，中国现代化运动因此具有"救亡"的性质。面对变局，清政府初以"自强运动"之器物维新响应，中日甲午战争后继以"戊戌变法"之制度维新，但在守旧势力的反对下，变法维新百日即告夭折，而变法维新的夭折以及其后立宪派与革命派的争斗，此不断深化的现代化进程，使中国现代化运动亦是一个"启蒙"运动，而由于立场与主张的不同，此具有"救亡"与"启蒙"性质的现代化运动显示中国知识分子对如何面对西方、响应西方的挑战一直存在着歧见。

1911 年辛亥革命，颠覆千年帝制，但中国追求富强的现代化之梦并未达成，列强继续横行于中国，孙中山身为革命的领导者，其出发点即是追求中国的富强，其思想即是一种中国现代化的主张。辛亥革命后，为什么帝制已灭，中国现代化却未成功，应该是孙中山当时思索的重要课题，此课题相当程度影响到孙中山其后的思想转变。辛亥革命后，孙中山除继续与军阀斗争的革命事业，更积极透过著述与演讲的方式宣扬其革命理念与现代化的主张，显示以辛亥革命为分期，孙中山思想应有极大的转变，本文在此即以辛亥革命为分期，探讨其思想历程的转变。

中国现代化的基本命题是中国如何富强以与西方抗衡，在这个历程中，对自身传统的态度，会影响到其与西方文化接触时的态度，进而影响到现代化的主张，当某种态度成为社会共识时，即会形成一种社会氛围，此种氛围常决定当时中国现代化的策略与路向选择。在这样的思考下，本文即从民初知识分子对中国传统的态度切入，了解当时社会氛围，并据以了解孙中山面对中国与西方的态度，其后再依前述以辛亥革命作为分期检视孙中山思想历程的转变。

一 民初知识分子面对中国传统的态度

清末，知识分子在西方挑战的处境下，对自身文化传统有着不同的态度，有的视传统如珍宝，抗拒西方文化的入侵，有的视向西方文化学习为追求富强良方，认为自身传统为过时的产物，张之洞所提出"中学为体，西学为用"[①] 温和的主张，试图调和两派之争，但旋即遭严复严厉的批判，其谓"体用者，即一物而言之也。有牛之体则有负重之用；有马之体，则有致远之用。未闻以牛为体，以马为用者也。中西学之为异也……故中学有中学之体用，西学有西学之体用，分之则并立，合之则两亡"[②]，张之洞的观点与严复的批判，正说明清末知识分子面对西方挑战时态度的分歧，这样的分歧延续至民初，民初知识分子对中国现代化的论战，基本上仍未摆脱前述的范畴，依各派主张不同，略可分为弃传统敝屣，以西方为师的李大钊、陈独秀，胡适为首的全盘西化论者与珍惜自身文化传统，以章太炎、刘师培、吴宓、梅光迪为首，以捍卫传统文化为职志的国粹、学衡派和试图透过对儒学重新诠释，开出新学统以致新道统的熊十力、梁漱溟和冯友兰等为首的当代新儒家，前者可称为"文化激进主义者"，后二者又可统称为"文化保守主义者"，兹将两者对中国传统的态度分述如下。

（一）文化激进主义

1914 年章士钊在日本创《甲寅》杂志、留美学生亦组织"中国科学社"出版《科学》杂志，介绍西方的科学技艺，这两本杂志，为新文化运动的先河。1915 年陈独秀在上海创立《青年》杂志，随后更名为《新青

[①] 张之洞在《劝学篇》中强调"中学为内学，西学为外学；中学治身心，西学应世事，不必尽索之于经文，而必无悖于经义。如其心，圣人之心；行，圣人之行。以孝悌忠信为德，以尊主庇民为政，虽朝运汽机，夕驰铁路，无害为圣人之徒也。"出自张之洞《劝学篇自序》，转引自《近代中国史料丛刊》第九辑，（台）文海出版社，1967，第 164 页。

[②] 出自严复《与外交报人书》，引自《严复集》第三册，中华书局，1986，第 558～559 页。

年》，在创刊号《敬告青年》的文章中，希望"今后的青年需为自主的而非奴隶的，为进步的而非保守的，为进取的而非退隐的，为世界的而非锁国的，为实制的而非虚文的，为科学的而非想象的"。① 标举出其创办《新青年》的宗旨。《新青年》的主事者，在深受"进化论"影响下，视中国文化为过时的古代文明，应该被舍弃；认西方文化为现代的新文明，应该被接纳。陈独秀即谓"近世文明，东西洋绝别为二，代表东洋文明者，曰印度曰中国……其质量未能脱古代文明之窠臼，名为近世，其实犹古之遗也。可称曰'近世文明'者，乃欧罗巴人之所独有"。② 综观《新青年》的言论，其在对待传统的态度上是强力"反传统"，汪叔潜在创刊号中即谓"所谓新者无他，即外来之西洋文化也。所谓旧者无他，即中国固有之文化。……新旧之不能相容，更甚于水火冰炭之不能相入也"③，文化激进主义者在现代化主张则是不顾一切鼓吹西方"新思潮"，向西方学习，而在俄国革命后，陈独秀与李大钊，转而视马克思主义为更进步的主义，认为欲响应西方挑战，中国只有向最新的西方思潮学习寻求出路。

（二）文化保守主义

1904 年邓实在上海成立国学保存会，次年创办《国粹学报》，杂志主要撰稿人是章太炎、邓实与刘师培，他们重视整理国学，希望能存精华，去糟粕，强调要复兴国学，希望透过对国学的复兴，一方面激发种性，促进民族主义复兴；另一方面试图从古代的精华中，寻找响应西方挑战之策略，寻找救时之药方，章太炎在《国粹学报》发刊辞中谓"不自主其国，而奴隶于人之国，谓之国奴；不自主其学，而奴隶于人之学，谓之学奴。奴于外族之专制谓之国奴，奴于东西之学，亦何得而非奴也。同人痛国之不立而学之日亡，于是瞻天与火，类族辨物，创为《国粹学报》，以告海内"④。其后另一批具有留学背景的知识分子，在 1922 年 1 月创办《学衡》杂志，其宗旨为"论就学术，阐求真理，昌明国粹，融化新知，以中正之

---

① 陈独秀：《敬告青年》，《新青年》1 卷 1 号，1915 年 9 月，第 1 页。
② 陈独秀：《法兰西人与近世文明》，《新青年》1 卷 1 号，1915 年 9 月，第 15 页。
③ 汪叔潜：《新旧问题》，《新青年》1 卷 1 号，1915 年 9 月，第 29 页。
④ 转引自刘小林《论清末国粹主义思潮》，http：//www. intermargins. net/intermargins/TCultural Workshop/ academia/chinese%20culture/cul101. htm，2007 年 11 月 8 日。

眼光，行批评之职事，无偏无党，不机不随"。①《学衡》杂志的代表人物皆学贯中西，主要为吴宓、梅光迪与胡先骕等，在梅光迪致胡适的信中所言"弟之所持人生观在保守的进取，而尤欲吸取先哲旧思想中之最好者为一标准，用以辨别今人之'新思想'。庶至胸有成算，脚跟立得定，不为一时之狂风骤雨所摇。否则，当此众说杂出之时，应接不暇，辨择无力。乃至顺风而倒，朝秦暮楚，而道德上受纪律艰困之，能力渐失"②，批判视传统如敝屣的文化激进主义者的主张是失本，并将导致社会的紊乱。胡先骕两段话语，"中华民族固有之美德如忠孝仁爱信义和平，皆基于民族固有之思想。此种思想有其历史与社会之背景，而尤受历代圣哲思想之影响。中华民族之恶德亦由历代社会环境所造成，如欲发扬我民族之美德而祛除其恶德，则必须分缕析之而穷究其养成之道，方能对症下药，以求由社会改造而达到思想之改造"③；"今日中国社会之领袖，舍吾欧美留学生莫属。此毋庸自谦者也。吾辈既居左右社会之地位，则宜自思其责任之重大。而以天下为己任之心，切宜自知偏颇教育之弊害。庶于求物质学问之外，复知求有适当之精神修养，万不可以程朱为腐儒，以克己复礼为迂阔。一人固可同时为牛顿、达尔文、瓦特、爱迪生与孔子、孟子也……庶几物质文明与精神文明得以同时发达，则新旧文化咸能稳固。社会之进步，政治之修明，虽目前未能实现，二三十年之后终能成也。"④ 说明学衡派随着西方文化在中国传播的深化，亦体认到向西方学习是必须，不再视西方文化为洪水猛兽，他们反对盲目地学习西方，亦认为应存中国文化传统之精华，希望在以自身传统为本的前提下，依现代化需要一面整理国故，一面向西方学习，在这样的思维下，他们与文化激进主义者常有激烈的论战。当代新儒家的基本态度基本上与国粹、学衡派一致，但他们是以"返本开新"的态度，致力于给予儒学新的、系统化的阐释，建立儒学新的体系，并未陷于与全盘西化论者论战的泥沼。

（三）孙中山对中国传统的态度

孙中山作为革命运动的实际推动者，并未加入民初知识分子的论战，

---

① 转引自 http：//zh. wikipedia. org/wiki/% E5% AD% B8% E8% A1% A1，2007 年 11 月 6 日。
② 转引自沈卫威《回眸学衡派》，（台）立绪文化事业有限公司，2000，第 143 ~ 144 页。
③ 出自《胡先骕文存》，转引自沈卫威，前揭书，第 238 页。
④ 转引自沈卫威，前揭书，第 219 页。

但其并不认同文化基进主义者视传统为敝屣的态度，其批判文化激进主义者谓"一般醉心新文化的人，便排斥旧道德，以为有了新文化，便可以不要旧道德。不知道我们中国固有的东西，如果是好的，当然要保存，不好的才可以放弃"①，1921 年其在桂林答复第三国际代表马林询问时自承"中国有一个道统，尧、舜、禹、汤、文、武、周公、孔子相继不绝，我的思想基础，就是这个道统，我的革命就是继承这个正统思想，来发扬光大"。② 在此孙中山所称的道统即是中国的"文化传统"，孙中山既认为其思想上承自中国的文化传统，表示其与三民主义的现代化主张是奠基在中国文化传统上。孙中山在《民权主义第五讲》中谓"由此可见中国从前的守旧，在守旧的时候，总是去反对外国，极端信仰中国要比外国好。后来失败，便不守旧，要去维新，反过来极端崇拜外国，信仰外国是比中国好。因为信仰外国，所以把中国的旧东西都不要，事事都是仿效外国，只要听到说外国有的东西，我们便要去学，便要拿来实行"。③ 说明孙中山的思想虽是奠基在传统上，但基本上孙中山对中国传统未有盲目的坚持，对西方文化未有极端的崇拜，其在态度上是理性地面对自身传统与西方文化。

当代中国大陆学者许全兴、陈战难、宋一秀在《中国现代哲学史》中对新文化运动文化激进主义者有这样一个论断"新文化运动，没有能产生出水平较高的哲学体系。新文化运动为马克思主义在中国的传播作了准备，但这种准备是不充分的"。④ 新文化运动在《新青年》创刊后，至民国八年"五四运动"达至高潮，在爱国主义的驱使下，文化激进主义者的主张，成为其时的主流思潮，"打倒孔家店"反传统思想与向西方彻底地学习新思潮的鼓吹是当时的社会氛围，在这样的氛围下，中国传统在民初被视为过时的旧东西，取而代之的争论是向西方学习什么，在同时，孙中山的态度则是理性地面对中国文化传统与西方文化，对中国文化传统是在理性下有限度地继承，并视时代需要转化传统价值观，其在解释"忠"观念即叙"一般人民的思想以为到了民国，便可以不讲忠字，以为从前讲忠

---

① 秦孝仪编《国父全集》第一册，（台）近代中国出版社，1989，第 46 页。
② 罗家伦、黄季陆主编《国父年谱》下册，（台）近代中国出版社，1994，第 1168～1169 页。
③ 秦孝仪编《国父全集》第一册，第 101 页。
④ 许全兴、陈战难、宋一秀：《中国现代哲学史》，北京大学出版社，2000，第 96 页。

字，是对于君的，所谓忠君。现在民国没有君，忠字便可以不用，所以便把它拆去。……在民国之内照道理上说，还是要尽忠，不忠于君，要忠于国，要忠于民，要为四万万人去效忠。为四万万人效忠，自然是高尚得多，故忠字的好道德，还是要保存"。① 就说明了其对中国文化传统的转化。

二 辛亥前的孙中山思想

1894 年孙中山上书李鸿章，强调："人尽其才、地尽其利、物尽其用、货畅其流。此四事者富强之大经，治国之大本也。"② 反映出此时孙中山仍未放弃制度内变革的努力，尚无革命的决心。从其《上李鸿章书》中的内容观之，此时孙中山所体认的救国之道，与自强运动的主张在精神上并无二致，着重的仍是器物层面的革新。

同年孙中山在檀香山成立兴中会，入会誓词强调"驱逐鞑虏，恢复中国，创立合众政府"，则反映出孙中山此时已意识到，只着重器物革新是不足的，要救中国需先恢复民族精神并同时进行制度的变革，誓词中的"创立合众政府"显示出其与康、梁"君主立宪"对中国现代化主张的歧异。1905 年同盟会在东京成立，入会誓词强调"驱除鞑虏，恢复中华，建立民国，平均地权"，则初步显示出孙中山的三民主义思想的雏形，但因为要"救亡"所以强调"民族意识"，因为要"图存"（响应西方挑战），则必须对中国进行现代化的改造，革命的目的，一方面是推翻异族统治的民族解放运动；另一方面是追求中国富强的现代化运动。其在《〈民报〉发刊词》即谓"余维欧美之进化。凡以三大主义：曰民族、曰民权、曰民生。罗马之亡，民族主义兴，而欧洲各国以独立；洎自其帝国，威行专制，在下者不堪其苦，则民权主义起，十八世纪之末，十九世纪之初，专制仆而立宪政体殖焉；世界开化，人智蒸蒸，物质发舒，百年锐于千载，经济问题继政治问题之后，则民生主义跃跃然动，二十世纪不得不为民生主义之擅场时代也。……今者中国以千年专制之毒而不解，异种残之，外邦逼之，民族主义、民权主义殆不可以须臾缓，而民生主义欧美所虑积重

---

① 秦孝仪编《国父全集》第一册，（台）近代中国出版社，1989，第 46～47 页。
② 秦孝仪编《国父全集》第四册，（台）近代中国出版社，1989，第 3 页。

难返者，中国独受病未深。是故或于人违既往之陈迹，或于我为方来之大患，要为缮吾群所有事，则不可不并时而弛张之"。① 正式提出了三民主义作为其中国现代化的主张。

虽然在辛亥革命前，孙中山就有三民主义的现代化思想，但此时，其所领导的革命运动，在宣传上偏重于"民族解放运动"，具有强烈血统性民族主义的特质，强调夷华之辨与满汉之分，从《民报》主笔章太炎在《驳康有为论革命书》谓"今以满洲五百万人临制汉族四万万人而有余者，独以腐败之成法愚弄之锢塞之耳。使汉人一日开通，则满人固不能宴处于域内，如奥之抚匈牙利，土之御东罗马也。人情谁不爱其种类而怀其利禄，夫所谓圣明之主者，亦非远于人情者也，果能敝屣其黄屋而弃捐所有以利汉人邪？藉曰其出于至公，非有满汉畛域之见，然而新法犹不能行也。何者？满人虽顽钝无计，而其怵惕于汉人，知不可以重器假之，亦人人有是心矣"。② 张立文即言"翻开二十世纪初革命家出版的书刊报纸，在他们的文章中，连篇都是排满文字。排满成为革命和改良的分歧的焦点，成为革命和反革命的界线"。③ 都证明了此种革命特质。

在《民报》与《新民丛报》激烈的论战中，革命派此种强调"种性"的民族主义主张，终战胜保皇派，取得主流思潮的地位，王辉云即认为孙中山"用传统的方式宣传其民族主义，用传统的狭隘民族主义或大汉族主义意识为推翻强化这种意识的帝制服务"。④ 在革命派取得思想主导权之情境下，1911 年辛亥革命，瓦解了清帝国异族的统治，建立了民主共和政体。终结了中国自秦之后两千余年的君主专制政体，完成中国政治体制变迁，这是辛亥革命成就之所在。但辛亥革命的成功，并非来自于人民对民主价值的体认，可说是前述强调"血统民族主义"的成果，李泽厚就认为"在中国，蹈海以死激励人们的是为了救国爱国。至于人权、民主等等虽然辛亥前有过一些宣传，但既未真正深入人心，也确非当时现实迫切要求所在。它只在表面形式例如主张共和政体废除君主政体这种极为外在意义

---

① 秦孝仪编《国父全集》第四册，(台)近代中国出版社，1989，第 3 页。

② 章太炎等：《驳康有为论革命书》，引自《中国历代哲学文选——清代、近代篇》，中华书局，1980，第 385 页。

③ 张立文：《中国近代新学的展开》，(台)东大图书，1992，第 200 页。

④ 王辉云：《甘地和孙中山对传统文化和现代化道路的选择》，《二十一世纪》1991 年第 7 期，第 39 页。

上，为人们所接受与了解"。而"思想启蒙工作，革命派本来就做得很少，也不重视。如何在政治上真正实现民主共和，在经济上搞富强建设，在文化上宣传自由平等，革命前大多是空话，并没有生根；革命后很快就被纵横捭阖的帝王权术（如袁世凯）和杀人如草的血腥镇压所淹没了"。① 也因此，在思想准备不足的情境下，民国建立后的中国处在混乱的状况，中国现代化并未竟全功，孙中山的革命运动虽有其划时代成就，但此时其中国现代化的主张并未完备。

三 辛亥后的孙中山思想

民国建立后孙中山辞卸临时大总统职务，醉心于中国实业的建设，但袁世凯与军阀的乱政，却让其重回革命之路，从 1911 年至 1925 年其辞世这 14 年间，孙中山领导了"二次革命"，南下组织军政府护法与北伐等国民革命的实际行动，但此时期革命运动最重要的成就则在于完整革命思想体系的建立。鉴于民国建立后的混乱，孙中山意识到其前期革命思想的不足，着手建立起完备的三民主义思想体系。

孙中山所领导的革命运动，其中心思想即是"三民主义"，三民主义分为民族、民权与民生三大主义，这三个主义各有其独立性，但又彼此相辅，成为一个完整体系，以下就分别论述此三大主义，再综论三者之间的连环关系。

（一）民族主义的主张

在"民族主义"部分，辛亥革命前，其民族主义如前述，所着重的是唤起汉民族的民族意识，以使其推翻"满清"的主张能相当程度得到普罗群众的支持，但在民国建立后，其民族主义却做了一个转向，其在《中国国民党宣言》中强调"吾党所持之民族主义消极的为去除民族间的不平等，积极的为团结国内各民族，完成一大中华民族"②，并强调"汉族当牺牲其血统、历史与夫自尊自大之名称，而与满、蒙、回、藏之人民相见以

---

① 李泽厚：《中国近代思想史论》，（台）三民书局，1996，第 325 页。
② 秦孝仪编《国父全集》第二册，（台）近代中国出版社，1989，第 111 页。

诚，合为一炉而冶之，以成一中华民族之新主义，斯为积极之目的也"。①
都说明在民国建立之后，孙中山放弃其早期所强调种性的民族主义主张，
意识到中国是一个多民族所组成的国家，并且期望境内各民族在平等的基
础上，相互融合成一新民族，也就是孙中山期许中国能从复合民族国家向
单一民族国家整合，整合之新国族，孙中山以"中华民族"称之。

除了对内放弃狭隘的种性民族主义主张，孙中山亦意识到，中国当时
受到西方帝国主义者强烈的压迫，民族地位处在一个低落情境。因此，其
在《中国国民党第一次全国代表大会宣言》中说明其民族主义主张的目
的，"国民党之民族主义，其目的在使中国民族得自由独立于世界；国内
各民族宜可得平等之结合。……即民族主义之真义有两面之意义：一则中
国民族自求解放，二则中国境内各民族一律平等"②，并在演讲版的三民主
义中，强调中国受到西方列强人口、政治、经济三大压迫，并直言指出当
时中国处在"次殖民地"的地位，比印度等殖民地的地位都不如，也因
此，废除不平等条约一直是其重要的政策主张。因此，孙中山的民族主义
不仅停留在整合国内各民族阶段，其对西方文化挑战有更明确的响应。在
如何恢复民族地位方面，孙中山在《民族主义第六讲》中强调要先恢复民
族精神，其次则在于恢复民族固有道德，恢复民族固有智能，最后则须学
习欧美长处。

孙中山民族主义之主张，不仅停留在解决中国民族问题之上，其更提
出民族主义的最终理想，是要求"世界大同"的实现，其在《五族协力以
谋全世界人类之利益》演讲中叙"主张大同。使地球上人类最大之幸福，
由中国人保障之，最光荣之伟绩，由中国人建树之。不止维持一族一国之
利益，并维持全世界之人类焉"。③ 在《中国革命史》中亦强调"对于世
界诸民族，务保持吾民族之独立地位，发扬吾固有之文化，且吸收世界之
文化而光大之，以期与诸民族并驱于世界，以驯至于大同"。④ 都说明了民
族主义的最终目标，是在追求人类社会全体的整合与均衡。在世界各民族
如何整合以达至均衡，观诸孙中山的言论，在《民族主义第五讲》说明中
国境内各民族整合的态度，其叙"依我看起来，中国国民和国家结构的关

---

① 秦孝仪编《国父全集》第二册，第335页。
② 秦孝仪编《国父全集》第二册，第135页。
③ 秦孝仪编《国父全集》第三册，（台）近代中国出版社，1989，第73页。
④ 秦孝仪编《国父全集》第二册，第355页。

系。先有家族再推到宗族，再然后才是国族，这种组织一级一级的放大，有条不紊，大小结构关系，当中是很时实在的。如果用宗族为单位，改良当中的组织，再联合成国族，比较外国用个人为单位，当然容易得多"。①并在《民族主义第六讲》中强调中国恢复民族地位之后，对于其他民族应采"济弱扶倾"的政策，在《大亚洲主义》的演讲中，强调东方文化是"王道文化"，西方文化是"霸道文化"，在亚洲各民族都受到霸道文化压迫时，中国与日本应共同成为捍卫东方王道文化的干城，寻求亚洲的整合以共同对付西方霸道文化的压迫。综合以上所叙诸主张并引申推论，其应是主张民族间的整合应"由近及远、由亲至疏"，并是以王道之自然力，相互交流、涵化以寻求世界大同文化体系的获致。

综观以上关于孙中山民族主义的论述，其民族主义最重要的核心价值即是"民族平等"，不管是对内、对外或是其最终理想，都强调此价值，且其民族主义是一种开放性主张，并不仅强调自身民族（国家）之主体性，亦重视保持他民族之主体性，其并主张各民族间并依其文化类似性之亲与疏，由亲至疏的整合，以寻求全世界人类文化体的形成与均衡的获致。

（二）民权主义的主张

"民权主义"可视为孙中山对中国现代化制度革新的主张，在价值观念上，孙中山接受欧美"人权"观念，重视"自由"与"平等"的价值，其在《民权主义》第二讲与第六讲中强调"合理的自由"与"真正的平等"。在合理的自由部分，其受弥勒（John Miller）的影响，强调合理的自由是以不侵犯他人自由为限度，如此，人人可保有相等的自由，但因当时中国处境为受到西方列强压迫情境下，其又强调国家自由大于个人自由；在真正的平等部分，其认为真正的平等不仅是法律上的形式平等，而且是立足点的平等，亦即对于弱势的族群或个人，应给予特殊的扶持与照顾，满足其生活上的最低要求，其此种观点与当代欧美学者罗尔斯（John Rawls）《正义论》中所强调的"机会平等原则"与"差异原则"之观点②，实具有相同之意义。

---

① 秦孝仪编《国父全集》第一册，（台）近代中国出版社，1989，第42~43页。

② Rawls, John, *A Theory of Justice*, Cambridge, Massachusetts: The Belknap Press of Harvard University Press, 1971, p.60.

在政治制度上，孙中山受到洛克《社约论》的观点"统治者的权力是奠基于被治者的同意"与孟德斯鸠《法意》中强调"三权分立"的影响，创立其"权能区分"理论，其谓"在我们的计划中，想造成新的国家，是要把国家的政治大权，分开成两个。一个是政权，要把这个大权，完全交到人民的手内，要人民有充分的政权，可以直接去管理国事，这个政权便是民权。一个是治权，要把这个大权，完全交到政府机关之内，要政府有很大的力量，管理全国事务，这个治权，便是政府权"。① 在此，孙中山厘清人民的参政权与政府统治权的关系。并修正西方代议民主制度的缺失，强调人民可透过直接民权，即选举、罢免、创制、复决来监督控制政府；而在政府的统治权部分则修正三权分立的主张，强调行政、立法、司法、考试与监察的五权分立以建立万能政府与实现专家政治的理想。孙中山并为求适应中国的广土众民的现实，主张地方自治，强调对于地方事务人民享有完全的参与权，但在中央则以国民大会代表人民行使四权监督控制政府。而在中央与地方权力划分之部分，则提出依事务的性质来划分权之归属的均权主义主张。

在政治制度革新的落实上，孙中山在《建国大纲》中提出其著名的"建设三程序论"，其谓"建国需依军政、训政及宪政之三程序来建立，军政时期以武力扫除革命障碍，奠定民国之基础；训政时期则以党治国，推行地方自治；宪政时期则还政于民，宪政完成之日即革命成功之日"②，而训政阶段在孙中山的观念中即是教育人民的阶段，当人民认识民主的价值与具备民主的能力时，才还政于民，如此，政治现代化才能得到巩固与落实，人民的权利才得以获得完整的保障。

（三）民生主义的主张

《民生主义》是孙中山在经济方面的主张，在经济的价值观念上，孙中山以"均富"的实现，作为价值核心，其谓"我们主张解决民生问题办法，不是先提出一种毫不合时用的剧烈办法，再等到实业发达以求适用，是要用一种思患预防的办法，来阻止私人的大资本，防备将来社会贫富不

---

① 秦孝仪编《国父全集》第一册，第 122 ~ 123 页。
② 转引自汤承业等《中山学术论文集》，（台）国父纪念馆，1990。

均的大毛病"①；孙中山对经济结构的主张并不仅止于对贫富不均问题的认识上，其意识到中国当时的处境与西方列强相较是处在极度落后、贫穷的地位，因此在《民生主义》第二讲中强调"要解决民生问题，一定要发达资本，振兴实业"。②此表示孙中山在经济方面不仅重视"求均"，亦重视"求富"。"均富"作为《民生主义》的价值核心显示孙中山已经意识到中国现代化是除追求机械生产产业的现代化外亦应兼顾社会分配的公平性。

经济活动即是生产与分配的活动，在经济主张的社会层面，孙中山注重的是如何刺激生产与避免分配之不均。此主张显示在中国现代化的追求上，孙中山已注意到公平分配的问题，其在《实业计划》中强调"中国实业之开发应分两路进行，（一）个人企业，（二）国家经营是也"。并强调"凡事务可以委诸个人，或其较国家经营为适宜者，应任个人为之；由国家奖励，而以法律保护之"。③并认为具有垄断性与私人无力兴办的企业，应由国家兴办，此即为其著名的"发达国家资本"的主张，在此，孙中山综合资本主义与社会主义两者之主张，强调"公、私并举的生产制度"。其认为如此的制度设计，一方面可收刺激生产之效，另一方面则可避免分配不均之果。在其公、私并举的生产制度设计下，孙中山意识到当时中国传统农业生产经济制度的特质下最需解决的问题即是土地问题的合理解决，故强调"平均地权"，在平均地权中，其主张地主自定地价、照价征税、收买与涨价归公等方式来实践。而在实业（工业）生产的部分，除前述"发达国家资本"外，亦主张"节制私人资本"，其认为透过政府的力量，从社会安全制度方面、直接征税与合作制度的推动，改良工人的教育与劳动条件、防止财富集中与中间者的剥夺，使各人得按其努力得合理之分配。

在现代化的器物建设上，孙中山在《实业计划》中即提出六大计划，作为中国经济发展的蓝图，此可视为其"求富"的具体主张，《实业计划》中"第一计划为建设北方大港及黄河流域实业兴办之计划，第二计划为建设东方大港及长江流域实业兴办之计划，第三计划为建设南方大港及南部、西南之实业兴办计划，第四计划为兴建中国铁路网之计划，第五计划

---

① 秦孝仪编《国父全集》第一册，第156页。
② 秦孝仪编《国父全集》第一册，第155页。
③ 秦孝仪编《国父全集》第一册，第430页。

为关于食、衣、住、行、印刷之民生工业兴办计划，第六计划为矿业及农业之兴办计划"。① 除此之外，其在《民生主义》的讲演中，亦重视人民食、衣、住、行等生活基本需要的满足。而前述皆可说明其对发达生产以求富，合理分配以求均的物质层面落实的主张。

结　语

综合对辛亥前后孙中山思想主张的探讨，可发现，辛亥革命前孙中山思想虽已有三民主义的雏形，但尚不完备；辛亥革命后，孙中山体认现实，用理性的态度面对中国文化传统与西方文化，逐渐完备其思想体系。在追求中国富强的目标下，孙中山的民族主义具有强烈民族解放运动的特性，重视中国独立且平等存在地位；在面对西方文化强力挑战下，孙中山亦意识到中国现代化应从政治与经济两面着手，一方面追求政治体系的革新；另一方面改造经济体系，而政治与经济体系的革新主张，即是孙中山中国现代化的主张，基本上孙中山希望透过政治与经济体系的革新，来达到"救亡"之目的，希望透过中国现代化运动的成功，使中国达到富强，成功响应西方的挑战。三主义之间的连环关系，亦从此而生，民权与民生主义是中国现代化的主张，但改造的动力则是来自于救亡的要求，在救亡过程中所进行的政治与经济上的革新，亦是对中国的"启蒙"，用启蒙来救亡，即是三民主义的连环性，中国现代化的成功是孙中山一生追求的目标。

孙中山一生致力于追求中国现代化的成功，但其企图心不仅止于对中国现代化的追求，其在民族主义中主张的"世界大同"理想，作为中国民族地位恢复后追求的目标，说明孙中山认为中国现代化完成并非终点，而是另一个开始，依其主张，理想的世界是不同民族与国家在平等基础上，求同存异，建立多元一体的世界文化体，在这个体系中不再有民族的互相压迫，彼此尊重并容忍彼此的差异，和谐相处，此为孙中山思想的最终理想，亦说明其思想是奠基于中国自身而放眼世界。

1949 年后的两岸，在发展上先后均获得极大的成就，两岸均享有中

---

① 秦孝仪编《国父全集》第一册，第 430～538 页。

国历史上最富裕、繁荣的生活，综观两岸的发展经验，孙中山思想在其中均发挥导引的作用，在未来，孙中山思想实可成为两岸的桥梁，作为两岸发展的指导。孙中山在其遗嘱中叮嘱"革命尚未成功，同志仍须努力"，期待两岸将孙中山思想视为两岸的共同资产与典范，携手努力，完成百余年来中国知识分子追求的大梦——富强康乐新中国的实现，以不负其所嘱。

作者单位、职务：台湾元培科技大学助理教授

弘扬中山先生国家统一思想
助推两岸关系和平发展

⊘ 朱京光

　　孙中山先生是伟大的革命先行者和爱国主义者，他革命的一生同祖国的统一大业始终紧密联系在一起。中山先生的国家统一思想，内涵丰富、意义深远，在其全部理论和实践中占有重要位置。百年来，这一思想不仅对当时，而且对当今的祖国统一大业，都具有重要的指引作用。

一　孙中山国家统一思想的内涵

　　中山先生的国家统一思想，植根于中华民族的悠久历史和优秀文化，立足于辛亥革命后的现实环境，对中国为什么要统一、如何统一、统一的前景等问题都作了详细的论述，为当时的国家统一运动树立了目标、指明了方向，鼓舞了无数仁人志士为实现国家统一而不懈努力。

（一）国家统一是中华民族振兴的必要前提

　　清朝末年，衰朽腐败的封建反动势力还在做垂死挣扎，帝国主义不断加快对中国的侵略步伐，中国社会半殖民地半封建化更加严重，经济社会已经濒临崩溃的边缘。在这生死攸关的历史关头，孙中山大声疾呼"复兴中华、统一中国"。孙中山把振兴中华与国家统一紧密联系起来，认为只有国家统一、社会安定，才能实现社会进步和国家富强。因此，他多次强调，国家统一起来才能"与列强共跻于平等之域"，才能把中国"改造成世界上最新、最进步的国家"。

（二）国家统一是中国历史发展的主流和中华民族的历史传统

孙中山在1903年发表的《支那保全分割合论》一文中指出，中国的统一形态已经有数千年的历史，虽然经常有分裂的现象发生，但不久就会重归统一。1922年8月，孙中山在对外宣言中又明确指出："中国是一个统一的国家，这一点已牢牢地印在我国的历史意识之中，正是这种意识才使我们能作为一个国家而被保存下来。"科学揭示了统一始终是中国社会发展的主流。

（三）国家统一必须维护领土与主权的完整

孙中山明确提出要实现"五大统一"，首要的就是"民族之统一"、"领土之统一"，他将国家统一作为立国方针和民族主义的核心内容。孙中山认为民族统一对国家统一至关重要，提出了"五族共和"的主张，即"汉、满、蒙、回、藏五族合为一体"、"熔五大民族为一炉，成一大中华民族"。在领土统一方面，当时一些地方军阀声称要实行"联邦制"、"联省自制"，以达到割据一方的目的，孙中山明确表示反对，指出"联邦制"等做法不符合中国的历史传统和国情，他提出要建立"单一之国"，即为"保持政治统一"而"行集中之制"，有力驳斥了分裂势力的谬论。

（四）国家统一优先采用和平方式解决，但当和平统一无望时决不放弃使用武力

孙中山认为，谋求国家统一，从根本上说有和平统一与武装斗争两种方式。中山先生深知战争会给人民带来痛苦，认为非万不得已而不用兵。他在《和平统一宣言》中说："文窃以为谋国之道，苟非变出非常，万不获已，不宜轻假兵戎，重为民困。"孙中山力主采用和平方式统一中国，并自称"向来是主张和平统一的人"。1912年的退位和北上、1924年底抱病前往北京商谈统一大计，都是他以和平方式争取国家统一的重大实践。但当和平统一无望时，中山先生并没有放弃武力统一中国的努力，他为推翻军阀统治举行的三次北伐，就是有力的例证。

（五）国家统一要依靠人民大众

在半殖民地半封建的中国，革命力量的活动受到了很大限制。早年孙

中山主要依靠少数爱国志士孤军奋战，但屡遭封建势力无情打压。后来他又依靠军阀打军阀，但"南北军阀全属一丘之貉"的残酷现实，使得革命活动难以成功。他也曾把希望寄托在国会议员身上，但梦想一再破灭。在俄国十月革命、"五四"大潮的影响和冲击下，孙中山开始认识到人民大众尤其是工农力量的伟大，认识到国家统一的最基本力量在于人民，坚信完成国家统一"要靠我们国民自己"。于是他将目光转向下层民众，决心"合成大力量"，谋求中国的统一。

（六）国家统一要扫除封建军阀及其背后的帝国主义势力这两大障碍

孙中山先生认为中国一直未能实现统一的根源，是盘踞各地的封建军阀及支持他们的帝国主义势力。他提出中国的统一"第一点要打破军阀，第二点要打破援助军阀的帝国主义"。中国半殖民地半封建社会的悲惨现状，使得孙中山越来越深刻地看清了帝国主义的阴险面目，他说："中国革命以来，连年大乱，所以不能统一的原因，并不是由于中国人自己的力量，完全是由于外国人的力量。"中山先生认识到，中国要实现统一，就必须扫除帝国主义的障碍。

二　孙中山国家统一思想的启示

中山先生曾语重心长地指出："统一是中国全体国民的希望。能够统一，全国人民便享福，不能统一，便要受苦。"统一关乎国家核心利益，关乎民族尊严和命运，是人民幸福的源泉。继承中山先生遗志，首要的就是要继承中山先生的国家统一思想，自觉把握"复兴中华"与"祖国统一"之间的有机联系，在不断推进社会主义现代化建设的进程中，始终将推进祖国统一进程作为振兴中华的必要条件和重大使命，同步实施，以成伟业。

（一）实现两岸统一是中华民族繁荣强盛的重要标志

中山先生告诉我们，国家统一是中华民族振兴的必要前提。历史也一再表明，国家统一是中华民族繁荣强盛的重要标志。国家统一，经济社会稳定发展，各族人民才能安居乐业；国家四分五裂，纷争战乱不止，经济社会发展停滞倒退，中华民族的繁荣强盛也就成了一句空话。中华人民共和国的成立，实现了全国范围内的基本统一，实现了民族独立和人民解放，为中华民族的崛起创造了条件。在20世纪末，香港、澳门又先后回到祖国的怀抱，只剩下台湾仍然孤悬海外，成为全体中华儿女心头的隐痛。海峡两岸广大同胞都应该充分认识到，只有两岸复归统一，中华民族才会拥有更为稳固的发展基础，中华民族的发展壮大、繁荣昌盛才能真正成为现实。

（二）中国完全统一是历史发展的必然趋势

正如中山先生所言，自古以来中国就是一个统一的多民族国家，统一是中华民族的历史传统。反对分裂、维护统一成为中华民族永恒的政治价值取向。中国的统一是历史发展的必然趋势，同时也是全体中华儿女的心愿。台湾岛内少数势力出于一己私利，从事"台独"分裂活动，妄图阻滞两岸和平统一步伐，无疑是螳臂当车、自不量力。中国的统一是人心所向，是任何人、任何势力也阻挡不了的滚滚向前的历史潮流。面对因内战而造成的两岸分离局面，我们要站在历史的高度，认识到这一分离状况不会是常态，随着两岸交流的不断深入、两岸民意的不断融通，在不久的将来一定会迎来两岸重归统一。

（三）和平解决台湾问题符合两岸人民的根本利益

以和平方式实现祖国统一最符合包括台湾同胞在内的中华民族根本利益，也符合求和平、谋发展、促合作的时代潮流。长期以来，大陆方面一直以最大诚意、尽最大努力争取祖国和平统一。早在20世纪50年代中期，中国共产党就提出了和平解决台湾问题的主张。1979年元旦，全国人大常委会发表《告台湾同胞书》，郑重宣示了争取祖国和平统一的大政方针。紧接着，大陆又形成了"和平统一、一国两制"的方针，按照这一方针，顺利解决了香港、澳门问题，并依照这一方针制定处理两岸事务的政策。在现阶段，两岸双方应牢牢把握和平发展的主题，积极推动两岸各领域的大交流、大合作、大发展，为两岸最终和平统一累积共识、创造条件。

（四）依靠两岸同胞实现祖国完全统一

广大人民群众是实践的主体，是推动历史发展的根本动力。推进海峡两岸和平统一，要依靠广大人民群众的力量。大陆方面一贯坚持"寄希望于台湾人民"的方针。台湾同胞是我们的骨肉兄弟，是发展两岸关系和遏制"台独"分裂活动的重要力量。大陆方面一向以紧密团结台湾同胞为己任，尊重、信赖、依靠台湾同胞，体察台湾同胞意愿，了解台湾同胞诉求，满腔热情为台湾同胞办好事、办实事，依法保护台湾同胞正当权益，广泛团结台湾同胞共同推动两岸关系和平发展。

（五）坚决反对外国势力干涉两岸统一

中国近代以来，外国势力对中国主权和领土完整的破坏，一刻也没有中断过，在台湾以及西藏等问题上进行赤裸裸的干涉，阻挠中国的统一进程，干扰中国的稳定与发展。近年来，一些外国势力仍坚持"以台制华"战略，不希望两岸关系发展过快，对两岸交流交往说三道四、指指点点。保持两岸关系和平发展的正确方向，必须坚决反对外国势力的干涉。相信海峡两岸中华儿女有足够的智慧来处理内部事务，最终实现中国完全统一。

三　以纪念辛亥革命一百周年为契机，推动两岸关系和平发展

今年是辛亥革命一百周年。一百年前爆发的辛亥革命，推翻了在中国延续两千多年的封建帝制，结束了封建社会的漫漫长夜，建立了民主共和政体，打开了中国进步的闸门。限于当时的客观环境和历史条件，以孙中山为首的革命先贤，没有能够彻底完成振兴中华、统一中国的夙愿。胡锦涛总书记曾指出："中国共产党人是孙中山先生革命事业最坚定的支持者，最亲密的合作者，最忠实的继承者。"一个世纪后的今天，在中国共产党领导下，中国取得了举世瞩目的伟大成就，中山先生的遗愿正在逐步变为现实。同时必须清醒地看到，实现祖国完全统一，还有很长的路要走。我们要以胡锦涛总书记2008年"12.31"重要讲话为指导，以纪念辛亥革命百年为契机，弘扬中山先生国家统一思想，携手同心，共同推动两岸关系和平发展，最终实现祖国完全统一。

（一）坚持两岸关系和平发展的正确方向

反对"台独"、坚持"九二共识"是两岸关系稳定发展的基石。2008

年台湾政党轮替以来，两岸双方之所以能够以合作取代对抗，以理解消弭纷争，推动两岸交流取得重大突破，根本原因就是双方在反对"台独"、坚持"九二共识"方面建立了互信基础。过去三年的两岸交流成果，为进一步推进两岸关系和平发展打下了坚实的基础，积累了宝贵的经验。但也要看到，台海局势在不断发生新变化，两岸双方的固有矛盾与分歧短期内仍难以解决。尤其是在台湾即将举行民意代表和地区领导人选举的背景下，进一步推动两岸关系和平发展面临新的复杂因素。保持两岸关系沿着正确方向继续向前发展，需要两岸双方进一步强化反对"台独"、坚持"九二共识"的共同政治基础，增进政治互信，保持良性互动，在重大问题上加强沟通，排除"台独"势力的干扰，为两岸关系和平发展营造良好环境。

（二）强化两岸共同精神纽带

两岸关系实现和平发展以来，虽然两岸同胞的交流交往不断拓展，彼此了解不断加深，但由于历史和现实的各种原因，一部分台湾民众对大陆还缺乏了解甚至存在误解，对两岸关系发展还持有疑虑。如何消除误解、建立互信，是亟待解决的重要课题。中山先生的国家统一思想是中华民族重要的政治遗产，是两岸共同的历史记忆和精神纽带，大力弘扬这一思想，对强化台湾民众对中华民族的认同、对国家统一的追求，具有重要意义。我们要充分利用纪念辛亥百年的有利契机，开展形式多样的纪念活动，共同弘扬中山先生"复兴中华、统一中国"的思想，最大程度凝聚两岸同胞的共识，不断壮大赞成两岸关系和平发展与和平统一的力量。

（三）提升两岸经济合作水平

今年是辛亥百年，也是大陆"十二五"规划开局之年。"十二五"规划纲要首次把发展两岸关系专门列为一章，明确了今后几年深化两岸经济合作的发展方向、重点领域和主要内容。两岸双方应以大陆"十二五"规划与台湾中长期经济发展构想（黄金十年）为契机，积极落实ECFA，扩大经济合作，提升合作层次，完善合作机制，促进共同发展和繁荣。应积极对待两岸经济合作框架协议各项后续商谈，及早达成并签署投资保障协议，推动两岸经济合作机制化进程；以全球经济调整和区域经济整合为契机，打造互补型经济结构，帮助双方企业在两岸进行合理布局，共同开拓全球商机；推动两岸经济合作向台湾中南部、中小企业倾斜，让更多的台湾普通民众能够分享两岸关系和平发展的成果。

（四）促进两岸文化交流与合作

中华文化是两岸同胞的精神根柢，是维系两岸同胞的精神纽带。传承和弘扬中华传统文化，有利于融洽两岸同胞的思想感情，增进两岸同胞的文化认同和民族认同，从而厚植推动两岸关系和平发展的思想基础。两岸双方应以弘扬中华优秀传统文化为己任，可联手打造具有中华特色的戏曲、工艺美术、服饰等文化品牌；搭建博览会、艺术节等两岸共同展示传统文化的平台；共同开展纪念中华先贤的活动；推动大陆的孔子学院与台湾的台湾书院在海外加强合作、形成联动，共同向世界介绍中华传统文化。在两岸文化交流中，积极推动建立两岸文化交流与合作机制；推动两岸文化产业交流与合作，增强两岸文化产业实力，共同努力，实现双赢。

（五）深化两岸民间交流交往

广泛开展两岸民间交流，有利于为两岸关系发展营造更良好的氛围，打下更坚实的民意基础。两岸双方应不断扩大交流的参与范围，推动交流对象从政经各界向社会基层深入，交流地点从城市向乡村、从北部向南部延伸，使得参与交流的同胞越来越多、交流的领域越来越广；应推动两岸各界积极创新交流方式，打造更多符合自身特色、体现本地优势的交流平台，在两岸间形成全方位、多层次、机制化的交流格局；应注重加强两岸青少年交流，吸引更多的两岸青少年参与，培育促进两岸关系和平发展的新生力量。

各位朋友，辛亥革命已过去一个世纪，中国发生了翻天覆地的巨变。我们一定要加强团结，再接再厉，最终实现中山先生祖国统一、振兴中华的宏愿。

作者单位、职务：中国和平统一促进会副秘书长

辛亥革命前后的社会思潮与历史事件

孙中山革命与清末社会思潮的嬗变

——以报刊舆论为视角

⊘ 黄顺力

一般来说，学界通常所称之"社会思潮"，应为晚清社会特有的现象。第一次鸦片战争后，中国社会发展变化空前剧烈，"数千年未有之奇变"的时局导致社会思想的变化也跌宕起伏、风生水起，形成一波波此呼彼应、如潮涌动的社会思潮，故梁启超曾对此一现象作出描述："凡文化发达之国，其国民于一时期中，因环境之变迁，与夫心理之感召，不期而思想之进路同趋于一方向，于是相互呼应，汹涌如潮然。始焉其势甚微，几莫之觉，浸假而涨——涨——涨，而达于满度，过时焉则落，以渐至于衰息。凡'思'非皆能成潮，能成'潮'者，则其思必有相当之价值，而又适合于其时代之要求者也。"① 纵观晚清70年间，从20世纪初至辛亥革命爆发前10年是社会思潮变动最剧烈的10年，也是孙中山先生领导辛亥革命推翻清王朝封建专制统治取得关键性胜利的10年。此前，在维新变法时期，众多的仁人志士把国家和社会改革的希望寄托在清王朝身上，推动以救亡图存为主旨的维新变法思潮不断高涨，"家家言时务，人人谈西学"②，一时形成"旧藩顿决，泉涌涛奔，非复如昔日之可以掩闭抑遏矣"③ 的感奋局面。迄戊戌政变发生至八国联军之役后，民族危机更趋严重，"中国数千年来，外侮之辱，未有甚于此时者也"。④ 故"天下爱国之士，莫不焦

---

① 梁启超：《清代学术概论》，《饮冰室合集》专集之三十四，中华书局，1998，第1页。
② 欧榘甲：《论政变与中国不亡之关系》，中国近代史资料丛刊《戊戌变法》（三），神州国光社，1953，第156页。
③ 梁启超：《戊戌政变记》，《饮冰室合集》专集之一，第26页。
④ 梁启超：《〈清议报〉一百册祝辞并论报馆之责任及本馆之经历》，《饮冰室合集》文集之六，第56页。

心竭虑，忧国之将亡，思有以挽回补救之策"。① 而由于此时清王朝还是大多数人心目中正统的国家和民族的象征②，仁人志士焦心竭虑，寻求挽回补救之策的标的仍然以清王朝为代表。但短短几年间，整个社会思潮和人心所向即发生剧烈嬗变，"反清革命"风潮由微而著、浸假而涨，如翻江倒海般地铺天盖地而来，"'排满革命'四字，几成为'无理由之宗教'"③，最终引发武昌首义、各省响应，很快就将腐朽的清王朝送进了历史的垃圾堆。由此观之，百年前的辛亥义举，即如《易经》所言："汤武革命，顺乎天而应乎人。"孙中山先生领导反清革命符合历史潮流的发展，顺乎民心民意的趋向，此一过程从当时报刊舆论的角度加以观察，亦鲜明地反映在清末整个社会思潮从主张变法维新向疾呼反清革命的嬗变上。

一

清末社会思潮从"维新"向"革命"的嬗变，在社会舆论上有一个发展的过程。我们常说，早在 1894 年 11 月，孙中山在檀香山创立兴中会时就公开揭橥反清革命、振兴中华的大旗，但当时"革命"一语并没有在《兴中会章程》的文字上明确予以揭示。兴中会章程声明"兴中会""专为振兴中华"而设，用以"联络中外华人"，"申民志而扶国宗"，严厉谴责清王朝"庸奴误国，荼毒苍生"，号召有志之士"亟拯斯民于水火，切扶大厦之将倾"，共同挽救民族危亡，并誓言"驱逐鞑虏，恢复中国，创立合众政府"，表达了推翻清王朝封建专制统治，建立民主共和国家的坚强决心④。由此可见，孙中山创立兴中会，虽无"革命"之名，却有"革命"之实，且其立意从一开始就不同于以往以"反清复明"为宗旨的会党，也不同于之后以"保存清室，变法图存"为旨归的保皇人士。"创立

---

① 芙峰：《日本宪法与国会之原动力在于日本国民》"绪论"，《译书汇编》1903 年 3 月 13 日第 12 期。

② 过去我们常说维新变法和义和团运动的相继失败，使许多人对清政府彻底失望，从而走上"反清革命"的道路，但事实上这种转变还有一个过程。当时国内整个社会思潮的主流从依靠清政府进行改革，转变为主张推翻清政府进行革命，是 1903 年 6 月《苏报》案发生以后才真正开其端，但这股"反满"风潮能迅速蔓延并铺天盖地而来，则完全拜赐于革命报刊大众传媒之功。

③ 丁文江编《梁任公先生年谱长编初稿》，《杨度复梁启超书》，（台）世界书局，1958，第 237 页。

④ 《孙中山全集》第一卷，中华书局，1985，第 19～20 页。

兴中会，此为以革命主义立党之始"①，这是晚清社会历史发展过程中具有里程碑意义的一个转折点，成为晚清社会革命运动的开端。但在当时的历史条件下，由"尊王变法"到"排满革命"仍然是一个曲折的过程，孙中山的"反清革命"主张在国内还未能为人们所理解，"举国之人，无不以我为大逆不道，为乱臣贼子，为匪徒海盗"②。他不惧危险在海外各地宣传"反清革命"，然而劝者谆谆，听者终归藐藐，即使亲戚故旧，也不免掩耳却走。"闻革命排满之言而不怪者，只有会党中人"③。在孙中山等革命党人中，很少提及"革命"一语，更难引起大多数人的共鸣和认同。冯自由在《革命逸史》一书中说："在清季乙未（清光绪二十一年，即 1895 年）年兴中会失败以前，中国革命党人向未采用'革命'二字为名称。从太平天国以至兴中会，党人均沿用'造反'或'起义'、'光复'等名辞。及乙未九月兴中会在广州失败，孙总理、陈少白、郑弼臣三人自香港东渡日本，舟过神户时，三人登岸购得日本报纸，中有新闻一则，题曰支那革命党首领孙逸仙抵日。总理语少白曰，革命二字出于《易经》'汤武革命顺乎天而应乎人'一语，日人称吾党为革命党，意义甚佳，吾党以后即称革命党可也。"④ 把在传统观念上极具"造反"意味的反清组织改称为义正词严的革命党，孙中山此一提议，完全可称为远见卓识，其意义巨大而深远！

《易经》上所谓"汤武革命"的基本含义即为以武力改朝换代，"革其王命"、"王者易姓"。这种武力行为在旧王朝已丧失民心，天意难容，也即失去合法性存在的前提下，"革其王命"就不再是传统意义上的"造反"或"起义"，而是一种"顺乎天而应乎人"，符合历史发展潮流而且名正言顺、师出有名的义举。很显然，孙中山创立兴中会，进行"驱逐鞑虏，恢复中国，创立合众政府"的反清革命虽然已不同于旧式的"改朝换代"，但主张以武力推翻清王朝统治，建立民主共和国家的手段和途径则需要为这种"革命"的合法性正名。因此，孙中山等以"意义甚佳"的"革命党"自称，这就为旧式的"革命"打上了新时代的烙印，并且还将不断地通过舆论宣传，扩大"革命"一语在清末社会舆论中的正当合法

---

① 《孙中山全集》第七卷，第 63 页。
② 《孙中山全集》第一卷，第 420 页。
③ 《孙中山全集》第六卷，第 233 页。
④ 冯自由：《革命逸史》初集，商务印书馆，1939。

地位。

可以说，在当时的历史场境中，人们对孙中山反清革命之举的认识，由目其为"造反"而渐认其为"革命"，进而对"革命"思想和"革命"意识激发出强烈的共鸣和认同，当是此后清末社会思潮嬗变的最大诱因。这正如有传播学者所言："能够同时传播统一及标准的政治信息给众多的人民，它的标准足以产生举国一致的行为模式。"① 清末社会的历史发展证明了这一点。

当然，正如前之所述，由于其时的清王朝还是大多数人心目中正统的国家和民族的象征，"旧式士大夫观念中，总以为不谈救国则已，如欲救国，自必须得君行道，然后乃能匡济天下"。"至于革命，在彼时士大夫心目中，则被认为是'三千年前历史上汤武的故事，只是圣人的事体，可二不可三。后世只是造反，或者是强盗作乱罢了。'"② 孙中山的"反清革命"一时未被人们所接受，自然也就不足为奇了。

事实上也是这样，促进人们对"革命"的认同还需要一个过程，即使到1899年底，由孙中山指派陈少白等在香港创办的第一份革命报刊《中国日报》，其宗旨最初也打出"维新"的旗号，仅阐明"欲使中国维新之机勃然以兴"③，而没有公开宣传革命以避免受到清王朝的钳制，并期望争取更多的读者公众。

这种情况到1901年9月清王朝与西方列强签订丧权辱国的《辛丑条约》后开始有所改变。《辛丑条约》的签订暴露了清王朝不惜为一己私利而"倾中华之物力结与国之欢心"的丑恶面目，"国势危急，岌岌不可终日。有志之士，多起救国之思，而革命风潮自此萌芽矣"。④ 此时有志之士的"救国之思"已开始蕴涵推翻清王朝、拯救国家民族危亡的"革命"意义。

1903年留日学生拒俄运动被镇压及上海《苏报》案发生后，"革命"的呼声迅速高涨。当时，留日学生集会通电，自发回国组织拒俄义勇队和军国民教育会，反对沙俄霸占东三省，但清政府反而诬蔑学生爱国之举为"托名拒俄以谋革命"，下令镇压爱国学生，激起学生"革命其可免乎"的

---

① 杨孝荣：《传播社会学》，商务印书馆，1979，第439页。
② 赖光临：《中国近代报人与报业》下，商务印书馆，1980，第420页。
③ 《辛亥革命时期期刊介绍》（一），人民出版社，1982，第34页。
④ 《孙中山全集》第六卷，第235页。

愤怒。而《苏报》原先只是宣传维新变法，后不满清王朝的倒行逆施，"始知异族政府之不可恃，因而改倡革命排满"。① 清政府借用英租界上海工部局之手，查封了《苏报》，并逮捕章太炎、邹容等人，造成轰动一时的《苏报》案，结果使"反满"思想深入于"国民之脑髓中"，革命风潮更加"奔涛怒浪，不可遏止。"②

正是在这种形势下，孙中山所倡导的"反清革命"开始引起社会的广泛共鸣，得到越来越多人的认同，其"反清革命"活动逐渐"鲜闻一般人之恶声相加，有识之士且多为扼腕痛惜，恨其事之不成"。③ 社会思潮的嬗变已处于"山雨欲来风满楼"的前夕了。

二

笔者认为，大凡社会思潮的形成及流转变迁当需具备两个基本条件，一则需有主导或引领思潮之力量，且不论其是否为当政者或不当政者的知识群体，能"思"并能聚"思"成"潮"者即可；二则如梁启超所言"其思必有相当之价值，而又适合于其时代之要求者"，也即常言所谓能否与时俱进，适时而发者。依此观察，就整体而言，晚清社会在甲午战前，社会思潮的变迁流转基本上是由当政者所主导，如嘉道年间的经世致用思潮、同光时期的自强新政思潮等，前者鉴于嘉道以后清王朝内部统治的衰弱而起，后者则因鸦片战后所面临的内外交困形势而发。尽管清廷当政者在这两大社会思潮引领方面的被动意义很大，但"以实事程实功，以实功程实事"的实学（经世致用之学）思潮④和"人人有自强之心，亦人人为自强之音"⑤ 的洋务思潮能风行一时，与其时清廷最高当政者的默许和倡导是分不开的⑥。而甲午战后，维新变法、救亡图存社会思潮的高涨则已开始转由不当政的知识分子所引领。1895 年 4 月，康有为、梁启超等发动

---

① 冯自由：《革命逸史》初集，商务印书馆，1939，第 120 页。
② 郭汉民：《晚清社会思潮研究》，中国社会科学出版社，2003，第 290 页。
③ 《孙文学说》，《有志竟成》，亚东图书馆，1919，第 170 页。
④ 魏源：《海国图志叙》，《魏源集》上册，中华书局，1983，第 208 页。
⑤ 《洋务运动》（一），上海人民出版社，1961，第 26 页。
⑥ 有关论述请参阅拙文《鸦片战争时期"通经致用"思想刍议》，《厦门大学学报》1996 年第 2 期和拙著《从林则徐到毛泽东——中国人的百年救国路》，第四章"自强求富的洋务思潮"，河南人民出版社，1993，第 111～151 页。

"公车上书"请愿事件之后，所谓"公车之人散而归乡里者，亦渐知天下大局之事，各省蒙蔽开辟，实起点于斯举"[①]，即标志着晚清社会开始由不当政的维新士人引领社会思潮的变迁。10 年后，整个社会思潮的跃动，包括君宪救国思潮、革命排满思潮、实业救国思潮、教育救国思潮、科学救国思潮等，更是由社会阶层更为广泛的知识分子所推动，清廷当政者实际上已无法也无力左右社会思潮的进退流转了[②]。这种情况的出现不仅仅是社会思潮主导力量的简单转移，更重要的是反映了社会思潮本身是否更能顺乎民意、适时而进，更能体现时代的价值。在清末社会思潮嬗变的过程中，孙中山等革命党人"顺乎天而应乎人"，借助于革命报刊这一传播载体，将"革命"舆论的传播"扩散"和"倍数"效应发挥到极致，报刊言论"使革命之思潮，为之澎湃而不可遏抑"。[③] 革命报刊所产生的社会影响力成为革命党人引领和推动清末社会思潮嬗变的重要催化剂。

例如，1905 年中国同盟会所办的《民报》在唤醒国人革命意识、催发革命排满风潮上即可谓居功至伟。孙中山说："《民报》成立，一方为同盟会之喉舌，以宣传正义；一方则力辟当时保皇党劝告开明专制，要求立宪之说，使革命主义如日中天。"[④] 其舆论宣传为反清革命思潮的高涨起了极大的推波助澜作用。

在阐释"反清革命"宗旨、扩大革命影响方面，由胡汉民署名的《〈民报〉之六大主义》一文，明确提出该报所要达到的宣传目标："一、倾覆现今之恶劣政府；二、建设共和政体；三、土地国有；四、维持世界真正之平和；五、主张中国日本两国之国民的连合；六、要求世界列国赞成中国革新之事业。"并概括说明前三项目标为同盟会的对内政策主张，后三项目标为对外的政策主张，但二者又"合为一大主义，则革命也"。《民报》的宗旨就是"为革命言，为知革命言"[⑤]，使《民报》之主义，变成国民的常识，迅速扩大革命的影响。应该说，《民报》的六大宣传目标在侧重点上虽有所不同，但公开宣传"合为一大主义"的"革命"目标则

① 梁启超：《戊戌政变记》，《戊戌变法》（一），上海人民出版社，1957，第 290 页。

② 黄顺力：《〈民报〉宣传与辛亥革命》，《深圳大学学报》2009 年第 4 期。

③ 王宠惠：《追怀国父述略》，《国父九十诞辰纪念论文集》，第 19 页。

④ 孙中山：《中国之革命》，转引自方汉奇《中国近代报刊史》（下），山西人民出版社，1981，第 355 页。

⑤ 胡汉民：《〈民报〉之六大主义》，《民报》第 3 号，《中国近代报刊史参考资料》（下册），第 469～479 页。

始终如一，正如胡汉民一文所指出的："革命报之作，所以使人知革命也。盖革命有秘密之举动，而革命之主义，则无当秘密者。非惟不当秘密而已，直当普遍于社会，以斟灌其心理而造成舆论。行于专制之国，格于禁令，应而和者不遽显，然深蓄力厚，其收效乃愈大。"①

我们知道，在《民报》创刊之前，留日学生在东京、横滨等地已出版各种倾向革命的报刊，如《国民报》、《译书汇编》、《开智录》、《游学译编》、《湖北学生界》、《浙江潮》、《江苏》、《二十世纪之支那》等，孕育了留日学界革命思潮的酝酿和发展。而《民报》作为中国同盟会的正式言论机关报，在大造革命舆论方面成为"自有（革命）杂志以来，可谓成功之最者"。② 之所以如此，是因为孙中山等革命党人欲借助推动欧美革命进化的民族、民权、民生三大主义，用来解决中国的问题，期望"举政治革命、社会革命，毕其功于一役"，而《民报》"最先阐扬三民主义，使革命理论臻于健全"③，并将三民主义这一"非常革新之学说，其理想输灌于人心，而化为常识"④，推动清末革命思潮的高涨。

《民报》等革命报刊在辩驳保皇言论、为"革命"正名、营造全社会的革命舆论方面作用则更为显见。

戊戌政变后流亡海外的康有为、梁启超等维新人士出于政治改良的理念，在美国、日本等地创办《新中国报》、《大同日报》、《清议报》、《新民丛报》等鼓吹君主立宪，倡言保皇，在海外颇有影响。许多海外华侨以爱国赤子之心，"闻维新则皆欢喜，言及政变皆愤怒"⑤，积极参加保皇勤王活动，"以图上保圣主，下保中国"。⑥ 而对"革命"一说，一般人都称之为"造反"，"什九惶惧避席"。⑦

在这种情况下，孙中山等革命党人在华侨侨居地的檀香山、旧金山及南洋各埠创办或改组《檀香新报》、《大同日报》、《少年中国晨报》、《图

---

① 胡汉民：《〈民报〉之六大主义》，《民报》第 3 号，《中国近代报刊史参考资料》（下册），第 467 页。
② 《孙文学说》，《有志竟成》，亚东图书馆，1919，第 176 页。
③ 赖光临：《中国近代报人与报业》下，商务印书馆，1980，第 356～357 页。
④ 孙中山：《〈民报〉发刊词》，《民报》第 1 号，《中国近代报刊史参考资料》（下册），第 465 页。
⑤ 《康有为政论集》上，中华书局，1981，第 403 页。
⑥ 《康有为与保皇会》，上海人民出版社，1987，第 24 页。
⑦ 胡汉民：《〈中兴报〉发刊词》（1907 年 7 月 12 日）。

南日报》、《华暹新报》、《仰光新报》、《中兴日报》、《光华报》等，宣传鼓吹"反清革命"，与康梁等保皇党人争夺报刊舆论的话语权。特别是《民报》创刊后，孙中山等人认为必须对康、梁的改良保皇言论加以系统辩驳，以正式为"反清革命"正名，转变人们的思想观念，争取更多的民众投身革命。

《民报》在发行第三期时，即专门发行"号外"，刊载"《民报》与《新民丛报》辩驳之纲领"，以《新民丛报》为标靶，公开与康、梁等改良保皇人士进行辩驳，并引发檀香山、旧金山、南洋、香港等地革命党人与保皇党人的全面论战。这场激烈的论战以"革命"，抑或"改良"为核心，主要涉及种族革命、政治革命和社会革命三个议题，尽管革命党人在论战中因强调"排满"，强调"光复"，其言论不可避免地带有一些种族复仇主义情绪，但论战的最大成果却不仅是促使众多海外华侨转变思想，投身革命，更重要的是"革命论盛行于中国……其旗帜鲜明，其壁垒益森严，其势力益磅礴而郁积，下至贩夫走卒，莫不口谈革命，而身行破坏"，革命风潮一日千里，"如决江河，沛然而莫之能御"①，为后来辛亥革命的爆发做了充分的思想舆论准备。

三

孙中山先生后来在回顾辛亥革命之经历时，曾说："求天下之仁人志士，同趋于一主义之下，以同致力，于是有党。求举国之人民，共喻此主义，以身体而力行之，于是有宣传。"② 孙中山"反清革命"宣传在唤醒国人近代民族意识，引领清末社会思潮朝革命的正确方向转变方面，更值得我们肯定和深思。

辛亥革命前10年间，社会思潮可以说以民族主义为主流。在民族危机日趋加深、时代风云剧烈变幻的历史条件下，民族主义意识的觉醒，包含了某些由来已久的、以汉民族为主体，反对满清王朝"异族"统治的传统族类意识的复萌。例如，1902年，留日学生在东京举行"中夏亡国二百四

---

① 与之：《论中国现在之党派及将来之政党》，《辛亥革命前十年间时论选集》第2卷，下册，三联书店，1963，第608页。
② 《总理全集》，《杂著》，第461页。

十二年纪念会"，章太炎为之撰写的宣言曰："自永历建元，穷于辛丑……支那之亡，既二百四十二年矣。……昔希腊陨宗，卒用光复；波兰分裂，民会未弛。以吾支那方幅之广，生齿之繁，文教之盛，曾不逮是偏国寡民乎。是用昭告于穆，类聚同气，雪涕来会，以志亡国。……愿吾滇人，无忘李定国。愿吾闽人，无忘郑成功。愿吾越人，无忘张煌言。……"① 文字典雅，立意深奥，但"兴汉排满"的传统族类意识充溢其间。1906 年 6 月，章太炎东渡日本后，开始担任《民报》主编，其所撰发的文章仍侧重于引经据典阐发汉民族正统观念，来宣传革命"排满"思想。② 因此，以往学界亦有人认为《民报》宣传比较偏向民族革命，专一以推翻满清王朝统治为目标，故革命党人内部实际上一直存在着"一民主义"③ 与"三民主义"的论争。

但事实上，在孙中山三民主义革命学说的主导下，《民报》的革命"排满"宣传主线始终是民族革命、政治革命和社会革命三位一体，并从理论上引导了整个清末社会思潮及后来辛亥革命发展的正确方向。在当时最为国人所关注的革命"排满"问题上，实际上就是宣传了孙中山多次所阐述的近代民族主义思想，即把民族革命与政治革命结合起来，把推翻清王朝的腐朽统治作为革命的手段，而把追求中华民族的独立、民主和富强作为革命的终极目标，从而体现了近代中国民族主义意识的真正觉醒。这是以孙中山为代表的革命党人为争取中华民族独立、民主和富强，反对封建君主专制政治和振兴中华为核心的近代民族精神的自我体认。

《民报》发刊词已明确揭示反清革命的宗旨："余维欧美之进化，凡以三大主义：曰民族、民权、民生……今者中国以千年专制之毒而不解，异种残之，外邦逼之，民族主义、民权主义殆不可以须臾缓；而民生主义……要为缮吾群所有事，则不可不并时而弛张之……诚可举政治革命、社会革命，毕其功于一役。"④ 1906 年 12 月，孙中山在《民报》创刊周年庆祝大会上更加明确地阐述了革命排满的内在含义。他说："民族主义并

---

① 《章氏丛书》卷下，第 741 页。

② 参见黄顺力《孙中山与章太炎民族主义思想之比较》，《厦门大学学报》2001 年第 3 期。

③ 章太炎在光复会与同盟会分裂时曾说："二党（指光复会与同盟会）宗旨，初无大异，特民权、民生之说殊耳。"（见《章太炎年谱长编》（上），第 320 页）以章太炎"惯于种族偏见而反对满清"的激烈态度，有人称其为"一民主义"，即仅抱持"反满"之"民族主义"。

④ 孙中山：《〈民报〉发刊词》，《总理全书》，《杂著》，第 181 页。

非是遇着不同种族的人，便要排斥他"，"惟是兄弟曾听见人说，民族革命是要尽灭满洲民族，这话大错"。"我们并不是恨满洲人，是恨害汉人的满洲人。假如我们实行革命的时候，那满洲人不来阻害我们，决无寻仇之理。"他还强调说："中国数千年来都是君主专制政体，不是专靠民族革命可以成功。……我们推翻满洲政府，从驱除满人那一面说是民族革命，从颠覆君主专制政体那一面说是政治革命，并不是把来分作两次去做。讲到那政治革命的结果，是建立民主立宪政体。照现在的政治论起来，就算汉人为君主，也不能不革命。""我们革命的目的，是为众人谋幸福。因为不愿少数满洲人专利，故要民族革命；不愿君主一人专利，故要政治革命；不愿少数富人专利，故要社会革命。达到这三样目的之后，我们中国当成为至完美的国家。"① 可以看出，孙中山对革命排满理论的阐释是相当到位的，而且这一思想通过《民报》等报刊向社会广泛传播，扩大了"反清革命"理论的影响力。辛亥革命后，全国范围内很少发生"仇满"、"排满"的过激事件，传统士大夫及各级官吏为清王朝城守死节者也极少，"不数月而国体不变，成功之速，殆为古今中外所未有"。② 这种情况与正确的"反清革命"理论借助于革命报刊的宣传应不无关系。

经过长期不懈的革命宣传，尤其是《民报》与《新民丛报》关于革命还是改良的辩驳，使"革命"二字深入人心。老同盟会员汪东先生曾回忆说："（当时）有许多《新民丛报》的读者，转而看《民报》了，也有平素在帽内藏着辫子、倾心立宪的人，这时噤口不谈，并与革命党人拉起交情来了。"而且还"形成了这样一种气氛，在人前谈革命是理直气壮的，只要你不怕麻烦；若在人前谈立宪，就觉得有些口怯了"。③ 报刊舆论"自足以收摄当世之人心，皆趋于革命之一途，使革命之思潮，为之澎湃而不可遏抑"。④

清末的最后几年间，在民族危机日益严重、国人忧患意识增强、清王朝更加倒行逆施等多种因素交相作用下，社会舆论可以说最后都殊途同

---

① 孙中山：《在东京〈民报〉创刊周年庆祝大会的演说》，《中国近代政治思想论著选辑》（下），中华书局，1986，第540~542页。
② 梁启超：《鄙人对于言论界之过去及将来》，《饮冰室合集》卷四十七。
③ 汪东：《同盟会和〈民报〉片断回忆》，《中国近代报刊史参考资料》（下册），第574页。
④ 黄超五：《少年中国晨报发刊弁言》，1910年8月19日《少年中国晨报》。转引自赖光临《中国近代报人与报业》下，第356~357页。

归——"排满革命",把斗争的矛头指向腐朽的清政府,促成了中国历史上最后一个封建王朝的垮台。

综上所言,报刊为社会公器,舆论为事实之母。[①] 正如蒋智由诗曰:"文字收功日,全球革命潮!"在涉及"反清革命"究竟是旧式的"造反",还是新式的"革命"这一转变国民意识的关键问题上,孙中山等革命党人通过《民报》等革命报刊的宣传,发挥了巨大的舆论作用,完成了清末社会思潮由"维新"向"革命"的嬗变。

作者单位、职务:厦门大学人文学院历史系教授

---

① 参见《孙中山全集》第二卷,第 356 页。

辛亥革命时期严复的思想演变及其抉择

✎ 欧阳哲生

进入 20 世纪以后，中国社会内部急剧酝酿"求变"的浪潮。外有以孙中山为代表的革命党人和康有为为首的保皇党人，他们在清廷之外开始大张旗鼓地展开活动。内有清朝自身开始宣布"新政"，将预备立宪提上议事日程。在这二者之间游移的士人学子，他们的政治动向虽受到内外的约制，但他们的动向却构成风气转向的重要因素。特别是在内外两种力量的搏斗和较量中，"中间力量"的归趋常常对时局的变化、走向起着重要的作用。在 20 世纪初的 10 年间，这些所谓"中间力量"包括地方士绅、名流、新兴的社会阶层（如商人、留学生、新型企业主）等，甚至对清朝忠诚度有限的汉族官吏、新军也可囊括在内。严复是这股力量的思想代表，他一方面寄希望于变革，但又不愿意革命，因此与革命党人和在海外活动的保皇党人保持某种程度的关系；另一方面对清朝并不抱多大希望，而是尽可能在自己力所能及的范围内开始拓展新的生存空间，以发展自己的实力。从历史发展的进程看，社会走向或趋向往往取决于两头的抉择，而社会的平衡度则有赖于中间力量的合作和选择。"中间力量"与内外两种力量的互动成为清末新的政治格局的一个特点，也是本文借以考察严复在清末活动的一个新的视角。

一 走出体制外的抉择

1900 年 6 月下旬，八国联军攻打天津，尽毁天津机器局和北洋水师学堂，严复遂由津转沪，从此脱离了他在任长达 25 年之久的北洋水师学堂。在戊戌变法失败后的近两年间，严复虽未被牵连，但心情沉郁，颇感人事两茫。离开北洋水师学堂，实际上意味着他摆脱了现有体制的约制。

7月26日，严复参加了唐才常等人在沪上策划召开的"中国国会"，并被举为副会长。"中国国会"的成员成分复杂，意见不一。由容闳起草的对外英文宣言宣布：

> 中国独立协会（即自立会——引者注），鉴于端王、荣禄、刚毅之顽固守旧，煽动义和拳以败国，是以决定不认满洲政府有统治清国之权，将欲更始以谋中国人民及全世界之乐利，端在复起光绪帝，立二十世纪最文明之政治模范，以立宪自由之政治权，与之人民，借以驱除排外篡夺之妄。凡租界、教堂，以及外人并教会中生命财产，均力为保护，毋或侵害，望我友邦人民，于起事时勿惊惶。①

这份宣言据说由严复"译成汉文"。"中国国会"所存时间短暂，但它的成立和标榜"以立宪自由之政治权，与之人民"之主张，实际拉开了立宪运动的序幕。

1900年7、8月间，严复在上海创办了中国第一个"名学会"，并自任会长。此后一段时间，严复常往"名学会"演讲，前往听讲的孙宝瑄在其《忘山庐日记》对此常有记载。②

1901年5月上旬，严复应开平矿务局督办张翼之邀，赴天津任开平矿务局华部总办一职。此职虽属虚衔，实权操诸英人手中，但给严复带来一笔不菲的收入——每月五百银元。③ 严复在19世纪八九十年代为寻求个人出路，亦曾自谋开矿，没有成功。现在他得以参与经营中国当时最大的煤矿。④ 任职期间，1904年12月他随张翼赴伦敦，在英国、法国、瑞士、意大利等地游览三个月。这是严复继出国留学后又一次赴欧之行，前后相距近30年时间，严复借此行"重游英、法两都，得见儿、媳，差为可乐；至于馆事，颇令人悔"。⑤ 因对张翼之为人深感失望，遂在1905年1月底

---

① 尚秉和：《辛壬春秋》卷三十三，《革命源流》上，中国书店，2010，第230页。

② 参见孙宝瑄《忘山庐日记》上册，上海古籍出版社，1983，第330~331页。

③ 参见王栻主编《严复集》第3册，中华书局，1986，第540、546页。据严复《致熊纯如函》（未刊稿）语："复在北，岁入殆近万金。"其在开平矿务局任职实占其收入的一半。在严复任职开平矿务局期间，严复另在京师大学堂编译局领取薪水每月300元。其他还有稿费收入，但因盗版甚多，版税收入有限。

④ 有关严复与开平矿务局的关系，参见皮后锋《严复大传》，福建人民出版社，2003，第242~278页。

⑤ 王栻主编《严复集》第3册，第553页。

离开张某，辞去其所任华部总办一职。3月1日严复致信张元济，告称："复此行毫无所得，惟浪费三千余金而已。""一家十余口，寄食他乡，儿女五六，一一皆须教养，此皆非巨款不办，真不知如何挪展耳。若自为所能为作想，只有开报、译书、学堂三事尚可奋其驽末，此事俟抵家时须与树长从长计议也。"[1] 从欧洲归国后，严复遂将其精力主要投入学堂和译事两大领域，"开报"之事并未实施。

严复离开北洋水师学堂后，其人际关系网不仅没有缩小，反而扩大，举凡教育界、出版界、翻译界、朝野上下及新旧士人圈，严复都有广泛的联系。这一方面固然与严复个人知名度提高、社会声望扩大有关，因而其活动范围明显亦随之增大；另一方面也与新兴的社会阶层日益活跃的社会活动，相互之间的联系、互动加强亦有关联。严复在清末10年间，其活动地域与从前主要局促于天津不同，扩大到包括北京、上海、安庆、南京等在内的南北大中城市，时南时北，国内国外，奔波不已，真正成为一个集思想与活动、著述与行政于一身的大家。自戊戌变法失败后一批具有维新思想的士人被迫出走或愤然离开官场；庚子事变以后，许多地方汉族官员和实力派人士与清朝的关系亦若即若离、渐行渐远，原有那种对清朝的忠诚关系实已不复存在。清朝政权真正面临土崩瓦解、分崩离析的危机。

二 在教育转型中获取新的权势

严复在清末10年一项引人注目的工作是参与新教育事业的创办，这是当时许多学人士子乐为参与的一项活动，也是他们极力拓展的变革事业。在1902年5月发表的《与〈外交报〉主人书》一文中，严复表达了急切发展新教育的意见："今日国家诏设之学堂，乃以求其所本无，非以急其所旧有。中国所本无者，西学也，则西学为当务之急明矣。""今世学者，为西人之政论易，为西人之科学难。政论有骄嚣之风（如自由、平等、民权、压力、革命皆是），科学多朴茂之意，且其人既不通科学，则其政论必多不根，而于天演消息之微，不能喻也。此未必不为吾国前途之害。故中国此后教育，在在宜着意科学，使学者之心虑沈潜，浸渍于因果实证之间，庶他日学成，有疗病起弱之实力，能破旧学之拘挛，而其于图新也

---

① 王栻主编《严复集》第3册，第555页。

审，则真中国之幸福矣！"① 严复的这一看法反映了当时具有西学背景的知识分子的意愿，实为这些人拓展新教育的思想动力。

严复与新教育机构发生关系者主要有：京师大学堂、复旦公学、安徽高等学堂。这些学堂的建设成为一批具有革新倾向的新型知识分子心营目注的所在，也成为他们掌握的新的主要资源。

严复与京师大学堂的关系，始于1902年2月被聘任为京师大学堂译局总办。严复初因吴汝纶不肯就任京师大学堂总教习一职，自己亦随其后不肯赴任，3月才同意应聘。对此梁启超曾有所评论："回銮后所办新政，惟京师大学堂差强人意，自管学以下诸职司，皆称得人。……总教习吴君挚甫、译书处总办严君又陵，闻皆力辞。虽然，今日足系中外之望者，只此一局，吾深望两君稍自贬抑，翩然出山，以副多士之望也。"② 可见当时海内外士人对吴、严期望甚殷。而吴、严不肯就任，表现了当时怀负革新之志的士人与清朝的关系由过去的忠诚合作演变为若即若离的保持距离。6月京师大学堂译书局"开局"，严复正式上任，手订《京师大学堂译书局章程》。章程分局章、薪俸、领译合约三项，其中《局章》第一条规定"现在所译书，当以教科为当务之急，由总译择取外国通行本，察译者学问所长，分派浅深专科，立限付译"。《薪俸》规定"总译一员，月薪京平足银三百两"。③《章程条说》对译书局的译书范围也作了相应规定："原奏译书事宜，与两江、湖广会同办理。但外省所译者，多系东文，今拟即以此门归其分任，庶京师译局可以专意西文。间有外省翻译西文之书，应令于拟译之先，行知本处，免其重复。"④ 可见，译书局以译西文书籍为主。严复在译书局任职达两年之久，至1904年离职赴沪，他与译书局的关系实际告一段落。⑤ 民国元年，严复被袁世凯任命为京师大学堂末任总监督，后京师大学堂改名为北京大学，严复遂转任首任校长，此为后话。

---

① 王栻主编《严复集》第3册，第562、564～565页。
② 《国闻短评·大学得人》，《新民丛报》第八号，第65页，光绪二十八年（1902年）四月十五日。
③ 王栻主编《严复集》第1册，福建人民出版社，2003，第127、129页。
④ 王栻主编《严复集》第1册，第131页。
⑤ 参见张寄谦《严复与北京大学》，载《近代史研究》1993年第5期。马勇《严复与京师大学堂》，收入习近平主编《科学与爱国——严复思想新探》，清华大学出版社，2001，第291～301页。两文均认定严复离开译书局约在1904年。陈平原《迟到了十四年的任命——严复与北京大学》，《开放时代》1998年第3期。

严复与复旦公学的关系是在其 1905 年 5 月从欧洲访问归来以后。他甫抵上海，即与张謇、熊希龄、萨镇冰、熊元锷等 28 位社会名流被聘请为复旦公学校董。此后，帮助马相伯创建复旦公学，"共筹新舍"，制订"本学教授管理法"。严复被推荐为总教习，坚辞未就。① 7 月 23 日《时报》刊登复旦公学启事："震旦"更名"复旦"。"本学教授管理法，由严几道、马相伯两先生评定，并请校董熊季廉、袁观澜两先生分任管理之责，一切续行刊布。"一月以后，复旦公学首次招生，由严复与马相伯两位主持考试，报名者 500 余人，仅录取了 50 名。9 月 14 日，复旦公学在吴淞正式开学。1906 年 11 月 29 日复旦诸生致书严复恳请为之监督（校长）。而严复此时意在办上海女校，对兼顾两职颇有疑虑。12 月 6 日他在南京面见两江总督端方时，当面提及此两事："一是复旦公学须得彼提倡，肯助开头及后此常年经费，吾乃肯为彼中校长；又力劝此老兴办上海女学有完全国粹教育者。此二事渠皆乐从，且云为费有限，总可出力云云。"② 严复担任复旦公学监督后，因同时任安徽高等学堂监督，故时常来往于上海、安庆、南京之间。其工作之繁忙可以想象。严复致信朱夫人抱怨道："吾在此间公事应酬极忙，饮食起居诸凡不便，甚以为苦。"③ 担任复旦公学监督约一年半。1908 年 4 月，严复作诗云："桃李端须着意栽，饱闻强国视人才。而今学校多蛙蛤，凭仗何人与洒灰？"④ 对复旦公学充斥"蛙蛤"之状颇感灰心，遂生辞意。他上书端方，告以复旦公学现状，并坚辞监督职，举夏敬观自代。⑤

严复与安徽高等学堂的关系始于 1906 年 3 月，此时恩铭接替诚勋为安徽巡抚，派姚永概赴沪聘请严复任安徽高等学堂监督一职，严复接受了该职。随即严复到达安庆，并偕姚永概到上海物色教员。4 月安徽高等学堂召开欢迎会，欢迎严复就职。⑥ 初到任的严复与人谈及该学堂的状况：

> 高等学堂起，盖费银六万余两，云系新任上海县某大令所定之

① 参见孙应详《严复年谱》，第 236 页。
② 王栻主编《严复集》第 3 册，第 832 页。
③ 王栻主编《严复集》第 3 册，第 735 页。
④ 王栻主编《严复集》第 2 册，第 366 页。
⑤ 《与端方书》（二），收入王栻主编《严复集》第 3 册，第 583～584 页。有关严复与复旦公学的关系研究，参见张仲民《严复与复旦公学》，《历史研究》2009 年第 2 期。
⑥ 参见罗耀九主编《严复年谱新编》，鹭江出版社，2004，第 214、215 页。

图。虽未遽臻合法，然规模尚宏敞，讲堂、学舍、宿所、餐间亦颇完备其物，则吾始料所不及者也。管理皆由绅士，全省学务处即在其旁，大家尚谨慎将事。或云腐败之尤，其言过矣。独至内容功课，实无可言。学生西学程度极浅，此则由无教员之故。经史、国文、舆地种种，虽有人课，但用中文，学生受益，究为至微。……但教员至为难得。颇想自课，又患体力不胜，正不知如何了此债务耳。①

严复甫即上任，即有"恨不能插翅回沪"之念。尽管如此，他还是对该学堂尽其所能大加整顿，包括制订教学计划，调整教学内容；加强师资队伍建设，裁汰不称职的旧教员，聘请新教员；加强校务管理，规范管理机构。② 经过一番整顿，学堂渐入正规。严复对此不无自豪："本学堂自经我秋间整顿之后，至今日有起色，学生亦肯用功，毫无风潮，皖人同声倾服，至今惟恐吾之舍彼而去也。"③ 但好景不长，严复请来的教员与当地学生产生矛盾，1907 年 5 月 24 日安徽高等学堂学生陈寄密、谢师衡作揭帖三道，声讨严复和他聘请的斋长周献琛及闽籍教员，并借故煽动罢课。严复虽电令学堂，将首事者牌示开除，同时自己亦致电恩铭，表示辞去该校监督职务。6 月 5 日安徽高等学堂有学生向严复投递"公愤书"，要求他辞职。严复遂于当日留下辞职信，离开了安徽高等学堂。④ 关于此次学生风潮及严复辞职事，严复本人在给其外甥女何纫兰的信中作了解释。⑤《直隶教育杂志》丁未年第 8 期所载《严幾道先生辞安庆高等学堂监督意见书》更是将其在安徽高等学堂的苦衷和盘托出。⑥

严复参与清末教育改革的另一举动是参加回国留学生的考试，担任考官。第一届游学毕业生考试于 1906 年 10 月 14 日举行，由外部侍郎唐绍仪为总裁，严复与詹天佑、魏翰等为同考官，严复实主其事。此次试毕，清朝赐留学生陈锦涛、颜惠庆等 31 人为进士、举人出身。⑦ 1907 年 7 月 3 ~ 5

---

① 马勇整理《严复未刊书信选》，《近代史资料》总 104 期，中国社会科学出版社，2002，第 76 ~ 77 页。

② 参见周家华《严复与安徽近代高等教育》，收入李建平主编《严复与中国近代社会》，海风出版社，2006，第 185 ~ 191 页。

③ 王栻主编《严复集》第 3 册，第 736 页。

④ 参见罗耀九主编《严复年谱新编》，第 240、242 页。

⑤ 参见王栻主编《严复集》第 3 册，第 835 ~ 836 页。

⑥ 收入孙应详、皮后锋《严复集补编》，福建人民出版社，2004，第 89 ~ 95 页。

⑦ 朱寿朋编《光绪朝东华录》，中华书局，1958，第 5575 页。

日严复应两江总督端方之约，在江宁提学使司衙门主持宁、苏、皖、赣官费留美学生考试。① 考毕，他对新教育推行难期成效颇感悲叹："程度及格者不过五六人，其余虽送出洋，不能入大学堂肄业也。至于女生十余人中竟无一人可及半格，三名之阙不知如何取补。人才难得如此。江、皖、赣三省讲求学务六七年，年费不下半兆银两，而认真考校时，成效不外如此，何异辇金以投扬子乎，可叹可叹！"② 1907 年 10 月初第二届游学毕业生考试在京举行，严复任同考官。1908 年 9 月下旬，举行第三届游学毕业生考试，此次应考者 127 名，9 月 24～26 日三天进行考试，严复与罗振玉、曹汝霖任同考官。③ 在清末与留学生有关的考试中，几乎都有严复的身影，他俨然成了国人心中的西学"形象大使"，以至一些地方大员（如两江总督端方）对他亦以"宾师之礼"相待，执礼甚恭。

1909 年 5 月，严复被学部聘为审定名词馆总纂，11 月"开馆"，"自此供职三年，直至国体改革，始不视事"。④ 对此工作，严复在家信中告知："我在此间责任颇重，且赶数月成书，故甚忙迫。"⑤ "名词馆开办后，尚为得手，分纂调聘亦无滥竽；惟部中诸老颇欲早观成效，不得不日夜催趱耳。"⑥ 可见其对此工作颇为投入。1911 年 2 月 28 日在《普通百科新大辞典》序中称："自欧美学科东渐亚陆，其所扬榷而举似者，不独名物异古已也，即其理想往往为古人之所无。将欲废之乎？则于今日之事，必有所之。将欲倡之乎？则其势且将以蔑古。……今夫名词者，译事之权舆也，而亦为之归宿。"⑦ 表达了对审定名词在中西文化交流中重要性的高度重视。

与此同时，严复被派在学部丞参上行走。他当时所担任的一项重要工作是审定《国民必读》。据其日记载：1909 年 12 月 3 日"看图书公司所编国文教科书，纰缪百出"。⑧ 12 月 12 日"评《国民必读》"。12 月 17 日

---

① 有关考试情形，参见《考试选美留学生》，1907 年 7 月 5 日《神州日报》。又见王栻主编《严复集》第 3 册，第 836 页。

② 王栻主编《严复集》第 3 册，第 837 页。

③ 参见刘真主编，王焕琛编著《留学教育》第 2 册，"国立"编译馆，1975，第 808～809 页。

④ 严璩：《侯官严先生年谱》，收入王栻主编《严复集》第 5 册，第 1550 页。

⑤ 王栻主编《严复集》第 3 册，第 752 页。

⑥ 王栻主编《严复集》第 3 册，第 840～841 页。

⑦ 王栻主编《严复集》第 2 册，第 276 页。

⑧ 王栻主编《严复集》第 5 册，第 1499 页。

"到部，见严、宝两侍郎，言《国民必读》事"。12 月 21 日 "严、宝两侍郎以《国民必读》相托"。① 以后严复日记频繁地出现有关他与《国民必读》的记录。12 月 24 日 "会议《国民必读》事"。12 月 27 日 "到馆，理《国民必读》"。12 月 31 日 "在家改《国民必读》，闷损之极"。1910 年 1 月 5 日 "《国民必读》第二集上卷完"。1 月 8 日 "到馆，交《国民必读》七本"。1 月 24 日 "到部。交《国民必读》与朗溪"。2 月 5 日 "缴《国民必读》卷，到部"。可见，为此事，严复忙碌了一阵，至 1910 年 2 月 5 日才将《国民必读》各卷订稿，呈学部审定。

　　不过，严复在学部兼差，薪水似不太高。1908 年 9 月严复初到学部，即告家人："学部系是苦部，薪水恐难从丰，所以与汝商量省费之法，务须体会此意。"② 1910 年 9 月 8 日严复致信朱夫人诉苦道："现在学部经费极支拙，吾月薪三百银恐难敷衍，另行想法，尚无头路，奈何！"9 月 12 日再次致信提及收入有入不敷出之感："我薪水不过在京三百两，江南一百，终久是靠不住的，所以甚见忧烦。处处裁减经费，即会运动亦难，况我不会运动耶！"③ 9·月底严复又致信毓朗，乞其推荐任游美学务公所副职，内中也提到自己的收入问题："前在京，南北洋皆有津贴，略足敷衍，比者因计部裁减一切经费，皆已坐撤，仅剩学部月三百金，一家三十余口，遂有纳屡决踵之忧。"④ 在清廷财政日蹙的情势下，严复日感收入困难，以致为稻粱谋，他也不得不凭己之长，伸手要待遇。1911 年 3 月 18日日记载："下午，到学部丞参堂，领出二月薪水一百两。"⑤ 可见，清朝到日暮之际，京官收入也得不到保障，稿费版税成为严复补充收入的重要来源，他常致信商务印书馆张元济，请其开支稿费。

　　1910 年 1 月 17 日严复与辜鸿铭、詹天佑、伍光建等 19 人，被钦赐"文科进士出身"。对于一个曾数度在科场名落孙山的士人来说，这本应是一个慰藉，但在科举制度废除，新学堂风气大开，这一迟到的荣誉似已不值一文，故严复毫无欣喜之状，淡然处之。有其当日诗作为证："自笑衰

---

① 参见《宣统元年己酉日记》，收入王栻主编《严复集》第 5 册，第 1500～1501 页。
② 王栻主编《严复集》第 3 册，第 744 页。
③ 王栻主编《严复集》第 3 册，第 766、767 页。
④ 王栻主编《严复集》第 3 册，第 596 页。
⑤ 王栻主编《严复集》第 5 册，第 1506 页。

容异壮夫，岁寒日暮且踟蹰。平生献玉常遭刖，此日闻韶本不图。"①

通过创办新学堂、参与选拔留学生考试，严复实际成为新教育领域的权势人物。20世纪初的前10年新旧教育交替加速转型，教育的主导权已渐次落入具有西学背景或倾向新学的这一派学人手中。在《论教育与国家之关系》一文中，严复回顾了近代教育在中国兴起的历程，他从洋务派奕䜣在京师办同文馆，曾国藩派遣留美学生，左宗棠、李鸿章兴办南北水师学堂谈起，慨叹："然除数公而外，士大夫笃守旧学，视前数处学堂，若异类之人，即其中不乏成材，亦不过以代喉舌供奔走而已。"他本人的早期经历实为这一情形的缩影。甲午战争失败以后，新学堂纷纷兴起，"然而行之数年，无虑尚无成效，问其所以，则曰无经费也，又曰无教员也。此中小学堂之通病也。至于高等学堂，则往往具有形式，而无其实功；理化算学诸科，往往用数月速成之教习，势必虚与委蛇，□日玩岁，夫人之日时精力，不用于正，必用于邪。功课既松，群居终日，风潮安得以不起乎？此真中国今日学界不可医之病也。鄙见此时学务，所亟求者，宜在普及。欲普及，其程度不得不取其极低，经费亦必为其极廉。而教员必用其最易得者。"② 新学堂在20世纪初的前几年里虽遍地开花，发展甚快，但成效不著，严复以为其因在缺乏经费和师资，这一情形在短期内自然不易改变，故严复所期望的"教育救国"实在是一条漫长的路。

三 为立宪改革探寻理论

立宪思潮是20世纪初中国新兴的重要政治思潮，它不仅构成清末新政的政治理论来源，而且是立宪运动的思想动力。清末立宪运动来势猛烈，但真正了解国外立宪政治制度的人却寥若晨星，严复真正钻研过世界诸国的立宪政治理论，他是立宪政治的极力鼓吹者，也是立宪运动的政治指导家。

严复有关立宪的言论最早见于1900年4月《日本宪法义解》序一文，此书为日本伊藤博文所著的中译本。严复为之作序时指出该书的价值："而日本维新之规，凡所以体国保国，纪纲四国，经纬万端者，具于此

---

① 王栻主编《严复集》第2册，第378页。
② 王栻主编《严复集》第1册，第166、169页。

矣。""日本之立宪也，伊藤氏之曹，实杂采欧洲诸国所已行者就之，间亦度其国势民情所能行者以为损益。"严复在序中讨论了国、民与法的关系："今夫政学家之言国制也，虽条理万殊，而一言蔽之，国立所以为民而已。故法之行也，亦必视民而为之高下。方其未至也，即有至美之意，大善之政，苟非其民，法不虚行；及世运之进也，民日以文明矣，昧者欲殉区区数百千人之成势私利，执其□束房使之法，挟天祖之重，出死力保持，求与之终古，势且横溃荡决，不可复收，而其群以散。此为治之家所必消息于二者之间，以行其穷变通久之术，则法可因民而日修，而民亦因法而日化；夫而后法与民交进，上理之治，庶几可成。而所谓富贵之效，抑其末已。"①

严复在辛亥革命前的十年倾其大力从事翻译。其中《群己权界论》、《社会通诠》、《法意》均与其谋求立宪政治相关。《原富》虽为经济学著作，但与政治也有密切的关系。这反映了严复此时对政治的强烈兴趣和对立宪改革的强烈向往。他以译述代言，表达他对政治的关切和对立宪的意见。

在《群己权界论》译凡例中，严复提到"立宪民主"与争取自由之间的关系。"贵族之治，则民权对贵族而争自繇。专制之治，则民对君上而争自繇，乃至立宪民主，其所对而争自繇者，非贵族非君上。贵族君上，于此之时，同束于法制之中，固无从以肆虐。""穆勒此篇，本为英民说法，故所重者，在小己国群之分界。然其所论，理通他制，使其事宜任小己之自繇，则无间君上贵族社会，皆不得干涉者也。"② 严复翻译此书，内含提倡"立宪民主"之意。严复在《宪法大义》一文中还明确提到他所译《社会通诠》与"立宪"亦有密切关系："代议之制，其详具《社会通诠》中。"③

《政治讲义》系据严复于 1905 年夏天在上海基督教青年会的演讲整理稿而成。演讲的内容最初在《直隶学务官报》、《政艺通报》、《广益丛报》、《中外日报》、《日日新闻》等刊发表，1906 年交由商务印书馆出版。关于该著的性质有两种看法，传统的看法以王栻先生主编的《严复集》为

---

① 王栻主编《严复集》第 1 册，第 96 页。
② 王栻主编《严复集》第 1 册，第 134 页。
③ 王栻主编《严复集》第 2 册，第 242 页。

代表，认定该著为严复的专著。① 新近的看法以戚学民为代表，戚认为该书并非严复的撰述，而是根据英国 19 世纪历史学家西莱（John R. Seeley）的《政治学导论》（*Introduction to Political Science*）一书译述而成，其性质犹如严译其他名著一样。② 本人对这两种说法均持保留，以为将《政治讲义》定位为严复的专著似不妥，但如确定为严复的第九部译著则亦不可。在近代中西文化交流的过程中，由于没有严格确定翻译和著述的标准，翻译与著述常常混杂，因而出现了一种不伦不类的文体：不是忠实原著的翻译，并非原创意义的著作，它介于编译与编著之间，这是近代中西文化交流中出现的一种特殊著述现象。与严译其他八部名著相比，《政治讲义》虽有诸多取自西莱著作的内容和材料，但其著述的成分确实也超出了其他译作。从文本内容看，其他八部严译名著的正文内容基本上系据原著而译，严复的意见主要是通过按语或夹注的形式来表达，而《政治讲义》则无任何按语，全篇皆以演讲的形式出现，著译混杂，因此如将此作遽定为译作，亦易让人感到不妥和质疑。

《政治讲义》一著源于严复对"立宪"主题的关注，他在该著的开篇之言即对此作了明白交代：

> 不佞近徇青年会骆君之请，谓国家近日将有立宪盛举，而海上少年，人怀有国家思想，于西国政治，所与中国不同者，甚欲闻其真际。不揣寡昧，许自今日为始，分为八会，将平日所闻于师者，略为诸公演说。③

内中"将平日所闻于师者"一语，实为交代其所讲寓含编译，有如古代之"假托"。严复后来自认"言宪法制度之大体，诸公欲知其源流本末，求之《社会通诠》、《政治讲义》二书，十可谓八九"。④ 如是之谓也。

《政治讲义》共"八会"，即八讲。第一会讨论政治的定义、国家的含义。第二会讨论政治与历史的关系、政治学的分类等问题。第三会讨论社会与国家进化的三阶段：宗法、宗教和国家。第四会讨论市府、邦域两种国家的差异以及邦域国家的由来。第五、六会着重讨论"政会自由"。第

---

① 参见王栻主编《严复集》第 5 册《著译部分说明》。
② 参见戚学民《〈政治讲义〉文本溯源》，《历史研究》2004 年第 2 期。
③ 王栻主编《严复集》第 5 册，第 1242 页。
④ 王栻主编《严复集》第 2 册，第 242 页。

七会讨论"国民以众治寡之制",即民主制。第八会讨论专制与立宪之区别,并提出"政治要例"十二条。全著除了讨论政治学的一般原理,如政治的定义、国家的历史及其分类、政治自由、政治制度的分类和政治的基本原则等基本问题外①,也对时人所关注的"立宪"问题结合政治学原理作了解答,他认为中国"立宪"改革之实质在于给人民以权,限制暴君、限制政府。"夫立宪义法固繁,而语其大纲,要不过参与民权而已,不过使国中人民,于政府所为之事,皆觉痛痒相关而已。""欧洲近日政界方针,大抵国民则必享宪法中之自由,而政府则必去无责任之霸权。然此今日文明国家然,至旧日初级社会,其事大异此。""立宪者,立法也。非立所以治民之刑法也。何者?如是之法,即未立宪,固已有之。立宪者,即立此吾侪小人所一日可据以与群上为争之法典耳。其无此者,皆无所谓立宪,君上仁暴,非所关于毫末也。"②严复认为"立宪"改革是欧美国家近代以来的发展趋势,"是故自由、立宪,限制君权,议立大典,定民应享权利等级,皆五百年来产物,非西国当日所旧有者"③。他特别表彰和推崇英国为"立宪"之楷模,因其虽无暴力革命,而实为"时时革命"也:

> 专制之国,国主当阳,而宰相辅治,宰相之黜陟由人主。立宪之国,人主仰成,宰相当国,而宰相之进退由国民。此英国至今,所以可决言其无革命之事也。虽然,谓英国无革命可,谓英国时时革命亦可。一政府之改立,皆革命也。专制之革命,必诛杀万人,流血万里,大乱数十年(或)十余年而后定。英民革命,轻而易举,不过在议院占数之从违。庄生有言,万死方不死。真立宪制,政如是耳。④

无独有偶,后来胡适对美国政治制度的评价,与严复对英国"立宪"政制的评价几乎如出一辙。⑤严复特别强调国会、议会在"立宪"中所发挥的作用,以为其为避免革命发生之所在。"机关既具,前之权力不但宣达有从,又可测视,得以及时,为之剂泄,而乱无由作。此立宪之国所以

---

① 参见俞政《严复著译研究》,苏州大学出版社,2003,第280~323页。
② 王栻主编《严复集》第5册,第1268、1269、1284页。
③ 王栻主编《严复集》第5册,第1269页。
④ 王栻主编《严复集》第5册,第1314页。
⑤ 参见胡适《漫游的感想》,收入《胡适文集》第4册,北京大学出版社,1998,第33~34页。

无革命，而代表之皇室所以不倾。""立宪之国会，于国事无所不闻者也，其实乃无所问，要在建造扶持，破坏其见行之政府，以此为其天职而已。"① 严复虽然主张"立宪"，放政于民，但对多数民众的政治素质又持怀疑态度。所以他对"少数服从多数"的政治原则并不看好："夫以众治寡，实无公理可言……所庶几可言者，不过三占从二，其事易行；又数至极多之时，于公道为稍近……此乃历古以来，政界中一最有关系之新法。""慎勿谓多数所从，斯为合理优胜；亦勿谓民之多数，无异全体之公。苟为此说，立成谬论。"② 他认为专制系由下扶持而成，"旧说谓专制之权，由上及下；众治之权，由下及上。吾所发明，乃谓专制之权亦系由下而成，使不由下，不能成立"。③ 对"少数服从多数"和下层民众素质，严复有一种保持警觉的"幽暗意识"。因此，严复认为英国式的代表制比较适宜。《政治讲义》不仅在中国政治学史上占一重要地位，是为近代政治学科成立的标志性著作，而且是清末"立宪"最重要的具有指导意义的理论著作。

1906 年，是清朝"预备立宪"紧锣密鼓的一年，严复连续发表《论英国宪政两权未尝分立》、《续论英国宪政两权未尝分立》、《宪法大义》三文，阐述他对"立宪"的见解。英国"宪政"制度是严复情有独锺的制度，也是他撰述前两文的缘由之所在。严复认为，英国制度有三大特点：一是首相之权力实为议院所予。"今日英国，主其治者首辅也。而首辅之事权，实议院之所予，假其中过半之众，与之背驰，则其罢废。"二是议院为最高权力机关。"宰相之兴废，政府之迭代，党派之胜负，一切以议员之向背为断。"三是美、法为三权分立，英国立法与行政两权"未尝分立"。"是故英之阁部，是名行政，而立法之权，实重且大于议院之名立法者。议院之于立法也，议之而已，各示之以己意之从违而已。至阁部之于一法也，必为之发起焉，必为之计划焉，至于至纤至悉而后已，此于法度大者，莫不然矣，非不知一法之立，无间小大，必经议院多数之所赞成，而后称制。"④

《宪法大义》可谓严复表述其"立宪"思想的经典之作。在文中，严

---

① 王栻主编《严复集》第 5 册，第 1315、1316 页。
② 王栻主编《严复集》第 5 册，第 1301 页。
③ 王栻主编《严复集》第 5 册，第 1311 页。
④ 王栻主编《严复集》第 1 册，第 219、227 页。

复说明了西方有关世界政体分类法的源流。"最古者莫如雅理斯多德。其分世界治体，约举三科：一曰独治；二曰贤政；三曰民主。至见孟德斯鸠《法意》出，则又分为三：一曰民主；二曰独治；三曰专制。而置贤政，不为另立。""盖专制自孟氏之意言之，直是国无常法，惟元首所欲为，一切凭其喜怒；至于独治，乃有一王之法，不得悉由己道。"① 严复以为中国为"立宪"之国。相当于孟氏所谓"独治"。"而吾国自唐虞三代以来，人主岂尽自由？历代法律，岂尽凭其喜怒？且至本朝祖宗家法，尤为隆重。"既然如此，对朝野上下纷纷议论的"立宪"究竟意指什么？严复的回答是：

> 可知今日吾人所谓立宪，并非泛言法典，亦非如《法意》中所云，有法为君民上下共守而已。其所谓立宪者，乃自其深者、精者、特别者而言之，乃将采欧美文明诸邦所现行立国之法制，以为吾政界之改良。故今日立宪云者，无异云以英、法、德、意之政体，变中国之政体。然而此数国之政体，其所以成于今日之形式精神，非一朝一夕之事。专归其功于天运，固不可，专归于人治，亦不可；天人交济，各成专规。②

接着，严复对政治变革提出了一个颇具见解的看法："制无美恶，其于适时；变无迟速，要在当可。"这个原则可能成为保守的遁词，但它点出了变革之关键在于适合国情，这也是严复为什么特别强调变革与国情关系的根据所在。不过，严复以为"立宪"之根本在"三权分立"。"其大较，则一须知国中三权之异。三权者，前已及之，立法权，行法权，司法权也。中国自古至今，与欧洲二百年以往之治，此三者，大抵不分而合为一。"严复以为"立宪"政制系近代政治之潮流，"立宪治体，所谓三权之异，具如此。顾所言者，乃英国之制，演成最早，而为诸国之所师。至于法、美诸国，所谓民主立宪，德、义诸国，所谓君主立宪，皆有异同，不尽相合。诸公他日治学，自然一及之，非今夕所能够罄尽。但以上所言，犹是立宪之体式。至于其用，则以代表、从众、分党三物，经纬其间，其制乃行。夫此三者之利弊短长，政家论之审矣。顾法穷于此，舍之则宪法

---

① 王栻主编《严复集》第 2 册，第 239 页。
② 王栻主编《严复集》第 2 册，第 240 页。

不行"。① 视"代表、从众、分党"作为立宪政治功用的三大功能。对于中国将要施行的"立宪"改革，严复的期待是："顾欲为立宪之国，必先有立宪之君，又必有立宪之民而后可。立宪之君者，知其为天下之公仆，眼光心计，动及千年，而不计一姓一人之私利。立宪之民者，各有国家思想，知爱国为天职之最隆，又济之以普通之知识，凡此皆非不学未受文明教育者之能辨明矣。且仆闻之，改革之顷，破坏非难也，号召新力亦非难也，难在乎平亭古法旧俗，知何者之当革，不革则进步难图；又知何者之当因，不因则由变得乱。一善制之立，一美俗之成，动千百年而后有，奈之何弃其所故有，而昧昧于来者之不可耶！"② 严复在《宪法大义》一文中所表述的这些思想，在今天读来亦不过时，面对中国百年来政治变革之进步维艰，严复当年所提示的那些原则，仍耐人寻味。

1910 年 11 月 5 日，载泽被充为纂拟宪法大臣，严复即向其条陈："窃以谓纂拟宪法，乃绝大事，此后开局辟僚，固不能纯取旧学之士，然选其新矣，亦宜相其实有功侯，知法制本原，能为国家计虑深远者。而东学小生，用之尤不可不慎也。欧美游学治法典者亦不尽佳，又多苦不能本国文字，然其中亦有数四佳者，窃欲荐列。"③ 对新开"立宪"之局使用人材持谨慎态度，对留学日本者尤存戒心。

清朝为安抚新兴社会名流，在宣布"预备立宪"的同时，给予这些人以各种名目的待遇和兼职名分，以拉拢人心、稳定政局。1908 年 8 月严复被杨士骧任命为"新政顾问官"。1909 年 5 月，严复被委任为宪政编查馆二等谘议官，兼任度支部清理财政处谘议官、福建省顾问官。9 月，又被派往学部丞参上行走。④ 1910 年，海军部新设，严复被授为海军协都统（或称一等参谋官）。同年，资政院成立，严复以"硕学通儒"资格被征为议员。这些虚、实不等的待遇，除了给严复这些社会贤达以参政、议政的名分和渠道外，也能带来一些不菲的收入。严复在自己的家书、日记中时常提到来自各方面的收入，虽然数目不大，且不固定，但时常有之。

严复是清末立宪运动的积极推动者。过去人们常将其此举视为阻挠革命、维护清朝的反动行径。实际上，从严复的"立宪"言论看，其真实意

① 王栻主编《严复集》第 2 册，第 244 页。
② 王栻主编《严复集》第 2 册，第 245～246 页。
③ 王栻主编《严复集》第 3 册，第 595～596 页。
④ 参见孙应祥《严复年谱》，第 340、343 页。

图是在争取放权于民，限制君权，为新兴社会力量参与政治组建新的平台。早在 1904 年 2 月 26 日他致熊季廉的信中即已指出："以今日之政府，撰文教，奋武卫，乃至商务、工务，无一可者。此吾国之所以不救也。"①这已清楚表明严复对清朝并不抱希望。从这个意义上说，严复参与的清末立宪运动实为中国近代民主运动的重要组成部分或重要环节。

清末官场礼节性的往来不减，故应酬繁多。1908 年 10 月 19 日，严复与朱夫人书谓："自初三日考事毕后，无日不是应酬，脑满肠肥，极为讨厌。""京事俟回家时细谈，大抵黑暗糊涂，不大异三年前，立宪变法，做面子骗人而已。""但自学部被挽留后，心中颇不高兴耳。吾看今时做官，真是心恢（灰）意懒也。"②看穿了清朝"立宪变法"不过是"做面子骗人"，对做官"心灰意懒"，如此的心境深深表现了严复对清朝政治前途的失望。清朝的预备立宪对严复这些人来说，只不过是一张空头政治支票而已。

四　置身风云诡谲的辛亥变局

1911 年前九个月严复的个人生活并无波澜，他在学部、币制局、海军部、名词馆四处兼职，并行走于这些部门，出席会议，与朋友应酬往来，其生活并无多少变化。这一年他的个人著述明显减少，译作几无，官场公务应酬增多。但政局不稳，社会动荡带来的风云变幻，明显增强了人们心中的不安全感和世事难测的不确定感。这一年，严复占卜算卦的次数明显增多，日记中频繁出现这方面的记录。这对一个倾力西学、提倡科学的新学者来说，不无讽刺，反映了严复此时心境的紧张和焦虑。

10 月 10 日武昌起义，是时局急转直下的转折点，也是形势变化的显著标志，严复的个人生活亦开始面临新的抉择。10 月以后的严复日记打破以往的常规，多处记载形势发展和京城动向，而对其个人行迹着笔反而不多。10 月 9 日"夜九点，瑞澂拿革党三十五人"。10 日"武昌失守"。14 日"京师颇骚乱，南下者多"。15 日"起袁世凯督鄂，用岑西林督蜀"。

---

① 马勇整理《严复未刊书信选》，《近代史资料》总 104 号，中国社会科学出版社，2002，第 67 页。
② 王栻主编《严复集》第 3 册，第 739～740 页。

23 日"长沙失守"。26 日"数日风声甚恶"。11 月 7 日"数日风声极恶，江浙皆告独立，资政院民选议员鸟兽散。"12 日"报言江宁恶战。福建松督自尽，朴留守被害。报言武昌内讧"。① 在大局已变的情势下，严复必须做出相应的准备。他与林纾商量应对时局之策，决定搬离北京。10 月 18日"晤林畏庐，以或去其尽室南行也"。26 日"十一箱往天津，寄荣官处"。11 月 8 日"家轸来电话，催出京"。第二天，离京赴津，"寓裕中洋客店"三日。12 日"由津同三儿回京"。13 日"领学部、海军部、币制局三处薪水。袁项城到京"。严复回京似为领取薪水，同时可能与袁世凯回京上任有关。严、袁两人早在天津时即已结交，当时严复在北洋水师学堂任教，袁世凯在天津小站练兵。据陈宝琛所作严复墓志铭称："袁世凯与君雅故，其督直隶，招君不至以为憾；及罢政归，诋者蜂起，君抗言非之，则又感君。"② 显然，严复与袁世凯同时回京，给人以无限联想，在一定程度上反映了严对袁主持内阁的期待和他们双方的某种默契。果然，12月 2 日"四点，往袁世凯内阁，得晤"。随后，9 日"九点赴汉口"。12 日"过江，到青山织呢厂见黎元洪"。17 日"到沪，住沧洲旅馆"。③ 严复在此非常时期南下武汉、上海，据《郑孝胥日记》披露是为"袁世凯指派之各省代表"之一。④ 而前往汉口专见黎元洪一事，可以推测他极有可能是借其与黎的师生关系，斡旋袁世凯与黎元洪之间的关系。

严复的《宣统三年辛亥日记》册最后空白页留有六条和北方议和人员名单。六条如下。

> 车驾无论何等，断断不可离京。
>
> 须有人为内阁料理报事。禁之不能，则排解辨白。
>
> 梁启超不可不罗致到京。
>
> 收拾人心之事，此时在皇室行之已晚，在内阁行之未迟。
>
> 除阉寺之制是一大事。又，去跪拜。
>
> 设法募用德、法洋将。⑤

---

① 王栻主编《严复集》第 5 册，第 1511～1512 页。
② 王栻主编《严复集》第 5 册，第 1542 页。
③ 王栻主编《严复集》第 5 册，第 1512 页。
④ 参见《郑孝胥日记》第 3 册，中华书局，1993，第 1370 页。
⑤ 王栻主编《严复集》第 5 册，第 1513 页。

这六条现有两种解释：一种意见认为是严复 12 月 2 日与袁世凯会晤时所提出的六条建议。① 另一种意见认为是严复从南方回京以后向袁世凯提出的建议，时间则应在 12 月下旬。这种意见认为"得杨士奇同意，严复先回北京。到北京后，严复告了唐绍仪一状，后为袁世凯献策"。这些策略即归之为六条。② 这两种意见的共同之处，即均肯定这六条是严复往谒袁世凯时提出的策略建议，只是在时间上一前一后、说法不一。不过，两说对于这六条的意涵均没有做进一步的解读。从这六条的内容来看，如确系严复向袁世凯提出的建议，则不可小视。它至少可说明两点：一是严复自袁世凯内阁成立后，严系袁所罗致的"幕僚"或非常亲近的高参。二是严向袁所提建议不是一般的建议，而是关系政局的重要意见。当然这六条也有可能是严复个人心迹的流露或看法的记录，如第一条"车驾无论何等，断断不可离京"。似为谓严复心迹的流露更为合适，因对袁世凯来说，不管是前往南京就任民国大总统，还是留在北京担任大总统，都不存在"车驾无论何等"的问题，而对严复来说，南下还是驻京，则可能有很大区别。此条如果系严复个人的选择，对政局影响相对就会较小，只是反映严复的倾向而已。

不管是上述哪一种情形，这六条所隐含的政治密码值得解读。第一条如系向袁世凯提出的策略，则袁世凯后来不南下就任总统，其中有严复的"作用"存在，甚或可能出自严的意见。这表现了严复在南北和谈中所持的与南方对立立场。也不排除系严复个人的打算。即严复本人作出"不离京"决定。据郑孝胥 12 月 21 日日记载："幼陵读余近诗曰：'子生平数有奇辟之境遇，以成其诗之奇，此天相也。'又曰：'经此事变，士君子之真面目可以见矣。南方学者，果不值一钱也。'"③ 此中所谓"南方学者"可能是指章太炎诸人。由于学术、文风的不同，严、章二人早已构怨，1906年章太炎曾作《〈社会通诠〉商兑》称："严氏皮傅其说，以民族主义与宗法社会比而同之。""少游学于西方，震叠其种，而视贵人为畏贱，若汉若满，则一丘之貉也。故革命、立宪，皆非其所措意者，天下有至乐，日营□裘以娱老耳。""就实论之，严氏固略知小学，而于周秦、两汉、唐宋

---

① 参见孙应祥《严复年谱》，第 383 页。皮后锋：《严复大传》，福建人民出版社，2003，第 337 页。
② 参见罗耀九主编《严复年谱新编》，第 289 页。
③ 《郑孝胥日记》第 3 册，第 1373 页。

儒先之文史，能得其句读矣。然相其文质，于声音节奏之间，犹未离于帖括，申夭之态，回复之词，载鸣载飞，情状可见，盖俯仰于桐城之道左，而未趋其庭庑者也。"① 章氏此恶诋，与 1900 年 9 月康有为《与张之洞书》称赞严复"译《天演论》为中国西学第一者也"②，1902 年梁启超在《新民丛报》第一号发表《绍介新著〈原富〉》，盛推"严氏于西学、中学皆为我国第一流人物"的高评怡然形成鲜明对比。对与革命党人有深厚渊源关系的南方学人的不满，可能是严复打定"不可离京"主意的主因。第二条表示严复认识到报界舆论的重要性，需要有人帮助"料理"。此人从后一语来看，极有可能是指梁启超。第三条表示严复认识到梁启超的分量，欲将其"罗致到京"。据丁文江编撰的《梁任公先生年谱初稿》载："从去冬起（指 1911 年——引者注），先生就有联袁的趋势，所以今年春间，先生直接间接与袁氏往来讨论各种问题的信电很多，现在把袁氏就临时大总统前后先生和他往还的几篇材料依次抄在下面，借见先生当时联袁情形之一斑。"③ 袁世凯与梁启超建立联系应与严复的献计和搭桥在其中所发生的作用有一定关系。第四条表示严复已对"满清"皇室失去信心，将希望转向袁世凯内阁。第五条为其对政制改革之设想，即废除宦官制度和传统的官场礼仪制度，这可能意味着严复甚至袁世凯已有弃清另寻他路的打算。本来 12 月 21 日、22 日严复与郑孝胥在上海会面时，谈到何去何从时，亦表示其拥清立场不变。严复对郑表示，自己"不剪辫，以示不主共和之意"（21 日）。"或询其素主新学，何为居腐败政府之下而不去也？答曰：尝读柳子厚《伊尹五就桀赞》，况今日政府未必如桀，革党未必如汤，吾何能遽去哉！"④（22 日）在此之前，11 月 28 日严复曾致信英国《泰晤士报》记者莫理循，表白自己倾向君主立宪的立场。以为中国现状适合于"保存君主，削其权力，适度立宪以使政府比前更具活力，得因时制宜，不断进步"。从这一则材料看，在 1911 年 11 月底以前，严复的"君主立宪"立场确无改变。但在与革命党人展开的南北和谈中，严复探得南方革命党人的"和谈"底线，这在他 12 月 13 日给陈宝琛的信有明白交代：

---

① 章太炎：《〈社会通诠〉商兑》，《民报》光绪三十三年（1907）第 12 号。
② 《与张之洞书》，收入汤志钧编《康有为政论集》上册，中华书局，1981，第 436 页。
③ 丁文江、赵丰田编《梁任公先生年谱长编初稿》，中华书局，2010，第 319 页。
④ 《郑孝胥日记》第 3 册，第 1373 页。

一、党人虽未明认君主立宪，然察其语气，固亦可商，惟用君主立宪而辅以项城为内阁，则极端反对。

一、党人以共和民主为主旨，告以国民程度不合，则极口不承；问其总统何人为各省党人所同意者，则以项城对，盖彼宁以共和而立项城为伯理玺得，以民主宪纲箝制之，不愿以君主而用项城为内阁，后将坐大，而至于必不可制。此中之秘，极耐思索也。

一、无论如何下台，党人有两要点所必争者：一是事平日久，复成专制，此时虽有信条誓庙，彼皆不信，须有实地钳制；二是党人有的确可以保全性命之方法，以谓朝廷累次失大信于民，此次非有实权自保，不能轻易息事。

一、若用君主，则冲人教育必从新法，海陆兵权必在汉人之手，满人须规定一改籍之制。①

借革命党人开出的条件，严复显然有胁迫清室"逊位"之意，这正是袁世凯后来之所为。此举是否为袁所托，或严代袁有意所为，值得进一步考证。将严复与郑孝胥的谈话内容与此信的内容相比照，可以看出，严复当时一方面向清朝方面（郑、陈是清朝忠臣）"输诚"表忠，另一方面借革命党人开出的严苛条件，隐含逼迫清室退位之意。这样左右逢源，为自己在未来的政治舞台谋得最大利益。严复的这种做法实为袁世凯当时的抉择。当南方革命党人在1912年正式建立中华民国时，北方一派的汉族实力派（包括严复）亦以迎立袁世凯出面主持大局，这样清室先逊位于袁，孙中山再让位于袁，中国重归一统的局面得以形成。严复等南北汉族实力派终于在这场变局中获取了最大利益。第六条提出募用洋人领军。实际上是清朝在镇压太平军时"借师助剿"旧戏的重演，是严复为袁世凯避免两面作战的又一献计。这些意见除第六条"设法募用德、法洋将"外，其他五条在后来都得以实行。有的论者以为严复《民国初建》诗中的"美人"系指袁世凯②，但这个袁世凯应是在民国建制后受到民国政纲钳制、准备出山的"袁大总统"，而不再是替清朝收拾残局的"袁内阁"。在这一点上，严复实际上已经接受了民国建立这个事实。

---

① 王栻主编《严复集》第3册，第502~503页。

② 王宪明：《"美人"期不来，诗人自多情——严复〈民国初建〉"诗人"新解》，《近代史研究》1996年第5期。

1912 年严复的日记空缺。这究竟是严复未写，还是其本人或保存日记者在后来作了处理？我们现不能遽断。不过，后一种的可能性较大。1912年应是严复与袁世凯相互合作、互动更为频繁的一年，这一年发生的南北议和严复出任北京大学校长之事，均是严袁密切合作的历史见证。在袁世凯称帝失败，严复因列名筹安会，遭到国人的诟病之后，严复可能不希望保存自己与袁氏合作的这些历史记录，从而出现了撕去其这一年日记的一幕。

五　结语

清末的政治舞台主要有四大政治势力：一是清朝以满族为主的统治集团，他们是清朝的核心集团。二是以张之洞、袁世凯为代表的汉族新贵势力，这股势力可以上溯到曾国藩、李鸿章为代表的湘、淮两系，张之洞、袁世凯是为其继承者。三是活跃在北京及各省的立宪派，他们是各种新兴经济、教育、文化、社会事业的推动者，构成一股新的社会力量。四是以孙中山为代表的革命派，为清朝的对立面。严复是游移在二、三股力量中的一员。这几股力量的互动和人员组合，构成清末政治力量离合的关键。1909 年，当清朝将袁世凯罢官遣回原籍，张之洞"老臣凋谢"，当朝汉族新贵失去了他们所依托的重心所在。1911 年清朝成立"皇族内阁"，堵塞了立宪派力图借"预备立宪"之机发展自身实力和拓展新的政治空间的可能。第二股力量原有与清朝的合作关系和第三股力量与清朝那种若即若离的关系迅速向离异的方向演变，清朝满族核心集团为加强自身对全局控制力的举措反而成了自我孤立的败笔。革命终于成为突破这一政治僵局的瓶颈。

在辛亥革命的浪潮中，革命党人抓住时机，因势利导，主导了时局向民主共和制这一方向发展的趋势。清朝满族统治者因失去其他两股势力的合作，孤立无助，只能拱手让出皇位。革命党人以建立共和制为满足，以礼让总统大位换取了袁世凯的合作和对共和制的承认，达到了其革命的初衷。袁世凯虽不具革命、共和之思想，但对清朝的忠诚度因其下野闲置早已不复从前，故在获得革命党人的承诺后，转向对清朝满族皇室"逼宫"，表面上成了这场大戏的赢家，实际上他不得不接受民国政制对他的钳制。

严复本人并不是一个心怀大志的政治家，也非有意玩弄权术的政客，他缺乏传统官僚的圆滑、练达和内敛，这是他在晚清官场频频失意的主观原因。在清末 10 年和民国元年，他转向发挥自己所长，凭借自己的西学素养和背景，在教育、翻译、出版、宪政等方面获取重要地位，并登上北京大学首任校长这一显赫位置，达到了自己人生的顶点，这是严复一生最有成就、最有影响力的历史时期。从这个例证可以看出，辛亥革命的荣光并不仅仅属于革命派，社会新兴力量、立宪派，甚至汉族官僚、地方实力派也贡献了他们的力量，并实际分享了辛亥革命的成果。

　　辛亥革命的标志性成果虽然是在政治上推翻帝制，建立共和制。但为达成这一最大目标，社会生活、风俗习惯、文化思想、经济结构也发生了相应的变革，甚至这些变革为政治革命做了重要铺垫。从这个角度考察辛亥革命时期发生的种种变化，我们不能忽视或低估革命派以外其他革新势力和社会新兴力量的历史作用，他们与革命党人的互动、合作最终成就了历史上一场前所未有的革命。将革命党人与其他新兴社会力量、立宪派和袁世凯的妥协视为"软弱"，或将袁世凯、立宪派和其他地方实力派与革命派的合作定为"投机"，都是不恰当的。革命党人以袁世凯承认共和制为交换条件，礼让总统大位，以避免内战的激化和升级，这表现了他们的智慧和成功不必在我的高尚品德；袁世凯及其立宪派势力背弃清朝，转向选择共和制，是其在政治上的明智之举，虽然迈出这一步在后来有所反复甚至倒退，袁世凯并不情愿接受民国的政治规范，但民国的建立已成为一个不可逆的历史转折。可见，辛亥革命的成功恰恰是各方妥协、合力推动的一个成果。

作者单位、职务：北京大学历史学系教授

中国社会转型的坎坷之路

——兼论辛亥革命对社会转型的急速推进

✍ 黄明同

  百年前，震撼中外的辛亥革命，终结了中国两千多年的封建专制制度，创建了亚洲第一个民主共和国，打开了社会进步的闸门，谱写了中国历史新篇。这场改变中国命运的政治革命运动，这场令人振聋发聩的思想启蒙运动，已经过去了百年，人们对它的评价争议颇多，莫衷一是。诚然，在中华民族伟大崛起的今天，人们去回顾，去缅怀之时，更是感触到它的历史功绩之伟大：它，跨出了使中国"走出中世纪"的关键一步；它，加速了中国社会从传统向现代转型的步伐；它，使沉睡的古国重新振奋，跟随时代步伐，顺应历史发展潮流。辛亥革命，是一场在根本意义上成功，却又不彻底的革命，其历史功绩不容否定。笔者仅从对中国社会转型的漫长之路的回顾中，从对民国建立后社会急剧转型的透视中，以哲学的视角，探讨辛亥革命在中国"走出中世纪"进程中的重大历史意义。

一 武昌起义成功，是偶然中之必然

  武昌起义的成功，是偶然的，也是必然的。其必然性与偶然性，都是多方面的，就重要点而言，它的偶然性，是湖北一时的军事空虚，以及起义新军所特有的条件；它的必然性，是武装革命发展的结果，也是中国社会转型的历史必然走向。

（一）诸多的偶然因素

  1911年10月10日，在湖北武昌打响的武装起义，史称"武昌首义"。它是一次以湖北新军为主体的起义，是孙中山领导的逾10次起义中的一次，能如此之速成功，其偶然因素很多，诸如——革命军方面扮演着起义主力军的是湖北新军工程第八营，他们有着与1909年广州新军起义时极不一样的状况：第一，是"地利"，起义主力军的驻军地点极为有利。工程八营驻军城内紫阳桥，离武汉城南的中和门很近，起义时不需要像驻在城外广州新军那样，须经历艰苦战斗而入城，在发难后即能迅速控制中和门，并及时打开城门迎接其他革命军进城，进而攻打主要目标——总督府。第二，是"人和"，起义主力军的素质比较好。据称，由于原湖广总督张之洞的重视，湖北新军是南方各省新军中最为精锐的一支，工程八营是湖北新军中成立最早、训练时间较久、战斗力较强的一支，是全营留守武汉的军队，也是革命党较早在营中开始活动的军队。起义前，营中已发展了200多名革命党，占全营总人数的40%，近半数的军人，已接受了革命党人的思想和主张，这样的思想基础极为罕见。第三，是有着非一般的军事装备。广州起义时，"执械入城"的新军，手中的武器是一般的枪支与子弹，而武昌起义有素称"军中之胆"的炮兵——炮八标参战，起义前，驻守武昌的炮八标士兵800人，配有多门山炮，建制完整，火力最强，这无疑能使武昌起义的隆隆炮声，成为武装革命的礼炮，令清军丧胆。

如上这些在从前起义所未具备的、特有的条件，都是武昌起义成功的偶然因素，此外，更值得一提的是，湖北的革命小团体在武昌起义前，已有的20多个团体整合为文学社和共进会，这两大团体在新军中进行了大量的组织发动工作，使革命思想在新军中深入人心，革命力量不断壮大，这也是武汉以至整个湖北所特有的状况。正是在这一意义上，武昌起义是个案，是偶发事件，其成功是特有的、偶然的因素所致。

外部环境武昌起义的偶然因素，从外部来说，最主要的是四川路潮，武汉军务空虚。1911年5月9日，清政府收回筑路权，以换取外国贷款，由是激起了民愤。所谓"路权"，是指清政府原来已经批准，民众可以拥有集资兴建粤汉和川汉两条铁路的权利。清政府却又出尔反尔，把原来准许的民间修路权，收了回去，这令商人与百姓约7000万人的切身利益受到损害，人们无法接受清政府的所为。涉及铁路利益的省份有湖北、湖南、四川与广东，其中四川和两湖，尤为关切。6月17日，四川成立了保路同志会，发起罢市、罢课、罢工、抗粮，决心争回路权，却遭到镇压，酿成"七一五"血案，死伤无数。血案发生的第二天，保路运动已演变为大规模的武装起义。为平息四川的护路运动，清政府调派湖北军队，结果造成武昌的军事空虚。这时，武昌新军乘机起事。可以说，武昌的一时"空虚"，使革命党有可乘之机，打了个措手不及。这是武昌起义成功的又一偶然因素。

（二）寓于偶然性中的必然性

常言道："必然性寓于偶然性之中，偶然性表现必然性。"从哲学的视角看，世界上任何的偶发事件，其中总蕴涵着必然性；既不存在不通过偶然性表现的必然性，也不存在不含必然性的偶然性。武昌起义这偶发事件中，蕴涵着必然性，它首先是自1895年至1911年，孙中山领导的一次次武装起义，所产生的革命力量积聚，以及革命精神发展的必然。

以振兴中华为己任的孙中山，他欲"拯斯民于水火，切扶大厦之将倾"[1]，怀着救国救民的民族情怀与历史使命感，走上"医国"之路。1894年11月组建了第一个革命团体——檀香山兴中会，明确以"驱除鞑虏，恢复中国，创立合众政府"[2]为誓词。1995年兴中会香港分会成立，当年即发动广州起义，直至1911年的"三二九"黄花岗起义，孙中山先后领导了10次武装起义，虽皆以失败告终，但他愈挫愈奋，百折不挠。这10多年间，他周游世界各国，结交革命志士，奔走呼号，宣传革命，筹措经费，历尽艰辛与挫折，而使革命思想渐入人心，革命队伍不断扩大，革命趋势一浪高于一浪。

值得一提的是，1911年4月27日，孙中山领导的"三二九"广州起义，辛亥年的第一枪，是他经历了9次失败之后的又一枪，虽也未打响，但先烈们的鲜血，令国民振醒，催化革命形势的快速发展。正如孙中山所说，不到半年时光，便有"武装大革命的成功"。谭人凤如是说："是役也，死者七十二人，无一怯懦士。事虽未成，而其激扬慷慨之义声，惊天动地之壮举，固已碎裂官僚之胆，震醒国民之魂。武汉闻风兴起，督抚纷纷逃遁，非即因此振其气，而夺其魂耶？"[3]

事物的发展，总有一个从量变到质变的过程，革命也不例外。正如陈锡祺先生所指出："任何一次在历史上造成重大影响的革命，都是社会基

---

① 《檀香山兴中会章程》，《孙中山全集》第一卷，第19页，中华书局，1986。
② 《檀香山兴中会盟书》，《孙中山全集》第一卷，第20页。
③ 谭人凤：《石叟牌词》，《谭人凤集》，第368页。

本矛盾逐渐尖锐化的产物。革命高潮并不是一下子就出现的，革命力量也有一个从小到大，从弱到强的过程。"① 武昌起义，无疑是积聚十数年武装革命的"量"的发展，而最终达到"质"的飞跃。学界无不认定，四川保路运动，并由保路运动导发的武昌起义，无不得到"三二九"起义的激励，是"三二九"起义延续发展的结果；而且武昌新军在起义前夕，队伍中革命党人数的激增，也非一朝一夕所成，而是孙中山以及革命党人长期的革命宣传，以及无数次的起义所带来的结果。可以说，辛亥革命是孙中山所领导的中国民主革命，从量变到质变的必然结果，革命思想、革命队伍与革命形势的发展，经过量的一定积累，必然产生革命的质的飞跃，革命的成功，不在武汉，也会在别的地方，这便是质的飞跃的必然。

如上仅仅从孙中山领导的武装革命的发展进程，看辛亥革命成功的必然性，进而，人们还需看到，武昌起义同时是中国自 16 世纪中叶以来，持续的改革思潮与改革运动发展的必然。下一节，将就此必然性作粗浅的阐述。

二 辛亥革命，"走出中世纪"的必然

关于武昌起义成功的必然性，应从更高的层面上进行审视。可以毫不客气地说，这次起义的成功，正是中国"走出中世纪"的必然趋势，是中国社会从传统向现代转型的历史必然。它的成功，带来了中国社会的急速转型，这恰恰展示出顺乎世界潮流，合乎中国历史发展的必然。

（一）社会发展的必然，不以人的意志转移

社会发展，有着自身的规律，即必然性，它不以人们的主观意志而转移。人类社会，由奴隶制而到封建制，又以民主制度取代封建专制，这便是历史发展之必然。随着社会物质生产的发展，必然带来人的价值理念的变化，进而是政治制度的变革。于是，传统社会，即自然经济的、等级森严的封建社会，必然要过渡到工业化的、人权平等的民主共和社会。

"走出中世纪"，西方比东方先走一步。在西欧，从卢梭的《民约论》

---

① 陈锡祺：《孙中山与辛亥革命的开端》，《辛亥革命与近代中国——1980～1989 年论文选》，湖北人民出版社，1990，第 693 页。

和法国革命，终结了路易十四的专制统治，开始了民权主义的新时代。虽然法国皇帝被杀，引起欧洲各国的一片复仇之声，大战 10 多年，革命一度遭到扼杀，帝制重新恢复，然而终究抵挡不了民权的时代潮流。西方的文艺复兴与工业化，实现了"走出中世纪"的社会大转型：经济上，工业化取替了传统的农业；政治上，民主共和制度取替了封建专制制度；思想上，自由、平等、博爱的价值理念，取替了封建等级观念。简言之，"走出中世纪"，从农业社会向工业社会的转型，是历史的必然。

"走出中世纪"，这是社会发展的必然。孙中山在回顾这段历史时，曾说："世界潮流的趋势，好比长江、黄河的流水一样，水流的方向或者有许多曲折，向北流或向南流的，但是流到最后一定是向东的，无论是怎么样都阻止不住的。所以世界的潮流，由神权流到君权，由君权流到了民权，便没有方法可以反抗。如果反抗潮流，就是有很大的力量象袁世凯，很蛮悍的军队象张勋，都是终归失败。"① 世界潮流，即人类社会发展的必然，尽管有种种的迂回与曲折，但其自身的趋势是任何人、任何势力所无法改变。

（二）"走出中世纪"，中国之路虽坎坷又必然

"走出中世纪"的欧洲，实现了从传统社会向近代（或称"现代"）的社会转型，进入了文明时代。中国社会，是不是也要"走出中世纪"？答案是肯定的！

经历了五千年文明的中国，没能在近代化的大道上高歌，迟迟实现不了社会转型，然而近代化的世界大潮，终究没有抛弃古老的中国。在经历了漫长的中世纪之后，她也走上转型的坎坷之路，于 16 世纪末开始，历时三百余年。

明代中叶，由澳门进入中国的西方传教士，其代表人物利玛窦，带着欧洲新科技文化的新奇之物，敲开了紫禁门。自此，西方的文化与商品，潮水般地涌进，面对"西学东渐"以及"商战"的强势，中国受到了双重挑战：开眼界，接受西方的先进文化；受侵略，备受外来列强的豆剖。有自强不息传统的中国人，不再沉默了！

龚自珍将八百年前王安石的"改易更革"，简缩为"改革"，拉开了清

---

① 《孙中山全集》第九卷，第 267 页。

代"自我改革"的序幕。嘉庆二十年至二十一年（1815～1816）间，他以《乙丙之际箸议》为总题目，撰写一组短文，力主改革，认为"一祖之法无不敝"，"穷则变，变则通，通则久"，呼吁清政府主动地进行"自改革"。继龚自珍之后，魏源、林则徐、王韬等一批敢于放眼看世界的士人，在19世纪中叶，冲破万马齐喑的局面，以各种形式提出自己的改革建议与方案，成为近代中国"向西方文明学习的这一巨大历史潮流的发轫者"。

改革的主张，由理念转化为实践。以"借法自强"为宗旨的洋务运动，力图通过引进西方先进的军事和工业技术，而达到"自强"目的。奕䜣、文祥、曾国藩、左宗棠、李鸿章等一批政府官员，利用手中的权力，在全国各地兴办新型的兵工厂和民用企业，采用国外的先进设备，给古老的东方大地注入现代气息，迈出近代化第一步，而同时这又成为给封建王朝"补天"的一大举措。

历史，沿着自己的轨迹继续向前，犹如东流而去的大江。"改革"和它的同义词"维新"，成为19世纪中国人越来越熟悉的词语。康有为领导了震撼神州大地的维新运动，掀起了改革的新浪潮。他敢冒天下之大不韪，七次上书皇帝，陈述"穷则变，变则通"的道理，批驳"祖宗之法不可不变"论。1898年百日维新期间，在给皇帝的奏摺中，康有为疾呼中国必须"大变"、"全变"和"骤变"[①]。他呈上政治、经济、文化的近代化蓝图，希冀仿效日本，在中国进行自上而下的、具有质变意义的维新变法，使中国走上现代化的振兴之路。尽管百日维新以六君子血洒菜市口告终，改革的诉求未能实现，变革中国的方案，成为一纸空文，但是它给封闭的中国人带来了一次思想启蒙，有力地推进了中国改革浪潮，成为欲"变"封建王朝之天的一次尝试。

中国的改革步伐，再也停不住！20世纪初，鉴于国内外势力的逼迫，清政府实行了"新政"。拾起当年被扼杀的维新方案，用政府的权力，即"以传统政治权威合理性为基础"，部分实施，并取得初步成效，客观上在中国社会政治、经济、文化、军事等各个领域，推进近代化，呈现出较为显著的社会转型趋势。然而，在"新政"实施中，清政府死死维系着爱新觉罗家族的专制之权，因而这场改革也乃危亡时刻的一次"补天"。晚清新政，终究没使中国走出困境，更没能使中国"走出中世纪"，故才会有

---

① 见《杰士上书汇录》。

孙中山领导的武装革命，才会有武昌首义。

如上的回顾，清晰可见中国"走出中世纪"的历史历程：从"自改革"，到"洋务运动"，到"维新运动"，再到"新政"。中国的社会改革，由个人意愿，逐渐演变为群体诉求；由群体诉求，而提升为权力机构的权威行为；由主张局部变革，发展为勾画社会全面改革蓝图；由改革的观念形态，转为实践层面。道路很是坎坷，但改革之大潮，势不可挡。

中国社会要告别传统，"走出中世纪"，这一必然是其自身经济发展的结果，即使没有外来的因素，中国社会的发展道路，也必然如是。古代中国，"以农为本"，"重农抑商"，然而，由于商品经济的发展，必然冲击自给自足的自然经济，走出封建专制的中世纪，走向民主与现代化，这是势不可挡的历史趋势，中国社会必然循着自身的发展轨迹而运行。西方列强的入侵，只是强化了中国人改革的愿望而已。正如马克思在《中国革命和欧洲革命》一文中所说：英国的大炮破坏了中国皇帝的权威，迫使天朝帝国与地上的世界接触，与外界完全隔绝曾是保存旧中国的首要条件，而当这种隔绝状态被英国的暴力所打破的时候，接踵而来的必然是解体的过程，正如小心保存在密封棺材里的木乃伊接触新鲜空气，便必然解体一样。事实，恰如马克思所说！

鸦片战争之后，中国被迫开放，致使一个历史悠久的文明古国，一个让他国年年来朝贡的堂堂大国，一下子沦为比殖民地还不如的"次殖民地"①。处于"不改革就死路一条"的历史关头，连光绪皇帝在《马关条约》签订后，也说"非变法不足以救中国"。亡国灭种的危机，迫使中国人积极思索如何救亡图存，并积极投身于救亡图存的历史变革之中。可见，中国"走出中世纪"，这历史的大趋势，既是中国社会自身发展之所由，也是外来因素的催化。辛亥革命的成功，正是这样历史发展必然的集中体现。

（三）孙中山领导革命，正为了"走出中世纪"

孙中山领导的革命，是为了拯救危亡中的国家民族，是以"走出中世纪"为目的。在他踏上革命之路后，其革命的目的便愈来愈明确。

1905 年建立的革命组织同盟会的"总章"里，孙中山便以简明的言辞

---

① 《孙中山全集》第九卷，第 241 页。

进行了表述："驱除鞑虏、恢复中华、创立民国、平均地权。"①

1896 年，孙中山在伦敦蒙难获救之后，仍居留伦敦，据英国侦探报告资料显示，1896 年 12 月 3 日至 1897 年 6 月 24 日期间，孙中山进入大英博物馆有 68 次之多，平均 3～4 天一次。人们从后来他的讲话和论著可以推断，他阅读了关于社会主义的著作，如当时风靡的马克思的《资本论》与乔治·亨利的《进步与贫困》，二人的思想对他影响至深。

孙中山在观察、感悟和反思中，重新审视了西方社会，重新思考了中国的发展道路，重新调整了现代化模式，革命的目标更明确了。他原有的"驱逐鞑虏，恢复中华"——民族主义，以及"创立合众政府"——民权主义之外，添加了为"打破""贫富的不平等"，以解决社会问题的民生主义。1905 年《〈民报〉创刊词》首次提出了"民族主义"、"民权主义"与"民生主义"的革命主张。同年建立的同盟会，其"总章"明确表述："驱逐鞑虏，恢复中华，创立民国，平均地权"。孙中山又明确主张，政治革命与社会革命并举，即"毕其功于一役"。可以说，在思路调整后，驱逐鞑虏，以及变革中国的政治体制，仅仅是辛亥革命的部分"目标"，而并非其"革命目标"的全部，他的最终目标，是构建"民有"、"民治"、"民享"的"天下为公"社会。无疑，彻底变革中国社会，是孙中山领导中国革命的终极目的。

1905 年 5 月，孙中山到布鲁塞尔，走访了社会党国际执行局（即第二国际）。他向该局主席王德维尔德和书记胡斯曼，陈述了自己的革命纲领，并坦然表示："中国社会主义者要采取欧洲的生产方式，使用机器，但要避免其种种弊端"，"中世纪的生产方式将直接过渡到社会主义的生产阶段"②。这，清晰地表述了孙中山欲变革中世纪的生产方式，实现现代化；这，便是早年孙中山最直接地对欲使中国走出中世纪这一意愿的明确表述。在漫长的革命进程中，孙中山铭刻着此一意愿，在推翻清王朝统治之后，在晚年，在与中国共产党合作之时，他仍重申如此的意愿。

1924 年《中国国民党第一次全国代表大会宣言》开宗明义称："革命之目的，非仅仅在于颠覆满洲而已，乃在满洲颠覆以后，得从事于改造中国。依当时之趋向，民族方面，由一民族之专横制宰过渡于诸民族之平等

① 《孙中山全集》第一卷，第 284 页。
② 《孙中山全集》第一卷，第 237 页。

结合；政治方面，由专制制度过渡于民权制度；经济方面，由手工业的生产过渡于资本制度的生产。循是以进，必能使半殖民地的中国，变而为独立的中国，以屹然于世界。"① 令中国"走出中世纪"，实现中国社会的转型，这是孙中山领导革命的一贯宗旨，也是他终生奋斗的目标。辛亥革命的成功，正是关键性地推进了中国社会的转型，体现了中国社会发展的必然。

三　共和国创立，中国社会快速转型

孙中山领导的辛亥革命，它在民族危亡的严峻时刻，掀起了革命浪潮，以暴力终结了两千多年的封建帝制；它振奋了民族精神，唤醒了沉睡的大地，谱写了中华民族振兴的光辉篇章。其不可磨灭的历史功绩，聚焦在一点，便是它赶跑了皇帝，开创了民主共和的新政体，使中国跨出了"走出中世纪"的关键一步。

（一）赶跑了皇帝，是历史的新起点

"赶跑了皇帝"，确实是非常了不起，是带根本性的成功，是中国历史的新起点。

辛亥革命，作为中国历史上真正具有现代特征的革命，首先是它终结了封建帝制。推翻了中国两千多年的封建专制统治，创建了中华民国——第一个崭新的民主共和国，在世界的东方创立，这无疑是中国历史的重大转折，是它作为政治革命而带根本性的成功。正如孙中山所说那是"我国有史以来所未有之变局，吾民破天荒之创举"。

君主专制，是传统社会的突出特征，以及根本的制度保障。中国两千多年的封建统治，君权至上。"溥天之下，莫非王土"，"率土之滨，莫非王臣"。天下，是一人之天下；皇帝，就是"天子"，代表着上天的意旨，统治着人间，是国家权力和利益的代表。在孙中山生长的年代，人类社会已经展现另一幅图景：专制，已成为社会发展的阻力；民主，已成为历史发展的大潮；"天赋人权"，以及自由、平等、博爱，是社会"走出中世纪"的诉求和标杆。辛亥革命，正是顺应了这样的世界潮流，把"一人当

---

① 《孙中山全集》第九卷，第114页。

皇帝"转换为"四万万人当皇帝"。社会的发展将朝着孙中山所憧憬的"主权归于民"、"以民为主"的方向发展。

有学者如是指出，辛亥革命是中国政治现代化的开端，它完成了中国从王朝国家到民族国家、民主国家的历史跨越。[①] 笔者认为，辛亥革命带来的直接成果——民主共和的创立，实现了中国的"历史跨越"，起码有如下方面：拉开了中国现代政治的序幕，哺育了中国广大民众的民主意识，确立了中国从人治到法治的路向，为中国社会的现代化发展，提供了制度保障和法律保障。这一切，急速地推进了中国社会的转型，因而，赶跑了皇帝建立民主共和，有着历史新起点的里程碑意义。

（二）社会急速转型，从传统迈向现代

可以说，从中国的社会发展进程看，人民主权时代的开启，民主共和新政体的创立，是中国迈出了"走出中世纪"关键之步。因为，新政体创立，打开了中国社会进步的闸门，对社会发展，对民族振兴，具有基础性的、关键性的意义。这是从根本上重构新的社会制度，通过政权的权威性，以及法律条例的保证，保障社会现代化的多层面、多维度的推进。

人们渴望新纪元的开始，《申报》的1912年元旦《新祝词》，表达了如此的期盼："我四万万同胞如新婴儿新出生于母胎，从今日起为新国民，道德一新，学术一新，冠裳一新，前途种种新事业，国民之新责任也。"事实上，民国成立之后，恰恰彰显着一个新型社会，它正朝着人们的期待，在神州大地渐渐显现。试看民国初年的"共和新气象"——

第一，民主思潮，势不可抵挡。

民国伊始，首先呈现的是，现代民主政治新气象。1912年，1月28日，参议院成立，有着启动孙中山创立的五权宪法的意向。3月，颁布了近代中国第一部真正合乎现代法治精神的宪法——《临时约法》，向全国民众公开宣告：国家主权属于全体国民，人人享有自由、平等的权利，无种族、阶级及宗教之区别，挑战了几千年来尊卑等级的传统。据有关资料显示，自1915年1月至1921年，国民政府颁布了涉及政治、经济、司法、文化、教育等的法令、章程、条例、规定、细则等共391件，其中经济立

---

① 蔡文成：《民主、共和、宪政：辛亥革命的政治现代化选择》，《北方论丛》2011年第2期。

法，仅 1912～1916 年竟达 862 项。

在建立国家制度和法令的同时，"民权弥张，民意弥达，平等自由之风起"，民众的参政议政意识被激发，通过办刊物、报纸，发表自己的意愿，开始视集会、结社、选举为社会生活的主要内容。在专制时代，只会做奴隶，不愿做主人和不会做主人的广大民众，开始学着作国家的主人。民主共和，渐已成为势不可挡的潮流，"人民心理，多倾向于共和"，"敢有帝制自为者，天下共击之"。虽曾发生袁世凯"称帝"，张勋"复辟"等，有违民主共和趋势的事件，但民主共和的历史大潮，势不可挡！欲要在中国恢复"帝制"，已是"一枕黄粱"，白日做梦！"赶走了一个皇帝"，开启了中国社会新纪元，就是如此了不起！

第二，办实业热潮，开始告别农业社会。

物质生产，从来是社会发展的基础，但它的发展往往受到政治制度的制约。可以说，在新的共和国成立之后，政治制度的变革带来了经济的发展，以及经济体制的根本性变革。物质生产方式的变更，则是社会转型的最根本体现；以工业化替代手工业的农业，是现代社会的重要标杆。孙中山倡导的"实业救国"，正是朝着工业化的路向迈进；民国之初，在政策的鼓励下，实业发展热潮高涨，彰显着中国社会急速转型的浓烈气息。

新生的共和国政府，颁布了一系列的法令和相关的政策措施，保护和鼓励实业发展，有力地推进了中国的现代化进程。"实业救国"，日渐深入人心，民族工业得到长足发展，其中如棉纺织、化工、机械、商业等新型企业的创办；金融业的发展，缓解财经上的困境。据资料显示，民国初年，1912 年新办企业达 201 家，至 1913 年增至 1249 家。1913 年，全国使用蒸汽机动力为 4.3 万马力，而 1918 年达到 8.2 万马力，增长了近 1 倍。

解除了临时大总统职务的孙中山，致力于铁路建设，勾画修筑铁路 10 万公里的规划，并亲临实地考察，又亲赴日本学习与筹款，还成立了铁道协会；现代农业建设，提到了议事日程，黄兴组织发展农业的民间机构"拓殖协会"，亲力扶持移民垦荒，大力支持农业科学试验等等。

在 20 世纪初因新政的实施而催化的现代经济体系，在民国初年得到了进一步的巩固和完善，传统的自给自足的自然经济，开始急速地向现代的工业化、机械化的、商品经济转换。

第三，教育改革，催生新教育体系。

教育，从来服务于社会发展的需要；教育制度的转型，必然与社会的转型同步，才可能为社会的转型提供必需的人才保证。孙中山素重人才培养，关注教育，共和国的创立，使教育制度的改革和教育事业的发展，有了制度的保障。

临时政府设立教育部，颁布了一系列教育改革的法令，催化着新的教育体系的产生。1912年，先后颁发了《中华民国教育部普通教育暂行办法》和《普通教育暂行课程标准》。7月教育部召开临时教育会议，通过了《学校系统案》。9月教育部公布《学校系统令》（又称《壬子学制》），后又相继颁发小学、中学、大学，以及各类学校的有关法令法规。1913年，教育部将已颁发的法令汇总为《壬子癸丑学制》，向社会颁发。该法令实施9年，大大促进新教育体制的完善。

在政府新式教育法令的指引下，教育改革全面推进，如推行新的学制、新的课程和新的教科书，兴办新型学校，特别是女子学校、职业学校、师范学校等，皆为传统中国社会所未有的办学形式。新兴教育事业，如雨后春笋发展，有力地推进了继清末新政以来的教育改革，使传统的学塾、书院等旧的教学形式，迅速地向现代的、可以与世界接轨的教育体制转型，为中国现代化培育新型人才。

第四，改陋习树新风，新型社会渐见雏形。

中国古代，凡是改朝换代，必"改正朔，易服饰"，即更改原有的年历和服饰，以示新的朝代的开始。民国临时政府成立伊始，便改原来的阴历为阳历，并连续颁布一系列法令，革除传统的陋习。如，限期剪辫、禁止刑讯，禁止买卖人口、禁裹足、禁鸦片、禁赌博等，清除了传统社会遗留的不文明的各种陋习，树立社会新风，倡导社会新风尚。这一切，体现着人权平等的现代精神，其中如剪辫，革除了不适应现代社会生活的发型；如劝进裹足，变革了以丑为美的、束缚妇女的陋习，使男女平等的价值观深入民众。这一切，无不体现着中国社会的急剧转型。

礼仪方面，变传统的见面跪拜礼为脱帽、鞠躬礼和握手礼；改革繁缛的婚礼，采用西式婚礼，以及举办集体婚礼；开始采用西方的文明生活方式，如举办音乐会、跑马会、用西餐、饮西式饮料、穿西装。好一派文明气息！

社会风俗的方方面面变革，当时《时报》有全面而形象的概括："共和政体成，专制政体灭；中华民国成，清朝灭；总统成，皇帝灭；新内阁成，旧内阁灭；新官制成，旧官制灭；新教育兴，旧教育灭；枪炮兴，弓矢灭；新礼服兴，翎顶补服灭；剪发兴，辫子灭；盘云髻兴，堕马髻灭；爱国帽兴，瓜皮帽灭；爱华兜兴，女兜灭；天足兴，纤足灭；放足鞋兴，，菱鞋灭；阳历兴，阴历灭；鞠躬礼兴，跪拜礼灭；卡片兴，大名刺灭；马路兴，城垣卷栅灭；律师兴，讼师灭；枪毙兴，斩绞灭；舞台名词兴，茶园名词灭；旅馆名词兴，客栈名词灭。"

共和国建立后，生活各个层面已经发生了迅速的变化，一个古老的、传统的、农业社会，快速地向富于现代气息的、与世界接轨的、走向工业化、商品经济的文明社会转换。中国社会开始快步走出中世纪，这恰恰是孙中山当年的期待，也是辛亥革命深维度的、长远的历史意义！这是历史发展的必然，也是从一个层面上展示，辛亥革命的成功与伟大功绩所在！

四 社会转型，路漫漫而迂回

辛亥革命，创建共和，那仅是旧政体的终结，为新政体拉开帷幕，带来中国社会的急速转型。当然，作为反帝反封建的彻底革命，辛亥革命确是"尚未成功"，它是一次不够彻底的革命，它更没有开创幸福生活的新局面。这恰恰说明，革命之路是漫长的、曲折的。从革命到建设，必然有一个过程，而要建成美好社会，更非一蹴而就。

（一）国情特殊，变革之路坎坷

中国走出中世纪的三百余年漫长路，迂回而坎坷。原因在：一是，中国封建统治势力的盘根错节；二是，长期的"锁国"，人们的认识有一个提高的过程；三是，外来帝国主义的介入。

走出中世纪，意味着社会制度、经济结构、生活方式和价值理念的变革。这种变革，由社会的部分质变，进而到政体的质变，以至整个社会的转型。19 世纪以来，中国大地掀起的一浪高于一浪的改革思潮和实践，从改革者自身的意念来看，可分为"补天派"和"变天派"。从"补天"到"变天"，是中国人求变的不断升华，是从量变到质变的迈进，是中国"走出中世纪"进程中的不断升格。

在"维新"之前的种种社会改革，从龚自珍的"自改革"到后来的洋务运动，改革者在主观上都希望"补天"。希冀效法西方而图强，用西方的"坚船利炮"去为即将倾倒的帝国大厦进行某些修缮，使之长存下去。然而，这种维系旧的政治体制，治标不治本的改革，无法奏效，更不可能使中国真正走出中世纪。

康有为的维新，则是立足于"骤变"、"大变"、"全变"，要变封建制为资本主义制，"改制维新，重新天地，再造日月"①，算得上是"变天型"的改革。因而，它必然遭到"祖宗之法不可变"的封建势力的反对与镇压。维新志士的全方位的近代化诉求，体现着真正意义的、要走出中世纪的大胆尝试，但仅有百日的短暂时光，竟以光绪皇帝被幽禁，康有为流亡海外，六君子流血牺牲，而降下帷幕。

19 世纪中国的改革，从"补天"到"变天"，人们的意识升华了，"变天型"的改革，虽没有成功，但并非意味着改革走到了尽头。当年视维新为"诱人叛逆"、"潜图不轨"、"乱法"的慈禧，于 20 世纪伊始，颁布《辛丑变法诏书》，开启了为期 11 年的清末新政，在客观上延续了中国近代化的进程。这场不触动清王朝政体的改革，使近代化不可能从根本上解决，而使中国的改革，从"变天型"再回到了"补天型"。改革之路，如此迂回而曲折，但中国人求变之心不变，求变之举在漫漫路上延伸，螺旋式地递升着。

（二）辛亥革命，有待重新审视

孙中山领导武装起义，把推翻封建政体提到首要地位。在历尽艰辛之后，终于创建了民主共和国。然而，要在封建势力盘根错节的国土上，建立起崭新的民主共和国，谈何容易？它必然要经历无数的挫折与反复！更何况当时被西方列强豆剖宰割的中国，正处于代表着帝国主义势力的军阀混战之中，要结束战争，确立共和政体，更是难上加难。

革命有阶段性，用孙中山自己的比喻，便清楚不过了：革命如拆旧房建新房，旧房子拆除了，但还要清除旧房子残留的东西，彻底清除了，才能在上面建造新房子。孙中山，看到了政体变革的重要意义，他完成了革命的第一步——"拆房子"。他在袁世凯称帝后，领导"二次革命"，在广州三次建立政权，他深深认识到"政权"之重要。尽管他在战争尚未结束之时，也已开始勾勒新中国的建设蓝图，但历史还没有为他提供实现蓝图

---

① 康有为：《日本改制考》卷一按语。

的条件。从革命到建设，无疑需要一段过渡；从开始建设，到建成美好社会，更要有一个漫长的过程。

总的说来，事物的发展有一个过程，一个迂回与曲折的过程，中国走出中世纪三百余年的历程也如此。社会环境和人的主观因素，诸种错综复杂原因，制约着社会发展进程，决定了发展道路的不平坦。社会的变革，是一个漫长的过程，也是一个从量变到质变的过程。民国建立后，中国社会确是在快速转型，但不能说"它基本上完成了中国社会革命和思想文化领域的革命，实现了中国社会由传统向现代的完整转型"①。中国社会的完整的转型，在民国年间远没有完成，故后来继承孙中山意志的中国共产党，再次领导彻底的反帝反封建的革命；而在社会转型中，特别艰巨的"思想文化领域的革命"，其任务的完成，更是艰巨。

有鉴于此，人们应以辩证的、历史的眼光，来审视辛亥革命的功过，既不可过于拔高，也不可因民国初年的混战，没有带来人民生活的提高，而认定它失败，或判它为"根本性失败"。如果离开了事物的复杂性，道路的曲折性，而论其"成功"或"失败"，"非此即彼"，则难免失之简单化。

（三）辛亥革命，留下无限的期待

对辛亥革命的评价，学界的主流观点是：辛亥革命既成功，又失败。这似乎比较辩证，合乎历史的真实。然而，如何论其成功与失败，则又各有说法。

其实，早在 1939 年，毛泽东于《青年运动的方向》中，便谈论过辛亥革命的成功与失败。他明确地说，辛亥革命，"有它胜利的地方，也有它失败的地方"，"把皇帝赶跑，这不是胜利了吗？说它失败，是说辛亥革命只把一个皇帝赶跑，中国仍旧在帝国主义和封建主义的压迫下，反帝反封建的任务并没有完成"②。这一评论，有一定的道理。

回顾中国近百年的历史，尽管中国人民已经明确：要走现代化之路，必须首先反对帝国主义和封建主义，实现中华民族的独立和民主，然而，

---

① 闫团结：《试论辛亥革命对中国现代化的推进》，《福建社会主义学院学报》2011 年第 2 期。

② 《毛泽东选集》第二卷，人民出版社，1991，第 564 页。

正如毛泽东所分析，由于"敌人的力量太强"和"自己的力量太弱"，故"革命几十年"，还"没有胜利"。反帝反封建的任务，不仅辛亥革命没有完成，后来的"五四运动"、"北伐战争"也没有完成，长久以来，中国还是"帝国主义和封建主义的天下"[1]。

事实上，继承孙中山遗志的中国共产党人，建立起了新的共和国，赶走了帝国主义，中国获得了独立，而反封建的任务却仍十分艰巨，远没有完成。在辛亥革命百年后的今天，封建主义的帝皇思想、等级观念、奴性、陋习，以及贪腐，等等，仍然成为妨碍现代化建设和民族振兴的极大阻力。辛亥革命，给后人留下太多的既震撼又遗憾，既激励又须反思。同时，它也给后人留下许多的期待，它那未彻底成功的遗憾，期待着人们继续奋进。

当今，中国已经崛起，屹立在世界的东方。然而，人们应牢记，硬实力提升的同时，不可忽略软实力的同步提升。应该说，软实力恰恰体现在人的思想风貌、道德素养和文化素质的现代化，即人从传统向现代的彻底转换。只有实现了人的现代化，才可能有真正实现整个社会从传统现代的转型，民族伟大复兴的真正实现。这便是辛亥革命的先辈们对我们的期待！

作者单位、职务：广东省社会科学院研究员

---

① 《毛泽东选集》第二卷，第564页。

孙中山与民初宪政

✍ 李细珠

历史有断裂，更有连续。从清末到民初，在历史飞跃的背后，有太多的历史沉淀，时局与人事的脉络均清晰可见。民国初年，从专制转向共和，源于清末的革命派、立宪派、旧官僚等多种政治势力明争暗斗，政局波谲云诡。尽管民初宪政可以从清末立宪找到渊源，但严格地说，民国初年的共和国建设，仍只是中国民主宪政的初步实践。在此过程中，作为首任临时大总统的孙中山如何作为，其民主宪政理念如何，及其是否契合时代跃动的脉搏，这些问题均值得后人深入探究和反思。本文着重从共和国建设中的政体、政党与议会政治等问题，探讨孙中山与民初宪政的关系，以期为观察那段风云变幻的复杂历史提供一个侧面。

一 总统制与内阁制

辛亥革命时期，世界上有美国与法国这样两个典型的共和制国家，其政体并不相同：美国为总统制，法国为内阁制。值得注意的是，民国政府的政体则有一个转变的过程：南京临时政府采用美国式的总统制，北京临时政府则改为法国式的内阁制。为什么会这样？一般的解释是说孙中山为了限制袁世凯专权。如果真是这样，那么孙中山"对人立法"的行为已从根本上背离了民主精神。事实究竟如何，尚需进一步探讨。

孙中山因革命事业长期流亡在外，对世界各国尤其是欧美发达国家的政权模式理应非常熟悉，其理想的政权模式是美国的共和制政府。作为职业革命家、政治家，他最关心的问题是革命的成功及以后的国家政权建设。早在武昌起义前一年多，孙中山在美国时曾表示："革命有三个目的：

推翻满清政府，创立共和政体和按照美国政府一样的方针组织国家。"① 武昌起义后，孙中山从美国途经欧洲回国，在法国巴黎发表谈话，更加明确地宣称："中国革命之目的，系欲建立共和政府，效法美国，除此之外，无论何项政体皆不宜于中国。因中国省份过多，人种复杂之故，美国共和政体甚合中国之用。"② 回国以后，孙中山在上海接受法国《中法新汇报》总编辑采访时，又表示："我个人赞同汲取美利坚合众国和法兰西共和国的各自长处，选择一种间于二者的共和体制。我们很想鉴借其他民族的经验。"③ 这个说法似乎要在美、法两种体制上进行调和折中，充分体现了孙中山理想主义的政治追求。

然而，新生的民国政府究竟采用美国式总统制还是法国式内阁制，据说是颇有争议的，而且各种史料记载又不一致，甚至不无矛盾之处。据胡汉民记载：就在孙中山接见法国《中法新汇报》总编辑的当天，同盟会内部高层会议就总统制与内阁制展开了激烈的争论。当时参加会议的有孙中山、黄兴（克强）、胡汉民、汪精卫、陈其美（英士）、宋教仁（钝初）、张人杰、马君武、居正等人，孙中山主张总统制，宋教仁则力主内阁制。"国内同志以先生（孙中山——引者注）既归，乃共谋建立政府，举先生为总统。……选举及组织政府问题，当然由党而决，遂开最高干部会议于先生寓邸，讨论总统制与内阁制之取舍。先生谓：'内阁制乃平时不使元首当政治之冲，故以总理对国会负责，断非此非常时代所宜。吾人不能对于惟一置信推举之人，而复设防制之之法度。余亦不肯徇诸人之意见，自居于神圣赘疣，以误革命之大计。'时列席者，为余与精卫、克强、英士、钝初、静江（张人杰）、君武、觉生（居正）等。静江率先对曰：'善！先生而外，无第二人能为此言者，吾等惟有遵先生之意而行耳。'众皆翕然。"④ 又据居正记载："总理（孙中山——引者注）回沪后，各方访谒，日不暇给，黄克强、陈英士两先生尤朝夕不离。十一月初七日（1911 年

① 《孙逸仙在美国》，1981 年 9 月 24 日《参考消息》，转引自陈锡祺主编《孙中山年谱长编》上册，中华书局，1991，第 560 页。

② 《在巴黎的谈话》（1911 年 11 月 21～23 日间），《孙中山全集》第一卷，中华书局，1981，第 563 页。

③ 《在上海与〈中法新汇报〉总编辑的谈话》（1911 年 12 月 26 日），陈旭麓、郝盛潮主编，王耿雄等编《孙中山集外集》，上海人民出版社，1990，第 155 页。

④ 《胡汉民自传》，中国社会科学院近代史研究所近代史资料编辑组编《近代史资料》1981 年第 2 期（总 45 号），中国社会科学出版社，1981，第 54～55 页。

12 月 26 日——引者注），假哈同花园公宴总理，席次，克强、英士、遁初密商举总理为大总统，分途向各代表示意。计已定，马君武公言于《民立报》，唤起舆论。晚间复集总理寓所，会商政府组织方案。遁初主张内阁制，总理力持不可。克强劝遁初取消提议，遁初犹未允。克强定期赴宁，向各代表会商。"次日，黄兴在南京向各省代表会提出"政府组织取总统制"案，又是一番讨论。"总统制与内阁制案，遁初犹持前议，讨论颇久，克强说明提案理由，多赞成总统制，照提案通过矣。"① 这是以往的研究者经常征引的两则史料。由此看来，尽管孙中山与宋教仁在总统制与内阁制问题上意见相左，但由于黄兴的居间调解，多数赞成，最终确定了民国政府组织取总统制。

值得注意的是，宋教仁的好友徐血儿在"宋案"之后不久就提供了不同的说法。有谓："冬月（十一月——引者注）初，孙中山先生回国，先生（宋教仁——引者注）偕张继回沪，主张举孙先生为总统。初八日，同盟会诸巨子，会于中山行辕，议决举中山为总统，黄克强为内阁总理。克强不允。中山、汉民主张不设总理。先生内审国情，外察大势，鉴于责任内阁之适于民国也，起而力争。中山认可，派张继与先生磋商，以克强不允任总理，拟请先生代之。先生不允，邀居正、田桐、吕天民至克强处力劝，克强始允。于是，中山为总统、克强为总理之议始定。同赴南京，预备组织政府。先生以《临时政府组织大纲》规定不设国务总理，乃提出修正案，代表有不知在沪所决议者，起而反对，致未通过，并加入国务员同意权一条。先生主张，终受此挫折，不能实行。"② 据此可知，在同盟会内部高层会议上，宋教仁与孙中山就是否设内阁总理发生争执，孙中山让步，最后决定了以孙中山为总统、黄兴为总理的内阁制。但是，这与《临时政府组织大纲》不合，尽管宋教仁在南京代表会上提出修正案，代表们不知就里，故未通过，结果还是采用了总统制。

以上两种说法结果是一样的，其不同之处的关键是孙中山对内阁制是否有所让步。究竟哪一种说法更接近历史的真实，今人要作出准确的判断确实相当困难。一般论者多采用胡汉民、居正之说，而较少提及徐血儿之

① 居正：《辛亥札记》（1944），罗福惠、萧怡编《居正文集》上册，华中师范大学出版社，1989，第 71～72 页。
② 徐血儿：《宋先生教仁传略》，徐血儿等编《宋教仁血案》，岳麓书社，1986，第 6～7 页。

说。笔者认为，胡、居之说未必属实，徐说则值得重视。因为无论胡汉民，还是居正，尽管他们都是亲历此事的当事人，但其所记均为事隔多年之后的回忆，且都有维护孙中山正统的立场，故不免有所隐讳。徐血儿之说就在"宋案"发生之后不久提出，孙、黄诸公俱在而并无异议，似不为无根之谈。

更重要的是，从逻辑与历史相统一的角度看，胡汉民、居正之说有一关键的破绽，徐血儿之说则顺理成章。胡、居之说破绽何在，就在与基本史实冲突。武昌起义之后，独立各省就如何组织民国政府问题，已各派代表开始磋商。1911 年 12 月 3 日，各省都督府代表联合会在武昌议决《中华民国临时政府组织大纲》，就规定采用总统制。[①] 既然如此，而居正又说黄兴亲赴南京向各省代表会提出"政府组织取总统制"案，并经过一番激烈讨论云云，岂非多此一举？再看徐血儿之说，同盟会内部决定以孙中山为总统、黄兴为总理的内阁制，但这与《临时政府组织大纲》的总统制不合，于是宋教仁在南京代表会上提出修正案，结果未获通过而仍采总统制，很是合情合理！据谷锺秀记载，《临时政府组织大纲》发布后，因仓促制定，诸多缺陷，颇受非议，"湖南代表宋教仁，主张修改最力"。12 月 31 日晚，宋教仁与云南代表吕志伊、湖北代表居正提出修正案，主要有"增加临时副总统"和"行政各部拟改为国务各员"等内容，因时间太晚，未能完全议决即散会。宋教仁等人的修正案旨在改总统制为内阁制，但当时"有宋教仁谋为总理之风说"，各省代表对宋教仁多有误会，以为宋教仁存有私心。"因误会宋教仁前主张修改临时政府组织大纲，亦罔不自为之地，一时各省代表大半集矢于宋教仁之身，几百口而莫解。"1912 年 1 月 2 日，安徽、江苏、浙江、福建、广西五省代表再次提出修正案，认为12 月 31 日议决修正案"以如斯重大问题，而于夜间行之，应作无效"，并重新确认了总统制。[②]

可见，在南京临时政府组织之前，虽然孙中山与宋教仁曾就总统制与内阁制有过争议，但因《中华民国临时政府组织大纲》规定了总统制，宋教仁想修正而没有成功，结果南京临时政府成立时采总统制。其间的曲

---

① 刘星楠遗稿《辛亥各省代表会议日志》，中国人民政治协商会议全国委员会文史资料研究委员会编《辛亥革命回忆录》第 6 集，中华书局，1963，第 244～246 页。

② 谷锺秀：《中华民国开国史》，泰东图书局，1917，第 51～54 页。

折，与其说是孙中山强行要求采用总统制，不如说是宋教仁想方设法采用内阁制。

接下来的问题是，《中华民国临时约法》为什么又改总统制为内阁制？是否孙中山为限制袁世凯专权而"对人立法"呢？

南京临时政府成立后，各省都督府代表联合会暂代参议院职权，修改《中华民国临时政府组织大纲》。1912 年 1 月 25 日，景耀月、马君武等五人在《临时政府组织大纲》的基础上起草了《大中华民国临时约法草案》，仍采总统制。1 月 28 日，临时参议院成立。2 月 7 日，临时参议院开始讨论"临时约法草案"。2 月 9 日，继续讨论"临时约法草案"。这次讨论有一个重大改变，就是改总统制为内阁制。"讨论结果，主席请赞成增设责任内阁者起立表决，多数可决。"① 以后持续修改、审读，至 3 月 8 日开第三读会，"用起立表决法，以全体起立可决全案"。② 最后议决通过了《中华民国临时约法》。3 月 11 日，由临时大总统孙中山正式公布。

有一点值得说明，在《临时约法》起草的过程中，作为临时大总统的孙中山曾经把临时政府法制局局长宋教仁起草的《中华民国临时组织法草案》咨送临时参议院，其咨文称："查临时政府现已成立，而民国组织之法尚未制定，应请贵院迅为编定颁布，以固国民之基。兹据法制局局长宋教仁呈拟《中华民国临时组织法草案》五十五条前来，合并咨送贵院，以资参叙。"③ 当天，临时参议院讨论此案，"讨究结果，公议请由秘书长起草咨复政府，并将原案退回"。④ 实际上否决了该案。参议院咨复大总统称："宪法发案权应归国会独有，而国会未召集以前，本院为惟一立法机关，故临时组织法应由本院编定。今遽由法制局纂拟，未免逾越权限。虽声称为参考之资，而实非本院所必要。相应将原拟临时组织法案五十五条咨还，请烦查照可也。"⑤ 可见，《临时约法》是在修改《临时政府组织大纲》的基础上，由临时参议院独立议决的宪法性文件。在其立法的过程

---

① 《参议院议事录（南京）》，1912 年 2 月 9 日，第 32 页。
② 《参议院议事录（南京）》，1912 年 3 月 8 日，第 102 页。
③ 《大总统咨参议院南京府官制草案请议决咨复并中华民国临时组织法草案》，《南京临时政府公报》第 3 号，1912 年 1 月 31 日，中国科学院近代史研究所史料编译组编辑《辛亥革命资料》，《近代史资料》1961 年第 1 号（总 25 号），中华书局，1961，第 25 页。
④ 《参议院议事录（南京）》，1912 年 1 月 31 日，第 10 页。
⑤ 《中华民国临时组织法案》（1912 年 2 月 1 日），《参议院议决案附编·否决案》，《参议院议决案汇编》甲部二册，第 2 页。

中，并没有受到临时大总统孙中山的行政干预，因而其改总统制为内阁制也就与孙中山没有关系。

那么，《临时约法》为什么要改变《临时政府组织大纲》的总统制，而采用内阁制呢？这主要是根据当时政治形势变化而建立统一政权的需要。据谷锺秀分析说："盖各省联合之始，实有类于美利坚十三州之联合，因其自然之势，宜建为联邦国家，故采美之总统制。自临时政府成立后，感于南北统一之必要，宜建为单一国家，如法兰西之集权政府，故采法之内阁制。"① 究竟是否有针对袁世凯的目的呢？表面上看来似不无道理，其实也未必然。尽管革命党人可能有用内阁制限制袁世凯专权的意图②，但南京临时参议院制定《临时约法》的立法程序是没有问题的。对此，始终参与其事的原立宪党人士吴景濂有很深刻的剖析，有谓：

> 中华民国之开国基本法律，第一为《中华民国组织法》。因定组织法时为时仓促，不能详密，故于未选临时大总统前，由临时参议院另定《中华民国约法》。而约法之精神，取美国制抑取法国制，经讨论磋商，为时甚久。于约法上，纯采法国制度，三权分立。立法权在约法时期内，由临时参议院行使之。行政权采法国内阁制，自国务总理以及国务员，由大总统提出，交临时参议院同意，其执行权及选用各国务员权，由临时大总统行使之。司法权，凡司法上所有争论之点，由大理院解决之。此案议决后，由南京临时大总统公布施行。约法上三权制度，与南京政府现行制度不同，世人不察，多谓约法所订权限系为束缚袁临时总统而设，故与南京孙临时政府所行制度不同。袁氏倡之，国人不察而和之，发为怪诞议论甚多，以此抨击约法。不知选举孙中山为临时大总统时，约法正在起草，取何种制度尚未决定，而组织临时政府甚急，又不能待约法成立后再行选举。议约法时，关于取美国制抑取法国制，当时争论甚多，有速记录可证，并非为袁氏要作临时大总统，故定此种约法，以为牵制。予始终厕身与议，故知之较详。日后攻击约法者，皆袁政府所唆使。国内争论多

---

① 谷锺秀：《中华民国开国史》，第 83～84 页。
② 居正与胡汉民的回忆就隐约表达了这个意思。参见《梅川日记》(1950)，《居正文集》上册，第 95 页；《胡汉民自传》，《近代史资料》1981 年第 2 期（总 45 号），第 62～63 页。

年，至于因护法而用兵五年，痛矣哉。①

吴景濂在明确指出袁世凯借以攻击《临时约法》的同时，又清楚地说明了南京临时参议院即使在非常时期，仍然尽可能地坚持严谨立法的精神，参证上述临时参议院曾拒绝临时大总统孙中山交议宋教仁起草《中华民国临时组织法草案》的事例，可知吴景濂之说不无道理。

总之，无论是南京临时政府时期采总统制，还是袁世凯北京临时政府时期改为内阁制，其基本法理依据是由各省都督府代表联合会制定的《中国民国临时政府组织大纲》和临时参议院制定的《中华民国临时约法》，而与所谓孙中山"对人立法"说没有关系。由孙中山批准公布《中华民国临时约法》，赞同改总统制为内阁制，正说明孙中山的宪政思想也有与时代相契合的一面。

二　政党与议会政治

民国初年宪政实践的重要表征，是近代政党的产生及议会政治的尝试。在此过程中，中国同盟会从秘密的革命党改为公开的近代政党，又联合一些小党组建国民党，随后便致力于政党政治运动，积极投入第一次国会选举，并在选举中占据多数席位，为推动中国传统官僚政治向近代议会政治转型创造了良机，结果被袁世凯旧官僚势力扼杀在摇篮之中。对此，孙中山并没有置身事外。作为中国同盟会的创始人，作为新生民国政府的首任临时大总统，孙中山如何应对？正可由此观察其宪政思想理念与民主政治理想。

武昌起义后，孙中山从海外归来，被推举为临时大总统，迅速完成从革命领袖到国家元首的角色转变，可谓实至名归。然而，南京临时政府很快结束其过渡性的历史使命。孙中山下野后，便宣称不问政事，而专致力于民生主义的实业建设。就在孙中山解职临时大总统的当天，他在南京同盟会会员饯别会上发表演说，有谓："今日满清退位、中华民国成立，民族、民权两主义俱达到，唯有民生主义尚未着手，今后吾人所当致力的即

---

① 吴叔班记录、张树勇整理《吴景濂自述年谱》（上），中国社会科学院近代史研究所近代史资料编辑部编《近代史资料》总106号，中国社会科学出版社，2003，第46～47页。

在此事。"① 此后，孙中山又在不同场合一再表达此意。例如，他在接见美国纽约《独立杂志》特约代表传教士李佳白谈话时表示："目前，我对我们中国的社会革新，比党务与政治问题更有兴趣。政治革命的任务已经完成，现在我正集中我的思想与精力于从社会、实业与商务几个方面重建我们的国家。"② 在当时，孙中山所谓的民生主义事业主要就是实业建设，具体而言则是在 10 年之内修建 10 万公里铁路。他曾致函宋教仁说："弟刻欲舍政事，而专心致志于铁路之建筑，于十年之中，筑二十万里之线，纵横于五大部之间。"③ 现在回溯历史，可知孙中山对时局的判断太过于理想化。中华民国的建立，并不表示民权主义即政治革命的目标已经达到。事实上，孙中山也很快就意识到这一点，因而他在极力宣扬民生主义的同时，其实并没有忘情于政治。

以下着重考察在两个关节点上孙中山对于近代政党与议会政治的态度。

第一，同盟会改组为国民党。

同盟会本是中国革命统一的领导机关，但自成立伊始，其内部便存在分歧，并不断发生分裂现象。武昌起义之后，有一股"革命事起，革命党消"的言论盛行，更把同盟会推到何去何从的十字路口。1911 年 12 月 30 日，就在孙中山被推举为临时大总统的第二天，在上海召开了同盟会本部临时会议，改订同盟会暂行章程，发布《中国同盟会意见书》，在重申三民主义理想的同时，明确地表示要改为近代政党的意图。有谓："吾党所标三大主义，由民族而民权、民生者，进引〔行〕之时有先后，而欲造成圆满纯固之国家，以副其始志者，则必完全贯彻此三大主义而无遗。即吾党之责任，不卒之于民族主义，而卒之于民权、民生主义者，则固无庸疑也。……俟民国成立，全局大定之后，再订开全体大会，改为最闳大之政党，仍其主义，别草新制，公布天下。"④ 随后，同盟会内部讨论改组问题，党员意见颇有分歧。据胡汉民回忆："党员意见分左右两派。右派以为武装革命已告终了，应改为公开之政党，从事于宪法国会之运动，立于代表国民监督政府之地位，不宜复带秘密之性质。左派则以革命之目的，并未达到，让权袁氏，前途尤多危险，党中宜保存从来秘密工作，而更推

---

① 《在南京同盟会会员饯别会的演说》（1912 年 4 月 1 日），《孙中山全集》第二卷，第 319 页。
② 《中华民国》（1912 年 7 月中下旬），《孙中山全集》第二卷，第 392 页。
③ 《致宋教仁函》（1912 年 8 月 22 日），《孙中山全集》第二卷，第 404 页。
④ 《中国同盟会意见书》（1911 年 12 月 30 日），《孙中山全集》第一卷，第 578~579 页。

广之，不宜倾重合法的政治竞争，而公开一切。乃讨论结果，右派占多数。"① 尽管胡汉民是用批判的口吻回忆那段历史，但还是说明了要求改组者占多数的事实。显然，按照胡汉民的说法，孙中山应当属于要求改组政党以监督政府的"右派"（详见下文）。1912 年 3 月 3 日，同盟会本部在南京召开全体大会，正式改为公开政党，宣布宗旨二事：巩固中华民国，实行民生主义。政纲九条：一、完成行政统一，促进地方自治；二、实行种族进化；三、采用国家社会政策；四、普及义务教育；五、主张男女平权；六、厉行征兵制度；七、整理财政，厘定税制；八、力谋国民［际］平等；九、注重移民垦殖事业。全体赞成。大会选举孙中山为总理、黄兴、黎元洪为协理。"规模大备，决定大为扩张，以完成民国之一最大政党，各支部亦宜实力推广，以张党势。"② 同盟会由革命党改为公开政党后，就谋求成为民国最大政党。

其时，适应民主共和建设的潮流，各种政党如雨后春笋般涌现。有革命党人章太炎与旧立宪派人士张謇、旧官僚程德全等人组成的中华民国联合会，随后改组为统一党；有共进会领袖孙武等人组织的民社，后与统一党、国民协进会等合并为共和党；有旧立宪派人士汤化龙、孙洪伊、林长民等人发起的共和建设讨论会，后来改组为民主党；还有统一共和党、国民共进会、共和实进会、国民公党、中国社会党、自由党、民权党，等等。应该说，对于近代政党，孙中山并不陌生。面对政党纷立的局面，孙中山一再表示希望联合成一大政党，以监督政府。4 月 4 日，孙中山在上海出席自由党宴会。自由党请其任该党主裁，孙中山回答说："党派多少，足觇人民程度高低。今日政党过多，宜亟谋联合。鄙人对于自由党，极愿商榷政见。"③ 4 月 11 日，孙中山在武汉各界欢迎会上发表演说，对政团、政党纷纷发起、时呈纠纷之象颇不以为然。他说："团体不可多，多则力分。一方政党，一方民党。民国初基，似此纷纷发起，殊非正轨。然揣其原因，均不外出力为民，如宁如沪，类皆纷纠，于是便有意见，有意见便不能为民国办事。必须大众统一，成一极大民党，始可以监督政府。"④ 4 月 20 日，孙中山在福建各界欢迎会上演说称："共和政府如国民公仆，与

---

① 《胡汉民自传》，《近代史资料》1981 年第 2 期（总 45 号），第 61 页。
② 《南京电报》，1912 年 3 月 5 日《民立报》第 3 页。
③ 《公宴卸任总统》，1912 年 4 月 6 日《申报》第 7 版。
④ 《中山先生社会革命谈》，1912 年 4 月 15 日《申报》第 3 版。

从前专制政府视人民如犬马不同。是以凡为民国国民者，可组织一大政党，监督政府，不可破坏政府，反阻碍共和。"① 可见，尽管孙中山忙于宣传民生主义和实业建设，但仍在深刻地思考政党的地位与作用问题。从其一再宣称要联合一大政党以监督政府的立场来看，可知孙中山正是上述胡汉民所谓同盟会里的"右派"。

孙中山关于政党的思考与当时政局的变化密切相关。随着袁世凯北京临时政府的日渐巩固，政治重心北移，各政党本部亦纷纷北迁，并重新分化组合。统一党、民社、国民协进会、国民公会等合组共和党，以拥护袁世凯政府为宗旨，与同盟会相对抗。同盟会重要骨干人员宋教仁等人也在谋求与统一共和党、国民共进会、共和实进会、国民公党等合组新党事宜。对此，孙中山给予了极大的支持。8月13日，孙中山与黄兴联名通电同盟会各支部，赞同改党。有谓：

> 按北京本部来电云："连日与统一共和党、国民公进会、国民公党协商合并，另行组织。彼此提出条件如下：一、定名国民党。一、宗旨巩固共和，实行平民政治。一、党纲五条，保持政治统一，发展地方自治，励行种族同化，采用民生政策，保持国际平和。一、用理事制，于其中推一人为理事长。昨日开全体职员、评议员联合会，合并条件已通过"云云。文等以上列各条，与本会宗旨毫不相背，又得此多数政团同心协力，将吾党素所怀抱者见诸实行，此非独同人之幸，亦民国前途之福也。文等深为赞成。且同盟会成立之始，其命名本含有革命同盟会意义，共和初建，改为政党，同人提议变更名称者益众，即此时而易之，可谓一举两得矣。特此通电贵支部，务求同意，以便正式发表。②

正是由于孙中山与黄兴等领袖人物的支持，同盟会与其他政党合并进展顺利。8月25日，就在孙中山进京次日，由同盟会与统一共和党等政党合并而成的国民党在北京召开成立大会。孙中山出席大会，并当选为国民党理事长。在大会演说中，孙中山对国民党的成立及其与民国政治前途表示了殷切的期望。他说："今五党合并，兄弟切望诸君同心合志，破除党

---

① 《孙前总统莅闽记》，1912年4月27日《民立报》第6页。
② 《致同盟会各支部电》（1912年8月13日），《孙中山全集》第二卷，第395页。

界，勿争意见，勿较前功，服从党纲，修明党德，合五党之力量气魄，以促民国之进行。是中华民国前途之无量幸福。即有他党反对，我党亦宜以和平对付，决不宜为鹬蚌之争。中国当此危急存亡之秋，只宜万众一心，和衷共济。五党合并，从此成一伟大政党，或处于行政地位，或处于监督地位，总以国利民富〔福〕为前提，则我中华民国将可日进富强。故兄弟于五党合并，有无穷之希望也。"① 孙中山与黄兴的"深为赞成"，对于国民党的成立至关重要。当时有报纸谣传宋教仁排斥孙中山，甚至说孙中山与黄兴矛盾冲突。宋教仁特别致书北京各报馆，发表声明："此次国民党之合并成立，全出于孙、黄二公之发意，鄙人等不过执行之，故党员无论新旧，对于孙、黄二公皆非常爱戴。"② 后来，孙中山也一再盛赞合并国民党之事，甚至认为："今日合六党成一国民党，其功与南北统一同。"③

孙中山还直接促成地方同盟会支部改组为国民党。例如，他在山西同盟会欢迎会上演说，通报同盟会已联合他党合并为国民党后，便当场宣布："同盟会即国民党。山西自今日起，亦可改为国民党。"④ 又如，孙中山还致书南洋同志，说明同盟会改组为国民党的意义，并明确指示："尊处宜即日改称国民党南洋支部为要。"⑤ 可见，孙中山对同盟会改组为国民党是真诚支持的。此时，孙中山对政党的政治功能的认识已越来越清晰，那就是如上所引其在国民党成立大会上演说所谓"或处于行政地位，或处于监督地位"。显然，这就是孙中山理想中的政党政治。

第二，国民党参与第一届国会选举。

在同盟会联合他党改组为国民党的过程中，民国第一届国会选举筹备工作也在紧锣密鼓地进行。1912 年 8 月 10 日，袁世凯政府公布了由临时参议院起草的《中华民国国会组织法》与《参议院议员选举法》、《众议院议员选举法》。宋教仁等人改组国民党，其目的就是要建立大政党，参与国会选举，以国会多数党组织政党内阁。对此，孙中山因主要关注点和工作重心在民生主义与实业建设，虽不甚热衷，但亦深表赞同和支持。

---

① 《在国民党成立大会上的演说》（1912 年 8 月 25 日），《孙中山全集》第二卷，第 408 页。

② 《致北京各报馆书》（约 1912 年 9 月），陈旭麓主编《宋教仁集》下册，中华书局，1981，第 420 页。

③ 《在上海国民党欢迎会的演说》（1912 年 10 月 6 日），《孙中山全集》第二卷，第 485 页。

④ 《在山西同盟会欢迎会的演说》（1912 年 9 月 19 日），《孙中山全集》第二卷，第 472 页。

⑤ 《致南洋同志书》（1912 年 10 月 9 日），《孙中山全集》第二卷，第 486 页。

早在国民党成立前，孙中山与美国传教士李佳白谈话，曾谈到政党与党争问题，就主张联合大党，像欧洲民主国家一样实行政党政治。有谓："中国和其他所有国家一样，不管政府是民主的或是君主的，政党总是存在的，而且政府的指导权也总是从此一党转移到彼一党的。中国也已开始有了自己的政党。事实上，中国的党、社，已经太多，最好他们能联合成两三个有力的大党。……我赞成由行政官员对国民议会负责，犹如几乎所有欧洲国家所采行者。在此种制度之下，政党必须有存在之地位，而且政党间的竞争也无可避免。"① 孙中山北上途经烟台，在社会党、同盟会欢迎会上演说也认为："国中政党，只当有进步、保守二派。此次同盟会与各党合并，即欲使国中只存二党，以便政界竞争。"② 国民党的成立，正有如孙中山所期望的两党政治的意图。《国民党宣言书》宣称："一国政党之兴，只宜二大对峙，不宜小群分立。……吾中国同盟会、统一共和党、国民公党、国民共进会、共和实进会，相与合并为一，舍其旧而新是谋，以从事于民国建设之事，以靳〔蕲〕渐达于为共和立宪国之政治中心势力，且以求符合政党原则，成为大群，藉以引起一国只宜二大对峙之观念，俾其见诸实行。"③ 在国民党成立大会上，孙中山充分阐述了政党与政治进步的关系。他说："政党均以国利民福为前提，政党彼此相待应如弟兄。要知文明各国不能仅有一政党，若仅有一政党，仍是专制政体，政治不能有进步。吾国帝皇亦有圣明之主，而吾国政治无进步者，独裁之弊也。故欲免此弊，政党之必有两党或数党互相监督，互相扶助，而后政治方有进步。故政党者虽意见之不同、行为之不同，要皆为利国福民者也。"④

国民党成立后，便与拥袁的共和党相竞争。孙中山在北京出席共和党本部欢迎会时，曾努力劝勉国民党、共和党以英美两党政治为榜样。他说："共和政体三权分立，各有范围，三者之中尤以立法机关为要。立法机关乃人民之代表，欲求有完全国家，必先有完全议院，必先有完全政党。民国初立所发生之政党，一曰贵党，一曰国民党。……吾愿两党诸君，以英、美先进国之〔为〕模范。倘以公理为依归，将来必有发达之

---

① 《中华民国》（1912 年 7 月中下旬），《孙中山全集》第二卷，第 393 ~ 394 页。
② 《在烟台社会党、同盟会欢迎会的演说》（1912 年 8 月 21 日），《孙中山全集》第二卷，第 403 页。
③ 《国民党宣言书》（1912 年 8 月 13 日），《孙中山全集》第二卷，第 398 页。
④ 《在国民党成立大会上的演说》（1912 年 8 月 25 日），《孙中山全集》第二卷，第 408 页。

望，若不以公理为依归，虽人多势众，终必失败，此一定之公理也。"① 在此，孙中山强调政党竞争要以公理为依归，而不做无谓的纷争。他在济南各团体欢迎会演说，号召"各政党、各团体务宜联络一气，以国家为前提，而不能以本党为前提。直言之，即各自牺牲其本党，以为国家也。若各自为谋，则甚非国家之福。"② 孙中山还特别强调政党政争要注意党德。他在杭州出席共和党、民主党浙江支部欢迎会演说时，认为："惟政党竞争，以道德为前提。所有政策，一秉公理，然后以之谋国，其国以强；以之谋党，其党以昌。"③ 孙中山讲党德不只是对他党的要求，对国民党同样如此。在上海国民党恳亲会上，他说："惟是政党欲保持其尊严之地位，达利国福民之目的，则所持之党纲，当应时势之需要，以合乎世界之公理。而政党自身之道德，尤当首先注重，以坚社会之信仰心。即征诸各文明国之党史，亦莫不如是。"④ 以上均是孙中山针对民初政党现状有感而发，可谓针砭时弊。

在 1912 年底至 1913 年初的第一届国会选举中，国民党获得占多数优势的胜利。孙中山颇感惊喜，并着手研讨政党内阁问题。在上海国民党茶话会上，他说："此次国会议员之选举，本党竟得占有过半数，吾等以为失败者，乃竟不然。足见国民尚有辨别之能力，亦可见公道自在乎人心。本党未尝以财力为选举之运动，而其结果，犹能得如此占胜利，足见本党党纲，能合民国心理。以后本党宜更并力进行，以求进步。""本党今既得占优胜地位，第一应研究者，即为政党内阁问题。然此问题甚耐研究，此时尚不能决。本党将来担任政治事业，实行本党之党纲，其他之在野党，则处于监督地位。假使本党实施之党纲，不为人民所信任，则地位必至更迭。而本党在野，亦当尽监督之责任，此政党之用意也。互相更迭，互相监督，而后政治始有进步。""今日之胜利，竟出意料之外，可见中华民国之国民党，将来必占最大之势力。吾人不可放弃责任，大家努力做去，将来之佳果，必不止此。"⑤ 孙中山不失为一个政治理想主义者，对前途始终充满信心。同时，他绝不是贪权恋栈之流，并能随时根据政治形势的变化

---

① 《在北京共和党本部欢迎会的演说》（1912 年 9 月 4 日），《孙中山全集》第二卷，第 440～441 页。

② 《在济南各团体欢迎会的演说》（1912 年 9 月 27 日），《孙中山全集》第二卷，第 480 页。

③ 1983 年 2 月 5 日《团结报》，转引自陈锡祺主编《孙中山年谱长编》上册，第 754 页。

④ 《在上海国民党恳亲会的演说》（1913 年 1 月 10 日），《孙中山全集》第三卷，第 1 页。

⑤ 《在上海国民党茶话会的演说》（1913 年 1 月 19 日），《孙中山全集》第三卷，第 4～5 页。

作出策略的调整。当日人宗方小太郎提出国民党在国会选举上占优势，孙中山是否出任总统的问题时，他回答说："议员之选举虽然胜利归于我党……惟余断不肯担任总统，拟暂在民间为培养势力之事。"① 此时，孙中山已坚定地主张政府组织采政党内阁制度。在神户国民党交通部欢迎会上，他说："至于政府之组织，有总统制度，有内阁制度之分。法国则内阁制度，美国则总统制度。内阁制度则内阁负完全责任。内阁差〔若〕有不善之行为，人民可以推倒之，另行组织内阁。总统制度为总统担负任〔责〕责〔任〕。不但有皇帝性质，其权力且在英、德诸立宪国帝皇之上。美国之所以采取总统制度，此因其政体有联邦性质，故不得不集权于总统，以谋行政统一。现就中国情形论之，以内阁制度为佳。我的国民，莫不主张政党内阁，视其议员为何党之多数，以定国民之信用。为组织内阁选举时，在位之一党少数则失败，在野之一党多数则居之。但其党之可以得多数者，莫不由人民之心理主义所赞同。是则政党内阁，可以代表民意。国家则为民意所成，胎〔灼〕然若见矣。"② 显然，这时孙中山已对选举获胜的国民党组织政党内阁充满莫大的希望。

然而，天有不测风云。1913 年 3 月 20 日，袁世凯势力在上海刺杀了踌躇满志的宋教仁，举国震惊。"宋案"的发生，扰乱了时局，也改变了中国民主宪政的进程。正在日本访问的孙中山闻讯异常悲愤，当即致电国民党本部及上海交通部："闻钝初死，极悼。望党人合力查〈研〉此事原因，以谋昭雪。"③ 随后迅速离日返国。孙中山用血泪写下挽宋教仁联："作公民保障，谁非后死者；为宪法流血，公真第一人。"④ 宋教仁之死，使孙中山清楚地意识到中国民主宪政的道路将无比艰难曲折。革命尚未成功，同志仍须努力。孙中山毅然组织了"二次革命"。

三 结语：理想与现实的落差

孙中山是一位政治理想主义者。武昌起义后，他满怀信心地带着美好

---

① 日本外务省档案，1913 年 1 月 30 日驻在员宗方小太郎提出议书，机密第 10 号，陈明译，转引自陈锡祺主编《孙中山年谱长编》上册，第 762 页。

② 《在神户国民党交通部欢迎会的演说》（1913 年 3 月 13 日），《孙中山全集》第三卷，第 44 页。

③ 《致国民党本部及上海交通部电》（1913 年 3 月 22 日），《孙中山全集》第三卷，第 50 页。

④ 《挽宋教仁联》（1913 年 4 月），《孙中山集外集》第 615 页。

的理想回国，对民主共和国建设的前途充满着无限憧憬和期待。在武汉黄鹤楼群众欢迎会上，孙中山说："我们大家要同心协力，以最大的热心和毅力，把中华民国建设成第一等民国，使世界公认我国国民为世界第一等国民，这是我最大的希望。"① 同时，孙中山也充分认识到共和国建设的任务非常艰巨。他说："满清的逊位，并非即是中国的完全得救。在我们的面前，尚有大量工作必须完成，俾使中国能以伟大强国的身分与列国并驾齐驱。"② 然而，残酷的现实很快击碎了玫瑰色的理想。孙中山不得不再次踏上革命的征途。

若干年后，当孙中山对这段历史进行自我反思的时候，他特地从革命方略实施与否的角度检讨民初宪政的成败得失。他说："民国建元之初，予则极力主张施行革命方略，以达革命建设之目的，实行三民主义，而吾党之士多期期以为不可。经予晓喻再三，辩论再四，卒无成效，莫不以为予之理想太高，'知之非艰，行之惟艰也'。呜呼！是岂予之理想太高哉？毋乃当时党人之知识太低耶？予于是乎不禁为之心灰意冷矣！"此所谓"革命方略"，是同盟会时代已经制定的革命程序，分军法之治、约法之治、宪法之治三个时期，即军政、训政、宪政三个阶段。由专制走向共和，既要经历革命之破坏，还要经历革命之建设，尤其后者，即训政阶段是不可或缺的环节。但一般革命党人并没有认识到这一点，结果欲速则不达。"夫以中国数千年专制、退化而被征服亡国之民族，一旦革命光复，而欲成立一共和宪治之国家，舍训政一道，断无由速达也。……惜乎当时之革命党，多不知此为必要之事，遂放弃责任，失却天职，致使革命事业只能收破坏之功，而不能成建设之业，故其结果不过仅得一'中华民国'之名也。悲夫！"③ 无量头颅无量血，可怜购得假共和。辛亥革命推翻了两千多年的君主专制制度，但仅换得一块民国的招牌。对此，孙中山深感失望和无奈。

作者单位、职务：中国社会科学院近代史研究所研究员

① 《在黄鹤楼群众欢迎会上的演说》（1912 年 4 月 10 日），《孙中山集外集》，第 49 页。
② 《复康德黎夫人函》（1912 年 3 月 12 日），《孙中山全集》第二卷，第 230～231 页。
③ 《建国方略》（1917～1919 年），《孙中山全集》第六卷，第 205、210～211 页。

清末民初香港报刊的孙中山形象研究

✒ 莫世祥 陈 红

香港是孙中山及其战友据以策动中国内地共和革命的策源地和海外基地。处于自由港环境下的香港中英文报刊，在清末民初及时报道和自由评论孙中山领导中国共和革命的消息，从而塑造出孙中山在此期间的不同阶段、不同报刊评论中的不同政治形象。这些形象或引导、或反映当时不同的读者群对孙中山的认识与看法，由此折射出中山革命在香港乃至内地引发的社会回响。因此，研究清末民初香港报刊中的孙中山形象及其演进与变异轨迹，对于今人评估昔日中山革命的舆论反应，有着重要的意义。

清末民初期间香港出版发行的英文报刊至今多有保存，中文报刊却失传甚多。流传至今而又较为完备的中文报刊，只有反映香港华商主流观念的《香港华字日报》一种。此外，当时革命党人创办的《中国日报》及其衍生品《中国旬报》，也有部分日期相对完整的流传。这就使本文可以有所依据地进行如下的探讨。

一 清末孙中山革命领袖形象的演进

香港报刊对于孙中山的报道，最早见诸 1892 年 7 月 23 日。这天，孙逸仙（Sun Yat‒sen）作为香港西医书院最为优异的首届毕业生，出席毕业典礼和毕业晚宴，因而为当时香港英文报刊的报道所提及。

当天，香港英文报刊《德臣西报（The China Mail）》以整版篇幅，详细报道这天下午西医书院举行首届毕业典礼的盛况。报道称，港督罗便臣（Sir. William Robinson）等政府官员应邀出席毕业典礼。罗便臣亲自向江英华、孙逸仙两位毕业生颁授毕业证书，并向在西医书院 11 门科目考试中取得优异成绩的学生颁发奖品。其中孙逸仙获得成绩优异奖的科目及奖品共有三项，分别是：医学，奖品是丹纳与米多（Tanner and Meadow）合著的《婴幼童疾病》；产科，奖品是纽曼（Newman）所著《肾脏外科》；卫生与公共健康学，奖品是鲍尔比（Bowlby）所著《神经损伤与疾病治疗》。

当晚，西医书院在太平山顶的柯士甸山酒店举行首届毕业生晚宴，教务长康德黎（Dr. James Cantlie）主持，港督罗便臣等港府官员应邀出席。两天后，《德臣西报》再度以整版篇幅报道此次晚宴的盛况。据该报报道，港督在致辞中说："除了今晚站在我们大家面前的两位尊贵的学生典范之外，政府还将襄助西医书院培养出更多的合格毕业生。"随后，孙逸仙致答谢词，说："我所想要说是，感谢所有在座嘉宾接受我的祝酒，不仅为我们自己，而且为所有在香港的人们，祝愿母校成功！"① 《德臣西报》的这两则报道，是香港报刊第一次向世人提及西医书院首届毕业生孙逸仙的消息，从中展示的是一位学业优异、谦恭识礼的青年才俊形象。

这一形象，在3年后香港报刊对于乙未广州起义及其领导者孙中山的报道中迅速改观。

1895年（农历乙未年）春，孙中山与兴中会同仁以及香港华人领袖、立法局议员何启等开始策划广州起义。香港英文报刊《德臣西报》编辑黎德（Thomas H. Raid）和《士蔑西报（Hong Kong Telegraph）》编辑邓肯（Chesney Duncan）也应邀参与起义密谋，表示支持。3月18日，《德臣西报》发表社论，披露中国"革新党（Reform Party）"将在广州进行君主立宪的革新运动，外国政府不应加以阻挠。5月下旬，《德臣西报》及其中文版《香港华字日报》分别发表何启、胡礼垣合力撰写的中、英文《新政论议》，呼吁进行君民共主式的政治改革。5月30日，《德臣西报》发表《中国之宪政改革——向皇帝请愿（Constitutional Reform in China：Petition to the Emperor)》一文，摘译写于本月5日的一封署名"大清帝国光绪皇帝忠实子民"的请愿信，并在按语称："该请愿信可以视为革新党的宣言，它已经通过总理衙门呈交光绪皇帝。"② 显然，《德臣西报》等香港英文报刊是以"Reform"，即改革、革新的定性，为广州起义密谋进行舆论宣传。

1895年10月26日（农历九月九日重阳节），广州起义密谋败露，清

---

① 译自香港1892年7月23、25日《德臣西报（The China Mail）》有关西医书院（College of Medicine forChinese）的报道。

② 译自该报同题文。兴中会要员谢缵泰在其于1924年出版的《中华民国革命秘史》称，该请愿信是他所作。

军破获起义指挥机关，逮捕陆皓东等兴中会员。广州与香港的报刊随即报道与此相关的消息，其中披露孙文即孙逸仙，正是此次起义的领导者。29日，《香港华字日报》报道说，南海巡勇管带李家焯探知有一人名叫孙文，即孙逸仙，寄居于王家祠。便于 26 日（礼拜六）率兵包围该处，不过孙文早已闻风而遁。11 月 1 日，该报又转载上月 30 日南海、番禺官府联衔发布的四言体韵语告示："现有匪首，名曰孙文。结有匪党，曰杨衢云。起意谋叛，扰乱省城。分遣党羽，到处诱人。"① 至此，先前成绩优异的香港西医书院首届毕业生孙逸仙，一变而成为在广州策动谋反的"匪首"。这种"匪首"的负面形象，经由香港和内地的报刊转载清朝官府通缉令的广泛传播，致使数年之后的留日中国学生还误以为"孙文不过广州湾之一海贼"。

广州起义失败之后，负责在广州指挥起义的孙中山和负责在香港接应的杨衢云及其双方部属，一度就起义失败的责任问题展开争议。前者指责后者不应在接到广州的示警电报之后，仍然从香港征集数百苦力登船来广州参加起义；后者则指责前者不应在 10 月 28 日清晨香港队伍未到之前就逃走。这种争议甚至见诸介入起义密谋颇深的《德臣西报》的报端。11 月 2 日，该报发表据称是该报驻广州记者的一篇报道，指责孙中山应对广州起义失败负责。该报道说："据谣传，有个叫孙文（Süi Nam）的人是这班爱国者的领袖，他多年旅居香港和广州，其性格及爱国情操却并非无可置疑。所有认识他的人，对于起义密谋考虑得如此周详却土崩瓦解得如此荒唐，都丝毫不会感到奇怪。在他的香港同志到达广州之前的 20 个小时，他已经逃之夭夭，这算是什么首领？但由于他的头颅已经不保，这对于他的追随者和朋友来说，是个大解脱，因为他再没法去缠他们了。"鉴于此报道深知广州起义失败的内情，澳大利亚学者黄宇和认为："可以初步鉴定该篇报道的作者是谢缵泰。"② 果真如此，此举不啻将孙、杨两派围绕起义失败责任而展开的内部争议公之于众，于情于理，难称仁智。诚然，孙中山确于香港队伍抵达广州前的 20 小时离开广州，但他毕竟是在清军开展全城搜捕活动已达 20 多小时之后才离开的。在此前后，谢缵泰一直安居香

---

① 29 日《香港华字日报》报道，转译自《广州起义密谋（The Threatened Rising in Canton）》，1895 年 10 月 30 日《德臣西报》。

② 《广州形势（The Situation in Canton）》，1895 年 11 月 2 日《德臣西报》；黄宇和：《中山先生与英国》，（台）学生书局，2005，第 221～222、226 页。

港，何苦还对幸而脱险的孙中山相煎太急？

11 月 2 日，即《德臣西报》刊文暗示孙中山临阵脱逃导致起义失败的当天，孙中山和陈少白、郑士良三人乘坐日本货船广岛丸离开香港，前往日本。从此，孙中山开始流亡海外的生涯。1896 年 10 月 11 日，孙中山被诱禁于清朝驻英国公使馆。在英国朝野压力下，清使馆被迫于 10 月 23 日释放孙中山。孙中山因此事件而成为国际舆论关注的热点人物，并且获得香港英文报刊的同情和正面报道，一洗广州起义失败后被谢缵泰撰文讥讽的羞辱。

1896 年 11 月 26 日，《德臣西报》以《中国的革新（The Reformation of China）》为题，转载日本英文《神户记事报》刊载的《心目中的革命者》一文。该文以赞誉的口吻称："孙逸仙将很可能成为加载史册的风云人物，他就是近日伦敦清使馆企图绑架、并将以叛徒罪处死的那个人。""当今对中国有深切了解而又具大无畏革命精神者，舍孙医生外无他人。仅此勇气就足以使整个民族复兴。""他中等身材，削瘦而结实，谈锋敏锐，具有中国人少见的坦率性格，谈吐诚恳，机敏果断，一经接触就使人确信，他在各方面都是他自己民族中出类拔萃的人。虽然他有沉静的外表，如果命运对他公正的话，他迟早都会对中国产生深远的影响。"

该文还评论 1895 年广州首义失败的责任问题，说："毫无疑问，有相当多支持这次举事的人抱着不可告人的动机，因为在中国这种人太多了。他们早在三月份就坚持要仓促举事，当时虽然已经从檀香山、新加坡、澳大利亚以及其他地方筹集到资金，但仍然缺乏合适的人选，武器亦准备不足，幸亏更高明的意见占了上风。要是更高明的意见在十月份亦能占上风的话，也许不至于那样糟糕。"黄宇和认为，该文作者极有可能是当时在神户的陈少白，"他似乎想达到双重目的，一是树立孙逸仙的英雄形象，二是攻击他过去的盟友"。

两天后，《德臣西报》刊载一封"暂不奉告"姓名的读者来信，反驳说："为了纠正最近因为孙逸仙医生被伦敦清使馆拘禁而造成的错误印象，请允许我告诉您，革新派的领袖是杨衢云，一位真金般高贵、白璧般无瑕的进步人士，一位彻底的爱国者和革新派人物。他被称为护国公，孙逸仙医生只不过是革新运动的组织者之一。"黄宇和估计，这封来信的作者有可能是谢缵泰。①

---

① 转引自黄宇和《孙逸仙伦敦蒙难真相》，世纪出版集团、上海书店，2004，第 104、105 页。

　　陈少白、谢缵泰分别是孙中山、杨衢云的得力的助手和拥戴者。两人公开撰文的争议焦点，在于拥孙或拥杨担任兴中会的领袖。其实，古往今来，领袖人物的最终确立，全靠社会实践的磨炼与淘汰而成。就担当挑战大清王朝权威的造反、革新领袖而言，其众望所归的威信建树，并非来自内部党争，而是来自失败中重整旗鼓、屡败屡战的坚毅行动，以及激励同道者奋起相随、坚持抗争的有力感召。在这一方面，孙中山在流亡海外过程中，经由伦敦蒙难事件而在国际舆论中呈现的中国革新领袖的风采，显然比当时杨衢云流亡到远离世界政治中心的南非，在当地华人中秘密组建兴中会分会，更加具有吸引中外舆论关注的号召力。况且，1899 年香港兴中会陈少白等人与湖南、广东的会党首领在香港成立兴汉会，推举孙中山为总会长。有鉴于此，杨衢云在 1900 年初辞去兴中会的会长职务。于是，孙中山成为兴中会的最高领导人，兴中会隐现的孙、杨两派领导权之争随之平息。

　　此后，香港报刊明确以"华人革命党领袖"或"中国改革家"的定位，正面报道孙中山的言行。1901 年 7 月 23 日，《香港华字日报》以《孙汶回国》为题，译载美国檀香山报刊的报道，称："檀香山廿二日西报云：昨二十日亚美利驾丸由此开行，以回日本、香港等处。搭客有华人革命党领袖孙逸仙欲回中国。当时西报访事见孙某，问之曰：'君复回中国，果不惧丧元乎？'答：'丧元吾何惧哉！吾到中土，大集同志，谅不久尔必闻消息。吾经已购备军火，分派党羽，屯聚各处，待时而动，将必与现管理中国者决一死战。吾党万死不移，断不肯半途而废。此乃吾第三次起乱。现中外人民皆闻风来归，故可决必有成功也。今定章程，又转胜前时，而且豪杰纷应，兵力壮足，太后与华官闻之亦必魂飞胆落。吾甚愿中国效法美国，公举总统，使吾民免受专制之苦而得自主之权，则我中国转弱为强，亦指顾间事耳。'"这则译载虽然文字不多，却显示孙中山作为"华人革命党领袖"不怕抛头颅（丧元）而决心效法美国进行共和革命的英雄气概。

　　1896 年 3 月 4 日，香港政府曾经因为孙中山策动广州起义，而颁布禁止他在 5 年内进入香港的放逐令。这一放逐令过期之后，孙中山于 1902 年 1 月 28 日乘坐日本轮船抵达香港，入住士丹利街 24 号《中国日报》报馆三楼，与居港家人及战友团聚。孙中山冒险在香港登岸居留，立刻引起报刊记者的关注。《德臣西报》报道说："举世闻名的中国改革家孙逸仙已返回本殖民地。我们通过非官方而又完全可信的渠道获悉，他正和另一位著名的改革家暂住在士丹利街。他穿着欧洲服饰，行动颇为自由。他在日本住了相当长的时间。鉴于最近一位香港改革者被绑架，以及一位担任教师的改革者在结志街被暗杀，他来到如此接近中国的地方，正冒着极大的危险。他这样做，似乎是为了进行某种十分重要的活动。我们认为，虽然本殖民地曾对他发出一定期限的放逐令，但显然此令已经过期。"①

革命党人在香港主办的《中国日报》，则从党人服膺和主义宣传的角度，进一步强化孙中山的革命领袖形象。1907 年 9 月 28 日，该报在《报告粤省之同胞》的标题下，全文刊载中华国民军南军都督王和顺的起义文告，内中申明他跟随孙中山革命之后而向往民主共和制度的政治抱负："及从孙文先生游，得与闻治国之大本，始知民族主义虽足以复国，未足以强国，必兼国民主义，以自由、平等、博爱为根本，扫专制不平之政治，建民主立宪之政体，行土地国有之制度，使四万万人无一不得其所。"王和顺原是广西会党首领之一，他的这则文告估计出自当时在越南河内指挥中越边境起义的同盟会秘密机关中的知识分子之手。无论如何，它都有助于在读者的心目中树立起对孙中山的崇敬之情。

香港英文报刊的如下报道，表明孙中山虽然遭到香港政府接连颁布放逐令，但他仍然对同盟会在香港的活动产生直接的影响：1908 年 3 月 10 日，《德臣西报》刊文披露孙中山抵港的行踪，称："孙逸仙医生正在香港。众所周知，他是中国政府悬赏 20 万巨款的叛乱领袖。他在泊港的一艘日轮上，该轮从新加坡前往日本的途中经过香港，他的一些同伙和他在一起。他在本港短暂停留期间不会登岸。向我们提供这一消息的人是孙的一位同党，但他对孙的行踪却缄默不言。"该文还称："自从 1901 年 3 月 4 日放逐令期满以来，孙逸仙医生已访问过本地，并对本地的革命党事务具有影响力。""他是一个精明的人，在他的同胞中有很大的影响。"②

1911 年 10 月武昌起义引起内地各省相继响应之后，香港华人社会急切期待内地革命成功的消息。11 月 6 日晚上 7 时，香港报界公社接获上海发来电文，称："京破，宣统皇、摄政王、庆王被拘。"虽然今人已经知道

---

① 译自《孙逸仙在香港》，1902 年 2 月 1 日《德臣西报》。
② 译自《孙逸仙医生在香港（Dr. Sun Yat Sen in Hongkong）》，1908 年 3 月 10 日《德臣西报（The China Mail）》。

这则消息纯属有意伪造，但在当时却立即激起香港华人社会的连日狂欢。据《香港华字日报》报道，当晚港岛和九龙油麻地等处很快响起连绵不断的鞭炮声和欢呼声。"是夜，街上游人数千人，有手执白旗，大书'汉族光明'、'汉族万岁'等字样。或手执七星旗，或旧旗，或黎元洪、孙文之肖像，游行街上，疾声欢呼万岁。""艳芳照相馆伙伴高抬大旗，中有'新汉万岁'四字，为之先导；次则高抬放大相二面，其一为孙汶（文）肖像，其一为黎元洪肖像，巡行各街。"次日，"本港各处仍间接闻爆竹之声不绝"。行驶港岛的电车两旁，插上"新汉万岁"、"汉族万岁"的旗帜，"沿车站均有人欢祝不已"。街道上，人们"手持白旗，特书'中华民国万岁'六字，并蓝地白星等旗"，"且行且摇，欢呼不绝"。中午，瑞安号轮船泊靠码头时，"忽有人在船上尾楼，手执一蓝地白日之国旗，摇于空际，岸上即燃串炮"。① 从当时港人高举孙中山肖像与青天白日旗欢庆"京陷帝崩"的报道中，可以想见孙中山的革命领袖形象已经深入人心。

因此，当孙中山在同年 12 月 21 日乘船返国，途经香港，受到各界人士热烈欢迎之后，向来保持公允持平风格的《香港华字日报》，也特意刊载《中国革命元祖孙逸仙抵港谈话及离港时期纪略》的专题报道，详细报道孙中山在香港抵港登岸的言行及其受欢迎的情况。该文在标题中，以"中国革命元祖"的醒目词语，界定孙中山在辛亥革命中的领导地位，可谓贴切而非溢美。至此，经由香港中英文报刊持续报道而广泛传播开来的"中国改革家"、"华人革命党领袖"、"中国革命元祖"的孙中山形象，定格在辛亥革命胜利的欢呼声中。

二　民国成立后孙中山政治形象的变异

清末革命期间，香港乃至内地的汉人基于"排满兴汉"的种族观念，在推翻清朝统治的革命目标上，很容易实现同仇敌忾，从而也很容易同情和支持孙中山领导的共和革命。因此，孙中山在香港报刊中的形象基本上表现为逐渐成为众望所归的革命领袖的单线发展。

---

① 《爆竹一声推倒满清政府矣》、《汉人欢欣情形》，1911 年 11 月 7 日《香港华字日报》"香港新闻"；《欢声续志》、《江通已落下龙旗》，1911 年 11 月 8 日同报"香港新闻"。

可是，民国成立以后，在同属汉民族的行列中，却出现军阀独裁、商人在商言商、孙中山等革命党人为捍卫共和制度而再起革命等截然不同的取向。后两种取向折射到香港报刊，就会导致有关孙中山的报道呈现不同的描述与评价，孙中山在香港报刊中的形象随之出现正面与负面的变异和对立。

1913 年 3 月 20 日，袁世凯把持的北洋政府派人刺杀国民党领导人宋教仁，随后还向列强洽借"善后大借款"，以加强北洋政府压制国民党的实力。孙中山等国民党人被迫策划反对袁政府独裁专制的"二次革命"。可是，香港和内地的商人却将袁世凯及其政府视为稳定国内政局的靠山，公开表态拥袁。《香港华字日报》十分赞赏港粤商人的拥袁行动，在 5 月 21 日专门刊载《商界安奠民国论》的评论，称赞："奠安中国之大功，吾港粤商人实居之而不愧也。"7 月 18 日，广东都督陈炯明宣布广东独立，加入"二次革命"的行列。香港华商总会及 31 行商随即联合致电袁政府，"急盼中央派兵痛剿"。香港锡业行商李伯南还单独通电，声称："赣乱发生，粤复独立，非诛孙、黄，无以安天下。"① 这位港商为了向袁政府献媚表忠，竟然呼吁诛杀孙中山和黄兴，这与辛亥广东光复后港商热心捐助革命的情景形成强烈的反差。至此，孙中山的革命领袖形象，一变而成为人曰可诛的动乱祸首。人心逆转，莫此为甚。

同年 8 月 12 日，《香港华字日报》该报发表署名"伤心人"写的论说，指出港粤及内地商人厌乱之心，缘自辛亥独立后南方各省新政权横征暴敛，峻法苛刑，以乱扰民。因此，"抚我则后，虐我则仇，为渊驱鱼，乱党实司其咎"。显然，商人的倒戈转向，使国民党人尝到自己种下的苦果。可是，商人在民主与专制势力再度搏斗之时，基于维护自身利益的立场，不问政治上的是非，只顾秩序上的治乱，幻想以拥袁弭乱的轻率转向，获取长久的和平安宁，到头来终究自食其果。

鉴于民国初建，国人厌恶革命再起引发社会动乱，孙中山及其领导的中华革命党、中国国民党在护国运动和护法运动中，都不再揭橥"革命"的旗号，尽管孙中山私下将这些运动依序称为"三次革命"和"四次革命"。不过，在香港旁观的《香港华字日报》却终于看出孙中山的革命用

---

① 《粤人反对独立之呼吁·香港来电》，1913 年 7 月 28 日《申报》。

心。1920 年 2 月 3 日，该报发表《所谓孙中山条件如是》的论说，指出：
"孙中山固绝对主张革命者也，固绝对主张革命而认为个人最大责任者
也。""盖辛（亥）壬（子）之交，为孙氏由秘密的革命而入于公开的建
设之时期。壬（子）癸（丑）而后，为孙氏由消极的建设而复入于积极的
革命之时期。他派或以为新旧当调和，孙则绝对主张旧势力之排除。他派
或以为南北当提挈，孙则绝对主张北洋系之剿灭。"该论说还评论 1918 年
孙中山因不愿受制于西南军阀而辞去护法军政府大元帅职务，返回上海，
闭门著书，发表《孙文学说》和《建国方略》，"以最闹热之大元帅，作
最孤寂之中书军。靡论如何，要不失为光明磊落之举，是岂有他哉？绝对
的革命，与相对的护法，根本上未能欣合无间耳"。这一论说表明，民国
后孙中山捍卫共和的革命活动，逐渐得到香港中立报人的理解。"光明磊
落"，成为其革命领袖形象的正面评价。

　　然而，1922 年 6 月 16 日陈炯明军队发动推翻广州护法政府的政变之
后，孙中山的政治形象再次受到严峻的挑战。当时，陈炯明军队缴获孙中
山与国民党要员的来往密件，其中包括孙中山写给国民党要员廖仲恺和曹
亚伯的一封密信，指示他们负责接应在孙中山派往德国柏林的外交代表朱
和中，以及即将到香港的前德国驻华公使辛慈（Admiral Von Hintze），以
便洽商建立中、德、俄三国联盟事宜。此外，还有朱和中就此事发给孙中
山的两份电报。由于此事极端机密，孙中山在给廖、曹两人密信的末尾，
特意补上一句："此信看完付丙。""付丙"，就是烧掉的暗喻。不过，廖仲
恺没有将这些密信烧掉，结果落在陈炯明军队手中。此时，德国是第一次
世界大战的战败国，俄国则已由奉行马克思列宁主义的布尔什维克党领
导。英、美等西方列强都对这两个国家抱持戒心，孙中山居然想和这两个
国家结盟，其来往密件又被缴获，这对于陈炯明方面来说，正好作为对外
宣示反孙政变正当性的有力证据。

　　9 月 22 日，香港英文《士蔑西报》以整版的篇幅，发表题为《孙逸仙
被曝光，广州发现秘密文件，建议组织布尔什维克三角联盟（Sun Yat -
sen Exposed. Secret Documents Discovered in Canton. Proposed Triple Bolshevik
Alliance）》的长篇报道，内中译载三份密件的全文，并且公布这些密件的
多幅照片。该报不无得意地宣布："指责孙逸仙医生亲布尔什维克主义的
说法由来已久，但迄今缺乏确凿的证据。不过，我们现在已经能够将无可
辩驳的证据公之于众，证明他正以布尔什维克主义的理念，密谋建立中、

德、俄联盟。"①《士蔑西报》公布孙中山和国民党秘密联络德国和苏俄的密件，引起香港及海外报刊的一片喧哗。

针对香港等地英文报刊的指责，9月29日，孙中山指示其秘书处发表英文书面声明，予以反驳。次日，上海英文《大陆报》以"孙医生称：致函俄、德是对列强的惩罚"为题，全文刊载孙中山的英文声明。随后，《民国日报》等中文报刊也相继刊载这一声明的译文。孙在声明中强调，他从未计划，甚至从未考虑将中国变为共产主义国家的可能。他认为只要苏俄继续忠于它的"非帝国主义"政策，中国就不必畏惧苏俄。鉴于俄、德两国的现状，中国可以与之平等交往，这并不损害希望中国强大、统一的任何一个强国的利益。尽管"亲布尔什维克"之类的怨毒指责，不幸阻止许多人履行其爱国的职责，但是他无所畏惧。②

孙中山外交密函被香港英文报刊曝光的事件，反映出西方列强对于孙中山与国民党酝酿联俄政策的严重关注，他们因此给孙中山扣上"亲布尔什维克主义"的红帽子。不过，孙中山并不畏惧此类指责，反而加快联俄容共的步伐。

1924年1月20～30日，孙中山在广州主持召开中国国民党第一次全国代表大会，会议确立联俄、容共、扶助农工等政策，从此在华南掀起国民革命的波澜。

面对国民党"一大"之后出现的巨变，《香港华字日报》等中文报刊因恐共而加入英文报刊早前抨击孙中山等国民党领导人"赤化"的行列。同年2月22日，《香港华字日报》刊载《孙政府勾结共产党与共产党内幕》的报道，根据记者在广州采访"国民党某主任"的言论，梳理出国民党"何以偏向共产之路"，即采取容共政策的原因。

一是"廖仲恺、胡汉民等，震于赤俄成功之易，三民、五权成事之难，于彷徨四顾之中，不能不易辙改辕"。二是"中山以为与北庭对抗，非取得友邦同情不可。虽屡向英、美宣传，俱如石沉大海，即如最近关余一事，可为明证。环顾列强之中，尚有新兴之俄，孑然无友，可为己助。故屡遣蒋介石往聘，赤俄代表亦足迹不绝于广州。此中山表同情于共产者一"。以上两项，说的都是国民党联俄而容共的外因。

---

① 译自当日该报。
② 《对联俄联德外交密函的辨证》，《孙中山全集》第六卷，第564页。

三是"老党人阅世渐深,多具暮气。革命主义,渐成口头禅;原日精神志气,丧失殆尽。中山对之,殊不满意,转而希望于一般新青年。崭新之社会主义青年团人物,遂乘机中选。此辈日夕进言,中山性本易于冲动,亦以为社会革命,易于政治革命,此其表同情于共产者二。"意指孙中山鉴于国民党的老党员们丧失昔日的革命精神,遂转而寄希望于新进青年,因而决定采取容共政策,这就道出国民党容共的内因。

这些原因的概括,倒是较为真实地道出孙中山与国民党领导人决策接纳共产党人加入国民党,实行党内合作的缘由。不过,该报道进而描述的情形,就和事实大相径庭:"共产党势力,顿觉膨胀于广州,党中央执行委员会,竟占大多数。"其实,国民党"一大"选举的中央执行委员会24名中央执委当中,中共党员只有3名;17名候补中执委当中,中共党员只有7名,哪里称得上"占大多数"呢?

当时,夸大和渲染国民党容共之后,共产党在国民党乃至在广州社会生活中具有主宰一切的影响力,是《香港华字日报》等香港报刊的宣传主旋律。同年3月5日,《香港华字日报》开始连载《广州共产党之内幕及其计划》的长篇报道,宣称:国民党中,"汪精卫、胡汉民、廖仲恺、邹鲁诸人(即元老派)变为共产化"。在广州,"共产空气浓厚如此,怪不得刘震寰(笔者按:刘是驻粤桂军将领)谓:敝国士民,沐浴新潮,涵濡赤化也"。

这篇报道进而预言广州"赤化"之后,将面临商店被收归国有、资本家惨遭杀戮的可怕情景:"彼辈(笔者按:指中共)既以广州市为大本营,第一政令,即令一切商店,收归国有,拨由店伴掌管,驱逐杀戮店主。店伴必多为其煽动,因人人以为发财机会至。虽有少许商团,必难抵御。而资本家必俱惨遭杀戮,因共产党员向工人运动,鼓吹阶级争斗,谓阶级间势不两立。此种印象,深入工人脑筋,一遇变乱,必肆行杀戮矣。"[①] 该报道虚构此番血腥杀戮的"阶级争斗"情景,显然是在香港与广东制造恐共舆论,鼓动粤港商人反对孙中山和国民党的容共政策。

在渲染广州"赤化"的各类虚假报道中,荒诞到令人哂笑的,莫过于指称孙中山加入共产党。同年2月26日,《香港华字日报》刊载一篇论说文章,劈头直言:"孙中山已入共产党,并利用现在地位,以实行所谓共

---

① 《广州共产党之内幕及其计划》,1924年3月5日《香港华字日报》。

产办法，迄至今日，已为一般人所共见共闻，当不待著者证明也。"① 如此言之凿凿地宣称孙中山"已入共产党"，却又拿不出任何证据，干脆宣称"已为一般人所共见共闻，当不待著者证明"，着实是造谣的高招。

针对国民党容共之后出现的种种流言，孙中山和国民党中央反复声明："无论其指本党为共产主义，抑或为资本主义，皆与本党主义毫不相关，与本党救国之本心渺不相涉。兹为总括之言，正告国民曰：国民党之本体不变，主义不变，政纲之原则不变。"②

可是，如此"三不变"的剖白，并不能打消粤港商人担心孙中山和国民党"赤化"的恐惧和戒心。原因是当时国民党基于讨伐陈炯明与准备北伐的军事需要，召集各省讨贼联军，云集广州及毗邻地区，导致财政入不敷出。广州政府被迫向商人增收苛捐杂税，同时变卖庙宇、寺观、宗祠、会馆以及其他无主公共场所的公产，用作军费开支。这就严重损害粤港商人的经济利益，促使香港报刊渲染孙中山与国民党要员"赤化"并陆续推行"共产"的种种谣言，在广东不胫而走，越传越加剧广东富商们的反抗心理。与港商血脉相连的粤商迅速联合起来，利用自己掌握的商团武装，对抗孙中山领导的国民党政权，最终在1924年夏秋间酿成轰动粤港两地的广州商团事变。

在香港中英文报刊竞相指斥孙中山"赤化"的鼓噪声中，陈炯明设在香港的机关报《香港新闻报》却在廖仲恺等国民党人的策反下，宣布倒戈，服膺孙中山与三民主义，这就造成轰动一时的"报变"。

1924年7月17日，《香港新闻报》主笔陈秋霖致函陈炯明，敦劝他重返国民党行列，与孙中山合作。信中最后写道："我最近是完全倾向于国民党的政策了。我不特精神上的同情而已，凡有利于国民党的革命政策的行动，我必不顾利害，以勇敢牺牲的精神来帮助他。我现时所能做的事，就是将'新闻报'变作鼓吹国民党政策的言论报。"7月19日，该报正式改版为《中国新闻报》，同时发表陈秋霖、黄居素、陈孚木、古爱公四人联合署名的《我们的宣言》，宣布："我们经过几个月的观察，终于给国民党的奋斗精神与孙中山大公无私、忠诚为公的人格感化了。""我们数月来，加了一番研究的功夫，对于国民党三民主义，已由识认而入信仰。我

① 《广东与共产》，1924年2月26日《香港华字日报》。
② 《国民党中央执行委员会辟谣》，1924年4月8日《广州民国日报》。

们认定能医中国之痼病的，只有国民党三民主义为最上选。""故从今日始，便要努力成为三民主义拥护者。"①

陈秋霖等人实行"报变"之后，国民党在香港主办的报刊除原有的《香江晨报》之外，又增加《中国新闻报》的生力军。虽然这两份报刊今已失传，但可以想见它们对于孙中山与国民党的报道，一定呈现与众不同的正面形象。其中陈秋霖等人称道孙中山"大公无私、忠诚为公的人格"，应是国民党在港报刊钦敬孙中山的精神动力。

1924年11月的孙中山过港北上以谋和平统一的事件，使得政见对立的香港报刊的相关报道呈现褒贬不一的格调。

这年10月23日，早已与国民党人建立秘密联系的直系将领冯玉祥，率部在北京发动政变，软禁北洋政府总统、直系军阀曹锟，通电邀请孙中山北上主持大计。孙中山在广东韶关北伐大本营得知北京政变的消息，决定应邀北上，与皖系、奉系等北方各派势力，会商和平统一的建国方略；同时将国民党对于时局的主张和三民主义的精神，传播到北方。11月10日，他发表《北上宣言》，申明："国民革命之目的，在造成独立自由之国家，以拥护国家及民众之利益。""对于时局，主张召集国民会议，以谋中国之统一与建设。"②

11月14日早晨7时，孙中山偕同宋庆龄以及随行人员，乘坐永丰号军舰，进泊香港铎也码头对开水面，受到香港联义社、工团总会、中华海员工业联合会总会（以下简称海员工会）以及各界人士的热烈欢迎。孙中山一行随即转乘即将前往上海的日本春洋丸号邮船。据报道，孙中山在邮轮大会客室里，先后接见专程前来送行的省港军、政、工、商各界人士百数十人。他"身服黄绒企领西装，咖啡色皮靴，器宇轩昂，精神奕奕，与各人一一握手见礼"。其间，联义社和海员工会的代表分别向孙中山献颂词。海员工会在颂词中赞曰："壮哉孙公，主义始终。三民五宪，贯彻始终。热诚爱国，竭智尽忠。南北宗旨，如马牛风。河图变化，军阀内讧。此次北上，操纵群雄。由南而北，革命之功。"其间，孙中山还接受香港《中国新闻报》的记者采访，畅谈"此行第一步功夫，即注重宣传，务期

---

① 《陈秋霖忠告陈炯明书》，1924年7月21～22日《广州民国日报》；《新闻报大觉悟之宣言》，1924年7月21日同报。
② 《孙中山全集》第十一卷，第295、297页。

将北京之思想界完全改造，将旧日之复辟陈旧官僚，划除净尽。于是国民革命始易着手，而本党主义始有实现之希望"。孙中山还反问记者："香港反对党的论调，对我们北上，想必抱着怀疑，或是竟说我不能进京？"记者答："此层无甚表见。但香港的反对报纸是没有价值的。不特对先生北上怀疑，就是向来对于国民党主义也怀疑。这是精神堕落的言论，我们可不理会。"①

上述情形，引自国民党主办的《广州民国日报》的报道。鉴于孙中山在邮船上接受香港《中国新闻报》的记者采访，可以想见今已失传的《中国新闻报》在当时也会同样报道香港各界欢迎孙中山过港北上的情形。值得注意的是，此次孙中山北上过港，担任迎送主角的是国民党的海外交通部——联义社以及海员工会、工团总会等工会组织。这与清末民初时期香港商会团体在迎送孙中山过港活动中担任主角的情形，形成鲜明的对比。它表明，广州的国民革命及其激发的商团事变，已经导致香港的商人和工人两大阶层在是否继续支持中山革命的问题上分道扬镳。以海员为主体的香港工人，从此成为广州国民革命在香港的有力支持者。

面对香港工界团体燃放鞭炮，欢送孙中山一行过港北上的情景，《香港华字日报》在次日刊载《孙文去矣》的长篇报道，不无醋意地评论说："港例非得官厅允许，不准燃放炮竹。春洋丸之海员乃要求船主在船燃放炮竹一事，未知船主允许否？"该报道还有意全文转载被取缔的广东商团残余势力在广州散发的两份反孙传单，传单咒骂孙中山是"广东之祸魁、人道之蟊贼、土匪之领袖、革命之罪人"，并且列举他"祸国祸粤"的十一条罪状：动摇国体、妄行共产、纵兵殃民、摧残民治、破坏金融、抽剥民财、大开烟馆、摧残教育、蹂躏实业、破坏司法、铲灭商民。② 该报坚持反对孙中山与国民革命的立场，显示当时港人的政治分化已经截然对立、营垒分明。

至此，可以对清末民初香港报刊描绘的孙中山政治形象作一小结：清末孙中山革命领袖形象的确立，经历过从青年才俊到改革家再到革命领袖的内涵演进，以及从党人争议到报刊传播再到社会公认的外延

---

① 《大元帅北上过港各界欢送之盛况》，1924 年 11 月 17 日《广州民国日报》。
② 《孙文去矣》，1924 年 11 月 15 日《香港华字日报》。

过程。民国以后，随着捍卫共和的革命运动的深入发展以及革命损害商人的利益，孙中山在秉持不同政见的香港报刊报道当中，呈现褒贬不一的正面或负面的形象。不过，尽管香港不少报刊非议民国后的中山革命，但是它们仍然尊敬孙中山"光明磊落"、"大公无私、忠诚为公的人格"。孙中山政治形象的歧异，其实是革命导致社会重新分化组合的深刻反映。

作者单位、职务：香港树仁大学历史系教授

深圳大学学报编辑部编辑

论国民观在清末的兴起

✎ 郑大华

国民观是清末知识分子在内忧外患的社会背景下探索救国救民的道路时对一国之民应该具有的特质作出的思考，是伴随着臣民观的瓦解和新国家观念之主权意识的确立而逐渐产生的，其内涵是认为国与民之间应该以国家为本位，人民享有权利并担负义务，但是必须重义务轻权利、重国家利益轻个人利益，国与民是内在的统一体，但国家优先于个人。目前学界对于清末国民观的研究，取得了不少成果，如郭双林的《"国民"与"奴隶"——对清末社会变迁过程中一组中间概念的历史考察》(《中国文化研究》2002 年春之卷)、顾红亮的《"民族国家"语境中的个人图像》(《浙江学刊》2007 年第 1 期)、李华兴的《中国近代国家观念转型的思考》〔《安徽大学学报》(哲学社会科学版) 2005 年第 1 期〕、沈松桥的《国权与民权：晚清的"国民"论述，1895 ~ 1911》(《中央研究院历史语言研究所集刊》第 73 本，2002 年 12 月)、梁景和的《清末国民意识与参政意识研究》(湖南教育出版社，1999)、张衍前的《梁启超孙中山的近代国家思想比较研究》(《理论学刊》1998 年第 2 期) 等。就这些成果来看，主要侧重于从政治史领域对"国民性"、"民族国家思想的演变及其影响"、"公民的权利和义务"等方面的研究。鉴于学界对于清末国民观研究的上述现状，笔者不揣冒昧，拟从"传统臣民观的瓦解"、"近代民族国家观念的产生"、"近代知识分子的国家思想"和"救国呼唤新国民"等几个方面，对国民观在清末的兴起作一研究，不当之处，欢迎批评指正。

一 传统臣民观的瓦解

马克思指出："在不同的所有制形式上，在生存的社会条件上，耸立着由各种不同情感、幻想、思想方式和世界观构成的整个上层建筑。整个阶级在它的物质条件和相应的社会关系的基础上创造和构成这一切。"① 中国古代以小农经济为基础的封建宗法制度和君主专制制度，造就了中国传统社会所独有的臣民观念。臣民是指在封建社会中以君主为本位、对君主具有强烈的依附性、缺乏独立的人格和意志、相对君主权力而言只有义务而没有实质上的有效权利的人。在中国古代的封建国家中，天下的百姓都是君主的臣民，这一点早在《诗经》中就有所体现："溥天之下，莫非王土；率土之滨，莫非王臣"（《诗经·谷风之什》）。

具体地讲，臣民观念渊源于殷周而形成于秦汉时期，在以后的两千多年时间里不断得到发展完善，可谓是源远流长。臣民观念还和王权至上观念相辅相成，维系着封建时代的社会秩序和政治结构。西汉时期，儒者把臣民观念融入"三纲"之中，形成了封建社会的伦理价值核心体系。随着封建制度的日臻完善，臣民观念也日渐深入民众的思想和生活实践当中，在宋明时期形成了"君叫臣死，臣不敢不死；父叫子亡，子不敢不亡"僵化观念。在这样的价值观念的长期制约、熏陶下，人们逐渐丧失了主体人格，心甘情愿成为奴仆，"四方之众，其义莫不愿为臣妾"（《盐铁论·备胡》），以君主为本位的臣民观念深入骨髓，成为中国古代社会民众所普遍奉行的道德准则。

然而到了近代，臣民观念开始逐步瓦解。1840 年鸦片战争的失败，使士大夫中极少数先觉者开始睁眼看世界，通过编撰世界历史地理书籍，初步打破了中国与外部世界的隔离。一些有着开放意识的官僚知识分子如徐继畬，还在《瀛环志略》中多次记述和颂扬了美国开国总统华盛顿建国后不传国于其子孙的事迹，这对在当时中国社会中仍占据主导地位的臣民观念产生了一定的触动。

19 世纪中叶以后，随着中外交往的增多，很多外国思想逐渐传入中国。一些外国传教士、出国使臣，特别是早期维新人士，开始大量介绍西方的社会、政治制度，如《万国公报》刊文介绍泰西各国"治国之权，属之于民"，立国之法，"出自于民，非一人所得自主"，西方各个民主国章程皆是"分行权柄"，即"行权"、"掌律"、"议法"三权分立。② 当时出

---

① 《马克思恩格斯选集》第一卷，人民出版社，1972，第 629 页。
② 林乐知：《译民主国与各国章程及公议堂解》，《万国公报》第 340 卷，1875 年 6 月 2 日。

使四国的大臣薛福成曾直抒观感："西洋各邦立国规模，议院为最良。"①
王韬甚至直接把"上下相通，民隐得以上达，君惠亦得以下逮"的"君民
共治"视为最良善的国家制度②；郑观应鼓吹"欲张国势，莫要于得民心；
欲得民心，莫要于通下情；欲通下情，莫要于设议院"③。这些言论很多都
涉及西方国家的议会制度、民权思想以及三权分立学说，无形中构成了对
君主至上和臣民观念的挑战。

甲午战后，清王朝面临中国历史上前所未有的严峻形势，中国传统的
思想、观念、制度都在西方坚船利炮的冲击下如同末世的清王朝一样岌岌
可危。严复比较系统地把西方近代政治学说译介给国人，引导大家用进化
观念观察社会问题。在他的启蒙下，维新思想家们纷纷接受并按照来自西
方的契约立国论，向国人介绍君主及政府的产生，并说明君主、官吏和民
众之间的关系，且以此为武器猛烈抨击传统的封建君主制度的不合理。谭
嗣同说："生民之初，本无所谓君臣也，皆民也。民不能治，亦不暇治，
于是共举一民为君"，"君也者，为民办事者也；臣也者，助办民事者
也"。④ 梁启超说得更明白："国家之所以成立，乃由人民合群结约，以众
力而自保其生命财产者也"⑤，故"国民者，主人也；而官吏者，其所佣之
工人而持其役者也"⑥，所以中国千百年来"虽有国之民，而未成国之形
也，或为家族之国，或为酋长之国，或为封建诸侯之国，或为一王专制之
国"⑦，都是因为臣民们"资贼"的结果。严复进一步强调："国者，斯民
之公产也，王侯将相者，通国之公仆隶也。"⑧ "唯天生民，各具赋异，得
自由者乃为全受。"⑨ 并且在这里，严复所提倡的"民"，已不再是传统意

---

① 薛福成：《出使英法义比四国日记》，岳麓书社，1985，第197页。
② 王韬：《重民下》，《弢园文录外编》，中州古籍出版社，1998，第52页。
③ 郑观应：《议院上》，郑观应著，夏东元编《郑观应集》上册，上海人民出版社，1982，
　　第314页。
④ 谭嗣同著，加润国选注《仁学——谭嗣同集》，辽宁人民出版社，1994，第339页。
⑤ 梁启超：《论学术之势力左右世界》，梁启超著，李华兴、吴嘉勋编《梁启超选集》，上
　　海人民出版社，1984，第271页。
⑥ 梁启超：《卢梭学案》，梁启超著，葛懋春、蒋俊编选《梁启超哲学思想论文选》，北京
　　大学出版社，1984，第66页。
⑦ 梁启超：《少年中国说》，梁启超著，李华兴、吴嘉勋编《梁启超选集》，上海人民出版
　　社，1984，第124页。
⑧ 严复：《辟韩》，严复著，王栻主编《严复集》第1册，中华书局，1986，第36页。
⑨ 严复：《论世变之亟》，严复著，王栻主编《严复集》第1册，中华书局，1986，第3页。

义上的以君主为本位的臣民了，而是如同西方国家那样拥有国这一公产的，且有着民主自由权利的"民"了。这是一个根本意义上的突破，标志着中国传统的臣民观念开始瓦解。

伴随着天下观逐渐瓦解的是近代主权意识的兴起。主权是近代国家观念的核心，指的是任何一个国家所固有的独立处理对内对外事务的权利。主权是近代国家的象征和标志，欧洲近代以来的民族国家都是在主权概念基础上逐步建立起来的。19 世纪中后期，随着国际公法的输入，一些与西方交往较多的中国知识分子和官员开始萌生出依据国际公法的准则捍卫国家主权独立的意识。王韬是中国近代史上第一个提出主权观念的人，1864年他上书李鸿章，提出应依据"西律"、通过谈判挽回不平等条约中失去的"额外之利权"，并通过"握利权"来"树国威"。[①]继王韬之后，作为清廷驻英法公使的曾纪泽，1887 年在伦敦的《亚细亚季刊》上发表英语文章"China – The Sleep and the Awakening"，即《中国先睡后醒论》，也明确提出中国应通过改约来收回自己的主权，如先前订立的"租界权"等等。除王韬和曾纪泽外，郑观应也提出过政府应注重"海关事权"以及"关税自主权"，黄遵宪也对"治外法权"问题进行过讨讨论。但由于此时亡国灭种的危机感还不是那么强烈，因此具有这种近代主权意识的人还只是知识分子中的一小部分。

甲午战争的失败，使中国面临前所未有的民族危机，危机推动了维新变法运动的到来。1898 年 4 月，康有为在北京成立了以"保国、保种、保教"为宗旨的保国会，并在保国会的章程中明确提出了"国权"观，这表明维新知识分子群体已经初步具备了国家必须拥有自己的主权以及主权不可侵犯的共识。

戊戌变法失败后，维新派知识分子们逃亡到了日本。新政开始以后，大批中国学生也涌向日本求学。在日本，他们通过大量阅读日本翻译的西方书籍，第一次系统地了解到西方的政治、经济、法律制度，也包括西方人的国家主权观念。关于国家主权，20 世纪初的中国知识分子们终于明确了：主权是一个国家存在的标志和国家的实质，主权还是国家的最高属性："主权具有不可侵犯的原则；朝廷和政府的兴替都不算是叫亡国，只

---

① 王韬：《弢园文录外编》，中州古籍出版社，1998，第 150 页。

有主权没有了，国才等于亡了，"凡有主权则其国存，无主权则其国亡"。①

总之，清政府的统治从 19 世纪中叶开始已经是内忧外患，固有的臣民观念在自然经济的瓦解和西方新思想的涌入下不断受到冲击，与此同时，主权意识却在知识分子的心目中日益萌生，新国家观念的产生已是时代的呼声了。

二 近代民族国家观念的产生

正是由主权意识发端，中国传统的国家观念发生了裂变，近代意义上的民族国家观念逐渐产生。

谈到近代的民族国家观念，就不能不谈世界近代史上影响深远的民族主义（nationalism）。其实，最初将来自西方的 nation 译作"民族"的是明治维新以后的日本人，这个译法后被中国人接受并使用。但从西方 nation 的概念史以及这个概念复杂的内涵与外延来看，仅仅将 nation 译作"民族"是远远不能代表 nation 的基本含义的。在现今的英汉等双语词典中，nation 依然有"民族"、"国家"、"国民"等译词。由于在汉语中无法找到一个能够完整的表达 nation 的含义的词汇，故"民族"这个约定俗成的译法也已被广泛的接受。事实上，即使是 nation 的概念其本身在西方，不仅没有公认的定义，而且既有的定义也常常是游离不定的，以至于有人将西方 nationalism 民族主义概念的研究称为"术语密林"。

虽然不同的国家、流派在不同的时期对民族主义的含义有着各自的定义，但民族主义的一些基本内涵则已被广泛认可。作为一个"现代性或近代性的范畴，民族主义是一种建立在'主权'观念基础上的民族自我意识，一种追求、保护本民族利益和发展并壮大自身的主体自觉状态。它对外贯注着反抗压迫、维护国权的主权诉求，对内则充溢着国民平等而又团结统一的精神感召，并凝聚为建立和发展现代民族国家的持久冲动"②。哈佛大学教授戈林费德也曾说："主权在民这一概念组成了近代民族思想精义，而同时它们就是民主的基本原则，民主的诞生，伴随着民族性的自

---

① 《中国灭亡论》，1901 年 6 月 10 日《国民报》第 2 期。
② 黄兴涛：《情感、思想与运动：近代中国民族主义的研究检视》，《广东社会科学》2009 年第 3 期，第 79 页。

觉。这二者是内在相互关系的，隔断了这种联系便不能充分理解任何一者。民族主义是民主呈现在这个世界上的形式；民主被包含于民族的概念，最初的民族主义是作为民主发展的。"① 从以上言论可以看出，近代西方民族主义的较为普遍认可的基本含义为：国家由民族组成，一个国家一个民族，拥有对内对外的主权，且主权在民。因此，近代民族主义总是与民族国家以及主权在民联系在一起。所以，是否拥有独立主权、主权是否在民也成了区分传统王朝国家与近代民族国家的重要分水岭。

近代以来，面对来自西方的侵略和民族危机的不断加深，中国人的民族意识大大加强。但此时的民族意识仍大半笼罩在传统的族类观之下。随着总理衙门的成立、各国驻华使馆的设立以及派遣驻外大使和留学生的增多，中国逐渐被迫融入国际社会，许多西方近代国际观念和制度如国际法、主权、民族国家、议会制度等被传播到中国，促使了近代中国人主权意识的产生，并进而引发了近代民族国家意识的萌生。1887 年 1 月，清廷出使英法大臣曾纪泽在我们前面所列的那篇《中国先睡后醒论》的英文文章中，共有十三处用了 nation（s），汉语均译为"国"字与之对应，用以论述中国、他国及国际事务。随着主权意识的产生，中国人越来越多的给各种事物加上了"国"的定位，于是乎"国地"、"国权"、"国民"在清末出现并流行开来，到了后来"国学"、"国粹"、"国乐"、"国画"、"国语"、"国剧"、"国故"、"国术"以及"国耻"等更是风靡一时。

有一点需要提及，近代中国民族国家意识的逐渐萌生，还和 19 世纪后期以来轮船、铁路、电报等新式交通、通讯工具的出现以及报刊等新型媒体的推动作用有关。张之洞就曾在《劝学篇》中这样写道："乙未以后，志士文人创开报馆，广译洋报，参以博议。始于沪上，流衍于各省，内政外事学术皆有焉。虽论说纯驳不一，要以扩见闻、长志气；涤怀安之鸩毒，破扪蹄之瞽论。于是一孔之士、山泽之农，始知有神州。"② 而甲午战争的失败所带来的丧权辱国、亡国灭种的切肤之痛，则直接成了中国近代国家观念产生的催化剂。一些先进的知识分子纷纷萌发出用西方理念来挽救民族危亡并进而改造中国社会的构想。作为"清季输入欧化之第一人"

① 吴国光：《再论"理性民族主义"——答陈彦》，《二十一世纪》1997 年第 2 卷第 6 期，第 127 页。

② 张之洞：《劝学篇·阅报》，《张文襄公全集》（影印本），中国书店，1990，第 574 页。

的严复，将天赋人权、契约立国、主权在民、自由平等等近代西方思想较为全面、系统地介绍到中国来，对近代知识分子们的思想起到了惊醒般的启蒙作用。此后，先进的中国知识分子们以近代西方的思想为武器，对维护封建统治的旧国家学说进行了猛烈的批判。

1895 年严复发表《辟韩》一文，以天赋人权理论为依据，对唐代韩愈的名篇《原道》中维护君权的中国传统国家学说进行了针锋相对的猛烈抨击，成为 19 世纪末国家学说除旧布新的强有力的启蒙宣传。梁启超亦根据卢梭的民约理论，解说了国家的起源及其本质："国家之所以成立，乃由人民合群结约，以众力而自保其生命财产者也。各从其意之自由，自定约而自守之，自立法而自遵之，故一切平等。若政府之首领及各种官吏，不过众人之奴仆，而受托以治事者也。"① 将国家看成是来源于人民的自由意志，是众人在自愿的前提下为保障每个人天赋的平等、自由、人身安全而订立的社会契约中所组成的一整体。

具有强烈的民族意识的西方近代思想在中国的传播，有力地促进了近代中国民族国家意识的形成。1898 年 4 月，康有为在北京成立了保国会，该会以"保国、保种、保教"为宗旨，并在章程中明确提出了"国权"观，这表明当时的维新志士已经有了领土不可分割、主权不可侵犯的近代国家思想。

20 世纪初年，来自西方的民族主义思想之所以激起中国先进知识分子们的广泛共鸣，是由于民族主义所阐发的基本理念顺应了中国挽救民族危亡、实现民族独立的时代主题。像 19 世纪末的众多知识分子一样，梁启超也受到了当时盛行的社会达尔文主义的影响，崇尚力本论，并明确指出当时所处的时代是民族国家竞争的时代，对于民族主义这一历史潮流，"顺兹者兴，逆兹者亡"，"今日欲救中国，无他术焉，亦先建设一民族主义国家而已"。② 因此，中国要想在这场竞争中不失败并获得一席之地，唯一的出路就是发展中国的民族主义，建设近代民族国家。在 20 世纪初创刊的《江苏》上有一篇《政体进化论》，该文就指出：现时需建立一"完全无缺之民族的共和国"，"必先合莫大之大群，而欲合大群，必有可以统一大

---

① 梁启超：《论学术之势力左右世界》，梁启超著，李华兴、吴嘉勋编《梁启超选集》，上海人民出版社，1984，第 271 页。

② 梁启超：《论民族竞争之大势》，《饮冰室合集》文集之十（影印本），中华书局，1989，第 35 页。

群之主义，使临事无涣散之忧，事成有可久之势。吾向者欲觅一主义而不得，今则得一最宜于吾国之性质之主义焉，无他，即所谓民族主义是也"。①

梁启超不仅是最早将来自西方的民族、民族主义概念介绍到中国的人，并且运用大量的西方政治观念和方法来认识和分析中国的民族与国家问题。他在《少年中国说》中明确提出：相对于传统型国家"过去之国"而言，近代民族国家是具有主权、领土、人民以及主权在民的"未来之国"。这就准确地抓住了近代民族国家的内涵。他还强烈地意识到：自己所处的时代是民族国家竞争的时代，中国要改变目前的积弱状况，必须从"过去之国"转变为"未来之国"，即从传统的天下国家转变为近代民族国家。为了进一步驱散国人脑中剩余的天下主义思想、唤醒国人的近代民族国家意识，梁启超在《中国积弱溯源论》一文中，把中国人国家观念的缺失归结为三个原因："不知国家与天下之差别"、"不知国家与朝廷之界限"、"不知国家与国民之关系也"。梁启超认为要树立近代国家观念，首先必须从"不知国家与天下之差别"的传统天下观中摆脱出来。他深刻地批判了那种用天下主义代替国家的传统思维，指出传统天下观的弊端导致了中国人一方面"骄傲而不愿与他国交通"，另一方面"又怯懦而不欲与他国争竞"。梁启超指出，在这个"自由竞争最烈"的当今世界，已经容不得这种超脱的思想。

梁启超不仅认识到领土、主权、人民是组成近代国家的要素，并以此为基础明确区分了国家与朝廷、国家与国民的关系，"今夫国家者，全国人民之公产也；朝廷者，一姓之私产也"。他强调国民是国家的主体，"国也者，积民而成。国家之主人为谁？即一国之民是也"。② 如果说主权、领土、人民这三个近代西方国家要素的接纳，主要是对外而言，是用以反抗西方列强对中国的侵略的，那么接纳主权在民思想，并从政治观念上划清国家与朝廷、国家与国民两者的界限，则反映了以梁启超为代表的近代知识分子对中国社会内部变革方向的思考，是对内而言的。1904 年，陈独秀著《说国家》，亦提出国家要有一定的土地、人民和主权，并强调主权"是全国国民

---

① 竞盦：《政体进化论》，《辛亥革命前十年间时论选集》第 1 卷下册，三联书店，1960，第545 页。

② 梁启超：《中国积弱溯源论》，梁启超著，吴松点校《饮冰室文集》第 2 集，云南教育出版社，2001，第 671～673 页。

所共有"的，行使主权者"乃归代表全国国民的政府"。① 此后中国知识分子们便一直沿着梁启超开辟的外争国权、内唤国民的思路行进着。

到 20 世纪初期，由最初的主权意识引发的近代民族国家观念已初步形成。当知识分子们认定只有建立一个近代民族国家才是中国的唯一出路的时候，又一个问题迫在眉睫地摆在了他们的面前：在西方众多的近代民主政体类型中，中国应该选择哪一种呢？或者说，我们需要建立一个什么样的近代民族国家呢？在清末的最后 10 年中，以改革派和革命派为代表的近代先进的知识分子们，依据西方的各种政治理论和现实民主政体模式，结合中国的历史及现实国情，提出了各种理念和主张，并在一次次的论战和现实斗争中修改、完善着这些理念，直到中华民国成立和此后的民主宪政试验，这个探索的过程仍在持续着。

此外，中国在向近代民族国家转化的过程中，传统的国家身份和内涵并没有完全被丢弃。中国知识分子们在塑造近代民族国家的过程中，并没有按照"一个民族建立一个国家"的西方民族主义的经典模式进行，而是结合中国的历史、现实国情进行着适当的改造，这种因时、因地制宜的改造，最终有利于中国自身的延续性和统一性的保持。如：同盟会早期提出的"驱除鞑虏、恢复中华"的革命口号，就反映出孙中山等革命者最初是试图按照经典的西方近代民族国家的模式来打造中国革命的，满族被革命者视为外来压迫民族，中国革命被解释成为推翻满族统治者的民族解放运动。但如果按照这种西方经典的民族革命模式，中国很快就会解体。梁启超充分意识到了这一危险，他声称应倡导相对于革命派的"小民族主义"的"大民族主义"："小民族主义者何？汉族对于国内他族是也。大民族主义者何？合国内本部、属部之诸族，以对于国外之诸族是也。……合汉、合满、合蒙、合回、合苗、合藏，组成一大民族。"② 为了国家的统一和延续性的保持，孙中山等革命者最终超越了狭隘的种族意识，转而倡导"五族共和"③，并由此发展出具有尊重中国历史、符合中国国情的"中华民族"这一概念。

---

① 陈独秀：《说国家》，《陈独秀著作选》，上海人民出版社，1984，第 57 页。

② 梁启超：《政治学大家伯伦知理之学说》，《饮冰室合集》文集之十三（影印本），中华书局，1989，第 76 页。

③ 参见郑大华《论近代民族主义的思想来源及其形成》，《民国思想史论》（续集），社会科学文献出版社，2010，第 13 ~ 37 页。

三 近代知识分子的国家思想

天赋人权、契约立国、人民主权理论是近代西方国家学说的重要的内容，19 世纪末被介绍到中国来，以梁启超为代表的近代先进知识分子十分信仰这一理论，并以此为武器猛烈抨击中国几千年来的封建专制统治。不仅如此，各派知识分子还以西方近代国家学说为蓝本，构想自己理想中的中国未来社会的国家理念。

梁启超戊戌变法失败后流亡到了日本，在那里他接触到了许多西方近代国家理论，特别膺服卢梭的人民主权理论，是 20 世纪初比较完整的提出要在中国建立美式共和政体的先进知识分子之一。他认为共和制是当时世界上最美好的政权组织形式，能够使国民养成爱国心，能够保障国民的民主自由权利并参与国家事务的管理。但在 1903 年的美国之行以后，梁启超的思想发生了变化。他从在美华人社团的表现中意识到中国的国民程度与共和政体所要求的国民素质相差甚远，并在亲身感受到了美国共和政体的运转流弊之后感慨，"吾游美国而深叹共和政体实不如君主立宪者之流弊少而运用灵也"[1]，加之担心求共和势必要推翻皇帝，势必会造成党争和四分五裂的局面，这样就难以保持社会势力的平衡，甚至最终还会导致专制和动乱。因此，梁启超得出结论：君主立宪制"能集合政治上种种之势力种种之主义而调和之"[2]，故"君主立宪者，政体之最良者也"[3]。此后，梁启超放弃卢梭、开始信仰并热情宣扬伯伦知理的国家学说，并以伯伦知理的学说为蓝本，提出了"国家理性"具有最高性和权威性的国家理性至上思想。

梁启超将"国家理性"思想在论述国与民的关系中展开，他说："国也者，非徒聚人民之谓也，非徒有府库制度之谓也，亦有其意志焉，亦有其行动焉。"[4] 将国家看成一个有精神有行为的有机实体，并且明确地把国

---

① 梁启超：《何守真校点·新大陆游记》，湖南人民出版社，1981，第 78 页。

② 梁启超：《政治学大家伯伦知理之学说》，《饮冰室合集》文集之十三（影印本），中华书局，1989，第 77 页。

③ 梁启超：《立宪法议》，梁启超著，李华兴、吴嘉勋编《梁启超选集》，上海人民出版社，1984，第 148 页。

④ 梁启超：《政治学大家伯伦知理之学说》，《饮冰室合集》文集之十三（影印本），中华书局，1989，第 70 页。

家和国民两者的关系进行界定，他说："国家者，自国民而成者也。但中央统制之权，仍存于国家"①，强调政府权力无限而人民必须服从，"国家者，由竞争淘汰不得已而合群以对外敌者也。故政府当有无限之权，而人民不可不服从其义务"②。从这一认识出发，梁启超认为，一个国家的主权既不在统治者，也不在人民，而在国家本身。他引用伯伦知理的话说："主权既不独属君主，亦不独属社会，不在国家之上，亦不出国家之外。"③这样，在梁启超的眼中，国家本身就理性化了，并且作为首要的政治目标，国家本身也就具有最高的权威性了。

梁启超国家理性至上的观点亦清楚地体现在他对国家的目的的阐述中。伯伦知理认为存在两种国家观，一种是国家是最高的目的，人民只是作为实现国家利益的一种工具而存在，另一种是国家只是作为有益于每个个体利益的一种工具而存在。显然，梁启超非常赞成伯伦知理的第一种国家观——"故伯氏谓以国家自身为目的者，实国家目的之第一位，而各私人实为达此目的之器具也"④。这样，在国家与国民的关系中，国家的存在和价值就是首要的了，而个体国民的价值则排在了第二位，在特殊的情况下，国家甚至可以要求国民为了国家利益而付出生命，"伯氏之意，则以为国家者，虽尽举各私人之生命以救济其本身可也"⑤。正是本着国家理性至上的原则，梁启超在放弃了卢梭的人民主权论和共和建国的理想后，开始欣赏和颂扬君主立宪制，到后来革命形势高涨、资产阶级民主革命日益深入人心时，他又提出应实行开明专制的思想，认为今日中国"与其共和，不如君主立宪；与其君主立宪，又不如开明专制"。⑥ 在涉及民族建国的问题上，梁启超还接受了伯伦知理的"国民与民族之差别及其关系"的

---

① 梁启超：《国家思想变迁异同论》，《饮冰室合集》文集之六（影印本），中华书局，1989，第14~15页。
② 梁启超：《国家思想变迁异同论》，《饮冰室合集》文集之六（影印本），中华书局，1989，第19页。
③ 梁启超：《政治学大家伯伦知理之学说》，《饮冰室合集》文集之十三（影印本），中华书局，1989，第87页。
④ 梁启超：《政治学大家伯伦知理之学说》，《饮冰室合集》文集之十三（影印本），中华书局，1989，第88页。
⑤ 梁启超：《政治学大家伯伦知理之学说》，《饮冰室合集》文集之十三（影印本），中华书局，1989，第88页。
⑥ 梁启超：《开明专制论》，梁启超著，李华兴、吴嘉勋编《梁启超选集》，上海人民出版社，1984，第463页。

理论，并把它与中国传统及现实的国情结合了起来。

孙中山是中国民主革命的先行者，也是清末资产阶级革命派的领袖。他早年曾上书李鸿章，力主政府应改良以自救，上书失败后萌生革命思想，后信仰卢梭的人民主权论，始终坚信应采用革命的手段推翻"满清"政权，按着人民主权的原则建立人人平等、民主、自由的共和国。1894 年兴中会成立时，孙中山就提出要"创立合众政府"。1905 年在东京成立同盟会时，以孙中山为首的革命派知识分子以美国的民主共和制度为样板，提出"建立民国"的设想，并在同盟会的成立章程中具体勾画了未来中华民国的政权结构模式，"由平民革命以建国民政府，凡为国民皆平等以有参政权。大总统由国民公选。议会以国民公举之议员构成之，制定中华民国宪法，人人共守"①。同盟会的政治纲领是民族、民权、民生三大主义，民族主义体现了革命派要"排满革命"和力图按照西方经典的民族主义理论的"一国家一民族"的思想建国，民权主义体现了要以暴力革命的方式推翻封建帝制、建立人民主权的共和政体，民生主义体现在革命派关于未来所设想的平均地权和土地国有上。其中关于民族主义的设想，后在与改良派的论战中，在意识到了"排满"的危害性后，以孙中山为首的革命派转而接受了梁启超的倡导五族共和的大民族主义思想。在民权主义方面，孙中山逐渐将曾经的人民主权理想与中国的现实结合，提出了五权宪法、权能区分和地方自治等较为成熟完善的国家思想。

大体上，清末时期很多先进知识分子都提出过一些富有创见的国家思想的片段，但就提出的思想的整体性、完善性以及在当时的影响力而言，还是以梁启超和孙中山的国家思想最具有代表性。特别是梁启超，作为 19 世纪末 20 世纪初中国思想界的执牛耳者，其国家思想一经提出，即波及大众，产生了很大的影响，成为实际上的清末中国社会发展的主流方向，这一时期出现的国民思想、立宪思想和各种社会变革思想，实际上都被笼罩在梁启超的国家理性至上的国家思想的阴影之中。

四　救国呼唤新国民

甲午战争的惨败，使中国的民族危机空前严重。战后不久，严复在其

---

① 孙中山：《军政府宣言》，《孙中山选集》，人民出版社，1981，第 78 页。

《原强》一文中介绍了达尔文的社会进化论学说，不久他又在 1897 年 12 月刊于天津的《国闻汇编》中，发表了自己两年前就已翻译好的英国生物学家赫胥黎的《天演论》并在序言的按语中介绍了斯宾塞的社会有机体论。社会有机体论认为生物界的生存斗争规律同样适用于人类社会，可以用来解释个人、民族乃至国家的兴衰存亡。在斯宾塞看来，个人与社会的关系，也就相当于细胞与生物体。个体既不能享有无限制的自由而影响群体，社会机体的进步也离不开个体细胞的更新与发展。只有每一个人的素质提高了，才有国家和群体的富强，而国家只有强大了，才不至于在列国竞争中被淘汰。正是从斯宾塞的社会有机体论出发，严复认为：国家要富强，基础在国民，国民的智慧、德行、体力正是国家富强的最根本的因素。"今日要政，统于三端：一曰鼓民力，二曰开民智，三曰新民德。"国之"强弱存亡莫不视此"。

严译名著《天演论》一发表便风行全国，对 19 世纪末 20 世纪初的中国知识分子起到了极大的启蒙作用，并直接为戊戌变法提供了理论上的支持。但戊戌变法最终还是失败了。变法的失败使人们意识到："凡一国之进步也，其主动者在多数之国民，而驱使一二之代表人以为助动者，则其事罔不成；其主动者在一二之代表人，而强求多数之国民以为助动者，则其事鲜不败。"① 于是各派知识分子开始改变自己先前的救国思维方式，开始侧重于从社会变革的主体——国民的身上探究国家盛衰的原因，开始试图通过从下而上的努力来变革中国的现状、挽救中国的危亡。从而一些激进的留日知识分子在严复"鼓民力"、"开民智"、"新民德"的基础上进一步认为：西方强盛是由于它们"国中有国民而无臣民，有主人而无奴隶"；中国衰败、列强敢于染指中华是"以我无国民故也"。② 他们因而疾呼"我同胞之国民，当知一国之兴亡，其责任专在国民"③。

其实，就"国民"这个词本身来说，早在先秦《左传》中就已出现。此后历代典籍中也屡见不鲜。1896 年，梁启超在上海主持《时务报》时，在《文明日本报》之《中国论》一文中就已采用"国民"一词，而康有为曾经在保国会章程及给光绪帝的上书中，亦多次提及"国民"，并认为

① 梁启超：《过渡时代论》，张枬、王忍之编《辛亥革命前十年间时论选集》第 1 卷上册，三联书店，1960，第 7 页。
② 汉驹：《新政府之建设》，《江苏》第 5 期，1903 年 8 月。
③ 《二十世纪之中国》，《国民报》第 1 期，1901 年 5 月 10 日。

应该创立"国民学"以"鼓荡国民，振励维新"。① 但在古代以及当时康梁等人文中出现的"国民"，结合"国民"出现的上下文语境来看，仍都只是传统意义上的"庶人"、"黔首"、"臣民"、"人民"等词汇的替换物而已，在内容实质上和"臣民"，"百姓"并无二致。

首先给"国民"这个词的含义注入近代意义的是梁启超。他在 1899 年秋天发表的《论近世国民竞争之大势及中国之前途》一文中，首次对国民做了完整的描述："国民者，以国为人民公产之称也。国者积民而成，舍民之外，则无有国。以一国之民，治一国之事，定一国之法，谋一国之利，捍一国之患；其民不可得而侮，其国不可得而亡，是之谓国民。"② 他并指出当前的世界竞争，已非昔日之"国家"竞争，而是万众一心、全民族动员的国民竞争。然而，中国民众数千年来，绝无国民之观念，人人视国家若胡越，以此而言对外竞争，绝无侥幸成功之理。他满怀忧虑的写道："今我中国，国土云者，一家之私产也；国事云者，一家之私事也；国难云者，一家之私祸也；国耻云者，一家之私辱也。民不知有国，国不知有民。以此与前此国家竞争之世界相遇，或犹可图存；今也，在国民竞争最烈之时，其将何以堪之，其将何以堪之?!"③

从梁启超在这篇文章中的逻辑推演中可以看出，他认为治疗当时中国这个重症病人的良方是：应将中国人由传统意义上的"臣民"变为近代意义上的"国民"。为了救国，中国需要"国民"，并且将国民与权利联系在一起"国民者，一私人之所结集也，国权者，一私人之权利所团成也"④。此后，梁启超又再接再厉，从 1902 年开始，发愤著述《新民说》，于《新民丛报》上长期连载，极尽详备的阐述自己理想中的中国国民所应具备的各种特质，对当时的中国思想界产生了巨大的影响。

除了梁启超，20 世纪初的其他知识分子对近代意义上的"国民"的含义亦有描述。1905 年，汪精卫在《民族的国民》一文中提出：除了被看成国家的一分子外，国民还应被看成立宪国家的主体，国民是一个法学用语，在立宪国家中国民应有独立自由的人格，国民的真谛就在于有权利有

---

① 汤志钧编《康有为政论集（上册）》，中华书局，1981，第 305~306 页。
② 梁启超：《论近世国民竞争之大势及中国之前途》，光绪二十五年九月十一日《清议报》。
③ 梁启超：《论近世国民竞争之大势及中国之前途》，光绪二十五年九月十一日《清议报》。
④ 梁启超：《论权利思想》，《饮冰室合集》专集之四（影印本），中华书局，1989，第 39 页。

义务，国民以自由、平等、博爱的精神结合起来，并按这些精神制定法律，依法治国。汪精卫描述的国民已经能够和权利义务、独立人格、依法治国联系起来了，这就进一步给国民含义注入了更多的近代内涵。

除了从国家与国民的关系的角度来阐发和界定"国民"的含义外，当时许多知识分子还从奴隶与国民的不同对比中对国民所应具有的近代内涵进行描述。发表在《国民报》上的《说国民》一文，就是第一次通过把国民与奴隶对立起来进行比较来说明国民的内涵的："天使吾为民而吾能尽其为民也"，奴隶者"天使吾为民而卒不成其为民也"，"故奴隶无权利，而国民有权利；奴隶无责任，而国民有责任；奴隶甘压制，而国民喜自由；奴隶尚尊卑，而国民言平等；奴隶好依傍，而国民尚独立。此奴隶与国民之别也"。[①] 邹容亦在《革命军》中指出："一国之政治机关，一国之人共司之，苟不能司政治机关，参预行政权者，不得谓之国，不得谓之国民，此世界之公理，万国所同然也。"并且还指出："奴隶者，与国民相对待，而不耻于人类之贱称也。国民者，有自治之才力，有独立之性质，有参政之公权，有自由之幸福，无论所执何业，而皆得为完全无缺之人。"[②]

有一点需要说明，首先给国民这个词注入近代含义的梁启超以及后来的汪精卫、邹容等，他们都是在留日之后，在接触到了大量的被翻译成日文的近代西方著作之后，萌生出近代国民意识的。但就"国民"这个词本身而言，却是他们从日文中辗转假借而来的西洋翻译名词而已，换言之，"国民"这个词并不是梁启超他们的首创。而中国古代恰恰也有"国民"这个词出现过，这只是一个巧合而已。显然中国古代的"国民"与被梁启超等从日本辗转假借而来，并被注入近代内涵的"国民"的含义是截然不同的。

尽管被提倡是带有着较强的目的性——救国，尽管是非原创且辗转假借于他国——日本，但"国民"一词在"笔锋常带感情"的梁启超和其他先进知识分子的大力倡导下，很快即在晚清社会不胫而走，风行一时。到20世纪初，为了救国而不做奴隶似的臣民、要做自由自主的国民的观念已形成一种国民思潮。据统计，截至宣统三年（1911年），海内外各类期刊

---

① 《说国民》，《国民报》第 2 期，1901 年 6 月 10 日。
② 邹容：《革命军》，张枏、王忍之编《辛亥革命前十年间时论选集》第 1 卷下册，三联书店，1960，第 654、671 页。

以"国民"二字为名者，至少有 15 种之多。不管政治立场如何，这些刊物多以启发国民自觉、振奋国民精神等语为榜样。① 如革命派于 1901 年创办的《国民报》，1903 年创刊的《国民日日报》，改良派于 1902 年创刊的《新民丛报》以及立宪派于 1910 年创办的《国民公报》。一些没有以"国民"或"新民"命名的报刊也宣称自己将以激扬国民精神为目标。当时还出现了以"国民"命名的团体，如上海的国民公会。因此，可以这么说，到了清末，"民"在国家和社会中的被关注程度及地位大大地得到了提升。当然这一提升源于中下层社会逐渐获得了知识分子们的重视、源于知识分子们对政府和上层社会的失望、源于知识分子们想要尝试从下而上的变革方式，当然，毫无疑问从根本上来说是源于救国。

正是由于呼唤新国民的目的在于救国，或者说为了救国才呼唤新国民，所以尽管清末知识分子们论述了新时代的国民所应具有的一系列基本素质，如新国民应具有权利和义务的思想、独立和自由的思想、自尊和自信的思想、进取冒险和尚武的思想、公德、合群和自治的思想以及国家思想等，但救亡的时代任务使他们未能在启蒙和进一步倡扬国民观念方面走得太远。比如梁启超一方面认可国民享有自由民主权利的合理性，另一方面又根据他的国家理性至上的国家观念认为：要让个体强壮，就要让个体彼此竞争，但这样的内竞很可能会导致整体利益受损，使整体失去竞争力，以至于在与其他整体的对抗中被淘汰，因此个人主义和自由主义都是对国家有害的。他直截了当的指出："自由云者，团体之自由，非个人之自由也。野蛮时代个人之自由胜，而团体之自由亡；文明时代团体之自由强，而个人之自由减。"② 其实又何止梁启超呢。1903 年《苏报》上的一篇文章亦认为："诸君亦知真自由与伪自由之分乎？真自由者，非言语自由，乃实际自由也；……非个人自由，乃团体自由也。"③ 1905 年陈天华在揭示革命的政治方针时也说："吾侪求总体之自由也，非求个人之自由也。"④ 又如权利，梁启超本着自己固有的国家理性至上的理念，认为国民

---

① 史和、姚福申编《中国近代报刊名录》，福建人民出版社，1991，第 219 页。

② 梁启超：《论自由》，《饮冰室合集》专集之四（影印本），中华书局，1989，第 44～45 页。

③ 《学界风潮》，光绪二十九年四月三日《苏报》。

④ 陈天华：《论中国宜改创民主政体》，陈天华著，刘晴波、彭国兴编校《陈天华集》，湖南人民出版社，1982，第 208 页。

应首先对国家尽义务而不是享权利，并且认为个人争取权利最终也是为了国家的权利，"一部分之权利，合之即为全体之权利；一私人之权利思想，积之即为一国家之权利思想。故欲养成此思想，必自个人始"①。陈天华尽管认为对国民而言享受权利应优先于对国家尽义务，但他同时又认同"开明专制"说："吾侪既认定此主义，以为欲救中国，惟有兴民权，改民主；而入手之方，则先之以开明专制，以为兴民权改民主之预备；最初之手段，则革命也。"② 无论是梁启超还是陈天华居然都选择了开明专制，以之为培养国民的"入手之方"，这不啻是对他们曾经倡扬的国民权利思想的极大贬损。

在清末知识分子的文章中此类言论比比皆是，它们与那些对国民进行民主自由启蒙的言论一起，共同构成了清末中国知识分子们的国民观。为什么清末知识分子既告诉广大国民，民主、自由、权利等等是如何的神圣、珍贵，是体现国民精神的价值所在，但同时又为了国家的权利、自由而要求他们拼命地限制自己的权利、自由呢？原因就在于救亡图存。为了帮助国民剔除其身上积存的"奴隶性"，清末知识分子们大量使用西方近代的公民价值要素来启发国民，而当回落到现实中时，他们又往往"变通"的提倡从日本学来的以国家为本位的国民思想。面对内忧外患的时局，知识分子们在不那么紧迫的现实（帮助大众去除"奴隶性"）和急迫的现实（救亡）之间徘徊不定，并最终滑向了后者。

作者单位、职务：中国社会科学院近代史研究所研究员、
思想研究室主任

---

① 梁启超：《论权利思想》，《饮冰室合集》专集之四（影印本），中华书局，1989，第36页。
② 陈天华：《论中国宜改创民主政体》，陈天华著，刘晴波、彭国兴编校《陈天华集》，湖南人民出版社，1982，第209页。

从《大同报》看满族留日学生的政治认同

⚫ 邓丽兰

在革命神圣、革命价值至上的年代，辛亥革命被认为是不彻底的，不但封建王朝没有得到彻底的铲除，还被北洋势力窃取了胜利果实。而当"告别革命、和谐为上"的呼声日益高涨的时候，辛亥革命似乎又太暴力化了，它中断了清末的新政，开启了中国反复革命、循环革命的历史。是也非也，随着研究者视角的调整，辛亥革命的历史遗产也被反复的再审视、再解释。笔者不想追问这场革命的是是非非。这里，仅以一份满族留日学生所主持的刊物《大同报》为例，从他们所标举的政治理念中，揭示一种思想上的"政治现代性"是如何确立的。

"排满"虽是革命党人进行革命宣传的最鲜明的旗帜，但满民族在辛亥革命时期的具体处境与政治态度却十分复杂。林家有先生 20 世纪 70 年代的文章即谈到 20 世纪初年下层旗人"无地可耕、无以为生"，甚至卷入抗捐、抢粮、逐税吏的民变当中，以及组织"联合急进会"之类的革命组织，呼吁"建立满汉联合共和政体"，响应辛亥革命的情形。① 而满族精英分子也不纯是统治集团的一员，反可能为统治集团的公开反对者。本文所叙述的以恒钧为代表的满族留日学生，便是其中典型的例子。

一

自孙中山在日本成立同盟会，矢志"排满革命"的政治运动蓬勃展开。以康、梁为代表的原维新派，则秉持君主立宪的救国方略。正是在这

---

① 林家有：《满族人民对辛亥革命的贡献》，林家有：《孙中山与辛亥革命史研究的新审视》，广东教育出版社，2007，第 480 页。

革命与立宪双峰争潮的时刻，立宪派领袖杨度提出"速开国会"的口号，以应对革命党人的"排满革命"。在他看来，"排满革命"之所以"几成为无理由之宗教"，就在于普通人民未必能理解学术化的政治法律理论，"吾辈若欲胜之，则亦宜放下一切，而专标一义，不仅使脑筋简单者易知易从，并将使脑筋复杂者去其游思，而专心于此事"。① 杨度似乎发现了从事社会运动的奥秘，但简单化的处理，以宗教化的姿态对待开国会，恐怕也难以像革命话语那样刺激人民的情感。不过，杨度的主张，一度成为立宪派阵营的共识。

正是在这样的时刻，一群满族留日学生创办了《大同报》。1907 年 6 月 29 日（光绪三十三年五月十九日），《大同报》在东京创刊，编辑兼发行人"叔达"，主要撰稿人有恒钧、乌泽声、穆都哩、佩华、隆福、荣升等。大同报社编辑所设在日本东京早稻田鹤卷町 493 号，发行所则设于北京崇文门方巾巷公益报馆内。杂志由群益书局经销，在全国十多个城市设立有经销处。② 《大同报》出刊后，一时间颇引人注目，"自出版以来，大受海内外同志诸君所欢迎，第一、二两期俱已印刷再版，而第一期销售罄尽，爰再精印三版"③。

刊物奉杨度为精神领袖，请他题辞。杨度在《题辞》中，称《大同报》诸人为"旗人中之同志"，"为国民之前导"，赞扬恒钧等的办刊行为"尤为自有旗人以来所无之事"，"岂非中国之大幸"。在"排满、排汉"正呈现极端化而导致中国出现"内溃"危机的时刻，他希望以《大同报》同人的理智言论，能够"以明者导不明者"，为"责任中之责任也"。杨度坦率地承认，"大同报社诸同志以少数之人，孤危寡助，力排异议而为之，较吾人之事业尤难"，强调不能将满族人主张立宪、开国会的要求看成是"伪言"，"夫旗人亦中国人，为何而不可以主张立宪开国会，而必以不诚

---

① 刘晴波主编《杨度集》，湖南人民出版社，1986，第 405 页。

② 该刊于 1908 年 3 月 27 日改为《大同日报》，馆设北京琉璃厂土地祠内。目前，在研究晚清民族主义、满汉关系的论文中，对《大同报》的文章多有征引，如沈松侨《我以我血荐轩辕——黄帝神话与晚清的国族建构》，《台湾社会研究季刊》第 28 期，1997 年 12 月；黄兴涛《民族自觉与符号认同："中华民族"观念的萌生与确立》，《中国社会科学评论》（香港）2002 年 2 月创刊号。李龙《另类视野中的满与汉——以满族留日学生为中心的考察》（《钦州学院学报》2007 年 4 期）一文专文研究了《大同报》的民族国家思想。作者指出，在"排满"与"排汉"的两种极端言论中，《大同报》"更像一个中间派"，他们从立宪的立场上主张"融合满汉"具有积极的意义。

③ 《大同报出版广告》，1907 年 10 月 10 日《大同报》第 3 号。

待之?"① 在这份"题辞"当中，杨度既表达了感情上对恒钧等人的深切同情，又明确表明了与其在基本政治立场上的一致性。作为留学生群体的领袖人物，杨度寓所成为聚会场所，与他往来频繁的，既有革命党人，也有立宪派。

不仅如此，《题辞》也发表在杨度主持的《中国新报》1 卷 6 期。该刊还为《大同报》做广告，称《大同报》刊为"留东八旗诸君"创办的"空前绝后之大杂志"，并称赞其内容，"第一号首论中国之前途，凡外患内治，人民政党，皆导以一定之方针；次论满汉问题，凡立宪问题种族问题，皆予以正当之解决"。② 杨度的文章《国会与旗人》也发表在《大同报》上。显然，这一时期杨度与恒钧诸人有着颇深的交往，那份著名的《民选议院请愿书》也先后发表在两份刊物上。

而在《大同报序》一文中，乌泽声将该报的办刊宗旨概括为"吾人之欲改中国专制政体为立宪政体也，其惟一之方法即在排除人民程度不足之说，主张速开国会，此本报最大之宗旨也"。同时，他又具体将该报的主张具体化为"一、主张建立君主立宪政体；二、主张开国会以建设责任政府；三、主张满汉人民平等；四、主张统合满汉蒙回藏为一大国民"。③ 四者之中，君主立宪政体是核心。该刊设有论说、译述、论著、来稿等栏目。

该刊的主持者爱新觉罗·恒钧，字诗峰，是奕山的玄孙，官派留学日本，就读于早稻田大学教育及历史地理科。恒钧一直活跃于国会请愿运动及民初的议会当中，他参与领衔提出《民选议院请愿书》，又发起组织八旗人士国会请愿运动。乌泽声（1883 ~?）字谪生，吉林永吉人。早年留学日本，毕业于早稻田大学。回国后，历任众议院议员，并一直活跃于新闻界，后在伪满洲国供职。穆都哩（? ~1961），字辰公、六田，亦名穆儒丐、宁裕之。1905 年，赴日本东京早稻田大学攻读历史地理和政治经济。回国后在报界任编辑，同时创作小说，后成为作家。在近代中国留日史上，早稻田大学名闻遐迩。上述几位早稻田满族留日学生，正是在这所政治氛围浓厚的学校中展开其言论生涯。

① 杨度：《题辞》，1907 年 6 月 29 日《大同报》第 1 号。
② 《大同报第一号第二号均已出现》，1907 年 7 月 20 日《中国新报》1 卷 6 号。
③ 乌泽声：《大同报序》，《大同报》第 1 号。

《大同报》所持的基本立场，是立宪派的立场。在他们看来，"政府之腐败依然，革命之风潮愈烈"，但"今日政府之所利非我全国国民之所利也，革命党之所利也非我全国国民之所利也"。① 因此，他们自许为国民利益的真正代表者，希望在政府之无能、革命党之破坏之外，另谋第三条出路。

除舆论宣传外，他们还参与了立宪运动的实践。1907 年 9 月 25 日，宪政讲习会选派熊范舆、沈钧儒、恒钧、雷光宇等人赴京，将有 100 余人签名的《民选议院请愿书》呈送都察院。当时，参与领衔签署请愿书的恒钧是"花翎应封宗室"。1908 年 8 月，《大同报》同仁又组织散发传单，发起八旗国会请愿，将八旗士民的请愿书送呈都察院，要求终止预备立宪，速开国会。请愿书由恒钧领衔，踊跃签名的八旗人士达一千多人。

二

身为满族人士，《大同报》同仁并未将中国的前途与清王朝捆绑在一起。相反的，他们深刻揭示专制政体的危害，鼓吹立宪救国。

恒钧指出，中国两千年历史是君主专制政体进化的历史，"二千年来由汉而晋而隋而唐而宋而元而明，夫本朝则集专制政体之大成"②。只有皇位争夺而无国民请求权利的问题，因而"只有君主革命而无政治革命"。而专制政体的弊害，在易陷于虐政、妨害国民之思想力及活动力之发达、以一人之自由意志为国家之自由意志、人民与国家没有直接的关系，等等。他还从天演进化之理，阐述中国之前途。他借用日本人松村介石的话，提出三条世界兴亡盛衰之道："其一，专制国必亡，立宪国必不亡；其二，国小民少者必亡，国大民众者必不亡；其三，逆世界之大势者必亡，顺世界之大势者必昌。"③ 显然，他所理解的世界大势，就是专制政权必亡、国家分裂必亡。

《大同报》撰稿人还揭示了清廷统治下的政治现实，进而提出立宪救国的观点。在他们看来，"吾国以专制政体、放任政府之故，内政之不足

---

① 隆福：《现政府与革命党之比较》，1907 年 12 月 10 日《大同报》第 5 号。
② 恒钧：《中国之前途》（续），1907 年 8 月 5 日《大同报》第 2 号。
③ 恒钧：《中国之前途》，《大同报》第 1 号。

以餍吾民久矣。以政府之腐败、官界之混淆，有争权逐利之恶剧，无惠民济国之布施，对内摧残国民之元气，对外断送国家之利权，求其行一政施一策足以差餍吾民之望者，已如凤毛麟角不可多观。是故致国家于濒危，溺国民于水火"①。而救亡之道在于立宪，"立宪乃所以救中国也"。因为"立宪之政体为最优美之政体，其政府为责任之政府，其人民为自由之人民，无治者被治者之别，而皆对于国家负责任"②。总之，欲改良内政，改善外交，政府负责任，人民享自由，必须实现立宪政治。

本着对于立宪政治的理解，《大同报》重新阐释了国家、国民、政府的关系，"夫国家者，人民之集合体。人民者，国家之一个人。国家之利害，即人民之利害也。以个人参与国家之政治，犹之个人计算自身之利害"③。因此，国民个人的得失，与国家的命运是息息相关的。

国民是与政治责任联系在一起的，"所谓国民者，谓有参与国务之权而非泛言人民者。比先哲有言天下兴亡匹夫有责，此言可为国民二字最谛当之注解。人而不为国民斯已而，亦既斤斤然自诩曰我为国民，则即有监督政府之责任"④。只有有责任的国民，才能造就真正的现代政治。

而政府并不是国家，也不是君主一人施展权力的工具，"夫政府者，国民之产物也"⑤，政府的职责在于谋求国家的强盛与国民的幸福，因此放任的政府、不负责任的政府，无法达成其应该具备的功能，必须"改造责任政府以图最大多数之最大幸福"。⑥

在国家主义发达之时代，"救国之政策必以国家为本位，谋全国民之幸福"，而不能以党派、地域及种族之小团体为本位。中国者，非满人之中国，非蒙回之中国，亦非汉人之中国，"乃中国全体人民之中国也"；国民本为一体，有利害共同之关系，"亡则同亡，存则俱存"。⑦ 因此，必须"合满蒙汉回藏五族为一大国民"，为政治之团结，以国家为本位，同心协力，共济危难。

现代政治，归根结底是保证公民自由、对公权力施以法治限制的政

---

① 文元：《论对外患宜注重内政》，1907 年 11 月 10 日《大同报》第 4 号。

② 乌泽声：《大同报序》，《大同报》第 1 号。

③ 乌泽声：《大同报序》，《大同报》第 1 号。

④ 文元：《论对外患宜注重内政》，《大同报》第 4 号。

⑤ 乌泽声：《大同报序》，《大同报》第 1 号。

⑥ 隆福：《论立宪之方针宜专注于政府》，《大同报》第 2 号。

⑦ 隆福：《现政府与革命党之比较》，《大同报》第 5 号。

治。尽管各国家的政制结构千姿百态，但这一根本要义是现代政治的精髓，也是不可抗拒的世界潮流。《大同报》所代表的满族留日学生，批判中国君主专制政体，鼓吹立宪救国，倡导超越种族之上的国家观念，重视国家的责任在保障人民的生命财产，国民的责任在参与国家政治，显然是顺应了时代潮流的呼声。

三

宪政是现代政治的最高目标，《大同报》所主张的"立宪救国"论认同了这一目标。但立宪的模式有两种，一为君主立宪政体，一为共和政体。

从政体进化的角度，《大同报》诸人推崇了君主立宪政体。乌泽声表示，"吾所主张之立宪，就国体而言，为单绝（纯）统一之君主国体；以政体而论，为代议从众完全无缺之立宪政体；以人民而言，为毫无阶级、自由平等之立宪国民"[①]。在他看来，自己主张君主立宪并不因为满人为君主，而是基于外患危机严峻，革命所从事的破坏会阻挠经济的发展。就内而言，蒙古在游牧时代，西藏在宗法时代，没有地方自治的能力，也就谈不上共和联邦。恒钧也强调，"本报既不主张专制，复不主张共和，所主张者惟君主立宪，此本报第一之主义也"[②]。因而，专制说与共和说都狂悖无当，只有君主立宪才是中国最好的选择。

具体说，以《大同报》为代表的满族留日学生主张设立民选议会以建立责任政府、地方自治、培养国民的政治能力，等等。

建立君主立宪政体的第一步，《大同报》认同了杨度"速开国会"的主张。乌泽声指出，没有议会的国家，绝对产生不了负责任的政府，"国会开后，则中国为立宪国，国会一日不开，则中国犹一日为专制政体也"。[③] 国会比形式上的宪法更为重要，国会也是改造责任政府的唯一武器。

乌泽声认为，有了人民的监督，政府才不会腐败。国会是人民意志的

---

① 乌泽声：《满汉问题》，《大同报》第 1 号。
② 恒钧：《中国之前途》（续），《大同报》第 2 号。
③ 乌泽声：《大同报序》，《大同报》第 1 号。

表现，是国民的代表，"监督政府使依既定之国法而执行职务"、"参与立法务使法律与国民意志两相协合"。因此，国会的功能不是由正面执行政务，而是"实由傍面限制政府也"。① 他还详细解释了西方国会通常具有的法律协赞权、财政监督权、行政监督权。隆福也认为，如果没有民选议会，依靠政府预备立宪，则宪政一万年也实现不了，"开国会三字是我国家宪政实行与否之真象也，亦我国家存亡之紧要关键也"②。

在《论开国会之利》一文中，乌泽声具体列举了开设国会的对内之利在扩张民权、改造政府、融和满汉、经营蒙藏；而对外之利在巩固国权、收回权利、扩充军备、竞争经济，"吾人救中国惟一之方法只有速谋开国会以监督政府，使之不放弃，使之不腐败，则国内一切困难问题皆可以根本的解决"③。这里，国会似乎成了解决国家危机的万应灵丹。

《民选议院请愿书》是中国民间的第一份请愿书，由此揭开了国会请愿运动的序幕。议院请愿书列举了召开民选议院的六条理由：人民监督与舆论声援、国家行政统一、财政税收合理、完善国家法律体系、使人民参与国家大政、消除种族隔阂，等等。④ 请愿书还回应了各种反对设立议院的言论。《大同报》发表请愿书的同时，乌泽声写有一"跋"，称请愿书"乃我国民以少数之团体与政府第一次之宣战也，壮哉！以蜷伏数千年专制政体下之人民一旦奋兴蹶起，联翩结袂与政府开正当之谈判，冀早建设代表国民之机关，为实行宪政之先导，询我中国有史以来破天荒之举动也。吾不禁手为之舞，足为之蹈，心为之敬，胆为之壮，与四万万同胞同声一庆矣"⑤。当然，"速开国会"作为宣传口号尚可，如作为具体的宪政方案，是有操作上的缺陷的。这在于它的化约主义的倾向：如果没有议会党团，又如何使国会运转？如果没有一部宪法，国会又如何依法行事？宪政机制是一个成熟的连环套，仅仅靠口号是无法实现的。

《大同报》诸人还强调了建立责任政府的必要性。乌泽声认为，无论是依赖现政府，还是颠覆现政府的救国方案，都是不可取的，适当的选择是改造现政府。在他看来，"未有国民放弃责任而政府能负责任者，亦未

---

① 乌泽声：《满汉问题》，《大同报》第 1 号。
② 隆福：《论立宪之方针宜专注于政府》，《大同报》第 2 号。
③ 乌泽声：《论开国会之利》（续），《大同报》第 4 号。
④ 《民选议院请愿书附跋》，《大同报》第 4 号。
⑤ 《民选议院请愿书附跋》，《大同报》第 4 号。

有国民负责任而政府能放弃者"①。立宪的政府，就是以负责任的国民，造就负责任的政府。政府中的一二人可能被威胁、利诱，国民亿万人却是不可威胁利诱的。议会的监督，国民的非议，政府才能承担其责任。

乌泽声详尽阐明了责任政府之组织、精神、责任。在他看来，"立宪国政府为一国责任行政之中枢，所以辅弼元首、出纳政令之机关，对于国民负一切之责，故谓之责任政府"。责任政府的精神，一在"君主不负责任"，二在"皇族不为国务大臣"，这两点是君主立宪的基本要义。而责任政府应该负担的责任，则体现为政治上之责任、法律上之责任两方面。前者意味着责任政府应有主义、有方针作为政治上的定盘针，"依此政纲主义为国务上之大政方针"，再订立具体的行政计划以图事业发达。法律上的责任也就是宪法上的责任，意味着即使君主也不能以命令取代法律，有行政裁判所一类的机构审查国务大臣的违法犯罪行为。②

而召开国会，则是群策群力改造责任政府的唯一手段。改造责任政府为挽救危亡的紧要关键，"故必有国民监督政府，政府乃欲不负责任而不能。然则改造责任政府者，我全国民救国之第一要件也。要求政府开国会以期实行立宪者，又改造责任政府之惟一手段也"③。在他们看来，"夫人民结合而成国家，政府则发令施政以为之关；私藏集合而成公库，国会则预算决算以为之键。必国会成立而后政府对于人民负保障生命金钱之责任"④。总之，必须以民选议院来救济政府的黑暗、腐败，保障人民生命财产之安全。

通过对欧美立宪政体的了解，《大同报》同人还进一步意识到，地方自治与国会为左右足，不能单足而行，"町村市郡府县之代议会即自治制度也，国家之代议会即立宪制度也"。西方立宪国家，有着由町村、郡市、府县到国家的层层自治结构。国会之下，有府县会、再之下是郡会、市会，最底层是町会、村会。有了这样的人民代议会，才能议而后决，增进公共幸福。总之，"国家立宪之初级，必于自治制度入手。国民政治思想先于町村会小试之而后充之于国会，自无躐等弊。如未成立地方自治制而

---

① 乌泽声：《大同报序》，《大同报》第 1 号。
② 乌泽声：《论开国会之利》（续），《大同报》第 3 号。
③ 隆福：《论立宪之方针宜专注于政府》，《大同报》第 2 号。
④ 荣升：《立宪政体之一斑》（续前），《大同报》第 5 号。

贸然欲开国会，犹幼儿未入小学而入大学也"①。因此，自治制度为立宪制度之基础。

而无论开国会、建立责任政府、地方自治，都依赖于有政治觉悟的国民的参与。乌泽声表示，"夫立宪政体究极之目的，在以国民之共同意识为政治之元动力，宪法不过达此目的后之一形式耳"。无政治知识、无团结力的人民，只能构成无意识的社会、无意识的国家。立宪需要国民负担责任，"诚使国民能负责任，则国民之意思即强力之根源，由国民之意思发为强力，虽政府若何压制之，然不径达其目的不止也"②。因此，国民有团结的热力，有政治的知识，才能建立真正的立宪国。

《大同报》撰稿人批评了国民在政治上的麻痹性。文元指出，"自二千年以来，由汉而晋而陈而隋而唐而宋而元而明以迄乎本朝，只有皇统变迁问题，而无国民参与政治问题。国民既不负责任，斯政治不免于颓败"。在他看来，甲午战后的变法图强之所以毫无成效，在"无国民责之而遂造成一麻痹不仁之政府"。物必先腐而后虫生，国必自乱而后人乘之，"与其为野蛮的举动以排斥外人，何如为文明的举动以注意内治也。与其持消极的主义以破坏政府，何如持积极的主义以监督政府也"。③ 因此，必须国民先负起责任，才能强迫政府担负责任。政府的败坏，与国民不负担监督责任有关。

留日学生李庆芳曾出版了一本小册子《立宪魂》。李是官费留日的学生，入东京庆应大学法学系。乌泽声为李庆芳的书作序，哀叹"国民既无救国之能力，也无救国之思想，士以思不出位为道德，民以不闻政事为高尚"的同时，表示"文明列国革新之际，不惜以自由之血，招立宪之魂，以国民之颈，撄政府之锋"。他更进而断言："夫立宪之结果，以国民之血争来者则有效，以政府之笔草就者，必无功。未闻不待国民合群策力要求立宪，而政府反能励精图治实行立宪者。"这里，他明确表明政府主导的预备立宪是不能成功的。而民众主导的国会请愿，也正是要取政府主导的预备立宪而代之，这就是"建设国民的立宪"。在他看来，"苟欲变我垂死就衰之专制国，为耀武雄飞之立宪国，希望之君主，依赖之政府，两无一

---

① 荣升：《立宪政体之一斑》（续前），《大同报》第 5 号。
② 乌泽声：《大同报序》，《大同报》第 1 号。
③ 文元：《论对外患宜注重内政》，《大同报》第 4 号。

可。然则能负此宏大艰巨之责任，有此转危为安之魄力者，非我国民而谁"。① 乌泽声所主张的"国民的立宪"，比简单肯定官方预备立宪的真诚性要深刻得多。因为任何权力，都不会高尚到自套枷锁的程度。只有具有政治知识与经验的国民，才能真正地约束政府。

从主张君主立宪政体，进而重视"国民的立宪"，从主张速开国会，到意识到国会与地方自治双足而行，不能不说是一种认识上的深化。因为，宪政的本质就是对公权力施以法治的限制，没有任何统治者乐于自戴枷锁。真正的君主立宪，也并不是来源于自上而下的恩赐，而是国民具有相当的政治知识与经验，能够成为制约公权力的实际力量。

四

针对革命党人的"排满革命"与统治集团中保守力量的"排汉主义"，《大同报》倡导"满汉平等"、"融合满汉"的"国民主义"。具体地以开国会解决满汉政治平等，以撤废八旗制度解决旗人的特权问题、经济问题。

乌泽声指出，满汉问题的日激日烈，实为中国之大不幸，为断送中国的导火线。"近年以来，汉人唱排满，满人讲排汉，借此以煽惑国民，无贵贱，无老幼，无男女，心中脑中，无不萦结于满汉问题中，舍满汉交讧两方破裂，无所谓思想，无所谓事业，现今之内政外交，则置于不问不顾之列。"② 他将主张"排汉排满"者视为"中国之蟊贼，而国民之公敌也"。

乌泽声强调，今日满、汉民族是同民族而异种族的国民。他引用日本学者高田早苗的四大民族要素论，即同一之言语，同一土地住所、生活、职业及共同政治之下，宗教之同一，人种之混同，强调"满汉至今日则成同民族异种族之国民矣"。因为民族是"历史的产物也，随时而变化，因世而进化……故民族以文明同一而团结，而种族则以统一之血系为根据，此民族与种族又不可不分也"。在他看来，国民具有两层含义，即事实上的含义与法律上的含义，"国民所以异于民族者，民族为文明上之团结，

---

① 乌泽声：《立宪魂序》，《大同报》第 5 号。
② 乌泽声：《满汉问题》，《大同报》第 1 号。

国民则为政治上之团结，民族为人种学上之意义，国民为法律上之意义"。① 因此人种学上有满、汉之分，法律意义上则同为国民。

乌泽声进而区别了"民族主义"。他分为"血胤的民族主义"及"政治的民族主义"两类，而"政治的民族主义"也就是"国民主义"。他借用英国人甄克思的观点，宗法社会"以种族为国基"，这种"血胤的民族主义"也就是"非我种族，其心必异，非其种者，锄而去之"。不过，"今日此主义已绝迹天壤矣"。"政治的民族主义"即所谓"国民主义"，起于欧洲各国对抗拿破伦的"国民的国家"，也就是"以数民族混成一国民，以一国民组织一国家"。② 中国的选择应是"国民主义"。

恒钧指出，人民是国家成立的一大要素，"欲释中国之定义，当以满汉蒙回藏五族人民为其构成惟一无二之原因"。他批驳了以纯粹汉人为中国的荒谬性，"世界主义，但有膨胀而无缩小，但取帝国主义，而无取亡国主义"。长城以外为外夷、长城以内为华夏的观念已经不合于世界公理、公道，"今日之中国非汉人之中国，亦非满人之中国，乃满汉蒙回藏之中国"。③

《大同报》诸人认为，基于对外的考虑，也不宜挑起国家内部的种族矛盾。乌泽声指出："今日中国求适存于廿世纪国际竞争，有强权无公理之野蛮世界，非合全国之人齐心一致以图之不可，再不容有满汉问题发生。"④ 恒钧亦认为："对外只有同心努力以撄外患，对内只有研究政治以谋改良，满之不如汉者削之，汉之不如满者改之。庶几享同等之权利，服同等之义务，内力充足，百废俱举，外患或可不来，中国或可久保。"反之，"若两方各持民族主义以求角胜于本国，不问能达其目的与否，就使达其目的，则国土必使缩小，人民必使缩小"。⑤ 恒钧也接受了严复翻译的《社会通诠》中的历史观，认为社会由图腾而宗法而军国，因此中国也应以军国主义对付外人的军国主义，"但有国界可言而无种界可分"。⑥ 在他看来，国家之利也是满汉之利，国家之害也是满汉之害，双方因感情的疏

---

① 乌泽声：《满汉问题》，《大同报》第 1 号。
② 乌泽声：《满汉问题》，《大同报》第 1 号。
③ 恒钧：《中国之前途》，（续第二号），《大同报》第 5 号。
④ 乌泽声：《满汉问题》，《大同报》第 1 号。
⑤ 恒钧：《中国之前途》，《大同报》第 1 号。
⑥ 恒钧：《中国之前途》，《大同报》第 1 号。

远对立而导致抛却政治而言种族，抛却国家而反对立宪，抛却外患而言满汉，实为国家之大不幸。裕端更是指斥"排满"、"排汉"之说是"不顾外患，惟招外侮，不察内治，惟事内讧"，他哀叹道："呜呼噫嘻！亡国灭种，必基于此。吾思之，吾哀之。亡国灭种，吾不暇哀，吾哀亡国灭种之后，四万万之同胞，黄帝之孝子顺孙，负其罪者，不专归于异心异志者也。"①

除了呼吁满汉平等，主张国民主义外，他们还提出了具体的改革方案，即开国会以解决政治上的不平等状态，废除八旗制度以解决经济上的不平等状态。

乌泽声认为，种族问题解决难，而政治问题解决易，"种族之冲突，为历史上最剧之争战"。满汉问题是种族问题还是政治问题，他断言为"政治问题"。② 种族问题的政治化，意味着必须开设国会、改造政府，将军事上、经济上、法律上、政治上各种不平等之制度摧陷廓清，"则满汉之畛畦悉泯，而国家之富强可期"。③ 在他看来，"满汉不融合即以政治不良为之原因，欲求满汉之融合亦当以政治改良为之结果。然不有开国会之原因，又未有收政治改良之结果者，故吾人之所主张即以开国会为融合满汉惟一之利器也"。因此，"未开国会之先，满汉以宗旨上之团结为宪政实行之前导；即开国会之后，满汉以政治上之融合为国民福利之归宿。"也就是说"要求开国会时为融合满汉之先声，实行开国会时为融合满汉之后盾"。④

杨度曾在《大同报》发表《国会与旗人》一文，主张裁撤八旗。杨度认为，过去旗人世袭终身充兵，拥有特权。但经过屡次改革官制之后，旗人丧失了特权，只剩世袭终身兵役之义务，而毫无生计自由、经营财产所有权的自由。因此，应该废除八旗军制。《大同报》旗帜鲜明地支持了杨度的观点，"裁撤八旗，示满汉以军事上之平等，停止旗饷示满汉以经济上之平等，厘定法律示满汉以法律上之平等，改官制示满汉以政治上之平等，则吾人主张满汉平等之目的达矣"。⑤

---

① 裕端：《大同义解》，《大同报》第2号。
② 乌泽声：《满汉问题》，《大同报》第1号。
③ 乌泽声：《论开国会之利》，《大同报》第4号。
④ 乌泽声：《论开国会之利》（续），《大同报》第4号。
⑤ 乌泽声：《论开国会之利》（续），《大同报》第4号。

总之，《大同报》所代表的留日学生，主张国民主义，反对"排满排汉"的民族主义，希望将种族问题纳入政治解决的轨道内，同时废止早已不合时宜的八旗军制，这是一种成熟的政治理性的表现。

五

从广义的政治革命的角度看，无论是君主立宪，还是共和革命，对于传统的专制政体而言，都是根本性的改造，都是一种政治革命。而从《大同报》所阐述的思想与政见看，这群满族留日学生的政治认同完全是具备政治现代性的：他们区分了国家、政府、国民、社会之界限，倡导"满汉平等"与"国民主义"的现代民族国家观念，也认可了宪法、国会、责任政府作为现代民主政治的基石。因此，他们成为清末国会请愿运动中能够认清历史趋势的满族民众的政治代表。

《大同报》也对清廷敷衍宪政大加抨击："吾不知彼之所谓预备立宪者何在？即使如此预备，吾不知预备若干年而始有实行之一日也。"他们警告说："若徒作搪塞之具，恐预备未终而吾国之前途有言之不忍言者。"①他们看到了清政府所处的危局，"今之政府欲东亦可欲西亦可，专制亦可立宪亦可，乃遨游于东西两可及专制立宪两可之间，以退处于被动地位"。② 希望清政府顺应民意，挽回被动局面。

但是，基于狭隘的感情，他们将革命党人当成了卖国、祸国的祸害。他们曾如此谴责革命党人，"以君主即国家之原因，生排满之结果；以排满之原因，生反对立宪之结果；以反对立宪之原因，生主张共和之结果。中国之前途，人民之幸福，彼未尝一措意也"，甚至预言对方"流血拼命以去今日之君主，而彼党他日或为其所崇拜之专制魔王如明太祖者也未可知也"。③ 总之，革命党人的政策不足以救国，适足以亡国。

事实上，革命党人的民主共和方案，同《大同报》撰稿人所向往的国家政治建设方向是具有共通性的。辛亥革命时期的立宪与革命之争，既可朝着有利于现代政治文明建设的方向发展，构建政治上的"重叠共识"；

---

① 文元：《论对外患宜注重内政》，《大同报》第 4 号。
② 恒钧：《中国之前途》（续），《大同报》第 2 号。
③ 乌泽声：《满汉问题》，《大同报》第 1 号。

也可以沦为你死我活的思想战，消除进步势力的合力。就此而言，这些满族留日学生对革命党人的指控是不公允的。

何况历史不是纯由理性来推动和解释的，人类非理性的一面、情感的一面，同样左右着历史的进程。这群满族留日学生，部分地与体制内相联系，同时又欲以民众代表自任。但他们既未能在体制内掌握真正的权柄，而皇亲国戚的身份也使汉族民众并未接受他们的领袖身份。兼之满汉矛盾的尖锐化，他们的理性声音只能被时代浪潮所淹没。显然，《大同报》诸人的政治认同，彰显了学理思辨的高度，却不能构成时代思潮的主流，更多的是留下思想史上的意义。

从长时段的历史来看，成功的政治革命应该具有破坏与建设的两面性的。辛亥革命的失败或者还不在于它的不彻底性。真正的历史悲剧性或许在于，它似乎走向了激进的革命者与温和的革命者之间的一场内讧，完成了革命的第一步，也就是破坏的任务；而革命的第二步，即完成政治现代性建构的任务最终却失落了。

作者单位、职务：南开大学历史学院教授

同盟会改组与民初政党政治诉求

✒ 张顺昌

民初政党政治，是中国人对现代民主政治的一次重要尝试，其结果虽然并不成功，但毕竟一度营造出几许民主共和的政治气氛。这在从威权体制向民主化体制转型过程中具有非同寻常的历史意义。笔者拟以同盟会改组、追求政党政治为中心线索，对民初政党政治运作模式及结果进行剖析。

一 同盟会改组：实现政党政治的关键

武昌起义后不久，同盟会本部曾发表宣言，虽然指出，元凶尚在、中夏未清，还要"长驱河朔，犁庭扫穴，以复我旧邦，建立民国，期得竟其始志"①。但是，既没有对武昌起义后的革命形势作出正确的判断分析，也没有对同盟会的政治主张、革命任务作出具体的阐述。共和将至，各派政治力量也纷纷组党结社，壮大势力，以便在新的政权组织中捞取政治资本。如章太炎与程德全、张謇等在上海组织中华民国联合会、汪精卫与杨度等在北京组织的国事共济会，等等。章太炎打着"天下为公"的旗号，极力鼓吹"革命军起，革命党消"②的主张，在同盟会内部也造成思想上的极大混乱。随着南京临时政府的建立和国内政治形势的迅速发展，客观上迫切需要同盟会实现由秘密革命党向公开政党的转变，向国人阐述建国大政方针，充分发挥领导核心作用，采取切实可行的措施，结束战争，实现南北统一，建立中华民国。为适应新形势、新任务的要求，在同盟会内

① 邹鲁：《中国国民党史稿》（第 2 册），中华书局，1960，第 492 页。
② 汤志钧：《章太炎年谱长编》（上册），中华书局，1979，第 367 页。

部出现了要求改组的呼声。如刘揆一主张："自今以后，务皆以提倡共和民国政体，组织中华民国政党为共同纯一之宗旨。凡从前所设立，如同盟会、党政公会、宪友会、辛亥俱乐部以及一切党会诸名义应请一律取消，化除畛域，共建新猷。"① 他的意见反映了同盟会多数领导人要求适应共和形势，改组为公开政党的要求。然而，胡汉民则认为局势并不十分乐观，认为"革命之目的并未达到，让权袁氏，前途尤多危险，党中宜保存从来秘密工作更推广之，不宜倾重合法的政治竞争而公开一切"②。孙中山也持这一观点。因同盟会主要领导人内部对改组意见不一，致使改组过程极其艰难，未能适时地实现由秘密革命党向公开政党的转变，有效地肩负起领导作用。1911 年 12 月 30 日，在上海举行的同盟会本部临时会议上，因孙中山坚持"缘旧制而略事变更"的指导思想，虽然讨论了同盟会是否改组的问题，但把同盟会改组为政党问题放到民国将来全局大定之后。中华民国南京临时政府成立后，随着政治形势的进一步变化，实现由秘密革命党向公开政党转变的主张越来越为更多的人所接受，同盟会内部要求改组政党的呼声日益强烈。为此，1912 年 1 月 22 日，在南京举行了同盟会会员大会，就同盟会改组问题进行了热烈的讨论，结果出现了两种截然对立的观点：一种观点认为，武装革命已经基本结束，同盟会应改为公开政党，从事于共和政体下的宪法、国会之运动，立于代表国民监督政府之地位；另一观点认为，革命目标尚未达到，应保留同盟会的秘密性质，不宜公开一切。因持改组意见居多数，结果会议通过改组同盟会为公开政党的决定。因孙中山"以现任行政职务，未便兼任党事"③ 为由，选举汪精卫为同盟会总理。本次大会虽然确定了改组的决定，但由于孙中山、胡汉民等人事实上仍不赞成，被选为总理的汪精卫又推辞不肯就职，同盟会改组计划被束之高阁。尽管南京临时政府的大部分实权掌握在孙中山革命党人手中，参议院大多数席位也为同盟会员所有，但因南北战事仍在"战"与"和"时断时续之中，加之同盟会内外"拥袁论"思想一时甚嚣尘上，致使"政令不出南京城，甚至出不了总统府"④。孙中山身为同盟会领袖和临时政府总统除与袁世凯讨价还价，谋求推翻帝制外，根本无暇顾及政党问

---

① 刘揆一：《布告政党请取消从前党会名义书》，1911 年 12 月 10 日《神州日报》。
② 《胡汉民自传》，《近代史资料》1981 年第 2 期。
③ 湖南省社会科学院编《黄兴集》，中华书局，1981，第 103 页。
④ 何遂：《辛亥革命亲历纪实》，《辛亥革命回忆录》（一），文史资料出版社，1961，第 488 页。

题。1912 年 2 月 12 日，清帝退位，孙中山履行承诺。13 日，他向临时参议院提出辞职，推荐袁世凯继任临时大总统。15 日，南京临时参议院选举袁世凯为临时大总统。伴随着国内政治形势的急遽变化，取消、解散同盟会的主张再次在舆论界掀起轩然大波。海外同盟会也发出要求改组政党、植势力于议会的呼声。一些同盟会员主张同盟会应由秘密组织改为公开政党，加紧发展会员，扩张党势，以准备进行宪法国会运动，巩固中华民国，发展民主共和。1912 年 3 月，黄兴在复袁祖成书中明确指出："方今帝政虽倒，民国未固，本党尚多遗憾，必期克竟全功，既无解散之理由，复无取消之办法，自应改造政党，发阐政治。惟宜仍沿本党名称，留为国人纪念。"[1] 为适应国内政治形势的新变化，孙中山、黄兴等下决心对同盟会进行改组，将同盟会造成共和制度下的最大政党。3 月 3 日，中国同盟会在南京再次举行全体会员大会，商决今后发展大计，并宣布改为公开政党，选举孙中山为总理，黄兴、黎元洪为协理，确定了同盟会本部组织机构，以汪精卫、张继、宋教仁、居正分任总务、交际、政务、财务各部主任干事。大会通过了新的《中国同盟会总章》，并把争取成为国会内最大政党，实行政党内阁作为主要政治目标。尽管其后实现政党政治之路艰难，但同盟会改组是由秘密革命党向公开政党转变的必然要求，是实现政党政治，巩固民主共和制度的关键一步。

二 倒阁风潮与政党内阁之主张

1912 年 3 月 10 日，袁世凯在北京就任临时大总统后，组建统一政府就被提上重要议事日程。孙中山等在无法组建同盟会内阁的情况下，经过南北双方协商，只好同意唐绍仪出任国务总理成立"南北内阁"。因孙中山、黄兴坚持内阁总理必须是同盟会员，经立宪派官僚赵凤昌等调解，采取一个所谓"南北双方兼顾"的办法：唐绍仪出任内阁总理，同时加入同盟会[2]。23 日，经临时参议院通过，袁世凯任命唐绍仪为总理。唐于 25 日到南京组阁，30 日正式发表内阁人选：外交陆徵祥，内务赵秉钧，陆军段祺瑞，海军刘冠雄，财政熊希龄，司法王宠惠，教育蔡元培，农林宋教

① 湖南社会科学院编《黄兴集》，中华书局，1981，第 141 页。
② 陈锡祺主编《孙中山年谱长编》（上），中华书局，1991，第 675 页。

仁，工商陈其美，交通由唐绍仪兼任。在十个阁员中，加上刚刚加入同盟会的唐绍仪，同盟会员占半数，时人称为"同盟会中心内阁"，但实际上是混合内阁。按照《中华民国临时约法》之规定，政府采用责任内阁制。袁世凯深知同盟会领导人因人立法以防范他独裁的用意，从策略上考虑，他对临时约法没有公开提出异议，而是决心控制内阁，以增加自己的权力。责任内阁本意是以内阁制定和执行一切重要政策，行使最高的行政管理权。作为国家的元首只是礼仪上的名义上的元首，不掌握实际行政权力。实行责任内阁制，限制总统权力，这对靠玩弄权术起家的袁世凯来说，当然是不能忍受的。他虽表面上同意采用责任内阁制，但他从中国传统官僚政治文化的角度对这制度作出了别样的解读：内阁就是幕府班子，总理就是幕僚长。内阁只能俯首听命，而不应该擅作主张。为此，袁氏就任临时总统后，坚决反对划清总统府及国务院权限，试图驾驭内阁，迫使其按自己意志行事，以使《中华民国临时约法》规定的责任内阁制有名无实，成为他操纵的傀儡政府。作为第一届内阁总理唐绍仪不辱使命，抱着建设理想民主共和国家的决心，认真履行临时约法规定的副署职责，以至"总统府疏附先后之臣，以总统府发一议、出一令，必须经国务院之阶级，且有时驳还，深病之"①。总统命令必须总理副署才能生效，是《临时约法》用以防范总统独裁的主要制度。唐绍仪与袁世凯因内阁副署制度、王芝祥直督问题发生矛盾，迫使唐氏愤而辞职。6月27日，袁世凯批准唐绍仪辞职，任命陆徵祥为国务总理。唐内阁倒台，在民初政坛上引起不小的震动。在组阁中如何分配权力，再次成为各派政治力量争论的焦点。围绕着这一问题产生了三种观点：同盟会派认为，倒阁的原因主要在混合内阁本身，是由于阁员政见不同，难以和衷共济，才给袁氏以可乘之机。解决的办法是实行纯粹的政党内阁。对混合内阁之弊端，宋教仁体会较深刻，他在复孙武书中写道："虽唐总理有提纲挈领之志，各部总长各有励精图治之心，而人自为战，互相掣肘，不复成为有系统、有秩序之政见；加以党见纷歧，心意各别，欲图和衷共济，更所难得。夫如是而求其成立集权政府，建设统一国家，岂非缘木求鱼之类乎？"② 共和党和统一共和党派则提出应以非党人员组织超然内阁；袁世凯派则表示不赞成政党内阁，坚持

---

① 谷锺秀：《中华民国开国史》，《北洋军阀》（2），武汉出版社，1989，第2页。
② 陈旭麓：《宋教仁集》（下册），中华书局，1981，第405页。

采用混合内阁。他说："吾国今日政党方在萌芽，纯粹政党内阁尚难完全成立"，"余之主义，但问其人才与不才，无论其党与不党"①。袁氏坚持混合内阁的实质在于，以便利用各党阁员之间的矛盾，操纵内阁，把持权力。为应付倒阁后复杂的政治形势，6月28日，同盟会本部在北京举行全体职员大会，经过讨论，决议坚决贯彻政党内阁的主张，经蔡元培提议，唐绍仪内阁时期同盟会籍国务员应全体辞职，退出内阁。因陆徵祥在袁氏支持下组成混合内阁，同盟会决心不再卷入混合内阁的纷争之中，7月1日，同盟会本部通电各分部，表明政党内阁的政治主张："鉴于混合内阁之弊，而超然内阁其害亦与之相等，即绝对主张政党内阁，盖非是则无以祛政治进行之障碍。"② 第二天，同盟会四阁员蔡元培、宋教仁、王宠惠、王正廷即至总统府向袁世凯当面请求辞职。14日，袁氏在免去同盟会四总长的同时，也免去了财政总长熊希龄、交通总长施肇基。因同盟会阁员和财政、交通总长的免职，在陆内阁中必须增补六部。袁氏在内阁成员的人选问题上，根本不理同盟会的纯粹政党内阁主张，仍竭力延揽一些新旧同盟会员入阁，图谋分化同盟会。针对袁氏拉同盟会员入阁的这种行为，同盟会于14日正式开会，再次否决同盟会员入阁，坚持同盟会的独立政治立场，确立了以退为进的政治策略，赞成陆徵祥出任国务总理，但对组织混合内阁持抵制态度。当陆氏赴参议院宣布政见并陈述任命国务员理由时，否决了六阁员，使组阁陷入危机。随后在袁氏政治与武力两手的威胁下，陆内阁勉强在参议院获得通过，因他借口"不获信任"称病不出，袁世凯便以亲信赵秉钧代理总理。

尽管这一时期同盟会提出了政党内阁的主张，但从同盟会主要领袖孙中山和黄兴的言论及行为来看，似乎对政党内阁的主张并不支持。根据中国同盟会总章之规定，总理代表本会总揽一切事务，协理襄助总理，遇总理有事故不能理会务时，得代理其职权。实际上，孙、黄、黎很少过问中国同盟会之事务。孙中山解职后，一度表现出对民初政治心灰意冷，将其主要精力投入宣传民生主义、实施实业救国的活动，对党务过问不多。1912年4月1日，他在南京同盟会会员饯别会的演说中指出："解职不是不理事，解职以后，尚有比政治紧要的事待著手。""今日满清退位、中华

---

① 《大总统与同盟会代表之谈话》，1912年6月22日《政府公报》。
② 《同盟会本部致上海支部等电》，1912年7月3日《民立报》。

民国成立，民族、民权两主义俱达到，唯有民生主义尚未着手，今后吾人所当致力的即在此事。"① 7 月，当北京临时政府组阁陷入危机时，孙中山作为中国同盟会的理事长不但没有对政党内阁政治主张予以公开表示支持，反而略有微词。他在接受美国长老会在华代理人李佳白访谈时说："目前，我对于我们中国的社会革新，比党务与政治问题更有兴趣"。政治革命的任务已经完成，现在我正集中我的思想与精力于从社会、实业与商务几个方面重建我们的国家。对于临时政府面临的危机，"我个人的希望是：所有各方均应集中全力于组织新政府，并获得其他国家的承认，临时政府结束之后，民国的首任总统被推选出来，那时组织政党将是安全的"。"目前，我以为我们都不应计较彼此间的分歧，共同致力于全国各方面的团结。"② 作为同盟会的重要领导人黄兴因困于南京留守事务，对党务也无暇过问。面对民初内阁危机，他不仅未对同盟会政党内阁的主张给予明确支持，反而对同盟会阁员辞职予以变相的批评。他在上海各界欢迎会上演讲时指出："今日虽已推倒满清政府，而障碍之物尚多"，"至内阁问题，为目下最重要者"。"组织内阁，当政见洽和者方可福国家。今日之现象观之，非政见相争，实以党名相争，前途非常危险。而今后之内阁若不速为解决，我知非驴非马将继续出现。民国之危，甚于累卵。故当此未解决时，诸君当如何研究其故而图救。"③ 因同盟会政党内阁主张得不到孙中山、黄兴等人的支持，加之袁世凯玩弄政治手段，致使同盟会在民初政治博弈中"尽让权于袁"。

三 毁党造党与政党政治之追求

诚然，同盟会主张政党内阁，既是坚持巩固与推进共和制度，又是对袁世凯独裁专制阴谋的防范与抵制，但是，对如何实行政党内阁这一问题，同盟会内部对此并不十分清晰。值同盟会坚持纯粹政党内阁，否决会员入阁，北京临时政府组阁陷入危机之际，同盟会机关报《民立报》主笔章士钊提出了著名的毁党造党理论。其主要内容是：借鉴英美政党政治发

---

① 《孙中山全集》第二卷，中华书局，1982，第 319 页。
② 《孙中山全集》第二卷，中华书局，1982，第 394 页。
③ 湖南社会科学院编《黄兴集》，中华书局，1981，第 238 页。

展经验，论证责任内阁政治精髓在行政与立法打成一片。同盟会实现政党内阁的办法，就是首先在参议院中征求党员，或者与其他党联合，造成参议院中的多数地位。这是初步办法。更为根本的解决办法是谋求在第一届国会中取得胜利，成为国会第一大党，然后以多数党领袖地位，谋取总理，组织政党内阁。他认为，目前实现政党内阁的主要障碍是小党林立、政见不和，主张将国内所有党派悉举而破坏之，集中全国政治人才于政党商榷会研究政策，然后政纲不同之两大政党，实现政党政治①。此论一经提出，在同盟会内部引起很大反响。同盟会改组问题再次成为内部争论的重要议题。为此，1912 年 7 月 16 日，同盟会本部举行全体职员大会讨论改组问题。在会上仍然形成截然对立的两种意见：宋教仁、魏宸祖等人主张同盟会应改定名称组织完全政党；白逾桓、田桐则认为，值此党争激烈之际，变更同盟会名称不宜。因双方争论相持不下，21 日，在同盟会全体会员大会上，经过充分讨论，再次否决了同盟会改组变更名称的主张。但因宋教仁当选为总务部主任干事，代孙中山、黄兴总揽会务，为其政治主张的实施提供了条件。

北京临时参议院虽由南京北迁而来，但因原谘议局改换门庭操办议员选举，大批立宪派和旧官僚便堂而皇之地进入了参议院，加之由统一党、民社、国民协进会、民国公会和国民党（非同盟会改组而成）联合组成的共和党在参议院中也占有相当数量的席位，致使各派政治力量的对比发生了显著变化。鉴于当时同盟会在参议院中力量的削弱，以及着眼于未来的国会选举，宋教仁试图运用政治手腕制胜，力联他党合组为大党，以便与共和党从事政党的议会政治竞争，争取政党内阁主张之贯彻。他主持同盟会本部领导工作之后，在上述思想的指导下，就全力投入到"纵横联合、扩充会务"的活动中去，积极与统一共和党、国民共进会、共和实进会、国民公党等政团政党商讨合并问题。8 月 11 日，中国同盟会、统一共和党、国民公党、国民共进会、共和实进会举行合并筹备会，各党各会代表报告了各该党会赞成合并的议决情况，会议讨论和决定了党的本部和地方组织的设置。在同盟会通过召开全体职员、评议员联合会通过合并条件后，曾致电孙中山、黄兴征求意见。对此，孙、黄一致同意。在他们联名致中国同盟会各支部电中曾给予高度称赞："文等以上列各条（指国民党

---

① 行严：《毁党造党说》，1912 年 7 月 29 日《民立报》。

宗旨及政纲）与本会宗旨毫不相背，又得此多数政团同心协力，将吾党素所怀抱者见诸实行，此非独同人之幸，亦民国前途之福也。文等深为赞成。且同盟会成立之始，其命名本含有革命同盟会意义，共和初建，改为政党，同人提议变更名称者日益众。即此时而易之，可谓一举而两得矣。特此通电贵支部，务求同意，以便正式发表。"① 宋教仁在致北京各报馆书中，对孙、黄在国民党成立过程中的作用也予以充分肯定。他说："此次国民党之合并成立，全出于孙、黄二公之发意，鄙人等不过执行之。"② 同盟会扩组为国民党，是以实行政党政治并将政党政治作共和制的政治基础为目标的。尽管孙中山、黄兴支持宋教仁扩组同盟会成立国民党，但在如何实现政党政治这一问题上与宋教仁存有重大分歧：孙、黄主张在政治上采取稳健的态度，在内阁问题上谋求与袁世凯的合作，通过政府与政党互相联属的方式，实现政党内阁。孙、黄在北京期间，不仅使赵秉钧内阁得以在参议院顺利通过，而且为进一步壮大国民党党势，树立政党政治的基础，还极力劝袁加入国民党，以国民党为后援，建设强有力之政府。拉袁入党未成，在征得袁氏同意的情况下，又邀请赵秉钧内阁全体成员加入国民党，拼凑了一个不执行国民党政策的"国民党内阁"，时人讥之为"内阁政党"③。此政党内阁偏离了政党政治准则：政党者，以政为党，非以党为政。此时孙、黄以调和党见有成，陶醉于自我制造的虚假政党政治之中。10 月 4 日，黄兴在北京叙别会上演讲时非常得意地说："本党惟一宗旨，愿在扶助政府。然使政府与政党不相联属，扶助之责容有未尽，曾与袁总统一再熟商，请全体国务员加入国民党。袁总统极端赞成，后又商诸国务员，亦均表同情。……代表本党欢迎加入本党之国务员诸君。"④ 6 日，孙中山在上海国民党欢迎会演说时也强调说："国务员已加入本党。是今日内阁，已为国民党内阁，民党与政府之调和，可谓跻于成功。"⑤ 与孙、黄拉国务员加入国民党实现政党内阁的方式不同，宋教仁则以争取国会选举胜利，以多数党领袖地位组织政党内阁。根据《临时约法》之规定，参议院成立后 10 个月内进行正式国会选举。1912 年 8 月，袁世凯公

① 《孙中山全集》第二卷，中华书局，1982，第 395 页。
② 陈旭麓主编《宋教仁集》（下册），中华书局，1981，第 420 页。
③ 黄远庸：《远生遗著》第二卷，商务印书馆，1984，第 163 页。
④ 湖南社会科学院编《黄兴集》，中华书局，1981，第 278 页。
⑤ 《孙中山全集》第二卷，中华书局，1982，第 485 页。

布了参议院制定的国会组织法和议员选举法，并下令在全国进行国会议员选举。9 月 5 日和 12 月 8 日，又相继公布了众、参两院议员选举日期令，规定 1912 年 12 月 10 日和次年 1 月 10 日举行众议员的初选与复选；1913 年 2 月 10 日举行各省议会、中央学会、华侨选举会之参议员选举，蒙古、西藏、青海则在 1913 年 1 月 20 日选举参议员①。随后，国民党、共和党、统一党、民主党等各大党派为在国会选举中争取选票和席位，争先恐后地进行竞选准备。自同盟会扩组合并为国民党后，宋教仁将争取国会选举胜利，作为实现政党政治的首要任务。他以国民党代理事长的身份，抱着实现政党政治的理念，全身心地投入国会议员选举活动之中。1912 年 10 月 18 日，他离京南下，游历湖北、湖南、江苏、浙江、上海等地，发表演说，抨击政府失政，阐述其政治主张，布置各地的竞选活动，积极为争取国民党赢得国会选举和组阁造势。1913 年 1 月 8 日，他在国民党湘支部欢迎会上演说时指出："为今之计，须亟组织完善政府，欲政府完善，须有政党内阁。今国民党即处此地位，选举事若得势力，自然成一国民党政府。"② 2 月 1 日，他在国民党鄂支部欢迎会上演说时又强调国会议员选举的重要性。他说："世界上的民主国家，政治的权威是集中于国会的。在国会里头，占得大多数议席的党，才是有政治权威的党，所以我们此时要致力于选举运动。我们要停止一切运动，专注于选举运动。""我们要在国会里头，获得过半数以上的议席，进而在朝，就可以组成一党的责任内阁；退而在野，也可以严密的监督政府，使它有所惮而不敢妄为，应该为的，也使它有所惮而不敢不为。"③ 各党派经过激烈角逐，国民党赢得首届国会选举胜利，在参众两院 870 个议席中得 392 席（众议院 269 席、参议院 123 席），占整个议席的 45% 强。共和、民主、统一三党共得 223 席（众议院 154 席，参议院 69 席），不到总议席的 26%。其余 255 席为超然派、跨党者所得④。

①　谢振民：《中华民国立法史》（上册），中国政法大学出版社，2002，第 77、78 页。
②　陈旭麓主编《宋教仁集》（下册），中华书局，1981，第 446 页。
③　陈旭麓主编《宋教仁集》（下册），中华书局，1981，第 456 页。
④　章开沅、林增平主编《辛亥革命史》（下册），人民出版社，1981，第 447 页。

四　宋教仁案与政党政治流产

孙中山、黄兴北上后向袁世凯表示脱离政界关系，专心致志，办理交通、矿业开发等实业，虽然有时也偶尔发表对政党竞争的一些政治见解，但总体来说，对党务活动并不热心。国民党在国会选举中的初步胜利，使孙中山、黄兴大为振奋，看到了实现政党政治的希望，对民初政治漠不关心的态度有所扭转，开始关注党务工作和国内政治形势的发展。1913 年 1 月 10 日，孙中山在上海国民党恳亲会的演说中不仅告诫国民党人要注重党德建设，而且还指出了今后党的工作重心。他说："政党之发展，不在乎一时势力之强弱，以为进退，全视乎党人智能道德之高下，以定结果之胜负。使政党之声势虽大，而党员之智能道德低下，内容腐败，安知不由盛而衰？若能养蓄政党应有之智能道德，即使势力薄弱，亦有发达之一日。""今者，正式国会、正式政府成立之期不远，尤不能不细心研究，冀产出一最良之宪法，以为立国之根本。吾国民党员果人人以当年经营革命之精神，用温和稳健之手段，共谋建设民国之事业，则党事发展，与国事进步，必有十百倍速于昔日者。"① 1 月 19 日，他在上海国民党茶话会上的演说时又强调：本党既在议会选举中占优胜地位，"第一应研究者，即为政党内阁问题。然此问题甚耐研究，此时尚不能解决"。当前"劈头第一事，须研究一部好宪法"。今后吾国前途一切之希望，本党宜一肩荷之，勿负国民之希望。② 黄兴也表达了与孙中山大致相似的主张。1913 年 1 月，他到湖南、湖北、上海调查一切政治状况与选举状况后，针对国民党在地方选举中占优势的大好形势，他在上海交通部欢迎会上演讲时指出："惟现今最重大者，乃民国宪法问题……故民国宪法一问题，吾党万不能不出全力以研究之，务期以良好宪法，树立民国之根本。""至于吾党自身，则当养成政党的智识道德，依政党政治之常轨，求达利国福民之目的，不可轻易主张急进，以违反政党进步之原则。"③ 尽管这一时期孙、黄关于民国建设的侧重点不在议会政党政治，但他们关于政党政治的重要演说，对于国

---

① 《孙中山全集》第三卷，中华书局，1984，第 2、3 页。
② 《孙中山全集》第三卷，中华书局，1984，第 5、6 页。
③ 湖南社会科学院编《黄兴集》，中华书局，1981，第 309 页。

民党实现政党政治的实践，无疑具有指导作用。对此，国民党代理事长宋教仁在国民党鄂支部欢迎会上演说时曾指出："我们可以自信，如若遵照总理孙先生所指示的主义和方向切实进行，一定以能够取得人民的依赖。民众依赖我们，政治的胜利一定属于我们。"① 后人也给予较为客观评价：孙中山、黄兴虽然主要厕身于铁路、矿业开发，但对"政党政治"并非完全忽视②。为迎接国会选举后的政治形势，1913 年 2、3 月间，南方各省国民党议员纷纷到达上海，商讨国会开幕后的策略。宋教仁到上海后，经与黄兴、王宠惠等国民党人磋商，在党内讨论的基础上，起草了《国民党大政见》和《中央行政与地方行政划分之大政见》等文件，详细阐述了国民党的政治主张和社会政策。他在国民党大政见中抨击袁记责任内阁失政的同时，再次强调了实现政党内阁的主张："责任内阁制之精义，世之阐明者已多，无俟殚述，盖总统不负责任，而内阁代总统对于议会负责任是也。今吾国之现行制，责任内阁制也。然有责任内阁制之名，而无责任内阁制之实，故政治因之不举。吾党主张将来宪法上仍采用责任内阁制，并主张正式政府由政党组织内阁，实行担负责任。凡总统命令，不特须阁员副署，并须由内阁起草，使总统处于无责任之地位，以保其安全焉。"③ 国民党在国会选举的胜利，在政治主张上以责任内阁、政党政治为目标，必然对袁世凯专制独裁构成严重威胁，加之社会上流传黄兴、宋教仁和旅沪国民党议员拟去袁世凯举黎元洪为大总统的谣言，使袁世凯深深感到其统治地位受到极大的挑衅。他曾向杨度透露过自己的隐衷："我现在不怕国民党以暴力夺取政权，就怕他们以合法手段取得政权，把我摆在无权无勇的位置上。"④ 当宋教仁等国民党人踌躇满志，准备利用在国会的优势，组织真正的"政党内阁"，削弱袁世凯权力之际，一场谋杀宋教仁的阴谋正在策划之中。3 月 20 日晚，宋教仁应召进京在沪宁车站，准备剪票进站时，遭人暗杀。在国会举行前夕，宋教仁被杀，无疑具有政治意味。宋案发生，将同盟会自民国以来为巩固民主共和体制所追求的政党政治理想变得越来越难以实现。宋案对中国近代民主政治进程的影响，时人给予如此评论："他（宋教仁）的被刺，当然有政治意味，这是无可疑义的。但是

---

① 陈旭麓主编《宋教仁集》（下册），中华书局，1981，第 456 页。

② 章开沅、林增平主编《辛亥革命史》（下册），人民出版社，1981，第 434 页

③ 陈旭麓主编《宋教仁集》（下册），中华书局，1981，第 489 页。

④ 陶菊隐：《北洋军阀统治时期史话》（第 1 册），海南出版社，2006，第 154 页。

政治竞争，不树堂堂正正之旗，而用卑鄙龌龊的手段，这种恶例一开，中国政治将至不可收拾了。"① 自宋案发生以后，孙中山、黄兴对此案高度关注，并对暗杀行径给予遣责，但在此关键时刻两人都没有去北方主持党务。结果，总部群龙无首，没有人能够团结全党一致行动，更谈不上在国会争取他党的支持了。不仅孙、黄在处理宋案上存有不同意见，且留京党员与远在南方的领袖，意见经常发生分歧。袁世凯为武力解决国民党，在政治、财政和舆论等方面做了充分准备后，1913 年 6 月，先后免去江西都督李烈钧、广东都督胡汉民、安徽都督柏文蔚职务，剥夺了国民党所掌握的三省军政大权。在他的步步威逼下，孙中山不顾党内一些人的反对，毅然决然举起武力讨袁旗帜，掀起"二次革命"。因国民党在国会两院有一定优势，反袁的武装斗争发动起来后，理应把国会这面旗帜抓在自己手里，充分利用各派势力对袁世凯的疑虑心理，广泛联合国会各种政治力量，撤销对袁世凯的支持，无疑将在政治上给予他沉重打击。但是"二次革命"发生后，因国民党内部在讨袁具体手段上存有重大分歧，结果国民党本部与南方国民党人的讨袁斗争也就完全分离。当袁世凯采用政治与武力两手对国民党人进行打压的同时，国民党人则因内部分歧不能对袁世凯的进攻形成有效的政治、军事斗争合力。正如研究辛亥革命史专家章开沅、林增平所说："'二次革命'一爆发，抵抗派立即纷纷电请国民党议员南下，可是，在近 400 名国民党议员当中，只有七八十人离开而且其中有些人还是回家探亲或乘此逃避斗争的，并没有参加武力讨袁。"② 北京国民党议员虽不赞成武力讨袁，但毕竟不支持袁世凯对南方国民党人进行军事打击。在南方起兵的情况下，他们深感进退两难。4 月 8 日，国会开会后，国民党原本想和他党携手，以期实现政党政治主张。袁世凯为阻碍政党政治之实现，通过采取收买国民党议员，唆使国民党议员脱党另组新党等办法来分化、瓦解国民党。在他的拉拢分化下，国民党很快分裂出七八个小政团：孙毓筠的国事维持会、司徒颖的潜社、刘揆一的相友会、景耀月的政友会、陈家鼎的癸丑同志会、夏同龢的超然议员社、朱兆莘的集益社、郭人漳的大公无我俱乐部等。宋教仁苦心经营的大党，一遇风吹草动，就分崩离析了。这表明国民党的政党政治理想已无法实现了。正如邹鲁在其

① 邹鲁：《回忆录》，岳麓书社，2000，第 44 页。
② 章开沅、林增平主编《辛亥革命史》（下册），人民出版社，1981，第 469 页。

回忆录中所说："国民党原想和各党合作的，到了这时候，就完全发现不可能了。"[①]"二次革命"被镇压后，袁世凯又通过组织公民党、笼络进步党、收买分化国民党等手段，使国民党在国会的优势地位丧失。10月6日，在国会选举他为正式总统后，决心抛弃国会和政党。11月4日，借口国民党议员参与"二次革命"，公然下令解散国民党，取消国民党议员资格，收缴国民党议员（包括跨党和脱党者）438人的国会证书、徽章，使国会不足法定人数，无法开会。此令名义上是针对国民党，实际上是要推翻整个国会。1914年1、2月间，袁世凯又借口政治会议建议，相继解散国会和各级地方议会。至此，各政党都失去了合法的政治舞台，实现政党政治的努力以失败而告终。

结　语

民国初年，为适应议会政党政治发展的需要，同盟会改组为政党，实现了由秘密革命党向议会的政党转变，提出了争取国会内最大政党，实行政党政治的政治目标。为实现这一目标，孙中山、黄兴、宋教仁等人在民初政治舞台上，纵横捭阖，积极整合各种政治力量，国民党最终赢得国会大选的胜利。国会选举结束，正式国会行将成立，然后就要选举正式总统、成立政党内阁、制定宪法，使年轻的共和国走入民主政治的轨道。但此时突发宋教仁遇刺案，孙中山一改前期和袁世凯达成的合作协议，鼓动国民党人发动讨袁战争，对国会这一政治舞台在反袁斗争中的重要性缺乏足够的认识。而袁世凯亦以暴易暴，利用武力和政治等手段，在打压国民党人的同时，也彻底颠覆了整个民初政局。作为这段历史的见证人，梁启超在总结这段历史时曾指出："革命只能产生革命，决不能产出改良政治。改良政治，自有其涂辙，据国家正当之机关，以时消息其权限，使自专者无所得逞。舍此以外，皆断潢绝港，行之未有能至者也。"[②]梁氏这段话，对于我们重新认识民初议会政党政治，也许另有意味：代议制政治是一种民主参与性政治，参与政治的权利不再属于某个特定政党所代表的阶

[①] 邹鲁：《回忆录》，岳麓书社，2000，第47页。
[②] 梁启超：《革命相续之原理及其恶果》，李华兴、吴嘉兴编《梁启超选集》，上海人民出版社，1984，第640页。

级、阶层或利益集团。在议会民主中据支配地位的政党必须学会与其他政党在一定程度上分享政治权利而非独享政治权利，在涉及重大问题上要学会妥协。从总体上讲，政治体系的重大内外政策实际上是各种政治主体竞争妥协、讨价还价的结果，而这种结果又常常是价值趋中的。这种政治妥协是从威权政治体制向民主化政治体制转型必不可少的前提条件。

作者单位、职务：中共贵州省委党校教授

《民报》是宣传社会主义的刊物

✐ 田子渝

迄今为止，历史学人在描述 1905～1910 年中国同盟会机关刊物《民报》时，往往随同中国同盟会的性质称之为资产阶级革命派的刊物。然而92 年前，中国同盟会的元老，曾担任孙中山秘书的冯自由却说中国政治团体首先拿社会主义做它的党纲，"同盟会就是嚆矢"。① 所谓党纲指的就是中国同盟会的"驱除鞑虏，恢复中华，建立民国，平均地权"。这一断语是冯氏信口开河，还是有所依据？答案不应该在后人的概念中寻找，而要回到历史现场。作为中国同盟会第一家喉舌的《民报》，打开它，社会主义的气息就会迎面扑来。

一

宗旨是一面旗帜，最能体现刊物的性质与倾向。反映《民报》宗旨有孙中山起草的《发刊词》、《本社简章》、《续刊辞》，以及对简章解读的《〈民报〉之六大主义》。这四份文献清清楚楚地告诉读者与历史，《民报》是我国最早有意识、有组织宣传社会主义的刊物。集中体现就是《民报》宣传的民生主义。民生主义是孙中山三民主义中的一个主义，民生主义就是外文语境中的"社会主义"，此词来自日文，对应的英语是"socialism"。对此孙中山为《民报》写的《发刊词》加以阐释："余维欧美之进化，凡以三大主义，曰民族，曰民权，曰民生。罗马之亡，民族主义兴，而欧洲各国以独立。洎自帝其国，威行专制……则民权主义起，十八世纪之末，十九世纪之初，专制仆而立宪政体殖焉"，即所谓政治革命。资本主义建

① 冯自由：《社会主义与中国》，1920，第 4 页。

立，因经济问题造成贫富不均，积重难返，成为社会之祸，"则民生主义跃跃然动，二十世纪而不得不为民生主义之擅场时代"，即所谓社会革命的时代。我国"独深受"资本主义之"病未深，而去之易"，"吾国治民生主义者，发达最先，睹其祸害于未萌，试可举政治革命、社会革命毕其功于一役"。① 这里孙氏清楚地说明民生主义不是资产阶级民主革命的产物，而是医治资本主义不可克服的贫富严重不均痼疾的良方。民生主义的核心是土地国有，"平均地权"。孙中山在另一份文献特意加以说明："平均地权文明之福祉，国民平等以享之。当改良社会经济组织，核定天下地价。其现有之地价，仍属原主所有；其国民后社会改良进步之增价，则归于国家，为国民所共享。肇造社会的国家，俾家给人足，四海之内无一夫不获其所。敢有垄断以制国民之生命者，与众弃之。"② 土地国有是《民报》倡导的六大主义之一。③ 《〈民报〉之六大主义》的解读就更加清楚："近世文明国家所病者，非政治的阶级而经济的阶级也，于是而发生社会主义，其学说虽繁而皆以平经济的阶级为主，言其大别，则分共产主义与国产主义，而土地国有，又国产主义之一部也。"④ 所谓国产主义就是国家统治权在国家，"国家总揽机关为人民代表之议会"，生产资料归国家所有，即土地、交通、金融、邮政、矿产、森林等最必须国有。人民不得有土地所有权，"唯得"使用权。只有实行生产资料国有，资本家、地主的强权才"将绝迹"⑤，人民将获得平等自由，贫富差别将消失。《民报》的主人在不同的场合明确地宣布他们主张国产主义、国家社会主义、集产主义等社会主义。后来孙氏多次宣布民生主义就是共产主义，他"实为完全社会主义家"⑥ 的道理主要在此。

---

① 孙文：《发刊词》，《民报》第 1 号，1905 年 10 月。

② 《中华国民军政府宣言》，见《论三民主义与五权宪法》，广东人民出版社，2008，第 4 页。

③ 《民报》六大主义：颠覆现今之恶劣政府，建设共和政体，维持世界真正之平和，土地国有，主张中国日本两国之国民的连合，要求世界列国赞成中国之革新事业。见《本报简章》，《民报》第 1 号。

④ 《〈民报〉之六大主义》，《民报》第 1 号，1905 年 10 月。

⑤ 《〈民报〉之六大主义》，《民报》第 1 号，1905 年 10 月。

⑥ 黄彦等主编《论民生主义与社会主义》，广东人民出版社，2008，第 12 页。

二

社会主义是《民报》宣传的主要内容。《民报》发表了《德意志社会革命家小传》等近 30 篇文章，其社会主义倾向十分明显。撮其要点：

（一）宣传社会主义运动史

《民报》发表的《欧美社会革命运动之种类及评论》（第 4 号）、《万国社会党大会略史》（第 5 号）、《社会主义史大纲》（第 7 号）、《无政府党与革命党之说明》（第 7 号）等文章，比较系统地介绍了欧洲社会主义运动史，使读者了解社会主义起于贫民革命。16 世纪资产阶级革命兴起，推翻了封建专制，建立资本主义制度，然而"百工发达，产业繁殖，富者垄断，厥风弥滋，而多数之民乃益沦胥。所谓文明之恩泽，不过三数豪富窃沐而已"①，资本主义社会使阶级分化为两种，即富绅（即资本家）与平民（即劳动者）。富绅"独占生产之机关"，平民"以劳力而被其役，使资本与劳力乃生出佣金之一问题，其不平等之极，一若陟天堂，一若居地狱"②，于是西欧各国志士为"改造社会，拯救民命"乃竞起实行社会主义。所谓社会主义就是消灭私有制，"使人人均富，则生产机关不应主自个人，而社会共主之"③，使人人都有自由平等的权利。所谓生产机关"社会共主之"，换成今天的话，就是生产资料公有制。

社会主义均主张废除私有制，建立共产主义，因实现理想社会而采取的道路、手段不同而分出许多派别。《社会主义史大纲》指出，社会主义学说发轫于 1817 年，该年欧文提出"社会的村落之制度于国会"，圣西门"所研究确乎达社会主义的方针"，F. 拉梅耐"公开其于基督教社会主义第一之著述"，"故近世社会主义者谓此年为五星聚东井云"。④《欧美社会革命运动之种类及评论》将社会主义分成三大类：社会主义、无政府主义、土地均有党。社会主义派"以社会为本位体制，建设于人类之上，以谋人类财产即权利一律平等。此说创自德儒"马克思、恩格斯二氏，近世

---

① 社员：《欧美社会革命运动之种类及评论》（译文），《民报》第 4 号，1906 年 5 月。

② 劳斋（即宋教仁——笔者注）：《万国社会党大会略史》，《民报》第 5 号，1906 年 6 月。

③ 《欧美社会革命运动之种类及评论》（译文），《民报》第 4 号，1906 年 5 月。

④ 渊实（即廖仲恺——笔者注）译《社会主义史大纲》，《民报》第 7 号，1906 年 9 月。

"风靡全欧"。因"感其说而兴者，又有共产派、基督教社会主义（温和派）、社会革命派、国家社会主义"等，国家社会主义因"德之奸雄俾士麦（Bismarck）所苦心经营，而诸国政客固亦有附和之者"，然大势已去，"彼奄奄无生气久矣"。[1] 无政府主义"使人民各得极端之自由为目的"，亦有三派，哲学的无政府主义、基督教无政府主义、破坏的无政府主义。[2] "土地均有党所主张者，欲使人类平等利用土地也。"[3] 当今欧美主张此派有土地民有派和土地单一税派。社会主义运动分为 5 个时期，第一时期，自法兰西革命以后到 1817 年为准备时代。第二时期，自 1817 年至 1848 年为理想时代。第三时期，自 1849 年至 1863 年为反动时代（以马克思、恩格斯导其先路。社会革命如洪水决堤，"浩浩滔滔天势莫能御"）。第四时期，自 1864 年第一国际成立到 1872 年海牙大会社会主义者与无政府主义者之分离，"社会主义亦因之得救"。第五时期，社会民主主义运动时代。[4]《万国社会党大会略史》比较详细地介绍了第二国际的历史，主要描述了第二国际成立的背景、筹备情况，从 1889 年到 1904 年共六次大会。第二国际内分"硬软"两派，围绕第一次世界大战，巴黎第一次大会、1891 年在布鲁塞尔第二次大会（正式宣告第二国际成立）、1900 年巴黎第五次大会，1904 年第六次大会，1907 年第七次大会。第二国际围绕社会党员可否参加资产阶级政府担任主要职务，产生了"硬软"两派，"硬派"是马克思派，主张阶级斗争，"排斥一切之调和让步"，反对参加资产阶级政府。"软派"主张让步，"与其他之急进诸政党，提携而组织联合内阁，以渐握政权"。[5]

《民报》对无政府主义与俄国民意党人的宣传力度较强，除刊登俄国无政府主义女杰苏菲亚、著名无政府主义者巴枯宁、俄国民意党人在流亡期间的照片、俄国无政府女党人暗杀莫斯科总督等照片外，还发表《无政府党与革命党之说明》（第 7 号）、《无政府主义与社会社会主义》（第 9 号）、《虚无党之小史》（第 17 号）、《无政府主义序》（第 20 号）等文章。革命派为何如此重视宣传无政府主义呢？笔者认为主要原因有二：一是无

---

① 《欧美社会革命运动之种类及评论》（译文），《民报》第 4 号，1906 年 5 月。
② 《欧美社会革命运动之种类及评论》（译文），《民报》第 4 号，1906 年 5 月。
③ 《欧美社会革命运动之种类及评论》（译文），《民报》第 4 号，1906 年 5 月。
④ 渊实：《社会主义史大纲》，《民报》第 7 号，1906 年 9 月。
⑤ 劳斋：《万国社会党大会略史》（译文），《民报》第 5 号，1906 年 6 月。

政府主义主张不要政府，梁启超君主立宪派"藉以诋革命党所主张为无政府而欲以惑人也"①，革命党人不得不发表文章予以驳斥，指出诋毁革命党不要政府是蛊惑人心，"流毒社会"。革命党与无政府党其主张不能两立。它们的区别在政治革命上：无政府党在废绝政治，而革命党则在革新政治；无政府党在破坏政府，而革命党在改良政府；无政府党在废灭政治与国家，而革命党则为巩固国家而革新政治；无政府党不论专制与立宪之政体皆破坏之，而革命党则仅破坏专制而企图立宪；无政府党蔑视法律，而革命党则尊重法律。他们的区别在社会革命上：革命党要建立社会主义，无政府党在废灭政府，而革命党则在利用政府；无政府党无论何种国家，皆加以反对，破坏法律，而革命党则服从法律，维持善良政府，尊重生命；无政府党主张绝对自由主义，而革命党的社会主义之事业，则平和而有秩序，且博爱。

一是革命党人中确实有许多重要级人物是无政府主义者，他们利用《民报》作舆论推销，例如刊登无政府主义中文本广告；张继翻译了意大利人马拉跌士达著的《无政府主义》一书，《民报》第20号刊登了《民报》社长章太炎撰写的序言等。但《民报》并非同意无政府主义的主张，仅仅是宣传某些观点，主要有三：一是无政府主义主张平等自由；二是无政府主义主张废除私有制；三是无政府主义攻击暴君污吏不遗余力，并用暗杀行为，使"帝王将相者多恐怖之"。② 特别是最后一条，无政府主义暗杀者，在《民报》是作为英雄加以颂扬，发表《敢死论》、《帝王暗杀之时代》等文对暗杀行为给予肯定，它称赞俄国虚无党员苏菲亚为"东欧女豪杰"，为虚无党的"圣徒"。③ 以上对无政府主义的肯定是与革命派倡导的主义与反对专制的革命行动是相吻合的。

（二）通过介绍著名社会主义人物，宣传社会主义的主张

《民报》正式发表的人物小传7人，其中外国人有马克思、恩格斯、拉萨尔、苏菲亚、巴枯宁5人，另2人是徐锡麟、刘道一。也就是说《民报》介绍的外国名人全是社会主义者，其中马克思、恩格斯是科学社会主

① 梦蝶生：《无政府党与革命党之说明》，《民报》第7号，1906年9月。
② 蛰伸：《德意志社会革命家小传》，《民报》第2号，1905年11月。
③ 无首：《苏菲亚传》，《民报》第15号，1907年7月。

义奠基者，其他 3 人是著名无政府主义者。《民报》选择这些社会主义运动的代表性人物彰显出杂志的政治倾向。最出彩的就是在《民报》第 2、3 号上"蛰伸"（即朱执信——笔者注）撰写的《德意志社会革命家小传》，介绍了马克思、恩格斯与拉萨尔。列传热情地描述了马克思、恩格斯的家世背景、主要革命经历与理论贡献。小传用较多篇幅介绍了《共产党宣言》，称颂为共产主义运动的"金科玉律"；① 突出唯物史观，将经济基础决定上层建筑、一切社会的历史都是阶级斗争的历史、用阶级斗争的手段剥夺剥夺者、消灭私有制、建立公有制、实行无产阶级专政、实行计划生产和对儿童实行义务教育和免费教育等内容为《共产党宣言》的"大要"。② 《共产党宣言》与《资本论》是马克思、恩格斯创立的科学社会主义的代表作，《资本论》中所阐述的剩余价值理论"为社会学者所共尊，至今不衰"。③ 朱执信还将马克思主义与其他社会主义流派作了区别，指出学派有异同，学说有变迁，"自马尔克以来，学说皆变，渐趋实行，世称科学的社会主义（Scientific Socialism）"。④ 此前我国虽然已有马恩的简介，但小传却是最早、最详细的马克思、恩格斯传记，成为中国马克思主义传播史上第一篇比较系统介绍马克思和恩格斯的生平及经典《共产党宣言》、《资本论》的文章，也使朱执信成为革命党人中传播马克思主义的明星。

拉萨尔小传，朱执信将其主要生平和与对社会主义运动的主要贡献描述得十分简练，拉萨尔是国家社会主义的忠实信奉者，反对暴力，主张"平和手段致力于普通选举"，通过立宪保证第四阶级（即劳动者——笔者注）之"尊严之地位"；通过国民议会实现社会主义政治理想；他热情投身工人运动，"善词令"，是一个十分出色的鼓动家；他将劳动者受到剥削罪之于"铁则"（即"铁的工资规律"——笔者注），资本家利用此铁则，剥削劳动者以自肥，而劳动者则愈困，"欲救劳动者不可不先破此铁则，则使一切之富归于生产者，而工业属于国家社会之公有"。总其一生，"拉萨尔之言社会革命不如马尔克（即马克思——笔者注）言之之完也"；"一

---

① 蛰伸：《德意志社会革命家小传》，《民报》第 2 号，1905 年 11 月。
② 蛰伸：《德意志社会革命家小传》，《民报》第 2 号，1905 年 11 月。
③ 蛰伸：《德意志社会革命家小传》，《民报》第 2 号，1905 年 11 月。
④ 县解（即朱执信——笔者注）：《论社会革命当政治革命并行》，《民报》第 5 号，1906 年 6 月。

身唱新说，抵死以谋其进步"，然为"情死"，拉萨尔"无所辞咎"。① 朱执信评论得十分到位。

朱执信之所以撰写这三个小传，其目的很清楚，即社会主义运动最兴旺在德国，其贡献最大者在此三人，将他们的"学说行略"介绍于我国同胞，进行"社会革命犹有所资也"。②

介绍苏菲亚是因为苏菲亚是英雄，中国同盟会是需要英雄、崇拜英雄的政党。此点在1905年8月东京中国留学生举行欢迎孙中山会上表露无遗："有失败之英雄，有成功之英雄，英雄而成功之也，人讴歌之；英雄而失败也，人哀吟之。若夫屡失败而将来有成功可望之英雄，则世界之视线集焉。""孙逸仙者，非成功之英雄而失败之逸仙也，非异国之英雄而本族之英雄也，虽为本族之英雄而其为英雄也，决不可以本族限之实为世界之大人物，彼之理想，彼之抱负，非徒注眼于本族止也，欲于全球之政界上、社会上开一新纪元，放一大异彩。"③ 孙中山"是吾国四万万之代表也，是中国英雄中之英雄也"。对于苏菲亚参加敢死队，"轰杀"沙皇（亚历山大二世），更是推崇备至，"此实惊天地泣鬼神之大事业"。④

（三）重点宣传民生主义

《民生主义与中国革命之前途》对民生主义进行了比较全面的诠释。首先，民生主义发端于资本主义社会。欧洲第三阶级反对封建专制，高扬天赋人权旗帜，"世人方以为，自兹而后专制之淫威日渐渐灭，而人权自由之幸福巩如磐石矣，而孰知事实上竟有大不然者，君主之有形专制方除，而富豪之无形专制更烈"，尤其是资本主义之怪物"托辣斯"（今译托拉斯——笔者注）"蹂躏天赋人权自由而增长少数富豪之私利"，社会贫富严重不均，"救治之法舍实践民生主义末由"。⑤ 到20世纪，社会主义"吐露锋芒，光焰万丈"。⑥ 其次，中国现代经济还相当落后，受资本主义所产生的尾大不掉的祸害病"未特深"，因此提倡民生主义实在是"解决托辣

---

① 蛰伸：《德意志社会革命家小传》，《民报》第3号，1906年4月。
② 蛰伸：《德意志社会革命家小传》，《民报》第2号，1905年11月。
③ 过庭：《纪东京留学生欢迎孙君逸仙事》，《民报》第1号，1905年10月。
④ 无首：《苏菲亚传》，《民报》第15号，1907年7月。
⑤ 自由（即冯自由——笔者注）：《录〈中国日报〉民生主义与中国政治革命之前途》，《民报》第4号，1906年5月。
⑥ 自由：《录〈中国日报〉民生主义与中国政治革命之前途》，《民报》第4号，1906年5月。

斯者中国未来之大毒物救治之法"，实在是唤醒"我四万万同胞之国魂"。①最后，民生主义的核心是平均地权，我国古代井田制就体现了平均地权，美国人亨利·乔治（George Henry）鼓吹单一税是实现土地国有的"尽善尽美之税法"。② 因此民生主义实在使中国数千年固有的平均地权"发其幽光，而参以欧美最近发明"③ 的好办法，未雨绸缪在中国预先将欧美资本主义的祸害除掉，实现真正的天赋人权，人人平等自由，"中国人吾唯有发扬民生主义之光焰，由祖国而次第普及于一般人类"，成为"列国之模范"。④

三

众所周知，20 世纪初，孙中山的革命派与梁启超立宪派笔战主要在三个层面，思想层面是革命还是改良，政治层面是民主共和还是君主立宪，经济层面就是土地国有还是土地私有。经济层面的笔战具有明显的社会主义性质，涉及如下几个问题。

（一）社会主义适合中国吗？

有趣的是，革命派与立宪派对社会主义均不反对，区别在于孙派主张社会主义适合中国，立宪派则认为社会主义在吾国"非千数百年始现"⑤，今日不能即行，甚至有人提出"社会主义若行可以立亡中国"。⑥ 革命派从三个方面驳斥：一是从政治革命与社会革命的角度。当前我国革命的首要任务是"驱逐鞑虏，建立民国"，所谓驱逐异族是民族革命，但反对君主专制则是民权政治，民权革命就是政治革命。中国进行欧洲 16 世纪反对贵族专制的政治革命时，欧美资本主义制度已经病入膏肓，天赋人权被富豪专制所取代，无序竞争，垄断剥削，造成贫富悬隔，激起欧美爆发彻底改变资本主义制度的社会革命。中国资本主义未发达，富豪与劳动者的矛盾

① 自由：《录〈中国日报〉民生主义与中国政治革命之前途》，《民报》第 5 号，1906 年 5 月。
② 自由：《录〈中国日报〉民生主义与中国政治革命之前途》，《民报》第 4 号，1906 年 5 月。
③ 自由：《录〈中国日报〉民生主义与中国政治革命之前途》，《民报》第 4 号，1906 年 5 月。
④ 自由：《录〈中国日报〉民生主义与中国政治革命之前途》，《民报》第 4 号，1906 年 5 月。
⑤ 辨奸：《斥〈新民丛报〉之谬妄》，《民报》第 5 号，1906 年 6 月。
⑥ 自由：《录〈中国日报〉民生主义与中国政治革命之前途》，《民报》第 4 号，1906 年 5 月。

没有欧美那样尖锐，因此我国可以政治革命与社会革命同行，这样既使中国走向民主共和，又芟除资本主义之祸患，使最大多数人之平等自由幸福；又可以消患未然，避免中国出现像欧美那样的大革命动荡，"频频伤国民的元气"。① 二是民生主义"泛觞于中国"，我国古三代实行公田的井田制就有"平均权之微意"，王莽新制"多含民生主义的性质"，太平天国的"利民之公仓"，实为民生主义之一端，"由是观之，民生主义实为中国数千年前固有之出产物"。② 三是以梁启超之矛攻其之盾。革命党人质问梁启超：以前彼在《新民丛报》上极力介绍社会主义，今却称"社会主义不适用于中国"，此种翻云覆雨，自相矛盾，岂不是"大可怪也"。③

（二）生产资料国有，还是私有？

有趣的是，革命派与立宪派对如今欧美社会积重难返的病源看法一致，不同的是在中国如何治法。革命派主张生产资料国有，立宪派则反对国有，主张私有制，"奖励保护资本家，排除外资"④，并攻击国有是夺富予贫，将造成下流社会暴动，列强干涉中国等。革命派与之激烈交锋：

首先，欧美资本主义的病源就在于私有制，国计民生"被少数富豪把持、垄断"，使"富者日富，贫者日贫"，贫富悬隔，积重难返。治疗资本主义的病源之法，就是实行生产资料国有，使国家成为大资本家、大地主，创造的财富供社会所用，"为众生谋幸福"。⑤

其次，社会革命有广义与狭义之别，广义的社会革命是彻底改变政体，狭义的社会革命是改变社会经济组织。革命派取狭义的社会革命，即避免激烈的阶级斗争，用和平、改良的手段，使主要生产资料国有。在他们那里社会主义与民生主义是合二为一的。他们强调国有与官办不为同物，有本质不同。所谓官办是财富集中在少数人手中，即财富的私有化。所谓国有就是将经营权归属国家或公共团体，如国有铁路就是国家握有全国各线路铁路的经营权，其收入为国家的"公共经济"（即公共财政——

---

① 孙文演说《纪十二月二日本报纪元节庆祝大会事及演说辞》，《民报》第 10 号，1906 年 12 月。

② 自由：《录〈中国日报〉民生主义与中国政治革命之前途》，《民报》第 4 号，1906 年 5 月。

③ 自由：《录〈中国日报〉民生主义与中国政治革命之前途》，《民报》第 4 号，1906 年 5 月。

④ 民意：《告非难民生主义者》，《民报》第 12 号，1907 年 3 月。

⑤ 孙文演说《纪十二月二日本报纪元节庆祝大会事及演说辞》，《民报》第 10 号，1906 年 12 月。

笔者注），用之于社会，为国民之福利。国有就是全体国民管理国家，所有财产归全体国民所有。国家把握了土地、交通、金融、矿山等主要生产资料，经营工业大事业，"以抑制私营自然独占事业者之专横为目的，而其抑制之原因则以欲致社会上幸福"。① 国有使"财富日增，而外国资本家乃益乐于我为市耳"。我国资本不足，外资进入实际是资本进入，为我所用，"有利无损"，而"奖励国内资本家以抵制外资输入，其结果不能抵制而徒生社会贫富"悬殊，② 造成社会的动荡。

生产资料国有，主要是土地国有，故"平均地权"成为民生主义的核心。为什么土地国有如此重要？革命派认为土地是生产三要素最重要的要素，是"人类居住所必需，关于人类之生存殆无有重于土地者"。③ 欧美土地在少数人独占，因而资本亦自然在少数人之手，而贫民无立锥之地，造成欧美社会深病之源④，因此欲解决社会贫富不均，先解决土地问题，此是所谓预防中国避免蹈复欧美今日之"穷境"⑤ 之良策。"土地国有，即平均地权之政策，不许人民私有土地而已，森林、矿山及交通机关等应为国有"。⑥ 土地国有并不是强占，牺牲少数人之私利而化为大多数人之公益，不是"以野蛮之力，杀四万万人之半，夺其田而有之"⑦，而是通过经济手段，实现均富。土地的地租是国家最大的生利之源，革命派甚至算了一笔账，中国现在每岁收入"约四千万"，如果政府经营有方，仅地租就有"八十万万"，国家举这笔岁入从事铁道、矿山、邮电、自来水等"一切事业而不虞其不足"，加上地租之涨价，岁入将有巨额，政府据此借若干巨额外债，"不患其偿还之无着"。⑧ 国家之财政巩固，富源广阔，则文明进步，实业大增。

革命派一针见血地指出，立宪派主张保护土地私有，就是维护封建贵族、富豪地主辈之专制，违背了中国多数人之幸福。对立宪派的所谓下等

---

① 县解（即朱执信——笔者注）：《从社会主义论铁道国有及中国铁道之官办私办》，《民报》第 4 号，1906 年 5 月。笔者注，此处虽然论述的是铁道国有，但与主要生产资料国有的道理是一致的。

② 民意：《告非难民生主义者》，《民报》第 12 号，1907 年 3 月。

③ 自由：《民生主义与中国政治革命之前途》，《民报》第 4 号，1906 年 5 月。

④ 天意：《告非难民生主义者》，《民报》第 12 号，1907 年 3 月。

⑤ 天意：《告非难民生主义者》，《民报》第 12 号，1907 年 3 月。

⑥ 自由：《民生主义与中国政治革命之前途》，《民报》第 4 号，1906 年 5 月。

⑦ 梁启超：《开明专制论》，《新民丛报》第 75 号，1906 年 2 月。

⑧ 自由：《民生主义与中国政治革命之前途》，《民报》第 4 号，1906 年 5 月。

社会暴动说，革命派提出了"有秩序的革命"解决之。对列强的干涉，提出"排满"不是"排外"，所谓国际公法之规则等解决之。

最后，用单税法、核定地价之方法收买私人土地，这是尽善尽美之办法，"调合社会上贫富不均之弊害也，维持财产之增殖力也"。[①] 孙中山指出地价因文明发达，交通便利必然要涨。地主的土地是有价，如最初地价一千元，可定价为一千元或多至二千元，后地价涨至一万元，地主"应得二千元已属有益无损，盈利八千当归国家。这于国计民生皆有大益，少数富人把持垄断的弊窦自然永绝。这是最简便易行之法。"[②] 因此核定地价买收是有偿，不是夺富。国家收增额部分，使之为国家财政，归之全体国民，体现了社会主义性质。

应该指出，孙中山革命派对社会主义的评价并不到位，他们对欧美的各派社会主义也不是分得很清楚，如称马克思主义是平和主义。又如他们主张的社会革命，也与马克思主义不同，不是彻底改变资本主义的政治制度，而是改良经济制度（平均地权），彰显他们的改良主义。他们对梁启超的批判也有许多漏洞与强词夺理之处，梁氏有的主张亦有可取之处，例如中国现阶段发展资本主义以增强实业亦非虚语。但这些并不重要，重要的是革命党人用他们理解的社会主义在中国鼓吹、实践。他们的社会主义是一个兼容并包、杂然并陈的思想体系，有马克思主义、国家社会主义、无政府主义，有中国传统政治文化、经济理论，还有西方资产阶级政治学，以及融进他们自己的东西，形成了有中国特色的孙氏社会主义——"三民主义"。正如列宁所指出的那样：孙中山的战斗的民主主义思想体系，"是同社会主义空想、同使中国避免走资本主义道路即防止资本主义的愿望结合在一起的"。[③]

作者单位、职务：湖北大学政法学院教授

---

① 自由：《民生主义与中国政治革命之前途》，《民报》第 4 号，1906 年 5 月。

② 孙文演说《纪十二月二日本报纪元节庆祝大会事及演说辞》，《民报》第 10 号，1906 年 12 月。

③ 列宁：《中国的民主主义和民粹主义》，《列宁选集》第 2 卷，人民出版社，1975，第 425 页。

美国形象与近代中国人的共和梦

✎ 邹佩丛　侯林莉

一

辛亥百年，也是中国人追寻共和梦的百年。

中国历史上的"共和"，是不甚清晰的片段的传统。据《史记》记载，西周时期，周厉王"专利"而"止谤"，国人暴动而被逐，遂有周公、召公共同主政的局面，是为公元前 841 年的"周召共和"。而晋朝的《竹书纪年》则只是一个"共伯和干王政"的故事，"共和"只成人名符号了。

近代中国人对于中国历史上有无"共和"传统，认识也并不一致。康有为的看法就是矛盾的。他曾经认为"《春秋》太平世无天子之义，《礼运》大同公天下之制"与瑞士、美、法的"共和之俗"是相仿佛的，但又说过"吾国人民，本无民主共和之念，全国士夫，皆无民主共和之学"，甚至"共和为中国数千年未尝试验之物"。① 而孙中山则认为，"三代之治实能得共和之神髓而行之者也"，他明确表示："共和者，我国治世之神髓，先哲之遗业也。"② 在他看来，中国乡村的"人民自议之而自理"的传统，是符合共和原理的。总之，近代中国人对古代的"共和"传统的梳理，并没有达成一致的看法。

而在西方，"共和"传统则源远流长，有历史上的共和国，也有共和主义理念。Republic 一词来源于拉丁语 respublica，意即"公共事务"。西方历史上著名的共和政体是斯巴达、罗马。罗马共和国的政体形式是混合

---

① 康有为：《共和平议》，《不忍》第 9、10 合册，1917。
② 孙中山：《与宫崎寅藏平山周的谈话》，《孙中山全集》第一卷，中华书局，1981，第172、173 页。

政体，平民院、元老院、执政官之间的分权制衡，被认为是共和政体的良好形式。而古典的共和主义认同公民的政治美德，主张公民的积极政治参与。现代社会里，共和制是指国家元首、国家权力机关不由世袭产生，而由直接或间接选举产生且有一定任期的政权组织形式。共和政体区别于君主政体，且作为君主政体的对立面而存在。

英文"republic"与汉语"共和国"相对接，根据学者的研究，是在19世纪末20世纪初。方维规指出，Republic，在《英华字典》中译为"众政之国"、"公共之政"，《华英字典集成》以"合众出治之国"、"公同之政"译释，《英华韵府历阶》译释"合省国"，且19世纪很长一段时期内，Democracy 和 Republic 在汉语译释中并无严格区分，"Republic 在19世纪还没有较为固定的中文对应概念，在19、20世纪之交才较多的以'共和国'译之"[①]。

何以共和梦就是美国梦？美国解决了大国范围内实现民主的问题，且19世纪下半叶到20世纪初，实现了迈向世界强国的过程。这使当时先进的中国人将学习的榜样投向了美国。何况，英国是虚君共和或君主立宪，没有成文宪法，不方便学；而法国的共和国反复被颠覆，成为教训而非榜样；维新派、清政府曾倾向于学习德国、日本这类具有强烈专制色彩的君主立宪国家，这自然在共和梦之外。

近代中国人具体地了解作为舶来品的"共和"，最初是通过来华传教士的介绍，并通过对于美国政治的了解，而逐渐清晰，上升为一种政治理想与奋斗目标的。[②] 从魏源到孙中山，共和理想由模糊而清晰，由理想而实践，终于迎来了亚洲第一个共和国的诞生。

二

晚清中国人睁眼看世界时，西方人的地理学著述进入中国人的视线。裨治文的《美理哥国志略》便是这样一本介绍美国概况的著作。裨治文（Elijah Coleman Bridgman，1801 – 1861 年）是来华的第一位美国传教士。

---

① 方维规：《"议会"、"民主"与"共和"概念在西方的嬗变》，《二十一世纪》双月刊，2000 年 4 月号。

② 杨玉圣在《中国人的美国观》（复旦大学出版社，1996）一书曾谈到近代以来中国人的美国观，其中部分涉及美国政治制度问题。

自神学院毕业后，他于 1830 年来华传教。裨治文在华 30 年，前期主要在广州、澳门一带活动，后期主要在上海地区活动。《美理哥国志略》第一版是 1838 年在新加坡印行的，以后又分别在香港、上海出过二版、三版，书名有变化，内容也有所修订。这本书，除了谈美洲的发现、美国的概况，如美国的地理位置、独立建国历史，政治、商业贸易、社会、教育、各州情况等以外，还详细介绍了美国的政治制度。

在《美理哥国志略》一书中，裨治文描述了一个联邦自治的、自下而上均由选举产生的民主国家形象。他介绍美国总统"例以四年为一任，期满别选，如无贤可代者，公举复任"，地方政府乃"本省之官，由本省之民选择公举"。美国参议院、众议院"每省择二人至都城，合为议事阁（即参议院），又选几人合为选议处（即众议院）"。美国的法院系统则分为"京察院"、"巡按察院"、"分巡察院"运作，分权制衡的机制则表现为"为审官则不能会议制例，会议制例官亦不能兼摄审问"、"国内刑狱事，如察院审判不公，统领亦可更正之"，等等。① 裨治文的书，对晚清那些急于了解外部世界的中国人来说，是令人震撼的，他们看到了一个实现了三代之治理想的现实国度。有的学者甚至认为："裨治文向昏睡千年的'天朝上国'观念提出了挑战。而天朝尽善尽美的神话一旦打破，继之而来的就可能是对封建制度的怀疑甚至反抗了。"②

接触了西方传教士带来的地理学知识后，少数晚清官绅对于中国与世界的认识发生了巨变。他们开始睁眼看世界，美国的政治文明极大地震动了他们。其中以魏源、徐继畬、梁廷枏为甚。

在《海国图志》一书中，除涉及美国的基本概况外，魏源突出介绍了美国的政治制度。他注意到，在美国，"国人以律例为重，不徒以统领为尊"、"凡公选、公举之权，不由上而由下"，甚至"所有条例，统领必先自遵行，如例所禁，统领亦断不敢犯之。无异于庶民，而后能为庶民所服"。③ 这里的"统领"，即指美国总统一职。魏源如此评价美国的共和政治："二十七部酋分东、西二路，而公举一大酋总摄之，匪惟不世及，且

① 王立新：《美国传教士与晚清中国现代化——近代基督新教传教士在华社会文化和教育活动研究》，天津人民出版社，1997，第 299～300 页。
② 王立新：《美国传教士与晚清中国现代化——近代基督新教传教士在华社会文化和教育活动研究》，第 302 页。
③ 魏源：《弥利坚即美里哥国总记》，《海国图志》，中州古籍出版社，1999，第 389 页。

不四载即受代。一变古今官家之局，而人心翕然，可不谓公乎？议事听讼，选官举贤，皆自下始，众可可之，众否否之，众好好之，众恶恶之，三占从二，舍独徇同，即在下预议之人，亦先由公举，可不谓周乎？"① 魏源（1794～1857），名远达，字默深，汉族，湖南邵阳人，著名学者，中国近代启蒙的思想家、政治家、文学家。在他的心目中，美国的政治制度既公道，又周全。

徐继畬的《瀛环志略》一书，在卷九《北亚墨利加米利坚合众国》中，详细介绍了美国的政治制度："仍各部之旧，分建为国，每国正统领一，副统领佐之……以四年为任满……退位之统领，依然与民齐齿，无所异也。各国正统领之中，又推一总统领专主会盟战伐之事，各国皆听命。"这里说的"国"，其实是现在的"州"，"统领"即"州长"，"总统领"，即现在的"总统"。他称赞美国的开国领袖华盛顿："不僭位号，不传子孙，而创为推举之法，几于天下为公，骎骎乎三代之遗意"。他进而对美国政治制度作了总体性的称赞："米利坚合众以为国，不设王侯之号，不循世及之规，公器付之公论，创古今未有之局，一何奇也！"② 徐继畬（1795～1873），山西代州五台县人。初编《瀛环考略》2 卷和续成之《瀛环志略》10 卷，总理衙门于 1866 年重刻《瀛环志略》，以之作同文馆教科书。徐继畬的书除受裨治文等人的作品影响外，另一位美国传教士雅裨理也向他介绍了西方地理学知识，并提供了相关资料。康有为、梁启超都是《瀛环志略》的忠实读者，通过这本书打开了他们的眼界。

梁廷枏的《合省国说》，基本上与《美理哥国志略》的内容与先后顺序相同。在书序中，他表示："予盖观于米利坚之合众为国，行之久而不变，然后知古者'可畏非民'之未为虚语也。彼自立国以来，凡一国之赏罚、禁令，咸于民定其议，而后择人以守之。未有统领，先有国法。法也者，民心之公也。统领限年而易，殆如中国之命吏，虽有善者，终未尝以人变法。既不能据而不退，又不能举以自代。其举其退，一公之民。持乡举里选之意，择无可争夺、无可拥戴之人，置之不能作威、不能久据之地，而群听命焉。盖取所谓视听自民之茫无可据者，至是乃彰明较著而行之，实事求是而证之。为统领者，既知党非我树、私非我济，则亦惟有力

---

① 魏源：《墨利加洲总叙》，《海国图志》，第 369 页。
② 徐继畬：《瀛环志略》卷 9，《北亚墨利加米利坚合众国》，道光三十年。

守其法，于瞬息四年中，殚精竭神，求足以生去后之思，而无使覆当前之
悚斯已耳。又安有贪佟凶暴，以必不可固之位、必不可再之时，而徒贻其
民以口实者哉？"不过，他也认同了美国的特殊性："是必米利坚之地、之
时、之人而后可"，也就是说，"地既有所凭恃以自立，时又迫之不遑他
计，而人人复安愚贱，泯争端，三者相乘，夫是以创一开辟未有之局，而
俨然无恙以迄于今也。"[①] 梁廷枏（1796～1861），字章冉，广东顺德人。
自小天资聪敏，勤奋读书。他曾主持修《粤海关志》30 卷。1849 年广州
掀起反英人进城的高潮时，他带领当地士绅，反对英国人进入广州城。

在《尚书》、《贞观政要》中有"可爱非君，可畏非民"的话。"可爱
非君，可畏非民"有两种解释：①老百姓爱戴的不是君主吗？君王所畏惧
的不是百姓吗？②非议君主是可爱的，为难百姓是可怕的。无论作何种解
释，都看得出来，梁廷枏认定美国的政治文明实现了中国古代的民本
理想。

总之，无论魏源、徐继畬、梁廷枏，他们皆从传教士作品中获取对美
国的印象，表达对美国政治制度的称赞。他们看到了一个富有理想的民主
共和国。那里没有世袭制度，大小官员有任期限制，民意得到充分的尊
重，人民拥有言论自由。这完全符合中国传统中"天下为公"的理想。他
们也成为最早看世界的那批中国人当中，触摸到美国制度文明的先驱者。
当然，无论魏、徐、梁，他们称赞美国政治制度，但都没有提到要学习美
国，甚至没有直接说要学习西方的政治制度。这是近代中国人最早的含糊
的"共和梦"。

三

随着洋务运动的开展，西方的坚船利炮知识与技术传入了中国。然
而，甲午战争的失败，使人们痛感，如果不进行制度层面的变革，国家的
富强仍是不可能的。以康、梁为代表的维新派，提出了变法的要求，主张
进行制度层面的变革。

戊戌变法时期，康有为明确提出了立宪法、开国会的主张："东西各

---

① 梁廷枏著，刘晓等点校《合省国说·序》，《海国四说》，《清代史料笔记丛刊》，中华书
局，1993，第 50、51 页。

国之强，皆以立宪法开国会之故，国会者，君与国民共议一国之政法也。盖自三权鼎立之说出，以国会立法，以法官司法，以政府行政，而人主总之，立定宪法，同受治焉。人主尊为神圣，不受责任，而政府代之。东西各国，皆行此政体，故人君与千百万之国民，合为一体，国安得不强？"①这里，康有为选择的是君主立宪制度，而不是美国式的共和政治。

在对欧、美各国的比较当中，康有为选择了俄国作为榜样。"职窃考之地球，富乐莫如美，而民主之制与中国不同"，只有俄国君权最尊、体制崇严，与中国相同，因此"以君权变法，莫如采法彼得"。②他希望光绪皇帝效法俄国彼得大帝变法改革的故事，推动中国的改革事业。

戊戌变法失败后，针对海外华侨中流传的革命情绪，康有为表示，中国未来的政体模式仍应是"满、汉不分，君民同体"。在他看来，"美为新造之邦，当时人民仅四百万，与欧洲隔绝，风气皆新，无一切旧制旧俗之拘牵"。而中国幅员万里，有四万万人民之众，五千年国俗之旧，"与美迥绝不同"，不能"台高三丈，不假梯级而欲登；河广十寻，不假舟筏而欲跳渡之"。③他认定君主专制、君主立宪、民主共和有不可逾越的阶段性。当康门弟子也流露出向往共和革命的情绪时，他谆谆告诫他们说："诸子之误引法、美，乃诸子之大谬也，盖由于但读欧、美新书，而不能考亚洲之故事也"，他坚持认为："夫各国之为国，皆有其特别之情，万不能妄引他国为比例者也。"④

这一时期，康有为对于美国政治的态度，是价值层面的肯定，方法论层面的否定。在有关法国大革命的文章中，康有为表示："拉飞咽所持美国之验方，实天下公理之至也，其要旨曰：人权平等也，主权在民也，普通选举也，此至公至平之理，圣者无以易之，实大同世之极则也。"但美国验方施行到了法国，是药不对症的，"拉飞咽以美国政治之平等政治有效，欲以美国之政，施之法国，而不审国势地形之迥异，于是在美行之而

---

① 康有为：《请定立宪开国会摺》，1898 年 8 月，汤志钧编《康有为政论集》上册，中华书局，1981，第 338 页。

② 康有为：《上清帝第七书》，1898 年 1 月底，汤志钧编《康有为政论集》上册，第 218 页。

③ 康有为：《答南北美洲诸华商论中国只可行立宪不可行革命书（摘录）》，1902 年春，汤志钧编《康有为政论集》上册，第 475 页。

④ 康有为：《与同学诸子梁启超等论印度亡国由于各省自立书（摘录）》，1902 年春，汤志钧编《康有为政论集》上册，第 495 页。

治，在法行之而乱也"。① 在他看来，法国仿行美国政治而失败，中国也必然如此。

梁启超则摇摆于君主立宪、民主共和两种模式之间，最后他选择了告别"共和"。梁启超1903年的美国之行，不仅使他对于美国政治有了更为深切的认识，也使他告别了曾经的共和梦。

在《新大陆游记》中，梁启超感叹道："美国之政治，实世界中不可思议之政治也。何也？彼美国者，有两重之政府，而其人民有两重之爱国心者也。质而言之，则美国者，以四十四之共和国而为一共和国也。故非洞察联邦政府与各省政府之关系，则美国所以发达之迹，终不可得明。"在他看来，美国的自由不是独立后才发生的，各省（州）是小的独立共和国，远在联邦政府成立之前就存在了，这是美国政治的特色，"亦共和政体所以能实行能持久之原因也"。② 梁启超还观察，不仅州一级，美国的市、镇制度，也是贯彻了共和原则的小的自治体。也就是说，美国的共和政治，是由许许多多小的共和自治体组成。

美国之行，不但让梁启超看到了美国社会的阴暗面，看到美国政治制度运作过程当中的弊端，如总统受制于议会的"议会专制"、选举换届导致大规模的官员更替、官场成"拍卖场"，等等，且华人社会中的不良风气、国民知识水平的低下，都深深刺激了他的神经。返日本后，梁启超重温了德国学者伯伦知理（J. K. Bluntschli，1808 – 1881）、波伦哈克（Conrad Bornhak，1861 – 1944）反对共和的言论，更加信服"因于习惯而得共和政体者常安，因于革命而得共和政体者常危"，感觉到"纯粹之美国制，若为国家永远计，固然万不可采"。③ 他的结论是：革命只能带来形式上的共和而实质上的暴政，他开始反思自己曾经的共和立场，发出了沉痛的"告别共和"论："吾醉心共和政体也有年。国中爱国之士之一部分，其与吾相印契而心醉共和政体者亦既有年。吾今读伯、波两博士之所论，不禁冷水浇背，一旦尽失其所据，惶惶然不知何途之从而可也。如两博士所述，共和国民应有之资格，我同胞虽一不具，且历史上遗传性习，适与彼成反比例，此吾党所不能为讳者也。今吾强欲行之，无论其行而不至也，

---

① 康有为：《法国大革命记（摘录）》，1906年，汤志钧编《康有为政论集》上册，第588页。

② 梁启超：《新大陆游记》，第213、214页，《饮冰室丛著》第12种，商务印书馆，1916。

③ 梁启超：《开明专制论》，《新民丛报》第75号，1907年2月。

即至矣，吾将学法兰西乎，吾将学南美诸国乎？彼历史之告我者，亦何其森严而可畏也。岂惟历史，即理论吾其能逃难耶？吾党之醉共和、梦共和、歌舞共和、尸祝共和，岂有它哉，为幸福耳，为自由耳，而孰意稽之历史，乃将不得幸福而得乱亡；征诸理论，乃将不得自由而得专制。然则吾于共和何求哉、何乐哉？吾乃自解曰，牺牲现在以利方来，社会进化之大经也，吾尽吾子孙之义务，吾今之苦痛能无忍焉？"①

康、梁等人坚持君主立宪是中国最好的政治选择，反对革命党人的共和道路。他们所坚持的理由，包括政体进化论、国民教育程度、国家维护多民族统一的需要，等等。康有为反复强调，美国式的共和政治只能在"太平世"才是合适的，在"乱世"、"升平世"是做不到的，"苟未至其时，实难躐等"。且"国民民智未开，人格未至"，若像革命党人那样"浮慕共和，谬事开议"，则不过是"无知小儿，弄兵戏火，自杀自焚，已而已而"。② 梁启超表示，中国人民尚且不具备共和国民之资格，"有能行议院政治之能力者，斯有可以为共和国民之资格"，他甚至认定"一曰，未有共和资格之国民，万不能行共和立宪；二曰，今日中国国民实未有共和资格；三曰，共和资格非可以短期之岁月养成；四曰，革命军佺傯骚扰时代必不适于养成共和资格"。③ 梁启超还表示，与其共和，不如君主立宪；与其君主立宪，又不如开明专制。"美国非我中国所能学也"，美国人民上百年的自治习惯远非中国可比，"请毋望新大陆之梅以消我渴也"。④

总之，维新派对于美国式的共和政治，是价值层面的肯定，方法论层面的否定。他们反对在中国实行民主共和的理由，一是基于社会进化论，认为民主共和过于高级，中国应先实行君主立宪，甚至开明专制。二是他们强调美国共和政治的成功是具有很大的特殊性的。他们对于负面的共和政治的例子，如法国、南美的例子，更加记忆深刻，认为自然演化出的共和政体才能成功，人为革命造出的共和政体难免陷于暴政而失败。

---

① 梁启超：《政治学大家伯伦知理之学说》，《新民丛报》第 38、39 号合刊，1903 年 8 月。
② 康有为：《法国大革命记（摘录）》，汤志钧编《康有为政论集》上册，第 588、589、590 页。
③ 梁启超：《答某报第四号对于〈新民丛报〉之驳论》，《新民丛报》第 79 号，1906 年 4 月。
④ 梁启超：《申论种族革命与政治革命之得失》，《新民丛报》第 76 号，1907 年 3 月。

四

与维新派不同的是，以孙中山为代表的革命党人，坚定地选择了民主共和的奋斗目标，并为之屡挫屡战，百折不挠。①

1894 年 11 月，孙中山在檀香山成立兴中会的秘密誓词中，即提出了"创立合众政府"② 的概念，这大约是以孙中山为代表的革命党人追慕美国共和政治的最早表达。

1897 年 8 月，孙中山在和日本友人谈话时，较为详尽地谈了他选择民主共和作为未来的理想政体的设想与理由。"余以人群自治为政治之极则，故于政治之精神，执共和主义。"③ 在孙中山看来，中国不仅有悠久的共和传统，且"共和政治不仅为政体之极则，而适合于支那国民之故，而又有革命上之便利者也"。也就是说，美国式的联邦共和可以遏制各路枭雄的野心，"唯作联邦共和之名之下，其夙著声望者使为一部之长，以尽其材，然后建中央政府以贺〔驾〕驭之，而作联邦之枢纽"。④

1903 年，孙中山在与檀香山华侨的演说中，更是多次表示："我们必要倾覆满洲政府，建设民国。革命成功之日，效法美国选举总统，废除专制，实行共和。"⑤ 孙中山强调说："有人说我们需要君主立宪政体，这是不可能的。没有理由说我们不能建立共和制度。中国已经具备了共和政体

---

① 传统的研究，多从三民主义中的民权主义立论，从"共和"思想立论的研究，并不多见。郭世佑《孙中山的民权理念与辛亥革命》分析其民权思想与辛亥革命的关系，研究了孙中山接受与倡导共和制的过程与其革命程序论的提出，作者对孙中山萌发共和思想与确认共和制的过程作了一番梳理，重点分析了孙中山与日本人的谈话。参见郭世佑《孙中山的民权理念与辛亥革命》，《学术月刊》2001 年第 9 期。桂宏诚认为，孙中山的"共和"理念，既来源于中国古代的"共和行政"，也来源于"麦迪逊在《联邦主义者通讯》中所主张的'共和政府'理念"，故"既不必然从'国体'与'政体'的二分概念来看待，也未必要以西方共和主义思想来加以评价"，参见桂宏诚《孙中山的民权民主及共和之涵义》，《近代中国》季刊第 162 期，2005 年 9 月。

② 孙中山：《檀香山兴中会盟书》（1894 年 11 月 24 日），《孙中山全集》第一卷，第 20 页。对于这一盟书的真实性，学术性尚有异议。笔者倾向于《支那问题真解》是首次公开的、正式的宣示革命党人的共和理想。

③ 孙中山：《与宫崎寅藏平山周的谈话》，《孙中山全集》第一卷，第 172 页。

④ 孙中山：《与宫崎寅藏平山周的谈话》，《孙中山全集》第一卷，第 173 页。

⑤ 孙中山：《在檀香山正埠荷梯厘街戏院的演说》（1903 年 12 月 13 日），《孙中山全集》第一卷，第 226 页。

的雏形。"①

如果说，上述秘密誓词和谈话、演说，还只是一种口头记录的话，那么，孙中山的《支那问题真解》则是公开的政治宣言，向世界宣示了他作为革命领袖的政治理想。1904 年 7 月，孙中山在留美学生王宠惠的帮助下写成《支那问题真解》(*The True Solution of Chinese Question：An Appeal to the People of the United States*) 一书。该书是年 8、9 月间在纽约出版单行本，同年底被译为中文。在这封致美国人民的呼吁书中，孙中山指明，清政府已经陷于无法挽回的衰弱与腐败当中，因为改革将导致它暴露自身的愚昧与腐化，并损害其特权。因此，所谓的改革诏旨只不过是用以缓和民众骚动情绪的具文而已。他列举了清政府的 11 大虐政，如自利而非利民，阻碍国人物质、思想进化，待汉族如被征服种族，侵犯不可让与的生命权、自由权和财产权，纵容官吏盘剥人民，压制言论自由，禁止结社自由，征税不待人民同意，酷刑拷打嫌犯，不依照法律程序而剥夺人民权利，不能依责保护其人民生命财产，等等。孙中山表示，"改良满洲往日专制政体，变为支那共和之政体"的趋势，已为"燎火于政治之原"。孙中山希望美国人民帮助中国的共和革命，如当年法国革命家拉斐特所做的那样，"吾辈之希望美人表此同情，视希望世界一般文明人为尤切。盖以美为日本文明先导，为基督教之国民，为他日我新政府之师范"。②

中国同盟会成立后，孙中山等革命党人制定的"革命方略"当中，更为清晰地勾画了美国式的共和国蓝图。这一份革命方略明确指出："今者由平民革命以建国民政府，凡为国民皆平等以有参政权。大总统由国民公举。议会以国民共举之议员构成之。制定中华民国宪法，人人共守。敢有帝制自为者，天下共击之！"孙中山等人强调了国民参政的共和属性，"民国则以国家为人民之公产，凡人民之事，人民公理之。由人民选举议员，以开国会，代表人民议定租税，编为法律。政府每年预算国用，须得国会许可，依之而行；复以决算布告国会，待其监查，以昭信实。如是则国家之财政实为国民所自理，国会代表人民之公意，而政府执行之"。③ 这样的

---

① 孙中山：《附：在檀香山正埠的演说》(1903 年 12 月中旬)，《孙中山全集》第一卷，第 227 页。

② 孙中山：《支那问题真解》，《孙中山全集》第一卷，第 247、248 页。

③ 孙中山：《中国同盟会革命方略》(1906 年秋冬间)，《孙中山全集》第一卷，第 297、318 页。

国民平等参政的共和国，较之以国家为君主私产的专制国，自然"四万万人无一不得其所"。这里，共和理想已经不再是梦想，而成为革命党人确实的战斗纲领、奋斗目标。

如果说，孙中山的共和理想还是向日本朋友描述、向华侨做演说、向美国人民呼吁、作为秘密的革命团体章程的话，邹容的《革命军》，则将"共和梦"通过更广泛的大众传播媒介，使共和梦、美国梦成为中国人民公开的政治蓝图。

《革命军》全书两万多字，共计七章。其中第六章模仿美国独立宣言，专门铺陈"革命独立之大义"。邹容（1885～1905），字威丹，四川巴县人。1902年留学日本，1903年因《苏报》案入狱，1905年病死狱中，年仅20岁。

邹容所设计的"中华共和国"蓝图基本以美国作为蓝本。未来的新中国"定名中华共和国"，而"中华共和国，为自由独立之国"，"自由独立国中，所有宣战、议和、订盟、通商，及独立国一切应为之事，俱有十分权利与各大国平等"、"立宪法，悉照美国宪法，参照中国性质立定"、"自治之法律，悉照美国自治法律"、"凡关全体个人之事，及交涉之事，及设官分职，国家上之事，悉准美国办理"。① 这里，邹容以明确的语言表明，共和梦就是美国梦。

在"革命独立之大义"部分，邹容还列出了富有民主、自由色彩的政治诉求，如"凡为国人，男女一律平等，无上下贵贱之分"、"各人不可夺之权利，皆由天授"、"生命，自由，及一切利益之事，皆属天赋之权利"、"不得侵人自由，如言论、思想、出版等事"、"各人权利必要保护，须经人民公许，建设政府，而各假以权，专掌保护人民权利之事"、"无论何时，政府所为，有干犯人民权利之事，人民即可革命，推倒旧日政府，而求遂其安全康乐之心。迨其既得安全康乐之后，经承公认，整顿权利，更立新政府，亦为人民应有之权利"②，等等。

辛亥革命时期，《革命军》一书前后印刷20余版，印数上百万册，产生了广泛影响。章士钊撰文推荐时，誉之为"今日国民教育之第一教科书"。孙中山为在华侨中从事革命宣传，请致公堂出资，印刷上千册邹容

---

① 周永林编《邹容文集》，重庆出版社，1983，第73页。
② 周永林编《邹容文集》，第72页。

的《革命军》，在美洲华侨中广为散发。

如果说，邹容的《革命军》，代表的是民主共和思想的横向传播，那么，在革命与立宪的争论中，革命党人则明确坚定了民主共和的奋斗目标。

在《民报》创刊号，陈天华明确提出，中国应改为共和政体。"法人孟德斯鸠恫法政之不如英善也，为《万法精理》一书，演三权分立之理，而归宿于共和。美利坚采之以立国，故近世言政治比较者，自非有国拘流梏之见存，则莫不曰：共和善，共和善。"他强调，"吾侪不可谓中国不能共和，如谓不能，是反夫进化之公理也，是不知文明之真价也"。①

针对改良派的"各国皆由野蛮而专制，由专制而君主立宪，由君主立宪而始共和，次序井然、断难躐等"的僵硬政治进化论观点，孙中山表示："世界立宪，亦必以流血得之，方能称为真立宪。同一流血，何不为直截了当之共和，而为此不完不备之立宪乎？"至于国人是否具备共和国民的资格，孙中山的判断也与改良派不同。在他看来，菲律宾人、北美黑人都能建共和、谋自由，"言中国不可共和，是诬中国人曾非律宾人、北美黑奴之不若也"。②孙中山还强调，革命的意义并不仅仅限于"排满"，汉人做皇帝也是不行的，"我们推倒满洲政府，从驱除满人那一面说是民族革命，从颠覆君主政体那一面说是政治革命，并不是把来分作两次去做。讲到那政治革命的结果，是建立民主立宪政体"。③在他看来，即使汉人做君主，也需要革命。

及至辛亥革命爆发后，孙中山对外报记者谈话时，也明确表示："中国革命之目的，系欲建立共和政府，效法美国，除此之外，无论何项政体皆不宜于中国……美国共和政体甚合中国之用。"④

总之，以孙中山为代表的革命党人，不但提出了以美国为蓝本的共和理想，广泛宣传共和理念，为辛亥革命的爆发奠定了思想基础。且奔走于共和革命运动的实践当中，为共和国的诞生抛头颅，洒热血。

---

① 思黄（陈天华）：《论中国宜改创民主政体》，《民报》第 1 号，1905 年 12 月。
② 孙中山：《在东京中国留学生欢迎大会的演说》（同题异文）（1905 年 8 月 13 日），《孙中山全集》第一卷，第 283 页。
③ 孙中山：《在东京〈民报〉创刊周年庆祝大会的演说》（1906 年 12 月 2 日），《孙中山全集》第一卷，第 325 页。
④ 孙中山：《附：在巴黎的谈话》（1911 年 11 月 21 日至 23 日间），《孙中山全集》第一卷，第 563 页。

当然，在孙中山政治思想的发展历程中，他仍是对于美国共和模式作了扬弃。他所提出的革命程序论、五权宪法，乃是超越美国民主共和模式的选择。

固然，革命派不但对实现民主共和的长期性、艰巨性缺乏应有的警觉，且对改良派的核心观点，如国民还缺乏共和国民的政治能力问题、如何避免法国、南美那样的反面教训，等等，都没有做进一步的学理阐发。他们似乎是天真的乐观派，以为共和的招牌一挂，一切便迎刃而解。正因如此，民国建立以来，共和梦仍然不可避免地破灭了。

作者单位、职务：南开大学图书馆副研究员

天津《历史教学》杂志社编辑

孙中山民主革命历程的区域化解读

——以山东为例

✍ 徐　畅　刘志鹏

孙中山是中国民主革命的先行者，他率先建立民主革命团体，宣传组织革命活动，直到其去世都在为中国的民主革命事业而奋斗，留给我们"革命尚未成功，同志仍需努力"的遗训。作为孔孟桑梓的山东，既是中国北方战略要地，又屡遭日本制造的"山东问题"之困，在孙中山的革命事业中，自然备受关注。纵观孙中山的民主革命历程，他不但非常重视山东在中国革命和建设中的战略地位，而且其思想渊源流变中也不乏对传统儒家文化的汲取与扬弃，重要策略之兴革亦多是因"山东问题"而起。本文尝试以山东为中心对孙中山的民主革命历程予以区域化解读，以补学界研究之不足。①

一　吸纳与输出：辛亥革命以前的孙中山与山东

（一）传统儒学的继承与传扬

山东是孔孟之乡，儒家文化的发源地，孙中山幼年深受传统儒家文化思想的濡染，自称"幼读儒书，十二岁毕经业"②，虽然其 13 岁以后就出国，基本上经受西学教育，但成年之后"复治中国经史之学"③，努力从传

---

① 关于孙中山与山东的研究目前仅有李宏生的《孙中山与山东革命运动（1905～1919）》（《山东师大学报》（社会科学版）1996 年第 6 期）、陈长河的《孙中山领导的山东民军反袁斗争》（《文史精华》1998 年第 12 期）和王友明的《中华革命党山东反袁斗争述论》（《军事历史研究》2004 年第 3 期）等少数几篇文章。

② 孙中山：《孙中山全集》第一卷，中华书局，1981，第 47 页。

③ 孙中山：《孙中山全集》第一卷，中华书局，1981，第 47～48 页。

统儒学中找寻革命思想的依据，正如其在《中国革命史》所表述的那样，"革命之名词，创于孔子。中国历史，汤武之后，革命之事实，已数见不鲜矣……余之谋中国革命，其所持主义，有因袭吾国固有之思想者"。① 但辛亥革命之前，孙中山并非盲目照搬孔孟之道，而是有选择地进行取舍。譬如孙中山在1908年9月15日《中兴日报》上载言《平实尚不肯认错》批评保皇党人平实"以时势为自然……引孔孟天命之说以文饰，无怪彼等以满人侵略中国亦为天命之自然，而甘心媚之也"②。且指责平实盲从孔孟之言，"诚泥古而不通今"。③ 此外，孙中山认为传统儒家虽有浓厚的忠君意识，但不主张绝对顺从君主，因为孔子主张"君使臣以礼，臣事君以忠"（《论语·八佾》），孟子甚至说"君之视臣如土芥，则臣视君如寇仇"（《孟子·离娄下》）。鉴于对孔孟以上言论的分析，他认为自汉儒董仲舒提出三纲五常论，才把君臣关系说成片面的服从关系。由此可知，孙中山对传统儒学采取的是批判继承的态度，批判后世官方儒学的封建专制倾向，继承发扬先秦元典儒学的有益成分。

孙中山积极吸纳传统儒学，最突出体现在利用儒家"顺天应人"、"民惟邦本"、"均无贫"等传统思想阐发完善三民主义上。首先，孙中山的民族主义，承继了传统儒家思想中的革命观及华夷之辨论。辛亥革命前孙中山的民族主义思想，其目标主要是"排满反清"，一方面他将传统儒家的革命观之旧瓶装入"反清"民主革命的新酒，认为许多人不理解革命之义，实不知革命者践诺孔子所言"汤武革命，顺乎天而应乎人"，乃圣人之事业。④ 另一方面则利用"非我族类，其心必异"的华夷之辨论证"驱除鞑虏，恢复中华"的必要性。其次，孙中山的民权主义则继承了传统儒家固有的民本思想。民本思想最早源于《尚书·虞夏书》的"民可近，不可下；民惟邦本，本固邦宁"。这种重民、爱民的民本思想经由孙中山的解释最终与资产阶级民权主义思想中的共和、民治观念实现了对接。他多次讲孔子、孟子即主张民权，认为孔子的"大道之行也，天下为公"是倡导民权的共和世界，提出"共和者，我国治世之精髓，先哲之遗业也"。⑤

① 孙中山：《孙中山全集》第七卷，中华书局，1985，第59~60页。
② 孙中山：《孙中山全集》第一卷，中华书局，1981，第383页。
③ 孙中山：《孙中山全集》第一卷，中华书局，1981，第383页。
④ 孙中山：《孙中山全集》第一卷，中华书局，1981，第441页。
⑤ 孙中山：《孙中山全集》第一卷，中华书局，1981，第172页。

并指出孟子的"民为贵，社稷次之，君为轻"（《孟子·尽心下》）、"天视自我民视，天听自我民听"（《孟子·万章上》）和"闻诛一夫纣矣，未闻弑君也"（《孟子·梁惠王下》），都证明其对于民权的见解。最后，孙中山的民生主义与传统儒家的均富观念、大同思想也有渊源。孙中山在其演讲和政论中多次提到的"不患寡而患不均"，正是孔子"均无贫"思想的体现。此外，孙中山对传统儒家的大同理想充满向往和复归，预料革命成功之后"幼者有所教，壮者有所用，老者有所养，孔子之理想的大同世界，真能实现，造成庄严华丽之新中华民国，且将驾欧美而上之"①。可见孙中山对人人各守职分、讲信修睦的未来社会的政治设计正是大同理想的民生比照。

（二）革命思想的输入与启蒙

孙中山在日本积极推行民主革命活动时，吸引了很多山东籍的留日学生，包括被誉为"鲁省革命巨子"②的徐镜心及丁惟汾、蒋衍升、谢鸿焘等留日学生。同盟会成立伊始，孙中山委任徐镜心为山东主盟人，并赋权"随时随地接受同志入会"。③据统计，此后三年内山东籍的留日学生加入同盟会者就有53人。④另外，孙中山在国内设立了东西南北中五个同盟会支部，其中设于上海、重庆、汉口、香港的4个支部位于南方，北方支部则设在山东的烟台，下辖北方8省，这体现了孙中山对北方特别是山东地区革命地位的重视及厚望。面对留日革命党人的兴起，日本迫于清政府的压力取缔了在日的革命组织，孙中山为首的革命党人转而支持留日学生返回国内从事革命宣传和组织工作。大批山东籍留日学生陆续回国后积极兴建学堂、创办报刊、发展实业和收回利权，促进了民主革命和救国思想的输入，为山东革命奠定了思想、组织和物质基础。

在组织化与规模程度上，学堂无疑是传播革命思想的重要载体。据统计，转移到省内的留日学生在山东各地所建学堂达30余处。在这些学堂中，许多留日学生亲自担任教员，宣讲孙中山的三民主义，使之成为民主革命思想的重要宣传阵地。其中影响较大的有济南的山左公学、烟台的东

---

① 孙中山：《孙中山全集》第六卷，中华书局，1985，第39页。
② 佐藤三郎辑《民国之精华》，文海出版社，1967，第143页。
③ 宫崒鼎：《烟台史话》，海洋出版社，1992，第55页。
④ 冯自由：《革命逸史》第六集，中华书局，1981，第71～72页。

牟公学和青岛的震旦公学三所学堂。刘冠三创办山左公学后曾言"革命种子布矣"。① 徐镜心、谢鸿焘等创办的东牟公学，成为胶东地区的革命中心。陈干创办的震旦公学"一切皆以革命主义为教"。② 此外，山东留日学生创办的学堂还有潍县东关公学、益都青州公学、即墨胶莱公学、惠民棣州公学、济南女子师范等。受这些学堂影响，许多师生发展为革命力量的中坚。

在传播革命思想方面，报章杂志相对于学堂而言，是一种更为大众快捷的工具。孙中山向来重视报刊在宣传革命思想中的作用，同盟会成立之初，山东同盟会员就在《民报》发表《山东省讨满洲檄》，号召"枕戈击楫，恢复河山，吾山东实力，必不逊于他省，定见有会朝清明之一日也"。③ 随着革命形势的发展，孙中山在日本专门召开同盟会会议，强调各省留日学生要积极筹办地方报刊，增强宣传力度。山东留日学生热切响应，主持创办了《晨钟》、《白话报》、《渤海日报》、《青岛时报》、《东吹报》以及"利群社"等革命报刊和机构。其中影响较大的是《渤海日报》，此报由归国的山东留日学生齐芾南、丁训初、李凤梧等人创办，连续刊发数年，"每借訾朝政之失，从而烘托之，革命思想之播种芝罘，实肇始于此"④。山东留日学生正是利用这些报刊，使广大民众受到孙中山民主革命思想的洗礼，革命势力日益强大。

创办实业及收回利权也是山东留日学生践行孙中山救国理想的重要内容。孙中山救国的一个重要方面就是创办实业，山东留日学生禀其理念多方宣传振兴实业的急迫性，称"现今实业竞争，经济一学最为紧要"，如不重视"整顿财政，稳植根本，则豪杰亦不免坐困"等⑤，并在艰难的条件下身体力行创办了一些实业。如山东同盟会员邱丕振及其弟先后组建了"济和制烟公司"、"爱群印刷社"、"元和机器织网厂"和一个小型铁工厂，谢鸿焘组织了一个图书仪器公司，丁惟汾等也在青岛创办了染织厂和印书局。⑥ 这些实业虽然规模不大，但昭示着孙中山革命理想的逐步实现，

---

① 丁惟汾：《山东革命党史稿》，《山东文献》1976 年第 1 卷第 4 期。
② 丁惟汾：《山东革命党史稿》，《山东文献》1976 年第 1 卷第 4 期。
③ 章炳麟：《民报》（第 2 集），科学出版社，1957，第 89 页。
④ 中国史学会济南分会编《山东近代史资料选集》，山东人民出版社，1959，第 177 页。
⑤ 山东日本留学生：《敬告同乡父老书》，《芝罘报》（第 11 期），转引自马庚存《同盟会在山东》，山东人民出版社，1991，第 59 页。
⑥ 李红：《清末山东留日学生与山东辛亥革命》，《鲁行经院学报》2003 年第 1 期，第 114 页。

也为山东地区工商业的发展奠定了初步的思想和经济根基。1898 年《中德胶澳租借条约》签订之后，山东深蒙其害，"自胶济铁路成立以后，东路华矿澌灭殆尽"。① 同盟会成立后，山东留日学生积极倡导收回权利运动，指出"山东已亡其八九矣"，"德人即山东附骨疽也"。② 为此他们还发起成立民间组织"山东矿产保存会"积极引导各界爱国群众，进行维护民族权益的抗争。此外，青岛震旦公学师生在留日学生带领下，团结船厂工人举行反对德国列强的罢工运动，成为"北方社会运动之开端，兼寓反对不平等条约之奋斗"③ 的肇始，有力地打击了列强对山东的侵略，争取了一定的民族权益。

二 革命与实业：1911～1919 年间的孙中山与山东

（一）指导和支持山东革命

孙中山对山东革命的指导和支持，既有战略方面的重视又有政治方面的统划，还有经济、军事方面的援助，折射了孙中山民主革命道路的艰辛曲折。

辛亥革命爆发后，孙中山在战略上非常重视山东，亲自筹建领导机构。1912 年，孙中山就任临时大总统之初就提出"烟台为第四军，向山东前进，会于济南、秦皇岛"的北伐用兵方略。④ 1914 年，孙中山组建中华革命军，并委任了一批军政人员专门负责山东地区，"吴大洲，山东司令长官……薄子明，岱南司令。徐炳炎，山东济南先锋司令"。⑤ 翌年，孙中山又委任居正为中华革命军东北军的总司令，总部设山东青岛。鉴于山东革命形势的高涨，孙中山对居正特别指出"现在比较各处形势，不特山东为扼要，且觉最有望，故欲兄以全副精神对之，期必占济南，则东北全局，可迎刃而解"。他甚至认为"山东本为吾党长期经营之地"，其"地处南北要枢，且有铁路海运之便，如能在山东建立二个师团以上之主力，则

---

① "中央研究院"近代史研究所编《矿务档》（第 2 册），"中央研究院"近代史研究所，1960，第 1199 页。
② 马庚存：《同盟会在山东》，山东人民出版社，1991，第 47 页。
③ 高拜石：《古风楼琐记》（第 14 集），台湾新生报社，1979，第 211 页。
④ 孙中山：《孙中山全集》第二卷，中华书局，1982，第 51 页。
⑤ 孙中山：《孙中山全集》第三卷，中华书局，1984，第 496～498 页。

山西、陕西、河南各省必起而与之呼应。于是，则向北可攻取向南可促进长江流域各省之豹变"①。1917 年，护法战争兴起时，孙中山以"山东能断北都咽喉"②，委任刘冠三为山东招讨使联络组织山东革命党人，策划护法运动。孙中山在战略上重视山东地区的程度可见一斑。

孙中山在政治方面通过多方协调沟通，对山东革命进行统一筹划。山东辛亥革命遭受挫折后，孙中山指示山东同盟会主盟人徐镜心"山东事君自相机处理可耳"。③ 1912 年山东军政府建立后，孙中山一方面致电南北议和代表伍廷芳称烟台"万急"，"请速电袁，相与严重交涉"，从政治上寻求对烟台革命局势的支援。另一方面，"令胡（胡瑛）都督先行来烟"稳定局面，并致电关外大都督、北伐军总司令蓝天蔚"所属海陆军，希届时饬令协同筹应一切"，保证了烟台革命军协同对敌。④ 孙中山非常注意保持革命阵营内部的团结，当吴大洲和薄子明在周村另建山东护国军政府时，他指示居正"宁人负我，优待友军"⑤，后又嘱咐居正"宜联络，重实力，不必争旗帜名称等问题……现望兄与吴、薄等调和"⑥，对于化解双方矛盾避免冲突起到了重要作用。孙中山还鼓励争取敌军反正，当驻山东的北洋军第五师师长张树元有反正意向时，他电示居正"五师果有自动之意，宜速派人往联络，如彼能纯归本党范围，可许以事后赏主动者百万，及全师加双饷至终身"⑦。从而为攻占潍县规避了许多不必要的损失。孙中山也利用外交手段达到反袁目的，如指令居正"宜急切着手起事，当先取济南。因外交极有希望，彼方已决意倒□，在东之宪兵警察，已与接洽，可得自由利便"⑧。

孙中山在经济、军事方面给予山东革命以大力支持。以拨款筹械为例，吴大洲、薄子明加入中华革命军之前到东京向孙中山索要经费，孙中山当即拨付一千元，并对周边的人解释说："革命不怕受骗，也不怕失败，

① 孙中山：《孙中山全集》第三卷，中华书局，1984，第 262、296 页。
② 山东省政协文史资料委员会编《山东文史资料选辑》（第 31 辑），山东人民出版社，1991，第 452 页。
③ 中国史学会济南分会编《山东近代史资料选集》，山东人民出版社，1959，第 186 页。
④ 孙中山：《孙中山全集》第二卷，中华书局，1982，第 35、42～43 页。
⑤ 陈锡祺主编《孙中山年谱长编》，中华书局，1991，第 991 页。
⑥ 孙中山：《孙中山全集》第三卷，中华书局，1984，第 301 页。
⑦ 孙中山：《孙中山全集》第三卷，中华书局，1984，第 257 页。
⑧ 孙中山：《孙中山全集》第三卷，中华书局，1984，第 248 页。

哪怕一百件革命事业有九十九件失败，而只有一件成功，革命就可胜利。"① 再如"萱野款成，请拨半数为东北用……但此款如即往日指为山东用途者，则竟可完全拨用，不必划分"。"所存仅数万元，本期留作经营京、津、保定经费，嗣以兄电催购枪械甚急，遂举全数充枪价……山东既需款，应以此二万元充用，不必汇东。"② 除筹款办械外，孙中山还多方为革命军队招兵买马，并利用海外力量，增强革命实力。如孙中山通知居正"陆军学生王素等三十人乘'神户丸'来。明日□肇和之役陆上决战队三十余人乘'利济'来，情愿当兵，请收，即遣赴前敌"。"'利济丸'有陈剧等八十二人投周村军，请即知会吴大洲与接洽。又浙部有可靠军官生九人，拟令元冲带来相助。"③ 护法战争中，孙中山委派夏慕尧、丁开法、朱殿元等革命党人参与孙美珠山东建国自治军的建设。此外，孙中山还积极利用其在海外的关系，帮助山东革命军，如引荐他的日本好友萱野长知、梅屋庄吉担任东北军要职，并推荐坂本寿一来山东组建山东航校，成立飞行队。同时，他还号召各地爱国华侨组成多达 500 人的华侨敢死先锋队，来山东加入东北军作战，并编为东北军华侨义勇团。

（二）实业救国与视察山东

辛亥革命之后，孙中山认为三民主义中的民族、民权主义已完成，只剩下民生主义。辞去临时大总统后，他便专心于实业救国，曾先后考察烟台、济南和青岛，宣传自己的主张，呼吁重视制造业及商业，这对于山东工商业的发展有重要的推促作用。

1912 年 8 月，孙中山应袁世凯之邀在北上途中视察烟台。在烟台各界欢迎会上，孙中山指出此次北行目的即是帮助地方推展实业建设，称"但中华民国缔造伊始，百步维艰，我中国人民皆有应尽之义务。兄弟此次至京，关于建设政见，一一商之于政府见诸实行"。孙中山提出展拓实业首重制造业，其《在烟台商会的演说》中指出"中国商业失败，不止烟台一埠，凡属通商口岸，利权外溢，到处皆然。为今之计，欲商业兴旺，必从制造业下手，如本埠张裕公司，设一大造酒厂……又如玻璃公司亦然。张

---

① 辜仁发：《中华革命军山东反袁战争亲历记》，《文史资料选辑》（第 48 辑），中国文史出版社，1986，第 104 页。

② 孙中山：《孙中山全集》第三卷，中华书局，1984，第 248、260 页。

③ 孙中山：《孙中山全集》第三卷，中华书局，1984，第 298、300 页。

君（弼士）以一人之力，而能成此伟业，可谓中国制造业之进步"。此外，孙中山的讲演还涉及发展烟台商业的具体对策，称"山东草弁为出产一大宗，中国既改文明装束，则草帽之需要不知若干。烟台商人如能将草弁自制成草帽，则将来获利当无算。不独草帽为然，其他如丝、如棉花，皆生货输入，熟货输出，若能一一制造出成各种应用之布疋，其获利当不出亿计。总之，中国今日农工商各种实业，宜互相提携，力求进步。不仅烟台为北洋之一大繁盛商埠，即富强之基础，亦于是乎在"①。随后孙中山参观张裕葡萄酒公司，亲笔为张裕公司题赠"品重醴泉"四个大字。这一题辞既表达了孙中山重视实业的决心，也宣传了张裕公司，给烟台和山东人民以巨大的鼓舞。

孙中山北上之后又借南下之机于 1912 年 9 月 26 日视察济南，对议员、教育界人士及学生代表等济南 52 个团体就如何发展实业作了演讲。他劝诫山东各个团体摒弃党派利益，群策群力以建设国家为重，称"今日破坏告终，建设伊始，各政党、各团体务宜联络一气，以国家为前提，而不能以本党为前提"。在实业振兴方面重点谈了铁路建设的问题，涉及铁路兴建之必要与兴建方策。他认为"铁路政策，乃物质上之建设。惟关乎统一政治，及矿产商工各业，均属重要"。并在中西对比的基础上，具体阐述了在中国建设铁路对振兴中华的益处，指出"比利时之土地，不足当我国一省，而其在国际上之地位，较我国尚高一等，以其铁道事业发达，而国家之活动自由也。我国地大物博，若能于最速之时间内，造成二十万里之铁路，何患不为地球第一等国？"他还为中国建设铁路列出三种方案，"一、借资兴办；二、华洋合股；三、定以限期，批与外人承筑，期满无价收回"。并指出"三者之中，以批办为最相宜"。同时孙中山还就铁路建设非此方法莫属的理由进行了分析和论证，得出"利用外资，利用外人，皆急求发达我国家之故，不得不然者"的结论。② 孙中山在济南宣传实业救国，特别是建设铁路，可谓是不遗余力。通过演讲和与济南记者的交谈，孙中山对山东及全国的建设问题提出有益的建议和构想。

孙中山任中华民国临时大总统时，青岛处于德国人的统治之下，青岛工商学各界人为邀请孙中山访问曾做了一番斗争。经多方协商，1912

---

① 孙中山：《孙中山全集》第二卷，中华书局，1982，第 403～404 页。
② 孙中山：《孙中山全集》第二卷，中华书局，1982，第 480～481 页。

年 9 月 28 日孙中山从济南取道青岛。在青岛期间,孙中山与德国总督梅戈华特克以私人身份进行了互相拜访,交谈中孙中山高度评价了青岛的建设和发展,认为中国完全可以将青岛模式推置全国。此外,孙中山还在青岛三江会馆、广东会馆等处进行演讲,称赞青岛的建设是中国发展的榜样。同时,他指出中国的发展必须迅速建设通达全国的铁路网,在铁路建设方面不能实行关门主义,既需要中国商界的全力支持,同样也需要外国资本的参与。讲演中孙中山还对青年学子投身社会建设寄予了殷切厚望。9 月 30 日,在同盟会员徐镜心、刘冠三、陈干等人的陪同下,孙中山登临崂山之巅,不由感慨"但愿废除专制后,大家都来致力于民生建设,使人民都能永享和平与安乐"。当徐镜心问到目前革命党应采取何种战略时,孙中山回答应该"深入到实业界和各界民众中去,注重民生,培养人才,壮大组织,掌握舆论,监督政府"①。尽管孙中山这一宏伟的实业救国计划难免有其理想成分,但他的青岛之行却带动山东出现了兴办工商业的高潮。

三 激进与传统:五四运动以后的孙中山与山东

由山东问题而引发的五四运动对孙中山晚年的思想认识产生了极大影响:一方面,山东问题的出现,昭显了日本侵吞中国野心的暴涨,进一步促使孙中山对日观念发生重要转变;另一方面,面对运动中激进知识分子激烈反传统的态势,孙中山基于对民族传统丧失的忧虑,更加注重维护近世以来处于江河日下颓势的传统儒学。

(一) 山东问题与孙中山对日观念的转变

孙中山革命早期对日本抱有幻想,期望得到日本政府及军部的支持和援助,通过联日"反满"、联日拒俄、联日讨袁等实现民主革命的计划。鉴于日本对华侵略态势的不断深化,孙中山对日本日益失望。在这一转变过程中,"一战"后的山东问题彻底暴露了日本的侵略本质,在孙中山对日认识上产生了重要影响。"一战"爆发,日本借口对德宣战出兵占领胶州湾,为了将这一事件合法化,1915 年日向袁政府提出灭亡中国的"二十

① 刘晓博:《齐鲁辛亥风云》,中共党史出版社,2005,第 200~201 页。

一条"，自此孙中山对日本侵略中国野心的认识渐趋明确。1915 年之后，孙中山撰写《实业计划》一文，深入揭露了日本吞并中国的险恶用心，认为"今则日本之军国政策，又欲以独力并吞中国。如中国不能脱离列强包围，即不为列强瓜分，亦为一国兼并"。并从剖析日本军部崇尚战争的本性入手对日本侵略图谋进行批判，称"彼日本之武力派，尚以战争为民族进取之利器，彼参谋本部当时计划十年作一战争"。"在近三十年间，日本于每一战争之结局即获最厚之报酬，无怪乎日本之军阀以战争为最有利益之事业也。"① 他同时还指出中国民族主义已觉醒，"日本即欲实行其侵略政策，中国人亦必出而拒绝之"。②

1919 年 4 月 30 日，巴黎和会对山东问题作出最后裁决，决定把德国在山东的一切权益均转让给日本，引爆五四运动。孙中山支持学生的爱国民族主义，声讨日本"竟获一领土大如未战前之罗马尼亚，人口众如法国之山东"③，多次公开抨击日本的对华政策，在这一过程中其对日观念发生了根本性的变化。他认为日本为谋求其在中国的特权，不可能平等对待中国，更不会支持他领导的讨伐军阀的民主革命，指出"日本不必联，也不可联"④，并坚决要求收回山东半岛，支持五四爱国运动。

五四运动后，在回答日本《朝日新闻》记者关于日本承继德国在山东权利问题时，孙中山指出日本政府阴险狡诈，通过蒙蔽诱骗占领山东，令中国国民恨入骨髓，断言其必像德国一样败亡，称"日本对德宣战，于攻克青岛之时，则对列强宣言以青岛还我。乃于我参加欧战之日，则反与列强缔结密约，要以承继德国在山东之权利。夫中国之参战也，日本亦为劝诱者之一也，是显然故欲以中国服劳，而日本坐享其利也……中国人此回所以痛恨日本深入骨髓者，即在此等之行为也……是日本今日之承继德国山东权利者，即为他年承继德国败亡之先兆而已"⑤。他又指出"日本对山东问题之态度与中国国民的期待相反，使得排日情绪高涨，恐历百年而不衰"。⑥ 1920 年 1 月 26 日，孙中山在答《益世报》记者问时，表示应坚决

① 孙中山：《孙中山全集》第六卷，中华书局，1985，第 395～396 页。
② 孙中山：《孙中山全集》第六卷，中华书局，1985，第 396 页。
③ 孙中山：《孙中山全集》第六卷，中华书局，1985，第 396 页。
④ 林家有：《试论孙中山联俄的主要原因和目的》，《孙中山研究论丛》（第 1 集），中山大学学报编辑部，1983，第 33 页。
⑤ 陈锡祺主编《孙中山年谱长编》，中华书局，1991，第 1184 页。
⑥ 李吉奎：《孙中山与日本》，广东人民出版社，1996，第 504 页。

拒绝承认日本在山东的权益，指出"二十一条应作废……余所主张如此，则山东问题不问可知矣。此次日本通牒，可以置之不理。盖日本绝无可以占据胶州、青岛之理由"。针对日本的强盗行径，孙中山主张"乃日本竟强行占据胶、青，无异强盗行为！日本可为强盗，吾国断不能与强盗交涉，更不能承认强盗有强夺吾国土地之权利"[①]。1920年11月8日，孙中山与上海通讯社记者谈到有关外交问题时，强烈呼吁"取消二十一条卖国条约，以锄其攫取山东之根"[②]。到华盛顿会议为止，孙中山深信日本政府是助长中国内乱的根源，消弭国内军阀必须反对日本政府及其军国主义政策。可见，尽管孙中山主张先进行国内革命，再图安外的策略，但从山东问题上，孙中山认识到日本是中国的最大外敌，其对日观念也因之发生重大转变。

（二）重视传统与抵制全盘西化

五四运动前后中国出现"打倒孔家店"，全盘否定儒家学说的一种倾向。这时，孙中山已经步入知命之年，他根据国内形势的发展和自己新的感悟，忧虑此举必损民族文化的主体性，继而主张恢复传统文化中的精粹，重建民族文化认同。

五四时期激进的批孔运动，促使对传统儒家道德情有独锺的孙中山，不遗余力要"救出孔夫子"，他在1921年广东省第五次教育大会闭幕式上讲到"中国最大之教育家厥为孔子。我国人视孔子为圣人，为宗教家。以世界学者的眼光观察之，则孔子为政治家，为政治教育家。试读孔氏书，其教旨于诚意、正心、修身，以及齐家、治国、平天下三致意焉"[③]。他晚年曾两次全文抄录《礼运篇》，并常以孔孟名言为人题词。据统计，孙中山的遗墨中关于"天下为公"、"大同"以及与此相关内容的题词，占其所有题词的1/3左右。孙中山晚年的尊儒倾向还影响到此后南京国民政府的一些行政施策。南京国民政府成立初期社会上曾出现非法处分孔子林庙等财产的现象，当时中华全国商会联合会以孙中山当年的护孔之举为例通电全国，称"我孙先总理以三民主义建国，动辄行证孔子言论……为社会化

---

① 李吉奎：《孙中山与日本》，广东人民出版社，1996，第511页。
② 陈锡祺主编《孙中山年谱长编》，中华书局，1991，第1311页。
③ 陈锡祺主编《孙中山年谱长编》，中华书局，1991，第1362页。

其规矩准绳，足为万古师法，而其遗产无论在法律上、在道德上均不能任便处分，滥以没收"①。民国政府遂下令保护"三孔"，禁止驻兵孔庙。从中可以窥见，孙中山生前对孔子的尊崇，使得民国时期孔庙孔林等传统儒家文化遗迹在一定程度上得到重视和保护。

面对五四前后出现的民族虚无主义思潮和全盘西化的倾向，久居海外的孙中山由于洞察西方社会存在诸多弊病，因而不赞同盲目崇拜西方，称"欧美的政治道理至今还没有想通，一切办法在根本上还没有解决，所以中国今日要实行民权，改革政治，便不能完全仿效欧美，便要重新想出一个办法。如果一味的盲从附和，对于国计民生是很有大害的"②。同时孙中山注意到革命过程中传统精神与革命救国的关联，特别强调革命军人需要精神的重要性，称"所谓精神，非泛泛言之，智、仁、勇三者，即为军人精神之要素。能发扬这三种精神，始可以救民，始可以救国"③。此外，五四运动之后，孙中山尤其关切民族精神对复兴民族的重要性，提出用"恢复中国固有道德"来促进民族地位的提升的主张。他指出"穷本极源，我们现在要恢复民族的地位，除了大家联合起来做成一个民族团体以外，就要把固有的旧道德先恢复起来。有了固有的道德，然后固有的民族地位才可以图恢复"。孙中山认为，我们民族固有的道德"首是忠孝，次是仁爱，其次是信义，其次是和平"④。1924 年创办国立广东大学时，他还将《中庸》中的"博学、审问、慎思、明辨、笃行"作为校训，被中山大学尊奉至今。

需要注意的是，孙中山恢复国粹的思想并非全盘复古，而是根据当时的社会实际对儒家思想进行了取舍和诠释。譬如孙中山解释"忠"字时，就指出"在国家之内，君主可以不要，忠字是不能不要的……我们做一件事，总要始终不渝，做到成功，如果做不成功，就是把性命去牺牲亦所不惜，这便是忠。……我们在民国之内，照道理上说，还是要尽忠，不忠于君，要忠于国，要忠于民，要为四万万人去效忠。为四万万人效忠，比较为一人效忠，自然是高尚得多。故忠字的好道德还是要保存"。以此道理，

---

① 青岛市档案馆馆藏《通电声援保存孔林孔庙祀田等私人产业的代电》，档案号 B0038.001.00508。
② 孙中山：《孙中山全集》第九卷，中华书局，1986，第 320 页。
③ 孙中山：《孙中山全集》第六卷，中华书局，1985，第 16 页。
④ 孙中山：《孙中山全集》第九卷，中华书局，1986，第 242～243 页。

孙中山认为"国民在民国之内，要能够把忠孝二字讲到极点，国家便自然可以强盛"①。由此可见，孙中山主张在对传统儒学进行现代诠释的基础上加以恢复利用，以达到提升民族地位的目的。同时孙中山也指出"恢复我一切国粹之后，还要去学欧美之所长，然后才可以和欧美并驾齐驱"②。这是孙中山融贯中西，熟识历史的必然结果。

综上所述，孙中山民主革命历程是多面相的，革命思想的形成及革命活动的展开由多种因素相互建构所形成。尽管孙中山主要以南方为活动中心，但对其认识不能因区域而重南轻北，当以全局视野展现其完整的革命图景。在受清政府严密控制、革命风潮颇少鼓荡的北方地区，革命党人的活动比之南方更加艰难，尤其是处于北方的山东凭借其特殊的社会历史文化、地理形势和外交关系的迥异，在与孙中山互动过程中塑造了与南方不尽相同的历史过程。一方面孙中山领导扶持山东地域的民主革命，不仅表现在其早期革命思想为山东民主革命的爆发作了思想上的启蒙和准备，而且其对历次山东革命实践直接进行了战略、政治、经济和军事上的指导与协调。另一方面孙中山革命思想的演化也受到山东地域社会的特点及变迁的影响，这其中既有根植于孙中山民主革命历程的孔孟思想，又有改变孙中山的对日认识的山东问题。总之，孙中山与山东两者互动渗透，使得孙中山在山东的革命历程既带有民主革命历程的通性，同时又具有鲜明的区域色彩。

作者单位、职务：山东大学历史文化学院教授
山东大学历史文化学院博士研究生

---

① 孙中山：《孙中山全集》第九卷，中华书局，1981～1986，第244页。
② 孙中山：《孙中山全集》第九卷，中华书局，1981～1986，第251页。

孙中山就任临时大总统前的沪上行踪

——以公共租界工部局警务处《警务报告》为线索

✐ 廖大伟

引　言

孙中山赴宁就任中华民国临时大总统由上海前往，上海为其就职前行程的最后一站，在此前后停留了八天。这八天，对他本人甚至整个历史非同寻常，因为开国在即，再加上身份特殊，所以实属敏感时期的敏感人物。这期间有些问题对其来说尚不明朗，还存有悬念，需要了解和开解，比如大总统花落谁家，未来的政权模式和同盟会的地位，等等。另一方面对一些问题的表态又必须慎重，必须根据南北战和的情势、各省都督府代表联合会的意向和袁世凯的态度，即根据整个具体态势而拿捏出妥当的方寸，有些表态过早了不行，过晚了也不行，不说不行，说多了也不行，有些对党内同志必须明说，对外则不行。总之这八天，虽然时光短暂，但却意味深长，影响久远，对于历史长河、国家未来及孙中山一生可谓至关重要，其关系如何开国，影响民初政局。

八天的行踪究竟如何，以往史著有构建，但往往语焉不详，所幸上海市档案馆藏有当年上海公共租界工部局警务处的《警务报告》为我们留存了寻踪线索。基于档案里的线索，再利用其他资料，本文拟以孙中山行踪为脉络，希望这段时光里的重大史事呈现得更清晰，同时也提出还有哪些细节不甚明朗，需要进一步探究，故还冀方家不吝赐教。

一　抵沪、下榻与警卫

1911 年 12 月 25 日晨，孙中山搭乘的英国邮轮"狄凡哈"号驶入吴淞口，沪军都督府派驱逐舰"建威"号前往护航。"狄凡哈"号旋泊浦东码头，黄宗仰等再以"江利"号客轮接其驰达三马路（今汉口路）海关码头。同行抵岸的有胡汉民、谢良牧、李晓生、黄子荫、陈琴航、朱本富、余森郎、朱卓文、陆文辉、黄菊生，以及美国友人荷马里（又译称咸马里、郝门李等）夫妇、日本友人宫崎寅藏、池亨吉、山田纯三郎、太田三次郎、群岛忠次郎、绪方二三。①

关于孙中山行将来沪，上海租界当局预先知晓。

据12月25日公共租界工部局警务处总巡勃罗斯致工部局总办赖佛逊的《警务报告》称："约一个月前，有7名日本陆海军军官自日本来沪，其中5名前往香港会晤孙逸仙博士，目前正随孙返沪。"② 显然孙中山行将来沪，其时已不是秘密，不仅上海租界方面知晓，日本人更是直接采取了追随的行动。

12月25日孙中山抵沪，上海租界当局开始密切关注孙中山的行踪。27日，公共租界工部局警务处总巡勃罗斯签署呈交工部局总办赖佛逊的《警务报告》写道："昨日，孙逸仙搭"狄凡哈"号（S. S. Devanha）抵沪，由一艘悬挂两面革命军旗子的专用汽艇将其接至租界码头，然后乘坐176号汽车驶往静安寺路哈同公馆。孙在哈同公馆接见了伍廷芳先生及其他来客约三十人，后于下午2时30分前往爱文义路100号伍廷芳寓所，并一直停留至下午4时20分。晚上孙在戈登路7号彭济时家与友人共进晚餐，至夜晚11时离去。孙现住宝昌路408号，此屋系法国人屠榭（Toche）之产业。"③ 另据《民立报》报道，当天法租界的总巡和沪军都督府都督陈其美、民政长李平书等人也曾前往该住所拜谒。④

抵沪当日的大致行踪，该档案史料已基本呈现。不过对该史料，尚有几处还不能明晰，如176号汽车属于谁？"约三十人"究竟哪些人？可喜的是，宝昌路408号这幢房屋现在还保存完好，目前正在辟出以孙中山行馆名义向公众开放参观，现为上海淮海中路650弄3号，系一幢深灰色外墙配红砖拱顶的三层花园洋房。

问题是，这位法国人为什么让孙中山入住于此，此后房屋产权是否有

---

① 《孙中山归国纪》，1911年12月26日《民立报》。
② 工部局警务处《警务报告》（1911年12月25日），上海市档案馆藏。
③ 工部局警务处《警务报告》（1911年12月27日），上海市档案馆藏。
④ 1911年12月26日《民立报》。

过变动，后来产权变更又如何。有人说是沪军都督府接洽安排的，那么又为何选择此处？尤其令人费解的是，这份档案史料落款日期是27日，说的是"昨天"事，而27日的昨天应该是26日，这究竟问题何在，看来还得追究。

孙中山下榻的不仅是法国人屠榭的房屋，而且八天均住于此，28日勃罗斯呈赖佛逊的《警务报告》写道："孙逸仙博士整日在宝昌路忙于接见宾客。现法租界捕房已派人警卫该所房屋，夜间并有一人睡在里面。"①

法租界当局对住在租界里的孙中山实施了保护，不仅派警务人员对住所实行24小时的警卫，日常的外出活动也跟随实行保护。31日的报告写道："若干旅沪粤人在靶子路111号宴请孙逸仙博士、伍廷芳及温宗尧，参加此宴会的有旅沪粤商约四十人。孙逸仙博士于晚7时15分到达，9时5分乘坐345号汽车离去。另二位客人于晚7时乘313号汽车到达，于9时10分离去。当时有西探一名、华探两名在靶子路111号的花园内值勤。"②1912年1月3日报告写道："1月1日上午10时20分左右，孙逸仙博士在前往火车站时途经老闸地区，由探目凯纳莱（Kennerley）护送。"③

除了法租界当局，沪军都督府和广东同乡也派人警卫。1月2日的报告写道："孙逸仙于12月31日出席了靶子路111号某粤人举行的宴会。那天下午6时20分，孙乘坐345号汽车到会，于晚8时离去。当时约有四十人参加宴会，住宅周围有22名粤籍商团团员巡逻警卫。"④1月3日的报告还指出："1月1日上午11时，孙逸仙博士离沪去宁，由县城派200名士兵护送。"⑤

二　孙中山身边之人

租界当局不仅关注孙中山的行踪，还关注孙中山身边的人，尤其关注孙中山身边的日本人，这实际反映了英国对日本的疑虑和戒备。29日《警

① 工部局警务处《警务报告》（1911年12月28日），上海市档案馆藏。
② 工部局警务处《警务报告》（1911年12月31日），上海市档案馆藏。
③ 工部局警务处《警务报告》（1912年1月3日），上海市档案馆藏。
④ 工部局警务处《警务报告》（1912年1月2日），上海市档案馆藏。
⑤ 工部局警务处《警务报告》（1912年1月3日），上海市档案馆藏。

务报告》写道："孙逸仙之秘书现住熙华德路 5 号丰阳旅馆，此人被人称为作家，曾将郝门李①将军之著作《无知之价值》译成日文，其真实姓名为保佐（Hosakawa），目前则用池亨吉（Kyokichi Ike）之名。与孙博士在一起的另一日人名宫崎寅藏（Torazo Miyazaki），此人曾任东京《二六新报》编辑之职达 7 年之久，为孙逸仙之旧友，曾在国外不断将当地消息带交国内革命党人。""与孙博士在一起的尚有二日人：一是海军后备军官大田大尉（Captain Ota），一是陆军后备军官本乡（Hongo）。此二人于两星期前随另外 20 名日人一同自日本来沪，现住静安寺路 172 号。"②

除了这些日本人，孙中山身边最亲近的究竟是哪些人，29 日的报告写道："彭济时昨晚在戈登路 7 号设宴招待 30 位宾客，内中有伍廷芳博士、孙逸仙博士，黄兴将军、陈其美都督、苏州都督③程德全、温宗尧、黄膺白、胡汉民，4 位日本人以及郝门李将军及其夫人。"④

综合以上档案中的人名，这八天孙中山经常接触的人有伍廷芳、温宗尧、陈其美、程德全、黄膺白、胡汉民、黄兴、彭济时、荷马里及几名位日本人。其中因黄兴先行赴宁与各省代表接洽，故出现较少。

三　造势与宣传

孙中山此次来沪，已准备"身当其冲"，希望能够主持大计⑤，然曾经一路低调，低调中又适时地放出一些造势的气息。

在行抵香港时有记者采访，他均以"无可奉告"作答，什么问题都不想谈论，理由是情况还不了解，还未掌握一定的信息。同行的荷马里也同样态度谨慎。⑥

到了上海，掌握的信息多了，底气也不一样了，因为这一时期要求孙中山出任临时大总统的社会呼声此起彼伏，尤其同盟会机关报《民立报》上的系列文章虽未明确主张，但字里行间无不潜含造势之意。如 12 月 15

---

① 即荷马里（Homer Lea）。

② 工部局警务处《警务报告》（1911 年 12 月 29 日），上海市档案馆藏。

③ 原文如此，应为江苏都督。

④ 工部局警务处《警务报告》（1911 年 12 月 29 日），上海市档案馆藏。彭济时即庞青城，张静江舅舅，同盟会会员，资助革命甚巨。

⑤ 《与胡汉民廖仲恺的谈话》，《孙中山全集》第一卷，第 569～570 页。

⑥ 《辛亥革命史资料新编》第七卷，湖北人民出版社，2006，第 244～246 页。

日刊登的《孙中山之归讯》，称孙中山已在归国途中，不日可到上海，"闻此处民主党（指同盟会——作者注）拟举为大总统，然孙意不肯就职"。①
12月20日发表马君武撰写的社论《记孙文之最近运动及其人之价值》，文章先解释孙中山为筹款而滞留国外，然后大段写道："孙君具一种魔力，能使欧美人士，无论其居何等地位，一接谈之后，即倾倒、赞美之。故欧人前此惟知中国有李鸿章，李死惟知有袁世凯，今者有孙逸仙，而袁世凯次之。外人之敬重孙君，非为其为革命党首领之故也，以为有孙君之热忱、忍耐、博学、远谋、至诚、勇敢及爱国心，而复可以为革命党首领。""孙君虽非军事专门家，然其最近十年间所专研究者为战术学，又屡起举行革命，富于经验。至财政及外交问题，则吾敢断言，通计中国人才，非孙君莫能解决矣。孙君之真价值，如此日人宫崎至谓其为亚洲第一人。"②
12月24日发表徐血儿撰写的社论《欢迎孙中山先生归国辞》，还是满篇颂扬："先生归国矣。先生屡年之惨淡经营，穷走海外，苦心孤志，独抱陆沉之痛者，竟有今日。""先生念同胞奴隶之惨，以三大主义为天下倡，言而能行，虽挫不衰，毅魄坚志，历二十年如一日。""祝先生为国珍重，使我中华国名与先生之名齐辉也。尤祝先生以屡年经历，指导同胞为种种建设之准备"，"深祝先生为国尽瘁……造福生民于无穷无尽"。③ 12月25日孙中山抵沪，《民立报》即又发布了《孙中山归国纪》、《访问孙中山先生》等系列消息。

27日下午2时，革命军为欢送学生团开赴杭州，在张园举行集会，到会者约四百五十人。会上有15人发表演讲，其中有孙中山的代表陈宽沅。29日报告写道："陈宽沅先生说，孙逸仙博士在国外旅行时曾要求外国承认中华民国，这些国家对孙说，如果中国人民建立稳固而安定的政府，则他们甚愿照办。陈又说，一俟临时政府成立，孙博士即能从外国传教士那里获得大笔借款。"④

孙中山原先打算出席集会，后因故不能出席，特委托陈宽沅为代表到会发言。⑤

---

① 《孙中山之归讯》，1911年12月15日《民立报》。
② 马君武：《记孙文之最近运动及其人之价值》，1911年12月20日《民立报》。
③ 徐血儿：《欢迎孙中山先生归国辞》，1911年12月24日《民立报》。
④ 工部局警务处《警务报告》（1911年12月29日），上海市档案馆藏。
⑤ 《孙中山全集》第一卷，第573~574页。

又 1911 年 12 月 28 日沪上《新闻报》发布消息,略谓:1911 年 12 月 29 日上午 9 时将召开特别会议以选举中华民国总统,各省代表已收到各该省发来之电报多份,均要求选举孙博士。①

这些信息的发布应该不是随意,宣传是否,此时总统人选问题即将揭晓,抵沪前十分低调的孙中山及其身边人此时适度造势争取是可以理解的。当获悉已经当选,孙中山的处事显然与先前的低调不一样,据 1911 年 12 月 31 日《民族先驱报》:"唐绍仪将投向民国,且将被任命为外交总长,伍廷芳博士将任司法总长。十二月三十日下午二时,唐绍仪和伍廷芳就召开国民会议事宜,在市政厅举行会议。他们一致同意:湖北、江苏、安徽、福建、浙江、广东、贵州、云南、四川、陕西、广西和山西等省代表作为民国代表出席;直隶、河南及山东等省代表则作为清政府代表出席。一俟四分之三代表到会,会议即可开始。有关此事已及时通知孙博士,孙对此建议颇为同意。"② 一个"同意"已经说明问题。

四 重大决定

26 日,孙中山在这所寓所召开了同盟会最高干部会议,讨论决定同盟会对新政府组建应承担主导作用,政府应实行总统制,并派人即刻前往南京与各省代表沟通此事,落实会议精神。这些内容在已经披露的如胡汉民、居正等史料中多有记载,在此从略。

27 日各省都督府代表联合会的迎孙代表到达上海并往孙中山寓访。经过会谈,双方就如下问题达成一致意见:一、选举大总统,不称大元帅。二、袁世凯拥护共和,就让位给袁。三、究竟称大总统还是临时大总统,是否大总统就职之日即宣布改用阳历,因事关重大,由联合会讨论决定。

兹录迎孙代表之一王有兰回忆,可见详细情况。

欢迎代表,于辛亥年十一月初七日(12 月 26 日——作者注)晚乘火车赴沪,初八日晨 8 时到沪,寓三马路孟渊旅社,即驱车访英士于龙华都督府,旋偕谒中山先生于静安寺路斜桥总会后小洋房内。首由君武申述欢迎之意后,即谈到组织政府问题,兹将当时谈话要点,略志如下。

---

① 1911 年 12 月 28 日《新闻报》。
② 1911 年 12 月 31 日《民族先驱报》。

"同人谓：代表团拟举先生为临时大元帅，先生之意如何？

"先生答：要选举，就选举大总统，不必选举大元帅，因为大元帅的名称，在外国并非国家之元首。

"同人谓：在代表会所议决的临时政府组织大纲，本规定选举临时大总统，但袁世凯的代表唐绍仪，到汉口试探议和时，曾表示如南方能举袁为大总统，则袁亦可赞成共和。因此代表会又议决此职暂时留以有待。

"先生答：那不要紧，只要袁真能拥护共和，我就让给他。不过，总统就是总统，临时字样，可以不要。

"同人谓：这要发生修改组织大纲问题，俟回南京与代表会商量。

"先生又谓：本月十三日（农历十一日）为阳历一月一日，如诸君举我为大总统，我就打算在那天就职，同时宣布中国改用阳历，是日为中华民国元旦，诸君以为如何？

"同人答：此问题关系甚大，因中国用阴历，已有数千年的历史习惯，如毫无准备，骤然改用，必多窒碍，似宜慎重。

"先生谓：从前换朝代，必改正朔、易服色，现在推倒专制政体，改建共和，与从前换朝代不同，必须学习西洋，与世界文明各国从同，改用阳历一事，即为我们革命成功第一件最重大的改革，必须办到。

"同人答：兹事体大，当将先生建议，报告代表团决定。"是日谈话，约三小时……①

这次会谈，是孙中山与各省都督府代表联合会的代表第一次正式接触，也是孙中山与联合会第一次发生直接关系，双方当事人以选举人代表与候选人的身份进行了这次会谈。会谈中既有各自想法的提出，也有对方的认可或存异，不过显而易见的是，双方的务实和彼此尊重，双方对民主原则、民主程序和民主权力的共同认同与尊重。民主的体现，在于规定的程序和原则的权威性，看能不能对必要的程序和规定的原则进行坚持。

迎孙代表当晚返宁，第二天由马君武向联合会汇报了与孙中山会谈的内容。经过讨论，会上决定不必将总统位置继续留待袁世凯，"惟临时大总统名称，除去临时字样，因各省有未独立者，正式宪法，尚未制定，正

---

① 王有兰：《迎孙中山先生选举总统副总统亲历记》，尚明轩、王学庄、陈崧编《孙中山生平事业追忆录》，人民出版社，1986，第779～780页。

式总统亦无从产生"，故"仍须冠以临时字样"。同时决定次日即举行临时大总统选举，并接受孙中山改用阳历的建议。①

结 论

在沪期间因身份有变，前后言行明显也变。因为是下榻租界，得到租界和沪军都督府的公开合法的多重保护，这为他提供了可以从容做他想做的事的条件。

孙中山在沪期间正是中国面临抉择民主共和政体的关键时刻，他在这里的许多活动都与这重大历史有关，其中许多事情就发生在所下榻的住所里。

孙中山在沪期间大体做了以下几件大事。

（1）两次召开同盟会干部会议，将党内思想变得统一，可以说起到了重新整合振兴的作用。从此同盟会又焕发起了当年的朝气，又变得有主心骨，又变得强有力了。尤其是1911年12月30日，主持召开中国同盟会本部临时会议，修订同盟会暂行章程并发表宣言，批评"革命军兴，革命党消"的口号。

（2）会见了许多中外各界人士，发表了很多政见，包括接见日本友人宫崎寅藏，并商议借款事项。其中包括1911年12月29日在寓所会见社会党本部长江亢虎，畅谈革命主张与社会主义问题。

（3）与各省代表沟通了有关组建新政府的一些问题，并达成基本共识，顺利地为开国铺平了道路。

1912年1月1日，孙中山从寓所出发启行，乘专车前往南京宣誓就任中华民国首届临时大总统，历史又揭开新的一页。

作者单位、职务：东华大学历史研究所教授

---

① 王有兰：《迎孙中山先生选举总统副总统亲历记》，《孙中山生平事业追忆录》，第780页。

武昌起义后孙中山在美国和欧洲的活动

✐ 谢 放

1911 年 10 月 10 日武昌起义爆发时，孙中山正在美国宣传革命，筹集起义经费。接着他又转赴英国和法国，积极进行筹款和外交活动。这些活动虽然没有取得多大实效，但对于扩大武昌起义在西方的影响，为新生共和国的诞生作了舆论宣传工作。同时，西方舆论也大多认定孙中山将出任中国新生的共和国的总统，为孙中山回国后立即出任中华民国临时大总统创造了条件。本文着重论述 1911 年 10 月至 12 月孙中山在美国和欧洲的活动情况及西方舆论的反应。

一

武昌起义发生的第二天，即 1911 年 10 月 11 日晚，一直在北美宣传革命筹集经费的孙中山抵达美国科罗拉多州之丹佛城。十余天前，在途中接到黄兴自香港发来的电报，因密电码本装行李另行托运，无法及时译出。抵达丹佛后即取密电码本译出，其电称："居正从武昌到港，报告新军必动，速汇款应急。"12 日，从报纸得知"武昌为革命党占领"的消息，十分激动，本想立即返回国内，"亲与革命之战，以快平生"，但考虑到自己的重任"不在疆场之上，而在樽俎之间"，决定多作外交方面努力。他分析了各国对华政策及对中国革命的态度，认为与中国关系最大的主要有六国：美、法当同情中国革命；德、俄则当反对中国革命；日本则民间同情，而其政府反对；英国则民间同情，而政府态度不明。"是故吾之外交关键，可以举足轻重为我成败存亡所系者，厥为英国，倘英国右我，则日本不能为患矣。"于是立即出发赴纽约，然后前往英国进行外交努力。途经圣路易城时，见报纸有报道："武昌革命军为奉孙逸仙命令而起者，拟建共和国体，其首任总统当属之孙逸仙。"① 可见海外舆论早已承认孙中山是辛亥革命的当然领袖。一路上为慎密起见，孙中山回避了一切记者的追访。

10月13日，孙中山经圣路易抵达芝加哥，为该地同盟会分会即将举行的预祝中华民国成立大会撰写布告，内称："武昌已于本月十九日（按：10月10日）光复，义声所播，国人莫不额手相庆，而虏运行将告终。本会谨择于二十四日（按：10月15日）开预祝中华民国成立大会，仰各界侨胞届期踊跃齐临庆祝，以壮声威，有厚望焉！"② 孙中山为了回避西方记者，藏身萧雨滋家中，没有出席庆祝大会，然后偕同盟会员朱卓文同行。至纽约时，闻广东党人正在谋求武装独立，即致电粤督张鸣岐，敦促其率部反正。③

此时，各国舆论界对孙中山最近的活动都表现出了极大的关注，西报记者纷纷进行追踪采访。就在孙中山到达芝加哥的当天，10月13日《纽约时报》刊载了10月12日汉口来电称："这是一个推翻帝制、建立共和的有计划的革命运动。如不发生意外，著名的流亡革命家、反清革命领袖孙中山可能被推选为民国总统。"④ 10月14日《纽约时报》又发表该报记者13日自芝加哥来电亦称："孙博士是大清国革命党的领袖，并且，如果武昌起义取得成功，他即将成为这个国家的总统。"⑤ 同时刊载了该报记者自伦敦的来电称："今天，《纽约时报》记者掌握了一项与一位引人注目的人物有关的证据。这项证据表明，清国叛乱并非偶爆发，而是在过去三至四年中，在孙博士领导下，同一批最精明的清国进步人士组成革命团体，在他们精心策划和秘密组织下才取得今天的结果。这项证据具有权威性，并且非常肯定。"⑥

10月15日的几则电讯也作了相关报道："旧金山电云，旅美华侨已捐集美金洋二十万，以济革命军，孙逸仙现在美国召集大会议，定明日举行庆祝革命之成功。""东京电云，闻孙逸仙已由美国挟巨资，起程回国。"

① 孙中山：《建国方略》，《孙中山全集》第六卷，中华书局，1985，第244~245页。
② 孙中山：《中国同盟会芝加古分会预祝中华民国成立大会布告》，《孙中山全集》第一卷，中华书局，1981，第542页。
③ 孙中山：《致张鸣岐电》，《孙中山全集》第一卷，中华书局，1981，第544页。
④ 郑曦原：《帝国的回忆:〈纽约时报〉晚清观察记》，三联书店，2001，第379页。
⑤ 郑曦原：《帝国的回忆:〈纽约时报〉晚清观察记》，三联书店，2001，第397页。
⑥ 郑曦原：《帝国的回忆:〈纽约时报〉晚清观察记》，三联书店，2001，第386页。

"旧金山电云，中国革命党首领孙逸仙言，必须推翻目下之满洲政府以组成共和国，彼将有为将来共和总统之希望。孙已于西历十月十六号由丹佛尔起程赴太平洋南滨，并在该处募集捐款以助革命党，旧金山华侨已捐集三十万元。"① 这些报道对孙中山的筹款计划和活动行程似乎比较了解，特别是一致肯定孙中山将出任中国新生共和国的总统。但所谓"旅美华侨已捐集美金洋二十万"，"旧金山华侨已捐集三十万"的报道，则与实际情况略有出入。据冯自由统计，从成立筹饷局至广东光复为止，筹得饷款总数为美金 144130.41 元。② 所以在孙中山离开美国之前筹款不可能有二三十万之多。

英国《每日电讯报》对孙中山近日在美国的活动也进行了较详的报道：

> 正在美国旅行、筹集资金、谋求财政支持的孙逸仙博士，现在芝加哥。昨天，他致电旧金山和纽约，今晚召开群众大会，庆祝中国革命军的胜利。
>
> 中国人士在旧金山有它最坚固的美国基地，在纽约有七千华人，而在加利福尼亚有将近五万华人。芝加哥的华人不到一千。约有五十名受到美国民主精神熏陶的中国青年人已毕业于芝加哥大学，准备随孙逸仙博士回中国。
>
> 去年 4 月，当孙逸仙博士在本市逗留期间，他谈到，他一生的使命就是推翻满清王朝，并且预计革命会早日取得成功。他说，革命有三个目的：推翻满清政府；创立共和政体和按照美国政府一样的方针组织国家。③

芝加哥庆祝大会后，孙中山赴华盛顿。10 月 20 日离华盛顿赴纽约。抵达纽约后，与随后赶来的黄芸苏等，议定了五项计划："一、关于武昌革命之进行，由黄克强率领同志前进。二、关于广东反正之进行，由胡汉民、朱执行等相机而发。三、对华侨演说共和政治，以固民国之基础。

---

① 袁庙祝蛇辑《辛亥革命征信录》，中国史学会编《辛亥革命》第 5 册，上海人民出版社，1957，第 199、201 页。
② 冯自由：《中国革命运动二十六年组织史》，商务印书馆。1948，第 238 页。
③ 《孙逸仙在美国》，1981 年 9 月 24 《参考消息》，转引自陈锡祺主编《孙中山年谱长编》上册，中华书局，1991，第 560 页。

四、对外宣扬中国革命，以博美国朝野上下之同情。五、谋借外款以为军事及建设之用途。"①

与此同时，孙中山也在通过争取各国驻北京代表来影响各国政府的对华政策。武昌起义后不久，各国驻北京代表收到革命党人从旧金山寄来的三份宣言文本，其中第一份宣言是以革命军都督的名义要求各国代表严守中立，并敦促各国与新建立的国民政府建立友好关系，第三份宣言是针对地方当局，要求它们竭尽全力支持革命党人。第二份宣言则是以孙中山的名义发表的，阐明了革命党人的对外政策。主要内容包括：（一）革命政府承认清政府所订条约确定的外债，不承认清政府违反上述条约规定、非国家急需的外债。（二）革命政府将采取一切措施保护外国领事、传教士及其他外国人士的生命和财产安全。（三）联邦共和政府建立后，中央政府将与各国签订新的贸易条约和建立友邦交。② 这是孙中山为了防止列强各国干涉中国革命所作的外交努力。

武昌起义后各省相继独立的局势，令孙中山既感到欣喜也不无忧虑。欣喜的是，革命迅速成功，共和即将建立，自己的夙愿和理想很快就会变成现实；忧虑的是，胜利来得如此迅速和容易，使国人对革命精神及共和价值缺少领会和认识，清王朝遗留的恶劣势力和腐败政俗依然潜伏而留有后患。据纽约同盟分会负责人李朝晋追述，同志们在孙中山所住的纽约夏令顿旅馆内，谈及革命迅速进展的消息时无不"洋洋得意"，唯独孙中山"面露不愉快之色"，众人感到疑惑，孙中山即对同志说："这回革命一起，不旬日已有十三省次第响应独立。独立如斯，太过迅速、容易，未曾见有若何牺牲及流血，更不知前仆后继之人及共和之价值，而满清遗留下之恶劣军阀、贪污官僚及土豪地痞等之势力依然潜伏，今日不能将此等余毒铲除，正所谓养痈贻患，将来遗害民国之种种祸患未有穷期，所以正为此忧虑者也。"③ 孙中山的这些忧虑确为辛亥革命后的历史进程所证实。这表明，在胜利刚刚来临之际，孙中山就对中国的现状和前景都作了冷静而深

---

① 张蔼蕴：《辛亥前美洲华侨革命运动纪事》，《孙中山与辛亥革命史料专辑》，广东人民出版社，1981，第85页。

② C. 齐赫文斯基：《孙中山的外交观点与实践（1905～1912）》，《国外中国近代史研究》第4辑，中国社会科学出版社，1983，第16～17页。

③ 李朝晋口述，李滋汉笔记《孙中山三赴纽约》，《近代史资料》总第64号，中国社会科学出版社，1987，第12页。

刻的思考，表明他不仅是一位关注现实、力求实际的革命家，也是一位思想前瞻、富有远见的政治家。

在此期间，孙中山在接受法国《朝日新闻》驻美记者采访时，还谈到了民国的政制建构以及各方面的改革。他说："吾意拟于他日试行联邦之中国，另设中央之上、下议院，统筹全局。其余财政，决不令贪婪之吏执掌之。添设公立学校，并图城市之改革、谈军事之改革、人民等级之改革，为最大之结束。此次若幸有成，当暂立军政府，然不久即许行自治。至若妇女，亦必令享有应得之权利，则家族亦大可改良也。苟吾革命之旗，飘飏于北京城内，则吾族之新花重发矣。"① 表明孙中山不仅强调了建立共和制，还进一步考虑到了新生共和国将在财政。教育、城市、军事和社会等方面实行一系列改革。

二

11 月 2 日孙中山离纽约赴英国，于 11 日抵达伦敦，晚 8 时前访吴稚晖，恰遇吴与张继外出，遂留下一信，请吴留寓等候。信中还写道："近日中国之事，真是央央大国民之风，从此列强必当刮目相看，凡我同胞，自当喜而不寐也。今后之策，只有各省同德同心，协力于建设，则吾党所持民权、民生之目的，指日可达矣。"②

孙中山邀吴担任临时秘书，协助处理中文文书，并请薛仙舟协助处理英文文书。然后开展寻求贷款的活动，通过咸马里代约四国银行团主任会谈，磋商停止清廷与四国银行团订立的川汉路和币制的两宗借款，被告之此事由英外务大臣格雷（E. Grey）主持，于是委托马克沁机枪厂总理道生（T. Dawson）为代表，与格雷磋商，向英政府提出三项要求："一、止绝清廷一切借款；二、制止日本援助清廷；三、取消各处英属政府之放逐令，以便取道回国。"据孙中山自述，三项要求均得到英政府同意。其实英政府之所以同意停止贷款给清廷，不过是英国驻华公使为了迫使清廷移交政权给袁世凯而要求伦敦停止贷款给清廷。孙中山再与四国银行团主任商议

---

① 《驻美使馆书记生周本培报孙中山与法国记者谈话记录》，《历史档案》1985 年第 1 期，第 41 页。

② 孙中山：《致吴稚晖函》，《孙中山全集》第一卷，第 546 页。

革命政府借款之事，被告之待孙中山回国后成立新政府之后始能谈判，拟派某行长与孙中山一道回国，如新政府正式成立，即就近谈判借款之事。①

孙中山希望成立一盎格鲁撒克逊联盟以联合英美，并经由美国国务卿诺克斯及参议员卢特（Root）等取得联系，请格雷与华盛顿联系。便委托道生在会见格雷时递送了一份由孙中山和咸马里签署的文件，这份文件提出：如英国同意可自英国借得一百万镑，并力言需要英国的友谊与支持援助。允诺给英美在华若干优先权利。但格雷并未接受这一要求，英国外务部官员甚至称孙中山为"理论性的与喜说大言的政治家"。因 11 月 8 日四国银行团已经决定停止对清廷的贷款，格雷让道生转告孙中山"英国将保持中立"，并明确表示了英国政府支持袁世凯的态度，称"所有外国人及反满团体都可能给予袁以总统职位——假如他能驱除满清并赞成共和"。②

由于孙中山将对英外交视为"举足轻重为我成败存亡所系者"，而英国政府明确表示支持袁世凯出任总统的态度，使孙中山对此不得不慎重考虑。实际上孙中山来伦敦前后，对谁来领导新建共和政府的态度确有一定变化。赴伦敦前夕，他在致咸马里电中表示，黎元洪"缺乏将才，无法久持"，而"各地组织甚好，都希望我加以领导。如得财力支持，我绝对能控制局势。在我们到达之前，不可能组成强有力的政府"。③ 初到伦敦时对英国记者的谈话中也表示，"倘国人召彼前往组织中央政府，以总理一席属之，彼必乐为效力"。可见此时，孙中山对由他来组织和领导共和政府是十分重视且颇具信心。不过，他的态度很快就发生了一定变化，在伦敦和康德黎的谈话中表示："余于共和政府之大统领不介意。惟维持中国前途之责任，余可担当。"④ 并于 16 日致电《民立报》转民国军政府，明确表达了自己的意见。他说："总统自当推定黎君，闻黎有请推袁之说，合宜亦善。总之，随宜推定，但求早巩国基。"并表示对"满清时代权势利禄之争，吾人必久厌簿〔薄〕。此后社会当以工商实业为竞点，为新中国开一新局面到。至于政权，皆以服务视之为要领"。⑤ 从有充满信心领导共和政府到表示对总统一职"不介意"的态度变化，或许正是受了英国政府

---

① 孙中山：《建国方略》，《孙中山全集》第六卷，中华书局，1985，第 245~246 页。
② 陈锡祺主编《孙中山年谱长编》上册，中华书局，1991，第 576 页。
③ 孙中山：《致咸马里电》，《孙中山全集》第一卷，中华书局，1981，第 544 页。
④ 孙中山：《与康德黎的谈话》，《孙中山全集》第一卷，中华书局，1981，第 559 页。
⑤ 孙中山：《致民国军政府电》，《孙中山全集》第一卷，中华书局，1981，第 547 页。

表态支持袁世凯的影响。

约在 11 月中旬，孙中山接受伦敦《滨海杂志》记者的采访，发表了长篇谈话，回顾自己的革命经历，揭露清朝专制腐败的统治，展望中国建立共和制的光明前景。他指出：

> 一个新的、开明而进步的政府必定要取代旧政府。当这一目标实现以后，中国将不仅能使自己摆脱困境，而且还有可能解救其他国家，维护其独立和领土完整。在中国人中间，有高度文化素养的大不乏人，我们相信，他们必能承担组织一个新政府的重任，为了把旧的中国君主政体改变为共和政体，思虑精到的计划早已制订出来了。

> 人民群众已经为迎接一个新型政权作为准备。他们希望改变政治和社会处境，以摆脱目前普遍存在的可悲的生活状况。国家正处于紧张状态，恰似一座干燥树木的丛林，只需要星星之火，就能使它燃烧起来。

最后，孙中山以庄重的声明表达了一位政治家的思想境界，他说："不论我将成为全中国名义上的元首，还是与别人或那个袁世凯合作，对我都无关紧要。我已做成了我的工作，启蒙和进步的浪潮业已成为不可阻挡的。中国，由于它的人民性格勤劳和驯良，是世界最适宜建立共和政体的国家。在短期间内，它将跻身于世界上文明和爱好自由国家的行列。"① 可见孙中山思虑的不是个人的地位和荣辱，而是国家民族的长远利益和前途。

11 月 21 日，孙中山从伦敦抵达巴黎。23 日访问了法国下议院，同阿尔费雷德·马塞等议员进行了"极为和洽"的会谈。孙中山提出"法国愿意承认中华民国与否一事，各议员均答以自当竭力为之"。② 同日，又会晤了法国东方汇理银行经理西蒙，谈到四国银行团能否立即贷款给革命临时政府的问题，西蒙表示四国银行团及其政府将在革命临时政府和清政府之间保持中立，不可能贷款给革命临时政府，除非革命者建立起一个为全中国所接受并得到列强承认的合法政府。孙中山谈了他对中国国内当前局势的判断，认为："由全国各地革命势力的蓬勃发展及其响应的快速看来，

---

① 孙中山：《我的回忆》，《孙中山全集》第一卷，中华书局，1981，第 556、557~558 页。
② 陈锡祺主编《孙中山年谱长编》上册，中华书局，1991，第 581 页。

可以显示这不是一种局部性的叛乱，而为一种事先经过长期准备，且有完善组织，旨在建立一联邦式共和国的起义，成功是可以确定的。袁世凯的狡猾善变虽可能迟滞革命行动，但决无法阻止革命的胜利。"① 实际上法国政府当时的对华政策是倾向于支持袁世凯，希望通过袁氏这样的"强有力的政治家"来保证法国的在华利益的实现。② 孙中山希望法国给予贷款和外交支持的努力自然不会有什么实际结果。

在法国期间，孙中山还在接受《巴黎日报》、《政治星期报》记者采访时，表示了四点意见：①中国国土较欧洲为大，"政治上万不宜中央集权，倘用北美联邦制度最为相宜"。②"新政府应将海关关税则重行编订，务使中国有益，不能徒使西商独受其利"。③"于满清政府从前与各国所立条约，新政府仍然承认"。④在开矿、筑路方面愿意利用外资，引进外国科技和工程人才。③

在欧洲期间（11月中下旬），孙中山发表演说，再次表明了革命后建立共和政体的决心。他指出："袁世凯之君主立宪办法，决不为人民所允许。诚以君主立宪实一分别满汉之标记，汉族讵愿再留此标记乎？不特不愿再有此标记也，甚愿洗尽所有极秽恶之记念，再组织联邦共和政体尤为一定不易之理。彼将取欧美之民主以为模范，同时仍取数千年前旧有文化而融贯之。"并再次申明了共和政府将采取独立自主和对外开放的政策，以实现中国之富强。他指出："共和成立之后，当将中国内地全行开放，对于外人不加限制，任其到中国兴办实业；但于海关税则须有自行管理之权柄，盖此乃所以保其本国实业之发达，当视中国之利益为本位。总之，新政府之政策在令中国大富。"主张首先利用外资，"以振兴其工商业"；坚定地表明"中国共和政府定能致力平和，对于日俄亦当尊敬其已得之条约及权利。共和政府之精神，决无帝国派之野心，决不扩张军备，但欲保其独立及领土完全而已"。④

11月24日，孙中山离开巴黎，自马赛乘丹佛轮返国。行前派留法学

① 孙中山：《与西蒙的谈话》，《孙中山全集》第一卷，中华书局，1981，第563～564页。
② 参见吴乾兑《1911至1913年间法国外交与孙中山》，中国孙中山研究学会编《孙中山和他的时代——孙中山研究国际学术讨论会文集》上册，中华书局，1989，第421页。
③ 孙中山：《与巴黎〈政治星期报〉记者的谈话》、《与巴黎〈巴黎日报〉记者的谈话》，《孙中山全集》第一卷，中华书局，1981，第561～562页。
④ 孙中山：《在欧洲的演说》，《孙中山全集》第一卷，中华书局，1981，第560～561页。

生胡秉柯向法国外交部询问法国政府对革命的态度，法国方面表示："法国人的安全问题是首要的问题，正是现在需要估计一下中国当局给予我国国民的保证。"① 在巴黎期间，还邀请各科毕业的中国留法学生回国参加组织共和政府。②

三

继武昌起义后，各省相继宣布独立，脱离清朝统治；建立全国性的临时政府，以统一各省军政、争取各国外交承认，也迫切地提上了议事日程；各派政治力量开始围绕临时政府的筹建展开了博弈。

11 月 30 日，宣布独立的 11 省 23 名代表在汉口英租界顺昌洋行举行第一次会议，于 12 月 3 日通过《中华民国临时政府组织大纲》，对临时大总统的产生、参议院和政府各部的组成作了初步规定。此时，传来江浙联军于 12 月 2 日攻克南京的消息，12 月 4 日，汉口会议一致决议移会南京组织临时政府。陈其美、宋教仁等本担心武昌成为临时政府所在地将不利于同盟会，于是召开留沪各省代表会议，选举黄兴为"假定大元帅"，负责组织临时政府；又举黎元洪为副元帅兼鄂都督，仍驻武昌。然而，黄兴却以"才力不胜"而坚辞不受，主张举黎元洪为大元帅，自己则愿意"领兵北伐，誓捣黄龙，以还我大好河山而后已"。并坚持认为"孙中山将次回国，可当此任"。会上有代表提出，孙中山"诚为为数十年来热心革命之大伟人，然对外非常紧急，若无临时政府，一切交涉事宜，俱形棘手。况大元帅为一时权宜之计，将来中华底定，自当由全国公选总统，是故某以为黄大元帅于此时实不必多为推让"。黄兴方同意"暂时勉任"。③

12 月 12 日，14 省 39 名代表齐集南京。14 日全体代表会议决议本月 16 日选举临时大总统。此时，从武汉赶至南京的浙江代表陈毅转达了黎元洪的意见，袁世凯的代表唐绍仪已经到了武汉，黎元洪派代表与之会晤，"据唐代表称，袁内阁亦主张共和，但须由国民会议决议后，袁内阁据以告清廷，即可实行逊位"。于是，会议决定缓举临时大总统，承认上海所

---

① 张振鹍：《孙中山对外关系中的几件史料》，《历史研究》1981 年第 4 期。
② 冯自由：《留欧学界与同盟会》，《革命逸史》第 2 集，中华书局，1981，第 125 页。
③ 1911 年 12 月 6 日《民立报》，转引自毛注青《黄兴年谱长编》，中华书局，1991，第 243～244 页。

举的大元帅和副元帅，并在《中华民国临时政府组织大纲》中增加了一条："大总统未举定以前，其职权由大元帅暂任之。"[①] 表明临时大总统一职暂时虚位以待；不过在革命派代表心目中，虚位以待的是孙中山；而对于立宪派和旧官僚的代表来说，属意的却是袁世凯。

这样看来，不论是个人之愿还是众人之望，黄兴和黎元洪都不可能成为各方一致认同的组织临时政府的理想人选，于是，孙中山能否及时从欧洲返回国内，便都成为组建临时政府的重要前提条件。

虽然因欧美各国政府属意袁世凯而使孙中山的外交努力成效有限，但国内革命党人为了在舆论上占据制高点，仍对孙中山欧美之行给予了高度评价。1911 年 12 月 20 日《民立报》发表马君武所撰社论《记孙文最近运动及其人之价值》，指出："外人之敬重孙君，非为具为革命党领袖故也，以为有孙君之热忱、忍耐、博学、远谋、至诚、勇敢及爱国心而复可以为革命党首领。孙君今日之受欧美人崇拜，以视意大利之加利波的[②]，匈牙利之噶苏特[③]，有过之无不及。伦敦蜡人院所以陈列古今名人者，孙像在焉。此事稍阅西报知外事者，皆能道之，非予之夸词也。""呜呼！吾国人果欲终受专制之虐，百劫不返，甘心降伏于袁世凯则已耳。不然，吾愿国人崇拜英雄之心，勿让诸欧美人士也。"

孙中山途经槟城、新加坡，乘"地云夏"英邮船于 12 月 21 日上午 9 时抵达香港，粤军都督胡汉民偕廖仲恺等乘兵轮从广州前往迎接。孙中山打算立即偕胡汉民前往沪、宁，胡汉民则力劝孙中山暂留广东，整兵蓄势，然后挥师北伐，以定大局。胡汉民认为，清政府虽然人心尽去，但袁世凯还掌握北洋数镇兵力，其人"实叵测，持两端"，袁氏势力不除，则革命政权仍面临严重威胁。"先生一至沪宁，众情所属，必被推戴，幕府当在南京，而兵无可用，何以直捣黄龙？且以选举克强之事观之，则命令正未易行，元首且同虚器，何如留粤，就粤中各军整理，可立得精兵数万，鼓行而前，始有胜算。尽北洋之力，两三月内，未能摧破东南，而吾辈已济，以实力廓清强敌，乃真成南北统一之局。沪、宁相较，事正相反，若骛虚声，且贻后悔"。孙中山则坚持认为当务之急进建立统一的革

---

① 刘星楠：《辛亥各省代表会议日志》，《辛亥革命回忆录》第 6 集，文史资料出版社，1981，第 250 页。
② 今译加里波第 (1807~1882)，意大利民族解放运动领袖。
③ 今译科苏特 (1802~1894)，匈牙利民族解放运动领袖。

命政府，而革命党人的优势在于"恃人心"而非"恃兵力"，如果不及时领导组建革命政府则将失去人心。他说："以形势论，沪、宁正在前方，不以身当其冲，而退就粤中，以修战备，此为避难就易，四方同志正引领属望，至此其谓我何？我恃人心，故恃兵力，既如所云，何故不善用所长，而用所短？""谓袁世凯不可信，诚然，但我因而利用之，使推翻二百六十余年贵族专制之满洲，则贤于用兵十万。纵其欲继满洲以为恶，则其基础已远不如，覆之自易，故今日可先成一圆满之段落。我若不至沪、宁，则此一切对内对外大计主持，决非他人所能任，子宜从我即行。"① 两人从上午争辩到晚上，孙中山最终说服了胡汉民，当晚一道乘"地湾夏"号赴上海。二人争论之中，孙中山看法显然更具有战略眼光，而胡汉民的建议从策略上考虑也有道理，如果孙中山适当考虑胡的意见，在北上的同时，让胡留在广东作军事准备以为后盾，则似为周全之策。

12月25日上午9时三刻，孙中山抵达上海。沪军都督府派建威兵轮往吴淞口迎接，在租界码头登岸后，受到革命党人和各界人士的热烈欢迎。当天《民立报》以《欢迎！欢迎！》为题发表的专栏言论说："先生归来，国基可定，新上海光复后一月，当以此日为最荣。"各报记者纷纷进行采访。《大陆报》主笔问："君带有巨款来沪供革命军乎？"孙大笑："何故问此？"主笔说："世人皆谓革命军之成败，须观军饷之充足与否，故问此。"孙答："革命不在金钱，而全在热心。吾此次回国，未带金钱，所带者精神而已。"② 12月26日，向《民立报》记者发表谈话时又指出："武昌举师以来，即由美旅欧，奔走于外交、财政二事。今归海上，得睹国内近况，从前种种困难虽幸破除，而来日大难尤甚于昔。今日非我同人持一真精神、真力量以与此困难战，则过去之辛苦将意归于无效。"③ 这话似乎表明，孙中山已经清醒地意识到"来日大难尤甚于昔"，在组建共和政府和巩固革命成果上，将面临更复杂的时局和更严峻的斗争。

孙中山一回国，同盟会代表及光复各省军政首脑纷纷通电表示欢迎，

---

① 《胡汉民自传》，丘权政、杜春和编《辛亥革命史料选辑》上册，湖南人民出版社，1981，第215～216页。
② 孙中山：《与上海〈大陆报〉主笔的谈话》，《孙中山全集》第一卷，中华书局，1981，第573页。
③ 孙中山：《与上海〈民立报〉记者的谈话》，《孙中山全集》第一卷，中华书局，1981，第571～572页。

对孙中山领导组成统一的革命政府寄予厚望，选举孙中山为临时大总统的舆论呼声也最高。12 月 26 日，在孙中山寓所召开了同盟会最高干部会议。会上，一致选举孙中山为临时大总统，"决定先期分别向各省代表示意，选举中山先生为临时大总统；并由马君武著文在《民立报》披露"。①

12 月 29 日，各省代表会议在南京以无记名投票法选举临时大总统，参加选举 17 省代表，每省一票，差额选举。选举结果：孙中山得 16 票，当选为临时大总统。"众即起立欢呼：'中华共和国万岁'三声。是时音乐大作，在场代表及列席之军、学各界，互相祝贺，喜悦逾恒。"② 会后即由各省代表会正副议长汤尔和、王宠惠前往上海迎接孙中山来南京就职，并由代表会将选举结果电告孙中山及各省。

孙中山在上海得知当选消息，立即复电南京各省代表说："光复中华，皆我军民之力，文子身归国，毫发无功。竟承选举，何以克当？惟念北方未靖，民国初基，宏济艰难，凡我国民皆具有责任。诸公不计功能，加文重大之服务，文敢不黾勉从国民之后，当刻日赴宁就职。"③ 消息传来，国内各界人士和团体以及海外华侨，纷纷发来贺电，各地军民举行集会庆祝和提灯游行。

1912 年 1 月 1 日晚 11 时，在南京总统府举行庄了严而朴素的临时大总统受任典礼，中山宣誓就任中华民国第一任临时大总统，宣布中国也是亚洲第一个共和国的诞生。孙中山成为新生共和国的首任元首，是人民和历史的选择。

作者单位、职务：华南师范大学岭南文化研究中心、历史文化学院
　　　　　　　教授

---

①　仇鳌：《辛亥革命前后杂忆》，《辛亥革命回忆录》第 1 集，文史资料出版社，1981，第 446 页。

②　陈锡祺主编《孙中山年谱长编》上册，中华书局，1991，第 604 页。

③　孙中山：《复南京各省代表电》，《孙中山全集》第一卷，中华书局，1981，第 575 页。

孙中山对革命建国受挫的原因之反省

✦ 颜德如

1911 年 10 月的武昌首义推倒清王朝的专制统治，开辟了一个全新的时代即民国时代。让位于袁世凯的孙中山，本想专心致志于实业建设，岂料中国旋即陷入武人乱政、旧官僚横行霸道之局面。民国建立十年有余，包括孙中山在内的国人常有"民初不如晚清"之慨叹。这就要求国人必须面对和思考辛亥革命成败的问题。作为民国之父的孙中山，首负其责，对革命建国受挫的原因进行了反省。

一 "知之非艰，行之惟艰"说之毒害

在孙中山看来，经过他长期的努力，已能"鼓动风潮，造成时势"，再加上"全国人心之倾向，仁人志士之赞襄，乃得推覆专制，创建共和"。本以为，"从此继进，实行革命党所抱持之三民主义、五权宪法，与夫《革命方略》所规定之种种建设宏模"。不料，"党人即起异议"，说他"所主张者理想太高，不适中国之用"。此议"一时风靡，同志之士亦悉惑焉"。这就是"革命之建设所以无成，而破坏之后国事更因之以日非"的表面原因。其后果则是"去一满洲之专制，转生出无数强盗之专制，其为毒之烈较前尤甚，于是而民愈不聊生矣！"①

至于深层原因，孙中山是这样分析的："此固予之德薄无以化格同侪，予之能鲜不足驾驭群众，有以致之也。然而吾党之士，于革命宗旨、革命方略亦难免信仰不笃、奉行不力之咎也。"也就是说，领导个人与革命同志均有责任。但从孙中山的分析来看，革命同志的责任尤大。为何如此？

---

① 黄彦编《孙文选集》上册，广东人民出版社，2006，第 2 页。

"非尽关乎功成利达而移心，实多以思想错误而懈志也。"究竟是什么"思想错误"导致革命同志懈志殆气？孙中山明确指出，"即'知之非艰，行之惟艰'之说也"。该错误思想源远流长、影响至深，"始于傅说对武丁之言，由是数千年来深中于中国之人心，已成牢不可破矣"。由于举国人心为此说牢牢控制，所以孙中山的"建设计画，一一皆为此说所打消也"。他也据此认定，"此说者予生平之最大敌也，其威力当万倍于满清"①。它的威力为什么如此巨大？孙中山指出，"夫满清之威力不过只能杀吾人之身耳，而不能夺吾人之志也，乃此敌之威力则不惟能夺吾人之志，且足以迷亿兆人之心也"②。正因为此，他的主张在晚清和民国遭致不同的命运："当满清之世，予之主张革命也，犹能日起有功，进行不已；惟自民国成立之日，则予之主张建设，反致半筹莫展，一败涂地矣。"③ 革命党的"建国计画"，遭到重创。

一国或一团体的事业发展为何与社会人群所接受的思想有莫大的关系？孙中山以为，国与人有密切的关系。具体来说，"国者人之积也，人者心之器也，而国事者，一人群心理之现象也。是故政治之隆污，系乎人心之振靡"。由此他还断言："吾心信其可行，则移山填海之难，终有成功之日；吾心信其不可行，则反掌折枝之易，亦无收效之期也。心之为用大矣哉！"甚至说："夫心也者，万事之本源也。满清之颠覆者，此心成之也；民国之建设者，此心败之也。"④ 其唯意志论倾向暴露无遗。

既然如此，今后建国大业之顺利开展实有赖于国民的心理改造。他说："国民！国民！究成何心？不能乎？不行乎？不知乎？吾知其非不能也，不行也；亦非不行也，不知也。倘能知之，则建设事业亦不过如反掌折枝耳。"⑤ 于是，孙中山提出他的著名学说"行易知难"。用这种学说来破国民"心理之大敌"即"知之非艰，行之惟艰"，从而"出国人之思想于迷津，庶几吾之建国方略或不致再被国人视为理想空谈也"。待国民均信仰其学说，就"能万众一心，急起直追，以我五千年文明优秀之民族，应世界之潮流，而建设一政治最修明、人民最安乐之国家，为民所有、为

---

① 黄彦编《孙文选集》上册，广东人民出版社，2006，第 2 页。
② 黄彦编《孙文选集》上册，广东人民出版社，2006，第 2~3 页。
③ 黄彦编《孙文选集》上册，广东人民出版社，2006，第 3 页。
④ 黄彦编《孙文选集》上册，广东人民出版社，2006，第 3 页。
⑤ 黄彦编《孙文选集》上册，广东人民出版社，2006，第 3 页。

民所治、为民所享者也"。① 其自信、乐观溢于言表。

孙中山为了使国民尤其是革命同志信服他所主张的"行易知难"说，分别以饮食、用钱、作文、建屋、造船、筑城、开河、电学、化学、进化等事予以佐证，认为"有此十证以为'行易知难'之铁案，则'知之非艰，行之惟艰'之古说，与阳明'知行合一'之格言，皆可从根本上而推翻之矣"②。通过孙中山不厌其烦的论证是否推翻"知之非艰，行之惟艰"说可以存而不论，然而他的动机是值得钦佩的："予之所以不惮其烦，连篇累牍以求发明'行易知难'之理者，盖以此为救中国必由之道也。"③ 至于说"中国近代之积弱不振、奄奄待毙者，实为'知之非艰，行之惟艰'一说误之"④ 以及自信"能知必能行"，委实值得商榷。

二 "革命军起，革命党消"舆论之影响

孙中山为北伐战争进行了积极的宣传。正是在梧州对国民党员的演说中，他提出了如下问题："当初革命目的本欲将国家政治改良，现在民国已经成立十年，试问十年来革命事业曾做了几件？"他的看法是："实则革命主义未行，革命目的亦未达到。"简直可以说是一无所成。到底是何缘故造成的？孙中山认为是："因中国人思想幼稚，见革命初次成功之时，轰轰烈烈，咸以为革命宗旨甚易达到。"也就是以为革命任务之达成是轻而易举的事。实则"早有一班满清官僚及武人投诚入党，入党之后将活动于政治的少数革命党尽数倾陷"。⑤ 更有甚者，"那班官僚又乘势造成一种假舆论，谓'革命军起，革命党消'，当时的党员咸误信之，不知'革命军起，革命党消'实系官僚所假造的"⑥。这种舆论使得"辛亥革命成功之后，而革命党名义取消，中华民国即为官僚武人所摧残。十年来名虽民国，实为官僚国，革命主义未行，革命目的未达，仅有民国之名，而无民国之实，及后卒至酿成袁世凯帝制自为、宣统复辟、武人专政种种恶现

① 黄彦编《孙文选集》上册，广东人民出版社，2006，第4页。
② 黄彦编《孙文选集》上册，广东人民出版社，2006，第48页。
③ 黄彦编《孙文选集》上册，广东人民出版社，2006，第49页。
④ 黄彦编《孙文选集》上册，广东人民出版社，2006，第49页。
⑤ 黄彦编《孙文选集》下册，广东人民出版社，2006，第74页。
⑥ 黄彦编《孙文选集》下册，广东人民出版社，2006，第74~75页。

象"①。

既然如此，今后当如何改进？孙中山指出，一方面他本人"自当将吾党事和国事一统尽力做去"，另一方面"吾党同志切不可仍惑于'革命军起，革命党消'之论，大家要反向'革命军起，革命党成'的主义一力做去"。② 从这里可以推知，"党事"与"国事"分开进行对革命造成了负面影响，孙中山本人也将承担部分责任。如果孙中山的话确实可信的话，"革命党"本身就存在严重的问题，否则不会因这一舆论就被轻易取消。从后来在广州召开的中国国民党第一次全国代表大会所提出的两大宗旨即"改组国民党与改造国家"来看，孙中山领导的革命党确实面临诸多问题。

正是在这次全国代表大会的开会词中，孙中山又提及这一舆论。不过，此时的背景有所差异："我们现在得了广州一片干净土，集合各省同志聚会一堂，是一个很难得的机会。从前我们没有想到要开这种大会，没有想到我们的党务究竟是如何进行，是因为受了满清官僚的欺骗。"到底"受了满清官僚什么欺骗呢？因为一般同志头脑太简单，见得武昌起义以后各省一致赞成革命，从前反对革命的官僚也赞成革命，由此少数革命党就被多数的官僚包围"。实际上就是说，清朝官僚的力量远远强于革命党，否则的话，不能因为他们"赞成革命"就作出让步。这里也暴露出当时的南北议和，是为"和"而"和"，因此而种下反革命的祸胎。迫于劣势的革命党，一听到"那般官僚说'革命军起，革命党销'"，"也赞成这种言论，于是大家同声附和，弄到现在只有军阀的世界，没有革命的成绩，所以革命党至今仍失败。这就〈是〉我们失败的太〔大〕原因"。幸好"今天大家都觉悟了，知道这话不对，应该要说'革命军起，革命党成'"，而要达成这一目标，"从今天起，要把以前的革命精神恢复起来，把国民党改组"。③ 为何要恢复"革命精神"？这是由于"革命军起，革命党消"舆论之后，国民党"完全变为政党，革命精神遂以消失"④。

从孙中山的分析来看，要对付反革命就必须使自己强大起来，要建造新国家就必须有具有革命精神的党和军队。而要使国民党和革命军奋斗的目标一致，党自己必须牢牢地掌握军队。这就是孙中山说的："党之基础

---

① 黄彦编《孙文选集》下册，广东人民出版社，2006，第 75 页。

② 黄彦编《孙文选集》下册，广东人民出版社，2006，第 75 页。

③ 黄彦编《孙文选集》下册，广东人民出版社，2006，第 383 页。

④ 黄彦编《孙文选集》下册，广东人民出版社，2006，第 275 页。

何在？在于军队。"① 还以俄国为例："俄国革命党能以一百英里之地应十八面之敌，三数年间卒将内乱外患次第勘定者，因其军队全属党人故也。……设无此庞大之党军，苏俄之势力必无今日之盛。"② 正是由于当时的革命党并未完全驾驭军队，民国建造这一问题还有待继续解决，所以以前主张"以党治国"在当时"还是太早。此刻的国家还是大乱，社会还是退步，所以革命党的责任还是要先建国，尚未到治国"③。或者说，"今日民国的国基还没有巩固，我们必要另做一番功夫，把国家再造一次，然后民国的国基才能巩固。这个要国基巩固的事，便是我们今天的任务"④。要完成这个任务，孙中山认为必须着手进行两件事："第一件是改组国民党，要把国民党再来组织成一个有力量、有具体的政党；第二件就是用政党的力量去改造国家。"⑤ 换言之，在"以党治国"之前，必须致力于"以党建国"之重任。

三　各自为战，疏于组织和纪律

在 1924 年 1 月召开的中国国民党第一次全国代表大会的开会词中，孙中山分析了辛亥革命后革命受挫之"最大的原因"。他认为，"从前革命党虽然推翻满清，变更国体，但是十三年以来革命主义还没有实行，这就是革命还没有成功"⑥。革命没有成功的"最大的原因，是当时革命党外面见到外国富强，中国衰弱，被人凌辱，内面又受满清专制，做人奴隶，几几乎有亡国灭种之忧，一时发于天良，要想救国保种，只知道非革命不可；但不知道革命何时可以成功，并不想到成功以后究竟用一个什么通盘计画去建设国家，只由各人的良心所驱使，不管成败，各凭各的力量去为国奋斗，推翻满清。这种奋斗，所谓各自为战，没有集合，没有纪律"⑦。实事求是地说，辛亥革命之前已经有"通盘计画"，这就是 1908 年改订的《中国同盟会革命方略》。如果孙中山的说法可信，那只能说明他的这个"计

---

① 黄彦编《孙文选集》下册，广东人民出版社，2006，第 275 页。
② 黄彦编《孙文选集》下册，广东人民出版社，2006，第 275 页。
③ 黄彦编《孙文选集》下册，广东人民出版社，2006，第 384 页。
④ 黄彦编《孙文选集》下册，广东人民出版社，2006，第 384 页。
⑤ 黄彦编《孙文选集》下册，广东人民出版社，2006，第 384~385 页。
⑥ 黄彦编《孙文选集》下册，广东人民出版社，2006，第 383 页。
⑦ 黄彦编《孙文选集》下册，广东人民出版社，2006，第 383 页。

画"没有很好的宣传或者说不为诸多同志接受。这种"各自为战"的奋斗，一方面是由于武昌首义成功之太过突然，另一方面确实如孙中山说的是"没有集合，没有纪律"。

革命党"没有集合，没有纪律"，其后果就是"全党的团结力便非常涣散"①，反映的问题正是孙中山说的"党中缺乏组织"。为何革命党"缺乏组织"？孙中山归结于自由平等思想对党员个人的影响。具体来说，"由于当日革命党人多属留学生，自由平等之见深入脑中，以为党员当绝对自由，一切联络维系之法弃而不讲，其缺点即在于此。故其时多重用老官僚，以老官僚有经验，犹胜于革命党之无组织也"。革命党的组织涣散、纪律性差，正是由于"个人有自由，则团体无自由故也"。今后要解决这个问题，"当牺牲个人之自由，以蕲国家之安全、党务之发展"。这是"因国家不自由，而个人之自由亦不能保"。②

后来，孙中山还提出了解决"各自为战"问题的举措即党员要有"一种精神结合"，此举措包括以前说的要"牺牲个人之自由"。具体来说，"要各位党员能够精神上结合，第一要牺牲自由，第二要贡献能力。如果个人能够牺牲自由，然后全党方能得自由。如果个人能贡献能力，然后全党才能有能力"。假以时日，"等到全党有了自由、有了能力，然后才能担负革命的大事业，才能够改造国家"。总而言之，"本党以前的失败是各位党员有自由，全党无自由；各位党员有能力，全党无能力。中国国民党之所以失败，就是这个原因"。所以，"我们今日改组，便先要除去这个毛病"。③

孙中山所说的党员"个人自由"，是否意味着"各自为战"、毫不讲求合作，姑置之不论。但是，从此处可以看出孙中山对"自由"的独特理解，这就是将"自由"视为没有限制的行动。如果人人如此，一个团体自然陷入孙中山说的"一盘散沙"状态。正是基于此种担忧，孙中山才强调："大家团结起来，为党为国，同一目标，同一步骤，像这样做去才可以成功。"④ 在稍后的中国国民党第一次全国代表大会的闭会词中，他再次提到这个问题："本党党员从前常有自以为是的，便要独断独行，所以弄

---

① 黄彦编《孙文选集》下册，广东人民出版社，2006，第385页。
② 黄彦编《孙文选集》下册，广东人民出版社，2006，第274页。
③ 黄彦编《孙文选集》下册，广东人民出版社，2006，第385页。
④ 黄彦编《孙文选集》下册，广东人民出版社，2006，第385页。

到全党的精神非常涣散，革命事业不能成功。以后要我们革命事业完全成功，便要大家一致行动，团结精神。自根本上讲起来，革命事业是大家的事，不是一个人的事。既是大家的事，必要大家同心协力才可以实行；如果不能同心协力，便永远不能实行。"①

由上可知，今后国民党改组的直接目标就是要结束过去那种"一盘散沙"的状态，使其改造成为"同心协力"的革命组织。更有进者，孙中山还认为，国民党改造将以列宁领导的俄国革命党为榜样。他说："我们现在要取法俄国革命党的组织，要注重纪律，要党员牺牲各个人的自由。"②为何要效法俄国革命党呢？孙中山认为，尽管"俄国革命在中国之后，而成功却在中国之前"，它取得的"奇功伟绩真是世界革命史上前所未有"。它"所以能至此的缘故，实全由其首领列宁先生个人之奋斗及条理与组织之完善"。中国的革命与其比较起来，孙中山以为应吸取"很大的教训。什么教训呢？就是大家应把党基巩固起来，成为一个有组织的、有力量的机关，和俄国的革命党一样"。③

对于效法俄国革命党，孙中山还提出了原则性的指导："现在有俄国的方法以为模范，虽不能完全仿效其办法，也应仿效其精神，才能学得其成功。"至于国民党长期以来实行的"总理制"要不要改为"委员制"，孙中山本人是倾向于变革的。他的解释是，以前"我没有法子，只得我一个人肩起这革命的担子，从新组织一个中华革命党。凡入党的人，须完全服从我一个人"，但是"现在有很多有新思想的青年出来了，人民的程度也增高起来了，没有人觉得中国的革命应在二十年以后了"。④所以，"本党此次改组，就是本总理把个人负担的革命重大责任分之众人，希望大家起来奋斗，使本党不要因为本总理个人而有所兴废，如列宁先生之于俄国革命党一样。这是本总理的最大希望"⑤。"希望"不过仅仅是"希望"，此后通过的《中国国民党总章》关于"总理"之规定如下："党员须从总理之指导，以努力于主义之进行。""总理为全国代表大会之主席。""总理为中央执行委员会之主席。""总理对于全国代表大会之议决，有交复议之

---

① 黄彦编《孙文选集》下册，广东人民出版社，2006，第419页。
② 黄彦编《孙文选集》下册，广东人民出版社，2006，第424页。
③ 黄彦编《孙文选集》下册，广东人民出版社，2006，第401页。
④ 黄彦编《孙文选集》下册，广东人民出版社，2006，第402页。
⑤ 黄彦编《孙文选集》下册，广东人民出版社，2006，第402~403页。

权。""总理对于中央执行委员会之议决，有最后决定之权。"① 实际上实行的仍是总理集权制。这种制度，在革命时代尤其是要求国民"同心协力"于建国的特殊时期，不失为权宜之计。当然，孙中山还是强调组织的力量大于领导个人的力量，他以俄国为例："自从列宁死后，劳动政府仍然屹立不动。这是因为他的党员能牺牲个人的自由、个人的意志，以成全党的自由、党的意志，所以党的力量异常之大，党的基础异常之固，一个领袖死了，丝毫不发生什么影响。"②

四　偏于军队奋斗，疏于主义宣传

孙中山在广州大本营进行国民党改组的动员演说中，回顾并分析党的奋斗史："吾党革命未成功以前，党人多肯奋斗，及成功后则遽行停止，转而全靠军队来奋斗。"根据俄国革命的经验来看，"党人奋斗始能为最后成功"。③ 所谓"党人奋斗"，是指"党员能为主义的奋斗"④。再看中国，"今日有民国之名而仍然失败者，何以故？则由于党人不为主义奋斗之故"。在这里，孙中山详细分析"军队奋斗"的特点以及将其改造的问题。所谓"军队奋斗"，"系为升官发财起见，非如昔日党员专为主义的奋斗也"。所以希望"靠今日之军队单独以达革命之成功，则希望甚微"。为今之计，就是"将现在将士升官发财、自私自利的思想化除，引他到远大的志愿，乃能有望。故党员今日第一级工夫，要先设法感化在西南政府旗下的军队，完全变为革命党员，一致为三民主义牺牲，不为升官发财而牺牲。如此则军队、党员便可成互助之奋斗，而革命之成功指日可期矣"。⑤

孙中山之所以认为单靠军队奋斗不能使革命完全成功，是因为他明确认识到："建国方法有二，一曰军队之力量，二曰主义之力量。"⑥ 两者的效力是不一样的："枪炮能有效力者，因其能杀人，故大军一到，敌人即

① 黄彦编《孙文选集》下册，广东人民出版社，2006，第 407 页。
② 黄彦编《孙文选集》下册，广东人民出版社，2006，第 423 页。
③ 黄彦编《孙文选集》下册，广东人民出版社，2006，第 345 页。
④ 黄彦编《孙文选集》下册，广东人民出版社，2006，第 344 页。
⑤ 黄彦编《孙文选集》下册，广东人民出版社，2006，第 345 页。
⑥ 黄彦编《孙文选集》下册，广东人民出版社，2006，第 346 页。

服。三民主义、五权宪法则与之相反，其效力为生人。"① 既如此，革命为何要用军队呢？他如是解释说："革命是救人的事，战争则为杀人的事；军队奋斗是出而杀人，党员奋斗是出而救人。然革命须用军队之故，乃以之为手段，以杀人为救人。"② 由此可见，党员奋斗是居于主导地位的。

党员奋斗的效力之所以异于军队奋斗，关键在于"吾党员奋斗之武器，则三民主义、五权宪法是也"。党员要掌握此"武器"，"必须自己先受训练，然后出而能感化他人"。③ 也就是说，必须党员自己理解并信奉"三民主义、五权宪法"，然后以此为宣传之内容，使之晓谕军队，晓谕多数人。正如孙中山指出的那样："苟我党员能尽其聪明能力，说之使明，则当无不受其感化者。大众能想出良法，使多数人明了三民主义、五权宪法则可不待军力革命而亦告成功。"④ 就目前来看，宣传主义就成为第一要务，"为此之故，我党须每日均学习宣传方法，时时训练，训练成熟，然后能战胜一切"⑤。

在 1923 年 12 月 30 日的演说中，孙中山专门谈论"宣传"工作。总的来说，他认为今后应"变更奋斗的方法，注重宣传，不注重军事"。其根本原因是，"宣传奋斗的效力大，军事奋斗的效力小"。他还以武昌起义为例，"表面上虽然是军事奋斗的成功，但当时在武昌的军队是清朝训练的，不是本党训练的，因为没有起义之先他们受过了我们的宣传，明白了我们的主义，才为主义去革命。所以这种成功，完全是由于宣传奋斗的成功"⑥ 后来他干脆说："用主义来建国，万万里都是来朝的；用武力去征服人，近在咫尺都是反叛的。由此便可知主义胜过武力。"⑦ 何以辛亥革命后革命受挫？是由于"自清朝推倒了以后，我们便以为军事得胜，不必注重宣传，甚至有把宣传看做是无关紧要的事，所以弄到全国没有是非，引起军阀的专横"。因此，今后"大家向宣传一方面去奋斗"。⑧

孙中山之所以如此重视"宣传"，是因为他坚信信仰能产生莫大的力

---

① 黄彦编《孙文选集》下册，广东人民出版社，2006，第 346 页。
② 黄彦编《孙文选集》下册，广东人民出版社，2006，第 346～347 页。
③ 黄彦编《孙文选集》下册，广东人民出版社，2006，第 347 页。
④ 黄彦编《孙文选集》下册，广东人民出版社，2006，第 349 页。
⑤ 黄彦编《孙文选集》下册，广东人民出版社，2006，第 350 页。
⑥ 黄彦编《孙文选集》下册，广东人民出版社，2006，第 362 页。
⑦ 黄彦编《孙文选集》下册，广东人民出版社，2006，第 394 页。
⑧ 黄彦编《孙文选集》下册，广东人民出版社，2006，第 363 页。

量。他说："普通人如果信仰了主义，便深入刻骨，便能够为主义去死。"通过将宗教宣传的主义和国民党宣传的主义比较后，他得出了一个更为自信的结论："宗教徒宣传空虚的道理尚可收到无量的效果，我们政党宣传有可凭据的道理，还怕不能成功吗！"① 通过宣传，"一传十，十传百，百传千，久而久之，便可传到四万万。如果四万万人都明白了我们的主义，他们便欢迎我们去建设中华民国"②。为了使宣传真正生效，孙中山特别重视宣传的方法，这就是要用"普遍的宣传"。这种宣传要迎合普通人的心理，因为"拿他们心理上极欢迎的话去演讲，便可感动许多人，不必费很大的力量，便可以收很大的效果"。③ 他还举例说，为了使群众欢迎民生主义，广东有一句俗话就非常有效，"这是一句什么话呢？就是'革命成功，我们大家有平米吃'"④。他还认为宣传必须持之以恒，"担负宣传的任务，应该有恒心，不可虎头蛇尾，今日热心奋斗，明日便心灰意冷。因为要人心悦诚服，不是一朝一夕、一言一动能够收效果的"⑤。孙中山还强调，"我们要感化人，最要紧的就是诚。古人说'至诚感神'……要诚心为革命来奋斗，诚心为主义来宣传，要以宣传为终身极大的事业。存'至诚'的心思，要能够牺牲世界一切权利荣华，专心为党来奋斗"⑥。总而言之，经由宣传可以使人人形成共同志向，"众人都向此做去便容易成功，所谓'众志成城'"⑦，才能使"人人的心内都赞成民国，倾向民国，然后民国才不致倒，才可以巩固"⑧。

对于"宣传"的巨大功效，孙中山是信服无疑的。不过，有一点需要指出，"宣传"的"内容"对"宣传"的效果也会起到相当的作用。孙中山一直把"三民主义、五权宪法"作为其最重要的内容。为了保证该内容的权威性，孙中山提出了两点要求：一是不能怀疑，"须知政党以主义而成立，党中主义，无论是总理与党员均须绝对服从，不能稍有一点怀

---

① 黄彦编《孙文选集》下册，广东人民出版社，2006，第364页。
② 黄彦编《孙文选集》下册，广东人民出版社，2006，第369页。
③ 黄彦编《孙文选集》下册，广东人民出版社，2006，第372页。
④ 黄彦编《孙文选集》下册，广东人民出版社，2006，第372～373页。
⑤ 黄彦编《孙文选集》下册，广东人民出版社，2006，第365页。
⑥ 黄彦编《孙文选集》下册，广东人民出版社，2006，第497页。
⑦ 黄彦编《孙文选集》下册，广东人民出版社，2006，第365页。
⑧ 黄彦编《孙文选集》下册，广东人民出版社，2006，第453页。

疑"①；二是必须依从他的解释，"三民主义、五权宪法本为吾之所倡始所发明，其解释须一依我之解释，然后方不至误解误进"②。孙中山如此做的理由，从根本上说因为三民主义是为人民的，"人民所做不到的，我们要替他们去做；人民没有权利的，我们要替他们去争。所以三民主义是为人民而设的，是为人民求幸福的"③。

五　农民未被动员组织

早年的孙中山，虽然认识到"夫国以民为本，民以食为天，不足食胡以养民？不养民胡以立国？是在先养而后教，此农政之兴尤为今日之急务也"④，他还提出应设农师学堂、农艺博览会，并打算去法国，"从游其国之蚕学名家，考究蚕桑新法，医治蚕病，并拟顺道往游环球各邦，观其农事"⑤，冀望李鸿章"玉成其志"⑥。但是，权贵们根本无暇理会他的"为生民请命"⑦之义举，晚清中国面临的情势正如孙中山自己所描述的那样："上则因循苟且，粉饰虚张；下则蒙昧无知，鲜能远虑。堂堂华国，不齿于列邦；济济衣冠，被轻于异族。"⑧有心之人"不禁大声疾呼，亟拯斯民于水火，切扶大厦之将倾"⑨，改变中国乃至自身命运的革命风潮随之而起。孙中山又岂能置身事外？因此，他要改变中国农民生存状态的良苦用心只好束之高阁。

孙中山再次注意农民问题，应是在 1924 年国民党改组后。由他批准施行的《农民协会章程》的序言中这样写道："农民协会为本三民主义解放劳动阶级之志意，合全国受压迫之贫苦农民而组织之。其目的在谋农民之自卫，并实行改良农村组织，增进农人生活。"⑩长期以来，国民党的"分

---

① 黄彦编《孙文选集》下册，广东人民出版社，2006，第 395 页。
② 黄彦编《孙文选集》下册，广东人民出版社，2006，第 350 页。
③ 黄彦编《孙文选集》下册，广东人民出版社，2006，第 418 页。
④ 黄彦编《孙文选集》中册，广东人民出版社，2006，第 14 页。
⑤ 黄彦编《孙文选集》中册，广东人民出版社，2006，第 16 页。
⑥ 黄彦编《孙文选集》中册，广东人民出版社，2006，第 16 页。
⑦ 黄彦编《孙文选集》中册，广东人民出版社，2006，第 16 页。
⑧ 黄彦编《孙文选集》中册，广东人民出版社，2006，第 17 页。
⑨ 黄彦编《孙文选集》中册，广东人民出版社，2006，第 17 页。
⑩ 黄彦编《孙文选集》下册，广东人民出版社，2006，第 481 页。

子大半是学生，因为学生的思想新，能了解革命意义，容易集合"①，并且其影响主要在海外，所以"吾党人以华侨为多"②。这就使得国民党无暇也无力顾及国内的农民问题。在广州与苏联顾问的谈话中，孙中山明确提出中国的革命要"依靠农民"。他说："对于中国革命，我向来认为，中国强大的民族革命和摆脱外国帝国主义压迫的斗争，应当靠广大的人民群众去进行，首先是依靠农民。"③ 所谓的"向来认为"未必可信，不过孙中山确实希望更多的中国人加入到革命队伍中来，也很早就关注到中国的农民问题。但是，正如他自己承认的那样，"迄今我和国民党都还没有能够同农民建立联系，这是国民运动中的一大疏忽"。其"主要原因在于本党党员的成分"。具体而言，"我本人是资产阶级出身，我们党的多数党员是学生、城市知识分子，在一定程度上是些商人。所以我们没有合适的人去深入农村并在那里扎根"。④ 既然如此，如何解决这个问题呢？按照孙中山的想法，一是通过农民讲习所第一届"毕业的学员和今后办的其他一些学校，我们就能够把中国农民组织起来，成立劳动农民协会"⑤；二是采用如下"政治路线"："决定将迄今为止地主（出租土地者）占有的土地交给农民，为农民所有。但是由于地主在一些地方政治上和经济上的势力很大，影响也很大，所以我认为下面的方法是唯一可行的。"这个"方法"就是在广东全省建立农会，"以便就此铸造一个反对地主的强大武器。只有当我们建立起这些农会，待到农民武装起来的时候，才能实行解决土地问题的激进措施"。孙中山还认为，"在目前农会的组织状况下，进行任何反对地主的鼓动都是策略上的错误，这会使地主先于农民组织起来"。⑥ 也就是说，组织农会可行，但不宜马上开始反对地主的阶级斗争。这种迂回策略遭到苏联顾问的激烈反对。不过，孙中山却坚持己见，还得到当时的广东省长廖仲恺的有力支持。后者还举例来"说明他何以反对宣布在农村进行阶级斗争"。⑦ 显而易见，孙中山的主张是，组织农会把农民团结起来，但目前不宜宣布更不宜马上进行反对地主的阶级斗争。廖仲恺还解释

---

① 黄彦编《孙文选集》下册，广东人民出版社，2006，第422页。
② 黄彦编《孙文选集》下册，广东人民出版社，2006，第347页。
③ 黄彦编《孙文选集》下册，广东人民出版社，2006，第499页。
④ 黄彦编《孙文选集》下册，广东人民出版社，2006，第499页。
⑤ 黄彦编《孙文选集》下册，广东人民出版社，2006，第499页。
⑥ 黄彦编《孙文选集》下册，广东人民出版社，2006，第500页。
⑦ 黄彦编《孙文选集》下册，广东人民出版社，2006，第500页。

说，"中国农村情况非常特殊，宗法关系还没有打破，地主豪绅和农民沾亲带故，同属一个姓。由于农村结构的宗法性质远强于封建性，所以阶级矛盾相当和缓，地主和农民的矛盾更像是叔侄间的矛盾，而不像敌我之间那样不共戴天"①。总而言之，尽管苏联顾问"一再反驳，孙逸仙和廖仲恺还是坚持自己的看法：在农会处于刚刚组织的时期，不应该进行任何公开反对地主的宣传鼓动"②。

孙中山关于自己以及他所领导的国民党长期未能够同农民联系的原因解释，如果参考中国共产党的创始人之一陈独秀的分析，就未必可信。后者如是说："在中国，从事劳动运动的党派，象共产党、无政府党底势力都还微弱；其他政党，只有国民党对于劳动运动表示同情，而且颇有力量。但是国民党目前重要工作乃是对于北方封建军阀之战争，实际参加劳动运动的人还是少数又少数。"③ 也就是说，国民党当时的工作重心是北伐，根本无暇顾及组织农民。即便是开展北伐，也是力量单薄的，"孤军奋斗的国民党，虽然有民主革命的历史，但党员太少，还没有支配全国政治来代替军阀的力量"④。关于"党员太少"的国民党的成分，陈独秀指出："从中国国民党员分子说起来，知识者（旧时所谓士大夫，现在的职业是议员、律师、新闻记者、教员、官吏、军人等）居半数以上，华侨及广东工人约居十之二三，小资本家约十之一，无职业者约十之一。"⑤ 他据此断定，国民党"党员的分子中，代表资产阶级的知识者和无产阶级的工人几乎势均力敌"⑥。孙中山未必同意陈的看法，不过从一个侧面反映：国民党确实在农民阶级中没有影响力。他后来的一段话实际上说明了他们为何没有联系农民的真正原因："农民参加进来的很少，就是因为他们的知识程度太低，不知道有国家大事，所以对于国家很冷淡，不来管国事。"⑦至于孙中山认为自己出身于资产阶级，可能是为了赢得那位顾问的好感，其实是不可信的。其证据见于他1889年写给郑藻如的书信："某今年二十

---

① 黄彦编《孙文选集》下册，广东人民出版社，2006，第501页。
② 黄彦编《孙文选集》下册，广东人民出版社，2006，第501页。
③ 任建树主编《陈独秀著作选编》第二卷，上海人民出版社，2009，第455页。
④ 任建树主编《陈独秀著作选编》第二卷，上海人民出版社，2009，第468页。
⑤ 任建树主编《陈独秀著作选编》第二卷，上海人民出版社，2009，第483页。
⑥ 任建树主编《陈独秀著作选编》第二卷，上海人民出版社，2009，第483页。
⑦ 黄彦编《孙文选集》下册，广东人民出版社，2006，第523页。

有四矣，生而贫。"① 1894 年春给李鸿章的上书更是铁证如山："文之先人躬耕数代，文于树艺收［牧］畜诸端，耳濡目染。"② 当然，并不是说一个人的出身完全决定其阶级立场，因此陈独秀的说法或许是中肯的：成了知识分子的孙中山，他可以"代表"某一或某些阶级的立场。

只有这样，我们才可以理解孙中山在 1924 年国民党改组后对中国农民问题的态度和立场。在广州农民党员联欢大会上，他用非常通俗的语言讲解他一贯主张的三民主义。从他对民生主义的解说可见一斑："什么是民生主义呢？民生主义就是要人人有平等的地位去谋生活。人人有了平等的地位去谋生活，然后中国四万万人才可以享幸福。所以今日的这个大会，要大家合力来实行民生主义，就是要大家合力来谋幸福。"③ 为了赢得农民的同情，他还分析了农民的处境："中国几千年来立国，大多数的人都是农民。现在的农民是怎么样呢？一般农民所处的境遇都是最艰难和最痛苦的，没有幸福之可言。……现在农民何以最艰难和最痛苦呢？因为在满清的时候，政府不准农民有团结，如果结成团体，便有抄家灭族的危险，所以农民向来没有联络，像一片散沙一样。"④ 他还提醒农民想想自己所受艰难痛苦的情形："一年辛苦到晚，该是担了多少水旱天灾的忧，受了多少风雨寒热，费了多少的血汗劳动，才收获若干谷米。……商人用极高的价再行发卖，中间一买一卖，赚很多的钱，都不关你们的事。而且你们所耕种的田大多数都是租来的，租钱又贵。所以你们每年辛辛苦苦得来的钱，都是为商人和田主空劳动的。"⑤ 这原因在什么地方呢？"因为大家没有团体，自己固有的利益都没有力量保守，在无形之中都是被人抢去了，所以自己便吃亏，要受种种痛苦。"⑥ 今后谁来救农民于水火之中？自然是非革命党莫属。为此孙中山呼吁："今日第一件事便留心到农民，便是要救济这种农民的痛苦，要把农民的地位抬高，并且要把农民从前所受官吏和商人的痛苦都要消除。我们要做成这件事，根本上还是要农民自己先有觉悟，自己知道自己的地位是重要的，要有这个思想，然后大家才能够联络

---

① 黄彦编《孙文选集》中册，广东人民出版社，2006，第 1 页。
② 黄彦编《孙文选集》中册，广东人民出版社，2006，第 16 页。
③ 黄彦编《孙文选集》下册，广东人民出版社，2006，第 505 页。
④ 黄彦编《孙文选集》下册，广东人民出版社，2006，第 505 页。
⑤ 黄彦编《孙文选集》下册，广东人民出版社，2006，第 506 页。
⑥ 黄彦编《孙文选集》下册，广东人民出版社，2006，第 506 页。

起来。"①

按照孙中山的设想，农民要成为革命的依靠力量，应实行三步走战略：一是要觉醒，"今日开这个会，就要大家醒起来，知道这十三年以来自己不是奴隶，是主人翁"②。二是要组织起来，"联络的方法，先要一村与别村联络，一乡与别乡联络，一县与别县联络，以至于一省的农民都能够联络起来。……多数农民如果能够结成大团体，就有力量可以讲话"③。三是运用团体"为农民争利益"④。其中最为关键的是第一步。上述战略实施如何存而不论，孙中山毕竟意识到组织的力量对于革命的推动作用。其实，从孙中山的演说可以推知这个战略存在的局限，那就是将政府视为凌驾于农民之上的组织。就农民"觉悟"而言，他说："如果现在还没有觉悟，还不与政府联络来实行民生主义，就永远没有幸福。"⑤ 还说："本党今日开这个农民联欢会的目的，就是在提醒你们农民，要你们回乡之后更提醒大众，大众都联络起来，结成团体，便可以不致做人的奴隶。"⑥ 稍后，他还强调说："要在最快的时间之内，用极好的联络方法，先把广东全省的农民都联络起来，同政府合作，才有办法。"⑦ 并断言："农民有了觉悟，自然要来向政府求救，解除他们的痛苦。"⑧ 关于这个联欢会，孙中山认为"是中国政府同农民见面的第一次，是政府为农民谋幸福的第一日，为农民争利益的第一日"⑨，"在中国是破天荒的第一件事"⑩。更有进者，他是把政府放在指导者的位置。他告诉农民党员回乡之后要进行两步奋斗的工夫："第一步是要大家联络，结成真团体。……第二步工夫是什么呢？就是为农民争利益。但是第一步工夫如果没有做好，决不能乱说就要做第二步工夫。先要把第一步工夫谨慎去做，做好了之后，然后举代表来报告政府，再来开大会，政府便教你们做第二步工夫。"⑪

---

① 黄彦编《孙文选集》下册，广东人民出版社，2006，第506页。
② 黄彦编《孙文选集》下册，广东人民出版社，2006，第507页。
③ 黄彦编《孙文选集》下册，广东人民出版社，2006，第507页。
④ 黄彦编《孙文选集》下册，广东人民出版社，2006，第509页。
⑤ 黄彦编《孙文选集》下册，广东人民出版社，2006，第505页。
⑥ 黄彦编《孙文选集》下册，广东人民出版社，2006，第507页。
⑦ 黄彦编《孙文选集》下册，广东人民出版社，2006，第527页。
⑧ 黄彦编《孙文选集》下册，广东人民出版社，2006，第526页。
⑨ 黄彦编《孙文选集》下册，广东人民出版社，2006，第508～509页。
⑩ 黄彦编《孙文选集》下册，广东人民出版社，2006，第509页。
⑪ 黄彦编《孙文选集》下册，广东人民出版社，2006，第509页。

不管农民是否愿意加入国民革命的阵营中来，但是孙中山确实意识到这是一股必须动员起来作为"革命的基础"的不可忽视的力量："农民是我们中国人民之中的最大多数，如果农民不参加来革命，就是我们革命没有基础。国民党这次改组，要加入农民运动，就是要农民来做基础。要农民来做本党革命的基础，就是大家的责任。"① 要农民来革命，根本的是"要这个极大阶级都能够觉悟，都能明白三民主义、实行三民主义"②。用什么方法"令一般农民都觉悟呢"？孙中山认为："要一般农民都容易觉悟，便先要讲农民本体的利益。讲农民本体的利益，农民才注意。如果开口就讲国家大事，无知识的农民怎么能够起感觉呢？"③ "农民本体的利益"本质上关乎土地问题之解决。孙中山虽然认为"我们解决农民的痛苦，归结是要耕者有其田"④，但因担心马上施行会使地主和农民发生冲突，所以当前应采取和平解决的办法。这就是，农民党员"要联络全体的农民来同政府合作，慢慢商量来解决农民同地主的办法。让农民可以得利益，地主不受损失，这种方法可以说是和平解决。我们要能够这样和平解决，根本上还是要全体的农民来同政府合作"⑤。既要农民受益，又要地主不受损，这样的方法实际上无法实施。长期饱受痛苦的农民，一旦被唤醒了阶级意识，一旦被组织起来，他们首先要报复就是地主，地主的利益又怎能不受损呢？如果真能和平解决，只能是在地主利益有所损失的前提下，农民利益才会有所补偿。既然农民最为关注的是自身利益解决的程度，那么要他们立即参加革命，实际上也是一个需要忍耐和等待的过程。但从孙中山对革命成功的莫大渴望来看，他是急切地希望农民在最短的时间内觉悟并被组织起来。基于革命根据地广东实际上掌握在陈炯明手中，孙中山不得不应付与之的关系⑥，这种渴望随时都会变为失望。

---

① 黄彦编《孙文选集》下册，广东人民出版社，2006，第523页。
② 黄彦编《孙文选集》下册，广东人民出版社，2006，第524页。
③ 黄彦编《孙文选集》下册，广东人民出版社，2006，第524页。
④ 黄彦编《孙文选集》下册，广东人民出版社，2006，第527页。
⑤ 黄彦编《孙文选集》下册，广东人民出版社，2006，第527页。
⑥ 陈独秀曾说："广东实力派之陈炯明，名为国民党，实则反对孙逸仙派甚烈。"任建树主编《陈独秀著作选编》第二卷，上海人民出版社，2009，第435页。

结　论

关于革命建国受挫的原因，当然不止于上述。正是在国民党改组会议期间，孙中山认为革命要彻底成功必须始终如一的负担责任。他说："我们从前革命均未收到好结果，就是因为革命没有彻底成功，其原因大都是我们同志负担责任没有始终如一，所以不能贯彻革命主义。"① 今后要恪守中国国民党第一次全国代表大会宣言，"应当把妥协调和的手段一概打消，并且要知道，妥协是我们做彻底革命的大错"。② 可以说，"妥协"被视为"革命"的对立物。假如联系孙中山后来关于革命没有成功的原因的认识，这种看法值得商榷。他如是说："革命之所以不成功的原因，是由于反革命的力量太大；反革命的力量过大，抵抗革命，所以革命一时不能成功。"③ "反革命的力量过大"，从反面来说，就是"革命的力量过小"。国民党的党员太少只是问题的一个方面，另一方面从其成分来看，它成了"一个复杂的团体"④，实则大大抑制了革命力量的发挥。在这种情况，只有懂得"妥协"的意义并善于运用"妥协"的手段，才可能保存并可能发展壮大革命的力量。

在一个"反革命的力量过大"的时代，"知易行难"说未必是革命受阻的关键因素，更何况当时又有多少人深中此说之毒？孙中山所信奉的"行易知难"说，又有多少人真正信服？需要思考的是：以"难"和"易"来审定"知"与"行"是否妥当？当然，对于革命领导人和革命组织来说，必须持有一种独特的信仰之"知"。除此之外，还必须分析和权衡当时国内外革命形势以及评估比较革命、反革命力量。有鉴于此，革命党就不易被"革命军起，革命党消"的舆论重创。归根结底还是力量的悬殊过大，这样的话，就不能主要靠宣传"主义"、弱化"军队奋斗"来壮大革命力量。实际上，必须"文"与"武"两手相互提携，后来创办黄埔军校和广东大学就是明证。"主义"要发生力量，一方面它必须描绘值得期待的理想蓝图，发挥它持续的魅力；另一方面必须有相应的政策来逐步

---

① 黄彦编《孙文选集》下册，广东人民出版社，2006，第399页。
② 黄彦编《孙文选集》下册，广东人民出版社，2006，第400页。
③ 黄彦编《孙文选集》下册，广东人民出版社，2006，第605页。
④ 任建树主编《陈独秀著作选编》第二卷，上海人民出版社，2009，第483页。

改变社会成员的生存状况。农民作为一支庞大的革命后备力量，不能仅靠许诺来"唤醒"，其他人也不例外。即使他们被鼓动起来，被聚集到规模不一的"农会"中，如果他们迟迟见不到利益，没有享受到民国"主人翁"的待遇，他们要么回复到原来状态，要么就会自己行动起来而不是依靠政府的帮助来改变自己的命运。孙中山所说的这些原因是否准确可信并不重要，重要的是这些原因所揭示的中国革命可能面临的问题以及给后来的革命者所提供的启示：革命必须有坚定的政治信仰，革命必须有强固的组织，革命必须有可靠的武装力量，革命必须传播革命主义，革命必须不断积蓄革命力量。

作者单位、职务：吉林大学行政学院教授、博士生导师

辛亥前孙中山在日本和南洋
革命活动的比较

✦ 王晓秋

从 1895 年策划广州起义失败到 1911 年辛亥革命爆发，这 15 年间孙中山先生的绝大部分时间都是在海外度过的。其中时间最长的是日本，辛亥前进出日本 10 余次，居住 5 年多。其次是南洋（包括今东南亚的越南、新加坡、马来西亚、泰国等国），也进出多次，居住 4 年左右。① 日本和南洋成为孙中山和中国革命党人进行革命活动最重要的两个海外基地，对辛亥革命的发动起了重大的作用。本文试图以世界眼光和亚洲视角，从历史事实出发，用比较研究的方法，对于孙中山辛亥前在日本和南洋的革命活动，作一番初步的比较。

一

孙中山先生赴日本和南洋，虽然都是因其革命活动遭到挫折而被迫流亡海外，但他不畏艰难，百折不挠，以其顽强的革命毅力，在日本和南洋开展了大量革命组织和宣传活动，终于使日本和南洋成为中国革命党人海外活动的两个重要基地。

1895 年 10 月孙中山策划兴中会广州起义，因消息泄露而流产。他遭到清政府通缉，从广州逃到香港，清政府又要求香港英国殖民政府引渡，11 月被迫离港赴日，这是他第一次流亡日本。

1896 年 10 月孙中山在英国伦敦遭清政府驻英公使馆的绑架囚禁，经英国友人救援脱险，于 1897 年 8 月再赴日本开展革命活动。

---

① 据《孙中山年谱长编》、《孙中山日本史事编年》等资料统计。

1900年6月，孙中山第一次下南洋，先到越南西贡（今胡志明市），再到新加坡，营救其日本友人宫崎寅藏与清藤幸七郎出狱，但不久即被英国殖民当局勒令离境。同年10月在台湾策划惠州起义，又因饷械无继而失败，只得又一次流亡日本。

1905年7月，孙中山由欧洲赴日本，筹建中国同盟会。10月，日本政府在清政府要求下，决定驱赶孙中山出境。于是孙中山再度流亡南洋，在越南、新加坡发展革命组织，筹集革命经费。1906年10月返回日本，不久即再次遭到日本政府驱逐。

1907年3月，孙中山又赴南洋，在越南策划指挥中国西南边境的多次反清武装起义。1908年1月，被越南法国殖民当局驱逐出境，但他仍坚持到新加坡、马来亚、暹罗（今泰国）进行活动。

1910年6月，孙中山由美国赴日，又遭日本政府下驱逐令，被迫再下南洋，先到新加坡，再到马来亚，在槟城策划广州黄花岗起义，1910年11月，再遭英国殖民当局驱逐。

从以上简要回顾孙中山辛亥前的海外流亡经历，可以看到他处于何等艰难境地，屡遭革命失败挫折和清政府的通缉、追杀以及日本政府与英法殖民当局的驱逐、迫害。但孙中山先生以大无畏的坚强革命意志和毅力，不仅没有气馁灰心，而是顽强奋斗，终于把流亡地日本和南洋变成中国革命党人海外革命活动的两个重要基地。主要表现在以下三个方面。

首先，孙中山在日本和南洋建立和发展革命团体，使其成为中国革命党人的海外组织基地。

1895年11月，孙中山首次赴日不久，就在日本横滨建立了兴中会横滨分会，成为中国革命党人在日本的第一个革命团体。

1902年12月到越南后，又组织了兴中会河内分会，建立了南洋华侨中的第一个革命团体。

1905年8月，孙中山在日本创建中国同盟会，成为辛亥革命的领导核心，也是中国第一个革命政党。孙中山担任同盟会总理，制定了三民主义革命纲领，总部下设3部6科，以及国内外5大支部，包括南洋支部。

1905年10月，孙中山亲自到南洋，首先在越南建立同盟会西贡堤岸分会。1906年4月，到新加坡，组织同盟会新加坡分会。8月又赴马来亚建立同盟会吉隆坡分会，以后在马来亚槟榔屿（槟城）、芙蓉、怡保、瓜拉庇劳、麻坡和关丹等地也先后成立了同盟会分会。甚至还派人到印度尼西亚爪哇成立了荷属东印度的同盟会分会。①

1908 年秋同盟会新加坡分会升格为同盟会南洋支部，成为南洋的革命活动中心。孙中山亲自为此发了《通告》。② 1910 年 10 月，南洋支部迁到马来亚槟城。

其次，孙中山在日本和南洋大力开展革命宣传活动，使其成为中国革命党人的海外宣传基地及与保皇派论战的主要战场。

孙中山在日本通过发表演讲、谈话、文章，创办报刊、学校，发行书籍等各种方式进行革命宣传，传播革命思想，扩大革命影响。

1895 年孙中山刚到日本，就把带来的《扬州十日记》、《原君》、《君臣》等反清革命宣传品让横滨华侨、经文印刷店店主冯镜如广为印刷散发。1899 年他还亲自绘制了《支那现势地图》，鼓动中国有志之士"感慨风云，悲忧时局"，"奋发为雄，乘时报国"。③ 他还指示刘成禺撰写《太平天国战史》，并亲自为之写序，宣传反清革命。④ 影响最大的则是孙中山1905 年 8 月 13 日在东京中国留学生欢迎大会上的演说和 1906 年 12 月 2 日在《民报》创刊周年庆祝大会上的演说，系统阐述了孙中山的三民主义革命纲领⑤，使其深入人心，成为发动辛亥革命的指导思想和理论基础。孙中山还在同盟会机关报《民报》上发表《发刊词》等重要文章，制定了《中国同盟会革命方略》等重要文件。面对保皇派对革命的攻击，在日本，孙中山与革命派以《民报》等报刊为阵地，与保皇派的《新民丛报》等报刊，展开了一场激烈的论战，最后取得了论战的胜利，促进了革命形势的发展。

孙中山在南洋也用各种方式开展革命宣传。如孙中山亲自给南洋华侨和同盟会员写信，仅《孙中山全集》第一卷中就收有他给新加坡华侨领袖陈楚楠、张永福和马来亚华侨领袖邓泽如等的 50 多封书信。还有一些演讲、谈话，如仅在马来亚槟城就曾发表 4 次公开演讲，宣传民族主义和革

---

① （澳门）颜清湟：《东南亚华人之研究》，香港社会科学出版社有限公司，2008，第 109页、126 页。

② 孙中山：《设立中国同盟会南洋支部通告》，《孙中山全集》第一卷，中华书局，1981，第394 页。

③ 孙中山：《支那现势地图》跋，《孙中山全集》第一卷，第 187～188 页

④ 孙中山：《太平天国战史》序，《孙中山全集》第一卷，第 258～259 页。

⑤ 孙中山：《在东京〈民报〉创刊周年庆祝大会的演说》，《孙中山全集》第一卷，第 323～331 页。

命思想。①

在南洋，孙中山和革命党人还采取创办报纸、书报社和剧团的形式进行革命宣传。如孙中山的支持者在新加坡创办的《图南日报》、《中兴日报》、《星洲晨报》、《南侨日报》和槟城的《光华日报》，大力制造革命舆论，传播革命信息。各地还办了许多书报社，免费提供《革命军》等革命书刊，广泛传播革命思想。当时在新马两地至少设立了58个鼓吹革命的书报社，著名的如新加坡的星洲书报社、同德书报社、开明演说阅报社和槟城的槟城书报社（又称槟城好学会）等。② 在越南西贡，一些粤剧团还上演《梁红玉》、《岳飞》、《戚继光》等历史剧，以激发华侨的民族观念和爱国心。

新加坡还成为革命派与保皇派论战的第二个重要战场，以革命派的《中兴日报》与保皇派喉舌《南洋总汇新报》为主要阵地，双方亦发表了数百篇文章，围绕革命与改良展开激烈论战。孙中山还亲自化名"南洋小学生"，撰写了三篇文章刊登在《中兴日报》上参与论战，即：《论惧革命已瓜分者乃不识时务者也》、《平实尚不肯认账》和《平实开口就会错》。③ 前者对保皇派攻击革命会招致瓜分的论调进行有力反击，后两篇则批判了改良派的时势观。

再次，孙中山还在日本和南洋，策划和组织、指挥兴中会和同盟会的多次武装起义，使其成为中国革命党人辛亥前发动反清武装起义的海外基地。

1900年孙中山先在日本，后到当时日本的殖民地台湾，策划和指挥兴中会发动会党举行的惠州起义。他还准备以菲律宾独立军在日本购买的军火供惠州起义军使用，并有一些日本志士参与了这次起义。1905年孙中山在日本创立中国同盟会后，也立刻开始策划发动华南武装起义，同盟会本部还在横滨设立了制造弹药的机关。

由于孙中山制订了在华南粤、桂、滇三省特别是边境地区发动武装起义的战略，加上日本政府对其革命活动的限制，因此1905年10月以后，

---

① 如孙中山《在槟榔屿中国同盟会骨干会议上讲话》（一九一〇年十一月十三日），《孙中山全集》第一卷，493页。

② （澳门）颜清湟：《东南亚华人之研究》，第111页。

③ 见《孙中山全集》第一卷，第380～383、383～385、386～388页。两报论战文章可参见《辛亥革命史资料新编》第五卷，湖北人民出版社，2006。

孙中山把在海外策划、指挥武装起义的主要基地迁到了南洋，着重在南洋华侨中筹饷、筹款和动员组织起义队伍，并就近指挥起义行动。他在越南河内甘必达街 61 号设立指挥机关。先后策划组织了 1907 年 5 月的潮州黄冈起义、6 月的惠州七女湖起义、9 月的防城起义、12 月的镇南关起义，以及 1908 年 3 月钦州起义、5 月的河口起义等一系列武装起义。这些起义的经费大半出自南洋各地华侨之捐款。1908 年 3 月的钦州起义，主力就是由 200 余名越南华侨组成的中华国民军南军。河口起义也是由越南河内同盟会员黄明堂、王和顺等发动的。[①] 南洋华侨在历次起义中或筹措经费、或输送武器、接济粮草，或参加起义，冲锋陷阵，发挥了重要作用。1910 年 11 月孙中山亲自到马来亚槟城召开会议，具体策划辛亥年的广州起义，会议决定以广州为起义地点，向南洋华人募集 10 万元经费，以新军为起义骨干，并选出 500 名革命志士为先锋。[②] 据统计，1911 年 4 月 27 日广州黄花岗起义中，牺牲的革命党人共 86 人，其中南洋华侨就有 27 人。[③] 此外，南洋也成为历次武装起义失败后革命逃亡者的避难所。1907 年 12 月镇南关起义失败后，就有数百名革命志士逃亡到南洋栖身。

二

孙中山先生辛亥前在日本和南洋的革命活动也有一些不同的特点，主要表现在其革命活动发动依靠的对象和革命工作重点的差异，这是由于两地不同的国情、形势、社会环境和孙中山革命战略策略所造成的。

第一，孙中山在日本和南洋进行革命活动主要发动依靠对象有所不同。孙中山刚到日本时，最初接触的也是旅日华侨。1895 年 11 月组织兴中会横滨分会时，主要成员基本上都是旅日华侨商人，如印刷业侨商冯镜如、冯紫珊，洋服业侨商谭发、杂货业侨商赵明乐等人。[④] 但 1898 年戊戌变法失败后，康有为、梁启超等改良派领袖流亡日本，华侨界却多数倾向于改良派，连孙、康两派合办的横滨大同学校也被康派把持。由于留日潮的出现，形势才发生了变化。

---

① 冯自由：《华侨革命开国史》，商务印书馆，1947，第 40 页。
② （澳门）颜清湟：《东南亚华人之研究》，第 135 页。
③ 邹鲁：《广州二月二十九日革命史》，商务印书馆，1939。
④ 冯自由：《革命逸史》第四集，中华书局，1981，第 15 页。

20 世纪初出现了一个大批中国学生涌向日本留学的热潮，其人数从 1900 年的百人左右到 1903～1904 年的一两千人，再到 1905～1906 年形成高潮达七八千人，以后每年仍有三五千人。大约辛亥前 10 年至少有两三万中国学生先后赴日本留学。之所以出现这样一个声势浩大的留日热潮，主要是民族危机严重，爱国救亡思想的高涨，同时也与清政府实行清末新政，废除科举，鼓励留学以及日本明治政府吸引留学生政策有关。这些青年学子到日本接触到新思想、新文化，又因祖国贫弱而遭日本人歧视侮辱而受刺激，更痛恨清政府的腐败卖国，通过 1903 年拒俄运动和 1905 年反对日本《取缔规则》风潮等爱国运动，思想日益革命化。正如鲁迅先生描写的留日学生们"一到日本，急于寻求的大抵是新知识，除学习日文，准备进专门的学校之外，就赴会馆，跑书店，往集会，听讲演"[1]。孙中山也指出"赴东求学之士，类多头脑清洁，志气不凡，对于革命理想，感受极速，转瞬成为风气"[2]。这个群体成为孙中山在日本宣传革命、组织革命团体的最理想的发动、依靠对象。1905 年孙中山创建的中国同盟会，其领导骨干和最初成员，除孙中山外绝大多数都是留日学生，如黄兴、宋教仁、胡汉民等，同盟会机关报《民报》的编辑、撰稿人，同盟会总部派往各省和海外各地的主盟人，也几乎都是留日学生。所以孙中山后来说，当年在日本组织同盟会主要依靠一万多留日学生，"发起救国，提倡革命的风潮"[3]。

孙中山先生在南洋主要发动、依靠的对象则始终是南洋各地的华侨。他在南洋的革命活动几乎完全以华侨社会为中心。中国人移居南洋，历史悠久，尤其是 17 世纪中叶以后，广大华侨在南洋各国历尽艰辛，勤劳创业，为南洋各国的开发作出了重大贡献。但自从西方列强势力东渐，南洋越南、新马、爪哇均沦为法国、英国、荷兰殖民地，华侨受到殖民当局各种歧视和压迫，而且还受到清政府的刁难和迫害。清政府把华侨视为甘愿"自弃王化"的天朝莠民，使华侨成为有国难归、有苦难诉的海外孤儿。因此，广大南洋华侨具有浓厚的民族意识和强烈的爱国思想，他们既痛恨殖民主义侵略压迫和清政府的腐败卖国，又急切期望祖国的独立富强，所

---

① 鲁迅：《因太炎先生而想起的二三事》，《鲁迅全集》第六卷，人民文学出版社，1981，第 558 页。

② 孙中山：《建国方略》，《孙中山全集》第六卷，第 235～236 页。

③ 孙中山：《在广州全国青年联合会的演说》，《孙中山全集》第八卷，第 322 页。

以他们比较容易接受和理解孙中山的革命思想，从而积极支持和参与孙中山的革命活动。

当然具体到南洋各地和各阶层华侨对孙中山革命活动的态度也不完全一样。如越南华侨有一部分是明末清初展转流落到越南的明清遗民后裔，还有一部分是太平天国农民起义失败逃亡到越南的起义军以及曾在越南抗法的刘永福黑旗军将士及其后裔，他们的反清革命意识就比较强烈。在南洋华侨的富商和上层人士中，受保守和传统观念影响较深，并受到康、梁改良派的影响较大，还担心清政府对他们在国内的亲属实行报复，因此对孙中山的革命思想和行动尚有疑虑。但也有一部分较激进的分子成为孙中山的坚定支持者和南洋革命团体的骨干。而华侨下层如店员、小商贩、种植园工人、码头工人则很多成为孙中山革命活动的积极支持者和参与者。

第二，孙中山在日本和南洋进行革命活动的工作重点也有所不同。

孙中山在日本除了发动组织留日学生参加革命外，另一个工作重点就是争取日本政府和日本各界人士支持和援助中国革命，他为此投入了大量的精力和时间。这是与孙中山的中日联合抵御西方的"兴亚"思想及与日本大陆浪人的交往分不开的。孙中山早在甲午战争前就肯定日本明治维新的成效，他在1894年《上李鸿章书》中指出"试观日本一国，与西人通商后于我，仿效西方亦后于我，其维新之政为日几何，而今日成效已大有可观"①。他后来甚至说："日本明治维新是中国革命的第一步，中国革命是日本明治维新的第二步。"② 孙中山倡导中日两国联合起来，共同抵御西方侵略以复兴亚洲的思想，因此对日本政府和各界人士支持中国革命寄予厚望。他在日本流亡期间广泛交往日本各界人士，包括政治家、财界、军方、外务省官员、大陆浪人、文人学者以至妇女界领袖（如下田歌子）等，积极对他们做争取工作。而这些人对孙中山和中国革命则抱着形形色色不同的动机和态度，对孙中山革命活动的支持度也大不相同。其中确有一批日本人真诚希望中日友好合作，并始终坚定支持孙中山的革命事业，如宫崎寅藏、梅屋庄吉、南方熊楠、菅野长知等人，他们为孙中山革命事业奔走出力、捐钱筹款，甚至献出生命（如惠州起义中牺牲的山田良政）。

① 孙中山：《上李鸿章书》，《孙中山全集》第一卷，第15页。
② 孙中山：《与长崎新闻记者的谈话》，《孙中山全集》第十一卷，第365页。

但也有一些人则主张以日本为盟主，日中提携，实现兴亚，如黑龙会的头山满、内田良平等。至于日本政府及其政界、军界、外交界要员们更多是从日本国家利益和大陆扩张政策出发，有时利用孙中山和革命党势力牵制清政府，实现其南进侵略意图。而当清政府对日妥协让步时，便接受清政府要求，将孙中山驱逐出境，如 1906 年清政府庆亲王奕劻奉西太后之命致函日本驻韩国总监伊藤博文要求驱逐孙中山。1907 年 2 月伊藤便通过内田良平，劝告孙中山"自动出境"。1910 年 10 月孙中山从美国前往日本，又遭到日本桂太郎政府的驱逐。使孙中山寻求日本政府援助的工作遭到严重挫折。

孙中山在南洋虽也曾求助过越南法国殖民当局，但很快放弃了幻想。1900 年孙中山从日本赴南洋前曾在东京会见过法国驻日公使哈马德，请求法国政府援助起义军火被拒绝。到越南后，法国殖民总督韬美只派一名助手会面，毫无结果。1902 年孙中山应邀参观越南河内工业博览会，法国总督仅派其私人秘书接待他，并按法国政府的指示，拒绝支持孙中山的革命活动。因此，孙中山在南洋革命活动的工作重点，除了进行革命宣传和组织革命团体外，主要放在向南洋华侨筹款，特别是为发动武装起义集资筹饷之上。他认为经费是武装起义取得成功的关键，有了经费才可以购买武器弹药，发给队伍军饷，收买清军官兵，以及一旦起义失败时转移安顿革命志士。南洋华侨人数众多，财力雄厚，所以他号召南洋华侨对革命最有效的贡献莫过于捐款。实际上孙中山在南洋策划发动的粤、桂、滇 6 次武装起义的经费，大部分出自南洋华侨的捐助。据他自己估计，历次起义共享经费约 20 万元，其中越南、暹罗（泰国）华侨捐款约五六万元，新马、爪哇等地华侨捐款至少也有 4 万多元。[①] 孙中山这项工作取得了相当的成功。

孙中山在南洋还做了一些支持亚洲殖民地国家民族解放运动的工作。他曾总结南洋各国受西方殖民主义侵略亡国的历史教训，并把中国革命与亚洲各国争取民族解放的斗争联系起来。1905 年孙中山在日本东京曾与越南民族解放运动领袖潘佩珠进行过两次长时间笔谈。他的民主革命思想对潘的影响很大。1907 年，孙中山在越南活动期间，曾与越南爱国人士取得密切联系。孙中山与越南东京义塾的教员作过几次笔谈，并向他们表示：

---

① 孙中山：《致吴稚晖函》，《孙中山全集》第一卷，第 421～422 页。

一旦中国革命的大事告成，不论越南兄弟需要什么样的帮助，都将乐意给予。①

孙中山先生曾指出："世界潮流，浩浩荡荡，顺之则昌，逆之则亡。"②一百多年前，孙中山先生正是顺应世界民主革命和民族解放运的历史潮流，以大无畏的革命精神，通过艰苦卓绝的革命活动，使日本和南洋成为辛亥前中国革命党人宣传革命思想，组织革命团体，发动武装起义两个最重要的海外基地，对辛亥革命的发动起了重大作用。孙中山分别在日本和南洋的主要发动和依靠对象留日学生和南洋华侨也为辛亥革命作出了巨大贡献。这些革命事迹和历史经验教训是值得我们认真加以深入研究和总结的。

作者单位、职务：北京大学历史系教授

---

① 杨万秀、周成华：《孙中山与越南》，见林家有、李明主编《孙中山与世界》，吉林人民出版社，2004，第549页。
② 陈旭麓、郝盛潮主编，王耿雄等编《孙中山集外集》，上海人民出版社，1990，第660页。

庚子、丁未惠州起义再审视

✎ 李穗梅

辛亥武昌起义之前，孙中山领导和发动了 10 次著名的武装起义，其中有两次发生在惠州。1919 年春夏之间，孙中山在其著名的《孙文学说》一书第八章"有志竟成"中，将 1900 和 1907 年的两次惠州起义分别定为其"第二次革命之失败"和"第四次革命之失败"。惠州，这个地处于珠三角东北端、扼东江形胜的战略要地，在近代中国民主革命史上的地位由此可见一斑。

两次惠州起义的历史脉络，早已为许多论者熟知，因此，本文不拟再就众所周知的历史细节展开陈述，仅就起义的战略部署及其重大缺陷再做一次历史的审视，并论其在革命史上的地位与影响。

一 起义的筹划与革命党的战略部署

与辛亥广州"三二九"起义相似，两次惠州起义发生之前，革命党人不仅在战术上做了周密部署，在战略上也有着明确的计划，并积极落实。

1900 年（庚子年）是中国内忧外患激烈动荡的一年。由于清政府对义和团剿抚不定，最终引发八国联军侵华，并占领北京城，慈禧太后与光绪皇帝出逃西安。清朝统治摇摇欲坠。而孙中山则在遭受 1895 年广州起义失败后，经历了最为艰难困苦的 5 年。①

---

① 孙中山指出："由乙未初败以至于庚子，此五年之间，实为革命进行最艰难困苦之时代也。盖予既遭失败，则国内之根据、个人之事业、活动之地位与夫十余年来所建立之革命基础，皆完全消灭，而海外之鼓吹，又毫无效果。适于其时有保皇党发生，为虎作伥，其反对革命、反对共和比之清廷为尤甚。当此之时，黑暗无似，希望几绝，而同志尚不尽灰心者，盖正朝气初发时代也。"见《孙中山全集》第六卷，第 233～234 页。

1900 年 1 月，孙中山派陈少白回香港创办《中国日报》，鼓吹革命；派史坚如入长江，以联络会党；命郑士良在香港设立机关，招揽会党。看到清廷统治命悬于一线之间，他积极联络各方人士，准备利用这一机会，推动革命高潮的到来。1900 年 10 月 6 日的惠州起义（又称三洲田起义）正是在这一大背景下发生的。

在陈春生[①]的记述中，1900 年 6 月 21 日于香港某船上召开军事会议是惠州起义方略确定的关键集会。兴中会的主要首领杨衢云、孙中山、谢缵泰、陈少白、郑士良、邓荫南、史坚如及日本友人宫崎寅藏、平山周等都出席了会议。会议决定：由郑士良负责惠州起义的组织和领导工作，日本人远藤隆夫为其参谋，平山周、富本诚为其民政事务助理；杨衢云、李纪堂、陈少白等在香港负责饷械的筹备；史坚如、邓荫南则潜入省城广州，伺机响应。[②] 按照最初这一方略，首先由郑士良在惠州发动起义，得手后，向西发展攻击省城，而史、邓等则举义响应。

由于被香港政府拒绝入境，孙中山不得已辗转到达台湾，因而无法对惠州起义进行具体领导和部署。但是，台湾总督儿玉源太郎获悉兴中会酝酿举义的消息后，表示日本政府可予以支持，这使得孙中山临时决定调整战略部署。即放弃自惠州西进广州的方略，改为东进至厦门沿海，以待日本援助。应该说，这个战略部署的调整对于后来的发展影响重大。

1907 年（丁未）的惠州起义，与庚子惠州起义有所不同。其主要区别是革命党自身在组织和宣传上获得了较大的发展，尤其是 1905 年中国同盟会的成立，扩大了革命思想的影响，一定程度上增强了革命党人的力量。此外，还有一大区别在于，庚子惠州起义是以其自身为中心的，广州、香港等地予以策应或支持；而丁未惠州起义的发生，一方面固然是由于庚子起义打下的基础，但主要是"惠潮同举"[③] 这一战略决定的。

冯自由在《中华民国开国前革命史》中指出："当中山派许雪秋赴潮、

---

① 陈春生，笔名春醒，香港著名报人，兴中会会员。1900～1913 年，任香港《中国日报》记者。1907 年，一度兼任《人道新报》主编。关于辛亥前革命党的活动多有著述。晚年息影广西武宣。

② 陈春生：《庚子惠州起义记》，见中国史学会主编中国近代史资料丛刊《辛亥革命》（一），上海人民出版社、上海书店出版社，1957，第 235 页。

③ 冯自由：《中华民国开国前革命史》之"中编"第四十二章"丁未七女湖之役"，见《民国丛书》第 2 编第 76 册，上海书店出版社，1990，第 166 页。

汕运动之时，原定惠、潮两府同时并举，以分清军之势。先后派遣黄耀庭、余绍卿、邓子瑜三人从南洋返香港办理惠州及阳江、阳春等处军事。"但以我们的后见之明来看，1907 年的革命活动当以潮州黄冈起义最具影响，也是当时革命党人付出人、财、物最多的。然而，"同举"的计划由于黄耀庭的执行不力，惠州举事就变成对潮州起义的策应。因而，在力量的分配、时机的把握等方面，都与黄冈起义休戚相关。这也直接影响了它的具体运作甚至最终结果。

二 起义失败原因分析

孙中山一生，愈挫愈奋、屡蹶屡起，其乐观主义革命精神值得钦佩。但概括起来，他历次武装起义起码有两个共同特征：其一，主要依靠拉拢会党、反正新军或外国援助等方式获得革命力量；其二，试图通过军事冒险的方式获得一城一地，从而取得革命的胜利。应该说，这或许也是其屡败屡战又屡战屡败的根本原因。

就前一方面而言，这与孙中山根深蒂固的思想观念是分不开的。他在其著名的《孙文学说》一书中，提出了"行之非艰，知之惟艰"的思想，并依托中国古代将人划为三六九等的标准，将人分"先知先觉"、"后知后觉"、"不知不觉"三种。认为唯有"先知先觉"根据人群的需要，提出前进的方向，带领"后知后觉"和"不知不觉"者，才是社会发展的规律。他本人以"先知先觉"自勉，难免限制了对于群众尤其是目不识丁的绝大多数农民智慧和力量的发动和利用。然而，这一思想却又被孙中山视为自己"奔走国事三十余年，毕生学力，尽萃于斯"[1]。

由于在前一方面无法有效发动社会基础力量的支持，使得孙中山领导下的军事冒险屡屡受挫。即使偶尔能够获得一时的胜利，却都难以持久。而以此作为观照，我们来具体回顾两次惠州起义的发展，便会更加清晰。

兵家有所谓"天时、地利、人和"三个方面的考虑。就庚子起义来说，外敌入侵可以说给革命党提供了良好的天时，但京城的变化对于广东

---

[1] 《建国方略之一孙文学说——知易行难（心理建设）》"自序"，见《孙中山全集》第六卷，第 157 页。

地方影响不大，过分夸大北方的变化，无益于广东举义的开展①；选择惠州三洲田为根据地，进可扼制广州咽喉，退可由海路安全撤离，也算占据一定的地利优势，但无法有效控制该地，地利亦不能有效发挥作用；而在"人和"上，表面上会党斗志高昂、日本人表示赞助、清军部署薄弱，但其中还隐藏着许多重大缺陷。

随着后来形势的变化，其间起码有四个重大失误，导致起义归于失败：其一，战略部署变化。如前所述，原计划郑士良举义后，挥兵西进；但由于孙中山获得日本可能赞助的消息，指令调整作战方略，改为举义后东进，于厦门一带集结待援。这使得郑士良部无法与虎门、新安的江公喜部数千人会合；而日本内阁又恰于此时更迭，之前台湾总督许诺的援助无法实现。其二，军需补给无法及时到位。"兵马未动，粮秣先行"，然而，庚子起义前，仅有的600人，枪械装备也仅有300余支枪，子弹每枪30余发，粮饷更是严重匮乏。这使得起义部队发展至两万余人，却几无饷械，不得已自行解散。其三，由于装备不能及时到位，使得准备举义过程中一再发生纰漏（例如，扣押误入三洲田的樵夫，导致谣言四起，引起清军的警惕），使得举义的良机一再错失。其四，史坚如、邓荫南等在广州的策应工作未能有效发挥作用，亦使得此前的战略规划落空。

与庚子起义相比，丁未"惠潮同举"的战略规划，由于具体执行者的失误，几乎在一开始就未能具体落实。"黄（按：指黄耀庭）在庚子三洲田一役，曾任革命军先锋，以善战闻，与惠属会党素有关系，故中山特派回粤，使担任一方面之任务。丁未（清光绪三十三年）三月下旬，黄至香港，与汪精卫、廖平子同寓宝庆坊机关部。不数日，陈少白来报告，谓香港警局已知黄入境，嘱其注意。黄闻讯，仓促返新加坡，徒由冯自由手领去公费一千二百元，未收存效。事后，中山谓其犯畏葸病，良不诬也。"②这是事件亲历者冯自由的记述，具有较高的史料价值。黄耀庭的无所作为，使"惠潮同举"成为虚话；在他离开之后，他的助手邓子瑜全面担负

---

① 孙中山曾试图策动两广总督李鸿章以首先实现两广独立，为此他曾多次与李的重要幕僚刘继询联系，后因李鸿章被调任直隶总督，代表清政府与侵华的八国进行谈判，遂导致孙中山的计划失败。对此多位学者有过专门的研究，可参阅〔美〕史扶邻《孙中山——勉为其难的革命者》（中国华侨出版社，1996）、郑宪《同盟会：其领导、组织与财务》（台北，近代中国出版社，1985）等。

② 《民国丛书》第2编第76册，第166页。

起惠州起义的准备工作，但是黄冈起义在四月十一日（1911 年 5 月 22 日）晚爆发，不过五日之后，黄冈起义作战不利，形势极其危急。在此军事危机之下，惠州革命党被迫提前起义，以做响应。邓子瑜"乃派陈纯、林旺、孙稳等在归善、博罗、龙门等处分三路起事，结果三路中仅有一路发动，即七女湖之役是也"①。究其实，七女湖起义即使到人数最多时，也不过二百人左右，而举义之初，不过百人左右。

丁未惠州起义爆发于四月二十二日（1907 年 6 月 2 日），此时黄冈起义已失败五日（邓子瑜等起初并未得悉这一消息），不仅同时并举"以分清军之势"的战略意义早已完全丧失，其自身也已陷于覆亡的危机之中。几日之后，由于饷械不足、镇压黄冈起义的李准等部迅速向惠州聚拢，举义者也从香港邓子瑜处获悉黄冈失败的消息，起义队伍遂自行解散。

三 在革命史上的地位及其影响

庚子惠州起义是孙中山领导的兴中会在经历广州起义失败之后的第二次武装起义，而丁未惠州起义则是中国同盟会成立后举行的第四次武装起义，它们虽然因为各种原因不可避免地归于失败，但起码有三个方面的重要意义。

其一，庚子惠州起义是第一次真正通过武装起义的方式对国人进行的革命宣传。乙未广州起义胎死腹中，革命党人虽损失重大，而对于国内的知识精英、人民大众以及海外华侨而言，在推翻清朝统治、建立共和政府的思想启蒙上的作用微乎其微。但庚子惠州起义，却在一定程度上改变了时人对于革命党的认识，有力地推动了中国民主革命的进展。正如后来孙中山在其自传中说：经此惠州起义失败而后，"回顾中国之人心，已觉与前有别矣。当初之失败也，举国舆论莫不目予辈为乱臣贼子，大逆不道，诅咒谩骂之声，不绝于耳；吾人足迹所到，凡认识者，几视为毒蛇猛兽，而莫敢与吾人交游也。唯庚子失败之后，则鲜闻一般人之恶声相加，而有识之士且多为吾人扼腕叹惜，恨其事之不成矣。前后相较，差若天渊。吾人睹此情形，中心快慰，不可言状，知国人之迷梦已有渐醒之兆"②。

---

① 《民国丛书》第 2 编第 76 册，第 167 页。
② 《孙中山全集》第六卷，第 235 页。

其二，对于革命党人的经验、教训，较之乙未（1895 年）广州起义更为重大。通过武装暴动的方式推翻清廷是否可能，乙未广州起义并未提供太多富有价值的经验和教训。而庚子惠州起义，作为兴中会领导下的第二次起义，短短数日之内，其队伍便扩大到两万余人，占领多个区域，这是一次真正意义上的武装起义，对于革命党意义巨大。

1901 年 3 月下旬，孙中山在日本横滨对纽约《展望》周刊记者林奇的谈话中指出："对于斗争的结局，我们毫不气馁，事实上恰好相反。因为起义表明，我们的人一旦获得适当的武装并且作好大举的准备，就能轻易地打败清军。""日本人用了三十年才办到的事情，我们最多用十五年就能办到。"[1] 这与前文提到的广州起义失败后"艰难困苦"时期的状态完全不可同日而语。

而丁未惠州起义虽然旋起旋落，但也是以极小的代价，对清朝地方政府形成一定的压力，对于扩大革命党的影响、鼓舞革命党人的斗争决心和信心十分有益。冯自由事后回忆说："是役子瑜（按：即邓子瑜）于事前只领取军费一千二百元，及事败，亦仅领取善后费八百元，计共领取二千元。以区区二千元而获此战果，诚难能可贵矣。"[2] 此言非虚。

其三，两次惠州起义，主要依托的力量是惠州当地的会党和来自华侨的物资援助，同时尽可能地发动外国力量的援助。这成为孙中山等民主革命党人重要的经验之一。

直到 1917 年"援闽粤军"成立之前，以孙中山为首的革命党人始终无力在国内组建忠诚的正规军队，因而与清政府不合作的会党分子的人力支持和海外华侨的经费支持，成为他们重要的依靠。[3]

此外，庚子惠州起义，日本热心人士在酝酿之初、发动之时以及起义

[1] 《惠州起义经过与中国革命前景——在横滨与纽约《瞭望》周刊记者林奇的谈话》（英译中）（一九〇一年三月二十三日刊载），见黄彦编注《自传及叙述革命经历》，广东人民出版社，2007，第 54、56 页。

[2] 冯自由：《惠州革命军首领邓子瑜》，见氏著《革命逸史》第四集，中华书局，1981，第 1 版，第 176 页。

[3] 庚子惠州起义之前，孙中山曾努力与保皇党达成合作意向，并一度取得较大的进展，但双方最终未能在 1900 年起义中形成联合。参阅邱捷《论 1900 年兴中会与保皇会在广东的竞争》，该文收入氏著《孙中山领导的革命运动与清末民初的广东》（广东人民出版社，1996，第 36~53 页）；并阅桑兵《兴汉会的成立前后》，《中山大学学报论丛》1992 年第 5 期，该文后经修改收入氏著《庚子勤王与晚清政局》（北京大学出版社，2004）第四章兴汉会。

之后都发挥了重要作用，山田良政甚至因之而牺牲，被孙中山誉为"外国义士为中国共和牺牲者之第一人"①。丁未惠州起义虽未有外国人士的直接参与，但该次起义是由中国同盟会领导的，与外国力量亦有很深的渊源。孙中山终其一生，十分注重积极发动和利用外国（尤其是日本）的援助，其妥当与否姑且不论，但惠州起义的经验无疑是很深刻的。

实际上，会党力量的薄弱、华侨支持不能及时到位、外国援助的不确定性是庚子惠州起义失败的重要原因，而这个惨痛事实不仅没有成为孙中山对革命策略进行反省的起点，反而使他更加注重这些力量。正如前文笔者指出的，不注重从群众中发掘力量，是孙中山历次起义失败的根本原因，但我们也必须了解，这或许也是当时大环境之下不得已的抉择，毋庸过分苛责。②

其四，"冰冻三尺，非一日之寒"，两次惠州起义的量变是辛亥革命成功的重要基础。从封建专制走向民主共和是一场巨大的政治革命，也是一场宏大的社会变革，绝非单纯一场武装暴动可以轻易实现。应该说，没有武昌起义前孙中山领导下的 10 次武装起义以及各地举行的反清暴动，武昌起义不可能获得成功，共和制度也不可能轻易出现。

1911 年 11 月中旬，孙中山在与伦敦《滨海杂志》记者的谈话中说："不论我将成为全中国名义上的元首，还是与别人或那个袁世凯合作，对我都无关紧要。我已做成了我的工作，启蒙和进步的浪潮业已成为不可阻挡的。"③ 那么，无疑的是，两次惠州起义在孙中山所谓"启蒙和进步浪潮"的进程中无疑具有重要的意义。

作者单位、职务：孙中山大元帅府纪念馆馆长

① 《孙中山全集》第六卷，第 235 页。

② 对此，孙中山似亦有深刻认识，时隔多年之后，他这样写道："乙酉以后，余所持革命主义，能相喻者，不过亲友数人而已。士大夫醉心于功名利禄，惟所称下流社会，反有三合会之组织，寓反清复明思想于其中。虽时代湮远，几于数典忘祖，然苟与之言，犹较缙绅为易入，故余先从联络会党人手。"见孙中山《中国革命史》（1923 年 1 月 29 日），《孙中山全集》第七卷，第 63 页。

③ 《孙中山全集》第一卷，第 557～558 页。

丁未惠州七女湖起义之特色与影响

◢ 周兴樑

惠州曾为近代广东乃至全国的辛亥革命运动史写下过光辉篇章。它在孙中山发动领导的 10 次起义中占有两次，即庚子（1900 年）三洲田之役及丁未（1907 年）七女湖起义。因兴中会的乙未（1895年）广州之役流产，故辛亥革命运动武装反清之第一枪，实际上是在惠州三洲田寨打响的；而后来同盟会党人策动的七女湖起义，是又一次颇具特色和有全国性影响的起义。它与三洲田之役一起震醒国人之酣梦，开创了全国的革命风气，并是惠州地区成为辛亥革命运动策源地的主要标志。由此可知，惠州早在辛亥革命时期就是一个具有革命传统的地区，这里的人民尤其是以农民为主的下层群众，在对中国旧民主革命作出贡献之同时，还以自身的斗争实践铸就了惠州革命史上的光荣。

一 孙中山定惠州为起点与其战争事业中的七女湖之役

中国同盟会成立后不久，即于 1906～1908 年间掀起了第一次武装反清斗争高潮。其中的丁未惠州七女湖起义，是同盟会党人这期间举行的第三次起义，也是孙中山在同盟会前期亲自领导的西南边境 6 次反清斗争中之第二次起义。

孙中山在论及中国之革命运动时，强调武装起义是其三项工作中的中心任务。他说："余之从事革命，建主义以为标的，定方略以为历程，集毕生之精力以赴之，百折而不挠。求天下之仁人志士，同趋于一主义之下，以同致力，于是有立党；求举国之人民共喻此主义，以身体而力行之，于是有宣传；求此主义之实现，必先破坏而后建设，于是有起义。革命事业千头万绪，不可殚述，要其荦荦，在此三者。"① 为领导辛亥革命运动，孙中山、黄兴等于1905年8月20日，集合留日志士精英在东京正式组建了资产阶级的全国性政党中国同盟会。该会成立后所着手的一件重要事情，就是准备武装起义——在辛亥革命运动中始终把武装斗争放在重要议事日程上，这正是以孙中山为首之资产阶级革命派的一大特点，也是其突出的优点。因为革命的根本问题是要夺取并掌控政权。当时的中国正处于半殖民地半封建社会，反革命力量强大而凶恶，要推翻清廷的暴力统治，进而创立中华民国政府，只有依靠枪杆子才能做到。故孙中山和黄兴在同盟会一成立，就集中主要精力、积极为筹划发动武装起义而奔忙，这是完全正确的。

发动反清武装起义，必须解决好起义地点问题。过去，兴中会员主要是广东人，故它在策动两次起义时，将起点选在广州和惠州地区，华兴会的人主要在湖南，其在考虑武装起义时就把地点定在长沙。现在，中国同盟会是一个全国性的革命组织，其成立时之成员来自10个省，各人同自己出生的省区都保持着密切联系。那么，它发动武装起义的地点应当选择在哪里呢？这是一个需要从全局出发通盘考虑斟酌的重要问题。

革命先行者孙中山长期来一直在反复思考革命党发动起义的地点问题。他早在1897~1898年间同日本友人、兴中会员宫崎寅藏笔谈时就说道：现在全国有志于革命者比比皆是，选好一个最适宜于首先发难的"起点"很重要："有一起点，即如置一星火于枯木之山矣，不必虑其不焚也。"应怎样来确定这个"起点"呢？他认为应遵循以下三条原则："盖起点之地，不拘形势，总求急于聚人，利于接济，快于进取而矣。"② 据此，其将两广地区尤其是广东列为首选之地。

同盟会成立前夕，孙中山曾同黄兴争论以后"起点"的问题时，强调应将发难地点选定在广东省出海口的地方，因为只有这样，才有利于海外人力、物力、特别是武器的接济。宫崎寅藏对他俩当时争论的内容有以下记述："孙和黄第一次在凤乐园见面，就进行了激烈的争论；由于我不懂他们的对话，不知道吵的是什么问题。后来问人才知道，黄主张从长江一

---

① 参见黄彦编注的孙中山著作丛书《自传及叙述革命经历》，广东人民出版社，2007，第177~178页。
② 《孙中山全集》第一卷，中华书局，1981，第183~184页。

带开始干，孙则主张从广东开始干。黄对孙说：'你不要光讲自己老家好不好？'孙说：'你要在长江一带干，但从哪里运送武器呢？长江一带很难运送武器进去，你知道吗？而广东则有几个运送武器的地方。'争来吵去，终于是黄屈服了。"① 孙在此所指的广东"几个地方"，其中就包含了惠州地区——这有他后来制定的钦廉潮惠四府同时举义之规划可以为证。孙中山强调的这一点及其倾力在经营同盟会军事斗争于广州的想法，也长期成为黄兴考虑武装起义发难地时的指导思想。如他在 1911 年 2 月 13 日的致居正函中说："吾党举事，须先取得海岸交通线，以供输入武器之便。"②

在有出海口与"聚人"这两项条件中，孙中山更看重后者——即他与广东地区会党关系密切的群众基础。当宫崎寅藏在一次笔谈中，提出江苏海州也可作为发难之"起点"时，孙马上回答说："在海州，则进取、接济亦利于广东矣，惟聚人则弟于此毫无把握。盖万端仍以聚人为第一着，故别处虽有形势，虽便接济，而心仍不能舍广东者，则以吾人之所在也。"③ 后在同盟会成立前，孙中山又向宋教仁强调指出："方今两粤之间，民气强悍，会党充斥，与清政府为难者已十余年，而清兵不能平之，此其破坏之能力已有余矣"；"若现在有数十百人者出而联络之，主张之……一旦发难，立文明之政府，天下事从此定矣。"④

总之，广东有雄厚之会党势力易于聚人，又有多处出海口便以从海外接济军械，这是孙中山和同盟会长期把起义地锁定在广东和两广边界地区的原因。于是，粤中的惠州、粤东的潮州及粤西的钦州和廉州四府，则皆入其"起点"择地之范围中。就惠州地区来说，它不仅在战略地位上为省会广州的东方门户，而且完会符合孙的起点要求——这里有众多的会党群众可以利用，又有出海口便于从海外送人和武器等进来。孙中山计划在粤发动起义取得成功后，即进而夺取两广乃至西南几省为革命根据地，然后再北出长江收拾清廷。

为准备在广东地区尽快发动武装起义，孙中山和黄兴于同盟会成立

---

① 转见广东省政协文史资料委员会等编《广东文史资料》第二十五辑——孙中山史料专辑，广东人民出版社，1979，第 316～317 页。

② 毛注青编著《黄兴年谱长编》，中华书局，1991，第 174 页。

③ 《孙中山全集》第一卷，中华书局，1981，第 184 页。

④ 湖南省哲学社会科学所古近代史研究室校注《宋教仁日记》，湖南人民出版社，1980，第 90～91 页。

后，采取了以下三项重要行动：①孙中山于1905年年9月8日，派冯自由、李自重赴香港组建同盟分会，作为就近筹划起义之调度指挥机关。同年11月，同盟会香港分会宣告成立，举陈少白为会长、郑贯一为庶务、冯自由为书记、黄世仲为交际。它在后来同盟会领导发动的广东和西南边界武装起义之过程中，发挥了巨大作用；②孙本人于1905年10月和次年2月，先后亲赴越南河内、西贡及新加坡等地，从事筹饷和组党活动。他在这三地建立同盟分会时，特别注意吸收买办曾锡周、马培生、李竹痴，侨商及会党首领许雪秋、邓子瑜、王和顺、黄耀庭、尤列、余绍卿、黄明堂等人入党，为的是有利于将来起义筹款工作之开展，并准备好联络会党群众与指挥发难起义的骨干人才。这些人在后来粤桂滇的几次武装起义中，或先后捐输巨款助饷，或广为联络会众举事，大多不同程度地发挥了重要作用。③制定《中国同盟会革命方略》，作为各地起义军之行为准绳。1906年10月后，孙中山和黄兴、章炳麟等在东京一起订出的同盟会革命方略，包括有《军政府宣言》、《军政府与各地民军关系条件》、《略地规则》、《对外宣言》、《招降满洲将士布告》、《扫除满洲租税厘捐布告》等8个文件。这个指导同盟会党人进行武装斗争的纲要领性文献，为各地革命军起义时动员群众、鼓舞士气、建立政权、瓦解敌军，及处理对外关系等，提供了指南性文本。

在进行了上述各项工作的基础上，同盟会以1906年12月的萍浏醴大起义为起义点，一年半内先后发动了包括七女湖之役在内的7次武装反清起义。毛泽东后来曾称赞孙中山"到了同盟会时期，更充满了武装起义的事迹，直到辛亥革命，武装推翻了清朝"[1]。这同盟会的第一次起义高潮，扩大了其自身的影响，并促进了辛亥革命运动之发展。孙中山后在忆及此事时谓："及同盟会成立之翌年，岁次丙午，会员举事于萍乡、醴陵，于时革命军起，连年不绝；其直接受余之命令以举事者，则有潮州黄冈之役、惠州之役、钦廉之役、镇南关之役、钦廉上思之役、云南河口之役。盖丁未、戊申两岁之间，举事六次，前仆后继，意气弥厉，革命党之志节与能力，遂渐为国人所重。"[2]

---

① 《毛泽东选集》第二卷，人民出版社，1991，第545页。
② 《孙中山全集》第七卷，中华书局，1985，第65页。

二　七女湖会党由四府并举中的策应之师变为独立起义

孙中山在 1907 年 3 月设粤桂滇三省起义指导机构于安南河内前后，制定出了经营两广乃至华南地区军事的一揽子行动规划，其重要内容之一是确定在广东实行潮、惠、钦、廉四府一同起义。他当时决定以钦、廉为起义重点之区，以潮、惠为策应之师，以四府统一举事先占广东，次取广西和云南，然后北出湘赣和长江，最终直捣北京。孙中山之所以将起义的重点定在两广交界的钦、廉地区，是因为该地既便于从安南输入人员和军械，又有党人郭人漳、赵声所部防营可为内应，且还有当地会党和民众反捐抗税的民气能够利用。他决定以潮、惠起义军为策应之师，乃旨在以分途同举来壮大革命声威，并减弱清军的应对之势。为实现其四府同举之起义计划，孙中山先于 1906 年冬令许雪秋负责在潮州、嘉应一带举事，次年夏又派黄耀庭、邓子瑜和余绍卿三人由新加坡返港，分任策划惠州、阳江、阳春等处起义之责。正式出于这样的通盘考虑，所以当 1907 年年初许雪秋向他提出在潮州首先发动起义时，孙中山即急电阻其“暂缓举行，专候惠州、钦廉消息，以定进止”，并强调潮属之“起义时期。须与惠州、钦廉约同，以便牵制清军，万勿孟浪从事，致伤元气”。[①] 就这样，惠州七女湖起义作为孙中山和同盟会广东四府统一举义计划之一部分，开始进入了紧张的准备发动阶段。

然而，孙中山原定以钦廉为重点、潮惠与之一同发动的四府起义计划，后因事与愿违完全给打乱了——它们并未成为统一的起义行动，而是变成了此起彼落的几次分散性起义。

1907 年 4 月，钦、廉地区民众在官绅刘思裕及同盟会员邝敬川等率领下，掀起了声势颇壮的抗捐税斗争。大家毅然推刘为元帅，由抗捐税发展为起兵反清。孙中山闻讯后，即决定乘机在此地发动会党梁少廷等股联合起义，并争取清军郭人漳及赵声部一同响应。而事情发展的结局却出人意外：在刘思裕率众揭竿倡义时，郭、赵两部非但没有起而援应会党与民众的起义斗争，反而是奉清两广督周馥之命，会同广西提督丁拨衡所部，很快就合力镇压了这次民众的抗捐起义。

---

① 　参见《革命之倡导与发展》——中国同盟会（三），（台）正中书局，1969，第 77 页。

就在钦、廉抗捐队伍溃散之际，作为这次起义策应之师的、许雪秋领导的潮州黄冈会党起义，于 5 月 22 日凌晨仓促爆发了。事由是头天晚上，潮州总兵黄金福之部将蔡河中（宗）属下士兵，在黄冈为敬神而演戏的戏台前调戏妇女，结果激成兵民冲突。蔡即率队拘捕了会党成员邱源、张善二人，并准备搜查同盟会员余通（也是会党中人）开设的泰兴杂货店总机关。会党首领陈涌波和余既成见情势危急，认为不能坐以待毙，而应先发制人，遂自作主张率众千余人于深夜直扑协署，迫降蔡河中部 40 余人。天明后，起义军即成立了由陈、余分任正副司令的军政府，布告安民，并马上派人赴港请许雪秋回来督率义军。清兵于 25 日大肆进行反扑——从水陆两路夹击起义军，并在 28 日占黄冈后，按名册捕杀会众 200 多人。这时许雪秋等人才赶到汕头，而陈、余所部之义军已经溃散——后他们陆续分乘船等逃抵香港。就这样，突发的黄冈起义仅一个礼拜时间就失败了。

由于黄冈起义事发突然，导致已准备就绪的惠州七女湖起义没能与之一同行动，从而令孙原定的"惠潮两府同举之计划"也落空了。应该说，这不是邓子瑜之过失。事实上，在孙中山派往惠属筹划起义的三人中，邓是唯一不辱使命并做出了成绩的人。这有当时在香港同盟分会主持军事、后成为国民党史学家之冯自由的著述为证。他在《革命逸史》中提到邓子瑜时说："粤省惠州人追随孙总理参加革命最得力者，有二人焉，一为郑士良，一为邓子瑜是也。""子瑜自少行侠好义，日与其乡之秘密会党游，深得众心。归善、博罗、惠阳数邑之三点会豪俊，咸昵就之。"其在 1900 年（庚子）惠州三洲田起义败后，被迫化名为"朱民"亡命新加坡，以开设旅馆掩外人耳目。这期间，他与内地之会党常通讯息和保持联络，且"有归善、博罗两处会党首级陈纯、林旺、孙稳数人供其指挥，预备随时可以在东江各邑起事"。1907 年 4 ~ 5 月间，邓子瑜奉孙中山之命返抵香港，协助黄耀庭策划惠州方面的军事，在黄领款"一去不返后，独子瑜一人留港，苦心孤诣以图东江军务之发展"，切实负起了筹划惠属起义的全部责任。[①] 黄冈起义发生后，邓在港得讯即令陈、林、孙三人赴归善、博罗、龙门三处举事。陈纯等奉命潜回惠州地区发动会众起义，结果因后两地的会党一时难于集合起来，最后只有七女湖一地会众如期举行了起义。

七女湖是离惠州府城 10 公里的一个著名墟场。1907 年 6 月 2 日（旧

---

① 冯自由：《革命逸史》第四集，中华书局，1981，第 173 ~ 175 页。

历四月二十二日），天地会首领陈纯及林旺、孙稳等在圩场上宰猪十数头，就地砌灶烹煮，派人到圩内及附近乡村，邀请各处会众和一些农民到上庙来聚餐。在酒过三巡后，陈当众宣布树旗举义，号召人们起来推倒清政府的统治。其大小令旗上皆"书'革命军大都督朱令'字样"①，这显然是打出了邓子瑜的名号；他又当众宣读了"招军榜文"，内称"洋洋中国，荡荡中华，千邦进贡，万国来朝。夷人占夺，此恨难消。招兵买马，脚踏花轿，木杨起义，剿绝番苗。军民人等，英雄尽招。正面天子，立转明朝。"② 此榜文虽饱含有种族主义与反清复明的封建意识，反映出这支会党队伍所受同盟会主义的影响还较少，但其"反清排满"的革命目标却是明确的，且颇具号召力。故当场踊跃赴义之会众及农民等达百数十人。他们一举攻入清军防营，毙伤巡勇及扒船哨弁多人，夺得了扒船数只及一些枪械，吸引着各处会众和农民纷纷前来投军响应。起义军于 5 日进军泰尾，7 日克杨村，后进至柏塘，先后两次击败惠州协统所部清军；起义者又分兵攻打八子爷、公庄、横沥、梁化圩等处，并计划攻取博罗县城。其声威吓得归善、博罗的清朝官吏只好紧闭城门。两广总督周馥得惠州知府陈兆棠的告急文电后异常震惊，急令驻惠的东路防营管带洪兆麟、李声振、吴鳌等，迅速率各路营勇合兵会剿义军，又调驻新会的中路防营第十营管带锺子才部，及原来进攻黄冈的清军李准部水师驰援惠州。12 日，当洪管带率队到八子爷时，党人林旺所部义军从山上奔下腰击洪部，将它打得溃不成军，连洪氏也中枪坠马、差点送命。整支起义军在博罗、归善地区来往飘忽，与清军混战十余日，多次击败敌军的堵截围攻，其队伍的人数增到 300 余人，革命之军威颇振。

此时邓子瑜仍在香港购置弹药，并准备亲自押运枪械从小路进入惠州接济起义军。当他得知黄冈起义失败的消息后，觉得事情已无可为，"遂派人使林旺等相机解散"队伍。林"得邓子瑜自香港派人来报，知黄冈事败，他处亦未响应，且弹药缺乏，势难持久，遂拔队至梁化圩附近村落，将枪械埋于地下，然后宣布解散"义军。后有些起义官兵"分途向香港撤退"③，而其大部分则潜入罗浮山中。在这次惠州

---

① 冯自由：《革命逸史》第五集，中华书局，1981，第 102～103 页。
② 转见李新主编《中华民国史》第一编——中华民国的创立（上），中华书局，1981，第 416 页。
③ 冯自由：《革命逸史》第四集，中华书局，1981，第 176 页；又同书第五集，第 102 页。

的七女湖起义中，有些会党战士为革命献出了生命。其领导者则在起义失败后或逃亡或被害：陈纯在队伍散后数天抵香港；旋转赴南洋谋生，邓子瑜则被香港华民政务司勒令离境，仍回新加坡营旅馆业度日；而孙稳在1909 年被港英政府引渡给清广东当局后，惨遭清吏杀害。这就是孙中山在自述革命经历时所提到的："前次雪兄办潮事，子瑜兄办惠事，皆能发起"①；继潮州黄冈之师后，"又命邓子瑜发难于惠州，亦不利，此为余第四次之失败也"②。

三　七女湖起义的革命意义、作用及历史影响不可低估

由孙中山领导、邓子瑜具体策划、陈纯等发动的惠州七女湖起义，是一次规模不大、历时不长的会党反清斗争。它虽然在清军的围攻下很快就失败了，但我们不能以成败来论英雄。孙中山在著作中，曾几次提到过丁未惠州七女湖之役，由此可见其对这次义举之关注和重视。而冯自由在论及此次起义时，则更以称颂的口吻写道："是为革命史上最有名的惠州七女湖之役！""又是役子瑜于事前只领取军费一千二百元，及事败，亦仅领取善后费八百元，共计二千元，以区区二千元而获此战果，诚难能可贵矣。"③ 的确，邓子瑜策动惠州七女湖起义之功实不可没，因为这次起义在辛亥革命史上具有革命的意义、作用及影响。

首先，七女湖起义清楚地反映出孙中山及其资产阶级革命派同惠州天地会众的密切互动关系，昭示着下层劳苦大众将奋起成为中国民主革命的主力军。各地会党踊跃参加孙中山领导的这辛亥革命斗争，是中国民主革命运动的一大显著特点。丁未惠州七女湖起义在这方面，可称为典型性的范例：它的领导策动者邓子瑜、陈纯、林旺和孙稳，皆为会党首领，其招军榜文充满了洪门会党"反清复明"的内容，起义队伍中之三百多名将士，绝大多数是天地会的成员，当然也有些农民群众。广东的会党分子，可说绝大部分是来自于下层的劳苦大众。其中"尤其是以被地主压迫和剥夺了土地的贫雇农为多数，也有部分小手工业工人，或一些从海外回来的

① 转见惠州市惠城区政协文史资料委员会编《惠城文史》第二十一集，惠州 2007 年印，第 61～62 页。
② 参见黄彦编注的孙中山著作丛书《建国方略》，广东人民出版社，2007，第 100 页。
③ 冯自由：《革命逸史》第四集，中华书局，1981，第 176 页。

工人"。① 不过，这些会党成员又不同于一般的劳苦大众，他们是通过民间秘密结社联系和组织起来了的会众。由于中国近代之会党是"被帝国主义和封建阶级压溃的劳苦群众"②，所以他们"犹不忘其与清政府居于反对之地位"，能始终"传以民族主义，以期达其反清复明之目的"③。他们因此而同官府常相冲突——奋起反抗当局者的统治和压迫。因为广大会众是一批有组织的反清群众，故他们较易接受孙中山和革命派的"反满宣传"，再加上这支队伍又具有"富团结力，守秘序，重然诺，急公死义"及"犹能遵从领袖之号召"等特点④，它因此就成为孙中山和资产阶级革命派乐于争取利用的一支反清冲击力量。在辛亥革命运动中，一方面是孙中山和革命派推倒清朝的民主革命斗争，符合包括会党在内的人民大众反抗封建专制统治的愿望，它因此获得了广大会众的拥护与支持。如七女湖一带的天地会众，就因此而接受同盟会员的领导。这说明革命派的反清事业对会党有感召力。另一方面则是会党组织之功能又对革命派具吸引力。也就是说，以孙中山为首的资产阶级革命派要完成自己的使命，就必须积极寻求并努力依恃人数众多、敢于斗争和善于战斗的会党队伍，来充当反清斗争的主力。这两者相互作用的结果，就使到广东会党和孙中山的革命派早在兴中会时期即发生了联系，它到同盟会时期则多次参加革命派领导策动的反清武装起义，七女湖之役乃其中之一。可以说，孙中山及其党人派对广东会党的联络发动，是当时革命派与人民群众尤其是农民关系的一个缩影。广大会党追随革命党人进行反清斗争，在一定程度上带动了下层劳动群众投身于资产阶级民主革命运动，这使革命派在广东获得了较广泛的群众基础，从而有利于其多次举行武装起义。天地会众参加同盟会领导的惠州七女湖起义，一方面说明下层群众尤其广大农民，正在奋起充当辛亥革命运动的主力军，另一方面则表明了惠州人民首先是农民大众，已在这场革命斗争中显示自己的潜力，以实践行动谱写惠州民主革命的新篇章。我们不可小视它的历史意义和深远影响。

① 参见广东省政协文史资料委员会编《广东辛亥革命史料》，广东人民出版社，1981，第156页。
② 蔡和森：《冯自由派反革命运动的剖析——国民党淘汰反革命分子之必要》，《向导》第一百十一期。
③ 黄彦校订《孙中山选集》，人民出版社，1981，第195页。
④ 参见中南地区辛亥革命史研究会等编《纪念辛亥革命七十周年青年学术讨论会论文选》上册，中华书局，1983，第25页。

其次，惠州七女湖起义打击了清广东当局，部分地动摇了清王朝封建统治的基础，它充分表现出了惠州人民的反封建革命性及其大无畏的斗争精神。七女湖起义令清廷的广东当局者极为恐惧：作为惠州封建统治基础的府县两城之商董们；在谈及起义时虽称义军为"土匪蠢动"，但也不得不承认起义者"毙勇夺械，声势颇张"。他们还惊呼在警报迭闻之际，营勇早已为此四散奔命，造成了府城空虚，因此而急请广州营务处，宜加派兵勇速来惠城驻扎，以救商埠和安定人心。惠州知府陈兆棠在给粤都周馥的告急电文中，则称在八字爷地方有"匪徒百余人，各持枪支先登山埋伏，我军追至，匪亟放枪抗拒……枪弹如雨。……该处地势险阻，匪徒负山拒敌，我军奋勇前进，被匪拒毙勇五名，伤三名"。博罗县令在起义军攻打八子爷时，更向省吏报曰："七女湖股匪……甚猖獗。该匪随从七女湖窜至派尾、杨树、三达、柏塘一带，旋由柏塘、八子爷等处来图县城，经新坡、芦洞、响水乡团练协力堵御，各营勇追击接仗，又转窜归善之蔗埔而去。"他还报告说"至于匪踪，探分龙门、归善数股"；"闻罗浮山附近之处，又有着匪黄宁瑞、梁春秋党羽结党潜匿"，"意拟先攻博罗城，而后大举"。① 我们从上述字里行间，可以看到七女湖起义军之攻势颇锐，所向似如无人之境；他们顽强地同好几路清兵作战近半个月，使各路防营在疲于奔命中受到重创。这充分显示了惠州地区革命党人以一当百的英雄气概和顽强战斗精神。粤都周馥直至这次起义被镇压后，仍心有余悸。他在19日在接到副将洪标等人关于"革命党首邓子瑜，蒙港官勒令出境"的报告后，即于次日致电清廷外务部尚书报告此事谓："昨港督已将孙党大头目邓子瑜，押上轮船送往新加坡矣"，恳请贵大人"密商法公使，告越督驱逐"在河内的孙文；同日，他还电清廷驻新加坡的孙领事，告知邓已离港前往新城，望其"留意防范"云。②

毛泽东同志在论及进行革命战争取得之成就时指出："清朝，早被推翻了。什么人推？孙中山领导的党和人民一起推。……他多次起义总是失败，最后，还是孙中山推翻了清朝。"③ 事实正是这样的，清王朝封建统治大厦的基础，正是被同盟会一次次武装起义的打击掏空、动摇的。七女湖

① 转见冯自由《革命逸史》第五集，中华书局，1981，第 102～103 页。
② 转见冯自由《革命逸史》第五集，中华书局，1981，第 104 页。
③ 《毛泽东选集》第五卷，人民出版社，1977，第 289～290 页。

起义作为同盟会在粤桂滇地区发动的 6 次反清武装起义之一及孙中山当时战争事业的组成部分，曾充分表现出其反抗封建专制统治的革命战斗精神，并切实发挥了它打击和动摇了清廷广东封建统治的作用。这是不容置疑和无法否定的。

再次，惠州七女湖起义扩大了同盟会的革命影响，资产阶级革命派从此后以百折不挠的反清斗争，推动了辛亥革命运动的进一步高涨。惠州七女湖起义一爆发，即引起当时一些媒体的关注和报道：上海《时报》的广州电讯，简述了这次起义波及惠州、博罗等地的情况；《神州日报》则以《惠州大骚动》、《惠州大骚动续纪》等为题，对这次起义作了专门的报道；香港的《中国日报》等也对该役进行过追踪介绍和评论。这些对扩大同盟会的革命影响，无疑具有极好的宣传作用。当时，七女湖起义的这支队伍，"横行于水口、横沥、三径、蔗埔等处，所向披靡"①，令数千清军对之无可奈何。此次起义和同盟会在西南边境发动的其他几次起义一道，在推进辛亥革命运动的反清斗争方面，取得了三大明显效果：一是它令清朝官吏们惊慌失措，风声鹤唳、草木皆兵，普遍感到日暮途穷，从而加速了统治集团的分化和瓦解；二是它以革命势力威胁着粤桂滇等省的安宁，把清政府的注意力吸引到西南边陲各省区，这有利于革命党人在长江流域发展壮大革命势力；三是它作为同盟会武装夺取政权征途上承前启后的起义，推动了其后全国各地武装反清斗争之继起和高涨，紧随其后在皖浙有徐锡麟、熊成基、秋瑾等举事；"事势相接，庚戌之岁，革命军再挫于广州，至辛亥三月二十九日，黄克强率同志袭两广督署，死事者七十二人，皆国之俊良也。革命党之气势，遂昭著于世界。是年八月，武昌革命军起，而革命之功于以告成。"② 由此可知，正是惠州起义后的这一系列起义，促进了革命形势的发展和辛亥革命高潮的到来，最后终于推倒了清王朝的统治。

最后，会党头目在惠州七女湖等起义中显露出来弱点与劣根性，是促使同盟会领导人日后寻求起义新突击依靠力量的主因之一。如前所述，会党在孙中山领导的西南边境诸起义中，一直是革命党人所依恃的反清突击

---

① 冯自由：《革命逸史》第四集，中华书局，1981，第 175 页。
② 参见黄彦编注的孙中山著作丛书《自传及叙述革命经历》，广东人民出版社，2007，第 179～180 页。

力量；他们一呼而起，很快就造成了革命的声势，曾在反清战斗中发挥过巨大作用。但会党的弱点也明显而严重：一是会党群众普遍都革命觉悟不高，一受到挫折即易一哄而散，二是会党首领缺乏革命纪律性，他们往往不服从革命党人之命和调度，容易在战斗中自由行动乃至发生哗变。这些会党难以克服的弱点，在惠州七女湖起义过程中的两位会头身上，完全暴露了出来。

如前所说，孙中山曾先后派遣黄耀庭、余绍卿、邓子瑜三人负责办理惠州及阳江、阳春等处军事。这三个人都同惠州一带的会党有着密切关系，其中最有影响、也是孙原来寄望最大的为黄耀庭，因他在 1900 年的三洲田起义中任革命军先锋时，有过突出表现。黄奉孙之命于 1907 年 5 月初抵港几天后，陈少白叮嘱他说，香港警局已得知你入境，望行踪多加注意。不料他闻是言后即"犯畏葸病"，竟从冯自由处"领去公费一千二百元"，"仓卒返新加坡"，以致一事无成。余绍卿原为阳江一带的绿林豪杰，后亡命南洋，颇受孙中山厚爱信任。他受命担任两阳及惠属之军事于 4 月中旬抵港后，"向冯自由领去公费一千五百元，旋入内地"后不知所踪。① 另还有一会头黄燕南，孙当时曾"给以三千元"，使其往海陆丰一带办事发动，结果是"黄去后，杳无信息，事故未起，而运动之情形、开销之数目亦并未报告"。② 通过这些人和事，孙中山在恼火之余，已从中开始看到了某些会党首领的劣性根，再加上会党的其他弱点，又在从潮州到河口这一年多几次武装起义过程中，不断地暴露出来。这些教训成为同盟会领导人直接认识到并提出会党今后不可恃的重要原因。就这样通过总结经验教训，革命派以河口起义的失败为契机，开始将武装起义转向以新军为主力。胡汉民在忆及这一转变时说：他当年在港已和赵声一起商定，今后举事非运动倾向于革命之新军不可。后在新加坡与孙中山等讨论军事进行方略等时，他更明确地提出："经验者证明会党首领之难用，与其众之乌合不足恃，谓当注全力于正式军队"，且"军队运动宜加注重于连排长以下"。孙先生对此"深以为然"。他说："会党性质我固知之，其战斗不如正式军队"，"于是密下数令于党员之负有任务者"，深入新军中开展活动，

① 冯自由：《革命逸史》第五集，中华书局，1981，第 100 页。
② 《孙中山全集》第一卷，中华书局，1981，第 338 页。

广收同志入党。① 结果便发生了 1910 年的广州新军起义。次年，湖北又爆发了武昌新军起义，它的胜利终于敲响了清王朝的丧钟。

同盟会领导者把策划武装起义的重点转移到运动新军方面来，是它在辛亥革命时期武装斗争方面的一个重要进步。不过就实际情况而论，由于会党毕竟是蕴藏于中国下层社会中的一支巨大力量，所以革命派此后在着重运动军队的同时，也从来没有放弃过对于会党的联络。也就是说，革命派只是在选择武装起义依靠力量的重点方面，前后有了明显变化——以前重在会党，而后则注重新军。此外，同盟会过去在发动包括七女湖在内的历次西南边境起义时，往往是几处起义连续爆发，旋起旋落，以致未能出重拳给清廷以致命的一击。其领导者在检讨了这种做法的经验教训后，认识到过去的起义由于力量不集中，计划性不强，故成功之希望小，于是决定今后要改变战略方针，搞武装起义要做好艰苦积聚力量的工作，并由分散性小搞变为集中力量大干。于是不久后就有了孙中山和黄兴等领导发动的辛亥广州黄花岗之役。这次起义虽也失败了，但其巨大而深远的影响却为以往之历次起义所不可比拟。

以上的转变和进步说明，同盟会正在革命斗争中走向成熟。这对辛亥革命运动的发展是有利的。诚如孙中山在总结西南边境起义之经验教训时所指出的："客岁以来，吾党凡五举事矣：潮州之军，不旋踵而蹶；惠州继起，视前为劲……由斯以言，吾党经一次失败，即多一次进步，然则失败者，进步之原因也。"② 他又说："以会党发难，诸役虽无成，然影响已不细。今后军队必能继起，吾人对于革命之一切失败，皆一切成功之种子也。"③ 他在此说的辛亥革命成功之"种子"，当然也包括了惠州七女湖起义及其所提供的经验教训在内；而参与这次起义的革命先烈与先贤们，就是辛亥革命胜利"种子"的播种者之一。他们的爱国精神和革命勋业，永远值得人们缅怀和学习。

总之，通过全文的论述可对丁未惠州起义的历史地位、作用和影响，作以下的简要概况：七女湖起义是辛亥革命时期孙中山战争事业的组成部分。这次起义的爆发，具有必然性和偶然性。它是中国同盟会成立后，革

---

① 参见丘权政等选编《辛亥革命史料选辑》上册，湖南人民出版社，1981，第 187 页。
② 《孙中山全集》第一卷，中华书局，1981，第 375 页。
③ 转引丘权政等选编《辛亥革命史料选辑》上册，湖南人民出版社，1981，第 187 页。

命形势向前发展的产物，也是孙中山及其党人邓子瑜等不懈地联络发动会党之结果。它作为同盟会前期承前启后的一次反清武装斗争，在辛亥革命运动史上占有一席地位。革命党人在此次起义中英勇战斗的威力与志节，不仅打击了清广东当局的统治，而且还激发着同盟会员再接再厉地继续进行武装斗争，从而推动了辛亥革命运动的发展和高涨。毫无疑问，七女湖起义者在为广东乃至全国辛亥革命斗争作出贡献的同时，还在促使惠州成为辛亥革命运动之策源地方面，发挥了积极而重要的作用。

作者单位、职务：中山大学历史系教授

孙中山与辛亥云南起义

✐ 谢本书

2011 年是辛亥革命一百周年，也是辛亥云南起义一百周年。为纪念这一节日，特写作本文。

伟大的革命先行者孙中山先生，是辛亥革命的领导者。虽然，孙中山并未到过云南，然而除了他的精神、他的学说、他的革命行动对云南产生深刻的影响外，他对云南辛亥起义的指导、帮助和支持，都是巨大的，也是值得云南人民永远怀念的。

一　孙中山对云南留日革命青年的关怀和教育

发动和领导辛亥云南起义的骨干力量，是云南留日革命青年。他们在清末留日学成归国后，返回云南，宣传民主共和思想，直接促成了云南辛亥起义的爆发。而这批青年，在日本留学期间，曾经得到孙中山先生的亲切关怀和耐心教育，促成了他们的成长和成熟。

为了挽救民族的危亡，振兴中华，寻找救国救民的真理。从 20 世纪初开始，大批有志的云南青年，漂洋过海，东渡日本留学。据现有资料记载，1903 年，云南首批留学生到达日本，到 1904 年，云南官费和自费留学生猛增至 100 多人，直到辛亥前的短短七八年间，云南青年"渡海求学者先后在千人。或习师范，或习政法，多以救国自任，而陆军生尤激烈。"①

云南思茅人、后为在日本的同盟会云南支部长的吕志伊，在 1903 年去

---

① 赵式铭：《光复起源篇》，《云南光复纪要》，云南文史研究馆、云南社科院文献研究室编印，1991，铅印版，第 7 页。

日本留学前写下了一首表达志向的诗：

> 英雄成败岂由天，大好头颅负少年；
> 云锁乡关征雁杳，雪穿庭树落花妍。
> 万家烟火竹王国，千里封尘祖逖鞭；
> 愿合同胞铸新脑，生存廿纪抗强权。

1904 年，吕志伊东渡日本留学，在海上又留下了这样的诗句：

> 直挂云帆赋远游，东瀛奇景豁双眸；
> 山苍有骨横秋老，海碧无情亘古流。
> 怒浪掀天驰万马，阴霾匝地斗群虬；
> 太平洋上风潮急，好挽狂澜奠九州。①

这些诗句，表达了云南留日青年们的理想与抱负。

这批青年到达日本以后，受到了资产阶级民主革命思想的影响，大多成为孙中山革命事业的信徒和追随者。即所谓"得闻民族之说而顾宗邦之沦丧，感慨激发，日以光复为职志"②。

1905 年 7 月，云南留日学生李根源、杨振鸿、罗佩金即相约去横滨拜望孙中山，当时在座的革命党人还有陈天华、匡一、刘揆一、仇亮及日本友人头山满、宫奇寅藏等。孙中山会见留日云南青年，非常高兴，鼓励他们说："革命是艰苦事，要卖命！"③ 这对云南青年们是很大的启发。

同年 8 月，孙中山在日本东京成立了中国资产阶级革命政党——中国同盟会。云南留日青年较早加入同盟会的达一百多人。④ 这既说明革命形势高涨，更说明云南留日青年的革命热情。其中作为同盟会筹备会的参与者、同盟会发起人的云南留日青年，就有五人之多，他们是：杨振鸿、吕

① 叶祖荫：《同盟会云南支部创始人吕志伊先生》，《云南文史资料选辑》第 15 辑，第 37 ~ 38 页。
② 杨琼：《李印泉先生传》，《云南文史资料选辑》第 17 辑，第 273 页。
③ 李根源：《辛亥革命前后十年杂忆》，《新编曲石文录》，云南人民出版社，1988，第 383 页。
④ 《云南辛亥革命史》，云南大学出版社，1991，第 38 页。另一说法，云南青年较早加入同盟会者达二三百人。

志伊、李根源、赵伸、张华澜。同盟会成立后，吕志伊被推举为同盟会总部评议部评议、云南同盟会的主盟人，旋又被推举为同盟会云南支部支部长。

为了推动全国和云南革命的发展，孙中山、黄兴于 1906 年 1 月，在日本东京约见了云南青年杨振鸿、吕志伊、李根源、赵伸、罗佩金等人，指示他们创办同盟会云南支部刊物《云南》杂志，并说："云南最近有两个导致革命的因素，一是官吏贪污，如丁振铎（时任云贵总督）、兴禄（时任云南按察使兼洋务局总办）之贪污行为，已引起全省人民之愤慨；另一件事是外侮日亟，英占缅甸，法占安南（今越南），皆以云南为其侵略之目标。滇省人民在官吏压榨与外侮侵凌之下，易于鼓动奋起，故筹办云南地方刊物为刻不容缓之任务。"并表示，若有困难，"可随时为之帮助，有事共同商量"。① 这对云南青年是很大的鼓励。云南青年们按照孙中山、黄兴之指示，很快办起了《云南》杂志，坚持了 5 年之久，共出版 23 期及特刊《滇粹》1 期。《云南》杂志是辛亥革命以前，各省以省的名称命名的杂志中，坚持时间最长的一种，被称为当时学生界"杂志之花"，成为云南近代历史上的一只革命的号角，对云南革命所起的宣传鼓动作用非常之大。

孙中山对云南留日青年的教诲和鼓励，对促进云南革命的高涨和辛亥云南起义的成功，无疑起了积极的作用。

二 孙中山对河口起义、永昌起义的关怀和指导作用

辛亥革命前，同盟会于 1908 年领导了云南境内的两次反清武装起义，这就是河口起义与永昌（保山）起义，这两次起义都是在孙中山的直接关怀和指导下举行的。

首先谈河口起义。

孙中山在其多次反清武装斗争过程中，很重视云南地区的革命活动，希望能在这里发动武装起义。他曾说："沿海岸各省区决不能作根据地，否则打起仗来成背水之战。又中原地区四面受敌，只有云南形势地处边远，高山峻岭，天然屏障。且与安南（越南）、暹罗（泰国）、缅甸接壤，

---

① 李根源：《云南杂志选辑序》，《云南杂志选辑》，科学出版社，1958，第 1～2 页。

与国际交通并无障碍。"① 因此，同盟会员在广东、广西几次反清武装起义失败后，孙中山就把目光转到了云南，同盟会继广西镇南关（今友谊关）起义之后，即领导和发动了河口起义。

河口是我国毗邻越南边境老街的重镇，云南南部的门户，滇越铁路的交通孔道，具有重要的战略地位。"革命军得之，可以四通八达，诚军事上最佳之发动点也。"② 清政府在这里设有督办署，建有炮台四座，派重兵把守。而孙中山则在越南河内设立了同盟会机关部，指导云南反清起义，河口是可供选择的发动反清起义的重要地点。

镇南关起义失败后，孙中山把失败后留在越南北部山区的会党武装300多人组织起来，命同盟会员黄明堂率领，装扮成工人，分布在滇越铁路沿线。同盟会员关仁甫则在清军中进行策反。1908年4月30日凌晨，河口起义爆发，清军防营一部起而响应，经过一场战斗，起义军随即占领河口，缴获枪支千余，子弹七万余发。黄明堂乃宣布建立"中华民国军南军都督府"，声明"推倒现今之清政府，建立社会主义之民主国家，同时对于友邦各国益敦睦谊，以维持世界和平，增进人类之幸福"③。起义军纪律严明，深得群众拥护，远近归附义军者源源不断，几天之内义军增加至两千多人，声威大震，并得到河口商人、越南华侨经济、物资上的大力资助。

起义军既占河口，即计划分兵两路，进攻蒙自、昆明。孙中山在新加坡闻知河口起义得到云南各族人民的支持，非常高兴；又闻起义军缺乏得力将领指挥，乃于5月4日电委黄兴为云南国民军总司令，赴河口前线督师。5月8日黄兴赶到河口前线，节制各军。然而，此时前线"粮食不继"，义军疲劳过甚，加上"兵少弹缺"，士气不振，甚至有"士兵多鸟兽散"④，难以组织进攻。黄兴不得已返回越南河内，筹集资金，购买武器弹药粮食，再组织队伍进攻。可是，5月11日黄兴行至越南老街，被法国殖民当局以"日本间谍"为名，加以逮捕，驱逐出境，押往新加坡。所筹办

① 未刊杨惠亭回忆孙中山的谈话，见谢本书《近代云南各族人民的爱国主义斗争》，云南民族出版社，1991，第109页。
② 冯自由：《戊申云南河口革命军实录》，《革命逸史》第五集，中华书局，1981，第140页。
③ 〔新加坡〕1908年6月6日《中兴日报》。
④ 冯自由：《戊申云南河口革命军实录》，《革命逸史》第五集，第143~144页。

的一些粮弹武器，皆被法国殖民当局扣留禁运。

清王朝及云贵总督又急调湖南、四川、贵州等地清兵进入云南，分路向义军进攻，其兵力超过义军 10 倍，义军则在粮、弹俱缺的情况下，撤到河口，再撤往越南境内。法国殖民当局竟将撤至越境内的 600 多名义军包围缴械，全部押送往新加坡。5 月 26 日，清军占领河口。一场轰轰烈烈的河口起义就这样失败了。

河口起义是同盟会在云南境内直接发动，由孙中山领导，黄兴直接指挥的一次武装起义，它虽然失败了，却动摇了清王朝在云南的统治，给全国革命党人以巨大的鼓舞，也表明孙中山对云南反清武装斗争的重视和关注。

再说永昌起义。

河口起义后半年，在云南又爆发了永昌起义。永昌起义是由云南同盟会员杨振鸿直接发动的。杨振鸿（1874～1909），云南昆明人，是云南留日学生中最早参加同盟会的青年之一。他深受孙中山的影响，曾说："我听了孙中山先生的教导，找到革命前途的道路了。"[1] 决心进行反清革命。

1908 年 4 月，当河口起义的消息传到日本时，在东京的云南同盟会员兴高采烈，杨振鸿、吕志伊、李根源、赵伸等召开了"云南独立会"，"以云南独立告天下"，宣布云南与清王朝脱离关系。[2] 与会者纷纷登台演讲，许多人当场解囊捐款，以支持云南革命党人的斗争。会后，同盟会云南支部派杨振鸿、黄毓成等 20 余人，携带数千元捐款，赴河口援助起义。然而，杨振鸿一行到达香港后即获悉，河口起义已经失败。杨振鸿乃决定，一部分同志返回东京，培养武装起义人员；自己带领少数同志，秘密进入滇西，以图再举。

杨振鸿等人先到新加坡，向孙中山请示方略。孙中山甚表赞同杨振鸿返回滇西，设宴饯行说："你们进滇西去作革命事业，我有《革命方略》一册，可以遵照办理，决不致错误。"[3] 杨振鸿进入滇西以后，与当地同盟会员刀安仁、张成清等人秘密联络。为了加强对滇西起义的指导，孙中山

---

① 张天放、于乃仁：《回忆辛亥革命时期云南的杨振鸿》，《云南文史资料选辑》第 15 辑，第 20 页。

② 《云南留日革命党之宣言》，〔新加坡〕1908 年 6 月 22 日《中兴日报》。

③ 何畏：《杨振鸿滇西革命纪略》，《辛亥革命回忆录》（三），文史资料出版社，1981，第 381～382 页。

特派胡汉民、汪精卫先后到缅甸仰光，与杨振鸿等商议，具体帮助。经过一系列准备后，决定于1908年12月23日凌晨在永昌（今保山）起义，但风声走漏，清军已采取严密的防范措施。起义军集合各族群众一千余人，进攻永昌，清军防守甚严，进攻未能奏效，起义失败。

杨振鸿劳累过度，在撤退过程中又染上疟疾，于1909年1月2日病逝永昌蒲缥何家寨，终年35岁。杨振鸿在云南被誉为"辛亥第一人"。为表彰杨振鸿的功绩和精神，辛亥革命后，孙中山下令追赠杨振鸿为"佐将军"。其墓地在今保山太宝山，蔡锷题墓碑为"云南光复首倡杨忠毅公墓"。

1908年在云南境内的两次反清武装起义都失败了，然而它却教育和唤醒了云南人民。在孙中山关怀和指导下的这两次起义，为辛亥云南起义奠下了良好的基础。

三 孙中山关怀教诲下的刀安仁及云南辛亥腾越起义

1911年10月27日爆发的云南辛亥腾越（今滇西腾冲）起义，是云南响应辛亥武昌起义的第一个地区（早于昆明辛亥起义三天）。腾越起义的主要领导人是刀安仁、张文光。而刀安仁与孙中山有着长期交往的特殊友谊，孙中山对刀安仁的教育与关怀，不仅影响了刀安仁的一生，也直接影响了辛亥腾越起义。

刀安仁（1872～1913），又名郗安仁，字佩生，云南省干崖（今盈江）第24任傣族土司（宣抚使）。他具有爱国民主思想，为了追求真理，于1906年在同盟会员秦力山的帮助和鼓励下，带领刀安文、刀卫廷等10余名男女青年赴日留学，临行将土司职交三弟刀安善代理。刀安仁到东京后，会见了孙中山、黄兴等革命党人，在孙中山安排下，刀安仁进入东京政法大学速成法政科。不久，由吕志伊介绍，孙中山主盟，刀安仁及其堂弟刀安文加入了同盟会。[①] 这样，云南边疆土司刀安仁成了我国第一位傣族同盟会员。

---

① 参见冯自由《中国同盟会最初三年会员人名册》，《革命逸史》第六集，中华书局，1981，第76页；又见刀安禄、杨永生《刀安仁年谱》，云南德宏民族出版社，1984，第33～34页。

刀安仁入盟后，活动甚为积极，并将家乡官租变卖，一次向同盟会捐资两万银元。[①] 刀安仁在日本广泛结交宋教仁、居正、胡汉民、章太炎、吴玉章等革命人士，与孙中山的往来更加密切，深受教诲，甚至刀安仁家人病了也要请孙中山开处方吃药。刀安仁家人称孙中山为"波哏"（傣语：直译为家父，意译为家长）。1908 年刀安仁提前回国，孙中山也希望刀安仁尽快回云南发动武装起义。

刀安仁回到干崖后，一方面发展实业，另一方面在干崖建立同盟会滇西支部，又与张文光等同盟会员创立同盟会外围组织"自治同志会"，积极从事革命活动。据记载"干崖自成一革命民团，局势展开，呈报总理取进止。总理亲笔嘉奖，复派汉民、'精卫'先后来仰光，策勉有加"[②]。1910 年 6 月，刀安仁再赴日本，向孙中山汇报滇西起义的准备情况，孙中山多方勉励，希望再接再厉，指出，"只有推翻帝制，建立共和，才能更好地发展实业，"勉励他要首先集中全力筹办滇西起义。[③] 刀安仁回国后又曾赴缅甸，与黄兴等人讨论滇西起义计划。1911 年 8 月，滇西起义在筹备中，同盟会员张文光还派专人到干崖刀安仁处取孙中山之《革命方略》，作为起义之指导文件。为了领导滇西起义，同盟会滇西支部成立了起义的领导机构三人核心小组，以刀安仁为组长，张文光为副组长，刘辅国为联络员。[④]

1911 年 10 月 10 日辛亥武昌起义爆发，刀安仁、张文光等即于 10 月 27 日在滇西重镇腾越发动了滇西起义，经过一夜战斗，起义宣告成功，随即成立了滇西军都督府，以张文光为前军都督（又称第一都督），刀安仁为后军都督（又称第二都督）。滇西军政府成立后，即布告国民，乃"奉孙大总理方略"，"兴师驱逐满奴，恢复腾城，为吾滇反正起点"。其布告，仍以同盟会之"驱逐鞑虏，恢复中华，建立民国，平均地权"16 字方针为纲领。[⑤] 滇西地区得以迅速光复。

滇西腾越起义，是云南辛亥起义的第一个地区，它对于促进全省迅速起义和安定团结，对于新兴的云南地方政权的建立，起了积极的推动作

---

① 刀安禄、杨永生：《刀安仁年谱》，第 33～34 页。
② 冯自由：《居正述参加南洋办报之经过》，《革命逸史》第五集，第 224 页。
③ 刀安禄、杨永生：《刀安仁年谱》，第 51 页。
④ 周开勋：《腾越起义的一点回忆》，《云南文史资料选辑》第 15 辑，第 73 页。
⑤ 滇第一军都督编修处编辑《滇复先事录》，《云南文史资料选辑》第 17 辑，第 15 页。

用。孙中山对刀安仁等的教诲及其对滇西起义的指导，无疑对辛亥滇西腾越起义发挥了重要作用。

令人遗憾的是，不久即有传言，刀安仁及其堂弟刀安文"煽动各土司许其独立"，甚至"兴夷灭汉，帝制自为"。[1] 滇西军都督府某些人，背着刀安仁，向以蔡锷为首的云南军政府报告，云南军政府不察，即转报南京临时政府。同时，滇西军都督府又以"公推"为名，让刀安仁去南京，向孙中山的南京临时政府汇报滇西起义等情况，将他"送"走。刀安仁与孙中山有深厚友谊，当然乐意去南京晋见孙中山。刀安仁去南京后，与孙中山见了面，孙中山拟委以重任，要他等待。但由于政局变化，孙中山辞去南京政府临时大总统职务，刀安仁兄弟即遭逮捕。

由于政府北迁，刀安仁兄弟亦被解往北京关押，由北京政府司法部审理。然而此时政坛纷乱，此案从未审理而拖了下来。刀安仁心情抑郁，在狱中曾用傣文写下了《狱中记事》二卷，可惜至今未能得见、下落不明。1912 年 8 月，孙中山应袁世凯之邀，到北京与之会商"国事"。由于一个偶然的机会，得知刀安仁在北京被囚。经过孙中山、黄兴、宋教仁等人共同努力营救，加上证据不足，刀安仁兄弟终于获得自由。冯自由曾记载："及南北统一，复移系北京，得孙总理黄克强宋教仁等仗义营救，其狱始解。"[2]

刀安仁出狱后，鉴于其在革命过程中的功绩，北京政府授予中将衔陆军部咨议官，刀安文被授予少将衔陆军部咨议官。然而由于身体受到摧残，刀安仁不久病发，延至 1913 年 3 月 28 日，与世长辞，享年 41 岁。刀安仁去世后，北京政府以"上将恤典"为他举行了追悼会。孙中山甚为痛心，曾送挽联：

> 边塞伟男，辛亥举义冠遇春；
> 中华精英，癸丑同恸悲屈子。[3]

孙中山对刀安仁的评价是很高的。

刀安仁冤案是辛亥云南的一个重要冤案。冤案是怎样造成的，至今仍

---

① 周锺岳：《天南电光集》，《云南辛亥革命资料》，第 160 页，云南人民出版社，1981。

② 冯自由：《缅甸华侨与中国革命》，《革命逸史》第二集，第 240 页。

③ 此为刀安仁之子刀京版提供，《德宏史志资料》第 3 辑，第 235 页。又见《刀安仁年谱》，第 91 页。

是一个谜，这也是云南辛亥革命史需要深化研究的一个课题。曹成章先生在其大著中说，冤案的"罪魁祸首"是辛亥云南军政府都督蔡锷，因为，辛亥革命时，蔡锷是代表"大地主、大资产阶级利益和帝国主义势力，拥护袁世凯、反对孙中山民主革命派的官僚军阀"。[①] 这里用的是扣帽子、打棍子的"文化大革命"式语言，又在制造新的冤案，笔者不敢苟同，因不属于本文讨论范围，只顺便提及。

四　孙中山对辛亥昆明重九起义的影响

1911 年 10 月 30 日辛亥昆明起义爆发，这一天恰好是农历九月初九，故称为"重九"起义。昆明起义及其随后建立的云南军都督府（军政府），是全国响应辛亥武昌起义的第四个省区，是西南地区最早响应辛亥武昌起义的省区。

辛亥昆明重九起义后，全省迅速光复，有几个重要特点。

第一，它是同盟会直接领导的起义。辛亥武昌起义爆发后，昆明同盟会员们先后召开了 5 次秘密会议进行策划，并推举具有爱国民主思想而又军阶较高（新军第 19 镇第 37 协协统）的蔡锷为起义军临时总司令，而又以原云南陆军讲武堂总办、同盟会云南支部长李根源为副司令。[②] 昆明起义是经过同盟会精心安排发动的，并非盲目的仓促起事。

第二，起义过程中，战斗激烈。在战斗中，蔡锷、李根源亲临前线，分头指挥，战斗相当激烈。经一夜的战斗，第二天昆明光复。在昆明起义战斗过程中，革命志士牺牲 150 余人，负伤 300 余人，敌方死 200 余人，伤 100 余人。[③] 这在全国各省起义中，战斗的激烈程度，是相当罕见的。所以有人认为："云南省城起义，是除首义的湖北以外，独立各省革命党人组织的省城起义中，战斗最激烈、代价也最巨大的一次。"[④] 其激烈的战斗，可以与辛亥武昌起义的战斗相媲美。由于是经过激烈的战斗，对旧政权的打击相对彻底一些，对云南新政权的建立及其实施的政策，不能不产

---

① 曹成章：《民主革命先驱刀安仁》，中国社会科学出版社，2010，第 384 页。
② 刘存厚：《云南光复阵中日志》，《云南辛亥革命史资料》，云南人民出版社，1981，第 30～32 页；李根源：《记云南起义》，《新编曲石文录》，云南人民出版社，1988，第 236 页。
③ 冯自由：《辛亥云南省城光复实录》，《革命逸史》第六集，第 221 页。
④ 章开沅、林增平主编《辛亥革命史》下册，人民出版社，1981，第 145 页。

生积极的影响。

第三，新政权掌握在革命派手中。起义后建立的新政权——云南军都督府（军政府），其领导权掌握在起义人员及革命派的手中，如都督是蔡锷，军政府的二把手是李根源（军政府军政部总长兼参议院院长）等。军政府各部、司、局的主要负责人，基本上都是同盟会员或同情革命人士，并且撤换了一批贪污腐败的官吏和反对革命的人员，所以蔡锷说，辛亥云南军政府采取的重要措施就是"更换重要各地方行政官"①。而且在腾越的滇西军政府亦颇顾全大局，很快结束了自己的使命，使全省迅速地光复统一。

第四，新政权是资产阶级性质的地方政权。云南军政府发布的有关文告，其宗旨与同盟会的宗旨精神是一致的。它宣布的宗旨是"铲除专制政体，建设善良国家，使汉、回、满、蒙、藏、夷、苗各族结合一体，维持共和，以期巩固民权，扩张国力"。提出了共和政体的政纲。② 在其《讨满洲檄》中，重申了同盟会的 16 字纲领："驱除鞑虏，恢复中华，建立民国，平均地权。"声明："有渝此盟，四万万同胞共击之。"③ 可以看出云南军政府，是新生的资产阶级性质的地方政权。

第五，进行的改革是有成效的。云南军政府成立以后，实行了一系列的带有资产阶级性质、发展资本主义性质的改革措施，雷厉风行地加以贯彻，收到了较为明显的效果，这样"前清官吏敷衍因循之习，廓除殆尽矣"④。这样使云南成为民国初年甚为安定、团结的省区。因而，"时天下纷纷或苦兵、或苦匪，而滇中宴然"⑤。同时，滇军还派兵支持四川、贵州、西藏，取得了明显的成就，初显了"滇军精锐，冠于全国"的风貌。⑥

昆明辛亥起义的成功，全省的迅速光复、安定，这在辛亥革命时期的各省区中是很突出的，与孙中山的影响也是分不开的。

孙中山对辛亥昆明起义的影响可以从两个方面来说明。第一是辛亥昆

---

① 蔡锷：《滇省光复始末记》，《辛亥革命》第六集，上海人民出版社，1957，第 226 页。
② 孙璞：《云南光复军政府成立记》，《云南贵州辛亥革命资料》，科学出版社，1959，第 46 页。
③ 《滇军政府讨满洲檄》，《辛亥革命》第六集，第 261 页。
④ 周锺岳：《云南光复纪要——建设篇》，《云南贵州辛亥革命资料》，第 49 页。
⑤ 蒋百里：《蔡公行状略》，曾业英编《蔡锷集》（二），湖南人民出版社，2008，第 1523 页。
⑥ 赵锺奇：《护国运动的回忆》，《近代史资料》1957 年第 5 期，第 25 页。

明起义是同盟会直接领导的，起义的纲领和宗旨，与同盟会是一致的，这是起义成功的基础，也是孙中山影响的重要方面。第二是孙中山与昆明辛亥起义的两个主要领导人蔡锷和李根源都有交往和较为密切的联系，对这两个人的影响及通过两人对昆明起义的影响也是很明显的。

首先说蔡锷。

蔡锷（1882～1916），是一个比较特殊的人物。他虽是湖南人，其历史功绩却主要是在云南奠定的。他是梁启超的学生，早年追随梁启超，且与梁启超保持了终生的师生情谊。但是，从他留学日本开始，就与孙中山、黄兴有着较为密切的交往，并受孙中山、黄兴的影响很大。早在1900年，孙中山在日本就接见过蔡锷等"有志之士"，"共商天下事，总理深得其助"①。而且，蔡锷还曾参与邹容《革命军》一书的起草工作②。《革命书》一书的问世，是资产阶级革命思想代替资产阶级改良思想而成为时代的主流，是中国资产阶级民主革命开始高涨的标志。蔡锷事实上是《革命军》一书的作者之一。因而朱德说，蔡锷虽不是同盟会员，但他是"一个具有爱国民主思想的人"。③

而黄兴与蔡锷的关系更为密切，两人同是湖南人，在日本期间来往即已相当频繁。1905年蔡锷回国后，曾在上海参加爱国协会（华兴会外围组织）。黄兴曾邀蔡锷在上海余庆里开会，商议武装反清起义事，"起义鄂宁等处，不旬日会势大振"④。黄兴不幸被捕，蔡锷等人全力救护，终于使黄兴获释⑤。1907年，同盟会发动镇南关起义前夕，黄兴偕同赵声，秘密访问了蔡锷，与之讨论策划⑥。蔡锷没有失密，说明两人关系已相当深厚。1913年6月，黄兴从上海致函蔡锷，颇含深意地撰写了一副对联相赠："寄字远从千里外，论交深在十年前。"⑦ 这也表明黄、蔡之关系。在后来的反袁护国战争期间，黄兴对蔡锷的支持是不遗余力的。因而当黄兴在1916年10月31日病逝上海时，对在日本治病的蔡锷以很大的刺激，蔡锷

① 冯自由：《沈云翔事略》，《革命逸史》初集，中华书局，1981，第81页。
② 刘禺生：《世载堂杂忆》，中华书局，1960，第149页。
③ 《辛亥革命回忆》，《朱德选集》，人民出版社，1983，第379页。
④ 刘揆一：《黄兴传记》，《辛亥革命》第四集，第279页。
⑤ 毛注青：《黄兴年谱》，湖南人民出版社，1980，第44～45页。
⑥ 刘达武：《蔡松坡先生年谱》1907年条，见《蔡松坡先生遗集》，湖南邵阳亚东印书馆，1943。
⑦ 《为蔡锷书联》，《黄兴集》，中华书局，1981，第331页。

自称"血为之蹶，泪为之枯"，十分痛心，既发《祭黄兴文》，又写挽黄兴联①，令人感动。在中国近代史上，有"黄蔡"并称之说，是有道理的。

从孙中山、黄兴与蔡锷关系的追述中，可以看得到，孙、黄对蔡锷的友谊和影响。这不能不对昆明辛亥起义发生相当影响。

再说李根源。

李根源（1879～1965），云南腾冲人。他在日本留学期间，不止一次受到孙中山的接见和教诲。加入同盟会后，事实上是在孙中山的直接领导下进行革命活动。李根源返回云南，在军界任要职，却又担任了同盟会云南支部长职务，直接听从孙中山和同盟会总部的指挥和领导，更是理所当然。昆明辛亥起义，无论从组织、发动、战斗及其发布的纲领、文告来看，同盟会的影响无处不在。而且，在云南军政府中，蔡锷是一把手，李根源是二把手，但在重大问题的决策上，李根源却变成了实际的一把手。正如李根源说："蔡都督虽主军政，一切事均由源主持。"② 李根源是辛亥时期云南的真正实权人物。李根源是同盟会云南支部长，因而体现了同盟会作为政党的领导作用。这种情况，在当时全国各省中，云南是很突出的。

还要提到的是，为辛亥昆明重九起义打响第一枪的同盟会员黄毓英（1885～1912）在1912年不幸遇难。辛亥后昆明人民为纪念黄毓英，为他建立祠堂，称为"黄武毅公祠"。孙中山为这个祠堂题写了"乾坤正气"的匾额。这既是孙中山对黄毓英的高度评价，也是孙中山对辛亥昆明重九起义的充分肯定。

孙中山及其领导的同盟会，对辛亥昆明重九起义的影响是多方面的，也是巨大的。从云南这个边疆省区辛亥革命的历史来看，也能说明孙中山是辛亥革命的真正领导人。

五 孙中山支持云南军政府的改革和建设

以蔡锷为首的辛亥云南军政府建立以后，采取了一系列措施，进行了

---

① 曾业英编《蔡锷集》（二），湖南人民出版社，2008，第1500页。
② 《滇复先事录》，《云南文史资料选辑》第17辑，第65页。

某些带有资产阶级民主主义色彩的改革，进行经济建设，取得了明显的成效。这些改革包括内政、经济、财政、教育、交通等方面。孙中山对云南军政府的改革颇感兴趣，表示支持，尤其支持蔡锷提出的铁路建设计划，这对云南军政府不能不是很大的鼓舞。

还在民国元年（1912 年）的 5 月 2 日，蔡锷给北京政府及有关方面发出电报，建议修筑滇桂铁路。电报说，云南的锡、铜严重滞销，"皆由铁路不便，交通不便之故"。因此，建议修筑滇桂铁路。若"此路一通，则滇越一线之势力顿失，既可阻（英法），其伸张势力，并可徐图续还之机（收回滇越铁路权）"。5 月 12 日，蔡锷再电说明："以滇邕铁路可以便滇桂两省之交通，并可以夺滇越铁路之势力"，甚为重要。蔡锷以亲身经历说明，自己"往复滇越（桂）数年，知之最稔，尤以此线延长至龙门岛（防城之南）为宜"。①

蔡锷的建议得到各方面的支持，孙中山尤感兴趣，于 5 月 26 日复电蔡锷说："蔡都督冬电，从地理、国势上说明滇桂铁路之必要，真知灼见，殊深苍佩。滇桂一线关系西南边陲，殊属重要，此路果成，滇黔桂粤衔接加戎，不惟有利于军事、实业、交通，尤资利益，事关国力伸缩，鄙人深为赞成，应请从速核议建筑。"② 稍后，于 6 月 12 日，蔡锷的建议由于得到孙中山的赞同，深为感动，遂又致电"公推孙先生主持一切"，"请孙先生毅力担任"。③

1912 年 9 月，孙中山接受袁世凯授任的"筹划全国铁路全权"，于 11 月 14 日在上海成立中国铁路总公司，并任总理。该公司拥有规划、经营全国各地未动工铁路之权。蔡锷非常热心，对孙中山任该职，表示很大热情，力主修筑滇邕铁路（自昆明至南宁），又与孙中山多次函电往复。

1913 年 1 月 25 日，蔡锷致电孙中山，希望尽快修筑滇邕铁路。孙中山复蔡锷电，一方面表示"力为筹办"；另一方面又表示，"线路之规定，尤宜通盘筹划"，经再三商酌，"滇邕一线，不如滇粤一线为更要，遂定滇

---

① 《蔡锷倡修滇桂铁路冬电》，《蔡锷历数滇桂铁路之必要文电》，见《云南档案》增刊，第 4～5 页，1997 年铅印。

② 《孙中山为复蔡锷冬电，致袁世凯、唐绍仪、蔡锷宥电》，《云南档案》增刊，1997 年铅印，第 6 页。

③ 《蔡锷公推孙先生主持事致交通部电》，《云南档案》增刊，1997 年铅印，第 7 页。

桂粤铁路"。并将"滇桂粤铁路说明书",以及线路、筹款及筑成后三点详为说明,一并寄上,请蔡锷"统筹全局,定能择善而从"。[①]

孙中山与蔡锷的反复商议,是很有价值的。可是,由于民国初年的特定历史条件,这些建设计划,全成了泡影。不过它再一次表明,孙中山对辛亥云南军政府的关注和关怀。

作者单位、职务:云南民族大学历史系教授

---

① 孙中山:《复蔡锷告建筑滇桂粤铁路计划函》,黄彦编《孙文选集》中册,广东人民出版社,2006,第385~391页。

清末军事变革与辛亥革命

✍ 戴鞍钢

1911 年的辛亥革命，推翻了统治中国两千多年的君主专制制度，开启
了中华民族历史发展的崭新篇章。这场伟大革命的酝酿和发动，有着深刻
的社会历史背景，从根本上说，是近代以来波澜壮阔的中国人民反帝反封
建斗争不断推进的结果，其中也与当时包括军事变革在内的社会变动联系
着的，本文拟作探讨，以纪念辛亥革命一百周年[①]。

一

与辛亥革命直接相关的近代中国的军事变革，可追溯至甲午中日战争
中国的惨败对朝野人士的巨大触动。一方面，清朝政府开始着手编练新
军；另一方面，很多热血青年为了拯救深陷民族危机的祖国，纷纷去海外
留学，探寻救国途经，其中的大部分人去了一水之隔的日本。"东亚风云
大陆沉，浮槎东渡起雄心。为求富国强兵策，强忍抛妻别子情。"[②] 这些感
情浓烈的诗句，写出了当时许多留日学生的共同心声。而清朝政府在辛丑
以后为了缓和统治危机，推行所谓"新政"，在国内废除科举、举办包括

---

① 有关辛亥革命史研究的相关成果，可参阅如曾业英主编《中国近代史研究 50 年》（上海
书店出版社，2000）；张海鹏主编《中国近代史论著目录（1979～2000）》（上海人民出
版社，2005）；徐秀丽主编《过去的经验与未来的可能走向——中国近代史研究三十年
（1979～2009）》（社会科学文献出版社，2010）；金冲及《辛亥革命研究的回顾和展望》，
北京 2010 年 12 月 16 日《中国社会科学报》；朱英《两岸辛亥革命史研究：兴盛与减
缓》，上海 2010 年 12 月 30 日《社会科学报》；中国孙中山研究会等编《"孙中山、辛亥
革命研究的回顾与展望"高峰论坛纪实》，社会科学文献出版社，2011。

② 吴玉章：《从甲午战争到辛亥革命前后的回忆》，《吴玉章回忆录》，中国青年出版社，
1978。

军校在内的各类新式学堂和鼓励留学等措施，客观上也有利于留学热潮的兴起。

这些为数众多的留学生的求学目的，决定了他们在国外学习时间一般都不长，不少自费生仅读一年速成班，所学专业以师范、军事、政法为最多。留学生涯尽管短暂，但对他们的影响却是巨大的，他们的知识结构发生了变化，接触到了各种各样的西方社会政治理论，急切地想把它们用于拯救祖国的实践。其中很大一部分人，尤以救亡图存为己任，站到了时代的前列，全身心地投入了爱国救亡的革命斗争，成为 20 世纪初年推动中华民族觉醒进程中的中坚力量，起了先锋和桥梁的作用。

正当这些留日学生纷纷转向革命的时候，自 1895 年广州起义失败后一直被迫流亡海外的孙中山，于 1903 年 7 月从河内经暹罗（今泰国）抵达日本，并迅速在留日学生中开展革命的宣传和组织工作。为了挽救祖国的危亡，当时很多留日学生认为中国之所以衰弱，被侵略，被奴役，国民缺乏军国民教育，缺乏勇敢尚武精神，缺乏"军人魂"，是重要的原因之一。他们认为"国民无军人之资格，则楚歌四面逼人而来"。① 同时，他们认为要革命，要以武力推翻清朝政府，亦非掌握军事知识，具有军事才能不可。因此他们迫切地希望进入日本的军事学校学习军事。但当时"清政府鉴于留学生多浸染革命思想，尝命驻日公使蔡钧设法禁止自费学生学习陆军，故自费之有志兵事者咸无从问津"②。

孙中山遂秘密组织军事学校于东京青山，聘请与之相熟的日本军事专家日野熊藏为校长，退役军官小室健次郎为助教，吸收黎勇锡、李自重、桂廷鎏、区金钧、卢少岐、刘维焘、雍浩、郑宪成、饶景华、卢牟泰、伍嘉杰、郭健霄、李锡青等 14 人入学。开学前，各学生在孙中山面前对天宣读誓辞："驱除鞑虏，恢复中华，创立民国，平均地权。"这就是日后中国同盟会成立时的誓辞，在当时是第一次使用。

学生自己租赁一处房屋同住，日间自习日语和数学等普通学，晚间轮流派二人到日野家听讲战术和兵器学，回来转述。"尤注重波亚式散兵战法，及以寡敌众之夜袭法，校章规定严守秘密"③。孙中山本人"时亦研究

---

① 壮游：《国民新灵魂》，《江苏》第 5 期。
② 冯自由：《革命逸史》初集，中华书局，1981，第 133 页。
③ 冯自由：《革命逸史》第四集，第 19 页。

波亚战术，谓此法最适用于揭竿起事之中国革命军，特购致英文关于英波战史及图册百数十卷，日夕观摩，孜孜不倦"[1]。这个学校前后共坚持了6个月左右，孙中山离日后因内部争执而解散。学生以后也大部分散，参加同盟会的有5人[2]。但从这个学校的创办中，仍可看出孙中山对培养革命的军事人才的重视。

不少中国同盟会的重要成员，以后多有这样的革命经历：先在日本东京参加了中国同盟会，有些还在日本的军校学习了军事，回国后，就以包括军校在内的各类新式学堂为基地，在这些学堂的教员和学生中发展了一批批同盟会会员，再组织和推动这支扩大了的力量到新军和会党中展开革命活动。1907年在广州的法政学堂求学并从事革命工作的邹鲁忆述：

> 当时法政学堂的教员，有几位是日本人，其余却是留日回国的。其中加入革命党的不少，可是实际上始终参加革命运动的，教员中只有朱执信先生，同学中只有陈炯明是同志。因此我三人暗中往来甚密。
>
> 我的革命工作，是宣传和联络并重。宣传的对象注重知识分子，联络的对象注重军队，企图把满清政府的武力，化为革命的武力。查那时驻在省城里的清军，分新军和防营两部分。新军驻在城郊附近的嘉塘，里面有赵声同志任标统；下级干部多属小东营陆军速成学堂出身，对革命多表同情，还有新招的学生营，都是富有革命精神的知识青年。所以新军方面，革命情绪颇为浓厚。
>
> 我常常利用傍晚憩息的时间，步行十余里到新军营去宣传和联络。当天晚上赶不回来，就秘密住在营里，第二天清早再回学校。每逢星期或假期，便预先约定聚会的地方，绝不放弃一个机会。
>
> 至于防营，则分驻于广东各地，官兵多属会党分子，而下级干部中许多是虎门陆军速成学堂的学生。当时会党有一位首领，名叫谭馥，系同志。他在防营里组织了保亚会，用以团结士兵。我结识了谭同志，更去联结士兵。该营长官中如曾传范、何秉钧同志等，都跟我

---

① 冯自由：《革命逸史》初集，第134页。
② 冯自由：《革命逸史》第五集，第42页。

联成一气。所以防营的革命空气，益为高涨。①

与此同时，也有一些人在回国后，是直接到新军和会党中从事革命活动的。武昌起义发动者之一的刘公，先在日本学法律，后来又学军事，他忆述："革命党派回国的代表，在全国各处的军队里都有朋友当军官，所以他们很容易和士兵接触。即使这些军官拒绝协助，也不会出卖朋友，他们和我们代表的友谊很好，因此各省督抚很难抓到革命党人。"②

1909 年，在日本陆军士官学校的山西留学生毕业回省。同盟会员阎锡山、仇亮、张瑜、乔煦、马开崧等人，分别在陆军小学堂和督练公所等军事部门任职，使同盟会在山西军事机关的力量大为增强。同年 11 月，清朝政府陆军部召集留日学生在京会试。结果山西的温寿泉名列优等，被赏给炮兵科举人并授予副军校（相当中尉）的军衔；名列上等的黄国梁、阎锡山、张瑜、姚以价、乔煦、马开崧、顾祥麟、王宝善、张维清、焦纯礼等人，被分别赏给步兵、马兵、辎重兵科举人并授予协军校（相当少尉）的军衔。

这次在京会试后，陆军部发布了新军协统以下军官须是军校学生或带过新军者。山西官府因此提升温寿泉为山西督练公所帮办兼陆军小学堂监督，黄国梁、阎锡山分任新军第四十三协第八十五标和第八十六标教练官（相当副团长）。不久，又分任黄国梁和阎锡山为两标的标统（相当团长），常樾、马开崧任教练官，南桂馨任军需，张瑜、乔煦任管带（相当营长），王嗣昌、张德荣、张煌、刘汉卿、应芝、王缵绪等任队官（相当连长）。从此，同盟会员基本上掌握了山西新军的领导权。③ 武昌起义后，四川宣布独立，各界人士聚会庆祝，当时正在成都求学的郭沫若目睹："校场正中搭了一座临时的舞台，舞台上簇拥着不少的革命党。革命成功以后的革命党人真是不少！平常我们时常看见的官班法政的教习、绅班法政的教习，乃至有许多穿军服、带指挥刀的，原来都是革命党人。"④

① 邹鲁：《邹鲁回忆录》，东方出版社，2010，第 17～18 页。按：邹鲁的上述回忆有疏漏处，如 1907 年留日学成归国的谷应芬，时任该法政学堂的编撰，亦为暗中活动的革命志士，详可参阅李穗梅主编《古应芬家藏未刊函电文稿辑释》，广州出版社，2010，前言，第 2 页。
② 张功臣选编《历史现场：西方记者眼中的现代中国》，新世界出版社，2005，第 33 页。
③ 全国政协文史资料委员会编《辛亥革命在各地》，中国文史出版社，1991，第 96 页。
④ 郭沫若：《反正前后》，华夏出版社，2010，第 151 页。

清朝政府为了编练新军，曾在国内举办了一批新式的军事学校，包括陆军小学、陆军中学、讲武堂、军官学堂等。有学者指出，清末各省练兵给有志有才但家境清寒的青年带来了上进的机会。于是他们投入新式的陆军学校，例如陆军小学、速成学校之类，有一些去日本军事学校留学。"不久，在中国的新军中有了两种军官：行伍出身的甚至连字也不认得的军官，军官学校训练出来的军官。一般说来，在北洋军系统之中，留日的军官比较少，留日而升为师长旅长的更少。在各省的新军之中，留日的和留日军官训练出来的学生比较多。"①

当时归国的同盟会会员中，有不少是日本士官学校毕业的学生，也把各省新设的一些军事学校作为其活动基地。朱德就是在云南讲武堂学习时参加同盟会的，他回忆说：

> 当时讲武堂的总办是李根源，教官有方声涛、赵康时、李烈钧、罗佩金、唐继尧、刘祖武、顾品珍等人。他们大都是同盟会员，其他一些教官或者是同盟会员，或者是受到了同盟会革命宣传的影响的。讲武堂的学生有五百多人，其中许多是不满于现状的青年。不久，就在讲武堂中建立起同盟会的组织，秘密传阅同盟会宣传革命的书刊。大家经常谈论和考虑的，就是怎样发动革命起义。这样，云南讲武堂就成为云南革命力量的重要据点。②

可见，当时国内新式学堂包括新式军事学校的大量建立，新式学堂学生人数的迅速增长，使得革命派在国内的社会基础大为扩大。他们逐渐成为一股新的社会力量，在革命斗争中扮演着相当活跃的角色，发挥了重要的先锋冲击作用，这些却又是清朝政府所未曾料及的。

与此同时，各地在编练新军时的差异，也使得清廷事与愿违，对军队的控制削弱。有学者指出："当时以清廷整体军事结构而论，全国一团乱。在除'旧军'，练'新军'过程中，各省步调不一致，有的已经快跑完，有的尚未起步，新旧军不仅在思想方面有差异，待遇亦不尽相同，彼此敌视。"③ 这种状况，自然也有利于革命的发生和推进。

---

① 陈志让：《军绅政权》，广西师范大学出版社，2008，第16、17页。
② 全国政协文史资料委员会编《辛亥革命回忆录》第1集，中华书局，1961，第3页。
③ 刘凤翰：《辛亥革命前后全国军事蜕变》，中国史学会编《辛亥革命与20世纪的中国》，中央文献出版社，2002。

1908 年光绪帝和慈禧太后在两天内接连去世，其所引发的包括军队高层人事变动在内的清末政局演变，客观上也有利于革命党人在新军中的秘密活动。

清朝政府在慈禧死后，已失去左右全局的核心人物，一些较有声望的老臣已先后谢世，其中李鸿章、刘坤一、荣禄、王文韶、张之洞分别死于 1901、1902、1903、1908 和 1909 年。监国摄政王载沣生性懦弱，遇事优柔寡断。光绪去世的次日，美国《纽约时报》就评论说："人们并不认为醇亲王是一位强有力的人物，或者说从能够推动大清帝国沿积极的道路向前发展的含义上讲，醇亲王所受的教育和训练并不充分。然而在血缘关系上，他却是光绪皇帝最嫡亲的亲属。"[1] 溥仪记述：

> 为了了解摄政王监国三年的情况，我曾看过父亲那个时候的日记。在日记里没找到多少材料，却发现过两类很有趣的记载。一类是属于例行事项的，如每逢立夏，必依例剪平头，每逢立秋，则依例留分发；此外还有依例换什么衣服，吃什么时鲜等等。另一类，是关于天象观察的详细记载和报上登载的这类消息的摘要，有时还有很用心画下的示意图。可以看出，一方面是内容十分贫乏的生活，一方面又有一种对天文的强烈爱好。

读过这段日记的溥仪感叹："如果他生在今天，说不定他可以学成一名天文学家。"

清皇室罢黜袁世凯，最重要的一条就是剥夺他的兵权。溥仪写道：

> 我父亲并非是个完全没有主意的人。他的主意便是为了维持皇族的统治，首先把兵权抓过来。这是他那次出使德国从德国皇室学到的一条：军队一定要放在皇室手里，皇族子弟要当军官。他做得更彻底，不但抓到皇室手里，而且还必须抓在自己家里。
>
> 在我即位后不多天，他就派自己的兄弟载涛做专司训练禁卫军大臣，建立皇家军队。袁世凯开缺后，他代替皇帝为大元帅，统率全国军队，派兄弟载洵为筹办海军大臣，另一个兄弟载涛管军咨府（等于参谋总部的机构），后来我这两个叔叔就成了正式的海军部大臣和军

---

① 郑曦原编《帝国的回忆（修订本）》，当代中国出版社，2007，第 147 页。

咨府大臣。[①]

皇族这些年轻亲贵尽管担任了重要军职，但他们都是纨绔子弟，根本不懂得军事，实际倚仗的是禁卫军协统良弼，良弼是日本士官学校第二期毕业生。当时清皇朝正命各省编练新军，良弼力主重用日本士官学校毕业生。他的意图原想在军官中结成一股便于他掌握的新力量，来替代并排挤袁世凯的势力。但这些士官学校学生中不少人在留日期间受到过革命思想的影响，有些还秘密加入了同盟会。回国后被派入新军，并且很快得到提升，有些还充当了标统、协统以至统制等高级军职。这在客观上对武昌起义后各省新军得以纷纷响应创造了有利的条件。

袁世凯被贬斥后，载沣又将袁的重要党羽邮传部尚书陈璧革职，徐世昌由东三省总督内调邮传部尚书，执掌京城警权的民政部侍郎赵秉钧离任，其他如唐绍仪、梁士诒、王士珍、段祺瑞等人也或被撤换，或自请开缺，或调离要职。

接着又部署将军权收归皇帝控制。载沣主政伊始，便着手训练了一支1.2万人的禁卫军，由他亲自统帅，他的弟弟载涛和皇族成员毓朗充当禁卫军大臣，同时宣布将近畿各省新军一律划归中央直辖。1909年7月15日又特发上谕，明定皇帝为全国陆海军大元帅，而在皇帝亲政前由摄政王代行大元帅职权。同一天，又任命他的弟弟载洵为筹办海军大臣，载涛和毓朗为管理军咨处事务大臣，规定军咨处拥有任免各镇新军的指挥、参谋、训练人员的审定权。此外，满族亲贵载泽、善耆、铁良、凤山、荫昌等也陆续掌握了中央和地方的军事权力。1910年12月又颁发谕旨，将相沿已久的各省督抚兼陆军部（前兵部）尚书或侍郎衔的惯例予以撤销。

载沣等人执政后，想方设法削夺袁世凯及其党羽的权势，并集大权于满族贵族手中，但收效甚微，北洋新军袁世凯的那些老部下大多阳奉阴违，"这些人心目中本来只知有他们的宫保，一时迫于朝命，虽都不敢说什么，而无不期待他的东山再起"[②]。载沣主政不久，对各部院大臣也作了调整，14名部院大臣中9人为满族贵族，其中皇族又占了7人；而在军机处，随着张之洞、戴鸿慈、鹿传霖的相继去世，汉族军机大臣只剩徐世昌一人。载沣上述集权于皇族的做法，不但在中央加剧了满汉官员之间的矛

---

① 爱新觉罗·溥仪：《我的前半生》，东方出版社，2007，第24、26页。
② 杜春和等编《北洋军阀史料选辑》上册，中国社会科学出版社，1981，第68页。

盾，在地方引起了各省督抚的普遍不满，而且在皇族内部也引发了隆裕太后以及与隆裕关系密切的载泽、溥伦等人，还有以奕劻为首的元老派，与载沣兄弟以及毓朗等少壮派之间的权力斗争，清末政局更加混乱，清朝政府控制局势的能力进一步削弱。

二

军事变革与辛亥革命的内在关联，在武昌起义的发生地也有清晰体现。武汉是中国内陆腹地的交通要道和重要城市，1858 年被辟为通商口岸后，包括洋务企业在内的一批近代企业陆续在这里开办。武昌的学校也比附近各省多，原有两湖、经心、江汉三个书院和武备、自强、农务三个学堂。这三个书院的学制，20 世纪初已经过一些改革。学生除每月作文一次外，每天须到讲堂上课，功课有算术、天文、地理、理化等科目，此外兼习体操，侧重操枪式的兵操。它和旧式书院已有不同，成为半新半旧、似学校而非学校的书院（以后，江汉书院并入经心书院，经心书院后又与两湖书院合并，改称两湖文高等学堂）。清末新政启动后，时任湖广总督的张之洞选派了一部分年轻学子出国留学，本意是为了维护清皇朝的统治，结果却在客观上加速了革命的进程。

当时湖北已开始编练新军，张之洞奏请以 10 年为期，将绿营、巡防等旧式军队淘汰，先由总督衙门直接训练护军三营，聘德人为教官，施以新式操法，以后逐步扩充，准备编为两镇。后清廷只准允成立一镇、一协（即一师、一旅）。这是清朝在北洋六镇以外，最精锐的一支新式军队。张之洞在湖北"招募新军士兵标准，要以能识字为原则，文理粗通者更好。时清廷已废科举制度，代以新式学校。一般乡村农家子弟，既不能再在私塾读书，又无力进入新式学校，更无土地可耕，于是纷纷投入新军。除本省各县外，以湘、豫两省为多，秀才当兵，已成普遍现象"①。

招募众多原先的读书人入营当兵，张之洞旨在改进军队素质，借以巩固统治，结果却使革命力量渗入军队，使湖北新军成为倾覆清朝政府的掘墓人，这是他始料未及的。与他有所不同的是，"袁世凯所练北洋陆军，其干部培育与训练，皆出自己部队之内，不用外来之人，故其陆军中鲜有

---

① 湖北省政协编《辛亥首义回忆录》第 1 辑，湖北人民出版社，1979，第 49 页。

革命党人渗入"①。

1901 年，沙俄企图通过《中俄密约》侵占中国东北的消息传出后，武备学堂学生吕大森"鼓动学生数百人莅曾公祠演讲，斥政府失策，激昂慷慨，轰动一时"。武备学堂另一个学生朱和中在会上"义愤填胸，演讲激烈，手中所持之折扇拍成片段，亦不自知也"②。

次年，吴禄贞在日本士官学校毕业后回到湖北，张之洞先后委以学务处会办、营务处帮办、将弁学堂护军全军总教习、武普通学堂会办等职，并在各营队军官军士讲习班主讲，暗中鼓吹革命，不遗余力，当时各军队、各学校受其感应者翕然从风。当时，留日鄂籍学生主办的《湖北学生界》出版，输入内地，湖北军、学两界也很受影响。此外，吕大森、朱和中等还组织了一个活版印刷公司，专门翻印《猛回头》、《警世钟》、《扬州十日记》、《嘉定屠城》等有反清革命内容的书籍。

科学补习所的最初发起者是张难先和胡瑛，他们都是在当时知识分子纷纷投军的情况下，直接到军队下层去做革命的宣传工作和组织工作的，先后投入工程营当兵。张、胡两人在军营相识后，就共同在士兵中展开革命宣传，常常利用饭后时间集合于操场上向士兵讲述有关革命的故事，来激励士兵的革命思想，又散发《猛回头》、《警世钟》、《孙逸仙》、《黄帝魂》、《革命军》等书。当时投身工程营的知识分子，还有朱元成、雷天壮、毛复旦、陈从新等，大多也倾向于革命。

1904 年 5、6 月间，张难先、胡瑛与同营的朱元成、陈从新、雷天壮、陈教懋、毛复旦、李胜美以及学界表同情的吕大森、欧阳瑞骅、曹亚伯、康建唐 12 人发起组织科学补习所，"宗旨标明研究科学，实则意在愚官府耳目。草具，由胡瑛、朱元成、康建唐、张难先审查，提出大会通过。维会员则以心记之宗旨'革命排满'四字为主"③。

7 月 3 日，科学补习所正式成立，举吕大森为所长，胡瑛为总干事，曹亚伯任宣传，时功璧任财政，宋教仁任文书，康建唐任庶务，军营和学堂都设干事。次月，黄兴由沪过鄂，科学补习所开会欢迎，黄兴告以华兴会准备在 11 月 16 日起义，所员都表示赞同，约定湖南发难，湖北响应。

---

① 刘凤翰：《晚清的陆军革新》，陈三井主编《郭廷以先生九秩诞辰纪念论文集》，中研院近代史研究所，1995。
② 张难先：《湖北革命知之录》，商务印书馆，1946，第 58、106 页。
③ 张难先：《湖北革命知之录》，第 55 页。

并在本所印就军用票 30 万张,以备起义时两省之用。接着,科学补习所决定派吕大森、康建唐赴施南、何自新赴荆宜,联络会党;宋教仁赴湖南,与华兴会联络;武高等学堂以刘度成任干事,负责推动;文普通学堂由欧阳瑞骅任干事,负责推动;马队,由刘静庵负责;工程营由张难先负责;弹械由胡瑛、王汉负责,赴江西湖口起运来鄂。

各项工作正在进行时,华兴会在湘事败。清朝政府从华兴会机关中搜得文件,知道与湖北的科学补习所有牵连,急电通知张之洞。但科学补习所已先得到黄兴来电,预先将军械和文件全部移藏或焚毁。10 月 20 日夜间,清朝政府军警搜查科学补习所,一无所获,只知道此屋是由文普通学堂学生欧阳瑞骅所租。于是,就开除欧阳瑞骅、宋教仁二人文普通学堂学籍了事。但科学补习所的活动,自此也不能不宣告停止。

科学补习所是湖北最早的革命团体。它虽然失败了,但对以后湖北的革命运动有着十分深远的影响,当事人曾有如下归纳:

> 第一,提倡知识分子投军,为以后运动新军革命打下了基础。第二,联合湘、鄂两省,易使革命运动迅速展开,武昌长沙交通便利,武昌又为两省文化中心;科学补习所首与湘省联合,为两省以后开辟了联合的道路。第三,会党不受约束,容易坏事,湖南华兴会失败,给予革命党人以极大的警惕,以后湖北革命得到教训。①

紧接着,刘静庵又主持日知会,开展革命活动。1905 年萍浏醴起义失败后,刘静庵被捕,半年后病死狱中,日知会无形中解体。湖北地区的革命活动转入低潮,直到 1908 年又趋活跃。当时在湖北新军当兵的陈孝芬回忆,自科举废除:

> 一般读书的分子只得另谋各人的出路,于是有出洋留学的,有到省城住学校的,而多数贫寒子弟则投入新军。我是 1905 年在黄陂应募入伍的。那次募兵结果,九十六人中就有十二个廪生,二十四个秀才。马队第十一标是这样,陆军第八镇和陆军第二十一混成协所属步、马、炮、工、辎五种部队,都有不少的读书分子入伍。②

---

① 湖北省政协编《辛亥首义回忆录》第 2 辑,湖北人民出版社,1979,第 110 页。
② 湖北省政协编《辛亥首义回忆录》第 1 辑,第 68 页。

　　众多识字的青年人进入新军，便于革命思想的传播。1908年7月，原日知会成员任重远等人在武昌发起成立了湖北军队同盟会。以后又有群治学社、振武学社等革命团体相继成立，湖北新军中革命党人的活动再度活跃起来。在此基础上，1911年1月30日，蒋翊武等人发起成立了文学社，由蒋翊武任社长，詹大悲为文书部长，刘复基为评议部长。文学社成立后，继续注重在新军中发展革命力量。另一方面，1909年以后，以孙武等人为代表的湖北地区共进会成员的活动重点，从联络会党转向新军，为在湖北新军中发展革命队伍，增添了新的力量。

　　随着工作的开展，文学社和共进会逐渐感到了联合起来的必要。1911年5月，双方达成了合作协议，约定不要互争社员，决定共同奋斗，这就为将要爆发的武装起义，从组织上奠定了基础。总的说来，湖北地区革命组织的成员，大多是家境并不富裕的下层知识分子。其革命活动的特点是重视军队，能够直接投身到军队下层去做持久细致的革命宣传和组织工作。辛亥革命所以能在武昌首义，是与湖北革命党人这种特殊的贡献分不开的。

　　同年9月，四川保路运动达到高潮，一部分湖北新军奉命入川镇压，武昌清军兵力空虚，为起义提供了良机。这时，经过湖北革命党人长期艰苦细致的宣传和组织工作，湖北新军中的革命力量已有相当的规模。据当时人回忆，湖北新军1.5万人中，"纯粹革命党人将近二千人，经过联系而同情革命的约四千多人，与革命为敌的至多不过一千余人，其余都是摇摆不定的"[①]。起义的时机，已经成熟。

　　1911年10月10日，武昌城头响起了革命党人清脆的枪声，震惊中外的武昌起义爆发。这次起义几乎夭折。当天凌晨，位于武昌城内的起义总指挥部不幸被清方破获，刘复基、杨洪胜等人被捕遇难，其他领导人或暂时隐藏，或避往外地，武昌全城又宣布戒严，形势十分危急。在这千钧一发之际，革命党人在工程八营的总代表熊秉坤当机立断，决定率该营士兵首先发难，并与同驻城内的其他部队的革命党人暗中取得联系，约定当晚7时听到三声枪响，就一起行动。由于工程营的一名军官有所觉察，起义的枪声被迫提前在傍晚打响。所幸的是，在起义枪声打响的同时，湖北新军的楚望台军械库被革命党人及时控制，于是整个局面对起义军十分有利。军械库既在革命党人手中，库内储存的大量军械弹药便为他们所用，实力大增。经过一夜激战，到次日中午，革命党人控制了武昌全城，当晚又占领了汉阳。同日，新生的革命政权——中华民国湖北军政府宣告成立。10 月 12 日，汉口也被革命党人攻克，武昌起义取得了胜利，辛亥革命的风暴，很快席卷神州大地，并最后推翻了统治中国两千多年的君主专制制度，开创了中华民族历史发展的新纪元。

作者单位、职务：复旦大学历史学系教授

辛亥前期欧榘甲革命自立主张探析

——以《新广东》为中心

✐ 宋德华　刘雪琴

　　武昌起义爆发后，各省纷纷宣告脱离清廷而独立。这种政治格局的重大转变，不仅与革命派志士所提出的分省独立主张密切相关，而且与康门弟子更早对分省自立所做的宣传有渊源关系。尽管康有为力倡一统，极端反感分省独立，但康门弟子中有此议论者却不乏其人。其滥觞应属梁启超于《湘报》第 26 和 27 号发表的《论湖南应办之事》一文，而将分省独立说真正广为传播的则为欧榘甲①的《新广东》②一书。以笔者目前所查阅的资料看，学界对《新广东》尚研究甚少。③ 值此辛亥革命一百周年之际，以《新广东》为中心，对欧榘甲所宣扬的自立、革命思想进行梳理，无疑将有利于深入认识戊戌政变后康门弟子中出现的激进思想取向，以及这一取向对辛亥革命所产生的积极影响。

一

　　早在撰写《新广东》之前，欧榘甲就开始倡导"自立"。从保中国以自立，到主张广东一省独立，其思想有一个演变的过程。

---

①　欧榘甲（1868～1913），字云樵，广东归善（今惠阳）人，1891 年入万木草堂师从康有为。

②　欧榘甲以"太平洋客"为笔名，在《文兴报》上连载 27 篇的长篇政论文《论广东宜速筹自立之法》，1902 年由横滨新民丛报出版社结集出版，命名为《新广东》。本文所用的《新广东》，以中国国家图书馆的影印本为准，句读借鉴了张枬、王忍之《辛亥革命前十年间时论选集》第 1 卷（上册），三联书店，1963，第 269～311 页。

③　对欧榘甲的《新广东》有所涉及的论著，有程美宝的《地域文化与国家认同：晚清以来"广东文化"观的形成》（三联书店，2006）、杜赞奇的《从民族国家拯救历史：民族主义话语与中国现代史研究》（社会科学文献出版社，2003）等。

　　欧榘甲最初所倡导的"自立"，与康有为戊戌时期的保国主张和戊戌政变之后的保皇自立主张一脉相承，并不包含分省自治的内容，而是指四万万中国人齐心抵抗外国侵略，谋求中国独立，维护国家的大一统。这一点，在其撰《论非律宾群岛自立》一文中表达得很清楚。对于菲律宾人民勇于反抗侵略、力求国家独立的精神，欧榘甲甚为赞赏，认为中国也应该加以仿效："我中国四万万人，亦宜曰：中国者，中国人之中国也。人人视中国如其私家私产，不令他人入此室处，夺其所有。念念在兹，不少挫折。若有侮吾国、欺吾国、侵吾国、削吾国者，必同心协力，切齿扼腕，思所以报此大辱，与侮吾家、欺吾家、侵吾家、毁吾家者，必思所以报此家仇一例。中国既为四万万人之国，有利四万万人公享之，有害四万万人公去之，夫然后国家之义成。"① 面对外国侵略，欧榘甲希望所有的中国人能团结得像一个人那样，共报家仇国恨，以此彰显国为四万万人所共有之义。很显然，中国四万万人应该凝聚为一体，各省应该凝聚为一体，朝野上下也应该凝聚为一体。这里所说的"自立"，是与外国侵略相对的全中国的自立。

　　不过，在力主国家自立的同时，欧榘甲还大力宣扬了另一个观念，即民众的"自由独立"，与康有为的自立思想表现出明显的差异。他认为，自由独立像自立一样，是一个国家的人民欲屹立于世界民族之林的最为关键的因素："以自由为天赋之权，独立为生人之本，人人皆当保护安全之，不可受人压抑，非其如草木禽兽，横生倒生寄生，不能自由独立，受命于人。此理印于人人脑中，故于在上有损其自由、制其独立者，必起而抗之。于是列国革命之事起，此非民之敢于抗上也，为其扼人自由，制人独立，害天理、损人为，不得不深恶耳。西人之言曰：地球上最大罪者，莫如抑人自由；若抑人自由，虽有丰功硕德，不足以赎其罪。大哉言乎！夫自由类于仁，自由而不侵他人之自由。己所不欲，勿施于人，斯谓忠恕独立，而不抑他人之自立……斯二者，国家之所以成政治，之所以起社会，之所以与人民德行。"② 从这段议论可以看出，欧榘甲言自立主要是对外，而言自由独立则主要是对内。自由独立作为"天赋之权"，绝不能受"在

---

① 欧榘甲：《论非律宾群岛自立》，《近代中国丛刊·清议报》第二十五册，光绪二十五年七月二十一日，中华书局，1991，第1593页。

② 欧榘甲：《论非律宾群岛自立》，《清议报》第二十五册，光绪二十五年七月二十一日，第1589~1590页。

上"者即统治者的压制，如果受到压制，民众就有权"抗上"，有权发动"革命"。这种激烈的主张，是康有为所不敢也不愿发表的，因此，他几乎从不提倡自由独立，而欧榘甲则像梁启超一样，此时对自由独立甚为向往，不断大声疾呼。在此求自由、赞革命的呼声中，实际上已流露出对清政府的不满，因为在其统治下，国人自由独立的权利根本得不到保障，戊戌政变的发生和政变后清廷的种种倒行逆施，就是令维新派有切肤之痛的明证。

如果说，在《论非律宾群岛自立》一文中，欧榘甲宣扬自由独立的政治目的还表达得比较隐晦，那么，在随后所发表的《中国历代革命说略》一文中，其针对清政府所做的抨击就直截了当、毫无顾忌了："若夫纵一己之自由而压众人之自由，伸一己之独立而缩众人之独立，是视已如天，视人如畜。众民者己供其身家财产，而身又陷于犬马奴隶之籍，终其身，无一日生人之乐焉。夫以犬马奴隶待人，实悖天道，实害人理，以犬马奴隶自待，亦悖天道，亦害人理。"[1] 对这种"不均不平不安不乐"的"生不如死，有不如无"的"黑暗之世、地狱之世"，应该用革命的手段毁灭之。[2] 为此，欧榘甲以震人心魄的话语，发出了以革命推翻清朝统治的号召："故必有大英雄大豪杰崛起，而涤荡犬马奴隶之世界，而为人类最贵之世界，开豁黑暗地狱之世界，而为文明天堂之世界，乃足以相天而生人，则革命者，是平人天之憾最良品也。西人之言曰：文明者，购之以血也。又曰：将独夫民贼之血洒地球而皆红，则民安矣。通历史之学者，谓欲革千人之命者，必流百人之血；革万人之命者，必流千人之血；欲革亿人之命者，必流万人之血，古今万国之通例，不可避规之事。"[3] 为了使"犬马奴隶之世界"变为"人类最贵之世界"，使"黑暗地狱之世界"变为"文明天堂之世界"，哪怕革命付出"流万人之血"的代价也在所不惜，言词如此激愤，在康门弟子中实属罕见。

既然不能依靠清政府反而要通过推翻这一政府才能获得民众的自由独

---

[1] 欧榘甲：《中国历代革命说略》，《清议报》第三十一册，光绪二十五年九月二十一日，第 1990 页。

[2] 欧榘甲：《中国历代革命说略》，《清议报》第三十一册，光绪二十五年九月二十一日，第 1990 页。

[3] 欧榘甲：《中国历代革命说略》，《清议报》第三十一册，光绪二十五年九月二十一日，第 1990 ~ 1991 页。

立，那么，除政府之外的四万万国人还能否一致寻求自立呢？欧榘甲对此也重新作了思考，认为以中国人的特质，是不可能做到四万万人齐心一致求独立的。其一，国人并无国家的意识和观念。他们只知有本宗族而不知有国家，因此，"联合之力，专及于同族为多，而芸芸之众，仅有昏姻与友谊者始相闻问，非此则老死不相往来"①，在此情形下，要实现全国的大联合是极为困难的。其二，国人中普遍存在自相争斗、党同伐异的行为，"爱同声而憎异言，党同省而伐异方，右同邑而左外府。同是中国人也，而闽粤相视如秦越；同是粤人也，而客家本地相视如秦越；同一本地也，而三邑四邑相视如秦越。构讼械斗，如临大敌，自伤其类，终年不解"。国内如此，在国外的华人亦不能避免这种陋习："自相戕贼，动辄阋墙。上辱国体，下悖人道。此真野蛮之行。"② 内部分裂如此严重，欲求全体民众的团结一致，谈何容易。

基于这样的民情，欧榘甲便提出了各省分别自立的设想："夫治公事者，不如治私事之勇；救他人者，不如救其家人亲戚之急；爱中国者，不如爱其所生省份之亲。人情所趋，末如何也。故窥现今之大势，莫如各省先行自图自立。有一省为之倡，则其余各省争相发愤，不能不图自立。各省既图自立，彼不能自立之省，必归并于能自立之省。"紧接着，他颇费笔墨地对之所以选择分省独立进行了一番解释："一因人心视其生省份之亲切，易于鼓舞；二因专力一省，易为措置；三因一省自立，各省得以感动奋起，不致如泛言中国、各存观望而无实志；四因一省自立即为中国自立，人人视其省为中国之土地而图自立，则视此中国，自为切实，将来联合，亦自容易。有是四者，故一省自立之说，不可不大明也。"

他还明确表示，各省自立并非要分裂中国，而是要效仿德国和美国的联邦政府，在一个新的基础上实现中国的统一："省省自立，然后公议建立中国全部总政府于各省政府之上，如日耳曼联邦、合众国联邦之例，即谓全中国自立可也。"③ 与梁启超在《上陈中丞书》中欲"种类有倚恃之所"一样，欧榘甲认为："我之倡一省自立，以刺激各省自立之心，为各

---

① 欧榘甲：《论中国人种有功于地球》，《清议报》第二十九册，光绪二十五年九月初一日，第 1859 页。
② 欧榘甲：《劝各地立祀孔子会启》，《清议报》第十一册，光绪二十五年三月初一日，第 651 页。
③ 太平洋客（欧榘甲）：《新广东》，第 3 页。

省自立之起点耳，岂与瓜分同哉！……况自立者，各省未必无同心乎，若夫望中国全体自立既不可得，而复不许中国一省之自立，则是大开门户，引群盗而来杀，同归于尽，无复片土之遗余以俟后人之兴复。"① 可见，主张各省独立自治，乃是为了避免中国被"全体"瓜分，至少为汉种复兴保留一省之地。

至此，欧榘甲已摆脱了康有为原有自立主张的束缚，而形成了具有新的政治内涵的分省自立思想。就期望通过"自立"以抵抗外国侵略、最终取得中华民族的独立而言，两种主张仍有共同之点，但在如何实现"自立"的途径上，两者的差别则十分明显。欧榘甲的分省自立之说已与反清革命、自由独立、联邦共和等观念融为一体，这与康有为形成了重大分歧，而与革命派的思想主张则颇为相近。

二

对于如何实现各省的独立自治，欧榘甲在《新广东》中提出应办好三事，即开报馆、立学堂和联合秘密社会。这三项举措，前两项维新派曾广泛用于戊戌变法时期，欧榘甲认为仍可继续采用，第三项则是全新的设想，最具欧榘甲的个人特色。

欧榘甲主张联合秘密社会，意味着对下层民众的暴动持肯定态度。在康门弟子中，与欧榘甲持相同看法的几乎无人。梁启超虽然倡言革命，但对流血破坏依然心怀恐惧，对下层民众缺乏信任感。麦孟华也不例外，在《论中国会匪宜设法安置》一文中，对哥老会、三点会、三合会、兴中会等由"亡命之徒"与"乌合之众"组成的"会匪"不无担忧，认为朝廷应想方设法招抚，以求安内，否则如屡屡发生"孙文之案"，则是"徒辱国体"。②

欧榘甲之所以对秘密社会推翻清政府的作用尤为推崇，与其故里为归善有不小的关系。广东归善，在清代隶属于惠州府，乃是会党活动异常活跃的地方。在《清实录》中，有不少关于这一带会党活动的记载：如嘉庆

---

① 太平洋客（欧榘甲）：《新广东》，第 85~86 页。
② 麦孟华：《论中国会匪宜设法安置》，《近代中国史料丛刊三编·时务报》第 40 册，光绪二十三年九月初一日，（台）文海出版社，1987，第 2695~2697 页。

七年（1802 年），"粤东归善县添弟会滋事一案，先于八月二十二日，吉庆奏道获首伙四十余名，投出者一百九十余名，地方业已宁谧。二十九日奏折内，忽称归善、博罗，共有会匪一二万人"①；咸丰六年（1856 年），"广东归善县匪徒，叠经官军剿击，仍占踞林村等处，肆行滋扰"②；同治三年（1864 年），"据毛鸿宾驰奏……广东为贼匪注意之区，而惠潮嘉三属，尤首当其冲③；同治五年（1866 年），"如东莞、惠潮、肇庆等处，已发未发，伏莽尤多，若不赶紧筹办，必至酿成燎原之祸"④；光绪十年（1884 年），"广东惠州府归善县属，三点会匪徒……在捻山地方滋事"⑤，到宣统二年（1910 年），该地会党活动依然活跃，"广东会匪，以惠、潮、高、廉各属为最多"。⑥ 历任归善和惠州府的官员，其受赏升官抑或贬职罢黜，都与剿办"盗匪"是否得力有莫大关系。道光二十四年（1844 年），"广东归善县知县丁嘉藻拿获盗犯多名，恳请加衔鼓励"。⑦ 咸丰五年（1855 年），"以广东惠州剿匪失利，总兵官吕大升、庆寅下部议处"。⑧ 光绪二十七年（1901 年），"以剿办广东惠州会匪出力，赏总兵莫善积威勇巴图鲁名号，副将吴祥达精勇巴图鲁名号"。⑨

归善一带会党活动如此活跃，欧榘甲生长于此，对其基本情形应有相当的了解。冯自由便认为，壬寅年（1902 年）欧榘甲赴美任《文兴报》记者，以其少在惠阳（归善）交结三合会中人，获知洪门秘密，知洪门缺乏文士，大可利用。当欧榘甲、陈继俨、梁启超、徐勤、梁朝杰诸人入美

① 《仁宗睿皇帝实录》卷 105，嘉庆七年十一月庚午，《清实录》第 29 册，中华书局，1986，第 403 页。
② 《文宗显皇帝实录》卷 189，咸丰六年正月戊寅，《清实录》第 43 册，中华书局，1987，第 19 页。
③ 《穆宗毅皇帝实录》卷 115，同治三年九月辛亥，《清实录》第 47 册，中华书局，1987，第 554 页。
④ 《穆宗毅皇帝实录》卷 169，同治五年二月戊申，《清实录》第 49 册，中华书局，1987，第 70 页。
⑤ 《德宗景皇帝实录》卷 178，光绪十年二月丁卯，《清实录》第 54 册，中华书局，1987，第 486 页。
⑥ 《附宣统政纪》卷 37，宣统二年五月辛未，《清实录》第 60 册，中华书局，1987，第 652 页。
⑦ 《宣宗成皇帝实录》卷 401，道光二十四年正月乙卯，《清实录》第 39 册，中华书局，1986，第 6 页。
⑧ 《文宗显皇帝实录》卷 179，咸丰五年十月乙未，《清实录》第 42 册，中华书局，1986，第 1003 页。
⑨ 《德宗景皇帝实录》卷 485，光绪二十七年七月丙寅，《清实录》第 58 册，中华书局，1987，第 405 页。

后，有数人特投身致公堂，阴图夺取其事权。洪门中人不知其诈，颇为所愚。[①]

除了故里的影响外，欧榘甲主张利用秘密社会组织暴动的更重要的原因，还在于他对西方之"会党"的作用和中国各省会党的现状有相当深入的认识。

关于西方"会党"，欧榘甲将其分为"公会"和"私会"两大类，认为都值得中国人学习。西方的公会，"其宗旨可表白于天下，其行为可明著于人群，公享其益，公著其利，故其会友最众。西国公会，指不胜屈，而其最大而显者，一曰国会，二曰议会，其他教会，学会，商会，工会，天文地理与及凡百术业，莫不有会"。[②] 这里提及的国会、教会、学会等等，虽然皆以"会"相称，其实相互之间，在性质与作用上有很大的区别。将它们相提并论，主张仿效其"宗旨"和"行为"，这与戊戌维新时期的"合群"思想并无太大差异。

关键在于对私会的认识。私会之所以产生，欧榘甲认为主要是因为"在上者政治之不平，遂陷人民不安之地，而不平之心生焉，不平之事出焉"。在专制制度下，"君权无限……人民毫不能与闻政事……以一国为彼私产，以人民为其刍狗。不平则倾，于是乎私会兴"；少数不得权利之徒，"暗相联络，暗布党援，踪迹诡秘，莫可究诘，总之以得达其意愿为主。乃时时有埋葬药轰短枪之举，以惊破此多数人民之心胆，俾不敢挟其'一朝权在手便把令来行'之势，专为一族之人，一党之人，一等之人计，而必为国中全部人民计"。这种"埋葬药轰短枪之举"，乃"俄罗斯虚无党，意大利灰炭党，欧美各国之无政府党之所由起也。其宗旨不可表白于天下，其行为不可明著于人群，故谓之曰私会。以其行事秘密，誓不外泄，故又谓秘密社会"。秘密社会，使"专制之国……不能不变而为宪法；立法之国……不能不速而为进步"。[③]

基于这些认识，欧榘甲认为私会功不可没："法兰西革命之初，其人亦非上等豪杰，不过起于民间之私会耳。日本浮浪子，岂尽忠臣义士哉？只数维新领首，能运动之以为正用，故一变而为侠士烈夫。然则此秘密社

---

① 《美洲致公堂与〈大同日报〉》，冯自由：《革命逸史》（上），新星出版社，2009，第108页。

② 太平洋客（欧榘甲）：《新广东》，第49～50页。

③ 太平洋客（欧榘甲）：《新广东》，第50～52页。

会者，亦言自立之一大关键也。"① 欧榘甲对西方"私会"的提倡，乃是肯定西方的无政府主义与暗杀破坏。因此，其欲效法西方"私会"的做法，通过各省秘密会党的暴动，推翻清朝的压迫，以谋求自由自立。这一点，与当时革命党人的政治诉求不谋而合。

就中国各省会党的现状而言，其组织遍布全国，利用其谋求各省独立，并非毫无希望。欧榘甲分析道，各种会党名目繁多，分布于中国的不同省份，如"闽粤以南，则名三合、三点，扬子江七省则名哥老会，其中有名关帝会者，亦附之焉"，斋会则是"突起中国南部之上流，其财力之雄，合中国各省私会，无能及之。其守其宗旨，奉行不懈，亦非各私会所能，其人数之众，亦几与洪家等，足为满清政府之隐忧者也"，"扬子江北岸之东方，自哥老会以外，则有大刀、小刀等会起焉……其他不称会而称教者，则有若白莲教，在理教，八卦教，广仁教等类"。此外，位于满族的发源地东北则有响马贼，"其人身材高大，生于游牧之地，长于骑射，故往往伺行人所过而劫其货焉"，西北则有"出死力以……保其宗教之国"的回人，"回人如是爱其宗教，他日或因宗教而触其建国之心，未可知也"。② 这些会党中，有不少以"反清复明"为宗旨，究竟能否"复明"姑且不论，只要能"反清"，能恢复汉人正统，便大有可用。

具体到广东如何利用秘密社会谋求独立自治，欧榘甲主张还需根据广东的实际情况因地制宜。对此，他提出了三个方面的建议。

首先，广东地方军队的力量不容忽视。欧榘甲认为，"中国之兵，大都无业之游民；非私会中人，鲜有作游民者；既为游民，求其可以不织而衣、不耕而食，莫如为兵。故中国兵者，私会之人居其大半"。因此，"不独哥老会蔓延长江诸省营中已也，广东之兵，而私会亦居其半"。③ 这些遍布于军队中的"私会之人"，加上其手中的武器，无疑是谋求独立自治不可或缺的一股重要力量。

其次，需平息土客械斗，团结一致。广东客家、福佬、本地之族因所操语言不同，往往引发诸多纠纷械斗。欧榘甲从来源着重考证了此三者均为同一种族："此三者种族，同出一源，不过因声音而异……三者种族，

---

① 太平洋客（欧榘甲）：《新广东》，第 65 页。
② 太平洋客（欧榘甲）：《新广东》，第 56~63 页。
③ 太平洋客（欧榘甲）：《新广东》，第 68 页。

智识心思，脑输角度，形体精神，不相上下。即以其族谱而言，其祖先莫不由中原丧乱，越岭南迁。故本地之族，多由南雄而至广肇；客家之族，多由赣州而至；惠嘉福佬之族，多由江浙而至福潮。其声音之异，亦由所居之地而变迁焉……以大体考之，福佬本地皆有官话字眼，皆有可通，非若苗族之蛇言鸟语也。然则三者同为种族，无可疑也。"①

应当说，秘密会党本身喜好械斗，尤其是广东地区，土客械斗尤为严重。② 因欧榘甲于此提出平息械斗，而认为其并不了解会党的特点似乎不妥。因为在很大程度上，欧榘甲受近代民族主义观念的影响，并力图以此改造会党互相械斗以谋求更多力量实现分省自立。如他认为的客家、本地、福佬均为黄帝子孙，便是服务于此。③ 其实欧榘甲的利用会党，亦不出康有为戊戌时期的"以群为体，以变为用"的主张。只不过"群"的主要对象为各省的会党，而"变"的方法更为激进罢了。

最后，应汲取洪杨起义失败的教训，避免汉种自相虐待残杀。洪杨起义之所以失败，原因有二。其一为"洪杨行动，众叛亲离，手足干戈，旦夕待灭，既无爱我汉人之心，残虐过于满人"，其二为"故以洪秀全之蹂躏名城，几有中国全部，而所以为敌而摧灭之者，乃反出于汉人。此汉人甘为满洲之奴，自残骨肉以媚之"。④ 一是洪杨内部以汉虐汉，二是洪杨本身亦为汉人所灭。有鉴于此，欧榘甲力求避免汉种自相残杀，而主张汉人应一致与"满清"为敌。

三

欧榘甲倡言广东独立自治，并非完全是自己的独特创造。其主张不仅受到同属康门弟子的梁启超的启发，而且受到革命派多方面的影响。

早在欧榘甲之前，梁启超就曾以湖南为实施对象，提出了一省自立的思想。他先是在公开发表的《论湖南应办之事》一文中，以"自保"为

① 太平洋客（欧榘甲）：《新广东》，第 75～76 页。
② 刘平：《被遗忘的战争——咸丰同治年间广东土客大械斗研究》，商务印书馆，2003。
③ 关于欧榘甲对会党的解读，及其与革命党利用会党的关系，参见周育民《秘密会党与民族主义——评杜赞奇对清末革命党会党观的论述》，《上海师范大学学报》（哲学社会科学版）2005 年第 1 期。
④ 太平洋客（欧榘甲）：《新广东》，第 80 页。

名，主张湖南应积极举办全省书院官课师课改课时务、学堂广设外课、开民智、开绅智、开官智等事情。① 接着，在私下写给陈宝箴的信札里，将其希望湖南"自立"的心迹表露无遗："故为今日计，必有腹地一二省可以自立，然后中国有一线之生路……故启超以为今日之督抚，苟不日夜孜孜，存自立之心者，虽有雄才大略，忠肝义胆，究其他日结局，不出唐景崧、叶名琛之两途。一生一死，而其为天下之人万世之唾骂者一而已……而启超必谓非存自立之心，不足以善其后者，盖以治一省与立一国，其规模条理，一切绝异。"这一"破釜沉舟、万死一生之策"，令梁启超"心突突不自制，热血腾腾焉，将焰出于腔。盖振荡迅激，欲哭不得泪，欲卧不得眠者，迄今六昼夜"。他明确表示，自己所倡导的一省自立，并非"如前代游说无赖之士，劝人为豪杰割据之谋，以因利乘便"，而只是因为"大统沦陷"，欲"种类有倚恃之所"而已。② 将梁启超的湖南"自保"、"自立"思想与欧榘甲后来在《新广东》中提出的广东独立自治主张相比，可以清楚地看出两者之间的极为相似之处。

欧榘甲受革命派影响始于戊戌政变之后。其时，他随康有为、梁启超等人一道，逃至日本，与同在日本的以孙中山为首的革命派开始有了交往。交往之初，对于是否与革命派合作，康门内部存在两种相反的意见。康有为、徐勤等不愿合作，梁启超认为可以合作，而欧榘甲等人虽看法与梁相同，但因畏惧康有为，不敢有十分鲜明的表示。③

1899 年 3 月，欧榘甲曾通过宫崎寅藏的联络，与孙中山等人有过一次关于两派合作的商讨。对于这次会见，陈少白作了这样的记载：双方"讨论了许久，还是没什么结果。因为欧榘甲对于什么事情，都说不能作主，总说要回去请教康先生再定……还是口口声声忘不了康先生，所以我说：'你要同你先生去商量，那么这事是没有希望的。你来此若是有全权决断的，就不妨谈下去；否则，谈了也是空话，不会得到结果。'他听了也就去了"。④ 可见对于革命派的主张，欧榘甲的确不敢独自表态。孙中山于会

---

① 梁启超：《论湖南应办之事》，中国近代期刊丛刊（第 2 辑）《湘报》，中华书局，2006，第 201～201、209～210 页。

② 《梁启超上陈中丞书时务学堂钞稿》，苏舆编《翼教丛编》，"中央研究院"中国文哲研究所古籍整理丛刊，2005，第 411～414 页。

③ 《康门十三太保与革命党》，冯自由：《革命逸史》（上），第 213 页。

④ 陈少白：《革命党与保皇党交涉之经过》，《兴中会革命史要——陈少白先生遗著》，建国月刊社，1935，第 77 页。

见后，写信给宫崎寅藏说："某君前日来见时，弟已应言尽言，倘能如弟言去办，则于中国前途大有补益也。余则非弟力所能及，似可毋容再见。"① 他不愿再见欧榘甲，应该也是因为欧榘甲受康有为的牵制太大，凡事都无法做主。

不过，也应看到，在这次会见中，孙中山一番"应言尽言"的革命言论，对欧榘甲不能不发生潜在的积极影响，甚至有可能引起内心深处的某种共鸣。他在会见中只说不能做主，而并未对革命派的主张表示异议或进行反驳，就很能说明这一点。也就是在这次会见之后，欧榘甲开始有意摆脱康有为的思想牵制，而与日趋激进的梁启超越走越近，于是便有了"康门十三太保"的联手行动，有了刊登于《清议报》上、几乎导致欧榘甲被康有为逐出师门的《中国历代革命说略》一文。

革命派的影响还来自其革命举动。1900 年 10 月，惠州起义爆发，声势甚大。欧榘甲的家乡归善隶属于惠州府，这对他自应有不小的震动，再度引起他对依靠会党力量发动反清起义的密切关注。在《新广东》中，他对惠州起义就有所提及。② 1901 年春，革命派赞助粤籍留日学生组织广东独立协会，该会由郑贯一、李自重、王宠惠、冯自由、梁仲猷等发起，主张广东向清政府宣告独立。③ 革命派的这一主张，无疑对欧榘甲所作的《新广东》倡言广东自立产生了直接的影响。

四

欧榘甲关于广东一省独立自治的主张发表后，无论是在改良派还是在革命派阵营中，都引起了很大的反响。

改良派中虽有赞同之声，如《新民丛报》第 14 号的"扪虱谈虎录"有评论说"吾愿楚人谋新楚，蜀人谋新蜀，吴人谋新吴，越人谋新越，欧人谋新欧，乃至燕齐秦晋滇黔，各谋所以自新，吾中国或者终为中国人之中国乎"④，将"新广东"的理念推广于全国各省，但更多的还是惊恐不安，乃至严加斥责。

---

① 《孙中山全集》第一卷，中华书局，1981，第 186 页。
② 太平洋客（欧榘甲）：《新广东》，第 67 页。
③ 陈锡祺主编《孙中山年谱长编》上册，中华书局，1991，第 267 页。
④ 中国近代期刊丛刊第二辑《新民丛报》，中华书局，2008，第 1822 页。

梁启超本来比欧榘甲还要激进，但读了其《新广东》之论后，也不禁有触目惊心之感，"视之尤为耆栗，其《论广东宜速筹自立之法》一篇稿凡二十七续，'满贼'、'清贼'之言，盈篇溢纸"。[①] 在梁启超看来，这些言论显然已经越过了改良派政治主张的底线，而与力倡民族主义的革命派没有什么两样。

康有为更是因欧榘甲连篇累牍地鼓吹分省自立怒不可遏，对其严词痛责，并欲再度断绝两人的师徒关系："复得汝书，头痛不可言。汝等迫吾死而已。欲立绝汝等又不忍，不绝汝又不可，汝等迫吾死而已。……记己亥汝责远之决绝，且安有身受衣带之人而背义言革者乎！今不三年，汝又从洞若矣。吾始于同门中，以汝为忠毅可倚，今汝若此，吾何望矣！……岂不言革则无啖饭处耶！汝改易，则为叛我。汝等背义之人，汝等必欲言此，明知手足断绝，亦无如何，惟有与汝等决绝，分告天下而已……"[②]令康有为如此痛心疾首的原因，也是欧榘甲越来越像革命派。连欧榘甲这样"忠毅可倚"的弟子亦将叛师而去，"背义言革"，固守"保皇"立场不变的康有为如何能不生绝望之感呢？

康有为斥责欧榘甲的另一个理由，是其《新广东》之作大坏人心，影响恶劣。康有为认为，"戊戌之春，湖南已发自立易种之论，幸而皇上赫然维新，故异说稍释"[③]，但此异说却被欧榘甲广为宣传。因此，他在写给梁启超的信里说，"云樵在美数月而全美华人皆变"[④]，指的就是《新广东》对美洲华人所起的思想颠覆作用。直到民国时期，康有为还将各省的"分争"归罪于梁启超、欧榘甲等人的分省自立主张："近廿年来，自吾愚妄无知之门人梁启超、欧榘甲等妄倡十八省分立之说，至今各省分争若此，此则梁启超之功也。欧榘甲作《新广东》一书，流毒至今。今《新广东》如其愿矣，而新广东分为七政府，生民糜烂，则欧榘甲之功也。……此书当时专为教告梁启超、欧榘甲等，二子离索既久，摇于时势，不听我

---

① 《与夫子大人书》（1902 年 4 月），丁文江、赵丰田编《梁启超年谱长编》，上海人民出版社，2009，第 189 页。

② 《致欧榘甲等书》（1902 年 6 月 3 日），姜义华、张荣华编校《康有为全集》第六集，中国人民大学出版社，2007，第 352 页。据桑兵考证，此信是寄给徐勤的，见桑兵《保皇会的宗旨歧变与组织离合》，《近代史研究》2002 年第 3 期。

③ 《答南北美洲诸华商论中国只可行立宪不能行革命书》，《康有为全集》第六集，第 325 页。

④ 《与任弟书》（1903 年 1 月 11 日），《康有为全集》第七集，第 189 页。

言，谬倡新说以毒天下。"①

革命派对于欧榘甲的《新广东》一书，则大表欢迎。由维新派转入革命派阵营的湖南人杨笃生，紧随《新广东》之后撰写了《新湖南》一书，明显受到欧榘甲的影响。《革命逸史》记载道："《新湖南》一卷，鼓吹湘省脱离满清独立之说甚力，与粤人欧榘甲著之《新广东》同风行于世。"②说明两书都被视为宣传革命的著作，拥有众多的读者。随后，江苏、四川等地的知识分子亦纷纷宣扬各省或数省联合谋求自立。正因为欧榘甲于1899～1902年间屡言革命自立，与这一时期革命派的政治主张颇为相近，所以冯自由认定其为兴中会前半期之革命同志③，并在列举这一时期各地出版的革命书刊时，将《新广东》名列其中。④ 这种划分，在很大程度上是符合当时欧榘甲的思想实际的。

综上所述，在戊戌政变后所出现的特定政治形势下，本为康门弟子的欧榘甲思想日趋激进，开始大力宣扬反清革命、分省自立等主张，其《新广东》一书就是典型的代表之作。这些主张与革命派互相呼应、互相影响，共同推动了革命运动的发展，对辛亥革命的爆发起了积极的作用。尽管欧榘甲由于种种原因最后并未脱离康门而成为革命党人，但他在辛亥前期的思想转变及其主张仍然值得重视，并作为深入研究改良与革命互动关系的一种范例。

作者单位、职务：华南师范大学历史文化学院副院长、教授
华南师范大学历史文化学院研究生

---

① 《康有为全集》第六集，第349页。
② 《〈新湖南〉作者杨笃生》，冯自由：《革命逸史》（上），第271页。
③ 《兴中会时期之革命同志》，冯自由：《革命逸史》（中），第428页。
④ 见《记上海志士与革命运动》、《中国同盟会史略》，冯自由：《革命逸史》（上），第244、283页；《开国前海内外革命书报一览》，冯自由：《革命逸史》（中），第490页。

孙中山与辛亥革命

SUN YAT-SEN AND
THE REVOLUTION OF
1911

（下 册）

社会科学文献出版社
SOCIAL SCIENCES ACADEMIC PRESS (CHINA)

本书由孙中山基金会全额资助出版

目　录

·上　册·

孙中山思想研究

目 录

·下 册·

辛亥革命的历史地位及影响

历史人物与辛亥革命

辛亥革命研究现状与回顾

辛亥革命的历史
地位及影响

浅论孙中山与辛亥革命

✒ 孙俊杰

今年是辛亥革命胜利一百周年。辛亥革命推翻了统治中国两千多年的封建帝制，是近代以来中华民族争取独立解放、民主自由的伟大先导，是中国走出中世纪农业社会踏上近代工业社会的一座丰碑，它为中国的进步打开了闸门，是中国历史上划时代的重大历史事件。它的领导人则是中国民主革命的先驱、20世纪中华民族三大伟人之一的孙中山。值此纪念辛亥革命百年之际，我们来谈一谈孙中山与辛亥革命的关系，以资缅怀这位革命先驱和世纪伟人。

孙中山先生一生致力于中华民族的民主自由与独立解放事业，他所领导的辛亥革命，为中华民族的繁荣富强和中国社会的文明进步作出了巨大的贡献，并为近代中国最终向社会主义社会的过渡打下了初步的基础。然而，有学者认为，辛亥革命爆发时孙中山并不在国内，何谈领导？有的说"革命纯粹是一种自发的行动"，和孙中山没有多大关系；有人公开否认孙中山在辛亥革命中的地位和作用，贬低辛亥革命的重大功绩，要戳穿假象、洗刷油彩；有人认为孙中山在辛亥革命中的作用微乎其微，他和他所领导的革命力量以及屡次武装起义影响都很小，撼动不了"满清"的根基；还有的说清朝的灭亡"是因为清朝帝制的本身已经腐朽不堪，而实质上早已自行灭亡了"；也有人认为孙中山除了是革命家外，其他方面乏善可陈，而革命则得不偿失，立宪是最好的选择，等等。那么，孙中山在辛亥革命中的地位和作用究竟如何呢？本文将根据历史事实，从民主革命的领袖和旗帜，共和民国的缔造和捍卫者及中国现代化运动的开拓者等方面进行评析论述。

一 民主革命的领袖和旗帜

说孙中山是民主革命的领袖和旗帜毫不为过。虽然，辛亥革命爆发的时候，孙中山并不在国内，而在美国，在美国各地华侨中宣传革命。8月11日，他在致郑泽生的信中曾预言说："现时各省民心切望革命军起，以救彼等脱离清朝之苛政者，已若大旱之望云霓。而十八省之新军，亦多倒戈相助。……吾党无论由何省入手，一得立足之地，则各省望风归向矣。"[①] 但他没有料到他所预见的革命来得这么及时。10月中旬，他在美国中部科罗拉多州的旅途中，从报纸上看到了"武昌为革命家占领"的消息。兴奋之余，他没有立即归国，而是认为当务之急应该"先从外交方面致力，俟此问题解决而后归国"[②]。他旋即赶往英国，阻止四国银行团对清政府巨额贷款，商谈银行团向革命政府借款问题，之后才起程回国，于12月25日抵达上海。孙中山是破天荒地在中国历史上第一个提出推翻君主专制制度、建立民主共和政治主张的人，并为此不懈奋斗了十几年，虽然未能直接参加这次起义，但是国内各阶级、阶层的人们都不能不承认，辛亥革命爆发的时间和方式诚然有一定的偶然性，但革命的成功绝非偶然——辛亥革命的胜利与孙中山息息相关、密切相连，是孙中山和以孙中山为首的革命党人多年间的革命宣传和艰苦奋斗打下的根基，才换来如此的胜利局面，正如打响起义第一枪的熊秉坤所宣称——"孙先生乃革命创始者，党人遍布全国，虽间有名目殊异，而尊崇孙先生则一也。"[③] 孙中山是公认的革命领袖和民主革命的旗帜。

我们之所以说孙中山是民主革命的领袖和旗帜、辛亥革命的胜利与孙中山密切相连，是基于孙中山在创建资产阶级革命政党、创立三民主义革命理论、领导发动武装起义等方面对这场民主革命所作出的无与伦比的贡献。

（一）创建资产阶级革命政党——中国同盟会

政党是近现代资本主义社会阶级斗争的产物，是代表一定阶级、阶层

---

① 《孙中山全集》第一卷，中华书局，1981，第534页。

② 孙中山：《建国方略》，《孙中山选集》，人民出版社，1956，第209页。

③ 转引自张磊、张苹《中国同盟会的历史地位和作用》，2005年8月23日《广州日报》。

或集团的利益，旨在执掌或参与国家政权以实现其政治纲领的政治组织。世界近代意义的政治活动通常都是由政党来领导的。1840 年鸦片战争的爆发及西方国家近代政治文明的侵入，改变了中国皇权专制的传统政治文明，促进了中国近现代政党政治的诞生。鸦片战争后，中国逐步沦为半殖民地半封建社会。为了争取民族独立、挽救国家危亡和实现民主政治，先进的中国人进行了前仆后继、不屈不挠的英勇斗争。1894 年 11 月，孙中山创建了中国第一个资产阶级反清革命小团体兴中会，标志着中国资产阶级民主派已经开始形成，中国资产阶级民主革命进入了一个初有组织的阶段，在中国近现代革命史上具有划时代的意义，开始了轰轰烈烈的资产阶级民主革命。1905 年 8 月，孙中山又创建了第一个具有近代形态的统一的全国性的资产阶级革命政党同盟会，成为中国民主革命高潮的起点。中国同盟会有明确的政治纲领和系统的组织机构，它在政治上、思想上和组织上都有其不可比拟的优点，农民阶级的秘密结社难以望其项背，资产阶级维新派的"学会"也不可与其同日而语，主要有：把孙中山"驱除鞑虏，恢复中华，创立民国，平均地权"的十六字纲领发展成为三民主义的革命纲领；组织机构采取评议、司法、执行三权分立的原则，具近代政党形态；党员由资产阶级、小资产阶级革命知识分子构成主体，形成了以孙中山为首的比较稳定的领导力量和系统的组织，成为全国性的统一的新型革命政党；拟定了《革命方略》等，制定了一套比较完整的革命党人的行动方针和政策。孙中山由此成为近代中国资产阶级革命民主派的杰出领袖，中国民主革命也因此进入一个新阶段。同盟会的成立，标志着中国资产阶级民主革命有了一个统一的指挥中心，是正规的民主革命得以实现的重要因素。因而，孙中山在同盟会成立之后说，同盟会集合了中国饱学文武之才，"中国前途诚为有望矣"。[①]

（二）创立资产阶级民主革命理论——三民主义

列宁指出："没有革命的理论，就不会有革命的运动。"[②] 江泽民同志在党的十六大报告中也指出"实践基础上的理论创新是社会发展和变革的

---

① 《孙中山全集》第一卷，中华书局，1981，第 287 页。
② 《列宁选集》第一卷，人民出版社，1976，第 241 页。

先导"。① 理论创新、理论指导对于革命运动具有引领作用，是决定革命成败的主要因素，资产阶级革命和社会主义革命概莫能外。孙中山是近代中国资产阶级革命民主派的卓越政治、思想代表，19 世纪末 20 世纪初，他在研究中国国情和考察世界资本主义运动规律基础上创立的三民主义革命理论，是引领中国民主革命运动的先导，是辛亥革命的指导思想。同盟会成立时的革命纲领，就是孙中山确立的"驱除鞑虏，恢复中华，创立民国，平均地权"十六字纲领，1905 年 11 月，孙中山在《〈民报〉发刊词》中，将之归结为"民族"、"民权"、"民生"三大主义。民族主义，就是推翻以满族贵族为首的清政府的反动统治，争取民族平等，实现"五族共和"；民权主义，就是推翻封建君主专制制度，建立全体国民均有参政权的资产阶级共和国，让人民享有言论、集会、结社、选举、被选举等一切民主自由权利，从而实现"民有、民治、民享"；民生主义，就是平均地权，核心是解决土地问题。"地尽其利"，曾是孙中山早期著述中的主题之一。其办法是"核定天下地价。其现有之地价仍归原主所有，其革命后社会改良进步之增价，则归于国家，为国民所共享"。② 被列宁称之为"纯粹资本主义的、十足资本主义的土地纲领"③。虽然有其局限性，但在当时的历史条件下，无疑是最先进的社会政治和经济变革方案，是使中国臻于独立、民主和富强的最先进的革命纲领。它在解决近代中国民主革命所面临的中心课题——独立、民主和富强方面，较之农民阶级和资产阶级维新派的纲领优越得多。辛亥革命，就是以三民主义为其指导思想的革命，因而具有比较完全的意义，从而跨越了鸦片战争以来长达半个世纪的民主革命"准备阶段"。孙中山因其制定和宣传革命理论、传播革命思想，一举成为革命的旗帜。

（三）领导发动反清武装斗争

孙中山是中国资产阶级革命民主派走武装夺取政权道路的坚决倡导者。坚持武装推翻清王朝的斗争，是孙中山和他所领导的资产阶级民主革命的突出特点。他把"反清"武装斗争当做当时民主革命的主要手段，为

---

① 《十六大报告辅导读本》，人民出版社，2002，第 11 页。
② 《孙中山选集》上卷，人民出版社，1956，第 62 页。
③ 《列宁选集》第二卷，人民出版社，1976，第 427 页。

推翻清朝统治，夺取革命的胜利进行了不屈不挠的斗争。毛泽东同志分析中国国情时指出：近代中国"不是一个独立的民主的国家，而是一个半殖民地的半封建的国家；在内部没有民主制度，而受封建制度压迫；在外部没有民族独立，而受帝国主义压迫。因此，无议会可以利用……"① 在半殖民地半封建的中国，反动统治是非常残暴的，对人民反对现存秩序的一切活动进行残酷的镇压——甚至温和的维新变法运动，也以谭嗣同等"戊戌六君子"的血洒长街而夭折。在这种社会条件下，合法斗争的道路被堵死了，中国革命只能以武装的革命反对武装的反革命。孙中山在社会实践中，特别是在上书李鸿章失败后，终于认识到了这一点，他说："知和平之法无可复施！"② 从而义无反顾地踏上了武装斗争的道路。基于此，孙中山在创建兴中会后即策划了 1895 年的广州起义，这是孙中山用革命的手段来实现资产阶级民主共和国理想的第一次。不久又发动了著名的惠州起义。从此，孙中山真正开始了革命活动，直接采取了武装斗争的形式来进行反清革命，并开始在人们的心目中成为"革命党"的旗帜。同盟会成立后，孙中山派遣会员分赴华南、西南和长江流域，准备武装起义。从 1907 年到 1911 年春，孙中山在西南地区策划了八次起义，即潮州黄冈起义、惠州七女湖起义、防城起义、镇南关起义、钦廉起义、河口起义、广州新军起义和广州黄花岗起义。持续不断的武装起义，沉重打击了清政府的统治，扩大了革命的影响，尤其是 1911 年 4 月的黄花岗起义，"碧血横飞，浩气四塞，草木为之含悲，风云因而变色"③，将孙中山领导的反清武装起义推上了高潮。黄花岗起义和随后发生的保路运动有力地促进了辛亥革命高潮的到来。1911 年 10 月，武昌首义的枪声终于打响，清朝统治土崩瓦解。1912 年 1 月，南京中华民国临时政府宣告成立，孙中山就任临时大总统。1912 年 2 月 12 日，清帝宣布退位，封建帝制被打倒，中国历史掀开了新的篇章。

二 共和民国的缔造和捍卫者及中国现代化运动的开拓者

说孙中山是共和民国的真正缔造者和坚决捍卫者及中国经济现代化运

---

① 《毛泽东选集》第二卷，人民出版社，1991，第 542 页。
② 《孙中山全集》第一卷，中华书局，1981，第 52 页。
③ 胡汉民编《总理全集》第 1 卷，上海民智书局，1930，第 1054 页。

动的开拓者是恰如其分的。帝制被推翻了，但缔造共和的过程，却充满了曲折和艰难，建立了共和，还要保卫共和，还要巩固共和！孙中山为此进行了不懈的努力。1912 年 1 月 1 日，中华民国成立后，孙中山就任中华民国首任临时大总统，他组建和主持了设在南京的临时政府，在短暂而又困难的三个月里，力求对巩固共和制度有所建树，紧急制定了一些资产阶级民主性质的法令和措施，颁布了 30 多道改革和发展资本主义工商业的政策法令，如禁赌博、改称谓、废跪拜、倡女权、禁缠足、易服饰、禁食鸦片、禁止刑讯、销毁刑具、改用阳历、限期剪辫子、禁止贩卖人口、倡导自由婚姻，以及废除世袭制度、太监制度、包衣制度等，颁布一些关于"振兴实业，改良商货"的通告等，无不带有革故鼎新、除旧布新、移风易俗，发扬资产阶级民主的精神，使民国初年出现了政治、经济、文化、教育和社会等方面的巨大变革，出现了"振兴实业"的热潮，为中国现代化的进程开辟了道路。以孙中山名义公布的《中华民国临时约法》，规定了国内各民族享有"言论、著作、刊行及集会、结社之自由"等民主权利，并以美国"三权分立"原则为指导，规定了参议院、大总统、国务员、法院的各自权限，确立了"责任内阁"制，彻底否定了封建专制制度，在中国人民面前提出了一个崭新的民主共和体制，为使中国从封建专制政体转轨到近代民主共和政体作了法律上的保障。当辛亥革命的成果被袁世凯及其后继者攫取后，他又领导了旨在捍卫共和国的"二次革命"和"护法运动"，"一往无前，愈挫愈奋，再接再厉"，为捍卫民主共和，奠定了永久不拔的基础。从此以后，民主共和的观念深入人心，帝制将不复存在于中华大地，诚如孙中山所言："敢有帝制自为者，天下共击之！"[1] 袁世凯称帝与张勋复辟的败亡，便是最好的铁证。中国革命的新纪元由此开辟，为以后的中国人民革命斗争打开了通道。孙中山不愧为共和民国的真正缔造者和坚决捍卫者，也是中国社会风俗的积极变革者和政治、经济、文化、教育现代化的强力开拓者。

毛泽东同志曾经高度评价了孙中山先生的历史作用和伟大功绩。1939年，他在《青年运动的方向》一文中指出，"中国反帝反封建的资产阶级民主革命，正规地说起来，是从孙中山先生开始的"[2]；1956 年，他在孙

---

① 《孙中山全集》第一卷，中华书局，1981，第 297 页。

② 《毛泽东选集》第二卷，人民出版社，1991，第 563 页。

中山诞辰 90 周年之时，称颂孙中山先生是"伟大的革命先行者"和"中国革命民主派的旗帜"①，他"全心全意地为了改造中国而耗费了毕生的精力，真是鞠躬尽瘁，死而后已"②。这些评价是中肯的，是完全符合实际的。孙中山又是海峡两岸人民共同的伟大历史人物，是中华民族永远的旗帜，他与他领导的辛亥革命，是将两岸人民紧密联系在一起的强大精神纽带，是两岸人民共同的精神激励。值此纪念辛亥革命一百周年之际，让我们再次缅怀世纪伟人孙中山先生，学习和继承他"艰苦奋斗、不屈不挠、再接再厉的革命毅力与革命精神"③，矢志于民族振兴、国家统一的爱国主义精神，团结起来，为早日实现祖国的和平统一大业而共同努力。

作者单位、职务：郑州大学马克思主义学院教授，硕士生导师

---

① 《毛泽东选集》第五卷，人民出版社，1977，第 311 页。
② 《毛泽东选集》第五卷，人民出版社，1977，第 312 页。
③ 《毛泽东文集》第二卷，人民出版社，1993，第 111 ~ 112 页。

回到"革命"的原点看辛亥革命的"革命"的伟大意义

——兼评析当今流行的"革命不如改良"、"告别革命"等说的实质

✍ 谭世宝

应邀参加今年澳门地区中国和平统一促进会举办的"'孙中山与辛亥革命'国际学术研讨会",抚今追昔,感慨系之。笔者鉴于当今学者对"革命"一词之众说纷纭,有不少人认为"革命不如改良"。特别是李泽厚、刘再复于1995年发表"告别革命"的谈话录后,对19世纪末至20世纪初的"改良道路"与"辛亥革命"两者作了选择性的一褒一贬评判,引起了很大争议。其书自1995年至2004年在香港已经出了5版。此外还在1999年由麦田出版社出了台湾版,后来又在韩国汉城出版了韩文版。因此在海内外文坛具有相当的市场影响。① 然而,有关争论者似乎既完全脱离了中国古典有关"革命"一词的原意及其历史实际,又完全脱离了孙中山所倡导继承和实行的中国"革命"一词的历史传统的原意及实际,还完全脱离了古典马克思主义有关"革命"一词的原意及其历史实际。结果是治丝益棼,徒增混乱。欲要正本,必须溯源。在此基础上,才能兼除末流之混乱。故此不揣浅陋,特此模仿今年高考作文的广东试题《回到原点》之意,草撰此一《回到"革命"的原点看辛亥革命的"革命"的伟大意义》小文,敬请方家赐教。

---

① 李泽厚、刘再复:《告别革命》(尤其是该书的刘再复《第五版前言》),(香港)天地图书有限公司,2004,第5版;章开沅:《无法告别革命》,见辛亥革命网2011年5月17日来源:《瞭望》。

一 孙中山在近代倡导复兴的古典"革命"原意

留美的著名政治学者邹谠先生完全赞同"告别革命"的倡导者之一李泽厚先生的"告别现代","回归古典"的理论。① 但是,他却完全忽略了李泽厚先生的"告别革命"所要告别的"革命",既非孙中山所倡导继承和实行的中国古典"革命"的思想与实际,也非当代中国某人某派最新主张的片面而极端特殊的血腥暴力"革命"之实际,因为这些革命都早已经成为过去了的历史。过去了的历史是既成的事实存在,是不可改变的。从其成为过去的革命的那个时候起,人们在实际上已经与之告别了,根本不必也不能在现在或将来才与之进行告别。因此,在"革命"时过境迁多年之后,他们才提出要告别的"革命",实际只是现代中国某人某派主张的片面而极端特殊的血腥暴力"革命"的思想观念在其头脑中的残余。但是,缺乏这种自知的"告别革命"论者或附和者,都把孙中山所倡导继承和实行的中国古典"革命"与最新的特殊的血腥暴力"革命"混为一谈,因而才会提出或认同对"革命"作全面彻底的告别。

请看辛亥革命元老冯自由在著名的《革命逸史》记述"'革命'二字之由来",他指出:

> 在清季乙未(清光绪二十一年)年兴中会失败以前,中国革命党人向未采用"革命"二字为名称。从太平天国以至兴中会,党人均沿用"造反"或"起义""光复"等名辞。及乙未九月兴中会在广州失败,孙总理、陈少白、郑弼臣三人自香港东渡日本,舟过神户时,三人登岸购得日本报纸,中有新闻一则,题曰支那革命党首领孙逸仙抵日。总理语少白曰,"革命"二字出于《易经》:汤武革命,顺乎天而应乎人一语,日人称吾党为革命党,意义甚佳,吾党以后即称革命党可也。按日人初译英文 Revolution 为"革命",但揆诸易所谓汤武革命之本义,原专指政治变革而言,故曰革其王命,又曰王者易姓曰革命。自译名既定,于是关于政治上或社会上之大变革,咸通称曰革

---

① 见李泽厚、刘再复《告别革命》所载邹谠《革命与"告别革命"——给〈告别革命〉作者的一封信》。

命。今国人遂亦沿用之。①

由此可见，孙中山所定"革命"之义，乃取自儒家古典《易经》所谓"汤武革命"之本义，其要点在于"顺乎天而应乎人一语"。由于"革命"是"应天顺人"之举，所以即使使用武力，也是死人甚少。正如《孟子·尽心下》反对《尚书·武成》有关形容"周武伐纣"的革命之举为死人甚多的"血之流杵"的残酷战争之说，指出：

> 孟子曰："尽信《书》，则不如无《书》。吾于《武成》，取二三策而已矣。仁人无敌于天下，以至仁伐至不仁，而何其血之流杵也？"

接着还进一步指出革命战争之所以称为"征"，就是大家都按照正义来正己之身体行为，所以各地人民都争先恐后地期盼和迎接正义之师来解救他们，故正义之师所向无敌，所谓"有征无战"，就是最高的革命境界，不战而屈强敌，使之内乱崩溃投降，基本不用暴力战争就能瓦解敌军敌国，取得伟大的成功胜利。其文如下：

> 孟子曰："有人曰：'我善为陈，我善为战'，大罪也。国君好仁，天下无敌焉，南面而征北夷怨，东面而征西夷怨，曰：'奚为后我？'武王之伐殷也，革车三百两，虎贲三千人。王曰：'无畏！宁尔也，非敌百姓也。'若崩厥角稽首。征之为言正也，各欲正己也，焉用战？"

《孟子·公孙丑下》还根据人心之顺逆向背指出：

> 得道者多助，失道者寡助。寡助之至，亲戚畔之；多助之至，天下顺之。以天下之所顺，攻亲戚之所畔；故君子有不战，战必胜矣。

孙中山志存高远，继往开来，复古创新，在中国近代史上首先正确诠释了"革命"一词的原意，并且率先以"革命党"自命。并且是知行合一地按照"汤武革命，顺乎天而应乎人"的榜样来进行"天下为公"的革命，其形式是以极少牺牲的极小规模武力战争加和平协商之"禅让"，结果是初步达到了用中华民国取代清朝帝国，结束了自秦至清的两千多年帝

---

① 见冯自由《革命逸史》（2），引自 http://www.du8.com/books/nov2707.shtml。

制的伟大胜利。请看孙中山策动一连串失败的武力起义中牺牲人数最多、影响人心最大的一次,就是有七十二烈士的辛亥年三月二十九日(1911 年 4 月 27 日)的广州起义。在有了这接连 10 次的牺牲甚少的起义失败奠基之后,到辛亥年八月十九日(阳历亦即欧美天主教基督教国家通行的耶元 1911 年 10 月 10 日)之夜由极少数革命党人在武昌发动的起义便一举成功,也没有牺牲多少人。此外,就是在攻占南京时有过战斗,其他南方及西北方约半个中国的各地反正独立的革命都是闻风而起即获成功。直至最后通过南北各方各派的迅速有效的和平谈判与协商,决定了辛亥革命在全国和平成功的结果,至 1912 年 2 月 12 日清帝正式宣布退位,次日孙中山亦按照事先的协议,向临时参议院提出辞职,并推荐袁世凯以自代而终结。

中国"革命"的古典意义,就是"革命"的性质在理论上具有"应天顺人"的正义性。"革命"的形式,据其实际进行的情况可以分为如下三种类型:①单纯的极有限而小规模以及死人甚少的武力战争;②单纯的和平禅让;③前两者的结合。例如,汤武革命是第一种,第二种的典型是远古传说的尧舜禅让,其在中古之例是"公元 690 年(天授元年),武则天以和平的宫廷政变方式宣布改唐为周,以洛阳为神都,降唐睿宗为皇嗣,自为皇帝,史称'武周革命'"①。创造了中国历史上唯一的女皇帝。以及赵匡胤兵不血刃的"黄袍加身","杯酒释兵权"的和平方式,完成了以宋代周,结束唐末五代的军阀割据专权的乱局之革命。并使之呈现出陈寅恪所说的中国古代文化登峰造极的盛世。② 辛亥革命是属于第三种。历史事实表明,孙中山领导的反清反封建帝制的革命,是始于效法汤武征战的局部地方的小规模武力起义,而终于效法尧舜禅让的全国和平演变与改良,从而达至辛亥革命的成功。孙中山以辛亥革命的胜利实践事实证明其"知难行易"的理论对革命发展的准确预见。因为孙中山早在 1906 年驳斥改良派的反革命所谓孙中山搞"大革命后四万万人必残其半,及主张以大流血以达此目的等语"之说纯属伪造,揭露梁启超以"彼书生之见,以为

---

① 引自 http://www.hxlsw.com/History/shuitang/gs/2006/0920/969.html。

② 见陈寅恪《赠蒋秉南序》:"尚气节而羞势利,天水一朝之文化,竟为我民族永远之瑰宝。"载《陈寅恪集·寒柳堂集》,三联书店,2001,第 182 页;陈寅恪:《邓广铭〈宋史职官志考证〉序》:"华夏民族之文化,历数千载之演进,而造极于赵宋之世。"载同上《陈寅恪集·金明馆丛稿二编》,第 277～278 页。

革命必以屠杀人民为第一要着，故以期所梦想者而相诬"。正确表白："以余之意，则中国民族主义日明，人心之反正者日多，昔为我敌，今为我友，革命军之兴必无极强之抵力。"① 由此可见，当今流行的一些贬"革命"而褒"改良"之论（详见下文），实属当年早已破产的梁氏"书生之见"。

由于孙中山及其党人皆认为孙中山的让位及清帝的退位与古代的尧舜禅让相类，故不但孙中山在当时便享有尧舜圣人之誉，而且孙中山以中华民国临时大总统身份第一次来北京在社会各界欢迎大会的演说中，曾盛赞"隆裕太后赞成共和，交出皇权，可以称之为'女中尧舜'"。而且在隆裕太后去世时，"民国各地军政要员，也纷纷向清室发来唁电。副总统黎元洪唁电称隆裕太后'德至功高，女中尧舜'。山西都督阎锡山唁电称：'皇太后贤明淑慎，洞达时机，垂悯苍生，主持逊位。视天下不私一姓，俾五族克建共和，盛德隆恩，道高千古'。国民哀悼会的发起者吴景濂发表公启说：'隆裕太后以尧舜禅让之心，赞周召共和之美，值中国帝运之末，开东亚民主之基。顺天应人，超今迈古。金谓美利坚之独立，受战祸者或七八年；法兰西之革命，演惨剧者将数十载，虽伸民气，实苦生灵。前清隆裕皇太后，默审潮流，深鉴大势，见机独早，宸断无疑。诏书一下，化干戈为坛坫，合五族为一家，大道为公，纷争立解。盖宁可以敝屣天下，断不忍涂炭生民，所谓能以私让国。'并倡言于3月19日在太和殿开全国国民哀悼大会"。②

二 对《告别革命》的"革命留下的后遗症"之说评析

当然，由于完全无视上述辛亥革命的"革命"理论的古典原意及其在现实的具体实践的历史实际情况，而且把和辛亥革命截然不同并且早已被"告别"的末流某派独具特色的"革命"理论和实践混为一谈，《告别革命》就不免有如下厚诬革命先驱，归咎辛亥革命的对话：

> 李（泽厚）：我们只是"告别"革命，并不是简单地反对或否定过去的革命。因为像革命这样重要的、复杂的历史事件和问题，持简

① 参见《孙中山全集》第一卷，中华书局，1981，第292页《与胡汉民的谈话》。
② 见 http://www.jingrao.com/minsu/2221.html 所载《中国末代皇太后隆裕的大丧》。

单的肯定或否定态度都是不妥当的。以往是简单的肯定,凡是革命的都好,所以我们才讲革命带来的负面作用,我们反对或否定是过去那种对革命的无条件的盲目崇拜和歌颂。但这不是说,革命包括辛亥革命只有负面价值,也不是说革命在任何时期都缺少理由。……今天对现实经济体制不满,想要革命的情绪仍然存在,所以我们才觉得应该总结本世纪的经验来"告别"革命,指出连那个万口称颂、少有异词的世纪初的辛亥革命也未必必然、未必必要,它带来了许多负面价值;从而指出历史可以有另一种选择(改良道路)的可能性。……

刘(再复):革命留下的后遗症实在太大。在二十世纪,从辛亥革命开始,尽管都有当时的客观原因和根据,但是,到了今天我们作反省的时候,完全有理由认为不一定必然要选择革命的方法。因为暴力革命总是流血,而流血的结果总是再流血或留下血的大阴影。包括1949年以后,我们为什么还不断地搞政治运动?为什么不停地搞革命大批判?为什么崇拜火药味很浓的意识形态?意识形态为什么那么脆弱?这就是革命阴影的影响。革命通过大规模流血的方法夺取一个政权,夺取了政权自然是胜利,但是胜利以后作为胜利者的心里总是有一种阴影,即害怕那些被打倒的阶级用同样办法"复辟"。……①

对于因撰写于壮年而出版于"文化大革命"刚结束时的美学及中国思想史的著作,曾领风骚数年的李泽厚先生,晚年竟然作出如此文不对题、概念混淆、逻辑混乱的谈话录,实在令人匪夷所思。故有必要对之略作评析。

首先,其谈话录的书名《告别革命》,究竟其作者与其所要"告别"的"革命"是什么关系,才有必要而且能够与之"告别"呢?笔者认为,正如某人是在某个组织、群体中或与之有近距离关系之人,才能与之告别。如果他们现在既不是其所谓"革命"中之人,又不是与其所谓"革命"仍处于亲密接触的关系,那么其所谓"告别革命"真不知从何而说。

其次,有时他们实际上已经很清楚并且承认其所要"告别"的"革命",并非现在还存在的"革命",而只是"过去的革命",或更具体而准确地说,只是告别"过去的革命"所遗留给他们的沉重的思想包袱。不妨再引其文如下:

---

① 见《阶级协调和阶级斗争——再论〈告别革命〉之二》,原文发表于1996年7月30日(香港)《明报》,后载于同上李泽厚、刘再复《告别革命》,第250~253页。

刘（再复）：我们的对话是在新旧世纪之交中进行的。当历史就要跨入二十一世纪的时候，我们所作的告别，其意义在于，我们不要带着二十世纪一个最痛苦、最沉重的包袱，即革命的包袱跨入新世纪之门。……①

由此可见，他们所要告别的，只是他们自己一直在其思想中所"带着二十世纪一个最痛苦、最沉重的包袱"。至于在其说出此话的当时或现在究竟有多少人与他们一样，在思想上同样"带着二十世纪一个最痛苦、最沉重的包袱"呢？笔者认为，即使有，也不多。只要他们都能逐渐觉悟，真正把这样的思想包袱丢掉，那就好了。姑且相信有一些人因为读了《告别革命》而丢掉了这"一个最痛苦、最沉重的包袱"，那么现在还带着这个包袱的人肯定就减少了一些。

现在最为滑稽的情况是，像李泽厚、刘再复这样在远离祖国多年之后，经过如此沉痛的迟暮反省才知道要把自己思想中"二十世纪一个最痛苦、最沉重的包袱"丢掉的人，竟然以为大多数中国人都比他们后知后觉，还在背着同样"一个最痛苦、最沉重的包袱"，因而摆出以先知觉后知，先觉觉后觉的架势，不厌其烦地一再发文出书大谈所谓"告别革命"，"苦口婆心"地劝人丢掉这"一个最痛苦、最沉重的包袱"，真是令人非常诧异兼且心情沉重。曾经风骚多年的思想导师，孰令至此？

正如《告别革命》曾记录李泽厚的话，指出代表中共领导改革新潮流的邓小平早在他们之前已经放下了毛时代遗留下的"革命"包袱，其文如下：

……其实，一九九五年十月发表的关于"一九九五计划和二〇一〇年远景目标"这一颇为重要的中共中央文件中，便似乎通篇未见"革命"二字，这在毛的时代实属不可思议。这当是邓所关注并最后点头的，可见，邓早已告别革命了……②

由此可见，当今的中国早已经没有《告别革命》所要告别的那种"革命"，所以根本不存在与实际的"革命"作告别的情况。至于与那种"革

---

① 见李泽厚、刘再复《告别革命》，第251页。
② 见李泽厚、刘再复《告别革命》，第249页。

命"残余的思想观念或包袱的告别问题，就连曾经参加和领导过那种"革命"的邓小平都已经被他们称为"早已告别革命了"。那么，还需要与那种"革命"残余的思想观念或包袱告别的中国人，除了李泽厚、刘再复这样远离神州，浪迹海外天涯多年的理论家之外，还有什么人和多少人，不是可想而知吗？特别是在经过了30多年的改弦易辙，开放改革，成功实行了与国际资本主义市场经济接轨的当今中国，建设和谐家庭、和谐社会、和谐中国、和谐世界的理论普遍流行的情况下，继续喋喋不休地鼓吹如此文不对题、概念混淆、逻辑混乱的"告别革命"，借此对早已经和陶渊明一样"悟已往之不谏，知来者之可追。实迷途其未远，觉今是而昨非"①的大多数国人作训导，享之以过去了的某种最新而独特残酷的"革命"残余的思想包袱之沉重痛苦，惧之以未来可能会发生的这种"革命"复辟之极端恐怖，可以说是完全脱离实际而令我辈莫名其妙之论。

三　对当今流行的贬"革命"而褒"改良"之说评析

如前所引《告别革命》之文排斥和贬责辛亥革命之类型的"革命"，而同时选择和褒扬所谓"改良道路"，其理由主要是"因为暴力革命总是流血，而流血的结果总是再流血或留下血的大阴影"。因此该书"指出连那个万口称颂、少有异词的世纪初的辛亥革命也未必必然、未必必要，它带来了许多负面价值；从而指出历史可以有另一种选择（改良道路）的可能性"。此说之误首先是误把辛亥革命看成单纯的暴力流血革命，或者说成是由只懂得单纯用暴力流血手段的革命党人来进行的革命。其次与此相应的，就是其所肯定的"改良道路"可以单纯用非暴力不流血的方式完成政治改革。

当然，持这种观点的学者在内地文坛也有一定的市场。例如，最近黄振迪先生批评有人与李泽厚一样以哲学学者的身份来谈论历史所犯的同类错误，指出：

> ……这一年很幸运地是辛亥革命一百年。于是，关于辛亥革命的文章蜂起。本来，对历史进行解读，从来就没有统一的标准，有不同

---

① 见逯钦立校注《陶渊明集·归去来兮辞》，中华书局，1979，第160页。

的解读很正常。但是，袁伟时教授以哲学学者的身份，却又以历史学者的面目出现，不遗余力地贬辛亥革命、贬孙中山，具有很大的误导性。

他对袁伟时教授的贬"革命"而褒"改良"之论的具体批评如下：

"革命、改良"——在袁教授大量的文章中，都提出了这个问题。他给的答案是，改良好。我们先来理一下头绪。我同样也是认为改良好。革命是破坏，是砸烂旧机器，重新来过；而改良是在前人的基础上，来搭桥建屋，社会成本自然就低得多。而且，对于社会来说，其积累的物质与精神财富更是无法计量——这本就不是问题。

在这里，我引一下雷颐先生的文章，在其《从历史性思维看辛亥革命何以发生》中说："辛亥革命"这些年来几乎成为"激进"的代名词，颇有人对清政府的"新政""立宪"被辛亥革命"打断"而深感遗憾。不经革命的大动荡大破坏而收革命之实效，当然是值得追求的理想状态，作为一种良好的愿望，更是无可指责。但若强以近代中国的历史来为之佐证，指维新运动和辛亥革命为"过激"，则有违史实大矣。康、梁想通过"明君"自上而下改良，何曾"过激"？其实，人们似乎忘记，被尊为"辛亥之父"的孙中山并非一开始就想"干革命"的，起初也是想方设法上书清政府，想走"改良"路线的。只是在"改良"被拒之后，他才立志走上"革命"一途的。①

笔者认为，黄振迪先生的批评基本正确。事实上，中国古代的商鞅变法、王莽改制等都是以和平改良的方式开幕，然后逐步以改良派和反改良派的文武斗争展开，最后以流血牺牲的结局告终。至清代康梁发起的戊戌变法同样是以和平方式开场，以六君子为代表的流血牺牲失败告终，证明"改良道路"也有暴力流血的风险。而且改良派曾企图用先下手为强的突然袭击扭转弱势，由谭嗣同传光绪皇帝的密旨策动袁世凯在天津搞武装政变，以求一举制服慈禧太后为首的反对派。这充分说明改良派也不是只会单纯用和平手段的。

---

① 见 http：//www.tianya.cn/publicforum/content/no01/1/433135.shtml 所载 2011 - 3 - 26 10：41：00 发表的黄振迪《袁伟时教授对孙中山评价过于敷（谭按："敷"应为"肤"）浅可笑》。http：//www.tianya.cn/publicforum/content/no01/1/433135.shtml。

至于辛亥革命之所以是以武力起义始，以和平禅让终，首先是因为孙中山的革命理论是对孔子儒家的古典革命理论在近现代的继承发扬光大。故此，后来在"1921 年 12 月，共产国际的代表马林曾经问孙中山先生：'你的革命思想，基础是什么？'孙中山先生明确地回答说：'中国有一个道统，尧、舜、禹、汤、文、武、周公、孔子相继不绝，我的思想基础，就是这个道统，我的革命，就是继承这个正统思想，来发扬光大'"。① 尧、舜、禹是和平革命的典范，汤、武是用有限武力革命的典范，孔子则是历代圣王的文武革命之道的集大成总结传播者。故此，以发扬光大古典正统革命为己任的孙中山所发动的辛亥革命是文武之道并行的，孙中山亦因此成为开创中国近现代革命的先驱伟人，这是绝大多数现代中国人乃至真正关心和了解中国革命的外国正义之士都非常肯定的。因此，企图贬低或否定孙中山及其发动的革命，只能如韩愈诗歌所云："蚍蜉撼大树，可笑不自量。"②

其次，是因为参加辛亥革命的既有孙中山的革命党，也有原本搞和平改良的立宪派。两派都懂得交替使用武力与和平两手。孙中山本人不但在青年初出道时有过上书李鸿章等官员的改良派行为，而且在早期的革命中与失败落难改良派有过合作，而且在伦敦蒙难时就一度自称为和平改良主义者以博取英国人的同情救助。③ 足见其在革命的方式和策略上具有天才的灵活性，自始便含有暴力起义与和平改良这两面。兵凶战危，兵者，不祥之器也。圣人不得已而用之。中国历代政治家、军事家皆明此理。故能够使用非暴力或少暴力的方式达至革命的目标，这是大家都愿意的。西方的马克思主义古典学派也是主张作如此的选择。例如，恩格斯《共产主义原理》就曾经指出："第十六个问题：能不能用和平的办法废除私有制？答：但愿如此，共产主义者当然是最不反对这种办法的人。"④

梁启超在《辛亥革命之意义与十年双十节之乐观》演讲中指出进行辛亥革命的两派："一面是同盟会人，暗杀咧，起事咧，用秘密手段做了许

---

① 引自 http://www.xinhai.org/yanjiu/191101127.htm 所载郑起东《孙中山先生对于儒家思想的继承和发展》。

② 引自 http://www.yuwen123.com/Article/200508/8724.html 所载陈永正《韩愈〈调张籍〉诗歌鉴赏》。

③ 参见同上《孙中山全集》第一卷，第 49 页《伦敦被难记》注①。

④ 《马克思恩格斯选集》第 2 版第一卷，人民出版社，1995，第 239 页。

多壮烈行为；一面是各省谘议局中立宪派的人，请愿咧，弹劾咧，用公开手段做了许多群众运动。这样子闹了好几年，牺牲了许多人的生命财产，直到十年前的今日，机会凑巧，便不约而同的起一种大联合运动。武昌一声炮响，各省谘议局先后十日间，各自开一场会议，发一篇宣言，那二百多年霸占铺产的掌柜，便乖乖的把全盘交出，我们永远托命的中华民国，便头角峥嵘的诞生出来了。"①

综上所述，可知"革命派"与"改良派"并没有截然的分界和始终的对立，两者从个人和整体的思想行为都是异中有同、同中有异，可以互相转化、互相配合的。故此两派在辛亥革命中展现了"同归而殊涂（途）"，"一致而百虑"② 的盛况，合力造成了局部的小规模武力征伐加全国性大规模的和平嬗变的革命结果。由此可见，《告别革命》等论著贬斥辛亥革命而褒扬"改良道路"的理据完全错误。

四 结语

回到革命的古典和原点，就可以清楚看出从孔子到孙中山，其所要肯定和发扬光大的尧、舜、禹、汤、文、武、周公的革命之道与方式，都是一脉相承的亦文亦武的仁义之举。除了"南面而征北夷怨，东面而征西夷怨"的小规模武力获取巨大成功之举，经常可以通过文质彬彬的谈判协商，请客吃饭，杯酒释兵；温文尔雅的歌功颂德，流芳千古的禅让仪式完成。因此，所有把"和平改良"排除于"革命"之外，从而褒"改良"以贬"革命"之论，都是违反历史事实的误说，必须商榷清楚。

作者单位、职务：澳门理工学院教授

---

① 见何广《历史上对"辛亥革命"的纪念和解读》，来源：《北京日报》，引自 http：//politics. people. com. cn/GB/1026/13965606. html。

② 参见（汉）司马迁《史记·太史公自序》第 10 册，中华书局点校本，1959，第 3288 页。

革命教育与教育革命简论

✐ 曹天忠

前　言

革命与建设、战争与和平的理论与实践纠葛，是关乎中国历史的重大理论与实践问题。近年学界关心革命能否告别，革命是社会进化的常态的比例问题较多，实际上革命何时转化、如何转化、怎样衔接、过渡为建设，更加困扰人们。两汉时期的"马上得之与马下治之"、"退功臣，进文吏"、辛亥革命以后孙中山与岑春煊等群雄的分歧以及中华人民共和国建立后毛泽东在阶级斗争与经济建设何者为重心上的摇摆反复，均与此不无关系。历史研究实际上是后来者对历史上发生的客观的历史以及更后者对该客观历史认识史的再考察和认知。大体上相当于通常所谓历史研究中回到当时历史现场或具体环境的"列宁标准"，与立足于研究者主体当下时代去认识历史的"克罗齐维度"。回到历史现场与判断它比之前的历史提供什么新的东西，对辛亥革命研究而言相对比较充分，而后一维度的辛亥历史研究则远远不够，大有可为。在这一方面，目前学界对辛亥革命及其历史遗产对日后中国历史影响的研究，除了三民主义理论解释外[①]，还有很多工作可做。例如从民国时期的教育界如何对待辛亥革命的历史遗产：革命与教育关系是什么？教育革命与革命教育的关系是怎么回事？它们之间是如何实现和完成调和与转轨的？这在孙中山革命与建设关系的转型中究竟有何理论意义？等等，就是一个值得注意的视角。

---

① 贺渊：《三民主义与中国政治》，社会科学文献出版社，1998；张军民：《对接与冲突：三民主义在孙中山身后的流变》，天津古籍出版社，2004。

一　教育与革命由合作到分立

作为大的社会变革和改造运动，任何革命都会与教育发生关系，辛亥革命也不例外。辛亥革命之前，革命与教育的关系至少有两种含义，一方面教育被视为革命的目的，其含义等于建设。1903 年，邹容在著名的《革命军》中的"革命之教育"节目中云："欲大建设、必先破坏，欲大破坏，必先建设，此千古不易之定论。吾侪今日所行之革命，为建设而破坏之革命也。虽然，欲行破坏，必先有以建设之。善乎意大利建国豪杰玛志尼之言曰：'革命与教育并行。'吾于是鸣于我同胞前曰：'革命之教育。'更译之曰：'革命之前，须有教育；革命之后，须有教育'。"① 在这里，革命与教育被邹容理解为革命即破坏与教育即建设的含义及其关系，"革命之教育"，换言之，就是"革命之建设"，二者"并行"。另一方面，教育被孙中山等人当做培养革命人才和进行革命宣传的手段，因此，这时的教育与革命的关系，成为目的与工具关系，教育成为革命的手段。辛亥革命以前，教育时而为革命的目的，时而为革命的手段，反映二者之间关系密切和复杂。

民国成立后，官僚、政客和军阀当政，横行无道，社会失范无序，中国面临新的革命或改造。孙中山继续高举革命旗帜，将革命与教育、实业等均视为改造中国社会的手段，但重要性上有先后之别。1919 年 10 月，在第八个辛亥革命节日纪念会上，孙中山虽然承认革命、教育等都是改造中国的手段，但强调第一步"只有革命"。并专门解释了革命的含义："革命两字，有许多人听了，觉得可怕。但革命的意思，与改造是完全一样的。先有了一种建设的计划，然后去做破坏的事，这就是革命的意义。"② 革命即改造，将破坏与建设视为革命与生俱来的关系，显然与前述邹容的观点一脉相承；但将革命置于教育之前，且视为改造中国的第一手段方法，试图降低教育的重要性，有将两者对立起来的意思。尽管孙中山竭力解释，但过分强调革命暴力的一面，引起不少人的误解和害怕。为此，国民党理论家、孙中山得力助手戴季陶立即特地加以解释、澄清并有新的发

---

① 舒新城编《中国近代教育史资料》下册，人民教育出版社，1961，第 1026 页。
② 舒新城编《中国近代教育史资料》下册，人民教育出版社，1961，第 1023～1024 页。

挥。从革命的目的和程度而言：在破坏和建设的基础上，增加了"因袭与创造"，并以此作为判断真假革命的分界："凡不能破坏的，一定只有因袭，决不会创造。因袭那里会是革命"①；或者视因袭与创造为革命思想的本质："一定是旧制度破坏和新生活的创造。"试图淡化此前孙中山强调的革命即破坏的色彩。从革命的领域而言，从政治范畴扩大到生活思想制度范畴；以革命的手段而言，除暴力以外，承认"平和的组织的方法及手段，是革命运动的新形式"。② 这种解释在孙中山破坏和建设的革命观上，增加了因袭和创造的新内容，意义非同一般，修补了革命即暴力的单纯观点，在理论上试图开始了革命由狭义向广义的转变，对后来尤其是对教育领域产生重要的影响。

而几乎在同一时期，蔡元培等教育界人士则采取教育独立于政治的路径，高唱教育独立，实行教育与政治分离，实际上就是与孙中山所说的官僚、军阀、政客等革命对象，进行一种非暴力不合作的较量。如果按照戴季陶平和手段是革命新形式的说法，孙中山与蔡元培都在革命，只是在教育与革命的关系上，无论是孙中山强调单一的暴力革命，排斥教育，还是蔡元培以教育手段抵制政治（这时的政治在相当程度上表现为革命对象），客观上都是在强化教育与革命二者之间的分离和对立。孙中山、蔡元培分别代表了当时两种流行的改造中国社会方法——暴力革命与温和教育两派的对立。"主张革命说的，以革命为一切改革的根本，主张教育说的，以教育为一切改造的根本。而这两者有时不免互相非难，前者以后者为过于平和，后者又以前者为过于急烈。"③ 两种改造社会的主要方法处于对立境地，决非中国社会之福，调和二者关系就成为必要。

二　教育与革命分立之调和

教育与革命分立的调和，可分为两大方面，一方面以教育为本位的调和，出现了具有折中性的"政治教育"的专门概念；另一方面，以政治或

① 戴季陶：《革命！何故？为何？》，《建设杂志》1卷3号，1919年10月1日。
② 戴季陶：《革命！何故？为何？》，《建设杂志》1卷3号，1919年10月1日。
③ 沈仲九：《革命和教育》，《教育杂志》17卷2期，1925年2月。

革命为本位，产生了具有孪生性的"革命的教育"与"教育的革命"这一对专有名词。在暴力革命与温和教育对立的各自主张上，孙中山较坚决，蔡元培则似乎摇摆不定。这或许是受教育独立口号本身具有的教育与政治主观上要独立和客观上无法独立的双重性矛盾制约，1922年蔡元培等参加了"好人政府"，在行动上否定了自己的主张。对此，教育界有人作了解释和辩护："政治的本身原来就含有很大的教育价值"；教育者要改造社会，必须首先从政治入手和出发。① 不少人将教育与政治的这种形式上的包含关系，在内容上作进一步结合，提出"政治教育"这一专门概念。1925年3月，黄卓认为政治教育的内容和目的，其一，使人民获得有关"国家的知识"。即国家是什么，怎么回事；其二，人民知道自己与国家的关系，认识"对于国家的权利与义务"。因此，"中国现在最需要的，不是革命，不是纯粹的平民教育，而是政治教育的设施"。前者是在批评孙中山领导的革命，是一种"皮毛的改革"，后者指责的是陶行知教育改革，为一种"局部的医治"。②

　　1925年2月，沈仲九试图对"激进派的革命说"与"和平派的教育说"两派紧张关系，加以缓和、疏通，将两家之间的本质关系，概括成"革命的教育"与"教育的革命"关系。前者包括"培养革命的精神"、"灌输革命的知识"、"注重革命的训练"和"组织革命的团体"；后者包括"民众自动的革命"等。并将两者之间的互动互为关系，视作判断真假革命、教育的准绳："为'革命的教育'，即'革命的教育'，才是真教育"；"为'教育的革命'，即'教育的革命'，才是真革命。"③ 两者不但不对立，反而互相交叉、互相渗透和互相促进与依存。以继承辛亥革命未竟之业为职志之一的国民革命爆发后，教育的革命与革命的教育的关系，被进一步强化，含义有所不同，火药味渐浓。1926年8月，汤有全论证了教育的革命与革命的教育的含义及其关系，"教育的革命"内容有"（一）驱除盘踞教育界的败类、（二）消灭违背时代潮流的反动思想、（三）收回教育权"。"革命的教育"就是"用教育来宣传革命，赞助革命"。④ 明显带有以革命为本位的取向。

---

① 艮：《教育者与政治》，《中华教育界》11卷11期，1922年6月。
② 黄卓：《政治教育与中国》，《教育杂志》17卷3号，1925年3月。
③ 沈仲九：《革命和教育》，《教育杂志》17卷2期，1925年2月。
④ 汤有全：《教育的革命与革命的教育》，《觉悟》1926年8月6日。

鉴于以革命为本位的教育极端和偏激化,1927 年 1 月,上海国民政府教育行政委员会委员韦悫在谈到国民政府教育方针时,在强调教育革命的重要性的同时,有意识地进行纠偏。革命教育包括两个含义:第一,"要反因袭的教育,而以最进步的自然科学和社会科学做基础的";第二,"推翻一切社会不平等的组织而建设一个真正自由的平等的博爱的社会之原动力,换句话说革命教育是促成国民革命和世界革命的工具"。韦氏在力主革命教育是国民革命工具的同时,参借了戴季陶 "因袭不是革命" 的观点,扩大了教育革命的内涵,明确指出偏向暴力的政治革命,不适用于倾向和平的教育革命。"革命就是鼎革是统治权的推翻,革命就是被统治者革统治者的命或被压迫者革压迫者的命。这个解释不能适用于讲教育革命。"① 在教育领域里,韦悫虽然意识到片面强调政治或革命为本位的教育存在弊端,试图在孙中山革命即破坏与建设的基础上,加入戴季陶革命即因袭与创造的新因子,这是一种不小的变化和进步,但仍然没有跳出狭义的政治革命范畴。真正在教育领域突破这一点,将革命的含义由狭义范畴扩大到广义范畴者,当推时任广州国民政府教育行政委员会委员许崇清。

三 广义的革命与广义的教育互相配合

广义的革命与广义的教育应互相匹配。针对韦悫仅从国民革命来做教育方针的依据,1928 年 2 月,许崇清根据 "革命的社会学说和革命的教育学说",为广义的革命与教育关系给出了看法。"以为社会的要素是互相联系而保持着一个均衡状态的,革命过程即是这个均衡的破坏和改建的过程。……革命教育当然也要能够应付这个连续变动的过程。"② 革命就是社会政治、经济、文化等互相联系各要素均衡状态的破坏和改造的持续不断的一种过程,革命教育即是能够应付这种革命过程的教育。这种社会革命,其含义大于改朝换代、夺取政权的政治革命,属于广义的革命。随之,与社会实际脱节,局限于学校的狭义教育,只有扩展到与社会结合的广义教育,才能与广义的革命相适应。稍后在政策实践方面,随着国民革命的胜利,教育界也意识到教育领域的革命即破坏做法,已经不合时宜,

---

① 韦悫:《教育方针讨论》(二),《教育研究》第 2 期,1928 年 3 月。
② 许锡挥编《许崇清文集》,广东教育出版社,1994,第 420 页。

于是被调整到革命即建设阶段，防止滥用革命，以免"多破坏而妨建设"。1928 年 7 月 31 日，蔡元培主张采取广州中山大学、广东和广西教育厅提案，要求取消以破坏为主的爱国青年运动组织学生会和学生联合会，转而实施以建设为主的读书运动。[①] 即通常所谓由读书不忘救国到爱国不忘读书的转变。可见，无论从理论还是行动方面，首先实现了孙中山革命由破坏到建设的衔接和转变的是教育界。如果置于更抽象的论域里，革命与教育不但能够衔接和转变，甚至可以合一、等同。

革命与教育合一。在 20 世纪 40 年代，林砺儒在抗日战争高校的流亡辗转中与许崇清相从过密，并受后者与广义的教育才能适应广义革命观点的启发，从教育哲学的理论高度，论证了革命就是教育，革命的目的就是教育的目的，使二者达到同一。"革命虽然必不免夺取政权，掌握政权，而决不只是政权之夺取和专擅，乃是借坚决的实践而控制社会底各种作用，使他们适合于大众底需要，适宜于人性底发展，换句话说，是使社会诸作用都能够发挥它所应有的教育作用。从这个意义上说，革命就是教育。在革命底社会里，那些专以教育为目的底设施，当然要配合革命底方针，使受教育者理解社会发展底法则，能把握现实地存在于特定的现实社会中底那种能转化到新社会去底诸可能性，尽量运用各种有效的知识技能和工具，而参与革命的实践活动，从此而得到人性底解放和品性底改造。从这意义说，革命目的就是教育目的。"[②] 革命作为控制社会的各种作用，本身具有教育的作用；而教育在适应社会革命过程中发挥了自己的功能，从这个意义上说，革命就是教育，在教育哲学的层面，使长期分歧和对立的教育救国与革命救国的紧张关系，得到比较彻底的消解。

小　结

从上可知，教育与革命的关系颇为复杂。以辛亥革命为界，此前革命与教育关系大体缓和，之后无论是孙中山的革命第一的理念，还是蔡元培等教育独立的主张，都使两者的关系变得疏离和紧张。国民革命前后，政治教育、革命的教育与教育的革命等出现，虽然各存本位，但革命与教育

---

① 　中国蔡元培研究会编《蔡元培全集》第 6 卷，浙江教育出版社，1997，第 260～264 页。
② 　北京师范大学编《林砺儒文集》，广东教育出版社，1994，第 200～201 页。

的对立关系得到了有效的缓解与调和。随着政治革命不适用于教育革命观点的提出，特别是广义的社会革命观取代狭义的政治革命观，以及与此相适应的广义教育观的引入，革命与教育关系中破坏色彩减少，建设的因素增加。教育为应付革命的需要，两者关系越来越密切，直至出现革命的目的就是教育目的，革命就是教育这样具有颠覆性的看法。此前学界长期以革命救国批判教育救国，以及近来的"告别革命"及其争论，强调的都是双方的对立。如果注意到民国教育先贤在这个问题上所做的调和与转换的努力，那么教育救国与革命救国的分歧，并没有像后来所说的那样大。

作者单位、职务：中山大学历史系教授

五权宪法的文官体制

——以辛亥革命为核心的论述

✐ 谢政谕　廖伟尧

一　前言

辛亥革命带来了政治制度的变迁，并重塑了国家与人民之间的权力支配关系，迫使宪政文化与政府体制的变迁，必须跳脱以往西方三权分立的思考模式。因此，在此波风潮下，辛亥革命的发生或许不仅只是历史的偶然，更是在宪政文化脉络之下的必然。

依国父孙中山先生遗嘱创设的五权宪法，推翻了清朝政府及中国实行两千余年的封建皇权制度，建立了亚洲第一个民主共和国，这个运动旨在推翻清朝专制帝制、建立全国性的共和政体。因此本研究试图依循辛亥革命之历史脉络，尝试从宪政文化的角度讨论政府体制与考试权的变化，并对现今宪政文化的影响性做评估。

二　辛亥"革命"带来政体的变迁

（一）传统帝制之扬弃

宪政文化之发展与变迁，通常有其历史脉络可循，在此条件之下传统帝制的变迁，无可避免的就是面临新一波的文化冲击与挑战。并且，将此共和概念深入社会中上层人士的思想，将开启另一波推动革命成功的浪潮，但有异于以往中国的历次起义都是一个朝代取代另一个朝代，辛亥革命反倒是彻底推翻帝制，试图建立全新的政治体制。如此的政府体制，尽管后来受到北洋军阀多次不同程度的破坏，甚至一度有短暂帝制复辟的情况发生，但他们都不能从根本上推翻众望所归的共和政体。

因此，辛亥革命被中国共产党称为是"中国历史上一次伟大的资产阶级民主革命"。作为民主革命，辛亥革命成功推翻了清朝的统治，结束了中国的帝制，开启了民主共和新纪元，并将共和观念深入社会中上层人士思想中。事实上，当时成功的中国革命党人并没有一个确切的治国方案，遂按照既有的美国宪法的架构，实行总统共和制。尽管因为现实社会条件的限制和统治者们对约法的蔑视，例如孙文为约制袁世凯而随意更改《中华民国临时约法》，袁世凯后来又因称帝而中止了约法，但都不影响最终成为民主共和国的事实。

然而，在此之前的中国的历次起义都是以一个朝代代替另一个朝代而结束，但辛亥革命却彻底推翻帝制，并试图建立新的政治体制——共和政体。尽管民国初年民主共和体制并未真正贯彻实施，但他们都无法改变成为共和政体的事实。毕竟这是中国首次试图实行民主共和政体，推动了民主共和观念在中国的传播，使民主共和的价值观得到了确立，具有跨时代的历史意义。

（二）宪政文化之开展

从思想史的角度看，辛亥革命也是一场意义非凡的思想启蒙运动。自汉代董仲舒以来的中国思想中，君臣关系是"三纲五常"中三纲之首。辛亥革命成功地推翻了帝制，在打破了传统帝制的观念和价值时，也对于传统中国以儒家道统为主的诸多价值观产生了权威性冲击。然而以人治（rule by man）为基础的政府运作，皇帝不仅是政治上的权威，也是文化中诸多价值观念的重要依据与合法性的来源。在此情况之下，如何因应时代变迁所带来的变化，就变成了朝代更迭之下所必须严肃面对的课题。

因此，在这个变迁的过程中，必须注意的就是政府的权力与人民权利之间的分配；并可看出中山先生政治思想体系在整个考试权的思想中，占有极重要之地位，可由主张考试权独立，使与行政、立法、司法三权立于平等地位，予以证明（蔡良文，2001：4）。既然考试权的思想方面，乃以考试、监察最为显著，且五权宪法是此制度之下权力运作的产物，那么为了使政治权力取得合法性，制度就有其必要性。国家内部的政治运作，就必须遵循其游戏规则，此即意味着政治运作必然以法治（rule of law）作为依据。

事实上，整个考试权的历史源远流长，自隋唐开科取士之后，共行使1300 年以上，其主要功能，如普及文化、统一价值体系、加速社会流动速度，打破阶级、官人有定准。此亦及中山先生在清朝废科举，即主张考试权独立，厉行官吏考选之主要理由。按考试权之范围源流，中山先生对考试权内涵界定，主要见诸各重要文告、法规中，即早在 1905 年之《三民主义与中国民族之前途》一文指出考试机关设置之必要性；次见 1911 年之《大总统公布参议院议决临时约法》中；1914 年之中华革命党总章第三十一条规定："考试院"职务如考验任事资格、调查职员事功定其勋绩等，已将铨叙行政业务涵盖其中（蔡良文，2001：4）。

（三）政府体制之变迁与对考试权批判

虽然国民政府前身为孙中山于广州成立之护法运动政府或军政府等机构，但是因其主权及治权未及全部中华民国领土，故不能称之为"中华民国政府"。而事实上，1925 年 7 月 1 日于广州成立、1927 年 9 月 20 日定都南京之国民政府，直到 1928 年 10 月底定北京后，才获得西班牙、德国、法国等国普遍承认。且直到 1929 年 1 月，张学良在东北易帜，决定除去北洋政府五色旗，名义上服膺国民政府后，国民政府才真正成为中国唯一合法政府。

同时由于国民政府的特色为委员制，政府的运作主要决策者为中国国民党党内机构遴选出之国民政府委员所组成的国民政府委员会，而除了国民政府委员会之外，国民政府也有许多机构多采取委员制。而这种体制直到 1948 年实际行宪后，才有所更动。

在 1910～1920 年代期间的政府制度，原则上是由中华民国大总统与国务总理双首长为主的三权分立制度。其中行政外交军事权归中华民国大总统与国务总理、立法权归参议院，而司法权归法院；在这样的划分之下，尚未把考试权单独分离出来。经过折冲后，1912 年以临时约法成立的中华民国政府，是采取接近内阁制的双首长制。总统与总理均由参议院选出，总统职务为执行法律、发布命令、统率全国陆海军队、任命官员、外交权、依法宣布戒严、特赦、减刑复权。不过，以上各权利均需经由参议院同意。而与总统相同实施政权统治的国务总理则负责实际中国之内政治理及法律副署权。

　　文官制度是用人为本，因此在考试权独立及考试用人选训方面，是以公开考试为比较好的方法，此为我古圣先哲创业垂统之伟大发明。因此现行宪政体制中"考试院"之设置，可以说直接采纳其精神与原则。按照"考试院"历史发展进程，其大致可分为四个阶段：先秦至汉初为考试权之萌芽期；汉初至隋初则为考试权之生长发展期；隋唐迄于清末，则为考试权之茁壮完备期；民国以后，则为考试权之发扬兴革期。就人才选拔而言，春秋以前，大夫虽多出于世官，然亦有从学校"举士"；汉隋之间，出于荐举；隋唐迄清，出于科举；民国以来，即为传统优良考试制度之发扬光大。现今考试权之内涵，依据宪法除了考试外，并包含任免、铨叙、考绩、级俸、升迁、保障、培训、褒奖、抚恤、退休、保险等事项，此乃为完整之考试权。

　　依照中山先生所主张考试权独立之理由，所述略有：①以考试济选举之穷，即考试不只限于下级官吏尚包括公职候选人〔《国父全集》册二，1981（以下同，略）：205～206〕；②造成万能政府的必要条件，五权宪法之设计重于五权之分工，倘行政权过度膨胀，非其主张，他说："这考试权如果属于行政部，那权限未免太广，流弊反多，所以必须成了独立机关，才得妥当"（《国父全集》册二：205～206）。至于考试用人之理由略有：①考试用人最为公允，在政治制度之运作更具深远的意义（"采用五权分立制以救三权分立"）；②考试用人足以拔擢真才，使有才、有识之士，广为进用，庶可澄清吏治，达到"野无抑郁之士，朝无幸进之徒"（《国父全集》册三：3）之理想。

　　因此，今日若欲重新检视中央政府体制问题，首先必须要面对的就是现行宪法的权力分立问题。陈淳文（2006）认为经过人民同意的宪法，的确具有充分的民主正当性，可以强化人民对于"宪法感情"的认同，而使宪法较易被遵守与遵循。但是宪法究竟是人民"自生"或是"外来"因素而成，是透过人民代表同意还是人民亲自同意，都与该宪法是否能顺利运作无直接且必然之关系。因此若宪法不被遵守，即归咎于宪法所隐含的民主正当性问题，此即是混淆民主与法治等两个不同层面的议题。此时若能更进一步探究西方立宪主义者对宪法所欲规范之对象，系指国家权力或是对于拥有国家权力之政府部门对宪法之尊重；则吾人即能明白对宪法之尊严不仅是来自人民对"宪法感情"的认同，而此种尊重就是对宪法架构中权力分立的具体实践。

其次，就宪法制度设计而言，任何宪法上权力机关的建构，一向都需建立在民主责任政治的基础上，以免反而变成不受应有民主监督的权力部门。因此，我们应该冷静客观地研究分析，在理论上，被赋予公权力的行政官员响应民意的反应力为何，并且在实践上，行政部门除了严守法律优越原则外更应该遵循法律保留原则。同时蔡良文（2001）也指出在相关"考试、立法两权关系"之解释案中，在释字第一五五号解释从宽适用"法律保留原则"；释字第二六八号解释则严守"法律优位原则"，虽自宪法角度解释似有不足，但至少就上述两权运作原则予以进一步强化之。

三　宪政文化下的考选制度

（一）中、西宪政体制的反思

考试权在宪政体制的改革于宪政文化变迁中，主要的问题在于权力分立与民主课责性这两部分。其中关于"考试院"职权之争论，主要的批评都在于分割行政院的人事行政权；陈淳文（2006）就认为一方面不论此项批评是否有理，现行宪法内容已将"考试院"有关人事行政之职权限缩于法制事项，故应不再有分割行政主管之人事权的问题。但另一方面就考选、铨叙与保障等事项，参酌其他相关主要民主国家之相关制度，论者皆肯定维持独立的必要性。因此，一般而言，宪法上权力分化的原意既然是为了保障人权，那么应该只有和这项核心功能直接关联的事务性质才需要成为权力，人民因此可以更清楚地对权力部门的表现给予信任感和课责之评价，这才是权力分立理念的重点。换言之，宪法上权力设计是源自民众将生命、财产和自由等人权交给国家，信任和期待政府机制会保护民众权利，因此，权力必须与民众发生直接的委托关系。立法权和行政权就是这样的概念，司法权被赋予的角色也是节制立法和行政权对人民权利的恣意侵犯（转引自施能杰，2009：5）。然而陈淳文（2006）认为在"三权分立"的迷思下，即便大多数主张废院，将"五权"改为"三权"；但仍建议于行政院下或行政权下设置独立机关。作者并认为无论如何，主流见解似乎是认为现行"考试院"之职权内容并无更改的必要，或是更限缩于"考试"事项内，但是不论权限内容有无改变，在组织上是可以废院，而将"考试院"改为独立机关。但论职权问题时，陈淳文（2006）则认为一方面由于向来其所引发的争议并不重大，而人事行政权二元化的设计，虽然会或多或少地影响行政权之运作，但在另一方面也有防止行政部门滥用其人事权及强化公务员保障的功能。施能杰（2005）更指出每一种宪法上的权力都负有民众付托的使命，权力组织的整体制度绩效和表现，需要接受民主政治过程人民的定期性或突发性的课责检视。不具备这些本质的事务，就不得成为宪法上的权力，以避免不当的权力分化，既无助于人权保障，也不利于政府权力间运作效率化。近日有关公务人员18%优惠存款利率的调整争议，虽然"考试院"最终是臣服于行政权之下；但行政、考试两权有关优惠利率的争执，正足以彰显"考试院"的确有保护公务员之功能。

在政府体制的分权方面，研究立法行政权关系者称美国实务运作是"国会中心的行政权模式"，各政府部门和国会的关系远比和总统的关系更为密切，可称之为国会的行政部门（转引自施能杰，2009：7）。虽洛克主张权力主体是立法权和行政权（另一是外交权），孟德斯鸠则主张立法、行政与司法三权。但洛克和孟德斯鸠的权力分立原始理念其实都是立法权为优越的架构，而美国总统制的宪政设计方式，乃包含民选总统所任命的主要行政部门政务官员需先获得国会同意。

反之，我国五权宪法系将考试权由行政权移出，中山先生在参酌欧美分权理论思潮及我国传统科举制度，针对当时民主政治之流弊，如选举未能选贤举能、国会专擅、用人分赃等提出独立的考试权，以实现专家政治、万能政府的理想，唯究其范围大小，长期受到学界、实务界之争议（转引自蔡良文，2001：11）。但基本上，英、美早期设立文官委员会的目的，系基于分赃制度之赡恩徇私用人，因此建立具有效率的功绩文官制度，并配合国家职能与官僚系统的角色调整，使得英、美人事主管机关也配合重组。前者，如一度成立文官部到1987年成立文官大臣办公室及惠特利委员会，以协调劳资关系；后者，于1978年由文官委员会重组人事管理总署（Office of Personnel Management）、功绩制保护委员会（Merit System Protection Board）。

根据谢有为（1986）对美国文官制度的情况，立国初期，官员之任用，一般采用"官职轮换制"（rotation in office），此即一位官员不能在同一职务上工作太久，在当时认为可以阻止"国王思想"的再出现，可以防止专制政府；所以明文规定有固定的任期，即使是被选举出来的官员，重选次数亦予限制。并且，依据前文官委员会的叙述，可分为三个重要阶段，第一阶段是华盛顿总统至亚当士总统，任命官员，大部分依个人经历。第二阶段乃自杰克逊总统在 1829 年就任以后的 50 余年间，可说是"分赃制度"（the spoil system）的繁荣滋长时期。第三阶段是 1883 年"潘来顿法案"通过以后，文官委员会成立，力行"功绩制度"时期。事实上，美利坚合众国政府之成立，应自 1789 年华盛顿总统就职时算起；在此之前已有 13 个殖民地，为了抵抗英国乃推举代表召开大陆会议，发表独立宣言。于 1777 年大陆会议通过《联盟约法》（Articles of Confederation），将 13 州置于一个国旗之下。此时的美国只有"邦联"的性质，国会的权力只及于各州，不能及于人民，且缺乏强制力（谢有为，1986：36）。在联邦宪法施行之后，行政部门的任命方法才开始受到注意，但宪法给予任命官员的权力单位是国会而不是总统；总统能决定任命的官员，只限于极少数的人。大多数的官员总统仅有提名权，但任用时仍必须获得国会的同意。如此的结果，仍看得出国会也就是立法部门在文官体系中的重要性不容小觑。

（二）五权宪法中的考选制度——考试权的延续和变化

春秋以降，官守世袭，仕者世禄之制，虽趋式微，但仍为贵族社会所牢守（杨树藩，1982：2）。同时因战乱不已，社会上发生许多学派导致新的社会阶级产生，培养不少士人。士人阶级中，如墨子谓："官无常贵，而民无终贱，有能则举之，无能则下之。……"（转引自蔡良文，2001：3）萨孟武同样认为虽士人有满腹经纶之才，然有难脱颖而出之困境，但他们主张之"贤者在位，能者在职"，要求人君"尊贤使能"。这种口号迅速地流传于天下，最终动摇传统的贵族政治，因此更奠定了文官体制的理论基础。

事实上中山先生关于考试权的思想，最早可追溯至 1905 年 10 月 17 日，在东京举行《民报》周年纪念会上发表之《三民主义与中国民族之前途》一文，指陈"将来中华民国宪法必须设独立机关，专掌考选权。大小官吏，必须考试，定了他的资格，无论那官吏是选举的或委任的，必须合格之人，方得有效"（孙中山，1989：3）。同时依照孙中山先生考试权之发展可从以下几点看出：①1905 年 10 月 17 日指出："将来中华民国宪法，必要设立独立机关专掌考试权，大小官吏必须考试"（《国父全集》册二，206）。②1911 年 3 月 11 日，曾主张"人民有应任官考试之权"（《国父全集》册二：914）；③1914 年 7 月 8 日，在中华革命党总章第三十一条明定：一、考验党员才干而定其任事资格；二、调查职员事功而定其勋绩；三、筹备考试院之组织（《国父全集》册二：914）；四、1918 年完成孙文学说，其第六章论及"以五院制为中央政府"（《国父全集》册一：464），至是考试院之组织、职权、地位之雏形略见；五、1924 年 4 月 12 日，发表建国大纲中明示：设立五院，以试行五权之治（《国父全集》册一：753），同年 8 月 26 日公布考试院组织条例规定：考试院管理全国考试及考试行政事务（《国父全集》册二：205～206），显示中山先生已将文官考铨，从思想观念领域落实到制度的设计。

同时按傅宗懋教授所说："非仅在说明此一制度之为何，更应说明其如何运作及其功能为何。否则不过雾里观花，难见真貌"，此即以要真确认识制度，应注意历史源流与其生态环境，知其来龙去脉之演化及其着重巧能运作的实相分析（转引自蔡良文，2001：6）。此外，如同 John Stuart Mill 认为对制度之运作与变革，除主客观环境因素之影响外，人的因素扮演重要的角色，可从两方面分析之：一切政治制度都是由人造成的，它之能产生与存在，都是由于人类之意愿……政治机构本身不能行动……它所需要的，并不是单纯的同意，而是积极地参与，同时也必须依赖操纵它的人之能力和质量，对它做适当的调整（John Stuart Mill 著，郭志嵩译，1974：106～107）。因此在当代考试权独立行使之思想与制度设计，影响最巨大者，除中山先生之外，戴传贤先生更是功不可没。

四　文官体制之发展及其挑战

（一）文官行政效率分权制衡

"效率"与"民主"既然是当代政府被期待以及要求应达成的目标，即便这两者的价值之间难免有所冲突，但就先进民主国家的宪政设计上，总是希望能够针对实际政治环境需求，而有较公正性之考虑。是以，就学理上来说，人事权固然属机关首长领导组织、发挥职能的重要工具，但在强调依法行政的民主政治风潮中，却也需要一套权力分立的制度，一方面提升行政效率，另一方面维持公民权利，不受政府过度的侵犯，而与宪政主义下的要旨相符。

为了达到此目的，五权宪法特别将考试权由行政权移出，这不仅是寄望透过此种方式来达成增加政府用人之客观与公正性，更是对于文官在数量上占政府雇员人数绝大多数，维持政府正常运作效率之所需。因此，在文官制度普遍施行后，不论是在维持宪政文化与其国家连续性而言，都是不得不重视之途径。

再者，从 16 世纪中叶到 19 世纪中叶的三百多年中，中国选拔"文官"的科举考试制度引起西方不少学者和政治家的兴趣，也引发了英国之后所施行的考试制度。所以正如孙中山先生所指出的："追本溯源，英国的文官考试制度还是从中国学过去"（转引自宋玉波，2004：137）。从上述这段话可以看出，文官的考试制度之重要性，不仅关系到一个国家与人民之间的权利义务关系，更关系到一国宪政秩序之运作。同时在第二次世界大战后法国所建立的常任文官制度，特点是其队伍庞大、制度混乱，直到 1946 年才仿效英国颁布了统一的公务人员法，建立了现代的文官制度。

然而，就民主课责性而言，文官作为执行政府政策之主导者，不可避免的就是遇到民主政治最基本的原理，也就是究责的问题。施能杰（2009）就曾指出考试权设计并没有责任政治机制，符合权责相当民主政治制衡精神。原因在于，考试权主管全国公务人员人力资源管理政策，人力资源又是影响政府各权力部门公共服务质量的核心要素，透过这项权力对政府其他部门如何运作具高度制衡力，但无论其决策为何，考试权都不需负担任何政策责任，民众更没有可监督考试权之政治性机制（施能杰，2009：140）。因此，考试权变成是有权无责的权力组织，也使考选制度在运作方面的课责性问题无法被凸显。

（二）文官系统面临的挑战

考选制度的不彰与行政效率的低落，往往使得政府的行政工作缓如牛步，而主掌考试与铨叙权的"考试院"，表面上虽然是以维持客观公正的考选机制来建立有效率且负责任的文官体制。但在宪政架构之下传统"人治"的用人观念被"法治"的机制所取代，这正是维系了孙中山先生对考试权的主张，也是使政府组织的运作能够有规则所遵循。但也因此，在民主共和的政体之下，却缺乏了依照权力分立理论所应有的制衡机制，这是宪政文化脉络下所必须严肃面对考试权的重要问题。

五　结论

考选制度的变迁，是伴随人治到法治的变化在宪政体制中，其中文化的改变是其中一个因素，然而，此种文化因素的变动也影响了考选制度的革新。五权宪法底下的政府体制，不仅是具有历史以及时代上的因素有影响，更重要的是维护公民权利，不受政府在未经人民的同意之下，侵犯人民的基本权利。这是政府体制中必须审慎评估的问题，也是任何国家在执行相关政策时所参考之依据。

参考文献

期刊：

蔡良文：《五权宪法中考试权独立行使之意涵与发展》，（台）《政策研究学报》2001 年第 1 期，第 1 ~ 83 页。

施能杰：《考试权独立机关化的定位的新讨》，（台）《考铨季刊》2009 年第 1 期，第 135 ~ 167 页。

谢锟钰：《从我国宪政体制论考试权之争议》，（台）《屏东教育大学学报》2007 年第 26 期，第 503 ~ 526 页。

中文书目：

谢有为：《美国文官制度》，（台）"国立"编译馆，1986。

萧全政、江大树、蔡良文、施能杰、黄锦堂：《重建文官体制》，（台）业强出版社，1994。

宋玉波：《民主宪政比较研究》，（台）韦伯文化，2004。

杨树藩：《中国文官制度史》，（台）黎明出版公司，1980。

孙中山：《国父全集》，（台）"中央"党史会，1981。

孙中山：《国父全集》，（台）近代中国出版社，1989。

〔英〕约翰·司徒亚特·密勒：《论自由及论代议政治》，郭志嵩译，（台）协志工业丛书出版社，1974。

网站：

http：//history. exam. gov. tw/cp. asp？xItem = 9056&ctNode = 728&mp = 10.

http：//wikipedia. tw/.

作者单位、职务：台湾东吴大学政治学系教授

台湾东吴大学政治学系研究生

辛亥革命及其思想的民族特色

✎ 张岂之

一　中国历史上的君主专制制度

1911 年发生在中国的辛亥革命至今已有百年，其历史意义是：它推翻了两千多年之久的君主专制制度，为探索建立中国式民主共和国开辟了道路。辛亥革命以后，中国社会的变化，革命力量的组合与发展，在政治、经济和文化思想等方面都和这一完全意义上的民族民主革命运动有着直接和间接的联系。它对 20 世纪东方的民族解放运动也有重大影响。

我们不会忘记曾经为振兴中华而奋斗的革命先行者们，在一百年前，要撼动君主专制制度，是多么繁重而艰巨的历史责任！

中国君主专制制度指的是：皇帝专制。公元前 221 年，秦始皇用武力统一六国，承袭"三皇"、"五帝"传说，自称"皇帝"，宣布"朕为始皇帝，后世以计数，二世三世至于万世，传之无穷"①，由此开启了中国古代皇帝专制的时代。②

皇帝专制，史书称之为"皇权"，皇权至高无上。在皇权下，社会的"各色人等"被划为若干等级，尊卑贵贱不可逾越，由此产生了各种形式的人身依附和宗法关系。

在君主专制制度下，皇族是最大的地主，也是最高的地主（掌握着对于人民的生杀予夺之权），他们把国家的财富视为自己一家的财产。

从秦始皇开始，君主专制制度在中国漫长的封建社会中，其基本方面

---

① 《史记·秦始皇本纪》。
② 本文不是全面评价秦始皇，只是说明中国君主专制制度的特点。

（如皇权至高无上）始终没有改变，但皇权的治国方略则有所变化。西汉时期的君主专制制度与秦代不完全相同，它主要实施政治、法律、思想文化的儒家化、阴阳家化，代替了秦代"刻薄寡恩"的政治、法律、思想的法家化。汉武帝刘彻在位 54 年（公元前 141 ~ 前 87 年），在他的统治下，以汉族为主体的统一多民族国家得到巩固，中国以文明和富强的政治实体而闻名于世。西汉时期，中国文化、艺术都有丰硕的成果。唐代的君主专制制度不同于西汉，与秦代也有差异，它除去实行科举制选拔人才外，还重视各种文化思想的交流、渗透，以及中国境内各民族融合带来的文化创造力，比较开放。唐太宗李世民在一定限度内能听取大臣们的意见。唐代还由于儒学、佛教、道教的相互融合，推动了宗教的世俗化；这使得国家的文化创造力得到了空前的发展。

1644 年，由少数民族满族的统治者建立了清朝全国性政权，迎来了康熙、雍正、乾隆时期比较安定、国力增强的历史阶段。从 19 世纪中叶鸦片战争以后，清朝统治逐渐沦为一个丧权辱国的腐朽政权，面对资本主义、殖民主义列强的入侵，它失去了活力与生机。特别是 1898 年戊戌变法被皇权中的顽固势力扼杀以后，自上而下进行变法运动成为幻想。

清末"新政"被当时具有革命思想的人嘲讽为"假维新"，最后，以"新政"的立宪骗局被揭穿、清廷覆亡而告终。中国近代历史说明：必须推翻君主专制制度，使中华民族自立于世界民族之林。

二　民族忧患呼唤伟大人物

孟子说："生于忧患，而死于安乐。"[①] 这对于民族和个人都适用。从民族忧患和民族复兴的高度来审视辛亥革命，才能认识它的民族与民主两大特点及其价值。

我国辛亥革命研究史家们认为，20 世纪初特别是 1905 年以后，首先觉悟必须推翻清朝统治、建立民主共和国的，是当时中国先进知识分子"群"；他们不是个别人，而是当时身受民族忧患之苦而怀有振兴中华之志

---

① 参见《孟子·告子下》。

的知识分子。①

　　他们中不少人到过日本，寻求新知识。在此之前，19 世纪末到日本的留学生，往往言必称日本的明治维新和俄国彼得大帝的改革。20 世纪初赴日的这批知识分子则阅读法国启蒙思想家卢梭的著作，特别是其中关于天赋人权的论说，还有法国大革命时期的《人权宣言》（1789 年）以及美国的《独立宣言》（1776 年）。对这些文献，他们没有照抄照搬，因为他们所期望的革命运动不仅是民主革命，首先它是民族革命。因此，西方的自由、平等、博爱学说传到中国，必须与中国的国情相适应，这就提出了重新创造的任务，辛亥革命就是这样的革命运动。

　　辛亥革命时期不少优秀知识分子重视从中国传统文化中吸取思想理论资源。例如，"有学问的革命家"章太炎（1869～1936 年），他曾经主编过中国同盟会的喉舌《民报》。他在思想文化上推崇国学，1905 年初在上海成立国学保存会，办有《国粹学报》，其宗旨是："研究国学、保存国粹。"他的这一主张并不是复古守旧，而是以儒学为主，同时包含诸子、佛学等内容，并将其放在"古今中外"的学术大背景下进行研究考察，探求其价值，用以激发人们的爱国心。章太炎的革命思想，发源于他的国粹主张，而他对于中国优秀传统文化研究的心得，又铸造了他的民族主义和爱国主义精神。他对西方资本主义政体持批评态度，在《民报》上写道：西方列强实际上"劫杀"成性，"始创自由、平等于己国之人，即实施最不自由、平等于他国之人"。他关注民族民主革命中的农民土地问题，在《訄书·定版籍》中记述与孙中山讨论耕者有其田的问题。

　　革命运动的发生离不开革命领袖和革命组织的引导与组合，中国民族民主革命的杰出先行者孙中山（1866～1925 年），他的革命思想来源，笔者采取陈锡祺先生观点，"系从香港得来"②。孙中山于 1894 年 11 月 24 日在夏威夷的檀香山建立了革命组织兴中会，宗旨中有"振兴中华"四个字，由此揭开了人们自觉地为中华民族复兴而奋斗的序幕。1905 年 8 月 20

---

①　金冲及：《二十世纪中国史纲》第 1 卷，社会科学文献出版社，2009，第 48～54 页。章开沅在《张静江传·序言》中说："我常认为，辛亥革命不是极少数人的事业，它是一个数以万计的新兴知识分子群体共同发动和推进的社会运动。"（《张静江传·序言》）又，杨天石在《谁领导了辛亥革命》一文（刊载于 2011 年 4 月 7 日《南方周末》E24 版）中说："我以为称这些革命者为'共和知识分子'或'平民知识分子'较为恰当。"我认为用"为振兴中华而奋斗的优秀知识分子"为好。
②　陈锡祺编《孙中山年谱长编》下册，中华书局，1991。

日，以兴中会为主体，联合地方性的革命团体，在日本东京成立了中国革命同盟会。同盟会在孙中山领导下，以"驱除鞑虏，恢复中华，创立民国，平均地权"为革命纲领。

孙中山提出系统的革命理论、即三民主义学说，其中的民族主义要求推翻清朝君主专制制度，由"排满"到争取民族平等，创建近代的民族国家。民权主义借鉴西方的某些政治学说，又按照中国国情，主张立足于主权在民，人民拥有政权，政府拥有治权，实行立法、司法、行政、考试、监察五权分立。民生主义着眼于发展社会生产力，改善人民生活，实行平均地权，节制资本。1905 年，孙中山在《〈民报〉发刊词》中预见到："二十世纪不得不为民生主义之擅扬时代也。"孙中山的三民主义学说带有鲜明的民族特色。

中国同盟会在孙中山领导下多次发动武装起义。1911 年 10 月 10 日爆发了武昌起义，两天内占领武汉三镇，成立中华民国湖北军政府。1912 年 1 月 1 日，中华民国临时政府在南京成立，孙中山被推举为临时大总统。后来的史实表明：在中国建设一个"新式的共和国"①的道路并不平坦，遇到很大的挫折与困难。

辛亥革命后 10 年，即 1921 年，中国共产党成立。1924 年 1 月 20 日至 30 日在孙中山主持下举行了中国国民党第一次全国代表大会，这标志着第一次国共合作形成。由此，孙中山进一步阐释了三民主义。例如，他指出，民族主义包含两个主要内容，即反对帝国主义和军阀统治，争取民族独立，以及国内各民族一律平等。1925 年 3 月 12 日，孙中山病逝于北京，他在遗嘱中说："余致力于国民革命凡四十年，其目的在求中国之自由平等。积四十年之经验，深知欲达此目的，必须唤起民众及联合世界上以平等待我之民族。"

孙中山是 20 世纪中国的伟大人物，他是我国民族民主革命的先行者，也是设计在革命胜利后建设现代化国家的先驱者。

为达到以上目的，孙中山认同中华优秀文化，进而阐述了对中华民族认同的重要性，坚决主张国家的统一。

孙中山重视中华文化中政治哲学的精华，主张以此为基础，吸取西方近代政治学说中的有益成分，包括社会主义的若干论点，使二者融合，成为中国现代的政治学说。他再三告诫革命党人"要立志做大事，不要谋求

---

① 《孙中山全集》第六卷，中华书局，1981，第 56 页。

做大官"，并一再批判与民权思想对立的"帝王思想"。

孙中山善于总结革命经验与教训，与时俱进，他是名副其实地为振兴中华而奋斗终生的革命家和思想家。

随着岁月的流逝，我们没有淡忘孙中山，而是愈来愈感到需要更加深入地研究他的思想学说，继承发展其革命精神与科学精神，为实现民族的伟大复兴多作贡献。

三　民族独立、国家富强，都离不开对中华优秀文化的传承与创新

孙中山在阐释其革命理论以及关于国家如何走向现代化的时候，对源远流长的民族文化，即中华文化表示了极大的热情。这不同于狭隘的复古论只承认本土古代文化，而不加区别地反对外来文化，也有别于全盘西化论者只承认西方文化而否认本土文化的精华。1923 年 1 月 1 日孙中山在《中国国民党宣言》中用精练的文字表述了他的文化观："内审中国之情势，外察世界之潮流，兼收众长，益以新创。"[1] 这是开放的、积极的文化观，要求人们立足于本国国情，放眼世界，对中外优秀文化兼收并蓄，并努力创造自己的新文化。

这不是一句口号，孙中山的文化观是从民族民主革命实践中提炼出来的理论。其革命思想有源于中国儒家的民本思想、大同理想、知行合一理念[2]、明末清初中国早期启蒙思想；也有来自西方的社会契约论、华盛顿的政治论、亨利·乔治和约翰·穆勒的经济理论，以及俄国十月革命及列宁的某些影响。用孙中山自己的话说，就是"取古今中外人的知识才学，来帮助我做一件大事"[3]。他对上述思想资料有所取，也有所舍，以中国的具体国情为基础，熔铸成为三民主义的理论与学说。

在中华文化中，孙中山重视其中关于"人格教育"即道德教育的论述，这并非由于学理研究的兴趣，而是他对中国近代历史深入思考的结果。在近代，中国遭受过许多国家的欺凌，并没有被任何一个侵略者所征

---

[1]　《孙中山全集》第七卷，中华书局，1981，第 1 页。

[2]　关于孙中山与中国古代儒学的关系，黄明同等著的《孙中山的儒学情结》一书（社会科学文献出版社，2010）中有详细叙述。

[3]　《孙中山全集》第八卷，中华书局，1981，第 537 页。

服，中国人民始终保持着自己的尊严，为民族复兴进行艰苦卓绝的奋斗。在孙中山看来，其动力之一就是中华文化中"人格"与"国格"观念，由此产生出民族的凝聚力与向心力。

"人格"观念是中国早期儒家提出的，指人的道德品质、文明素养与精神风貌；简言之，就是人之所以为人的道理。在汉代，"人格"观念被提升，并形成了"国格"观念，指国家民族的统一、尊严。基于此，孙中山强调，以"人格"与"国格"观念为核心的传统道德不可轻易地否定。他语重心长地说："一般醉心新文化的人，便排斥旧道德，以为有了新文化，便可以不要旧道德，不知道我们固有的东西，如果是好的，当然要保存；不好的才可以放弃。"①

孙中山主张"用我们固有的文化作为基础"来建立新文化、新道德，其方法就是在旧道德中增加新内容，这样就可以防止全盘否定旧道德的情况出现。对此，他举例说，传统道德中的忠孝、仁爱、信义、和平这些道德理念不可抛弃，否则新道德的建立就失去了依托；如果在其中灌注与时代并进的精神，即可展示出对旧道德的继承与创新的统一。他这样举例："古时所讲的'忠'，是忠于皇帝，现在没有皇帝，便不讲'忠'，以为什么事都可以做出来，那便是大错特错。……我们在民国之内，照道理上说，还是要尽忠，不忠于君，要忠于国，要忠于民，要为四万万人去效忠，为四万万人去效忠，比较为一人效忠，自然是高尚得多，故'忠'字的好道理，还是要保存。"②

这种"保存"，在孙中山看来，在概念的内涵上已经有了变化，在新时代，他强调应当倡导"替众人服务"的新道德观，认为这才是"世界上道德的新潮流"。③

总之，孙中山力求在传统的"人格"与"国格"的思想基础上，灌注新内容，提炼出新的道德文化观，并再三强调社会道德文化的重要性。由此可以看出他对中华优秀文化价值认识所达到的高度和深度。

四　记取辛亥革命的主要经验

辛亥革命给我们留下的最宝贵的经验，从正反两个方面来认识，就是

---

① 《孙中山全集》第九卷，中华书局，1981，第243页。
② 《孙中山选集》，人民出版社，1981，第650页。
③ 《孙中山全集》第十卷，中华书局，1981，第156页。

不论革命或建设都不可忘记中国国情。对于这个基本经验的认识，陈独秀在认真思考了辛亥革命以后的一系列事实，特别从袁世凯复辟帝制的丑剧中，总结出：辛亥革命缺少一个持久而深入的思想革命，应该补上这一课。为提高人民的政治觉悟，必须倡导民主；为提高伦理思想觉悟，要倡导科学；宣传德先生与赛先生。出于这种认识，1915 年 9 月创办《青年杂志》（从第二卷起改名为《新青年》）。

还要提到，鲁迅在《新青年》杂志第 4 卷第 5 期上（1918 年 5 月 15 日）发表的《狂人日记》名文，其中有这样发人深省的话："我翻开历史一查，这历史上没有年代，歪歪斜斜的每页上都写着'仁义道德'的几个字。我横竖睡不着，仔细看了半夜，才从字缝里看出字来，满本都写着两个字'吃人'！"

这里"我翻开历史一查"的"历史"，不是别的，而是中国两千多年之久的君主专制制度，它表面上写着"仁义道德"字样，实际上它是"吃人"的制度。经过辛亥革命，这个制度被推翻了，可是新的社会制度尚未建立起来，1915 年袁世凯复辟帝制，说明"百足之虫，死而不僵"。鲁迅呼吁国民清醒地认识帝制的流毒，并非一朝一夕所能清除，要为孩子们创造一个新的天地，发出了"救救孩子"的最强音。

还有史学家陈寅恪说过令人难忘的话，他在《读吴其昌撰梁启超传书后》一文中写道："忆洪宪称帝之日，余适旅居旧都，其时颂美袁氏功德者，极丑怪之奇观，深感廉耻道尽，至为痛心。至如国体之为君主抑或民主，则尚为其次者。"① 陈氏的话告诉人们：在民族兴亡的大问题上，有人如果廉耻丧尽，为帝制复辟作伥，那就失去了灵魂。

鲁迅与陈寅恪的话，今天读来，仍然有很大的启迪。辛亥革命百年之际，在我国，君主专制制度已死去百年，但与此相联系的"封建残余思想"种种，不能说已经消失殆尽。因此，为中华民族的发展昌盛，我们还有许多工作要做，任重而道远。

作者单位、职务：西北大学中国思想文化研究所教授

---

① 陈美延编《陈寅恪集·寒柳堂集》，生活·读书·新知三联书店，2001，第 166 页。

辛亥革命与中华民族的觉醒

——兼论孙中山三民主义的历史贡献及当代价值

✪ 肖 飞

前言：辛亥革命是中华民族觉醒的界碑

中国近代史既是中国人民饱受屈辱和苦难的历史，又是中国人民不断觉醒和奋起反抗、自强不息的历史。近代中华民族的觉醒，简言之，就是对近代中国实现民族独立、国家富强、人民富裕的认识。这种认识在帝国主义入侵的背景下产生，在中华民族遭受屈辱和反抗的历史中逐步强化。

回顾从鸦片战争到五四运动这80年间中华民族觉醒的历程，一个无可争辩的事实是，辛亥革命是中华民族觉醒的界碑。正如林家有教授所指出的那样："辛亥革命运动是一块真正的界碑。它划分了爱国救亡要不要革命，革命要不要建立民主共和国两种爱国主义思想的界限。资产阶级革命派确立的爱国、革命、共和的思想不仅推动了自戊戌维新运动以来在中国兴起的反帝反封建爱国运动的深入发展，而且还把推翻'洋人的朝廷'、实现民族独立和更新国家政治制度结合起来，使中华民族的觉醒达到空前的高度，极大地振奋了中华民族的精神。"① 学者齐卫平也曾有过精辟分析："对于中国来说，真正的民族觉醒必须表现为思想上告别传统，制度上接轨世界，行为上合乎现代。这样的觉醒在辛亥革命显示了端倪，并在此后的历史实践中反映出来。"② 对此，中共几代领导人都有类似的明确表述。毛泽东指出：中国只是"从孙中山先生开始，才有比较明确的资产阶

---

① 《中山大学学报（社会科学版）》1991年第4期。
② 《中国延安干部学院学报》2010年第1期。

级民主革命。"① 江泽民和胡锦涛总书记在评价辛亥革命的地位时，都曾明确肯定它"为中国的进步打开了闸门"。辛亥革命作为中华民族觉醒的界碑，突出表现在由改良向革命的觉醒、由专制向共和的觉醒、反帝救国的觉醒、振兴中华的觉醒。孙中山无疑是民主革命的杰出代表，他提出的"三民主义"是辛亥革命的行动纲领，是中华民族觉醒的一面光辉旗帜。时至今日，它依然是一种民族共识，是实现中华大一统的强力黏合剂。

一　革命才能救中国

19 世纪至 20 世纪之交，以孙中山为首的民主革命派高扬革命的旗帜，撰写大量论著，开展同改良派论战，广泛宣传革命道理，坚定地走武装革命的道路，发动一次次推翻清朝统治的武装起义。1911 年的武昌首义得到全国各地响应，终于推翻了清朝统治。革命派的理论与实践表明：革命才能救中国已成为人们的共识。

在近代中国风云变幻的历史舞台上，孙中山是民主革命的旗手。孙中山一生致力革命 40 年，高举民主革命的旗帜，创建了中国第一个政党，提出了完整的民主革命纲领，策划和指挥了 11 次武装起义，最后在辛亥革命的隆隆炮声中摧毁了腐朽没落的清王朝，结束了在中国延续了两千多年的封建君主专制制度，创立了中国历史上第一个民主共和政体。

孙中山从少年时代就萌发出了推翻清廷的意向，香港求学时孙中山的革命思想已经初步形成。1894 年孙中山上书李鸿章失败后，从而认识到："清政府积弊重重，无可救药，非彻底改造，决不足于救亡。"② "若欲救国救人，非锄去恶劣政府不可。"③ 自此之后，孙中山抛弃了对清政府尚存的一些幻想，坚定地走上了推翻清王朝的革命之路。

孙中山的革命活动最早是从美国华侨里面开始的。檀香山是中国资产阶级民主革命的发源地。1894 年秋，孙中山从上海赴夏威夷。经过孙中山数月的艰苦努力，中国资产阶级第一个革命团体兴中会，于 1894 年 11 月在檀香山正式成立。兴中会以"振兴中华，挽救危局"为宗旨。

---

① 《毛泽东选集》第二卷，人民出版社，1991，第 564 页。
② 冯自由：《中华民国开国前革命史续编》第 5 卷，第 1 页。
③ 胡汉民：《总理全集》第 2 集，第 141 页。

兴中会成立后，为发动更多的美国华侨投身革命，壮大革命组织，孙中山数次前往美国开展革命活动。1895年12月，再往檀香山。1896年6月，他第一次赴美国本土，到达旧金山、纽约等地，"沿途所过多处，或留数日，或十数日，所至皆说以国家危亡，清政府腐败，非从民族根本改革，无以救亡，而改革之任，人人有责"。由于当时美国华侨尤其是华侨上层人士中尚未摆脱封建传统观念束缚，加上清廷驻美使馆及领事馆官员的拉拢、欺骗和严密控制，孙中山此行收效甚微。但孙中山并未气馁，锲而不舍，以后又多次赴美宣传革命。

揭露保皇派，宣传革命主张，是孙中山开展革命活动的主要内容。面对兴中会遭到梁启超等保皇派严重破坏的现实，孙中山决心铲除保皇派的影响，"尽力扫除此毒，以一民心"①。为了打击保皇派的气焰，恢复革命派在檀香山的阵地，孙中山做了大量的工作。他"亲往其耕寮，邀集侨农，竭力开导，往来跋涉，不敢告劳"②。接着在夏威夷各地不遗余力发表演说，批驳保皇谬论，义正词严地指出：革命为唯一法门，可以拯救中国现时危惨地位。"我们要倾覆满洲政府，建立民国，革命成功之日，效法美国，选举总统，废除专制，实行共和。"③ 孙中山的演说受到华侨热烈欢迎。

与此同时，孙中山改组《隆记报》，亲自执笔撰文同保皇派展开笔战。孙中山先后分别发表了《敬告同乡书》和《驳保皇报》等文章。特别是《敬告同乡书》从根本上划清了革命与改良的界限，在辛亥革命史上有着划时代意义。他在此文章中指出："革命与保皇，理不相容，势分两立"，"决分两途，如黑白之不能混淆，东西之不能易位。革命者，志在扑满而兴汉，保皇者，志在扑满而臣清，事理相反，背道而驰，互相冲突，互相水火"。号召广大华侨"划清界限，不使混淆。吾人革命，不说保皇，彼辈保皇，何必偏称革命？"④ 这篇文章犹如一颗重型炸弹，给保皇派打击极大。

孙中山除带头与改良派开展舌战、笔战之外，还写信给在日本的同志，要求他们"遥作声援"，"竭力大击保皇毒焰于各地"。经过孙中山的

---

① 《孙中山全集》第一卷，中华书局，2006，第230页。
② 杨国标等：《美国华侨史》，第424页。
③ 李新主编《中华民国史》第一编，第82页。
④ 《孙中山选集》，人民出版社，1956，第52～53页。

宣传教育，革命派力量在檀香山很快就压倒了保皇派，夏威夷又成了革命派在海外的一个重要据点。然而孙中山并没有就此罢休。当时，保皇派势力在美洲大陆仍然很大，为扭转这种局势，孙中山又风尘仆仆再次赴美宣传革命。

由于孙中山数次赴美进行革命活动，经过宣传和组织，广大华侨爱国革命热情空前高涨，纷纷支持和参加革命，为推翻清王朝，创立中华民国立下了不朽功勋。

孙中山一生致力革命40年，临终时仍告诫国人：革命尚未成功，同志仍须努力。和平、奋斗、救中国。鲁迅对孙中山的革命精神曾作过高度评价："中山先生的一生历史具在，站出世界来就是革命，失败了还是革命。"

在孙中山这位旗手的引导下，辛亥革命时期，革命党人运用各种舆论工具广泛宣传革命主张，涌现了一批杰出的民主革命思想宣传家。章太炎发表了《驳康有为论革命书》，旗帜鲜明地指出中国必须实行民主革命，不能指望清王朝恩赐君主立宪，并把将康有为等奉若神明的光绪帝视为"小丑"。邹容的《革命军》一连用七个排比句界说革命，鼓吹革命，阐述革命的正义性与现代性，具有排山倒海之势："革命者，天演之公例也。革命者，世界之公理也。革命者，争存争亡过渡时代之要义也。革命者，顺乎天而应乎人者也。革命者，去腐败而存良善者也。革命者，由野蛮而进文明者也。革命者，除奴隶而为主人者也。"[1] 陈天华的《警世钟》、《猛回头》唤醒了无数尚在睡梦中的中国人，毛泽东少年时代也曾受过这两本书的影响。

经过19世纪末20世纪初数年间的革命派的广泛宣传与革命实践活动，革命观念深入人心。国人普遍认识到清政府已成了"洋人的朝廷"，要救国，只有革命。甚至对当朝天子，不仅可以辱骂为"未辨菽麦"的"小丑"，更有人公开发誓要以张良之铁锥、荆轲之利刃，"直取国中专制魔王之首于百步之外"。[2] 到辛亥革命前夕，革命更成为国人的"口头禅"。鲁迅的《阿Q正传》专写"革命"一节，生动描绘了辛亥年间下层民众的

---

① 中国史学会编《辛亥革命与二十世纪的中国》，中央文献出版社，2002，第1版，第1578页。

② 《辛亥革命前十年间时论选集》第2卷上册，三联书店，1960，第546页。

"革命观"。正如冯天瑜教授指出的那样：革命一词普及到阿Q这样的贫民之中，可见其深入人心。辛亥革命时期，呼吁救亡、宣传民主革命的爱国者群体、响应救亡革命的爱国者群体，远远超过了前代。

辛亥革命的胜利，正是由于孙中山带领无数革命志士发动一次又一次武装起义、流血牺牲换来的，也是无数革命思想家长期宣传革命、动员群众用武装推翻清王朝的结果。广大华侨和全国各族人民在反抗清王朝的共同行动中显示出巨大的向心力，同仇敌忾，全力支持和响应辛亥革命，这是中华民族觉醒的一个重要标志。

二　反帝救国热情高涨

近代中国的历史，既是中国人民受尽屈辱、灾难深重的历史，也是中国人民奋起抗争、不断觉醒的历史。列强每发动一次侵华战争，都使中国半殖民地化程度进一步加深。同时，每一次侵华战争也进一步唤醒了国人的觉醒，爱国主义热情日益高涨，"国家兴亡，匹夫有责"成为人们的共识，"救亡图存"、"振兴中华"成为时代的最强音。

近代中华民族的觉醒，包括两项主题：一是认识中华民族利益一致、休戚与共的关系；二是认识民族危机的紧迫性，呼吁抗救亡图存、抗击帝国主义侵略、实现民族独立和富强。民主革命思想家对这两方面的认识均达到了空前的高度。

辛亥革命期间，帝国主义与中华民族、封建主义与人民大众的矛盾空前激化，尤其是前者达到了白热化程度。帝国主义列强通过发动一系列战争，强迫清政府签订一系列不平等条约，逐步控制了中国政治经济命脉，越来越多的人对于"亡国灭种"有了切肤之痛。国人普遍认识到，要救亡图存、振兴中华，就必须反对帝国主义侵略。因此，以孙中山为首的革命党人发扬民族主义精神、鼓吹爱国主义。无数的民主革命思想家，如朱执信、秋瑾、邹容、陈天华等，他们撰写大量论著，用血和泪控诉帝国主义"弄得民穷财尽"，中国"名存实亡"的罪恶，痛斥清政府已成为"洋人的朝廷"。

龚书铎教授等曾以辛亥革命时期文化为题，比较详尽地考察了中国近代历史的主题"表现在文化的各个领域，从哲学、教育、史学、文艺，到体育卫生、社会习俗等，都有涉及"。如以文学为例，"从秋瑾的'拼将十万头颅血，须把乾坤力挽回'，到罗仲霍的'忍见铜驼卧荆棘，神州遍地劫灰飞'，从高旭的《爱祖国歌》，到马君武的《从军行》，那成千上万首荡气回肠的诗篇，无不表达了作者共同对民族危机日益加深的忧虑，对河山破碎的悲愤和救国救民的豪情壮志"①。20世纪初，国人对帝国主义的侵略本性有了进一步的认识，普遍运用"帝国主义"这个概念，形成了近代"民族主义"思想。他们明确指出：帝国主义"及膨胀主义也，扩张版图主义也，侵略主义也"②，"兼弱攻昧，为此主义之本领；利己损人，为此主义之目的；而内充实其国和，外伸张其权势，这此主义实行之顺序。其在外交台上，以诡秘出之；其对未开人种，以暴力压之。假文明之面，行野蛮之实……欧美日本诸强国，群奉此主义"③。面对帝国主义的侵略，国人普遍认识到，救亡图存，必须振作国民的民族主义精神，"非以我国民族主义之雄风盛潮，必不可能抗其民族帝国主义的横风逆潮也"④。

著名史学家金冲及对此也曾明确指出：辛亥革命时期，民族振兴的先驱者们对帝国主义侵略中国的形势和实质作了比过去深刻得多的阐述。留日学生的刊物《浙江潮》在揭露帝国主义的对华经济侵略时指出："经济上之竞争，其祸乃更毒于政治上。何以故？譬之是犹人也，朝割其一手，夕割其一足，其人必痛，而其惊醒也易，而其反抗之力大，而其人犹可以复生也。若举全身之精血而吸之，其犹茫然皇然莫知所由，未几乃病瘵以死矣。"这种认识是十分重要的，使反帝爱国运动有了更加深厚持久的基础。⑤

孙中山是高扬民族主义精神、反帝爱国的杰出代表，他提出的民族主义是三民主义的基础，是近代中国反帝救国的一面光辉旗帜。从表面形式来看，民族主义是以"驱除鞑虏"为特点的反满革命，然就出发点来看，则是为了避免帝国主义瓜分，谋求中华民族独立和自由。孙中山曾明确指出，"国民党之民族主义，有两方面之意义：一则中国民族自求解放；二则中国境内各民族一律平等"⑥。这是孙中山处理民族问题的基本主张。

---

① 中国史学会编《辛亥革命与二十世纪的中国》，中央文献出版社，2002，第1版，第1601页。
② 《辛亥革命前十年间时论选集》第1卷上，三联书店，1960，第51页。
③ 《译书汇编》第2年第5集，转引自《辛亥革命与20世纪的中国》，第1600页。
④ 《政艺通报》1902年第5期。
⑤ 《求是》杂志2010年第20期。
⑥ 《孙中山全集》第九卷，中华书局，2006，第118页。

中华民族自求解放，旨在使中国民族得自由独立于世界。孙中山出于斗争策略考虑，早期的民族主义，对外没有明确提出反帝口号，但是如果从时代高度和20世纪初中国社会主要矛盾及当时政治形势来考察"驱除鞑虏，恢复中华"，完全可以肯定，它正是在经济上建立国内统一市场，在政治上要求建立资产阶级统治的反映。归根到底是为实现中国民族独立自由、创立民主制度服务的。更难能可贵的是孙中山的民族主义与时俱进，在新的历史条件下得到了发展。

长期的革命斗争实践，使孙中山愈来愈清醒地认识到：帝国主义的民族压迫是中华民族独立的严重障碍。他深刻地揭露了帝国主义对中国的经济压迫和政治压迫："我们晓得政治的压迫是厉害的，还要晓得经济的压迫是更厉害。""中国受欧美政治力的压迫将及百年。"[1] 所谓政治压迫，就是帝国主义列强用兵力与外交两种手段，强占我国领土，划分"租借地"以及对中国采取瓜分的步骤，严重侵夺我国国家主权和破坏民族独立，把中国降为"半独立国"和"半殖民地"的悲惨地位。

孙中山特别详尽地揭露了帝国主义对中国的经济压迫与掠夺。指出"其实中国所受过了列强经济力的压迫，不只是半殖民地，比较全殖民地还要厉害"[2]。第一，"中国的海关，被各国拿去了"，"破了中国的门户"[3]。不久，"全国海关都交给英国人管理，税务司也尽派英国人去充当"[4]。而且"海关税则，都是由外国人规定，中国不能自由更改。中国的关税，中国人不能自收自用"[5]。关税主权丧失，造成了无穷后患，民族工业受外资排斥打击，大量财富外流。孙中山根据海关报告，指出1921年我国入超5亿元，较1911年"已加两倍半"，据此推算，10年后，中国入超"便要到十二万万五千万"[6]。第二，外国银行在华发行纸币是帝国主义经济掠夺的又一重要手段。外国银行垄断汇兑和吸收存款以及发行钞票，仅这三项获利每年"当在一万万元左右"[7]。外国航运业垄断中国内河，致使

① 《孙中山选集》，人民出版社，1956，第615页。
② 《孙中山选集》，人民出版社，1956，第606页。
③ 《孙中山选集》，人民出版社，1956，第607页
④ 《孙中山选集》，人民出版社，1956，第607页。
⑤ 《孙中山选集》，人民出版社，1956，第608页。
⑥ 《孙中山选集》，人民出版社，1956，第609页。
⑦ 《孙中山选集》，人民出版社，1956，第612页。

中国每年损失"也当在一万万元以下"①。

此外，孙中山估计外国在"租界与割地的赋税、地租、地价三项掠夺，使中国人所受的损失，每年也当在四五万万元以上"②。帝国主义依仗不平等条约所享有的侵略特权，使中国造成损失更难以数计。他认为仅南满铁路一个公司，每年所获纯利，已达5000余万元。孙中山已清醒地认识到，在帝国主义压迫下，"中国已经到了民穷财尽的地位，是要赶快设法去挽救，若长此不救，必至因为受这种经济压迫，到国亡种灭而后已"③。因此，孙中山强调反对帝国主义侵略和控制，恢复我们的民族地位如箭在弦，刻不容缓。

孙中山明确指出：民族资产阶级如不反对帝国主义，"则列强之经济的压迫，致自国生产永无发展之可能"④。劳动群众不反对帝国主义，"则依附帝国主义而生存之军阀及国内外之资本家"，"足以蚀其生命而有余，故民族解放斗争，对于多数之民众，其目标皆不外反帝国主义而已"⑤。

基于上述认识，孙中山晚年重新解释了民族主义，把旧民族主义发展到新民族主义。新民族主义明确提出反对帝国主义侵略，以争取中国民族独立。他强调指出："一切不平等条约，如外人租借地、领事裁判权、外人管理关税权以及外人在中国境内行使一切政治的权力侵害中国主权等，皆当取消，重订双方平等互尊主权之条约。"⑥ 这反映了孙中山民族主义达到了一个新的历史高度。

三　民主共和深入人心

辛亥革命是中国近代史上一次完全意义上伟大的民族民主革命运动，结束了中国两千多年的封建君主专制，建立了中华民国。从此，封建君主偶像被彻底打破，国人普遍确立了建立民主共和国的信念。

中国是一个文明古国，封建制度统治了两千多年，帝制观念源远流

---

① 《孙中山选集》，人民出版社，1956，第613页。
② 《孙中山选集》，人民出版社，1956，第613页。
③ 《孙中山选集》，人民出版社，1956，第611页。
④ 《孙中山选集》，人民出版社，1956，第525页。
⑤ 《孙中山选集》，人民出版社，1956，第525页。
⑥ 《孙中山选集》，人民出版社，1956，第528~529页。

长，"民不可一日无君"思想根深蒂固。凡反对皇帝都被视为"乱臣贼子"，连百日维新的领袖人物康、梁都认为皇恩浩荡，把光绪帝描写成千古未有的大圣人，可见要从传统的王权主义思想中解放出来在中国是多么的困难。随着民族危机的加深、西方民主思想的传播、新型知识分子群体的出现、革命形势的迅速发展，国人开始从"民不可一日无君"的传统思想中解放出来。1901 年夏，由秦力山主编的《国民报》第 2 期上发表了《说国民》一文，作者以隐晦曲折的方式表达了革命倾向，提出了"一国可以无君"的观点。① 1903 年，邹容公开高举革命的旗帜，以"革命军中马前卒"的名义发表了《革命军》一书，鲜明地提出用革命的手段推翻清封建专制政府，建立民主共和国。正如胡绳武教授所言，邹容的主张，不仅是他一个人的思想，实际上是当时爱国知识分子进步思想的集中表现。②

与此同时，章太炎发表了《驳康有为论革命书》，批判保皇主义，论述革命实践的巨大意义。针对康有为视光绪帝是"圣明之主"的论调，章太炎直斥光绪为"载湉小丑"，声震远近，令保皇派暴跳如雷、革命派扬眉吐气。从此，君主偶像被打破。

孙中山的民权主义是推翻封建专制制度的光辉旗帜。孙中山革命伊始，创立兴中会时，就立誓："驱除鞑虏，恢复中国，创立合众政府。"1905 年同盟会成立时，以"驱除鞑虏，恢复中华，创立民国，平均地权"为政治纲领。此后，孙中山将同盟会纲领概括为三大主义，即民族主义、民权主义、民生主义，后来被称为三民主义。

民权主义的内容是"创立民国"，是三民主义的核心。"创立民国"，就是推翻封建君主专制制度，建立资产阶级民主共和国。这就是孙中山所说的政治革命。

孙中山运用古今中外历史事实详细地阐发了没有民权就没有个人的自由平等。他首先指出，在封建专制统治下，人民毫无自由可言，"我国自有历史以来，人民屈服于专制政府之下，我祖我宗，以至于我之一身，皆为专制之奴隶，受君主之压制，一切不能自由。所谓国家者，亦不过君主

---

① 中国史学会编《辛亥革命与二十世纪的中国》，中央文献出版社，2002，第 1 版，第 1539 页。

② 中国史学会编《辛亥革命与二十世纪的中国》，中央文献出版社，2002，第 1 版，第 1540 页。

一人一姓之私产，非我国民所有也"①。他痛斥清政府，"中国现行之政治，可以数语赅括之曰：无论为朝廷之事，为国民之事，甚至为地方之事，百姓均无发言或与闻之权；其身为民牧者，操有审判之全权，人民身受冤抑，无所吁诉"②。专制政府"涂饰人民之耳目，锢蔽人民之聪明"，"国家之法律，非平民所能与闻"③。1904 年，孙中山在《中国问题的真解决》这份向美国人民的呼吁中，从 11 个方面揭露了清政府侵犯了人民"不可让与的生存权、自由权和财产权"，抨击清政府压制人民"言论自由"，禁止人民"结社自由"、向人民"征收沉重的苛捐杂税"的倒行逆施。④ 孙中山一针见血地指出，不解决主权在民问题，人民就不能享受自由平等的生活。

孙中山强调：君主专制是"恶劣政治的根本"，"民权主义是政治革命的根本"；封建暴政同"自由、平等、博爱"水火不容，君主专制同"民主立宪"背道而驰。

孙中山还从世界历史的角度分析了民权与自由的密切关系，指出自由平等与奴隶制势不两立，多数人获得民权，才有真自由平等。与此同时，孙中山也看到了西方资产阶级革命之后，出现了新的垄断资本主义，造成新专制的事实。他以美国为例，说明美国摆脱殖民地地位之后，产生了新的不自由"更甚于专制国"。并以此论证只有"实行用四万万人民做皇帝"来代替新的资本主义垄断，"平等和自由才可以长存"。

为了使中国人民获得真自由和平等，孙中山认为必须进行民权主义的政治革命战争。早在 1906 年，孙中山在《中国同盟会革命方略》建立民国这条政纲中就明确指出："今者由平民革命以建国民政府，凡为国民皆平等以有参政权。大总统由国民公举。议会以国民公举之议员构成之。制定中华民国宪法，人人共守，敢有帝制自为者，天下共击之！"⑤ 这里描绘的是一幅典型的议会制资产阶级民主共和国蓝图。同时，孙中山一再论述了反对封建帝王思想的重要性和必要性：凡是革命的人，如果存在一些皇帝思想，就会弄到亡国，所以我们定要由平民革命，建国民政府。

---

① 《孙中山全集》第二卷，中华书局，2006，第 537 页。
② 《孙中山全集》第一卷，中华书局，2006，第 50~51 页。
③ 《孙中山全集》第一卷，中华书局，2006，第 51 页。
④ 《孙中山全集》第一卷，中华书局，2006，第 252 页。
⑤ 《孙中山全集》第一卷，中华书局，2006，第 297 页。

　　为了确保民权的真正实施，孙中山并不满足于欧美资产阶级的"三权分立"，提出了《五权宪法》的崭新设想和方案。孙中山为我国创设《五权宪法》，赋予中国民权主义以独特的内容和形式，是对西方资产阶级"三权分立"原则的重大发展。其目的在于把中华民国建设成为世界上最完善、最健全的资产阶级民主共和国，使人民享有真正的、完全的自由和平等。

　　孙中山"民权主义"的目标非常清晰，那就是希望建立一个"驾乎欧美之上"的"最新式的共和国"。这个共和国比之欧美共和国，应该有更多的公民享有充分的自由和平等权利，而不应该对人民的民主自由权利有更多的限制。他主持制定的《中国国民党宣言》和《中国国民党代表大会宣言》等文件，都明确规定公民有选举、罢免、创制、复决权利；享有集会、结社、言论、居住、信仰之自由。他时时刻刻所想的是人民，他奋斗一生所追求的目标就是为人民争权利，推翻压迫中国人民两千年之久的专制，实现真正的民主。主张国民革命成功后，国家的政权由皇帝、军阀的手中转移到人民掌握之中，凡事都由人民做主，实行全民政治。

　　孙中山的民权主义思想，是照亮黑暗中摸索前进的中国人民走向建立共和制度道路的一盏明灯。列宁曾对孙中山的民主政治革命方略予以高度评价："孙中山纲领的每一行都渗透着战斗的、真诚的民主主义。它充分认识到种族革命的不足，丝毫没有忽视政治自由或允许中国专制制度与中国社会改革、中国立宪改革等等并存的思想。这是带有共和制度的要求的完整的民主主义。"孙中山的三民主义是动员、鼓舞人民进行辛亥革命的战斗纲领，尤其是民权主义思想呼唤中国人民奋起斗争，武昌首义敲响了封建帝制的丧钟，随后，建立了中华民国。这是孙中山最重要的贡献，也是孙中山促进中华民族辛亥觉醒的集中表现。

　　虽然中华民国依然保留着专制统治的痕迹，但民主共和观念已深入人心，民权主义已成为人们的共识，以后谁要搞复辟帝制的把戏，必然成为"过街老鼠，人人喊打"，谁也逃脱不了失败的命运。这正是近代民族意识觉醒的重要表现。

　　据林家有教授所言：辛亥革命推翻清朝政府，结束中国的封建君主专制制度，建立了中华民国，从而出现了民主共和思潮的新高涨和社会观念的巨大变革。新国家、新政府和新观念蔚然成风。一时间，到处都是"共和"的旗帜和名号，仅上海一地，就有数十个。"民主共和"在社会各界面前发出了特别诱人的异彩，尽管人们不一定都真正了解其含义，但随着民国的建立，民主共和思想已在人们的思想中产生了相当深刻的影响。这种分析应当是符合实际的。

四　振兴中华成为时代的最强音

振兴中华，实现中华民族的伟大复兴，是几代中国人梦寐以求的共同目标。中国具有五千年文明史，中华民族创造过举世公认、丰富多彩、灿烂辉煌的古代文明，在世界文明史上的领先地位曾保持到 15 世纪。然而，到了明朝中后期，中国开始落后。鸦片战争前夕的嘉庆、道光年间，清王朝衰相尽显，危机重重。鸦片战争后，随着列强一次次侵华战争，强加给中国一个又一个不平等条约，中国逐渐沦为一个半殖民地半封建国家。民族危机唤起了中国人民的觉醒，救亡图存成为时代的主题，振兴中华成为时代的主旋律。孙中山1894 年11 月在创立兴中会时就指出："方今强邻环列，虎视鹰瞵，久垂涎我中华五金之富，物产之繁。蚕食鲸吞，已效〈尤〉于踵接；瓜分豆剖，实堪虑于目前。呜呼危哉！有心人不禁大声疾呼，亟拯斯民于水火，切扶大厦之将倾。"[①] 由此，他喊出了"振兴中华"这个时代的最强音。

"振兴中华"代表了当时无数爱国者的共同心声，并且成为辛亥革命期间及以后一代又一代中国人不懈追求的目标，成为鲜明的时代主题。甲午战争后的维新运动、辛亥革命，都是在振兴中华这面爱国主义大旗下发生的。这些斗争和探索，使中华民族燃烧起了新的希望，尤其是辛亥革命及中华民国的建立，促进了中国经济的发展，标志着中华民族进一步的觉醒。

振兴中华是孙中山为首的革命党人的共同目标。孙中山、章太炎等人都曾明确指出，革命不只是破坏，同时也是建设。孙中山复兴中华的步骤分为三步：开始是革命救国，振兴中华；辛亥革命后转为实业救国，复兴中华；晚年发展为反对封建军阀割据，实现中华民族的团结统一和国家的独立、民主和富强，建设一个文明、和谐和进步的社会。

黄明同教授曾在《孙中山经济思想》一书中写道："孙中山是近代中

---

① 《孙中山全集》第一卷，中华书局，2006，第 21 页。

国杰出的政治家、思想家和革命家，是伟大的爱国主义者和近代化先驱。他早有'再造中华'之志，终生以'振兴中华'为己任，鞠躬尽瘁，死而后已。"孙中山不愧是"为我们祖国的独立和自由而奋斗终生的战士"。

孙中山振兴中华的经济思想，是他的思想文化中最具特色的一个组成部分。诚如黄明同教授书中所言："孙中山经济建设思想，熔古今中外经济思想于一炉，但又不因循古人和洋人已有的旧格局、旧思路，而是匠心独具，建构别具一格的思想体系。从整体上看，具有四大特点：目标性、整体性、独创性和超前性。"

孙中山经济思想的主要内容是他的民生主义学说，包括平均地权和节制资本两个纲领，并制订出彻底改造中国的"实业计划"，提出对外开放的经济发展策略，形成了建设具有中国特色的国家经济近代化的比较系统的经济思想理论。

孙中山作为20世纪辛亥革命变革时代的杰出人物，他不仅为复兴中华提出了民主共和思想，而且提出了建立以国营经济为主导、多种经济成分共存的经济体系，还提出了用先进的文化作为振兴中华的力量源泉。孙中山振兴中华的思想，反映了中华各民族的共同愿望，为国人大多数所接受，这正是中华民族觉醒的重要标志。

余论：三民主义的当代价值

以上分析了辛亥革命与中华民族觉醒的主要方面。无数的仁人志士都为此作出了贡献，孙中山贡献尤其巨大，是当之无愧的旗手。他提出的三民主义，是辛亥革命的纲领，是振兴中华的思想基础，为国人普遍所接受。特别是当中华民族获得独立和解放之后，孙中山倡导的振兴中华的自强意识实际上已经成为整个中华民族的一种强烈共识。

改革开放30年来，中国社会发生了一系列深刻变化，尤其是经济发展取得了令世人瞩目的成就。对于一个拥有13亿多人口的大国来说，国民经济持续30年的高速增长的确是一个很难按常理解释的奇迹。这奇迹背后的主要推动力是一种超越理性的民族自强共识，而这种自强共识，我们可以从辛亥革命及三民主义找到源头。三民主义在当今的价值集中表现在以下几个方面。三民主义唤醒了国人的民族自强意识，为中华民族的伟大复兴积累了强大的民意基础；三民主义体现了以人为本的人道主义精神，是贯彻落实科学发展观的内在要求；三民主义符合世界政治发展的时代潮流，是推进中国民主法制建设的重要祖训；三民主义作为一种民族共识，是实现中华大一统的强力黏合剂。

不可否认，共和国前期政策选择的失误导致社会主义实践遭到严重挫折，相当一部分港澳台同胞对社会主义怀有敌意。三民主义不仅是港澳台地区的主流意识，也是大陆居民（包括共产党人）普遍认可的政治理念。三民主义与社会主义并不矛盾，三民主义不仅是深入贯彻落实科学发展观、实现中华民族伟大复兴的重要理论支撑，也是实现中华民族统一的黏合剂。

伟人已去，精神长存。孙中山是时代的骄子，民族的荣光，他的三民主义思想文化是中华民族团结、统一的基石，也是我们中华各族人民努力奋发前进的一种精神力量和精神财富。特别是孙中山的民生主义学说及实业计划所蕴涵的超越时代的思想价值是永存的，孙中山的许多构想现在正在逐步变为现实。孙中山的实业计划规模恢弘、气势磅礴。孙中山提出的十大类实业计划，涵盖区域建设方略、交通建设、农业建设、工业建设、钱币革命、开放主义，等等。孙中山对国家工业化的设想，对对外开放的要求，对经济所有制结构的安排，对国民经济各部门发展结构的均衡调整，对东部沿海地区的建设、西部内地的区域开发等，对中国经济发展的战略构想，都为后来的建设者提供了可资参考的宝贵的文献资料。实践证明，孙中山的经济思想，对我们当今的社会主义现代化建设有着巨大的鞭策启迪作用和极为重要的指导意义。

作者单位、职务：电子科技大学中山学院副教授

辛亥革命的根本意义与价值取向

⑦ 姜新立

一 前言

发生在 1911 年的"辛亥革命"到今年刚好一百周年，海峡两岸四地的中国人无不以各种形式隆重地予以纪念。为什么要如此全面地去纪念辛亥革命一百周年？从革命的本质意义和价值取向去论析它，可能更能找到核心答案。

对中国传统社会而言，"辛亥革命"是中国近代史上一场极其关键性的质变式的社会变革，有了"辛亥革命"，中国才出现"自由"与"民主"（Parry and Moran, 1994；Bobbio, 1990）；它同时也是一场以追求"现代性"（Mondernity）为价值取向的政治革命与社会革命（Luke, 1990；Habermas, 1991）。

二 辛亥革命：民族主义下的民主革命

孙中山的革命思想包括三大部分，此即民族思想、民主思想与民生思想，而且三大部分有机构成、环环相扣，自然形成系统，并不是像台湾有些人诋毁式地指出孙先生的革命思想是"浪漫的"，是"无系统的"。笔者的基本理解是，孙中山的革命思想首先是民族主义的民主革命思想，也因此，笔者视辛亥革命是一场民族主义下的民主革命，或民族主义下的国民革命，因为当时的中国陷入民族存亡的政治危机之中，故孙中山革命的目的在"救中国"，也就是发展社会学上所说的"发展与民族主义"（Development and Nationalism）问题（Chilcote, 1981：275）。

孙中山民族思想早在幼年听闻洪杨革命中的"反清复明"话语时便已

萌芽。这就是为什么孙中山早在 1904 年便在檀香山加入"致公堂"（洪门会）。请看他怎么看待"致公堂"："原夫致公堂之设，由来已久，本爱国保种之心，立兴汉复仇之志，联盟结义，声应气求，民族主义赖之而昌"（孙中山，1994：130；蒋永敬，2000：84）。由于辛亥革命以前的清廷是以满洲人为皇权统治中心而进行对中国的统治，故而有孙中山在 1894 年11 月"兴中会"成立宣言中一面揭露清廷的黑暗腐败，一面指出民族危机的严重性，号召海内外有志之士起来挽救危局，以振兴中华，并在盟书中明确指出"驱除鞑虏，恢复中华，创立合众政府"，这是孙中山的革命纲领，也是日后辛亥革命的行动指南。同时，辛亥革命以前的清廷正受西方列强的侵凌，中国已经沦为"次殖民地"，此亦激发孙中山的民族主义思想，除了以革命手段"驱除鞑虏"以求国内各民族一律平等外，还要以革命手段去创建民主共和国，并废除不平等条约，以求中华民族在世界上之独立与解放，可见孙中山的民族主义思想也是"反帝反殖"思想，因为他在檀香山及香港的《兴中会宣言》或其《章程》中都有明确地表示："中国积弱非一日矣！……近之辱国丧师，强藩压境，堂堂华夏，不齿于邻邦"；"方今强邻环列，虎视鹰瞵，久垂涎我中华五金之富，物产之繁。蚕食鲸吞，已效（尤）于踵接；瓜分豆剖，实堪虑于目前。呜呼危哉！有心人不禁大声疾呼，亟拯斯民于水火，切扶大厦之将倾"（孙中山，1973：755）。孙中山后来在《改造新国家当实行三民主义》演讲中甚至总结性地指出："民族主义，即世界人类各族平等，一种族绝不能为他种族所压制，如满人入主中夏，垂二百六十余年，我汉族起而推翻之，是即民族革命主义也"（孙中山，1973：508）。

笔者以上引述孙中山自己有关民族主义思想陈述与展现旨在说明 1911年的辛亥革命绝非一场单纯的"民主革命"，而是一场有深层种族结构意义的民族主义下的民主革命。

1905 年 8 月孙中山在东京创立"同盟会"，再次提出"驱除鞑虏，恢复中华，创立民国，平均地权"的革命纲领。在同盟会革命纲领的指导下，辛亥广州"三二九"起义虽然失败，同盟会革命党人决心继承先列遗志，在武汉再做准备起义，终于在 1911 年（辛亥年）10 月 10 日"武昌起义"成功，随即各省闻讯响应，终于推翻"满清"，创建民国。虽然武昌起义时，孙中山正在美洲宣传革命和进行募款活动，但他身在海外，心在中国，一直关心并指导着国内的革命活动，而且湖北武汉地区以黄兴为首的革命党人一直都奉孙中山为革命领袖，认定湖北的革命运动是孙中山领导下的革命事业的一部分，如此看来，虽然广州起义与武昌起义，一个失败一个成功，但都是以孙中山的革命纲领为指导方针，则此二革命的根本意义，均为驱除鞑虏，恢复中华，创建民国无疑，亦即辛亥年的两次革命都是民族主义下的民主革命。

1911 年的辛亥革命是近代中国的一次伟大的民族主义下的民主革命。这次革命推翻了"满清"的统治，结束了两千多年的君主专制，制定了民主政治性质的《中华民国临时约法》，建立了亚洲第一个民主共和国，奠定了民族主义的思想基础，为现代中国的发展创造了民族独立，中华民族自求解放的道路，也为中国历史发展开启了新纪元。

综观武昌起义的全部过程，连大陆研究孙中山思想的学者都如此说："湖北革命党人发动武昌起义，为辛亥革命树立了不朽的功勋；他们能建树这份功业离不开同盟会的领导。如果没有同盟会革命纲领的指导，湖北革命党人就不可能有明确的宗旨和统一的奋斗目标……总之，武昌起义的胜利，是湖北革命党人在同盟会领导与支撑下所取得的胜利"（周兴樑，1998：175～176）。前述所谓《同盟会革命纲领》就是指"驱除鞑虏，恢复中华，创立民国"12 个字。由此可知，笔者在此提出的辛亥革命的根本意义是一场民族主义下的民主革命应是客观的"意义指谓"（蒋永敬，2000：294）。

孙中山在其所著《中国革命史》中曾如此说："此后（辛亥革命）所得之结果：一为荡涤二百二十余年之耻辱，使国内诸民族一切平等，无复轧轹凌制之象。二为铲除四千余年君主专制之迹，使民族政治于以开始，中华民族独立之性质与能力屹然于世界，不可动摇。自经此后，中国民主政治已为国人所公认，此后复辟帝制诸幻想，皆为得罪于国人而不能存在。此其结果之伟大，淘足于中国历史上大书特书，而百世皆蒙其利者也"（孙中山，1970：21）。

孙中山的这段话，清楚地指出辛亥革命的本质是一场"民主革命"（建立民国），但在逻辑意义上，我们从《兴中会宣言》中所提"驱除鞑虏，恢复中华，创立合众政府"来看，笔者固然把辛亥革命看成是两种革命，毕其功于一役，更是把它看成是一种意义较复杂的"民族主义下的民主革命"（a democratic revolution in nationalism）。

辛亥革命的目标，孙中山在《中国同盟会革命方略》中所举四大纲领中说得最为清楚：①驱除鞑虏，②恢复中华，③建立民国，④平均地权。从前面第①、②项指标看，辛亥革命是一场民族革命，由第③项指标可体验出辛亥革命是一场政治革命，第④项则指谓辛亥革命也是一场社会革命。

如果只由"驱除鞑虏，恢复中华"就可指涉辛亥革命本质，显然是不深入的，"太平天国"洪秀全们的"洪杨革命"也在"驱除鞑虏，恢复中华"，岂不与辛亥革命相同？这一点孙中山自然明白，他在《同盟会革命方略》中区别了"英雄史观"式的革命与"庶民史观"式的革命，明白指出辛亥革命不是"英雄革命"，而是"国民革命"："惟前代革命，如有明及太平天国，只以驱除光复自任，此外无所转移，我等今日与前代殊，于驱除鞑虏，恢复中华之外，国体民生，尚当与民变革；虽经纬万端，要其一贯之精神，则为自由、平等、博爱。故前代为英雄革命，今日为国民革命"（蒋永敬，2000：295）。

孙中山所谓的"国民革命"，就是政治学上所说的"全民革命"，极类似1789年的"法国大革命"，而"洪杨革命"则是洪秀全、杨秀清们的"英雄革命"。"英雄革命"如果成功，"成者为王"，此在中国历史上不知发生多少次，从秦、汉开始的历代王朝之得天下，多是天下英豪逐鹿中原的结果，黑格尔（G. W. F. Hegel）的"英雄史观"足以说明这些古代的中国革命是什么本质了，一句话，那是"打天下"、"争天下"并"坐天下"的"英雄革命"，绝非"国民革命"。

孙中山无意争天下与坐天下，这就是为什么他主政不久就把大总统的职位让给袁世凯做。孙中山要的只是借"辛亥革命"以"建立民国"，请看孙中山在《同盟会革命方略》中说："建立民国：今者由平民革命，以建立国民政府，凡为国民皆平等以有参政权，大总统由国民公举，议会以国民公举之议员构成之，制定中华民国宪法，人人共守，敢有帝制自为者，天下共击之"（蒋永敬，2000：296）。可见为要建立一个民主共和国，非全体人民起来革命不可，故辛亥革命的另一本质就是国民革命。

美国著名中国研究学者哥伦比亚大学韦慕庭教授曾说"中国的辛亥革命，推翻了满清王朝，结束了帝王制度，说明辛亥革命是一场政治学上所说的推翻皇权专制主义的民权民主革命"（张朋园，1983：1）。韦慕庭的说法指出了辛亥革命的本质是一场民主革命，并没有错，但不够周延，辛亥革命的本质意义不是单一概念的民主革命。笔者认为它是一场民族主义下的以国民革命为基础的民主革命。

三　辛亥革命的价值取向——中国的现代化

晚清中国仍然是一个传统社会。由传统进入现代只有两个途径，一个是"改革"（Reform），另一个是"革命"（Revolution），俾将一个神圣的（Sacred）传统社会转变成一个世俗的（Secular）现代社会，这个过程名之谓"现代化"（Moody，1995：10 - 14）。美国学者罗兹曼（Gilbert Rozman）在其《中国的现代化》（The Modernization of China）一书中也指出"从 1895 到 1911 年期间，被认为是（中国）向现代化冲击富有紧迫感的时期"（罗兹曼，1989：9）。此语隐含了 1911 年的"辛亥革命"就是中国人民对"现代化"价值目标追求的行动响应。

大陆研究"孙学"的著名学者林家有在《中国发展道路的历史选择》一文中指出"在中国要实现近代化（现代化——立按）首先要革命化，只有革命才能扫除前进道路上的障碍，才能为政治、经济、文化建设提供可能的条件"。此话一语道出"辛亥革命"与"中国现代化"的逻辑关系。[①]

辛亥革命是中国历史上最伟大的事件之一，它的意义不仅仅在于推翻满清皇朝，结束了数千年来的封建专制统治，从宏观角度下观之，而且也同时结束了以农立国的中国传统社会，让这个古老的中国因此迈入以现代化为导向的现代中国。笔者认为全面追寻中国的现代化是辛亥革命的价值取向。

有人说清末的立宪运动以及清廷预备实行"君主立宪"也是在追寻中国的现代化。笔者不否认"君主立宪"是政治现代化的一个选项，也是近代西方政治发展的一个面向或一个阶段，但中国晚清的"立宪运动"不同于西方的"立宪运动"，英国人民反对英王专制是由下而上（Bottom - up）进行了一场民权运动，最后逼迫英王承认《大宪章》，最后只好实行"君

---

① 此处林家有所用"近代化"一词，实指"现代化"而言，因为在英文上是同一个字"Modernization"，此一英文字当年译为日文时，使用的汉字是"近代化"，中国大陆史学界多用"近代化"指谓 Modernization，而社会科学界多以"现代化"指谓 Modernization。至于林家有在其所著《孙中山与中国近代化道路研究》一书中则视从封建主义向资本主义过渡过程称为"近代化"过程，但他在导论第二节第一句话又说"近代化"（亦称现代化），见林氏所著《孙中山与中国近代化道路研究》，广东教育出版社，1999，第 7 ~ 11 页。

主立宪"制，晚清的中国"立宪运动"则始于少数知识士绅所进行的一场温和的"皇权改革运动"。非常遗憾的是，中国的立宪运动始于戊戌年，但"戊戌政变"以失败告终，以慈禧太后为首的专制清廷最后捕杀六君子，光绪皇帝甚至被囚瀛台，康、梁被迫亡于海外，"立宪运动"因此寿终正寝，一场一元单项（纯粹立宪）的初级阶段的政治现代化都未竟成功，更不必说什么全面追寻中国现代化问题了。

就中国历史发展的总趋势看，辛亥革命确实是中国历史上的一个必然事件，它不但结束了中国的传统社会，开启了中国现代历史新纪元，还使中国从此以追寻全面现代化为价值取向。

现代化（Modernization）是一个综合性极强的知识概念（林家有，1999：11；罗荣渠，1997：7；Apter，1965：67），它不仅具有复杂的内涵与外延，而且也有一定的特征、步骤、阶段、历程、途径、范式。"现代化"是社会发展的特别面向，它包括三组条件，一个是能不断创新的社会系统，一个是结构功能上的制度分殊，一个是为适应科技进步的世界而替本社会或本民族提供必要的技术与知识架构。而且"现代化"这个社会发展面向又可分为政治现代化、经济现代化、社会现代化（胡福明，1994）。"现代性"是价值目的，现代化则是一个国家或民族追求"现代性"的发展过程。所谓"现代性"（Modernity）是指以科技理性控制实体与社会环境，并以此去建造一个自由民主国家，它靠的途径有两个，一是"改革"，二是"革命"，不论哪个途径，"现代性"的追寻都是一个复合过程，亦即"现代化"与"发展"（Modernization and Development）相关。"现代化"是指以科学的、系统性的方案，有目标地使用人类的潜能，以"现代性"为价值目标，将国家或民族建造成为一个具现代性的现代国家或民族。世界上许多现代民族国家都是以"革命"的方式完成现代化，中国的辛亥革命也是如此。"现代化"就是指人类社会从传统的农业社会向现代工业社会转变的历史过程。

"现代化"是随着科技的发展与进步而产生的一种特殊的社会变动方式与过程，而且是朝着"现代性"作为价值取向。而"现代性"则是现代化社会的特征，它是社会在工业化（Industrialization）的推进上发生由传统社会朝现代社会作全面变革而形成的一种属性，这种属性在已开发国家展现如下：民主化、法制化、工业化、都市化、均富化、福利化、社会阶层流动化、宗教世界化、教育普及化、知识科学化、信息传播化与人口控制化等。可见"现代化"不但是朝向"现代性"的一个发展过程，也是经济发展、政治发展、文化价值发展乃至精神心理发展的一个综合过程。

既然是一个由传统朝向现代的一个综合发展过程，它必然有过程阶段。奥根斯基（A. F. K. Organski）将此过程阶段分述如下：①初阶国家统一（Primitive National Unification），②工业化（Industrialization），③福利国家（National Welfare），④富裕社会（Abundance）（Chilcote，1981：279）。而所谓"初阶国家统一"既然是"现代化"的第一个阶段，此一阶段的完成非用"革命"不可，"辛亥革命"固属此一阶段的启动机制，直至"北伐"成功，国家统一，中国现代化第一阶才算完成。这样复杂的一个由"传统"转轨为"现代"的社会工程，孙中山居然能借辛亥革命作为转型机制，这是解决中国历史社会发展矛盾的质变逻辑，因为全面中国现代化，决不能建立在中国传统社会专制体制的基础上。笔者之所以坚持这一观点，乃因在大学多年开授"改革与革命"（Reform and Revolution）专题课程所积累的知识研究。笔者认为晚清政府因为受到列强欺凌，未尝不想谋求中国的进步与发展，未尝不想使中国早日完成现代化从而走入"富强"，但是中国的封建残余与皇权专制的利益基础根深蒂固，使晚清无能为力走向富强，因此中国人民只有走上另一条道路——革命，用"革命"去彻底铲除中国的传统性，改以现代性做价值目标，以期使中国重新富强。

"革命"（Revolution），一般的概念定义是"除旧布新"，但马克思主义派是定义成阶级冲突与社会变迁的激进式戏剧化事件（Theda Skocpol 也如此看法），但大部分西方学者都是把"革命"当成"快速的社会变迁"，也可以说是对旧社会采取"手术疗法"，采取的是强力或暴力形态，其中有恐怖，也有流血，有时是大量不可避免的流血，在这一点上，"辛亥革命"与世界其他地区的革命（如"法国大革命"、"俄国大革命"）相比，是流血最少的一次革命，但却能将整个中国的传统政治、社会制度打碎击破，并以"现代性"为价值目标将这个国家的政治、社会制度朝向现代化的路途推进。

笔者甚至也认识到不仅晚清的实权人物西太后（慈禧）也迫于时势的变迁及中国的困境而默许和支持"变法图强"的维新运动，但中国晚清的"自强运动"乃以"中学为体、西学为用"为架构，是一种器物层次的现代化运动，连"江南造船厂"都成立了，"满清"中国的军舰吨位比日本的都来得大，但居然在"甲午战争"中未能赢得打败日本的胜局，最后终于以割让祖国宝岛台湾给日本作为实现中国现代化的代价（胡秋原，1976：11～24）。

晚清中国"器物层次"的现代化运动（即自强运动）是一种不充分的现代化运动，并未能让中国富强，因此才又迫使清廷以开明官绅及知识菁英为主体的改革派推展"制度层次"的现代化运动，此即学习英国及日本明治维新的君主立宪制，亦即所谓晚清的"变法维新"运动。然而它仍然是一种不彻底的现代化运动，慈禧太后如此表述："变法乃素志，同治初即纳曾国藩议，派子弟出洋留学，造船制械，凡以图富强也。若师日人之更衣冠，易正朔，则是得罪祖宗，断不可行"（章开沅，2001：105）。可见晚清第二个阶段的改革充其量是工业化与君主立宪交杂在一起的半民主化下的现代化运动。明治维新的君主立宪最后使日本天皇成为国家权力的符号与象征，整个日本政府及国家权力则在宪政主义下运作。而晚清的君主立宪则明白表示当权的政治保守派慈禧太后决不放弃她（他）们的统治阶级的既得利益与政治权力，一句话，即使变法维新成功，清廷实行君主立宪，它也不可能是个政治现代化意义下的民主政府，大清帝国也不可能是个民主共和国（a democratic - republic state），这离"政治民主化"（Political Democratization）仍有相当一段距离。用快速及手术疗法弥补这段政治距离的是孙中山的"辛亥革命"。1911 年 10 月 10 日的"武昌起义"标志中国近代政治民主化的起始点与引爆点，以此将近代中国推入"现代"（Moody，1995：106 – 129）。

为何辛亥革命是近代中国政治民主化的引爆点？因为政治民主化的基本精义是主权在民、人民自由与政治民主，这在晚清的政治统治中是找不到的。孙中山曾说："至中国现行之政治，可以数语赅括之：无论是朝廷之事，百姓均无发言或与闻之权；其身为民牧者，操有审判之全权，人民深受冤抑，无所吁诉。国家之法律，非平民所能闻；中国之政，习尚专制。"这说明"满清"以"皇权"否定"民权"，而晚清之腐败堕落乃是皇权专制政体的派生物。"中国问题"之真解决，固然无法依靠这种皇权专制主义，即使清廷进行"改革"（变法维新），实行君主立宪，也不过在使皇权专制统治在新的时空中重新合理化而已，此对中国政治民主化并无实际之帮助。请看孙中山如何理解这个问题："自义和团战争以来，许多人为满清政府偶尔发布的改革诏旨所迷惑，便相信那个政府已开始看到时代的征兆，其本身已开始改革以使国家进步。他们不知道，那些诏旨只不过是专门用以缓和民众骚动情绪的具文而已。由满洲人来将国家加以改革，那是绝对不可能的，因为改革意味着给他们以损害。实行改革，那他们就会被中国人民所吞没，就会丧失他们现在所享受的各种特权"（《孙中山全集》第一卷，1991：251）。可见晚清的"变法维新"在孙中山眼里，是个"政治改革"，改革愈多，则皇清特权受损害就愈大，基于维护自身"皇权"及其利益，亦即政治统治权与政、经利益，清廷最后自然无法将政治改革继续推动下去。既然如此，中国问题之真解决的唯一选择只有以"革命"代替"改革"不可，用革命将"皇权"推翻，以革命树立"民权"，辛亥革命的终极意义在此，只有国家权力回归到"民权"的宪政基础上，政治民主化的必要条件才算具备。

有人说，孙中山所谓的"革命成功之日，效法美国选举总统，废除专制，实行共和"（《孙中山全集》第一卷，1991：226），是把政治民主化看得太简单了，好像经过辛亥革命，一夜之间便可一步到位。甚至还有人说，辛亥革命之后的国内情况足以说明中国人在丢失"意义世界"的象征——"皇权"之后，政治民主化的发展屡屡受挫，从而批评辛亥革命的先驱者因努力追求"民主政治"这个价值取向，而不顾中国人的传统心理需要，硬要废除皇权，生硬照搬西方民主政治模式是犯了政治革命"左倾幼稚病"，因此主张"告别革命"。笔者完全不能苟同这种说法，其实孙中山所说的"革命成功之日"，除废除专制，实行共和外，要效法美国那样由人民选举总统一事，完全意谓后来的"辛亥革命"乃是在中国实行政治民主化的一个"引爆点"，换句话说，在孙中山眼里，如果没有辛亥革命的成功，中国的政治民主化不可能开始实施，并无经过革命中国的政治民主化可一步到位之意，这可由他在民国成立后的多次演说以及《民权初步》、《建国大纲》等著作清楚地反证孙中山眼里的中国政治民主化属政治发展阶段论（如军政、训政与宪政），绝无借辛亥革命成功之日即可"一步到位"之意，否则何需孙中山晚年北上呼吁召开"国民会议"，甚至在临终之时还要说"革命尚未成功，同志仍须努力"，"和平、奋斗、救中国"呢？！

政治发展有其阶段，尤其是政治民主化绝非一步可以到位，孙中山深谙此事，但为何不取"改革"而就"革命"以达成政治民主化的价值目标呢？除了前述之理由外，另外一个理由是孙中山采"跳跃说"，即将西方二三百年努力而成的"政治民主"欲借革命毕其功于一役。孙中山在日本奔走革命时，倡导以"革命"取代"改革"，他如此指出："有谓各国皆由野蛮而专制，由专制而君主立宪，由君主立宪而民主共和，次序井然，断难躐等；中国今日亦只可谓君主立宪，不能躐等而为共和。此说亦谬，于修筑铁路可以知之矣。铁路之汽车（即蒸汽火车头），始未及粗恶，继渐改良，中国而修铁路也，将用其最初粗恶之汽车乎？抑用其最近改良之汽车乎？于此取譬，是非较然矣。""若我们今日改革的思想不取法乎上，则不过徒救一时，是莫不能永久太平的"；"我们决不要随天演（渐进改革——立按）的变更，定要为人事的变更（突变与革命——立按），其进步方速"；"兄弟愿诸君救中国，要从高尚下手，万莫取法乎中，以贻我四万万同胞子子孙孙的后祸"；"若单说立宪，此对全国的大权落在人家手里，我们要立宪，也是要从人家手里夺来。与其能夺来成立宪国，又何必不夺来成立共和国呢？"（《孙中山全集》第一卷，1991：281~283）孙中山此处说得十分明白，不论是"立宪"还是"共和"，都要先把国家权力"夺"过来不可，此处之"夺"就是"革命"，也就是先夺取政权再说。

由于清廷的政治惰性，"君主立宪"胎死腹中，此使国人对清廷普遍感到失望，尤其是革命党人更是不相信清廷有意愿、有能力实行立宪政体。当年"立宪"已经损及清廷统治阶段的政治权利与利益，"共和"比"立宪"是政治发展的更上一层楼，清廷更是不会允许，这只会逼使"辛亥革命的先驱者决计彻底打碎那个旧的世界，然后在全新的基础上建立人人平等的共和政体了"（马勇，2001：116）。这是在心理学层次上解读辛亥革命为何以"全面政治现代化"为价值取向的深层分析。

辛亥革命的本质意义在推翻两千多年来中国的封建专制政体，破天荒地在亚洲建立起第一个现代民主共和国，但其价值目标是"救中国"，价值取向是将古老的中国推入现代，全面追寻并实现中国的现代化。

四　辛亥革命与两岸整合

辛亥革命已经一百年了，现代中国追求与实践现代化的历程也整整走过一百年，回顾当初并检视现在，为了全面追寻中国的现代化，中国人为其路径在思想上和政治上分道扬镳，并经过国共内战而形成今日的两岸格局，然而对于孙中山先生，台湾这边称他为"国父"，大陆那边称他是

"伟大的革命先行者",两岸对孙中山的称誉不同,但都尊敬、理解、认同并肯定他的政治人格与意志以及"救中国"的旨趣、"再造中华"的苦心。孙中山有他追求中国现代化的方略,以及务使中国重新富强,屹立于现代世界的永恒价值逻辑。这就是为什么今年两岸都在隆重地纪念辛亥革命一百周年的原因。

两岸中国人都在努力实现中国的现代化,台湾依循孙中山的遗教,早在 1960 年代开始实现经济现代化,终成亚洲四条小龙之一,大陆也经由"文化大革命"反思,采取改革开放,步循"伟大的革命先行者"孙中山的《实业计划》,而实现了经济现代化尤其经济的发展,已经超过世界第二的日本,现正追赶世界第一的美国中。中国已经崛起,一个富强的现代中国不正是孙中山以发动辛亥革命而追寻的终极价值目标吗?但不要忘记,孙中山临终说过"革命尚未成功,同志仍须努力",中国的现代化是多元且全面的,有了经济现代化,再下来必然是政治现代化的实现,两岸的经济现代化透过 ECFA 可以整合,两岸的政治现代化也可透过政治对话与协商在"民权主义"的基础上而使分裂的中华民族重新整合。孙中山毕生致力于中国的民族独立、国家统一、中华振兴与中国现代化,"辛亥革命"是孙先生重构中国的伟大社会工程的启动机制,孙中山说"革命尚未成功,同志仍须努力",也就是说中国的现代化是一个长期过程,"辛亥革命"只是个起始点,两岸的中国人要为未来中国的全面现代化而继续努力。我们在纪念辛亥革命一百周年之际,只有继承孙中山的革命精神及落实他的思想理论,为实现中华民族的伟大复兴及建造一个真正的"现代中国"而继续努力,直到中国现代化的社会工程全部完工,才算实践了孙中山最后讲的一句遗言:"和平、奋斗、救中国。"孙中山坚决主张国家要统一,"两岸分裂"便是"革命尚未成功",今天两岸的中国人都是孙中山革命事业的后继者,要共同努力追寻一个统一的、富强的、民主的现代新中国,这才是辛亥革命终极价值目标的最后实现。

作者单位、职务:台湾佛光大学国际与两岸事务学系教授兼系主任

辛亥革命的再诠释

✐ 刘阿荣

引　言

1911 年的"辛亥革命"是中国近代史上的大事，过去历史学、政治学、社会学、思想史等的研究者已有许多的讨论，但因不同政治立场、不同史观影响，常有相当分歧的见解。今年（2011 年）适逢辛亥革命百周年纪念，不仅两岸政治情势已有缓和的现象，学术界也逐渐祛除政治意识形态的框架，以更理性、平实的心态去思考、理解、诠释辛亥革命的意义。

本文对辛亥革命的再诠释，试图从以下各项传统"旧说"或不同意见的"争议"，提出个人的看法及诠释。

一　辛亥革命的范畴

首先，一般所谓"辛亥革命"，当然是指 1911 年（辛亥年）中国的革命，但 1911 年最重要的有"三二九广州之役"及"十月十日武昌起义"，虽然前者（"三二九广州之役"）以失败收场，革命党菁英伤亡殆尽，然"是役也，碧血横飞，浩气四塞，草木为之含悲，风云因而变色，不半载而武昌之役以成，则斯役之精神，直可惊天地，泣鬼神"。而"武昌双十起义"虽然成为肇建民国最直接战役，但它是接续"三二九广州之役"的人心启迪，更赖后来各省响应，才使革命成果得以保存。因此，吾人评价"辛亥革命"，不宜以"成败"判其功过得失，而应视为一种革命的"历程"，透过革命志士的前仆后继，革命大业的扩展，才能逐渐巩固民国之根基。

其次，更深远地看待辛亥革命，其实应把 1911 年之前的背景及其后的形势一并关照，才能了解此一历史的意义。金冲及、胡绳武（1991）所著《辛亥革命史稿》四卷，分别以"中国资产阶级革命派的形成"（第一卷）、"中国同盟会"（第二卷）、"1911 年的大起义"（第三卷）、"辛亥革命的成功与失败"（第四卷）为整个辛亥革命的历程，可谓将革命事业的历史纵深，延伸到较长远的时空环境去论述，吾人颇为认同此一"大历史叙事"的呈现方式。

再次，辛亥革命固然以中国为主要场域，但革命思潮因海外知识分子的散布、传播，以"唤起民众"，又因革命党（及保皇党）对海外侨界、留学生的宣传、募款，使革命思想遍及海内外，海外青年返国献身革命者众多，华侨捐输财物赞助革命令人感动[1]，因此论及辛亥革命的范畴，似乎不宜局限在中国本土，亦应注意到海外革命团体及各国对中国革命的关注。例如：对革命历史相当熟悉的冯自由，因曾主持各地报社业务，对海内外革命典故与人物知之甚详，渠出版《革命逸史》四册（台湾商务印书馆印行），所述革命正史、逸史颇具参考价值。而其针对辛亥革命的论著，当以 1928 及 1930 年出版之《中华民国开国前革命史》（一）、（二）册为代表，冯氏对开国历史的视阈所及，也将辛亥革命范畴涵盖于海内外，吾人认为颇为正确。

由上所述，吾人认为"辛亥革命"的范畴，可以较狭义的聚焦于 1911 年的"二三九广州之役"及"武昌双十起义"；但也可持更广阔的观点，将"时间纵深"拉长到革命背景的酝酿及民初政局的变化；而将"空间广度"由国内延伸到海内外，才能获得较完整的理解。

二　辛亥革命的本质

辛亥革命的本质究竟为何？向来是争议颇多的课题，例如金冲及、胡绳武（1991a）《辛亥革命史稿》第一卷就以"中国资产阶级革命派的形成"为名，为辛亥革命的资产阶级（小资产阶级）革命定调。林家有[2]也

---

[1]　冯自由：《中华民国开国前革命史》（一）、（二），世界书局，1984，第 102～146 页；张少宽：《孙中山与庇能会议：策动广州三二九之役》，马来西亚槟城，南洋田野研究室，2004，第 19～24 页；刘阿荣：《南洋华侨在孙中山革命中的角色》，收入台北"国立"国父纪念馆出版《南洋华侨与孙中山革命》，2010，第 1～20 页。

[2]　林家有：《孙中山与近代中国的觉醒》，中山大学出版社，2000，第 175 页。

明白指陈："问题很清楚，孙中山领导的辛亥革命和后来的讨袁、护国和护法斗争，都属于旧范畴的资产阶级民主主义的革命。"他进一步指出："孙中山是资产阶级民主革命论者，但不是无产阶级革命发展阶段论者。"①既然孙中山被定位为"资产阶级民主革命论者"，那么孙中山等人所领导的辛亥革命之本质，当然也被界定为"资产阶级革命"。

何以如此定调呢？原来最早之时，列宁将孙中山的革命视为民粹主义式的"资产阶级革命"，此一说法被毛泽东加以接纳并诠释之，而1950年代大陆易帜后，历史观明显受到马、列、毛的影响，1980~1990年代的大陆学者仍沿用《毛泽东选集》第二卷所说："中国反帝、反封建的资产阶级民主革命，正规地说起来，是从孙中山先生开始的。从孙中山先生开始，才有比较明确的资产阶级民主革命。"林家有②特别引述了一段很有代表性的话：

> 毛泽东指出："中国革命的历史进程，必须分为两步，其第一步是民主主义的革命，其第二步是社会主义的革命，这是性质不同的两个革命过程。"所谓民主主义，又分旧范畴的民主主义和新范畴的民主主义。在1919年五四运动前，中国的民主革命属于资产阶级领导的旧范畴的反帝反封建的资产阶级民主主义革命，此后中国的民主革命改变为无产阶级领导的新范畴的反帝反封建的新民主主义革命。新民主主义革命属于社会主义范畴。孙中山是资产阶级民主革命论者，但不是无产阶级革命发展阶段论者。

然则，孙中山领导的辛亥革命本质上是否为资产阶级的民主革命？我们不必太拘泥于某些政治人物的言说论调。因为除了毛泽东的说法外，另一面的蒋介石则把近代中国革命本质界定为："国民革命"，并宣称："所谓国民革命者，一国之人皆有自由、平等、博爱之精神，即皆负革命之责任。"如照此段话的意涵分析，"一国之人皆有……"显然是"全国人民参与"的"国民革命"、"全民革命"，不是某一阶级的"阶级革命"。

进而言之，对于辛亥革命的意涵，如直接引述孙中山自己的言论来诠释，或许更具说服力、更能了解辛亥革命的本质。孙中山在1919年《文

---

① 林家有：《孙中山与近代中国的觉醒》，中山大学出版社，2000，第176页。
② 林家有：《孙中山与近代中国的觉醒》，中山大学出版社，2000，第175~176页。

言文本三民主义》中说：

> 在此二十世纪之时代，世界文明进化之潮流已达于民生主义也；而中国则尚在异族专制之下，则民族之革命以驱除异族，与民权之革命以推覆专制，已为势所不能免者也。然我民族、民权之革命时机，适逢此世界民生革命之潮流，此民生革命又我所不能避也。以其既不能免、而又不能避之三大革命已乘世界之进化潮流催迫而至，我不革命而甘于沦亡，为天然之淘汰则已；如其不然，则曷不为一劳永逸之举，以一度之革命，而达此三进化之阶级也。

这一段话明显看得出孙中山要以一劳永逸之计，将民族革命、政治革命、社会革命"毕其功于一役"，也就是为国家民族争自由独立、为人民争取政治经济社会地位的平等富足，当然是关怀全民的利益、号召全民来参加，绝非前所引述大陆学者根据某些政治人物的说辞，将辛亥革命定调为"资产阶级民主革命"似嫌主观且与史实有所出入。

再以 1923 年，孙中山于《中国革命史》一文中所综述，明白地指出其革命的方略及历程，他说：

> 余之从事革命，建主义以为标的，定方略以为历程，集毕生之精力以赴之，百折而不挠。求天下之仁人志士，同趋于一主义之下，以同致力，于是有立党；求举国之人民，共喻此主义，以身体而力行之，于是有宣传；求此主义之实现，必先破坏而后有建设，于是有起义。革命事业，千头万绪，不可殚述。要其荦荦，在此三者。

既然"求天下之仁人志士"、"求举国之人民，共喻此主义，以身体而力行之"，当然是不分种族、不分阶级的革命。在同一篇文章（《中国革命史》）之中，孙中山综计十次起义失败，至 1911 年武昌起义成功，他把革命的参与者、贡献者、归诸于广大的群众，他 1923 年在《中国革命史》中说：

> 综计诸役，革命党人以一往直前之气，忘身殉国；其慷慨助饷，多为华侨；热心宣传，多为学界；冲锋破敌，则在军队与会党；踔厉奋发，各尽所能，有此成功，非偶然也。

当时海外许多知识分子、华侨、会党、军队等各类群体，都赞助革命，这些人除了海外华侨可能有些是"资产阶级"之外，其他各类群体或个人，绝难视为资产阶级，这是可以肯定的。美国学者莱特（M. C. Wright）在《辛亥革命的本质》一文中提出：当时革命的群众或团体，有许多新力量包括：①青年（含留学生），②妇女，③新军，④华侨，⑤工人，⑥士绅，⑦中产阶级，⑧农民。① 这些新团体对革命有相当的影响，绝不是简化地以"资产阶级"的民主革命所能概括的。

另外，近代波兰裔的美籍学者 Theda Skocpol 在其名著《国家与社会革命：对法国、俄国和中国的比较分析》一书中，运用比较历史研究法，对1787～1800 年的法国革命，1917～1921 年的俄国革命，1911～1949 年的中国革命做出了比较研究，她认为这三场社会革命都发生在"国家和阶级结构不是在革命之前才创设出来的，也没有在殖民统治下发生过根本的改变……而且法国、俄国、中国革命爆发之后，都经过延续很长的阶级与政治斗争"②，这些国家的共同特性是，国家/阶级结构不是被创设出来的，而是革命的动乱或斗争延续长久，产生新的社会结构，此皆为"革命"的必然现象。值得注意的是，Theda. Skocpol 对三个国家革命的本质差异，有相当独特的见解，她说：

> 法国革命是 20 世纪之前在欧洲爆发的革命，它被典型地理解为是在性质上属于资产阶级——资本家的革命，或自由——民主的革命。根据人们的归类框架，俄国革命要么是一场反对绝对主义的革命，要么是一场国家主义者——发展型革命，或者是一场无产阶级——共产主义的革命。有些分析家或许愿意将其与法国革命一道，归为不同于中国革命的类型，但是没有人会同意说，既可以将俄国革命与法国革命归为一类，也可以将其与中国革命归为一类。对中国革命来说，尤其是不能与法国革命归为一类，这可以说是因为法国革命是一场"资产阶级"或"自由主义"的革命，而中国革命则二者都不是；或者是因为中国应该被归为是第三世界的民族解放式革命，但是无论如何归

---

① 引自张玉法主编《中国现代史论集·第三辑辛亥革命》，联经出版公司，1982，第 61～73 页。

② 〔美〕斯考切波：《国家与社会革命——对法国、俄国和中国的比较分析》，王学东译，上海人民出版社，2007，第 41 页。

类，都不能将其与欧洲的革命归为一类。[①]

这一段话，很清楚地叙述中国不像法国的资产阶级革命，虽然她此处所论的辛亥革命是以中国 1911～1949 年为对象，但 1911 年以前及 1911 年以后，中国的国家与社会结构，还是相当贫弱与动乱的。因此，许多大陆学者把辛亥革命定位为"资产阶级的民主革命"并不恰当！因为当时革命的领导者与参与者，基本上都称不上资产阶级。当然此种"资产阶级民主革命"的定调，基本上还是从"左派"观点认为中国当时是"半封建"、"半殖民"的社会，要经由资产阶级的民主革命反封建；民族革命反帝、反殖民，然后才进入无产阶级的"社会革命"，打倒地主和资本家。问题是，这样勉强地套入唯物史观的解释，与历史社会发展的情况并不相符。

三　辛亥革命的起因与动力

传统对辛亥革命的研究，有两种主流观点：第一种认为：革命是由当时菁英所领导，共同推翻了"满清"，第二种着眼于普罗大众，对政治社会不满而产生愈演愈烈的民变，终致清廷覆亡。这两种流行的观点，受到北京大学历史系教授郭卫东[②]的质疑。

质疑一是，革命菁英的分裂：在武昌起义爆发之前，客观上说孙中山一派的活动处在低潮。因孙中山的活动圈子侧重于华侨和会党，与青年学生接触有限，而由新知识阶层为主体的同盟会成立以后，很快就内部不和。革命党的领袖人物中弥漫着严重的失败情绪。甚而同盟会的内部分裂越发加剧，1911 年 7 月 31 日，因不满孙中山重点经营广东的策略，谭人凤、宋教仁等，在上海另立"同盟会中部总会"。至此，同盟会在实际上已是名存实亡，孙中山也远走美洲。所以，对武昌起义的爆发，孙中山等是缺乏思想准备的，感到事出意外。10 月 12 日中午，孙中山是在距武昌万里之遥的美国城市科罗拉多州的丹佛（Denver），从报纸上意外得知这

---

① 〔美〕斯考切波：《国家与社会革命——对法国、俄国和中国的比较分析》，王学东译，上海人民出版社，2007，第 42 页。

② 郭卫东：《辛亥革命的诠释》，收入徐万民主编《孙中山研究论集——纪念辛亥革命九十周年》，北京图书馆出版社，2001，第 222 页。

一消息的。当时他"本可由太平洋潜回，则二十余日可到上海，亲与革命之战，以快平生"，"乃以此时吾党尽力于革命事业者，不在疆场之上，而在樽俎之间，所得效力为更大也。故决意先从外交方面致力，俟此问题解决而返国"（孙中山《孙文学说》第八章）。由于孙中山的这一判断失误，他在欧美的外交活动绝少收获。国内方面，也由于孙中山的迟迟不归，进而丧失把握革命领导权的最佳良机。郭卫东此一质疑有一定的根据，但若说孙中山"在欧美的外交活动绝少收获"，也不合事实，当时列强诸国对革命有支持赞成；也有反对；保持中立者是孙中山致力外交的目的，借此使列强保持中立，进而承认革命团体的势力、阻止列强继续给"满清"贷款……对革命事业有积极的贡献。

质疑二是，社会民变到晚清末期不但没有增加，反而有减少趋势。郭卫东[1]归纳了若干著名的民变研究，得到的结论是：1836～1845 年间，爆发民变 258 次；1846～1855 年间的数字是 959 次；1856～1865 年间是 2483 次；1866～1875 年间是 1020 次；1876～1885 年间是 391 次；1886～1895 年间是 315 次；1896～1911 年间是 566 次。由上述的统计数字不难发现，民变次数最多的时段是 19 世纪五六十年代，这时正是太平天国运动风起云涌之时。而 1896～1911 年的时段上，尽管统计时间是 15 年，但其数字也不到 1856～1865 年这 10 年间次数的 1/4。民变是下层民众对现存制度的暴力反抗，是社会不满情绪达于极点的计量表。以此度量，若仍要坚持传统的辛亥时期社会矛盾空前激化的观点，无论如何难以立论，此一推论颇有见地。

既然从清末中国社会观察，当时的"菁英"合作基本上是假象，"民变"日炽也非晚清社会的真实状况，那么导致革命的发生、"满清"的覆亡其因素为何？郭卫东[2]进一步提出"多重危机"的论点，他分析了清末军队、士绅、官员、满族四大支柱，是"满清"统治最重要的基础，但这些支柱，在辛亥革命前夕，已全部动摇，武昌起义一个小小的偶发事件，就使清王朝大厦轰然倒塌。这些现象，在本文第五部分将有进一步分析。

---

[1]　郭卫东：《辛亥革命的诠释》，收入徐万民主编《孙中山研究论集——纪念辛亥革命九十周年》，北京图书馆出版社，2001，第 222 页。

[2]　郭卫东：《辛亥革命的诠释》，收入徐万民主编《孙中山研究论集——纪念辛亥革命九十周年》，北京图书馆出版社，2001，第 223～234 页。

四　革命内外因素的作用

15、16 世纪以降，随着新航路、新大陆的发展与扩张，工业革命与海外市场的掠夺，逐渐形成近代的世界体系。许多国家不论是居于主导性（核心国家），或非意愿的被迫（边陲国家），都被纳入世界体系之中，而一国的政经势力，往往受外国（国际）的影响，内在动荡与外力催逼是互为因果的，中国革命情势尤其明显，以辛亥革命为例，过去清王朝的衰败，显然受到"西力东渐"、列强侵略的"外患"因素所影响；而被迫卷入战争、受不平等条约束缚、割地、赔款等"外患"，必然与国内政治腐败、经济萧条、社会骚动等"内忧"有密切不可分的关系。因此，内、外因素的交迫，可谓辛亥革命最主要的景况、最明显的情势。至于何者为主要动因？何者为从属因素？各界可能有不同的意见，例如：孙中山在《兴中会宣言》提出："呜呼！中国之乱亟矣，上则因循苟且，粉饰虚张，下则蒙昧无知，鲜能远虑，堂堂华夏，不耻于列邦，文物衣冠，被轻于异族……"这些意见比较倾向"内在"的"满清"腐败，才导致于外力侵略。但从世界体系的变动观察，西方列强以其他弱势国家、民族为侵略殖民的对象，也是不容否认的事实。孙中山说："世界列强高唱帝国主义，莫不以开疆辟土为心。"可见列强侵略，战争、割地、赔款……造成国内政经社会的贫弱动荡，正是革命崛起的外来因素。

虽然孙中山认为清末"内忧"为革命的主要因素，但辛亥武昌起义之际，他却认为"外交"的努力是最重要，也是最优先的工作。他在《孙文学说》第八章"有志竟成"中叙述革命的经过时提出：

> 武昌起义之次夕，予适行抵美国哥罗拉多省之典华城（按：今称丹佛市）……革命军占领武昌消息见诸报端。时予本可自美返国，则二十余日可到上海，乃以此时吾党尽力于革命事业者，不在疆场之上，而在樽俎之间，所得效力为更大也。故决意先从外交方面致力，俟此问题解决而返国。按当时各国情形，美国政府及舆论均大表同情与我；英国则民间多表同情，而政府则惟日本马首是瞻；德、俄两国之趋势，多倾向清政府；惟日本政府之方针实不可测。……是故吾之外交关键，可以举足轻重为我成败存亡所系者，厥为英国，倘英国助

我，则英国不能为患也。予于是乃起程赴英，图说服英人影响日本。同时予拟请四国银行团停付清廷之借款。两事皆得英政府允许。予并电张鸣岐总督，劝其以广州投降，革命军保障其生命安全。此电也颇为有效。

对近代中国外交颇有研究的梁敬錞（1982：20）指出："目前我们所能看到的各有关政府的外交档案，显示孙先生对当时的外交情势的分析是如何的正确。虽然在革命爆发初期，日本政府曾经提议以军事干预为满清平乱，但清廷并未接受此要求。在清廷任命袁世凯后，日本曾有三次机会要求军事干预……如果不是英国的这项行动，日本可能早已采取军事干预了。英国政府采取如此有力的行动，与孙先生在伦敦的活动，当非无关。"这也可看出影响中国革命的外国势力是巨大的。同样的见解也出现在M. C. Wright的《辛亥革命的本质》一文之中，她指出"外国势力的无所不在"，会影响革命的成败，因而革命军在辛亥起义中速求停战，主要是怕动乱延续会导致列强干涉。[1]

有些学者以清朝"气数已尽"来说明其"多种内外力共同作用的结果"，更有意思的是王朝的崩坏，不纯然是被（内、外力）摧毁，"很大程度上是自我崩溃"，相当合理的描述，兹引述如下：

> 应该说，清朝的覆亡是多种内外力共同作用的结果，但王朝内部结构的衍生变动无疑是主因，决定事物变化的是内因而不是外因。因之而来，笔者以为：王朝的灭亡不纯然是推翻，而很大程度上是自我崩溃。清朝已经走到历史"气数"的尽头，权力基础已经全然离析，满清王朝与其说是被异己力量推翻，毋宁说是更多地败亡于自己之手。[2]

五 革命的结果与影响

如本文第一部分所述，辛亥革命是以1911辛亥年为中心时点，但往前

① 张玉法主编《中国现代史论集·第三辑辛亥革命》，联经出版公司，1982，第82~83页。
② 郭卫东：《辛亥革命的诠释》，收入徐万民主编《孙中山研究论集——纪念辛亥革命九十周年》，北京图书馆出版社，2001，第235页。

追溯和往后延伸的一段时间，都应该纳入其范畴。因此辛亥革命的结果和影响，值得吾人探究。

首先，要了解清王朝覆亡的原因之一，在"旧机体"中植入"新组件"，这些新元素不但无法改善旧机体的体质，使其顺利运作，反而加速机体的崩解。这些"新组件"当然包括"新思潮"、"新军"、"新政"……在求新、求变的环境之下，老态龙钟的机体已无法负荷各种变革的震撼；无法满足各种势力的需求，终使王朝瓦解。

> 原因在于晚清王朝的旧机体中难以容纳"新政"改革的新因素。清政府实行"新政"的目的是要维护旧的生产关系和上层建筑，但"新政"的实行结果是导出新的生产力和经济基础的衍变，两者异体相斥。结果是新因素越多，非但不能起到维护旧机体的作用，反而起了消解作用，客观效果与清政府的主观愿望完全相反。①

客观审视，"满清"王朝瓦解之后，新的元素并未消失，反而逐渐长大，形成新的力量，如能善于引导，应当可以发挥良好的作用；反之，也可能成为动乱的因子。这些新元素的变化相当复杂，本文仅就下列各端：思想观念、政府体制、政党、军队、民生经济等，简述如下。

（一）思想观念

民国初年，思想观念最大的变化是，人民当家做主的愿望，所谓以民主共和取代君主专制，"忠君"的观念逐渐消退，虽然仍有袁世凯称帝、张勋复辟等封建思想，但终究被国人所唾弃。

平等、平权的观念在辛亥革命之后风气渐开，孙中山就任临时大总统时颁布许多法令，禁止人口买卖，解除过去疍户、惰民、下层贱民之社会歧视，赋予法律上平等地位，其后国民政府时期更制订许多顺应时代需求的法律。

思想的解放也导致传统伦理道德的式微，所谓欢迎"新思潮"的民主、科学，要把传统"吃人的礼教"丢到茅厕里。辛亥革命及其后之"新文学"、"新文化"运动，对中国思想观念的影响是巨大而深远的。

---

① 郭卫东：《辛亥革命的诠释》，收入徐万民主编《孙中山研究论集——纪念辛亥革命九十周年》，北京图书馆出版社，2001，第235~236页。

（二）政府体制

去君主、建共和是辛亥革命最明显的改变。民初引进西方政治体制的"内阁制"、"总统制"，往往随着政治势力的强弱而转移，但政治的权力与资源，却被握有实权的地方势力、派系（直系、奉系、皖系）等"督军"、"军阀"所左右，形式上的政府无法维持国家的自主性与权威性。Theda. Skocpol 分析 1911 年辛亥革命后的中国的政治社会形势，有相当精辟的见解：

> 一旦清王朝的统治被推翻，帝国权威的面纱剥落殆尽，中国的国家权力就分散到区域、省份以及地方层面。其实，中国地方上的权力本来就根深蒂固。地区为基础的军事组织在 1911 年之后所扮演的角色，使得中国的情况极为独特。
>
> 在 1911 年之后的中国，特别是当总统（准皇帝）袁世凯（作为前清重要的军事大员，袁世凯能够控制众多的军队将领）在 1916 年去世以后，跨区域层面的政治控制就落在了拥有强制实力的军阀控制的区域性军事机构当中。宪法和议会等政治制度安排一直未能起作用。相反，全国到处是独立的军事、政治集团，割据一方，掠夺地方资源。作为一种体系结构，他们彼此只有地盘的大小，没有本质的区别。"这些政权"通常都是民事管理与战争相互结合的等级结构组织。他们的权威都依赖于一种互惠关系：下属对于既定军阀的效忠，反过来，军阀也必须为下属官员提供金钱、武器以及支配部分地盘的权力等作为奖赏。因为这些政权一直处于相互竞争之中，所以，他们的主要活动就是搜刮资源、招兵买马，与潜在的同盟者和国外的支持者谈判，当然，还有发动内战。[①]

（三）政党

民初的政党林立，成为政治社会的乱源之一，虽然组织政治团体、参与政治是民主的常态，但政党相互倾轧，政治人物进出政党如儿戏，把政

---

① 〔美〕斯考切波：《国家与社会革命——对法国、俄国和中国的比较分析》，王学东译，上海人民出版社，2007，第 290 页。

党当成政治斗争的工具……使国人深感厌恶。1911～1949 年间，中国政党的变化，固然是政治发展的必然，但距离稳健合理的政党政治还有很远的路程。

（四）军队

辛亥革命之后，军队并未成为国家武力，反而变成军阀、政党的武装斗争工具，军阀拥兵自重，相互争夺地盘，延续数十年。孙中山在 1919 年的《心理建设自序》中指出："夫去一满洲之专制，转生无数强盗之专制"，正说明军阀割据、政局混乱的情况。可以说从辛亥革命到孙中山逝世，更延续到 1949 年中国大陆易帜，整个国家长期都处在动乱之中，因此有些人把辛亥革命视为"未完成的革命"、"不完满的革命"。

（五）民生经济

清末民生凋敝，社会不安，辛亥革命之后并未获得纾解，反因军阀混战、动乱连年，民生经济困顿。根据相关统计，1911 年辛亥革命到 1928 年北伐统一，中国的国民生产总值并未增加，只有 1928～1937 年对日抗战之前的"黄金建国十年"，中国的农业、工业、交通运输、对外贸易等才有明显的提升，蕴蓄了后来"八年抗战"的基本力量。

六 结论

本文以历史、社会、政治学的综合观点，对"辛亥革命"进行再诠释。基于过去虽有许多对辛亥革命的论述，但有些局限于某一议题的探讨，有些拘泥于特定意识形态或某种史观的诠释，比较难呈现多元并包、客观中性的见解。今年欣逢"辛亥革命一百周年纪念"，既往的历史逐渐尘埃落定，两岸政治情势大抵理性平和，因此大家可以更客观、更全面地检视、反省近代中国重要革命——辛亥革命的相关议题。

上述探讨了辛亥革命的范畴、本质、起因与动力、内外因素的作用、结果与影响诸问题。作者除引述台湾及大陆学者的研究成果，更直接引用孙中山的言论作为参考，有些外国学者的宏观视野（历史比较研究法），是值得未来相关研究的参考，也可作为对辛亥革命更进一步论述的方向。

吾人深知，要寻求历史真相、探究历史意义、赋予公正客观的评价，是相当困难的事，要解决此一难题，实有赖于更多的文献佐证，更开放的胸襟态度，虽不能至，然心向往之。

作者单位、职务：台湾元智大学教授

辛亥传统、中山思想的澳门视角

✎ 杨允中

一百年前武昌起义的隆隆炮声震响中国大地，辛亥革命的成功一举推翻延续两个千年的封建帝制，开创了中国和东方共和新时代，同时也开启了民族觉醒的历史洪流。澳门人杰地灵，地位超越，不可取代。百多年来，继造就启蒙大思想家郑观应之后，又为大革命家孙中山的事业发展提供一个罕见的服务平台。在天变、地变、人变的新世纪新澳门，我们共同纪念这个标志着改写中国历史的宏伟事件，缅怀先哲先贤拯救国难、勇于献身的壮烈业绩，思考国人百年觉醒、百年奋进的艰难历程，验证澳门伴随伟大祖国日益强大而顺利回归并踏上"一国两制"新发展模式的成功实践，心情格外激动，对伟大祖国、伟大民族今天的太平盛世备受鼓舞，我们自身的民族自豪感、时代自豪感也油然而生。

一

纪念辛亥革命，我们深感百年历史脚步的艰辛和先人前辈开拓奋进的彻底革命精神的可贵。辛亥传统、辛亥精神集中起来，就是开启"振兴中华"的历史新纪元，就是创建民族解放、翻身自主的"天下为公"与"世界大同"的新社会，就是觉醒奋斗、救国救民，就是"为天地立心，为生民立命，为往圣继绝学，为万世开太平"。在百多年前国难当头的黑暗时代，一向开思想解放之先的岭南文化圈走在全国反帝反封建前列，辛亥革命"为中国的进步打开了闸门"[①]。澳门的革命星火实属难能可贵，小小的

[①] 胡锦涛：《在纪念十一届三中全会召开30周年大会上的讲话》，2008年12月19日《人民日报》海外版第3版。

澳门竟然也是辛亥革命事业的舆论策源地之一，在物质和精神两方面为其取得成功发挥过不可或缺的声援与支撑作用。生长在回归后的澳门，沐浴在"一国两制"阳光下的澳门各界居民特别是年轻一代朋友，更应牢记历史、牢记这百年觉醒奋进的光荣传统，做新时代的坚定爱国者，做与时俱进、自强不息的新型开拓者。

纪念辛亥革命，我们对高举义旗走在时代前列的孙中山先生格外敬仰。在辛亥—中山—澳门这个铁三角关系中，孙中山占有举足轻重的核心位置，他大智大勇、敢想敢为，始终走在时代和斗争前列，他不仅是杰出的革命家、政治家，而且也是难能可贵、贡献良多的大思想家、大理论家，被誉为"光照万年的民族记忆符号"[1]，"世纪伟人"和"世界伟人"、"中国近代民主革命的伟大先行者"名不虚传。他既有理论建树又有实践积累，百折不挠、越战越勇，继承中有创新，嫁接时重国情，领导一次又一次武装起义，终于取得武昌首义成功。他创立了贴近中国国情的五权宪政制度（人民享有选举、罢免、创制、复决四权，政府行使行政、立法、司法、考试、监察五权），提出具远见卓识且"民"字当头的治国理论，三民主义、《建国方略》、《建国大纲》、《总理遗嘱》等内容博大精深，是不可多得的民族文化遗产。他的"知难行易"观具重大哲学价值。学者研究表明，孙中山早在 1915 年，即苏俄十月革命胜利之前即已主张过要"在中国建立全世界第一个社会主义国家"[2]。作为学者型政治家，他的形象在国内国际享有盛誉，他留给后世的不仅是不朽的革命业绩和革命精神，而且还有博大精深的治国理政的思想体系。因而，学习孙中山、研究孙中山，其意义、价值无论在当代还是在今后，都永远不会过时。

纪念辛亥革命，澳门具与众不同的时代意义和创新价值。百多年前澳门为孙中山走向世界、放眼看世界提供了最捷窗口，澳门也成为孙中山逃逸满清王朝追杀迫害的避难所和中转站，澳门为辛亥革命积累了宝贵的特殊资源，同时也成为舆论导向与人才集聚的基地之一，孙中山利用澳门成就了不少事业，澳门也成为孙中山及其家人生活情感的一大寄托。百年来澳门一直同中国革命发展相伴而行，为革命输送、培育、保护了大批重要

---

[1] 杨允中：《孙中山——一个光照万年的民族记忆符号》，载《孙中山思想与华人世界》大型学术研讨会论文集，澳门学者同盟，2008，第 16 页。

[2] 姜义华：《孙中山俄国十月革命前社会主义思想再审视》，载《孙中山思想与华人世界》，第 108～116 页。

人才，发挥了一份不可取代的特殊窗口作用。如今，同祖国长期分离的澳门，业已重投祖国怀抱，而且成为实践新型"一国两制"制度的示范区之一，继续为推动祖国和平统一大业发挥其独特作用。作为历史转变的幸运儿和新发展模式的探索者、实践者，澳门的地位、价值倍显特殊与珍贵，历史性机遇和形势挑战同在，有待特区政府和社会各界自主命运、自强不息、适时开拓利用。国人和世人对澳门的巨变深感欣慰，也对澳门更美好的明天寄予厚望，因为"澳门人完全有智慧、有能力、有办法管理好、发展好、建设好澳门"①。

二

时代前进的节奏正在加速。有辛亥革命成功后百年来的觉醒与奋进精神的积累，特别是改革开放后这 30 多年成功探索的实践启示，无论物质上还是精神上都占据了一个前所未有的有利态势，我们没有理由不以更加清醒明智的思维和心态重新上路、再创新业。

百年觉醒、奋斗史证明，中国人要有志气，中国人的民族尊严是靠自己努力争取来的，自己的历史是自己亲自写出来的。中国作为曾经为人类文明进化有过重大贡献的东方文明古国，不仅有丰富的历史经验积累，而且有前仆后继、百折不挠、继往开来的民族文化传统和奋斗精神。在中华民族这个伟大群体中，从来不缺居高临下、高屋建瓴的思想家，从来不缺推动改革变法、开放创新的大思维大智慧，从来不缺坐言起行、身先士卒的革命先驱。中华民族所以伟大，就因为在自身历史发展中一直重视理想的追求和品德的修炼；中华民族所以坚强，就因为在事业追求过程中从未向命运屈服，从未向逆境妥协；中华民族所以成熟，就因为无论顺境还是逆境，都不失对信心信念的坚守，亦不缺以智取胜思维的导向。

百年觉醒、奋斗史证明，无论国家内政外交大事还是推进民主、改善民生，都要时刻坚守改革、开放大原则，都要紧紧抓住"公"（公平、公正、公开）和"民"（民有、民享、民治）两个字。在国际事务中坚持尊重、平等、互利、共赢原则，强大时不示强，抗强时不示弱；在国内事务

---

① 胡锦涛：《在庆祝澳门回归祖国五周年暨澳门特别行政区第二届政府就职典礼上的讲话》，2004 年 12 月 21 日《澳门日报》第 A1 版。

中坚持民本、民主、文明、阳光，"权为民所用、利为民所谋、情为民所系"。这两条是万古不变的治国理政要旨。如今，国家开始强大了，百姓开始过好日子了，但推进国际事务不应忘记韬光养晦、善用资源，在国内不能小富即安，也不能得意忘形。中国人应永远同文明结伴前行，同无止境的追求、奋斗精神共生结缘。澳门特区成立后同台湾保持着良好合作关系，澳台关系也应被看成是特殊类型的两岸关系。澳门也是联系葡语世界的重要平台，在国家开展全方位外交事务中有条件发挥其特殊作用。

百年觉醒、奋斗史证明，"实践永无止境，探索与创新也永无止境"。伟大的中华民族是高文明、高智商的群体，是具理性化、科学化思维体系的群体。近百年前孙中山曾大胆而审慎地推出五权宪政，半个世纪前新中国建立起具中国特色的人民代表大会制度，改革开放之后又总结出中国特色社会主义理论体系，而港澳两特别行政区正在实行的特别行政区制度即"一国两制"政治制度，同样是当代政治史和法制史上史无前例的创新。澳门特别行政区站在历史与时代的最佳交汇点，各级官员和生活在澳门特区的学者和居民既是历史转变的见证人，又是"一国两制"伟大事业和新制度的推动者，既是社会大转型的探索参与者，又是新发展模式成功实践的利益分享者。我们不能停步也不能减速，我们应该不断总结实践"一国两制"的成功经验和不足，写好"一国两制"事业的新历史，和一日千里快速发展的伟大祖国同步前行，成为人类文明发展进步的一个高指标载体，让"各美其美、美人之美、美美与共、世界大同"的愿景早日实现。

作者单位、职务：澳门地区中国和平统一促进会副会长

辛亥革命与现代中国

✍ 徐 波

一 "现代中国" 的正式转型①

（一） 由近代史的分期谈起

"现代中国" 的开端问题是中国近代史的一个基础性的问题。在目前大陆学校中，中国通史课程的近代史部分是讲述 1840～1949 年的半殖民地半封建社会的历史，它以 1919 年为界划分为前后两个时期。这种分期方法代表了关于 "现代中国" 开端的一种主流的观点。

对于这种分期方法，学术界存在不同的看法。例如，2001 年南京大学历史系李良玉教授曾经发表《关于中国近代史的分期问题》一文，明确表示不赞成以 1919 年为界将中国近代史划分为前后两个时期。他建议以五个标志性的年代，划分为五个阶段，即 1840～1861，1861～1894，1894～1912，1912～1927，1927～1949。他的五个阶段的标志性年代中有 1912 年，却没有 1919 年。② 在此后关于中国通史教材提纲的学术讨论中，还有学者明确提出了中国近代史应以 1912 年划分为前后两个时期的观点。③ 北京大学历史系房德邻教授在近期《近代史研究》组织的讨论中，也明确主张中国近代史应该以 1912 年中华民国成立划分为前后两个时期。④

上述不同的分期方法，实质是反映了对于 "现代中国" 开端的不同认识和界定，反映了对于辛亥革命在铸造 "现代中国" 这一长时段的历史过

---

① 本文中 "现代" 一词，一指现时，一指 "现代性"，希阅者辨识。
② 李良玉：《关于中国近代史的分期问题》，《福建论坛》2001 年第 1 期。
③ 参见房德邻《中国近代史的含义究竟是什么?》，《近代史研究》2010 年第 2 期。
④ 房德邻：《中国近代史的含义究竟是什么?》，《近代史研究》2010 年第 2 期。

程中的作用的不同认识。

李良玉教授的具体看法是：在讨论中国近代史分期问题的时候，必须"把专史的分期方法和通史的分期方法区别开来"。他认为1840～1949年110年的中国近代史，应该"摆脱过去基本上以近代历史事件为纽带的叙事体系"，而"建立以国家政权为轴心，以政治、经济、文化、外交、法律和社会生活的全面框架为对象的叙述体系"。——只有这样，"才能构成一个相对完整的能够体现近代社会与世界大势整体对接的解释体系"。①

房德邻教授同样认为："'中国近代史'这是一个通史的概念，而不是专门史的概念，它是与上古史、古代史为同一序列的概念。……这一段历史以1912年中华民国的成立划分为前后两个不同时期。"他认为"从通史的视角看，1919年五四运动不具有划时代的意义，它不是一个通史的阶段性的标志。通史分期划分的主要依据是社会形态和政权形态"。他的结论是：只有辛亥革命"与法国1789年大革命具有同样的划时代的意义"；即令所谓"新民主主义"革命，也并没有逾越辛亥革命所开辟的道路。②

李、房两位教授的上述学术观点，其核心在于对辛亥革命历史意义的新的认定：只有辛亥革命，才开创了秦汉以来两千多年的空前转折，因此只有1912年，才是划时代的标志性年代。至于1919年，则仅具有局部的或领域性的意义，也即文化史或者政治史上意义，而并不具有通史性或全局性的意义。

笔者赞同李良玉、房德邻诸学者的观点。显而易见：只有1912年才是与古代史、现代史同等级、同系列的概念，因为只有1911年的辛亥革命才是划分了——以千年为尺度的——宏观历史时期的标志性年代。"1912年以前的近代史其实只是'前近代'，1912年以后才是'近代'。因为1912年南京临时政府的成立才建立了一个近代的国家政体。"③ 而五四运动的1919年和作为南京国民政府开端的1927年等年代④，皆不具有可以与1912年相并列的历史地位。如五四运动，事实上它正是中华民国建立后，政治、经济、文化各领域民主、自由、多元氛围初步形成的结果，而不可能

---

① 李良玉：《关于中国近代史的分期问题》，《福建论坛》2001年第1期。
② 房德邻：《中国近代史的含义究竟是什么?》，《近代史研究》2010年第2期。
③ 房德邻：《中国近代史的含义究竟是什么?》，《近代史研究》2010年第2期。
④ 除上述观点外，还有学者将1927年定为中国现代史开端，如著名华裔历史学家黄仁宇即作此说。

发生于前清时代。

在 10 年前辛亥革命 90 周年的纪念文章中，笔者阐述了自己关于辛亥革命在中国现代化进程中的"里程碑"地位的观点。在笔者看来：若将 1840 年以来的 160 年中国在向现代社会的转型看成一个大的时段，一个大的过程，则它应包括两个时期，以 1911 年辛亥革命为界，此前的 70 年为这一过程的前期，此期的社会转型以量变、渐进为其特征，可谓中国社会由传统走向现代的积累期；而此后的 90 年则以质变、突进为其特征，变革之频剧，影响之深广，均为此前所不能比拟，故可谓此一进程的质变期或成型期。辛亥革命重构了中国数千年来的政治和社会秩序，建立了现代意义上的国体、政体和法体，使中国开始成为一个现代国家。因此，中国向现代社会的真正转型以及由此而发生的种种变革，乃是由辛亥革命而正式发端的。① 今天来看，这种观点应该是经得起检验的。

（二）现代中国的正式转型

辛亥革命的成果，最主要的就是推翻君主专制制度而建立现代宪政民主制度，使中国向现代社会正式转型。

政治领域的变革。体现在价值观念层面，辛亥先驱以三民主义为旗帜，引入民主共和等现代政治文化模式，力倡民权、民生、民族以及国际协调等现代观念，使国人从传统思维定式里解放出来。《中华民国临时约法》在《总纲》中开宗明义规定："中华民国之主权，属于国民全体。"在《人民》章中它又规定："民国人民一律平等"；人民享有身体、家宅、财产、营业、言论、集会、结社等自由；有请愿、陈诉、选举被选举等权利。这在中国历史上都是前所未有的创举。

体现在制度层面，是议会制度、三权分立、司法独立、总统选举、地方自治，推动中国向现代法制社会转化。《中华民国临时约法》以法律形式确立的国家全部政治生活中的民主原则，包括一切国民的平等参政权，普选制度，议会制度，以及法律至上的原则，是对专制主义的彻底否定，也是在中国历史上第一次提出了完全意义上的现代民主国家模式。

经济领域的变革。体现在政策法规上，辛亥革命以后，南京临时政府

---

① 徐波：《辛亥革命与近代中国的社会变革》，《昆明师范高等专科学校学报》2002 年第 3 期。

为保护民族工商业的发展，推出了一系列有关政策和措施，大大推动了民族资本主义的发展。辛亥革命后颁布的一系列法规，把中国民族工业的发展纳入了法律化、规范化的轨道，对中国经济的现代化也提供了相应的法律保障。

体现在物质建设上，反映现代化要求，南京临时政府制订了国家建设的整体发展蓝图。孙中山《实业计划》即其杰出例证。辛亥革命以后，中国现代国家经济架构的建设大大加速并逐渐成形。即使不考虑北洋统治时期和土地战争时期频繁的战争因素，同晚清相比，辛亥革命至抗战爆发前的民国前期，现代经济建设的成就也应说是巨大的。正是辛亥革命为中国现代经济的发展造就了深厚的政治社会土壤，成为这一"黄金时代"出现的决定性因素。

文化和社会领域的变革。体现在观念上，辛亥革命极大地鼓舞了中国人发挥创新精神，学习先进文化，改革旧的观念的决心，给中国社会带来了一次空前的思想文化和社会生活的大解放、大变革。可以说，正是辛亥革命全面开启了中国社会意识变革的闸门。

体现在习俗和生活方式上，此一时期，传统观念、习俗、规范不断发生变易，而反映世界潮流的新思想、新观念、新习俗鼓荡迸涌。服饰方面[1]，辛亥革命之后，中国传统"长裾雅步"的习尚迅速发生了变化，新派人物无不以西服为求新的标志；妇女服装受洋装影响，"竞尚紧小，伶俐可喜"[2]；"西装东装，汉装满装，应有尽有，庞杂至不可名状"[3]。人人可随心所欲地穿着打扮，再没有等级界限和服制规定。变化还发生在人们的头上、脚上：辛亥时期，全国掀起剪发浪潮，象征民族压迫的长辫，几乎在一夜之间即被扫荡一空；"脚"的革命也发生在广大妇女中间，辛亥革命后反对缠足蔚成风气，在中国延续千年之久的陋习，方才从观念上被铲除。当时"兴女学"的妇女教育运动的兴起以及妇女的不断走向社会，则反映了妇女走向解放这一重大的社会变革，反映了妇女地位的变化。

---

[1] 参见孙燕京《辛亥革命时期的服饰变化》，《文史知识》2001年第9期。

[2] 《老上海三十年见闻录》，转引自孙燕京《辛亥革命时期的服饰变化》，《文史知识》2001年第9期。

[3] 1912年9月8日《大公报》，转引自孙燕京《辛亥革命时期的服饰变化》，《文史知识》2001年第9期。

二 "宪政中国"得而复失的路径反思

百余年来，大小邻国纷纷然兴起，而"现代中国"仍在路上。反思辛亥百年，检讨辛亥先驱们关于"路径"的探索、纷争，或许不无意义。

（一）妥协共赢："宪政中国"的共识凝聚

一百多年前，国内的主要政治力量，对于以宪政为路径实现"现代中国"实际上已找到共识。除了革命派以外，当时包括立宪派和清王朝汉族实权派、"满清"王室等主要政治力量，实际上都已经主动、被动地汇集到了这一点上。学者的绵密探讨展示了当时的实况①。

例如，立宪派形成于清末改革时期，他们主张引进西方代议制来取代专制制度，整合改革中社会出现的不同利益。立宪派从制度变革和思想教育双管齐下，扎扎实实地开启官智、民智，使宪政思想开始流行，为辛亥革命咸与维新扫除了障碍。立宪派与革命派的分歧，主要在于要不要暴力"排满"。论者认为，"在这一点上立宪派的思想要比革命派深刻、完美得多"②。但革命派虽然求成操切，其实也并非不希望走上改良之路③。革命爆发之后，革命派很快放弃"排满"，也不搞屠戮株连，而主张"五族共和"，构建"国族"，两者实际上重新走到了一起。

"满清"王室在经历义和团之乱和八国联军之变后，也形成了改革共识，连慈禧太后和最顽固的皇亲国戚也主张改革。因此清末10年改革真实不虚，成效很大，成为中国现代化突飞猛进的时期。包括政治、经济、法律、军事、科教文化，无不如此。仅就法制的改革而言，不仅引进了刑律、民律，还议定公司律、破产律，直到钦定宪法，预备立宪，准备开国会，筹办地方自治。如冯崇义等学者所论，虽然清王室中的顽固派不愿出让实权，使矛盾终于激化，但摄政王载沣和担任民政部尚书的肃亲王善耆等，则是开明而识时务的人物。武昌起义后，还在南北和议之初，清廷即

---

① 参见冯崇义、杨恒均《辛亥没有失败，宪政还在路上》，见（香港）共识网，发表时间：2011 - 03 - 08. http：//www.21ccom.net/articles/lsjd/lsjj/article_ 2011030831208.html。

② 冯崇义、杨恒均：《辛亥没有失败，宪政还在路上》，见（香港）共识网，发表时间：2011 - 03 - 08. http：//www.21ccom.net/articles/lsjd/lsjj/article_ 2011030831208.html。

③ 如孙中山当年上书李鸿章，即是证明。

于 1911 年 10 月 27 日发布"罪己诏"，30 日宣布开放党禁，随即大赦政治犯以促进政治和解。清室体面退位，宪政最终达成，凝聚了各方面的政治智慧。

袁世凯所代表的"满清"军事实力派在军事上占优势，但袁也没有凭据北洋六镇穷兵黩武。10 月 20 日袁世凯被清廷重新起用时，开出的条件是：开国会、解党禁、赦免革命党人，主张南北和谈。袁世凯敦促清帝退位的文告称："将统治权公诸于全国，定为共和立宪国体，近慰海内厌乱望治之心，远协古圣天下为公之义。"他在接受临时大总统时通电赞同"共和为最良国体"，立誓"永不使君主政体再行于中国"，深得人望。

我很同意冯崇义、杨恒均等研究者的一个观点："辛亥革命结束帝制、建立共和的成果，是一个世纪前足以左右中国前途的四种政治势力以天下苍生为念、根据民主精神达成的一种壮丽妥协。"① 回顾戊戌变法和辛亥革命的历史，比较两者的结局，可以看到，两者都是在变革派同保守派力量对比悬殊的条件下展开的，因策略方法的不同，其结果全然不同。前者致命的缺点，在于追求改革的一步到位，不懂得通过适当的妥协以化解对手的强大力量。其方法、其结果可归结为："进一步，退两步"——不仅变法遭到惨痛失败，甚至戊戌之前已取得的若干革新成果也几乎丧失殆尽。后者则在激进的革命手段难以坚持、改革目标无法一步到位的时候，毅然调整策略目标，通过适当的妥协以保持革命成果并使变革得以继续。其结果，辛亥革命不仅跨出了中国政治的革命性改造的伟大一步，也大大推动了中国经济、文化现代化的整个进程。其方法、其结果可归结为："退一步，进两步"。无疑，政治上必要的妥协，即通过一定的政治妥协和合作来实现各阶级长远利益的最大化，这是包括孙中山在内的辛亥各派在社会改革实践中形成的富有价值的策略经验，凝聚着极高的政治智慧。②

（二）重归歧途："宪政中国"的得而复失

可惜的是，已经实现转型、建立现代宪政民主架构的北洋政府，以及后来的国、共两党，在争夺政权的竞争中一旦受挫，即放弃议会政治下的

---

① 冯崇义、杨恒均：《辛亥没有失败，宪政还在路上》，见（香港）共识网，发表时间：2011 - 03 - 08. http：//www. 21ccom. net/articles/lsjd/lsjj/article_ 2011030831208. html.
② 参见拙文《孙中山民权主义与当代社会主义民主政治》，《南京师范大学学报》2004 年第4 期。

和平博弈，而重拾丛林法则，回归以武力说话的千年老路。如今回顾，憾莫大焉。

共举和平竞争，建立宪政民主，走向"现代中国"的必由之路已然找到。可惜"宋案"以武力暗杀为引信，尚未熟悉现代政治游戏规则的辛亥各派也先后离开宪政民主框架，武力相向，将国家重新引入歧途：革命派放弃法律解决，再兴暴力革命，变主动为被动；军事占优的袁世凯相信自身武力和亲信所制造的"民意"，图谋恢复帝制，毁初成的共和大局于一旦，也毁了曾经的众望所归。

割据内争，成王败寇，其后果是国力削弱，而为日本强寇所乘，腥风血雨，国家民族陷于深重的灾难。是耶非耶，哪个党派能说自己没有责任？

更严重的是，为了武力夺权，革命派不惜脱离民主法制轨道。1914 年 7 月孙中山成立中华革命党，要党员宣誓无条件服从他个人。以后两大革命党均"以俄为师"，建立党军。在孙中山以后，中国迅速形成了党、国、领袖一体的俄式"党国"体制，专制政治登峰造极。宪政中国渐行渐远，现代中国亦真亦幻。

三　辛亥理念的现代思考

（一）民族主义

在很大程度上，现代民族乃是一种"想象的共同体"，民族、民族属性与民族主义实为一种"特殊的文化的人造物"①。共同的文化、共同的"想象（认同）"——而不是分异——在国族共同体的形成中具有重要意义。

辛亥各派先驱在中华民族作为国族认同的理论和实践方面，进行了探索。20 世纪初，孙中山和梁启超对现代"中华民族"及其族群关系作了阐述。孙中山把中国各族群均称为"族"，把合在一起的国家政治共同体称为"民族"。他明确主张"合汉、满、蒙、回、藏诸地为一国，即合汉、

---

① 参见〔美〕安德森著《想象的共同体：民族主义的起源和散布》，吴睿人译，时报文化出版企业股份有限公司，1999。

满、蒙、回、藏诸族为一人——是曰民族之统一"①。在此前后，梁启超也把国内诸族视为"中华国民"的"构成分子"，而把"国民"视为全国人民的整体。他认为"一国民可包含两个以上之民族，例如今中华国民，兼以蒙回藏诸民族为构成分子"②。

至 1989 和 1997 年，费孝通教授首次提出"中华民族的多元一体格局"这一命题，对中国民族关系的特点及走向作了进一步的系统阐述。按照他的解说，在整体上中华民族是包括中国境内 56 个民族的民族实体，而在其内部又存在相互依存的 56 个民族。③ 研究者认为，费孝通理论的核心是："在'多元一体'格局内部各族群之间存在着民族认同意识的多层次性。族群认同意识的多层次性反映的也是我国族群结构的多层次性。"④ 笔者以为，从另一角度看，族群结构和族群认同的两个多层次性，显然也表征了现代中国族群关系与族群问题的基本态势和根源。

我们或许可以把上述理论称之为"中华民族多层次论"。问题在于：将中华民族与他的内部各族同称为"族"，必然造成相当程度的概念混淆，潜藏着于族群关系发展的不利因素。

在实践上，辛亥革命后"五族共和"观念迅速流行，革命党也迅速放弃"排满"。"五族共和"较之"驱除鞑虏"无疑是一大进步，但是其中又潜藏着与近代"国族化"趋势相矛盾的问题，潜藏着族群关系的某种紧张因素。而孙中山以其世界眼光主张采取美国式的民族大熔炉的哲学，扩建一个包罗所有民族和多种文化的中华民族，显示出高远的见识。⑤ 其后国民政府在政治、制度、政策乃至文化诸层面也有持续的探索，如在清代改满洲和新疆为省的基础上，进而改内蒙古为省，期以推进中华国家和族群的一体化进程。

---

① 孙中山：《临时大总统就职宣言书》，《孙中山选集》，人民出版社，1981。
② 梁启超：《中国历史上之民族之研究》，《梁任公近著第一辑》下卷，商务印书馆，1923，第 42 页。
③ 参见费孝通《中华民族的多元一体格局》，《北京大学学报》1989 年第 4 期；《简述我的民族研究经历和思考》，《北京大学学报》1997 年第 2 期。
④ 李培林、李强、马戎主编《社会学与中国社会》，社会科学文献出版社，2008，第 314 页。
⑤ 孙中山：《三民主义》文言文原稿，台北版《国父全集》，第 180～181 页。转引自唐德刚《晚清七十年·自序：告别帝制五千年》，岳麓书社，1999。

中华人民共和国成立后，在促进民族地区发展、促进民族平等和民族团结上均取得不菲成绩。与此同时，新中国民族政策在理论上和实践上大致按照苏联的办法，实行民族区别和自治的政策规定，如开展"民族识别"，建立"民族区域自治"地方，实施各种区别性的民族政策等。这一系列制度安排和政策设计，目标未尝不是基于民族团结融合的愿望。问题在于：上述种种制度性设计是有助于族群分异的淡化，还是使这种区分凝固和强化？事实是，如果使本来呈"软性"的族群分异硬化和凝固化，则其实际效果将反而使族群关系复杂化。

苏联"联盟"的解体，覆车在前，值得深思。

（二）民权主义

民权主义的设计思路，是"以三民主义为立国之本原，五权宪法为制度之纲领"，核心在于通过制衡以保障民权。诚如马勇等研究者所论，今日回首，辛亥人士的暴力路径，或许并非最佳选择。[①] 以致从"二次革命"到南京国民政府，直到退居台湾，国民党的宪政之路局促踯躅，最终陷于威权主义，形成"党治"、"军治"、"独治"的现实，为世人所诟病。

但民权主义有明确的宪政目标，有完整的国家体制框架，其理路符合现代民主精神。概括起来，包括：民有民治民享的人文理念；"权能分离"的理论基础；权力制衡的架构设计（"五权分立"的具体化，形成行政、立法、司法、监察、考试五院政府架构）；切实可行的程序民主（自县一级实行选举、复决、罢官、创制等直接民权，每县选代表一人，组成国民大会代表全国人民行使政权，并授权中央政府行使治权）。有此基础，退居台湾后，形格势禁，两蒋终能先后实现和平土改，重视技术人才，为经济起飞奠基；又解除党禁、报禁与戒严，结束威权统治，使"五权宪法"、"五权分立"真正受到全面检验与不断修正。台湾由此而抵于现代社会，也使那种宪政民主不适于特定国情之论在事实面前遁于无形。

与此不同，20 世纪流行的种种"社会主义"思潮，往往具有目标理想

---

① 马勇：《辛亥和局再审视》，2009 年 9 月 9 日《团结报》。

化、模糊化与路径权谋化、实用化的特征①。在"革命"中缺乏理论与实践、中国与世界、传统与时代的真正契合。为求实效而直接"以俄为师"，将苏俄机制连同大量缺陷，径直移植过来。其结果，以"平等"、"效率"、理想为核心的社会主义，反而重归传统桎梏，社会的运转只能倚重政治运动和超经济权力。再分配经济下的总体性社会，整个地陷入专政——集权，公有——垄断，大同理想——二元社会三重怪圈，难以自拔。

（三）民生主义

过去的研究多半侧重于"平均地权"和"节制资本"，实为偏执之论。我以为民生主义实际上应该包括四大内容：发展实业，"平均地权"，"节制资本"，均富主义。

四大内容，"从经济而言，涵盖发展与分配两个方面"②，其核心在于求富：谋求社会之富，而"不愿少数富人专利"③。求富之法又包括两种途径，一是发展现代生产，二是"平均地权"和"节制资本"。孙中山主张将两种方法相结合以解决民生问题，"使人民共享生产上之自由"。《实业计划》的宏大规划，就是要借助发展现代生产，以图改变中国无非"大贫"、"小贫"、整体上贫穷落后的状况。而又通过"平均地权"和"节制资本"，以摆脱资本的专制垄断而达于均富——全体之富，而不是贫富悬隔之富。

民生主义有其具体实在的目标。它的大致内容与建立在"3U"思想基础上的所谓福利国家、福利社会相接近。④ 此类国家 20 世纪兴起于欧洲，其理念或称为"民主社会主义"，当今大都国家强盛，人民康乐，幸福指

---

① 其中一个例子，从 1980 年到 1991 年，邓小平即曾不下 20 次提出要搞清楚"什么是社会主义"，认为"社会主义是什么，马克思主义是什么？过去我们并没有完全搞清楚"。见邓小平《改革是中国发展生产力的必由之路》（一六八五年八月二十八日），《邓小平文选》第三卷，人民出版社，1993，第 137 页。同时邓论又以"猫论"著称，强调实效而不争论。

② 章开沅：《百年锐于千载：辛亥革命百年反思》，2011 年 1 月 13 日《中国社会科学报》第 7 版。

③ 《孙中山全集》第一卷，中华书局，1981，第 329 页。

④ 现代福利制度正式起源于英国，后逐渐流行于世界许多地区。在理念上，其所主张的社会福利被概括为"3U"思想：普享性原则（Universality），即所有公民不论其职业为何，都应被覆盖，以预防社会风险；统一性原则（Unity），即建立统一的福利行政管理机构；均一性原则（Uniformity），即每一个受益人都根据其需要而不是收入状况，获得资助。

数在全球被瞻为马首。孙中山期望"可举政治革命、社会革命，毕其功于一役"，过去被评为徒托空言，并且加以许多批判性的论断，如所谓"主观社会主义"、"社会主义空想"、"极其反动的空想"、"反动的经济理论"、"学理上……是小资产阶级"社会主义者"反动分子的理论"、"民粹主义色彩"云云。印证当今现实的世界和中国，不难看出这些论断中所包含的臆断和无知。

今天重新思考民生主义，有学者评论："这是孙中山最具前瞻性的思想遗产，也是当时最为曲高和寡的政治主张，但在百年之后却成为中国与世界面临的最为紧要的严重问题。……1905 年提倡'节制资本'诚然是'睹其祸害于未萌'，但现今对于中国而言则早已是严酷的现实。尽管我们坚持中国式的社会主义市场经济，但是并未能置身于资本主义'祸害'之外，而双轨制经济并存衍生的权钱交易，更使这种'祸害'愈演愈烈。因此，最近几年，政学各界及媒体、网络处心积虑。'民生'一词遂成出现频率最高的话语之一。"①

时至今日，尽管有观点认为三民主义的复兴已经没有可能。但笔者以为，辛亥先驱奋斗的实质，旨在取宪政之路建设一个"现代性"中国，旨在实现民有民治民享——其目标仍在前面，其路径也没有过时。此意笔者曾撰文做过讨论。

时代虽在发展，而历史惯于重复。两千年前儒者所谓"富者田连阡陌，而贫者无立锥之地"、"势家侵夺"、"吏为残贼"，一千年前儒者所谓"朱门酒肉臭，路有冻死骨"，仍适于做当今世道写照。我以为，今天的宪政、廉政、人权，仍需要从民权主义汲取思想资源；社会和谐，共同富裕，制约政经势力，反对垄断专利，正需要从均富主义、民生主义汲取思想资源；国家和谐、民族融合、国际合作，正需要从民族主义汲取思想资源。

——处当今之世，谋现代中国，一百年前辛亥先驱的追求，迄今仍然显示出坚强的生命力。

作者单位、职务：昆明学院历史系教授、云南师大兼职教授

---

① 章开沅：《百年锐于千载：辛亥革命百年反思》，2011 年 1 月 13 日《中国社会科学报》第 7 版。

缅怀先烈伟业、促进和平统一

——辛亥百年感言

✍ 林园丁

  辛亥革命，是指发生于我国农历辛亥年（清宣统三年），即公元 1911 年至 1912 年初，旨在推翻清朝专制帝制王朝、建立共和政体的全国性革命。因 1911 年（清宣统三年）以干支计为辛亥年，故而得名。当年 10 月 10 日在武昌爆发首义而胜利，从而揭开了辛亥革命轰轰烈烈的序幕，全国各省纷纷响应脱离清王朝而宣布独立，而故始有中华民国的开启。至 2011 年整整一百年，海峡两岸有不同的表述，在台湾称之"建国百年纪念"，在内地称之"辛亥百年纪念"。如何使两岸凝聚共识，求同存异，借此历史的机遇开启两岸政治协商的大门，需要两岸人民的大智慧和共同努力。

一　澳门：孙中山先生走向世界的窗口

  由于地理位置及历史缘故，很早澳门已成为对外通商港口，而且也较早成为中西文化交融之地，人口九成以上是华人，而且相当部分是香山县人，且晚清时代，澳门属香山的一部分，其政治、经济、文化却是受葡萄牙人莫大的影响，有明显的殖民主义色彩。晚清的苛政，在当时的澳门几乎起不到作用。基于这些特殊的条件和环境，有不少经商者和知识分子来到澳门生活，开始接触西方文明，更有不少反抗清朝封建统治的维新志士和革命党人，都以澳门为活动的根据地或逃避清廷缉捕的避难所。孙中山先生也是其中之一。

  伟大的革命先驱孙中山先生利用澳门地理和环境，在广泛的社会交往、执业行医、从事反清革命、讨袁护法和打击军阀的斗争中，均与澳门结下了不解之缘。澳门是孙中山先生走向世界的窗口，亦是他革命生涯中的一个重要基地。澳门是孙中山先生第一个接触到西方文化的地方。由于孙中山先生的故乡香山县翠亨村离澳门仅 30 公里，他在乡及赴港求学期间经常进出澳门，对澳门有较深的了解，他曾说："澳门一埠，其隶属葡萄牙盖三百六十年矣，顾权柄虽属欧人，而居民多称华籍，即其自称为葡人者亦大半为本地之欧亚杂种也。"①

孙中山先生的父亲孙达成先生，年轻时曾在澳门做过裁缝、鞋匠②，因此，少年时代的孙中山就经常随父兄来往香山县与澳门之间。1878 年，13 岁的孙中山终于如愿以偿地随母亲经澳门登上"格兰诺曲"号英轮前往檀香山投靠其大哥孙眉，接受西方文化洗礼，故有"始见轮舟之奇、沧海之阔，自是有慕西学之心，穷天地之想"③ 之感慨。因此，澳门也是孙中山先生走向世界、认识世界的起点。当时中国的贫穷落后与西方的先进发达的极大反差，使其立志改变中国，踏上救国救民的革命道路。他的革命历程确实始于澳门，首先经澳门抵西方接受教育，在澳门从医，走上革命的道路。据史料记载，澳门不仅有助孙中山先生发展革命思想，还是孙中山先生宣传革命理念、谋划起义，并向革命人士提供资金、武器和兵源的基地。

二　澳门：孙中山先生从事革命活动的重要舞台

孙中山先生于 1892 年 7 月以优异的成绩毕业于香港西医书院后，立即应邀到澳门行医，受聘于澳门镜湖医院新设的西医局首任义务医席，开创了澳门华人西医的先河。④ 孙中山先生曾自述："自中国有医局以来，其主事之富绅对于西医从来未尝为正式之提倡，有之，自澳门始。予既任事于医局，求治者颇众，而尤以外科为繁。"⑤ 其实孙中山先生未毕业前，已应澳绅曹子基、何穗田等人之邀，治愈了他们久病的家人，未出道时医术已

①　《孙中山文粹》上卷，第 34 页。
②　欧凤威：《孙中山与澳门的特殊关系》。
③　尚明轩：《孙中山传》，第 8 页。
④　李文光：《孙中山研究文集》第二辑，中山市孙中山研究会编《试述澳门在孙中山革命历程中的作用》，第 75 页。
⑤　《孙中山文粹》上卷，第 34 页。

饮誉澳门，甚得澳门华人绅商的器重。[①] 在澳门行医期间，孙中山先生以孙逸仙之名先后向镜湖医院借银两笔共约 3000 两，用于在澳门大街（今草堆街 80 号）开设中西药局，自己挂牌行医，赠医赠药。[②] 按当时镜湖医院一年的总开支约 4000 多两，而借给孙中山先生的数目却如此巨额，这充分说明对孙中山先生非常信任，当时有好几位澳门的知名华人作担保和见证人，此说明澳门华人对孙中山先生给予了大力的支持。

"盖世之杰"吴禄贞

伟大的革命导师、思想家、理论家孙中山先生所领导的辛亥革命是一个较长的历史阶段，而不单是武昌首义的几个月。它是中国历史上乃至世界历史上最伟大的社会革命之一。再过一百年，一千年，人们会评价得更加恰当。"汤武革命，吊民伐罪。"汤武革命是伟大的，但是，它不过是用商朝代替了夏朝，用周朝代替了商朝，三个朝代的性质均无根本性差异。辛亥革命则不然，结束了华夏大地上历时两千多年的封建王朝专制统治，开启了中国从封建专制走向民主共和，从天下为私走向天下为公的根本性变革。在中国历史上，能够勉强与之相比拟的是秦始皇的统一大业——他建立了封建帝制延续两千多年，最终被辛亥革命所推翻。[③]

在内地，为辛亥革命的成功而付出生命的民族英雄被称为"辛亥革命烈士"，在台湾被称为"开国烈士"。伟大的革命先驱孙中山先生曾将辛亥革命先烈吴禄贞誉为"盖世之杰"，吴禄贞在其遇难的地方石家庄建有烈士纪念碑，在台北的忠烈祠有烈士灵位。

吴禄贞虽行年短促，1911 年 11 月 7 日在石家庄殉难时只有 31 岁。然其一生建树，却功业卓然。外祖父吴忠亚（黄埔六期，少将参议，原阵中日报社长、原国民日报社长、原新湖北日报副社长）在写吴禄贞烈士回忆录时经常给我们讲述吴禄贞的革命事迹，其少怀壮志，17 岁投考湖北武备学堂，以成绩优异被官派选送日本士官学校学习军事，留学东瀛期间，结识革命领袖孙中山先生，加入兴中会，其间曾受孙中山之命回国组织自立军，举行大通起义，这次起义不幸失败了，他再次东渡日本，完成了士官

---

① 李文光：《孙中山研究文集》第二辑，中山市孙中山研究会编《试述澳门在孙中山革命历程中的作用》，第 75 页。

② 李文光：《孙中山研究文集》第二辑，中山市孙中山研究会编《试述澳门在孙中山革命历程中的作用》，第 76 页。

③ 孙东川：《中山文化孕育了辛亥革命》。

学校的学业。学成归国后，努力捍卫孙中山先生的革命事业、主张巩固兴中会，在武昌花园山建立革命秘密机关，又赴长沙协助黄兴成立华兴会。当清廷练兵处成立伊始，又衔命打入王朝军界，于考察蒙古、陕、甘之后，又随徐世昌督办东北延吉边务。时逢日人挑起"间岛"事端，他先以卫国之理，又以爱国之忧，与侵略者抗争，在当地组织民间武装，结纳绿林豪杰，团结延边各族人民，加强防守，亲自研究有关史志，编成《延吉边务报告书》汇十余万字言，为清廷对日抗争，提供了有力的证据，日本才不得不承认延吉为我国的领土，终于捍卫了国门，其守疆功业，实为近代中国外交史所罕见①。故有日本人叹曰："中国尚有人在，如吴禄贞者，不可欺也。"② 武昌首义之后，他统领第六镇新军驻屯石家庄，断然拦截清方南运军火，给革命军以支持，并联合山西军民组成燕晋联军，欲与张绍曾、蓝天蔚会师丰台，直捣北京，期以势倾清廷。然其过于自信，疏于必要之防范，终为清廷爪牙所暗算，副官周维桢、参谋长张世膺同时遇害。其罹祸凶刃，身首异处，死事之惨，实属可悲可愤；且使革命功亏一篑，痛失良机，遗恨千古，又诚足可惜可叹！③

为武昌首义播火种

先烈的一些早期革命活动对当时辛亥革命的开创与发展，都有其极为重大的关系和贡献。如其领导的庚子（1900 年）"大通起义"，就是第一次把中国民主革命的浪潮，由珠江流域推进到长江流域；亦就是第一次把中山先生所燃起的革命烽火，从南部国土延烧到了中原大地，从而划阶段地扩大了武装起义范围，首次冲击了敌人的长江防线，并为以后两湖革命运动的勃兴，乃至辛亥武昌首义的爆发，树立了先声，开辟了道路。湖北辛亥革命前辈张难先先生在其著作《湖北革命知之录》一书中，首列"庚子之役"专章，以为其全书之冠；孙中山先生在其所撰《祭吴禄贞文》中，亦以"倡义江淮 建牙大通"，为先烈谱写下了首曲赞歌，其意义在于此。④

---

① 《吴禄贞史料集》，《石家庄文史资料》第十二辑，原石家庄政协副主席、文史资料委员会主任常乃萤序。
② 徐凤晨：《吴禄贞与延吉边务交涉》。
③ 《吴禄贞史料集》，《石家庄文史资料》第十二辑，原石家庄政协副主席、文史资料委员会主任常乃萤序。
④ 吴忠亚：《盖世之杰》，《纪念吴禄贞殉难八十周年专辑》，《缅怀辛亥首义播种者吴禄贞先烈》。

吴禄贞，字绶卿，湖北省云梦县人，出生于 1880 年 3 月 6 日，其文韬武略，堪称一代俊杰，不仅得晚清政权赏识，为康梁旧党瞩目，更为革命党人所倚重，时人曾将之与张绍曾、蓝天蔚联称为"士官三杰"①。

辛亥革命之武昌首义能在武昌成功夺取政权，与先烈吴禄贞当年在武昌播下革命的火种密切相关，莫如先烈发动具有革命思想之知识分子入营当兵，他所提倡的"秀才当兵"最为人们所信服。在武昌建立第一个革命秘密机关——"武昌花园山聚会"，据当时人们回忆，先后参加花园山聚会活动的进步青年，共达四百余人，其中绝大多数后皆成为辛亥革命的骨干力量，最为著名有李书城、耿伯钊、孔庚、朱和中、刘静庵、胡瑛、张难先、曹埃布尔、时功玖、周维桢、蓝天蔚、胡秉柯、冯特民、徐祝平、张荣楣等，则皆曾在本省及外省革命活动中，作出过重大贡献，成为知名的革命领导人物。又如"科学补习所"、"日知会"等重要革命团体的组织者和领导者，刘静庵、胡瑛、张难先等人更是由先烈在"武昌花园山聚会"活动期间亲手培植起来的。辛亥革命前辈李书城、耿伯钊、朱和中、张难先、孔庚当年谈起先烈，他们都异口同声地称："当年绶卿先生投身革命最早，实为湖北革命第一人。"②

吴禄贞雄才大略，以天下兴亡为己任，矢志于中国的改革与进步，在革命党人中有崇高的威望。甚至连保皇派领袖梁启超对他也倍加崇敬，视其为中国的希望之星。梁氏在先烈遇难前所写的一封信中指出："今后之中国，其所以起其哀而措诸安者，舍瑰伟绝特之军人莫属也，其所以由此以谈，则天下苍生所望于公（指吴禄贞）者，岂有量哉！"③武昌首义爆发后，全国都注视着吴禄贞的行动，革命党人更寄予他厚望，如果他不死，北方起义能实现，局势将是另一番景象，革命将会顺利取得进展，袁世凯岂能轻易篡权窃国，使之及北洋军阀祸国殃民达十余年之久？！真可谓"有吴无袁"。

代有伟人振汉声

先烈遇害的噩耗从石家庄传出后，举国震惊。武汉前线起义将士和南方义士义愤填膺，怒火冲天，高呼要报仇雪恨，要求兴师北伐，为吴禄贞

---

① 《吴禄贞史料集》，《石家庄文史资料》第十二辑，原石家庄政协副主席，文史资料委员会主任常乃萤序。

② 吴忠亚：《吴禄贞的一生》。

③ 陈耀林：《吴禄贞石家庄殉难记》，《吴禄贞史料集》，第 102 页。

报仇! 曾任吴禄贞参谋的白朗与"中州大侠"王天纵在豫西举行反袁义旗, 要为吴公雪恨。义军一度发展到数万人, 纵横鄂、皖、陕、甘数省, 给了封建反动势力以沉重打击。袁世凯先后调动 20 万大军进行围剿, 这是袁统治时期一次规模最大的农民起义。①

噩耗传到延边, 延吉、珲春人民群众悲痛万分, 万人集会, 在北山学堂为先烈吴禄贞举行了隆重的追悼大会, 以志哀思。各界人士敬祭吴公的大量祭文、悼诗、诔词、挽联, 倾注了东北人民对先烈的爱戴和深情! 已编成《延边哀挽录》。②

1912 年 1 月 1 日, 南京临时政府成立, 为了表彰先烈, "宣示天下, 以负忠烈之意", 临时大总统孙中山先生于 3 月 7 日特颁《大总统抚恤吴、张、周三烈士令》, 抚恤烈士遗属。③

同年 3 月 14 日, 黄兴及社会名流 75 人发起, 在上海张园召开追悼大会, 与会者千余人。孙中山先生亲撰祭文, 并派专员前往宣读致祭。17 日上海《时报》头版头条刊载了孙中山先生之祭文④

孙中山的祭文曰:

> 荆山楚水 磅礴精英 代有伟人 振我汉声
> 觥觥吴公 盖世之杰 雄图不展 捐躯殉国
> 昔在东海 谈笑相逢 倡义江淮 建牙大通
> 契阔十年 关山万里 提兵燕蓟 壮心未已
> 滦州大计 石庄联军 将犁虏廷 建不世勋
> 狻貐磨牙 蜂虿肆毒 人之云亡 百身莫赎

(载《近代史资料》总第二十五号, 第 248 页)

同年 9 月 21 日孙中山先生由太原到石家庄, 凭吊了吴禄贞等三烈士殉难地, 夜宿石家庄。⑤

1913 年, 吴禄贞烈士殉难两周年之际, 山西人民和河北人民在烈士牺牲地, 石家庄正太车站北侧, 修建了吴公祠和墓园。11 月 7 日, 殉难纪念

---

① 陈耀林:《浩气长留石家庄》,《吴禄贞史料集》, 第 212 页。
② 陈耀林:《浩气长留石家庄》,《吴禄贞史料集》, 第 212 页。
③ 陈耀林:《浩气长留石家庄》,《吴禄贞史料集》, 第 212 页。
④ 陈耀林:《浩气长留石家庄》,《吴禄贞史料集》, 第 212 页。
⑤ 陈耀林:《浩气长留石家庄》,《吴禄贞史料集》, 第 213 页。

日举行了隆重的奉安大典，各界人士瞻礼者万余人。①

1985 年，在先烈的故乡云梦县已建烈士陵园，供后人瞻仰，云梦政协文史资料委员会并编成《吴禄贞专辑》发行出版。

1985、1991 年全国政协副主席、民革中央届武名誉主席曾两度为先烈的纪念专辑题词："学习先烈革命精神，为振兴中华而奋斗"；"毋忘先烈、爱我中华"。

1991 年，辛亥武昌首义最后一位老人喻育之志士题词"纪念吴禄贞殉难八十周年"。

2009 年，全国人大常委会副委员长，民革中央主席何鲁丽为"爱国将领吴禄贞"一书封面题字。②

在台湾台北忠烈祠安放有吴禄贞烈士灵位，被追封为"开国烈士"，供后人瞻仰、凭吊。国民党元老秦孝仪曾主编著书《北方之雄——吴禄贞的故事》，台湾国民党党史馆亦编著了《九边处处啼痕——吴禄贞传》。由此可见，海峡两岸人民都对先烈有崇高评价。

以辛亥革命精神促和平统一

澳门辛亥·黄埔协进会作为以辛亥革命志士和黄埔军校校友之后裔为骨干的团体，以推动两岸和平统一为宗旨，成立近六年来一直致力宣扬"一国两制"下澳门特区所取得的成就，积极为促进两岸多层次交流而努力，先后走访了中国国民党中央党部、党史馆、台北国父纪念馆、中华四海同心会、广东省海外联谊会、民革广东省委、江苏省台办、南京中山陵、湖北省台办、武汉市台办、中华黄埔四海同心会、"行政院"大陆委员会、民主进步党、民主基金会、中华港澳之友协会、客家电视台、海峡交流基金会、新党、中国统一联盟等机构并建立了友谊。并与民革中央、黄埔军校同学会、宋庆龄基金会、台湾辛亥武昌首义同志会等机构建立了联系。2008 年，与台北国父纪念馆、南京孙中山纪念馆共同在澳门举办了《孙中山先生与台湾、南京资料巡回展》，2009 年，与台北国父纪念馆、南京孙中山纪念馆、香港孙中山纪念馆共同举办了《中华韵、两岸情》梅花摄影大展。自 2007 年始连续五年在澳门举办了别开生面的以《民族心、中华情》为主题之海峡两岸青少年征文演讲比赛及夏令营活动，邀请来自

---

① 陈耀林：《浩气长留石家庄》，《吴禄贞史料集》，第 213 页。
② 安龙祯编著《爱国将领吴禄贞》，世界华人出版社。

北京、安徽省、广东省、湖北省、江苏省、江西省、黑龙江省及台湾和澳门的青少年学生参加此项活动。我们的协进会将继续传承先辈的革命奋斗精神、发挥自身的特色及优势，利用澳门在两岸交流的特殊平台，广交朋友，共同为推进祖国的和平统一大业作出应有的贡献！

辛亥革命以来，中国人民的一切奋斗，都是为了实现祖国的独立和富强，人民的富裕和幸福，民族的解放和复兴。实现祖国统一，是中华民族的根本利益所在，是所有华夏儿女的共同愿望。2011 年迎来辛亥革命百年纪念之历史机遇，各地隆重的纪念活动已拉开序幕。辛亥革命纪念活动应该铭记历史、立足当前，以辛亥革命精神促进两岸和平发展和祖国和平统一。辛亥革命的历程蕴涵着务实和勇于担当的精神内涵，昭示后人在所处的时代有所作为，对自己的国家和民族有所贡献。纪念活动应当在深入发掘辛亥革命历史渊源的基础上，积极探讨辛亥革命精神的历史意义和现实意义。在两岸关系和平发展新形势下，弘扬辛亥革命精神，有助于两岸务实互惠、推动和平统一。辛亥革命的另一功绩是开启了人们思想的一次大解放，是一次伟大的启蒙运动。当前，辛亥革命精神仍在海峡两岸具备普遍认同性，能够成为两岸文化交流的重要纽带。海内外华人华侨应当抓住辛亥革命百年纪念的契机，进一步推动海峡两岸和平统一进程。

振兴中华是全球华人的共同愿望，振兴中华其内涵包括国家要统一、民族要富强，先烈们当年为推翻封建帝制建立民主共和，为国家的领土完整，抛头颅、洒热血。目前两岸开启了和平发展的新阶段，来之不易，我们应更加珍惜，共同为两岸和平发展，为早日实现先烈们的遗愿，为实现中华民族的伟大复兴而努力奋斗！

作者单位、职务：澳门辛亥·黄埔协进会理事长，澳门民政总署首席顾问高级技术员、博士

两岸大融合可成和平统一

✐ 朱显龙

中国和平统一是包括两岸人民在内的全体中国人的共同心声，亦是当前两岸领导人的政策选项。而要完成和平统一，就必须有和平统一的基础。和平统一的基础，除了签署停战或和平协议之外，最重要的是两岸走向大融合。和平统一之大融合包括经济融合、文化融合与政治融合。

一 大融合概念与内涵

2008 年 12 月 15 日，国台办主任王毅说，"两岸海上直航是惠及两岸同胞的又一件实实在在的好事。从此，两岸海上人员和货物往来的航行时间将大幅缩短，经济成本将大为降低。更重要的是，海上直航将使两岸之间的往来更加便捷，联系更加紧密，并为两岸关系和平发展提供新的重要动力。实现'三通'后，两岸关系将迎来一个大交流、大合作、大融合和大发展的崭新局面。"[1] 同日，香港《经济日报》发表陈子凌撰写的《大三通梦想成真 两岸迈向大融合》的文章说，"两岸大三通昨日启动，大陆与台湾进一步走向大融合，当中由于航线拉直、包机由周末扩大到平日，两岸正式构筑起'一日生活圈'；其中台北飞往上海的航程只需 82 分钟，比乘坐高铁由台北至高雄所需的时间还要短，此举方便台商更频密地回台，与家人团聚。同时，交通更便捷，亦有助台湾水果及花卉等农产品销往大陆、推动更多大陆客到台湾观光，令两岸交往更密切。"[2]

---

[1] 海峡两岸海上直航首航仪式于 2008 年 12 月 15 日在天津港东疆保税港区隆重举行，国台办主任王毅在首航仪式上发表讲话。http://www.chinataiwan.org/xwzx/dlzhsh/200812/t20081215_798402.htm。

[2] www.stockstar.com 2008 - 12 - 16。

对于两岸大融合，不少人都有跟王毅主任的同感。那么，什么是两岸的大融合呢？笔者认为，若要谈大融合，就必须从"民族大融合"说起。所谓民族大融合，指两个对等的民族在长期的共同性增长的基础上融为一体，民族差别得以最终消失，相互融合成新的民族。具体来说就是，各民族经过长期经济文化交流，在平等自愿的基础上，通过共同的生产生活和通婚结合，几个民族融合成一个新的民族，在这个新民族中，既有可能丧失本民族原有的特征，同时又有可能保留了原来民族的文化特征。根据李龙海的说法，从中国以及世界上的民族关系来看，一个民族合于另一个民族，存在两种情况或方式，一种是通过经济、文化的作用，使一个民族经过自然过程合于另一个民族，即民族融合；另一种是采取政治强制手段把一个民族合于另一个民族，人们习惯把这一种情况称之为民族同化；民族融合是采取自然融合的进程，而民族同化则是采取强制同化的手段；民族同化过程的结果使其中的一个民族丧失了自己固有的特性，它的成员全部或大部转化成为另一个民族的特性，接受另一个民族的语言、文字、文化、风俗习惯及生活方式等方面，这个民族将不复存在；民族融合的结果则可能使本民族的特征保留下来，例如中华民族是一个由 56 个民族逐渐融合所共同组成的大家园，而在这个大家园中，每个民族又都保留着自己本民族的特性①。

民族融合的形式主要有：民族迁徙及杂居相处、民族因联合反抗各族统治者而加强联系和友谊、民族间在经济与文化上的友好交往、少数民族统治者的改革、民族之间的战争促成民族融合、"和亲"与"会盟"政策促进联合、边境贸易促进民族融合、"册封"政策促进民族融合、行政促进民族融合、抵御外国异族入侵和平定叛乱促进民族融合、兼并战争促进民族融合、国家的统一促进民族融合等。民族融合的最重要结果，就是融合的民族组成共同体，进而组成统一的国家。几千年来，在中国古代文明滋生的这块东方沃土上，先后繁衍生息过许多民族，一些民族消失了，另一些民族又勃然而兴起；伴随着中国历史上各民族的多元起源与发展，以及统一、分裂、再统一的反复交替，古代各民族之间的文化交流和相互借鉴，促成了中国各民族共同的历史进步。我国现代的以及在历史上曾经存

---

① 李龙海：《民族融合、民族同化与民族文化融合概念辨正》，《贵州民族研究》2005 年第 1 期。

在过的所有民族，其血统都不是纯而又纯的，都曾经经历过不同类型的融合与同化。各民族共祖同源和多源多流的亲密关系，在历史上曾起过维系民族团结的纽带作用。如今，我们所讲的中华民族，是一个基于长期交流与融合而形成的具有丰富内涵的联合共同体。正因为有大中华民族概念与意识的存在，大中国、大一统的思想才在中国人心中根深蒂固。

两岸要走向统一，当然首先必须具备民族融合要件。按理说，两岸的民族融合已基本实现。因为，台湾绝大多数的民众都认为自己属于中华民族，承认自己的祖先来自于中国大陆。事实上，台湾占主体的闽南人、客家人与外省人①，都是大陆移民及其后代，他们跟大陆民众一样都属于中华民族大家庭的成员。民族隔阂不是两岸分离的根本原因。若非国共内战、法统问题、两岸制度差异、外力介入等政治原因，两岸统一不成问题，而且两岸原本统一。即使有极少数人主张台湾"独立"，但绝大多数的台湾民众都认同两岸同属华人国家，而且认为中国只有一个；台湾执政当局也承认"一中各表"之"九二共识"。台湾民众仍然抱持中华民族之大一统观念。

但仅有民族融合，仅有大一统观念，国家也不会走向统一。如台湾民众尽管仍然抱持中华民族之大一统观念，两岸尽管有了民族融合，但两岸还是处于分裂状态。究其原因，如前所述，是政治方面出了问题。具体来说，就是国共内战造成了国家治权的分裂，法统认同与制度的差异造成国家管理主体的双重性，武力相对均势与外力的介入造成国家不能实现暴力统一。这些政治问题短期内难有解决方案，只能靠民族融合之外的其他融合来化解分歧。所谓其他融合，笔者认为是指大融合，包括民族融合、经济融合、文化融合与政治融合。中国大陆自1970年代末以来奉行的两岸和平统一政策，实际上就是通过推动两岸的大融合，最后完成两岸的自然统一。

二 两岸和平统一需要大融合

如前所述，两岸的大融合指包括民族融合在内的经济融合、文化融合

---

① 台湾人口结构分为闽南人、客家人、外省人和原住民四大群体，其中闽南人约占66%，客家人占18%，外省人占14%，原住民占2%。

与政治融合。有了经济融合、文化融合与政治融合，两岸自然融为一体，和平统一必然达成。正如中共前领导人邓小平先生所说，两岸通过交往，做到"你中有我，我中有你"，进而实现"和平统一"。

（一）两岸经济融合需要进一步推动

自台湾开放台商赴大陆投资、经商以来，两岸的经济交往与合作不断深化，由起初的两岸开展转口贸易，逐步过渡到台商赴大陆投资、经商，台湾对外贸易依赖大陆，台湾高科技产业、金融业、服务业投向大陆，台湾产业向大陆转移，两岸形成产业分工与合作，两岸经济活动直接往来，"陆资"获准入台，"陆客自由行台湾"，两岸启动零关税进程，两岸经济形成互惠互赖。而两岸签署经济合作框架协议，则使海峡两岸经济关系正常化、两岸贸易自由化、经济合作制度化、经济协商机制化，开启了两岸经济一体化发展新局，促进两岸经济的持续融合与中华民族经济的大发展。

诚然，两岸经贸合作机制与框架、两岸产业分工、自由贸易区、大中华或两岸四地经济共同体、共同市场、海峡两岸经济合作框架协议（EC-FA）等高端议题非常重要，但要做到经济的全面融合，还需从低端的建构做起。笔者认为，无论产业分工，还是经贸合作机制与框架、自由贸易区、大中华或两岸四地经济共同体、共同市场等，这些议题都太高端，不易操作，更有当前难以逾越的政治障碍。两岸经济领域的合作应从有必要、有必然、可操作、有可行的资源合作做起，尤其可以从能源资源合作做起。能源资源包括煤、石油、天然气、铀矿及其产品。中国大陆的煤量与产量位列世界第一，其衍生的焦炭、煤气及煤油（煤转变为油）亦居世界前列。大陆的石油尽管不能完全自足，但其亦为产油大国，而且在海外大量开采石油。中国的天然气产量位居世界前茅。中国的铀矿资源基本能满足自身需求，而且近年还从外国购得铀矿资源开采权。反观台湾，无论煤、石油、天然气，还是铀矿资源，都严重缺乏，不得不依赖进口。两岸若有合作的诚意，可从大陆产量丰富、台湾却奇缺的能源资源合作开始。合作方式可参考欧洲煤钢联营的某些做法。

1952年成立的欧洲煤钢联营共同体（ECSC），设立了一个由九人组成的高级机构，掌握煤钢共同体的大权，负责协调各成员国的煤钢生产，保证共同体内部的有效竞争。它拥有共同体内部的生产、投资、价格、原料分配，以至开办或停闭某些企业或某些部门的大权，并掌管共同体同第三国和有关国际组织的关系。该机构作出的决定，各成员国必须执行。此外，ECSC 还设有部长理事会、共同体议会和法院等常设机构。

参考 ECSC 的模式，根据两岸的实际情况，两岸石油、天然气开采与经营公司可首先成立联营共同体，划定东海、台湾海峡与东沙群岛附近水域为共同体特权开采区，其他石油、天然气等企业不得染指。开采出来的石油、天然气等资源与物品，由共同体独立经营，两岸政府与企业不得干预。为此，共同体要设立有双方官员参与的理事会、议会与法院等机构。共同体拥有从勘探、原料分配、冶炼，到定价、销售、投资，以及同其他企业、国家和国际组织等发展关系并展开合作的权利。共同体作出的任何决定，作为成员的两岸政府必须执行。

待两岸石油、天然气共同体运行一段时间并臻成熟后，两岸煤企展开合作，并选定山东兖州煤矿或辽宁抚顺煤矿或两者共同参与，组成两岸煤炭联营共同体，其组织架构和权力与石油、天然气共同体一样。再过一段时间，将两个共同体合并成一个，并纳入铀矿资源，增加两岸煤、石油、天然气等能源企业成员，逐步将两岸所有的能源企业全部纳入共同体。与此同时，两岸还可以筹组钢铁联营共同体、原子能联营共同体、航运联营共同体等，并在能源联营的基础上商讨共同市场，在时机成熟的时候，两岸签订经济共同体协议，纳入所有的联营共同体，建构关税同盟、货币联盟、共同农业政策，组成两岸经济共同体，逐步建立一个没有边界，人员可自由往来，商品可自由流通，劳务可自由交流，资本可自由流动，使用统一货币的"统一大市场"。

（二）两岸文化融合需要大力推动

文化对国家的统合，可发挥桥梁与纽带作用。英国历史学家汤因比曾说过："就中国人来说，几千年来，比世界任何民族都成功地把几亿民众，从政治文化上结合起来。他们显示出这种在政治、文化上统一的本领，具有无与伦比的成功经验。这样的统一正是今天世界的绝对要求。"① 中原文化在历史上起的就是这样强有力的纽带与一统作用。文化的纽带作用往往

---

① 〔英〕汤因比：《中国文化将统一世界》http：//www.360doc.com/content/10/1126/16/1238440_ 72635821. shtml。

在民族分裂时期表现最为突出，宋、辽、金、夏时期是中华民族又一个严重分裂的时期，但同样的，严重的分裂并没有割断各民族、各地域之间以中原文化为纽带建立起来的广泛认同和联系，相反，却极大地激发了各民族向中原文化的趋同，从而将各民族统一的命运更紧密地连接在一起，并最终塑造了再次统一的国家。

台湾民众绝大多数是大陆移民的后裔。各个时期移住台湾的大陆人民与台湾先住民一道，共同创造了台湾文明。他们带去了大陆的先进工艺和耕作技术。岛上种水稻和制蔗糖的生产技术，就是由大陆传过来而又加以发展的。绝大多数的台湾人民使用汉字，说汉语，"国语"（普通话）流行全岛。闽南人、客家人使用的闽南话、客家话，也是从大陆传过去的。台湾民俗与大陆民俗大体相同，因为众多汉族人移居台湾时，也把大陆的生活习惯带入台湾，使得台湾居民的习性、信仰、婚丧祭祀乃至衣着服饰等风俗及岁时节令等诸多方面，与闽、粤两省几乎完全相同。台湾人不仅也过春节、元宵节、清明节、端午节、中秋节、重阳节等，就连踢毽子、捉迷藏等儿童游戏也与大陆相同。台湾流行的歌仔戏、布袋戏等民间艺术，也是随大陆移民流传到台湾的。在大陆，各种宗教信仰是并存的，大陆人民也就给台湾带去了各种宗教信仰。信奉菩萨的带去菩萨像；信奉关帝的带去关帝像；信奉海神妈祖（一作马祖）的带去妈祖像。在闽南一带，祀奉神明的现象十分普遍，不仅有全国普遍供奉的观音、关公、城隍、土地公、玄天上帝等，而且有不少是地方神族，如妈祖、大道公、清水祖师、开漳圣王、临水夫人等。这些神族有的在荷据时期已经传入台岛，并在台湾建造了供奉它们的庙宇。连横所著《台湾古迹志》云："台湾庙宇之最古者，以小南天为第一，在番薯崎上，祀福德之神，如荷兰时华人所建。"① 所谓"福德之神"，即全国普遍供奉的土地公。又如陈文达的《台湾县志》载："在广储东里，大道公庙，红毛时建。"② 这座建于"红毛时"的大道公庙至今犹在（址在台南县新华镇丰荣里），俗称"开台大道公"，是台湾最早的庙宇。除此之外，荷据时期兴建的大道公庙还有两座：一在澎湖县马公镇，称"威灵宫"，建于 1635 年（明崇祯八年）；另一在台南县太保乡，称"保安宫"，建于 1653 年（南明永历七年）。台南是荷

---

① 连横：《雅堂文集》卷三，笔记。
② 陈文达：《台湾县志》卷九，杂记志·诗庙。

据时期移民最集中的地方，因此这一地区也集中了台湾地区最多的庙宇。

台海两岸既然文化渊源与特性相同，就应该发挥其桥梁与纽带作用。作为中华文化主要载体的大陆，就应该在语言、文字、文学、艺术、度量衡、教育、宗教、风俗、习惯、道德、历史等方面做文章，通过弘扬中华传统文化来使两岸文化融合，进而推进国家的统一。

在语言、文字方面，大陆应本着弘扬中华传统文化的精神，主动跟台湾就"普通话"与"国语"、简体字与繁体字（台湾称"正体字"）等议题进行协商，寻求两岸人民共同接受和使用的语言与文字。在文学与艺术方面，两岸可协商共同建立文学、艺术奖励机制，弘扬中华传统文学与艺术，培植新文学、新艺术。在体育方面，两岸四地体育主管机关可借助企业与民间力量，协商设立共同体育奖励项目，应重点设立中华特色的武术、摔跤等奖项。在度量衡方面，两岸可透过已有的"经济合作委员会"商定出统一称谓与标准。在教育方面，两岸应先就小学语文、数学、外语等课本的编订展开交流、协商，尽力编订统一教材或参考教材，特别是要共同编历史、地理教科书与参考书。在宗教信仰方面，两岸除了展开祭拜、妈祖巡游等活动之外，可进一步地协商共同成立宗教社团、弘法学院，建立弘法场所，并将香港、澳门地区纳入。在道德修养方面，两岸四地可透过设立奖项、举办活动来共同倡导忠、孝、仁、义思想。近年来，不少有识之士提出两岸参照 ECFA 签署文化合作框架协议，但台北方面由于选举顾虑而消极对待，两岸文化合作框架协议没有交集；不过，这并不意味着两岸在这方面没有合作的空间，双方可在单项方面展开合作并签署相关协议。

（三）政治融合亦是两岸和平统一的基础

经济融合可加深分割地区的相互依赖、信赖，甚至造就分割地区的长时间和平。但是，经济融合并不必然导致分割地区统一。以美国与加拿大为例，美、加于 1990 年代初签署《北美自由贸易协议》（North American Free Trade Agreement，简称 NAFTA）后，两国经济几乎融合为一体；美、加经济的高度互赖，还推动了两国军事同盟的建立。然而，经济的互赖与融合，并没有导致美、加走向统一。文化融合，不仅可以拉近民众与族群之间的距离，增加民众与族群之间的情感，而且培植共同的价值观、同样的归属感，但并不必然造就分裂地区的统一。美国与加拿大、美国与澳大利亚、新加坡与中国、朝鲜半岛南北等，各自都有血缘、语言文字、风俗习惯相同的特点，但各自并没有因文化的一致性而走向统一。因此，经济一体化与经济融合是国家统一的基础，文化融合则是国家统一的黏合剂。有了文化融合与经济融合，对抗国家统一的独立因素自然弱化。然而，要彻底融解独立因素，光靠文化与经济融合还不够，还须有政治一体化配套。

所谓政治一体化，指政治制度相近，治理模式相似，而且都要被全民接受和同意。也就是说，政治民主化，是政治一体化的必由路径。在这一方面，两岸存有差异，需要加以缩短和消除。而缩短和消除此一差距的作为者，当然是台海两岸，但主要还是大陆。大陆无论是从自身建设还是从两岸统一的角度考虑，都有理由和必要推动政治改革。国务院总理温家宝自 2010 年 8 月就做出了一系列激动人心的表述："中国的政治体制改革最主要的，要保证宪法和法律赋予人民的各项自由和权利，调动人民群众的积极和创造精神，要有一个宽松的政治环境，使人民能够更好地发挥独立精神和创造，使人能得到自由和全面发展"；"中国的发展必须是全面的，改革也必须是全面的"；"国家权力真正属于人民"，要"使司法保持独立和公正"，"政府必须接受民众监督，尤其是媒体的监督"。①

当然，肯定有不少的人会说，香港、澳门以"一国两制"模式解决了统一问题，而大陆没有进行配套之政治改革，台湾问题的解决当然可以采用港、澳模式。笔者不否认它对解决台湾问题的适用性，更希望用它来解决两岸的统一问题。但问题是，任何一个通过协商解决问题的方式，都须遵守一个原则，即双方认可、接受。香港与澳门认可、接受"一国两制"的方式，香港、澳门问题获得解决。台湾不接受"一国两制"模式，台湾问题至今仍未解决。既然台湾不接受，就应该探讨、寻找其他的模式，如"一国一制"、"一国多制"等。笔者认为，作为内政问题的两岸统一事宜，最好用"一国一制"的方式来加以解决，亦即两岸完成统一，需要有制度融合的过程。制度融合是世界文明进步的必然选择，也是一个国家统一，形成集体合力，实现国家强盛的必备。在目前的中国，存在大陆、台湾不同的政治实体以及澳门、香港两个特殊的行政实体，两岸社会制度存在很大差异，达到国家统一而强盛的目标，需要的不仅仅是突破性的改革大思

---

① 温家宝：《促推动政治改革保经济》，2010 年 8 月 22 日《京华时报》第二版。

维，更需要坦荡、大度的政治胸怀和行动的积极不懈，以及勇于担负中华民族崛起的历史重任。

　　两岸若行"一国一制"，就意味着两岸中的一方要进行政治改革。而政治改革的核心，则是推动和建设民主。笔者认为，透过政治改革，两岸不仅可减少政治方面的分歧，缩短制度方面的差距，而且还可抵御分裂势力。台湾实行民主政治之后，"台独"人士又以"差距论"为理由，继续推动台湾独立运动。所谓"差距论"，指两岸存在政治与经济上的差距，不能统一，台湾应成为独立的国家。一些"台独"人士刻意渲染大陆的政治阴暗面，特别强调两岸经济水平和人民生活水平上的差距。他们声称，一旦两岸统一，台湾民众的民主自由将受到严重损害，台湾的经济成果被大陆庞大人口平均后将立即化为乌有。他们这样宣传的目的，就是要恐吓台湾人民，使他们从害怕统一到拒绝统一。如陈水扁推行激进"台独"政策就假借于民主，宣称寻求台湾独立自主的"主权国家"地位、阻止"大陆吞并台湾"是捍卫台湾的民主，主张"公民投票决定台湾前途"和举行"防卫性公投"、"和平公投"等是展现台湾的民主价值与意志。对于美国等国际社会质疑台湾当局的不搞"台湾独立"、不挑衅中国大陆、不挑起台海冲突的诚意时，陈水扁政权同样以民主来搪塞。对于"台独"人士以两岸政治制度差异和大陆非民主政治为理由反对两岸统一，进而主张台湾独立，不少台湾民众亦予以附和。由此观之，两岸制度差异，在某种程度上成为两岸统一的障碍。特别是两岸关系在实现直航与签署 ECFA 后进入和平发展时期，两岸制度差异则成为"台独"人士的唯一有力借口。

　　除了"台独"论者拿两岸制度差异作为台独宣传的借口之外，众多反对"台独"、主张统一的岛内人士主张维持两岸不统、不独现状，其理由主要是两岸存在制度差异与法统认同问题。因此，改变制度差异，解决法统认同问题，亦是两岸政治融合必经之路。而要改变制度差异，解决法统认同问题，大陆就必须加速推行政治改革，其中重点是推动以直接选举为核心的民主化建设。

　　作者单位、职务：澳门理工学院教授、两岸与澳台关系学会理事长

纪念辛亥革命　推进祖国统一

✍ 蒋忠和

百年前孙中山先生领导辛亥革命，推翻封建帝制，建立共和，首次发出"复兴中华，统一中国"的口号，把实现国家统一，国家富强，作为终身的奋斗目标。中山先生始终致力于振兴中华，追求国家统一的伟大精神，至今仍激励着两岸同胞和海外华人华侨，努力奋斗，完成祖国统一的伟大事业。

一　中山先生未竟之业

近代以来，列强入侵，割裂中国之领土，侵夺中国之主权，使一切爱国的中国人无不扼腕裂眦而奋起抗争。中山先生毕生为之奋斗的事业，就是欲求中国之独立、民主与富强。先生说过："中国是一个不可分割的整体，国家统一，人民便幸福，不能统一，人民便受害。"中国之被列强瓜分，何来独立、民主？更遑论富强！外争国权，无非追求国家领土与主权的完整。台湾就是在 1895 年被日本强行霸占而直到 1945 年中国人民取得抗日战争胜利后才得以收复的。收复台湾是后人可以告慰中山先生在天之灵的壮举。香港、澳门也是被列强侵占的。如今中国已恢复对香港、澳门行使主权，同样是完成中山先生未竟之业，是足以告慰先烈在天之灵的盛事。

孙中山先生在中国受到列强瓜分豆剖、封建帝制残酷统治，内忧外患最黑暗的时期，置生命于危险之中而不顾，呼唤振兴中华，谋求强国富民的兴邦之道。回首辛亥革命，越发体认"复兴中华，统一中国"真乃中山先生思想之核心，也是先生引领时代潮流的伟大之处。一百年过去了，分为海峡两岸的中国，虽然在经济建设方面取得了骄人的成就，改变了"一穷二白"的落后面貌，但是，大陆和台湾终究尚未统一，中山先生的历史使命还是不能算完成。因此，"复兴中华，统一中国"仍然是两岸同胞和海外华人华侨的重任。海峡两岸和海外华侨华人共同纪念辛亥革命一百周年，也因此有着深远的历史意义和重大的现实意义。

二 复归统一结束对立

台湾与大陆本是一家，只是在 1949 年以后，大陆和台湾分道扬镳，但这并不是中国领土和主权的分裂，而是 1940 年代中后期中国内战遗留并延续的政治对立，没有改变大陆和台湾同属一个中国的事实。两岸的问题应由两岸中国人自己解决，这不但是两岸中国人的共识，也是国际社会公认的准则。两岸复归统一，不是主权和领土再造，而是结束政治对立。自许为孙中山三民主义忠实信徒的中国国民党人，与孙中山革命事业坚定的支持者、合作者和继承者的中国共产党人，继 20 世纪两次携手合作之后，今天又以民族利益为重走到一起来了。任重而道远，人们期盼国共两党能够真诚合作，在新的历史时期为祖国统一、民族复兴再创新猷。

令人欣慰的是，2008 年 5 月，中国国民党在台湾岛内重新获取政权，在反对"台独"，坚持"九二共识"的政治基础上，国共两党、两岸当局和两岸同胞共同努力，台湾海峡在经历几十年的风风雨雨之后，开始变成中国和平的内海。两岸关系和平发展，实现了两岸"三通"直航，两岸经济合作框架协议签署、生效，两岸经济合作走向机制化、制度化，两岸民众更加自由往来。大陆政府秉持先经贸后政治的原则，力争和平统一，不断释出善意，出台政策，惠及对岸台湾人民。只要台湾方面诚心诚意认真配合，两岸全方位大交流、大合作、大发展的趋势将更加迅猛，也必然会有更大的成果。

三 和平发展民心所向

两岸关系在和平发展道路上历经三年有余，现在正处于必须步上新起点却又面临艰难转折的时期。不可否认，台湾仍有一些人对统一存有疑虑，不少人仍然满足于维持现状。在岛内执政的中国国民党受到国际反华势力、岛内"台独"势力的牵制，受恶劣政治生态和狂热民粹意识的影响，对国家统一这个政治难题还是未能拿出有效的办法加以破解。这就需要多做耐心细致的工作，必须让台湾民众都理解，"统一成而后一切兴革乃有可言"；一个完全统一的中国，有利于中华民族的伟大复兴，有利于亚太地区乃至世界的和平稳定和繁荣进步。

人们之所有对两岸和平统一有信心，关键还在两岸尤其是台湾民意。最近，台湾发展研究院国际首席执行官（CEO）书院"对台湾未来领导人的十问"民意调查结果显示，69%的民众觉得两岸问题最为重要，并认为两岸问题解决须以双赢为基础，两岸领导人要能增进彼此政治互信。台湾《远见》杂志2011年7月公布的一份民意调查，也证明两岸关系不仅是明年大选的重要议题，而且马英九在这个领域中，远远比蔡英文还要占优势。这与台湾历次主要民调的结果基本相符，也就是说，大多数台湾民众支持两岸关系和平发展。这是因为两岸是不可分割的命运共同体，合则双赢，分则两害。一旦两岸关系变差，台海局势势必紧张，台湾社会不安，台湾经济受到冲击，这不仅不利于台湾民众，也不利于执政者。

四　民进党须翻然悔悟

国台办主任王毅最近在美国与旅美两岸同胞会谈时指出，要维护两岸同胞普遍支持两岸关系和平发展的主流民意，无论是哪个政党，都应重视和珍惜这一主流民意，奉行与之相符的政策。

在岛内执政的中国国民党，应以辛亥革命一百周年纪念为契机，从政治历史包袱中解脱出来，振作起来，继续和努力站在历史的高度，国家民族利益的高度，正确地处理各种历史问题和现实问题，不保守，不犹豫，疏导民意，引领潮流，因势利导，顺势而上，在一个中国原则的基础上，与对岸求同化异，增进政治互信，破解政治难题，协力加快推动祖国和平统一进程。

"世界潮流，浩浩荡荡，顺之者昌，逆之者亡。"实现中山先生"复兴中华，统一中国"的伟大理想，是全体中华儿女的共同愿望。两岸和平发展迈向和平统一，符合时代潮流与亿万人心。任何蓄意制造"两个中国"或者"一中一台"的分裂活动，都是违背两岸关系和平发展的潮流和两岸人民共同心声的倒行逆施，都是对中山先生伟大思想的亵渎和背叛。这就是八年"台独"政权被唾弃，"台独"分裂势力日渐式微的根本原因。至今尚未放弃"台独"党纲，不肯改变"台独"立场的民进党必须吸取教训，翻然悔悟。时代潮流不可对抗，民众意志不能违逆。民进党不但今日的选举策略要调整，而且今后的立场也必须加以改变。

两岸发展有两座桥，第一座是经济的合作，第二座是文化的交流。这两座桥梁都非常重要，两者缺一不可。两岸关系和平发展，不但要厚植共同的经济利益，而且要加强中华文化的精神纽带，增强休戚与共的中华民族认同。在两岸经济合作取得重大成果的基础上，两岸深入开展文化交流和教育合作，特别是增进台湾地区民众对中华文化、中华民族的认同，为振兴中华共同促进祖国统一，已是当前的要务。人们记忆犹新，陈水扁执政时期的台湾当局，为了配合"台独"分裂步伐，曾经歇斯底里地推行"去中国化"，当然那些倒行逆施最终与"台独"政权的覆灭一起灰飞烟灭，但这个严酷的教训还是值得记取的。中山先生说过："中国有一个道统，那就是从尧、舜、禹、汤、文、武、周公、孔子的一贯大道，我的思想基础就是这个道统，我的革命就是继承这个正统思想来发扬光大。"继承和发扬中山先生的伟大思想，在当前两岸方兴未艾的文化交流、教育合作，共同发掘和弘扬中华文化，有利于促进两岸和平统一进程，也能使中华民族以更自豪、更稳健的姿态屹立于世界民族之林。

辛亥革命是海峡两岸同胞共同的记忆、共同的精神激励。两岸应把握百年纪念的重要契机，善用纪念活动交流平台，以最大诚意凝聚共识，增进互信，明确共同方向，夯实基础，共同开辟实现"复兴中华、统一中国"的新纪元。"吾志所向，一往无前，愈挫愈奋，再接再厉。"在两岸和平发展走向和平统一的进程中，我们要学习孙中山先生百折不挠、奋斗不息的大无畏精神。

五　港澳提供实践范例

澳门和香港都是孙中山先生早期从事革命活动的地方。长期以来，广大港澳同胞牢记先生"复兴中华、统一中国"的遗训，心系祖国统一大业。港澳顺利回归祖国的成功经验，能为妥善解决台湾问题提供实践的范例。澳门和香港这两个中国的特别行政区，先后举办规模盛大的"全球华侨华人促进中国和平统一大会"。澳港两地都发挥着独特的区位优势，搭建桥梁，增进互信，推动台湾同胞对"一国两制"的了解，是"反独"促统的重要力量。在新形势的鼓舞下，港澳同胞必将更广泛地联系和团结台湾同胞和海外华侨华人，一道推动两岸关系和平发展，为实现祖国和平统一，为中华民族伟大复兴作出重大的贡献。

作者单位、职务：澳门福建同乡会秘书长

同语同文　合作共赢

✒ 程祥徽

人们常说，两岸人民同属中华民族，拥有相同的语言文字，同文同种，文化的认同是两岸和解共赢的基石。因为一直怀有这个理念，笔者对两岸和解共赢的前景充满信心。

一

近年来两岸在语文问题上出现令人振奋的景象，一是民族共同语的认同，二是繁简汉字的相互包容。

先说民族语文。现代民族的重要标志之一是拥有统一的民族共同语。民族共同语是一笔宝贵的财富。试想，如果一个民族至今没有共同语，你说你的方言，他说他的土语，出席国际会议也没有一种代表自己国家的语言，这样的民族称得上是先进民族吗？这样的国家称得上是现代国家吗？因此任何一个现代国家都会对国语、官方语言或工作语言做出规定，制定文字的标准。例如加拿大，规定英语和法语是官方语言；例如新加坡，规定马来语、泰米尔语、华语和英语是官方语言，英语是使用最多的工作语言，马来语使用频率远不如英语和华语，然而它是国语，享有崇高的地位。我们汉语，方言非常之多，八大方言之下有成千上万个次方言，它们之间的差异远远超过欧洲一些国家与国家之间的语言分歧，到了不能相互交流的田地。然而值得骄傲的是，中华民族有一种高度统一的共同语，这个共同语在大陆叫"普通话"，在台湾叫"国语"。"普通话"和"国语"是同一种语言，两岸人民各自运用普通话或国语，交流不会产生任何障碍。大陆普通话和台湾"国语"标志着我们民族是一个历史悠久的文明先进的民族。尤其可喜的是，两岸政府和领导人都以实际行动极力维护民族共同语的权威，将普通话或国语定为官方语言，并自觉地加以运用。

　　然而也有拿国语做文章的政客，例如陈水扁。他提出一个貌似平等却非常具有蛊惑性的理论，那就是凡台湾岛上存在的语言都是国语，原有的"国语"只是其中之一，运用岛上的任何语言都是运用国语。这个论调完全否定了作为民族共同语的"国语"地位，把民族共同语降格到与一般方言平起平坐。这是非常有害的理论。正确的政策应当是维护民族共同语的权威，保护方言的存在。共同语和方言之间不存在对立的关系，只存在相互补充、相互借鉴的关系。方言区的人民运用共同语，有利于不同方言区的人民交往，共同语又从方言中吸取语音、词汇和语法成分充实自己。

　　语文的统一是历史发展的结果，是无可争议的事实。在台湾岛上，政治主张可以不同，所属党派可以不一样，但语言的统一却客观地存在，不容否定。不仅国民党人连战、马英九说台湾国语，坚持"台独"立场的李登辉、陈水扁也在说台湾国语，民进党的主要人物蔡英文、苏贞昌等，哪个不说台湾"国语"？因此，陈水扁提出的理论只会被人们用作茶余饭后的谈资罢了。

二

　　文字问题也一样：两岸拥有共同的文字，所谓正体、简体，无非是一种文字的两种变体而已。

　　1955 年大陆通过了简化汉字并大张旗鼓地加以推广。50 多年后的今天，简化字已成为法定文字，并得到法律的规定（国家通用语言文字法）。简化字或许在简化的技术上存在一些问题需要改进，但台湾当局长期以来将大陆的简化字说成毁灭中华文化，表示将来反攻大陆成功，第一桩事就是取消简化字，回复正体字。这里有两个不同层面的问题，一是文字简化的技术问题，二是纯粹的政治问题。技术层面的问题值得慢慢研讨，现在大陆正在做调整工作。政治层面的问题是拿汉字问题说事。

　　现在局面大大改善。文字是人类交流思想、传递信息的工具。繁体字是工具，简化字也是工具，大家都用得顺手了，应当彼此尊重才是。我曾经说过，现在讨论汉字该不该简化的问题，等于孩子都生下来了还来讨论应不应该出生。国民党人马英九执政以来，两岸关系逐步改善，现在台湾人络绎不绝地来大陆投资建厂，大陆人成群结队赴台旅游，两类文字的碰撞交流不可避免。现在的情况是：大陆人从未抗拒台湾的繁体字，倒是台湾方面不断指责简化字。现在有了很大的转机，主要是台湾从领导到民间，纷纷采取明智的态度。马英九前年即已提出"识简书正"的看法，目前国民党立委吴育升提出台湾人"识简书正"、大陆人"识正书简"的建议，非常务实，台湾商家用繁简对照的办法张贴广告，吸引大陆游客。这就是说，大陆人立足简化字，尽量吸收一些繁体字；台湾人立足正体字，尽量掌握一些简化字。前者"执简驭繁"，后者"执繁驭简"，不搞对抗，相互渗透。这就是说，台湾已然承认了简化字的合法地位。这个承认非常重要，首先是从抗拒转变为认可，然后寻找交流融通的办法。我想，这种积极的态度可不可以用在政治方面呢？

透过近年来两岸在语文问题上的态度转变，我对两岸关系的和解与共赢进一步充满信心。作为语文工作者应当在这样的大形势下做一些有利两岸和解共赢的工作，为两岸最终走向统一作出贡献。

作者单位、职务：前澳门大学中文学院院长

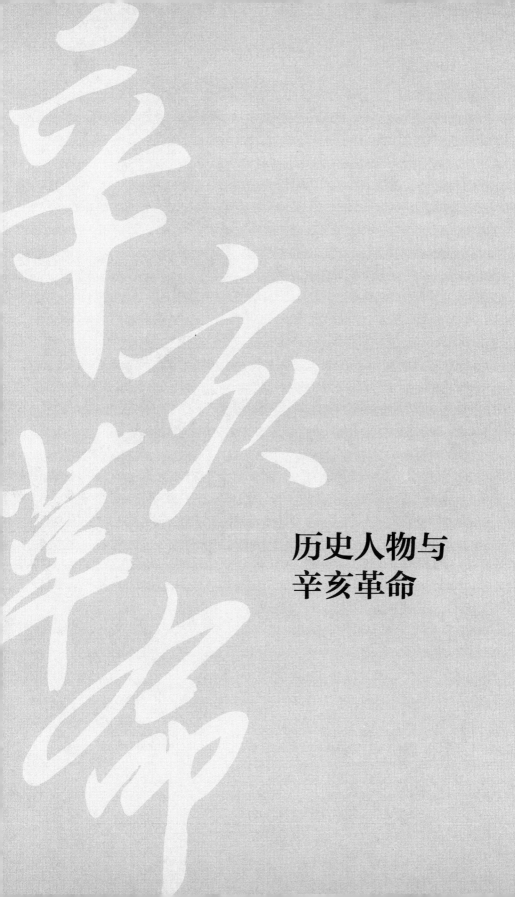

历史人物与
辛亥革命

辛亥革命时期孙中山与英国
及英国人之关系初探[*]

✒ 邵　雍

孙中山与英国及英国人之关系是研究辛亥革命的一个重要方面，以前也有一些研究论著。新世纪以来，又出现了一些与此相关的史料，似乎没有引起应有的重视。有鉴于此，本文拟根据这些比较新的资料对辛亥革命时期孙中山与英国及英国人之关系作一初探，以推动相关研究之深入。

一

1883 年 11 月孙中山来到当时在英国统治下的香港求学。对广大华人而言，香港与内地不同，那里没有政治民主，但有言论自由。1887 年香港西医书院招收中国学生入学。该校按英国医科大学实行五年学制，设备和师资条件俱佳，孙中山听到消息，马上前去报名转学。孙中山在西医书院学习期间与负责实际工作的英国人康德黎教务长结下了深厚的友谊，毕业后在澳门行医时还常得到康德黎的热心帮助，至于康德黎在英国伦敦覃文街四十六号的家庭地址孙中山更是熟记于心。毫不夸张地讲，康德黎是孙中山一生中结交的最重要的一位英国友人。1895 年广州起义失败后，孙中山逃到香港，"安全并不更有保障"，他听从了康德黎的建议，向达尼思律师请教，并根据该律师"最有效的安全措施是马上远走高飞"的劝告，前往日本继续从事革命。①

＊　本文为上海市普通高校人文社科重点研究基地上海师范大学中国近代社会研究中心 SJ0703 研究项目。

①　孙中山：《孙中山全集》第一卷，中华书局，1981，第 550 页。

二

1896 年孙中山第一次踏上英国本土。10 月 11 日他被清驻英公使馆诱入囚禁，17 日托使馆清洁工柯尔暗地转送他致覃文街四十六号康德黎的求救信，"祈尽快营救"[①]。柯尔不负重托，次日送达。康德黎接信后立即行动，多方奔走，最后在英国政府的干预下于 23 日将孙中山成功营救。10 月 24 日孙中山致伦敦各报主笔函："望能借重贵报的版面，为英国政府致力于使我自中国公使馆获释而表示深切的谢忱。对报界的及时帮助和同情，亦谨表谢意。最近几天中所发生的实际行动，使我对充溢于英国的宽大的公德心和英国人民所崇尚的正义，确信无疑。"[②] 获释后的孙中山经康德黎介绍结识了剑桥大学教授翟尔斯，并应翟尔斯之请，写过一篇传记。该篇传记与孙中山写的《伦敦被难记》先后在英国发表，致使孙中山名声大振。孙中山不愧为伟大的革命家。他为了争取英国各界人士对中国革命的同情和支持，于翌年 1 月 31 日在英国牛津大学发表讲演，内容如下。

"在中国的古老时代，人们对公众事务还有说话的权利，因此国家才有了相当的繁荣和富足。那时，王冠并不是世袭制的，而常常从不称职的王子头上转交给并不是皇室成员的杰出人士。接下来的若干个朝代，民主被看作是荒谬的和无用处的，这样就阻碍了社会的进步。然而，也只是到 1644 年满清夺取了皇家政权之后，才开始了极端暴政的时代。然后，对诸如地理学、法律、历史和科学的学习和研究被全面禁止了，学生们被限定获得仅仅比会话术好不了多少的知识。现在对权力的批评就是极大的叛逆罪，国家的税收别是委托给这样的人，即只要他能够上交给政府预期的数额，他就可以尽情地榨取人民并随意享有更多的财富。"[③]

1897 年 3 月 23 日《纽约时报》发表题为《为新中国而呐喊的孙逸仙博士》的述评。该文介绍了孙中山被清国驻英公使馆诱捕囚禁的事件，并称孙中山在英国进行的这次演说是"发自内心的真诚呐喊"。孙中山的演

---

① 孙中山：《孙中山全集》第一卷，中华书局，1981，第 29 页。
② 孙中山：《孙中山全集》第一卷，中华书局，1981，第 35 页。
③ 郑曦原编《帝国的回忆：〈纽约时报〉晚清观察记》，三联书店，2001，第 357 页。

说为《纽约时报》所青睐，足见他伟大爱国者的形象已开始被西方人士认同。

三

1905 年 8 月中国同盟会成立后，孙中山立即着手准备在东南亚各地建立同盟会的分会。1906 年 4 月 6 日，在英国殖民地星州即新加坡的革命者趁孙中山的到来，建立了同盟会分会，拥众 400 人，其负责人全是洪门会党成员。① 该分会骨干成员陈楚楠和林义顺还到槟榔屿组建同盟会分会。约在 1908 年孙中山曾经在南洋的塞伦班市的华人矿工协会里与英国人大卫·弗里曼"见过面 …… 就未来形势进行了长谈"。②

1908 年 12 月 14 日孙中山抵达新加坡后，又于次年 5 月 19 日起程奔赴欧洲。在此期间他发表了一次重要演讲，被《纽约时报》报道，全文如下。

"大清国消除了慈禧太后的独裁统治，这对清国事务确有影响。但是，即使是慈禧太后还活着的话，她也无法阻止一种必然的结果。我们关于民族独立的宣传每一天都在取得进展。对于我们来说，最后胜利只是一个时机问题，而这个时机即将到来。

中国的历史一直是，每个朝代在经历了巨变和更迭之后，在胜利者中间总有一个时期要发生争夺统治权的斗争。这一次，在对满族人的斗争取得胜利后，在汉族的胜利者中间可能也会发生这种争夺。但是，这场斗争最后的结局只能是建立共和制的政体。

中国人民爱好和平，然而，他们在历史上也曾有过一些伟大的战争。他们在最近五年内取得了巨大的进步，他们以实力显示出他们将来在自己的政府里应该拥有说话的权利。毫无疑问，当时机到来时，我们将会发现，如果需要的话，国民中有足够多的人已准备好甘冒流血牺牲的危险。"

在新加坡，孙中山曾经向在新加坡的图泽试探"能否愿意去中国协助

---

① （澳门）颜清湟：《星马华人与辛亥革命》，李恩涵译，台湾联经出版社，1982。
② 2003 年《民国档案》四期连载：《中山市孙中山纪念馆收藏的 60 封海内外朋友给孙中山的信件》之第 19 封。

组建和训练中华民国陆军"，后来又同意预付薪金并支付他从新加坡到目的港的路费。① 他还曾经送给外国友人奥尔一张照片，后来奥尔"因要用在《纽约先驱报》上"，就寄给了报社。②

英国政府在对待当时风起云涌的革命运动时，还是秉持着其一贯支持清政府的立场，对革命党人的活动予以压制。当时的新加坡总督安德生从户籍处主任处获知此消息后，"便立刻指示他要通知孙中山先生说，我们不欢迎他继续在本殖民地出面"。③ 根据后来孙中山收到的海外归侨杨豹灵的来信可知，孙中山家人是与杨豹灵同坐一艘船从南洋回国的。④

四

1909 年 8 月 7 日孙中山到达英国伦敦，又于同年 11 月 8 日到达美国纽约。在此之后，孙中山在第一封信（《纽约时报》的小标题为《孙中山致英国金融家的信》）中说："亲爱的某某先生：非常遗憾，我未能实现我们在伦敦俱乐部所商定的会面计划，我来得太迟以至于未能在纽约见到你。关于为发动反清革命而用海外华商资产担保以募集政治贷款事，我已找到了愿意担保的一家中国银行、三家在暹罗曼谷的米厂、一些新加坡商人以及马来亚的三个煤矿主。他们的资产合计共 2000 万美元，折合 400 万英镑。"⑤据《纽约时报》介绍，孙中山的谈判对手接到孙的来信后立即进行了调查，然后给孙中山写信，要求孙讲出上述愿意作担保的单位和个人的具体名字，并声称如果孙中山让出资人最详细地知道细节，以及事态发展能证明孙中山的说法正确无误的话，筹集到一笔 50 万英镑的资金应该不成问题。

根据《孙中山全集》第一卷可知，1909 年 12 月 13 日孙中山还在纽约

---

① 2003 年《民国档案》四期连载：《中山市孙中山纪念馆收藏的 60 封海内外朋友给孙中山的信件》之第 23 封。
② 2003 年《民国档案》四期连载：《中山市孙中山纪念馆收藏的 60 封海内外朋友给孙中山的信件》之第 34 封。
③ 章开沅、罗福惠、严昌洪编《辛亥革命史资料新编》第八卷，湖北人民出版社，2006，第 63 页。
④ 参见 2003 年《民国档案》四期连载：《中山市孙中山纪念馆收藏的 60 封海内外朋友给孙中山的信件》之第 43 封。
⑤ 郑曦原编《帝国的回忆：〈纽约时报〉晚清观察记》，三联书店，2001，第 389～391 页。

给吴稚晖写信，而同年 12 月 16 日再给吴稚晖写信时已在波士顿了。孙中山返回纽约的日期为 12 月 24 日。

1909 年 12 月 24 日至 1910 年 1 月 20 日之间孙中山写了相关的第二封信，首先向英国银行家介绍了中国国内"陆军和海军的支持"问题，谈到了 1909 年初袁世凯被清政府降级，以及革命党打入新军高层的情况。其次论及"各地的革命前景"和大好革命形势，讲到最近中葡关于澳门领土问题的纠纷、华南人民对此加以干涉和革命党人还在广东、广西、湖南征募到了清国最富有战斗力的武装力量，强调"这些省份的兵士在清国国内是最出色的战士"。接下来的内容是《孙中山集外集》所未收入的：

"大清国目前革命运动的形势就好比是一座全部由干柴组成的森林。仅仅需要一点火花就能让这座森林燃起冲天的大火。而这火花就是我所要求的 50 万英镑。第三，革命领导者们的财产情况。我只能说他们现在都没有太多的财产，虽然他们中间有些人过去曾很富有。但是，他们都是非常有才干的人，在这方面，他们不输于世界上任何其它人。至于能为此项贷款提供担保的清国海外商人们的名字，我无法确切地告诉你们，因为自从我给你们发出上封信后，我又得到了一些愿意为此事提供担保的人选，所以我现在必须从他们中间做出选择。一旦我得到你们肯定的答复，即在一定前提下我可以得到这笔贷款，我就会在他们中做出选择。一旦到合适时候，确定了担保商人的名单，我会把他们所有人的姓名和财产状况都告诉你们。由于这项贷款是由财产状况良好的清国商人担保的，所以在这笔钱上不存在任何风险。因此，我们之间将来任何协定仅仅取决于这些担保人是否同意担保了。

假如金融家们希望获得更多的利益，我们还有另外一种途径来进行这项计划。这就是，资本家可以参与到这项运动中来，方法是通过委派他们自己的人员来控制财政支出以及与我们的领导者合作。当然，这样做金融家需要承担额外风险。总之，如果我们能获得发动革命所必须的资金，那么革命的成功是相当肯定的。一旦我们夺取了像广州这样的一座大城市的话，我们就能偿还比贷款额高出数倍的钱。此外，我们承诺，如果这笔交易只在革命党领袖和银团之间达成的话，我们也将同意使用其它方面的抵押品。我希望，你们能够替我们找出在你们那边愿意考虑这项交易的金融家，并提出他们的贷款条件。请把详细情况告诉我。假如这项贷款能够通过我所建议的第二种方式解决，请告诉我你们期望从我们这里获得什么样的补偿。

"几天之内我将要从此地出发去加利福尼亚。不过，你们始终可以用我在纽约的同一地址与我本人保持联系。不管我在哪里，他们都将会把信件转寄给我。此致敬礼！

"你们真诚的孙逸仙"

然而孙中山的谈判对手接到孙的第二封来信后并未被说服，因此他们再次写信给孙中山，坚持要求他秘密提供那些通过钱财和权势在背后支持他的人员名单。

在此信尚未送达孙中山之前，他们又收到了1910年1月21日孙中山离开纽约赴旧金山以后自美国另一城市发出的第三封信，此信给人的印象是他已成功地从别处筹集到了贷款。孙中山在第三封信中写道："我们，整个中华民族的子民们，正在开展一场反对满清政权的战争，为的是通过推翻腐败的独裁统治，建立起一个共和政权，以彻底摆脱鞑靼统治者对我们的奴役。同时，为了维护世界和平和增进人类的幸福，我们愿意同世界上所有友好国家建立更密切的外交关系。为了让世人清楚了解我们的立场和行动宗旨，现发表声明如下：

"第一，于今天之前生效的、由满清政府与任何其它国家缔结的所有条约，将继续有效，直到条约期满之日为止。

"第二，于今天之前由满清政府引入的任何外国贷款或其招致的任何国家赔款，将继续被没有变更地承认，并按以前的规定由海关支付。

"第三，于今天之前由满清政府批准生效的所有外国在华租界，将继续受到尊重。

"第四，在革命军占领范围之内的所有外国人的人身和财产完全受到保护。

"第五，于今天之后生效的、由满清政府和外国政府达成的任何条约、特权、贷款、赔款等等，我们概不承认。

"第六，不管具有任何外国国籍，只要其站在满清政府一边反对革命军，都将被视为敌人。

"第七，由任何外国提供给满清政府的所有战争物资，一经缴获即全部没收充公。"

此次孙中山借款谈判最初是在伦敦俱乐部进行的，借的是英镑，消息又是驻英国伦敦的《纽约时报》记者10月13日以专电形式发出的，在全世界范围内首次透露了孙中山向英国资本家筹集资金以援助国内武装起义的努力。这一专电的重要性不言而喻，因此次日《纽约时报》首次发表了孙中山近年来的这三封信，同日，柏林的《每日报》也立即发电转发。显示出欧美新闻媒体对孙中山革命活动的关注。

五

1911 年 10 月孙中山在得知武昌起义消息后并没有在第一时间回国领导革命，而是在外积极游说各国。他认为"此时吾当尽力于革命事业者，不在疆〔场〕场之上，而在樽俎之间，所得效力为更大也。故决意先从外交方面致力，俟此问题解决而后回国"[①]。当时"英国的工业是占世界上第一个地位，世界所需要的货物都靠英国来供给"[②]。孙中山认为"当时各国情形……要而言之，列强之与中国最有关系者有六焉：美、法二国，则当表同情革命者也；德、俄二国，则当反对革命者也；日本则民间表同情，而其政府反对者也；英国则民间同情，而其政府未定者也。是故吾之外交关键，可以举足轻重为我成败存亡所系者，厥为英国；倘英国右我，则日本不能为患矣"[③]。足见孙中山高度重视争取英国方面支持的工作。

11 月 2 日孙中山离纽约赴英国，于 11 日抵达伦敦。孙中山到伦敦活动的主要目标之一是试探筹款 50 万英镑的可能性，他在一份英文函件明确表示"希望得到" 50 万英镑。[④] 首先由美国人咸马里代孙中山约四国银行团主任会谈，磋商停止清廷与四国银行团订立的川汉路和币制改革的两宗借款之事。银行主干答以对于中国借款之进止，悉由外务大臣主持，此事本主干当惟外务大臣之命是听，不能自由做主。孙中山于是乃委托维加炮厂总理为代表，往与外务大臣磋商，向英政府要求三事："一、止绝清廷一切借款；二、制止日本援助清廷；三、取消各处英属政府之放逐令，以便予取道回国。"[⑤] 三事皆得英政府允许。接着孙中山再与银行团主任开商

---

① 孙中山：《孙中山全集》第六卷，中华书局，1985，第 244 页。
② 孙中山：《孙中山全集》第九卷，中华书局，1986，第 424 页。
③ 孙中山：《孙中山全集》第六卷，中华书局，1985，第 244～245 页。
④ 孙中山：《孙中山全集》第一卷，中华书局，1981，第 558 页。1912 年 4 月在伦敦出版的《滨海杂志》第 43 卷第 255 号发表了孙中山这一函件的影印件。
⑤ 孙中山：《孙中山全集》第六卷，中华书局，1981，第 246 页。

革命政府借款之事。对方称："此后银行团借款与中国，只有与新政府交涉耳。然必君回中国成立正式政府之后乃能开议也。"①

在伦敦期间孙中山与老友康德黎重逢，并在与他的谈话中表示："余于共和政府之大统领毫不介意。惟维持中国前途之责任，余可担当。……甚希望国民速建设一善良之中央政府。"② 然而正是在争取英国对革命政府承认的问题上，尽管以孙中山为首的革命党使尽浑身解数，仍是收效甚微。香港总督卢夏德在和革命党人的会谈时就明白无误地解释了英方当时的态度："我知道香港大多数有责任感有势力的华人名流同情革命运动，他们完全可以自由地这样做。他们比任何欧洲人更了解中国的形势，如果他们认为运动可能有利于他们的国家和种族，同情这场运动就是正当的。这就是我的态度，我对运动没有一点敌意，只要不超越一个英国殖民地义不容辞应采取的关于公众态度的既定路线。"关于既定路线，他进一步解释道："一个英国殖民地应与英国政府保持一致，只要与我们订有条约的满族政府继续在北京掌权，就不能承认新政府的成立。"③

11 月 17 日格雷爵士致电英国驻华公使朱尔典，变通孙中山进入香港的对策。格雷解释说："局势已大为改变，目前排斥他似乎不仁，且可能亦属不智。禁令不必公开撤销，只要他抵港时，莫将其逐出，即可。"④ 英国的这种策略十分精明，既在表面上保全了和清政府的外交道义，又实际显示了对革命派的同情，使英国在应对将来可能出现的任何一种变局时都能游刃有余。由于英国方面的变通处理，孙中山得以顺利回国，12 月 25 日抵达上海。

六

南京临时政府成立后孙中山下令内务部通饬全国禁烟，并亲自发过《严禁鸦片通令》。1912 年 1 月 23 日《民立报》发表孙中山复万国改良会

---

① 孙中山：《孙中山全集》第六卷，中华书局，1985，第 246 页。
② 孙中山：《孙中山全集》第一卷，中华书局，1981，第 559 页。
③ 章开沅、罗福惠、严昌洪编《辛亥革命史资料新编》第八卷，湖北人民出版社，2006，第 25 页。
④ 章开沅、罗福惠、严昌洪编《辛亥革命史资料新编》第八卷，湖北人民出版社，2006，第 104 页。

丁义华函（见《孙中山全集》第二卷，第 36 页），慎重表态说："一俟大局稍定，即当尽全力铲除此不良之毒物。"3 月 22 日丁义华致函孙中山，建议孙中山"向英国发出强烈呼吁，这必将引起世界瞩目并促成中国和英国人民在这场变革中携手合作"。鉴于"中国从未正式要求摆脱鸦片毒害，为了中国的生存与自由，阁下若以中华民国首任总统身份义正词严地发出呼吁，世人就会明白真相，英国就再也不能说'中国自己没有要求摆脱鸦片'"。丁义华还认为："阁下在解职之前作出这样的呼吁，会给全国民众带来鼓舞和力量，并引发一场声势浩大的运动。……给中国到来自由。"①不过孙中山在解任之前日理万机，事务太忙，所以直到1912 年 4 月 1 日解任之后才写了《致英国国民书》和《致伦敦各报书》，以上两篇文章均收进了《孙中山全集》第二卷（前一篇的译文在 1912 年 5 月 5 日《申报》上刊载过），在当时英国朝野产生了很大的影响。

南京临时政府时期，英国友人纷纷致函件孙中山，用各种方式表示他们对孙中山与临时政府的支持与同情。第 17 封信的作者，在英国伦敦的新闻传媒工作的詹姆斯·坎斯来信告诉孙中山："你抵达上海的照片登在报纸上。英国人人都支持你。一位小说家说，任何人的经历都没有你这样富有传奇色彩。"② 在英国"人们不断要求我们发表有关消息"。大卫·弗里曼的来信善意提醒孙中山："不要在煤矿开采、铁路和港口建设方面给外国特权。除非在非常必要的情况下，不要向外国借款。否则，贷款者以及他们政府的炮舰就会接踵而至。"③ 一个英国军队的陆军中士则来信要求为中国军队服务，并得到晋级。④ 这些信件体现了英国人民对辛亥革命的同情与肯定态度，同时也说明孙中山这位民国临时总统在万里之外的英国也有一定的知名度与美誉度。

历史表明，能否认清敌友是决定中国历次革命成功与失败的重要原因之一。辛亥革命时期与孙中山相关的海外关系十分复杂。通过一些个案的

---

① 2003 年《民国档案》四期连载：《中山市孙中山纪念馆收藏的 60 封海内外朋友给孙中山的信件》之第 60 封。

② 2003 年《民国档案》四期连载：《中山市孙中山纪念馆收藏的 60 封海内外朋友给孙中山的信件》之第 17 封。

③ 2003 年《民国档案》四期连载：《中山市孙中山纪念馆收藏的 60 封海内外朋友给孙中山的信件》之第 19 封。

④ 2003 年《民国档案》四期连载：《中山市孙中山纪念馆收藏的 60 封海内外朋友给孙中山的信件》之第 15 封。

考察我们知道其中有些是游移不定的，有些是不清晰的，不是非友即敌、非敌即友。孙中山所言当时"美、法二国，则当表同情革命者也；德、俄二国，则当反对革命者也；日本则民间表同情，而其政府反对者也；英国则民间同情，而其政府未定者也"①。如此判断在学理上逻辑上是可以成立的，但事实并非如此简单。出于国家利益的考虑，民主共和制的美、法两国始终没有承认南京临时政府，君主立宪制的英国也没有绝对向革命党关上大门。历史现象的复杂性，给革命领袖孙中山在判断上造成了客观的困难。在当时的历史条件下，他还不能很好地把英国人民与英国政府区分开来，把英国政府中一般的工作人员与决定政策的人们区分开来。站在历史的高度，应该予以同情和理解，不宜一味苛求。

作者单位、职务：上海师范大学人文学院教授、博士生导师

---

① 《孙中山全集》第六卷，中华书局，1985，第 245 页。

革命与建设难两全：
孙中山与广东革命根据地的经济建设

✐ 张晓辉

孙中山是中国早期现代化的集大成者，他提出了第一个较为完整意义上的现代化纲领，而且十分关注现代化面临的两个问题，即革命与建设。孙中山曾三次在广东建立革命政权，对根据地的经济建设极为重视，希望由此而实践其理想。他立志将广东建为模范省，将广州建为模范市，因时局动荡不居，更由于为革命军事筹款紧迫和建设模范市的现实考虑，其经济建设侧重于财政经济和市政方面。孙中山的实践收效有限，主要是革命优先（兼战乱干扰）以及某些前瞻性（兼空想性）所致，但其基本原则及政策对后世有很大影响。

学界对于孙中山与经济问题的研究成果非常丰硕，特别是对其经济思想进行探究，如胡显中《孙中山经济思想》（上海人民出版社，1985），黄明同《孙中山经济思想》（社会科学文献出版社，2006）、林家有《试论孙中山振兴中国商业的经济思想及其演变》（《近代史研究》1994 年第 6期）、邵雍《孙中山经济建设思想中的外国因素》（《广东社会科学》2009年第 1 期）、郑淑芬《孙中山经济建设思想新探》（《西南师范大学学报》1999 年第 4 期）等，而涉及孙中山与广东革命根据地经济建设的研究尚嫌薄弱。

一 将革命根据地建为模范省

孙中山胸怀宏伟抱负，矢志将革命根据地建成模范省。1912 年 2 月，他在给临时政府内务部的令中，谈到"务使首义之区，变为模范之市"。①

---

① 《令内务部筹划兴复汉口市场文》，《孙中山全集》第二卷，中华书局，1982，第 68～69 页。

同年4月，辞去临时大总统职后的孙中山回到阔别了17年的故乡广东，发表《通告粤中父老昆弟书》，宣布其实有无穷之希望，欲将广东建成"模范省"。① 1920年11月，孙中山重返广州，演说道："我们现在是要把广东一省，切切实实的建设起来，拿来做一个模范，使各省有志改革的人，有一个见习的地方；守旧固执的人，也因此生出改革的兴味。"②他拟定建设方针，称"今当以护法诸省为基础……利便交通，发展实业，统筹民食，刷新吏治，整理财政，废督裁兵，进国家于富强，谋社会之康乐"③。次年5月5日，孙中山就任非常大总统，发表宣言称："重要经济事业，则由中央积极担任。发展实业，保护平民，凡我中华民国之人民，不使受生计压迫之痛苦。"④ 1924年初又说："广州市就是我们创造新民国的好屋基……用广州和武昌比较，可说武昌是创造中华民国开始的地方，广州是建设中华民国成功的地方。"⑤

孙中山认为工业化是振兴中国的必由之路，谓"除非我们大力发展实业，使中国走上工业化道路，否则我们不可能成功"⑥。他关注广东根据地的实业建设，为政府拟定内政方针，规定设立矿务局及工业局，前者的职责为调查矿区、考验矿质、草定矿律、监收矿税、监督官案〔业〕、奖励民业；后者以奖励民厂、草定工厂法及工人卫生条例、输入机器及原料和监督各工厂为职责。⑦

孙中山秉持"以农为经"的建设理念，制定了政府农务局的政策，其职责为"制造并输入机器肥料、改良动植物种类、保护农民、开辟荒地、培植及保护森林、兴修水利以及提倡农会"。⑧他还减免出洋华茶税厘，以促出口。⑨

孙中山重视商业的发展及作用，设立商务局，总领广东商业，"奖励国货、检查国货优劣、保护专利及牌号、奖励海外航业、监督专卖事业和

① 《通告粤中父老昆弟书》，《孙中山全集》第二卷，第352页。
② 《在广东省署宴会的演说》，《孙中山全集》第五卷，中华书局，1985，第431页。
③ 《建设方针宣言》，《孙中山全集》第五卷，第441页。
④ 《就任大总统职宣言》，《孙中山全集》第五卷，第531页。
⑤ 《在广州商团及警察联欢会的演说》，《孙中山全集》第九卷，中华书局，1986，第61页。
⑥ 黄彦编《孙文选集》下册，广东人民出版社，2006，第568页。
⑦ 《内政方针》，《孙中山全集》第五卷，第434页。
⑧ 《内政方针》，《孙中山全集》第五卷，第433~434页。
⑨ 《给叶恭绰的指令》，《孙中山全集》第八卷，中华书局，1986，第263页。

设立贸易银行及货物保险公司"。①他还提出："实业为富国之本，而银行尤为实业之母"。②因此在广东根据地建立中央银行，以解决资金分散问题和抵制外国银行的垄断。

孙中山非常重视根据地中心城市的建设，认为广州作为华南大都市，应具有一定的规模效应，并建立机器制造等城市支柱产业。《实业计划》中所描绘的"新建之广州市"，不仅要成为世界性大都市，拥有世界级大港，还要加强规划，应有商业地段和工厂地段。他断言，"在机器时代以前，广州以亚东实业中心著名者几百年矣"，如"使用机器助其工业，则广州不久必复其昔日为大制造中心之繁盛都会矣"。修铁路不仅能便利交通，更能带动沿线地区的发展，孙中山将建设西南铁路系统作为广州发展为世界大港的必要条件。提出"应由广州起向各重要城市、矿产地引铁路线，成为扇形之铁路网，使各与南方大港相联结。在中国此部建设铁路者，非特为发展广州所必要，抑亦于西南各省之繁荣为最有用者也"。③北京政府交通部铁路专家于1919年6月致函孙中山，对其"以一铁路联结广大之农业腹地与人口稠密之海岸之理想"感受很深，并谓其"于铁路经济理论上致一具体之贡献"。④

孙中山游历过许多国家及城市，对国外先进的市政建设印象很深，国内落后的情形对其触动很大，因而非常重视广州的市政建设。

孙中山还制定了一批经济法规。如"富国之道，工商为重，改良商品，工艺为先"，为促进工业发展，鼓励发明创造，于1923年10月4日公布《暂行工艺品奖励章程》。⑤12月16日，批准内政部拟定的《侨务局章程》，"提倡奖励华侨回国兴办实业"。⑥1924年2月14日，因"划一权度以杜侵欺，洵属国家要政"，拟定《权度法》、《权度营业特许法》、《权度法施行细则》及《官用权度器具颁发条例》，自6月1日于广州市内施

---

① 《内政方针》，《孙中山全集》第五卷，第435页。
② 《复中华实业银行代表函》，《孙中山全集》第三卷，中华书局，1982，第77页。
③ 孙中山著作丛书《建国方略》，广东人民出版社，2007，第177、196页。孙中山以广州为中心计划建设七条连接西南诸省的铁路系统，其计划庞大宏伟，也可以说是超前的，但在当时条件下显然根本无法实现。
④ 孙中山著作丛书《建国方略》，广东人民出版社，2007，第310页。
⑤ 《给林森的指令》，《孙中山全集》第八卷，第251页。
⑥ 《给徐绍桢的指令》，《孙中山全集》第八卷，第559页。

行。①同日，同意将大本营建设部部长林森呈拟的《商标法》及其施行细则"核准施行"。②

二　财经政策与措施

（一）致力于统一财政

财政为立国命脉，国之根本。民初广东军阀林立，处处截收税收，致使政府财政奇绌，人民苦不堪言。因此，要建设经济，必须先统一财政。早在1918年3月8日，孙中山公布了《两广盐税收归军政府布告》，"将盐税一项收归军政府，以我商民之正供，充军府开支国会、海军及其它属中央范围由军府支出之用途……嗣后各盐商应缴盐税，仰仍按照向章向广东中国银行缴纳"③。由于护法军政府存在时间短暂，且其权力亦极为有限，此措施随之夭折。

1920年底在粤重建政权后，孙中山将财政统一作为极重要而亟待解决之问题，大力进行整顿。次年5月成立总统府财政委员会，其职责为："凡关于国家赋税、币制、证券、公债及工商各项实业，或经政府提交，或经人民请求，均得会议呈请政府执行之。"④1923年11月10日，颁布《大元帅训令》，希冀改变由各财政机关指拨军费及各军就地筹款的混乱现象，进而统一财政军政。⑤时论评谓："粤自军兴以来，军饷既浩繁，财政复紊乱，二者互为因果，各军军饷，遂由浩繁之境，陷入拮据之中"，现寄希望于整理和统一财政。⑥

制止军阀割据，统一根据地财政成为当务之急。1924年1月，国民党"一大"在广州召开，随后通过对广东政治财政统一案。有识之士呼吁整理和统一财政，孙中山亦将此作为要"下大决心决议进行"的三件大事之一。⑦1月8日，他批准施行大元帅大本营《财政委员会章程》，该会"以

---

① 《给林森的指令》，《孙中山全集》第九卷，第465页。
② 《给林森的指令》，《孙中山全集》第九卷，第466页。
③ 《两广盐税收归军政府布告》，《孙中山全集》第四卷，中华书局，1985，第383页。
④ 《颁布总统府财政委员会组织大纲令》，《孙中山全集》第五卷，第538页。
⑤ 孙中山：《大元帅训令》，1923年11月10日《广州民国日报》。
⑥ 《评论·论财政委员会设立主旨及军民应取之态度》，1924年1月1日《广州民国日报》。
⑦ 《在帅府欢宴各军政长官的演说》，《孙中山全集》第九卷，第12页。

统筹整理财政为宗旨"。①2 月 3 日，又发布了统一粤省财政令。

国共合作后，出师北伐，军需浩繁，亟须筹备巨款。由于税收被各军霸占，大元帅大本营财政不能统一，军事进行亦大受影响。1924 年秋，孙中山指出："粤省财政情形已成弩末，开源节流，难收急效，惟有就现在财政收入机关实行统一，以提纲挈领之规，为集腋成裘之计，纪纲既立，效益自宏。"②

直到国民革命军东征、西征取得决定性胜利，对内肃清了广州商团之乱和军阀叛乱，广东国民政府成立，两广革命根据地统一，才迎来了解决财政问题的时机。

（二）禁止各军胡作非为

首先是严禁军队截留税收。驻粤各军肆意征收苛捐杂税、强拉夫役、大兴烟赌，流弊甚多，民众怨声载道，政府亦感窒碍掣肘。孙中山努力整治军阀，如针对军人乘车任意往来，甚至包揽客商、冒充军界、借端渔利，多次责令切实奉行《军人搭车办法》，"以肃军纪，而维路务"③。为阻止军队截留税收，孙中山颁发了一系列训令。

表 1　孙中山禁止军队截留税收训令表

日　期	训令内容	资料来源
1923 年 6 月 27 日	令各军凡有截留各属厘税饷捐等项，迅即交回财政厅办理	《孙中山全集》第七卷，第 570 ~ 571 页
1923 年 10 月 8 日	令滇军总司令撤销自设之财政局	《孙中山全集》第八卷，第 262 页
1923 年 10 月 22 日	令各军不得干预广州市政厅处理市产事项	《孙中山全集》第八卷，第 331 页
1924 年 1 月 4 日	令各军不得任意提借田土保证照费收入	《孙中山全集》第九卷，第 14 页
1924 年 1 月 25 日	令西江五邑各属驻防军队不得任意向该处征收机关提拨税款	《孙中山全集》第九卷，第 142 页

---

① 杜永镇编《陆海军大元帅大本营公报选编》，中国社会科学出版社，1981，第 290 页。
② 《给廖仲恺叶恭绰的训令》，《孙中山全集》第十一卷，中华书局，1986，第 55 页。
③ 《给程潜的训令》、《给陈宜禧的指令》，《孙中山全集》第九卷，中华书局，1986，第 36、38 页。

续表

日　期	训令内容	资料来源
1924 年 2 月 18 日	令中央直辖军第一军军长朱培德截收筵席捐一案完全由广州市政厅办理	《孙中山全集》第九卷，第 477 页
1924 年 3 月 6 日	令军政部转饬各军不得直接向筹饷总局索款	《孙中山全集》第九卷，第 555 页
1924 年 4 月 12 日	令各机关、军队不得向粤汉铁路摊派款项	《孙中山全集》第十卷，第 65 页
1924 年 4 月 16 日	令各军禁止包揽货船，抗纳厘税	《孙中山全集》第十卷，第 79 页
1924 年 7 月 3 日	令朱培德勿再截收省河筵席捐	《孙中山全集》第十卷，第 362 页
1924 年 8 月 6 日	令各军不得截收财厅新增商捐加二捐款	《孙中山全集》第十卷，第 497 页
1924 年 11 月 28 日	令粤军总司令制止截留新增专款	《孙中山全集》第十一卷，第 419 页

其次是取消苛捐杂税。孙中山为争取民众的支持，推行保护和有利于工商业的政策。1923 年初就任陆海军大元帅时，通电表示"决裁粤兵大半"，"从事建设，以与吾民更始"。[1]他取消了一些苛捐杂税，且多次禁止军队勒收各种捐费。据不完全统计，仅 1923 年 6 月至 1924 年 11 月，相关禁令即达 23 项。[2]孙中山还下令建立保商卫旅营，维护商人运输安全；颁布临时军律，惩治胡作非为的军人。

表 2　孙中山禁止军队擅征捐费命令表

日　期	命令内容	资料来源
1923 年 10 月 15 日	令驻东江各军不得勒收商船来往费	《孙中山全集》第八卷，第 287 页
1924 年 3 月 5 日	令各军长官不得擅行征收各种杂捐，紊乱纲纪	《孙中山全集》第九卷，第 549 页
1924 年 3 月 14 日	令各军禁止在河面设立机关征收来往船只捐费	《孙中山全集》第九卷，第 601 页
1924 年 3 月 19 日	令东路讨贼军第三军军长迅行解散勒收保护费的机关	《孙中山全集》第九卷，第 625 页
1924 年 4 月 11 日	令各军禁止擅抽杂捐及沿途勒征货税	《孙中山全集》第十卷，第 58 页

---

① 杜永镇编《陆海军大元帅大本营公报选编》，第 8 页。

② 据《孙中山全集》第七至十一卷统计。

日　　期	命令内容	资料来源
1924 年 4 月 17 日	令禁止军队抽收货费，设立"护商"机关	《孙中山全集》第十卷，第 83 页
1924 年 4 月 25 日	令滇军第三军军长蒋光亮撤销广州附近各地的筵席捐	《孙中山全集》第十卷，第 120 ~ 121 页
1924 年 6 月 5 日	令无论何处军队，均不得擅行加收广九铁路各费	《孙中山全集》第十卷，第 251 页
1924 年 7 月 15 日	严禁湘军在增城、从化违令抽取杂捐	《孙中山全集》第十卷，第 408 页
1924 年 9 月 13 日	严禁军队巧立名目，抽取火柴捐	《孙中山全集》第十一卷，第 60 页
1924 年 11 月 1 日	通令各军撤销滥设的"护商"机关，不得再行抽收货捐及保护费	《孙中山全集》第十一卷，第 260 ~ 261 页

（三）对烟赌实行"寓禁于征"

孙中山主张禁止烟赌，但由于军费开支很大，且缺饷源，因而成立筹饷局和禁烟督办公署（其实是贩卖鸦片及抽鸦片烟税的机关），"寓禁于征"，以烟赌收入充作军费。

1924 年 1 月，大本营成立禁烟督办公署，并颁发《禁烟条例》，孙中山准予施行。该条例"以厉行禁烟、澌除烟毒为宗旨"；"凡烟土不得私自运销、存储"；禁种罂粟，对制造及贩烟者、栽种罂粟者、吸烟者、开烟馆者等，均据情况判刑或罚款。[1]同时招商承投禁烟，大本营禁烟督办署于 1 月 21 日颁发第 6 号布告，称："兹核定各属戒烟药分所一律招商承办，以期事权统一"，并决定自次日至 24 日在该署当众开投。[2]

孙中山为实行财政统一，对各军饷糈，按实拨给，于 1924 年 2 月 26 日成立筹饷局。[3]此举的目的是为筹饷创造合法之条件，后来针对某些军队到局索款的情况，孙中山派专员前往稽查，并指示军政部令各军不得直接索款。[4]

---

① 杜永镇编《陆海军大元帅大本营公报选编》，第 308 ~ 309 页。
② 《大本营禁烟督办署布告》，1924 年 1 月 21 日《广州民国日报》。
③ 《时事日志·中国之部》，《东方杂志》第 21 卷第 6 期，1924 年 3 月 25 日。
④ 《给范石生的指令》，《孙中山全集》第九卷，第 555 页。

（四）试办土地税

民初广东的田赋征收沿袭清制，然而征收实额竟越来越少。孙中山认为全省每年土地税收过低，其原因在于迄未清理，而"豪强胥吏，因缘为奸"，决定成立全省经界总局，清丈田土，整顿税收。①该局成立后，编订《广东都市土地税条例草案》。1923 年 10 月设立土地局，并试办广州市土地税，颁布《广东都市土地税条例》，规定每年征收的普通地税税率。②广东成为全国试行地税最早之省。为"保证田土业佃租赁批约切实履行，增进双方之利益"，于 11 月 6 日设立广东田土业佃保证局，颁布《广东田土业佃保证章程》及《广东全省田土业佃保证局组织简章》。③同月 26 日，孙中山认为"亟宜提倡开垦，以辟土地，而厚民生"，故颁布《国有荒地承垦条例》。④1924 年聘请德国顾问策划平均地权的各项工作，起草土地税条例、都市土地测量及征税条例，开启我国土地法之先河（实际工作至 1926 年设省土地厅时才开始）。

三 金融政策与措施

（一）维持银行纸币

民初，广东历届政府为应付财政开支，都以发行纸币为重要手段，造成纸币贬值、政府信用下降，金融更显危状。鉴于纸币低折现象，孙中山于 1922 年 5 月 7 日颁布《命维持粤省银行纸币令》，谓"省立广东银行纸币，市面久已通用。访闻近有奸商从中操纵，故意低折，应严行取缔查究"⑤。并严斥各属征收机关的一些员司"从中舞弊"，特令"从严惩办，以维币政"。⑥1923 年 8 月 10 日，发布整理纸币之大元帅令，谓广东省立银行纸币停兑后，"商民胥受其害"，目前军事将结束，"再宜全局统筹，依次整理"，令财政部长叶恭绰拟定整理办法，"大要以兑现及收用为陆续

① 《给叶恭绰廖仲恺的训令》，《孙中山全集》第八卷，第 183 页。
② 《给廖仲恺的指令》，《孙中山全集》第八卷，第 301～310 页。
③ 《给邹鲁的指令》，《孙中山全集》第八卷，第 370～375 页。
④ 《给林森的指令》，《孙中山全集》第八卷，第 446～451 页。
⑤ 《命维持粤省银行纸币令》，《孙中山全集》第六卷，中华书局，1985，第 115 页。
⑥ 《给伍廷芳的训令》，《孙中山全集》第六卷，第 120 页。

消纳之法"①。叶氏拟定整顿纸币办法大纲，做法是将纸币检验盖戳，然后销毁半数，其余仍行流通。又成立整理纸币委员会，其意先从整理纸币及流通金融入手，借以救济市面。②

粤省频年用兵，年耗军费数千万，以致公私交困，罗掘俱穷。孙中山处此窘境，虽明知纸币政策为商民所反对，不易推行，然舍此又无挽救计划，乃不得不一再尝试。1924 年 8 月组织中央银行时，宣称输入外资，救济金融，专营国内生利事业，欲挽回民众信心。银行成立后，随即发行新币（简称中币），再三布告，声明此项新币，可以随时现兑，劝导商民安心行用。讵料商民经历多次纸币贬值损失，创深痛剧，犹未复原，故拒不收纳。又因兵士持币强迫行使，惹起纷争。③

1925 年，孙中山通令要求所有政府收入机关，应限尽收中币，不得收各银号凭单及各种银毫。5 月，财政部长宋子文函请省财政厅维持纸币，切实执行大元帅府通令。④随后中央银行也致函财政厅长，请切实饬令所属经收人员，一体遵办。⑤

（二）改革广东造币厂

由政府控制的造币厂与货币之信用息息相关，孙中山尝试改革广东造币厂的运作。1923 年 8 月 29 日，大本营财政部批准中外合办联商公司《承办广东造币分厂合同》，允许其铸造银毫及其他辅币，以 1 年为期。⑥次年，批准东华公司承办造币厂，但由于所铸银毫 900 万元成色低劣而陷于停顿状态。

（三）稽查劣质银毫

由于银行纸币信用不敷，广东商民比较信赖银毫，而省内各处军阀私铸低劣银毫，并与奸商勾结，造成低劣银毫泛滥的局面。孙中山在世时，曾多次禁止私铸银毫，但各军阳奉阴违，私铸情形并未改观。

---

① 《特别记载·大元帅整理纸币之命令》，1923 年 8 月 10 日《广州民国日报》。

② 《国内财政经济》，《银行月刊》第 3 卷第 8 号，1923 年 8 月。

③ 《银行界消息汇闻》，《银行月刊》第 4 卷第 10 号，1924 年 10 月。

④ 《银行界消息汇闻》，《银行月刊》第 5 卷第 6 号，1925 年 6 月。

⑤ 中国人民银行总行参事室编《中华民国货币史资料》第 2 辑，上海人民出版社，1991，第 27 页。

⑥ 杜永镇编《陆海军大元帅大本营公报选编》，第 161 页。

（四）创设中央银行

为解决财政困难等问题，孙中山于 1924 年 8 月创立中央银行，主要业务为发行纸币、代理国库、经营汇兑及代募公债等。这是中国第一家以"中央银行"命名的国家银行，尽管它还不算是真正的国家银行，却是后来南京国民政府中央银行的嚆矢，在金融史上具有不可忽视的重要地位。

（五）发行公债，筹集资金

为了弥补庞大的军政开支，孙中山利用发行公债来筹集资金。如 1923 年 3 月发行金库券 600 万元，因无分毫基金储备，商民对之视同变相纸币，甚为冷淡。[1]次年 1 月 12 日，大本营通过发行有利支付券条例，拟发行总额为 300 万元。[2]2 月 3 日，大本营批准发行善后短期手票 50 万元，借给政府维持军费开支。[3]5 月 29 日，大本营财政部发行短期军需库券，以广东通用银毫 24 万元为定额。7 月 7 日，大本营批准省财政厅发行地方短期抵纳券 30 万元毫银。[4]

孙中山主张遵循"主权操之在我"的原则，利用外资，即"中国所借外债，当在使中国政治上、实业上不受损失之范围内，保证并偿还之"[5]。他戎马倥偬，需款孔急，主要还是为革命事业而举债。如在 1917 年 12 月 2 日复函谭人凤，谈及经济困窘境况，谓："抵粤以来，除借贷小款外，殊无挹注之法。现国会虽通过国内公债案，然无确实地盘，承销尚不容易。"[6]1920 年 11 月，桂系势力被逐，孙中山在广州恢复军政府，此后几年间，由于经费拮据，需大量举借外债。1924 年 2 月，他在广州与日本记者谈话时讲："惟最困心衡虑者，财政一事也。然广东之财政，苟不借债即无法救济。"并说曾致书日本某氏，恳请其居间斡旋，向日商借款 3000

① 《粤省要闻》，1923 年 3 月 19 日《香港华字日报》。

② 大本营秘书处：《陆海军大元帅大本营公报》（1924 年第 2 号），沈云龙编《近代中国史料丛刊三编》第 56 辑，（台）文海出版社，1990，第 2708 页。

③ 中国第二历史档案馆编《中华民国史档案资料汇编》第 4 辑（二），江苏古籍出版社，1991，第 1458 页。

④ 大本营秘书处：《陆海军大元帅大本营公报》（1924 年第 19 号），第 3988~3993、4345~4347 页。

⑤ 孙中山著作丛书《论改组国民党与召开"一大"》，广东人民出版社，2008，第 127 页。

⑥ 广州市文史研究馆编《广州百年大事记》，广东人民出版社，1984，第 166 页。

万元。①

四　市制与市政建设

孙中山高度重视城市建设与发展，参照西方发达国家城市化的经验，以崭新观念规划和建设城市，尤其是广州的模范市政，在全国开了风气之先。

（一）开创广州模范市制

广州近代市制建设为全国最早，这与孙中山父子的努力分不开。孙科留学美国加州大学时，即"于现代市政政制之研究略有心得"。1921年初，他出任新成立的广州市政厅长，引进西方制度，制定《广州市暂行条例》，宣告中国第一个城市行政区的诞生。该条例施行后，市政首脑改为市长，市政公所改为市政府。市政厅除秘书处外，还分设公安、财政、教育、工务、卫生及公用6局，由市长、各局长连同所属有关主管人员，合组成市行政会议。市政厅为行政机关，此外并设市参事会（为市政咨询机关）和市审计处（为市财政监督机关）。②新政府拆城筑路，推广教育，维持警政卫生，故"模范市政之誉，见称于国内外"。③

（二）推动广州市政建设

孙中山对广州的市政建设尤为关注，在《实业计划》中明确提出要将广州建设成为世界商港，并提出了具体的规划，成为以后广州市建设的基本准则。

1923年12月，孙科呈拟展拓市区图表，孙中山云："广州市商务繁盛，人口日增，自非展拓市区，不足以资容纳而宏远谟"，充分肯定了广州市政府及工务局所做的悉心规划。④1924年4月，他向广州市政府提出，请德国沙美博士襄办市政。⑤

---

① 孙中山著作丛书《论改组国民党与召开"一大"》，第181页。
② 孙科：《广州市政忆述》，许衍董总编纂《广东文征续编》第3册，凯得制作公司，1986，第315页。
③ 《本市新闻·孙市长之临别留言》，1924年9月17日《广州民国日报》。
④ 《给徐绍桢的训令》，《孙中山全集》第八卷，第564页。
⑤ 《给广州市政厅的命令》，《孙中山全集》第十卷，中华书局，1986，第138页。

在孙中山的领导下，1920 年代初，广州的市政建设全面启动。首先是修筑马路。孙中山说："道路者，文明之母也，财富之脉也。"①孙氏父子对广州道路建设的贡献尤为值得一提，工程较大有西关六街及沙基马路。前者修建从路线的测量、铺户的拆迁及筑路费的筹措都大费周章，而后者的修建，因款项无着而屡辍。当时马路的修建情况非常复杂，常常伴生权力及利益之争。尽管如此，马路的建设仍然卓有成效，加快了广州的城市化进程。1923 年 6 月 14 日，孙中山批准实行《广州市车轿（辆）交通罚则》，以整顿交通。②

其次是修建黄埔港。孙中山在《实业计划》里提出在黄埔修建南方出海大港，并把黄埔开港作为南方铁路系统的组成部分。1922 年 2 月，"除与美商接洽借入大款，将黄埔开辟为商港，建立码头货仓及街市外，令议展拓市区局面"。③但此议不久归于沉寂。1924 年 7 月华侨又倡议开辟黄埔港，但是也被搁浅。

最后是修筑海珠长堤。广东每岁入夏，台风及伴随着连连暴雨，常常发生珠江水患，导致洪涝灾害。为尽量避免水患给人民带来的损失，修建长堤，巩固河防成为当务之急。孙中山提出修建海珠长堤，1921 年 8 月为此向美商借债④，但因工程浩大、款项无着而被搁置。

孙中山还倡导裁兵筑路。1923 年 2 月，他在香港邀集工商界领袖商量裁兵筑路问题，主张将粤省之兵"裁去一半……至所裁之兵用以筑路"⑤，得到港商何东、李煜堂等的赞同。经过一段时间的准备后，粤省裁兵计划逐步实行。孙中山此举固然是为了发展交通，但更主要的还是趁裁兵之势，将各股军阀逐出广州市。

五　根据地经济建设的困局

（一）地方军阀有令不行

在广东革命根据地统一以前，各路军阀实行割据，致使孙中山政府政

---

① 《地方自治实行法》，《孙中山全集》第五卷，第 221 页。
② 《给廖仲恺的训令》，《孙中山全集》第七卷，中华书局，1985，第 542 页。
③ 《粤黄埔开港之计划》，1922 年 2 月 24 日《申报》。
④ 《孙文借债筑堤说》，1921 年 8 月 25 日《申报》。
⑤ 《在香港工商界集会的演说》，《孙中山全集》第七卷，第 118 页。

令不畅，财权四分五裂。军阀包烟包赌，坐收烟赌税，美其名曰"就地筹饷"。还自行委任驻地地方长官，私设关卡，征收各种名目的捐税。全省财政收入几乎尽被军队截留，财政部门形成赘疣，甚至连省财政厅的印信都曾不翼而飞。①尽管孙中山高唱统一财政，各实力派军队却从自身利益考虑，表面上通电拥护，断不肯就范，导致不少政策流于具文。

孙中山严禁军队私自抽收苛捐杂税，又因政府财政支绌，而军费浩繁，在万般无奈的情况下，允许"所有作战各部队给养，由各部队自行办理……各军长官应严行督率部众，对于所需食物用品，应一律平价买入，不得有向民间征发及强勒情事"②。这虽是在严重财政危机情况下被迫做出的决定，但此政策出台，无疑助长了各军的恶劣行径。时评指出："今之驻防军队辄视其地为私有"，"于是包烟包赌，抽捐截税，而财政不统一之弊遂生"。③

各军截留的税饷情况，据 1924 年 2 月调查：滇军截留 13 种，共 259 万余元；海军截留 6 种，共 49.3 万元；桂军截留 2 种，共 10 万余元；粤籍各军截留 12 种，共 116 万余元；其余新征各种税捐和赌饷，均未列入。④时论有谓："广东财政，纷如乱丝，始则各军占收，继则财政机关与军政机关争管，浸假而军队与军队争收，民政机关与民政机关争食，一波未平，一波又起。其争也，或凭实力，或以文章，极五花八门之奇观，开广东财政史上未有之怪局。"⑤

（二）财政经费捉襟见肘

为了统一广东省革命根据地和矢志北伐，孙中山连年征战，军费浩繁。政府整饬法纪和整顿财政显得力不从心，财源枯竭。由于各方面催款急如星火，孙中山被迫不择手段，如 1923 年 4 月，下令将所有官产速予开投，以资公用（即应军需孔急），省财政厅遂将广州全市官产陆续编列，分期登报开投。⑥因孙中山催军饷特急，各军追拨欠饷，被迫采取各种应急

① 广州市政协文史资料研究委员会编《广州文史资料》第 29 辑，广东人民出版社，1983，第 14 页。
② 《给程潜等的训令》，《孙中山全集》第八卷，第 272 页。
③ 《时评·防地》，1924 年 4 月 24 日《广州民国日报》。
④ 《特别通讯·广州各军截收厘税之现状》，1924 年 2 月 29 日《香港华字日报》。
⑤ 《特别通讯·一年来鸡鹜争食之财政状况》，1924 年 3 月 19 日《香港华字日报》。
⑥ 《广东财厅布告第 62、63 号》，1923 年 4 月 24 日《香港华字日报》。

手段，如抽收房客租捐 1 个月，投卖市产、官产，令宁阳铁路解缴军饷 10 万元，预收银业行厘金百余万元等①，仍不敷开支。财政情况极为危殆，据孙科讲："市库所有收入，大率提充军饷"，"不得已而有变卖市产及庙寺庵观之举"。②

孙中山第三次在粤建立革命政权后，本来抱有极大宏愿，欲先奠定全粤，再谋取西南，与浙江卢永祥、奉天张作霖统一中国，然而其手下军队复杂，派系纷扰，举步维艰。1923 年 8 月 26 日，孙中山致大本营财政部长叶恭绰函云："粤中各财政机关，机〔几〕已罗掘俱穷，实无可再筹之余地。"③时论评道："粤中财政，久已竭泽而渔"，财政主管"大有巧妇难为无米之炊"④，可见其财政窘况。

筹措军费已使孙中山穷于应付，更遑论经济建设，故其许多规划只能是纸上谈兵。如黄埔开港由孙中山提出而历经数年也未施行，究其原因则在于当时政局动荡、军事频兴，财政支绌，且开港工程浩大，根本无暇顾及。直到陈济棠统治时，才开始建设。又如修筑海珠长堤，除了修建堤坝、马路外，同时还需疏通河道，挖深河床，工程浩大。政府财政困窘，只能依靠商人承投及居民缴费，而当后者无力时，工程只能搁置，此事表明了孙中山及其政府的艰难与无奈。

六　结语

孙中山重视建设，欲利用广东根据地实践理想，在财政方面，奠定了民国政府的相关基本原则和制度基础。在现代市制及市政建设方面，成效显著。

1921 年 5 月初，孙中山在广州组织中华民国政府。经平定陈炯明军叛乱后，1923 年 3 月初，在广州成立陆海军大元帅大本营。1925 年 7 月 1 日，中华民国国民政府在广州成立。南方革命政府的财政政策及其功效，首先是推动财政从纷乱趋向统一，致力于统一政府征收机关，严禁各军截留税款及擅抽杂捐、保护费；其次是整顿财政，开启了以后南京国民政府

---

① 参见 1923 年 5 月 28 日、6 月 27 日、6 月 29 日、6 月 18 日《香港华字日报》。
② 《粤战局与政潮之情况》，1923 年 10 月 16 日《申报》。
③ 《致叶恭绰函》，《孙中山全集》第八卷，第 167 页。
④ 《粤局之善后难》，1923 年 3 月 20 日《申报》。

的基本制度，推动了中国财政建设的近代化进程；最后是清理税收，采取了减税护商、招商承税等措施，并注重扩大以现代税收为主要形式的财政收入，以扶持工商业。

由于政局动荡，军事频繁，饷糈浩繁，政府竭泽而渔，其中有些举措诚属迫不得已。如鸦片政策的主要目的是收税而非禁烟，所颁布的各项条例都是为鸦片专卖服务的。专卖政策非但不能禁止鸦片泛滥，反而在一定程度上助长了此种趋势。不过，从另一方面来讲，在当时北伐的大背景下，鸦片收入对保障军需起了重要的作用。又如政府因缺乏资金而大量发行纸币，引起纸币贬值，这不仅不能解决财政危机，反而加剧了社会动荡。

总的来说，孙中山在广东革命根据地的建设屡屡遭挫，成效不彰。究其原因，主要在于：①在近代化的背景下，面临革命与建设的双重任务，当两者不能兼顾时，必须革命优先，才能为建设扫清障碍。②南北军阀割据，政局动荡，战事频仍，缺乏安定、和平的建设环境。③根据地政府财政困难，尤其是应付军政经费急如星火，无论精力和财力，都不允许孙中山更多地顾及建设事业。

虽然孙中山当年的建设主张不少还停留在计划或政策层面，但是我们却不能忽视他不懈努力的重要意义。

作者单位、职务：暨南大学历史系教授

孙中山与于右任

✍ 王　劲

　　领袖群伦的孙中山与其他辛亥革命人物的关系，是以往学术界关注较多的一个方面，也取得了丰富的研究成果，但是这个领域仍有一些问题需要深入研究。例如，孙中山和辛亥革命时期北方省籍革命家的关系，以及它对全国革命运动和北方各省革命运动的影响，研究得就还不够深入全面。本文拟就孙中山与于右任的关系展开一些论述，意在引起同仁对上述问题研究的兴趣，祈请方家给予批评指正。

一

　　受孙中山思想影响，于右任从传统"反清"思想转变为服膺革命民主主义。

　　于右任从一个身处西北偏僻县城的青年知识分子成长成为一位颇有影响的近代民主主义革命家，这件事本身就十分耐人寻味。于右任（1879～1964），陕西三原人，原名于伯循，字诱人，后以在《新民丛报》首次发表政论文章时署名"右任"，遂以代字，并渐以此字行世。"右任"表面看是"诱人"的谐音，实际上含反对清廷之意，因我国古代以"左衽"为受异族统治的标志，"右任"乃"右衽"之谐音，寓意对当道反其道而行之也。于右任早年的思想很受中国传统文化的影响，他抗战时期回忆说："我生在历史上代产圣哲的关中，有雄壮的地理，有深厚的文化，又有亲爱的家庭，读圣贤书。"[①] 可以说，少年时代关中农家纯朴、真挚的感情生活，是于右任爱乡爱土、爱国思想的丰厚土壤；在认真的读书生活中汲取

---

① 《我的青年时代》，《于右任文选》，中国文史出版社，1987，第357页。

的中华文化的优良成分则进一步陶冶了他的情操，步入青年时代的于右任已是一个对祖国、对中华民族怀着深厚感情的知识分子了，形成爱国思想并拥护维新变法的主张。与此同时，于右任和许多清末汉族士子一样，内心深处存在着传统"反清"思想的潜流。对于右任来说，它有两个来源：一是关中民间长期秘密流传的"反清复汉"思想的影响，二是关中一些著名学者的"反清复汉"思想的影响。① 20 世纪初始，中国社会急剧动荡，17 岁中秀才、24 岁中举人的于右任终于走上了主张"反清革命"的道路。虽然此时于右任的思想中已渗入了一些西方启蒙思想家的影响，如他在一些诗中写下了这样的句子："人权公对文明敌，世事私怀破坏忧"；"愧死书生无勇甚，空言侠骨爱卢骚"。② 但是，近代民主主义思想在他的脑海里还是薄弱的。1904 年，一个看似偶然的事件使于右任及早奔向了中国民主主义革命的洪流。原来，于右任在友人的资助下，以自己的讥讽时政之作编为《半哭半笑楼诗草》，印刷流行。又披头散发露膀、左手提刀照了一帧像。这些都落入了县令德锐之手，密报陕甘总督升允，谓于右任为革命党，请革其功名，缉拿在案。按照清时例则，举人犯罪，要有皇上"御批"才能拿办。清廷批文未下之时，于右任迫于父命，已往开封去参加清政府最后一次会试。批文到省，为同乡友好李雨田获知，建议于父雇一"急足"（快走报信者）赶往开封送信，促于右任速逃。他因此得以在"缇骑到达前三四小时化装出城"，辗转汉口、南京，远走上海。③ 上海是近代中国"新学的渊薮"，又是志士云集、议论风发的国内爱国活动和革命活动的中心，于右任到这里真是如鱼入江，获得了迅速成长和活动的广阔天地。他以化名刘学裕先后在震旦学院、复旦公学学习，并与革命派人士频繁交接。④

1905～1906 年之间，是于右任政治上、思想上转变的重要的一年。中国同盟会的成立和孙中山正式揭橥三民主义，无疑给了于右任巨大的震撼。1906 年 9 月，于右任与邵力子赴日本。这次赴日的目的向来的说法主

---

① 这里包含着一些极其复杂的现象，例如这些关中名儒一方面提倡西学和拥护维新，另一方面并不放弃"反清"观念，这就使他们的许多弟子在社会不满情绪空前高涨的时候转向激烈的"反清"立场。

② 《于右任诗词集》，湖南人民出版社，1984，第 6、4～5 页。

③ 刘凤翰：《于右任年谱》，（台）传记文学出版社，1967，第 17 页。

④ 于右任：《〈神州日报〉三十周年纪念特刊词》，转引自刘凤翰《于右任年谱》，（台）传记文学出版社，第 29 页。

要是为筹办《神州日报》募款，但于右任自己说"此行的主要目的，是要见亡命的孙先生"。① 吴相湘《于右任先生传略》讲得很具体："以目睹自《苏报》被封以后，革命刊物在上海已缄口结舌将近二载，于感触时局，撰文投送某报，竟未刊出。1906 年夏，于决心自己创办报纸，倡导舆论鼓舞民气，于是遂联络复旦公学、中国公学同学发起《神州日报》，于并被推选先赴日本考察新闻报纸编辑与经理业务俾资借镜，同时进行招募股本。"② 这也是根据于右任先后多次的回忆记叙的。看来，于右任日本之行两个目的都是存在的，不过在不同的场合，表述的重点不同罢了。他在日本时由陕西同乡康心孚（宝忠）和新结识的胡汉民介绍，于 11 月 13 日见到了自西贡返抵日本的孙中山。和孙中山谈话后，于右任当即加入同盟会。在写誓约时，他问孙中山："现在宣布平均地权，时间是否过早？"孙中山回答："决不早，你们听我的话，到时候你们就知道了。"③ 于右任此行募捐到了一定数量的办报资金，并到日本《朝日新闻》、《每日新闻》等报社参观、学习，最后于年底回到了上海。

二

于右任在辛亥革命中的事功及其与孙中山的关系。

于右任是辛亥革命时期最著名的北方省籍的革命家。和多数北方籍的著名革命家主要在本省运动革命的方式不同，他的特点是参与了全国性的一些重大活动，同时给本省的革命运动予以了重要的影响。加入同盟会后的于右任，真诚接受孙中山政治上、思想上的指导，不顾艰危地为宣传革命奔走；同时在组织上一直保持着与孙中山的紧密联系，参与了国内革命起义准备的秘密工作；南京临时政府时期，他是孙中山任用的重要干部之一。请看以下史实。

（1）他是卓越的革命派的报刊宣传家，为革命派建立国内的舆论中心，立下了汗马功劳。

从日本回国后，于右任于 1907 年 4 月就在上海办起了《神州日报》；

---

① 《国父行谊》，《于右任文选》，中国文史出版社，1987，第 487 页。
② 转引自刘凤翰《于右任年谱》，（台）传记文学出版社，第 30～31 页。
③ 《国父行谊》，《于右任文选》，中国文史出版社，第 488 页。

次年发起再创办新报，于是有了 1909 年 5 月《民呼日报》的诞生。"民呼"的执笔者有戴天仇（季陶）、范鸿仙、陈非卿、王无生等人。当年 8 月，护理陕甘总督毛庆藩诬告于右任等侵吞甘肃赈灾款，上海公共租界公廨拘于右任与陈非卿至捕房。后虽"迭经各方证明，确无侵吞情事"，租界当局还是将于右任判处"逐出租界"。① 《民呼日报》问世 92 天后即被迫停刊。于右任不屈不挠，于两月之后再一次办起了《民吁日报》。当时于右任避居法租界，不便公开出面，乃请朱少屏任发行人，范鸿仙任社长，参与笔政的有景耀月、谈善吾、王无生等。10 月 26 日，发生朝鲜志士安重根在哈尔滨刺死日本前首相伊藤博文的事件，沪上各报均缄默，《民吁日报》于 28 日刊出《呜呼歌舞英雄》一文，歌颂安重根，报道了此事。日本驻沪领事出面干涉，向租界会审公廨提出诉讼，同时向苏松太道蔡乃煌进行交涉，要求蔡会同租界当局查禁《民吁日报》。这样，迫使该报出版 48 天后亦不得不停刊。但相隔不到一年，于右任主持的《民立报》又诞生了，时在 1910 年 10 月 11 日。此报诞生意义最为重大。它招纳了许多著名的革命党人参与笔政，如宋教仁、张季鸾、吕志伊、范鸿仙、徐铁儿、邵力子、叶楚伧、杨千里、马君武、朱宗良、景耀月、王无生、康心孚、陈英士等。宋教仁是 1910 年冬由日本回到上海的，他本是中国同盟会的中坚人物，革命派重要的思想理论家之一，此次回国的主要目的是来做发动长江流域起义的工作的。但经于右任相挽，参加了《民立报》的工作并担任主笔。

三个以"民"字打头的报纸皆为于右任筹办，又有先后继承的关系，故被人们称之为"竖三民"。1905～1907 年革命派和维新派的大论战结束后，《民报》即遭封闭，中国同盟会的宣传活动需要有新的阵地，同时随着国内革命运动的蓬勃兴起，对革命宣传也提出了新的要求，由此产生的新特点是：革命宣传的重心已由海外华侨聚居地和留学生集中的地方转移到了国内新兴工商业发达起来的地方，在上海、武汉、广州等地建立了众多的宣传基地。革命宣传的总中心也由东京移到了上海。从宣传手段上看，报纸成了宣传的主要工具。"竖三民"的应运而生，就是这些新特点的体现。它们的宣传重点是民族主义和民权主义。其一，结合报道和评论时事，启发人们的反帝爱国思想，动员群众奋起抗争。在收回利权运动继续开展中，《民呼》、《民吁》就粤汉铁路路权问题、铜官山矿案、福公司

---

① 《上海〈民呼日报〉小史》，冯自由：《革命逸史》第三集，中华书局，1981，第 320 页。

攫取河南煤炭贩卖权问题、日本在满洲抢筑铁道和霸占矿山的问题等均予以报道和评论。《民呼》还及时报道了帝国主义欺凌中国人民的余发程案和刘阿妹案的情况（余为九江商民，在英租界遭英人殴打伤重而亡；刘阿妹系外乡女，在上海为英租界印度巡捕劫持轮奸，身心受到极大摧残），鼓动舆论掀起斗争。《民吁》中反对日本侵略的内容尤其多。《民立》对列强加紧侵略我国的危急形势极为关切，曾揭露日本特务在中国的活动。该报还报道了墨西哥、菲律宾、印度、土耳其等国人民的民族民主斗争。其二，进行民权主义的启蒙教育。介绍了卢梭、孟德斯鸠的学说。在报道和评论中寓理于事，以事喻理，以理服人，重视对一般民众的宣传，文字努力做到通俗易懂。《民吁》呼喊："夫天下者，天下人之天下，非一人之天下，天下之事，当与天下人共理之。"① 《民呼》、《民吁》以外国侵略者残害中国人民的事实以及甘肃三年大旱灾饿殍遍野、牛马自扑人相食的惨状，说明中国人民毫无生存的权利，教育人们起来争取民权。《民立》就民众民权意识的增长评论道："中国国民的举动之对政府也，始则争王位，继则重民族，至今日则渐知主张权利抵抗恶劣政治之举。"② 其三，无情揭露清政府的政治腐败，以此清除人们的政治幻想。指出整个清朝官场"如死人、如魔鬼、如狼如羊、如蛊蠹、如蝗蝻之上上下下"③。提出要对他们实行"人为淘汰"之术。④ 于右任不仅筚路蓝缕创办四报，运筹社务，还积极加入四报笔政，写下了大量社论、短评、杂谈、白话诗等体裁的文章，于"沉郁委婉"、谑笑怒骂之中闪烁着民主主义的思想光辉。他写的社论尤以气势雄伟、感情炽烈、文辞丰腴、思想敏锐、论证邃密在读者中大受欢迎。如在揭露清政府方面，有《中国改革谈》、《敬告希望政府之国民》、《天乎，血》、《论国民最近之心理与今后之任务》⑤ 等代表作。揭露帝国主义方面，有《诸君其忘外患乎》、《中国不亡论》、《外患发微》、《中俄交涉之余论》、《告哀篇》、《日美新协商》⑥ 等重要文章。结合批判

---

① 《伊藤满洲旅行之阴谋》，1909 年 10 月 27 日《民吁日报》。
② 渔父：《中国国民之进步》，1911 年 9 月 21 日《民立报》。
③ 社说《论中国衰弱病之治法》，1909 年 7 月 18 日《民呼日报》。
④ 社说《论中国衰弱病之治法》（续三），1909 年 8 月 5 日《民呼日报》。
⑤ 见 1909 年 10 月 6 日《民吁日报》，1911 年 4 月 23～24 日、5 月 1～3 日、9 月 20 日《民立报》。
⑥ 见 1910 年 11 月 30 日、11 月 11～12 日，1911 年 4 月 1 日、4 月 8 日、4 月 12 日和 15 日、8 月 2 日《民立报》。

清政府的"立宪"宣传民权主义的文章在当时于右任的作品中占的比重较大。这方面的专文有《宪法问题》、《贵族万能》、《呜呼宪法》、《黄帝子孙之元气》、《宪法大传》① 等。辛亥革命时期被认为是于右任诗文创作的最高涨阶段。

于右任及其所办报纸对民生主义的宣传都不够。究其原因，既有客观方面的，也有主观方面的。客观上，当时革命形势发展很快，报纸需要评论的政治事件很多，集中了他们的注意力。主观上，他们还缺乏发动农民去完成一个较大的农村变动的勇气，他们所办报纸的宣传对象主要是城市市民，包括知识分子、中小工商业者、工人、贫民，以及新军士兵。加之内部对这一理论的认识也不统一，因而大大降低了他们宣传民生主义的热情。

于右任所办报纸产生了很大的社会效果。《神州日报》发行未及一月，销路激增，与上海老牌报纸《申报》、《新闻报》同列大报之林。《民呼日报》竟一时之间雄踞上海各报之首。《民吁日报》的被封，引起社会一片抗议之声。《民立报》创刊后，成为"当时国内发行数字最高的一家日报，也是当时国内最有影响的一家革命派报纸"。② 它的日销量高达两万余份，外地有人"得其一纸辄费小洋数角不惜也"③。

（2）于右任积极参加了中国同盟会在国内的政治联络和准备上海起义的工作。

在东京加入同盟会后，孙中山希望于右任把陕甘豫晋的留日学生组织起来建立一个学生团体。经康心孚、井勿幕等人奔走联络，与谷慎思、景梅九、景耀月等山西籍的同盟会会员共同发起，成立了四省留日同学同乡会，于右任被推为会长。《神州日报》这次所募三万多银元股金，主要赖该会之力。于右任返回上海前，孙中山又任命他为长江大都督，要他负责承担中国中部的革命发动工作，在上海相机行事，推动革命。这两件事，促进了于右任和北方籍同盟会会员以及长江中下游革命志士之间的广泛人际关系的建立。

---

① 见1910年11月7日、11月9日、11月20日、4月8日，1911年2月2日、7月7日《民立报》。

② 方汉奇：《中国近代报刊史》（下），山西人民出版社，1981，第487、492页。

③ 惕微：《光复汤邑小史》，《辛亥革命》（中国近代史资料丛刊）第7集，上海人民出版社，1957，第159页。

辛亥革命准备时期，于右任在革命党人中交游甚广。他先是通过自己参与创办的复旦公学和中国公学，结识了不少革命同志。继以报纸为联络机关，结纳同志，共谋大计。特别是《民立报》创立后，成为革命派在上海最重要的联络机关。为革命党人往来上海联系工作、通报消息，以及接运弹药提供了条件。同盟会中部总会成立前后，同盟会会员往来日本、南洋、香港、广州、汉口等地，多以《民立报》为联络中心。"辛亥三月二十九广州一役前后，谭人凤、宋教仁、吕志伊、居正、陈其美、杨玉如等往来上海、香港、汉口各地，均假《民立报》为东道主。"① 1911 年 7 月 31 日，领导长江流域革命起义的中国同盟会中部总会在上海成立，"参加者亦以民立报关系人物为特盛"②。开成立大会时，于右任因以《民吁》遭查禁事曾被租界当局判定逐出租界，露面可能给彼以干涉借口，故未与会。但中部总会的第二次大会及以后的主要活动，他都参加了。8 月 25 日晚，中部总会召开干事会，讨论了关于办报的问题，决定以《民立报》为它的机关报。所以该报既是中部总会的言论机关，又是其联络组织机构。在上海的一些革命党人，还以该报记者名义从事革命活动。③ 于右任也曾为上海革命机关筹措经费。④

于右任是上海光复的参加者。上海光复的另一参加者回忆说："本党同志以上海为东南重镇，策动光复不乏其人，但主干首脑，均集于《民立报》馆。"该报报社"不分日夜，均有各种各色及各地之党人，往来洽商。余之识陈英士、黄克强、宋遁初、范鸿仙诸先生，均在报馆内。其识吴怀九、沈缦云、王金发、叶惠钧、王一亭诸人，皆由先生（于右任）直接或间接介绍"。⑤ 上海光复前革命党人的一些重要会议，常借《民立报》社举行。武昌起义后，《民立报》立即成为发布革命起义消息的权威。上海起义发动前，于右任还和陈其美一起策划斗争策略："其时吾辈党人，在上海的一举一动深恐引起国际交涉，致陷于不利，先生与陈英士先生深谋远

---

① 《上海〈民立报〉小史》，冯自由《革命逸史》第三集，中华书局，1987，第 349 页。
② 《上海〈民立报〉小史》，冯自由《革命逸史》第三集，中华书局，1987，第 350 页。
③ 参见刘凤翰《于右任年谱》、许有成《于右任传》（长沙，湖南人民出版社，1988）有关记载。
④ 于右任口述《宋渔父先生遗事》，转引自刘凤翰《于右任年谱》，（台）传记文学出版社，1967，第 62 页。
⑤ 张承槱：《辛亥上海起义》，转引自许有成《于右任传》，湖南人民出版社，1988，第 75 页。

虑，注意及此，谋之于退休之老外交家伍廷芳，说以大义，出而担任我革命军外交事宜。部署既妥，始敢毅然决然在上海举义。"① 有史家谓"上海的光复，于右任组织策划之功，亦不在陈英士之下"②，足见于右任在上海起义中所起的作用。

（3）支持陕西本省同盟会的工作和陕西革命起义的准备。

1905 年中国同盟会成立时，就有陕西在日本的留学生加入。同年底，井勿幕等奉孙中山指示回陕工作，历时不足一年，即在陕西发展同盟会会员 30 余人③。1906 年，在日本东京成立了同盟会陕西分会，确定的主要工作任务是：广泛联系陕西本省高等学堂和师范学堂学生，和他们互通声气；组织舆论机构，发行刊物，展开宣传鼓动；利用合法途径建议陕西成立教育会、商会等各种民间组织，以保障其所属成员的利益。他们针对陕西的一些具体问题发表专论，如《劝陕人急宜自治书》、《修筑西潼铁路书》等，带到陕西供有关人士阅读和参考。④ 1907 年，陕甘留日学生在东京创刊《秦陇》；1908 年春，他们又在日本创办了《夏声》，原先的《秦陇》则更名为《关陇》。《夏声》疾呼救亡救国，指斥地方弊端，号召人们为推翻清政府、建立民主共和国进行斗争。这些杂志还报道了人民抗捐抗税，以及收回路权、矿权的斗争。刊物出版后秘密邮寄回或由人潜行带归家乡，暗中传阅。几乎与此完全同时，于右任在上海相继办四报，与《秦陇》、《夏声》等默契配合，推助着西北民主革命风潮的掀起。四报对清政府在西北统治腐败的报道尤为关注，在激发陕甘人民的民主革命思想方面起了重大作用。⑤ 辛亥年的六七月间，井勿幕在陕运动军队，颇有把握，由柏小愚捐银 5000 元，派人到武汉、上海与革命党人接洽去日本购枪械事，到上海即通过《民立报》和于右任与革命机关取得联系。⑥ 辛亥革命的准备和发动时期，于右任的活动主要在上海，他和陕西的革命起义的具体联系，以及他的革命宣传在本省的影响，还有发掘材料深入研究的必

---

① 张承榴：《辛亥上海起义》，转引自许有成《于右任传》，湖南人民出版社，1988，第 78 页。
② 许有成：《于右任传》，湖南人民出版社，1988，第 78 页。
③ 《旧民主主义革命时期陕西大事记述》，陕西人民出版社，1984，第 149 页。
④ 《辛亥革命在陕西》（陕西党史资料丛书三），陕西人民出版社，1986，第 187～188 页。
⑤ 方汉奇：《中国近代报刊史》（下），山西人民出版社，1981，第 477～493 页。
⑥ 张奚若：《回忆辛亥革命》，《辛亥革命回忆录》（一），文史资料出版社，1981，第 145～146 页。

要。这里，要特别指出的是，从辛亥革命开始，陕西逐渐成为了中国民主革命的北方基地，起了重要的历史作用①：武昌起义后，它在北方各省中率先响应，与湖南同日起义；反袁事起，北方民党人士秘密聚会于华山，共商在北方反袁大计，他们中有陕西井勿幕、胡景翼、张义安、刘守中、史宗法，山西续桐溪、李歧山、续范亭，福建何遂，甘肃邓宝珊等；护国运动中，陕西为北方唯一宣布独立讨袁的省份；护法斗争中，陕西的表现在北方各省中也是最突出的，本文在下面还有论述。这对中国后来的历史——北伐、抗日，产生了重大影响。于右任对陕西近代民主革命是有贡献的。

（4）中华民国临时政府在南京成立前后，于右任襄赞孙中山做了大量工作。

南京临时政府成立前，于右任为全国革命政权的建立做了有成效的工作。当时各省光复通电、通告，多由《民立报》转发，有关革命起义的消息，《民立报》均予刊登。光复各省协商建立中央临时政府时，《民立报》率先著文欢迎孙中山回国主政，继又首先刊布孙中山自美经欧回国的行踪，其时孙中山两次致电《民立报》。1911年11月16日孙中山的电文中称："今闻已有上海议会之组织，欣慰。总统自当推定黎君。闻黎有请推袁之说，合宜亦善。总之，随宜推定，但求早巩国基。满清时代权势利禄之争，吾人必久厌薄。此后社会当以工商实业为竞点，为新中国开一新局面。至于政权，皆以服务视之为要领。"②《民立报》加编者按语刊登此电："孙君不以总统自居，自系谦让美德。惟现在共和国第一总统，必以国民公义选举。他日议会成立，当必有极正当之选举法及极合宜之选举心理也。"该报刊登了介绍孙中山革命事迹的文章，并撰发了拥护孙中山为临时大总统的评论。当孙中山于12月25日抵达上海时，要求选他为临时大总统的呼声愈益高涨。

各省代表在南京选举孙中山为临时大总统后，黄兴来电："《民立报》于君右任鉴：今日由参议院决议，以明日为中华民国元年正月一日，孙大总统来宁发表临时政府之组织。"③于右任当即前往孙中山寓所，商谈赴南

---

① 参见拙文《孙中山与20世纪中国西北的社会变革》，《兰州大学学报》2001年第5期。

② 1911年11月17日《民立报》。

③ 1912年1月2日《民立报》。

京的准备事宜，夜深始返。1912 年元旦凌晨，于右任在往报社安排工作后，即往孙寓准备起程。上午 9 时，孙中山在胡汉民、陈少白、于右任、陈其美等陪同下由上海火车站登车去南京，沿途受到各界民众的热烈欢呼。下午 5 时，孙中山抵达南京。晚 10 时，举行了临时大总统就职典礼。

《民立报》为新政权准备了一批干部。由于该报社内仁人志士会聚，在南京临时政府成立时"《民立报》诸贤多出任要职，陈其美任沪军都督，于右任任交通部次长，吕志伊任司法部次长，宋教仁任法制局长，范光启（鸿仙）任安徽铁血军司令，庞青城、沈缦云均任司长。"① 还有马君武出任实业部次长，景耀月出任教育部次长。南京临时政府是辛亥革命的最重要的成果，它宣告了中国两千多年封建帝制的结束，新的民主共和国的诞生。在这个政权里，孙中山总掌军政大权，同盟会占有陆军、外交、教育三部总长地位，次长则几乎是清一色的同盟会会员。于右任所在的交通部，总长汤寿潜迟未到任，于实际上主持部务。此时的《民立报》笔政则请章士钊主持。及孙中山辞去临时大总统职务，南京临时政府的工作结束，于右任又回《民立报》工作了。1912 年 8 月，同盟会改组为国民党，孙中山被推为理事长，旋以宋教仁为代理理事长，于右任被推为参议。

三

为恢复民主共和制度，于右任追随孙中山继续奋斗。

从"二次革命"到护国、护法诸役，于右任几乎无役不与，是孙中山领导的革命事业的坚定的支持者。1913 年春，在上海北车站发生宋教仁遇刺案。于、宋在《民立报》时期，结下了真挚深厚的情谊，案发时于与宋正同行中，于一面嘱人从速缉拿凶手，一面借车亲自送宋教仁到沪宁铁路医院治疗。宋教仁手术取枪弹时，"医士仅许于君右任一人在旁审视"②。宋教仁伤重不治，于 3 月 22 日逝世。宋案的枪声，惊醒了革命党人，反袁呼声顿起。4 月，袁世凯违法与英、法、德、俄、日五国银行签订善后大借款 2500 万英镑，《民立报》"用路透电转播世界各国，一时舆论哗然"。③

---

① 《上海〈民立报〉小史》，冯自由《革命逸史》第三集，中华书局，1987，第 349～350 页。
② 徐铁儿等编《宋教仁血案》，岳麓书社，1986，第 30 页。
③ 刘凤翰：《于右任年谱》，（台）传记文学出版社，1967，第 65 页。

"二次革命"爆发，但很快遭到镇压而失败。9月4日，《民立报》被迫自行停刊。袁世凯以北京总检查厅名义，通缉孙中山及"二次革命"领导人物，于右任亦在其列。① 于东走日本，半年后始返。1914年6月，中华革命党成立，孙中山分派重要干部，潜赴国内运动起兵讨袁。于右任被派主持陕西讨袁事宜，在沪策划发动。"凡同志潜赴西北，并输送军火，密谋举义，胥秉承先生（指于右任）之机宜及资助"。② 1915年春夏，于右任潜往北京谋赴陕西未成。10月，孙中山再次"命陈其美在上海，居正赴山东，朱大符（执信）赴广东，石青阳赴四川，夏之麟赴江西及命先生（于右任）赴陕西，运动起兵讨袁"③。孙中山当时的计划是组建中华革命党东南、东北、西南、西北四军，于右任受命的是往陕西三原筹建西北军。④于右任曾又一次踏上北上之途，拟假道北京返陕，但因陕西形势复杂（投机的野心军人陈树藩利用反袁护国攫取权力，就任陕西护国军总司令，后又取得陕督地位）以及道路阻滞折回，计划未能实现。

1916年6月，袁世凯死后的第二天，陈树藩便通电取消了陕西的"独立"，继而投靠皖系军阀段祺瑞，逼迫省长李根源离开陕西。在北洋军阀势力仍然笼罩中国的情势下，于右任曾在上海与孙中山计议，拟从北方着手，突破北洋军阀统治的核心，以响应西南讨逆的军事行动。为此于右任于1917年5月，自沪潜往北京，又经开封、洛阳入潼关到西安，与胡景翼、井勿幕、张钫、宋文恺、茹欲立、李元鼎、刘守中、曹世英、樊锺秀、于鹤九等谋举义于陕，因陈树藩的阻挠未有结果。于右任只好悄然离开西安经武汉返回上海。⑤ 7月初，张勋复辟失败后，冯国璋取代黎元洪，成为民国代理大总统，段祺瑞再次组阁，拒绝恢复《临时约法》和国会。同月，孙中山在广州举起"护法"旗帜。陕西民党积极响应孙中山号召，掀起了一场"反段倒陈"的斗争。经过一系列的起义后，树起了"陕西靖国军"旗号，但却互不相属，曹世英以左翼总司令驻高陵，胡景翼以右翼总司令驻三原，各路反陈武装没有统一在一个号令之下。1918年5月，在

---

① 于右任参与"二次革命"的具体情况，现有资料记载不详，留待进一步考察。但以其与陈其美等的关系及事后遭通缉并避走日本，可肯定参与无疑。
② 刘凤翰：《于右任年谱》，（台）传记文学出版社，1967，第65~67页。
③ 刘凤翰：《于右任年谱》，（台）传记文学出版社，1967，第68页。
④ 陈锡祺主编《孙中山年谱长编》（上），中华书局，1991，第953页。
⑤ 刘凤翰：《于右任年谱》，（台）传记文学出版社，1967，第71页。

和陈树藩斗争中艰苦备尝的陕西靖国军各部，共同商定迎于右任由上海返陕主持大计。在王玉堂等人的陪同下，于右任化装成传教士，经豫西渡黄河，假道晋南、陕北，到达三原。8月9日，陕西靖国军总司令部正式建立，于右任为总司令，张钫为副总司令。于右任在就职典礼上致词说："余以革命党人，非为权力名位而来，实为救国家，救桑梓，与诸同志共甘苦，同生死而来。带给大家者，非金钱，非枪械，乃一腔热诚，与中山先生革命精神，此种精神为革命党人无价瑰宝，一切均不足比拟。"① 陕西靖国军旗下各部改编为六路，分别为郭坚、樊锺秀、曹世英、胡景翼、高峻、卢占魁。陕西靖国军并没有因为总司令部的建立而走向胜利。内部各实力派仍各自为政，于右任这个总司令被架空。随着全国护法运动的失败，陕西靖国军的斗争也越来越走下坡路了，各路力量逐渐变成了为个人或小团体利益作战的武装。1921年，因直皖战争中皖系失败，直军阎相文、冯玉祥入陕，陈树藩败逃南山。陕西靖国军"反段倒陈"的口号失去了现实意义，各路力量陆续接受直系改编，于右任的"总司令部"被解散。

尽管如此，陕西靖国军毕竟是北方各省中唯一大规模响应孙中山号召反对北洋军阀的斗争，配合了南方的护法运动。孙中山也一直关注着陕西靖国军的斗争。1919年1月5日，孙中山又一次致函于右任，表达了他对西北革命的希望："三秦居全国上游，夙为形胜之区，而密迩西疆，关系尤重。"② 护法期间，孙中山为谋陕事，可谓呕心沥血，反复强调"攻陕，以定西北，拊鄂之背"③ 的战略方针，支持援陕军事行动。还拟派劳军使，并就有关军饷、干部任命等事与人商榷。曾多次向人介绍陕西靖国军战况，鼓励陕西护法将士坚持斗争。于右任则不断向孙中山报告情况。在后来进行的南北和议谈判中，孙中山力持"陕、闽不解决，则不讲和"的方针，抵制段祺瑞等要把陕西置于停战范围之外的打算。孙中山和于右任在靖国军时期的通信，反映了他们理想的一致、相互的充分信任和支持，以及在屡遭困难挫折情况下的坚韧斗志。如1919年9月1日孙中山给于右任复信云："顷接手书，知近从事新教育之设备及改造社会之筹策，于干戈

① 刘凤翰：《于右任年谱》，（台）传记文学出版社，1967，第74页。
② 《孙中山全集》第五卷，中华书局，1985，第2页。
③ 《孙中山全集》第四卷，中华书局，1985，第406页。

扰攘之秋，犹能放眼远大，深维本根，远道闻之，深慰所望。""默察年来国内嬗变之迹，知武人官僚断不可与为治，欲谋根本救国，仍非集吾党纯洁坚贞之士，共任艰巨，彻底澄清不为功。"① 同时寄其近著《孙文学说》五册，嘱翻印流传，并勉以笃守主义。1921 年 5 月，孙中山就任非常大总统后，委于右任为陕西总司令。

在陕西靖国军大势已去的情况下，于右任于 1922 年 1 月赴仍坚持靖国军旗帜的杨虎城部队驻地武功。4 月，杨虎城兵败退陕北。5 月，于右任微服间道西走甘肃。6 月入川，在重庆由刘湘、杨森留住匝月，乃乘轮东下，往上海会见孙中山去了。此时，由于陈炯明背叛，北伐连遭失败，孙中山又一次离粤赴沪。于右任到上海的时间是 8 月 13 日，次日，孙中山安抵上海，他与在上海的一百多国民党人到码头迎接，并随孙到莫里爱路寓所报告此番西北革命经过，表示自己没有很好完成孙交给的任务。孙中山安慰他说："失败何伤，吾亦败来此也。"② 10 月，于右任与叶楚伧、邵力子等创办上海大学，得到孙中山的支持，次年 2 月为之拨款一万元。

1923 年 1 月，孙中山发表《中国国民党宣言》，继正式任命国民党本部各部部长，委任于右任及居正、张静江、廖仲恺、戴季陶、陈独秀等 21 人为参议。同月，孙中山在上海召开中国国民党改进大会，于右任参加了这次会议。是月底，孙中山派于右任往晤段祺瑞商洽要事。2 月，孙中山自沪返粤，于右任也到了广州，后以事返上海，是冬复返羊城。是年 11 月，于右任动员豫军樊锺秀率三个混成旅到广州，即赴前线对陈炯明作战。时陈炯明叛军四路猛攻广州，幸豫军及湘军谭延闿协力击退。樊为于右任靖国军时期旧部。③ 1924 年 1 月 20 日，中国国民党第一次全国代表大会在广州高等师范学校开幕。于右任积极参加了国民党一大的工作，与廖仲恺、孙科、汪精卫等 19 人任党章审查委员，并当选为中央执行委员。会后，于右任被派往上海执行部工作，任工人农民部部长，其间返穗向孙中山汇报工作。1924 年 10 月，冯玉祥、胡景翼、孙岳发动"北京政变"，组建国民军，电邀孙中山北上主持国是。陕系国民军的领导人胡景翼、岳维峻另电请于右任北上督导。在孙中山离粤启程北上抵达上海时，于右任与

---

① 《孙中山全集》第五卷，中华书局，1985，第 106 页。
② 转引自刘凤翰《于右任年谱》，（台）传记文学出版社，1967，第 93 页。
③ 转引自刘凤翰《于右任年谱》，（台）传记文学出版社，1967，第 94 页。

李烈钧、戴季陶、居正、宋子文、蒋作宾、叶楚伧，以及冯玉祥、段祺瑞等代表 20 余人，乘小火轮到吴淞口迎接。[1] 孙中山到北京后，于右任也到了北京。1925 年 1 月 26 日，扶病到京的孙中山病危，入协和医院手术。当晚，国民党中央政治委员会在北京召开紧急会议。但是，政治委员分散各地，仅汪精卫一人在京，孙中山乃加派于右任、吴稚晖、李石曾、陈友仁、李大钊、邵元冲六人为政治委员。[2] 当晚会议，于右任提出应请孙中山留下遗嘱的问题，遂有遗嘱之起草。[3] 但孙中山最后逝世时，于右任却不在身边，其原因于右任在《国父行谊》中讲得很清楚："时憨玉琨军队在洛阳东下，国民军第二军在郑州告急。政治委员会命我赴东北去见张作霖，制止张宗昌由徐州方面来犯，吴稚晖先生并劝我先至张家口见冯玉祥，以免谣言侵入国民军联合阵线。我如计而行。因多耽延一日，东北之行虽成功，而国父之逝世，竟未能随侍在侧，亦未及在遗嘱上签字。"[4] 3 月 12 日，孙中山在北京逝世。于右任返回北京后，襄理丧事。4 月 4 日，国民党驻京中执委推定汪精卫、张静江、林森、于右任、戴季陶、杨庶堪、邵力子、宋子文、孔祥熙、叶楚伧、林焕廷、陈佩忍等 12 人为丧事筹备委员。继后葬事筹备处在上海正式成立，孙科为家属代表，杨杏佛任主任干事。[5]

综观孙中山和于右任的关系，笔者认为有三个特点：一是自始至终的相互信任和支持；二是互动频率越来越高，思想上的契合和组织行动上的配合程度越来越高；三是孙中山思想的引领和领袖风范给了于右任巨大影响，成就了他在民国政坛上的良好形象。其客观效果无疑有助于推动中国的民主革命运动，具体体现在于右任的革命宣传活动和推动西北革命运动的发展上。孙中山与于右任的关系也深刻说明，孙中山是以辛亥革命为中心内容的中国近代民主革命思想上、政治上乃至组织上的领袖，是把握这场革命的方向的舵手。孙中山的逝世，给于右任留下了无尽的怀念。他以后积极参加北伐和国共合作，在抗日战争时期呼吁中华民族同仇敌忾抵抗

---

① 黄宗汉、王灿炽编著《孙中山与北京》，人民出版社，1996，第 211 页。

② 陈锡祺主编《孙中山年谱长编》（下），中华书局，1991，第 2113 页。

③ 据张继的回忆。不过于右任当时提出的是称之为"遗命"，吴稚晖认为此称有封建意味，乃决定用"遗嘱"二字。参见刘凤翰《于右任年谱》，（台）传记文学出版社，1967，第 105 页。

④ 《国父行谊》，《于右任文选》，中国文史出版社，1987，第 489 页。

⑤ 余齐昭：《中山陵"天下为公"匾额出自何处》，2005 年 8 月 11 日《团结报》。

侵略和民主建国，以及他对中华民族优秀文化的挚爱、保护、发扬和身体力行，都与他笃信和坚守孙中山的理想、主义是分不开的。"中山陵树年年老，扫墓于郎已白头"[1]，我们从他的诗文中感受到，于右任有很深的辛亥革命情结和孙中山情结，他为众多辛亥革命志士撰立碑传，他经常因时因景因事因人因物感慨良多，写下诗词抒发对孙中山、黄兴、宋教仁、陈其美、井勿幕等人的怀念。"诗言志，歌咏言"，这里录其诗数首，见证他的这一心迹，并作为本文的结束："山围海绕翠亨村，郭外朝西故宅存。世界劳民思救主，同来瞻仰圣人门。"[2] "开国之功未可忘，国人犹自说孙黄。黄花满眼天如醉，猛忆元戎旧战场。"[3] "不信青春唤不回，不容青史尽成灰。低回海上成功宴，万里江山酒一杯。"[4]

作者单位、职务：兰州大学历史文化学院教授

---

[1] 《于右任诗词集》，湖南人民出版社，1984，第 292 页。

[2] 《于右任诗词集》，湖南人民出版社，1984，第 198 页。

[3] 《于右任诗词集》，湖南人民出版社，1984，第 280 页。

[4] 《于右任诗词集》，湖南人民出版社，1984，第 285 页。

孙中山与杨崇伊父子

✎ 李吉奎

孙中山与杨崇伊、杨圻父子，从未见面，亦无交往，可说是毫无关系的人。但是，作为革命家的孙中山，在从事其"反清"斗争过程中，又在毫不知情的状态下，先后成为杨氏父子注意的人物，事实上曾经有过重要的关系。本文拟就此问题，作一概括介绍。

杨崇伊字莘伯，光绪间任广西道监察御史。其子杨圻字云史，系李经方女婿，于李鸿章为孙女婿。邓之诚在《骨董琐记全编》中记杨氏其人，称"崇伊常熟人，光绪庚辰翰林，于翁同龢在戚谊，而与李经方为儿女亲家。翁、李生隙，崇伊往来两家无间。其人实倾危嗜利，人皆畏之"[①]。杨崇伊在清末政坛中原本属于微不足道的角色，但他在甲午战争以后，追随李鸿章，反对与李在政治上有嫌隙的人，被认为属于李党[②]，乃逐渐成为各方注意的人物。

清廷在 1898 年 6 月 11 日下诏更新国是，变法自强。变法举措从一开始就受到以西太后为首的顽固守旧势力的阻挠、抵制。变法诏令颁布后，变法与反变法两派势力斗争日趋剧烈。6 月 15 日，协办大学士、总署大臣、户部尚书翁同龢被开缺（随后逐回原籍），朝命荣禄督直。9 月 4 日，礼部满汉六堂官被罢斥。5 日，光绪任命杨锐等四人在军机章京上行走，参与新政事宜。7 日，李鸿章罢值总署。这时各方反对变法的人物纷纷赴天津与荣禄商议推翻变法局面，其中便有杨崇伊。9 月 18 日（八月初三

---

① 邓之诚：《骨董琐记全编》，北京出版社，1996，第 617～618 页。
② 甲午战争以后，李鸿章受言官交章疏弹，杨崇伊曾为之访查弹劾之人，并开列清单。杨还上摺攻击京师强学会与强学书院，使之封禁。1896 年又参劾翰林院侍读学士文廷式，使之被罢斥。

日），杨崇伊上疏请太后训政。①

杨崇伊在 9 月 18 日的上疏固然表达了他反对变法的政治态度，实际上也反映了清廷顽固保守势力维护旧的统治秩序的心愿。该上疏要求西太后"即日训政，以遏乱萌"，据称是"大同学会蛊惑士心，紊乱朝局，引用东人，深恐贻祸宗社"。他从攻击文廷式在甲午之役昌言用兵，遂致割地赔款开始，直至揭露文氏"又创大同学会，外奉广东叛民孙文为主，内奉康有为为主，得黄遵宪、陈三立标榜之力，先在湖南省城开讲，抚臣陈宝箴倾信崇奉，专以讪谤朝廷为事"；接着又抨击本年会试以来，康有为等在京讲学，"将以煽动天下之士心"，又说"不知何缘，引入内廷，两月以来变更成法，斥逐老成，借口言路之开，以位置党羽，风闻东洋故相伊藤博文，即日到京，将专政柄"，"伊藤果用，则祖宗所传之天下，不啻拱手让人"。② 这就是要求西太后即日训政，密拿、严办叛逆的理由。

若将文廷式的活动与孙中山联系起来，实在是过于牵强，其所以如此提出，是因孙中山为"叛民"，当然是绝对须镇压的，故文廷式罪在不赦，

① 关于杨崇伊上疏事，知情者之一江西人蔡金台在 11 月 6 日致李盛铎函中说道，"自七月下旬，即得至确之耗于云中，且属为之谋参奏。以告再芸，不之信。且行急无暇，间语问匀，则问匀已数言于清河，已拟发矣。而庆邸言宫中固无恙，遂复止。乃转以属之杨莘伯。盖惜足下之不与也。会袁世凯来，而谭嗣同说以调兵，入见语亦云然。袁乃密白略园，电庆邸达之，而杨莘伯乃手训政疏叩庆邸，俱赴湖呈递。时慈意以为此等大政，必有联章，乃成规模，且须大臣言之。莘伯乃告其师王仁和。仁和以书戒之，有'无牵帅老夫'语。莘伯已成骑虎，不能甘休。且警信日至，谓断发改衣冠，即在此日。而孙文党羽云聚辇下及津沽，势且猝发，不得已独冲入告"（《骨董琐记全编》，第 602 页）。按函中所指再芸系华晖，问匀系刘学询，清河系张荫桓，略园系荣禄，庆邸系奕劻，仁和系王文韶，孙文即孙中山。唯云中为谁，待考。

　　张尔田（孟劬）记杨崇伊上疏事则说："杨崇伊为御史，值戊戌新政，密草一疏，请太后训政。面谒庆亲王，求代奏。庆王有难色，崇伊曰：王爷不代奏亦可，但这并非御史的意思。拂衣便行。庆王急拉之回，曰，我与你代奏，但你必须同去。崇伊曰，那是自然。遂同至颐和园，庆王命崇伊俟于外，独自人对，递上崇伊摺。太后阅毕大怒，曰：这是国家大事，杨崇伊小臣，安敢妄言？须严办。庆王叩头。太后徐曰：这是国家大事，你们都是近支亲王，也应商量商量。你的意下如何？庆王唯唯。太后曰：既是你们意见相同，我今日便回宫。庆王退下，谓崇伊曰：事情完了，你去罢。太后既训政，一日召见崇伊，谓之曰：你是国家有功之人。崇伊叩头谢恩。然亦终不大用。"（同上引，第617 页）从以上资料，可知杨崇伊上疏，发纵指使的是荣禄，经庆王呈递，而与当时任总署大臣的李鸿章无涉。即康有为也说："御史杨崇伊，亦荣党也，草摺请训政，出示荣禄，荣禄许之，令杨崇伊持摺见庆邸而面奏之，庆邸与李联〔莲〕英皆跪请西后请训政。"（《康南海自编年谱》，中华书局，1992，第 58 页）

② 《掌广西道监察御史杨崇伊折》，《戊戌变法档案史料》，第 461 页。

而现在又扯上变法，且援引日本前首相伊藤来华，欲授予政柄，形势岌岌，非太后重新即日训政不可了。

从 1898 年孙中山的活动来看，他抵日本未久，与国内尚无直接联系。戊戌变法期间日本浪人宫崎寅藏、平山周来华，也是由日本外务省提供经费、犬养毅直接派遣，与孙中山无涉。文廷式与孙中山有过接触，是 1900 年春的事。那么，杨崇伊是从什么渠道知道有孙中山其人的呢？笔者认为，极有可能是刘学询提供的信息。据张荫桓《戊戌日记》六月二十七日（8 月 14 日）所记提到"刘问刍自沪来"；七月初二日（8 月 18 日）又记，"晡后约李木斋、刘问刍晚饭，借可畅谈"①。当时李盛铎、刘学询，华晖、蔡金台等人颇有过从，他们趣味相投，谈论孙中山，是极有可能的。而刘学询预闻了 1895 年广州起义，与孙中山是熟人，也只有他能提供孙中山的情况。杨崇伊为耸动视听，也就将孙中山的事与变法拉扯上了。不仅如此，在八月二十八日（10 月 13 日）杨崇伊所上《为乱党虽平，慎防后患》的密摺中，更是将孙中山指为"祸机"之首。

据杨崇伊八月二十八日的密摺称："窃康逆为孙文羽翼，孙文勾引东人及各会匪，九月在津作乱，东人欲乘其利，而将信将疑，因使伊藤亲来察看。""东人也，孙文也，康逆也，互相为用，亦各争先着。""祸机一发，各国环集，时日先后，间不容发。"今虽已训政，"然而孙文尚在，祸机犹未已也"。

杨崇伊又称："臣闻孙文定三策，第一策踞广州，炸药已运入省城，绅士刘学询发其奸，遂亡命于东洋，此乙未秋间事。若李瀚章在粤，孙文必然就擒，无今日之祸矣。今日之祸为第二策，设非皇太后圣谟密运，立破奸谋，大局何堪设想？二策不行，将行三策，则勾结长江上下三合会、三点会、哥老会诸匪，与西人为仇，激成教案，以困朝廷。使广西军，分窜广东、湖南、贵州，专为流寇以扰大局。广西杨衢云一支，即孙文悍党"，"杨衢云待时而动，尚在天平山内，故抚臣不以为意"。"湖南、贵州、广东，毗连广西，亟需知兵大员，预为布置，庶可遏其分窜之路。杨衢云军火饷项，仰给于孙文，断其接济，遏其分窜，而临以重兵，孤军不久自溃。康梁避迹，必依孙文，此人不除，中华无安枕之日。"因此，他建议，"现当二策初破，三策未行之际，亟应设法密图，幸而有可机乘，

---

① 《张樵野戊戌日记》，《广州师院学报》1988 年第 2 期，第 93、94 页。

有人可用，请允臣等相机办理"。①

上述密摺中所谈及的孙文反清三策，多属传说成分。第一策已是历史；但广州重阳起义未能成功，不一定是刘学询揭发的结果。第二策，对孙中山来说，是子虚乌有之事，杨衢云此时尚在南非，并未在广西山中潜伏待机；孙康亦未共谋。杨崇伊为何知道孙中山计划与长江会党合作呢？这是桩 1899 年之后才酝酿的事。在 1898 年，它可能也是一个编造的谎言。不过，两年以后的活动，仅是不幸而言中罢了；而该密摺中提到的发动会党以引起"教案"的说法，征诸历史，绝不是孙中山的计划。

值得注意的是，该密摺提出应"设法密图，幸而有机可乘，请允臣等相机办理"的问题。这几句话，恐有深意在。杨崇伊认为康梁避迹，必依孙文，此人不除，中华无安枕之日，这是说要"除孙"。但是，这个"除孙"的计划，很快便被"除康"计划所取代。在孙、康二人中，比较起来，还是康有为更重要，因为康有为等人的计划，直接威胁西太后的个人权位。所以，到戊戌年十月初六（11 月 19 日），便有"知府衔刘学询、员外郎庆宽，均着自备资斧亲历外洋内地考察商务"的廷谕。② 刘学询之被派遣赴日本，是因为"自认能除康"，由刚毅（协办大学士）推荐给庆亲王奕劻。汪大燮在一封信中披露："刘学询诡言见日君，实仅与小田切谋之，借小田切来，欲以行其诳。云日君嘱致意联盟，保东方，实无其事。而因杨崇伊达某邸，某邸然之，欲令赍礼物诣东莅盟。某相察其妄，事遂败。迩日劾杨、刘者，纷纷盈篋矣。"③ 看来，不论"除孙"或"除康"，都与刘学询、杨崇伊有关。这位小田切，即日本驻沪总领事小田切万寿之助，刘、庆访日，便是由他一手安排的。刘学询 1898 年 8 月抵日时，康有为已离开了日本，他未执行、也不可能执行除康任务。但刘学询此行与孙中山曾数度密晤，此举既在孙康之间拟议的合作中制造了矛盾，也为 1900 年孙中山李鸿章合作计划埋下了伏线。④ 与此相配合，是驻日公使李盛铎劝说孙中山归顺朝廷。此事未能成功，但说明杨崇伊等人"相机办理"，

---

① 《掌广西道监察御史杨崇伊折》，《戊戌变法档案史料》，第 480～481 页。

② 《清光绪朝东华录》第 4 册，中华书局，1984，总 4258 页。1899 年 6 月 1 日（己亥四月二十三日）又颁一上谕，刘学询升为二品衔道员，与庆宽一同赴日。

③ 《汪康年师友书札》（一），第 802～803、808 页。

④ 关于刘学询访日事，可参见拙文《孙中山与刘学询》（刊《孙中山的生平及其事业》，2000，中山大学出版社）。

已采取了实际行动，不过，它是一相情愿，未能奏效罢了。

杨崇伊对孙中山深切痛恨，声言"此人不除，中华无安枕之日"，应当说，对清王朝而言，确实如此。不过，谈到他的儿子杨云史（圻），其任官之际则因为时移势易，态度便发生了巨变，有人要执行"除孙"计划，而杨云史则是加以劝阻了。

张元济在《戊戌政变的回忆》中说，惨杀六君子时，"杨崇伊儿子也是通艺学堂学生，他跑来告诉我，看他面有喜色，不知是何居心？"[1] 这个时候的杨云史高兴地看到政变发生，大概是实际情况。杨云史后来考进士不第，纳粟为郎中，任职邮传部，1907 年，外放驻新加坡副领事。[2] 一直到武昌起义后，他才辞职返国。据陆丹林记述，杨在任职新加坡期间，曾做过一件事，被认为是对孙中山维护备至，说确切一点，是使孙中山脱离危险的"主动人"。陆丹林所记事发的经过如下。

"那时候总理（孙中山，下同——引者注）在新加坡从事排满运动，清廷就密令两广总督派遣凶手到新，伺机行刺。这个凶手抵步后，先去拜访杨云史，并因总理寓所与领事署毗邻，凶手就住在领署，准备随时乘机下手。讵料这个阴谋，给杨觉察，感到这样危险事故，一旦发作，固然中国政治上失去了一个领导政革者。即退一步说，对于本身在居留政府下容纳凶手，更有不便。于是他就约了凶手在密室晓谕一番。最后几句话，便是万一事故发生，你也无法逃脱，我也不能够卸除唆使纵容知情等罪名。况且孙某，与你无冤无仇，又何必干此损人而不利己的事呢？若果为了报销起见，你即在此另谋工作不必返国。我也可以安插你在我经营的果园做事。这一番话，凶手细想之下，俛首无词，以为当领事的都不赞成，为什么要去干那杀人的行为呢？因此，也就立刻停止了行刺总理的行动了。事后，杨并暗中通知田桐转知总理，出入当心，免给奸徒行凶。但其自己因属清廷官吏，职责关系，始终没有和总理会过一面。"[3]

上述这段轶事，是杨云史在香港亲口对陆丹林说的，所言当是不虚。

---

[1] 《张元济诗文》，商务印书馆，1986，第 232～237 页。

[2] 关于杨云史出身，可参见陈灨一《杨云史先生家传》及钱仲联编《近代诗钞》（三）所收杨云史诗的题解。杨著被编为《江山万里楼诗词集》。他在 1920 年代初任吴佩孚幕府的秘书长时，曾陪康有为在河南旅游，康应所求为《江山万里楼词》稿作序，该序见于《康南海自编年谱·续》中。

[3] 陆丹林：《革命史谭》，刊《近代稗海》第 1 辑，四川人民出版社，1985，第 652～653 页。

有关杨云史所说可以安排清吏所派之人在不执行任务之后在自己经营的果园做事的话，也是有根据的。据陈灝一在《杨云史先生家传》中所记，杨曾在马来亚种植橡胶树达三千亩之多，此说之果园，应即是橡胶园。无论如何，行刺孙中山之计划是被化解了。按此事之准确日期无法弄清，当是在 1909 年 5 月 19 日孙中山离开新加坡赴欧洲并将同盟会南洋支部迁出新加坡之前，因此后他便不在该埠长住了。

对于这段往事，日后国民党人似未忘记。据说，"七七"事变发生后，杨云史从北平迁往香港，他的生活费，都由南京政府指定人员按月致送，直到他去世后为止。这种特殊的救济费，是念他过去的功劳而作的相当报酬吧。反过来说，杨云史也知恩报德。由于杨云史长期掌吴佩孚记室，宾主甚得（杨曾致函其妻云：三年择妇而得君，十年择主而得吴）。故杨居港后，仍念念不忘故主，抗战军兴，曾遣爱妾狄美男，间关携书至北平，劝阻吴佩孚出任日伪傀儡。未几杨卒于香港。这个举动固然出于杨云史的爱国情操，但也是为南京国民政府帮忙，追溯源头，是杨云史保护孙中山一事的结果。从极力主张"除孙"，转变为诚意"护孙"，父子政见大异其趣。杨崇伊父子与孙中山关系，大致如此。

作者单位、职务：中山大学历史系教授

孙中山与香山翠亨杨氏

*◢ 黄健敏

在孙中山的革命生涯中，得到许多香山籍同乡的支持和帮助。[①] 这些香山同乡中不少人是属于同一个乡村和宗族的，父子、兄弟、叔侄一起参加革命，成为孙中山革命追随者的群体中值得关注的现象。笔者近年颇留心香山大族与近代中国相关史事，曾撰《孙中山与香山南朗程氏——以南朗〈程氏族谱〉的资料为中心》，对孙中山与同属香山南朗程氏一族的程璧光、程奎光、程耀垣、程耀臣、程蔚南、程君海、程北海、程天斗等人物的关系进行重新梳理和研究。[②] 本文则拟利用翠亨孙中山故居纪念馆馆藏文献及口述资料，对另一个与孙中山关系密切的宗族——翠亨杨氏宗族展开初步的研究。

一 翠亨杨氏与孙氏

孙中山的故乡翠亨村位于香山县东南面，珠江口西岸，北距县城石岐20多公里，南到澳门约30公里。翠亨村是一个包括杨、陆、冯、孙、陈、何、麦、苏、梁等多姓氏聚居的村落，在孙中山的童年时代，全村不过六

---

① 香山县于南宋绍兴二十二年（1152 年）建县，是孙中山先生的故乡。民国十四年（1925年）4 月为纪念孙中山先生而改名中山县，所辖范围大概包括今日中山市、珠海市、斗门县的大部分以及番禺、顺德、新会的一些地区。1953 年从原中山县划出部分地区与原属东莞、宝安的若干海岛合并成立珠海县。1965 年又从原中山县、新会县划出部分地区成立斗门县。1983 年中山县撤县建市（县级市），1988 年升格为地级市。孙中山的香山籍革命追随者的一般情况，参见中山市孙中山研究会编《孙中山与香山相关人物集》，2004年 11 月印行。

② 黄健敏：《孙中山与香山南朗程氏——以南朗〈程氏族谱〉的资料为中心》，中国社会科学院近代史研究所主编《纪念孙中山诞辰 140 周年国际学术研讨会论文集》（下），社会科学文献出版社，2009。

七十户人家。

翠亨杨氏分超健祖（寅庵祠、兼善祠）、仰仙祖（仰仙祠）两支。

据记载超健祖房情况的翠亨《杨氏家谱》载："十五世祖起茂公，字起茂，云高公子，生于清康熙二年（1663）乙未九月二十三日，卒于清康熙六十一年（1722）甲午，享寿六十岁。……公由隔田始迁居翠亨村。"①这段记载其实并不准确，康熙二年是癸卯年，最接近的乙未年是顺治十二年（1655）；康熙六十一年是壬寅年，最接近的甲午年是康熙五十三年（1714），尽管记载不甚确切，但可推测起茂公迁居翠亨村当在清康熙年间。在清代"隔田"包括启运里、敦和里、和星里三个聚落，杨氏聚居的是启运里（即今中山市南朗镇崖口管理区杨家村）。

仰仙祖房则没有族谱传下，但他们亦认同祖上自隔田迁入翠亨。至于始迁祖及迁入时间则有两种说法。其一，据说仰仙祖房的祖先叫杨超寰，与超健祖房的祖先杨超健是亲兄弟。②但据《杨氏家谱》载，17世祖杨超健是16世祖杨有辉独子，并无兄弟。③另一种说法则是仰仙祖房的祖先杨国盛（从隔田算起是第19世祖）可能在1810年左右才从隔田迁居翠亨，第20世祖杨仁辉大约在1838年左右在翠亨置产建筑家祠。④后一种说法似乎比较可靠。

杨氏家族的发展可从翠亨村祖庙北极殿道光八年（1828）、咸丰六年（1856）、光绪二十二年（1896）三次重修的碑文约略观之。翠亨各姓中，陆氏于明代嘉靖年间定居翠亨村，是现在翠亨各姓中最早迁入定居的姓氏，陆姓也是翠亨村早期实力最强的宗族。⑤道光八年（1828）重修翠亨祖庙北极殿，村民陆仁车一人捐银52两，已是杨氏列名捐款的23个族人捐银总和约23两的两倍多。⑥此一时期，翠亨杨氏也已开始迅速崛起。19世祖杨达勋及其弟杨兆勋是关键人物。杨达勋（名廷英，号兼善），生于清乾隆三十九年（1774），"道光二十二年由俊秀报捐从九品敕授登仕佐郎候选巡政司……于咸丰九年间晋封中议大夫"，卒于清咸丰九年（1859）。

①　林介眉编（翠亨）《杨氏家谱》，1933年编印，第22页下。

②　2006年11月13日，笔者采访翠亨村民杨帝俊（67岁）记录。

③　（翠亨）《杨氏家谱》，第23页下。

④　据〔美〕杨帝霖编《杨德初家族世系表》（稿本），1995年2月。杨鹤龄儿媳林冠群女士提供。

⑤　参见陆仁协等修《重修香山隔田河南郡陆氏族谱》，清同治元年（1862），抄本。

⑥　《重修翠亨村祖庙碑记》，道光八年（1828）。原碑存翠亨孙中山故居纪念馆。

杨兆勋（名廷麟，号瑞圃），生于清乾隆四十一年（1776），于"清道光二十二年例授登仕佐郎"，卒于清道光二十八年（1848）。杨达勋与杨兆勋是杨氏在翠亨定居之后最早捐得功名的族人。道光年间，两人召集子侄，主持建造翠亨杨氏的第一座祠堂——寅庵公祠（杨寅庵（1741～1809），字协卿，是杨达勋与杨兆勋的父亲）；他们又携旧存家谱往香山县城南关杨族认识宗亲，并在南关杨族抄回连隔田杨氏都说不清楚的始祖元规公历传世次，同时搜集父老所述，"启木主或拂蠹而搜残篇"，重建家族的历史，编撰翠亨杨氏"第一部系统的家谱"。① 通过建宗祠、认宗亲、编家谱，可以说翠亨杨氏家族是在此时才正式"建立"起来，也逐步在翠亨村确立大族的地位。这个时期正是鸦片战争后，中国经济与社会发生"千年未有之大变局"，我们现在已无法清楚杨族的急速崛起的细节，但无疑与这个时代机遇是密切相关的。翠亨杨氏一族从这一代开始"兴旺"起来的，捐纳得功名的族人，第19世除杨达勋和杨兆勋之外，据族谱载，杨业勋是"诰封朝议大夫"，杨尧勋是"皇恩例授登仕郎"，杨元勋是"皇恩例授登仕郎"，但族谱中完全没有提及这些杨家族人有什么科举功名，很明显这些官衔都是捐纳得来。到咸丰六年（1856），翠亨村祖庙北极殿第二次重修时，杨族已经占尽上风。最为突出的是杨达勋的三个儿子：杨启文、杨启操、杨启怀，他们三兄弟捐银数已占全村村民捐银总和的1/3。②

翠亨孙氏十四世祖孙殿朝（1745～1793）大约于清朝乾隆年间从附近南蓢涌口村迁入翠亨村定居繁衍。③ 孙氏家族在翠亨村并不算大族，人口最多的时候也不到10户，世代以务农为生，在翠亨村也未建有祠堂。但在道光八年及咸丰六年两次重修村庙中，孙氏均以四大族代表之一跻身重修值理之列。在道光八年重修村庙，翠亨孙氏捐款共有6人，捐银总和约3两多。孙氏族人中捐银最多的是孙中山的祖父孙敬贤（1789～1850），孙敬贤以承继祖田十余亩为生，笃信风水之说，曾管理翠亨孙族公尝，此时能捐银1两给祖庙，可见经济尚较宽裕。咸丰六年重修村庙，孙中山的堂伯祖孙尊贤作为孙族代表担任值理。从记载清道光廿八年（1848）到咸丰四年（1854）间翠亨孙氏家族活动的开支的祖尝账册上可见，孙氏家族基

① 参见杨廷英《杨氏家谱序》（道光二十五年），（翠亨）《杨氏家谱》，第2页上。杨达勋及杨兆勋生平，参见（翠亨）《杨氏家谱》，第25页上～26页上。

② 《三修翠亨村祖庙碑记》，咸丰六年（1856），原碑存翠亨孙中山故居纪念馆。

③ 参见（翠亨）《孙氏家谱》（稿本），约民国初年。翠亨孙中山故居纪念馆藏。

本上每年都会举行"隔年"、"清明"（祭祖）等活动，每年族事支出也不过几两白银，每次家族聚餐用米不过一两斗，可见人口不多；聚餐的菜主要是猪肉（少则两三斤，多则十多斤）、咸鱼、塘鱼、虾米、茨菇、鸭蛋、蔬菜、咸菜等，这样的菜色在当时的农村也算不上丰盛，广东人有"无鸡不成宴"的俗语，但在账册中却看不到鸡的记载。① 可见孙氏家族经济状况平平，自不能与杨族相提并论。

翠亨村是一个杂姓村，各族之间尚能和谐相处。过去同村即使不同姓，也甚少通婚，所以翠亨孙氏与杨氏也从无通婚记录。倒是翠亨孙氏与杨氏远祖先定居的隔田启运里（杨家村）的杨氏有通婚。孙中山母亲杨氏就是隔田人，孙中山的姐姐孙妙茜也嫁给了隔田村民杨紫辉。翠亨杨氏虽自隔田迁出200多年，但与隔田杨氏关系依然密切。隔田乡《杨崇德堂家谱》（清光绪二十四年抄本）"弘农堂家谱小引"载"应祥祖同子敬修公父子卜迁于东门外大字都波罗村暂然居住，后乃卜择隔田乡以为基址，自开民籍大一七甲老户杨文聪图分"。翠亨《杨氏家谱》"五世祖应祥公"条下中记载"广东广州府香山县大字都一图七甲户丁杨文聪开爪，兼善大业爪，瑞圃兴业爪"。也就是说相当长的一段时间内，翠亨杨氏和隔田杨氏仍在同一个"户"名（杨文聪户）下纳赋税和应役，翠亨杨氏直到"兼善"、"瑞圃"的时代才从杨文聪户下分爪，独立承担赋役的责任。②

二 "官吏和三个有钱兄弟"

林百克的《孙逸仙传记》第九章"官吏和三个有钱兄弟"记载了一件孙中山童年亲眼目睹印象深刻的事情。这件事简单概括是这样的：翠亨村有富有的杨氏三兄弟，在村中筑有豪华的住宅和花园。某一天，忽然有数十个"满清"士兵和衙役冲进他们的住宅和园子里，以非法致富为理由把他们拖出来，并强占他们的财产和家宅，杨家其中一个兄弟还被处以斩首死刑。村人都认为他们的财产来源正当，对清兵掠夺他们财产的暴行，村

---

① 参见《翠亨孙氏祖尝账册》，清道光至咸丰年间，抄本。翠亨孙中山故居纪念馆藏。邱捷：《翠亨孙中山故居文物的社会史解读》，《历史人类学学刊》第四卷第二期，2006年10月。

② 翠亨杨氏与隔田杨氏之关系，参见黄健敏《伶仃洋畔乡村的宗族、信仰和沿海滩涂——中山崖口村的个案研究》，中山大学历史系硕士论文，2010年6月。

民都私下愤恨，而不敢公然反抗。童年的孙中山却勇敢地跑到三兄弟的院子里并质问"满清"官吏表达抗议。[①]

这"三个有钱兄弟"，就是上文曾经提到过的杨达勋的三个儿子：杨启文、杨启操和杨启怀。关于杨氏三兄弟，翠亨《杨氏家谱》有如下记载[②]：

> 二十世启文公，讳承光，字启文，号盂谷，达勋公四子，清诰授中议大夫，钦加三品衔，福建试用同知，赏戴花翎，生于清道光五年乙酉九月初七日酉时，卒于清宣统元年己酉五月二十八日未时，享寿八十五岁。

> 二十世启操公，讳显光，字启操，号耀堂，达勋公五子。前清因克复嘉应州案内保举钦加知府衔，赏戴花翎，选用同知，诰授朝议大夫。生于清道光八年戊子十一月初一日戌时，卒于清光绪十一年乙酉正月初四日丑时，享年五十八岁。

> 二十世启怀公，讳俊光，字启怀，号冠千，达勋公六子。前清诰授奉政大夫，候选同知。生于清道光十一年辛卯十月初五日酉时，卒于清同治十三年甲戌五月二十九日酉时，得年四十四岁。

杨氏三兄弟是当时翠亨村最富有的人。他们在村中分别建起三进三开间的大宅，其中杨启文的住宅（俗称"四宅"）及杨启怀的住宅（俗称"六宅"）至今仍存，并被列为国家历史文化名村翠亨村的传统保护建筑。杨启怀的住宅后还附建占地颇宽的私家花园"韵园"，亭阁建筑与岭南花木杂存，是当时翠亨村中最漂亮的景观，也是孙中山童年经常流连的玩乐之所。可惜韵园今已不存，仅余当年园内的数株红棉和桄榔树供人想象昔年的繁华。杨氏三兄弟还为父亲杨达勋（号兼善）建起三进三开间附两路副屋的兼善杨公祠，以堂皇的气势显示家族的富有。[③]

杨氏兄弟如何致富，到现在还不能说是一个很清楚的问题。《孙逸仙

---

① 参见林百克著《孙逸仙传记》，徐植仁译，广西师范大学出版社，2011，第13～14页。杨氏三兄弟被抄家的事也在翠亨村民间广泛流传，参见李伯新《孙中山史迹忆访录》，中国人民政治协商会议广东省中山市委员会文史学习委员会，1996年10月编印。

② （翠亨）《杨氏家谱》，第30～32页。

③ 杨启文宅、杨启怀宅及杨兼善祠的建筑情况，参见黄健敏《翠亨村》，文物出版社，2008，第61～65、73～76页。

传记》说这三兄弟："他们本来是穷的，但是后来富了。他们致富之由，是从勤俭坚忍得来的。"① 这种说法，显然是为了配合叙述后面清兵的蛮横无理而塑造出来的。正如上文所说的，杨氏兄弟的父亲杨达勋是杨氏家族崛起的关键人物，捐得"中议大夫"的官衔，并主持建造祠堂，家境似不应太差。根据翠亨村民的忆述，这三兄弟财富主要是在汕头一代俗称"卖猪仔"（即外洋劳工贸易）而得来，因在外触犯官府，而被查抄。②

事件中被斩首处死的杨家兄弟是杨启怀，杨启怀卒于清同治十三年（1874）五月二十九日。另据翠亨村民回忆，杨启怀在清兵到翠亨查抄杨氏三兄弟的产业时已被杀。③ 一般来说斩头与抄家两事发生的时间应该相距不远，则孙中山忆述的此事发生时间应该就是在同治十三年（1874），当时孙中山才8岁。

杨氏三兄弟被清兵抄家及杨启怀被斩首，在当时的翠亨村是一件大事，也给童年的孙中山留下了深刻的印象，是他认识及反思"满清"政府及其统治下的社会的一次重要体验。孙中山曾经告诉林百克："自从三兄弟的悲剧演了之后，他很注意到权力的意义。谁把打人锁人的权利给残暴的官吏的？是不是因为官吏是强有力而带武器，还是另外有别人有比较他所给的暴力更大的力量？谁是发令斩决三兄弟中的一个和囚其余两个在牢狱的人？"

"卖猪仔"所得的财富可说是杨氏三兄弟的"第一桶金"，经历这场官司之后，杨启文及杨启操等都把商业活动的基地转移到港澳。杨启操据说在港澳开办"金山庄"（经营华侨汇兑的金融组织），同时还有许多产业。杨启文与杨启怀均与长期垄断太古洋行华人买办的会同莫氏家族结为姻亲，或许可以提供一些杨氏三兄弟生意业务转型的一些信息。在讲究门当户对的当时，能够与大洋行买办结为姻亲也说明杨氏经济实力与社会地位不弱。杨氏三兄弟的子女及女婿各有所成，分布政、商及医学、建筑等各界，在省港澳地区建有广泛的网络，其中一些亲属还和孙中山有或多或少

① 《孙逸仙传记》，第13页。
② 参见《1959年李伯新访问翠亨村民陆天祥（83岁）记录》、《1964年5月13日李伯新访问陆天祥（88岁）记录》、《1962年5月24日李伯新访问孙中山甥孙杨连合（48岁）记录》、《1978年2月24日李伯新访问杨连合（64岁）记录》，《孙中山史迹忆访录》，第61、76、83~84、96页。
③ 《1965年8月18日李伯新采访翠亨村民谭金兰（62岁）记录》，《孙中山史迹忆访录》，第142~143页。

的关系。

杨启文生有 10 子 10 女，多捐纳得官衔。杨启文的长子杨汉川（1856 ~ 1902）为"清敕授职佐郎，候选训导，廪贡生"，据说孙中山曾随其进修国学。第十子杨锡宗为近代岭南著名建筑师，参与设计不少孙中山纪念建筑（详后）。杨启文第六女适香山会同（今珠海金鼎镇会同村）莫仲逵，会同莫氏为近代著名买办家族，莫仕扬、莫藻泉、莫乾生祖孙三代连任香港英资四大洋行之首的太古洋行华人买办半个多世纪。莫仲逵长期主持莫藻泉创办的"南泰号"商行，经营南北贸易和轮船揽载业务，在东南沿海口岸形成庞大的货源、客源网络，还参与契约华工的招收活动。[①]杨启文第十女适三水胡禧堂（? ~ 1932），胡禧堂绅士亦曾任太古买办，与何东爵士合办内河船运业务，后任香港华商总会总理。[②]

杨启操的第四子杨鹤龄是孙中山最早的革命支持者之一，与孙中山、陈少白、尢列并称"反清""四大寇"之一（详后）。杨启操第七女适香山北岭吴捷薇（吴节薇）。吴节薇是澳门著名绅商。1892 年，孙中山在澳门向镜湖医院借银开办中西药局，"担保还银人"就是吴节薇。杨启操第九女杨舜华（1884 ~ 1951）适番禺关心民。关心民（1877 ~ 1955），名景星，香港西医书院肄业，北洋西医学校毕业，曾任天津营口卫生局总办。1904 年以大使随从医官随议约全权大臣唐绍仪赴印度，与英国商议西藏事宜。由文童官学生历获奏保以道员赏戴花翎加二品衔。[③] 关心民七兄关景良（1869 ~ 1945）是孙中山在香港西医书院的同班同学，并同室而居数年。孙中山与关家关系密切。孙中山介绍檀山归侨李月娥（1876 ~ 1905）嫁与关景良，并担任其证婚人。[④] 1913 年关心民派办广东省盐务稽核分所所长，据说也与孙中山力荐有关。[⑤] 关心民之父关元昌（1832 ~ 1912），是香港首位华人注册牙医，有"中华牙医始祖"之称，孙中山曾认关元昌为

① 徐松荣：《莫仕扬（附莫藻泉、莫乾生）》，张耀中主编《珠海历史名人》（二卷），珠海出版社，2004，第 23 页。

② 参见维基百科"胡百全"词条（http: //zh. wikipedia. org/wiki/% E8% 83% A1% E7% 99% BE% E5% 85% A8），2011 年 5 月 13 日检索。

③ 容应萸：《香港开埠与关家——基督教之传播与关元昌一族》，关肇硕、容应萸：《香港开埠与关家》，（香港）广角镜出版社有限公司，1997，第 14 页。

④ 参见简又文《国民革命文献丛录》，《广东文物》（影印版），上海书店，1990，第 431 ~ 433 页。

⑤ 关肇硕：《中华牙医之父与国父孙中山》，《香港开埠与关家》，第 51 页。

义父。关家亦是香港著名的基督教家族。① 关心民八姐夫容星桥（1865 ~ 1933）及其堂兄容闳（1828 ~ 1912）亦是孙中山革命得力支持者。②

杨启怀的长女适香山会同莫藻泉，莫藻泉（1857 ~ 1917）1879 年起担任香港太古洋行第二任华人买办，任内拓展中国沿海沿江航运业，开设大量分行和代理机构，并创立太古船厂、太古船坞及太古仓等大型工业企业。③ 杨启怀第四女适香山南屏（今珠海香洲区南屏村）陈景华（1865 ~ 1913），陈景华清光绪十四年（1888）中举，历任广西荣县、马平、贵县、桂平等地知县。后因惩办受招抚的盗魁陆显而被革职扣押并奏请正法。后陈景华逃亡香港，复转赴暹罗（今泰国），接受孙中山的革命思想，投身"反清"、反保皇党斗争，由清王朝的叛臣转变为民主革命的战士，并得到孙中山的信任和器重。清宣统三年（1911），胡汉民就任广东省都督后，先后委任陈以民政司司长与警察厅长之职。④

三 翠亨杨氏与辛亥革命

翠亨杨氏不少族人追随孙中山，参与辛亥革命，作出贡献。

（一）杨鹤龄

杨鹤龄（1868 ~ 1934）是杨启操第四子，自小随在港澳经商的家人生活，甚少回乡。因此孙中山与杨鹤龄虽是同乡，但却是孙中山就读于香港皇仁书院时由同乡兼同学的谭虚谷介绍才熟悉的。⑤ 杨鹤龄曾师从岭南大儒简朝亮，又就读于广州算学馆，与尤列为同学，后随家人在香港歌赋街经商，开设有"杨耀记"商店。孙中山就读于香港西医书院时，课余常与杨鹤龄、陈少白、尤列等在"杨耀记"后楼相聚，"昕夕往还，所谈者莫不为革命之言论，所怀者莫不为革命之思想，所研究者莫不为革命之问题"，四人来往密切，非谈革命无以为欢，其中最为仰慕发起太平天国起

---

① 参见《香港开埠与关家》，第 7 ~ 10、48 页。
② 参见李吉奎撰《容星桥》及徐松荣撰《容闳》，张耀中主编《珠海历史名人》（首卷），珠海出版社，2001。
③ 参见徐松荣《莫仕扬（附莫藻泉、莫乾生）》，《珠海历史名人》（二卷），第 21 ~ 23 页。
④ 参见邱捷《陈景华》，《珠海历史名人》（二卷），第 59 ~ 64 页。
⑤ 《1965 年 9 月 20 日李伯新访问孙中山甥孙杨连合（51 岁）记录》，《孙中山史迹忆访录》，第 88 页。

义的洪秀全。古人称成者为王，败者为寇，太平天国起义最终失败，清政府视洪秀全为寇，他们谈论时说，我们的志向，和洪秀全一样，于是便笑称自己为"四大寇"。① 这期间，陆皓东、郑士良等来往广州、上海经过香港时，也常常在"杨耀记"暂住，与"四大寇"经常聚谈"反清"言论，因此"杨耀记"商店后来被称为"革命党人最初之政谈俱乐部"。②

1892 年，孙中山在澳门向镜湖医院借银开办中西药局，"担保还银人"是杨鹤龄的妹夫、澳门绅商吴节薇。后孙中山在澳门受到排挤，转往广州及香山石岐开设药局，但手头拮据，据杨鹤龄之子杨国铿回忆，当时杨鹤龄曾变卖位于澳门龙嵩街的一所房子与吴节薇，所得资金全数赠给孙中山作发展事业之用。③ 孙中山发动反清起义，杨鹤龄则在港澳一带协助筹募经费及作"反清"宣传，一度在陈少白创办的革命报刊《中国日报》中任职。民国成立后，杨鹤龄隐居澳门，并把居所命名为"杨四寇堂"，以纪念这一段革命往事。

1919 年 5 月 16 日，闲居澳门的杨鹤龄曾致函孙中山，希望为革命效劳，信中说："自我公乙未举事以来，此身思为公用，望之数十年矣。此数十年中因孙党二字几乎无人敢近，忍辱受谤，不知几极。弟又平素不善治生，上下无脚，竟成废弃，深为自惜。今者国家多事之秋，如弟之宗旨不变，诚实可靠，若用作奔走，用作心膂，赵冲国所谓无如老臣者，弟亦云然矣。"孙中山收信后，批复："函悉，此间现尚无事可办，先生故闭户著书；倘他日时局转机，有用人之地，必不忘故人也。"④

1921 年 9 月，孙中山在广州任非常大总统时，就聘请杨鹤龄为总统府顾问，并每月馈赠五百元作为养老金；又把越秀山南麓文澜阁修葺一新，延请杨鹤龄、陈少白、尢列三位"四大寇"时期的革命元老居住。1922 年 6 月，陈炯明叛变炮轰越秀山。孙中山转赴上海，杨鹤龄则回到澳门。

1923 年 1 月 9 日，杨鹤龄再次致信孙中山，信中说："近观大局，知

① 参见《孙中山全集》第六卷，中华书局，1985，第 229 页；陈少白：《兴中会革命史别录》，中国史学会主编《辛亥革命》（一），上海人民出版社、上海书店出版社，2000，第 83 页。
② 冯自由：《华侨开国革命史》，商务印书馆，1947，第 2 页。
③ 参见杨国铿《忆述父亲杨鹤龄》，中国人民政治协商会议广东省广州市委员会文史资料研究委员会编《纪念辛亥革命七十周年史料专辑》（下），广东人民出版社，1981。
④ 陈锡祺主编《孙中山年谱长编》（下），中华书局，1991，第 1177 页。

已大有转机，广东三千万同胞，日日望公解决，非如前岁之情况矣。老夫睹此，大有雄心，极欲服务民国。……始谋有我，而收效岂无我乎？嗟乎！俟河之清，人寿几何？想我公必不便四皓永匿商山，二老长居东海也。"也许是此信的后半段引起孙中山不快，孙中山收信后，批复拒绝了杨鹤龄的请求："真革命党，志在国家，必不屑于升官发财；彼能升官发财者，悉属伪革命党，此又何足为怪。现无事可办，无用于长才。"① 1923年3月，孙中山在广州成立海陆军大元帅大本营。4月4日，杨鹤龄被任命为港澳特务调查员。②

杨鹤龄衷心敬佩孙中山的革命言论和为人处世，晚年最喜欢书写"天下为公"及"博爱"赠与友人。他在所书的"天下为公"下常常写上"昔仲尼言之，而志焉未逮，吾友逸仙言之，有志竟成，逸仙贤于仲尼矣"一段话；而在所书的"博爱"下则常常写上"中山先生喜书此二字，蒙作效颦也，亦景仰流风之意耳"，可见他对孙中山的景仰和钦佩。③ 杨鹤龄性情诙谐，别人问起他的革命事迹时，常以"一部十七史，不知从何说起"为由婉言谢绝，而对于革命先烈的亲属后裔则时时关顾，现在还保存下来多封他要求为黄咏商、林喜智、程耀臣、谭弼、朱贵全、邱泗、郑弼臣、杨衢云等建墓立碑及抚恤遗族的信函。

晚年蛰居澳门的杨鹤龄，"蒿目河山，曾无片好，中原多故，外侮频仍"，忧国之心日重，时时借酒消愁，举杯轰饮，醉后"时发牢骚之谈，痛斥执政者日非"。④

1934年，杨鹤龄在澳门病逝，后安葬于家乡翠亨村金槟榔山麓，墓前遥瞰翠亨村孙中山故居，墓侧立有国民党中央执行委员会西南执行部的褒恤令，褒扬杨鹤龄"性行高洁，器识宏远，早岁劻勷总理倡导革命，厥功甚伟。民国肇造，退隐家园，功成不居，尤足矜式。"

（二）杨心如

杨心如是孙中山在翠亨村中的总角之交，他乳名帝镜，名兆蓉，字正

---

① 《孙中山年谱长编》（下），第1554页。
② 《孙中山年谱长编》（下），第1605页。
③ 杨鹤龄手书《博爱》、《天下为公》横幅。翠亨孙中山故居纪念馆藏。
④ 参见陈春生《革命先进杨鹤龄先生事略及其有关党史之遗墨》，（台）中国国民党文化传播委员会党史馆藏原件。

乐，同治七年（1868）生于翠亨村，比孙中山小两岁，家中世代务农，后其兄贸易外洋，家境饶裕。

杨心如从小胸怀大志，好读书，聪慧过人，过目不忘，但不喜欢读"四书五经"，亦无意走科举考试之途，常和孙中山相与倾谈天下兴亡事，见解独到，多中肯綮，被孙中山引为知交。1895 年，孙中山与革命同志创立兴中会，杨心如与岳父程耀臣在杨鹤龄的劝说下响应加入。杨心如奉命奔走中山、澳门、香港、台湾诸地，策动人力、物力，参与广州起义、惠州起义诸役，"毁家纾难，产业十九捐助革命，家遂中落"[①]。

1895 年，广州起义失败后，杨心如岳父程耀臣被捕，"在狱多年，备受残刑，卒之瘐死狱中，为革命家散人亡"[②]。而杨心如则转赴台北，在一家经营茶叶的良德洋行任司账。1897 年，陈少白到台湾发展革命组织，通过杨心如结识当地爱国志士，于当年 11 月在杨心如家中成立台湾兴中会分会，这是革命党人在台湾建立的第一个据点。[③] 1899 年，孙中山为策划近海革命根据地，远赴台湾，杨心如相随左右，初设联络机关于台北市新起町，后迁御成町梅屋敷，积极策划惠州起义。惠州起义失败后，孙中山转赴日本，而杨心如则留在台湾部署。其后黄花岗起义，杨心如奉召赴香港策应，失败之后，奉孙中山命继续留在台湾，建立革命基地。民国成立后，杨心如请示去留，据说当时孙中山本想把杨心如留在身边共谋国策，但因为台湾为海外联络要津，未可轻动。于是，杨心如和长子杨东瀛一起，在台湾以经营商业为掩护，和大陆革命同志暗通声气。其后"二次革命"倒袁、护法运动等，革命同志来往南北，多以上海、台湾、香港为联络所，台湾方面，杨心如是实际的主持者。

孙中山先生去世后，杨心如一直留在台湾。抗战期间，他关怀国事，终日忧心忡忡，虽家人亦难交谈一语，内心苦闷可知。及至日本投降，台湾、澎湖宣告复归祖国，杨心如笑逐颜开说："不图竟有今日，吾无憾矣。"孙科得知杨心如还在台湾，而又生活困顿时，马上函托当时的台湾行政长官陈仪，对杨心如多加关照。杨心如常为抗战结束后中国的社会与

---

① 参见《杨心如先生行状》，撰者及时间不详。南京中国第二历史档案馆藏原件。
② 《杨鹤龄致陈春生函》，（台）中国国民党党史会藏原件。参见冯自由《兴中会组织史》，《革命逸史》第四集，第 11、13 页。
③ 参见王国璠《从杨心如先生生平探讨兴中会台湾分会》，1979 年 1 月 21 日（台）《中华日报》。

政治现实而担忧，感叹说："安得逸仙先生复生，兼收并蓄，和衷共济，以图建国耶。"1946 年 10 月 4 日，杨心如在台湾病逝，弥留之际，对其子杨东瀛等说："予随孙逸仙先生革命最早，言悔后死，今强寇已除，台湾光复，予向不善治家产，无一遗物，汝等或留台、或归乡均可。但须自立自强，勿辱邦家。"①在杨心如的追悼会上，南京国民政府主席蒋介石致送题写"精神永在"的花圈，时任国民党台湾党部主委李翼中致送挽联："是亦翠亨村人，少小追随，危难不渝，自有元功布方策；自定中华局后，孤羁退隐，沧桑几历，尚留老眼看升平。"②

（三）杨德初、杨灿文父子

杨德初（约 1838～1926）是翠亨杨氏仰仙祖房族人，1878 年由香山经澳门、香港往夏威夷茂宜岛谋生③，后成为孙中山长兄孙眉生意上的得力助手。1894 年底孙中山在檀香山成立兴中会，杨德初是较早加入兴中会的会员之一。④ 1895 年夏，杨德初与孙眉等合资铸造翠亨村北极殿铁钟。⑤ 1907 年 9 月，结束檀香山茂宜牧场事业的孙眉与杨德初等同往越南河内，与孙中山筹商善后诸事。⑥ 1908 年 1 月，孙眉与杨德初等在香港九龙牛池湾营建庐舍，以及从事种植果菜饲养鸡豚等工作。⑦ 1909 年冬，孙眉与杨德初等在牛池湾农场及香港湾仔冯自由宅缝制起义旗帜支持广东新军反正，数日内成三色旗百余幅。⑧ 1910 年 9 月，孙眉因运动劳工入党事，被港政府驱逐出境。遂与杨德初赴广州湾，"宣传革命，大招党人，高雷土人入会者，踵趾相接"。⑨

---

① 参见《杨心如先生行状》，撰者及时间不详。
② 参见《杨心如翁追悼会昨晨于中山堂举行》，1946 年 10 月 24 日（台）《民报》第五版。杨心如追悼会灵堂照片，杨心如亲属提供。
③ 据〔美〕杨帝霖编《杨德初家族世表》（稿本），1995 年 2 月。
④ 冯自由：《中国革命运动二十六年组织史》，商务印书馆，1948，第 15～16 页。
⑤ 参见翠亨村祖庙北极殿铁钟铭文，光绪二十一年（1895）。翠亨孙中山故居纪念馆馆藏。
⑥ 《老兴中会员郑照事略》，《革命逸史》第六集，中华书局，1981，第 7 页。
⑦ 参见《孙眉公事略》，《革命逸史》第二集，第 7～8 页；《老兴中会员郑照事略》，《革命逸史》第六集，第 7～8 页。
⑧ 参见《孙眉公事略》，《革命逸史》第二集，第 8 页；冯自由：《华侨革命开国史》，第 20 页。
⑨ 《孙眉公事略》，《革命逸史》第二集，第 8 页。

杨德初之子杨灿文（1879～1952），名华桐，字灿文，号凤廷[①]，自小随父在檀香山长大。1912 年孙中山就任中华民国临时大总统，杨灿文怀着激动的心情从檀香山写了一封英文信给孙中山，信中说："你不仅是四万万同胞的恩泽，而且是你的家庭和我们翠亨人的光荣……自革命爆发后，在这个国家的华侨有了很大的变化。过去许多人是支持无能的满族皇帝的，现在成了积极的共和主义者。所有的人都紧跟革命运动，我们非常高兴听到革命同志的迅速成功的消息。群众集会表明我们对事态的关注，游行直接抒发了我们的喜悦。"[②] 我们不难从中感受到作为同乡深受鼓舞和自豪之情。民国成立后，杨灿文回到故乡翠亨村生活。1921 年，孙中山在广州任非常大总统时，翠亨村民代表杨灿文与陆献山、陆兰谷等代表翠亨村民到广州，请孙中山从政府经费中拨款资助兴建翠亨学校的校舍。孙中山在热情接待乡亲之余，表示办学要靠群策群力："满清是我们民众合力推翻的，希望你们各人都来出钱出力，合力来办好学校。"孙中山并题字"后来居上"送给他们以作勉励，此后这幅题字一直悬挂在翠亨杨仰仙祖祠里。[③]

支持孙中山革命运动檀香山的翠亨杨氏华侨，当然不止杨德初和杨灿文。如杨贺（1866～1945），名官贺，字礼波，是孙中山的同龄人，据说曾为同学，后到檀香山谋生，并于 1912 年 3 月 27 日加入同盟会。[④] 此外还有杨锡初、杨培初等，至于名字和事迹都已湮没无闻的无疑更多。

（四）杨殷

杨殷是翠亨村孙中山革命追随者中比较特别的一位，他既积极参加过孙中山所领导的革命运动，又是著名的工运领袖和中国共产党早期领导人，与彭湃被并称为"中国革命运动工农两巨星"。

杨殷（1892～1929），名观恩，字典乐，号命夔，其父杨汉川曾为孙中山国学老师。杨殷从小便听说过孙中山、陆皓东、杨心如、杨鹤龄等村

---

① 据杨帝霖编《杨德初家族世系表》稿本，1995 年 2 月。

② 1912 年 1 月 15 日，杨桐致孙中山英文函。翠亨孙中山故居纪念馆藏原件。中文译文是南开大学历史系邓丽兰副教授翻译。

③ 李伯新：《中山故居话当年》，《孙中山史迹忆访录》，第 11～12 页；孙中山"后来居上"题词墨迹现藏翠亨孙中山故居纪念馆。

④ 参见（翠亨）《杨氏家谱》，第 55 页；《杨贺同盟会员证》，1912。翠亨孙中山故居纪念馆藏。

人的故事。据说 1911 年初，年仅 19 岁的杨殷便加入了中国同盟会，在同盟会南方支部副支部长孙眉的安排下，经常来往广州、香港、澳门、香山等地，秘密从事传递军事情报及运送武器的工作。民国成立后，杨殷仍然积极支持孙中山的革命运动。1913 年孙中山反对袁世凯复辟帝制，发动"二次革命"，杨殷积极支持，曾只身用炸弹把袁世凯的心腹、上海镇守使郑汝成炸伤。1917 年，孙中山南下广州建立政权，杨殷被安排在大元帅府参军处工作。杨殷精通技击拳术，常随孙中山出入，担任警卫职责。革命的几起几落，触动杨殷对革命的前途进行深入的思考。杨殷从俄国十月革命的胜利看到新的希望，并于 1922 年底加入了中国共产党，参与发动和领导了震动全国的省港大罢工及广州起义等，为中国革命事业作出重要贡献。1929 年 8 月 24 日，因叛徒告密，杨殷与彭湃等五位同志被捕，一周之后被秘密杀害。[①]

四 杨锡宗与孙中山纪念建筑的设计

杨锡宗（1889～?），字礼绍，是翠亨村首富杨启文第十子，曾就读于广州岭南中学及北京清华学校，后赴美留学，1918 年毕业于美国康乃尔大学，获建筑科学士，毕业回国后，随即展开长达 30 余年的设计生涯。

杨锡宗是岭南乃至中国最早接受正规西方建筑学教育并回国服务的建筑师之一，他的设计生涯从折中主义、新古典主义到现代主义等各种形式的建筑风格都作出了许多积极的探索，见证了岭南建筑的近代化发展。杨锡宗的代表性建筑设计包括广州中央公园（现广州人民公园）、黄花岗七十二烈士墓墓园规划、广州中山大学石牌新校园总体规划和第一期工程项目的设计、十九路军淞沪抗日阵亡将士陵园、广州银行华侨新村、嘉南堂（今广州太平南路新华酒店）、南华楼（今广州太平南路新亚酒店）等。[②]杨锡宗擅长设计及绘画建筑图则，据说"每出一则，勾心斗角，立意必新，悬之国门，高下共赏，世人得其一纸，无不乐奉千金以为寿"[③]。

① 杨殷烈士生平，参见中共广东省委党史研究室、中共中山市委党史研究室编《翠亨红棉——纪念杨殷诞辰一百一十周年文集》，香港天马图书有限公司，2002。
② 参见彭长歆《岭南近代著名建筑师杨锡宗设计生平述略》，《华中建筑》第 23 卷，2005 年 7 月。
③ 勃德编《中华今代名人传》，上海传记出版公司，1925。

我们现在还没有什么直接的史料看到杨锡宗和孙中山有什么往来和联系，不过他们既属同乡，杨锡宗积极参与孙科及广州工务局局长程天固主导下的城市建设，杨锡宗与孙中山相识也在常理。而杨锡宗对孙中山及其领导的革命事业的敬仰深深体现在他后来的一系列建筑设计之中。

1925 年 3 月 12 日，孙中山先生逝世后，葬事筹备处决定向全世界的建筑师和美术家有奖征集陵墓设计图案，并制定《陵墓建筑悬奖征求图案条例》，要求陵墓设计必须"采用中国古式而含有特殊与纪念之性质者，或根据中国建筑精神特创新格"。杨锡宗参加了这次国际竞标，他在《关于孙中山陵墓计划说明书》中总结自己的设计说："就全部论，计画者刻意求集合中国古代建筑之分子，已成一美丽和一之总体，不特可供纪念，同时关于此项建筑之近代需要，皆能有适当之应付。"最后在国内外应征的 40 余份设计方案中，杨锡宗的设计获得第三名。评判者之一的凌鸿勋认为杨锡宗的设计"美术方面甚佳，颇合陵墓庄严之意义，独惜与背山形势不称，且过于宏伟，非规定建筑费之所许"。① 同是留美归来的吕彦直获得了第一名。

1926 年 1 月，广州国民政府在《广州民国日报》悬赏征求"中国国民党总理孙先生纪念碑图案"，杨锡宗参加了这次竞标，并获得了第一名，但可惜杨锡宗获首奖的设计最后只存在于图纸之上。② 因为两周之后，广州国民政府决定在越秀山山顶建筑纪念碑，在山麓增建纪念堂，形成"前堂后碑"的纪念建筑格局，并重新在报上刊登《悬赏征求建筑孙中山先生纪念堂及纪念碑图案》。杨锡宗也参加了这次设计竞选，在应征的 26 份设计中，再次败于吕彦直之下，获得第二名。③ 1929 年，杨锡宗担任广州中山纪念堂建筑委员及管理委员会总干事。

著名的黄花岗七十二烈士墓，其墓园规划出自杨锡宗手笔，研究者认为"杨锡宗很好地把握了中国资产阶级革命的原发理想——民族、民权、民生（即孙中山的三民主义）以平和叙事般的手法铺陈展开，没有突变，没有刻意的高潮起伏，空间气氛静谧而祥和"。而杨锡宗的另一项设计，广州石牌中山大学新校园总体规划和第一期工程项目则"以钟型平面构图

---

① 参见《孙中山先生陵墓图案》，孙中山先生葬事筹备处 1925 年编印。

② 《总理纪念碑图案之获选者》，1926 年 2 月 9 日《广州民国日报》。

③ 孙中山先生广州纪念堂筹备委员会：《孙中山先生广州纪念堂征求图案揭晓》，1926 年 9 月 21 日《广州民国日报》。

强调中山先生的临终遗训，并在意象概念上暗示中山大学的历史渊源"。①

五　结语

本文缕述孙中山与翠亨杨氏相关史事，似乎无关宏旨。翠亨杨氏这些族人，他们和许许多多可能姓名事迹都已湮没无闻的爱国者一样，在追随孙中山的革命生涯中，为建立独立、民主和富强的中国，都或多或少地作出过贡献。在辛亥革命一百周年之际，我们不应忘记他们。

众所周知，研究近代中国史，人物之间血缘、亲缘与地缘的网络关系是值得重视的问题。孙中山的故乡香山县地处珠三角西岸濒海之地，与澳门这个中西文化交融的地区唇齿相依，又是著名的侨乡。由于地缘与人缘的契机，近代香山得风气之先，涌现出大批对近代中国政治、经济和文化发生重要影响的杰出人物。这些杰出人物不少源出同乡同族，从早期著名的唐家唐氏、北岭徐氏、雍陌郑氏、会同莫氏等四大买办家族，到革命时期的翠亨孙氏、南屏容氏、南朗程氏、翠亨杨氏等，以及建立近代四大百货公司的竹秀园郭氏、沙涌马氏、石岐李氏、外沙蔡氏等家族。这些家族内部及家族之间都有着千丝万缕的关系，同乡、同族的关系，以及通过联姻等方式建立的亲缘关系，使他们更容易互相建立起信任和认同，建立起利益交织的共同体，这在他们的事业中发挥着不能忽视的作用。加强实地考察和地方文献搜集工作，"织出"其中复杂的关系网，或许有助于对近代中国社会某些运作规则的理解。

作者单位、职务：中山市孙中山故居纪念馆办公室主任

---

① 彭长歆：《岭南近代著名建筑师杨锡宗设计生平述略》，《华中建筑》第23卷，第124页。

孙中山与杨心如在台湾的革命情谊

✍ 林国章

一 前言

在有关孙中山先生史迹史料的众多研究论著中，曾有学者提到其四次到访台湾的说法。描述的重点除了具体确定的 1900、1903、1908 年等三次之外，另有一说是以 1924 年 11 月 13 日，当南方革命据点的情势好转之际，为了团结国人共同奋斗，应北方军阀之邀乘轮离粤北上。行程于 11 月 15 日寄留基隆港，虽然并未实质上陆，却已经算是到了台湾之地。①

但是考察《国父年谱》、《国父全集》，有关这一趟行程的记载，列举的是 "13 日在陆军军官学校作最后视察，6 时离黄埔，向香港航行；14 日自香港开航赴上海"。② 其间并无航向台湾的记录。此外，更具佐证效力的是行程随员数据，实际上此行孙中山是偕同夫人宋庆龄登永丰舰启程。而在宋庆龄传记及相关纪念图集之中，也没有陪同过境台湾的记录。③ 因此，研究孙中山与台湾，应以三次到访的说法可信度较高。

值得重视的是，孙中山为什么到台湾？到台湾的原因是宣扬革命号召台民响应，有无其他特殊因素？再次则是，到了台湾之后与哪些人有过实际交往？做了哪些事情？

---

① 曾乃硕：《国父与台湾的革命运动》，幼狮文化出版，1978，第 54～55 页。
② 罗家伦主编《国父年谱》，中国国民党党史委员会出版，1985，第 1255～1257 页。
③ 伊斯雷尔·爱泼斯坦：《宋庆龄：二十世纪的伟大女性》，沈苏儒译，人民出版社，1997，第 146～147 页。另参阅宋庆龄基金会编《宋庆龄伟大光荣的一生》，中国和平出版社，1987，第 22～23 页。

二 日据时期台湾的民政管制

因为 1895 年 5 月，中、日《马关条约》清政府将台湾及澎湖群岛割让予日本。依据该约第 5 条规定，在"本约批准互换之后，限二年之内，日本准中国让与地方（指台、澎地区）人民愿迁居让与地方之外者，任便变卖所有产业退去界外，但限满之后尚未迁徙者酌宜视为日本臣民"。又在 1897 年 3 月 19 日，总督府对辖下官厅发出内训"台湾住民分限取籍手续"（《台湾住民身份处理办法》），其中规定：有权行使选择权的台湾住民，只限于在台湾拥有一定住所的人。但对于在台非永久住民——从大陆来的短期劳动者也给予国籍选择权。这是因为当时台湾的户籍尚未完备，很难区分永久或短期在台居留。①

显然殖民政府是以 1897 年 5 月 8 日为限，逾此期限未离去者均视为日本帝国臣民，并以"本岛人"称之，以有别于真正的"日本人"。而在期限届满前申报为中国人者，或一时举家内渡中国，再于限期届满后返台未申报愿为日本臣民者，以及 1895 年 5 月 8 日以后始自中国大陆来台者，均被视为外国人，并以"清国人"、"支那人"称之，这在当时也俗称为"华侨"。又因为台湾割让之初，武装抗日奋起，为维护社会秩序安定，强化扫荡抗日势力，总督府对于华民入境台湾，更采取防患戒慎的态度。在 1895 年 11 月总督府发布的《清国人台湾上陆条例》中，规定来台之中国人必须持有中国政府核发载明籍贯、姓名、职业、年龄及至台目的的护照或证明书；上岸时经地方当局检查后，始发给入境许可。②

除了户政方面的管制，日本统治台湾之初（1895 年 6 月 17 日至 1896 年 3 月 31 日）对于社会治安以及人民权利义务的规范，完全由总督府以军令规定。1896 年 4 月 1 日起施行《法律第六十三号》及《台湾总督府官制》，以军政特别法为依据，强化对殖民地警备力量与民政的统治，并设置"保良局"，由地方乡绅负责举报良民、土匪或匪徒。③ 1897 年第三代总督乃木希典开始实行《三段警备制度》，将全岛治安分成军队扫荡（一

---

① 黄昭堂：《台湾总督府》，黄英哲译，（台）前卫出版社，1996，第 65 页。
② 吴文星：《日据时期在台"华侨"研究》，台湾学生书局，1991，第 1~5 页。
③ 台湾总督府警务局编《台湾警察沿革志》第二编，《领台以后之治安状况》上卷。经王洛林监译《台湾抗日运动史》（2），（台）海峡学术出版社，2000，第 253~254 页。

等地——反抗、浮动的危险地区）、宪兵镇压（二等地——较少抵抗的不稳定地区）、警察守备（三等地——民情安定地区）等警备的三级防护。[①] 1898 年 2 月第四任总督兒玉源太郎开始，以恩威并济的方式实施连带责任的地方"保甲制度"，作为基层统治与联防的基础，也形成对台湾社会蜘蛛网式的渗透，这一项制度一直延续到 1945 年才结束。

明了这样的时空背景，有助于比较实际地贴近探索孙中山于日据时期访台及活动的可能情境。亦即在殖民政府严密的掌握之下，宣扬革命的行动困难重重，因为当时在台人士要与孙中山实质接洽并不容易。因此，更加凸显了杨心如在台协助孙中山，在国民革命史上弥足珍贵的历史意义。

三 孙中山到台湾的历史及交往关系

（一）台湾问题与孙中山革命思想的关联

孙中山先生在其遗嘱中明示："余致力国民革命凡四十年，其目的在求中国之自由平等……"原因是近代中国在帝国主义列强挟持船坚炮利的威胁之下，已面临瓜分豆剖的危机。为达成救亡图存的目标，激发国人民族主义意识，发挥共御外侮的力量，是国民革命必由的途径，也是晚清中国知识界共同的意向。他在《民族主义》第二讲中陈述：

> 台湾、澎湖，这些地方是因为日清之战，才割到日本。中国因为日清一战，才引出列强要瓜分的论调。[②]

所以尽管自 1885 年中法战争之后已触发他立志革命的思想，但日本侵略中国的形势压迫以及上书李鸿章之献策无效，才真正促使他于 1894 年 11 月在檀香山筹组革命组织"兴中会"的成立。

分析孙中山先生倡导国民革命的目标，重点在于"恢复中华"与"致力建设"两大方向，而民族主义力量的策动，则为达成目标的方法。他曾公开呼吁："民族主义这个东西，是国家图发达和种族图生存的宝贝。"[③]

---

① 史明：《台湾人四百年史》，（台）蓬岛文化公司，1980，第 279 页。

② 孙中山：《民族主义》第二讲，《国父全集》第一册，（台）近代中国出版社，1989，第 14 页。

③ 孙中山：《民族主义》第三讲，《国父全集》第一册，第 22 页。

兴中会在檀香山初创时即以"驱逐鞑虏，恢复中国，创立合众政府"为誓词。在《同盟会革命方略》中更进一步宣示："恢复中华之外，国体民生，尚当与民变革；……故前代为英雄革命，今日为国民革命。所谓国民革命者，一国之人，皆有自由、平等、博爱之精神，即皆负革命之责任。"① 因此，国民革命的目标，在以全体国民之力量，致力于民族与国家的恢复。显见中国近代民族主义发展的艰辛历程，是由内发的传统因素与外激的冲击挑战所驱动，但开始号召的名目，是结合了以"族类"、"文化"与"主权"三者为重心，含有以复兴"华夏"（sino – centrism）为核心的"文化民族主义"色彩。帝国主义列强对中国领土的瓜分与在中国之内占享不平等的特权利益，乃成为国民革命在推翻"满清"之后所要彻底根除的工作。

在孙中山先生民族主义思想发展的过程中，辛亥革命之前偏重"反满"，民国成立之初曾有五族共和的主张，"二次革命"到民国6年之间也曾有"联日反袁"的构想，但在"五四运动"时期，鉴于民族自决原则的传播，巴黎和会之失败和日本恣意的侵略主义，促使他重构反对军国主义，反对帝国主义，谴责日本侵略，支持韩国独立，以及提倡民族自决、民族平等的主张。② 而台湾的抗日与革命事业，也是中山先生始终关心的课题。

由于中山先生遍游海内外，对世界局势与台湾的状况有着充分的了解，革命同志林森、章太炎、吴铁城、邹鲁等也曾先后到访台湾。革命的刊物《游学译编》、《湖北学生界》、《国民日日报》、《黄帝魂》、《浙江潮》、《民报》都曾刊载有关台湾的记述。③ 而他调派同志来台发展革命组织，并曾三次亲莅台湾策划革命与倒袁事业，可见其对台湾地位的关心与对台湾革命志士的倚重。只是民初中国政局混乱，以孙先生为首的国民革命势力仍仅局限于南方一隅，除了精神感召，能够提供抗日运动的协助诚极有限。但台海两岸人民在各自面对艰困的环境中，本于血缘种性的文化民族主义意识反而愈见坚定。戴季陶于1927年2月5日在黄埔军校政治部演讲《孙中山与台湾》，转述孙先生在病重之际（逝世前20天）对他谈到有关日本的二三事中，极重要地指出："我们总理虽在病中，仍旧爱顾台

---

① 《同盟会革命方略》，《国父全集》第一册，第233页。

② 参阅吕芳上《革命之再起——中国国民党改组前对新思潮的响应（1914～1924）》，（台）《中央研究院近代史研究所专刊》57，1989，第126～157页。

③ 陈哲三：《中国革命史论及史料》，（台）商务印书馆，1987，第191～241页。

湾的同志，注意台湾同胞的革命策略。"①实际上台湾的抗日运动，无论武装运动或 1920 年代以后的非武装抗日形式，始终与中国的国民革命与抗日运动，有着桴鼓相应的联系。

（二）孙中山对台湾的部署及三次访台

1. 陈少白先期来台拓展革命组织

国民革命的有形组织"兴中会"于 1894 年 11 月 24 日在檀香山成立之后，其第一及第二个支会分别于 1895 及 1896 年分设于横滨及南非。② 第三个支会即"兴中会台湾分会"则为 1897 年 11 月，陈少白来台所拓展的革命组织。据陈少白口述：

> 孙先生从伦敦脱险出来，离开英国，经美国、加拿大，乘皇后号来日本，到横滨登岸，天还没有亮，他到我家里来……我说：我俩困守一方无从发展，不是一个办法，现在你既然到了日本，日本方面的事情就由你管理，我想趁此机会，到台湾去一次……能够在那里活动活动，或者可以把那里的国人连络起来，发展我们的势力……孙先生深以为然。③

兴中会台湾分会是中国革命党人首次在台湾建立的据点，也是台湾同胞直接参与中国革命组织的开始。到了第二年（1898）3 月陈少白第二次来台拓展会务工作，募得革命经费两三千元。由于台湾同志踊跃捐输，加上兴中会台湾分会相关同志的支持，乃促成中山先生于 1900 年选择以台湾为策动惠州起义的基地。④

---

① 戴季陶演讲《孙中山与台湾》，原载《台湾先锋》第 1 期，（1927 年 4 月 1 日）。参阅杨碧川《日据时代台湾人反抗史》，（台）稻香出版社，1996，再版，第 98～100 页；及张瑞成编辑《国父孙先生与台湾》，（台）中国国民党中央委员会党史委员会出版，1989，第 262～264 页。

② 李云汉：《中国国民党史述》第一编，（台）中国国民党中央委员会党史委员会出版，1994，第 73 页。

③ 许师慎：《陈少白成立兴中会之会于台北》，《中国现代史专题研究报告》第 5 辑，（台）"中华民国史料研究中心"印，1976，第 223～230 页。

④ 陈三井：《国民革命与台湾》，（台）近代中国出版社，1980，第 8～9 页。另参阅《国父孙先生与台湾》，第 50～79 页；陈占勤编《陈少白先生年谱》（初稿），中山市孙中山研究会，1991，第 39～44 页；林惠国主编《陈少白的故事》，花城出版社，1995，第 75～90 页。

2. 孙中山到访台湾的经过

有关孙中山先生来台事宜，以中国国民党文化传播委员会党史馆（原党史委员会）由库藏史料及其从日本外务省档案选译之编辑数据，应以三次来台较可靠。① 其行程纪要如下。

（1）第一次于 1900 年（庚子年）义和团事变危及清廷的朝政与治安之际，中山先生视为有机发动革命，乃与杨衢云、陈少白等商议，决议领导兴中会同志在惠州起义。并于 9 月 25 日（阴历闰八月二日），化名"吴仲"自神户乘"台南丸"轮经马关到台湾，日本友人清藤幸七郎随行，28日由基隆到台北。

当时台湾总督儿玉源太郎及民政长官后藤新平曾因在东京与中山先生晤面过，允诺相助中国革命。此次儿玉在台湾迎接中山先生，同意给予武器援助。中山先生抵台北后，设革命指挥部于台北新起町（现为长沙街）筹备军需。据中山先生自述："不臆日本内阁总理大臣易动由伊藤博文出任，新任内阁总理伊藤氏对中国方针，与前内阁大异，乃禁制台湾总督不许与中国革命党接洽，又禁止武器出口及禁止日本军官投效革命军。"结果惠州之役因后继无援而失败，中山先生闻讯乃于 11 月 10 日乘"横滨丸"轮自基隆转赴日本。合计其在台停留 44 天，主要接洽之台湾革命志士为杨心如、吴文秀等人。②

事实上这次事件早在日本政府的算计之中，原因是 1900 年中国发生义和团事变危机，日方认为有机可乘，希望厦门混乱出事，进而出兵占领，建立在华南的桥头堡。亦即以援助孙中山的革命为幌子，实际则是政治的诈术，最后因列强干预，日本内阁换班，政策上转而禁止援助。③

（2）第二次来台是在民国二年（1913）袁世凯戕害宋教仁，擅借巨款，违法专权，引发各省讨袁之役挫败之后，中山先生欲赴广州，船到福

---

① 《国父孙先生与台湾》，第 119～146 页。
② 孙中山：《建国方略之孙文学说》第八章"有志竟成"，《国父全集》第一册，第 413 页。有关中山先生第一次到台湾策划惠州起义事宜，据《国父年谱》，（台）中国国民党中央委员会党史委员会出版，1985，第 146 页。编列同行之日本友人包括内田良平、平冈浩太郎、山田良政、平山周、尾崎行昌等人。唯据陈鹏仁教授考证，当时实际上仅清藤幸七郎这位日本友人随中山先生等人到台湾。参阅氏著《中国国民党在日本》，（台）中国国民党中央委员会党史委员会，1994，第 60～65 页；《孙中山先生思想初探》，（台）近代中国出版社，2000，第 138 页。
③ 许介鳞：《台湾史记：日本殖民统治篇2》，（台）文英堂出版社，2007，第 107～121 页。

州，但局势危厄，不得久留，乃偕胡汉民搭"抚顺丸"轮秘往台湾。孙先生化名王康贤，胡汉民化名张立民，于 8 月 5 日抵基隆。由于日警接获训令不欢迎走避前来的中国革命领袖，台湾总督特派宪警三人接待住进台北御成町之"梅屋敷"。也因日警在外戒护甚严，后在店主大和宗吉之宗兄藤井悟一郎的记录中，中山先生始终温和微笑，甚少言语，饭后挥毫"同仁"、"博爱"二幅字敬送店主人。只好在 8 月 9 日改搭"伊豫丸"轮转往神户。①

（3）第三次是在 1918 年，因国会擅行改组中华民国军政府，中山先生辞去军政府大元帅职离开广州，原欲取道打狗（高雄）再往日本。嗣经香港报纸披露，为安全计乃于 6 月 1 日由广州到汕头乘"苏州丸"赴台湾，隔日抵基隆。随行包括胡汉民、戴季陶等人，目的是和台湾的革命同志会面宣传主义与做法，但因日警阻挠随即改搭"信浓丸"轮离台赴日。②

（三）孙中山三次访台的交往关系

1. 杨心如

冯自由在《革命逸史》中记载："杨心如，任台北永乐町美时洋行买办，乙未失败，经商台湾，陈少白于丁酉（1897）到台湾颇得其助。"又称："以同志杨心如之介绍，收揽兴中会会员即台湾侨商容祺年、吴文秀、赵满潮等数人。"③ 实际上杨心如（1868 ~ 1946），小名帝镜，本是广东翠亨人，兴中会会员杨鹤龄族弟，为孙中山的年轻旧识，常与谈国家兴亡，当时在澳门、中山、香港、台湾诸地奔走，策动人力、物力响应革命。曾参与广州起义、惠州之义，是一个"毁家纾难，产业十九捐助革命，家遂中落"的革命志士，后人把杨心如与孙中山、陆皓东、杨鹤龄并称为"翠亨村四杰"。

---

① 孙中山先生第二次来台事迹，据《国父年谱》（上册，页 591）所述，系搭"信浓丸"前往神户。另据陈鹏仁教授引萱野长知之说实系改搭"伊豫丸"邮轮转赴日本。参阅氏著《国父在日本》，（台）商务印书馆，1988，第 13 页。

② 有关孙中山先生第三次到台湾之事迹，据《国父年谱》（下册，第 816 页）称先生搭"苏州丸"抵台，日本官宪即到船上护送其到台北，翌晨改往日本。但据陈鹏仁教授转述，当时任职台湾总督府秘书官的石井光次郎回忆，由于日方阻挠，中山先生并未上岸即改搭"信浓丸"赴日。参阅《石井光次郎与台湾》，2002 年 12 月 28 日（台）《中央日报》；《孙中山先生与日本友人》，陈鹏仁译，（台）水牛出版社，1990，第 111 ~ 112 页。

③ 冯自由：《革命逸史》，（台）商务印书馆，1969，第 213、39 ~ 40 页。

1895 年广州起义失败，杨心如转赴台北，在经营茶叶的良德洋行担任司账，孙中山委派陈少白于 1897 年 7 月到台湾发展组织，自然而然透过杨心如的介绍与帮助。而吴文秀是英商良德杨行买办，赵满朝任职嘉士洋行，同年 11 月就以大道埕杨家为会所，成立兴中会台湾分会。①

近年来探讨孙中山在台行迹的资料备受重视，马英九先生曾对新闻界谈到鼓励筹拍"国父传"，以彰显孙中山与台湾的精彩历史。并介绍吴文秀与孙中山交往的典故，描述"孙先生原本到台湾找杨心如，希望杨介绍台湾轶事，碰到吴文秀后一见如故。孙先生一口广东国语，吴文秀讲闽南话，两人几乎没有办法沟通，后来开始讲英文，沟通非常好……这些非常有趣的故事应该流传下来"。②

也有人说孙先生第一次莅台期间，曾出现在永乐戏院后面的一间洋人俱乐部的撞球场上，此处离吴宅不过百米，当年来台策划惠州起义，必曾在这位兴中会台籍会员的家做客。③ 比较可信的数据是参加革命党的杨心如、吴文秀同样都住在当时华人聚集，交通方便，商业活动较热络的大稻埕地区，而杨家才是孙先生原就认得的旧识。

2. 吴文秀

吴文秀号眉甫，生于 1873 年 12 月 27 日，祖籍泉州，先人于嘉庆年间移住于淡水河畔，累世经营，颇有储蓄，至其父经营茶行，输茶叶至厦门，业绩甚佳。他继承父业再加发展，成为巨富。又擅长英语，与洋行交易或贸易输出，得心应手，他的里居处为"台北厅大加纳堡大稻埕建昌街三番户"。

他于 1897 年荣膺茶商公会会长。曾代表台湾茶商，前往欧陆参加巴黎举办的世界博览会；欲推广台湾茶进入欧洲市场，然因"洋行"把持，而未竟全功，他顺道考察欧美商务，并携回改良制茶方法，对台湾茶叶产销贡献极大，1900 年还得到台湾总督府授佩绅章。据《台湾民报》，当年孙中山抵台，策动指挥惠州起义，吴文秀"与他周旋，无微不到"。而且还捐献革命经费，以助筹办《中国日报》。吴文秀经营茶叶成绩斐然，而后多角经营，投资于制樟脑、开金矿及创立制酒公司，但是却一一失利，乃辞退一切职务，但得盲肠炎，于 1929 年病逝，享年 57 岁。孙中山莅台遗迹，被提及多

---

① 广东翠亨中山故居孙中山纪念馆网站：www. sunyat - sen. org：1980/b5/www. sunyat - sen. org/cuiheng/show3，2010. 04. 12。
② 《筹拍国父传，马总统讲古》，2010 年 1 月 29 日（台）《联合报》要文 A4 版。
③ 庄永明：《台北老街》，（台）时报文化出版社，1991，第 62 ~ 63 页。

处，位于今贵德街曾是兴中会台湾支会聚会所的"吴宅"，实应被重视。①

3. 其他

对兴中会台湾分会成员与活动的探讨，主要根据陈少白先生的转述。陈先生 1897 年到台湾主要的目的是"要把那里的中国人连络起来"。当时透过杨心如的介绍认识了良德洋行东家吴文秀。又由吴、杨的介绍认识、广东大商赵满朝、容祺年。以往学者研究的数据中所见的简略资料是，赵满朝为祖籍广东之台北人；容祺年祖籍广东潮州，光绪二年（1876）随父渡台，19 岁担任正协隆洋行书记，21 岁升为买办，28 岁转任英商义和洋行买办，输出茶叶到厦门，为人机敏干练，嗣任仁济院院长，对革命经费多所赞助。后来容祺年在台北创立华民会馆。② 这些是兴中会台湾分会最早的成员，1900 年代都居住在台北建昌街一带，也是最有可能与孙中山 1900 年旅台接洽来往的人士。

此外据传孙中山第二次来台期间曾有下列活动。

（1）曾任台北县议员陈义芬说："国父一度住在台北市石桥仔头（今延平北路二段）陈高兰家，四次接见其父陈捷升及祖父陈秋菊"。

（2）曾与友人在顶北投樱川阁旅社休息一周。

（3）也曾在新北投公共浴场沐浴并进食等传闻。③

但考证史实，以 1900 年孙中山二次来台，在日警严密监控之下，入住梅屋敷之外，根本难有后人误植的诸多传述。④

四 杨心如先生行谊纪要

（一）家世简历

在日据时期台北户籍资料中，登载杨心如，明治元年（1868）3 月 2 日生，原籍"清国广东省广州府香山县翠亨乡"，父杨作霖，母杨黎金爱。

---

① 池宗宪：《贵德街史》，台北市文献委员会编印，2003，第 134～138 页。另参考庄永明《台湾纪事》，（台）时报文化出版社，1989；中央广播电台网站：http://www.rti.org.tw/Taiwan/TaiwanHistory.aspx? id＝94＆Month＝10，2010.4.12。

② 同注①，第 42～43 页。

③ 陈三井：《国民革命与台湾》，（台）近代中国出版社，1980，第 11～12 页。另参阅黄纯青《国父与台湾》，（台）台湾省文献会，1976。

④ 黄季陆：《台湾与国民革命的关系及有关资料》，《中国现代史专题研究报告》（五），（台）"中华民国史料研究中心"编印，1976，第 207～276 页。

职业茶商、书记、制药业。种族登列"清"，种别列"二"。妻程桂僆，明治 5 年（1872）11 月 20 日生。住所从台北厅大加呐堡大稻埕六馆街 2 丁目 28 番户寄留，改为永乐町 353 番定寄留。[①]

杨心如与原配大房程夫人，育有四男（杨东瀛、杨东海、杨东福、杨东星）三女（杨寿龄、杨寿松、杨寿菊）。之后再娶二房台北市人林足夫人，培育五男（东华、东国、东英、东雄、东震）四女（萍凉、根树、寿兰、寿柏、寿梅），家族后裔分散海峡两岸。

有关杨心如在台湾从事的本职业务，后人的追溯是 1895 年第一次广州之役失败，为了逃避清廷缉捕，来台依其在台经营茶商的族亲。随后在台北永乐町（今迪化街）良德洋行任司账，并兼理檀香山华侨在台经营的华利洋行和美商美时洋行账务。当时良德洋行东主及代理华利洋行、美时洋行的买办是厦门人吴文秀。两人相识，对革命的看法一致，因此 1897 年陈少白来台，经杨心如的介绍安排，认识吴文秀及广东香山人容祺年、赵满朝，以及新竹人林震东等共同加入尚在保密阶段的兴中会台湾分会。[②] 由于杨心如在台多年从事贸易的实务经历，在华人社群应有相当的人脉关系，并且受到推崇。在昭和 11 年（1936）台北中华会馆第 12 届职员就职典礼上，还膺选荣任监察委员。《台湾日日新报》曾刊载就职典礼上，会员全体肃立，唱党歌，向党旗及孙总理遗像行礼，恭读孙总理遗嘱，并做捐款的事实报道。[③]

（二）与孙中山的革命情谊

据国史馆典藏民国三十六年（1947）2 月，国民政府褒扬杨心如案册，中国国民党中央执行委员会于中央第 47 次常会决议褒扬杨心如同志。在《杨心如先生事略》中纪述："先生字帝镜，广东省中山县翠亨村人，少与国父孙先生同里。好读书，有大志……独服膺国父主张，与陈少白、杨鹤龄、杨其云、陆皓东诸先烈等次第入盟。……革命。更奉国父命，奔走香山、澳门、香港、台湾各处，策动响应，几经险阻，数濒危殆而皆无役弗与。故辛亥光复后，中山县城街名改先生之名，亦与国父及皓东先生并列。……第一次广州之役失利，先生随国父来台，与当地志士相结纳，策

---

① 杨富冠先生（杨心如之孙）提供《杨心如据户籍誊本数据》，2008 年 5 月 30 日录件 1 页。

② 梁寒操：《扩建会所在纪念先贤配合国策》，《广东同乡会特刊》，（台）广东同乡会，1974。

③ 昭和 11 年（1936）1 月 6 日《台湾日日新报》第 8 面；以及 1 月 8 日《台湾日日新报》第 4 面。

划近海革命据地。时台湾初陷，倭人监防甚严，先生随护左右，与国父共饮食，同寝处者凡数阅月。"[1]

在杨家子嗣的记忆中，杨心如在台湾从不过生日。原因是广州起义失败后，好友陆皓东及先生在大陆的岳父（元配程夫人的父亲）壮烈牺牲，先生在其生日那天面临清兵到处在扫荡革命党人，他差一点就被抓到，之后逃到台湾做茶行贸易工作。但是日据时期殖民地的特殊环境，身寄虎口险恶环境下，为避免家族受到牵连，平时绝口不提以往的工作，也不多谈与孙中山、陈少白或家乡的事情。

后人理解曾经有过的是 1929 年国父奉安于南京，杨心如想要赴南京谒陵，但遭到日人阻止。从而居常抑郁，独居危坐，不太与家人交谈，只是常仰天呼咄而已。[2]

（三）战后陨落的一代元老

1945 年日本战败国土重光，台湾随后光复。1946 年 3 月，杨心如感怀战后情况，曾致函在重庆的立法院院长孙科，孙科闻讯特书复函致意。时任台湾行政长官公署的陈仪也曾特别接见，并致函送奉礼金表达敬仰之意，这件事曾在当时的新闻报纸公开登载。

1946 年 10 月 4 日杨老先生在台北逝世，享年 79 岁，告别式在台北市中山堂隆重举行。国民政府于 1947 年 2 月 7 日明令褒扬，并由国史馆立传留传。1985 年台北市文献委员会曾在杨家原先旧址，永乐町一丁目二十四番地，即台北市塔城街五十巷十二号所在地，竖立一座大理石"兴中会台湾分会旧址"纪念碑。大约在 2000 年台湾地区政党轮替前后悄然消失，也少有时人对此提出异议。

五 结语

1911 年辛亥革命的硝烟消逝已达百年，对其是非成败的解说，百年来

---

① 《杨心如先生事略》，（台）"国史馆"馆藏史料文物查询系统，有关《革命先进褒恤案》（十一），典藏号：001 - 036000 - 0098 号。

② 冒鹤亭：《第一位到湾的兴中会会员——杨帝镜》，原载《国史馆馆刊》1 卷 3 号，（南京，1948 年 8 月）。另参阅《国父孙先生与台湾》，（台）中国国民党党史委员会出版，1989，第 49 ~ 50 页。

海峡两岸的学术与政坛犹是各自表述，莫衷一是。但是对于孙中山的救国理念，念兹在兹，奋斗不懈的精神，在当代两岸人民，以及广泛的海外华人社群的集体记忆中，普遍感同身受，有着承先启后、继往开来、共创美好的想象。原因主要是来自文化性的民族情感，以及曾经相同面对的历史苦难。

考察日据时期台湾的社会处境，孙中山之于日本，有着利用与被利用的矛盾对立。毫无疑问孙中山拟借台湾的资源强化国民革命的力量，但革命精神的薪火相传，不断激起台湾知识菁英持续反殖民、争人权的社会性与文化性抗争，殷切期盼民族的复兴。在这个过程之中，兴中会分会的筹组以及后来革命理念的扩散，对于汉人民族意识的传承，具有关键性的指标意义，杨心如的事迹就是默默地扮演着此一联结的角色。

历史的吊诡与无奈，使杨氏在日据时期殖民政府统治之下，对祖国革命的用心不敢声张。他的子嗣在战后台湾经历的"二二八事件"，作为外省籍第二代，也是避谈过去，避免惹祸上身。至于居留大陆的家属，也因为是国民党元老之后，以往很长一段时间更是戒慎恐惧，唯恐不测，许多值得留存的家族文物因而佚散。面对过去，展望未来，杨心如在台湾的事迹研究，在两岸之间仍值得积极地加强开拓。

作者单位、职务：台北国父纪念馆文教组主任

护法时期的林祖密与孙中山、
陈炯明关系初探

✍ 刘碧蓉

一 前言

今年是孙中山先生发动辛亥革命一百周年，此革命的重要性在于它开启了中国民主共和的大门，全球各地相继举办一系列庆典活动以为纪念。本馆也在"孙中山与台湾"关系展览系列中，推出"雾峰林家与台湾"纪念特展来迎接这个百年庆典。此展览让我们见证了"雾峰林家"的家族命运与国家民族历史的紧密结合，甚至影响到国家的发展，尤其是会场中展示了回归中华民国的首位台湾人——林祖密，他资助孙中山护法运动，捍卫民国的一些首次出炉的史料。

护法运动是民国成立后，袁世凯称帝，段祺瑞毁法，孙中山在广州成立军政府，以捍卫《中华民国临时约法》，打倒北洋系统专政的"共和"，重建民主法统的行动。论及护法时期，陈炯明则是一位革命党内的实力派领袖，也是一位争议性人物。在护法军政府有政府无军队下，陈炯明靠着一支持闽粤军进入闽南，在漳州励精图治，以"闽人治闽"，从事实业建设，创造 1920 年粤军回粤的黄金时期。漳州是林祖密的家乡，此时也正是林祖密在漳州参与护法运动，捍卫民国的时期。何以受到孙中山倚重的林祖密，在援闽过程中处处遭到陈炯明的刁难与排挤？此时的陈炯明与林祖密有何互动或利益冲突？粤军回粤后，林祖密的动向如何？则是本文讨论的重点。

本文主要以陈炯明的文集、年谱，林家后人提供给本馆展示的史料、图片、照片，如"出山境遇"等以及日本アジア历史センター所公布的"支那并支那人ニ関スル报告"档案、《台湾日日新报》和《国父年

谱》、《国父全集》等相关史料为探索资料。以文献分析法来分析讨论，本文分为两部分，第一部分主要以援闽粤军的形成、如何进驻漳州为探讨重点。第二部分主要叙述雾峰林家在闽台两地崛起，雾峰林家第七代林祖密追随护法革命之路，与陈炯明的互动与冲突以及对孙中山的护法运动有何影响。

二 援闽粤军进入漳州

（一）中华民国军政府的成立

1916 年 4 月 27 日，孙中山自日本返回中国，在上海发表第二次讨袁宣言。6 月 6 日袁世凯死亡，洪宪帝制落幕，7 日副总统黎元洪依法继任为大总统，9 日孙中山电复黎元洪尊重国会，恢复民国元年约法。6 月 29 日黎元洪恢复 1912 年孙中山等所签订的民元约法，重开国会，再建国务院，任命段祺瑞为国务总理①，推选冯国璋为副总统，法统之争，似乎告一段落。没想到 1917 年 2 月北京政府内部，因段祺瑞主张对德宣战，引发黎元洪与段祺瑞的"府院之争"，接着又有各省督军宣布脱离中央的"督军团叛变"，以及张勋导演溥仪"复辟事件"。在这些纷争中，段祺瑞得到日本的援助，把持中央政府大权，废弃民元约法，解散国会，另组"安福国会"，积极对外借款，拟以武力统一中国。

1917 年 7 月，段祺瑞利用职权破坏国会，引兵南下，引起南方粤督陈炳焜、桂督谭浩明、滇军唐继尧及海军总长程璧光以及国民党议员等的反对，孙中山决定依靠这股势力，在南方建立一个足以和北京段氏政权相抗衡的新势力。1917 年 7 月 8 日孙中山离开上海到广州，8 月 25 日国会非常会议决定成立"中华民国军政府"，9 月 1 日孙中山被选为军政府的最高首领"陆海军大元帅"②，唐继尧、陆荣廷为元帅后，中国进入南北对峙局面。

---

① 张玉法：《中国现代史略》，（台）东华书局，1984，第 66 页。
② 罗家伦主编《国父年谱》下册，（台）中国国民党党史委员会，1985 年 11 月第三次增订，第 771~772 页。陆海军大元帅选举投票结果：孙中山得 84 票、唐继尧得 4 票、陆荣廷得 3 票。翌日选大元帅，唐继尧得 93 票、陆荣廷得 76 票。

（二）援闽粤军的成立

军队本为巩固权力的守护神，为迎战段系军队的南下，南方军政府势必要有自己的军队作为政权巩固的后盾。孙中山无军队、无粮饷，来到广东建立政权，虽只依靠赞助护法的海军，但仍引起盘踞在广东桂系势力的紧张。

初期广东的军队除了桂系外，尚有滇军、警卫军及少许地方上的民军，其中以陆荣廷所率领的桂系势力最为强势。陆荣廷曾投靠段祺瑞，握有粤桂两省军政权，当孙中山护法南下时，他唆使广东督军陈炳焜、广西督军谭浩明宣布两广暂行自立，阻挡孙中山成立护法政府，其后还利诱程璧光所率的海军倾向桂系。滇军是护国战争期间，由李烈钧带到广东的第三师张开儒及第四师方声涛两系统所组成的，倾向孙中山；警卫军有40营，由朱庆澜改编自陈炯明部队是为东江警卫军，以及部分民军组合而成，由省长朱庆澜管辖。广东的粤军就是由桂军、滇军、警卫军这三支军队鼎立而成。

由于广东省长朱庆澜支持军政府，他不仅遭到桂系的排挤，也被桂系出身的广东督军陈炳焜视为眼中钉，最后只好交出20营的警卫军给广东督军，自己仅掌控剩余的20营省长亲军，并将之改编为海军陆战队，以避被桂系所收并。但此举仍无法满足桂系的要求，朱庆澜除被迫辞职离粤外，粤督陈炳焜竟想以军权需统一于督军之手为理由，强加接收这剩余的20营。就在此危急之际，北方段祺瑞为实现武力统一计划，积极朝湖南进攻，湘桂毗连，因而威胁到桂系地盘之安危。为牵制北方武力，桂系陆荣廷只好与革命党人合作，除派遣桂系的广西督军谭浩明担任进军湖南的援湘军指挥外，也将陈炳焜粤督改由莫荣新代理作为条件，要求孙中山出兵福建，开辟第二战场。朱庆澜不得已才将改编为海军陆战队的20营军队，交给陈炯明来统率，至此这20营的省长亲军正式归陈炯明所掌控。其实，这20营省长亲军本是朱庆澜改编自陈炯明的讨袁共和军，多数为陈炯明的旧部属，归于陈炯明来掌控本是自然之事，但名义上归程璧光来指挥。

就在此时，潮梅镇守使莫擎宇却与段祺瑞私通，脱离军政府独立，率兵由兴梅向东江进攻。龙济光宣布就任北京政权所委派的"两广巡粤使"，并从雷州半岛进占，企图包围军政府，牵制两广军队。孙中山的军政府在腹背受敌下，为减除潮汕威胁，以争取革命新地盘，决定派陈炯明掌控的粤军，向闽南发展，企图保留实力，使之成为一支政府的可靠军队。

1917 年 12 月，援闽粤军在广州越秀南路惠州会馆宣布成立，计划出兵福建，等闽省占领后，再进江浙。孙中山对这支得来不易的护法军队，寄予厚望，他任命陈炯明为援闽粤军总司令兼惠潮梅军务督办，并派许崇智和邓铿襄助陈炯明攻闽。许崇智在二次革命时曾任福建讨袁总司令，在闽中尚有袍泽故旧，邓铿为参谋长，粤省将领及多位知兵的革命党人也随之入军相佐。1918 年 1 月 12 日，陈炯明在广州誓师发表《援闽誓师词》①，宣示出兵决心。他先述粤军在辛亥"三二九之役"，驱逐清吏，覆数千年根深蒂固之帝制，完成民国的辉煌成果。今日手造民国之军队犹存，各省护法之师虽相继而起，为"复回法治，此正吾粤军将士用命之时也"。孙中山在军政府会议厅为全体粤军军官饯行，致词称许："军政府成立数月，毫无发展，经陈总司令捷力经营，始得有此军队；即以此军队实行护法，再造共和"之期待②。

援闽粤军可说是孙中山与西南军阀既联合又斗争的产物，这支部队其实兵额不过五千人，枪支仅三千余杆，每杆均配子弹三十余颗，极力搜罗，也不过七八千颗而已③。12 月下旬，粤军总司令陈炯明就是带领这支部队开往汕头，但在潮汕地区击败莫擎宇和援莫军后，就不再前进，其间虽曾与闽督李厚基有过零星的战斗，但并未积极进攻。何以援闽粤军迟至 5 月初才有前进闽南之行动？

（三）陈炯明的军事部署

追究迟缓之因素，最重要者还是"饷械"两大因素所致④。"饷"者乃军需费用，"械"者乃枪械，这两项实为军队是否发挥作为之命脉。在总司令陈炯明致孙中山的信函中，看出"炯明患无饷，今粤军扩至 30 余营，军费一切总计，月需 20 余万……炯明到汕，措施未定，心力交瘁，务

---

① 段云章、倪俊明：《陈炯明集》上卷，中山大学出版社，1998，第 282～283 页。

② 1918 年 1 月 25 日广州《民国日报》。

③ 《闽南粤军军实调查记》，《革命文献》第 51 辑，（台）中国国民党党史委员会，1970，第 214 页。

④ 罗家伦主编《邓铿上书报告粤军进攻迟缓原因，并决定攻闽》，《国父年谱》下册，第 809～810 页。

请设法筹措，斟酌拨用，报命之日，当在不远"。① 同样的，在邓铿的上书报告中，也出现："自行军以来，每月所需行军活支及筹备服装等费用，平均非有15万元不可，然而自成军以来，虽有五个月之久，然而领得之款项尚不满30万之数。……战事一起，后方勤务，非款莫属。虽一再请领，却未见军政府迅速支持饷械，以解燃眉之急。"

纾缓粤军饷械之不足，本是军政府之责任，但桂系的广东督军莫荣新本来就希望援闽粤军能离开广东地盘，好让他可以掌控广东，因而对援闽粤军的饷弹接济和补给，都加以掣肘②。因此，粤军所需军饷，只有依赖陈炯明自己或陆海军大元帅孙中山向四处筹措而来。

其次是，中国南北政局发生了变化，就在此时，援闽粤军阵营里传来张怀芝由天津率大军到江西准备进窥广东，北洋军队两千多人由海道至汕头，而且闽督李厚基在福建的兵力有日益增多之讯息。另一方面，广东军政府非常国会通过军政府改组，政权由七位新选出的政务总裁取代孙中山的大元帅职。孙中山在广州的政权被架空，只好通电辞大元帅职，并与多数中华革命党员离粤赴沪，企图再创共和政权。辞去大元帅职的孙中山唯恐粤军因后方失去支持而遭桂系吞并，只有勉励援闽粤军在险中求胜，勇往直前，因而有孙中山在前往上海的途中，有了汕头、大浦之行。

虽然此时北京政府悬赏10万元要逮捕孙中山③，但他仍往大浦的三河坝与陈炯明、蒋中正会晤，并力劝陈、蒋等人冒险进攻④，随后孙中山返回汕头粤军司令部，再自汕头登程，取道台湾前往日本。这是孙中山第三次到台湾，他从汕头搭天草丸于6月7日下午4时抵基隆，5时随即从基隆改乘信浓丸赴日本门司。孙中山到台湾，本希望与台湾同胞会面，宣扬共和思想，因时间短促无法达成。随后他转往日本，受到三井物产的保护，为他安排从门司到神户、箱根、京都等拜会行程，让孙中山可与菊池良一代议士及宫崎滔天等旧友见面，了解日本的政情，让他在门司有机会向日本记者表达南方广东军政府也是主张和平，只是"不满段祺瑞政权违

① 《陈炯明报告粤军扩充情形及请款上国父函》，《革命文献》第50辑，（台）中国国民党党史委员会，1970，第204页。

② 张酅村：《护法时期援闽粤军的建立和援闽战役的胜利》，《孙中山三次在广东建立政权》，中国文史出版社，1986，第69页。

③ 刘碧蓉：《孙中山在〈台湾日日新报〉的形象初探，1895~1930》，（台）《孙学研究》第8期，"国立"国父纪念馆，2010，第113页。

④ 罗家伦主编《莅三河会晤蒋中正、陈炯明等》，《国父年谱》下册，第816页。

背约法"① 之看法。

1918 年 6 月，陈炯明在大浦的三河坝以许崇智、陈炯明、邓铿等人为指挥，分别从左翼、中路及右翼三路，向闽省进行总攻击。初期，援闽粤军势如破竹节节胜利，其后闽督李厚基得到援军协助，大举反攻，接下来几个月，双方互有胜负，最后因鏖战多时，双方都没有能力发起更大的军事行动。正当陷入僵局之时，北京政府由徐世昌继任大总统，宣告和平统一，一时间和平停战声浪弥漫全国各地，桂系把持的军政府也思休养，乃命援闽粤军停战。在此气氛下，陈炯明也与李厚基达成停战协议，粤军援闽战争，至此告一段落。8 月 30 日陈炯明进驻漳州后，在闽南 26 县占有地励精图治，从事实业建设，直至 1920 年 8 月陈炯明率粤军回粤，终让革命党保有一块属于自己的根据地。

三　林祖密追随护法革命之路

（一）林祖密的家世背景②

林祖密（1877～1925）字季商，谱名资铿，生于台中雾峰，祖籍为福建漳州平和县五寨乡人，为台湾雾峰林家第七代，是林朝栋的三子。1746年，林家开台祖林石（1729～1788）渡海来台，凭着勤奋干劲，移居台中大里杙，开启林家在台基业。1786 年林爽文事件，林石之子逊遭牵连入狱，家业瓦解。其子林甲寅乃迁至台中雾峰，再创事业，甲寅的长子林定邦，生性侠义常解乡里纠纷。至祖父林文察（1828～1864）时，台湾骚乱动荡不安，文察乃率领乡勇平定闽南小刀会起事、戴潮春之乱，协助清廷往闽中讨伐太平军等，因而被推荐为福建陆路提督兼水师提督，也获准在台建盖家祠。光绪年间，父亲林朝栋抗击侵台法军，随后配合刘铭传开山抚番，参与多项台湾新政建设，受封为二品顶戴。林朝栋也因接掌抚垦与樟脑事务，大幅开垦中部山地，广泛种植樟脑外销他地，林家屡建军功，

---

① 《南方の雄孙文来る》、《孙文氏来朝》，1918 年 6 月 11 日《台湾日日新报》第 2 版，6 月 16 日《台湾日日新报》第 4 版。

② 林祖密家族背景参考豆典公司《雾峰林家与台湾》，（台）"国立"国父纪念馆，2010；邱莉慧、吴是虹、高传棋编著《雾峰林家与台湾新文化运动》，台北市文化局，2010；邵铭煌《探索林祖密：新印象、新风貌》，（台）海峡学术出版，2009；等等资料。

自此由地方富豪转为政治世家。

马关割台，林朝栋（1851～1904）率部力守台中，其后见抗日无望，乃举家内渡。1897 年，是台湾总督府公布《处理台湾居民去留和国籍规属》法规，国籍改换的一年①，林祖密奉林朝栋之命回台处理家业善后事宜。居台期间，兒玉源太郎总督还特地召见，并亲自到雾峰林家访问，为台人所称羡②。林祖密是台中望族富甲天下，他的产业也是家族之最，山林不计，田租每年收入达 18 万担之大地主。除此之外，林祖密还在台开设糖厂及龙溪轻便铁道公司，铺设铁轨，行驶手押台车，对促进雾峰地方交通和产业发展，居功颇伟。

1904 年林朝栋去世，林祖密为奔父丧再迁回厦门，重启在厦门的家业。1906 年林祖密以世袭骑都尉身份，被清政府任命为厦门、鼓浪屿租界各国共同居留地取缔工部局议员，1908 年以捐官取得"候补道台"之名位。此时他致力从事樟脑、航运及开垦等实业经营，以维持家族势力。1907 年，漳州一带发生水患，林祖密捐银 5 万两赈济，也常以清国人身份，推动拒买日货及收回鼓浪屿租界万国公地运动。1912 年，民国成立，林祖密认为这是为新成立的国家从事实业开发、建设的好时机。为辟利源，他拟利用九龙江之水利将矿产运出至厦门输往海外。因此，他向福建都督申请开发龙严州之采矿权，创设华蔚疏河有限公司，开通华蔚至岭兜间约 20 余里之河道。③ 就在此时，发生林祖密在台的田地与堂叔父林绍堂（林朝选），有了所谓的"阿罩雾庄田地有关事件"④ 之纷争。

1913 年 4 月 1 日，林祖密带领一妻二妾四位儿女共 8 人，迁居于厦门鼓浪屿，并向台湾民政长官内田嘉吉提出"退出日本国籍"之申请⑤，为

---

① 为防止大陆无赖之徒来台影响治安，台湾总督府于 1896 年 1 月 1 日实施《清国人台湾上陆条例》，凡清国人因商或其他私事渡海来台者，需有清政府地方官厅核发的签证（旅券）或证明书始可登陆台湾。1897 年 5 月 8 日开始实施的《居民去留与国籍归属》的法规，将留在台湾的台湾人视为"日本臣民"，称之"本岛人"。从中国大陆来台者以"清国人"或"支那人"称之，在国籍规属届满，未返回台湾者，也以"支那人"称之。

② 邵铭煌：《探索林祖密：新印象、新风貌》，第 180 页中所付文献史料："呈请国民政府主席、国民党总裁蒋中正追赠林祖密，并令饬台湾省行政长官陈仪纂修林祖密革命事略列入省志及在台中公园立碑纪念"，1946 年 2 月。

③ 《福建省ニ于ケル帝国ノ对支要求雑件 – 鉱山ノ部（龙岩州鉱山）》，1912 年 1 月，No.1 – 0064 – 0458 至 No.1 – 0064 – 0460，アジア历史资料センタ –。

④ 《台中林家纷争》、《林家田地之纷争》，1914 年 2 月 18 日、28 日《台湾日日新报》。

⑤ 《雾峰林家与台湾》，第 16 页。

此台湾殖民政府还想以台湾制麻株式会社社长之利益引诱，劝林祖密打消退籍念头，但为林祖密所拒。林家在台两万多甲山林，遂遭到台湾殖民政府所没收，导致他所属的制糖、制樟脑等 500 多处产业，遭到废弃，所遗财产不足原来的 1/10。另一方面，林祖密也向中华民国提出入籍申请，1913 年 11 月 18 日由内政部给照官张玉麟，发给"许字第一号"之国籍执照，成为取得中华民国国籍的第一位台湾人。复籍后，林祖密返居漳州，并将在台变卖所得巨资，投资置产从事地方实业开发。他先设垦牧公司于南靖，又聘矿师赴龙岩、漳平测探煤铁，后港林场、梅花坑煤矿等实业，更致力于水利建设，疏凿北溪、华封各滩之事业。

辛亥革命，民国建立，台湾社会受此激励，汉族意识逐渐高涨，各地相继掀起刘干的林杞埔事件、黄朝的土库之役、罗福星的苗栗事件等一连串抗日浪潮，因而遭到台湾总督逮捕起诉达 700 余人，连林祖密也被怀疑而遭到调查①。

（二）林祖密资助中国革命

林祖密何时参与中国革命，没有明确可探求的史料，但在 1909 年时却发现林祖密曾向台中鹤田靴店，购买两千双的中国军用靴到厦门之记录②。居住在鼓浪屿期间，林祖密倡办多项事业，还被北京政府指派的福建护军使黄培松任命为招军特派员、厦门关洋员，负责维持北溪下游治安工作③。从购买"军用靴"、"招军特派员"来看，为地方治安及产业发展着想，林祖密早在家乡就有筹组"民军"组织的自卫行为。

1915 年，袁世凯窃国称帝，全国掀起一片挞伐声，孙中山获知在闽台有声望的林祖密，乃派徐瑞霖造访林祖密，邀请参加讨袁活动，林祖密因而成为"中华革命党"的一员④。为此林祖密乃变卖田产数百甲，得银 10 万两捐作军饷，召集漳、泉等地有志之士，如张贞、叶定国、卢兴邦、陈国辉等人，于鼓浪屿寓所组织秘密机关。1916 年 2 月，中华革命党福建支部在郑子爱洋楼举行秘密军事会议，议决发动讨袁之厦门事件。林祖密召集漳、泉二州有志人士并收编闽南靖国、护法两派队伍，创建闽南革命

---

① 《阴谋事件进陟》，1914 年 2 月 10 日《台湾日日新报》第 2 版。
② 《林季商と军用靴》，1909 年 6 月 15 日《台湾日日新报》第 3 版。
③ "林资铿 - 维基百科、自由的百科全书"，网站：http://zh.wikipedia.org/wiki。
④ 邵铭煌：《探索林祖密：新印象、新风貌》，第 10～11 页。

军。参加者有支部长叶青眼，总部党代表朱震，军事指挥赵刚及张贞、许卓然等 30 余人。最后为袁世凯派刘冠雄率舰抵厦门坐镇，起义计划遂告失败。

当孙中山南下在广州进行护法行动时，林祖密、宋渊源、张贞已在福建召集民军响应，随后孙中山再委任闽省永春人、国民党闽支部部长宋渊源（1882～1961）为大元帅府参议，林祖密为大元帅府参军，张贞为大元帅府参议处副官，响应粤军援闽护法运动。1918 年 1 月 7 日，大元帅府通过宋渊源参议之建议，由孙中山正式委任林祖密为"闽南军司令"①。林祖密自筹款项，赴内地招编民军，接应粤军来闽，故有宋渊源在永春建立"护法军"，张贞在泉属凤巢山成立"靖国军"，林祖密则在漳州建立"闽南军"。为了培育训练闽省军事统领人才，林祖密还自筹资金，在漳州芗城文昌宫（今瑞京街东铺头小学旧校址）组织"随营学校"，聘请黄仲琴、陈鉴修等人为教习，其活动范围更扩及华安、长泰、龙溪诸县②。闽南军支持护法运动，半年内响应入伍者 400 余人，加上军文职员和随营学校的学员们就有 800 余人。

就在此年 4 月，皖系卢永祥下派福建都督李厚基探知此事，乃电厦门镇守唐国谟派密探韩文治带领军警数十名，在工部局两名印度巡查的前导下，将林祖密带走监禁于工部局，随后又遭数十名军警进入林宅搜索。逮捕理由，经调查得知乃是丁漳龙道尹曹本章见林祖密兴办事业获利颇丰，欲向林祖密借款遭拒而生报复加以诬陷。曹本章遂向上级密报，勾结土匪，暗通西南嫌疑，以扰乱治安之名而遭逮捕。当时鼓浪屿为公共租界，屡经驻厦领事团及会审公堂，迭次审讯，结果毫无犯罪证据，再经其胞弟林瑞腾的奔走，终于在 4 月 17 日释放，美国领事并向工部局领保，潜藏美舰送出厦门③。

林祖密避居汕头，孙中山还嘱宋渊源前往慰问，林祖密遂与宋渊源留在汕头，共商协助粤军攻闽任务。林祖密等人成立闽南军，其目的就是希望在福建先取得根据地，以配合滇军和援闽粤军进入福建，共同驱逐掌握

---

① 《国父全集》编辑委员会编《任林祖密为闽南军司令状》，《国父全集》第 8 册，（台）近代中国出版社，1989，第 237 页。
② 邵铭煌：《探索林祖密：新印象、新风貌》，第 17 页。
③ 邵铭煌：《探索林祖密：新印象、新风貌》，第 17～18 页；《商会会议林案》、《林季商逮捕详闻》，《林季商已释放》，1918 年 4 月 17 日、20 日、28 日《台湾日日新报》。

福建省军政大权的皖系军阀李厚基。

四 林祖密在护法战争中的角色

（一）在护法战争中的任务

1. 在福建作为内应

为迎接粤军进入福建，林祖密乃委任宋渊源在汕头购买军械，并派赵光、王荣光、宁益生、陈荣亮及王联塘等先将武器运入福建，组成"护法部队"。1918 年 5 月 13 日再会合陶质彬之陆军、朱得才之警备队，由德化攻永春县开始宣布起义。护法部队进入安溪、仙游、大田等县城后，再会合杨持平、林禹胜的部队，接着攻入漳平、宁洋与华安等县，以进攻泉葡，并威胁汀漳与福建的联络。就是因为有林祖密的护法部队在此作为内应，消耗闽督李厚基在闽边的战力，援闽粤军可以长驱直入漳州，占领漳州，使漳州成为革命军扩展武力的唯一根据地①。

2. 支助饷械之功

饷械不足是军队作战的致命伤，为纾粤军饷械之困境，孙中山曾致函华侨及各方革命党人筹军饷，先后有三四百万元，并为设汕尾制弹厂及购飞机、添枪炮之需，也曾想以收回盐余，作为粤军月饷②，但仍无法济护法运动之急需。

为筹军饷，林祖密受任以来，自耗家资 15 万余元，运动福建全省警备队响应，运动厦门两炮台，召集闽南民军起义等③，都是因有林祖密长期在漳州、鼓浪屿的庇护，使粤军可以取得漳州，在此从容从事建设。

（二）对护法运动的不满

虽然林祖密配合援闽粤军抵御闽督李厚基的攻击，积极对陈炯明的粤军提出支持，但从他向孙中山申诉，亲笔记录提交的《出山境遇》一文以

---

① 邵铭煌：《探索林祖密：新印象、新风貌》，第 187～188、196～197 页中所附文献史料：《宋渊源呈请中国国民党总裁蒋中正赠恤褒扬林祖密等闽省志士文》，1944 年 8 月 27 日。《宋渊源致国民党中央抚恤委员会主任委员丁鼎丞函》，1944 年 9 月 25 日。

② 罗家伦主编《邓铿上书报告粤军进攻迟缓原因，并决定攻闽》，《国父年谱》下册，第 810 页。

③ 邵铭煌：《探索林祖密：新印象、新风貌》，第 149 页中所附文献史料：《出山境遇》。

及宋渊源的回忆中，可看出林祖密遭到刁难与排挤，其事项如下。

1. 在整编军队上

陈炯明进入闽南地区后，孙中山基于"兵谋贵于统一"之因，要总司令陈炯明整编军队，借此陈炯明取消林祖密的闽南军司令之职，改作粤军第二预备司令。并调走汕头自费收编的第一营，不知会林组密的司令部，并而将之调归财政局为盐缉队，且无故将该营营长调往他处。

2. 给养不均，刁难领款

林祖密阵营每次请领伙食费用时，虽批"点名后核发"，但点名后，总是延迟核给，刁难领款。接着又无故残杀闽南第一路司令林元、第七统领部第一营长林玉书。被迫缴交二百余杆枪支，虽力保却无效果。殊不知被收编的枪支是各官长自己的财产，或是由战功所得，兵士服从各长官，已属于各官长的心腹，但却无故被改，兵士会随官长的离去而感到痛楚等。

3. 军官会议无法参与

林祖密所属部队不得列席所有军官会议，其所属部队之统领部营与总部之上下公文，或统领部营部的伙食薪饷，由总部直接发给，不经林祖密阵营司令部，不经本司令部。虽经林祖密屡次向总部交涉，都不给予理会，目的就是要林祖密远离护法军队的军事核心。

（三）林祖密再度委任重职

当陈炯明进驻漳州，励精图治，建立"闽南护法区"以后，开始出现林祖密阵营与陈炯明的援闽粤军有了冲突，如宋渊源致孙中山函中：宋渊源提出他担任的是"福建护法军总司令"而不用粤军名义的总司令；赵光、王荣光是以"福建义勇军"名义攻入永春、大田、安溪间，不用"粤军第一军"，甚至王荣光始终未受陈炯明委任军职等①。林与陈等的冲突，是否真如宋渊源等闽省人士提出"闽人治闽"与"粤人来治闽"有所冲突，由于受限史料及时间之故，尚需再来进一步的探讨。

但可看出粤军进入福建后不断扩充，从五千余人，一直增加到一百多

---

① 邵铭煌：《探索林祖密：新印象、新风貌》，第 139～142 页中所附文献史料：《宋渊源致孙中山涵》，"报告组织福建护法军，但遭陈炯明与许崇智误会，请电还闽人自由勿加威迫"，1918 年 11 月 29 日。

营，并分成两大军营，第一军由陈炯明为将领，陈炯明是海丰人，他的部队也都从东江流域募集而来，称为"陈派"或"海丰系"，第一军的将领多为陈炯明旧日部属。第二军许崇智、蒋中正、吴忠信、孙本成，都为中华革命党的基本干部，是革命党人为扶植粤军而加入援闽粤军者，他们多数不是粤籍人，在政治态度是支持孙中山的，称为"孙派"①。"陈派"与"孙派"在漳州时期尚能共患难，等共同敌人消失后，两派的磨擦冲突就逐渐显现出来。

1920 年军政府内部发生了危机，广东因粤省省长李耀章遭罢黜，接着又有驻粤滇军指挥权之争，带来动荡不安。给予粤军回粤的机会，粤系陈炯明持"粤人治粤"的口号，回到广东，并迎接孙中山重返广州，应非常国会之决议，改选孙中山为"非常（时期）大总统"，孙中山开始重整广州政权。孙中山再度重用林祖密，任他为粤军第九支队司令，后来改任汕头警备司令，后调任大元帅参军兼侍从武官，1921 年，再任林祖密为广三铁路监督。

1922 年 6 月 16 日，陈炯明政变时，林祖密即回闽南创办北溪疏河，位于华安县境水急滩险，每年营救遭放水遇险丧生的民夫无数。1922 年 10 月，再协助粤军第二军军长许崇智驱逐闽督李厚基，进入福建。后来福建省政权落入直系孙传芳手中，林祖密乃辞职回鼓浪屿经营私人企业。1925 年蒋中正在粤誓师北伐，林祖密往安溪组织闽南联军，响应北伐，不幸被直系孙传芳派下驻漳镇守使张毅探悉，下令拘捕，8 月 23 日杀于华安。

五　结语

辛亥武昌起义是一场影响近代中国发展深远的重大革命，这场革命不仅是全民参与其中，更是海内外华人期望传统的中国有所变革，期待它能脱离苦难，成为"民主共和"的近代化国家。检视这百年来的历史，许多先贤先哲为着这苦难的国家尽心尽力，其目的不外是为着中华民族立足于世界，并有着光荣灿烂的一页，林祖密就是这样的一位历史人物。

不论是保乡平乱或者心系国族，雾峰林家都为每个时代开创了精彩的

---

① 张世瑛：《陈炯明研究——以孙陈冲突为中心的探讨》，（台）政治大学历史系硕士论文，1993，第 89 页。

历史。尤其是林祖密在中华民国成立后，为着民国的强盛发展，他放弃在台事业，回到祖籍地发展，他虽是一位企业家，同样也传承着保国卫民的精神。由于史料不断地被挖掘出炉，他与陈炯明的冲突，究竟是地域因素或者利益冲突，以及在护法战役中如何平衡他的"公"、"私"利益，尚需要从各种史料中进一步探索。

对林祖密一生评价，正如台湾先进丘念台的评论"革命不难，舍富贵而革命为难；舍富贵而革命不难，能审国族，辨忠节，而舍富贵以革命尤难。台湾林祖密者，盖能此尤难者也"。

作者单位、职务：台北国父纪念馆助理研究员

论孙中山的友好及同志

> ✐ 李金强

孙中山于清季起而倡导革命。1895 年组织兴中会于檀香山及香港，1905 年成立同盟会于东京，从事武装起义，终于推翻满清王朝。1911 年辛亥革命后，创建中华民国，缔造国史上首见的民主共和国。然却因袁世凯专制及意图复辟帝制，只得再次革命。1914 年于东京组织中华革命党，巩固领导，严格训练，进行反袁革命斗争，是为"讨袁之役"。及至袁氏称帝失败逝世，北洋军阀起而柄政，废帝（溥仪）复辟，破坏《中华民国临时约法》，孙氏进而护法，声讨北洋军阀，是为"护法之役"。先后于 1917、1921 及 1923 年，计共三次，在广州建立革命政权。其间为求达成国民革命及完成国家统一之目标，1919 年改中华革命党为中国国民党；继而改组国民党。1924 年召开中国国民党一全大会，推行联俄容共政策，创建黄埔军校，培植革命武力，以广州为其革命基地，进行北伐，谋求统一中国。[①] 可惜天不假人，竟因患病肝癌，于 1925 年 3 月 12 日赍志而殁[②]，综观孙中山一生所领导之革命，无论其成败起伏，皆与其结交中外友人及同志，广结人脉，具有密切关系，此点除其本人及革命同志

---

① 孙中山于香港倡导革命及进行反清武装起义，参见孙中山《中国革命史》，《孙中山全集》第七卷，中华书局，1985，第 59 ~ 70 页；李金强：《一生难忘：孙中山在香港的求学与革命》，孙中山纪念馆，2008，第 108 ~ 175 页。民国肇建，为求推翻袁世凯及北洋军阀，先后于广州建立三次政权，参见陈锡祺《孙中山与广东》，《孙中山与辛亥革命》，中山大学出版社，1984，第 256 ~ 273 页；并参见《孙中山三次在广东建立政权》，中国文史出版社，1986，第 1 ~ 4 页；C. Martin Wilbur（韦慕庭），*Sun Yat - sen, Frustrated Patriot*（New York：Columbia University Press，1976），pp. 27 -35。

② 罗家伦编《国父年谱》（增订本）下册，（台）中国国民党党史委员会，1994，第 1578、1587、1590 ~ 1591、1612 ~ 1614 页；孙氏于 1924 年底已见肝痛，翌年初已知为肝病，1 月 26 日入北京协和医院，确诊为肝癌，西医束手。至 3 月 12 日上午 9 时 30 分逝世。

早已撰写论文记述外①，并已引起学者如罗香林、赵矢元、张家凤等之关注及研究②，由此可见孙中山一生的革命事业，即在中外友好及同志参与、支持下获得推进与发展。故对孙中山之人脉关系，进行探讨，为辛亥革命史研究不可缺失之一环。

就孙中山一生革命所结交的中外友好、同志，大约可分为三大时期。早期以兴中会革命时期（1895～1905）为主，前后10年，支持者以省（广州）、港、澳及檀香山（夏威夷）、南洋华侨，以至日、英、美等国外人士为主。中期则为同盟会时期（1905～1911），前后6年，支持者除前述相关同志外，主要以留日、留欧学生及南洋，北美华侨及欧美人士为主。晚期则为民国时期（1911～1925），组织中华革命党，改组国民党，并以东京、广州、上海三地为招纳及联络中外同志。其间由于实施联俄容共政策，遂行引入中共党员及苏联顾问，由是广结人脉，借以谋求完成革命大业。③

上述三大时期孙中山之中外友好、同志人数自然众多，现就孙中山、冯自由的记述及近人的研究，分别说明如下。

（一）孙中山及冯自由的记述

孙中山于《孙文学说》中之《有志竟成》，"追述革命原起，以励来者，且以自勉"，并记由立志至同盟会时期，"赞襄之要人……一一录之无遗"④，计录中外人士合共88人。（参见附表1）

冯自由为兴中会及同盟会之革命元老，自1912年间已经起而撰述革命

---

① 孙中山：《有志竟成》，《孙中山全集》第六卷，第228～246页；冯自由：《兴中会初期孙总理之友好及同志》，《革命逸史》第3集，商务印书馆，1969，重印，第1～23页。

② 罗香林：《国父与欧美之友好》，（台）"中央文物"供应社，1951；赵矢元主编《孙中山和他的助手》，黑龙江人民出版社，1984；张家凤：《中山先生与国际人士》，（台）中山学术文化基金会丛书，秀威信息，2010，上、下。

③ 赵矢元主编《孙中山和他的助手》，黑龙江人民出版社，1984，第2～4页；联俄容共，争取苏联顾问之援手，参见 C. Martin Wilbur, op. cit., pp. 112－128。

④ 引文见孙中山《建国方略》，《孙中山全集》第六卷，第228～246页，孙氏于辛亥革命成功后，撰写《革命缘起》一文，后编入《建国方略》一书内第八章有志竟成。1940年代许师慎以注释形式为《革命缘起》一文增添史料，详加说明，而成《国父革命缘起详注》（上海，正中书店，1947）一书；又参见黄彦编注孙中山《自传及叙述革命经历》，广东人民出版社，2007。

史，著作等身，其著述被誉为革命史的"百科全书"[1]，其中冯氏于其《革命逸史》一书，收录《兴中会初期孙总理之友好及同志》一文，收集孙中山自1886肄业于广州博济医院，至1895年乙未之役，所结交之海内外友好同志，计共195人。分别记述各人出身之籍贯、职业及其所属党派、社团，进而说明部分人士与孙氏相识经过及关系。

籍贯方面，包括中外人士。就国人而言，除杨衢云、吴杰模、邝汉淇3人为福建籍；王韬1人为吴县；不详籍贯14人外；余皆广东籍。广东籍中121人为檀香山华侨，4人为横滨华侨。就外籍而言，有美国籍传教士喜嘉理（Charles Hager，? - 1917）、嘉约翰（John Kerr, 1824 - 1901）、芙兰谛文（Frank W. Damon）、香忭文（Henry Benjamin Couch, 1850 - 1901）4人。英国籍医师康德黎（James Cantlie, 1851 - 1926）、孟生（即孟逊，Patrick Manson, 1844 - 1922）2人，校长威利士（即韦礼士主教，Bishop Alfred Wellis），记者黎德（Thomas Ried）、邓勤（Chesney Duncan）2人，合计5人。日本籍菅原传1人，故外人合计10人。（见附表2-1）

就职业而言，计商人90人，工人37人，医生16人，会党10人，传教士及公务员各9人，教员8人，报界5人，水师4人、农业3人，绅士2人，律师及文学家各1人。（见附表2-2）

就所属党派及社团而言，计兴中会160人，基督教25人，太平天国幕僚及绅士各1人，无记录8人。（见附表2-3）

此文尚须注意者，冯氏并为所列195人中之83人，记述其与孙中山相识及关系，有助吾人了解此一时期孙中山人脉的特质。[2]（见附表2-4）

其次，冯氏尚有一文《兴中会时期之革命同志》，记述兴中会时期之革命同志，计共520人。以兴中会前期（1895~1900）及后半期（1900~1905）分阶段记述参与之革命同志。其中前半期所收名录，较上文《兴中会初期孙总理之友好及同志》所收195人，增多325人。分别以姓名、籍贯、职业、组织及参与年代五项记述。然冯氏于文中明确指出所收的"革命同志"，并不以兴中会会员为限，并包括其他革命团体如华兴会、光复会、日知会、欧洲同盟会等；革命报刊之记者及出资者；捐助革命饷糈

---

① 李金强：《辛亥革命的研究》，《六十年来的中国近代史研究》下册，（台）"中央研究院"近代史研究所，1989，第757页；又冯自由曾自述参与革命及撰写革命史著之生平，见冯自由《兴中会会员人名事迹考》，《革命逸史》第四集，第47~48页。

② 冯自由：《兴中会初期孙总理之友好及同志》，第1~23页。

者；未入党而担任革命工作者，以至于保皇党成员。其中值得注意者，为该名录中，部分且记述了与孙中山如何相识及彼此关系，计共 60 人。增加吾人了解孙氏之友好、同志的情况，现将记有与孙氏相识及具有关系者，摘录列表说明之。（见附表 3）①

根据上列孙中山之自述及冯自由之记述，可知孙中山之友好同志之人脉关系特质，就籍贯及国籍而言，以广东人为主，其中不少为檀香山、美国、日本及东南亚之华侨；而国外人士则包括英、美、日三国人士为主。就其职业背景而言，则以商人、工人、医生、会党、基督教教牧、公务员、留学生为主。所属团体，毫无疑问，乃以兴中会为主，旁及华兴会、光复会，其中不少与基督教具有关系。由此可见，孙氏的人脉，乃以其出生广东，移民檀香山、受医学教育于广州及香港，接触教会，以至流亡于日本、英美等地此一个人生活经历，具有密切的关系。并显示出其人脉包括中外人士，具有全国性及全球性的特质。

此外，冯自由于其记述兴中会时期孙中山友好同志及兴中会会员 715 人后，继而提出孙中山于 1895 年乙未之役后，"足迹遍天下，所结识中外豪俊，盈千累万"②，自难一一记述，故此同盟会时期孙氏之友好同志，未见详加记录，所存者为同盟会党员何天炯所保存 1905～1907 年三年之同盟会会员名册而已，计共 960 人。③

就此而论，孙氏虽然相识满中外，然在革命不同时期之进程中，与其具有密切关系的人脉，早已引起史家之关注，相继研究及说明，分述如下。

（二）近人研究

近人对孙中山之人脉研究，首开其先为罗香林。罗氏于 1942 年出版《国父之家世源流考》，为国父孙中山传记研究，别开新面，受到政、学两

---

① 参见《兴中会时期之革命同志》，《革命逸史》第三集，第 31～122 页；罗列 1900～1905 年兴中会革命同志之名单。

② 冯自由：《兴中会初期孙总理之友好及同志》，第 23 页。

③ 《中国同盟会最初三年会员人名册》，《革命逸史》第六集，中华书局，1981，第 63～86 页，指出所录名单只有 1905～1907 年。1907～1911 年名单，因会员何天炯离日返国，临行时将期间加盟者盟书，全部毁灭，故 1907～1911 年同盟会会员名单已不可考。

界关注。①继而受命以香港大学所藏之西医书院数据，进行研究。于 1945 年出版《国父之大学时代》一书，由是成为国父传记研究的著名学者。②后书乃论述孙氏在香港西医书院的学习及其倡导革命之由来。其中第 9 章，以西医书院师友协助孙氏革命为题，缕述其师康德黎、孟逊、何启（1859～1914）及同学陈少白（1869～1931）四人，对其致力革命事业之重大关系。③继而又出版《国父与欧美之友好》。该书首论孙氏以"组织严密"、"学术智能"及"武力胜人"三者乃其从事革命，取得胜利之条件。进而认为孙氏具有"爱德"，得以感召友好，为其所领导之中国革命而尽力。故特为孙氏的欧美好友立传，借以说明彼此关系及对中国革命之贡献，包括入读檀香山意奥兰尼学校（Iolani School）校长韦礼士主教（Bishop Alfred Wellis）；奥阿厚书院（Oahu College）教师芙兰谛文。在香港为其洗礼之喜嘉理牧师（Charles Hager, 1851－1917）；西医书院老师康德黎、孟生（逊）；伦敦蒙难时得识英国汉学家翟理斯（Herbert Allen Giles, 1845－1935）；香港英文报纸记者黎德、邓勤、克银汉（Alfred Cunninghan）；英国学者加尔根（Archibald R. Colquhoun, 1848－1914）；香港总督卜力（Henry A. Black）。美国军事顾问咸马里（荷马李）（Homer Lea, 1876－1912）。越南法国总督韬美（Paul Doumer, 1857－1932），法国总理格利门梳（George Benjamin Clemenceau, 1841－1929）；为孙氏立传的美国友人林百克（Paul M. Linebarger, 1889－1939）；英国军事家摩根（Mulkern）；推介中山思想的美国学者威廉（Mauric William, 1881－?），计共 17 人。其中与孙中山领导革命具有关系者为芙兰谛文、康德黎、黎德、邓勤、克银汉、咸马里、摩根六人。然黎德、邓勤、克银汉三人乃因辅仁文社谢缵泰之关系，才与孙氏相识。④

　　罗氏上述二书的出版，从而开拓了孙中山的大学时代及其与外人关系两项课题的研究，此后中外学者相继就此二课题发表论著。而孙中山的人

① 近日黄宇和重新探析孙中山之家世，力证并非罗氏所主张乃属客家之论，参见黄宇和《孙逸仙祖籍问题探索——孙氏是本地人（广府人）还是客家人?》，（台）《九州岛学林》7 卷 1 期（2009），第 101～184 页。

② 罗氏此二书，其后合刊而成《国父之家世与学养》，（台）商务印书馆，1972；又参见李金强《辛亥革命的研究》，《六十年来的中国近代史研究》下册，第 758～759 页。

③ 罗香林：《国父之大学时代》，《国父之家世与学养》，第 85～93 页。

④ Tse Tsan－tai, *The Chinese Republic: Secret History of Revolution* (Hong Kong: South China Morning Post, 1924), pp. 8－9, 22.

脉亦在此两项课题研究中，日见明确。①

就孙中山的大学时代之研究，先有广州中山大学陈锡祺撰写《关于孙中山的大学时代》，指出其时孙中山的革命密友及思想导师，包括陈少白、尤列、杨鹤龄、郑士良、何启、郑观应、郑藻如、康德黎、孟生等，对于诸人生平及与孙氏关系作了扼要的说明。②

继有台湾师范大学之庄政研究孙中山的大学生涯及大学师友对其革命志业的影响。指出孙氏于广州博济医院就读时，结交师友多人，较著者为该院助教杨襄甫，医生尹文楷及其外父区凤墀。又谓孙中山之"革命伴侣"陈粹芬，居住于尹文楷家中达 10 年之久。此外，尚详述西医书院时孙氏师友、同学之生平及对孙氏之影响，包括何启、康德黎、孟生、郑观应、郑藻如、陈少白、尤列、杨鹤龄及郑士良等。③

而笔者亦以孙中山在港求学时所建立的人脉入手，探析其革命思想及活动之所由起，包括对其牧执师友——区凤墀、王煜初、康德黎，同学关景良、江英华、陈少白及朋辈尤列、杨衢云、刘学询等相关史料及彼此关系，作出说明。④

就孙中山外人关系之研究而言，除欧美人士外，当以日本友人最为重要。孙氏于清季民国推动反清反袁（世凯）的革命，均以日本为其主要海外基地。孙氏于 1911 年曾致函日本东亚同文会宗方小太郎，谓"所交游者以贵国人为多，则日本人之对于支那之革命事业必较他国人为更关切"，进而谓其"视日本，无异第二之母邦"。⑤论者亦谓日本无异为"中国革命之摇篮"。⑥自 1895 年乙未之役失败后，孙氏初次逃亡日本，于横滨建立兴

---

① 关于中外学者对于此两项研究的情况及论述，可参李金强《再论孙中山的大学时代 1887~1892》，林家有主编《孙中山研究》第 1 辑（2008），第 143~157 页；又参见 C. Martin Wilbur, *Sun Yat - sen: Frustrated Patriot*, pp. 54 - 124，韦氏利用中外学者研究成果，论述孙中山争取及获得英、美、法、俄及日本等国友人之协助。

② 刊于陈锡祺《孙中山与辛亥革命论集》，中山大学出版社，1984，第 54~64 页。此外，文中尚提及孙氏的大学时代认识"同学关景良、教友区凤墀、区的女婿尹文楷、区的朋友王煜初"，对其事业及生活有"一定的支持和帮助"，然各人生平，均未作说明。

③ 庄政：《孙中山的大学生涯》，《中央日报》出版，1995，第 46、93~157 页。

④ 李金强：《一生难忘——孙中山在香港的求学与革命》，第 11~41 页。

⑤ 孙中山：《致宗方小太郎函》（1911 年 7 月 16 日），《孙中山全集》第一卷，中华书局，1981，第 524 页。

⑥ John C. H. Wu, *Sun Yat - sen: The Man and His Ideas* (Taipei: The Commercial Press, 1971), p. 148.

中会分会。随即出游美、英，1896 年于伦敦蒙难，翌年重返日本，孙氏事迹遂为日本"东亚志士"所敬佩，犬养毅、宫崎寅藏（滔天）等人遂与孙氏建交，支持中国革命。①及至民国，由于与袁世凯反目，东渡日本，再次亡命，发动"二次革命"，组织中华革命党，再举革命旗帜。由此可见，孙氏一生革命，皆以日本为再接再厉的根据地，前后亡命日本 15 次，居留几近 9 年半，与日本朝野结下不解之缘。而众多日本友人，对于孙中山之革命，其重要性不言而喻。②

故此，孙中山与支持其革命之日本友人，早已成为日本及美国学者研究之对象。③而我国学者对此一课题之研究，以陈固亭为首起，陈氏先后于 1954 及 1959 年前赴日本，收集孙中山及日本友人的革命史料，又访问孙氏之"老友"及其后人，如山田纯三郎、犬养健、萱野长雄等。除将所得之资料移藏于台北党史会外，更出版《国父与日本友人》及《国父及亚洲》两书。前书除为孙中山之《有志竟成》一文所记录，对中国革命具有贡献之 24 人立传外（见附表 1），并增加末永节、内田良平、清藤幸七郎、古岛一雄、梅屋庄吉、桂太郎、秋山真之、田中隆、南方熊楠等 9 人传记。此外陈氏并引述 1957 年 6 月号日本刊物《思想》之孙文与日本专号，将孙中山在日之友人群体，划分为三组。

（1）真正援助中国革命之自由主义团体：以宫崎寅藏、萱野长知为代表；

---

① 见可儿长一之发言《第四次座谈会》（1930 年东京中华留日基督教青年会），陈固亭：《国父与日本友人》，（台）幼狮书店，1965，第 137 页，可儿长一与宫崎滔天合作翻译《孙文伦敦蒙难记》为日文本之《幽囚日记》，继而出版，孙氏革命家之名声与形象，由是为日本东亚志士所知悉。

② 陈鹏仁：《中国国民党在日本（1895～1914）》，中国国民党党史委员会，1994，见第 1 页序言，并参见第 281～298 页，《国父旅日年表》；《国父在日本》，（台）商务印书馆，1988，第 1～26 页，见注 70，谓孙氏之日本友人将近 300 人。又参见水野明《孙中山与日本志士、友人——以围绕着孙中山先生的日本浪人为中心》，林家有、李明主编《看清世界与正视中国——"孙中山与世界"国际学术研讨会论文选集》，天津古籍出版社，2005，第 549～558 页，指出 20 世纪前后，日本出现一批大陆浪人，希望雄飞中国大陆，故相继支持孙中山的革命；此批浪人有献身中国革命如宫崎寅藏；亦有怀帝国主义而谋侵略中国如头山满、内田良平。

③ 陈固亭：《国父与日本友人》，第 4 页，指出战后日本学者小田岳夫、石川顺、竹内好、野村浩一、苇津珍彦、永井算已及美国普林斯顿大学之 Marius B. Jansen 为研究此一课题之学者。又，Marius B. Jansen, *The Japanese and Sun Yat-sen* (Stanford: Stanford University Press, 1954)。

（2）国粹扩张主义：以头山满、内田良平为代表；

（3）政治家：犬养毅、大隈重信。①

而陈氏于后书之《大亚洲主义与日本——过去三十年间（1895～1924）国父与日本朝野关系概述》，指出宫崎寅藏、犬养毅、山田良政、秋山定辅等人，对中国革命贡献良多。②

继起学者为陈鹏仁，首先出版《孙中山先生与日本友人》一书，主要为翻译日本友人宫崎滔天、宫崎槌、萱野长知，古岛一雄、泽村幸夫、池亨吉、多贺宗之、兒玉花外、平山周等人，对于孙中山旅日及其革命经历的忆述。③

稍后，陈氏又出版《中国国民党在日本》一书，除论述孙中山首次亡命日本至中华革命党创建相关革命史事外，更于附录中扩大介绍了56位协助中国革命之日本友人的简历及事迹，并指出对革命最为重要的友人为宫崎滔天、萱野长知、山田良政、纯三郎兄弟、梅屋庄吉、犬养毅、秋山定辅等人。④

二陈之书为孙中山与日本友人奠定了基础研究，此后相关论文及书籍日多，其中值得注意者为赵金钰《日本浪人与辛亥革命》一书，缕述与孙中山革命相关之浪人，包括宫崎滔天、头山满、内田良平、北一辉、梅屋庄吉、萱野长知、末永节等人与中国革命之关系。然赵氏认为真正支持孙中山所领导的中国革命，只有少数而已，较著者如宫崎滔天、山田良政、萱野长知和梅屋庄吉等人。⑤

至此，孙中山与日本友人关系之研究，日见明确。⑥

及至近日，关于孙中山与外人关系此一课题，出现新作，此即张结凤

---

① 陈固亭：《国父与日本友人》，第3～4页，陈氏只为其中22人立传，未立传者包括菅原传及副岛义一。

② 陈固亭：《国父与亚洲》，（台）政工干部学校，1965，第9～28页。

③ 陈鹏仁：《孙中山先生与日本友人》，（台）水牛出版社，1973。又第269～373页，附有《有关孙中山先生的日本文献》，收明治、大正、昭和及战后四个阶段日本所出版之相关书籍、论文目录。

④ 陈鹏仁：《中国国民党在日本，1895～1914》，第2、173～216页。

⑤ 赵金钰：《日本浪人与辛亥革命》，四川人民出版社，1988，第1页。其中北一辉乃属反孙派，然与华中派之宋教仁、谭人凤关系密切。

⑥ 又吴经熊于其英文之孙中山传记一书，内辟二章论述外人与孙中山革命之关系，然重点以日本友人为主。参见 John C. H. Wu, op. cit., pp. 146 - 202，又参见 C. Martin Wilbur, op. cit., 亦辟二章专门讨论孙与外人关系，pp. 54 - 111。

《中山先生与国际人士》（台北，中山学术文化基金会丛书，秀威信息，2010）一书。张氏综合前人著述及相关革命文献，缕述亚、美、欧三洲共10国之国际人士，包括日本、朝鲜、菲律宾、美国、加拿大、英、法、德、俄、丹麦等，如何参与孙氏所领导之中国革命，并分别列出各国人士之姓名、职业与事迹，加以归类、统计、阐释，说明国际人士对于中国革命所作之贡献。至此，孙中山与外人关系之研究此一课题，堪称粲然大备。

然孙中山所领导之革命，仍以国人为主，其中海外华侨，出钱出力尤多，从而获得"华侨为革命之母"之称许。孙中山之革命，除早年获得北美檀香山、港澳、日本华侨之支持外；而南洋华侨于历次武装起义中，输财输力，扮演重要角色，星、马地区，最为得力。1900年惠州之役，越南及星加坡之华侨已见参与。就星埠而言，时孙中山为营救被星加坡当局拘留，怀疑刺杀康有为的日本志士宫崎寅藏、清藤幸七郎，亲至星埠，遂与星、马华侨发生关系。1905年同盟会成立后，于星加坡及马来西亚之槟榔屿相继成立分会，星、马华侨由是参加孙中山所策动的西南边区武装起义。[①]综观孙中山自1894至1911年间，在海外策动革命，先后8次至星加坡，6次到马来西亚，据颜清湟的研究，与其具有密切关系的星、马华人，包括新加坡的陈楚楠、张永福、槟榔屿的吴世荣、黄金庆；怡保的郑螺生；和瓜拉庇劳的邓泽如等。[②]

上述关于孙中山的人脉研究，或从其大学时代的香港师友探析，或为其欧美友好立传，或从日本友人着墨，或论其与星、马华人之关系，然皆以地域分类入手。对于孙氏之人脉关系，未作通盘之观察。而更重要则为人脉中之核心分子，未见注意。此一方面，至赵矢元主编之《孙中山和他的助手》一书之出版，始对孙中山领导层的核心人脉，作出了较为完整的论述，此即以"领袖助手"作为切入点。此批少数核心人物，即与孙中山

---

① 参见 Yen Ching Hwang, *The Overseas Chinese and the* 1911 *Revolution, with Special Reference to Singapore and Malaya* (Kuala Lumpur: Oxford University Press, 1976)；（澳门）颜清湟《再读同盟会——孙中山与星马华人》，《东南亚华人之研究》，香港社会科学出版社，2008，第120~154页。并参见桑兵《孙中山与新加坡华侨》，《孙中山的活动与思想》，中山大学出版社，2001，第201~223页。

② （澳门）颜清湟：《孙中山与星马华人，1900~1911》，《东南亚华人之研究》，第93页。颜氏又指出，自1905至1911年初，孙中山共写了96封信给华侨领袖，其中63封写给星、马华侨领袖，主要是张永福、陈楚楠及邓泽如三人。

合组而成为其革命的"领导群体"。于孙中山所领导的反清、反袁、反军阀的革命历程中，扮演了关键的角色。此一以孙中山为中心的革命领导群体，相继于孙中山所领导之历次革命历程中出现。兹就赵氏所举，论述如下。

革命初期——兴中会时期（1895～1905）。其重要助手分别为陈少白、陆皓东、郑士良及史坚如。四人为其好友、同学或同乡，此外，尚有与其合作者之杨衢云。其中郑士良更为孙中山与革命武力——会党之间的桥梁。可惜，陆、郑二人先后于乙未广州及庚子惠州两役后牺牲，只余陈少白为其革命而奋斗，势寡力弱。幸而因其伦敦蒙难，获得日本友人认知而"拔刀相助"，其中以宫崎寅藏及萱野长知最著。

革命中期——同盟会时期（1905～1911）。为孙氏与留日、留欧学生合作时期。随着兴中会于1895年乙未广州之役，1900年惠州之役及1903年壬寅广州之役相继失败。而兴中会的领导群体中之杨衢云、郑士良、史坚如相继去世，兴中会的活动基本上陷于停顿。时值1900年庚子拳变，国势危殆，国内外知识青年普遍热心国事，以东京、上海两地之留学生及学堂出身的知识分子，最为突出。纷纷起而鼓吹"排满"革命，终于促成孙中山于东京联合兴中会、华兴会及光复会，合组中国同盟会。孙中山被推举为同盟会东京本部总理，清季中国革命由是进入新阶段。①而源自香港的近代中国革命，随即转入中国大陆。此一时期孙中山的革命助手，大多为留日学生，当中以黄兴、宋教仁、陈天华、胡汉民、汪精卫、朱执信、廖仲恺、何香凝夫妇最著。其中原籍广东的胡汉民、汪精卫、朱执信、廖仲恺夫妇及古应芬等人，与孙氏关系最为密切，此乃同乡之故也。然据谭人凤之观察，时孙氏最信任者为胡汉民、汪精卫及黄兴三人，而胡、汪、黄三人亦为孙氏领导革命的坚决追随者。其时南洋华侨亦起而相助，如邓泽如等人，于筹募革命经费作出了贡献。②随着孙氏所倡导的华南边区革命，未见成效，以宋教仁、居

---

① 冯自由：《兴中会组织史》，《革命逸史》第四集，第10页；并参见李金强《一生难忘——孙中山在香港的求学与革命》，第108～125页；庚子拳变后海内外新学堂出身的知识分子，纷纷起而排满，参见王德昭《知识分子与辛亥革命》，张玉法主编《中国现代史论集》第3辑，（台）联经出版事业公司，1980，第273～304页；并参见桑兵《孙中山与国内知识界》、《孙中山与留日学界》，《孙中山的活动与思想》，第118～167页。

② （澳门）颜清湟：《孙中山与新马华人，1900～1911》，第93～94页；颜氏指出邓泽如为孙中山在新马地区最受信赖的代理人及代言人，邓氏亦为广东人。

正、谭人凤及陈其美等人为首，转而于上海成立同盟会中部总会，计划发动长江革命。①终于促成辛亥武昌起义之成功。孙氏由是得以回国出任中华民国开国的临时大总统。

革命晚期（1911～1925）——中华革命党及国民党改组。孙中山推动之革命，终于推翻"满清"，建立中华民国。然随着袁世凯称帝与北洋军阀柄政，内忧外患，未见止息。孙中山遂起而再革命，1914年于东京成立中华革命党，目的在于讨袁，至1919年改称中华革命党为中国国民党，1924年改组中国国民党。②在此一革命党递嬗过程中，中华革命党时期，主要助手以陈其美及居正等人为首，其中尤以陈其美、张静江、戴季陶等江浙派，最为得力，并引入日后受孙氏重用的蒋介石。及至实施联俄容共，起用苏联顾问如鲍罗廷。③推动国民党改组，孙氏遂以胡汉民负责政治，汪精卫负责党务，廖仲恺负责财政，蒋介石负责军事，形成新的"助手"群，其间孙氏再娶，以宋庆龄为妻，遂成为孙氏的伴侣助手。

至此，孙中山的革命人脉，即在上述中外史家的努力研究下，逐渐出现具体的图像。

附表1　孙中山追述赞襄革命之中外要人

历　程	姓　名	人数
（1）立志革命及兴中会成立（1887～1895）	郑士良、陈少白、尤列、杨鹤龄、陆皓东、邓荫南、孙德彰、宋跃如、杨衢云、黄咏商、丘四、朱贵全、程奎光、康德黎	14
（2）伦敦蒙难前后（1895～1900）	菅原传、曾根俊虎、宫崎弥藏、宫崎寅藏、犬养毅、平山周、大隈重信、大石正己、尾崎行雄、副岛种臣、头山满、平冈浩太郎、秋山定辅、中野德次郎、铃木久五郎、安川敬一郎、久原房之助、犬冢信太郎、山田良政、山田纯三郎、菊池良一、萱野长知、副岛义一、寺尾亨	24
（3）1900庚子之役	史坚如④、李纪堂	2

---

① 王聿均：《中部同盟会与辛亥革命》，《辛亥革命研讨会论文集》，（台）"中央研究院"近代史研究所，1983，第231～243页。

② 蒋永敬：《孙中山》（中国历代思想家二十），（台）商务印书馆，1999，第106～114页。

③ 蒋永敬：《鲍罗廷与改组国民党》，《中山先生与莫斯科》，台湾书店，2001，第75～119页。

④ 孙中山：《有志竟成》，《孙中山全集》第六卷，第235页，比较陆皓东与史坚如。

历　程	姓　名	人数
（4）革命潮及同盟会成立（1900～1905）	刘成禺、戢翼翚、沈翔云、张继、章太炎、吴稚晖、邹容①、黄龙生、甄吉亭、甄璧、杨寿彭、曾齐、廖仲恺、何香凝、马君武、胡毅生、黎仲实、布加卑、乔义生、赵声、徐锡麟、熊成基、秋瑾、禹之谟、刘道一、宁调元、胡瑛	27
（5）黄冈、惠州、钦、廉、镇南关、河口之役（1907～1908）	胡汉民、汪精卫、邓子瑜、黄兴、黄明堂、黄复生	6
（6）同盟会革命资助者	张静江、黄景南、李卓峰、曾锡周、马培生②	5
（7）广州新军之役（1910）	倪映典、朱执信、陈炯明、姚雨平	4
（8）黄花岗之役（1911）	"各省革命党之精英，与彼虏为最后之一搏"——七十二烈士震动全球③	—
（9）武汉中部同盟会（1911）	陈英士、宋教仁、谭人凤、居正	4
（10）武昌起义革命成功（1911）	朱卓文、咸马里	2
总数		88人

资料来源：孙中山《有志竟成》，《孙中山全集》第六卷，第228～246页。

附表2-1　兴中会初期孙中山友好、同志之国籍/籍贯

国籍/籍贯	人　数
广　东	167（内含檀香山华侨121、横滨华侨4）
福　建	3
江　苏	1
不　详	14
英　国	5
美　国	4
日　本	1
总　数	195

---

① 孙中山：《有志竟成》，《孙中山全集》第六卷，第236页，邹容著《革命军》为"排满"最激烈之言论。

② 孙中山：《有志竟成》，《孙中山全集》第六卷，第241页，黄、李、曾、马为越南华侨。

③ 孙中山：《有志竟成》，《孙中山全集》第六卷，第242页，由赵声、黄兴、胡汉民、槟城及各省同志参与。

附表 2－2　兴中会初期孙中山友好、同志之职业

职　　业	人　数
商　人	90
工　人	37
医　生	16
会　党	10
传教士	9
公务员	9
教　员	8
报　界	5
水　师	4
农　业	3
绅　士	2
律　师	1
文学家	1
总　　数	195

附表 2－3　兴中会初期孙中山友好、同志之党派、社团

党派、社团	人　数
兴中会会员	160
基督教	25
太平天国幕僚	1
绅士	1
无记录	8
总　　数	195

附表 2－4　兴中会初期孙中山友好、同志——记录彼此相识及背景关系者

阶　段	姓名（背景关系）	人　数
（1）翠亨村亲友	陆皓东（总角交）、孙眉（兄）、杨文纳（母舅）	3
（2）檀香山师友	芙兰谛文（师长）、威利士（校长）、菅原传（牧师）、锺宇（同学）、陈南、简吉堂、贾桂、郑金、郑照、邓荫南、何宽、李昌、刘祥、黄华恢、宋居仁、夏百子、侯艾泉、李杞、林鉴泉、李多马、程蔚南、许直臣（皆兴中会会员，——表示于1895乙未年随孙氏回国革命）	22

续表

阶　段	姓名（背景关系）	人　数
（3）广州博济医院师友	区凤墀（师长）、嘉约翰（院长）、何了然（化学教员）、杨襄甫（助教）、郑士良（同学）、廖翼鹏（同学）、廖德山（同学）、梁干初（同学）、尤裕堂（校友）、尤列（四大寇）	10
（4）香港西医书院师友	康德黎（教务长）、毛生（教师）、何启（创校人）、王煜初（牧师）、陈少白（四大寇）、黄康衢（同学）、吴杰模（同学）、关心焉（同学）、郑汉滇（同学，菲律宾行医）、江英华（同学）、王泽民（同学，南洋行医）、杨鹤龄（四大寇）、杨衢云（辅仁文社社长）、谢缵泰（辅仁文社）、何汝铭（辅仁文社）、余育之（商人）、黄咏商（兴中会）、黎德（记者）、邓勤（记者）、周昭岳（辅仁文社）	20
（5）澳门行医	曹子基（资助设立中西医局）、何穗田（资助设立中西医局）、吴节薇（借款担保）、陈赓虞（资助）	4
（6）广州行医	尹文楷（博济医院，区凤墀女婿）、刘学询（进士赌商）、左斗山（圣教书楼）、香忏文（传教士）、王质甫（牧师）	5
（7）广州抗风轩	程奎光（水师）、程璧光（水师）、程耀臣（奎光兄弟同族）、魏友琴（教员）	4
（8）上海	郑观应（绅士）、王韬（文学家）、宋嘉树（传教士）、陈廷威（水师）	4
（9）乙未之役	朱贵全（会党）、丘四（会党）、程怀（工人）、程次（工人）、程荣（工人）、朱淇（教员）	6
（10）横滨、台湾兴中会	陈清（商人）、冯镜如（商人，兴中会会长）、冯紫珊（商人）、谭有发（商人）、杨心如（商人）	5
总数		83

资料来源：附表2－1、2、3、4；冯自由《兴中会初期孙总理之友好及同志》，第1～23页。

附表3　兴中会时期（1895～1905）革命同志——具有与孙中山相识及关系之记录者

姓名	背景	相识/关系
1. 赵明乐	横滨侨商，兴中会	
2. 黎炳垣	横滨侨商，兴中会	孙中山以其寓所为通讯机关，并以家事托之
3. 温芬	横滨侨商，兴中会	任孙中山寓所招待
4. 陈和	横滨侨商，兴中会	为孙中山管理庶务，来往日本，南洋随行

姓名	背景	相识/关系
5. 冯懋龙（自由）	父镜如为横滨兴中会会长	14 岁加入兴中会，会员中最年幼
6. 宫崎寅藏	日本志士	赞助孙中山革命最出力者，著有《三十三年之梦》
7. 平山周	日本志士	与宫崎同时结识孙中山
8. 张果	基督徒	孙、张为通家之好，孙中山为其女阿娥义父
9. 章炳麟	学者，《时务报》、《台北日报》	由梁启超介绍认识孙中山于日本
10. 梁启超	学者，《清议报》	宫崎介绍与孙中山认识，商讨合作
11. 张智若	留学生，《清议报》	与孙中山、陈少白往还颇密
12. 毕永年	学者，兴中会	戊戌政变后，至日本，见孙中山，加入兴中会
13. 史坚如	格致书院学生，兴中会	1900 年惠州之役，谋炸粤抚德寿，失手就义
14. 戢翼翚	留学生，自立军	官费留日，与孙中山往还最密
15. 沈翔云	留学生，自立军	官费留日，与孙中山往还至密
16. 李纪堂	商人，兴中会	1895 年孙中山亡命日本，亲至船上送行
17. 林文庆	医生，星加坡华侨	与孙中山旧识，1900 年协助营救宫崎寅藏等人
18. 犬养毅	政治家，进步党	由宫崎介绍孙中山认识，支持中国革命
19. 平冈浩太郎	煤商，进步党	犬养毅介绍与孙中山认识，负担孙在东京费用
20. 彭西	菲律宾学者，独立党	以巨款支持孙中山革命
21. 摩根	英国学者	1896 年与孙中山相识于伦敦，来华协助革命
22. 福本城	日本学者	1900 年随中山至香港，图入惠州起义
23. 内田良平	日本学者，黑龙会	参与庚子之役，随孙中山至香港数次
24. 头山满	日本黑龙会首领	协助孙中山在日革命活动
25. 郑贯一	留学生，《开智录》	与孙中山来往，后被推荐至香港任《中国日报》记者
26. 李自重	留学生，广东独立协会	加入孙中山在东京所办青山军事学校
27. 王宠惠	留学生，广东独立协会	王煜初之子，官费留学美国，协助孙中山出版《中国问题之真解决》（英文）一书

姓名	背景	相识/关系
28. 马同（君武）	留学生，支那亡国纪念会	与孙中山过从颇密
29. 黄隆生	河内侨商，兴中会	与孙中山结识河内
30. 韬美	法属越南总督	与孙中山有旧，同情中国革命
31. 哈德安	法属越南总督署秘书长	孙中山至河内，总督韬美命其招待孙氏
32. 秋山定辅	日本众议员	孙中山居东京时，与其往还
33. 程明超	留学生，《湖北学生界》	程家柽、刘成禺宴中山于东京，明超参与
34. 黄中央（宗仰）	和尚，中国教育会	苏报案亡命日本，与孙中山同寓横滨
35. 翁浩	留学生，军国民教育会	加入东京青山军事学校
36. 郑宪成	留学生，军国民教育会	加入东京青山军事学校
37. 朱少穆	留学生，军国民教育会	认识孙中山
38. 幸德秋水	日本社会党领袖	与孙中山讨论社会主义之实行方法
39. 黄轸（兴）	留学生，军国民教育会	与孙中山组织同盟会
40. 日野熊藏	日本现职军人	协助孙中山组织青山军事学校
41. 张泽黎	《檀香山新报》	孙中山聘其为《檀香山新报》主笔，与康党笔战
42. 黄三德	美国致公堂大佬	协助孙中山入境美国，陪同遍游各埠，改组致公堂
43. 廖琼昌	美国致公堂英文书记	协助孙中山使保皇党《大同日报》转为堂报
44. 那文	美国律师	协助孙中山入境美国，参与革命
45. 伍盘照	美侨基督教领袖，《中西日报》	协助孙中山入美国境，并寄食于《中西日报》
46. 伍于衍	《中西日报》编辑	孙中山以基督徒关系，颇得其助
47. 司徒南达	美国旧金山教会牧师	协助孙中山入美国境
48. 邝华汰	美国加省大学教授，兴中会	协助孙中山在美向基督徒筹款
49. 雷清学	美国侨商，基督教	孙中山在美筹款，雷氏所捐最多
50. 刘柏	美国华侨，基督教	协助在美筹饷
51. 黄溪记	致公堂董事	孙中山借其店通讯
52. 梅宗炯	美东波士顿致公堂大佬	协助在美筹饷
53. 陈锦涛	留美学生	王宠惠介绍认识孙中山，彼此研讨中国财政改革

续表

姓名	背景	相识/关系
54. 薛颂瀛	留美学生	王宠惠介绍认识孙中山
55. 寺尾亨	日本法学家	1903 年与孙中山认识，后被南京政府聘为法律顾问
56. 廖翼明	博济医院同学，横滨三点会	至日本经商，与孙中山、黄宗仰同寓
57. 贺之才	留学生，欧洲同盟会	刘成禺作书介绍引见孙中山
58. 史青	留学生，欧洲同盟会	孙中山到比利时，寓其家，欧洲同盟会发起人之一
59. 朱和中	留学生，欧洲同盟会	偕孙中山赴德，介绍同志加盟
60. 孙鸿哲	留学生，欧洲同盟会	留英学生加入同盟会唯一者

资料来源：冯自由《兴中会时期之革命同志》，《革命逸史》第三集，第31～122 页。

作者单位、职务：香港浸会大学历史系教授

论孙中山革命与天地会、客家之关联

❶ 邱荣举　黄玫瑄

一　前言

　　长期以来，国内外兴起"孙中山热"风潮，进而有"孙中山研究"、"孙中山纪念馆"等，甚至倡导"孙学"；20世纪，国内外也兴起"客家热"风潮，渐渐有"客家研究"、"行政院客家委员会"、"客家学院"、"客家电视台"、"客家文化园区"、"客家基本法"等，进而提倡建构"客家学"；同样道理，对于洪门/天地会的发展而言，多年来的洪门/天地会研究，基于洪门的悠久历史、政治社会影响力大，以及永续发展，如何将"洪门/天地会研究"，提升为"洪门学"，实为21世纪初的今日吾人所可深思与努力建构的理想目标。

　　本文之研究目的有二：一是探讨天地会与客家之关联；二是解析孙中山革命与天地会、客家三者之关联。至于本文之研究问题有三：一是天地会与客家究竟有何关联；二是天地会在孙中山革命运动中之角色与重要性为何；三是孙中山革命与天地会、客家三者之关联为何。

　　本文拟先讨论天地会与客家之关联；其次，分别简要说明"孙中山与客家"已成为国际热门议题，天地会与客家在孙中山兴中会时期革命之关联，以及天地会与客家在孙中山同盟会时期革命之关联；再者，试从人文社会科学角度论洪门/天地会研究；最后，则是简评孙中山革命与天地会、客家三者之关联。

二　天地会与客家之关联

天地会系早期发源于中国南方基层社会中的一种"秘密会党"①，历史悠久，其组织具有隐秘性且颇富神秘色彩，人数众多，颇具影响力，对政治社会亦有深远影响，对中国政治革命曾产生重大影响，现今在海内外的华人社会中仍具有相当影响力。

中国客家系中国汉族当中的一支，客家早期系以赣、闽、粤三省交界区域为大本营，号称是客家大本营，一方面从赣闽粤客家山区朝向海边，向海外扩散，另一方面也从赣闽粤客家山区往四川、广西、贵州等地迁徙，因而现今在福建、广东、台湾、广西、海南、东南亚国家，有许多客家人。在过去的太平天国革命、中国辛亥革命运动中，天地会、客家人皆多所参与且作出贡献。

南洋客家政治菁英曾扮演重要政治角色，早期在新加坡或槟榔屿，客家华侨一直是少数族群，但是当时的大清帝国却用客家人担任新加坡总领事（如黄遵宪、张弼士），另在槟榔屿又以当地的客家华侨来担任最早期的五任副领事之角色，颇具政治考虑。大清帝国最早期在槟榔屿设副领事，前五位皆由当地客家华侨（原籍为广东嘉应州）担任，决议发动"三二九广州之役"时，当时的新加坡总领事黄遵宪和槟榔屿副领事，皆为广东嘉应州（今梅州市）的客家人。南洋客家政治菁英在新加坡或在槟榔屿参加召开"庇能会议"，并热心参与"三二九广州之役"，无论是在革命军事费用之筹集，或是在革命起义之军事行动上，皆扮演极重要之角色。例如：谢逸桥、谢良牧昆仲不但与孙中山有密切关系，且在"三二九广州之役"中扮演重要而关键性的角色。梁密庵与梁鸣九积极在南洋筹募革命经费，从南洋回中国执行暗杀的客家革命志士温生才、陈敬岳等人，以及罗福星在参加"三二九广州之役"受伤后，又到台湾发动抗日运动而被判刑牺牲生命，他们都是南洋客家政治菁英。

简言之，关于南洋客家政治菁英，与孙中山革命较有关的南洋客家

---

① "会党"即属于"秘密会社"（secret society）的组织。据布莱斯（Blythe, W. L.）解释"秘密会社"的定义为：一个群体的存在可能是公开的，但其活动及其各层序的职位身份，却不为公众人士所认知（黄建淳，1988：5；麦留芳，1985：11）。

政治菁英，在新加坡、槟榔屿等地客家人虽然在华人社会中属于少数族群，因而其客家政治菁英也就较少，但是新加坡、槟榔屿地区华人社会中的帮权政治运作，这些少数的客家政治菁英，例如，黄遵宪、张弼士、张榕轩、张耀轩、谢逸桥、谢良牧、姚德胜、梁密庵、梁鸣九、徐统雄、姚雨平、温生才、陈敬岳、罗福星、胡子春等人，却能发挥相当大的影响力。

三 "孙中山与客家"已成为国际热门议题

关于孙中山研究或纪念孙中山，在 1925 年孙中山逝世之后，学术界、政治界已多所讨论，且在世界各地已有许多有关孙中山纪念性质之馆舍、城市、学校、公园、道路等，例如：孙中山纪念堂、孙中山纪念馆、国父纪念馆、中山堂、中山市（广东省）、中山大学、中山中学、中山小学、中山公园、中山路等，已蔚为风气，且类别颇多。数十年来，还有专门研究孙中山之研究与教学单位及基金会，例如：三民主义研究所①、孙中山研究所、孙中山基金会等。再者，台湾的国父纪念馆（台北），长期以来每年举办有关孙中山研究之学术研讨会，邀请许多国内外学者专家共同研究孙中山之相关议题，并定期出版《孙学》期刊，已累积丰硕成果。此外，中华人民共和国在改革开放之后，逐渐重视与加强对孙中山之研究，亦有丰硕成果。其他国家的学者专家，也有不少有关孙中山之研究论著。由此可知，有关孙中山相关议题之研究，已达研究高峰，且成果可观。

关于客家研究，自香港大学罗香林教授首先在学术界提倡"客家研究"（Hakka Studies），并规划朝向建构"客家学"（Hakkaology）以来，在"客家运动"（Hakka Movement）的推波助澜下，已日渐蓬勃发展。再者，自 1980 年代以来，在政治界、客家界、学术界的交互影响与共同努力下，造成"客家热"风潮，又逐渐将"客家研究"朝向建构"客家学"发展，此可由近 10 多年来台湾海峡两岸已各自有 10 多所大学，先后设置客家学

① 台湾的"中央研究院"、台湾大学、政治大学、台湾师范大学、中山大学、中国文化大学等，昔日皆设有三民主义研究所，后来纷纷改名，例如：台湾大学、政治大学先后将其三民主义研究所更名为"国家"发展研究所；台湾师范大学将三民主义研究所更名为政治学研究所；最近中国文化大学则改采合并方式，改为中山与中国大陆研究所。

院、客家相关系所及客家研究中心而可见一斑，使得 21 世纪初的 "客家研究"，在学术界已成为新兴研究领域，"客家学" 俨然成为 "显学" 之一。

关于 "孙中山与客家"，可以说是客家与当代社会中极其重要的一个热门议题。香港大学罗香林教授的一生，不但对 "客家研究" 之提倡与贡献及 "客家学" 之提出，成就最大、影响最为深远，而且他最早重视到 "孙中山与客家" 相关议题之研究，曾花费极长的时间与极大的心血，探讨客家源流和孙中山的家世源流，且著作颇丰，引起各界注意与讨论，甚至曾有过激烈的争论，例如：孙中山是否为客家人之争论，双方阵营已激战数十年。

关于 "孙中山与客家" 的研究，学术界的讨论有多类，A 类多重视孙中山政治思想与革命行动之研究；B 类多着眼于孙中山是否为客家人之讨论；C 类多着重于探讨孙中山与客家人之关系，例如，孙中山与中国客家革命志士之关系、孙中山与客家华侨之关系、孙中山与客家运动之关系等。本文的性质应属于 C 类。

时至 21 世纪初的今日，吾人回顾 "孙中山与客家" 之相关研究与争论，实令人佩服与感动。再者，若按 2010 年台湾的 "立法院" 所通过的《客家基本法》，它采用血统论、文化认同论兼而有之的论点，使得所谓 "客家人" 之定义，有较为宽广的定义。依该定义，李登辉是客家人，甚至连马英九也是客家人。同理，孙中山的儿子孙科，在其 80 岁时所撰写的专文中，认为自家是客家人，因而吾人也应尊重与肯定其客家认同。有关孙中山是否为客家人，笔者认为：那是次要问题，仍可继续讨论，非本论文之重点。本论文的重点在于关怀孙中山与客家之关联。

2010 年 3 月，为纪念中国辛亥革命 100 周年，台湾的国父纪念馆与马来西亚槟城的孙中山槟城基地基金会、台湾大学、元智大学等单位，在马来西亚槟城，共同举办了 "孙中山与黄花岗之役——庇能会议与海外华人国际学术研讨会"（2010 年 3 月 25～29 日），集结了许多研究孙中山的学者专家，在该国际学术研讨会中，对 "孙中山与客家" 相关议题进行热烈讨论，使得 "孙中山与客家" 成为热门议题（邱荣举、黄玫瑄，2010a）。

2010 年夏，在广东省河源市由广东嘉应学院客家研究院与河源市客家古邑文化研究会共同筹组的 "第二届粤东客家地域社会与文化学术研讨会"，有来自中国大陆、美国、日本、新加坡、马来西亚、中国台湾地区等地之学者与会，亦有关于孙中山与客家之论文发表（邱荣举、黄玫瑄，2010b）。

2010 年 11 月，在台北由台湾大学客家研究中心所举办的"2010 国际客家学研讨会"，亦在第一场次"孙中山研究与客家研究"的主题中，曾热烈讨论"孙中山与客家"。①

2011 年 5 月，笔者（邱荣举）亦受邀到美国的华盛顿州西雅图市、得州休斯敦市等地，巡回演讲"孙中山与客家精神"，当场有许多华人（包括客家人）大力鼓吹应效法孙中山的革命精神及客家精神（例如硬颈精神），继续推动全球客家运动。

当今不论是为了纪念孙中山，或者推动客家发展，讨论历代名人是否为客家人，非本文讨论之重点。本文讨论"孙中山与客家"，主要是想多探讨孙中山与客家之关联，进而思索如何促进两岸客家交流与合作，以及如何继续共同推动"全球客家运动"。笔者认为：孙中山与全球客家有相当关系，两岸客家应共同继续推动"全球客家运动"；纪念孙中山与推动客家发展可共同考虑，例如：在举办"世界客属恳亲大会"时，应多重视到孙中山与客家之关联，并可呼吁两岸应加强共同推动"全球客家运动"。

四　天地会与客家在孙中山兴中会时期革命之关联

孙中山的一生，从事中国革命，共 40 年，其所曾筹创之革命组织，先后有兴中会、同盟会、国民党、中华革命党及中国国民党。在这五个革命组织中，兴中会、同盟会、中华革命党及中国国民党四个革命组织，孙中山认为皆是属于会党性质的革命党，实施"革命政治"，非一般民主国家，属于政党性质的普通政党或民主政党；只有民国初年所组织的国民党，是仿效欧美民主国家实施"政党政治"的政党概念而组成的政党，它基本上是一种普通政党或民主政党，他认为在性质上是属于政党性质，而非属于会党性质的革命党；故曰：孙中山所创的兴中会、同盟

---

① 该主题有伊朗籍的顾朋发表《论孙中山、客家与兴中会》论文及刘焕云发表《论孙中山、客家与两岸关系》论文。

会、中华革命党、中国国民党，是会党性质，实施"革命政治"；民国初年的国民党，是政党性质，实施"政党政治"（邱荣举、谢欣如，2009：28）。

孙中山在兴中会时期推动中国革命，主要是在夏威夷、美国本土主要城市（如旧金山、芝加哥、纽约等地）、香港、澳门、广东、南洋等地。

清朝末年，中国移民在美洲（如北美洲、中美洲、南美洲）、亚洲（如香港、澳门、南洋、日本、台湾等）已有相当数量，当时的孙中山了解到海外的华人，基于海外的生存、生活及发展需求，大多加入当地海外华人的帮会组织，例如：当时南洋的新加坡、马来亚的华人社会，有五大华人帮群：广府帮、福建帮、潮州帮、客家帮及海南帮等。他们透过华人帮之系统，解决生存问题、生活问题（如生、老、病、死）、工作问题及其他，因而类似于天地会组织在 19 世纪末 20 世纪初，海外华人社会中是相当普遍而活跃的，而大多数的华人亦多参与其中，与天地会系统中的相关秘密会党组织（例如，美国的"致公堂"、南洋的"中和堂"）有着一定的关联。

客家的大本营固然在江西（赣）、福建（闽）、广东（粤）三省交界地区，但是中国各地客家地区的客家人，在 19 世纪因政治、经济、战乱等因素，也如同广府人、潮州人、福建人（如漳州人、泉州人、福州人）、海南人等一样，主要经由海路出洋到南洋求发展或避难，中国客家庄的男丁，大多向往或被迫不得不出外发展，他们或从军搞革命，或从商搞经济，或崇文重教，耕读传家，求取功名；其中出洋移垦至南洋、美洲者众，因而中国客家在海外华人社会中，客家帮的客家人亦占有一定比例，虽然在人数上比不上广府帮的广府人、福建帮的福建人，但与潮州帮的潮州人、海南帮的海南人，皆具有一定的比例，且常成为关键性的少数。少数不一定是弱势，在海外华人帮派政治中，少数关键也可能扮演重要角色，如南洋的马来亚庇能（今马来西亚槟城）中的客家帮，曾在半个世纪的槟城华人社会中，有扮演过举足轻重的政治角色，如张弼士等广东埔梅集团客家帮在清末民初的政治角色。

孙中山从事中国革命，先在夏威夷檀香山成立兴中会，后在香港成立兴中会总部，又在美国各端口发展革命组织，再到南洋（如新加坡）发展兴中会组织，他所到之处，多透过当地华人天地会系统的协助，其中也有客家华侨，例如，在美国夏威夷檀香山得到客家华侨锺木贤（中国广东省五华县客家人）的大力支持与协助，于 1894 年在檀香山共同创建兴中会，进而在 1904 年由锺木贤介绍孙中山加入当时的洪门客家团体——国安会（戴兴明，1988：38）。

孙中山推动中国革命运动，曾有过 11 次革命起义，前 10 次所发动过的革命起义皆失败，到了第 11 次的辛亥革命武昌起义始成功。俗云："失败为成功之母"，孙中山推动中国革命是历经 10 次失败，直至第 11 次才成功的。再者，俗云："万事起头难"，孙中山在兴中会时期曾发起过两次起义，一为广州起义（1895），另一为惠州起义（1900）。其中惠州起义就是郑士良（广东惠阳客家人）率领广东省新安县的绿林和广东省嘉应州（今梅州市）三合会在惠州田山寨起义的，而惠州起义之地点，即是广东著名的客家庄，且有不少客家人参加该次起义（顾朋，2008）。

五　天地会与客家在孙中山同盟会时期革命之关联

孙中山推动中国革命一直很艰辛，且极不顺利。1905 年虽然有兴中会组织，但是革命工作始终不容易推展；1905 年乃结合各方反清势力，如黄兴、宋教仁等，共同组成中国同盟会，并将本部设于日本东京；孙中山不但集结海外华人社会基层（包括天地会成员）的力量，代表基层社会人士，而且汇集中国留学海外（如日本、美国、欧洲）的留学生力量，代表知识分子，进而培养与联络军事力量，共同推动中国革命。关于同盟会组织，核心人士与指挥中心原本在日本东京，后因革命情势需要及其他因素，乃转移至越南，进而再转移至新加坡，最后更转移至马来亚庇能（今马来西亚槟城）。这种同盟会核心人士与革命指挥中心的转移，由日本东京渐往南洋变动，实乃革命情势多变及其他因素而不得不调整，在同盟会推动中国革命运动的 8 次革命起义行动中，天地会成员加入了同盟会，促使孙中山在革命指挥中心逐渐南移的过程中，由于天地会成员的多方配合与鼎力支持，乃能逐步克服困难，终于在第 11 次起义的辛亥武昌起义中获得最后的胜利而创建了中华民国。

在中国同盟会中，其实有不少客家籍成员，例如，早在同盟会成立之初，即受到许多客家籍留日学生的积极支持。当时在日本入会的客家籍人士有 29 位。再者，根据早期创设同盟会会员何天炯所保存之《中国同会成立初期（乙巳、丙午两年）之会员名册》，在同盟会创立的 1905 年，总共有 48 位客家籍人士入会，人数相当多，且在同盟会里担任重要职务者也不少，例如：谢逸桥、谢良牧昆仲（广东嘉应州客家人）。他们兄弟俩在后来孙中山于马来亚庇能（今马来西亚槟城）召开"庇能会议"，决定发动 1911 年"广州三二九之役"（又有人称"黄花岗之役"），在决策过程中扮演着极其重要之角色，而"黄花岗之役"86 位烈士中有 34 位客家人，且多为天地会成员，此显示出天地会中的客家人对于孙中山革命起义是相当积极参与和支持的。

六　结语

洪门/天地会是在华人社会中颇为盛行的一种秘密会党。历史学界对于会党研究相当重视，且对于会党在孙中山所推动的中国革命运动中之角色与重要性颇有研究。再者，历史学界对中国政党之最早出现，已确认是在清末的资政院。在政治学中的会党或派阀或派系或朋党，与"政党"不可混为一谈，彼此是不同的。因此，吾人对于洪门/天地会研究，必须结合历史学研究，多借用政治学的相关学理（包括概念），透过科际整合来强化洪门/天地会研究，进而建构"洪门学"。

今日，吾人若要进一步探讨洪门/天地会研究，进而建构"洪门学"，未来似乎可从孙中山研究中所常谈论的孙中山与洪门/天地会之关联，以及客家研究中常讨论的孙中山与客家之关联、洪门/天地会与客家之关联，来探讨洪门/天地会与客家在孙中山革命运动中之关联。因此，关于洪门/天地会研究，吾人亦可结合孙中山研究和客家研究，来强化洪门/天地会研究，进而建构"洪门学"。

天地会在福建、广东、台湾、南洋（今东南亚）等地有不少组织与据点，特别是在亚洲、美洲等地，有华人移垦较长久的地区，通常过去多曾有过洪门/天地会的组织，以协助华人在国内外进出与发展，且正的作用多于负的作用，在孙中山推动中国革命运动的过程中，若以 11 次革命起义来作为检验指标，可以说：在孙中山的 11 次革命起义行动中，天地会成员是无役不参与，不但出钱出力，且牺牲性命在所不惜，为中国革命和创建中华民国立下了汗马功劳，其中天地会中的客家籍成员（广东、福建及海外客家人），在孙中山所推动的中国革命运动中，无论是在兴中会时期，或是同盟会时期，亦和其他华人一样，共同参与了孙中山所推动的中国革命，故曰：天地会与客家人在孙中山革命中实扮演着相当重要的角色，在多次的革命起义中，天地会与客家人皆参与了孙中山所推动的革命运动，孙中山革命与天地会。客家三者之间具有相当关联性。

作者单位、职务：台湾大学"国家"发展研究所教授、客家研究中心主任

　　　　　　　　　台湾师范大学专任讲师

章太炎与辛亥革命*

——兼论孙中山是中国民族民主革命的当然领袖

⊘ 谢俊美

　　早在孙中山生前乃至逝世后，总有少数人不承认孙中山的革命领袖地位，这当中也包括当年曾与孙中山一起革命的人，章太炎就是其中一个。近年来，在近代人物研究中，时不时出现褒章贬孙的现象，少数影视作品，如前几年的《走向共和》甚至还出现丑化孙中山形象的事，这就不能不引起人们对这一问题的高度关注。所以，对此再作一番深论不仅必要，而且十分重要。本文依据历史事实就章太炎与辛亥革命，以及其与孙中山的矛盾冲突，作一评述。

一　深重的民族危机将章太炎卷入民族救亡的大潮

　　甲午战后，列强在中国掀起了强占租借地、划瓜势力范围、旨在瓜分中国的狂潮，民族危机变得空前严重，救亡图存成为时代的主题。

　　同是救亡图存，从一开始就呈现了两种截然不同的道路，一种主张体制革命，武力推翻清政府，持这一主张的，以孙中山为代表。还在甲午战争爆发的这一年11月，孙中山在檀香山成立反清革命团体兴中会，"以振兴中华，维持国体为宗旨"，以"驱逐鞑虏，恢复中国，创立合众政府"为纲领。表示了他学习西方、推翻清朝，变封建君主专制的中国为资产阶级民主国家的决心。甲午战败前夕，孙中山即开始谋划发动广州起义。另一种主张实行体制内改革，对现存政制加以改良，来实现民族自救。持这一主张的，以康有为、梁启超为代表，想通过支持光绪帝推行维新变法来实现他们的主张。但戊戌变法只进行了一百多天就被慈禧太后一手镇压了。谭嗣同等六君子的被杀，宣告了维新改良救亡图存的道路行不通。

章太炎就是在这一背景下，从书斋里走出来而卷入民族救亡图存大潮的。1869 年 1 月 12 日（清同治七年十一月三十日）他出生在浙江余杭县东乡仓前镇的一个读书世家。轰动晚清、百余年来家喻户晓的杨乃武与小白菜一案就发生在这里。章太炎初名学乘，后改名炳麟，字枚叔。成年后，因仰慕顾炎武，改名绛，别号太炎。曾祖父和祖父都是秀才出身，"家资百万"，"藏书甚丰"。父亲章浚为当地有名中医，一度担任余杭县学训导，后因卷入杨乃武案，被革职。章太炎先前曾参加过县试，但因患有癫痫（俗称羊角疯）而无法应试，从此绝意试途，专心学问。明末清初，浙江士绅曾进行过激烈的抗清斗争。入清后，这种反清意识依然不减，清政府采用严酷的高压政策，先后制造了曾静案、吕留良案、查嗣庭案、戴名世案、庄廷珑案等文字狱。[①] 然而二百多年过去了，这种种族意识并未随着岁月的流逝而轻减。父亲去世前对章太炎说：章氏入清已经八世，先辈入殓都是深衣，穿明代的上衣下服。望不违祖训。后来到外祖父朱有虔那里问学，一次读到蒋良骐《东华录》中有关曾静案的文字，外祖父就给他讲了"夷夏之防"同于君臣之义的话，太炎问其有何依据？答以顾炎武、王船山说过。"历代亡国，无足轻重，只有南宋之亡，则衣冠文物亦与之俱亡了"。太炎就说"明亡于清，反不若亡于李闯（李自成）"，因为他们都是汉人，文物制度尚能保存。[②] 觉得异种乱华，是心中的第一恨事，"反满"的种族革命的意识由此萌发。后来他就是带着"为浙父老雪耻"的强烈种族复仇意识投入到当时民族救亡大潮的。

遵照父亲的遗嘱，章太炎于光绪十六年（1890）进入杭州诂经精舍研习，一待就是八年，直到 1897 年才离开。诂经精舍系嘉庆年间浙江巡抚阮元所创办。现时主持人为学者俞樾。俞樾，字荫甫，号曲园，浙江德清人，进士出身，曾任翰林院编修，因在河南学政任上出题舛误，被参劾，奉旨革职永不叙用。但因系曾国藩的门生，后在曾氏和李鸿章的护佑下，先后主讲苏州紫阳书院、杭州诂经精舍。教书之余，研究经训，著有《群经平议》，成为晚清经学研究的绝响。经太平天国起义十多年的洗礼，江南已是田园荒芜，文物荡然。世家大族大多家破人亡，子弟无力读书，而

---

① 章太炎：《太炎文录》卷一《检论》、《哀焚书》。
② 朱希祖：《本师章太炎先生口授少年事迹》，许寿裳：《章太炎传》附录，第 25～26 页。

一般为宦者也无暇绩学，章太炎在俞樾的指导下，苦研经训，饱读史书，有凡经、史、子、集无一不读。并对佛学，尤其是对华严宗、法相宗有着很深的研究，这些都直接影响了他的世界观。由于深通古今经学，不仅奠定了日后成为国学大师的基础，而且也使他拥有日后政治生涯中"傲人"的资本。如果说孙中山是从西方寻找救国救民的真理，从世界历史发展的大趋势来审视中国，振兴中国。那么，章太炎则是从中世纪走来，拿着古圣先贤们曾经鼓吹和使用过的"夷夏之防"的传统"武器"，掷向他所憎恨和要复仇的"满清"政府，最终仍旧回归到传统中去。这就是孙、章本质的区别所在。也是后来他们彼此矛盾冲突的根源。

1897 年（光绪二十三年）章太炎从杭州来到上海，进入汪康年所办的《时务报》馆任撰述。那时梁启超正担任该报主笔，大力宣传康有为的《新学伪经考》。康氏撰写该书，目的是托古改制，将孔子打扮成改革者，为自己的变法主张提供依据。他不是为经学而经学，而只是一种历史的假借。殊不知章太炎是一个纯粹的经学研究者，他所著的《春秋左传读》所阐述的观点与康有为的今文经学的观点正好相反，因此，与梁启超等并无共同语言，双方时常发生龃龉，最后章太炎被迫离开《时务报》馆。戊戌政变后，他因支持变法受到通缉，避居台湾，以为当年郑成功抗清离今不远，遗风尚存，在台尚有可图，但终而不果。次年又因反对废黜光绪，再遭通缉，亡命日本。唐才常力主勤王，他不表赞同，当即断发，以示决绝。在《解发辫》一文中，他说"余年已立，而犹被戎狄之服，不违咫尺，弗能剪除，余之罪也"。① 剪去它，以明自己"不臣满清之志"。章太炎的剪辫在当时轰动一时，被视为大逆不道、惊世骇俗之举。孙中山在看了章太炎的《解发辫》一文后，对其反满的勇气给予了高度评价，认为"有清以来，士气之壮，文字之痛，当推此次为第一"。② 但此时孙中山尚未与章太炎见过面，对于章太炎的全部思想还不了解。光绪二十七年（1901），《訄书》行世，巡抚恩铭又欲行大狱，章太炎再次亡命日本。

经由庚子、辛丑之变，清廷已沦为"洋人的朝廷"，国人对于"革命排满"看法发生了根本改变。林白水说："回念六士（指戊戌六君子）三

---

① 朱希祖：《本师章太炎先生口授少年事迹》，许寿裳：《章太炎传》附录，第 25～26 页；《太炎文录》卷二《訄书》末篇。
② 引见王林《章太炎》，教育出版社，2010，第 26 页。

忠（指袁昶、许景澄、徐用仪）及汉变诸子（指唐才常自立军起义人员汉口被杀），皆以政治之故横遭杀戮，从而推原其故，因聚怨于朝廷，乃创为革命之论"。① 孙中山直接觉察到革命高潮的到来，他说："当初次失败（指广州起义）也，举国舆论莫不目予辈为乱臣贼子，大逆不道，咒咀谩骂之声不绝于耳，吾人足迹所到，凡认识者，几视为毒蛇猛兽，而莫敢与吾人交游也。惟庚子失败之后（指惠州起义），则鲜闻一般人之恶声相加，而有识之士且多为吾人扼腕叹息，恨其事之不成矣。前后相较，差若天渊"。而"加以八国联军之破北京，清帝后之出走，议和赔款之九万万两，而后则清廷之威信已扫地无余，而人民之生计从此日蹙，国势危急，岌岌不可终日。有志之士多起救国之思，而革命风潮自此萌芽矣"。② 然而这时的"革命之思"主要是指"排满"、"倒满"的种族革命。正如孙中山所指出的那样，当时主张革命的人"约略可分为三类：第一类人数最多，包括那些因官吏苛勒索而无力谋生的人；第二类为愤于种族偏见而反对满清的人；第三类则为具有崇高思想和高超见识的人"。③ 章太炎就属于第二类，他的种族革命思想，适逢其时，迎合了当时的需要，光绪二十七年（1903）春，蔡元培组织爱国学社，安顿南洋公学退学学生，章太炎应邀到校讲学，多述"明清兴废之事"，而中国教育会则每周两次张园举办讲座，公开宣讲革命，讲稿多在《苏报》上发表，其中以章太炎"排满革命之论"最为激烈。邹容作《革命军》，章太炎为之润色并为之作序，宗仰和尚出资，将其《驳康有为论革命书》同时刊出，一时影响很大。在这篇文章中，章太炎引经据典，对康有为的保皇观点进行了系统的批驳，阐述排满进行种族革命的必要："彼（指满族贵族集团）固曰异种贱族，非吾中夏神明之胄，所为立于其朝者，特曰冠貂蝉、袭青紫而已"。"满洲弗逐，而欲士之争自濯磨、民之敌忾效死，以期至于独立不羁之域，此必不可得之效也"。"长素犹偷言立宪，而力排革命者，宁智不是，识不逮耶?!"④ 文中还将光绪帝比做"未辨菽麦"的"小丑"，以致引起了清廷

---

① 林獬（林白水）：《政治之因果关系论》，王忍之等编《辛亥革命前十年间时论选集》第3卷，第763页。
② 孙中山：《革命原起》，《辛亥革命》（一），第9～10页。
③ 孙中山：《中国问题的真解决》，《孙中山选集》（上），人民出版社，1966，第617页。
④ 孙中山：《中国问题的真解决》，《孙中山选集》（上），人民出版社，1966，第617页；《太炎文录》卷二《驳康有为论革命书》。

的震怒，遂勾结租界当局，一手制造轰动当时的《苏报》案。章太炎因此判刑囚禁三年。同一时期，他还发表了《排满平议》、《讨满洲檄》、《复仇是非论》、《正仇满论》等文章，历数"满清"政俗十四大罪状，指出"非种不锄，良种不滋；败群不除，善群不殖"。① 这种文字鼓吹，对于长期遭受封建"满清"王朝压迫的民众来说如饮醍醐，从未有过这样的痛快。加上当时科举废除，大批士子为出路苦闷之际，看到章氏文论，倍感振奋，以致章太炎一时名声大震，"国民咸慕，翕然从风"。② 除了著文鼓吹"排满反满"外，章太炎平日与友人交谈也率多类此。"以明末遗民故事及清末革命故事为多，盖前者为先生革命思想之所出也"。③ 他是"缵苍水、宁人、太冲、薑斋之遗绪而革命"。④

章太炎鼓吹"反满排满"的言论对于人们放弃改良观点转向"反清革命"固然起了不小的推动作用，正如吴玉章在《辛亥革命》一书中说的那样"这种宣传起了很大作用，革命的风暴主要是这样鼓动起来的"（该书第 14 页）。但毕竟纯粹的种族复仇和种族革命主张带有很大的局限性。同孙中山的"驱除鞑虏，恢复中华，平均地权，建立民国"的民主革命的纲领相去甚远。孙中山是为实现建立民主共和国的理想而力主推翻清政府的。推翻满州贵族建立的清朝只是孙中山领导的民主革命的一部分，是作为在中国建立民主共和政治的前提条件，而章太炎则将它当成追求的最终的目的。而且这种纯粹"排满、倒满"的种族革命主张还忽略了一个严重的历史事实：那就是当时阻碍清朝统治者除了满洲贵族，还有大量汉族地主官僚，这就放过了清朝统治中的汉族封建势力。他的这种简单而片面的种族革命主张在日后参加同盟会、主编《民报》过程中日益同孙中山等革命党人的民主革命主张矛盾冲突起来。

章太炎对自己在庚辛前后"反满"、"排满"的文字宣传颇为自得。1912 年 10 月，当上大总统的袁世凯对民国功臣"授勋"，授予孙中山、黎元洪为"大勋位"，唐绍仪、伍廷芳、黄兴、程德全、段祺瑞、冯国璋等为"一等勋位"。章太炎则被授予二等勋位，他对此非常不满，并毫不掩

---

① 《太炎文录》卷二《讨满洲檄》、《正仇满论》。
② 许寿裳：《章太炎传》，百花文艺出版社，2009，第 3 页。
③ 左舜生：《我所见晚年的章炳麟》（1868～1936），许寿裳：《章太炎传》附录，第 196 页。
④ 钱玄同挽章太炎联语，《逸经》第十一期，1936 年 8 月。

饰地将自己同孙中山相比。在致友人书中写道："二等勋位，弟必不受……中山但有鼓吹而授大勋，吾虽庸懦，鼓吹之功，必贤于中山远矣。"当"庚、辛扰攘以来，言革命者有两途：软弱者君主立宪相混，激烈者流入自由平等之谬谈，弟驳康有为书（即《驳康有为论革命书》）一出，始归纯粹，因是入狱，出后至东京，欢迎者六千人。后作《民报》，天下闻风"，认为自己有"首正大义，截断众流"之功。① 这里，章太炎将自己与孙中山相比，显然过高地估量了自己。孙中山从成立兴中会，联合华兴会及光复会，组建中国革命同盟会，领导和发动武装起义，奋斗了十多年，并非像章太炎所说的仅有"鼓吹之功"，正如林家有教授指出的那样："当时中国在革命民主派中没有一个人有孙中山的经历，也没有一个人有孙中山的威望和系统的革命思想，更没有一个人比孙中山更了解世界和中国，所以辛亥革命的领袖非孙中山莫属。"② 章太炎用自己鼓吹种族革命方面的贡献来掩盖甚至抹杀孙中山对辛亥革命的伟大功绩显然是不对的。早在东京同盟会活动时，就有人批评章太炎，说"他是个狂傲的人，一切是自私的，以自己为中心的"。他是一个俯视群流、不可一世，以才傲人的人。③ 孙中山是民国的缔造者、民主革命的领袖，被授予大勋位，是当之无愧的。

二 认为共和政制不如专制为善，公开鼓吹"五无论"

1906 年 6 月，因《苏报》案而被囚禁三年的章太炎获释，随即被孙中山派人迎往日本东京。到了东京，又在神田区锦辉楼为其召开欢迎大会，他受到了英雄般的欢迎。会上，章太炎发表演说，除了仍然讲他自幼读了蒋氏《东华录》中有关曾静、戴名世、查嗣庭等文字狱内容后，胸中发愤，立志排满的话以及甲午后"略看东西各国的书籍，才有学理收拾进来"，还大讲特讲"佛教，华严、法相宗，次说国粹，人物事迹"④，竭力宣传他"反满"、"排满"的种族复仇主张。

---

① 《章太炎致王揖唐书》，见王林《章太炎》一书第 27 页。
② 林家有：《共和、民主、富强——孙中山与中国发展道路的历史选择》，中山大学出版社，2010，第 192 页
③ 乃蒙：《章太炎讲学》，《宇宙风》第 22 期，见许寿裳《章太炎传》附录，第 171 页。
④ 详见《民报》第六号上有关报道。

章太炎来日后，开始孙中山对他非常尊重，"凡开国的典章制度，多与先生商榷，先生亦佩服国父的善于经画"，"国父和先生二人，志同道合，千载一会，张良之赞汉章，刘基之佐明主"。[①] 比喻虽带旧时代痕迹，但也将孙中山与章太炎在民族民主革命中各自的地位、角色、作用说得很明白了。他来日不久，就被孙中山委以主编同盟会机关报《民报》的重任，给予他以极大的信任。

章太炎主编《民报》后，继续撰文发表"排满"、"反满"的主张，同时又从佛学的观点出发，阐发他对未来国家政治的看法。认为共和政治有危害，不若专制政治为善。他说有民族，即有国家，有国家必有政府，比较世界各国政体，唯有共和政体为害较轻，要消除共和政体的危害，应当做到土地平均分配，使耕者不为佃奴；官立工厂，使佣人得分赢利；限制继承，使富厚不传子孙；议员有贪污行为，平民可以解散议院，使政党不能纳贿。认为若做不到这四点，"不论君主立宪还是民主立宪，都不如专制为善"。认为"专制国家没有议院，无议院则富人穷人地位相等，若设议院，而充当议员者，大都出于豪门，名为代表人民，实际上依附政党，与官吏朋比为奸，所考虑的不是民生利病，而是一党之私，因此，虽有共和政体，还不如专制政体为宜"。章太炎这里讲的，包含以下两层意思：一是代议制的民主共和政体不能行之于中国；二是政党与议员勾结，这种共和政体还不如专制政体为宜。

三　结论是现在

建立共和政体只能是不得已之举。认为清朝推翻后，中国还是行君主专制为好。"帝王一人秉政，优于立宪，没有什么不好"。[②]

为了证明代议制的民主共和政体不能行之中国，他在《民报》上专门发表了《代议然否论》，认为西方欧美、日本实行代议制民主政治是因为离封建太近，中国离封建太远，民众皆平等，则不能实行。如果行之，只能使民众产生贵族平民之分。中国幅员辽阔，人口又多，识字人又少，议员选举将难以进行，人多无法开会议事，如按纳税标准来限制选举权，必

①　许寿裳：《章太炎传》，第 30 页。
②　《太炎文录》卷二《代议然否论》。

然是经济发达的江南选民多，内地贫苦地区的选民少，选举的结果只能是富豪。此外，选举中黑幕难免，有力者以权势笼络人，善言辞者哗众取宠以骗人，甚而以金钱、物质，乃至色相打通关节，这样选出来的议员只能代表个人或党派利益而不能代表民意。既然如此，所以他说还不如专制为善，让一个统治者来掌握政权。对于民众的苛察不能周至，则民众得以自由生存。

那么，中国未来究竟行何政体和制度呢？1907年9月，章太炎在《民报》上著文，提出《五无论》。所谓五无，即无政府、无聚落、无人类、无众生、无世界。

章太炎认为政府的存在，是人类互相残杀争斗的根源，要消灭战争，只有废除政府，废除的办法是实行共产，断绝贸易，销毁武器，废除家庭。认为只要有聚落的存在，惨烈的战争就不会停止。各聚落因气候差异、土地肥瘠、资源多寡而不免发生战争，因此应取消聚落，办法是使农为游牧，工为游工，女为游女，贫寒地方的人与温暖地方的人每年轮流易地而居。认为政府和聚落以及由此而产生的相残的事都是因为有人类的原因，如果没有了人类，就不可能有这一切发生。办法是找出一两个超人来，引导人们行独身主义，断绝人欲，最后使人断根绝种。认为人类是生物进化而来的，只要一物尚存，进化到最后，还是会出现人类，只有无众生，才能无人类。如何做到无人类，办法是以观无我为本因，以断交接为方便，人人都视自己为虚无，不相交往，自生自灭，认为现实世界本来就是虚无的，无众生，无人类，即无世界。号召人们去学佛，先以佛净化心灵，然后"轻去就而齐生死"。

章太炎的"五无论"充满了虚无空幻的色彩，使人感到悲观绝望。其实他说的是一套，做的又是另一套，具有一定的欺骗性。就拿章太炎本人来说吧，十分虚伪，嘴上说不要政府，他却接受袁世凯的任命，担任东三省筹边使，并嫌这个官职有名无实。嘴上说要去人欲，但又十分计较个人的勋位：嫌二等勋位太小。说不要聚落、家庭，却又登报征婚。1913年被袁世凯幽禁北京期间，强令服侍人员称他为"老爷"、"大人"，每逢朔、望向他行"叩首大礼"，违者轻则罚跪，重则罚款①，这一切都有违辛亥以后民主共和政治的现实。很难想象出自一个曾参加过辛亥革命的人。1917

---

① 徐一士：《再记章炳麟羁留北京时期轶事》，1936年8月《逸经》第12期。

年孙中山领导护国战争，章氏被孙中山委任为大元帅府秘书长，在赴贵州毕节时，见副元帅唐继尧着上将戎服，心里很不自在，遂命人赶制"大纛"，上书"大元帅府秘书长"，其规制超过唐氏帅旗2/3。①

章太炎的"五无论"源自他的佛学观。他崇尚华严、法相两宗，认为华严、法相心、佛、法三者相通，认为佛教是无神教，重平等，他从平等主义推论，满人待汉人不平等，那就必须铲除掉，照佛教说，逐满复汉，正是分内的事。佛教最恨君权，大乘戒律上说，国王暴戾，菩萨有权，可以将其废黜。总之，在章太炎看来，万事皆空，人世间的一切所作所为皆是无所谓的，革命也好，改良也好，专制也好，民主共和也好，都不过是虚幻的东西。

同一时期，章太炎还发表《国家论》、《排满平议》、《定复仇之是非》等一系列文章，阐发和反对在中国实际代议制的民主共和政治。他的"五无论"和号召人们学佛，连同这些言论在当时产生极其恶劣的影响，以致引起了孙中山和其他革命党人的强烈不满，指出《民报》作为宣传革命的报纸"宜作民声"，"不宜作佛声"，指责他的文章是"无的放矢"。若中国人人人都皈依佛法，岂不成了印度?! 什么民族，国家，革命，岂不成了空论?! 人人都成了法师，谁来拯救民族、国家的危亡?!② 但章太炎依然故我，坚持自己的主张。以致同孙中山及革命党人在政治思想上渐行渐远，无法兼容。

四 罔识大体，不懂军事斗争和政治谋略

革命事业的成功，除了宣传鼓动外，还离不开政治谋略和军事斗争。且不说章太炎在宣传鼓动方面存在不少缺陷，即论政治谋略和军事斗争，在这方面他的知识可以说非常欠缺。由于无知，又罔识大体，他的不少做法直接给革命带来了严重的后果。

1906 年 7 月，章太炎主持《民报》后，当时孙中山正计划前往南洋各地募集资金，准备在国内发动新的武装起义。日本政府迫于清政府的压力，于次年 3 月，下令将孙中山驱逐出境。孙中山离日前，在日华侨商人

---

① 许寿裳：《章太炎传》，第 49 页。

② 李植：《余杭先生事略》，许寿裳：《章太炎传》附录，第 45 页。

吴锦堂（移晴阁主人）特地资助孙中山 1 万日元，日本外务省也秘密地给了 8000 日元，合计 1.8 万日元。孙中山拿出其中的 1000 元用于与同人的告别宴，另拿出 2000 日元交给章太炎，作为《民报》的办报经费，下余款项则带往南洋，作为筹划起义的活动经费。章氏在得知这笔赠款的全部数目后，大为不满，认为孙中山私吞了这笔赠款，有违革命道德。愤激之下，竟擅自将《民报》社中悬挂的孙中山像取下。待到钦廉防城起义、镇南关起义相继失败，孙中山回到东京，章太炎非但不予安慰，反而与张继一道，要求罢免孙中山同盟会总理的职务，后经黄兴调解，事情才告平息。①

作为一名文人，章太炎对于军事几乎是一窍不通。1907 年 9 月，为了支持同盟会，日本人宫崎寅藏、萱野长知在日本购得一批枪支，准备供孙中山领导起义使用。章太炎和宋教仁从日本人平山周那里得知这批枪械陈旧无用，急忙以《民报》社的名义拍发电报告知同盟会在香港的机构《中国日报》，说明此批枪械旧劣无用，请停止购买。这一电报无疑是将革命党人的秘密和盘暴露，是严重的泄密。港英当局得知后，遂将这批从台湾运来的枪械查获，勒令返回日本，抵日后又被日本当局全部没收。当时清政府也获得了这一消息，加强对边境口岸的搜查。事后孙中山认为这批枪械运送泄密事件，完全是章太炎等拍发明电码一手造成的，自此对章太炎及宋教仁等及有关人员越发不信任。对于此事，在香港接获章太炎、宋教仁所发电报的冯自由也批评章太炎不谙军事，冒昧发电，以致造成大错。平心而论，章氏等此举虽然主观动机没错，但客观上的确起了泄露军事机密的极坏后果，给革命造成了重大损失。

因为是流亡海外，经费无着，开展革命活动十分困难。章太炎因办《民报》，向孙中山要钱无着，而对孙中山胸怀不满。而孙中山对章太炎在《民报》上大谈"五无论"以及佛法之类的虚幻内容也早已不满。《民报》被查封后，孙中山派汪精卫等前去东京复刊，而不让章太炎参与，章氏意

---

① 据章太炎夫人汤国黎回忆说：当时《民报》社房屋是租赁的，每期报纸内容编辑排版好，交由日本印刷所代印。全部费用由孙中山负责向华侨等筹措供给。后来孙中山因往欧州及南洋筹款，可是一去无消息，以致《民报》经费大成问题，欠债很多，结果报社办公处房主和报纸印刷老板以章太炎为债权人，向法院诉追，太炎无力偿付，判决拘押数月。因此，对孙中山怨恨极深。详见许寿裳《章太炎传》附录，第 145～146 页；汤国黎：《太炎先生轶事简述》。

气用事，不顾大局，于 1909 年竟发表所谓《伪〈民报〉检举状》，与陶成章等在南洋公布的《孙文罪状》相呼应，对孙中山、汪精卫等加以攻击，再一次掀起倒孙风潮。邹鲁等在香港《中国日报》上著文则进行反击，将他为向清朝两江总督端方谋款而致刘师培、何震夫妇的信公布出来，称章太炎为端方的"暗探"，为"万金而出卖一革命"（《党人》，《新世纪》第 117 号，1910 年 1 月。见《纪念辛亥革命七十周年学术讨论会论文集》下，第 1952 页）。是革命"罪人"，满洲之"鹰犬"。1910 年后，双方彻底闹翻。孙中山继续组织同盟会，开展武装斗争。而章太炎则与陶成章等重组光复会，并担任该会会长，陶成章为副会长，公开与同盟会分道扬镳。章太炎出任重组后的光复会长后，在政治上并无建树，根本提不出新的革命纲领，仍旧继续坚持原先光复会提出的"光复汉室，还我河山，以身许国，功成身退"的纲领和誓词，牢牢坚守种族革命的主张，"提倡革命就是光复汉民族"[1]，"总之，不离吕（留良）、全（祖望）、曾（静）之旧域。""欲为浙父老雪耻"[2] 陶成章也说："革命就是造反……汤武革命，改朝换代。"[3] 与此同时，又竭力反对孙中山民主共和的政治主张，并在南洋爪哇、新加坡等地设立分会，大力发展会员，创办报纸，与同盟会争抢地盘，争夺侨民。此时的章太炎已逐渐变为革命阵营内专门与孙中山等革命党人对立的一股消极力量，对民主革命事业造成了很大的损害。

　　1911 年 10 月 10 日，武昌起义爆发，11 月 18 日，章太炎回国。与黄兴、宋教仁一起，附和一些立宪官僚，鼓吹"革命军起，革命党消"。次年 1 月，中华民国南京临时政府成立，孙中山当选为临时大总统。孙中山不念旧恶，仍从大局出发，聘章太炎为总统府枢密顾问。但章氏回国后，"周流十年，政治上并无所表现"。[4] 临时政府成立后，经费严重困难，孙中山准备以汉冶萍公司作抵押，向日本贷款。围绕这一问题，章太炎再次与孙中山意见对立。3 月，南北议和告成，孙中山让位袁世凯，袁世凯就任临时大总统后，革命党人"虑其难制，欲令南来以困之"，章氏又表示"反对"。此外，在定都南京还是北京的问题上，也是明显地表现出拥袁反

① 〔日〕中村哲夫：《移晴阁遗闻——孙中山与吴锦堂》，阿吽社，第 125 页。
② 《太炎文录》，《检论》九卷《大过》附录。
③ 林增平：《辛亥革命》，巴蜀书社，1989，第 299 页。
④ 曹聚仁：《关于章太炎先生的回忆》，许寿裳：《章太炎传》，附录，第 171 页。

孙的立场。①

　　还在武昌起义期间，章太炎就和张謇、汤寿潜、汤化龙等鼓吹"革命军起，革命党消"，主张解散同盟会。孙中山后来在总结辛亥革命失败的教训时指出："光复时有一种谬说，谓'革命军起，革命党消'，此说倡自热心赞助革命之官僚某君，而本党之党员黄克强、宋渔父、章太炎等咸起而和之，当时几视为天经地义。"孙中山气愤地说："我党失败全在这两句话上。"后来"袁世凯并倡军人不入党之论，以防止革命，因得肆无忌惮，帝制自为，皆此说阶之厉也"。②造成了革命的失败。章太炎一方面反对同盟会，主张"党消"，而自己却与黎元洪、张謇、汤寿潜、汤化龙等相继组织中华民国联合会、统一党、共和党等政党，并担任共和党副理事长，同同盟会以及改组成立后的国民党相对抗。这种带分裂性对抗活动，使孙中山为代表的革命党人在同袁世凯为代表的旧官僚势力的斗争中，常处于孤立无援的不利地位，待到"宋案"发生，孙中山决定实行"二次革命"，章太炎虽表示赞同，迨至以后的护法战争，虽与孙中山看法一致，然而为时已晚，已是革命党人丢失政权若干年之后的事。也许是囿于政治学理的不足，在一些重大政治问题，比如国家统一、联省自治等问题上始终与孙中山意见相对立，不能趋于一致。1925年3月，孙中山在北京去世，章太炎在敬送的挽联上写道："洪以甲子兵，公以乙丑殂，六十年间成败异；生袭中山称，死傍孝陵葬，一匡天下古今同。"仍将孙中山视为洪秀全的继承者，而不承认其为中国民族民主革命的领袖地位。这显然是对孙中山形象的歪曲。③后来有人对他这样评价孙中山颇不赞同，他又在《祭孙公文》中辩解说："天下我公，为世钤铎，调乐专一，吐辞为菱。百夫雷同，胪句传诺。余岂异邮，好是谔谔。兰之同臭，石之

----

① 许寿裳：《章太炎传》，第46页。
② 黄彦主编孙中山著作丛书之一《论改组国民党与召开"一大"》，广东人民出版社，2008，第35页。
③ 另据陈存仁在《师事国学大师章太炎》一文中说，章氏在闻知孙中山逝世的消息后，曾书以下一联挽之："孙郎使天下三分，当魏德初萌，江表岂让忘袭许？南国是吾家旧物，德灵修浩荡，武关无故人盟秦！"对孙中山主张召开善后会议，实现和平之举表示不满，治丧委员会以其联不妥，未予悬挂（见许寿裳《章太炎传》附录，第187页）。但另据曹聚仁在《章太炎先生》一文中说，章氏送的挽联内容是："举国尽苏俄，赤化不如陈独秀；满朝皆义子，碧云应继魏忠贤"。对孙中山实行"联俄""容共""扶助农工"三大政策，重渐解释三民主义进行攻击。如果属实的话，那简直是恶毒攻击了（见《人间世》杂志1934年9月第11期。许寿裳：《章太炎传》，第211页）。

攻厝。"在章氏看来，孙中山被尊奉为领袖，众人纷纷赞同，而我并非故意标新立异，而是循着"千夫之诺诺，不若一夫之谔谔"的古训，不愿随声附和，而愿做他山之石，用以攻厝。这显然是为自己贬低孙中山的行为的辩解。

五　评价孙中山私心自用，有违公允

孙中山是中国民族民主革命的当然领袖。他领导辛亥革命推翻了统治中国两千多年的封建君主专制制度，建立了资产阶级民主共和国，"为中国的政治民主化奠定了基础，为中国的未来发展开辟了一条跟着世界走向独立、统一、共和、民主和富强的现代化途径"。[①] 孙中山本人说自己是"本总理为三民主义之首创人，亦即中国革命党之发起人"。[②] 国民党人尊称他为"国父"，"本党总理孙先生，倡导国民革命，手创中华民国，更新政体，永奠邦基，谋世界之大同，求国际之平等，光披四表，功高万世"。[③] 中国共产党人称他为"中国民主革命的先行者"。认为他是近代中国向西方寻求救国救民真理的杰出代表人物之一。毛泽东在《纪念孙中山先生》一文中说："纪念他在中国民主革命准备时期，以鲜明的中国民主派立场，同中国的改良派作了尖锐的斗争。他在这一场斗争中是革命民主派的旗帜。纪念他在辛亥革命时期，领导人民推翻帝制、建立共和国的丰功伟绩。"[④] "中国反帝反封建的资产阶级民主革命，正规地说起来是从孙中山先生开始的。"[⑤] 他是一百多年来中国人民先进分子中"杰出者"、"领导辛亥革命的伟大革命家"。[⑥] 无论是国民党人，还是共产党人，对孙中山是中国民主革命的领袖这一点都是公认的。其实，对于孙中山的领袖地位，当初章太炎也持有这样的看法，只是后来随着个人声望日隆、

---

① 林家有：《孙中山和毛泽东两个伟人对共和的追求》，《共和、民主、富强——孙中山与中国历史发展道路的选择》，中山大学出版社，2010。
② 孙中山：《哀悼列宁逝世》，黄彦主编孙中山著作丛书之一《论改组国民党和召开"一大"》，第138页。
③ 《国民政府训令》（民国二十九年四月一日）。广东地方志编纂委员会《广东省志·孙中山志》附录，广东人民出版社，2004，第637页。
④ 毛泽东：《纪念孙中山先生》，《毛泽东选集》第五卷，人民出版社，1977，第311页。
⑤ 毛泽东：《青年运动的方向》，《毛泽东选集》第二卷，第536页。
⑥ 毛泽东：《中国人民大团结万岁》，《毛泽东文集》第五卷。

颂声鹊起，个人欲望膨胀，自以为个人功高勋崇，而滋生功勋盖过孙中山的看法，1903 年，章士钊将宫崎滔天所著的《孙逸仙》一书译成中文出版，章太炎欣然为译本写了一首诗序，将孙中山比做"赤帝子"，说孙中山将"继承郑成功、洪秀全的反清事业，成为四万万人的领袖"。[①]公开承认孙中山是中国民族民主革命的最高领导。宫崎这本书，以及章太炎的诗序，的确对宣传孙中山领导的中国民族革命真相、提高和扩大孙中山的知名度起了不小作用。但后来在袁世凯授勋时，章太炎竟然将孙中山被人们拥戴为领袖，归功于是因为他所写诗序所致："中山本无人提携，介绍中山，令与学人相合者，实自弟始。"言下之意孙中山之所以成为革命领袖是他章某"吹嘘"的结果。古今中外的历史证明，领袖人物的地位不是靠某个人的几句话，几句诗所塑造出来的，而是由人民、尤其是所在政党及其领导的事业所决定的。孙中山作为"千秋国父，百代人师"。[②]是一百多年来中国人民民主革命历史斗争铸就的结果，是中国人民选择的绪果。章氏这样说未免言过其实、私心自用，不自量力，严重违背历史史实。

在结束本文时，需要说的，本文无意贬低章太炎先生对中国民族民主革命所作的贡献。正如章太炎的弟子汪炳正所评价的那样，他是一位"有革命业绩的学问家"[③]，我认为这个评价还不够，他应该是一位"有革命业绩的大学问家"。还是薛福成的后人薛慧山评价得好，说他是"权威性的国学大师，推翻满清的革命先进"。[④] 称章氏为"国学大师"是因"章先生学术之大，也是前无古人的，在清代三百年学术史中没有第二个人"，称其为"革命先进"而不称其"大革命家"，是依据历史事实而论的。[⑤]1936 年章太炎在苏州去世，南京国民政府闻讯致悼，明令褒扬，特予国葬。令文中说："宿儒章炳麟性行耿介，学问淹博，早岁以文字提倡民族革命，身遭幽系，义无屈挠。嗣后抗拒帝制，奔走护法，备尝艰险，弥着坚贞。居恒研精经术，抉奥钩玄，究其诣极，有逾往哲。所至以讲学为

---

① 见王林《章太炎》，云南教育出版社，2010，第 97 页。

② 1929 年孙中山灵柩奉安南京，国民政府诔文。南京孙中山纪念馆、南京博物馆编《孙中山先生奉安大典》，南京出版社，2009，第 171 页。

③ 见王林《章太炎》，第 125 页。

④ 薛慧山：《国学大师章太炎》，许寿裳：《章太炎传》附录，第 201 页。

⑤ 见《制言》半月刊，第 25 期，1936 年 9 月。

事，岿然儒宗，士林推重。"[1] 章太炎遵循顾炎武经世致用的观点，以经史之学投身民族救亡的大潮，为推翻"满清"王朝鼓吹呐喊，做了有益于革命的事情。在革命斗争中虽存在这样那样的缺点，但大节无亏，不失为正人，应予肯定。尤其是晚年反对袁世凯称帝，为护法曾奔走努力，尤为难能可贵。终其一生孜孜于学，造就人才，成就斐然，也应予肯定。国民政府对他的这个评价是恰当和中肯的。

作者单位、职务：华东师范大学历史系教授、博士生导师

---

① 见许寿裳《章太炎传》，第119页。

辛亥革命对宋庆龄毕生的影响

✐ 盛永华

一 辛亥革命使宋庆龄成为一名战士

1913 年对于宋庆龄来说，是她近一个世纪的人生长河中的关键性的一年。是年，这位年轻的美国留学毕业生返回祖国探亲，在毫无思想准备的情况下，出于爱国主义的情怀，在辛亥革命高潮已逝的革命尾声中，在孙中山极度困难前途未卜的时候，由父亲亲自引领，义无反顾地投入孙中山领导的捍卫共和的伟大事业，成为一名名副其实的革命战士，迈开了她为新中国奋斗的一生中坚实的第一步。

1913 年 6 月，宋庆龄在美国威斯瑞安女子学院文学系毕业。满怀对家人的思念和对已推翻专制帝制、建立了共和制度的祖国的憧憬，准备回到暌违六载的故乡上海度假。她原拟度假后再返回美国学医，日后作为医生为国人服务。然而在返国途中，她接到父亲宋嘉树的电报，让她推迟行期并转赴日本横滨。宋庆龄开始还以为她的全家是从上海专程到日本去接她回家的。但她到达日本后，她的感受是"我的全家都在日本……中国还在打仗。与孙博士——南方的领袖关系密切的人目前在中国处境危险"。①

宋嘉树召宋庆龄到日本的原因，一是因为他已携眷流亡至此，更重要的是让宋庆龄分担他作为孙中山重要助手的重任。

当宋庆龄启程由美返国时，中国"正处于国内二次革命的初期"②，及至抵达日本，"二次革命"已经失败。宋庆龄 1913 年 9 月在日本开始跟随

---

① 《宋庆龄书信集》上册，人民出版社，1999，（下同）第 8 页。
② 《宋庆龄自述》，《档案与史学》1997 年第 1 期；《宋庆龄书信集》上册，第 25～28 页。

父亲和姐姐宋霭龄帮助孙中山工作，不久正式成为孙中山的秘书。其时，辛亥革命的高潮已经过去，革命临近尾声。孙中山在困顿中艰难地重新聚集队伍，筹划发动武装反对袁世凯专制复辟的"三次革命"，期望挽民主共和事业之狂澜于既倒。在革命的低潮中，面对暂时的历史逆流，宋庆龄马上投入了孙中山领导的反对袁世凯倒行逆施、捍卫新生的共和国的斗争。在辛亥革命的尾声中，宋庆龄走进了革命队伍，默默协助孙中山，成为一名名副其实的战士。

"二次革命"的失败使形势急转直下：在国内，袁世凯加紧了帝制自为的步伐；在日本，孙中山处境维艰——先是日本政府受到袁氏政权的压力而拒绝他登岸停留，以后权衡了各方利弊，对已抵达日本的孙中山及他的同志在"严加监督，以免使日本成为邻国动乱之策源地"① 的前提下，同意他们暂时留居。更大的问题在于革命队伍的本身——原本因如何解决"宋案"而意见尖锐分歧的革命党人此时队伍更加涣散；部分人因气馁而离开了革命队伍。孙中山曾沉痛地描述当时的困境："军阀横行，政客流毒，党人附逆，议员卖身……使国人遂疑革命不足致治，吾民族不足以有为。"② 流亡日本的革命党人"意见分歧或缄口不谈革命，或期革命以十年，种种灰心，相互诟谇，二十年之革命精神之革命团体，几乎一蹶不振"③。孙中山在艰难困顿中重新聚集力量，他着手组织中华革命党，以图进行"三次革命"。但终因这个新党带有浓厚的会党色彩而不能团聚广大战友，甚至连一些长期与他并肩英勇奋斗的同志如黄兴等，也因不同意入党时要宣誓效忠党魁的形式而离去，孙中山处于十分孤立的境地。

孙中山抵日本神户时，宋嘉树已携眷先期到达神户为他做好安排。根据日本外务省档案记载，孙中山1913年8月9日抵神户后至15日，"除宋嘉树及其女儿和胡汉民访问外，未与其它中国人会见"④。8月18日，孙中山移居东京后，即加紧着手武装反袁的"三次革命"的组织与发动。他一面继续关注指导国内的反袁武装斗争，一面设法与"二次革命"失败后陆续走避日本的同志联系，并联络日本朝野人士，争取他们的支持。在日本

---

① 引自陈锡祺主编《孙中山年谱长编》上册，中华书局，1991，（下同）第837页。本文所有引用的日本外务省档案，均由王振锁译、俞辛焞校。
② 《孙中山全集》第八卷，中华书局，1986，第429页。
③ 邹鲁：《中国国民党史稿》第一编，商务印书馆，1944，第160页。
④ 《孙中山年谱长编》上册，第839页。

政府的严密监视下，宋嘉树和他的长女宋霭龄成了他联络同志的最重要助手。据日本外务省档案《孙文动静》的记载，住在神户的宋嘉树父女，几乎每天都从神户到东京去协助孙中山工作。除进行秘密联络外，还参与了再举的谋划。① 在日本外务省档案中，孙中山"先后与来访之宋嘉树及其女儿宋霭龄、美和作次郎、萱野长知商谈"；"与来访之头山满、萱野长知、菊池良一、岛田经一、寺尾亨、宋嘉树父女等议事"② 之类的记载不少。

1913 年 8 月 29 日，宋庆龄抵达日本横滨。父亲和姐姐霭龄前往迎接。翌日，宋庆龄跟随父亲和姐姐拜访了孙中山，当晚，宋氏父女三人留居东京孙中山寓所。这是成年后的宋庆龄与孙中山的第一次会见。30 号以后，她随姐姐回神户去与家人团聚。团聚是欢愉的，但生活却因革命需要而动荡——孙中山太需要、太依重宋氏父女的帮助了。从 9 月 5～9 号的五天中，孙中山连续给在神户的宋嘉树发去 6 封电报，又与宋霭龄通了两次长途电话；10 号，宋嘉树自神户赴东京孙中山处工作半天。当晚，回到神户的宋嘉树又致电报与孙中山，孙中山随即给宋霭龄回电；自 11 号至 15 号，宋嘉树又几乎每天自神户赴东京孙中山处工作，孙中山还多次与在神户的宋霭龄互通电话。因为工作需要，16 号以后，宋庆龄跟随父亲和姐姐移居东京，以免除每天在神户与东京之间的劳碌奔波。16 号当天上午即一起访孙中山。据日本外务省档案中《孙中山在日活动密录》记载，至本月 28 号，宋庆龄随父亲和姐姐赴孙中山处工作十次以上。每次短则二三小时，长则半天甚至大半天。有时一天去两次。③ 如 9 月 20 号，宋庆龄"上午 11 时，同姐姐宋霭龄一起访孙中山，11 时 4 分独自离去。下午 2 时 10 分，再访孙，父亲宋嘉树随即来访。下午 4 时 20 分，父女三人一同离去"④。这段时间正是孙中山紧锣密鼓地为筹组中华革命党，筹划发动"三次革命"，与陆续到达日本的同志如黄兴、胡汉民、廖仲恺、李烈钧、柏文蔚、戴季陶等反复密商，并广为联络日本各界朋友，争取支持的时候。他在日本密探的监视下，几乎每天都在住所频繁会见同志及日本朋友；有时也往

---

① 《孙中山年谱长编》上册，第 841～844 页；盛永华主编《宋庆龄年谱》上册，广东人民出版社，2006，（下同）第 90～92 页。

② 《孙中山年谱长编》上册，第 841 页。

③ 《孙中山年谱长编》上册，第 849～852 页；《宋庆龄年谱》上册，第 95～97 页。

④ 《宋庆龄年谱》上册，第 96 页。

访日本重要的朝野人士。宋氏父女此时也几乎天天进出于孙中山的住处。虽然日本外务省档案没有明确记载他们的具体所为，但我们完全可以合理地推断他们是在为孙中山重组革命队伍而进行联络。他们工作量很大，不停奔波，任务繁重，除联络外有时也参与会见与密商。日本外务省档案《孙文动静》记载：9 月 18 日孙中山携宋庆龄及宋霭龄"至大久保百人町梅屋庄吉宅，和梅屋及宿在那里的殷汝骊密谈并饮酒"①。9 月 21 日中午 12 时 35 分至下午 6 时 40 分，宋氏姐妹在孙中山处工作。当天，孙中山在住所陆续接待了廖仲恺和宫崎寅藏等来访者。②

对孙中山来说，宋庆龄到的正是时候。而对于宋庆龄说来，这是使她成为一名真正的革命战士的关键时期。与孙中山频繁的接触与交流，大大加深了宋庆龄对孙中山的事业及他的思想与人格的理解，献身革命的决心与日俱增。她忆述这段历史时说：到达日本后，很快就"从我的父亲与孙中山博士的交谈中，我得悉我们的民国处在很大的危险之中，因为袁世凯想推翻它。一些国家在道义上和财政上支持着袁世凯，因为他们被其狡诈的外交手腕及其手下阴险毒辣的宣传所欺骗。我国民众之声被压制。革命事业似乎无望。孙博士的某些追随者，在绝望中把革命事业看作失败的事业而放弃了。"

"仅仅为了满足一个自欺欺人的虚荣心，而把我们的民国倒退到君主国的想法，对我说来是绝对不能容忍的。我想起国势岌岌可危，非常痛切，决心为我们的事业而工作。"③ 宋庆龄已将捍卫共和奉为"我们的事业"了。

1913 年 9 月 27 号这天，"中午 12 时 15 分，宋嘉树女儿访孙中山，下午 5 时 50 分离去"④。当天，筹组中的中华革命党在东京吸收了第一批 5 名党员，孙中山亲自主持了入党盟誓。是年 10 月，在东京和上海，又分别吸收了第二批党员，12 月在东京、上海、大连等地，再吸收了一批新党员……中华革命党的组织在扩大中，孙中山透过"二次革命"的失败看到新的希望，认为"吾党虽全然失败，然有此抵抗之事实，能使袁氏不敢公开称帝，虽败犹胜也"。他充满信心，"从新再做，合集此纯净之分子组织

①《孙中山年谱长编》上册，第 850 页。
②《孙中山年谱长编》上册，第 851 页；《宋庆龄年谱》上册，第 96 页。
③《宋庆龄自述》，《档案与史学》1997 年第 1 期；《宋庆龄书信集》上册，第 25~26 页。
④《宋庆龄年谱》上册，第 97 页。

纯粹之革命党，以为再举之图。务期达到吾党人纯粹革命目的，即民权、民生主义是也"。① 在孙中山的策动与督导下，武装反袁斗争陆续在国内各地开展。

筹款、联络及文书工作是大量的。在组织反袁的"三次革命"中，孙中山已离不开宋氏父女的帮助了。1914 年 1 月，宋庆龄陪伴母亲回上海治病。这时，宋霭龄因准备与孔祥熙结婚不能全力承担孙中山的秘书工作了，而宋嘉树因肝肾病的加重也不堪工作的重负，不得已，宋嘉树电召宋庆龄回东京协助并逐步接替姐姐的工作。自 3 月中旬返回东京后，宋庆龄几乎每天随姐姐赴孙中山处工作。6 月份以后，宋庆龄单独赴孙中山处工作时间大大增多。8 月，宋嘉树举家迁居横滨。9 月，宋霭龄结婚后，宋庆龄正式接替霭龄成为孙中山的秘书。自此，住在横滨的宋庆龄"每天去东京赤坂区灵南坂 26 号（孙中山住地）工作，经常由我父亲陪去，他那时的任务是帮助孙中山为党筹集革命经费"②。宋庆龄记得：在那一年里，"许多从中国各省来的同志们在这里与孙先生共商革命大计，准备在国内再举行一次起义"③。宋庆龄回忆她的工作任务时说："在我帮助孙中山先生进行各项革命工作的日子里，他让我负责所有密电码和外文信件的复信工作。"④ 宋庆龄的工作内容，在孙中山给友人的信中也得到部分印证："目前我身边没有英文秘书。我先前的两位女秘书，是两姐妹，姐姐宋霭龄女士刚结婚，妹妹宋庆龄女士最近已回上海。所以，我不得不亲自用英文写信。" "我的英文秘书宋霭龄近已结婚，并偕同其妹宋庆龄返回上海……故目前无人掌管我的英文通信事宜。"⑤

1914 年 5 月底，孙中山发出第一次《讨袁宣言》——《讨袁檄文》和《讨袁告示》，高举"二次革命"以来武装讨袁的旗帜，历数袁氏"背弃前盟，暴行帝制"的倒行逆施，誓与全国民众一起"掣（犁）庭扫穴，共戮国贼"⑥；"扫除专制凶顽，改革恶劣政治，恢复人命（民）主权"。6 月，中华革命党进入组织建立的实质性阶段。15 日下午，孙中山与陈其美

---

① 《孙中山全集》第三卷，第 128 页。
② 宋庆龄：《我家和孙中山先生的关系》，《党的文献》1994 年第 5 期。
③ 宋庆龄：《我家和孙中山先生的关系》，《党的文献》1994 年第 5 期。
④ 宋庆龄：《我家和孙中山先生的关系》，《党的文献》1994 年第 5 期。
⑤ 《孙中山全集》第三卷，第 145、148 页。
⑥ 《孙中山全集》第三卷，第 90 页。

等讨论成立党本部、干部选举以及召开党员大会等问题，宋嘉树父女也参加了讨论；[①] 16 号，孙中山继续与陈其美、胡汉民、居正、柏文蔚等讨论组织设置、干部人选等问题，当天，宋氏姐妹在孙中山处工作了一个下午；7 月 8 日上午 8 时许至中午，宋庆龄在孙中山处工作了一个上午。下午，孙中山在东京筑地精养轩召开中华革命党成立大会并就任总理。由此，重新形成捍卫共和的队伍和阵线。

9 月，由于中华革命党人在东南亚的报纸上发表了揭露袁世凯罪行的文章，美国政府应袁氏要求，禁止上述报纸在美国发行并拘禁记者。此案的辩护律师要求美国驻日大使调查事实真相。为答复美驻日大使的询问，孙中山撰文逐项条举袁氏的罪状及其迫害国民党的毒辣手段。廖仲恺、宋嘉树、宋庆龄参加了文件的起草。据记载，是年 9 月 24 日 "下午 1 时 40 分，孙中山给横滨市山手町 59 号宋嘉树发一电文。2 时 35 分，宋庆龄随宋嘉树至孙中山处，参与起草条举袁世凯罪状的材料，5 时离去。除他们三人外，廖仲恺也参加了起草"；[②] 9 月 26 日 "上午 9 时，（宋庆龄）随父亲宋嘉树从横滨至东京孙中山处，起草材料，下午 5 时 30 分离去"；9 月 28 日，"上午 9 时 18 分，（宋庆龄）随父亲宋嘉树从横滨至东京孙中山处，和孙面谈，起草材料。宋嘉树下午 4 时 10 分离去，5 时 20 分再访。5 时 30 分二人离去"。[③] 又，当日 "上午，波多野春房带着打字机来访，从孙处取英文稿，打印 50 余张。孙令廖仲恺校对原稿"[④]。当晚，孙中山携陈其美、廖仲恺等前往美国驻日大使馆，但因大使和参赞不在而返，次日和 10 月 1日、3 日，孙中山再携陈其美、胡汉民、廖仲恺、居正、谢持、田桐等几次赴美国大使馆，并得与大使及参赞面谈。[⑤]

是年秋，孙中山发布《中华革命军大元帅檄》，历数袁氏罪行，号召革命党人和民众武装讨袁，恢复真正的、民主的中华民国。从主要内容看，《中华革命军大元帅檄》与条举袁世凯的材料无异。而《中华革命军大元帅檄》是孙中山主持制定的中华革命党文献《革命方略》的文件之一。因而，完全有理由认为，在中华革命党的组建过程中，宋庆龄除担负

---

① 《孙中山年谱长编》上册，第 887 页。
② 《孙中山年谱长编》上册，第 906～907 页；《宋庆龄年谱》上册，第 109 页。
③ 《宋庆龄年谱》上册，第 110 页。
④ 《孙中山年谱长编》上册，第 906 页；《宋庆龄年谱》上册，第 109～110 页。
⑤ 《孙中山年谱长编》上册，第 907 页；《宋庆龄年谱》上册，第 110 页。

联络工作外，还参与了宣传和文件起草工作。在孙中山组建中华革命党，发动"三次革命"过程中，宋庆龄是支持者、参与者。在辛亥革命的尾声中走进革命队伍的宋庆龄，义无反顾地全身心地投入了捍卫共和的斗争。她是一名名副其实的战士。

宋庆龄对孙中山的思想与事业理解与日俱增，因而"极愿效力党事，且急盼党事之成"。① 孙中山对宋庆龄的工作十分满意，对她的学习十分关心，"鼓励甚多"，使宋庆龄"不知不觉渐渐地被他吸引"。② 1915 年 10 月，怀着"委身革命"愿望的宋庆龄，在父母亲属以及孙中山的许多亲密战友反对的强大压力中，与孙中山在东京结婚，成为他的助手、战友和伴侣。由此，他对孙中山的帮助更为直接全面，并使流亡中的孙中山生活得到照顾，心灵有所慰藉，这成为他在失败中再起的重要动因之一。正如他给老师康德黎的信中所表示："我现在过着一种前所未有的新的生活：一种真正的家庭生活"，他确认宋庆龄是他的"一位伴侣兼助手"。③ 对于这段经历和身份的转变，宋庆龄则自许"变成一个热情的小革命者"。④ 婚后，宋庆龄仍然"在我丈夫的英文通信往来方面，尽可能多地帮助她"⑤。她在致同学的信中这样描述当时的工作："我帮助我的丈夫工作，我非常忙，我要为他答复书信，负责所有的电报并将它们译成中文。"而她的理想仅仅是"希望有一天我所有的劳动和牺牲将得到报答，那就是看到中国从暴君和君主制度下解放出来，作为一个真正名副其实的共和国而站立起来"⑥。

中华革命党成立后积极地在国内外发展组织、宣传鼓动，并策划了多次武装反袁，从政治上、军事上打击了袁世凯政权，促成了全国范围内的反袁护国浪潮的高涨。然而复辟与共和，倒退与前进在紧张地角力。12 月 12 日，袁世凯公然正式宣布帝制自为，改中华民国为"中华帝国"，以明年为"洪宪"元年。25 日，蔡锷、唐继尧等在云南再次举起武装讨袁义帜，宣告云南独立，组织护国军，揭开护国战争的序幕。全国各地纷纷响

---

① 杨天石：《宋嘉树与孙中山、宋庆龄的婚姻——读宋嘉树复孙中山英文函》，《百年潮》2001 年第 12 期。
② 《宋庆龄自述》，《党案与史学》1997 年第 1 期；《宋庆龄书信集》上册，第 26 页。
③ 《宋庆龄年谱》上册，第 160 页。
④ 《宋庆龄书信集》上册，第 11 页。
⑤ 《宋庆龄年谱》上册，第 138 页。
⑥ 《宋庆龄书信集》上册，第 11 页。

应，迫使袁世凯于 1916 年 3 月 22 日下令取消帝制；次日取消洪宪年号。在全国的讨袁声浪中，孙中山于 5 月 1 号回到上海，期望协调并领导全国武装反袁的斗争。9 日，孙中山在上海发表第二次讨袁宣言，表示这次斗争"不图以去袁为毕事"，"袁氏未去，当与国民共任讨贼之事；袁氏既去，当与国民共荷监督之责，决不肯使谋危民国者复生于国内"。① 因为斗争的需要，宋庆龄应孙中山召，于 19 号从日本回到密布袁世凯的鹰犬、弥漫着火药味的上海——前一天，孙中山极为倚重的助手陈其美就在孙中山友人的家中被暗杀。孙中山和宋庆龄只能秘密活动。他们住在法文《中国回声》报编辑部的办公室以隐蔽，由宋庆龄晚上化妆"溜出去办事"。② 宋庆龄在孙中山的指导下，学会了革命的秘密联络，了解和熟悉了革命秘密工作的原则。

1916 年 6 月 6 日，袁世凯在举国的讨伐中抑郁病死。作为辛亥革命继续的武装讨袁护国，粉碎了袁世凯复辟帝制的倒行逆施，巩固了辛亥革命建立的共和制度，并使民主共和的思想再次普及。它在中国从专制制度向民主共和转变，在中国的民主进程中，有着重要的贡献和意义。

宋庆龄从孙中山组织中华革命党，发动"三次革命"一开始，就投身其中。在创建共和的尾声中走进革命队伍，作为一名战士，马上投入捍卫共和的斗争，为维护祖国新生的共和制度作出了贡献。

由于中国两千多年封建帝制根深蒂固，民主进程坎坷曲折，它必将在充满血与火的激烈斗争中缓慢前行。孙中山和宋庆龄为了祖国的独立自由富强，必得在新的历史条件下探索前进。

二　辛亥革命是宋庆龄具体认识祖国的第一所大学校

宋庆龄由于家庭出身，接受教育的背景等原因，向往着"自由、平等、博爱"，憎恶专制及人间不平。又"由于家父是孙博士在其革命工作中最早的同志之一，因此从孩提时起我就熟悉他的名字和志向"③，并且目睹了双亲对孙中山事业的实际支持。所以在她得知辛亥武昌起义推翻了清朝

---

① 《孙中山全集》第三卷，第 285 页。
② 《宋庆龄书信集》下册，第 693 页；《宋庆龄年谱》上册，第 148 页；《宋庆龄书信集》上册，第 16 页。
③ 《宋庆龄自述》，《档案与史学》1997 年第 1 期；《宋庆龄书信集》，第 25 页。

封建帝制的专制统治后，由衷地热烈欢呼这是"二十世纪最伟大的事件"，她十分肯定这次革命的合理性："压迫导致了这场奇妙的革命———一件看来是不幸而实际却是造福人间的喜事。"① 但宋庆龄——这个年轻的、充满爱国主义情怀的留学生，对自己的祖国、对革命的理解是抽象的，是脱离实际的，是理想主义的。她想象新生的共和国已完成"种种改革"，并且"当前中国还在进行着其它无数的改革，其中包括了社会、教育和工业方面的改组。现在社会秩序已经恢复……其它一些重要改革已取得了光辉成果，所以我们坚信中国人能够有效地、明智地处理这些问题，使这个古老的国家完善和繁荣"。认为"革命已给中国带来了自由和平等"，只是"博爱尚有待于争取"。② 但现实是残酷的。当宋庆龄按照父亲的指示到达日本时，共和国的许多缔造者们，包括她自己的父亲，为躲避袁世凯的追杀，纷纷流亡海外。宋庆龄已闻到了血腥的气味——宋教仁的被暗杀，国内一些反袁志士的牺牲，向宋庆龄昭示共和制度的建立和巩固并非坦途；自由、平等和博爱也非指日可待。当她了解到共和国还在摇篮中就被袁世凯所代表的封建势力所扼杀，革命没有取得期待的成果，满怀爱国情怀的宋庆龄别无选择，她毫不犹豫地走上为祖国实现民主富强繁荣而奋斗的舞台，帷幕却是在血与火中拉开。

宋庆龄跟随父亲和姐姐协助孙中山工作的头一两年，是她在斗争实践中认识祖国的开始。孙中山的革命思想和经历，成为宋庆龄具体认识自己祖国和走上革命道路的活的教科书。宋庆龄在孙中山的指导下，学会了翻译和使用密电码，学会了革命的秘密联络，了解和熟悉了革命秘密工作的原则，甚至学会了使用手枪。1915 年与孙中山结婚后，宋庆龄感觉"我的丈夫在各方面都很渊博……我从他那里学到很多学问。我们更像老师和学生。我对他的感情就像一个忠实的学生"③。在东京他们的家里，"许多从中国各省来的同志们在这里与孙先生共商革命大计"④，宋庆龄还参与孙中山与来自印度、朝鲜、菲律宾、越南、缅甸、印度尼西亚等国家的流亡者会晤。他们在一起讨论世界形势和各自国家正在进行的争取独立自由的斗争，使宋庆龄视野为之大开。

---

① 《宋庆龄选集》上卷，第 2 页。
② 《宋庆龄选集》上卷，第 2 页。
③ 《宋庆龄书信集》上册，第 11 页。
④ 宋庆龄：《我家和孙中山先生的关系》，《党的文献》1994 年第 5 期。

更为重要的是，孙中山具体教育宋庆龄认识自己祖国的国情——一个工农大众备受压迫剥削，生产力低下的农业国。宋庆龄的家庭是当时中国为数极少的、拥有西方教养的富有家庭，她对中国人民，尤其是对广大农民的痛苦生活的理解是抽象的。是孙中山帮助她认识自己的祖国："孙中山很穷，到十五岁才有鞋子穿。他住在多山的地区。在那里，小孩赤足行路是件很苦的事。在他和他的兄弟没有成人以前，他的家住在一间茅屋里，几乎仅仅不致挨饿。他幼年吃的是最贱的食物，他没有米饭吃，因为米饭太贵了。他的主要食物是白薯。孙中山好几次告诉我说……他下了决心，认为中国农民的生活不该长此这样困苦下去。中国的儿童应该有鞋穿，有米饭吃。就为这个理想，他献出了他四十年的生命。"① "他对旧中国农村中悲惨生活的亲身体验，决定了他的生活方向。……使他决心用自己的精力去帮助人民。就这样，在他心里播下了革命的种子。"② 正是孙中山帮助宋庆龄具体深化了她原来的认识："压迫导致革命"，并且为她逐步正确理解旧中国的基本国情打下了坚实的基础。这些，大大有助于宋庆龄日后正确判明中国革命的性质、任务以及领导力量、主力军等一系列革命成败攸关的问题。

孙中山偕同并指导宋庆龄积极投入以讨袁、护法为主要内容的捍卫共和制度的斗争，使她得以在不断的失败、挫折与探求的实践中认识到民主共和事业的艰难曲折，受到严酷的考验和磨砺。孙中山"一生中经常冒着危险，他从不动摇。……他在反对封建主义和帝国主义的斗争中遇到无数困难，遭受许多挫折，他从不灰心"③。这种愈挫愈奋的坚韧意志成为宋庆龄的楷模，使她也下定决心"我也必须为国家的利益和解放事业担当风险"④。

革命的目的是为了建设繁荣富强的祖国。孙中山还向宋庆龄展示了他所擘画的祖国近代化建设的蓝图，把宋庆龄带进憧憬中的繁荣富强的祖国的新天地——每天晚饭后，孙中山常常在挂满各种地图的起居室内，"把各种大地图铺在地上，然后弯下腰蹲在地上用彩笔勾画河道、运河、港

---

① 《宋庆龄选集》上卷，第45～46页。
② 《宋庆龄选集》下卷，第240页。
③ 《宋庆龄选集》下卷，第239页。
④ 《宋庆龄选集》上卷，第11页。

口、江河和铁路等等"。① 宋庆龄把这个时期称为"我当孙先生学徒的时代"。

由父亲的指引，在孙中山培养教导 下，宋庆龄在伟大的辛亥革命运动中，"变成一个热情的小革命者"。她感觉领会了生命的真谛——"我能帮助中国"。对于经受各种锤炼逐步成长为一个为祖国实现民主富强、为人民争取自由人权的坚定的战士，宋庆龄在辛亥革命中迈出了坚实的一步。

三 宋庆龄是辛亥革命成果的毕生守护者

辛亥革命以武昌起义推翻清朝封建专制帝制，在中国乃至亚洲建立了共和制度而取得辉煌胜利。但从建立真正民主自由、繁荣富强的共和国这个终极意义上看，辛亥革命却是失败了。

辛亥革命的遗产，一个是徒具虚名的中华民国，另一个是孙中山用以指导革命并实现国家民主富强的"三民主义"。

袁世凯复辟帝制的闹剧结束后，中国陷入了军阀割据与混战，孙中山谓辛亥革命打倒了一个皇帝，却生出了许多个"皇帝"——封建军阀。披着共和的外衣实行割据或独裁——假共和，是他们的共同特点。孙中山两次举起"护法"的旗帜，以挽救新生的共和制度，维护辛亥革命的成果。宋庆龄仍然担任孙中山的秘书，在捍卫共和的斗争中与孙中山并肩前行。宋庆龄曾对孙中山理想中的民主共和国详细地描述——

"因为孙博士主张民权，所以他希望在中国建立一个真正的共和制政府，必须真正是一个民治、民有、民享的政府。为了达到这个目的，孙博士希望从给予人民地方自治权着手，以每个县或地区作为一个单位。

"这个地方政府应给予人民直接的权力，用表示他们意愿的四种现代方法管理他们的地方事务。这四种方法是选举权、罢免权、创制权和复决权。

"在地方政府全部组织起来后，给予每个县选举权，选出一名代表去指导县以上的中央政府。这名有任期的代表被授权使用上述四种方法，来指导中央政府的公务员。

"至于中央政府，孙博士打算采纳美国宪法的三种权力，保留中国宪

---

① 宋庆龄：《我家和孙中山先生的关系》，《党的文献》1994 年第 5 期。

法的两种权力，创建一个五权分立的政府机构。

"虽然政治学者认为中国政府仅由一种权力组成，即皇权，但是孙博士发现除了皇权之外，中国政府还有另外两种权力，即考试权和监察权。现在这两种权力已被欧洲最好的政府部分仿效。

"这个五权宪法由行政、立法、司法、考试和监察五权组成。通过这五权宪法，可使中央政府成为一个完善的政府机构。人民行使政治权力指导和控制中央政府。这种政治权力就是上述四种方法。

"政治权力完全在人民手中，我们公务员的职责就完全起作用了。不像欧美政府的职责是政治和职能的一种结合。人民具有直接控制政府的权力，每个公务员都是本行业的专家，结果就是一个高效负责的政府。

"自 1917 年以来，孙博士发表了三部著作，两部中文版，一部英文版。论述了议会法、中国政治心理学和中国的实业发展。中国通过实业发展，可以变成一个富裕的国家，为全国人民谋取福利。当他的两个目的达到时，中国将成为一个既繁荣又善治的国家。这样孙博士的毕生目标就实现了。"①

这就是孙中山和宋庆龄毕生为之奋斗献身的理想的民主共和国。

陈炯明的叛变宣告了"护法"的失败。在捍卫共和的斗争中，孙中山屡败屡战，然而愈挫愈奋，为了实现真正的民主共和制度并继续推进革命，他不得不改弦易辙，在国内外寻找新的同盟者。在这样的大背景下孙中山制定了"联俄联共，扶助农工"的三大政策。而正是这"三大政策"使孙中山长期所领导的、所依靠的力量再一次分化。他们中的一些人从宋庆龄在陈炯明叛变中的表现，确信她对孙中山和他所领导的事业的忠诚，确信她对孙中山的帮助和影响，希望她去说服孙中山放弃三大政策，为宋庆龄所拒。

1925 年孙中山的非时逝世，使这位中国的共和之父没能看到祖国真正民主共和的实现。他所留下的遗产，也是辛亥革命的遗产：一个只有躯壳的共和国和一份思想遗产——他重新解释的三民主义和"三大政策"。孙中山在一病不起之际，嘱咐同志及国人："余致力国民革命，凡四十年，其目的在求中国之自由平等。……现在革命尚未成功。凡我同志，务须依照余所著建国方略、建国大纲、三民主义及第一次全国代表大会宣言，继

---

① 《宋庆龄自述》，《档案与史学》1997 年第 1 期；《宋庆龄书信集》上册，第 25～28 页。

续努力，以求贯彻。最近主张开国民会议及废除不等条约，尤须于最短期间，促其实现。是所至嘱！"①

宋庆龄毕生守护和弘扬辛亥革命及孙中山的遗产，为在中国实现真正的民主共和制度奋斗终生。

根据孙中山的遗嘱，宋庆龄认为三民主义是实现孙中山民主共和理想的理论基础和指导思想，而"三大政策是实行三民主义的唯一方法"。② 宋庆龄以"三大政策"作为检验真假孙中山事业继承者的试金石。她高举孙中山的旗帜，向一切假共和、假民主、真专制、真独裁进行不懈的斗争。1927 年，以蒋介石、汪精卫为代表的国民党右派"清共""分共"，并镇压工农运动，屠杀共产党人和工农群众。宋庆龄认为被蒋汪控制的国民党"是违背了孙中山的意思和理想的"③。"孙中山的政策是明明白白的。如果党内领袖不能贯彻他的政策，他们便不再是孙中山的真实信徒；党也不再是革命的党，而不过是这个或那个军阀的工具而已。"④ 因此宋庆龄宣布，"对于本党新政策的执行，我将不再参加"⑤。"我只有暂时引退，以待更贤明的政策出现。"⑥ 宋庆龄明确表示了她与孙中山思想与事业的叛徒划清界限。至于对蒋介石政权，宋庆龄从它的所作所为，断定"国民政府的盛名，现在已经一落千丈，与北方的半封建余孽不相上下；昔日受革命委托而担任领导工作的人……操纵国民党，而他们自身也在堕落，或即将堕落为新恺撒的臣仆了"⑦。认清了蒋氏政权的反人民性质，宋庆龄多次拒绝在政府内任职。自此以后，她以国民党左派的身份，在马克思主义的故乡——欧洲探求实现孙中山理想的道路。

20 世纪 30 年代，宋庆龄认为已经找到使孙中山理想得以实现的道路和模式："目前的时代标志了一个新的社会制度——社会主义——的诞生"⑧（孙中山曾多次表示，他的民生主义就是社会主义，当然孙中山的社会主义并不等同于科学社会主义）。而"广大的苏维埃区域已经在中国存

---

① 《孙中山年谱长编》下册，第 2131 页。
② 《宋庆龄选集》上册，第 44 页。
③ 《宋庆龄选集》上册，第 43 页。
④ 《宋庆龄选集》上册，第 47 页。
⑤ 《宋庆龄选集》上册，第 43 页。
⑥ 《宋庆龄选集》上册，第 47 页。
⑦ 《宋庆龄选集》上册，第 51 页。
⑧ 《宋庆龄选集》上册，第 131 页。

在了许多年，这个事实便是广大的中国人民将走上这同一条道路的希望、诺言和保证"；实现的道路与手段是："中国的亿万民众——在工人阶级领导下的农民群众——如果联合起来为粮食和土地而与帝国主义及国民党作斗争，那是不可抗拒的。"① 这是宋庆龄认同中国共产党的新民主主义革命纲领的表述。也说明了她同时认同了中国共产党领导的土地革命。

宋庆龄认为她的这些思想认识不但不违背中山先生的思想，而且是在革命新时期的运用与发展。因为孙中山"制定了三大政策的行动纲领来加强三民主义"，她"深信三大政策是革命的思想与方法的基本部分"。② 在与蒋氏独裁政权斗争中，民权主义是宋庆龄的武器，"民权保障同盟"的建立即是一例。当日本侵略者以战火欲将中国变为殖民地时，宋庆龄为促成抗日民族统一战线的建立，提出"实行孙中山的遗嘱"和"恢复中山先生手订联俄、联共、扶助农工三大政策"，以此作为统一战线的基础。

抗战胜利后，宋庆龄认为这是中国实现真正的民主共和的历史时机，她号召防止内战爆发，呼吁结束一党专政，"促成组织联合政府"，并指出："目前的危机并不是那一边——国民党还是共产党——胜利的问题，而是中国人民的问题……悬于天平上的不是党权的问题，而是人权的问题"，"解决的办法虽然困难，却是明显的，那就是正确地理解孙中山的三民主义——民族主义、民权主义、民生主义，并且在今天正确地应用它"。③ 宋庆龄的观点，表明她突破了政党政治的局囿，要求实现真正的人民民主。而人民民主的核心，宋庆龄认为是"人权"。她详述此时三民主义的要义。

"民族主义在今天的意义是：中国是一个国家，一个民族。在这个国家里，有许多不同的政治见解。我们必须有一个人人都能向它提供意见的政府。

"民权主义在今天的意义是：国民党的训政时期已经过去，宪政时期必须开始了。……联合政府应当立即组织起来。它决不能单独由国民党派定的代表来组织。每一个党派都必须选出他们的代表。……现在是用实际

---

① 《宋庆龄选集》上册，第 134 页。
② 《宋庆龄选集》上册，第 49、52 页。
③ 《宋庆龄选集》上册，第 416 页。

行动来建立民主的时候了。

"民生主义在今天意义是：不能再让人民忍受饥饿……民生主义就是说，土地问题必须作合理的解决。……'耕者有其田'是孙中山的政纲。"

宋庆龄强调"国民党政府必须通过联合政府、人民民主和土地革命来执行它的历史任务，领导中国人民走向全面解放。……否则就要负担掀起内战的责任"。①

解放战争结束了蒋氏独裁政权。宋庆龄热情欢呼并憧憬"孙中山的民族、民权、民生三大主义的胜利实现，因此得到了最可靠的保证"②。

可见，宋庆龄为新中国奋斗的过程，就是实现孙中山理想的过程。她把握着孙中山三民主义的最本质的核心——革命和自由、平等、博爱，与时俱进，发掘并赋予其时代的内涵，使孙中山的思想在新的历史时期，仍然有着生命力，仍然成为团聚人民建设民主自由富强的新中国的凝聚力之一。

新中国成立后，宋庆龄多次发表演说或撰文，怀念孙中山，肯定他的历史功绩，称颂他是"坚定不移、百折不挠的革命家"，是"中国人民伟大的革命的儿子"，指出"孙中山所遗留给我们的不仅是一个理想。他遗留给我们的还有……对革命事业的'不息的热诚'"。号召人们"向孙中山学习！"③

宋庆龄是孙中山思想与事业的毕生守护者。

作者单位、职务：中国文化遗产研究所研究员

---

① 《宋庆龄选集》上册，第 416～418 页。
② 《宋庆龄选集》上册，第 468 页。
③ 《宋庆龄选集》下册，第 247 页。

辛亥时期胡汉民的排外观

✐ 李育民

晚清时期的排外观念，对中国社会产生了重要影响。随着对外开放的扩大，近代交往制度的引进，这一观念逐渐发生变化，辛亥时期尤为显著。该问题属中外关系中的重要问题，与革命派所进行的"反清革命"有着密切的联系，涉及对外方针和革命的前途。"迩者欧美各国相惊以支那人排外，支那人排外，撷一二事实以为证，而谋对待之策，吾国有志者亦颇怀隐忧焉。此真重大之问题，而与吾人增进世界平和之主义有密切关系者也，故亟论之。"① 作为资产阶级革命派的重要骨干，胡汉民对成为清末热议话题的排外问题，也提出了自己的见解。其排外观具有时代的特色，反映了革命党人和中国社会对外观念的演化。对此作一探讨，不仅可以深化对革命派的民族主义的认识，且有助于了解中国的对外观念由传统走向近代的历程。

一　排外现象的远因与近因

为什么会发生排外现象？胡汉民从各个角度作出了较深刻的分析，揭示了这一现象的历史根源，以及现实背景。具体而言，其原因有三，即最远因、次远因和近因。

一是由于汉族的种族思想，即内中国而外夷狄的传统意识，以及闭关锁国思想，并由此产生的"反满"思想的延续，此是排外的"最远因"。

胡汉民认为，"排外者，其思想由来非一二日，其感触非一二事，徒论其目前之结果不可也"。国民狭义的"排外锁国之主义"，源自"内中国

---

① 汉民：《排外与国际法》，《民报》第 4 号。

而外夷狄之思想"。①这一狭义的排外思想，"以锁国时代为盛"，及至"国际交通，内外平等之时代"，"则此思想必除"。但是，"其不能无所留遗者，必有物焉为梗于其心理，使其不能淡然忘也"。②

满族政权入主中原之后，传统的种族思想在新的背景下转为排外。胡汉民指出，清代明于今二百余年，"汉人种族之思想虽经尔肟芟夷蕴，崇之未尝绝也"。而开港以后，"文明输换，则民族的国民，益炳然发于人心。而非种之篡祚者，犹以时机未熟，而隐忍拥戴不能遽去，则愤思之深，无可宣泄"。因此，"其辩理心未纯，而任气或过者，则遇事横溃而不可以收拾，以为非我族类，其心皆异，仇满之怒迁而排外"。他认为，这一思想"严格论之，则是固不能无过"，但"所以造成此主观者"，则不无缘由。譬如某宅主人"被强胁于盗，踞其宅，戮杀其父兄，而奴其子弟。为宅主人者，日思光复，不得其间，而邻人有骤至其室者，则并恶之，其感情之过度也"。③

二是由于清政府实行的内外方针，加强或培植了排外情绪和心理，这是排外产生的"次远因"。

胡汉民认为，清政府对外软弱，实行妥协方针，导致民众转而排外。"吾国人之排外，尚为口实于列邦者，则以其手段有时反于文明，而其结果不善也。"之所以致此，是由于清政府"国际之失败太多，持一'宁赠朋友'之方针，而任意抛掷其权利"，"蹙削不堪"。列强各国"皆持其既得权而莫肯让步"，国人"内不得援于政府，又欲亟争之于外，此其所以允无当也"。这个"欲晓人以勿排外"的清政府，正是"发生排外之原因之人"。当外交之失败，"忧国之士乏于条理"，"不能得诸政府为救济之方，乃欲于国际上直接反对之"。④或因外人压迫愤而不平，"而内欲争之，政府不可得，则欲直接争诸外人，以愤激尤甚者，乃诉之于腕力而无所择"，这正是清政府"造成排外之原因"。国民之排外，"大者维持国家之独立权，小者亦主张其社会之权利"。如果"政府不为他人弱，受种种之干涉者，则排外之事皆可以不起"。政府对外屡屡"败失"，"国民乃承其流而救之，其为是非功过，殆亦不难于裁决"。闽粤间鄙谚曰：百姓怕官，

---

① 汉民：《排外与国际法》，《民报》第4号。
② 汉民：《排外与国际法（续）》，《民报》第8号。
③ 汉民：《排外与国际法》，《民报》第4号。
④ 汉民：《排外与国际法》，《民报》第4号。

官怕洋人，洋人怕百姓。"此言吾民气之未尝无可畏，而不良之政府官吏独不惜鱼肉之，以求媚于外，盖道其实也。"然民众心理，"既不能表现于上，而异族为制，外人得假之以为傀儡，以畏洋人之官，临畏官之百姓，则百姓以其畏官，故并畏洋人"。其时，"所谓畏百姓者，将不可复见"。列强"干涉人国，伤其国权"，而对于自主张权利者，"概斥之为野蛮，殆欲求'予取予携，不汝瘝瑕'者而后快，此偏私之论，不足凭也"。若"以闹教仇杀为诟病，疑我国民者狭义排外之恶性根者，亦未知其原因所由来也"。①

国人有野蛮排外之举，亦是清政府长期"贱外"、"排外"而酿致。胡汉民认为，"凡今世列国之竞争，咸以实益，其自怙而排斥他人者，以规律出之，未尝授人攻柄也"，但国民"未尽喻是"。"其所争亦恒在于实益，而意所拂逆，则将举一切报复之而弗顾。无实力以为盾，既郁愤不伸为浅欲所驱，又轻妄弗择"。不仅"所图失败，并令彼国得报我人以野蛮之名"。探其本源，国人之所以为此者，"政府始终为其戎首"。庚子以前，"政府贱外"，康熙时"曾命俄使以三跪九拜之礼，乾隆时代亦曾以胁英使，而累代夸为美谈"。"以侮人者自尊，其事正复无聊。然贱外之思想无所发乃发于此，至导义和团击戮他国代表者而极矣。"②清政府还实行"排外"，而其重要原因，"即以防汉"。"其排外也，端刚诸满奴初不自量，欲遂其豕突狼奔之志，而患外邦文明输入，使汉人有自由独立之思想，其亦一大原因也。"③《辛丑条约》签订之后，其排外政策一变为"媚外"，"前倨而后恭，辇毂细民，间亦揣摩成风气"。民众对此深为不满，"有激而动，遂逾常轨，故曰政府始终为戎首也"。④

因此，排外在很大程度上是清政府激成的。这一看法，在革命党人中非常普遍，如汪精卫指出，1644 年满洲人征服支那，建立清朝，"专从事于鼓吹国人之排外思想"。欧美人"恒言支那人之排外思想，为其固有之性质，不知鼓吹激动此思想者实满洲人也"。这是由于"满洲人欲以少数之民族制御大国，永使驯伏其下，因而遮断外国之交通，杜绝外来之势

---

① 汉民：《排外与国际法（续）》，《民报》第 8 号。
② 汉民：《排外与国际法（续）》，《民报》第 7 号。
③ 汉民：《清政府与华工禁约问题》，《民报》第 1 号。
④ 汉民：《排外与国际法（续）》，《民报》第 7 号。

力，其结果遂致使支那人有强烈之排外感情"。①

从这一角度，胡汉民认为，清廷没有资格降谕禁止国民排外。光绪三十二年（1906），清廷颁发谕旨，谓："乃闻近日以来，讹言肆起，适偶有不虞之暴动，遂突生排外之谣传，市虎杯蛇，群情惶骇。"要求各处学生，"应遵照奏定学堂禁令章程，束身自爱，尤不得干预外交，妄生议论。总之团体原宜固结。而断不可有雠视外洋之心。权利固当保全。而断不可有违背条约之举。"着各省将军督抚"严饬该文武各官，认真防范"。② 针对谕旨提出的排外问题，胡汉民予以严厉批驳，谓："然其大旨只求媚外，抑以卸其责任，非真为吾民告。"并形象地说，这就如同先强占宅室的盗贼，"乃反出而任调和之责，问孰能听之者？"从排外的远、近各种原因来看，清政府"无有喻止我国民排外之资格"。其远因，"为此问题之根本，而无有虏廷容喙之地"。其近因，"无论不能应国民之请求，即应之而剜肉治创，盗铃掩耳"。彼"一度之交涉即一度伤国民之感情"，排外"虽事实上有不能不敛目之势，而不久而遇事辄发，其理然也"。而且，清政府之谕排外也，"其本旨诚为我国民告者，则其词或不正确而犹有节取之益，而无如其纯以之媚外而为卸责之地，则固尽人唾之而无与为听"。针对该谕将"排外"之举诬之为"奸人播弄"等语，胡汉民指出："彼睹乎排外之事之不可遽已，根本问题之解决非其所能。而外人谪言日至，无以应之，则妨害其自庚子以来所改用之媚外政策，故假为是言，示言排外者以反对政府而起，为反对政府故而离间政府之邦交，则政府之不表同情于彼，断然可知。"然而，所谓排外之说所由起，系"外人就于最近之一二事实，而下可虞之判决，以交相警告"，实际上并"无所谓播弄者煽惑者"。谕中所说"奸人"、"匪徒"，"乌有奸匪而具播弄列国观听之能力耶？"谕中所谓"离间外交"一语，"隐然以奸匪为反对虏廷者之徽号"，试图使外人相信，"反对彼者，即为好言排外者"。其目的"不特以甘言而邀外交之顾盼，且欲借排外之不可能，而压伏反动者之起也"。③

三是由于列强对中国的侵略，以及种种不平等条约侵害中国权利，激起中国社会的反抗，产生近代权利观念和要求，这是排外产生的"近因"。

---

① 精卫：《驳革命可以召瓜分说》，《民报》第 6 号。
② 《德宗景皇帝实录》卷 555，光绪三十二年二月戊申，《清实录》第 59 册，中华书局，1987，第 364 页。
③ 汉民：《排外与国际法》，《民报》第 4 号。

胡汉民认为，当今之排外，与以往不同，"则浸进为权利之主张"。"今吾国人排外之观念，既恒以国际之失败而起，即时有见于国际法所特认保护之权利，不能与平等享有欲主张之而起也。"①也就是说，由于中国遭受列强的不平等待遇，起而要求国际法范围内的自国权利，由此产生了新的排外动因。胡汉民从各个角度揭露了列强侵害中国的独立权，干涉中国内政外交的事实，指出，"必其国家能自由处理其内政外交之事，不受他之干涉，而后为能举国际上独立权之内容"。当今之独立国，如英、俄、德、法、美、日等，"惟行使其权利之过度，有侵妨他国之虞"。观诸我国，"则任外人为税官，亦国家行政权之自由也，而一国以约为担保，用其国人；一国又提议要求与之更代其权力，不啻足以左右我也"。如果"有一不洽于强邻之议者，则讼之外部，以排外为词，必使之去位而后已"。中国"不能自由"改正税法，"增设一税务大臣，而各国竟啧有烦言"，英国《泰晤士报》"犹主张干涉"。除了一时一事之之外，还有种种"使吾国权常受制限"之干涉。如与各国结约，"而许认其有领事裁判权，则司法受制限，而不能与领土同其范围矣"。《辛丑条约》订立后，"对外主权益被侵削"，如不准将军火暨专为制造军火各种器料运入中国境内，将大沽炮台及有京师至海通之各炮台一律削平，等等，中国发展自己的自保权"无复有其自由矣"。这些均与中国主权有直接重大关系，而"其它间接之损失不与焉"。从中央到地方，"遇事受人干涉，其结果辄牺牲吾民之权利或利益者，尤不胜算"。任何事情通过比较，便可看到差别，由此而产生不平。"夫事以相较相形而见绌，见绌则不平之观念所由伏也。而况以不法而举其权利、利益为外人牺牲，则以不平之鸣，尤非无因而起。"或谓，"世之言者，怯惕于外交之不竞，受排斥于人之不暇"。②

而震惊世界的义和团事件，"其总原因为排外，为受列强压迫之反动"。列强侵入中国，"以通商、传教为两大工具"，通商打破了中国的自然经济，"而内地失业落伍者日多"；传教又挟有势力以压一切平民，"则于信仰之外，更生反动"。因此，晚清时期"排外与仇教，几互为因果，各省闹教之案，几无岁无之"。由于"以列强为后援，其结果决无公平之判决，平民积恨已深"。中国人民"既惧且愤，故排外为义和团事件之总

---

① 汉民：《排外与国际法》，《民报》第4号。
② 汉民：《排外与国际法（续）》，《民报》第8号。

动机，为帝国主义压迫之反响"。①

自鸦片战争始，列强用暴力将条约强加给中国，用合法的方式攫取中国种种权益，从而引起反抗。胡汉民看到这一深刻原因，指出，"触发吾国民排外之感情，而使不能自已者，其条约乎？限制吾国民之行动，至不能主张自国权利，激而为野蛮不正当之排外者，其条约乎？"因为条约者"规定国家间之权利义务者"，作为一个国家，"有相当之位置"；订立条约，"亦宜有相当之权利义务"。"于是而相守相报相调和，其国家之交谊既日亲，其国民亦无不平之感而生其猜恶。"因此，"凡今之世，任外交者莫不主张自国之权利"。尽管条约谈判之始，"各不免为过度之要求"，而折冲既定，"则恒止于其范围"。与此相反而行者，"惟以强大临于弱小，其国之势力位置既不相当，则其条约难望以平等耳"。所谓"欧洲协调"，是"以六国（英法德俄奥意）握强权支配欧洲全局"。其趋势固不可争，"而至于国际交通平和，订约之际，则亦不必六国独蒙其利，而此外细国必承其损"。惟有中国外交，"则有令人诧绝者"。自道光二十二年（1842）《南京条约》订立以来，"与订约者十余国，为条约大小百余次，乃几至无一非损己以益人者"。大者为领土权独立权之侵蚀，小者为铁路、矿产、航道等权利之授予，"使吾国民独处伤心"。在"穷于无告"的情况下，"或者引为国耻，欲雪其鄙我亡我之愤；或则知利源已涸，而思为亡羊补牢之谋"。近日外人所指为"排外热"，"其为后之属固多，而为前者亦复不乏"。后者"范围较狭，其问题解决亦较易"。"其据理以争者，或睹成效，则横溃无虞。"前者"则一切相反，其目的既不可达，抑郁冤愤之久，激而诉诸腕力，乃一发而不可收拾"。这些均是不平等条约造成的，"夫使我国条约，其为制限削夺于我者，不若是甚，则我国民之志必不若是也"。因此，"触发吾国民排外之感情者，条约为之也"。②

列强的侵略造成中国人民的反抗，这是排外现象的基本原因，其他革命党人亦从不同角度认识到这一点。如章太炎谈到反洋教，认为是由于基督教对中国造成危害，而不是因为它是异教，指出："自海衅未启以前，谁以罗马教宗为悖德忘本而反抗之者？若夫韩愈、杨光先辈，以其私意抒之，简毕陈之庙堂，则于全体固无所与。且今世亦有以彼教为无君父，而

---

① 《胡汉民自传》，《近代史资料》第 45 号。
② 汉民：《排外与国际法（续）》，《民报》第 10 号。

视之如洪水猛兽者矣。"民众愤而排教，其意乃绝不在于彼是异教，假如"基督教人之在中国循法蹈义，动无逾轨，则人民固不以异教而排斥之，亦不以异种而排斥之"。其相遇，"与昔之天竺法师无异，虽以百千士人著书攻击，犹往日宋儒之辟佛而已，而人民不因是以起其敌忾之心也"。政府排教，"其意本不在异种异教，而惟集众倡乱之为惧"。日本德川时代曾杀基督旧教六万余人，"即以是故"。以其集众倡乱而排之，"则不必于异种之教"，"虽同种之白莲闻香亦然"；"不必于破坏宗法之教"，"虽儒流之党锢道学亦然"。因此，政府之排教，"以其合群而生变"；人民之排教，"以其借权而侮民"。①

胡汉民所作分析，符合客观实际，既未忽略排外现象的历史根源，又着重揭示了现实中的各种原因。与某些革命党人着重强调清政府与排外的联系不同，胡汉民更注意到国家权利的因素，从这一角度作了较为详细的剖析，更加理性地认识排外问题。事实上，列强对华侵略带来的各种问题，尤其是对中国国家权利的侵夺，正是近代民众反抗斗争，也是排外现象发生的根本原因。在揭示原因的基础上，胡汉民进而剖析了不同内容和手段的排外，提出了解决这一问题的办法。

二 区分两种不同的排外

从根本原因来看，排外现象的出现，是由于外国列强的侵略，具有无可非议的正当性。但是，各国列强却将视此为排斥先进文明的一项罪责，常常以此诋毁中国，并要挟清政府压制民众的反抗斗争。由于以往排外多"以国际上不可能之手段，致授人以柄，不可收拾，于是相惊以排外为最不美之名词"。胡汉民认为此说"不可无以纠之"②，对此作了辨析，主张区分两种不同的排外，肯定为维护国家权利而排外的正当性和必要性。其所撰《排外与国际法》一文，从这一角度作了详细的论析，提出了权利排外的基本思想。

胡汉民认为，有不正当和正当两种不同性质的排外，"晚近我国民排外之观念，与前兹排外之观念，有绝异者。前兹之排外锁国之主义也，内

---

① 太炎：《社会通诠商兑》，《民报》第12号。
② 汉民：《排外与国际法（续）》，《民报》第8号。

中国而外夷狄之思想也。今兹之排外，则浸进为权利之主张"。其事体有三，一是"对于过去者，为回复"；二是"对于现在者，为保持"；三是"对于将来者，为伸张"。至于"将来之伸张，姑不具论"，就"过去"和"现在"而言，中国在"国际上种种失败，希望其回复"，即挽回被侵害的国家权益；并"维持现在之状态，而不使更为陷落"。作为一国国民者，"必不能无是思想"，因此"以不正当之排外言，则其中有仇外贱外之观念；而自正当之排外言，则主张自国之权利，而于其必需者排除外国人，不使共有之之谓"。即使是当今有着先进文明的欧美国家，也存在正当排外。"其法律之对外人者，以平等主义为原则，然立一二之制限为其例外，仍不能免，是此种正当之排外，未能悉湔除也。"国人排外，"尚为口实于列邦者，则以其手段有时反于文明，而其结果不善也"。之所以如此，"良由前兹虏廷于国际之失败太多，持一'宁赠朋友'之方针，而任意抛掷其权利"。中国"既已蹙削不堪，而在外人则皆持其既得权而莫肯让步"。国人"内不得援于政府，又欲亟争之于外，此其所以允无当也"。①

两种不同的排外，即正当与不正当排外，区别的依据和判断标准为国际法。胡汉民所说正当的排外，是维护自己应有的权利，而应有权利属法律保护范围之内。如果在此范围之外，便可以排斥。"权利者，法律所特认保护之特定行为也。"国际上所享之权利，系"国际法之所特认保护之特定行为"。因此，主张国内之权利者，"不可以不知国内法"；主张国际之权利者，"不可不知国际法"。狭义的排外主义，"与国际法不相容"，因为它与"国际法认有平等权交通权""大背戾"。为伸张自国权利而排外者，则其权利观念"既当从于国际法之观念"，其行使求济及扩张之行为，"亦不可不一依求国际法而行动"。从国人排外观念来看，"既恒以国际之失败而起，即时有见于国际法所特认保护之权利，不能与平等享有欲主张之而起也"。其主张或过或不及，"则因其思想之不健全，洎欲达其主义而误用国际法上所不容认之行为，是尤弱点之着见者"。有鉴于此，胡汉民"纵举国际法上所特认保护之权利，以告我国民"，"使知国际上之权利为满政府所掷弃牺牲者"，"使知吾人所当主张之权利与其不必主张者"，以及"使知何者之行为为国际法所不容许，而不可不避者"。②

---

① 汉民：《排外与国际法》，《民报》第 4 号。
② 汉民：《排外与国际法》，《民报》第 4 号。

含有贱外仇外观念的"狭义之排外"，即不正当排外，"与国际法为不相容"。而在"必需之范围"之内，"主张自国之权利者，无所刺戾于法也"。从国际法来看，国家要素有三，即人民、土地、主权。"主权依于领土范围而自由行动，对于内部，则存在于其领土内之个人团体，皆使服从。而对于外部，不受他之干涉。"此即为学者所言"国内法上主权与国际法上主权"，后者"即独立权"。所谓独立，"以对于外部，不受干涉为其活动之原则"。国际法专家某氏从国家主权出发提出国际法之三大原则，其第二、三原则谓，"各国于法律上不能干涉他国之内政"，"领土者与其国之管辖同其范围"。独立权由此二大原则而来，"夫既与其领土同其管辖之范围，则于其范围内不许他权力之存在可知也"。①

因此，"各国不能干涉他国之内政，为法律之制限"，如果"反之而有违法以干涉他国内政者，其被干涉之国必有排斥干涉之权利，为法律所容忍保护可知也"。也就是说，排斥外国人干涉内政，是国际法所允许的。此如同国内法上，"个人于其权利所得利用享有之范围内，则他人不得反其意思而侵妨之。若有反其意思而侵妨之者，则法律许予其被侵妨者以排斥之之权利，而加以保护"。在国际法上，"国家之有独立，犹国法上个人之有自由"。国内法上的个人自由权，与国际法上的国家独立权，其性质是相同的。国内法所认其个人之自由，"则必不受他之个人之干涉，故个人亦为独立"。而国际法既认国家之独立，"则亦必不受他国之干涉，而其行动乃为自由"。两者的差别，在于维护这种权利的机关不同。"个人与个人共立于国家一大团体之下"，若遇他人侵妨其权利，"大半于自助之外，恒救济以国家之权力"。而国家间平等并立，"则更无居其上者之机关与制裁，而舍自力自助之外，几无防卫救济之道"。正是在此意义上，"主张自国之权利，而于其必需者排斥外人不使共之者，不惟不戾于国际法，而且为国际法所特认保护也"。如果"使于其必需排斥者而不能，则无以保自国之权利，即无以为独立也"。正是国际法承认国家有独立权，"即可云认有非干涉之原则"，当"遇适用此原则之时，则断可云有排斥外人之权利"。②

在肯定正当排外的基础上，胡汉民进而提出，对排外问题的认识不能

---

① 汉民：《排外与国际法（续）》，《民报》第8号。
② 汉民：《排外与国际法（续）》，《民报》第8号。

绝对化，不能因为国际法"保护"维护独立的"排外"权，而"可以绝对主张者"。立言者就某一论点，"而可以绝对主张者，天下几无有也"。人之行为或不行为，"固各应于其地其时其事，而为是非优劣功过焉，为绝对消极论者之不可，犹绝对为积极论者之不可耳"。就排外而言，一方面，"衷于贱外仇外之观念而滥用之，则悖于国际法之平等权、交通权，而其为害之结果可以召亡，昔之言排外者所不免"。另一方面，尽管这种排外是不正当的，但不能"惩羹吹齑，因噎废食，以排外为绝对不可能"。他强调，如果"欲使一国之人尽刊除此一观念，则又悖于国际法之独立权，而其为害之结果亦以召亡，又今兹恶言排外者之类也"。①

　　排外思想与维护国家权利密切相关，要主张国家权利，就不能摒弃排外观念。胡汉民指出：吾人并非绝对主张排外，"而以为彼贱外仇外者助"，其界限在于"主张自国权利，依于国际法行动"。如果他国违背国际法干涉内政，而如绝对消极论者一样，断然否定"排斥之举动"，则是"张强暴者之焰，相率以蹂躏国际法之独立权"，"若含俯仰随人之外无他策"。因此，如果国民均采取这一消极态度，否定排外，"则必欲尽锄其气，使不敢丝毫有峙抗外力之意志，养成媚外之风，厥失为尤大"。国民主张自国权利之观念，"实为国家维持国际法上独立权之要素"。如果"使国民咸不思主张自国权利，则国力必消沈，而无以自立于国际团体之内"。而主张自国权利，在权利彼此冲突，为外力所侵妨之时，"又必不能尽忘排外之观念"。因此，"欲维持其国家之独立，则必增长国民主张自国权利之观念"；而"欲增长国民主张自国权利之观念，则不能尽锄其排外之思想"。

　　此种排外思想，如何才能不"横溢滥用"？其道"莫如因利而正导之"。一方面，"使知国际法上有所谓平等权、交通权者，则彼自不为绝对的积极主张，以取野蛮之讥，而为国际所不容"。另一方面，"使知国际法上有所谓独立权者，则于其必需主张权利之时，能正用其排斥手段，以维持其国度"。若如此，"则何有于忧无意识排外者之违法召衅，而遂欲举一切排外之观念而刊除净尽者乎？"对于某些学者"惟虑一般国民知识蒙稚，而乏于条理，乃为说以正之"，胡汉认为"其言抑矫枉过正，无复条理"。对其认为"其间为之界说不易，惧煽动之余，招无远虑者之误认，不若为

---

① 汉民：《排外与国际法（续）》，《民报》第 8 号。

消极论之无过"之论，胡汉民认为"其说之脆弱而已"。他强调说："吾人所主之排外，对于惟以闹教仇杀为排外者言，故有广义狭义之称，而又谓有正当之排外与不正当之排外，则其区别一衡准于国际法。其妨害于平等权、交通权，而用国际上不可能之手段者，不正当之排外也。其原本独立权应于必需而为自国主张权利者，正当之排外也。"因此，"好排外者与恶排外者，皆不可不知国际法上之独立权。知国际法上之独立权，然后可与言排外之是非得失"。①

这两种不同主义和主张的排外，性质是相同的，只是手段存在差异。胡汉民说，实际上，吾人所"主张权利为广义之排外"，与"仇外贱外主义"之狭义排外，"不过与有程度之差，非性质之异"。广义的排外，"其就积极之一方言，则主张自国权利。而就消极之一方言，此进而彼退，此盈而彼朒，则因其权利有排除者，而亦曰排外耳"。排外之主义不同，"达其主义之手段尤不同"，且影响主义的实现。如误用其手段，"则有与主义背驰者"。其主义不谬，"非仇外贱外者"，而所用手段"非国际上之可能，则结果与仇外贱外者无别"。而且，"人以感情之强，而蒙其辨理心，最易事也"。因此，"当其排外热度"高涨之是，"则有党同妒真，举反对者而皆目为汉奸奴隶者"。因此，胡汉民尤注意手段，担心手段影响主义的实现，"正所以求主义之必达也"。②

胡汉民主张采用正当手段，即文明排外，如抵制美货运动。"华人以美禁华工约为虐滋甚，乃有不用美货之议，渐见实行，以要求废约。此事准正义人道而行，未尝为野奋无礼之举动。"甚至与欧美各国同盟罢工比较，"其性质虽相似而不同"。除了彼在国内，"而此则对于异国"之外，彼"涉于暴动激烈，而此则悉出平和"。而且，运动打破了西人所谓华人做事"始锐而卒怠"的成见，"实行拒约，渐推渐广，而相与励守者，未之或怠"。③胡汉民又将野蛮排外称为"无俚之排外"，指出，"我不能教国民以真正之独立，而教以无俚之排外，是无异使习为无意职之破坏也，而以是期大目的之达，不亦远乎？"从这一意义来看，排外"为锁国时代之

---

① 汉民：《排外与国际法（续）》，《民报》第8号。
② 汉民：《排外与国际法》，《民报》第4号。
③ 汉民：《清政府与华工禁约问题》，《民报》第1号。

思想，今无所用"。①

主张自国权利，这是胡汉民提出的正当排外的核心，同时他又认同合法的主权限制。胡汉民认为，"独立权之实行，则对于其为侵犯者有排斥干涉之权利。然不审其内容，则或已被他国侵犯而不知所以防卫，或不知其界限而转侵他国此权之范围，进退皆失据也"。② 所谓国家独立权，是"自由处理其内政外交之事，而不受他之干涉"，因此，独立权之行使，"为'非干涉'之原则"。但是，尽管非干涉主义为国际法之原则，"而此原则又不能绝对无例外者"。如在条约规定之内，即使是侵害一国主权，亦不能视为干涉内政而排斥之。虽然国内骚扰和革命运动，"不能为外国干涉之论据"，但"干涉者实不止对于革命而为镇压之行为，且有至紧急危难之际须自救而用干涉手段者"。在他看来，"以非干涉为原则，而于紧急自卫之场合认一之例外，皆近世国际法发达之结果也"。③但"权利之行使"不是干涉，例如，"一国以条约而认许他国有领事裁判于其领域内，则彼国直行使其权利，虽侵此国对内主权，不为干涉"。再如，保护国与被保国护之间，"已得代行外交事务之权利，则其基于此之行动，亦非干涉也"。"惟既非国家本来之权利（原权），又未尝得他一国之承认，乃生所谓干涉耳。"因此，"南昌教案之时，法调兵舰；广东铁路事件，各国亦调兵舰，此非干涉之现象，不过防卫之准备行为"。中法《天津条约》第二十九款规定，"任凭派拨兵船在通商各口地方停泊，弹压商民水手，俾领事得有威权"。可见，"寻常地方小警，外国辄调兵船停泊通商口岸为保护者，乃依于条约之行动，决非干涉也"。由此，胡汉民得出结论，谓："野蛮排外，使用国际法上不可能之手段，致危难于人者，召干涉者也。"而根据独立权，"应于必要而排外者，非独不为召干涉之理由，抑对于不法之干涉，为当然也"。④ 再如割台之后的抗日护台，尽管"抗日之师（如刘永福等）在内国为有名誉之举，而以国际法论之，比于海贼"。因为"政府既割让之于他国，人民无反抗之之理由。其反抗为政府所不认，则无异于无国籍之个人（谓不属于一国家主权之下者）暴动，而法律上无能

---

① 汉民：《"民报"之六大主义》，张枬、王忍之编《辛亥革命前十年间时论选集》第 2 卷，上册，三联书店，1963，第 380 页。
② 汉民：《排外与国际法（续）》，《民报》第 8 号。
③ 汉民：《排外与国际法（续）》，《民报》第 9 号。
④ 汉民：《排外与国际法（续）》，《民报》第 9 号。

为左祖也"。①

条约损害中国应有的国家主权，为什么必须认可呢？胡汉民根据国际法学者的理论，认为，"战后媾和之约，一方之国家不能免于胁迫，而其约亦不得为无效，故遂有谓国际法认国家之武力而成于强暴胁迫，亦为所容许者"。缔约时惟重代表者之自由意思，"故加强暴于其国家以成约者有效，而加强暴于代表者之身以成约者无效"，此在国际上已有先例者。"有以毁损一国独立之权利之条约，亦为不法无效者，然以国际惯例衡之，则未见其当。""至我国与土耳其、埃及等有领事裁判权之国，亦为以条约让与者，故学者谓独立国为妨其自国独立权利之条约，亦其自由，则与前之违反国际法原则及国际惯例者异矣。"胡汉民认为，作为国际法范围的条约，与国内法具有同样的效力。国际法既确定为国家负遵守条约之义务，"国际法规同时为国家自身之法规，国际法上条约之效力，与国法上之效力无有区别，于国际上完全有效之条约，亦必为国内可得执行者"。②因此，将排外限于国际法范围之内，实际上就是认可条约对中国主权的限制。

从国际法和国内法的观念来看，违反条约"为断不能容者"③，如何收回中国所损害的权利，解决排外问题呢？胡汉民提出了根本办法，关于此点，下节详述，这里不赘。而在根本问题未解决之前，须采取"救济回复之方法手段，以为将来之预备"。胡汉民认为，我国"所失于外交，而独立权之被侵妨者"，可分为两类：一是"由于条约而被制限者"，即前面所举关于领事裁判权及辛丑和约各款。二是"不由于条约而被干涉者"，即发布命令，任免官吏，中央政府及地方行政之受外人牵涉者。二者比较，就其事实之利害言，"则规定于条约而不能违反者，其事重"；就权利之关系言，"则直反于国家之意思而为所干涉支配者，其失大"。这是由于，条约"为双方合意之结果，犹非被国家以外之权力之制限"。因此"条约内容必为列举，而限于或之条件，于条约所既定之条件而践行之"。在彼为有权利，在我为负义务，"非若彼以一方意思而干涉者，直横躏我之国权而已"。

针对这两类情况，回复国权之道亦有二。一是对于任意干涉，"可主

---

① 汉民：《排外与国际法》，《民报》第 4 号。
② 汉民：《排外与国际法（续）》，《民报》第 10 号。
③ 汉民：《排外与国际法（续）》，《民报》第 10 号。

张国家独立权而抗拒之，无所踌躇"。二是对于条约之制限，"则宁忍以俟之而徐图其修正"。因为条约有拘束当事者之效力，"其效力未消灭，则纵在义务国损辱已甚，亦无如何"。至于各国交涉，"未尝不视国力之强弱以为进退，而相与结不对等之约者"。在胡汉民看来，这种"不对等"虽然与国家实力有关，但并非是刻意为之的侵略行为。"其被制限之一方，固为不利，而其它一方亦未必以制限人国国权为乐也。"即使是有，"亦为怀抱侵略野心者之少数，而其它则皆有其必要之原因，迫使不得不尔者"。而我须"为之解释焉，为之保证焉，使无复疑虑，而视其前约为无足重轻，然后可得而改"。壬寅年中英新订《通商续约》第十二款规定，"有俟查悉中国律例情形及其审断办法，及一切相关事宜皆臻妥善，英国即允弃其治外法权之语。"中日、中美条约皆有此语，"足知各国非必坚护此权"。①

胡汉民区分两种不同的排外，主张以国际法判断依据，以自国权利为正当要求，是中国对外观念从传统走向近代的进步，反映了近代民族主义的兴起。另外，胡汉民又局囿于传统国际法不合理的规则，认同不平等条约对中国主权的限制。而这种认同，又使得他所主张的正当排外成了无的之矢，未能提出真正解决产生排外原因的有效办法，在某种程度上只是一个空中楼阁式的憧憬。这里所体现的矛盾，无疑是时代的局限，反映胡汉民和革命党人对各国列强的侵略性质认识不足，更与对排满与排外的关系的认识有关，这是下面所要讨论的。

三　根本解决在于"排满"

从维护自国权利而言，排外是正当的，这是近代中国面临的历史使命。如何实现这一目标？是直接诉诸于对外斗争，还是采取其他手段？如其他革命派一样，胡汉民选择的是后者。在他看来，正当排外便是主张国家权利，而要达到这一目的，其根本之计在于"扑满革命"。"夫以其激动国民排外心如彼，而其所以喻止排外者又如此，故吾人为国民深计熟虑，而得根本解决之惟一方法，曰：欲达吾人主张权利之目的，则莫如扑满革

---

① 汉民：《排外与国际法（续）》，《民报》第 8 号。

命。"①

为什么要"扑满革命"？理由有二。

其一，由于清政府不能履行政府职责，坚持国家权利，这是"异族政府为谋不忠当然之结果"。胡汉民指出："我不能有真正之政府，而以彼虏为代表，其无恶意之际，则沾丐馂余，所获无几。而其有恶意，则必以我利益为彼牺牲。吾国民前兹之对彼有所请求者，毋亦实力未具，不得已而思其救济之方法耳，而不见听用，亦无如何。故其所得，了不可知，今则并以为干预外交，妄生议论，更若不悛，必将以煽惑播弄之罪，而尸奸人匪类之名，是并此之言论自由而无之，则翻然改图，不待再计。"而且，"吾国人所主张权利，对于既往现在将来者"。就清政府的外交来看，"止有退步，而无进行"。其所以如此，"不出不为与不能之两点"。其"不为"，则"不可不代以吾民族之真正政府而扑此去之"；其"不能"，则"吾国人又何取此劣败无能力之政府以坐毙"。因此，国人若要主张一切之权利，"则对于满廷与为无实力之要求，不如行急激之改革"。从国际上言，"与其以无实力之要求，丐彼异族政府为我主张，不如改造共和立宪政府，而得以国民之心理表现于上而主张之"。正是由于"不得政府之为我主张与无主张之能力，然后有铤而走险之人改造政府，一反其所为"。②

其二，正当排外是维护权利，而从维护中国国民权利的角度来看，也必须"排满革命"。从狭隘的民族意识出发，胡汉民将满族排除于国民之外，认为，"吾国民所失于满洲之权利，未有大焉者矣。以与其它较衡，则一踞吾上而惟所鱼肉，一伺吾侧而有所觊觎，其轻重利害迥不侔也"。因此，"吾人言排外，则宜先求所以去满者，事之先后，次序当尔也"。如果"我不靖其感情，怒室色市"，而迁怒于外人，"使虏廷有所借口，而谓夫持民族主义者，莫不好排外"。清政府"利用外人之感情，以延其将尽之残喘，是断非持民族主义者所愿出也"。再者，即使是对外"专主张国际上之权利"，"亦断非支离灭裂之举动之可以成功"。如无国力以随其后，"则多一排外，必多一损失"。清政府"更将有辞，诿为衅自我开，而不负其责任，是再失计"。因此，"必并力一致进行于革命"，"异族政府既去，然

_____

① 汉民：《排外与国际法》，《民报》第 4 号。
② 汉民：《排外与国际法》，《民报》第 4 号。

后可以靖全国民之气，不使横溢，即国际上之权利亦渐可副吾人之希望"。①

胡汉民列举种种事实，说明清政府在对外交涉中软弱妥协，毫不顾惜国家和国民权利方面，尤其是领土主权。自近代开埠以来，正是由于清政府"不能保持其领土主权，故而版图日削"。各国之获得中国领土，"大抵缘因于割让，其殒辱不待言矣"。其中中俄交涉最为"可怪"，自咸丰八年（1858）至光绪十年（1884）立约勘界，"无一次不削地者"。其"为割让耶？为赠与耶？其性质暧昧实甚，世界各国无有轻弃其领土如中国者也"。再如势力范围和租借地，"前此各国间所未尝有者，而以我国为先例。其事未至于割让，而其失败殆有甚耳，吾国人因有引为病者"。清政府对此，"无丝毫顾惜领土之心，且于条约故为粉饰模棱，以留他日之争点，尤叵测也"。②关于租借地，胡汉民指出，"吾人敢断言满廷实已抛弃吾国此数地者予人，特各国之受之之不以割让之名义而已"。或据条约中"中国帝权不得损碍"及"租借地之清国主权无所妨"等语，为清政府辩护，而此正是"所谓外人以是欺彼政府，而政府亦是欺我国民者也"。因为，"所谓高权管辖权之皆在租借国，而我国无有乎？"所谓"高权"，"德文包行政、立法、司法之三权管辖权，于英法文或译为法权"。从威海卫、广州湾两租借条约来看，则包含行政、立法、司法之三权，显然"与'清国主权不妨害'一语为矛盾"。③例如，德国强租胶州湾，"以杀两教士之案，遂用舰队占夺，而后提出要求"。有"言国际法者"，将此事比之为"海贼"行径，德国内部舆论亦"不尽赞成"。如果当时清政府"能执强硬态度，或得外交之援助，肯居中调停，不至遂为各国租借之滥觞"。然而，清政府"惊惶失措，不知所备，且惟知依赖虎狼之俄，迨其公使为缓颊不可得，正依违间，而条约已成立矣"。④

而且，清政府的愚民政策，又造成国人对领土主权的漠视。胡汉民痛心地指出，中国领土主权遭到如此侵害，国人竟熟视无睹，无动于衷，尤令人惊诧。清政府"举其不甚爱惜之土地以予人，已无足怪责。所奇者领域主权行使已变，已成割弃取得之实，而吾国民犹熟视而等诸租界之新辟"。此前割让台湾，此后中俄密约传闻"尚有一部之舆论，激昂以争诸

① 汉民：《排外与国际法》，《民报》第4号。
② 汉民：《排外与国际法》，《民报》第4号。
③ 汉民：《排外与国际法（续）》，《民报》第6号。
④ 汉民：《排外与国际法（续）》，《民报》第6号。

政府"。惟此四国租借条约订立，"其时舆论寂然"。这是由于"权利之思想，犹未发达，未尝深考其约之内容"，而这正是"异族政府所愚弄"造成的结果。如今日，"民气不知若何激昂"。因此，"非改造政府，则于外交上权利之已丧失者，鲜能回复"。而且，"此非仅指其一二端而言，而遇重大之关系则尤信"。即如租借条约所损害的国家权利，"期限虽满，而难为回复"。①

从国际法的角度来看，国民不能直接收回领土主权，因此需要更换政府。清政府"累次丧失领土"，国民虽"痛心疾首"，却无可奈何。因为，彼为国际上承认之"行政机关"，"则其于国际上之行为，为国际团体之所容认，吾国民虽极欲反对，断无直接之效力也"。而"至革此恶劣之政府，谋善良之组织而施之以完备之监督，使其为代表于外者，能巩固我国家之主权而不致有削弱灭亡之惨焉，此则纯为国内政治之问题"。领土割让是外交上最大的屈辱，"而犹不能以国内人民之意志为直接之反对，则其它国际问题不可以个人行动而解决之，尤可知也"。当外交失败，忧国之士"不能得诸政府为救济之方，乃欲于国际上直接反对之"。其实力既不可知，"且由国际团体观察之，复无可居之名义"。被割让领土上之人民，"无有反抗之权利"，其他方面"不能以此而反对国际行为，更不待论"。由此可知，"戴异族无亲之政府，而一切政权，惟其专制，则人民与其财产之抛弃，为其任意，而人民之自顾，恒不免于危道耳"。②

胡汉民还列举了清政府的四大弊窦，说明该政权缺乏国际交往意识，为了排汉而排外，因此不能指望它恢复国家利权。一是"昧于交通之义而不自量其力"，二是"蔑弃国际之道义而自取陨辱"，三是"有宁赠朋友无畀家贼之观念"，四是"以满人掌外交而非其任"。由于这四大弊窦，"满政府所收于各国条约之效果无足怪矣"。这四方面，"其根本实同"，即"排汉之心事"。"即其防遮外国之交通，鼓吹人民排外之思想，亦为压服汉人之政策。"此为中外所共知，"不惟我国先识之士能睹其隐，即外人之善觇国者，亦能知之言之也"。今日其锁国主义，虽"因于时势不能无所转移，其它则究以与我汉人利害相反，而不改其故步"。且外交"恒与国务为缘"，条约之改正，"尤必视内政之改革为准"。满人怙其政权，"不能

---

① 汉民：《排外与国际法（续）》，《民报》第 6 号。
② 汉民：《排外与国际法》，《民报》第 4 号。

与汉人同化，则终不能一日举内政革新之实"。因此，"充分回复利权之希望，必不能达诸今日之政府无疑也"。①正是由于缺乏国际法观念，清政府轻易舍弃了不应放弃的国家权益。一个国家，在外交上力图维护自己的权利，"贪益求多"，如果"不大反于国际法之法则，而得以条约为之（如为锁海之约及卖买奴隶之约，则反于国际法之法则而无效）"，而"既为当事者之合意，则国际间无不容认"。中国却不同，"所可怪者，任人设定势力范围之国，一无国际法观念，甘自侪于无主权之地域，又甘以被侵入国而与之合意结约"。其所获"外交之资源"，"不过千六百万磅之借款而已"。清政府处理这一荒唐之事，要么"饵于利而抛弃主权以达其'宁赠朋友'之目的"，要么"不顾名义及将来之利害而惟利用外交之嫉妒心于目前"，二者必居其一。②

自国权利的丧失，是由于清政府订立了大量不平等条约，且因为它的因循粉饰而难以挽回。胡汉民认为，不平等条约对中国主权的限制，"尚不失其独立国之资格"。但"以受制限者与不受制限者较，则显有不平等之事实矣。况其结果，贻莫大之损失，为不可讳也"。③根据国际法，条约难以更改。"夫条约之性质效力如彼，而其为消灭之原因如此，然则我国之条约，至今日而思改正以回复既失之权利，其事亦可知矣。"近代中外条约，"既具条约之要件，而相互遵守者，已不生自始无效之问题"。若条约附有期限条件，"皆得因缔约国间之合意或延续其期限，或更新其效力，则旧约虽解而不解"。即如与各国所订通商之约，皆附有期限，"而及期重订，则每不过多一批准交换之手续，而于旧约实丝毫无改"，清政府"且以不更有所要求为幸耳"。未附期限条件之约，"我为义务国亟欲免除，则彼为权利国必力葆所获，吾国民所最思更改之约，即最难得承诺于彼方而为合意者"。因此，即使"遇有可主张废止之时机，而亦不收其功果"，如美禁华工约尤为"显者"。"覆辙已见，则来轸方遒，对于既往之补救为若是难，而当前之败失乃未有艾。所损愈甚，则国力愈伤，而回复之望愈迟，斯诚不能不痛恨于蔑弃我国家权利之异族专制政府也。"鉴于这些事实，他不禁问道："谁生厉阶，至今为梗？"④尽管中英、中美、中日通商续

---

① 汉民：《排外与国际法（续）》，《民报》第13号。
② 汉民：《排外与国际法》，《民报》第4号。
③ 汉民：《排外与国际法（续）》，《民报》第8号。
④ 汉民：《排外与国际法（续）》，《民报》第10号。

约中俟条件成熟"允弃其治外法权"的规定，"可为收复法权之根据"。但是否得以实现，"亦视我后兹之法政为如何"，若如清政府之"粉饰伪令，则断不足以得外人之信用"，将为一纸空文。如商律新颁，"而粤汉铁路公司违律私举不问"，法令之下，"求其实行且难，安有如商约皆臻妥善之日"。若全倚此约为根据，则观埃及之故事可知。1873 年，欧洲各国与埃及约，至 1881 年，如能修缮法律，则撤回混合裁判权。"至期而埃及如故，遂延约为一八九九年，至期而埃及又如故，各国遂认为永久不撤"。清政府"徒事空文，吾惧其蹈埃及之覆辙"。①

针对清廷上谕对学生的警诫，胡汉民进而揭露了清政府坚持专制，压制舆论，导致外交失败的事实，谓：在中国，国际交涉"亦只当局者在任其折冲，学生何人，何拳何勇而能干预者"。"无亦对于政府有所要求，为忠告救正，不以国权行动，于外交无预，泛泛言论，尤于外交无预也。"所谓"妄生议论"，不仅无害，而且有益。如粤汉铁路之收回，如果不是学生有所议论，坚持其事，"则一二金壬，猥琐自利，罔顾大局，此路之敷设权不为我有久矣"。清政府无知，担忧有识者之言影响舆论，"则其赠朋友之政策不能行"。"又惧民气因此而张，民族观念必严，而异种专制之难乎为继也，故首以束缚其言论自由者为务。"在国际交涉中，主张自国国权，"当事者有以国民之舆论为后援者"。如日俄最近谈判，俄于偿金问题，日于桦太半岛，"皆以恐伤国民感情为争论根据"。清政府"专横武断，先欲噤吾国民之口，至其折冲失败，权利蹙削，都不一顾"。政府"每开一谈判，即失一权利，缄结于前者，必不平于后"。订约之失败，"甚有不特丧所有，且恒以伏内外人冲突之因者"。总之，清政府此谕，"其舍欺饰外人观听外，他无所计及"。②

总之，胡汉民从各个方面说明：清政府实施传统的排外政策，甚至"利用义和团以仇外，历史几无其例"。③它与近代国际社会不相枘凿，不能维护国家权利，惟有"排满革命"推翻该政府才能从根本上解决这一问题，"完全达吾国民主张权利之目的"。"使我国异族政府既去，国家之独立权既复，则所谓支那人排外者，当不可见"。④胡汉民又以日本为例，说

① 汉民：《排外与国际法（续）》，《民报》第 8 号。
② 汉民：《排外与国际法》，《民报》第 4 号。
③ 《胡汉民自传》，《近代史资料》第 45 号。
④ 汉民：《排外与国际法（续）》，《民报》第 8 号。

明排外必须"排满"的关系，谓：明治维新以前，"覆幕之论与攘夷论并炽，幕府既倒，而攘夷论熄"。此"犹我国以民族之观念，而并生排外之感情，即亦非满政府既倒，难使之平也"。日本自明治二十三年（1890），各国撤去其领事裁判权，"其国权遂独立不受他之制限，故国民排外之事不见于三岛中"。为什么呢？这是因为，"国家为国际法之主体，彼国家能维持其国际独立权，自由行动不受他国干涉，其版图内之人民财产，方共立于同一法律规则之下，无所不平，既无干涉之者，亦无容其排斥干涉者"。所余之排外，"惟于国法上待遇外人者，立一二制限，为平等主义之例外而已"。因此，"使我国异族政府既去，国家之独立权既复，则所谓支那人排外者，当不可见，非虚言也"。显然，"欲完全达吾国民主张权利之目的，非扑满革命之后不能收其功"。① 正如日本明治维新以后，"其对于各国所丧失权利，一一能回复无遗，而今且日谋伸张不已也。如是则言排外者必日少也"。②

以"排满"为根本之计和首要之图，是革命党人的普遍意见。如吴樾肯定排外的必要性，谓："我同胞之稍具知识者，见外人之据我士地，夺我利权，奴我子女，莫我曰排外，排外。夫然，不排外则不得复我土地，不排外则不得还我利权，不排外则不得归我子女。国不可无，则排外不可不有。排外之系于国，不如此其重且大乎。"但他提出，"居今日而不思排外则已，欲思排外，则不得不先排满，欲先排满则不得不出以革命。革命，革命，我同胞今日之事业孰有大于此乎，愿我同胞一行之"。③或谓："夫排外之特质，立国于天地之所极不可缺者也，特今日而言排外，当先用之于满洲。"因为只有推翻清政府，才能避免国家权利的丧失，消除产生排外的原因。"傀儡既覆，民国既立，彼欧美之列强见吾民族之实力若此，唯有敛手而退耳。"④

在某些方面，胡汉民与其他革命党人存在差异，但在"排满"这一问题上，基本上是一致的。这种一致，反映了革命党人将"反清革命"放在首位，以及试图解答或解决因革命与各国列强产生的矛盾。因此，他们极力撇清自己与排外的关系，或否认革命就是排外，或提出排外必先"排

---

① 汉民：《排外与国际法（续）》，《民报》第 8 号。
② 汉民：《排外与国际法》，《民报》第 4 号。
③ 《吴樾遗书·革命主义》，《民报》临时增刊《天讨》。
④ 阙名：《仇一姓不仇一族论》，《民报》第 19 号。

满"，或指出"排满"之后不会再有排外现象，等等。如汪精卫说，"吾人之革命，以排满为目的，而非以排外为目的"。[①] 在他们看来，"非扑灭清政府，外交内治，皆无可言。故莫先于排满，排满之后，致支那于独立，与各国为平等之交际，然后外交失败之事，可不复数见，此为根本的救治"。因此，"果能排满，不必排外，而外自莫之敢侮，其主义明白如此"。胡汉民亦是如此，所撰《排外与国际法》，"即解决此问题者"。[②]诸如此类的看法，其中心就是要打消各国列强的疑虑，避免引起它们对革命的反对。显然，胡汉民和革命党人致力于"反清革命"，而对如何解除帝国主义压迫问题有所忽略，并未找到收回自国权利的方法，因此不能从根本上解决这一问题。他们所冀望的愿景，即"排满"以后便可以消除排外现象，实际上而且不可能实现。由于中外之间的根本矛盾没有解除，不平等条约的束缚没有解除，中国社会反对列强侵略的斗争，便不会因为政权更迭而止息。民国建立之后，中国人民的反抗更不断走向高潮，展开了规模更大、水平更高的斗争，孙中山也明确提出了废约反帝纲领。

作者单位、职务：湖南师范大学历史文化学院教授

---

① 精卫：《驳革命可以召瓜分说》，《民报》第 6 号。
② 《与日本东京朝日新闻记者书（东京志同来稿）》，《民报》第 26 号。

辛亥革命的参与者范鸿仙烈士

✐ 胡春惠

一 前言

2011 年为辛亥革命的一百周年，当此全球华人均在举行庆祝之际，吾人自不能不追怀那些为缔造此一民主共和国而抛头颅、洒热血的先烈志士们。

范鸿仙烈士，名光启，字鸿仙，别号孤鸿、哀鸿、解人、纯黄，安徽省合肥人。自幼贫苦出身，但却不因而稍辍其志，少时即勤奋向学，富有民族意识，童年便以文章学养见重于闾邻，稍长乃因饱学诗书，被大学士礼部尚书京师大学堂主持孙家鼐聘为家庭西席，因而结识孙氏侄辈孙毓筠氏，因彼此志气相投，经毓筠介绍加入孙中山所领导之同盟会，从此鸿仙先生深受革命思想之熏染，决心为推翻帝制建立民国为职志。不久先生即应党人于右任先生之邀，前往上海参与革命报刊《神州日报》之编务，而后更进而与于右任等开创了《民呼日报》，以大声疾呼为民请命为宗旨。由于《民呼日报》不断揭露清廷腐败、贪污盛行不问民间疾苦之事实，遭到清廷当道之忌恨，迫使租界当局将《民呼日报》停刊。《民呼日报》停刊后，同盟会革命组织在东南八省顿形失去宣传之喉舌，为此范鸿仙、于右任、朱少屏、景耀月、王无生、杨千里、谈善吾等人在法租界创办了《民吁日报》以继之。此时因于右任已被赶出租界，众人主张由鸿仙出任社长，而报刊取名《民吁日报》者，乃在说明当时在清廷及租界当局高压钳制环境下，大声疾呼为民请命的"疾呼自由"已不允许，被压迫之大众只有忍气吞声地暗"吁"而已。这也说明鸿仙在当时恶劣环境下，还不避艰辛，为革命正义而勇往直前的毅力与豪气。

二　范鸿仙上将挺身仗义支援韩人之复国

中日甲午战争《马关条约》之后，日本即展开对朝鲜的蚕食鲸吞步伐，特别是在英日同盟缔结，及日俄战争之后，日本压迫韩国与其签订《韩日议定书》、《乙巳保护条约》及《韩日新协约》，实质上已将韩国置于其保护国与殖民地地位，把韩国的外交及内政一切政治军事、司法、警察权力完全掌握于日本派驻朝鲜的统监之手，"大韩帝国"实已名存实亡，这样自然激起韩国人民强烈的愤怒和反抗。特别是 1909 年 7 月韩国朝野得知日本政府已通过了小村寿太郎外相有关"日韩合邦"的提案以后，韩国社会在民族自尊的驱使下，变得怒不可遏，于是无数韩国的爱国志士，纷纷在其本土及海外展开对日本的抗议活动。其中最为世人注目的一件行动，便是 1909 年 10 月 26 日韩国安重根义士，在中国哈尔滨车站击毙日本首相明治维新重臣伊藤博文的案子。

安重根是韩国黄海道人，出身书香世家，知书达理，眼见韩国主权日益沦丧，怀抱救亡图存复国之大志，亡命来华，并参与韩国义兵组织，结交志士，在中韩边界与日军奋战。1909 年 10 月，当其探知一手策划亡韩之原日本首相、驻朝鲜统监时任枢密院长之伊藤博文有哈尔滨之行，乃纠集同志赶到哈尔滨火车站，伪装日侨混入欢迎人群，终得于近距离内，亲自以手枪连开七枪枪杀日本明治维新重臣伊藤博文于站台之上。安氏行刺之后，并不逃跑，在高呼"大韩独立万岁"之后，神色不改地向俄国警察缴械投降，并欣然面对记者群众说："目的已达，国仇已报，虽死无怨"，这种轰轰烈烈之举，震惊中国朝野，也震惊了世界。

甲午战争中国战败而失去朝鲜之宗主关系，也因战败割让台湾予日本。此实乃中国全民族人心之隐痛。况且在马关议和中，伊藤乃以首相及全权代表身份羞辱李鸿章，强迫签订割地赔款之屈辱性极强之《马关条约》，更被中国人视为中国空前之国耻。所以当伊藤博文被刺杀消息传来之后，中国人民无不拍手称庆，大家鹊喜不已。但是当时之清朝政府因百病丛生，自顾不暇，对于日本亡韩之事，竟表示断难干预。① 而中国报纸媒体因多聚集于上海、天津、北京等地，多忌惮于日本使馆及租界中日本

---

① 据说稍后隆裕太后对载沣说："三韩真亡矣，我国自顾不暇，断难干预。"

之驻军等强大势力之存在，所以难免有些不敢轻予造次的寒蝉效应。唯有同盟会人范鸿仙、于右任等人所办之《民吁日报》，此时却不畏权势，挺身仗义，直称安重根为韩国之义士，也为东亚之英雄，对安重根刺杀伊藤之英雄事迹，开始连篇累牍地予以赞扬。

当时范鸿仙为《民吁日报》之社长，除主理社务之外，更亲自主笔政，所以其中不少有关文字即由鸿仙先生之亲笔写成，除抨击清廷腐败、政府无能之外，对于韩国、越南等亚洲弱小民族反抗帝国主义之压迫，也常加鼓励，始终秉持《民呼日报》、《民吁日报》创刊宗旨，做到"训方陈四民之言，乃人宣万国之铎"。因而自 1909 年 10 月 27 日，即安重根义士刺死伊藤博文之次日起，《民吁日报》即以《灭国阴谋之控告》、《伊藤怪物之行踪》、《伊藤满洲旅行之阴谋》、《伊藤被刺》、《呜呼歌舞英雄》、《伊藤被刺续论》、《论伊藤监国暗杀案》（一）（二）（三）、《韩国名士流离之惨》、《冰天雪地之血性男儿》、《残山剩水》、《一堂野心家之演说》、《嗟嗟埋骨长白山》、《一代英雄之归黄土》、《亡国男儿之死不瞑目》、《爱国党安重根之历史》、《朝鲜人对于安重根之言论》、《是谁之过欤》、《藤花血传奇》及外文报纸之相关译电报道等，前后 20 多天中，《民吁日报》便先后以上述一连串之标题，在各栏目中发布了 93 件之相关言论，据后人初步估算总计约 5.3 万余文字[1]，《民吁日报》用显著之标题，一方面冷讽热嘲日本灭人国家之不义行径，另一方面也在歌颂安重根韩国铁血男儿之义行壮举。其中更刊出安重根就义前为明志之动人赋歌："丈夫处世兮，蓄志当奇。时造英雄兮，英雄造时，北风其冷兮，我血则热，慷慨一去兮，必屠鼠贼，凡我同胞兮，毋忘功业，万岁万岁兮，大韩独立。"[2] 有意把安重根与中国春秋战国时代三间大夫屈原与行刺秦皇之荆轲壮士相媲美。

范鸿仙所主持之《民吁日报》，平日对清政府官吏贪赃枉法之抨击，早已遭致苏松太道蔡乃煌之不满，现在《民吁日报》既因大量报道韩人安重根刺杀伊藤博文之义行，而触怒了日本政府，当日本令其驻上海领事松冈照会清廷之苏松太道蔡乃煌，谓《民吁日报》任意臆测煽动破坏中日关

---

[1] 分见《民吁报》己酉年九月十三日至十月初八日各栏目。（台）中国国民党中央党史会影印版。

[2] 〔韩〕安庆浚：《〈民吁报〉刊出安重根行刺伊藤博文始末及其影响》，1959 年 5 月，陕西文献丛刊之二，第 17 页。

系，对于伊藤公案幸灾乐祸，有妨碍中日两国邦交，中国主管机构，理应将该报严格惩办，以戒来者。蔡道台此时对《民吁日报》新闻自由一事，不但不加维护，竟以《民吁日报》系在法租界法国领事馆注册为由，转而与法国领事会商，最后在日本一再催办之强大压力之下，上海租界会审公廨也未经审讯明白，竟沆瀣一气先将《民吁日报》加以封禁，租界之巡捕房并将该报之社长兼主笔范鸿仙等人传讯到案，判定将该报立即查封永远停止出版，其所有印报机器，也判定永远不许再作印刷报纸之用。这对范鸿仙、于右任《民吁日报》诸人之打击至大，社会各界及中外媒体对日本无理之要求，对上海租界会审公廨判决之草率虽多所抨击，然各国领事特别是英国等领事馆，仍然曲意地为虎作伥，偏袒日本，装聋作哑地对《民吁日报》要求正式审判之事置之不理。①《民吁日报》被查封后，先生及于右任等并不稍息，乃立即再以"民立"为名创办了《民立报》，再接再厉地为人间伸张正义，为孙中山、黄兴所领导的中国的革命运动，继续发声，对于之后的辛亥武昌起义与四川铁路风潮，发挥了极大推波助澜之功效。

三 拥护孙中山主张出生入死

范鸿仙为倡导革命，激扬民心每日为文不下数千字，日后被林森主席誉为民党人中之文豪②，然在武事方面，先生也能放下笔杆上马杀贼，在响应武昌起义后的辛亥革命中，在安徽本乡募得甲士数千，与清酋铁良、张勋对垒淮上。后因上海议和南北休兵，先生自释兵权复归沪滨，重操笔政，真所谓文事武功均昭日月之民国共和之干城。1913 年 3 月 20 日宋教仁被刺杀案发生，先生既痛好友之被戕，又知袁世凯背叛民国之迹已露。先生奋然兴起，冒危险再入安庆，收集旧部开府芜湖，并配合柏文蔚都督北拒倪嗣冲，用来响应中山先生"二次革命"之号召，实行讨袁。可惜因袁世凯早有准备，起兵之各省纷遭失败，功败垂成，鸿仙先生脱险后只得东走日本。

其时孙中山先生本人也仅同胡汉民二人经台湾流亡日本。面对失败之

---

① 冯自由：《上海民吁报小史》，见冯著《革命逸史》第二集，第 322 页。
② 林森：《祭范先烈鸿仙文》，《南京文史集粹》，江苏古籍出版社，1990。

沉痛打击，国民党同志不免意志消沉，士气也极度低落，甚而常有相互指责彼此埋怨者。身为领袖之中山先生在检讨之后，深知"二次革命"所以失败，同志们步调不一，团结不够为主因，为了纠正以往之错误，为了求党的真实统一，及命令必出于一致起见①，乃决心改组国民党为"中华革命党"。可是为了入党誓词及打指模等问题，多数党人徘徊于外不肯立即加入，而鸿仙先生与陈其美、戴季陶、张人杰、詹大悲、蒋中正、田桐、钮永建等则义无反顾地，立即宣誓成为最早加入中华革命党之同志，是为早期坚持拥护孙中山反袁的少数中流砥柱。②

由此可见鸿仙先生在党内意见分歧中，与陈其美等处于绝对拥护中山先生最力之地位，也是追随中山先生从事讨伐袁世凯少数最积极的同志之一。也就是因此，所以他在革命势力极度低潮的情况下，才不顾危险，虽千万人吾往也。在1914年2月奉孙中山之命，毅然秘密从日本返抵上海深入虎穴，在租界中之嵩山路设立第三次革命之指挥机关，领导同志发动讨伐袁世凯北洋集团的活动。可是由于上海各国租界领事均因颇袒袁世凯政权之立场③，致沪上反袁工作进行不易。迨1914年5月30日蒋介石等在上海闸北小沙渡、潭子湾一带起义之计划为上海镇守使郑汝成侦悉，并捕去党人陈乔荫、王锦三等人之后，郑汝成遂向北京政府举报，谓党人在沪之活动日趋激烈。袁世凯除下令通缉蒋介石等人之外。④并严令上海镇守使加强戒备，除调集军队于上海之外，并派米占元者，携带巨款，遍布党羽于租界各处，在重金悬赏之下，包办杀害反袁之革命党人。

鸿仙虽处于风声鹤唳不寒而栗境遇之中，但是对反袁革命之志却不并稍挫。盖鸿仙先生早就抱着"愿将碧血换共和"之决心，曾言："碧血为共和之代价，碧血为共和之代价，此世界之公例也。吾民既以碧血购共和，至万不得已时，则拥护共和者，必仍以此物此定理也。是故，牺牲吾人宝贵之碧血，以刷新共和之颜色；利用群魔无限之贵汗血，以涤荡宇内

---

① 孙文：《复旧金山中华民国总公会释被谤三事并请加入中华革命党函》，《自传及叙述革命经历》，广东人民出版社，2007，第103页。

② 按当时日本正压迫袁世凯签订二十一条，黄兴等不少国民党人竟主张放松反袁活动，使袁得以全心应付日本之压迫。

③ 陈其美：《致上海领袖事书》，《革命先烈先进诗文选集》第二册，第928～929页，（台）"中华民国"各界纪念国父百年诞辰筹备委员会出版，1965，台北。

④ 民国三年六月十五日袁世凯《大总统令》，见《政府公报》第七五八号。

之腥膻；吾民于万不得已时，不得不忍痛出此也。"① 所以鸿仙更决心组织同志，擒贼擒王，先行进攻设在江南制造局郑汝成的镇守使署，首先他采取筹募经费，由同乡陈元辅去策反制造局守军倒戈，而后一举光复上海。就在这运动成熟、万事待发之际，却因同志陈元辅的行动暴露，为郑汝成侦知范鸿仙租界中的机关所在，乃以六万元巨款，收买了四名凶手，乘夜幕低沉之际，将鸿仙刺杀于机关部。此为袁氏以暗杀方式刺杀中华革命党重要领导人之第一桩，同案牵连被袁党所杀戮之志士同志竟达二百多人。加以鸿仙本为沪上新闻界之名人，所以先烈之被刺，自然引致上海社会之大波澜。而对于孙中山先生所领导中华革命党讨伐袁世凯的第三次革命，也是一次关键性之大挫折。②

四　愿将碧血换共和的气节

范鸿仙与宋教仁、陈英士三位先烈同为清末民初活跃于上海的同盟会革命领袖，三人志同道合、情同兄弟，奔走革命追求民主共和也为三人共有之心愿。但却在民国刚行建立之际，便先后遭到袁世凯北洋集团之毒手。宋教仁留学日本专攻政治，为在中国实行政党政治之理论家，也为鼓吹民主共和思想之柱石，陈英士则偏向促成民主共和国剑及履及之实行家。所以为了民主共和，英士烈士常以"丈夫不怕死，怕死不丈夫"自勉勉人。鸿仙烈士虽将大部分精力放在《民呼日报》、《民吁日报》、《民立报》上发扬民主共和之理论，但在文事之外，也有上马杀贼，冲锋陷阵之气概，而其不怕牺牲之豪情，更可说是较英士烈士有过之而无不及，常常表露出其"愿将碧血换共和"的豪迈与志节。而直到民国虽已建立，袁氏窃夺政权，民主共和又临岌岌可危甚而倾塌之际，鸿仙先烈仍在其文字中再度展示出其此一内心。

根据史料记载，吾人仅在1909～1912年上海《民立报》不到两年之中，即可发现范烈士相关之豪迈壮语十多起，无不是在歌颂英雄豪杰为民前锋死而无憾之语。其中如1910年10月15日，范烈士所书《哀哉

---

① 范鸿仙：《愿将碧血换共和》，见1913年5月11日《民立报》。
② 孙文：《一九一四年十一月一日致邓泽如函》，《国父全集》第四册，（台）近代中国出版社，第338页。

血肉横飞》短文中，云："泣血号天，忍死顷刻，以成其区区之心迹，血性男儿之行事，固非彼凉血动物者所堪梦见者也。吾人试一披览近世史，则见欧美人之争民权求幸福者，其抛掷大好之头颅，盖有不计其数者。"1912年2月12日所写《爱国健儿（一）》一文中，有句："倘再得千百万之健儿以渲染之，暗鸣而山岳崩颓，叱咤则风云变色，其气象更何如也。"次日又在《民立报》《爱国健儿（二）》文中又写到"弹丸飞去多少英雄肉，化作山河保障我国民，鸣呼大丈夫不当如是耶？"其后在其续写之《爱国健儿（三）》及（四）中，又有"大丈夫当以马革裹尸"、"白骨战场如鲜花"、"风吹羯鼓如山动，电闪旌旗日月高；健儿之身价何如也？"又如在1911年2月25日之《民立报》中，烈士又为一文《我从何处觅英雄》，大呼"昂藏七尺，百炼金刚，叱咤风云，天摇地动。我中华此时有此男儿乎？……安重根亡国之英雄也，手刃国仇，一瞑万古，其气象为何如？"其意当在勉励同志，勉励国人当效法英雄，一死报国。同年6月4日鸿仙先烈又因同盟会同志赵声在"三二九"后殉国，有《我持何语》一文来哭伯先烈士为烈士鸣不平，言"英雄为社会而丧躯，社会视英雄如土芥，英雄负社会呼？社会负英雄耳！英雄乎，英雄乎，吾安得举开天辟地以来之英雄而尽哭之也。鸾铃响处，地坼天崩，此吾人所希望英雄者。亦英雄之素志也"。[①] 吾人在这些文字中，从而知道鸿仙为进中国于共和，早已抱着置个人死生于度外，不惜自我牺牲之精神。

范鸿仙烈士一生既为中国民主共和而呕心沥血，所以对康有为、梁启超、张謇等努力之清末改良立宪活动，甚而对各省之谘议局、中央之资政院、国会请愿、宪法大纲等事也不屑一顾而多谩讽之语。相后对于孙中山、黄兴、章太炎、杨笃生、徐锡麟、赵声等革命党人追求民主共和之语则歌颂赞扬不已，此固同气相求英雄相惜之自然，也与范烈士醉心于民主共和定见有关。诸如烈士在辛亥革命，民国建立以前约三个月[②]，便已经在《民立报》上大唱"孙逸仙者，政府之严师也"之说。而且为了实践此一思想上之定见，早在1906年便加入同盟会，与于右任等在上海创办《民呼日报》、《民吁日报》及《民立报》，与宋教仁、景耀月等借报章之

---

① 以上数据均引自《南京文史集料范鸿仙专辑》中《民立报》短评。
② 范鸿仙：《为他人作嫁衣裳》，见1911年6月8日《民立报》。

749

鼓吹，尽向导国民之责，以达推翻满清建立民国之目的。尤其当1911年7月31日，陈其美、宋教仁、谭人凤等在上海成立中国同盟会中部总会之后，为谋在长江流域各省起义计划之实现，范鸿仙及郑赞丞等人立即成立了安徽分会，接受上海总机关统辖，负责联络安徽省清朝之军队警察之责，以厚植长江下游同时革命起义之实力。①

1911年10月10日当武昌起义后，在上海之同盟会中部总会诸人，均兴奋异常，鸿仙除协助陈其美、沈缦云、王一亭密谋响应光复淞沪之外，又应黄兴、宋教仁之要求，独负到南京策动新军第九镇徐绍桢在南京响应革命之责任，在黄、宋二人移躯武汉之日，范鸿仙当即和同刚从东北赶来柏文蔚二人前往南京运动，劝说统制徐绍桢认清大势所趋，顺人心、振军心为天下倡之举动。② 终于在鸿仙等多方努力在调和联络说合之下，乃有江、浙联军合攻南京，致使南京得以顺利光复，稳住了革命情势为中华民国开国，奠都南京立下绝大功勋。1911年12月29日，十七省代表虽选举出孙中山先生为中华民国临时大总统，并组成了临时政府，但是攻下南京后，在南京之江、浙联军内部却仍你争我夺、矛盾重重，而北逃之清军张勋、倪嗣冲部，仍盘踞淮河以北一带，随时有反扑南下之模样。鸿仙烈士为了稳定南京之局面，乃又召集皖省健儿，组成“铁血军”五千多人，在皖北与之对抗，使后续之南北议和期间之清廷及袁世凯方面对南方之革命实力，不敢轻视，有助于促使“满清”退位之圆满结果。范鸿仙早在《民立报》与宋教仁同事之前，即认为宋氏乃建立新中国最合适之领导人之一，并誉之为古代之诸葛亮，近代之俾斯麦。后在《民立报》共事之后，鸿仙与教仁更是志同道合，关系莫逆。迨1913年3月宋教仁被袁世凯爪牙刺杀之后，鸿仙烈士自是“泪如潮心欲碎”，愤恨填膺，主张立即起兵讨伐袁世凯，所以在李烈钧江西湖口宣布起义之后，鸿仙当即联络郑赞丞、管鹏、张江淘、龚振鹏、胡万泰、孙多森等皖省有力人氏，在芜湖、安庆、大通等处，组成讨袁军。可惜不久即因步调不一等原因，“二次革命”赣宁之役两个月内竟全归失败，鸿仙等脱险回到上海，在袁世凯十万重金缉捕之下，鸿仙不得不暂时东渡日本，到东京不久遂即加入中山先生新成立之中华革命党。又由于鸿仙在上海从事新闻媒体工作甚久，人脉关系较

---

① 邹鲁：《中国国民党史稿》第四篇，商务印书馆，1944，重庆版，第1489页。
② 刘文典：《范烈士鸿仙先生行状》，《学风》五卷十期。

广,所以在 1914 年,再度奉中山先生之命返回上海,负责规划上海等长江下游一带之讨伐袁世凯活动,其中要以策反上海之江南制造局为要著,鸿仙烈士在上海几经努力,招募到死士二百余人,并已取得制造局守军之内应。1914 年 9 月 20 日夜,眼看时机业已成熟准备起义,成功在望之际,鸿仙竟在深夜中遭上海镇守使郑汝成派遣之四名黑衣凶手,潜入嵩山路鸿仙租住之寓所,将鸿仙烈士以七刀残酷手法,将烈士刺杀身亡。烈士舍生取义求仁得仁,真可说实践了烈士"愿以碧血换共和"的初衷宏愿。

五 结语

辛亥革命缔造民国的漫长过程中,炎黄子孙为了推翻帝制肇建民主共和,除了黄花岗七十二烈士死事照耀古今之外,抛头颅、洒热血的仁人志士多矣。然而死事之惨,气节之烈,如鸿先烈士那样,一身正义,视死如归,景仰英雄,当仁不让者,则不多见。

岁月如梭,今值辛亥革命百年之时,吾人阅中国过往百年之历史,缅怀先烈先进缔造共和之艰辛往事,自不能仅以崇德报功为局限,更重要的,乃是要体会先烈们为国家民族前途而愿舍弃自我之精神,并能将彼等献身革命洪流奋斗牺牲所换得之成果扩而大之。让神州大地成为人间真正之洞天福地,使中华子子孙孙之未来更加幸福,更为完美,此乃方为纪念辛亥革命百年追悼先烈伟绩之真正意义所在。

作者单位、职务:香港珠海学院文学院院长、亚洲研究中心主任

有关梅屋庄吉援助中国革命的几个问题

✍ 赵 军

梅屋庄吉对孙中山及中国革命所作的各方面援助活动，近年来逐渐为人们所知。有关史料在其后代的帮助下不断公开问世，为这方面的研究提供了过去不备的条件。但另一方面，由于梅屋庄吉和孙中山之间的关系战后经历过多年秘而不宣的状态，而后由其后人加以公开，其真相本身又具有新闻报道所需的轰动性，因此，迄今为止有关梅屋庄吉和孙中山关系的介绍，大多局限于有关史实的普及和通过媒体进行的大众宣传，而学术研究未能迅速跟进，呈现出"普及宣传先行，学术研究滞后"的局面。这就致使在一些基本史实和基本数据方面众说纷纭，莫衷一是。因此，本文拟以学术界前辈和同行们的先驱性研究为参考，以梅屋庄吉援助金额问题为核心，基于现阶段已经掌握的史料，对几个有关问题再进行初步的厘清和分析。

一 迄今为止的研究及存在的问题

(一) 基本史料

研究梅屋庄吉与中国革命关系的基本史料，名为《梅屋庄吉关系资料》（以《永代日记》1 册、《当用日记》13 册、《国民日记》1 册和有关书信函电、图片影像资料为主）等梅屋家资料（这些资料，曾经由东京大学法学部组成的"近代立法过程研究会"进行过整理工作，并为此整理出了《梅屋庄吉关系文书》系列资料）当然是最基本和基本可靠的资料。因为这些资料大多是当事人并未考虑到以后公开问题而在当时亲笔所记载的事项，或者本身就是第一手资料，凡是这些资料所能反映的内容，应该看成可信程度极高的材料。另外，日本外务省派遣秘密警察跟踪孙中山所留下的外务省档案中有关梅屋庄吉的记录，除了有个别人名、事项的误记、漏记以外，基本也可资征信。此外车田让治等早年对当事人子孙或者知情者进行过一些访谈并留下了一些口述笔录，固然挖掘出了大量的相关史实和周边资料，但由于整理者未经过史学研究的专业训练，失实或歪曲之处已有数位学者进行过批评更正，今后运用这些资料时不可不加以注意。

（二）几项先驱性研究及著述

将梅屋庄吉援助孙中山和中国革命的史实系统地归纳整理又公之于世的，最早是车田让治撰写的《国父孙文と梅屋庄吉：中国に捧げたある日本人の生涯（国父孙文与梅屋庄吉——将一生献给中国的日本人）》（东京六兴出版公司，1975，以下简称为车田让治书）一书。此后，作者在1979年同样由东京六兴出版公司又出版了该书的新装第1版，更名为《君ヲ革命ノ兵ヲ挙ゲヨ：日中友好秘录：革命の父·孙文に生涯した一日本人（你举兵革命吧！日中友好秘录：献身于革命之父孙文的一个日本人）》。该书的主要素材基于梅屋家收藏的有关史料和作者自己所作的访谈和口述史料，堪称研究梅屋庄吉和中国革命关系的入门书。但是，正如作者自身在其《后记》中所述，"作者自身对于历史研究和历史著作的撰述完全是个门外汉"，这本书是抱着"撰写《小说：梅屋庄吉》的心情"写成的①。因此，该书在史料运用和学术考证方面存在不少硬伤，需要寻找到旁证资料后才可以放心引用。

俞辛焞、熊沛彪：《孙中山宋庆龄与梅屋庄吉夫妇》，中华书局1991年7月出版。这是国内出版的第一本介绍梅屋庄吉与孙中山和中国革命关系的著作，也是由学者撰写的第一本有关著作。该书基本根据梅屋家资料并参照车田让治的《国父孙文与梅屋庄吉》一书的叙述和国内有关的研究成果，大致按照时间顺序对有关史实进行了梳理和介绍。但对于车田让治书中出现的舛误，有些未作纠正而加以采用。

---

① 车田让治：《国父孙文と梅屋庄吉：中国に捧げたある日本人の生涯（国父孙文与梅屋庄吉——将一生献给中国的日本人）》，六兴出版公司，1975（以下简称为车田让治书），《后记》433页。

梅屋庄吉关系资料研究会、辛亥革命研究会共同主办研讨会的《近代日中关系史研究的课题与方法——梅屋庄吉和他的时代报告集》，于1999年3月由梅屋庄吉关系资料研究会发行。其中的主要论文有久保田文次：《梅屋庄吉与近代日中关系》（以下简称为久保田论文）；野村乙二郎：《梅屋庄吉〈日记〉的性质——主要论及〈永代日记〉与〈当用日记〉的区别》；长井晓：《梅屋庄吉与影像史料——以辛亥革命的纪录影片为主》；久保田博子：《梅屋庄吉、德子夫妻与孙文、宋庆龄——从小坂家所藏5封宋庆龄书简谈起》；片仓芳和：《梅屋庄吉与孙文铜像》；小林共明：《梅屋庄吉与第三革命》（以下简称为小林论文）；野村乙二郎：《史料介绍：〈永代日记〉》等。这是以日本辛亥革命研究会的成员们为主而组成的"梅屋庄吉关系资料研究会"在"日中历史研究中心"项目基金的援助下历经3年时间的资料研读、考订后通过举办学术讨论会的形式加以公开的研究成果论文集。通过对梅屋庄吉关系资料的精心研读和比照《日本外务省外交文书》等档案资料所作的考订，研究会的成员们对《永代日记》和《当用日记》等基本资料的可信程度提出了判断意见，同时也判明了《国父孙文与梅屋庄吉》一书的多处史实错误、记述错误乃至作者的错误推论甚至有意造假之处。

读卖新闻西部本社编《盟约にて成せる 梅屋庄吉と孙文（言必信：梅屋庄吉与孙文）》，海鸟社于2002年10月出版。其中的主要论文有赵军：《为中国革命尽瘁的日本人》；久保田文次：《梅屋庄吉与中国》等。2002年为配合中日邦交正常化30周年举办的"盟约にて成せる 梅屋庄吉と孙文（言必信：梅屋庄吉与孙文）"展览会而出版的以资料和展品图片为主，以解说论文为辅的面向一般读者的普及型读物。大部分内容都曾经在《读卖新闻》（西部日本版）先行刊载，而后结集出版。

小坂文乃：《革命をプロデュースした日本人（中国革命的日本出品人）》，讲谈社于2009年11月出版，以下简称为小坂书。这是梅屋家后代之一的小坂文乃，综合了迄今为止学术著作、普及著作和幼年时从祖母那里听到的一些有关梅屋庄吉和孙中山、宋庆龄之间的传闻，综合写成的面向大众的普及读物。其中也介绍了一些梅屋家（小坂家）保存至今尚不为人知的资料。

除此之外，还有数十篇有关的新闻报道和几部电视专题片（主要作品

首推《その时 歴史が动いた：秘められた革命工作 ～孙文を支えた日本人（历史的车轮在那时转动：密不示人的革命工作——援助孙文的日本人）》和《ハイビジョン特集：孙文を支えた日本人—辛亥革命と梅屋庄吉—（高清电视特集：支持孙文的日本人——辛亥革命与梅屋庄吉）》两部，均为日本广播协会（NHK）制作），此不一一详述。

（三）众说纷纭的援助总金额

梅屋庄吉对孙中山和中国革命活动提供的金钱和其他方面的援助，基本属于私人的和秘密性质的资助。这些援助时间跨度长（从1895年1月在香港的相逢到梅屋为孙中山铸造铜像活动结束后的1929年共延续34年），援助对象也不仅限于孙中山一人，梅屋本人虽然对其中的一部分援助记下了大致的金额，但仍有不少次援助没有留下金额或者无法计算。因此，即便是大致的估算，也是众说纷纭，莫衷一是。例如，几种比较有代表性的说法可以开列如下。

a. 俞辛焞、熊沛彪撰写的《孙中山宋庆龄与梅屋庄吉夫妇》的表述："另一方面，他将自己经营实业的收入悉数用来援助孙中山领导的中国革命。他援助中国革命的物资，以现在的币值粗略计算，价值远远超过十亿日元。"[1]

b. 读卖新闻西部本社编《盟约にて成せる 梅屋庄吉と孙文（言必信：梅屋庄吉与孙文）》"其后，（梅屋庄吉）在新加坡经营电影事业取得成功，归国后又成立了'M百代商会'，事业发展非常顺利。但是，他对财产的积累并不在意，而是把经营（事业）带来的巨额利润，都投入对中国革命的援助。根据梅屋庄吉留下记录等资料大致估算一下，他投入到革命事业上的金钱，据说相当于现在的2万亿（原文为'兆元'，即万亿）之多"[2]。这个数字的得出，存在多重的失误。由于最初是为报纸连载提供的文章，截稿之前留有的时间十分仓促，加之当时尚未明晓根据"第二次世界大战以前批发物价指数"进行估算的方法，自己仅根据《国父孙文和梅屋庄吉》等书和《永代日记》研究论文中列出的一些项目相加，也未来

---

[1] 俞辛焞、熊沛彪：《孙中山宋庆龄与梅屋庄吉夫妇》，中华书局，1991，第133页。以下简称为俞辛焞等书。

[2] 赵军：《为中国革命尽瘁的日本人》；读卖新闻西部本社编《盟约にて成せる 梅屋庄吉と孙文（言必信：梅屋庄吉与孙文）》，福冈，海鸟社，2002，第10页。

得及核查是否存在重复计算的项目，就委托一位近代经济史专业的学者代为计算。事后，当狭间直树等学者对这一数据提出质疑时，才意识到这个数值可能存在严重的问题。

c. NHK 电视节目：《その时 歴史が动いた：秘められた革命工作—孙文を支えた日本人（历史的车轮在那时转动：密不示人的革命工作——援助孙文的日本人）》"梅屋庄吉冒着公司因此而破产的危险，毅然决然提供了资金援助。据梅屋庄吉日记留下的记载，给革命军提供的援助共计二十八万六千日元，换算成现在的价值，高达十亿日元"。

d. 小坂文乃：《革命をプロデュースした日本人（中国革命的日本出品人）》：虽然没有总金额方面的合计，但出现过以下的几种叙述："庄吉在（孙中山）前往夏威夷之际，汇给孙中山 1300 美元。按照当时的汇率等于 2600 日元，换算成现在的价值超过一千万日元"，"（武昌起义后提供的两笔 38.6 万日元之外）加上让萱野（长知）带去的 7 万日元，总计援助革命军 45.6 万日元。换算成当今的物价水准，当不下于 11 亿日元"，"建造铜像的费用，换算成现在的货币，约达 1 亿 5 千万日元"①，等等。不过，该书未介绍换算成现在货币时的计算方法。

e. 中文媒体的一些报道："梅屋庄吉共援助了多少钱？据东京学艺大学教授中村义说，仅资金援助就远远超过 10 亿日元。松元楼印刷的史料小册子中说，换算成现在的钱，梅屋庄吉投入中国革命的资产总额高达 2 兆日元。"② 等等。

此外，也有一些学者和评介文章的作者似乎是认为这个援助金额问题难以解决，干脆回避，只涉及史实，不议论金钱数额。如《人民网日本版》2008 年 11 月 11 日介绍："专家披露，一八九五年，孙中山经老师康德黎介绍，结识梅屋庄吉。梅屋钦佩孙中山，后决定慷慨捐资，助孙革命。相传，梅屋庄吉为支持辛亥革命提供了超过十亿日元捐款，以至于自己债台高筑。"③

---

① 小坂书，第 67、132、234 页。
② 《互动百科》：《梅屋庄吉》（http://www.hudong.com/wiki/%E6%A2%85%E5%B1%8B%E5%BA%84%E5%90%89）。
③ 《人民网日本版》2008 年 11 月 11 日，（http：//japan.people.com.cn/35467/35498/6531266.html）。

二 对有关史实的重新梳理

本来，在没有挖掘出更多资料的确切旁证和对有关史实进行更为完整的梳理之前，应该等待更多史料的问世使史实较为明了之后再做整理和估算是更为合理地选择。但是，由于涉及梅屋庄吉和孙中山关系的普及宣传活动已经远远走在学术研究的前面，而且声势较为浩大，同时也为了矫正包括笔者自身在内的梅屋庄吉研究中的失实和谬误之处，笔者已经感到了哪怕是初步的整理工作也好，时下也有不得不做的必要性。以下分列几个主题，仅就笔者目前所掌握的资料和理解，对有关史实进行一些初步的梳理和考订。

（一）梅屋庄吉援助中国革命、孙中山革命活动的动机何在？

幼年时，梅屋庄吉据说就得到过"散财家（花钱大方的人）"的绰号，手里有点儿钱，喜欢通过这些行为博得个小小的人气①。例如他的养父曾经放债给他人，让少年的庄吉去催讨，庄吉看到一些人实在无力还债，就自做主张勾销了那些人的债务。梅屋庄吉的女儿国方千世子曾经回忆父亲告诉她之所以这样做的原因："把钱借给别人的时候，就应该抱着捐钱给人的心理。我其实是很对不起你的爷爷的，因为我很讨厌把钱借给别人，还让人加上利息再偿还的做法，最终下不了手。"② 成年后他进行的种种捐助活动，虽然同实业家的身份不尽相符，倒同他幼年时养成的这种性格是一致的。

梅屋庄吉和孙中山 1895 年在香港照相馆会面时能够通过一席畅谈情投意合，结下贯彻终生的信赖和援助关系，自然不是"散财家"这样一个性格使然。从现有资料上来看，至少还可以从以下两个方面考察他的动机。

1. 正义感，契约精神

梅屋庄吉在香港开照相馆的年代，居住在香港的日本人据说或多或少都带有对外侵略扩张主义的思想或者倾向。在当时的日本，多以"大陆浪人"或者"支那浪人"等称呼来泛指他们。他们当中的许多人也并不掩饰漂洋出海的理由，用"海外雄飞"等字眼来美化自己侵略扩张主义的言行。但就是这些人当中，据说也有许多人公认，梅屋庄吉是个例外，认为

---

① 车田让治书，第 24、25 页。
② 车田让治书，第 26 页。

他是怀着一片"义侠"之心来支援孙中山的惠州起义等革命活动的①。也就是说，即使在这些人看来，梅屋庄吉也是一个有正义感，有同情人的人。

对梅屋庄吉较为了解的古岛一雄，一次当横滨地方法院怀疑梅屋有行贿嫌疑时，曾经出面为梅屋这样辩诬："一个遵循年轻时立下的誓言，出于一片义侠之心援助一国革命事业的人，为何会为如此区区微利去行贿呢？"② 他也认为，梅屋庄吉对孙中山的援助，并不是为了金钱利益方面的追求，而是出于年轻时同孙中山之间立下的"誓言"的缘故，是梅屋在重视地贯彻年轻时同孙中山之间达成的"契约"的行动。

除了来自第三者的证言之外，还有一件事例：1920 年梅屋庄吉成立日本电影托拉斯的尝试失败，不得不退出日本活动映画株式会社之后，夫人德子一次曾经劝说他："追二兔者不得其一"，不如就此退出经济界的倾轧，专心帮助孙中山的革命活动。对此，梅屋回答说："可是，不做大事业的话，就赚不到大钱。干革命，有多少钱都不够花的呀！"③ 可见，梅屋庄吉已经把从经济上援助中国革命，当成了经营实业的第一目的。因此，《东亚先觉志士记传》一书的作者也认为：梅屋"虽然为电影界努力奋斗，但其志向常在东亚问题。他在（电影）事业界的奋斗，归根结底也是为了获得资金，一展其志向耳。对于中国革命，（梅屋）援助孙文一派最为热心。孙文第二次流亡日本之际，他提供了位于大久保的私宅，让其居住，为邻邦革命志士所作贡献之处甚多"④。从这两条史料都可以看出梅屋庄吉经营电影事业的主要目的，不是为了电影事业可以带来的利润，而是为了电影事业可以创造出来的革命事业经费，为古岛一雄的说明提供了旁证。

2. 对孙中山人格、政治主张和精神的崇敬、共鸣

梅屋庄吉对于孙中山的革命主张，虽然赞不绝口，但理解相当笼统和肤浅。例如他认为：孙中山的三民主义的基本精神，就是"无论任何时候，都注重民意，关注民众的心理和行动，绝不松懈"⑤。"其论旨既不偏激，又不囿于固陋，堪称公正不阿之治世大典，已经获得四亿大众之钦

---

① 车田让治书，第 147 页。
② 车田让治书，第 340 页。
③ 车田让治书，第 250 页。
④ 黑龙会：《东亚先觉志士记传》，原书房，1966，下卷第 409 页，《梅屋庄吉》。
⑤ 《永代日记》，转引自久保田论文第 13 页。

仰，如今更成为新生民国唯一的指导原则。因此，即便对南京的中央政府不表服从的各方军人，乃至标榜保境安民（独霸一方的）的奉天要人，也无法置身于三民主义之圈外也。"① 他对于三民主义的基本内容，似乎没有更深的了解，停留在表面的和笼统的概括层次。

但是，对于孙中山发动中国革命和通过中国革命振兴亚洲的主张，梅屋却有着更多一些的共鸣。除了最初和孙中山在香港晤谈后便约定今后孙中山起事时定当相助的誓言之外，他晚年的一些言行，也表明了他更重视的是孙中山和他之间的这一部分共同理想。

孙中山逝世后，梅屋庄吉在参加孙中山遗体奉安大典时曾经朗诵了自己撰写的《追悼辞》："（我与孙文先生）在中日亲善、振兴东洋和人类平等上意见完全一致，尤其是（孙文）先生为了实现这一目标，欲首先实现大中华革命的鸿图与热诚，让我感奋不已。虽然只有短短一个中午的交往，我与先生已定下将来的（援助）誓言。"② 晚年，他在写给外务大臣广田弘毅的信中又表白道："老生策划之事，每每事与愿违，遗憾至极。然实现日（本）支（那）之亲善，乃平生之宿志，亦为亡友孙中山之遗嘱，夙夜苦虑，以求其之实现，不敢稍懈……"③

同一时期（1929 年），梅屋庄吉在中方安排的招待宴会上致辞时再次表示："人世间重在相互帮助……亚细亚是亚细亚人的亚细亚，（这是）孙总理的遗训。"④ 可见，梅屋庄吉与孙中山思想真正发生共鸣的，正是亚洲各国相互扶助，共同驱逐欧美列强，复兴亚洲的主张。梅屋本人虽然到了晚年才用明确地语言表达出了这些思想，但这应该是连接他和孙中山之间关系最基本、最重要的思想纽带。

对于孙中山人格的崇拜和敬仰，也是梅屋庄吉与孙中山之间关系的一个重要纽带。

孙中山在世时，梅屋庄吉对他伟大人格的敬仰方面的资料笔者目前还未见到，但孙中山逝世后，梅屋庄吉曾经给宋庆龄写信，其中这样表达了对孙中山的崇敬之情："先生终生尽瘁于国事，吾将先生视为世界性伟人

---

① 《大孙文电影制作协会成立主旨书》，来自梅屋家资料。
② 小坂书，第 57 ~ 58 页。
③ 车田让治书，第 417 页。
④ 梅屋家资料，转引自久保田论文第 13 页。

而崇奉至今。"①

其后，当女儿问到为什么要铸造孙中山的铜像送给中国的时候，据说梅屋庄吉是这样回答的："我这是用最具体的方式告诉中国的民众，邻国日本的民众是如此的尊敬孙文先生，希望他们按照孙文的遗嘱去做。中国的老百姓大多是文盲，需要用有形的东西表达意见。我认为这是把孙文的伟业告诉他们最好的手段。"② 铸造铜像和拍摄纪念孙中山的电影（因资金问题未能实现）之举，都说明梅屋庄吉更注重的是孙中山外在的形象、品格和魅力，孙中山的人格和作为革命领袖的魅力对梅屋庄吉来说显然具有极为重要的意义。

（二）梅屋庄吉对中国革命的援助

梅屋庄吉援助孙中山和中国革命的活动，并不仅见于梅屋自身留下的《当用日记》和《永代日记》，其他各有关著作的记录往往也能弥补《当用日记》和《永代日记》之不足。但是，如何厘清其真伪，剔除其重复，仍有许多工作要做。笔者在这里只能根据现有的资料以及由此做出的判断，以表格形式首先作一初步归纳、整理。今后如果陆续还有新的资料或者研究成果问世，下表还会不断修改、完善。

（三）援助范围和援助总金额的估算方法

就下表对梅屋庄吉援助中国革命的总金额作估算，首先面临以下两个难题。

第一，由于梅屋庄吉自己留下的《永代日记》等本身有记载不详和漏记现象，致使表上所示的直接援助和间接援助中多项内容金额不明。其他资料往往也存在同样问题，于是就使这个总金额几乎成为一个无法正确计算的数字。

即便根据现有资料进行大概的估算，也存在诸如：间接援助是否应计算在内？《永代日记》以外的口述记录或传闻的可靠性如何？除外范围的界定等等诸多难题。在没有找到更合理的估算方法之前，本文打算分以下几个步骤做初步的估算。

---

① 车田让治书，第368页。
② 车田让治书，第387页。

编号	援助时间	援助内容	援助金额	史料出处	备注
1	1895年秋天	兴中会筹备广州起义之际，梅屋庄吉动员其弟子和亲信，友人等为起义军在香港、澳门、厦门、新加坡等地购买武器等，所需费用由梅屋庄吉负担。此次，包括梅屋购买的武器在内，兴中会共购得手枪约600支。	不明。不超过600支手枪的费用，以及弟子、亲信和友人等差旅费用。	车田让治书，72~73页。	对中国革命的直接援助 参考物价指数：0.361
2	1895年11月，1895年12月，1896年2月	1895年11月，给孙中山200日元。此后，孙中山欲赴檀香山活动，由于旅费没有着落，通过欧健时向梅屋庄吉求助。梅屋从香港汇款1300美元。孙中山抵达檀香山后，梅屋又邮送1000美元。	200日元+1300美元（≈2538.57日元）+1000美元（≈1952.74日元）+不详（"其后又大量资助，未得详记。"）	梅屋庄吉：《永代日记》；车田让治书，77页；俞辛焞等书，18~19页。	对中国革命的直接援助 参考物价指数：1895：0.361；1896：0.390
3	1896年以后至1920年代	为没有固定收入的宫崎滔天、平山周、末永节等大陆浪人提供前往中国或者在日本的活动经费，并为其家属提供生活费用等。	不明（时间跨度长，支出项目繁杂，无法换算）。	车田让治书，107~108页；辛焞等书，20页。	对中国革命的间接援助
4	1896年以后至1904年5月	香港的梅屋照相馆事实上也成为兴中会会员们的联络站之一，时常有会员前来稍住一段时间，然后前往其他目的地。	不明（人数、时间、金额等均不明，无法换算）。	车田让治书，91，154页。	对中国革命的直接援助

续表

编号	援助时间	援助内容	援助金额	史料出处	备注
5	1896年9月	孙中山为协助菲律宾独立运动，通过国会议员中村弥六向日本陆军购到大批军械。菲律宾独立军需将购买军械的款项伪装成购买资金要彭西汇到日本。独立军代表彭西，分两次将27万美元汇出，并承担了外汇兑换手续费等。另外，小坂书，77～78页还提到："梅屋为了帮助菲律宾独立军购买军火"，提供了15.5万日元的购械费用"。	27万美元的外汇及兑换手续费等。另外可能还有一笔15.5万日元的购械费用。	俞辛焞等书认为购买军械的27万美元无力付款，深恐重蹈前次覆辙，于是急电向梅屋庄吉求助。梅屋庄吉倾全力筹措资金，分两次付（24～25页）。但根据车田让治等人著作记载（车田让治书，114～115页），梅屋自己支付的主要是伪装换手续费等。《永代日记》也有记载，笔者认为应当支持车田让治说。	对中国革命的间接援助，但这些军械通过"布引丸"送往菲律宾途中在海上沉没。参考物价指数：0.390
6	1898年秋	宫崎滔天为援救康有为逃亡日本，苦于经费不够，急电梅屋求助。梅屋为宫崎汇去所需款项。	不明。	梅屋庄吉《备忘录》；车田让治书，109页。	对中国革命的间接援助。参考物价指数：0.456
7	1900年9～10月	兴中会发动惠州起义时，并派人赴广州侦察清军驻防状况。郑士良在惠州购买一批军械。梅屋庄吉又购洋枪三百支，革命军共得洋枪三百支，每支配有30发子弹。另外还有相当数量的弹药，但因为与枪口径不合，不堪使用。	不明，洋枪三百支（包括弹药等）。	车田让治书，136～137页；俞辛焞等书（间接引用他书）26～27页。	对中国革命的直接援助。参考物价指数：0.491

续表

编号	援助时间	援助内容	援助金额	史料出处	备 注
8	1905 年 7 月以后	中国革命同盟会成立前后，梅屋庄吉主动告诉孙中山，因为电影事业发展顺利，可以为中国革命提供充足的资金。数日后，"（梅屋）与孙文再次会面，当场交给孙文相当金额的资金。这笔资金被孙中山用作中国革命同盟会发行机关刊物的经费"。	不明。	车田让治书，179 页；俞辛焞等书，39～40 页。	对中国革命的直接援助参考物价指数：0.569
9	1907 年 3 月	日本政府应清政府的清求驱逐孙中山离境，出发前得到日本实业家铃木久五郎（铃木银行东京分店店长）赠送的 1 万日元"饯别金"。这笔钱的提供，中间经过了梅屋庄吉的中介。	1 万日元（由铃木久五郎捐赠）。	车田让治书，193 页。	对中国革命的直接援助（但应否算在梅屋庄吉身上？待定）参考物价指数：0.632
10	1907 年 3 月	孙中山再次计划发动武装起义，在香港委托梅屋庄吉筹措资金。7 月，萱野长知返回日本购运军械。	不明。	车田让治书，193 页；俞辛焞等书，40 页。	对中国革命的直接援助参考物价指数：同 9
11	1911 年 1～4 月	为协助同盟会发动广州起义（黄花岗起义），梅屋庄吉在东京和越南贡等地筹措武器。	有 17 万日元和 20 万日元两种说法。	《永代日记》，216 页；车田让治书，216 页。	对中国革命的直接援助参考物价指数：0.610

续表

编号	援助时间	援助内容	援助金额	史料出处	备注
12	1911年10月至1912年初	得知武昌起义成功和中华民国成立的消息后，梅屋庄吉在东京日比谷成立"支那共和国公认"（外交承认）期成同盟会，充当从政治、外交上到物质上支持辛亥革命的日本方面办公室。另外派遣营野长知、宫崎滔天等多名日本民间人士前赴回国战场，直接参与革命战争。并派遣医师山科多久组织有邻会医疗队（医师6人、护士10人）开赴武汉等前线，救助革命军伤病员。上述派遣，梅屋除为他们本人提供旅费、酬劳、置装费和行动经费之外，还给他们的家属支付每月的生活费用，以免除其后顾之忧。上述人员临行前，据说梅屋每人还赠送金成指一枚和花篮一个，供他们在最紧急的情况下应急之用（此说仅见于车田让治书）。	派遣人员赴华等所需旅费及活动经费截到1911年10月底为止，据说为十一万六千余日元，每人所支付的家属生活费等具体经费数目不明，但是给山科多久马每个月的生活援助是五十日元。另外，支持武汉攻防战时提供经费17万日元，当时限银元的换算方法，参见俞辛焞等书，51页。	车田让治书，217～218、227页；俞辛焞等书，51页。	对中国革命的直接援助。参考物价指数：同11
13	1911年11月	上海宣布独立后，陈其美打电报给梅屋庄吉，并请派遣营野长知和提供资金援助。梅屋遵嘱派遣营野长知及其他五名日本青年带上上海声援，并命带云现金大约7万日元。上述人员临行前，梅屋每人仍赠送金戒指一枚和花篮一个（此说仅见于车田让治书）。除此应急之外，还为陈其美在东京印制军票250万张，每张面额5元。	给陈其美约7万日元，给其他人提供的旅费、活动经费等不明。印制军票成本费不明。	车田让治书，222、224～225、228～229页；俞辛焞等书，52页。	对中国革命的直接援助。参考物价指数：同11

续表

编号	援助时间	援助内容	援助金额	史料出处	备 注
14	1912 年 1 月	梅屋庄吉召集日本政治家、新闻人、大陆浪人等 72 人，在东京召开声援外交承认中华民国的集会，并发电报祝贺孙中山就任中华民国临时大总统。	集会费用 440 日元以及此后"支那共和国公认期成同盟会"的活动经费等，都由梅屋承担。	车田让治书，234 页。	对中国革命的直接声援参考物价指数：0.646
15	1913 年 8 月至 1916 年 4 月	"二次革命"失败后，孙中山再次流亡日本，其间与梅屋庄吉夫妇交往甚密。在此期间的生活费、交通费等由梅屋提供。同时从 1914 年 1 月开始，据说梅屋每月还给孙中山提供 2000 日元的零用钱。《永代日记》记载：大正 3 年（1914）1 月 11 日："给孙二千日元"；大正 4 年（1915）11 月 3 日"给孙 1 万日元"。	生活费、交通费等具体数额不明。每月零花钱延续时间不明。仅《永代日记》的明确记载部分，总计一万二千日元。	《永代日记》；车田让治书，275 页；小林论文，69 页。	对中国革命的直接援助参考物价指数： 1914：0.618 1915：0.625 1916：0.756
16	1914 年 1 月至 1916 年 4 月	据说孙中山在梅屋邸居住期间，时常有四五名中国革命党员来访，有时居住数日。	不明。	车田让治书，276 页。	对中国革命的直接援助参考物价指数：同 15
17	1915 年 8 月至 1916 年 4 月	孙中山搬到东京本乡郡千驮谷町字原宿 108 号"中山寓"即中华革命党本部居住办公。这所住宅由梅屋庄吉提供，结婚后，宋庆龄也搬到此处。	不明。	俞辛焞等书，68~69 页。	对中国革命的直接援助参考物价指数：同 15

续表

编号	援助时间	援助内容	援助金额	史料出处	备 注
18	1915 年 11 月	护国战争期间，陈其美向梅屋请求资金援助，梅屋派遣宫崎滔天和萱野长知二人前往上海，并拿出厚厚一包现金，请二人面交陈其美。	不明，可能有数万日元。	车田让治书，299 页；俞辛焞等书 75、77 页。	对中国革命的直接援助参考物价指数：同 15
19	1916 年 4～6 月	护国战争期间，为声援中华革命党东北军的讨袁战争，在日本滋贺县近江八日市附近创办飞行学校，梅屋庄吉雇用坂本寿一为教官，以上所有费用全部由梅屋承担。	坂本等人住宿费每月每人约 12 日元；所有师生的伙食费、教师的工资、学生的零用钱等不明。机场用地的租金、燃料费、汽车、自行车（40 辆）等费用不明。在安田银行的账户上，每笔以两三万日元为单位多次存入。	车田让治书，306～309 页。	
20	1915 年 1 月，1916 年 4 月	梅屋庄吉数次为孙中山提供活动经费。	1915 年 1 月 1 万日元，1916 年 4 月 4.7 万日元。	车田让治书，311 页，小林论文，70 页。1915 年 1 月的资助跟 15 是否重复？存疑。	对中国革命的直接援助参考物价指数：同 15

编号	援助时间	援助内容	援助金额	史料出处	备注
21	1916年3月10日	在山东的东北军顾问同萱野长知电告中华革命军急需补充枪支弹药，要求梅屋庄吉速汇1万日元。	1万日元。	廷国符：《山东讨袁革命史略》上，见《传记文学》第15卷第6期36页，转引自俞辛焞等书，81页。	对中国革命的直接援助 参考物价指数：同15
22	1916年4月28日	受中华革命军总司令居正委托，购买长枪7000支、机关枪7挺和山炮5门等（各配备弹药不等）。	不明。计算方法可参见车田让治书，331～332页。	车田让治书，314页；俞辛焞等书81页。	对中国革命的直接援助 参考物价指数：同15
23	1916年6～7月	由于前线战事紧张，飞行学校转移到山东战场，直接参战。除所有山田常三郎的一架飞机的租金和佣金外，飞行队全部87人（日本人9人，其余为中国学员）的全部旅行费用，飞机等器材的运输费用等均由梅屋承担。抵华后的费用此后由北京政权支付大部。	不明。	车田让治书，317页。	对中国革命的直接援助 同15
24	1917年3月	中华革命军东北军解散之际，日方所有参战人员的各种债务总金额在萱野长知名义下的就达24～25万日元左右。北京政权为该等人员提供遣散费20万日元，其余债务由梅屋庄吉支付。	4～5万元。	车田让治书，331页。	间接援助（近似直接援助）参考物价指数：0.951

续表

编号	援助时间	援助内容	援助金额	史料出处	备注
25	1921年8月	第二次广东军政府时期，萱野长知、宫崎滔天前往广东面见孙中山。宫崎让萱野和宫崎带去了给孙中山信函和现金的路费也由梅屋庄吉让萱野和宫崎带去了给孙中山信函和现金。萱野和宫崎带去的路费也由梅屋提供。	不明。但据久保田论文等考证，《永代日记》并无携带信函和现金去广东的明确提及。	车田让治书，341页；俞辛焞等书98页；《永代日记》。	对中国革命的直接援助（是否提供经济援助，存疑）参考物价指数：1.296
26	1928年3月	梅屋庄吉为铸造孙中山铜像，先向彼园雕金店订购4座铜像，交订金4300日元。又在东京西多摩郡调布村购买土地约900平方米，计划在此铸造，但未获警方和内务省批准。	订金4300日元，已完成的4座总计耗资近10万日元。土地购买费用不明。在铸造孙中山铜像前后，总金额已经高达55476日元，为此，家中财产多次被债权人查封。铸造铜像的后期，由于无法支付货款，甚至说服女儿拿出了预备将来结婚的私房钱。	车田让治书，388～389，390，386页。	对中国革命的间接援助 参考物价指数：1.106

首先，当时日元与现在日元的实际购买力之间的换算。本文采用从明治时代到战后由日本银行按照统一基准连续统计出来的"企业物价指数（批发物价指数）"〔日本银行调查统计局长南原晃：《明治以降批发物价指数统计——100 周年纪念资料》，日本银行昭和 62 年（1987）发行〕计算。本文所依照的"参考物价指数"，就来自该书 24～25 页提供的"综合批发物价指数"每年的"年平均"数值。该表的最新数值截止到昭和 61 年（1986），较新的（2006 年）"综合批发物价指数"则根据《日本长期统计总览》第 4 卷新版（东京，日本统计协会 2006 年出版）作出。

其次，当时美元与现在美元的实际购买力之间的换算，采用东洋经济新报社编纂的《明治大正国势总览》〔东洋经济新报社昭和 2 年（1927）初版，昭和 50 年（1975）复刻版〕第 156 页的《外国宛参着为替相场年别表》（国外到达价格汇率行市分年表），并参照了日本银行统计局编纂《明治以降本邦主要经济统计》〔昭和 41 年（1966）发行〕第 318～319 页的《外国为替相场》（国外汇率行市）的数据（两表的基本数据相同），将美元按照当时的平均价格（应当低于购汇时的价格）换算成当时的日元价值，再根据上述的"综合批发物价指数"每年的"年平均"数值进行换算。

估算时，考虑到众多不明了因素的影响，笔者尝试着将上表所列各项援助分为以下几个层次进行试估。

a. 在《永代日记》等基本史料上有明确记载或被复数史料证明当有其事的援助：

"直接援助类"：其中包括 2（200 日元 + 2300 美元）；4（不明）；7（不明）；8（不明，规模较大）；10（不明）；12（≥11 万 6 千日元 + 17 万日元）；13（≥7 万日元）；14（≥440 日元）；15（≥1 万 2 千日元）；17（不明）；18（不明，规模较大）；19（不明，规模较大）；20（≥5 万 7 千日元）；21（1 万日元）；22（不明）；23（不明，规模较大）等项目。

"间接援助类"：其中包括 3（不明）；5（不明，+15 万 5 千日元？）；6（不明）；24（4～5 万日元）；26（≠10 万日元）等项目。

b. 《永代日记》等基本史料上没有明确记载、目前尚属孤证的援助：

"直接援助类"：其中包括 1（不明）；15（不明）；16（不明）；25

（不明）等项目。列入这类项目的内容，金额目前均处于不明状态。

"间接援助类"：列入这一层次的项目，目前尚属空白。

将列入以上各个层次项目参照"第二次世界大战以前批发物价指数"进行估算（〔〕括号内和最后的合计值已换算成1986年的日元物价指数），结果分别如下：

a. 在《永代日记》等基本史料上有明确记载或被复数史料证明当有其事的援助：

"直接援助类"：2（200日元〔＝458205.6日元〕＋2300美元＝4491.3日元（当时）〔＝8580628.7日元〕）；4（不明）；7（不明）；8（不明，规模较大）；10（不明）；11（17万日元〔＝207649900日元〕～20万日元〔＝244294000日元〕）；12（≥11万6千日元〔＝141690520日元〕＋17万日元〔＝207649900日元〕）；13（≥7万日元〔＝85502900日元〕）；14（≥440日元〔＝507320日元〕）；15（≥1万2千日元〔＝2411000日元〕＋〔＝11921000日元〕）；17（不明）；18（不明，规模较大）；19（不明，规模较大）；20（≥5万7千日元〔＝11921000日元〕＋〔＝46316150日元〕）；21（1万日元〔＝9854500日元〕）；22（不明）；23（不明，规模较大）＝734463024.3～771107124.3日元（仅合计了可以计算的部分）。

"间接援助类"：3（不明）；5（不明，＋15万5千日元〔＝296127500日元〕?）；6（不明）；24（4～5万日元〔＝31339600～39174500日元〕）；26（≠10万日元〔＝67369000日元〕）＝98708600～402671000日元（仅合计了可以计算的部分）。

以上两项可以计算部分的合计：＝833171624.3～1173778124.3日元。

b.《永代日记》等基本史料上没有明确记载、目前尚属孤证的援助：

"直接援助类"：1（不明）；15（不明）；16（不明）；25（不明）。

"间接援助类"：空白，不计。

根据以上的计算，可以得出以下几个结果：①不分直接援助和间接援助，将没有明确数值和援助史实是否存在尚因孤证等原因无法作出最后判断等项目除外，可以得出数值A：833171624.3日元。②将因孤证等原因暂且存疑但有明确数值的项目都一并计算在内，可以得出数值B：1173778124.3日元。③数值A和数值B分别是我们现在根据手边的资料，能够整理出的梅屋庄吉援助中国革命总金额的最小值和最大值。如果将其中的间接援助除外，则最小值和最大值分别是数值 C：734463024.3 日元和数值 D：771107124.3 日元。（4）直接援助类中金额不明的 1、4、7、8、15、16、17、18、22、23、25 项以及其他各项目中金额不明的部分，再加上间接援助中金额不明的 3、5、6 等项，合计起来估计也会达到一个较大的数字，目前虽然无法继续估算下去，但据对可以计算部分总金额的估算结果，笔者初步估计梅屋庄吉援助中国革命的总金额按照"第二次世界大战以前批发物价指数"换算成 1986 年的日元物价指数的话，大概在10 亿～15 亿日元之间。

在没有获得确切的第一手资料和有力的旁证之前，有较多的援助项目我们无法计算在内或者只能进行最保守的估算，所以我们的估算结果很可能大大少于实际的数字。但笔者愿意寄希望今后有更多的直接史料或者间接史料的问世，使我们的估算结果能够一步步精确起来，一步步接近历史的真实。

三　结论：难能可贵的民间支援

以上的试算只能够算是一个初步的估算结果，由于可靠史料的缺档和准确数字的不足，笔者对上述的估算结果还感到诸多的缺憾和不满足。但即便是这样一个结果，也能够窥见梅屋庄吉在财政方面对中国革命和孙中山革命活动所提供的援助，还是相当巨大和有益的。

我们可以把梅屋庄吉和当时用不同方式对中国革命进行过财政上的支持的其他一些日本人做个比较。

首先看提供过"借款"的事例。1915 年 2 月中华革命军起事时，经过秋山定辅的斡旋，孙中山曾经从当时日本的财阀之一的久原房之助处获得数次借款，第一次为 70 万日元，同年 3 月 8 日、3 月 16 日和 4 月 27 日又借到 3 笔共计 70 万日元。关于这些借款，笔者以前做过考证，由于久原房之助跟同时向孙中山提供过资助的大仓喜八郎如出一辙地同时向段祺瑞的北洋政府或者满族遗老的帝制复辟组织"宗社党"也提供借款，同时在提供借款时还要求孙中山等人签署了"署名人（指孙中山）素以图东洋平和及中日亲善为目的，贷款人（指久原）深谅此热诚，愿赞助署名人之政治改良事业乃允本项借款。今后署名人得此援助若获成功，必以全力贡献于东洋平和及中日亲善之事业"，"今后如贷款人有关于在中国之事业计划商于署名人，署名人必以好意为之协力"①。基本可以看成是暗藏经济、政治目的政治性借款②。

上述各项借款，金额巨大，自然不是一般个人的经济能力可比拟。但是其背后，则基本都隐藏着不同的经济、政治甚至军事目的，说到底、绝非"无私"的经济援助。

再看当时来自日本人士的一些捐款。

1907 年 3 月，日本政府应清政府的请求驱逐孙中山离境，出发前得到日本实业家铃木久五郎（铃木银行东京分店店长）赠送的 1 万日元"饯别金"。这笔钱换算成 1986 年的日元物价指数，大约相当于 2006 年的 1.1 亿日元（参考物价指数：0.632）。

此外，三井物产公司理事犬冢信太郎革命党人筹备护国战争期间曾经捐款 30 万日元，其中包括他自己的捐款和向朋友们的募捐。这笔钱换算成 1986 年的日元物价指数，大约"相当于二亿八千八百万日元"（参考物价指数：0.776）。"田隆汽船"老板田中隆也捐出了巨款，并无偿为中华革命党东北军运送弹药武器和人员③。

上述捐款，不管价值多寡，都是出于对中国革命的同情或者对孙中山革命活动的声援等目的提供的无私援助，值得赞许和肯定。跟他们的行动形成鲜明对照的，则是一些日本人，甚至借援助中国革命之机恶意地向当事人等敲诈勒索钱财。如内田良平在惠州起义失败之后，以国会议员中村弥六在购买和运送军火过程中涉嫌贪污中饱，就强行欲向中村弥六敲诈 1 万日元（实际上仅得 2000 日元）。

梅屋庄吉和上述所有人的不同之处在于：

（1）他对中国革命的援助始终如一，从不懈怠。梅屋在个人或者公司经济状况良好时如此，不好时也是如此，这是其他那些只提供过一两次捐助的人所无法比拟的。

（2）他对中国革命的援助超越了名利欲望上的追求。尽管是年轻时同

---

① 久原房之助翁传记编纂会《久原房之助》，日本矿业株式会社昭和 45 年发行，非卖品，第 196 页。

② 赵军：《近代日本的民间外交——以久原房之助与中国的关系为中心》，《教学》16 号，日中学院出版局，1994；《中国关系における久原房之助》，《アジア文化》第 16 号，1991。

③ 车田让治书，第 330 页。

孙中山之间的一席畅谈之后立下的口头誓言，但梅屋庄吉终生都把这个誓言看成自己人生的奋斗目标之一，直到晚年都贯彻了这个初衷。当中华民国成立、孙中山成为中国重要政治家之后，身为实业家的梅屋庄吉不是没有机会向孙中山和中国政府要求经济上或者名誉上的回报。但笔者直到目前还没有看到他向孙中山或者当时的中国政府做过哪些索求的历史记载。倒是发现了他在百代电影公司经营不佳之际，也没有把拍摄有辛亥革命镜头的纪录片拿去公演，追求票房价值，而执意要留给挚友孙中山最先观赏的事例。去世前，梅屋庄吉据说更嘱咐子孙不要宣传和孙中山之间的这些事情，也印证了梅屋庄吉对孙中山革命活动的援助，超越了名利欲望上的追求。

（3）他对中国革命提供援助时能够最大限度地为孙中山和中国革命党着想。事例之一是，当时大陆浪人和其他政治掮客在日本购买武器军火，大多需要通过"泰平组合"这个秘密的渠道购买日本陆军报废或者退役的军火。这些武器不但式样陈旧，有些干脆无法使用，而日本陆军和居间斡旋的军火商们发了横财。梅屋庄吉为了购买到真正能够使用而且价格适中的武器，每次都动用自己的部下或者亲友，颇费周折①。事例之二是，中华革命党武装讨袁期间，飞行学校还没有走上正轨，基本上没有对学员们进行正式训练的时候，由于山东前线的需要，很快又必须将飞行学校转移到中国。当教官坂本寿一提出为此疑义时，梅屋解释说："你说的问题我也明白，但战争闹不好就会打输。你们必须得去。"② 这一点，虽然表面上看起来没有前两点重要，但由于梅屋庄吉在这些细节问题上也设身处地地为孙中山和中国革命党着想，就使他为中国革命提供的援助更有效地发挥了作用。

由于以上这些原因，孙中山也十分珍视同梅屋庄吉之间的不同寻常的友情。人们从保存至今的反映 1913 年孙中山唯一一次正式访问日本期间活动的许多照片中可以发现，孙中山在和众多的日本友人合影留念时，总是让梅屋庄吉跟自己一起坐在正中央的位置上，以示尊重。孙中山回国后，还专门给梅屋庄吉寄来了感谢信："……文等此次观光贵国，备受各界热诚欢迎，是证明贵国人士确系以爱同种同文之国为心，以保全亚洲为务。

---

① 车田让治书，第 264～265 页。

② 车田让治书，第 315 页。

凡我亚洲人士，无不馨香崇拜，并期极力实行，以副贵国人士之望。文等当尽全力，以贵国人士好意布诸国民，俾两国日增亲密，非特两国之幸，实世界平和之幸也。"[1] 孙中山临终前，在病床上看到萱野长知时，又问道："烟波亭（指梅屋庄吉）先生近况如何？（此前）未能在神户晤面，甚为遗憾" 等[2]。这些细节，都反映出了孙中山对梅屋庄吉的信任和对梅屋援助中国革命活动的高度评价。

当武昌起义的爆发和中华民国的成立已经成为一百年前的往事的时候，我们回顾中日关系史上的这段往事，仍然可以回味到梅屋庄吉援助中国革命的活动，至今仍然具有以下两点不可磨灭的时代意义与历史意义。

（1）身为一个外国民间人士的梅屋庄吉，在当时尽自身最大限度的能力展开的对孙中山革命活动的援助，从另一个角度反衬出辛亥革命具有的世界意义和在世界史上的重要地位，让人们再次认识到这场革命在当时和后来都对亚洲其他国家和民族发挥了重大的感召力量。

（2）至今仍感动着中日两国民众的孙中山和梅屋庄吉之间的友情和相互信任、相互支持关系，不仅是一个值得传诵的历史佳话，更是时代的、历史的启迪。它告诉我们：追求民主、进步、和平和发展，是可以超越时代、超越国境的世界大多数国家和民族的共同愿望和共同价值观的基础。

作者单位、职务：日本千叶商科大学教授

---

[1] 车田让治书，第 260 页。
[2] 车田让治书，第 370 页。

澳门华人与孙中山和同盟会

——《革命史系·卢公怡若传》述略

⟋ 林广志

一 《卢公怡若传》的发现

2008 年 7 月，笔者应邀在澳门特区政府文化局作《卢九的家世与为人》的讲座，卢怡若的孙女卢美颜女士为此专程赶来，并在讲座后向笔者出示了《革命史系·卢公怡若传》（以下简称《卢公怡若传》）。随后不久，卢女士专门致送全文电子版予笔者。2009 年，卢女士将该传及一批卢怡若遗物捐助给民政总署，为我们研究澳门著名的卢氏家族以及卢怡若的革命事迹留下了珍贵的史料。

《卢公怡若传》为亲历者口述之作，系近代澳门华商参与和支持孙中山革命事业的重要史料。1959 年 7 月，卢怡若 77 岁生日，"尚聪强如故"，早年的革命追随者杨振雄等人考虑到"金卮之奉，乐奏钧天，无非庆叙于一时耳，末若纪其嘉言懿行，刊付梨枣之可以告当世而传来者也"，乃以口述作传方式为之做寿，"乃举公之忘年交革命老人杨振雄、赵汉一、曾霖山等，以公行实，口述以授志林，属为编撰"。稿成于当年端午前后，全文 8000 余字，为楷体手写本，不著页码，稿纸印有"美华印制"字样。同时，附照片 16 帧，包括卢公怡若玉照、卢公举贤书时玉照、恭亲王书赠卢公扇面（冷金）、逊清荣禄大夫卢公焞之遗像、卢母梁太夫人遗像、中山先生赠卢公相片、垂髫时之卢公玉照、卢公留学英国时玉照、革命四大寇、澳门侨领欢迎中山先生、中山先生居娱园、卢公戎装相片、李夫人遗像、九旬人瑞（陈树人书）、梁太夫人遗照、与卢公同龄之双橘等。

过去，由于史料所限，有关澳门华商家族、华商与孙中山的关系以及华商参与同盟会等问题的研究，往往无法深入，相关重大问题的叙述亦仅得轮廓而已。而《卢公怡若传》稿本的发现，仿佛打开了一扇窗口，让我们看到，一个澳门富家子弟受孙中山的指导与影响，参加同盟会和国民党，长期致力革命，往来于澳台之间的传奇人生。不仅如此，此稿本的发现，还为解决"孙中山与澳门"研究的若干重大问题提供了可能性，包括：孙中山是如何进入镜湖医院的，澳门是否为孙中山革命活动的"源头"，孙中山是如何在澳门鼓动革命的，同盟会澳门分会是如何开展革命活动的，澳门华人与台湾国民党有着怎样的关系，等等。

二 卢怡若：家世与生平

卢怡若（1884～1985），名宗缙，字圣惇，号怡若，及长，以号行。光绪十年（1884）七月生于澳门。① 其父卢九（1847～1907），名华绍，字焯之，又名华富，广东新会潮莲乡卢边村人。卢九约在1857年前后从新会来到澳门。1888年4月加入葡籍；光绪二十一年（1895），以监生卢华绍之名，报捐盐运使职衔，历保花翎二品顶戴；光绪二十三年（1897），晋授荣禄大夫；光绪二十七年（1901）九月，李鸿章以其"慨捐巨款"，奏请以道员分发广西补用；1890年7月，葡萄牙王室授予卢九骑士勋章；1894年4月，又授予卢九 Vila Viçosa 勋章。卢九先后从事钱银找换、贸易、房地产、工业等行业，但涉猎时间最长、范围最广、影响最大的行业则是赌博业，是近代澳门的著名"赌王"。作为近代澳门最具势力的华商之一，卢九及其家族对近代澳门的政治、经济、社会等领域的发展作出了重要贡献，包括开赌为业，促进澳门现代经济格局的形成；投资实业，推动澳门工业化进程；建设街区，推动澳门的城市化进程；领衔倡建同善堂，是澳门慈善事业的奠基者；捐助教育，促进澳门华人社会进步；参与政治，推动华人社会的稳定、和谐及进步等。②

早在1879年，卢九便担任镜湖医院总理。卢怡若出生时，卢家在澳门已有很高的地位，"荣禄公富而且贵，故中外官员，舣泊濠江者，均集其

---

① 卢子骏增修《新会潮连芦鞭卢氏族谱》卷十七下，宗支谱。
② 关于卢九家族事迹及其贡献，参见林广志《晚清澳门华人巨商卢九家族事迹考述》，《澳门研究》36卷，2006年10月澳门基金会出版；林广志、吕志鹏《加强澳门近代华商家族研究——以卢九家族为中心》，载2010年11月3～10日《澳门日报》。

门"。因此，卢怡若少时，即"恒见峨冠博带之士"，卢九对怡若"殷殷而望者"，是将来可以"执笏而立于朝"，怡若乃"孳孳而研"，读书颇为用功。年十七，娶新会李际唐之女为妻，"以贤闻于乡党"。光绪二十七年（1901），与七弟诵芬同年"赴庚子补行辛丑恩政并科顺天乡试"，列三十一名举人，诵芬则列一百五十八名，为一时佳话。中举之后，留居北京，与康有为交游，投恭亲王溥伟门下，"执弟子礼，列王之门墙"。唯其母"倚闾望切"，乃返粤归家。1904，请赴日本留学。1906，又偕八弟寿苏留学英国，入伦敦皇仁书院。1907 年冬，卢九卒，归澳门守制。1922 年，获粤海关监督刘玉麟之聘，赴任开平关总办。1935 年，与尤列、谢英伯等在广州创办广东归国华侨子弟学校，出任校董。1947 年春，其母梁氏逝世，"尽将梁夫人之遗产，慨捐同善堂施赈，以体亲心，以行素志"。当时下环河边新街设有渔民学校，为失学渔童而设，聘怡若为校长，在其任内，积极发展渔民教育，包括免学费、赠书籍文具。同时，为同善堂值理，兼任同善堂义校校长。1955 年，与其子荣锡，及高世俭等人发起成立澳门新会同乡会，接纳滞澳乡人。此外，怡若热心澳门华人事务，举凡赈济、教育以及华葡交涉等，莫不奋身参与。怡若有四房妻妾，有子女七人，长子荣均、七子荣勋居台北，余为荣标、荣坚等。[①] 1985 年，以 102 岁高寿逝于澳门。

卢怡若为卢九次室梁氏所出，在诸兄弟中排行第三，其兄卢廉若、卢煊仲，皆为近代澳门著名华商，其弟卢兴原则为我国近代法律界知名人士。

三　《卢公怡若传》的主要内容

数据显示，卢九、卢廉若、卢煊仲、卢兴原父子或暗中保护，或捐助资金，甚至加入同盟会或国民党，均以不同的方式支持和参与了孙中山领导的革命事业，甚至成为孙中山革命事业的"热心同志"。与其兄弟比较，卢怡若则是孙中山革命事业的坚定追随者，是澳门早期革命的主要推手。因长期追随孙中山，参与澳门同盟会的领导工作，怡若一直被誉为澳门的"革命老人"。

① 杨振雄、赵汉一、曾霖山等口述，任志林撰《卢公怡若传》，1959 年，未刊稿。

由于所遗史料不多，卢氏父子与孙中山交往的情形、经历与心态，往往无从说起。《卢公怡若传》以卢怡若的生平为经，以其早期追随孙中山革命为纬，选择若干重大事件，颇为系统地叙述了卢怡若参加革命的缘由、主要活动及其贡献。概况来说，《卢公怡若传》记述了卢怡若的主要革命经历。

（1）结交于孙中山，引为知己，并在孙中山鼓动下，"革命之思想，油然而兴"。1892 年，孙中山受聘镜湖医院，成为澳门首位华人西医。因父亲卢九的关系，卢怡若因此"获交"孙中山。然而，此时的卢怡若，秉承家训，以"执笏立于朝"为前程，致力于科举功名，成为"峨冠博带"之士。中举后，为康有为赏识，并推荐给恭亲王，乃列其"门墙"，被视为改良派之"后生"。及科举南返，方时与孙中山相见，并引为知己，"每相过从，旧雨欣逢，谈心永夕"。孙中山对卢怡若追求"异族功名"，以"亲王门生"为荣颇不以为然，乃鼓动卢怡若利用自己的身份和财力，投身革命，成为"汉人之望"。他对卢怡若说："吾子饶于资，当效卜式输财而匡国；吾子博学，奚让伍员偃塞而后吴，抑吾子以异族功名为显，亲王门生以为荣哉？吾子卓荦奇伟，若壮其志于伟大，则汉人之所望也，其有意于斯乎？"[1] 经过动员，卢怡若"革命之思想，以是油然而兴矣"。可以说，卢怡若一生致力于革命，受孙中山的开导和影响至深。

（2）在日本加入同盟会，是澳门华人中最早的同盟会成员，同时，为澳门同盟会的负责人之一。1904，卢怡若在香港定制洋服，"囊之返澳"，一日，穿着洋服，与其十弟招摇于街市，至龙嵩街吕宋人所开之理发店，效仿革命党人，将头上垂辫剪去，为澳门剪辫第一人。剪发后，卢九斥之"不孝"[2]，不得已，乃"蜗居斗室，欲出游，则装假发，每以为苦"，乃恳请留学日本。在日本横滨，保皇及革命两党，"互相争取名士俊杰入党以为声势，卢公之家世名望，皆为两党所欲得之者，故抵横滨数日，两党人士方便游说之"，而卢怡若之志"早在革命"，遂加入同盟会，"卢公列党之后，闻于海外各地。时陈少白主笔政于香港《中国日报》，少白为之

---

① 杨振雄、赵汉一、曾霖山等口述，任志林撰《卢公怡若传》，1959 年，未刊稿。

② 参见《卢怡若生平》（手稿本），藏澳门特区政府民政总署档案室。

布道之"。① 1905 年 9 月，冯自由、李自重受孙中山的委托，赴澳门成立同盟会分会以"联络同志"②，卢怡若成为负责人之一③。1909 年，该会创建澳门"华服剪发会"，在清平戏院隆重召开成立大会，广邀中外人士出席，卢怡若为大会主席，"于演辞中鼓励华服剪发之外，并从中申述革命救国，以唤人心"④。会上，设乐队奏乐，与会者歌唱童谣，以鼓励剪发者，歌词曰："当剪辫，当剪辫，不剪辫人天下贱；四方万国称富强，何曾见过脑后垂辫线？"歌毕，即请来宾上台剪辫，"不少垂辫而入，持辫而出者，开澳门华侨剪辫之始"。

为了避开清廷耳目，同盟会开展地下活动，活动经费均由卢怡若承担，"每相约至黑沙湾最僻之地举行会议，一切组织费用，皆负于卢公"⑤。为了寻求固定的活动场所，1911 年 7 月，卢怡若等人租下白马行街一大屋二楼，并与林君复、萧偑一联名向澳葡政府申请成立"濠镜公众阅书报社"以作掩护："具禀绅士卢宗缙等，为组织公众阅书报社，拟定章程，禀乞恩准存案。事切绅等，悯本澳华侨缺乏教育，殊有碍于世界之进化。爰约集本澳各热心家，担任经费，仿照各国办法，创立一公众阅书报社，备购大西洋及各国书籍报纸，任人入内观览，不收费用。此既可补教育之不及，即所以助世界之文明。惟绅等托庇宇下，凡结集社会，理合将办法详陈，以崇法律，而昭正大。兹谨将社内章程附列于后，禀乞督宪大人恩

---

① 杨振雄、赵汉一、曾霖山等口述，任志林撰《卢公怡若传》，1959 年，未刊稿。按：据卢怡若于 1967 年填写的《中国国民党年老党员生活补助党员特别借助申请表》显示，卢怡若于光绪三十一年（1905）在日本加入同盟会，"党证字号"为"香字 23098"。该表由卢怡若后人捐献，现藏于澳门特区政府民政总署档案室。

② 《孙中山全集》第一卷，《给冯自由李自重的委任状》，中华书局，1981，第 286 页。

③ "澳门同盟会支部的工作当时是接受香港方面领导的。澳门的主盟人初由谢英伯兼任，谢一度奉派去檀香山，乃改由'香军'参谋林君复继任主盟人。当时支部的主要负责人还有刘公裕、卢怡若、陈峰海、刘卓凡、陈卓平、林了侬、梁倚神、刘卡周等"。参见赵连城《同盟会在港澳的活动和广东妇女参加革命的回忆》，载中国人民政治协商会议广东省委员会文史资料研究委员会编《广东辛亥革命史料》，广东人民出版社，1981，第 92~92 页。另按：孙中山既与卢怡若引为知己，可能也曾属意卢怡若组建澳门同盟会："既而中山先生授命与卢公及林君复、邓三伯、谢英伯等，组织同盟会于澳门，为策动革命之机构。"杨振雄、赵汉一、曾霖山等口述，任志林撰《卢公怡若传》，1959，未刊稿。

④ 杨振雄、赵汉一、曾霖山等口述，任志林撰《卢公怡若传》，1959，未刊稿。

⑤ 杨振雄、赵汉一、曾霖山等口述，任志林撰《卢公怡若传》，1959，未刊稿。

准施行，绅等幸甚。"① 29 日，濠镜公众阅书报社获澳葡政府批准。② 表面上看，该书社为一公开的图书馆。其实，里面陈列了许多策动革命的书报"以为鼓吹"，该阅报社"并为同盟会所，卢公主盟于此，杨振雄等于此时先后加盟"。③ 据赵连城回忆，"在谢英伯策划下，同盟会在澳门开始发展组织，并于南环 41 号秘密设立了同盟会支部的机关，同时还参照当时同盟会在海外工作习惯，采用'书报社'形式（香港设有'民生书报社'），在白马行街钓鱼台的一座三层大楼成立了'濠镜公众阅书报社'（澳门旧称濠镜）。该社由卢怡若以绅商资格取得澳葡政府批准立案，并向各界发动募款捐书，以供群众借阅"。④ 时有美洲同盟会鼓吹革命的小册子《救苦救难》邮寄到澳门，委托澳门同盟会派发。当时派发此类刊物，为"背叛朝廷之罪魁"，一般人不敢做，而卢怡若则自带小册子沿街派送，"人皆险之"。卢怡若的革命行动，引起了两广总督张鸣岐的注意，于是派水师提督李准到澳门缉拿卢怡若。但李准仰慕卢家为人，早已与卢家兄弟"有兰谱之盟"。另外，李准下澳，也引起了澳葡政府的关注，由于"卢公为澳门政府所尊崇者"，澳葡政府以事涉政治，不合国际通例为由，搪塞瞒掩，李准缉拿之差，自然不了了之。⑤

（3）组织民军，筹备军械，回应革命。清末民初，大量的武器弹药通过澳门走私进入广东，澳门保皇党、革命党二派人士均以澳门为策划暴动、输运物资和枪支弹药的总部。革命党人在澳门活动频繁，并得到了许多华商的支持，他们在内地城市起义所需的军火，大多亦由澳门华商私运。卢怡若作为澳门同盟会的负责人，除了宣传联络，筹集款项之外，还筹款购置了大批军火，并组织民军，"云集于香山一带，以回应革命之战"。私运军火，时有被缉获的可能，1911 年 8 月间，龙清兵轮在澳门附近海面缉获一艘拖船，"其舱底则有军火码药甚多"。⑥ 从时间上来看，这

---

① 澳葡政府民政厅档案："建立公共图书馆——濠镜（公）众阅书报社——由卢宗缙等人建立"（Estatutos da Biblioteca Pública Hou Kiang Chong Iut Su Pou Sié - Fundada por Lu Chong Chan e Outros），1911/7/12 - 1911/7/22. AH/AC/03169，澳门历史档案馆藏。

② 《濠镜公众阅书报社章程》，见 1911 年 7 月 29 日《澳门宪报》第 30 号。

③ 杨振雄、赵汉一、曾霖山等口述，任志林撰《卢公怡若传》，1959，未刊稿。

④ 赵连城：《同盟会在港澳的活动和广东妇女参加革命的回忆》，载中国人民政治协商会议广东省委员会文史资料研究委员会编《广东辛亥革命史料》，广东人民出版社，1981，第90 页。

⑤ 杨振雄、赵汉一、曾霖山等口述，任志林撰《卢公怡若传》，1959，未刊稿。

⑥ 1911 年 8 月 27 日《申报》"澳门近事种种"。

起军火走私案，可能与正在准备武昌首义的革命党人有密切关系。

（4）筹饷应急，镇抚香山。民国元年，胡汉民为广东都督。胡氏初督广东，"惟军政之费，一无所著，乃商于港澳之革命同志，希急筹款，以应急需"。卢怡若乃联合陈少白、杨西岩、陈席儒、陈赓虞、容星桥等人，迅速筹得巨款，雇专轮运载赴省城。款至，胡汉民大喜，委任卢怡若为香山镇抚使。经过治理，香山一带的情况迅速好转："当时香山一带，秩序安定，皆赖卢镇抚使之功。"未几，孙中山邀卢怡若至南京，共商国是，并委之为总统府顾问，后任总统府筹饷委员，与孙中山之兄孙眉南下筹饷。"不料南下途中，寿屏改谋为粤大都督，公不以为然。行且至澳，以道之不同，行之而有别，辞寿屏而自留居澳门。"

1912年5月，孙中山卸任临时大总统后，卢怡若"眷念故人，邀之来澳"。孙中山此次下榻娱园，与卢氏兄弟"虚寒叙旧"，并赠送卢怡若照片一帧，亲提"孙文持赠"。在澳门期间，孙中山对民国前景不无忧虑，认为袁世凯"今居总统之位，岂诚意匡民救国乎？未始不为忧也"。有虑及此，认为应派一位可以信任的人士，进入袁世凯政府，"从事窥袁之举止，以联络革命同志"，此乃"策之善者也"。孙中山认为，卢怡若当为最佳人选，乃将此意告知卢怡若，并极力向袁世凯推荐。而卢怡若出于多方面考虑，没有出任此职。[①]

（5）参加抗战，不受伪职。"七七事变"后，抗战军兴，怡若爱国之心，不甘人后，出任第七战区第三纵队司令部参议，驻澳门指挥地下抗战工作。时汪伪政府"以中山县为特别之区，非有名高望重者，不足以掌其篆"，而卢怡若则"足以当之"，于是，"蒲轮璧帛，征请卢公"。怡若以节烈之气，坚辞不受。汪伪政府无奈，欲刺杀之，"夏之某夕，卢公夜归，至澳门邮政局后之斜巷，即为汪政府地下工作人员剑刺，幸公囊有银烟盒，且所御之革带坚韧而厚者，剑穿烟盒革带，仅伤皮肉。该处离卢邸不远，公与凶手格拒时，声闻闾里家人，于是群出为援，公乃得免"。此次暗杀，并没有吓到卢怡若，"公伤愈后仍负地下工作指挥，不以暗杀为惧焉"。抗战胜利后，孙科回澳门省亲，以为"还治之始，抚民复宇，多赖老成"，于是，邀请怡若"归粤"，被聘为广东省政府参议，直至宋子文、薛岳主粤，仍参议省府政事。

---

① 杨振雄、赵汉一、曾霖山等口述，任志林撰《卢公怡若传》，1959，未刊稿。

（6）景仰国父人格，眷顾国父家事。孙中山逝世后，卢怡若仍与孙中山居澳亲属保持密切联系，一直延续至 1950 年代。其中有两件孙中山家事，而卢怡若为之奔走，体现了卢九后人对孙中山伟大人格的尊崇。

1952 年 9 月，孙中山元配卢慕贞因病在澳门逝世，其孙治平、治强等从香港赴澳门奔丧。关于卢慕贞葬于何处为妥，一众亲友以及治丧委员会议而不决。卢怡若认为，卢慕贞在澳门逝世，应该葬在澳门，"澳门虽属葡治，亦当画地以奉安"。可是，能够葬在西洋坟场的华人，通常为已入葡籍的男性华人，西洋坟场从来没有安葬过华人妇女。为此，卢怡若亲自到澳葡政府华务科陈说，并由该科科长鲁尼士陪同，往见澳督史伯泰（Joaquim Marques Esparteiro），详述卢慕贞应该安葬在澳门的理由，史伯泰为之感动，立即决定在旧西洋坟场划出一块地，用来安葬卢慕贞。9 月 10 日，卢慕贞得以安葬在旧西洋坟场。在澳门历史上，澳葡政府在西洋坟场赠地安葬华人妇女，乃从卢慕贞开始。[①]

卢太夫人逝世后，遗留故居一座。1956 年冬，澳葡政府邮政局局长约见卢怡若，并称：文第士街大屋为孙中山故居，卢太夫人长期在此居住。卢太夫人逝世后，该屋以孙治强名义，在澳门邮局按押了葡币 19 万元。该屋押主已欠息半年，数额为 6600 元。依照律列，该屋将交法院拍卖。若果如此，则须将此消息刊于报端，不利于孙中山的声誉。希望卢怡若通知其家人，及时还款，"了此手续"。卢怡若为保全孙宅，乃先后与孙科及其子治强联络，他们均以各种理由，未能返澳门处理。不久，传闻该屋将被人收购，出价 27 万元。卢怡若还被告知，若"合作"完成买卖，还会有"好处"，"年近岁晚，吾公欲增度岁钱否"？"倘吾公置之不问，则事可成"。卢怡若闻此深感愤怒。港澳报刊风闻国父故居将出售，纷纷刊载消息，大有抢购之势。无奈之下，卢怡若只好将该屋按押、出售的详情，以及孙科来函影印件，函告台湾蒋介石以及国民党侨务委员会，吁请设法抢救保存。蒋介石为此亲自复函，拟将香山翠亨村国父纪念学校在澳门的校产出售，"以应此急"。但该校校董竟无一人在澳门，找不到主事者。后来，经过卢怡若反复联络，积极呼吁，1958 年 4 月，国民党政府才拨款将文第士街大屋赎回[②]，辟为国父纪念馆。

---

① 杨振雄、赵汉一、曾霖山等口述，任志林撰《卢公怡若传》，1959，未刊稿。

② 杨振雄、赵汉一、曾霖山等口述，任志林撰《卢公怡若传》，1959，未刊稿。

（7）与国民党关系密切，其"革命经历"受到台湾国民党尊崇。卢怡若与台湾国民党的关系，除了抢救孙中山故居时与国民党政府的互动之外，还有一事值得注意。1954 年 10 月，港澳报刊刊发了台湾"国防部"拟组建"青年师"以"反攻大陆"的建议，海外华侨"互相呼应"，澳门的国民党支部，乃推举卢怡若为领袖，"以为号召"。卢怡若时年 73 岁，"不以年老以辞"。第二年，包括军事、经济以及出师方略等"一切组织"均暗中筹备。2 月 20 日，乃在报刊发出组建"华侨青年军"之宣言，并"制表中华民国政府请缨"。4 月 20 日，接获台湾"侨务委员会"通知，"侨务委员会并无策动青年师或青年军之意"。无奈之下，25 日，所谓筹组澳门"华侨青年军"之策动取消。1964 年 3 月 8 日至 5 月 3 日，卢怡若访问台湾，受到蒋介石、陈诚的接见，岛内报刊对卢怡若的"革命事迹"及访台行程广为报道，被尊为"革命元勋"。

四 《卢公怡若传》的史料价值

《卢公怡若传》较为系统地讲述了一位澳门富家青年受孙中山的影响，逐步走上革命道路的过程，对回溯当年孙中山在澳门的足迹以及辛亥革命前后澳门华人社会的变化均有重大价值，可以说，《卢公怡若传》是近年来发现的十分珍贵的近代华人史料。借助该传的记述，早期孙中山在澳门从医及从事革命的事迹，可以得到更为清晰的认识。具体包括：

（1）引荐孙中山进入镜湖医院的华商，学界通常认为是吴节薇、何连旺、曹善业，但该传显示，是卢九"挽其留澳"："光绪十八年，澳绅张心湖太夫人疾，聘西医孙逸仙博士来澳诊治，已而药到回春，神乎其术。于是，荣禄公（卢九）挽其留澳，荐以镜湖医院医席，为镜湖西医之首任。"[①] 因此，不排除此次"引荐"，是以卢九为首的华商的集体行为。

（2）1895 年 10 月，广州起义失败，孙中山被清廷通缉，乃在香山人

---

① 杨振雄、赵汉一、曾霖山等口述，任志林撰《卢公怡若传》，1959，未刊稿。该传记述卢九邀请孙中山到镜湖医院，可与以下资料相印证："澳门闻人张心湖母病，群医无策，当地镜湖医院院主卢焯之（卢九），介绍孙医生前往诊察。经孙先生悉心治疗，逐渐全好。镜湖医院是澳门最大的一所慈善医院，一向专为贫民用中医中药免费治疗。卢焯之既愿提供一切便利，对孙先生的建议兼用西医西药也完全同意。这是一破除旧例，开创新风气的举动。孙先生因此慨然表示不受薪金，愿尽义务施诊。"参见吴相湘编撰《孙逸仙先生传》，台湾远东图书公司，1981，第 90 页。

唐雄的帮助下，寻机逃出广州，雇汽艇驶往香山唐家湾，先避于唐雄家，随后男扮女装躲进澳门，藏匿于下环街三号弗兰西斯科·飞南第家中①，"在澳门留二十四小时"。② 该传记载，在此危急之际，卢九以其影响和势力，与葡人飞南第一道，向孙中山伸出了援手："孙博士之居澳也，在关前街设中西药局，以掩护革命工作。不久，闻于清廷，下通缉令，事颇急，荣禄公（卢九）商于葡籍友人飞若瑟（飞二）者，以船护至香港，转神户焉。"③ 从当时的环境来看，卢九参与此次营救是完全可能的，因为卢九在省澳均有生意，在省城有广泛交结，消息灵通，"幸好卢焯之先生交游广，得到消息之后，雇了一艘木船，托葡人飞若瑟护送国父逃往香港，然后转往国外，保存了此一革命种子"。④

当然，卢九此次营救孙中山，并非简单地理解为对孙中山革命活动的支持。我们知道，卢九对孙中山在澳门推广西医是大力支持的，除了引荐孙中山进入镜湖医院外，还对孙中山的医术人品进行广泛宣传。1893 年 9

---

① 〔葡〕若昂·哥德斯（João Guedes）：《孙逸仙与澳门和革命》，（澳门）《文化杂志》中文版第十七期，1993 年。按：唐雄，字谦光，香山唐家湾人，1865 年生。少时即与孙中山交往，后随父唐益善旅居美国檀香山，继承父业，出任檀香山华美银行总经理。孙中山创立兴中会时，曾给予资金支持。抗战胜利后，定居澳门，在澳门开设八家企业，其中升平大旅馆曾为著名赌馆。参见金应杰《战后萧条经济似死水，升平旅店开赌救市》，澳门 2006 年 8 月 24 日《新报》。

② 《孙中山全集》第一卷，《伦敦被难记》，中华书局，1981，第 54 页。

③ 杨振雄、赵汉一、曾霖山等口述，任志林撰《卢公怡若传》，1959 年，未刊稿。按：飞若瑟，即飞南第（Francisco Hermenegildo Ferandes，1863－1923），出身于著名的土生葡人家族，其祖父为维森特·若瑟·飞南第（Vicente José Ferandes），其父尼古拉·第·飞南第（Nicolau Tolentino Ferandes），有兄弟二人，排第二，俗称飞二。飞南第在澳门利宵中学毕业后，即往香港发展，利用语言优势，进入港英法院任翻译员，并在法庭上结识孙中山。1893 年，飞南第回到澳门，投身报业，并兼任澳门华务署翻译员，先后创办华文《镜海丛报》及其葡文版《澳门土生回声报》。参见李长森《卢九父子与土生葡人飞南第家族》，林广志、吕志鹏主编《卢九家族与华人社会学术研讨会论文集》，澳门民政总署出版，2011，第 142 页。另外，葡国学者也指出，飞南第是与"朋友们"一起帮助孙中山脱险："人们不清楚飞南第是如何活动的，很可能他利用了若阿金·巴斯托律师工作上的方便之处，并得到总督的保证，即警察不会听信孙逸仙已在澳门的谣言而进行调查。与此同时，他利用了他在香港葡侨中的关系，以保证孙逸仙可以秘密地转道香港去日本。后来孙逸仙从澳门乘小船抵达香港之后，船老板才知道乘船的人是兴中会的成员。不清楚孙逸仙在澳门逗留了多少时间，但有一点是肯定的，即飞南第和他的朋友们成功地掩护了孙逸仙逃离澳门，借道香港东渡将会保护他的'日出之国'。"参见〔葡〕若昂·哥德斯（João Guedes）《孙逸仙与澳门和革命》，（澳门）《文化杂志》中文版第十七期，1993。

④ 参见台北 1964 年 4 月 15 日《工商日报》。

月 26 日，卢焯之（卢九）、陈席儒、吴节薇、宋子衡、何穗田（连旺）、曹子基（善业）等一群自称"乡愚弟"的华商在《镜海丛报》刊登启事，极力宣扬孙中山的人品和医术："大国手孙逸仙先生，我华人而业西医者也。性情和厚，学识精明，向从英美名师游，洞窥秘奥，现在镜湖医院赠医数月，甚著功效。"① 不过，在政治上，卢九是一个"生意人"，且深受清廷"眷顾"，思想保守，对孙中山的革命主张颇为冷淡，卢"为烟赌巨商，向以交结中外官宦为光宠，最称顽固"②。虽然如此，出于对孙中山人品和医术的尊崇，在关键时刻，他对孙中山的革命活动还是给予了同情与支持。

（3）据孙中山自述，"及予卒业之后，悬壶于澳门、羊城两地以问世，而实则为革命运动之开始也"。③ 显然，孙中山到澳门行医，并不仅仅是为了悬壶济世，而是抱有非常明确的革命设想。早在离港赴澳任职时，他便在船上对陈少白"讲到将来有机会的时候，预备怎样造反"。④ 具体而言，便是"借医术为入世之媒"，以镜湖医院为切入点，联络革命的"热心同志"，"因诇知镜湖医院为全澳有名绅商所公立，向用中医中药施治贫病。若从事政治运动，非先向该院绅商入手不可"。⑤ 然而，由于孙中山在澳门从事革命活动的史料匮乏，澳门是否为孙中山革命的"源头"？孙中山在澳门期间从事了哪些革命活动？史学界对此并无一致的意见。

根据卢怡若、杨振雄等人的回忆，孙中山在澳门行医期间，确实开始了革命之"鼓吹"与"同志"之联络，包括游说青年卢怡若投身革命、在

---

① 1893 年 9 月 26 日《ECHO MACAENSE》（《镜海丛报》葡文版），"春满镜湖"。按：同启者为卢焯之（卢九）、陈席儒、吴节薇、宋子衡、何穗田（连旺）、曹子基等，其中陈席儒、吴节薇、宋子衡、曹子基均为香山籍。陈席儒，香山籍华侨富商陈芳次子，西名东尼·阿芳，是陈芳之夏威夷籍妻子茱莉亚所生，毕业于美国耶鲁大学，随父回国后，在港澳两地经商，曾出巨资支持孙中山的革命活动，1915 年任镜湖医院总理。又与陈炯明私交笃厚，1922 年出任广东省省长。1936 年逝世。参见《珠海市文物志》第三章，第 125～126 页，"陈席儒墓"；吴节薇，又名吴文坚，香山籍商人吴昌之子。1893 年任镜湖医院总理，1901 年申请加入葡籍，1909 年为澳门"纳公钞至多之人"之一。参见镜湖医院慈善会编《镜湖医院 115 周年纪念特刊》，1986 年；汤开建、吴志良主编《〈澳门宪报〉中文数据辑录（1850～1911）》1901 年 1 月 12 日第 2 号、1909 年 5 月 15 日第 20 号。
② 中华民国开国文献第一编第十二册，《中国同盟会》（二），台湾正中书局印行。
③ 参见《孙中山全集》第六卷，《建国方略》，中华书局，1985，第 229 页。
④ 陈少白：《兴中会革命史要》，中国近代史资料丛刊《辛亥革命》第一册，上海人民出版社，1957，第 13 页。
⑤ 冯自由：《革命逸史》上册，新星出版社，2009，第 689 页。

草堆街开设中西药局"以掩护革命工作"等。[1] 葡国学者也指出，孙中山开办中西药局，实则为了掩护革命活动，"也许是为了更好地维持生计，他（孙中山）决定开办肺病治疗所并在草堆街开设药局。这两个地方虽说是为病人服务的，但也是革命党人的活动据点"。[2] 当然，据此断定澳门为孙中山革命的"源头"，可能为时尚早。不过，卢怡若等人的"口述"，为我们解决此问题提供了新的路径。

（4）关于 1912 年 5 月孙中山莅临澳门，一般认为是卢廉若邀请，但该传明确指出，此次孙中山到澳门，实为其追随者卢怡若邀请：孙中山卸任临时大总统后，卢怡若"眷念故人，邀之来澳"。我们认为，虽然卢廉若作为澳门的著名华商，而且与孙中山关系深厚，但从其参与革命的时间及其程度来看，则不及其弟怡若。作为澳门同盟会成员，怡若与孙中山素有深交，是孙中山的"革命同志"，并被孙中山聘为总统府顾问，知悉孙中山在南京的处境与动态，在孙中山辞去大总统不久，即邀请孙访问澳门，较有可能。

（5）关于澳门同盟会分会的活动，至今尚缺乏全面的回顾与研究，以致影响了澳门在辛亥革命运动中所扮演的角色的评价。该传数据显示，卢怡若在 1905 年已在日本加入同盟会，成为同盟会最早的会员之一，卢怡若回澳门后，作为同盟会澳门分会的领导者，积极策划组织剪辫、宣传、筹饷以及起义等活动。因此，该传可以看成是澳门同盟会分会的简史，对研究澳门同盟会的发展及其作用极有价值。

五 结语

关于孙中山与澳门的关系，尽管史学界已经作了许多的研究，一些史实也陆续被揭示出来，以这些史实为基础，基本上可以构建"孙中山与澳门"的大致轮廓。但是，由于许多葡文档案以及华人亲历者之史料仍然有待发掘，以致这个"大致轮廓"仍然有不断修正和完善的可能。以华人亲历者之史料为例，在研究近代华人华商问题时，最大的困难，便是华人家

---

[1] 杨振雄、赵汉一、曾霖山等口述，任志林撰《卢公怡若传》，1959，未刊稿。

[2] 参见〔葡〕若昂·哥德斯（João Guedes）《孙逸仙与澳门和革命》，（澳门）《文化杂志》中文版第十七期，1993。

族史料的不足，尤其是涉及追随孙中山的革命经历，更是隐晦匿藏，"不足为外人道也"。因此，研究者对当年华商与孙中山交往的过程及心态往往语焉不详，或舛误迭出。因此，《卢怡若传》的发现，重现了百年前发生在澳门的革命往事，弥足珍贵。学者如能比勘其他档案文献，一些"孙中山与澳门"相关的重大问题，也因此可以获得更加清晰的认识。

作者单位、职务：澳门大学澳门研究中心教授

澳门华人支持孙中山国民革命

✍ 陈树荣

伟大的民主革命家孙中山先生的"政治遗嘱"中，开篇第一句是："余致力国民革命凡四十年。"其中的"国民革命"，其内涵是："推翻清帝，建立共和"，而其中的"四十年"，是由 1885～1925 年。即由中法战争激发了孙中山的革命思想行为，直至 1925 年 3 月 12 日孙中山北京病逝。

孙中山"致力国民革命"的"四十年"，亦是民众支持"国民革命"的"四十年"。孙中山"致力国民革命"，离不开海内外华人的大力支持，特别是海外华侨、华人的鼎力帮助。几十年长期生活在华侨、华人之中的孙中山先生，对华侨、华人的全力以赴的支持国民革命给予极高评价，孙中山将之形象地比喻为"华侨是革命之母"。

澳门，自鸦片战争之后的 1849 年始，几十年间，逐步被葡人占据，实施殖民统治。然而，澳门毗连祖国，华人在澳门人口总数中占大多数，中华文化始终是文化主流，澳门的华人，虽然在历史上曾被称作"华侨"，但与侨居海外的华侨，是有所不同的。澳门同胞不宜称为澳门"华侨"，本文因此而称为"澳门华人"。

孙中山与澳门关系密切，对澳门及澳门华人有深切了解。而澳门华人对孙中山行医和进行国民革命，亦给予很多支持。孙中山"致力国民革命四十年"，澳门同胞亦长期支持国民革命。

一 医局提倡西医始于澳门

1897 年，30 岁出头的孙中山，在以英文写成的《伦敦避难记》中写道：

"予既卜居于澳门，澳门中国医局之华董所以提携而嘘拂之者无所不至，除给予医室及病房外，更为予购买药材及器械于伦敦。"

"此事有大可注意者一端，则自中国有医局以来，其主事之官绅对于西医从来赏为正式之提倡，有之，自澳门始。予既任事于医局，求治者颇众，而尤以外科为繁。"

26 岁的孙中山，于 1892 年 9 月，大学毕业于香港西医学堂，应邀往澳门悬壶济世，每日在澳门行医的地方有三个，包括镜湖医院、中西药局和孙医馆。

孙中山上文中所说的"医局"，即是镜湖医院，已开办 20 年。镜湖医院由澳门华人创办于 1871 年，是当年省港澳最大的中医院。孙中山镜湖医院行医，在该院的西医开设历史上，是首开先河。

孙中山对镜湖医院的"华董"（时称值理）的大力支持，给予很高评价，认为"华董"对他的"提携"，是"无所不至"的。孙中山指出"自中国有医局以来"，正式提倡西医的，"自澳门始"。

二　孙中山获镜湖大笔借钱

孙中山在镜湖医院行医期间，获得澳门华人的知名人士大力支持、担保，向镜湖医院两次借钱，在草堆街 80 号筹款自办"中西药局"，成为青年创业的好榜样。

孙中山向镜湖医院两次借钱，一次是光绪十八年十一月（1892 年 12 月），第二次借钱是 1893 年 4 月。两次借钱，自然有两张借据。第一张借据公开已久，四个月后第二次借款的借据则鲜为人知。两次借据都标明担保人是吴节微。

两次借款都标明是为开办中西药局。只是地点选择有所不同，首次借据上标明是在"大街"，第二份借据则标明是在"草堆街"。

两次借款，合计 4000 多元，相当于当年镜湖医院的全年开支。两张借据都有澳门知名人士当"见证人"，甚至镜湖医院创办人曹有（又名曹渭泉）。于此可见，澳门华人对孙中山非常信任、爱护与支持。

三　陈孔屏是首次起义烈士

1893 年 7 月，孙中山在澳门草堆街 80 号开设中西药局，生意很好。但孙中山不仅"医人"，更重在"医国"，几个月后就往广州等地筹办新的国民革命工作，于是，在《镜海丛报》上刊登广告，说将中西药局的业务，全盘交给陈孔屏料理。

陈孔屏是什么人，显然，他是澳门人，是孙中山的好友，是孙中山最信得过的战友。而查阅 1895 年 10 月，孙中山在广州举行首次武装起义不成功，被清政府杀害的烈士六人，其中有陈孔屏，可知陈孔屏是首义烈士，与陆皓东一起被杀害，为支持孙中山倡导的国民革命作出很大贡献。

这次武装起义的主要领导者之一杨衢云，当时组织的华侨义勇队队员几千人，其中有一千男人是来自澳门。亦可见澳门很多人为推动国民革命出力。

四　澳门青年史坚如英勇就义

1900 年 10 月，年青的革命党人史坚如，为配合惠州起义，决定暗杀广东巡抚德寿，以打乱广州官府的指挥中心。为此，史坚如变卖了家产，换钱设法买了 200 磅炸药，偷运到巡抚衙门后墙外一所租屋里，并挖一条地道，通往巡抚卧室，可惜炸药火力不足，此次壮举未遂。史坚如被捕后，英勇就义，年仅 21 岁。孙中山称赞史坚如"浩气英风，实足为后死者模范"。

史坚如原是澳门青年学生。1900 年，广州格致书院迁往澳门易名岭南学堂。史坚如随格致书院迁往澳门，继续学业，加入兴中会，奉孙中山之令往广州策划革命活动。在安置了炸药爆炸的当天，他买了返澳门的船票，准备落船，不幸被捕，英勇就义，可幸母亲和妹妹还住在澳门，避过了受株连之害。1913 年广东军政府为史坚如建墓园于黄花岗，立了一座精美的史坚如石像以资纪念。史坚如支持孙中山国民革命的革命精神，值得澳门人学习。

五　澳门同盟会策反新军起义

辛亥革命之武昌起义，鼓励同胞战斗志。同盟会南方支部立即派人到广东各地策动响应。澳门同盟会分部亦抓紧进行策反工作。

澳门同盟会盟主林君复、郑彼岸与同盟会员刘思复、莫纪彭等人，发动了与澳门毗邻的香山县前山新军一团反正起义，由新军营长、同盟会员任鹤年率新军两千多人，于 11 月 5 日毅然举兵响应，11 月 8 日光复香山、石岐，这是广东最早的新军起义壮举。

与此同时，澳门同盟会女会员赵连城等，亦做策反工作，对停泊在广州的广福兵舰管带（舰长）盛怀瑜抓紧策反，该舰于 11 月 9 日广州光复时易帜反正。

六 澳门同胞欢庆辛亥革命

1911 年，辛亥革命于武昌起义爆发后，迅速得到全国各地响应，各省纷纷光复独立，在广东光复之前几天，当 11 月 6 日从上海传来了"京陷帝奔"的电讯，澳门同胞奔走相告，欢欣鼓舞，到处鞭炮齐鸣，全澳热烈庆贺。

位于白马行街的钓鱼台的"濠镜公众阅书报社"（国华戏院对面），是成立于 1910 年的同盟会澳门支部的外围组织，在澳门率先升起全澳第一面革命旗帜。全澳很快掀起了"华服剪辫"热潮，断然与清廷决断。据澳门掌故学家王文达与本人说，当时很多人跑到龙嵩街口吕宋人开的理发店剪辫。由澳门第一个牙医李星泉父子开设的第一理发店异常拥挤，其热闹情景，记忆犹新。

澳门女同盟会员许剑魂、陆东卿、梁国体、严淑姬、梁荃芳、梁雪君等，参加广东女子抗战队跟随谢英伯、高剑父等同盟会负责人，于 1912 年 2 月随队出发抗战。

七 澳门同胞赞助国民革命

1912 年 5 月下旬，孙中山重游阔别 17 年的澳门和香山翠亨村，这是孙中山自 1895 年 10 月广州重阳首次武装起义不遂后，至今才旧地重游，倍感亲切。在澳门三天，备受澳门各界中葡人士热烈欢迎，在卢廉若的"娱园"下榻，并举行隆重欢迎会，留下几张珍贵的合照。

据 1912 年 5 月 29 日的《民生日报》报道，孙中山访澳期间，应邀往镜湖医院演说，"提倡国民捐，在座莫不鼓掌赞成，澳商萧赢洲（即商会主席萧登），率身响应，当即认捐 5000 元为之倡"。

澳门同胞一贯支持孙中山国民革命，在 1900 年孙中山策划在香港出版《中国日报》，作为国民革命的机关报，正当资金奇缺之时，获澳门著名华商陈芳陈席儒父子慷慨解囊，捐助 70 万元巨款，一时传为佳话。

1912 年 5 月，孙中山访澳前夕，澳门同胞为表示对孙中山的国民革命的支持，为广东省军政府进行的捐款活动，达七次以上，合计捐款 3.5 万多元，对稳定广东政局、稳固国民革命成果，发挥了积极作用。

八 以澳门为基地捍卫共和

此后，在十多年间，孙中山以澳门为"反袁讨龙"基地，为捍卫共和，澳门同胞义不容辞，继续支持，不断进取。而孙中山亦常常支持澳门同胞的正义行动。

1914 年后的澳门，成为发动反袁武装斗争的重要基地之一，孙中山的得力助手朱执信，长期在澳门策划筹款买军火，设立讨伐军阀的秘密机构。

1919 年，孙中山派儿子孙科为特派员，在澳门鹅眉街十号设立办事处，继续护法斗争，号召在粤海陆军起义响应，驱逐桂系军阀陆荣新等。

1920 年，孙中山派人在澳门筹办中国空军，澳门华人踊跃参加，从澳门购买了六架水上飞机，以澳门为基地，劲飞省城，轰炸盘踞观音山的桂系军阀，震撼甚大。其中一架大的水上飞机，由澳门殷商卢廉若慷慨捐出九千港元，买下来送给孙中山创建空军。

1922 年 6 月 2 日，孙中山在广州接见澳门总工会代表，支持他们反抗葡兵枪杀华工的斗争，次日由广州政府向澳葡当局及发出最后警告，并派陆军和炮舰赴前山一带近海警戒。

九 纪念手创民国的大伟人

1925 年 3 月 12 日，孙中山病逝北京，3 月 29 日澳门各界人士逾两万人，冒雨集中镜湖医院，从早到晚，分批隆重追悼孙中山，寄托着澳门华人同胞的哀思，表达澳门华人同胞对"手创民国之大伟人孙中山先生"的深切悼念。

1929 年 5 月 23 日，澳门商会发出通告："6 月 1 日为先总理孙中山先生奉安典礼之辰，凡属侨胞理宜尽礼致敬，为此通告，各商店通知，自 5 月 26 日起至 6 月 1 日止，一连 7 天，下半旗，以表哀思而伸景仰为要，此布。"

　　此后几十年间，澳门华人曾举行多次较大的纪念孙中山大会。5 年后的 2016 年，正逢纪念孙中山诞辰 150 周年，那将会是最隆重的纪念。

作者单位、职务：澳门历史学会理事长

辛亥革命与美国广东籍华侨

✍ 林家有

由孙中山领导和发动的辛亥革命不仅推翻了清朝所代表的封建君主专制政权，结束了在中国延续两千多年的君主专制政体，而且也开辟了中国共和民主的新时代；它不仅完成了中华民族由自在实体向自觉实体的转变过程，也开辟了一个现代民族国家的历史新纪元。在近代中国社会变革的历程中，辛亥革命是一件具有重大意义的历史事件。

在这一重大的社会变革过程中，全球华侨都起了很大的作用，但过去我们研究辛亥革命与华侨的关系重点都放在东南亚华侨，这不能说不对，但不全面，其实日本和欧美华侨对辛亥革命的贡献也很大，应该引起重视。

一

孙中山领导的辛亥革命与华侨的关系极其密切，正如有学者所指出的："海外侨社是革命思想的温床，是革命行动的荷包，更是革命的血库，没有华侨就没有中华民国，没有华侨就没有中国坚持现代化道路的反清革命。"[1] 所以辛亥革命与华侨是一个相互依存互动的联合体，谁也离不开谁。

孙中山的家乡广东香山县（今中山市）是著名的侨乡。香山华侨主要的居住地是美国和南北美洲、澳大利亚等地。就美国而论，19 世纪的美国华侨大多数都是来自广东的珠江三角洲而且多为苦力华工、侨商侨民和留学生。中国人到美国去谋生大多是在 19 世纪 50 年代以后。1848 年美国在

---

① 习贤德：《孙中山与美国》，上海人民出版社，2008，第 135 页。

加利福尼亚发现黄金的消息传到珠江三角洲以后，到美国去淘金则成为珠江三角洲破产农民的谋生出路。许多人都相信到了大洋彼岸去淘金能赚钱能生财致富，因此不少人不惜变卖家产，冒着风险到异国他乡去淘金，以及做各种苦力维生。据统计，1855 年居住于美国加利福尼亚的 4 万名华侨中，四邑人（新会、台山、开平、恩平）占 41.6%，香山（中山）人占 36.2%，三邑人（南海、番禺、顺德包括广州及其周围地区）占 17.6%，客家人（主要是广州附近的花都、清远等地）占 4.6%。1866 年，四邑人上升为 55.8%，香山（中山）人为 19.7%，三邑人为 18%，客家人占 6.5%；1868 年，四邑人为 58.8%，香山人为 19.4%，三邑人为 16.4%，客家人为 5.4%；到 1876 年，四邑人更上升为 82%，香山（中山）人为 7.9%，三邑人为 7.3%，客家人则为 2.8%。[①] 19 世纪 40~50 年代旅美华侨人数还不多，据陈友仁的公子陈依范在他的《美国华人史》中说：美国是世界上规模最大的移民国，但最初，移民主要来自欧洲。中国是远东移民最大的来源。可是，19 世纪 30 年代来美的 50 万移民中，华人只是极少数。19 世纪 40 年代的 150 万移民中，华人不到 400 人。到 1850 年代，来自中国的移民在淘金热里达到高峰，但在美国的中国移民总数也只有 35000 人左右。在 1850 年代，来美华人有 65758 人，即使算上已在加州的 775 名，1860 年在美华人总数也只有 34933 人。[②] 1850~1859 年平均每年来自中国的移民是 6680 人。[③] 到 1894 年兴中会在檀香山成立时，中国有多少移民在檀香山和美国，我们还不太清楚。不过郝平在他的《孙中山革命与美国》书中说："1900 年，居住在美国东部和中部的华侨已达 2 万余人，约占全美华人的四分之一。"[④] 据此类推，在兴中会成立前后美国的华侨总人数约在 10 万多人。美国亨特在其《意识形成与美国外交政策》一书中则明说："到了 1880 年，在美国的中国人已超过 10 万人。"《东方杂志》1907 年第 10 期也指出，当时美洲有华侨 272829 人。美国包括南美洲古巴、巴西以及加拿大等国家 20 多万华侨中大多数也是广东、福建人。

---

① 参见朱杰勤主编，杨国标、刘汉标、杨安尧著《美国华侨史》，广东高等教育出版社，1989，第 10~11 页。

② 陈依范：《美国华人史》，世界知识出版社，1987，第 24 页。

③ 陈依范：《美国华人史》，第 32 页。

④ 郝平：《孙中山革命与美国》，北京大学出版社，2000，第 12 页。

在檀香山①及全美国大陆的华侨中大多都是从事开金矿、修铁路，从事农林牧渔业，以及餐饮业、洗衣业。修铁路的条件差，劳动强度大，不少华工在修铁路中葬送了性命，但由于他们刻苦耐劳，参与了美国西部，尤其是对早期加利福尼亚地区农林牧渔业的开发作出了很大的贡献，也因此有的华侨发财致富。比如，广东香山县今珠海市的陈芳，就是当年檀香山有名气的华人企业家，在檀香山他拥有几家制糖厂和有 200 英亩的甘蔗园，他个人资产达 60 万美金，在当地华人中属首屈一指。还有孙中山的胞兄孙眉，也是一个成功的商人、农场主，不仅有农牧场，也有商店、酒店和房屋出租，是茂宜岛上的"茂宜王"。不少华商在美国经营运输、锯木、房屋建造、旅店和餐饮、洗衣、理发，开设杂货店、米店、中药铺，以及贩卖各种来自中国的商品。后来一些华商将资金投向制造业和开设烟厂、鞋厂、毛纺厂、食品加工厂等企业，或参与创建中国邮船公司、开办银行等，华侨在美国的表现赢得许多美国人的欢迎，也对美国的发展作出了贡献。但当时的美国也是一个发展中的国家，加上白种人与黄种人比较，黄种人，尤其是华人，在刻苦耐劳，以及在发展生产，从事服务行业和商业活动方面都具有许多优点，他们随着旅美华侨开始在美国有所作为时，加上 19 世纪下半时，美国出现经济危机，社会矛盾激化，华工首先遭难，反华和排华风潮开始在美国各地掀起。据人统计，1855～1876 年 20 年间，杀害华人要件达 262 件。② 美国排外主义的宣传使许多美国人轻视、蔑视中国人，美国甚至有人要求把中国人全部赶出美国。而美国政府所制定的一系列法规与国会议案中对中国华人歧视，颁布一个又一个排华法案，不仅挑动起白人对华侨的仇视，也使华侨多年积累起来的财富付于一旦，甚至牺牲性命。华侨虽也有祖国，但祖国的当权者由于腐败和国家的贫穷落后，对于美国华侨的血泪和苦难，起初不理不管，后来面对美国及其他国家的排华加剧，清朝政府也曾派出驻外公使，并力争美国政府取消排华法令，恢复华人在美国的合法地位，但进展缓慢，致使许多居美华侨对清朝政府失去了信心，尤其是华侨的中下层对美不满也仇视清政府，这就为他

---

① 檀香山是由其出产檀香木而得名。檀香山通称为夏威夷（Hawaii），由太平洋一系列岛屿组成。1893 年 1 月，美国依靠强大的海军将夏威夷女王推翻，并于 1894 年成立了美国势力主导的共和政府。1898 年后成为美国领地，1900 年正式成为美国一个州。首府为火奴鲁鲁（Honolulu），华侨称为"正埠"或"大埠"。

② 张存武：《光绪卅一年中美工约风潮》，（台）"中央研究院"近代史研究所，1982，第 5 页。

们支持孙中山及其发动的辛亥革命奠定了政治思想基础。然而，尽管当时旅美华侨受到美国排华的威胁，他们的就业和生存都成为严重的问题，但因为他们远离祖国，他们根本无暇顾及远在万里之外国内发生的反清事情。①

革命绝对不是个人的事情，无论种族革命或民主革命都是种族对种族、阶级对阶级，或一个社团对另一个社团的斗争，人都从属于某一阶级或社团。辛亥革命作为民主革命，无疑又是反帝和反封建的革命，而它的开端也只能是1894年11月孙中山在檀香山组建兴中会。因为兴中会提出"驱逐鞑虏，恢复中国，建立合众政府"的革命宗旨。至于孙中山为什么要到檀香山成立革命组织兴中会？学者多有论述，主要是因为孙中山的胞兄孙眉是檀香山华侨，以及他13岁时曾到檀香山读了几年小学和中学有关，当然也与当时檀香山的政治经济发生了巨大变化有关，因为1893年1月17日，美国公使和海军将檀香山女王推翻，并于1894年成立了由美国控制的临时共和政府，1898年8月美国吞并了檀香山，成为美国属地，1900年檀香山成为美国的一个州。在檀香山王国变革的过程中，一方面孙中山的活动有一个宽松的环境，另一方面檀香山人民反对美国的兼并中也给孙中山许多思想的启迪和感受。由于当时檀香山比较闭塞，风气未开，尽管当时檀香山有华侨两万多人，赞同孙中山革命的人则不多。但檀香山的华人社会已逐步形成，并成立了不少帮会性质的组织，只要加强宣传和组织，对于孙中山的反清革命总比其他地方要好。② 加上檀香山广东籍华侨，尤其是香山华侨对孙中山的支持，对于孙中山选择檀香山作为兴中会创始地产生关键性作用。此外，檀香山远离祖国，清朝对革命者的活动也鞭长莫及，他们想管也管不了。所以孙中山选择檀香山作为兴中会"反清"组织的发源地也不是偶然性的决定。孙中山组织兴中会是为了"反清革命"，既然是革命组织远离祖国也难以指挥革命，加上檀香山华侨闻孙中山有作乱谋反言论，故亲戚故旧听说孙中山在组织"反清革命"亦多掩耳却走。为此兴中会成立后为了有利于"反清起义"即将总部迁移香港。

---

① 郝平：《孙中山革命与美国》，北京大学出版社，2000，第87页。

② 参见陈三井著《中山先生与美国》，台湾学生书局，2005，第36～40页；马兖生著《孙中山在夏威夷：活动和追随者》，（台）近代中国出版社，2000，第27～28页；习贤德著《孙中山与美国》，上海人民出版社，2008，第145页；郝平著《孙中山革命与美国》，北京大学出版社，2000，第65～67页。

　　兴中会 1894 年 11 月成立于檀香山。兴中会成立时有多少人参加，没有一个准确的统计。有人认为，兴中会成立时首批会员是 25 人，加上孙中山应是 26 人。具体名单的职业是：商人：程蔚蓝、郑照、黄华恢、刘祥、刘卓、黄亮、锺木贤、李多马、李禄、刘新寿、锺宇、曹采；工人：陈南、夏百子、宋居仁、李杞、侯艾泉；公务员：李昌、卓海；银行家：何宽；农业家：邓荫南、郑金；教育界：许焘、许直臣；报界：林鉴全；医生：孙中山。① 其中属广东香山籍的会员有 16 名，他们是孙中山、陈南、何宽、锺宇、李昌、宋居仁、侯艾泉、李杞、林鉴泉、曹彩、黄亮、卓海、锺木贤、李禄、程蔚蓝、许直臣。② 其实宋居仁是花县人不是香山人，李昌是清远人，所以香山籍的 16 人恐有问题。李杞也不属于第一批的兴中会员，第一批兴中会员除孙中山外，可能是 24 名。邓荫南是开平人，郑照、郑金是保安人，黄华恢是南海人，刘祥、刘卓是台山人，李多马是惠州人，夏百子是新会人。

　　总之，檀香山兴中会第一批会员，除刘新寿、许焘籍贯不明外，其余都是广东华侨。随后又有杨纳、李杞等 90 余人加入，这些人不少都是孙中山革命的坚定支持者，如锺宇是孙中山同乡，高中同窗，当孙眉拒绝支持孙中山留檀时，是锺宇筹款帮助孙中山返国。其后，数十年一直成为孙中山的战友。宋居仁为广东花县人（今广州市花都区）1885 年在檀香山认识孙中山，后来毅然卖掉餐馆，赞助兴中会，广招会员，其儿子和宋一起返回中国投入革命，都相继为革命牺牲。李昌为广东清远人，他赞助革命贡献良多，号召不少侨胞参加兴中会。何宽为孙中山同乡，他不仅让兴中会在其住宅举行成立大会，而且成为华埠三家报刊的要员，积极宣传革命。檀香山兴中会的开办费、活动费全都是由孙眉及其他广东华侨和会员交纳会费每人底银 5 元，以及设银会集股，每股科银 10 元，成功后收回本利百元等办法筹款。但收取会员底银及银会股银，两项所得不足美金两千元。孙中山急于回香港组织兴中会总部，继而在广州发动起义，但所集经费不敷大举之需，于是焦急万分。孙眉更以每头六七元之价，贱售其牛牲一部，以充义饷。邓荫南亦变卖其农场，表示对革命的支持。陈耀垣也变卖

---

① 沈渭滨：《孙中山与辛亥革命》，上海人民出版社，1993，第 54 页；茅家琦等：《孙中山评传》，南京大学出版社，2001，第 112 页。

② 胡波：《兴中会成立时的香山人》，《中山人文社科》2010 年第四期，第 60 页。

自己的"德和商店"和所有财产为孙中山筹集革命经费。孙中山及檀香山华侨的共同努力，终于筹得美金约合港币一万三千元，孙中山便束装回国。兴中会员随后返香港参加 1895 年广州起义的有邓荫南、宋居仁、夏百子、陈南、李杞、侯艾泉等人。①

　　1895 年 10 月兴中会广州起义失败后，孙中山乘船逃出广州，经珠海唐家湾到澳门，于 29 日抵香港，30 日晨偕郑士良、陈少白离港去日本。12 月中旬，孙中山再赴檀香山。由于孙中山发动广州起义失败，孙中山成为清政府通缉要犯，清史捕索革命党人甚急，华侨在国内的家人也受威胁。孙中山这次赴檀香山，"初拟向会员集资回粤以图再举，适是时驻檀香山清领事已奉虏廷命，命令调查在檀兴中会会员姓名籍贯，借以查抄原籍家产"；而香山知县查封翠亨村孙姓房产的消息，亦传遍檀香山。因此各会员大有戒心，除何宽、锺宇、许直臣、李昌、郑金、郑照、程蔚南、黄亮、林鉴泉 10 余人外，多不敢与孙中山照常往还。② 所以，孙中山此次到檀香山，复集合同志，扩大兴中会，以图再起，进度迟滞。然而，孙中山坚定信心，在檀香山停留半年，他遍游周围各岛向华侨宣传革命，募集军费，尽管只募款 6000 余元美金，不够第二次起义用途，但由于孙中山的努力檀香山华侨对革命有了新的认识。随后孙又决定离檀赴美。1896 年 6 月 18 日，孙中山从檀香山乘轮船抵达旧金山。旧金山通称"金山大埠"（今旧金山），华侨最多，孙中山在旧金山逗留一个多月，除宣传革命外，还成立了兴中会分会，参加的人有马锦兴、谭贞谋、陈翰芬、刘明德、陈省微、毛基、严俊升、陈吉初、欧阳琴轩等 10 人，以教会人士居多，华侨商人诸多顾忌不敢入会。③ 是年 8 月，孙中山从旧金山乘火车由西而东，横越美国大陆，经芝加哥而达纽约，大约花 1 个月时间，沿途向华侨所在地区宣传革命，筹备军饷。据梅斌林回忆，孙中山由旧金山到芝加哥，有三个目的，第一是筹款，第二是宣传革命，第三是建立兴中会组织。当时芝加哥华侨大约有三千多人，其中一千多人姓梅，他们全都是广东台山人，其余的为陈姓、李姓和余姓，在芝加哥开杂货店、酒楼和洗衣馆，也都是广东人。由于保皇党的势力大，如保皇党在芝加哥的负责人梅恭柏，

---

①　冯自由：《革命逸史》第四集，中华书局，1981，第 2~4 页。

②　冯自由：《中国革命运动二十六年组织史》，商务印书馆，1948，第 26 页。

③　项定荣：《国父七访美檀考述》，台北时报文化出版事业有限公司，1982，第 50~51 页。

开一间大酒楼——琼彩楼，投资十万美元，梅恭柏股本最多，但这些有钱的华侨上层都不支持孙中山革命，"不肯拿出一文钱"捐给孙中山。华侨中层对孙中山也很冷淡。"他们对孙中山驱除鞑虏，建立民国的道理，虽不表示反对，但思想上有顾虑，不敢出来支持，觉得清朝虽然应该打倒，但推翻清朝这件事总是大逆不道，是造反，要是清朝打不倒，将来回到祖国，难免有生命之忧。"所以，支持孙中山的只有华侨下层群众。[1]

1910年，孙中山到了芝加哥，每天都出去宣传革命，几乎是挨家挨户去找人谈革命讲道理，虽然在经济上收获不大，但在宣传革命方面还算有成效。孙中山与芝加哥上海酒楼的侨胞来往最多，所以上海酒楼的侨胞受孙中山的革命影响最大。好多人愿意加入同盟会，孙中山便决定成立芝加哥同盟会分会。第一批参加同盟会的有上海酒楼的老板梅耀富、梅旭耀，经理梅光培，股东兼泰和杂货店负责人李柏、梅寿，上海酒楼洗盘碗的梅长就、招待员梅才、梅天宇，住居上海酒楼在芝加哥半工半读的梅斌林（即梅文杰）等，共10多位。后来梅耀富和梅旭耀等在芝加哥合资经营的上海酒楼迁美国东部底特律经营，孙中山也到底特律筹款和宣传革命。底特律当时华侨只有100多人，他们经营酒楼、杂货店和洗衣馆，孙中山又在底特律成立同盟会分会，第一批加盟的有汤介眉、朱卓文、林光、林光汉、余遽、余栋、梁贺、梅义荣、林槐燊和方神长等20多人，其中除汤介眉等数人外，其他均为中国酒楼的职工。[2] 可见，这些广东台山籍的华侨，对孙中山宣传和发动华侨参加革命起了很大的作用。

二

革命离不开钱，没有钱不仅革命党人的活动受阻，也不可能购置武器和开展革命宣传。孙中山深知筹措经费与起义的规模及成败关系极大。自兴中会广州起义时起，孙中山即亲自筹划经费。他六次环球旅行，七访美国、檀香山，除了宣传革命，筹组革命组织外，最重要的任务就是筹措经费。究竟他在美国、檀香山筹了多少钱，没有一个精确的统计，据台湾吴

---

① 梅斌林：《孙中山在美国芝加哥》，尚明轩、王学庄、陈崧编《孙中山生平事业追忆录》，人民出版社，1986，第206~208页。

② 梅斌林：《孙中山在美国芝加哥》，尚明轩、王学庄、陈崧编《孙中山生平事业追忆录》，人民出版社，1986，第211~213页。

文晓先生在《华侨支持国民革命起义经费之研究》文中统计，在辛亥武昌起义前美国、檀香山华侨捐款情况如下。

第一次广州之役，檀香山华侨捐款 2776 港元，孙眉变卖牛只价未详，邓荫南捐款 10224 港元。

钦廉、河口之役，美国柏克莱华侨捐款 2600 港元，巴士杰洪门致公党捐款 850 港元。

广州新军之役，美国纽约华侨捐款 3000 港元，波士顿华侨捐款 2000 港元，芝加哥华侨捐款 2000 港元，旧金山华侨捐款 1000 港元。

广州三二九之役，美国旧金山捐款 10000 港元，纽约华侨捐款 2000 港元，檀香山华侨捐款 3000 港元，檀香山希炉华侨捐款 20000 港元。总共 35000 港元。

武昌起义，美国各埠华侨捐款 288260 港元。

总共美国、檀香山华侨为辛亥革命捐款约 35 万港元。①

又据记载 1910 年孙中山抵旧金山，其后到过洛杉矶、檀香山和芝加哥等地，经过孙中山的努力在纽约筹得 2000 元，在旧金山筹得 10000 元，檀香山华侨募捐 2000 元，加上域多利致公堂的 34000 元，温哥华致公堂的 19000 元，多伦多致公堂的 11000 元，总共在美、加两国这次筹到款项，共计港币 77213 余港元，约占"三二九"黄花岗起义所用经费的半数。②冯自由在《革命逸史》书中说：广州"三二九"黄花岗起义总用款，总计 17 万余港元，美国、加拿大、檀香山筹款 77000 余港元。③

综合以上各书记载，美国、檀香山捐款的数目不完全相同，但大体说差不了太多。此外，华侨除个人捐款的数目外，还通过发行股票、公债、军票，甚至类似彩券的方法，但用这些方法集聚的经费有多少，后来偿还了多少至今还没有人做这方面系统的研究，看来也有一定的困难。

总而言之，美国、檀香山华侨对辛亥革命贡献很大。他们不仅首先组织兴中会，打起"反清革命"的旗帜，捐款和回国参加起义，更重要的是

① 吴文晓：《华侨支持国民革命起义经费之研究》，张希哲、陈三井主编《华侨与孙中山先生领导的国民革命学术研讨会集》，（台）"国史馆"，1997，第 175～183 页。

② 项定荣：《国父七访美檀考述》，（台）时报文化出版事业有限公司，1982，第 206 页；邓丽兰编著《临时大总统和他的支持者——孙中山英文藏档透视》，中国文史出版社，1996，第 160～162 页。

③ 冯自由：《革命逸史》初集，中华书局，1981，第 235 页。

在革命屡经挫折过程中，华侨中的小商人和劳动人民则是孙中山反清革命队伍中最早觉悟的一部分。诚如史扶邻教授在《孙中山与中国革命的起源》一书中指出：邓荫南把孙中山看成一个"受命于天"的人，必定成功，他卖掉了自己在檀香山的商店和财产，到香港和孙中山汇合回国参加革命，在几次密谋冒险活动中扮演了重要角色。民国时期先后被任命为东莞、开平县县长。① 美国韦慕庭教授也说："如果没有孙眉的帮助，孙中山这位年轻的医生几乎不可能开始从事他的革命事业。"② 由此可见，在整个反清革命中，美国华侨无论是经费还是参加革命活动都起了重要的作用，特别是广东籍华侨贡献突出。美国华侨是整个华侨的重要组成部分，对于孙中山领导的反清革命，尤其是对广州兴中会起义、广州"三二九"黄花岗起义，乃至于武昌起义，美国华侨都是华侨中最热心革命和"出资勇而挚者"之一。

美国华侨大多是广东人、福建人，孙中山利用乡土意识及地缘的结合作为联络华侨的一种手段，而且也相当成功。据人研究，美国早期华侨多是农民出身，他们到了美国修铁路、开金矿，以及从事各种小商贩和餐饮业，他们有乡情，但无国家观念，他们有祖国，但无政治的意识，孙中山通过同乡来联络感情，通过亲身经历来启发远离祖国侨民的觉悟，启导他们用实际行动来改造中国、振兴中华，具有合理性、积极性，不能把这视为是狭隘的地方主义意识。

孙中山的目的就是通过侨居国外的中国公民来支持中国国内的革命，通过发动华侨和启发国内人民的觉醒来振兴中华，实现中国的独立、共和、民主和富强，应该说孙中山这样做是非常高明的一种智慧，事实也说明美国华侨中也有一些人反对革命，但由于广东籍华侨的积极支持，他能在兴中会时期的艰苦斗争中坚持下来，终于在世界各地华侨和国内各族人民的支持下成立同盟会，成就了辛亥革命推翻清朝，建立民国的伟大业绩。所以，人们说："华侨是革命之母"，也符合当时中国的实际，不是什么夸大华侨在辛亥革命中作用的不实之词。

---

① 史扶邻：《孙中山与中国革命的起源》，丘权政、符致兴译，中国社会科学出版社，1981，第 39 页。
② 韦慕庭：《孙中山——壮志未酬的爱国者》，杨慎之译，中山大学出版社，1986，第 43页。

三

美国广东籍华侨对辛亥革命的另一个重大贡献就是在社会动员、宣传革命方面做了大量卓有成就的工作，发挥了重要影响。在兴中会建立之初，孙中山无论在国内或国外对反清革命的宣传都不如康有为、梁启超维新派重视，康有为、梁启超在国内的影响远大于孙中山的革命派。国内新兴知识分子都仰望康、梁，受康、梁维新思想的影响。对于孙中山要革命造反，都说孙是一个"江湖大盗"，甚至有人还怀疑孙中山不识中国字。连章炳麟都附和当时流行的看法，认为孙中山是个"不学无术的土匪"。①开始在美国，在檀香山华侨中也同样有人对孙中山不热心，比如旧金山是时风气异常闭塞，十九缺乏国家思想，与谈"革命排满"，莫不掩耳惊走，在耶教徒中因同情总理（按，孙中山）而加入兴中会者，仅邝华汰（广东台山人）等数人。②旅美华侨团体名目繁多，其中以洪门致公堂为最大，其会员占全美侨胞十之八九，宗旨为反清复明，即广东的三合会之支派。美国致公堂的总堂在旧金山，全美国有几十个堂口。孙中山深知要发动美国华侨支持和参加革命必须加入致公堂。1903 年 10 月，孙中山从日本赴檀香山，因梁启超等人的破坏，当地兴中会阵地几尽为保皇党夺去。孙中山在希炉重建革命组织"中华革命军"，以"驱除鞑虏，恢复中华，创立民国，平均地权"16 字正式列入誓词，参加者也仅有 10 余人。12 月，孙中山又由希炉重返檀香山到各戏院演说，批判保皇邪说，并改组由华侨程蔚南（广东香山人）所办的商业报纸《檀山新报》作为革命喉舌，并亲自撰文批评保皇党。在《敬告同乡书》中，孙中山揭露梁启超散布"名为保皇实则革命"谬论的欺骗姓。又指出康有为《最近政见书》乃"死心塌地以图保皇立宪而延长满州人之国命，续长我汉人之身契"。也有批评梁启超的《新民丛报》，指出梁氏虽然忽言"革命"、"破坏"、"爱同种"、"爱真理"等等，但他只是"犹乎病人之偶发呓语耳，非真有反清归汉、去暗投明之实心也。"至于本埠保皇报主笔（指《新中国报》的陈仪侃）等也

---

① 参见史扶邻《孙中山与中国革命的起源》，丘权政、符致兴译，中国社会科学出版社，1981，第 262 页。
② 陈锡祺主编《孙中山年谱长编》上册，中华书局，1991，第 108 页。

一样，他们"所有保皇为真保皇，所有革命为假革命"。孙中山明确指出："革命与保皇，理不相容，势不两立"，"决分两途，如黑白之不能混淆，如东西之不能易位"。号召华侨同胞"大倡革命，毋惑保皇"。①

1904年1月，孙中山在檀香山加入洪门致公堂，并受"洪棍"之职。此后，孙中山继续在《檀山新报》上发表批判保皇党的文章，帮助当地华侨划清革命与保皇的界限，使不少受骗的华侨与保皇脱离关系。5月，孙中山在当地华侨黄三德的陪同下从旧金山出发到加利福尼亚萨克拉门托等埠对洪门会众进行注册和宣传活动。然后到纽约、华盛顿各地，所到之处，黄三德必"开台演戏"、孙中山则发表演说，阐扬反清革命宗旨，驳斥保皇谬论，取得显著效果。孙中山不仅改组了洪门致公堂报刊，在檀香山办《檀山新报》（后改名《民生日报》）代替原来的《隆记报》。在旧金山改组《大同日报》为美国洪门致公堂组织的机关报。当时美洲《中西日报》还印发了邹容的《革命军》11000册，在美洲华侨中发生很大宣传作用。美国洪门致公堂报刊为辛亥革命的舆论准备作出了自己的贡献。②

习贤德在《孙中山与美国》一书中说，美洲同盟会成立比较迟。他认为迟至1910年3月才成立于旧金山，但早在1909年春就先以"少年学社"名义，吸收具有新思想而倾向革命的侨界精英。其中心人物包括：李是男、黄伯耀、李旺、温雄飞、黄芸苏等人，均为广东台山人。1905年8月，同盟会在日本东京成立后，一直未派人到美进行活动。当时，以李是男为笔名常发表革命性文艺作品的李棠，是旧金山唯一同盟会员。后经李是男主盟和介绍人加入同盟会的有黄伯耀、李旺和温雄飞三人。③

后李是男等决定发行星期报，命名为《美洲少年》，创刊号选在7月4日美国独立的国庆日出刊，《美国独立宣言》也被译为中文刊在创刊号上，它将中国与美国联系起来，宣传革命，手段高明。当时侨报虽名为日报，其实都是下午才出刊，外埠更要隔日才能见报，为配合党务宣传，1911年李是男将该报复改名为《少年中国晨报》。④ 孙中山指出，《少年中国晨

① 见《孙中山全集》第一卷，中华书局，1981，第233页。

② 俞云波：《美洲致公堂与辛亥革命》，洪丝丝等：《辛亥革命与华侨》，人民出版社，1982，第62～69页。冯自由：《革命逸史》第四集，《美洲革命党报述略》，中华书局，1981，第129～132页。

③ 习贤德：《孙中山与美国》，上海人民出版社，2008，第154页。

④ 温雄飞：《回忆辛亥革命前中国同盟会在美国成立的经过》，《孙中山史料专辑》，广东人民出版社，1979，第192～202页。

报》决定改为股份有限公司，每股美金一元，加入同盟会的人必领至少认购一股，共募得 3000 余美元，遂在企李街租屋创设"少年中国晨报书庄"，兼印务公司，于 1910 年 7 月 16 日正式发刊。1911 年 3 月，孙中山最后一次赴美，5 月在《少年中国晨报》成立"中华革命军筹饷局"，筹集经费支持国内革命，起了很大作用。这个洪门筹饷局印制一组名为"中华民国金币"的革命军饷券。孙中山参与设计，后由李公侠负责印刷。该军饷券只为美洲华侨认购。尺寸为 8 厘米×19.5 厘米，券的正面和背面的上端均有"中华民国金币"隶书，券额分 10 元、100 元及 1000 元三种。正面为中文，背面为英文，中间均有当时同盟会会旗——青天白日旗帜图案。右侧印"中华革命党本部总理孙文"，左侧印"中华革命军筹饷局会计李公侠发"，所印中英文之"孙文"及"李公侠"均为亲笔题字。正中下端印有"中华民国成立之日此票作国宝通用，交纳税课并随时如数向国库交换实银"字样。由于爱国华侨的积极认购，仅 3 个月的时间即捐募达美金 144130 元，获得很大的成功。当时很多华侨为表爱国和支持革命的决心，申明将来不需偿还，更有持金币券当面焚毁，以示爱国。①

孙中山为了发动辛亥革命，想尽一切办法筹集经费，除了发动华侨个人募捐外，还先后发行各种革命债券，徐渊在他的《孙中山先生发行的中国革命政府债券及其加盖票新考》文中，就孙中山 1906 年印制的英法文中国革命政府债券，澳大利亚莫理循旧藏英法文百元债券墨书加盖票用于镇南关携枪来降清军之赏费的考证文中，对于我们了解孙中山发行债券的作用提供了新的理解，对于研究孙中山如何在华侨中筹集经费和使用的方法很有帮助，但这不属于本文论述的美国广东华侨的研究范围，这里从略。②

总之，孙中山发动辛亥革命需要两支队伍，文的队伍从事革命宣传鼓动，需要出版报刊、书籍；武的队伍，参加"反清"起义和斗争，需要枪支弹药和粮草，以及日常的各种活动经费。这些经费来自何方？主要是来自于海外华侨。海外华侨除了经费支持外，还利用海外的特殊条件进行"反清"的各种宣传，发动华侨回国参加革命，以及组织华侨接应国内起

---

① 阮关逸编著《孙中山货币藏品集》，(香港) 天马出版有限公司，2009，第 1 页。

② 徐渊：《孙中山先生发行的中国革命政府债券及其加盖票新考》，(台)《国父纪念馆馆刊》第 26 期 (2010 年 11 月 12 日)，第 19～30 页。

义失败后流亡到海外人员的安置，等等。人们常说："华侨是革命之母"，就其主要方面来看，是可以这样说的，也即是说华侨有功于革命。但也不是华侨孕育了辛亥革命，因为辛亥革命是孙中山和革命党人发动的，但华侨对于辛亥革命，对孙中山反清革命的支持和贡献是巨大的，既有人力上的支持，更有物力、财务及其他方面的支持，有的还为革命贡献了生命。在孙中山近40年的革命斗争史上，孙中山说："无不有华侨二字"。正因为这样，孙中山高度评价华侨对中国革命的贡献。他说：华侨"热诚爱国，赞助独先"，"牺牲头颅，或饮助军实"。[①] "每次起革命都是得海外同志的力量。"[②] 又说："华侨不自言功者，盖知救国为真天职，不事矜举。"[③]

　　孙中山与华侨心脉相系，骨肉情深，命运与共。孙中山在华侨中具有崇高的威望，为全球华侨所共仰。孙中山热爱华侨，华侨支持孙中山革命。尤其是家乡广东侨居南洋、欧美、日本的华侨对孙中山革命的贡献重大，檀香山、美国籍的华侨对孙中山早期建立革命组织和捐款方面成绩非常卓著。所以，在纪念辛亥革命100周年的时候，既要敬仰孙中山，又要敬佩华侨，既要发扬华侨关心国家前途命运的爱国精神，又要继承他们关注国家、民族的命运，不惜牺牲自己的身家和性命的崇高品德和情操，为复兴中华进一步贡献自己的智慧和力量。

作者单位、职务：中山大学历史系教授

---

① 陈锡祺主编《孙中山年谱长编》下册，中华书局，1991，第1335页。
② 孙中山：《在广州中国国民党恳亲大会的演说》，《孙中山全集》第八卷，中华书局，1986，第280页。
③ 孙中山：《同盟会演义序》，《孙中山全集》第四卷，中华书局，1985，第27页。

湘籍志士群体与辛亥革命运动

——兼论湘籍志士群体在拥戴和捍卫孙中山领袖地位中的作用

⟳ 饶怀民

辛亥革命推翻了统治中国两千多年的封建君主专制制度，建立了资产阶级民主共和国，使中国民族资本主义获得了进一步发展，也使中国人民在思想上获得了空前的大解放，有力地推动了中国近代化进程，产生了重大而深远的影响。而湖南则因其特殊的历史机缘在辛亥革命时期成为举足轻重的地域之一，具有重要的历史地位，如在国内率先发动的长沙起义、震惊中外的萍浏醴起义、社会广泛参与的湖南保路运动、声势浩大的长沙抢米风潮，以及首先响应武昌首义、派遣湘军援鄂等等都是辛亥革命史链条中的重要环节。而湘籍志士作为一个群体在整个辛亥革命运动的过程中广泛开展舆论宣传、深入进行组织发动、拥戴和捍卫孙中山的领袖地位以及领导反清武装起义等方面都作出了不可磨灭的贡献，涌现出了像毕永年、秦力山、黄兴、蔡锷、宋教仁、陈天华、杨毓麟、赵必振、蒋翊武、刘揆一、刘道一、谭人凤、宁调元、禹之谟、焦达峰、陈作新、姚宏业、刘复基、杨卓林、章士钊、唐群英、谭馥、葛谦等一大批闻名遐迩的风云人物。几乎可以说，湘籍志士群体在辛亥革命的每一个阶段都曾建立过不朽的历史功勋，在辛亥革命史上写下了可歌可泣的光辉篇章。

一

凡是要推翻一个政权，总是先造成舆论。湘籍志士群体在辛亥革命运动过程中主要从三个方面入手，进行舆论宣传。

其一，撰写了一批有影响的著作。其中最具代表性的力作首推杨毓麟的《新湖南》。该书于 1902 年冬在日本东京刊行，早于邹容的《革命军》、章炳麟的《驳〈康有为论革命书〉》等著作。《新湖南》虽以省区命名，但其出发点并非仅仅论述湖南省范围内的区域自治，而是基于作者深厚的国学根底和对世界历史与现状的深刻了解，以其广阔的政治视野探索了 20 世纪的时代特征。他指出，列强之所以推行侵略扩张政策不是偶然的，而是世界资本主义发展到帝国主义阶段的产物。他将自由资本主义时期称为"民族建国主义"时期，其对外政策是用"兵力以索取商权也"；而发展到帝国主义阶段就"一变而为殖民主义也"，其对外方针则是"以殖民政略为主脑"，在全球推行殖民主义。这就找到了帝国主义推行强权政治、侵略中国的根本原因。毫无疑问，杨氏对于帝国主义本质的认识是当时历史条件下先进的中国人所能达到的最深刻的理解。接着《新湖南》作者从强烈的爱国主义思想出发，揭示了帝国主义利用清政府统治中国人民的卑劣手段，论证了反清革命的必要性。他以西方资产阶级政治学说作为理论武器，用西方资产阶级的民族主义来反对"满清"贵族的民族压迫；用西方资产阶级民主自由思想来反对清政府的封建专制制度，反对封建官绅的压迫和封建纲常名教的束缚，有力驳斥了康、梁等保皇党人片面强调种族融合的所谓"合则强、分则弱"的反对"排满革命"的谬论；也批评了国内某些人思想上存在的那种害怕"满政府之余威"、害怕革命会引起"外人之干预"的恐惧心理。杨氏把湖南人的历史责任放到民族解放运动的整体中进行考察，同时又将振兴中华的事业放在新世纪的世界全局中来认识，因而使自己的见解具有超越同时代革命党人的思想深度。《新湖南》一书以强烈的理论色彩为主要特长，容易在"中等社会"即资产阶级知识分子中广泛传播，此书出版后，"风行于世"①，大量"传布内地"，成为当时散布"最多"、影响最大的新潮读物之一②。如果说杨毓麟的《新湖南》是用文言写成、专从学理上阐述政治革命和种族革命学说、鼓吹反帝反封建斗争、在"中等社会"中广为流传的话，那么陈天华的《猛回头》、《警世钟》、《狮子吼》则是用白话写成，更容易在"下等社会"即广大下层劳动群众中传播开来。凡"舆夫走卒皆能读之了解，故其文字小册散播于长江沿岸各省，最为盛行，较之章太炎《驳康有为政见书》及邹容《革

---

① 冯自由：《革命逸史》第二集，中华书局，1981，第 116 页。
② 陶成章：《浙案纪略》，《陶成章集》，中华书局，1986，第 342 页。

命军》，有过之无不及"①，从而使他赢得了"革命党之大文豪"的美誉。②陈天华的三部著作蕴蓄着强烈的反帝爱国思想、反清民主革命思想。陈天华痛陈列强瓜分中国领土的危急形势，号召人民紧急行动起来，与帝国主义开展针锋相对的斗争。他指出：清政府早已沦为外国侵略者的"守土官长"，因此，反对帝国主义必须同时从事反清民主革命。他还进一步提出了反帝反封建斗争的策略和方法。即不能只靠少数人去反，而要发动全国人民采取武装斗争的方式，才能克敌制胜。他说："只要我全国皆兵"，四万万人"合成"一股力量，无论怎样强大的敌人也能战而胜之。他在《猛回头》一书中坚定地指出："洋兵若来，奉劝各人把胆子放大，全不要怕他。读书的放了笔，耕田的放了犁耙，做生意的放了职事，做手艺的放了器具，齐把刀子磨快，子药上足，同饮一杯血酒，呼的呼，喊的喊，万众直前，杀那洋鬼子，杀投降那洋鬼子的二毛子。"③ 当时，大街小巷到处都可以听到"拿鼓板，坐长街，高声大唱，号一声，众同胞，细听端详"的唱词④。浙江金华有一个名叫曹阿狗的农民，因将《猛回头》唱本当众演唱，被清朝金华地方当局杀害，金华知府为此出一告示曰："严禁逆书《猛回头》，阅者杀无赦，以曹阿狗为例。"然而，该告示发出后，而索阅《猛回头》的人反而猛增，"时以偷看《猛回头》为乐"。据史料记载：学生读之"如同着迷"，士兵读之，"奉为至宝"，革命派在新军中的代表甚至以此为政治教材，士兵退伍，"散至民间，则用为歌本，遍行歌唱，其效力之大，不可言喻"。⑤《猛回头》、《警世钟》两书再版10余次，仍然供不应求。

其二，翻译出版了一大批介绍西方科学的译作。在当时众多翻译家中最引人注目的是赵必振。赵于1902年在上海广智书局翻译出版了日本著名社会主义思想家幸德秋水所著《二十世纪之怪物帝国主义》，该书主张用"世界的大革命运动"，"变资本家横暴之社会为劳动者共有之社会"，用社会主义"亡其野蛮的帝国主义"。同年他还翻译出版了幸德秋水的另一部著作《广长舌》。翌年，他又翻译出版了福井准造著的《近世社会主义》，介绍了马克思著的《哲学的贫困》、《资本论》和马克思、恩格斯合著的

① 冯自由：《革命逸史》第二集，第119页。
② 曹亚伯：《武昌革命真史》前编，上海书店，1982，第25页。
③ 陈天华：《警世钟》，《陈天华集》，湖南人民出版社，1982，第71页。
④ 陈天华：《猛回头》，《陈天华集》，第31页。
⑤ 曹亚伯：《武昌革命真史》前编，第130页。

《共产党宣言》等著作，称颂马克思"为一代之伟人"。在此前后，他翻译的著作还有《日本维新慷慨史》、《日本人权发达史》、《日本维新英雄儿女奇遇记》、《世界十二女杰》、《东亚将来大势论》、《扬子江流域大势论》、《阿拉伯史》、《土耳其史》、《巴比伦史》、《希腊史》、《罗马史》等10余部著作，成为我国较早分析批判帝国主义和系统介绍马克思主义学说和社会主义思想的翻译家，尽管他所说的社会主义并不完全是真正意义上的科学社会主义。

还应该提及的是，由黄兴、杨毓麟、杨度、周家树、陈润霖、周宏业、曾鲲化、范锐、张孝准、梁焕彝等湘人于1902年11月在东京创办的《游学译编》杂志，该杂志是"全以译述为主"的刊物。杨毓麟在该刊发表译作《自由生产国生产日略述》、《纪十八世纪末法国之乱》等长文，介绍了西方政治学说，论述了法国革命的历史。黄兴在《游学译编》第2至3期连载他翻译的日本教育家山田邦彦的《学校行政法论》。是年底，黄兴、蔡锷、杨毓麟、张孝准、魏肇文、许直等创办的湖南编译社，在宣传民族民主革命和介绍西方近代科学知识，堪与留学界团体励志会会员戢翼翚等人创办的《译书汇编》相媲美。湘籍志士的这一大批译著如果在整体上考查，则无论在广度或者深度方面较诸启蒙大师严复都有所前进。

其三，创办了一大批报章杂志。报刊是舆论之母，是传播思想文化的重要载体。湘籍志士群体始终把创办报刊作为民主革命事业的一个重要组成部分。他们或自行组创，或改造旧有报刊宗旨，或操纵控驭，或收买利用，使革命派始终拥有自己的言论机关。从地域来看，分布较广，在日本东京共有9种：秦力山任总主编的《国民报》（1901）、杨毓麟主编的《游学译编》（1902），宋教仁任主笔的《二十世纪之支那》（1905），陈家鼎、宁调元等编辑的《洞庭波》（1906），嗣后改为《汉帜》（1907），焦达峰等主编的《湘路警钟》（1909）（嗣后改为《湘路危言》），唐群英任编辑兼发行人的《留日女学会杂志》（1911），章士钊主编的《甲寅》杂志(1914)；在上海有7种：陈撷芬任主笔的《女学报》（1902），章士钊主编的《苏报》（1903）、《国民日日报》（1903）、《独立周报》（1912），傅君剑等编辑的《竞业旬报》（1906），杨毓麟任总主笔的《神州日报》（1907），宋教仁、章士钊等先后主编的《民立报》（1910）；在北京有5种：宁调元等主编的《帝国日报》（1909）（嗣改为《中国日报》），《大中华民国日报》，唐群英创办的《女子白话旬报》（1912），章士钊主编的

《甲寅日刊》(1917);在汉口和武昌有4种:何海鸣任总经理的《新汉报》(1911),曾毅仁任社长、杨端六任总编的《民国日报》(1913),覃振创办的《国民日报》(1916),蒋翊武等创办的《民心报》(1912、武昌);在天津有刘揆一创办的《公民日报》(1915);在长沙最多,有14种:宋海闻任社长的《俚语日报》,唐蟒任社长、萧汝霖任总编的《军事报》(1911)(嗣改为《军国日报》),杨昌济创办的《大汉民报》(1911),文斐任总经理、傅君剑任总编的《长沙日报》(官办报改组),彭章、张五皮等创办《演说报》(1912),仇鳌任社长的《亚东新报》(1912),唐支夏任社长的《湖南民报》(1912),黄澜父任总编的《湘汉新闻》(嗣改为《天声报》)、《天民报》,仇亮主办的《民主报》(1912),李抱一、张平子主办的《湖南通讯社》(1912),唐群英、张汉英等创办的《女权日报》(1913),等等。据不完全统计,在辛亥革命前后,即从1901年到1917年,由湘籍志士创办或主编的宣传民族民主革命思想或讴歌爱国保路或坚持反袁立场的报刊总数多达40种。

上述报刊有如下三个特点:一是办报宗旨明确,几乎每一种报刊都在简明章程或创刊号上标明办报宗旨;即使有的报刊为生存起见,宗旨略显隐晦,但在关键时刻仍以宣传民主革命为宗旨;二是刊载内容丰富,举凡世界各国革命历史、民族英雄、学术思想、历史掌故、时事新闻、国民教育、军事知识、对外交涉等均在报道之列,因而报刊容量较大;三是舆论宣传与现实斗争紧密结合,湘籍志士群体不是一批坐而论道的清谈家,而是笃实、勤勉的实干家,他们所撰写的论著包括时论、社评、新闻以及翻译的作品等,大都有感而发,具有很强的针对性。这些著作和文章犹如黑血、金鼓、警钟、木铎,敲响了爱新觉罗王朝灭亡的丧钟。

二

在深入进行组织发动方面,湘籍志士群体也表现出极大的革命热情和主动性。以黄兴为首的华兴会是国内第一个反清革命团体,人数多达数百人。相对兴中会、科学补习所、光复会等早期革命团体而言,华兴会的组织系统是相当完备的。从筹备到正式成立,华兴会设立了如下分支机构和派出机关。1903年冬,在长沙南门外设立华兴公司,成为华兴会对外公开联络的总机关;1904年春,在长沙吉祥巷圣公会内设立长沙日知会,成为华兴会的一个重要机构和活动场所；同年 5 月，在长沙小吴门正街五家井设立东文讲习所，对外宣称教授日语，以备资送学生赴日留学，实则为华兴会培训革命青年的场所；1904 年夏，由安化李燮和、李云龙兄弟等 6 人为首发起成立黄汉会，将散处在新化、邵阳、武冈等地的会党势力联为一体，势力扩展到湘、赣及长江下游各省；几乎与此同时，华兴会派宋教仁、胡瑛到湖北武汉设立华兴会湖北支部，以"运动武阳夏三镇新军"；在上海设立爱国学社，以杨毓麟为会长、章士钊为副会长，拟策动鄂、宁起义；在日本东京由湘籍留日学生仇鳌、罗杰、余焕东、仇亮等人发起成立新华会，"东京的新华会就是为响应华兴会而组织的"①。黄兴、刘揆一等人考虑到会员绝大多数是知识分子，与会党接洽颇多隔阂，便又在华兴会外另设同仇会以联络会党，同仇会即是华兴会的外围组织。华兴会正是通过这些分支机构、派出机关和外围组织将两湖、长江中下游地区，乃至日本东京的革命力量联系在一起，从而为中国第一个资产阶级政党同盟会的成立准备了重要条件。

1905 年 7 月 30 日，孙中山、黄兴分头邀请各省倾向革命的留日学生在东京赤坂区桧町三番黑龙会内田良平宅举行中国同盟会筹备会议，到会代表 70 余人，其中湘籍志士多达 20 人②，超过总人数的 1/4。会议公推黄兴、陈天华、宋教仁等 8 人负责起草同盟会章程。8 月 13 日，孙中山抵日，宋教仁在东京富士见楼主持盛况空前的欢迎孙中山大会，宋致欢迎词，用召开大会的方式欢迎革命领袖，此实为一大创举！8 月 20 日，同盟会在东京赤坂区灵南坂日人阪本金弥宅举行正式成立大会，到会者 100 余人，会上举孙中山为总理，在总理之下，设执行、评议、司法三部。由总理指定黄兴为执行部庶务。"总理他适时，由庶务代理一切，故庶务实居协理之地位。"③ 其后，代理庶务之职、主持本部工作的还有宋教仁、刘揆一等人，刘揆一主持同盟会本部工作长达四五年之久。宋教仁还担任过司法部检事长，胡瑛、覃振、陈家鼎、范治焕等湘籍志士还担任过评议部评议员。尽管华兴会骨干讨论是否加入同盟会时不无歧见，但除个别成员外，几乎全部加入同盟会。据冯自由著《革命逸史》所载《同盟会最初三

① 仇鳌：《辛亥革命前后杂忆》，《辛亥革命回忆录》（一），文史资料出版社，1981，第 437 页。
② 邱钱牧主编《中国政党史》，山西人民出版社，1991，第 88 页。
③ 邹鲁：《中国同盟会》，《辛亥革命》（二），上海人民出版社，1957，第 11 页。

年会员人名册》统计，1905～1907 年间在东京登记的 960 名会员中，湘籍志士 157 人，仅次于广东①。至此，以孙、黄为轴心的中国第一个资产阶级政党同盟会正式成立，以此为契机，中国资产阶级民主革命才开创了一个崭新的局面。

1907 年 8 月，共进会在日本成立，焦达峰被举为交通部长；对于组织共进会，刘揆一"极表赞成"②。该会创立的目的完全是为了加强会党工作，推动长江流域的革命事业。由于刘揆一、焦达峰和川人张百祥、吴玉章等同盟会员的共同努力，各地哥老会、孝友会、三合会等会党在日本的首领"终于在 1907 年的下半年结成了一个统一的组织"③。

为进一步推动长江流域的革命事业，中部同盟会应运而生。1911 年 7 月在上海成立的中部同盟会，选举宋教仁、谭人凤等人为总务干事。公推谭为总务议长，负责召集会议、保管文书、印信等事，会后发布了谭起草的成立《宣言》；宋教仁被推举任文事，他亲手制定了《中部同盟会总会章程》、《总务会暂行章程》、《分会章程》，等等。谭、宋二人居于核心地位。

上述两个革命团体尽管在成立过程中有这样或者那样的缺点甚至错误，但它对统一全国各地会党、对促成同盟会将战略重点由东南沿海转移到长江流域，推动中部地区的革命具有重要的战略意义，其积极作用是主要的。

1908 年在广州成立的保亚会是谭馥、葛谦、罗澍沧、曾传范、黎尊等湘籍志士运动广州巡防营而设立的。保亚会采用唐才常庚子自立军起事散发"富有票"方法，在广州巡防营士兵中散发保亚票，嗣因鄂人严国丰不慎失落保亚票而使这次策动清巡防营起义失败。葛谦、严国丰当即被捕就义，谭馥于翌年被捕死难。

特别值得一提的是，在湖北革命团体演变过程中，鄂籍志士无疑起了关键性的主导作用，但湘籍志士的参与则是湖北革命团体屡仆屡起的重要原因之一。

1903 年 5 月吴禄贞为首创立的武昌花园山机关可视为湖北最早的革命

---

① 冯自由：《革命逸史》第六集，中华书局，1981，第 72～75 页。
② 谭人凤原撰、饶怀民笺注《石叟牌词》，上海书店出版社，2001，第 64 页。
③ 吴玉章：《吴玉章回忆录》，中国青年出版社，1978，第 49 页。

团体，湘人胡瑛是积极参与者之一。1904 年 7 月吕大森为首创立的科学补习所是继花园山机关之后湖北又一个革命团体，胡瑛为总干事，宋教仁任文书，参加者 40 余人，其中湘籍志士除宋、胡外，尚有易本羲等 7 人。科学补习所拟响应长沙起义，嗣因长沙起义事泄流产被迫解散，宋教仁被开除武昌文普通学堂学籍。1906 年以刘静庵为总干事的日知会设有干事会和评议会，湘人辜天保为干事，胡瑛为"日知会主要分子"①。在鄂湘籍士兵及学生宋锡全、龚霞初、郑子瑜、易本羲等 10 余人均加入日知会并在会中有出色表现。萍浏醴起义失败后，日知会员易本羲积劳成疾，患咯血重症。胡瑛被判"永远监禁"。在 1908 年任重远为总干事的军队同盟会中，湘籍志士杨王鹏、锺畸、章裕昆、唐牺支、孙昌福、黄驾白、单道康、廖湘芸等数十人入会。同年底成立的群治学社"暂设庶务一人，主持会务"，众推锺畸为庶务②。嗣因锺畸奉调入南京，社务由李抱良继任。湘籍志士除锺、李二人外，参加该社的尚有杨王鹏、刘复基、何海鸣、廖湘芸、刘星澄、唐牺支、章裕昆、黄驾白、单道康、孙昌福、黄孝霖等 10 多人。嗣因受长沙抢米风潮牵连，群治学社遂改为振武学社，举"杨王鹏为社长，李抱良文书兼庶务"。据统计，参加振武学社的湘籍志士有姓名可考者多达 23 人③。尽管振武学社组织系统比较严密，但还是被反动军官发现了蛛丝马迹，随即撤销杨王鹏司书职务，将李抱良重责开除，杨、李二人相继离鄂，刘复基和蒋翊武继续苦撑社务。1911 年 1 月文学社代替振武学社，由蒋翊武任社长，詹大悲任文书部长、刘复基任评议部部长。湘籍志士单道康、李慕尧、廖湘芸、孙昌福、雷洪、章裕昆、龚霞初、唐牺支、胡瑛、何海鸣等 10 多人皆加入。文学社的主要干部，"除詹大悲等少数人外，几乎都是湖南人"。④ 文学社很快发展到 3000 余人。就在文学社的组织迅猛发展之时，武昌的另一个团体共进会的湘籍志士也不甘示弱。1909年 3 月，在孙武、焦达峰等人的共同努力下，在武昌设立共进会机关，湘籍志士陆续加入共进会有姓名可考者达 27 人之多⑤。经过谭人凤、刘复基等人反复做工作，文学社和共进会最终得以联合，并共同领导了武昌

① 冯自由：《中华民国开国前革命史》（上编），上海书店，1989，第 76 页。
② 张难先：《群治学社始末》，《张难先文集》，华中师范大学出版社，2005，第 162 页。
③ 霍修勇：《两湖地区辛亥革命新论》，国防科技大学出版社，2008，第 138 页。
④ 贺觉非、冯天瑜：《辛亥武昌首义史》，湖北人民出版社，1986，第 107 页。
⑤ 霍修勇：《两湖地区辛亥革命新论》，第 142 页。

首义。

三

辛亥革命时期人民群众的反帝反封建的伟大斗争实践造就了以孙中山为代表的一大批领袖人物，然而，孙中山领袖地位的确立和巩固却经历了艰难曲折的历程。湘籍志士群体同全国广大革命志士一道为拥戴和捍卫孙中山的领袖地位而斗争的业绩在辛亥革命史上留下了可圈可点的一页。

早在 1895 年孙中山领导的广州起义失败以后，国人始知有孙文其人，但由于清政府横加诬陷、悬赏捉拿，加以保皇党人肆意诋毁、恶意中伤，孙中山的形象被扭曲了，几"视与海盗囚徒相等"①。一般人皆不敢与其交游。是毕永年、秦力山等一批湘籍志士带头与孙中山交游，从而较早地沟通了孙与留日学生之间的感情。孙中山与湖南知识界最早取得联系的代表人物是拔贡毕永年，毕原是康有为的学生，戊戌政变前数日，康拟利用袁世凯的兵力围攻颐和园，毕认为袁不足恃，与康发生分歧，愤而先行出京，东渡日本，"谒孙总理加入兴中会"②，并向孙详陈两湖会党活动行踪，"孙总理以毕熟悉湘、鄂会党情形，亦与深相结纳"③。旋奉孙之命，偕日本人平山周等赴国内中部各地调查会党势力，通过一个多月的调查，毕等返回东京向孙汇报，获悉湖南有哥老会员约 12 万，"十八省当中，殆无地不有其会员，合之约有二百万"④。孙中山因有湘、鄂、粤三省同时大举方策，于是复命毕永年二次内渡，继续从事联络哥老会的工作。毕为谋求各地会党行动一致，曾在湖南召开"英雄会"，并推举金龙山堂龙头杨鸿钧、腾龙山堂龙头李云彪、山主辜人杰、骨干李堃山、张尧卿、柳秉彝、谭祖培 7 人为代表，拟与兴中会、三合会相接洽，谋求联合。1899 年 10 月 11日，哥老会代表 7 人齐集香港，与三合会首领曾捷夫、郑士良，兴中会陈少白、王质甫及毕永年等 12 人召开联合大会。由毕提出兴中会、三合会、哥老会三大团体联合并公推孙中山为总会长之议，三会代表均无异议。会名改称忠和堂兴汉会，以兴中会纲领为总纲领，并特铸总会长印章。杨鸿

---

① 曹亚伯：《武昌革命真史》前编，上海书店，1982，第 105 页。

② 冯自由：《兴中会时期之革命同志》，《革命逸史》第三集，中华书局，1981，第 41 页。

③ 冯自由：《正气会及自立会》，《革命逸史》第六集，第 17 页。

④ 《湖南现状》，1899 年 4 月 30 日《知新报》。

钧、李云彪等由毕永年导往日本，晋谒孙中山，"请示方略，事后均分别礼遣回国，嘱各候命进止"。① 此前，由于杨衢云的辅仁文社与兴中会合并时，颇具实力；加之广州起义前杨在香港掌控军权和财权，杨提出自任兴中会会长职，杨之友人谢缵泰力主杨为会长，"持之甚坚"②。孙中山顾全大局，谦让会长于杨，广州起义失败后，杨至日本引咎辞职，荐孙中山自代，然未经会议正式通过。此次毕永年促成三会合并，共戴孙为总会长，从而使孙中山兴汉会总会长职务正式得到会议的公举而认可。除毕永年外，孙中山联络的另一个湖南人是毕的表兄弟秦力山，秦原是梁启超的学生，在自立军起事时任前军统领，主持过安徽大通一路的起义；但"事败东走，卓如不礼焉"。③ 他愤而反背师门，"宗旨移趋于革命"④。在"游学生疑孙公骁桀难近，不与通"的情况下，带头与孙中山交游，较早地沟通了孙中山与留日学生之间的感情。为了让更多的人了解孙中山，秦力山曾有过为孙中山立传的想法，因担心别人说他"好标榜，复罢之"。1903年，秦力山为孙立传的意愿由章士钊给实现了。章利用他在沪卜改革《苏报》和主编《国民日日报》的余暇，节译了宫崎滔天《三十三年之梦》，改题为《大革命家孙逸仙》，用黄中黄的笔名发表。由于孙逸仙在流亡日本期间，为躲避清政府追捕，便仿照日本人取名字的方法，改名中山樵，以"中山"为姓，以"樵"为名，但章士钊日语水平不高，将孙逸仙在国内的孙姓和在日本的"中山"姓两个姓连在一起，错译成"孙中山"！据章士钊回忆："吾贸贸然以中山缀于孙下，而牵连读之曰孙中山。始也广众话言，继而连章记载，大抵如此称谓，自信不疑。顷之一呼百诺，习惯自然，孙中山孙中山云云，遂成先生之姓氏定型，终无与易。""久而久之，从不见有人提出问题，先生似亦闻而默认。"这件事曾引起章的朋友王慕陶的愤怒，他质问章曰："子何不通乃尔？昔者范雎入秦，化名张禄，只闻人称张禄先生，不闻妄呼范张先生。姓氏重叠，冠履倒错，子何不通乃尔？"章亦惭愧不已，"然亦无法变易"。⑤ 于是，"孙中山"这个名字就如

---

① 庄政：《国父革命与洪门会党》，1981，第83页。

② 冯自由：《兴中会首任会长杨衢云补述》，《革命逸史》第五集，中华书局，1981，第8页。

③ 汤志钧：《章太炎年谱长编》上册，中华书局，1979，第127~128页。

④ 章炳麟：《秦力山传》，《辛亥革命》（一），第282页。

⑤ 章士钊：《疏〈黄帝魂〉》，《辛亥革命回忆录》（一），第243页。

此流传开来，誉满天下。过去绝少有人将孙的名字与中国革命联系起来，但章在《自序》中称"近今谈革命者之初祖，实行革命者之北辰！"明确宣称："谈兴中国者，不可脱离孙逸仙三字"，"有孙逸仙中国始可为！"秦力山欣然为该书作序曰："举国熙熙皞皞，醉生梦死，彼独以一人图祖国之光复，担人种之竞争，且欲发现人权公理于东洋专制世界，得非天诱其衷天锡之勇者乎？"①。此书一出，"一时风行天下，人人争看"②。这部书对人们全面了解、重新认识孙中山确曾起到了振聋发聩的作用，可以说，以 1903 年《大革命家孙逸仙》一书的出版为契机，从而初步确立了孙中山在资产阶级、小资产阶级知识分子中的领袖地位，为中国第一个资产阶级政党同盟会的创立准备了重要条件。1905 年 7 月下旬，中国留日学生获悉孙中山抵达日本东京的消息，人们奔走相告，咸欲一睹其风采。黄兴第一次与孙中山见面，便有"一见如故之感"③。8 月 13 日，宋教仁在富士见楼主持隆重的欢迎孙中山大会，人们将孙中山作为献身革命的"中国英雄"来欢迎。陈天华为此次会议撰写的报道称：孙"实为世界之大人物，彼之理想，彼之抱负，非徒注眼于本族止也，欲于全球之政界上、社会上开一新纪元，放一大异彩"。"以现在之中国论，则吾敢下一断辞曰：是吾四万万人之代表也，是中国英雄中之英雄也。"④ 于是，在同盟会成立大会上，便有黄兴"公推孙中山先生为本党总理，不必经过选举手续"提议的通过，孙中山顺利当选为同盟会总理。

在同盟会处于最困难的时期，是黄兴、刘揆一等人坚持和发展会务工作，努力维护同盟会内部的团结，拥戴和捍卫孙中山的领袖地位。

1907 年 3 月，也就在刘揆一担任同盟会代理庶务不久，同盟会内部由于受无政府主义思潮的影响，加之经费分配问题，引起一部分同盟会员对孙中山的不满，章太炎、陶成章、张继等人掀起了第一次倒孙风潮。他们纷纷催逼刘揆一召开一次特别会议，以便开除孙中山，另选黄兴为总理。刘揆一力排众议，断然拒绝召开特别会议。为此，张继竟然同刘揆一在《民报》社编辑部互相揪打起来。刘揆一坚持认为，黄兴"素以实行革命

---

① 黄中黄：《孙逸仙》，《辛亥革命》（一），第 91 页。
② 章士钊：《疏〈黄帝魂〉》，《辛亥革命回忆录》（一），第 243 页。
③ 宫崎滔天：《清国革命军谈》，《宫崎滔天全集》第一卷，日本，平凡社，1971，第 283 页。
④ 陈天华：《纪东京留学生欢迎孙逸仙事》，《陈天华集》，第 170 页。

为务，绝不居此空虚总理之名，且方与孙总理共谋粤东起义，万一因'总理'二字有误会，使党军前途顿生阻力，非独陷害孙、黄二公，实不啻全体党员之自杀"①。就在同盟会内部矛盾加剧之时，日后成为叛徒的刘光汉伙同日本人北辉次郎等人企图篡夺同盟会领导权，提出所谓改组同盟会的提案，挑起了更加激烈的纷争。据当时接管《民报》发行事务的陶冶公回忆："日本人北辉次郎因要求为同盟会本部干事，遭到霖生反对，竟批霖生之颊。"② 刘揆一在"望浅、众意不属"的情况下③，仍然坚持维护孙中山的领袖地位，他将东京本部这种混乱状况急函在香港的友人彭邦栋转告黄兴，黄兴在复函中称："革命为党众生死问题，而非个人名位问题，孙总理德高望重，诸君如求革命得有成功，乞勿误会，而倾心拥护，且免陷兴于不义。"正是由于黄、刘正确处理同盟会内部纷争，"会众遂欣然安之"，第一次倒孙风潮暂时平息下来。

1908 年 2 月，东京同盟会本部经济异常困窘，乃至《民报》因资绌不能印行。适有革命党人程家柽自北京来，向刘揆一告以来意。程曰："此来非为他，乃衔有满人与党人之交涉使命也。去岁徐锡麟之案，所涉甚广，肃亲王及铁良二人不允株连，故其祸但及直接诸人。铁良之意，希望党人有两点：第一如党人但主政治革命，抛弃种族革命，铁良不才，愿附大贤之列，同人能见容否？"揆一曰："此事无商量余地。"家柽曰：第二如党人"向满洲皇室进攻，不及他人，就令及于他人，满洲人之可杀者亦伙矣，何必惟铁良是较，此点可商量否？"揆一不敢主张。家柽复曰："铁良不敢多求，即二点可商，愿先以万元表通款之意。"④ 揆一初"以不饮盗泉拒之"⑤；但又考虑到程家柽冒险打入清宫内部以"实行革命之志"，颇受肃亲王善耆及尚书铁良信任，此次东来也是为了使东京同盟会本部渡过经济难关，但又担心此事引起同志误解，考虑再三，"久之不能决"⑥；遂将家柽"不妨受金，而勿为所用，革命党得此巨款，大有利于军事进行"的想法，商之章太炎，章曰："此事亦无大害，唯速宜开会表之于众，不

---

① 刘揆一：《黄兴传论》，饶怀民编《刘揆一集》，湖南人民出版社，2008，第 152 页。
② 陶冶公：《民报二十四号停止情形报告》，《近代史资料》1962 年第 1 期。
③ 汤志钧：《章太炎年谱长编》上册，第 258 页。
④ 田桐：《革命闲话》，《太平杂志》，第 1 卷第 2 号。
⑤ 冯自由：《中华民国前革命史》上卷，第 203 页。
⑥ 田桐：《革命闲话》，《太平杂志》，第 1 卷第 2 号。

可令人怀疑。"撰一则依言开会，遂受之。辛亥起义，铁良为江宁将军，有降意，张勋制之不果①。刘光汉不知底蕴，误以为程家柽已投降清廷，便伙同少数别有用心的日本人策动程家柽去暗杀孙中山，"令日人北辉次郎、清藤幸七郎就商于君，欲以十万金而鬻孙文之首"②。程家柽对此感到震惊和愤怒，即将此事告白于刘撰一和宋教仁等人。刘撰一及时揭露了刘光汉等人的罪恶阴谋，保护了孙中山的人身安全。刘光汉老羞成怒，对程家柽怀恨在心，即"令加藤位夫、吉田三郎诱君于僻隐之所，与北一辉、清藤朋殴之，以警察闻声，未至于死"③。然大脑已被击伤，造成终生残疾。但部分同盟会员对此事并不知晓，错误斥责程家柽"通敌叛党"，宋教仁以程家柽满腔热血，竟不为同志所谅解，特为文代其辩白，与景定成合著《程家柽革命大事略》，以释群疑。正是由于刘撰一团结宋教仁、程家柽等人共同斗争，才一举粉碎了这起惊心动魄的暗杀孙中山的阴谋。

1908 年 9 月，陶成章为筹措《民报》维持费和为筹备中的五省革命协会活动经费而亲赴南洋筹款受阻，他认为是孙中山"暗中设法拨弄"的缘故，遂"大愤"，对孙中山不满情绪的增长，终于使他以东京南渡分驻英、荷各属办事的川、粤、湘、鄂、江、浙、闽七省同志的名义起草了一份"孙文罪状"的公函，共列 3 种 12 条罪状，其中"残贼同志之罪状"5 条，"蒙蔽同志之罪状"3 条，"败坏全体同志名誉之罪状"4 条，对孙中山进行肆无忌惮的攻击。章太炎推出《伪〈民报〉检举状》以与陶相唱和；远在法国的张继，与陶、章遥相呼应，他致函孙中山，要求孙"辞退同盟会总理"，"布告天下"，"退隐深山"④。这使第二次倒孙风潮达到了顶点。黄兴挺身而出，与刘撰一、谭人凤等人始则劝解陶成章，拒绝发表其诬蔑孙中山的"公函"和革除孙中山总理的要求；继则与刘、谭联合发表长达万言的致李燮和等人函，并加盖公章，以同盟会名义发表，逐条为孙中山辩诬，否认陶氏"公函"的效力。黄兴在续刊《民报》第 26 号以"本报谨白"的形式指出，章之所为是"鲁莽灭裂之举动"，章之所谓《伪〈民报〉检举状》为"满纸诬蔑之言"。他在致孙中山函中表示："陶等虽悍，弟当以身力拒"，要求孙中山当以"海量涵之"，并先后致函巴黎

① 田桐：《革命闲话》，《太平杂志》，第 1 卷第 2 号。

② 宋教仁：《程家柽革命大事略》，《宋教仁集》下册，中华书局，1981，第 439 页。

③ 宋教仁：《程家柽革命大事略》，《宋教仁集》下册，第 439 页。

④ 孙中山：《复张继函》，《孙中山全集》第一卷，第 426 页。

《新世纪》杂志社和美洲各地中文报社，声明以后"必有庶务签名及盖用同盟会之印者，方可认为公函"①。如非公函或其他攻击孙中山的匿名之函，"同人可置之不理"。希望美洲各地同志，"乘孙君此次来美，相与同心协力，以谋团体之进步，致大业于成功"②。喧嚣一时的第二次倒孙风潮总算平息下来。

武昌首义之后，驻南京各军代表先后到达上海，欢迎黄兴去南京组织临时政府，临行前，当黄兴获悉孙中山不久即可到达上海，遂决定等待孙中山到达上海之后再定行止，众不以为然，他对李书城解释说："孙先生是同盟会的总理，他未回国时，我可以代表同盟会，现在他已在回国途中，我若不等待他到沪，抢先一步到南京就职"，将会"使党内同志发生猜疑"，并举太平天国"因几个领袖们互争权利，终至失败"的事例为证，告诫同志要"引以为鉴戒"③。在黄兴等人的积极努力和精心安排下，使孙中山顺利当选为中华民国临时大总统，从而胜利完成了建立民国这一中国历史上的伟大创举！即使在"二次革命"失败后黄兴与孙中山在组党问题上存在歧见时，他虽然没有加入中华革命党，但当有人劝他另外组党时，黄兴公开表示："党只有国民党，领袖唯中山，其它不知也。"④ 可见，黄兴一生自始至终都是拥戴和捍卫孙中山领袖地位的。

四

在同盟会领导的"反清"武装起义和风起云涌的民众反抗运动中，几乎到处都可以找到三湘健儿的足迹。

在辛亥革命的准备阶段，湖南是反清斗争的重要战场，1904 年成立的华兴会领导了长沙起义，这次起义虽因谋泄而流产，但它是国内革命团体领导的反清武装起义的先声；同年 11 月，黄兴等人又在上海策动鄂、宁起义，但因受皖人万福华刺王之春事件的牵连，鄂、宁起义的计划搁浅。1906 年发生的萍浏醴起义是同盟会成立后领导的第一次武装起义，义军人

---

① 黄兴等：《致美洲各埠中文日报同志书》（1909 年 11 与 7 日），《黄兴集》，中华书局，1981，第 11 页。
② 黄兴等：《致美洲各埠中文日报同志书》（1909 年 11 与 7 日），《黄兴集》，第 11 页。
③ 李书城：《辛亥前后黄克强先生的革命活动》，《辛亥革命回忆录》（一），第 196 页。
④ 《黄克强手札》，《近代史资料》1962 年第 1 期，第 13 页。

数超过 3 万人，与清军鏖战 26 次，战斗匝月，清政府调动湘、鄂、赣、苏四省兵力，加上地主武装团练共 5 万余人才将这次起义镇压下去。在战场上牺牲和在"清乡"运动中被残杀的无辜群众"逾万人"，其中绝大多数是湘籍志士，著名的革命活动家刘道一、杨卓林等也因此殉难。1910 年发生的长沙抢米风潮是一场自发的群众反帝反封建斗争，参加的饥民、泥木工人和会党徒众多达 1 万多人，坚持斗争一个多月，愤怒的群众烧毁了巡抚衙门、洋行和外国教堂，风潮波及全省各地，与相继而起的湘阴、宁乡、益阳、岳州、衡州、澧州、浏阳、平江、湘潭、醴陵、沅江等地的民众此呼彼应，其激烈程度远远超过了同期发生在长江流域各省的抢米事件。英、美、日、德等国从上海、汉口、厦门等地调来军舰 10 多艘，协同湘、鄂驻军才将这次风潮镇压下去。以收回利权为中心的湖南保路运动在全国保路运动中也起过率先垂范的作用。湖南各界人士包括留日学生、立宪派人士、下层的"农夫、焦煤夫、泥木匠作、红白喜事杠行、洋货担、铣刀磨剪"，乃至旅居各省的湘籍官绅几乎都被席卷进来，正在修筑株洲到长沙段铁路的 1 万多名工人进城游行示威，发挥了主力军的作用，

除此而外，孙中山在东南沿海发动和领导的反清武装起义中，黄兴几乎是无役不与，例如 1907 年的防城起义和镇南关起义、1908 年的钦廉上思之役和云南河口起义、1910 年的广州新军起义、1911 年的黄花岗起义等等。在钦廉上思之役中，黄兴率领华侨青年 200 余人对抗清兵 2 万多人，"转战数月，所向无前，敌人闻而生畏，克强之威名因以大著"[1]。黄花岗起义时，黄兴抱着以身殉革命事业的决心，留下绝笔书，战斗打响以后，他组织敢死队，始终站在斗争第一线，一直战斗到最后只剩下他一个人，而且被打断两指，仅以身免。

武昌首义爆发后，临时总司令是蒋翊武，嗣由黄兴担任战时总司令，黄兴离汉赴沪之后，谭人凤毅然出任武昌防御使兼北面招讨使。在各省光复中，率先响应武昌首义的是焦达峰，使湖南成为"首应之区"。10 月 22 日，焦率长沙新军起义，会党风起云涌，湖南宣布独立，举焦达峰、陈作新为湖南军政府正副都督，紧接着，湖南军政府把援鄂当成头等大事，先后派出王隆中率领的独立第一协五个营、甘兴典率领的第二师第三协四个营、刘玉堂率领的第一师第二协四个营和刘耀武率领的独立第九标三个

---

[1] 孙中山：《革命原起》，《辛亥革命》（一），第 14 页。

营，投入武汉前线作战，这四批援鄂军共 16 个营，总兵力超过 8000 人①。这批援鄂湘军参战，稳定了武汉战局，巩固了新生的湖北革命政权。10 月 30 日，蔡锷在云南昆明发动"重九"起义，这次起义是除首义的湖北之外，独立各省革命党人组织的省城起义中，战斗最激烈、付出代价也最巨大的一次，经过一个晚上又一个上午的血战，终于获得全胜。11 月 1 日，成立云南军政府，蔡锷出任都督。11 月 3 日，陈其美发动上海起义受挫被俘，李燮和下令组织敢死队，冲锋陷阵，营救陈其美出险；在场将士闻陈其美被俘，相顾愕然，令下，众有难色，李燮和即作阵前演说："今日之事，乃拿破仑所谓最后十五分钟者，大局存亡在诸君一勇怯间耳。无已，燮和请为诸君先登。"② 言毕，手握炸弹先行，在场将士咸受鼓舞，感奋相随。经过连夜苦战，清政府在上海的最后一个反动堡垒江南制造总局终于被攻克，11 月 4 日，上海胜利光复。诸军推李燮和为临时总司令，移驻江南制造总局。李燮和除担任上海起义临时总司令外，还先后担任过吴淞军政分府水陆军总司令、光复军总司令、援鄂联军总司令、光复军北伐总司令、长江水师总司令等六个总司令职衔，以军功论，李燮和应当出任上海军政府都督，但由于革命党人内部发生争夺都督风波，李燮和以大局为重，只好让位陈其美，他本人退守吴淞，被举为吴淞军政分府都督。后来，李燮和又参与江、浙联军攻克南京，厥功甚伟。11 月 7 日，经过革命党人的反复做工作，广西宣布独立，改巡抚衙门为军政府，谘议局为议院，桂军为国民军，以原清广西巡抚沈秉堃为都督。翌日，孙道仁在福建率新军起义，成立福建军政府，孙被推举为都督。在山东光复过程中，烟台曾是同盟会北方支部所在地，在革命与反革命进行殊死搏斗的关键时刻，孙中山委任胡瑛为烟台都督。在甘肃光复过程中，黄钺领导了秦州（天水）起义，成立了甘肃临时军政府，黄钺出任都督。以上担任都督者凡 7 人，都是湖南人，约为全国 20 余名都督总数的 1/3。此外，新疆光复是刘先俊领导的，他率先在迪化（今乌鲁木齐）起义，被捕遇害，成为辛亥革命牺牲在西北边陲的著名英烈。贵州光复是张百麟为首的"自治学社"领导的，贵州军政府成立时，众推张百麟为都督，张固辞未就，改推

---

① 子虚子：《湘事记·军事篇》，粟勘时等编《湖南反正追记》，湖南人民出版社，1981，第 86 页。

② 饶怀民：《李燮和与沪宁光复》，湖南师范大学出版社，1998，第 108 页。

枢密院院长，掌握军政、民政事宜，实际上也是行使都督职权，是"不是都督的都督"。刘先俊和张百麟也都是湖南人。

诚然，清王朝的最终覆灭是同盟会领导的全国人民共同奋斗的结果，但湘籍志士群体毕竟具有特殊的劳绩，当我们隆重纪念辛亥革命一百周年的时候，重温湘籍志士群体在辛亥革命运动中所建立的历史功勋，不能不引起我们对以孙中山为代表的包括湘籍志士在内的全国广大革命志士的无限敬仰和深切怀念！

作者单位、职务：湖南师范大学历史文化学院教授

中国近现代史上的青年与革命

✍ 田海林

"人事有代谢，往来成古今。"近现代中国社会新陈代谢之急骤，与当时中国历史舞台主要群体角色年龄老少有关。"江山代有才人出"。从某种意义上说，中国近现代革命史就是一部激情的青年奋斗史！

谨以此文纪念"辛亥革命100周年"和"中国共产党90周年"。

一 老大——暮气霭霭的清王朝

大清王朝自1644年入关定鼎北京而宰制天下算起，到1911年因辛亥革命而覆灭，历经顺治、康熙、雍正、乾隆、嘉庆、道光、咸丰、同治、光绪和宣统十代皇帝，曾经创造了一个异族人主中原、富强甲六合而天下万方来朝的"康乾盛世"的神话。顺治皇帝尽管是在人到中年之时"弃天下而去"，但却为清王朝统治天下奠定根基；康熙不仅是历史上著名的"少年天子"、而且在位时间长达61年之久，创中国皇权历史之最；雍正即位虽然和诸多兄弟有激烈的明争暗斗，但也是中国历史上著名的强势皇帝；乾隆不仅亲政长达60年，还做了三年"太上皇"，而且文治武功超迈，自号"十全老人"；嘉庆承祖宗之续余，也尚且能保全天下。可以说，上述诸帝都算是"治国"和"平天下"的强势皇帝，几乎都是龙马精神，子孙兴旺。如康熙帝竟有35个儿子，20个女儿。

如果说大清王朝在嘉庆时期尚且能以盛世余辉装点门面和勉强维持的话，那么自道光朝开始，大清王朝便江河日下了。道光时期的鸦片战争，将中国带入了长达百年的半殖民地半封建社会的苦难泥沼，当时的道光皇帝已经是60岁老翁了，他不再像其祖宗康熙和乾隆那般老迈但不失英豪，而是因衰老以致糊涂之极，在与英国战争打了将近两年之时，道光竟然还发上谕向疆臣打听关于英国的起码常识："究竟该国地方周围几许，所属国共有若干？……又英吉利至回疆各部有无旱路可通，平素有无往来，俄罗斯是否接壤，有无贸易相通？"作为拥有最高战争决定权的皇帝，道光竟然老朽昏聩如此，拥有四万万人口的大清王朝被仅有四千人英国远征军打败，就不足为怪了！

清朝从"苦命天子"咸丰开始，朝廷暮气垂垂，阴气弥漫，毫无生气，且统治集团中满汉民族矛盾交织，特别是经过太平天国运动和第二次鸦片战争内忧外患的夹击摧残，清政府衰败腐朽的痕迹已随处可寻了。在同治和光绪时期，虽有美其名曰的"求强"和"求富"的"同光新政"，但也被中法战争特别是中日甲午战争的噩梦阴霾所笼罩了，在朝的统治集团成员大都是年高体衰，暮气沉沉。

晚清时期，颓入末世的大清王朝不仅国势衰微，惨遭外国列强欺侮凌辱，而且最后三代皇帝即同治、光绪和宣统都精力不济和命运不祥，他们都是以乳臭未干的小儿之身在非正常状态下由慈禧太后强行扶持即位的，但这三代皇帝的所谓"冲龄践祚"，与清圣祖康熙的"冲龄践祚"之个人身心能力和政治命运却完全不同。同治、光绪和宣统这连续三代都由慈禧太后支持而登大宝的小皇帝，全都没有生育能力，他们居"天子"至尊之位，平生虽有皇后和嫔妃，但竟然都是一男半女皆无的"绝嗣"皇帝，也就是说这三代皇帝都断绝了帝王父系嫡传血脉香火的传承。当天下百姓看到皇家天子都绝种断嗣，必会自然而然地想到：这难道不就是"天亡大清"的生命信号吗！在一个以"一姓之私"和世袭嫡传而干纲独断、宰制天下的皇帝体制下，帝王"血统"的灭绝，这是最严重的政治危机！

"老年人常思既往，少年人常思将来。"人的年龄与心志和气势有关，主导社会政治的领袖集团的年龄构成，也会直接影响社会的情势和趋向。20世纪初的中国社会，大清王朝已经进入垂暮之年。当时，在社会上依然流行"人活七十古来稀"的说法，全国人均寿命只有33岁，年近半百就会被视为垂垂老矣，而1911年5～11月在任的各部院大臣的平均年龄却在54岁左右，比清末人口的平均寿命整整高出21岁，"老后"、"老臣"、"老将"、"老吏"充斥于官场，这是典型的"老人政治"。同光宣三代皇帝绝嗣、大批重臣老朽，这是王朝式微垂暮之象。

但是，恐怕问题还不止于这种年龄表象，更重要更深层的危机在于在中国推行了数千年的君主专制体制盛极而衰直至腐朽垂死。英国早在1688

年就完成了资产阶级革命，并建立了君主立宪政体。法国也通过 1789 年革命结束了封建君主专制制度。然而，中国的君主专制政体却一直延续数千年，直至到 20 世纪初所谓的"清末新政"时期，清廷在民主革命浪潮的冲击重压下，即便是不得不推行带有民主色彩的君主立宪制，最后也还是顽固保守地弄出来一个皇亲国戚为主导的"皇族内阁"，以致令中外失望，惹天下公愤，把游移于清王朝和革命党之间的立宪派推到了革命党怀抱。

"伤哉，老大也！"这都证明，大清王朝这个君主专制体制的老大帝国已是日薄西山，暮气沉沉，步履蹒跚，腐朽衰老，不可救药，再也经不起任何风吹草动了。

太平天国起义造反之时，尚有曾国藩、李鸿章、曾国荃、左宗棠、胡林翼、郭嵩焘、骆秉章等一大批汉族官僚挺身而出，扶大厦之将倾，挽狂澜于既倒，拼死卖命，力保朝廷。但是，在清末辛亥革命爆发之时，仿佛是"墙倒众人推"，天下纷纷响应，各省相继宣布"独立"，手握重兵的袁世凯并没有效法曾国藩来为清朝皇帝"救驾"和"勤王"，而是扮演了政治"掮客"角色，巧借革命党势力，直接"逼宫"，直至逼迫末代皇帝宣统和隆裕皇太后这对孤儿寡母写下了《逊位诏书》。从此，统治中国二百多年的清王朝寿终正寝了，在中国绵延数千年的君主专制政体终结了！

"江山代有才人出。" 20 世纪初，古老的国度，古老的民族，古老的文明，古老的政体，正处于内忧外患而方死方生的命运攸关之际。国家要独立，民族要解放，社会呼唤青春，时代需要激情，中国需要少年。

20 世纪之青年，则血气方刚，生龙活虎，如同东升的旭日，朝气蓬勃，充满战斗力！"振兴中华"的历史重担落在了更富朝气、更富于激情、更富于想象、更敢于造反、更敢于颠覆、更敢于创新、更具有眼量、更具有胆气、更具有思想并更具行动力的青年肩上！辛亥革命时期，正是这样一个需要并孕育产生有为青年的时代。

二 革命——激情与血气的青年事业

"庚子国变"即"八国联军之役"后，中华民族被迫戴着帝国主义列强特制的沉重镣铐，跟跟跄跄地迈入了 20 世纪。曾几何时，为救亡图存而奔走呼号梁启超仍在继续以如椽大笔启蒙国民，尽管其与乃师康有为所代表的资产阶级改良派发动戊戌维新被清王朝的守旧势力镇压了，但他还是敏锐地看到了国家和民族新生的希望曙光,写下来风靡天下的《少年中国说》,并几乎同时原创性地提出了"中华民族"这个概念。"中国"这是个先秦古已有之的传统概念,"中华民族"是 20 世纪才有开始流行的新概念。20 世纪的青年革命,不仅使古老的中国获得了新生,而且使"中华民族"真正挺身到了世界民族之林。

20 世纪初年,大清王朝已经病入膏肓,尽管"清末新政"也算有声有色,甚至在对社会的改革程度上比戊戌变法威信有过之无不及,但这也不过是临死前的某种回光返照而已,不仅不能使病入膏肓的老大帝国起死回生,甚至出现了新政办得越好反倒培养的掘墓人越多而死亡越快的这种南辕北辙、事与愿违的历史结果。

在晚清历史上,甲午战争是个重大转折点。泱泱大国竟然败给了一向以中国为师的东洋小国日本,蒙受割地赔款的奇耻大辱,这给中国朝野带来了振聋发聩的影响。以康有为和梁启超为代表的资产阶级改良派开始"托古改制"并"上达天听"拽着光绪皇帝而启动维新变法运动了;广大社会下层民众出现了从"反洋教"直至最终演化成了"扶清灭洋"的义和团运动。当人们习惯于传统社会轨道而沉浸于通过维新改良而拯救民族危亡的美梦中时,敏锐而豪迈的青年孙中山就已经扛起了更激进的"三民主义"大旗,走在了民主革命的最前列。1894 年 11 月,28 岁的孙中山在檀香山成立了第一个革命团体——"兴中会",并率先发出了"驱除鞑虏,恢复中华,创立民国,平均地权"的伟大时代号召,志同道合的反清革命青年开始合群结党,而党同则必伐异,富于青春冲动的革命党不仅遍地蜂起,而且前赴后继,不断地向大清王朝的最终统治攻击前进。

1905 年 8 月,大批留日的青年学生成立了具有资产积极正当性质的"中国同盟会"。1905 年 9 月吴樾刺杀清廷出国考察宪政五大臣,1910 年 4 月汪精卫刺杀摄政王载沣,这两个震惊朝野恐怖事件的制造者,都是同盟会里年方 27 岁的热血冷面青年。在辛亥革命武昌起义前,同盟会先后发动了十次反清武装起义,领导和组织者大都是年轻人。1906 年 9 月广东钦廉防城起义领导者,黄兴 32 岁,王和顺 43 岁;1906 年 12 月萍浏醴起义领导者,刘道一 22 岁,蔡绍南 31 岁;1906 年 12 月广西镇南关起义领导者,黄明堂 42 岁,关仁甫 33 岁;1907 年 5 月广东潮州黄冈起义领导者,许雪秋 32 岁;1907 年 6 月广东惠州七女湖起义领导者,邓子瑜 29 岁;1907 年 7 月浙皖起义领导人,秋瑾 32 岁,徐锡麟 34 岁;

1908 年 3 月广东钦廉上思起义领导者，黄兴 34 岁；1908 年 4 月云南河口起义领导者，黄明堂 44 岁，关仁甫 35 岁；1910 年 2 月广州新军起义领导者，倪映典 25 岁，朱执信 25 岁。1911 年 4 月广州黄花岗起义领导者，黄兴 37 岁，赵声 30 岁。上述起义领导者 17 人中 35 岁以下的有 13 个人，约占总人数的 76% 。

"舍得一身剐，敢把皇帝拉下马。"这一批年青的革命党人死不旋踵，前赴后继，直到 1911 年武昌起义，民主革命导致天翻地覆，终于把老大垂死的清王朝彻底推翻了。从反清革命的历史结果而言，孙中山所领导的民主革命党人，是一群比太平天国更厉害的"洪秀全第二"，这一群血气方刚和朝气蓬勃的青年，不仅要给垂死的清王朝最后的致命一击，而且还要顺应浩浩荡荡的世界大势为古老的中国开辟一个新世界——中华民国。

三　青年——新世纪和新世界的流行符

"爆竹声中一岁除"，"总把新桃换旧符"，这本是宋代王安石的《元日》诗句，但用来形容辛亥革命推翻清王朝而创立新生的中华民国也很合适。

由于青年激情豪迈的辛亥革命，1911 年大清王朝被颠覆了，伴随着 1912 年元旦的曙光，中华民国诞生了，中华民族从千古帝制的压迫下获得新生了，古老的中国终于出现了新天、新地、新气象。

"世界大势，浩浩荡荡，顺之则昌，逆之则亡。"民国初年的中国，新旧交替，天地旋转，令人头晕目眩。1915 年，已经做了终身大总统的袁世凯，因预感 58 岁乃其家族遗传人生寿命之大限，竟然鬼迷心窍而情急生疯，冒天下之大不韪，做了 83 天"洪宪帝制"的糊涂梦幻；1917 年盛夏，63 岁的顽固保皇派"辫帅"张勋统领其"辫子军"，将 12 岁的逊位皇帝溥仪再次搬出来，出演了仅仅 12 天的"复辟"闹剧；年近花甲而由维新而趋于保守的康有为，为主张"定孔教为国教"而迂腐不堪地发出了"中国人不敬天亦不敬教主，不知留此膝盖傲慢何为也"的荒诞不经之怪论；甚至青年革命党人也有过"无量头颅无量血，可怜购得假共和"悲叹感慨。但是"青山遮不住，毕竟东流去"，中华民国终究是因为辛亥革命而带来的新国家，这个新国家是无数青年仁人志士头颅和鲜血换来的，其归属于辛亥革命时期的青年，这是势所必至，理有固然。

　　"皇帝万岁、万岁、万万岁"，是中国历史上历朝历代君主专制统治铁幕下代代老臣最具有传统意蕴的乞怜之声；"革命万岁"，是 20 世纪中华神州大地无数青年最富有创新激情的震撼之音。在孙中山领导的辛亥革命的巨大作用和深远影响下，"革命"与"青年"这两个流行词，成了 20 世纪中国社会最大的时代流行符。

　　在 20 世纪的中国历史上，"革命"与"青年"两个概念的历史关系竟然是如此的密切，以至于如果要选举 20 世纪的第一流行词，毫无疑问首选"革命"二字；如果要选举 20 世纪的第二流行词，一定是与"革命"关系最密切的"青年"二字。当时"革命"，则必推"青年"；"青年"，则理当"革命"。"革命"，是"青年"的人生最大要义；"青年"，是"革命"的根本载体。"革命"与"青年"或"青年"与"革命"，成了天下最响亮也是最壮丽的流行话语，是 20 世纪中国社会最为流行也最具影响力的字眼。

　　翻开清末民初动感激荡而迄今尚未尘封的历史文献，"少年"、"青年"和"青春"这些光芒四射而激情荡漾的字眼，俯拾皆是，披挂着朝霞的绚丽，闪耀着朝露的晶莹，透射着朝气的蓬勃。最著名和最典型者，如：1900 年，梁启超发表《少年中国说》一文；1915 年，陈独秀创办《青年杂志》并在创刊号上发表《敬告青年》一文，翌年杂志改名《新青年》，李大钊在改刊号上发表《青春》一文。

　　改变中国命运的五四运动，就是以《青年杂志》创刊为标志，以青年为主体、以青年学生罢课游行示威为高潮的社会革新运动。五四新文化运动中的领军人物也都是青年人。五四运动发轫的 1915 年，陈独秀 36 岁，鲁迅 34 岁，李大钊 26 岁，胡适只有 24 岁。最早开始接受和传播马克思主义的也是青年人，李大钊发表第一篇马克思主义文章时才 28 岁。

　　五四时期，还直接出现了以"少年"、"青年"和"青春"立名的社团，如"少年中国学会"、"少年学会"、"青年学会"、"少年黄梅学会"等。仅"少年中国学会"就创办了《少年中国》和《少年世界》杂志。当时，以"少年"、"青年"和"青春"为主题的文章简直是铺天盖地，仅李大钊一人就先后发表了《青春》、《青年与老人》、《"少年中国"的"少年运动"》、《亚细亚青年的光明运动》、《青年与农村》、《现代青年活动的方向》等多篇关注青年的文章。

　　梁启超、陈独秀和李大钊这些新时代的青年导师，他们都敏锐而自觉地把国家的希望和民族的未来寄托在"少年"、"青年"和"青春"这样内蕴无比激情和动能的词汇上，这绝非偶然现象。由于他们把握时代脉搏跳动节奏和旋律，对"少年"、"青年"和"青春"这些词汇符号进行了划时代的提炼，并做了妙笔生花的讴歌礼赞，令天下无数青少年荡气回肠、激情澎湃、壮怀激烈，奋不顾身地投入扶大厦之将倾、挽狂澜于既倒、改天换地、"振兴中华"的壮丽革命事业洪流之中。"青年"这一价值符号的划时代形成，表明青年作为一个社会群体其社会能量即改造社会、推动社会发展的能力得到了社会的普遍推崇和认可。这一价值符号将推动青年在今后的社会改造和变革中进一步掌握话语权，持续活跃在中国政治舞台的聚光灯下。

四　革命青年——问苍茫大地，谁主沉浮？

"长江后浪推前浪。"一元政治破碎带来了政治的多极化纷争，民国前期的北洋军阀统治时代，特别是袁世凯死后，群龙无首，茫茫九派，百舸争流。昔日的资产阶级革命政党虽然由中国同盟会变成了国民党，甚至直到1928年底从形式上完成了全国统一，也始终不能解决中国内忧外患的社会危机，中国需要更进步的社会新生力量。

"一唱雄鸡天下白"，1921年7月中国共产党诞生了，这是一个伟大的历史开端。请看"中共一大"13名代表的年龄结构：何叔衡45岁、董必武35岁、李汉俊31岁、李达31岁、陈公博30岁、毛泽东28岁、包惠僧27岁、陈潭秋25岁、张国焘24岁、王尽美23岁、邓恩铭20岁、周佛海24岁、刘仁静19岁。仅30岁以下的青年人就有9个，约占总人数的70%。他们是一群肩负着特殊历史使命的青年战斗团体。

尽管在新陈代谢急骤的中国近现代史大浪淘沙中新生的中国共产党遭受过前赴后继与优胜劣汰的严峻考验，如何叔衡、陈潭秋、邓恩铭与李汉俊英勇牺牲了，王尽美英年早逝了，李达、包惠僧和刘仁静掉队了，张国焘叛变投敌了，陈公博和周佛海做了汉奸卖国贼。但是，中共这一新生的先进战斗团体可不是一群普通的青年"弄潮儿"，而是一个接受并掌握了当时最先进思想武器马克思主义，怀着最崇高人类理想，披坚执锐，摧枯拉朽，攻无不克，战无不胜，具有巨大社会改造能量的中国青年政治群体。中国共产党这个战斗群体的诞生，注定了改天换地的革命新高潮必将迅猛到来！

初生的中共，青春鼎盛，风华正茂，他们一诞生便胆敢在惊涛骇浪中，砥柱中流。请看 1925 年 32 岁的毛泽东在离开湖南南下广州主持农民运动讲习所时在《沁园春·长沙》一词中所展示的青春抱负："独立寒秋，湘江北去，橘子洲头。看万山红遍，层林尽染；漫江碧透，百舸争流。鹰击长空，鱼翔浅底，万类霜天竞自由。怅寥廓，问苍茫大地，谁主沉浮？携来百侣曾游，忆往昔峥嵘岁月稠。恰同学少年，风华正茂；书生意气，挥斥方遒。指点江山，激扬文字，粪土当年万户侯。曾记否，到中流击水，浪遏飞舟！"

再请看 1930 年在武装割据井冈山的艰难岁月里，37 岁的毛泽东在给 23 岁的红四军长林彪所写的《星星之火，可以燎原》一文中预见"革命高潮"的青春激情："它是站在海岸遥望海中已经看得见桅杆尖头了的一只航船，它是立于高山之巅远看东方已见光芒四射喷薄欲出的一轮朝日，它是躁动于母腹中的快要成熟了的一个婴儿。"这与毛泽东在上词中所蕴涵的青春抱负是何等一致啊！

在革命战争年代，最需要激情澎湃而血气方刚的青年冲锋陷阵。在反击日本帝国主义侵华的民族革命战争中，为了中华民族的独立、自由、解放和富强，中华民族的无数热血青年齐聚在"抗战"的大旗下，在枪林弹雨中献出了宝贵的生命。为了发动抗战，中共对引导青年极为重视，这在领袖毛泽东思想中体现得淋漓尽致。为纪念五四运动 20 周年，毛泽东于 1939 年 4 月下旬撰写《五四运动》一文。5 月 4 日，毛泽东出席在抗大举行的"延安青年纪念五四运动 20 周年大会"，作了《青年运动的方向》的演讲："'五四'以来，中国青年们起了什么作用呢？起了某种先锋队的作用，这是全国除开顽固分子以外，一切的人都承认的。什么叫做先锋队的作用？就是带头作用，就是站在革命队伍的前头。中国反帝反封建的人民队伍中，有由中国知识青年们和学生青年们组成的一支军队。这支军队是相当的大，死了的不算，在目前就有几百万。这支几百万人的军队，是反帝反封建的一个方面军，而且是一个重要的方面军。但是光靠这个方面军是不够的，光靠了它是不能打胜敌人的，因为它还不是主力军。主力军是谁呢？就是工农大众。中国的知识青年们和学生青年们，一定要到工农群众中去，把占全国人口百分之九十的工农大众，动员起来，组织起来。没有工农这个主力军，单靠知识青年和学生青年这支军队，要达到反帝反封建的胜利，是做不到的。所以全国知识青年和学生青年一定要和广大的工农群众结合在一块，和他们变成一体，才能形成一支强有力的军队。这是一支几万万人的军队啊！有了这支大军，才能攻破敌人的坚固阵地，才能攻破敌人的最后堡垒。"演讲毕，毛泽东还接受了延安青年写着"新中国的火炬"几个大字的献旗。在革命战争年代，中国共产党麾下浩浩荡荡对出生入死无所畏惧且融入天下茫茫苍苍工农大众之中的青年大军，不就是焚毁与颠覆"帝官封"三座大山旧世界而照亮未来新中国的"火炬"吗！毛泽东这两篇文章，应该是对20世纪"青年"与"革命"的最经典总结。

"水能载舟，亦能覆舟。""得民心者得天下。"1949年，仅仅只有28岁青春的中国共产党开辟了中国历史的新纪元，成功缔造了一个崭新的中华人民共和国。同时，天安门广场上的"人民英雄纪念碑"下，也汇集了数千万永垂不朽的青春忠烈英灵。中共的成功，充分证明了这个颠扑不破的天地人世间的根本大道理。中共在历史上之所以能成功得掌天下，就是通过高明的方针、政策和路线，真正抓住了中国青年。

因此，新中国诞生后的1957年冬，毛泽东在《在莫斯科会见我国留学生和实习生时的谈话》中激情慷慨地指出："世界是你们的，也是我们的，但归根结底是你们的。你们青年人朝气蓬勃，正在兴旺时期，好象早晨八、九点钟的太阳。希望寄托在你们身上！"并强调："世界是属于你们的。中国的前途是属于你们的。"

中国青年，不仅善于破坏一个旧世界，而且善于建设一个新世界。在革命时代，中国需要青年；在建设时代，中国更需要青年。当代中国广大青年的奋发有为，必将为中华民族的伟大复兴与在世界上的和平崛起谱写更壮丽的文明华章！

作者单位、职务：山东师范大学历史文化与社会发展学院教授

香山华侨与辛亥百年

✐ 马为民

在中国近代革命史上，华侨谱写了光辉灿烂篇章，尤其是在孙中山先生领导的辛亥革命中，华侨作出了巨大的贡献。孙中山说过："我海外同志，昔与文艰苦相共，或输财以充军实，或奋袂而杀国贼，其对革命之奋斗，历十余年如一日，故革命史上，无不有'华侨'二字，以长留于国人脑海。"

香山（含今中山市、珠海市）是孙中山先生的故乡，香山的爱国华侨鼎力支持孙中山领导的辛亥革命，他们有的慷慨助饷，有的热心宣传，有的冲锋破敌，用实际行动谱写出华侨光辉的历史。

一 组织革命团体

香山华侨历史悠久。辛亥革命前，香山华侨主要分布在南洋各国和美洲等国家，切身的遭遇使他们深感"外人之所以欺我侮我者，皆我国不振所以致之"。"深知国家不强之可耻可痛"，迫切希望祖国强大以为后盾，改变屈居异邦，受人欺辱的可悲地位。正是这种强烈的爱国思想，自 1894 年冬，孙中山在檀香山组织中国第一个民主革命团体——兴中会，提出"驱逐鞑虏、创立共和"起，便得到香山华侨热烈拥护、无私支持和积极参与。亦因此，可以说"华侨为革命之母"。

香山华侨分布于 90 多个国家和地区，华侨达 80 多万人。1894 年，夏威夷群岛聚居了 2 万多华侨，他们大多数是来自香山县。孙中山在这里宣传鼓动倡言革命，得到了进步华侨的支持。1894 年 11 月 24 日，孙中山在檀香山卑涉银行华人经理何宽的寓所创立兴中会。首批入会的 25 位华侨中，有 13 位香山籍华侨。首先给予了支持和同情。

檀香山兴中会第一次会议后参加兴中会会员，檀香山共 126 人，其中香山籍 70 人。

表 1　首批兴中会名录

姓　名	籍　贯	职　业	姓　名	籍　贯	职　业
孙中山	香　　山	医　生	陈　南	香　　山	工　人
何　宽	香山黄竹坑	任职银行	卓　海	香山官塘乡	税关通事
邓荫南	开　平	商　人	林鉴泉	香　　山	报　界
刘　寿	新　宁	商　人	郑　金	新　安	商　人
刘　卓	香　山	商　人	郑　照	新　安	商　人
刘　祥	新　宁	商　人	侯艾泉	香山隆都	工　人
许直臣	香山洋沙乡	教育家	锺工宇	香山西山	商　人
宋居仁	花　县	工　人	锺木贤	五华西河	商　人
李　杞	香山岚霞村	工　人	夏百子	新　会	工　人
李　昌	四　邑	公务员	黄　亮	香　山	商　人
李禄（六）	香　山	商　人	曹　彩	台　山	商　人
李多马	归　善	商　人	程蔚南	香山南朗	商　人
黄华恢	南　海	商店职员			

其中的代表者孙眉：翠亨村人。孙中山在檀香山组织成立兴中会是其兄孙眉第一个赞同："自愿划拨财产一部分为助。""更移书檀中各亲友为总理（孙中山）先容。"孙眉好友邓荫南（开平人）则"订生死交，而愿倾家以助"。孙眉加入兴中会后，曾任茂宜分会主席。他倾力支持孙中山的革命活动，直至破产。1910 年 11 月，参加"庇能会议"，后潜至广州湾，易名"黄镇东"、"刘汉生"，组织民军起义，光复高雷六县。

何宽：三乡黄竹朗村人。曾在檀香山卑涉银行供职。1894 年孙中山在檀香山组织兴中会时，在他住宅举行第一次会议。在会议上，刘祥被选为主席，何宽被选为副主席，后刘祥退出，何宽继任主席。何曾担任《檀香山新报》编辑，任《民生日报》、《华兴报》司理，他把《兴中会员名单和交纳会银日与进支簿》保存了 30 余年，这些珍贵的史料成为研究兴中会的重要史料。

二 制造革命舆论

革命舆论是革命先导。孙中山从事革命，十分重视舆论的作用，一生共创办了十多种报刊，领导了三次新旧思想的报刊论战。在此期间，香山华侨积极投身于这些报刊的创办和出版工作，有力地促进了辛亥革命的爆发。

《檀山新报》、《中国日报》、《光华报》等是当时主要舆论宣传媒介之一。

程守亮（1858～1908），南蓢安定村人。兴中会首批入会会员，是孙中山的亲戚。1881年在檀香山与同乡何宽合办第一份华文报纸《檀香新报》，任主笔。1883年改名《隆记报》。1903年孙中山把该报改名《檀山新报》成为兴中会机关报，在该报上刊载《敬告同胞书》、《驳保皇党》等文章，与保皇党的《新中国报》进行论战。

出版于1908年9月16日的《香山旬报》是中国最早的侨刊，也是香山县最早的刊物。1911年1月21日第84期起改为周刊，易名《香山循报》，至1911年11月7日，共出版123期。另在本县各乡镇设代理处，在国内的广州、上海、天津、汉口及香港、澳门地区，海外的小吕宋、雪梨、杨士威、丫打顿、咩厘文、檀香山、葛伦埠、旧金山、沙加免度、活吾埠、纽约、屋仑，智利、温哥华、域多利等地，均设有代理处。创办人为郑彼岸。

1905年11月，中国同盟会创办《民报》作为机关报。孙中山亲撰发刊词，把同盟会纲领概括为"民族、民权、民生"三大主义。从此孙中山领导的革命运动有了比较明确的革命目标。沥溪乡苏曼殊曾任该报编辑。

三 踊跃捐资助饷

华侨对辛亥革命的贡献，最突出的表现是财力和物力上的援助。孙中山先生曾说："慷慨助饷，多为华侨。"据史学家的不完全统计，从1894年兴中会成立，到1912年南京临时政府成立时期，华侨和港澳同胞的捐款，估计有七八百万元之多。香山华侨更是率先捐款筹款支持辛亥革命。

孙中山创办兴中会成立时，经费全靠华侨供给。他哥哥孙眉以每头牛六七元的价钱，贱卖了自己牧场一半牧畜作为革命费用。跟随孙中山回国参加第一次起义的邓荫南，把在檀香山的商店，农场变卖，充当起义的经费。

陈耀垣：斗门南山村（今珠海市人）。美国士得顿华侨。1909 年加入同盟会，并变卖了自己经营的"德和商店"和所有物业资助革命。毁家纾国，传为美谈。1911 年 2 月，孙中山率领陈耀垣和黄芸苏分途演说筹款，两个月筹得 50 万元，为辛亥革命作出了贡献。

李敏周：原籍石岐，1898 年到澳洲，后经营地产。1913 年，孙中山革命处于困境，李向孙中山捐赠 5000 两白银作活动经费。雪中送炭，使孙中山十分感动。

欧阳民庆：张家边大岭乡人。澳洲华侨。上海永安公司开办时，任首任董事长。孙中山建立民国政府，欧阳与上海商会长虞洽卿各捐出 1000 万元，支持孙中山的政府开办。民国政府为表彰他们，分别用他们的名字命名街道。上海"欧阳路"仍沿用到现在。

四　投身武装起义

香山华侨不仅为各次武装起义提供经费和物资，而且投身到武装起义的行列中，英勇作战，有的甚至壮烈牺牲，贡献了自己宝贵的生命。

1910 年（辛亥）年秋，同盟会员香山人林君复、郑彼岸和林警魂三人，奉孙中山之命在澳门组织同盟会南方统筹部澳门总支部，作为策动香山反清起义的总机关。他们除先后策反新军三千人外，还对各大族如溪角刘姓、安堂林姓、南文萧姓、长洲黄姓及小榄的地方会党李就、伍顺添等做工作，组织起义队伍。并从港澳筹运军火，由林寿华等一批女同志伪装成新娘、送嫁女和轿夫，将枪支藏于花轿内，吹吹打打把武器巧妙地运到肖楚碧和大涌林君复家。1911 年 11 月 2～6 日，小榄、前山和石岐先后行动。石岐方面分成两队，一队由梁守带领从南门入城，另一队由郑彼岸带领从西门入城，两路义军浩浩荡荡直捣石岐，从而结束了清廷对香山的统治。

林警魂：大涌安堂村人，讲武学堂肄业。1907 年追随孙中山参加广西镇南关起义。1911 年参与黄花岗起义，失败后逃到澳门，与刘师复、林君复、郑彼岸等招集同盟会南方总支部同志策动香山县前山新军反正。

香山光复后，与任鹤年等指挥香山进军广州，成为最早进入广州的一支队伍。

刘思复：又名师复。石岐人。1901 年在香山石岐设立阅书报社（一说演说社）宣传革命。早年赴日本留学。1905 年加入同盟会，是发起人之一。1907 年暗杀水师提督李准，在广州旧仓港凤翔书院装配炸弹，炸弹突然爆炸，刘左手及面部受伤，被岗警捕获后判解回香山监禁。1909 年冬被释，即赴香港，致力研究《新世纪》，宣扬无政府主义。1910 年春与高剑父等人组建支那暗杀团。先后组织五次暗杀，其中亲自参加的有三次。1911 年武昌起义后，刘在东江一带领导民军起义，号称香军。

王昌：沙溪石门人。加拿大华侨。1911 年加入同盟会。1916 年加入国民党海外支部。1918 年 9 月 1 日，因痛恨北洋政府屡借外债准备内战，王将北洋政府赴美拟向六国银行借款购买军火的代表汤化龙击毙于维多利亚城，而后吞枪自尽。1921 年，国民党以党礼葬王昌于黄花岗左侧，建立石坊墓表以旌其所为。王昌是国民党党葬的第一人。

五　捍卫民主共和

中华民国建立后，袁世凯为首的北洋集团掌握民国政权，践踏毁弃共和制度，民国徒具虚名。孙中山为代表的革命派为捍卫民主共和，不屈不挠地展开斗争。从二次革命的中华革命党反袁护国斗争到护法运动的长达十年中，香山华侨作出了重要贡献。

（一）反袁讨龙斗争

1916 年中山华侨在加拿大参加"华侨敢死行先锋队"回国效力，声讨袁世凯。

萧桂荣：大涌人，1912 年年底在加拿大加入同盟会，是 1914 年加拿大讨袁敢死队 128 名队员之一。孙中山曾为其题词"博爱"。

孙昌：翠亨村人。孙眉之子。1910 年加入同盟会，在加州积极活动。1912 年奉孙中山之命回国，在广州警察厅任职，1914 年加入中华革命党，积极参与策划驱龙（济光）倒袁（世凯）运动和协助孙中山从事护法运动。1917 年任海陆军大元帅府别动队司令。同年 11 月 20 日，奉孙中山命带军饷银洋前往慰问黄埔将士，由于守军误会开枪，造成船体翻沉，不幸殉难。

阮汉三：沙溪象角村人。在檀香山加入兴中会，1910年加入同盟会。1911年回国参加第二次广州起义。起义失败后，阮逃亡香港。再转向南洋各地宣传革命。1915年，已回檀香山的阮汉三，再回国参加反袁斗争。1916年，在上海获孙中山表彰。后随孙中山南下护法。1917年参加警卫队，负责保卫孙中山工作。1920年被孙中山委任为"侨安"舰上校舰长。后委任为设在广州的中国监狱狱长。晋升为上校军衔。

姚观顺：张家边小隐村人。美国加州华侨。毕业于美国西点陆军工科学垸。同盟会员。为孙中山卫士大队长，多次保护孙中山避过险境。1924年元旦，孙大元帅奖励观音山英勇抗敌卫士，姚被列为首位嘉奖者。同时授予陆军中将军衔，升调黄埔军校等重要职务。1925年，国民革命军成立，任参谋长。

（二）航空救国

1915年，孙中山在日本创办中华革命航空学校，培养航空人才。同年，檀香山华侨杨著昆为支持孙中山"航空救国"的主张，以大股东的身份与华侨集资创建"中华飞船公司"。并鼓励其子仙逸，回应孙中山"航空救国"号召，学习航空。1916年，在美国学成归国效力的航空人员数十人，先后回国的香山籍航空人员有杨仙逸（北台）、张惠长（大环村人）、陈庆云（珠海）、吴东华（窃宛村人）、李光辉、陈有胜（斗门）等。

表2　回国参加航空救国的香山华侨港澳同胞

姓　　名	生卒时间	籍　　贯	侨居地	备　　注
朱卓文	1875～1935	西　丫	旧金山	首任大元帅府航空局长。
张惠长	1892～1980	大　环	美　国	美国习飞行后回国服务空军。
陈庆云	1891～1981	南　溪	日　本	日本中华革命党航空学校，后由孙中山资赴英国习飞行。
陈泽景		南　溪	日　本	陈庆云弟，孙中山资送英国习飞行。
杨仙逸	1891～1923	北　台	檀香山	誉为"中国空军之父"。
林伟成	1897～1947	香　山	美　国	美国航空学校毕业，1923年回国任大元帅府航空局第二飞机队队长。

续表

姓 名	生卒时间	籍 贯	侨 居 地	备 注
杨官宇		北 台	美 国	1920 年在美习飞行，1923 年回国任广东航校校长。
朱慕菲	1897～1932	西 丫	檀 香 山	朱卓文女。中国空军第一位女子飞行员。
欧阳英		大 岭		李培芬夫人。飞机练习失事身亡。
卢维博		珠海外沙	美 国	1920 年回国制造洛士文飞机。
刘植炎		沙 溪	美 国	1926 年回国服务空军。
陈友胜		斗 门	美 国	广东司令部航务处处长。
容兆明	?～1937	中 山	美 国	飞行失事殉职。
刘锦涛		沙 溪	美 国	空军摄影师。
陈兆新	1909～1940	南 溪	日 本	陈庆云侄，第三期空军学员。
刘沛然	1903～?		日 本	日本留学。
薛辑周	1910～1942	南 溪	日 本	广东航校三期，飞机失事殉职于成都。
容仲伟	1907～1933	南 溪	美 国	广东航校三期，1932 年在广州飞机失事殉职。
郭良弼	1910～1963	平岚四堡	加 拿 大	侨眷。
蔡克昌	?～1937	香 山	澳 门	1937 年 10 月 16 日殉职。
黄华杰	1912～?	大 濠 涌	旧 金 山	
李宝诚	1915～1942	三乡沙岗	香 港	广东航校七期，飞机失事殉职于成都。
刘保生		溪 角	旧 金 山	第六期空军学员。
薛炳坤	?～1960	南 溪	香 港	
杨添森	1908～1933	北 台	檀 香 山	空中撞机殉职于梅县。
容广成	1912～1939		美 国	阵亡于陕西。
刘光龙	1914～1937	溪 角	美国钵仑	
李文耀		石 岐	日 本	日本中华革命党航空学校。
李光辉		中 山	美 国	随杨仙逸回国参加空军。
郑梓湘		中 山	美 国	广东航校三期。

综观辛亥百年的历史过程，香山籍华侨以炽热的爱国精神和革命行动，为辛亥革命作出了卓越贡献。香山华侨不仅是中国民主革命的重要依靠力量，而且是实现中华民族伟大复兴的重要力量。

作者单位、职务：中山市孙中山研究会副会长

民初广东女性之争取职业权利

✐ 李兰萍

但凡写作近代中国妇女史，不能不提到辛亥革命时期的广东妇女，这些人物以及她们所参与的事件构成了中国妇女运动的标志性成果。从某种意义而言，在西风东渐窗口下诞生的广东妇女运动是中国近代妇女运动的前哨和缩影，因此，研究近代广东妇女在辛亥革命时期的活动尤为重要。本文拟从民初妇女争取职业的角度入手，以此探索事关中国近代民主程度的"妇女解放"的相关问题。

一 对于女子职业权的宣传

妇女解放，从经济角度而言，就是从附属的经济地位解放到个人私有的经济独立，而个人私有的经济独立必须从事一定职业才可获得。职业、经济独立与妇女解放具有内在逻辑关系。对于妇女职业权的争取，直接决定了女性的经济能力，而后者对于女性的经济地位有着不可估量的影响，是考量女性经济地位的重要尺度。

一般来说，由于古代私有制关系中，女性从事单一家庭劳动而未被计入社会劳动部分，因此，尽管女性在家庭中"少则待食于其父，长则待食于其夫，老则待食于其子"，但由于社会将女性囿于家庭范围下，而忽视其作为个体存在的社会价值，故而未能拥有对生产资料的占有和支配权，也就丧失了在社会经济生活中的独立位置，从而丧失了社会地位。

甲午战败之后，在"实业救国"、"富国强兵"思潮推动下，开明人士开始关注到占人口一半的女性，要求女子参与社会生活和兴办女子实业教育的呼声日益高涨。以梁启超为代表者认为："今中国之无人不忧贫也，则以一人须养数人也。所以酿成此一人养数人之世界者，其根源非一端，而妇人无业，实为最初之起点"①，呼吁女子由分利之人变为生利之人，认为占人口半数的女子若无业寄生，只是依附着男子，既不经济，又妨害社会进步；反之，若激励广大妇女挣脱"女主内"束缚，踊跃谋职，"各执一业以自养"，不仅提高妇女自身地位能力，亦能"使一国之内，而执业之人，骤增一倍，则其国所出土产作物，亦必骤增一倍达到民富国强"。②有志之士在上海、天津等地相继建立了女习艺所、女工传习所、蚕业讲习所、贫民女工厂等，"教习各种工艺，以兴工业而抚寒黎"。③在维新派的鼓吹和国外女权运动的影响下，女性开始对妇女职业权反思。她们看到：美国妇女"无不有一定之职业，而独立自活于男子之间。斯不惟为积金致富之原因，亦即为男女平权之基础。以视我国女子生计乏绝，志气醒凝而为奴隶牛马于男子肘下者，其差别何如？"④她们呼吁中国女性摆脱对男子的依附，谋取职业，独立于世界，"女子生存于世界，不可不有自治之能力以求独立，不可不有一定之职业，以求生活。若夫营营衣食仰人辅助，无共同劳动之观念，安足以裕生计哉！"⑤号召"女英雄，女豪杰，若欲使混沌女界放一线光明，莫若习师范以求教育之普及，习工业以求升斗之无忧"。广东妇女也加入争取职业权运动。早在1901年杜清持就借孔子的话呼吁"中国欲振兴，必男女平权，务求自立而后可。"⑥1904年香山女性刘瑞平指出女子受数千年压制的原因在于丧失了包括职业权在内的各种权利，呼吁："诸君病在不知卫生，然而卫生之权非男子所能夺也，诸君病在无自由职业、无家庭教育，然而操职业讲教育之权又非男子所能夺也。至于一切缠足、抹粉、拜神诵佛种种恶习，我权我操，更非他人之势力范围所能及焉者矣。然则诸君而甘为亡国罪首则已耳，诸君而不甘也，则请与诸君约：誓须独立，誓尽义务，为国家吐气，为种族雪耻。"随着女子实业的重要性被广为关注，兴办女子实业教育成为当务之急。把二万万"坐食其利"的女子培养成为"生利"之人，使之摆脱家庭束缚，成为主张男女平权者的重要诉求，由此勃兴了近代女子职业。

---

① 梁启超：《论女学》，1897年4月12日《时务报》。
② 梁启超：《饮冰室合集·文集》，第1册，中华书局，1989，第9~40页。
③ 李又宁等主编《近代中国女权运动史料》下册，第1296页。
④ 慕庐：《美国妇人之自活》，《女子世界》第1期，1904年。
⑤ 张士一：《妇女教育丛谈之一》，《妇女时报》1911年第1期。
⑥ 《女子亟宜自立论》，《清议报》第76册，1901年4月19日。

辛亥革命后，中国民族经济得到进一步发展，提倡发展实业的社会人士越来越多。民国初年，实施一系列保护和鼓励实业发展政策，激励新式企业的创办，各类民间实业团体蓬勃兴起，推动工商业发展，振兴实业、建设民国、实现民生主义的理想，被更多的人所接受。民国成立伊始，南京临时政府成立实业部，通电各省成立实业司，指出："实业为民国将来生存命脉……不能不切实经营。"① 1912 年 2 月，林宗雪在上海拟募资开办女子蚕桑学校，得到孙中山的肯定，认为其"募资设校，热诚可嘉"。是年孙中山致函神州女界共和协进社。赞许该社"普及教育，研究法政，提倡实业，养成共和国高尚纯全女国民"的宗旨。希望她们"谋联合全国女界，普及教育，研究法政，提倡实业，以协助国家进步，愿力宏大，志虑高远，深堪嘉尚"。并答应拨款 5000 万，为该会扩充公益之用，并批准开办复心女学校、蚕桑学校等。1912 年 4 月，辞去临时大总统职务的孙中山先生充满信心地表示："鄙人抱三民主义，此次辞识［职］归来，实有无穷希望于吾粤。思以我粤为一模范省，诚以我粤之地位与财力，与夫商情之洽固，民智之开通，使移其嚣张躁妄之陋习，好勇斗狠之浇风，萃其心思才力于一途，以振兴实业，谋图富强，不出数年，知必有效。他回到广东时，即有人向其捐款 20 万元，表示要资助"兴女学、办实业"。② 1913 年 8 月《实业学校令》规定："女子职业学校得就地方情形与其性质所宜，参照各项实业学校规程办理。"③ 自此女子职业学校从法律上取得合法地位。1915 年全国女子职业学校 17 所，学生 1418 人，1916 年达到 20 所，学生 1719 人。④ 1917 年黄炎培发起中华职业教育社，女子实业教育受到政府和教育界的广泛重视。⑤

由于民国后名噪一时的女子参政权案没有通过，社会人士对妇女运动反思，开始重视其经济地位，指出"若从根本解决，则女子须铲去依赖性，汲汲以履男子之职务，权利既平，而真理自易晓矣。"⑥ 有人举广东女性参与传统职业的例子，表示"吾乡之女子，人人知职业之必要，人人有

---

① 《实业部通电各省都督设立实业司文》，《临时政府公报》第 8 号，1912 年 2 月 5 日。
② 黄彦等编《孙中山藏档选编》，中华书局，1986，第 486 页。
③ 教育部：《实业学校令》，《教育杂志》1913 年第 5 期。
④ 陈学恂：《中国近代教育大事记》，上海教育出版社，1981。
⑤ 《女子世界》第 7 期，1904 年 7 月 13 日。
⑥ 《时事画报》1912 第 6 期。

职业，即素对之家年齿已长者，亦无袖手旁观兀坐终日不为职业以内之事者"。"是女界之事生业者比男界多，而男界之勤劳，且远不及女界。嗟乎，读书做官之男子，须托命于不屑与伍之农工商，而更须托命于多数不读书做官之女农工商，岂不羞死耶！又尝见借工作以养其夫及子女者，则其能力亦伟矣。"① 广东《时事画报》落款为"自食其力"的文章介绍了上海女子营业店的展开和"丝织棉织皮革服装刺绣缝纫古玩仪器书籍天产美术等均学校出品不可胜数"的成就，指出"吾粤女界日事奢华争妍斗巧洋货是求"的弊病，呼吁"有心人盖速起挽狂澜于既倒，亦救亡一道矣"②。女性则继续呼唤近代有识之士提出的理论，指出："吾中国女子，蛰伏闺中，只知家事，徒知分利，罔知生利。其见轻于男子，此其一也。中国人民四万万，女子亦居其半，使容此半数之人民，坐耗衣食，直接则家受其累，间接则国受其累。夫女子之聪明材力，较之男子，有过无不及，使教之以各种职业，能各执一艺，以为他日谋生之计，则足以自立，而不必倚赖于男子，然后男女平权之目的可达。"③

西方女权著作的翻译和介绍，不断为妇女经济独立增加新的理论依据，特别是美国纪尔曼夫人《妇女与经济》一书传入后，书中所论述的"妇女唯有经济独立，才能获得真正自由"，从而使男女两性关系真正恢复自然平等的道理，对中国妇女职业运动产生重大影响。④ 在自由和人性的呼唤中，社会日益关注妇女经济独立问题。1916 年，陈独秀发表《孔子之道与现代生活》，认为"现代生活以经济为命脉，而个人独立主义，乃为经济学生产之大则，其影响遂及于伦理学"，儒家鼓吹"夫为妇纲"，妇女依赖男子生活，完全违背现代生活和社会原则。⑤ 这个时期广东女性开始关注经济制度的改革。1919 年广东女界联合会成立，其宗旨即"对于工商各业当提倡革命，使妇女在生活上得经济独立"，章程规定将"提高及改善妇女职业"、"救济失业妇女"作为重要争取目标，标志辛亥革命后广东妇女争取职业权运动进入了一个崭新的时代。

---

① 徐继文：《广东镇平县女子职业谭》，《妇女时报》1912 年第 8 期。

② 《时事画报》1913 年第 11 期。

③ 林贞芬：《论女学宜注重实业》，高要县教育会编《教育杂志》1918 年第 3 期。

④ 纪尔曼：《妇女与经济》，上海学术研究会总会，1929。

⑤ 《新青年》第 2 卷第 4 号。

二 对于女子职业权的实践

在女子职业救国理论的指导下，广东妇女展开了争取职业权的实践。这个职业权，并非仅仅是走上社会，获取经济利益，而是指在职业领域的深度和广度上进一步与男子平等。

辛亥革命后，由于政府颁布了一系列有利于民族资本主义发展的政策法令，使广东民族资本在第一次世界大战前有较快的发展，特别是有大量女工的手工业工场发展更快。1912 年春，广州小北一带，开设织布厂者，不下 30 余处，由于销路极广，至 9 月份竟增至 50 余间之多，每间约有布机二三十架不等，俱发交附近居民领会自织，附近一带男妇多以织布为生计。机杼之声，不绝于耳。[①] 是年广东有 2426 家工厂，其中 1904～1912 年开办 830 家，1912 年创办 214 家。这 2000 多家工厂中，用动力的近代工业有 136 家，拥有 4566 匹马力。无论是工厂数还是使用动力的工厂数都居各省首位，分别占全国 11.8% 和 37.4%。但这些工业在国民经济中所占比重很低，主要以投资少、规模小的轻工业为多，共有 80 家，资金仅 407.4 万元。其中机器缫丝厂最多，占 53 家，其次为织染业 10 家，火柴厂 8 家、玻璃厂 2 家。此外，面粉、印刷、烟草、制革、罐头、樟脑、造纸厂各 1 家。[②] 据农工商部统计：1912 年，各省工厂职工中女工以江苏省人数最多，为 6.7 万余人，浙江、湖南各 2 万余人，山西、四川、江西、福建 8000 余人，广东、湖北 4000 余人，直隶 2000 余人，河南、云南 1000 余人，其他省均不及 1000 人。[③] 由于社会对女工的需求不减反增，加之革命党人支持，女子职业获得进一步发展。1917 年，袁拔英在中华中路（今解放中路）起云里创立广州最早的职业学校之一广东女子职业传授所，设刺绣科和洋服科，学习期限为年半毕业（另有一说为半年）。[④] 1926 年，奉广州市教育局令改校名为私立广东女子职业学校，学习期限改为 2 年，属初级职业学校。1924 年秋，清末孝廉杨向渠之女杨恒招在梅城下市大溪唇杨家祠开办"恒业女子职业学校"，自任校长，招生 136 人，有教师 8 人，授

---

① 1912 年 9 月 20 日《民生日报》。
② 蒋祖缘、方志钦主编《简明广东史》，广东人民出版社，2006，第 586 页。
③ 马恩绍：《女子宜广习各项工艺说》，《妇女杂志》1915 年第 1 期。
④ 曹思彬：《广州近百年教育史料》，广东人民出版社，1983，第 246 页。

裁缝、编织、刺绣等女工手艺。①

广东政府对女性的职业实践重视有加。较为著名的例子是民初警察厅厅长陈景华解救了许多下层妇女,将她们送入女子教育院习艺,受到女性欢迎。"有西关某庵少尼阿仁,年十六七,其师富有资财,使人携之往澳暂避,以图幸免,仁抵澳后,焦思屡日,以同道诸人,均脱苦海,己犹沉溺其中,穗毅然逃出,附轮返省,径投警厅,历诉苦况,并请送入教育院习艺,抑奇女子矣。②又以梅县为例:1912 年,梅县懿德女校与崇实女校合并,建立了"县立女子师范学校"。女师每年招生少则一个班几十人,多则两个班 100 多人。其所培养的女学生,毕业后绝大多数都从事教育工作。又如是年梅县成立的"心光女子学校",收养了盲童 20 多人,以后逐渐增至 60 多人。这个学校使一批女盲童有了受教育的机会。该校后改为"心光盲女院"。设有幼稚班、三年级、五年级和手艺班。所有盲女均分别编班上课,同普通小学一样,每天上课 7 节,8~10 年修完课程毕业。所授课程为国语、算术、写字、神诗等。科目比较简单,也带有宗教色彩。盲女除了学习文化,还学习编织、按摩等,得以掌握谋生的一技之长。③有的女性尽倾丈夫死后留下的遗产,兴办女校,招来生徒,"而自肩管理之责,成绩极优",时人评价道:"世人有镭重金而弗教子女者,睹兹能勿愧否。"④由于从事社会工作、负担家庭经济的女性越来越多,有的人因"女界商才之盛"发表感叹,而有的人则悻悻地预言:"女子近来大多趋向实业……准此比看再过几年男女界定有一大更变,那时男子真只可做女子的奴隶罢。"⑤

女子师范教育的发展也进一步推动了女子职业的扩展。女子师范学校虽然建立初衷是培养有文化的贤妻良母,但它客观上成为解决知识女性职业的摇篮之一。辛亥革命后女子学校发展迅速,然而师资奇缺,因此设立女子师范学校的呼声很高。1912 年颁布的《教育部师范教育令》规定:"女子师范学校,以造就小学教员及蒙养园保姆为目的","女子高等师范以造就女子中学校、师范学校教员为目的"。《教育部公布师范学校规程》

---

① 广东省梅州市政协文史委员会编《梅州文史》第 7 辑,第 85 页。
② 《好学》,《时事画报》1912 年第 2 期。
③ 广东省梅州市政协文史委员会编《梅州文史》第 7 辑,第 85 页。
④ 《时事画报》1912 年第 3 期。
⑤ 《时事画报》1913 年第 11 期。

强调师范生应做到"谨于摄生，勤于体育"，"富于美感，勇于德行"，"明建国之本原，践国民之职分"，"等品格而重自治，爱人道而尚大公"，"明现今之大势，察社会之情况，实事求是，为生利之人而勿为分利之人"，"究心哲理而具高尚之志趣"，"悟施教之方"，"养成学生自动之能力"。① 各省陆续设立女子师范学校，培养小学师资，并设立师范附设附属小学，作为师范生的实验基地。继 1907 年成立广东第一女子师范学校后，1912 年以程立卿为校长的第二女子师范学校在广州成立。师范学校学生毕业后即奔赴到全省各地，成为当地主要教师力量。

许多年青女性甚至从海外回来办学，受到社会欢迎。1915 年，游学美国八年的女学生廖奉基回国办学，陈子褒曾作《岭南女校招生序》号召妇女入其学，认为廖奉基"天性之懿，家训之良，加之研究之深，阅历之久，而成此女学，为我粤完满女校之先河，如受其良美之教育，入校者可为圣人之妇女，必具一国之知识，又具世界之知识，能为一家之贤妇贤母，为一国之完人"，对廖的从业经历给予了高度的评价。1916 年陈子褒女弟子曹美琼在澳门独资创办维德女学校，初办时学生仅十余人，设国文、算术、代数、历史、地理、音乐、国画、体操、尺牍、刺绣、修身等科。小五开设英文科。该校又附设维义女子义学。1928 年广东省公私立中等以上学校，担任校长的女性占了绝大多数的比例，表明女性在教育领域的地位有所上升。

在医疗方面，行医的女性主要是教会医院培养出来的学生。较早的有广东夏葛女医学校培养的女生。她们中不少人毕业后在社会上开馆行医。夏葛女医学校 1903～1915 年间共培养毕业生 78 人，其中 62 人开业，2 人已故，另有 14 人情况不明。② 有人统计：1917 年，中国境内共有女医博士近 170 人，其中约有 100 人毕业于上海医院，另外 50 人毕业于广州医院，约有 20 人则毕业于北京及苏州规模较小的医校。据是年统计，曾在东京女子医药专门学校留学的 25 名中国女生中，有 5 人在中国行医，其中北京 2 人，广东 2 人，上海 1 人。留学日本、卒业于东京牛人区河田町之女子医药专门学校的顺德女子苏淑贞，鉴于"中国妇女羞缩成性，患疾不肯令男子诊治"，在帝国大学病院及三井慈善医院二病院研究一年多后决心学以

---

① 舒新城：《中国近代教育史资料》中册，人民教育出版社，1961，第 708～710 页。
② 《广东夏葛女医学校章程（1915～1916）》附《本校历年毕业生提名录》，1918。

致用，"救济此等极不幸之妇人"，于1916年夏依然回国，在广东医院妇产科工作，她的"孜孜好学"和抱负，令东京女子医药专门学校校长吉冈弥生女士感叹"其抱负可喜也"。①

其时，广州、上海、香港等地活跃着不少女医生。她们十分重视事业的发展，注意宣传自己的医术以拓展业务，故而女医生经常在当地报刊上登载广告招徕生意，成为报端广告栏的一道风景。对于这种现象，时人称："今日中国医学卫生事业日益繁多，女子大可于看护妇业中占一位置，此亦自然之势。"② 对女性从业行为表示认可和赞扬。据报载，1919年在广州至少有28位开业女西医，遍布广州四面八方。③ 至1920年代初，广州市中医生准注册者1764名，西医生350名，内有女医生98名。④ 这一阶段，女子在医疗方面的发展更大，其中以教会医院所办护士学校最为突出。以佛山为例，1924年5月，由于教会的佛山循道医院规模日益扩大，单靠该会人员已不足以应付医院的需要，故而在文昌沙成立了佛山循道高级护士技术学校，招生对象是有初中文化程度的女孩，主要来自华英女校的学生。⑤

随着女子教育的发展和近代工业的进步，日益增多的知识妇女和女工踏上社会。不过，相对于经济发展的速度来说，妇女就业仍处于低潮阶段。1913～1919年，妇女就职的范围没有什么大的突破，依然局限于上述有限的范围内，绝大多数女子依然从事蚕桑、纺织、手工等传统产业，这时的女子职业教育也是围绕这些内容进行。正如《妇女杂志》署名白云石的一篇文章所言，他认为女性应该从事的职业有缝纫、换灌、育蚕、刺绣、女教师、女医生等。⑥ 代表了一定的社会期望。主流社会为了适应社会经济发展对于女性人才的需要，允许女性离开家庭，进入社会并从事有限的职业，但一方面不能影响男性职业对这一领域的占有，另一方面工作性质必须与母职和妻职有所联系。在某种程度上，可以视为家务工作的

---

① 《妇女杂志》第3卷第2号，1917。
② 《顺德女医士苏淑贞小影》，《妇女杂志》第3卷第2号，1917。
③ 《广州指南》下册，第7卷《杂录三·女西医》，新华书局，1919；转引自乔素玲《教育与女性：近代中国女子教育与知识女性觉醒，1840～1921》，天津古籍出版社，2005，第258页。
④ 李宗广：《新广东观察记》，商务印书馆，1922，第38页。
⑤ 张照：《清末民初循道公会在华南地区的发展》，暨南大学博士学位论文，2005年。
⑥ 《妇女杂志》1915年第9期，第6～8页。

延伸。

值得一提的是，1917 年后，广州陆续存在与北洋政府对立的政权，随着南北分治，广东在孙中山三民主义的旗帜引导下，继续将辛亥革命的民主精神发扬光大，广东妇女运动更在全国独领风骚。是年，广东省长朱庆澜在广州四牌楼创设女子职业传习所，学习期限一年半，所学科目以手工为主科，分图画、花边、藤织、花布、抽丝、毛巾、阳伞等 7 门，国文、修身、算学、音乐、体操为助科，每日授课 6 小时。学生毕业或担任各工场技师，或担任职业教员，"均能独立自营"。①

1919 年"五四运动"后，随着社会变革和女子教育水平提高，越来越多的知识妇女走上社会，职业女性不断增加。尽管在谋求职业的道路上经历种种坎坷，比如 1920 年，广州几个师范毕业的女青年集资创办女子竞业商店，专门经营杂货，但因缺乏经验，资本不足，一年后倒闭②，但她们的探索却激励越来越多的女性追求职业权，并改变着人们的女性职业观。民初 20 年广东中下层妇女更多地进入非传统行业。1921 年 1 月，邓惠芳、刘襄复等要求广三铁路管理局长夏重民录用妇女，引起纠纷，后由胡汉民、邓仲元等调解，结果以考试办法，录取陈希孟、冯蕴伟等 40 余位具有高小以上文化的女子为职员。这些人分别从事售票、售货、收票、书记、购料、稽核等工作。此举在全国产生重大影响，广三铁路因此获誉"首开企业录用女职员之先例"。谈社英因此盛赞"中国政府机构正式任用女子而同等待遇者，实为邓惠芳等所创始争得之成绩"③。

随着银行和商店接踵向女性敞开大门，职业平等对于妇女解放的意义受到社会舆论的关注。有人认为："欧洲的妇女现在多已得到自由平等，和男子有一样的权利，享同等的待遇，这完全因为女子皆有职业，经济独立，得向各方面谋发展，使社会上的人不敢轻视的缘故呵……我们中国的妇女虽是天天去干妇女运动，去求解放，但是我们的地位依然没有变动，我们妇女职业，还未得到开放呢。我们要彻底的解放，便先要职业平等，

---

① 李宗广：《新广东观察记》，商务印书馆，1922，第 64 页。
② 何黎萍：《试论近代中国妇女争取职业及职业平等权的斗争历程》，《近代史研究》1998 年第 2 期。
③ 谈社英：《妇运四十年》，见《中国国民党党务发展史料——妇女工作》，（台）中国国民党党史委员会，1973，第 624 页。

经济独立，才可以达到目的哩。"① 更有人说："妇女的人格，为什么不为社会所承认，其中原因虽有很多，而她们的仗男子为生活，不能得到经济独立，要算是主要的原因，所以妇女要争回已丧失的人格，万不能没有职业"，指出"假使有了职业，不但是因职业得着应用的知识，而且可以求因职业上所需要的专门学问。从来视妇女都是依人为生活的观念，也可以完全改变"，"妇女有了相当的职业，就能和社会相接触，相交际，自然而然的达到社交公开的目的了"。②

1924 年 1 月，国民党"一大"在广州召开，大会宣布"于法律上、经济上、教育上、社会上确认男女平等之原则，助进女权之发展"和"联俄、联共、扶助农工"政策，定下关注底层人民的基调。为此，国民党中央成立了妇女部，专门处理农工妇女的问题。当局发布了一系列旨在保护农工妇女的措施，如 1925 年的《保税护南顺女丝工之省令》，就南海顺德两县丝厂，十余万女工工钱低少，工时久长，生活既苦，工作复疲，联合罢工的情况，提出："以影响实业之责，尽归于女工身上，已属不平之甚"，"各乡绅士，再图压制女工，或以枪毙，或以出族为词，恐吓女工，直欲女工受苦莫伸，长过奴隶之生活，此诚本党纲政所不容"。③ 1926 年发出《统一介绍女职员之省令》，要求"所属机关，从速酌量任用女职员……谋助女权发展"。④ 此后，"各机关为提倡女子职业起见，已纷纷添用女职员"。翌年，土地局"布告招考，报名应考者颇不乏人"⑤。

由于政府的支持和民间响应，广东各地机关、医院、工厂、学校都在一定程度上向女性开放。1924 年 9 月广州清泉街市立甲种商业学校，补招男女新生 60 名，"女生报名者尤多"。⑥ 1925 年总司令部第 123 病院招考看护生，凡粗通文字之男女体格强壮并无嗜好者，年龄 16 岁以上 25 岁以下为合格，每日授以看护上应用学识。⑦ 1926 年，国民政府委任邓惠芳任机密科书记官、监察院会计科使用女职员外，"闻省政府及市

① 湘芷：《妇女职业与妇女地位》，1926 年 3 月 8 日《广州民国日报》。

② 《妇女和职业的关系》，1929 年 9 月 25 日《广州民国日报》。

③ 《保税护南顺女丝工之省令》，1925 年 4 月 27 日《广州民国日报》。

④ 《统一介绍女职员之省令》，1926 年 9 月 8 日《广州民国日报》。

⑤ 《土地局任用女职员》，1927 年 1 月 5 日《广州民国日报》。

⑥ 《女子投考甲商校之踊跃》，1924 年 9 月 17 日《广州民国日报》。

⑦ 《总司令部第 123 病院招考看护生》，1925 年 9 月 9 日《广州民国日报》。

政府亦将采用女职员办公云"。① 是年，广东实业厅函请中央党部妇女部介绍女职员，游若愚被派往其秘书处办公。② 同时，女子职业学校招收免费生，而市立保姆学校、慧明女子工业养成也都先后招生。1927 年 1月，广州市公安局筹办贫民工艺教养所，"老少皆收但以素贫无业者为限"，教以工艺。③ 广东改良蚕丝局"因雇用时期系属临时的，故于技术上毫无研究"，拟于 1928 年招考女工 40 名，授以蚕桑上之种种技术，训练成为良好之女工，由局优给工值，长期雇用。1929 年 11 月广东妇女救济院，拟在各区设立妇女职业介绍所，欲谋职业者，由会员或商店担保，即可介绍，不收费用，并组织免费家庭职业教授所，专以教授烹饪、女红、裁缝、针车、刺绣、家庭簿记及各种家政等，使一般贫女有习艺之机会。④

1920 年代中期，广东各界妇女联合会已拥有 6 个普通妇女团体、18个女工会及 40 余个女学生会组织。其中车衣女工会有 2300 多人。缫丝女工会约 4000 人⑤，火柴女工会人数约有 3200 人，电话女司机生联合会有会员 100 余人，织造业女工有 1 万余人，多数均加入工会组织。⑥ 妇女就业，已成街市一景。以街厕为例，本为男性专有，女子无权享受，广州市当局考虑到"女子不特交际公开，且多有相当职业，每日仆仆于道者，男女实各占其半，如无女子专用之街厕，殊感不便"，开始筹设女子街厕。⑦ 据 1928 年 4 月广州市政府统计，当时广州普通工人：男性150950 人，女性 32119 人，共 183069 人；苦力（即重体力劳动者），男性 23489 人，女性 12205 人，总共 35694 人。两项共计总人数 218763人，其中男性 174439 人，女性 44324 人。而 1930 年工商部的调查：9省 29 个城市女工总数为 374117 人，占全部男女童工总人数的 46.6%，其中江苏省女工 258593 人，包括上海 188188 人，苏州 13286 人，无锡42959 人等；浙江省 11331 人，杭州 5016 人，嘉兴 3771 人，宁波 1446

---

① 《国民政府采用女职员——邓惠芳任机密科书记官》，《妇女之声》第 20 期，1926 年 7月 1 日。
② 《实业应任用女职员》，《妇女之声》第 25 期，1926 年 11 月 5 日。
③ 《广州贫民工艺教养所简章》，1927 年 1 月 17 日《广州民国日报》。
④ 《女救济院取缔荐人馆》，1929 年 11 月 10 日《广州民国日报》。
⑤ 《中国国民党党务发展史料——妇女工作》，第 25、26、27、79、89 页。
⑥ 《中国国民党党务发展史料——妇女工作》，第 141 页。
⑦ 《拟设女子街厕》，1929 年 9 月 26 日《广州民国日报》。

人；湖北省 25316 人，包括汉口 12690 人，武昌 12626 人；广东省则有女工 58654 人，包括广州 1280 人，顺德 44228 人，佛山 6995 人，潮安 3947 人，汕头 2204 人。[①] 广东仅次于当时中国最大规模的产业工人聚集地——江苏（含上海、苏州、无锡）。

该时期广东还出现了中国最早的女飞行员。在中国近代女飞行员中，华侨女飞行员占大部分，主要是粤籍美国华侨。比如：广东中山人欧阳英、朱慕飞，番禺人洪美英，广东航空学校李玉英，等等。[②] 以真光女校和培道女子中学的学生张瑞芬为例，由于深感"国家兴亡，匹妇有责"，并受孙中山"航空救国"思想影响，经过刻苦努力，成为第一个获得美国飞行执照的中国女性。这些女性挑战了连当时男性都甚少涉及的航空领域，确为女性之光。更令人歆歔的是，朱慕飞、李月英等皆死于飞机失事，再一次显示广东人开风气之先的素质。虽然，这些女飞行员并未飞行在中国的土地上，也没有证据显示她们以此谋生，但它至少说明了三点：①当时广东女性对于从业的整体认识水平处于国内领先地位；②在可能的就业领域和范围方面为女性群体起了示范作用；③预示女性将与男性一道在各行各业并驾齐驱、出类拔萃。

1925 年，时人对当时妇女就业状况做了一番总结，反映了女性就业的变化，曰："十年前，除了教师及医生，只有少数人从事卑微的不熟练的劳动，现在已有男子职业的一小部分向女子开放了，如银行职员、铁路事务员、商店的店伙，以及公司会计的职业……就是大学的教授里，以及官署的官吏，也颇有以女子充任的事情。这都是十年以前所没有的。"[③] 两年后，《生活》杂志在广州的调查再次表明，女子在从事政治、教育、医学、艺术等职业方面有所进展。此调查统计了女性从事的其他职业，有西式医生三四百人，女产科医生百数十人，女牙科医生十数人，女护士最多，有千余人。另外还有女中医、女音乐师、女画师、女相写（画素描像），等等。医学、教育、法律、文学艺术等专科职业教育所提供的专业知识和训练，为女性从事高级职业准备了必要条件，进一步为经济地位的提高做好了准备。

---

① 《第二次中国劳动年鉴》第一编第一章，第 23、2 页。
② 关中人：《中国妇女航空钩沉（1915～1949）》，广东省中山图书馆、省妇联、恩平县政协文史办，1988，第 54～106 页。
③ 陈友琴：《最近十年内的妇女界》，《妇女杂志》第 10 卷第 1 号，1925。

三 民初女子争取职业的影响与不足

但是应当看到，这个时期女性就业基本上还是只局限于工厂、手工业、教育、医学、新闻等几个部门，高层次部门的人数较少，就业环境并不宽松。就全国而言，20 世纪初，产业女工人数迅速增长。到 1914 年前，人数已达 23 万人，占全国产业工人（不含矿山）的 37%。到 1919 年，女工人数发展为 35 万左右，约占全国产业工人（不含矿山）的 35%。这些女工主要分布在几个省的大中城市的百余个大厂中。但是，在 20 世纪以前，女性就业主要集中于体力劳动范畴，从事脑力劳动的职业女性还是少数。虽然随着女子就业领域扩大，就业人数逐年增加，但相对于同期经济发展的速度，妇女就业仍处于低潮阶段，就业范围不曾有大的突破，更未发生妇女谋求职业和要求同工同酬的大规模行动。正如时人所言，"惟试察社会上女子出路，仍不如男子，男女畛域依然仍处于不平等之地位"。[①]妇女从业的局限性从 1929 年国民党广东省党部办理党员登记结果可以得到反映。该结果显示，其时共有女党员 799 人，其中务农者 6 人，女工 15 人，从商者 17 人，党务工作者 52 人，从政者 17 人，教员 104 人，学生 227 人，军人 1 人，警察 2 人，其他 328 人。[②] 也就是说，女党员中绝大多数"不属任何职业者"即无业者，而有工作者以教员和党务工作者为多，前者以绝对的多数雄踞榜首。作为高歌民主共和一路猛进、在民初曾奋力呼吁"男女平等"的中国国民党妇女骨干，竟然有近一半人属于无业者，即家庭妇女，要依赖男性的经济供给而生活，这样的平等结果可想而知。

妇女争取职业权利的斗争所遇到的障碍，既有来自社会的压力，亦有自身的原因。

首先，社会环境是其中重要因素。社会是职业发展的母体，由于传统与民主观念在中国近代化进程中此消彼长，互相纠结，积重难返的传统观念常常成为妨碍女性追求职业的重要因素，尤其是北洋政府统治时期，1916~1917 年度全国女子实业类职业学校男生数大于女生数 15 倍强。有

---

① 《中国之女医生》，《妇女杂志》第 5 卷第 7 号，1919 年 7 月。
② 《本省女党员职业统计》，1929 年 4 月 12 日《民国日报》。

人指出:"在北方各省,教育方面男校开放,招收女工,引起大人物先生们的非议,章士钊、吴佩孚竟下令禁止男女同学……即以革命策源地的广州,革命政府下的地方而论,最近政府为实行党纲,开放各机关,任用女职员,也引起社会人的非难。以为女子没有才能,各机关的开放,不过是施恩于妇女的一种举动。"① 即使是思想激进的女学生,头脑中依然掺杂着传统"男主女从"的旧观念,高要县女学生林贞芬虽然鼓吹女子从事实业,然而,在她的观念中,女子从事职业可以"不必倚赖于男子,然后男女平权之目的可达。非然者,学非所用,用非所习,终无以襄助男子。虽曰言男女平权,亦何益之有哉"②。其言论听上去很时髦,也颇能契合当下流行的社会理念,然而终究难掩过渡时期新旧交替的思维混乱。这种"襄助男子"的言论代表了当时社会一批人的思想倾向。正因为社会未能为从事职业的女性提供一个更为宽松的环境,因此,近代女性在争取职业权利的过程中要付出沉重代价,陈子褒的学生冼玉清曾无奈地感叹:"想全心全意做人民的好教师,难免失贤妻良母之职;想做贤妻良母,就不免失人民教师之职。二者不可兼,所以十六七岁我就决意独身不嫁。"③ 无独有偶,张竹君在献身事业的同时亦选择了独身之路。她们与曾宝荪、杨荫榆、林巧稚等构成了一支数量可观的独身队伍,代表女性为争取独立自主要作出无奈选择。

其次,法律局限也是妨碍女性从事职业的一个原因。民国元年的法律大都延续清朝现行法律,按照《大清商律》规定:女子在一般条件下不能为商人。即使是《中华民国暂行民律草案》④,也规定"妻之行为能力,不属于日常家事之行为,须经夫之允许方有效力,若未经夫之允许,则其行为得撤销之。故在职业上,妻须得夫之允许,方能独立为一种或数种营业"。民国《商人通则》则规定:"妇女欲自营商业,或于公司负担无限责任,须得法定代理人或其本夫的允许,且应取其允许凭证,并由本人及法定代理人或其夫署名签押,呈报该管厅注册。"与清朝相比,虽然这些法令有条件地允许妇女拥有一定程度的经商和从事其他社会职业的权利,但

---

① 黄佩兰:《统一妇女运动的我见》,《妇女之声》第 24 期,1926 年 9 月 1 日。

② 林贞芬:《论女学宜注重实业》,高要县教育会编《教育杂志》1918 年第 3 期。

③ 庄福伍:《冼玉清教授年谱》,《岭南文史》1994 年第 4 期。

④ 《中华民国暂行民律草案》实际上就是清末新修但未及颁行的《大清民律草案》,但因袁世凯上台后宣布使用清朝现行刑律的民事部分,因此该草案只有个别省份使用。

是妇女并没有独立从事社会经济活动的权利，这就从法律层面堵塞了女性职业发展的道路。

再次，女性的自身素质缺陷也是其立足社会的障碍。诚如有论者所言：一般说，从现代意义来讲，中国女子没接受教育的机会。她的生活情况不同，一个没有足够教育的女孩子是走不远的。另一个面临的问题是女子职业问题，城市中没有多少给妇女应招的职业。中国的老传统是男人垄断一切职业。① "除了在我们的国民政府之外，社会上就没有他们立足的地位的"，但即使进入政府机构工作的妇女，也常被人批评程度太低，有摆设之嫌，南方政府所录取的女职员基本分配在会计处、文牍处、登记课等一些功能较为单一、轻松的部门，日常事务都是抄抄写写，号称"以便办理一切公事"，但时人嘲笑"居大多数书法不佳，偏偏叫她们干书录，岂不是适形其弱吗"，后者提出："现在各机关，算都解放，任用女职员了，但是对于女职员，总免不了怀疑，好像怕她不称职，不肯给以稍为重要的职务，不问程度怎样，学问怎样，除非有大力为靠山，猛人的荐引，则给一个书记录事，就算了不得。"② 社会对于女性程度之怀疑溢于言表。此外，在其他行业，如为数不多的女侦探，因为"不谙公事，尤不可靠"，官厅以其坐縻月薪，将其一律撤销。③ 除了文化程度和能力的不足外，有许多女性自身对于"妇女解放"的认识也有偏差，导致社会出现"许多高等玩物，她们自己所希望的，也只是如何去做贤母良妻，至于乡村工厂间的妇女呢，她们在家庭间做了丈夫的奴隶，还要做厂主地主的奴隶，她们的工资不能和男工平等，所以虽然终日劳苦，生活上还是无以供给，社会的经济制度和礼法观念，如此森严，大多数女子于这困苦哀吟之下，如在十八层地狱"。④ 因此，对于女性在职业上争取平等的斗争，还有很长的路要走。

经济社会学者认为，内部力量、外部力量（或两种力量同时发生作用）造成的紧张，都会影响社会的整合，迫使社会作出反应，要么调节，建立新的整合形式，要么使整合解体。民初社会，正面临这样"内部"或"外部"的"紧张"，而无论是"调节"抑或"解体"，女性解

① 严景耀：《中国的犯罪问题与社会变迁的关系》，北京大学出版社，1986，第53页。
② 1928年4月27日《广州民国日报》，彭夕涛：《任用女职员问题》。
③ 1913年2月27日《华字日报》。
④ 倪畅予：《统一广东妇女运动之我见》，1926年8月13、14、16、17日《民国日报》。

放都是不可阻挡的历史潮流。恩格斯指出："妇女解放的一个先决条件就是一切女性重新回到公共的劳动中去。"① 在公共劳动中，女性不仅能够获得劳动报酬，谋取生存，而且还能履行社会职责、发挥个人才能、实现人生价值，最大限度地实现自我。对于中国近代女性而言，女性只有走出家庭，成为经济生产者才能以经济独立来摆脱对男性的依赖，树立独立人格。从这个意义来说，辛亥革命后女性争取职业权利的理论和实践，用事实展示出经济独立的重要性，也是妇女大规模就业的一次预演。

从政治观点来看，作为中国妇女解放运动的目标之一，广东妇女争取职业权利的理论与实践直接推动了中国妇女解放运动。辛亥革命后，由于政治革命浪潮和经济生活的激烈变化，使一批妇女加入了社会经济体系，投入商品经济的大潮，带来性别角色和社会系统内部价值观念的冲突，改变了"男主外，女主内"的社会化模型，直接引导人生观、价值观和道德观的转变。她们中有部分人虽然是因生活所迫出外谋生，未必真正具有女权思想，但毕竟意味着她们不必遵循旧的性别角色模式生存。这种自食其力的生活方式和人生观，使得男女平等观念更加深入人心。此外，社会对于就业素质的要求，不但促进妇女教育的发展，也进一步推动职业上的男女平等。"女学之兴，即女子职业之先声。有常识然后有专职，有专职然后能自立，能自立然后能立人。不基于学，欲成其业，恶可得哉？"② 美国人口统计局曾提出三个判断人在经济——机会体系中所处位置的指标：教育、职业和收入，也同样适用于中国的农工妇女。她们前所未有地在中国民初经济——机会体系中占有了重要地位。经济基础决定上层建筑。它既是衡量中国妇女解放的重要标尺，也是对于中国妇女运动史的启示。

从经济观点来看，广东妇女争取职业权利的理论与实践，为全国妇女争取职业权利起了一个很好的示范作用。广东铁路局首先聘用女职员、市长孙科批准广州电话局训练和使用女职员等一系列举措开创了中国妇女经济生活的新篇章，为此后女性广泛就业提供了一个良好的开端。作为一种人的资本积累和经济开发的有效投资，职业以工资形式提高了女性的"预

---

① 《马克思恩格斯选集》第四卷，人民出版社，1972，第70页。
② 吴峥嵘：《女子职业造福社会论》，《妇女杂志》第1卷第1号，1915。

期回报率"，进一步鼓励了女性就业以及对女性教育的投入，为女性职业的持续发展增强了动力。女性的广泛就业推动了中国人力资源的开发，从而最终推动社会经济的发展。

从社会、文化的观点来看，广东妇女争取职业权利，不但是女性逐渐摆脱与近代社会发展不相适应的旧习俗的过程，也是中国家庭演变与城市化生活方式的普及过程。妇女在经济上独立的后果是眼界开阔，个性增强，地位提升，由此带来传统大家庭的困扰和矛盾，因此，一方面，独身和离婚比率增高，南、顺等地的自梳女和"不落家"现象，历史性地印证了这一点；另一方面，家庭结构变得更加分化，大家族家长控制力的减弱，对个人选择、恋爱以及作为择偶、婚姻基础标准等的发言权和决定权减少。随着家庭人际关系紧张，大家庭面临分裂，意味着家庭随着时代发展而逐渐小型化。此外，随着妇女参加社会劳动比重的上升，在家庭和社会的地位逐渐提高，必然要求从家务劳动中解放出来，有选择、有计划地生育子女。因此，对中国的生育观和人口变化也将产生巨大的影响。

广东妇女的职业特点也与广东妇女运动的特点有关，在一定程度上影响妇女运动的质量。虽然部分广东妇女较早进入社会经济领域、获得经济独立，但广东不同于上海，后者有大规模的大机器生产和中国最先进的技术设备和手段，聚集了中国最多的产业女工，这种同质的群体凝聚力量惊人，因此，上海的妇女运动，呈现出规模大、汹涌澎湃的鲜明特征，而广东虽然处于文明地带，又在革命史和经济史上占重要地位，但在技术改良上却守旧、故步自封。1920 年代初，苏联人达林曾谈及对广州的印象："南方几乎没有大工业。在珠江的岛子上有许多丝织厂，约有几千工人。但这不是现代化工厂，而是建筑在手工劳动基础上的纺织工场，技术极端落后。家庭手工业生产和小作坊是南方最典型的工业。"① 由于分散、小型的个体劳动居多，工人之间接触少，难以凝聚成强大力量，更无法联合举行声势浩大的罢工；另一方面女工中难以产生领袖人物。遍数中国妇女运动的中坚人物，难得出自中下层妇女。她们教育程度低，欠缺领导一个划时代运动所应具备的某种素质。因为女工

---

① 〔苏〕C. A. 达林：《中国回忆录（1921~1927）》，中国社会科学出版社，1981，第 80页。

文化低，较少参与革命宣传，报刊上的作品绝无仅有，自然也欠缺影响力。因此同时代的人大声呼吁："女工友的作品为何这样少"，"难道我们女工友真唔得做文章的人么？抑是女性比较娇羞，不敢把伊的芳心显露呢。"① 随着政治、经济文化中心的转移，大众视野中的妇女运动焦点也逐渐模糊。

作者单位、职务：广东省社会科学院历史与孙中山研究所副研究员

---

① 《工人之路特刊》第 406 期，1926 年 8 月 14 日。

中国基督徒与辛亥首义前的鄂湘革命活动

✐ 陈才俊

进入 20 世纪，尤其是庚子事变之后，基督教会在华之发展逐渐呈现"中国化"趋势。爱国的中国基督徒开始更多地思考国家之前途与民族之命运。他们在把自己奉献给上帝的同时，亦以特别的方式探寻救国之道。美国圣公会（American Church Mission）鄂湘教区的中国基督徒就是这么一个特殊的群体。他们以自己的实际行动，甚至鲜血和生命，谱写出救国救民的壮美华章，为辛亥武昌首义奠定了坚实的基础。这些爱国基督徒积极投身革命事业，主动利用自己牧师或教友之特殊身份以及教会之特殊条件，与非基督徒爱国志士精诚合作，悉力推动革命，既体现出其强烈的爱国情怀，亦践行基督徒特有的、以耶稣为榜样的无私之爱与牺牲精神。故有学者指出，"从历史的发展去看，若不是当日两湖基督徒主动和热切地推动革命，辛亥革命的历史势必要改写"①。

一 中国基督徒与日知会之创建

1901 年年初，基督新教美国圣公会在武汉创立鄂湘教区，主教府设于汉口鄱阳街，首任主教为殷德生（James Addison Ingle），次任主教 1904 年由吴德施（Logan H. Roots）继任。湖北籍信徒黄吉亭、胡兰亭乃武汉圣公会两位最早之华人牧师。他们早年就读于美国圣公会开办之武昌文华书院，后入上海圣约翰大学神学院深造，分别于 1891 和 1893 年被授予会吏

---

① 梁寿华：《革命先驱——基督徒与晚清中国革命的起源》，（香港）宣道出版社，2007，第 320 页。

职。"胡黄均有心革命"①，作为中国籍神职人员，他们不但倾力于将基督福音传播给国人，而且致力于西方宗教与本土文化之结合，更是关注国家之前途与民族之命运。

1901 年复活节，黄吉亭、胡兰亭在武昌高家巷教堂"组织备立中华圣公会"②。他们特意将教会冠以"中华"二字，旨在期冀教会之"中国化"。同年，黄吉亭出任圣约瑟礼拜堂会长，遂于府街圣救世主堂创立书报阅览室——日知会，"以开民智"③。书报阅览室除陈列基督宗教书刊和教会宣传资料外，亦从上海等地购入进步书报，利用教会之特殊身份公开陈列，任人备览，以达"日求一知，不断进步"之旨。④其所购之书报，多为基督新教机构广学会出版之"泰西维新政艺书及时事报章"⑤。"日知会"一名取自明末清初启蒙思想家顾亭林之《日知录》。⑥顾亭林著《日知录》，原有"明道救世"之意，故此旨亦成为日知会创立之宗。

日知会虽由中国基督徒所创办和主持，然其成员却并非以基督徒为主。反观辛亥前之中国革命，兴中会乃非教会组织，长老会（Presbyterian Church）之圣教书楼和巴陵会（Berlin Missionary Society）之志道书楼亦仅为革命活动之暂借地，本身并非革命组织；反而，日知会却是近代中国第一个且是唯一一个正式以教会机构名义成立之革命组织。⑦日知会的基督徒在救国之大前提下与非基督徒精诚合作，积极展开革命活动，为辛亥义旗首先揭橥于武昌立下卓著功勋。

1902 年，胡兰亭因黄吉亭调赴长沙而接掌武昌日知会。胡兰亭将日知会迁往高家巷之圣约瑟堂，并扩大其规模，"所购新书日报甚多。星期公开宣讲，批评政俗，无所忌讳"⑧；"一时知识分子、忧国志士咸向往

① 冯自由：《革命逸史》第二集，中华书局，1981，第 56 页。
② 黄吉亭：《黄吉亭日记》，原件由黄吉亭之子黄崇庆保存。
③ 黄吉亭：《黄吉亭日记》，原件由黄吉亭之子黄崇庆保存。
④ 王威：《武汉基督徒与辛亥革命研究——以武汉圣公会为讨论中心》，硕士学位论文，华中师范大学历史文化学院，2004，第 23 页。
⑤ 张纯一：《日知会之成绩，吴畏三将军传》，张纯一编《武昌日知会事实纪略》，出版地点及年份不详，序于民国三十年，该文第 1 页。
⑥ 袁访赉：《余日章传》，基督教文艺出版社，1970，第 18 页。
⑦ 梁寿华：《革命先驱——基督徒与晚清中国革命的起源》，（香港）宣道出版社，2007，第 319 页。
⑧ 张难先：《湖北革命知之录》，商务印书馆，1946，第 93 页。

之"①。于是，日知会渐趋成为武昌传播西学、针砭时政之中心，原武昌革命组织科学补习所成员刘静庵、张难先、殷子衡等，则成为日知会常客，积极宣传反清思想。日知会 1901 年初设之时，仅为中华圣公会（Chinese Anglican Church）传播西学之书报阅览室，后在湖北籍基督徒刘静庵、曹亚伯等人主持之下，性质发生变化，最终成为革命组织。②

刘静庵 1903 年加入黎元洪新军并担任书记，1904 年与曹亚伯、胡瑛、张难先等创立革命组织——武昌科学补习所，试图从军队入手发动推翻"满清"之革命。1904 年黄兴长沙起义事泄，武昌科学补习所受牵连被封，刘静庵、曹亚伯等科学补习所成员相继匿避于武昌圣公会。在日知会，刘静庵经常聆听胡兰亭讲道说教，逐渐坚定皈依上帝之心，后接受胡兰亭施洗信奉耶稣，教名"保罗"。同时，胡兰亭对刘静庵之爱国热情敬仰有加，对其革命行动亦多所支持，故聘其为日知会司理（即阅览室主任管理员），并推荐其出任武昌文华书院神学班国文教习。1905 年，刘静庵决心重组革命团体，并在胡兰亭之委托和曹亚伯之协同下着手改组日知会，重新汇聚散落之科学补习所成员。③1906 年 2 月，改组后之日知会举行成立大会。"因附设于圣公会也，故推胡兰亭任会正，刘静庵副之，干部有评议员五，选举冯特民、陆费逵、李亚东、濮以正等任之……广结同志，宣传陈天华所著之革命小册子，如《猛回头》《警世钟》诸书，渐次军学两界之有心革命者均归纳与高家巷日知会。"④自此，"武昌日知会……从一个宣传新知识新思想的机构，转而成为一个在教会的掩护之下以推翻满清皇朝、成立新中国为目标的革命组织"⑤。日知会由圣公会的宣教机构衍演成"两湖革命党的枢纽"⑥，虽"仍用日知会名义，惟质变耳"⑦。

---

① 张难先：《胡齐勋》，黄季陆主编《革命人物志》第三集，（台）中国国民党中央委员会党史史料编纂委员会，1969，第 310 页。

② 王威：《武汉基督徒与辛亥革命研究——以武汉圣公会为讨论中心》，华中师范大学硕士学位论文，2004，第 24 页。

③ 王威：《武汉基督徒与辛亥革命研究——以武汉圣公会为讨论中心》，华中师范大学硕士学位论文，2004，第 24 页。

④ 曹亚伯：《武昌革命真史》上编，上海书店，1982，第 10～11 页。

⑤ 梁寿华：《革命先驱——基督徒与晚清中国革命的起源》，（香港）宣道出版社，2007，第 331 页。

⑥ 陆丹林：《革命史谭》，荣孟源、章伯锋主编《近代稗海》第一辑，四川人民出版社，1985，第 576 页。

⑦ 张难先：《湖北革命知之录》，商务印书馆，1946，第 81 页。

日知会改组后，刘静庵以发展会员为要务。该会会员主要来自军界、学界、新闻界和宗教界，且军界最多。[1]宗教界人士主要为美国圣公会之中国籍神职人员和教友，除黄吉亭、胡兰亭、刘静庵、曹亚伯外，还有武昌文华中学的余日章，文华书院的张纯一，圣公会牧师刘藩侯、余文卿（余日章之父）以及基督徒殷子衡等。圣公会鄂湘教区主教吴德施和副主教孟良佐（Alfred Gilman）对日知会之革新活动则给予暗中支持。[2]

1906 年夏秋之交，刘静庵等人见日知会已在军学两界根基深固，觉得时机成熟，故欲谋策在武昌起事。此时，法国革命党人欧几罗（Oxil）在日本受孙中山之托，由同盟会会员乔义生陪同，前往长江一带联络、了解各革命团体。刘静庵迎至长江边，并于武昌日知会设会欢迎。欧几罗在日知会公开发表革命演说，从法国大革命讲到中国革命之前途。日知会会员亦踊跃发言，畅谈革命。[3]此举因混迹其中之清衙门侦探密告而引起官方注意，湖北巡警道并派员尾随欧几罗一行。然由于欧几罗乃法国籍人，且演讲于外国教会所在地，故衙吏不敢贸然下手。但是，武昌日知会，尤其是刘静庵，却自此受到官府之高度关注与密切监视。[4]

同年 10 月，江西萍乡、湖南醴陵爆发革命起义，孙中山遂派梁锺汉、胡瑛、朱元成、谭人凤、宁调元 5 人回国。谭人凤、宁调元于九江登岸，趋赴起义地区；梁锺汉等 3 人则至武汉，与刘静庵、梁耀汉（梁锺汉之胞弟）商议武汉起事响应细节。胡瑛住汉口名利栈，梁锺汉、朱元成住汉阳青莲寺。梁锺汉、朱元成分别通知刘静庵、冯特民、任重远、何子植、季雨霖、周耀东、黄警亚等至汉阳伯牙台开会。季雨霖时任清军督队官，正于武昌皇殿（今烈士祠）募集新兵，拟谋划联络其他营队起事，以响应萍乡、醴陵起义。然起事因接近革命党人者告密邀赏而流产。湖北巡警道冯启钧获悉起事计划，遂于汉口苗家码头佯设一留学生招待所。1907 年 1 月 7 日，朱元成被骗至该所逮捕；同日晚，梁锺汉、胡瑛分别于青莲寺、名

---

① 范鸿勋：《日知会》，中国人民政治协商会议湖北委员会编《辛亥首义回忆录》第一辑，湖北人民出版社，1979，第 79～80 页。

② 王威：《武汉基督徒与辛亥革命研究——以武汉圣公会为讨论中心》，华中师范大学硕士学位论文，2004，第 25 页。

③ 梁寿华：《革命先驱——基督徒与晚清中国革命的起源》，（香港）宣道出版社，2007，第 335～336 页。

④ 冯天瑜：《从花园山聚会到科学补习所、日知会》，《湖北经济学院学报》2011 年第 1 期。

利栈被捕。季雨霖、李亚东亦在军营中被捕。随即，清吏又分赴仙桃、黄冈，逮捕张难先、吴三贡、殷子衡。是月13日，刘静庵在黄陂乡下被捕。唯梁耀汉匿避于汉川家中，虽后为清军所围，仍得以化装逃遁。①

萍醴起义被镇压之后，张之洞"悬赏通缉王胜、陈金、姜守旦、陈绍庄、刘家运、曹玉英、黄庆武（黄兴字廑午，'庆武'为'廑午'之误——引者注）"②等15人。刘静庵并非清廷所通缉之刘家远，然巡警道冯启钧贪功冒赏，强行假刘家远之名逮捕刘静庵。刘静庵等9名日知会成员"审讯时备受严刑，皆逼供刘静庵即会首刘家运，终无一人承认"③。后来，刘家运在湖南被捕，湖北当局仍继续关押刘静庵并屡加重刑。刘静庵始终坚贞不屈，直至辛亥武昌首义前赍志而殁，被囚徒公认为坚毅过人之"信耶稣的革命党"④。

刘静庵等日知会成员被逮捕、追缉，发生于丙午之年，史称"日知会丙午之狱"。经此打击，日知会组织瓦解，但其许多成员散布中国各地，继续从事革命活动，对晚清中国革命贡献卓著。⑤诚如日知会纪念碑所载："辛亥武昌义旗一举，而天下景从，清社以屋，此诚当日忧时志士揭橥革命，呼号奔走之效也。抑知植其基者，实为日知会。"⑥

二　中国基督徒与长沙之革命活动

1902年，黄吉亭奉鄂湘教区主教殷德生之命调往长沙开办新堂，并于吉祥巷之新堂组建长沙日知会。次年，同样在湖南活动的鄂籍基督徒曹亚伯建议黄吉亭扩充日知会，除提供借阅书报服务之外，更与来者接洽交谈，传扬革命思想。黄吉亭遂采纳曹亚伯之建议，广纳会员。著名革命人

---

① 冯天瑜：《从花园山聚会到科学补习所、日知会》，《湖北经济学院学报》2011年第1期。

② 胡祖舜：《武昌开国实录》，武昌文化印书馆，1948，第11页。

③ 李廉方：《辛亥武昌首义记》，湖北通志馆，1947，第8页。

④ 殷子衡：《狱中记》，中国人民政治协商会议湖北委员会编《辛亥首义回忆录》第三辑，湖北人民出版社，1980，第22页。

⑤ 冯天瑜：《从花园山聚会到科学补习所、日知会》，《湖北经济学院学报》2011年第1期。

⑥ 康志杰：《寻觅"丢失的记忆"：辛亥革命时期武汉暨长沙圣公会基督徒参与社会变革活动研究》，香港中文大学崇基学院宗教与中国社会研究中心，2005，第29页。

士如宋教仁、陈天华、刘揆一、胡瑛、禹之谟等均先后入会。①长沙日知会会员大都不是基督徒，陈天华最初甚至对基督教会无甚好感②，然于救国济民之大前提下，基督徒都乐意与非基督徒革命者结成同盟。每逢礼拜日，黄吉亭均于圣公会新堂讲道。其讲道甚受学生和军人欢迎，以致参加聚会者异常拥挤。③黄吉亭除宣讲福音之道外，亦"假基督舍身救世等事为宣传革命资料"④，对湖南学生和军人之革命思想影响甚巨。⑤

1903 年，黄兴自日本返国，拟组织华兴会，发动志士与会党在家乡长沙起事反满。停留上海期间，黄兴曾参加上海圣公会圣彼得堂之聚会。圣彼得堂会长吴国光牧师致函黄吉亭，请其接待黄兴并将其名列入教会登记册中。吴光国介绍函称："敬启者：有敝友黄兴，号竞武，系湖南省长沙府善化县籍，数次到圣彼得堂守道，将要记名。此刻回府，望阁下收入登（记）册记名为妙。"⑥吴国光致黄吉亭之介绍函，足以证明黄兴与基督教会关系之密切。严格而言，黄兴在上海时已处于慕道阶段，只是未受洗礼而已。⑦返抵长沙之后，黄兴常借圣公会新堂聚会，联络志士创立华兴会，号召会党准备起义，并将长沙日知会作为其筹划起义的秘密机关之一。⑧

黄兴计划趁 1904 年 11 月慈禧太后七十大寿庆贺，湖南全省大吏聚集庆典之时，预埋炸药谋炸在场官员，以制造混乱并乘机起事。然而计划事泄，以致清廷衙吏大肆搜捕革命党人，并查获武昌科学补习所之参与者资料。黄兴得知事泄，当即密电科学补习所；同时，黄吉亭亦派人暗送消息至武昌。⑨武昌科学补习所闻讯，成员即刻逃匿；刘静庵和张难先则迅即销毁补习所全部文件⑩，然后分头逃遁。此刻，只有教堂为最安全之地。刘

---

① 冯自由：《革命逸史》第一集，中华书局，1981，第 354 页。
② 曹亚伯：《武昌革命真史》上册，上海书店，1982，第 31 ~ 32、38、95 ~ 96 页。
③ 曹亚伯：《武昌革命真史》上册，上海书店，1982，第 4 页。
④ 冯自由：《革命逸史》第二集，中华书局，1981，第 57 页。
⑤ 梁寿华：《革命先驱——基督徒与晚清中国革命的起源》，（香港）宣道出版社，2007，第 321 ~ 322 页。
⑥ 曹亚伯：《武昌革命真史》上册，上海书店，1982，插图。
⑦ 薛君度：《黄兴与中国革命》，杨慎之译，湖南人民出版社，1980，第 130 页。
⑧ 冯自由：《革命逸史》第二集，中华书局，1981，第 62 页。
⑨ 杨玉如：《辛亥革命先著记》，科学出版社，1958，第 11 ~ 12 页。
⑩ 张难先：《义痴六十自述》，《辛亥革命史丛刊》编辑组编《辛亥革命史丛刊》第一辑，中华书局，1980，第 184 页。

静庵乃圣公会教友，遂匿避于高家巷救世主堂。①

此时，作为黄兴湘鄂联络员的曹亚伯，正身处长沙。长沙循道会（Methodist Church）传道人李亲仁遂刻意安排曹亚伯每日于循道会讲道，并大开教会之门，以使衙吏以为其为传道之人，只知每日讲道而与革命党无关。其间，李亲仁因怕曹亚伯返回住所途中出事，便沿途暗中随行；若衙吏在途中对曹亚伯有所行动，李亲仁打算"与之拼命"，从而以传道人身份制造教案，引起官府顾忌而使曹亚伯脱身。李亲仁的革命救国之志从中可窥一斑。②其实，曹亚伯当时已被官府列为嫌疑人，其之所以未被捕捉，全赖其基督徒身份——清吏除非证据确凿，否则不能贸然举动。③

长沙起事事泄之时，策划者黄兴本人正困于友人家中。曹亚伯连夜赶往吉祥巷圣公会，告知黄吉亭有关黄兴之处境。危机之中，黄吉亭一方面"便行祈祷"④，一方面毅然亲赴黄兴藏匿之处。他首先安慰受惊的黄兴，应允予以挺身保护；然后即刻用"美国圣公会"轿子接载黄兴⑤，几经艰险，终将黄兴运至圣公会楼上藏匿。黄吉亭又在圣公会附近租下房屋，安顿黄兴家人，并将黄兴之子黄一欧夫妇接至圣公会。而黄兴之妻及次子，则由曹亚伯接至循道会福音堂。黄吉亭、曹亚伯如此安排，是向外界告知：黄兴家人乃教会中人。清吏对有外国背景之教会属员颇有顾忌，非必要则不予干扰，免得招惹麻烦，故衙门见黄兴家属有教会背景，便未敢贸然下手拘捕。⑥黄兴藏身圣公会期间，黄吉亭四处奔走，全力营救其他革命志士，并帮助华兴会之秘密机关销毁有关信札及文件，故衙门未能进一步获得只字凭证。⑦黄兴于圣公会中藏匿10多天后，计划脱离险地前往他处。为此，武昌圣公会胡兰亭前来长沙，与黄吉亭、曹亚伯等人密谋送其出城。胡兰亭刮去黄兴胡须，黄吉亭、黄兴乔装海

---

① 梁寿华：《革命先驱——基督徒与晚清中国革命的起源》，（香港）宣道出版社，2007，第325页。

② 曹亚伯：《武昌革命真史》上册，上海书店，1982，第5～6页。

③ 曹亚伯：《武昌革命真史》上册，上海书店，1982，第10页。

④ 曹亚伯：《武昌革命真史》上册，上海书店，1982，第2页。

⑤ 梅川：《辛亥革命时期为革命作出贡献的武汉基督徒》，《天风》复总82号（1989年10月）。

⑥ 梁寿华：《革命先驱——基督徒与晚清中国革命的起源》，（香港）宣道出版社，2007，第326～327页。

⑦ 曹亚伯：《武昌革命真史》上册，上海书店，1982，第6页。

关人员蒙混出城，曹亚伯则驻守于湘。黄吉亭护送黄兴离城时，曹亚伯便行祈祷，求上帝护佑黄兴平安。①曹亚伯其后回忆说："予……惟在宁乡中学操场默祷上帝，求上帝护佑黄克强平安出城，予且愿终身为上帝作证，无论在何人面前必相告曰：我乃信上帝之基督徒也。"②在众基督徒的代祷及护送下，黄兴安全离城，登上轮船；黄吉亭亲自送黄兴至汉口，吩咐其甫抵上海即以"兴"之名电告平安。自此"黄兴"一名通行于中国。③黄兴事后回忆当时的境况说："几遭不测，幸有圣公会得保残喘。……兄弟蛰居楼上者十余日，遂得从容遣解党羽，孑身远扬。皆吉亭先生格外保护，化险为夷……迨事稍定，吉亭先生又护送至汉皋，保护周至，较之保护信徒尤加一等。盖欲吾侪一心改造国家，使一般人民皆享自由幸福也。"④

黄兴于长沙之革命活动，实与鄂湘基督徒关系密切。辛亥革命胜利之后，黄吉亭重建长沙吉祥巷圣公会，盛邀黄兴题词。黄兴欣然亲笔题上"上帝圣名，敬拜宜诚，辞尊居卑，为救世人"，落款"黄兴敬题"。⑤此足见黄兴对耶稣基督济世救人信念之深刻理解与切身感悟。

至于参与黄兴起事之其他革命党人，有些后来遭到拘捕，有些也在黄吉亭等基督徒的帮助下成功逃脱。长沙日知会有一会友在湖南巡抚衙门任吏员。该吏员甫一获悉黄兴起事事泄和拘人名单，发现宋教仁名列其中，便急告黄吉亭。而其时宋教仁尚不知自己正被通缉。黄吉亭和曹亚伯获知此事，速告宋教仁，并护送其出城以脱离虎口。临行前，黄吉亭还赠予宋教仁旅费。⑥

黄吉亭、胡兰亭、曹亚伯、李亲仁等鄂湘基督徒，冒着生命危险救助长沙起事革命志士，乃抱着救国救民之心，帮助革命者保存性命，以便继续为国家民族奋斗。

---

① 梁寿华：《革命先驱——基督徒与晚清中国革命的起源》，（香港）宣道出版社，2007，第 328 页。
② 曹亚伯：《武昌革命真史》上册，上海书店，1982，第 7 页。
③ 曹亚伯：《武昌革命真史》上册，上海书店，1982，第 8 页。
④ 《黄兴在湖南圣公会欢迎会上的演说》（1912 年 11 月 4 日），1912 年 11 月 6 日《长沙日报》。毛注青编著《黄兴年谱长编》，中华书局，1991，第 72 页。
⑤ 梅川：《辛亥革命时期为革命作出贡献的武汉基督徒》，《天风》复总 82 号（1989 年 10 月）。
⑥ 宋教仁：《宋教仁日记》（原名《我之历史》），湖南人民出版社，1980，第 5 页。

三 中国基督徒与武昌之革命活动

黄兴 1904 年长沙起事失败，鄂湘革命事业一度受到重挫。然而，经过中国基督徒之不懈努力，革命之火很快又熊熊燃起。此期，鄂湘志士主要以武昌圣公会日知会为革命活动中心。

刘静庵、曹亚伯等武昌科学补习所成员，因黄兴一案而相继匿避于武昌圣公会。其时之科学补习所"同志多星散，独刘君静庵不少挫"[1]，伺机再起。其后，武昌日知会会长胡兰亭聘请已受洗皈依耶稣的刘静庵为司理。刘静庵鉴于革命形势之逼切，有感于圣公会西教士对中国革命之同情，遂提议借日知会以革命救国。他对胡兰亭说："国势诚岌岌矣！公中国人，当不忍其沦胥。下走愚妄，窃愿借此谋革命以救国，公能许我乎？"言及西教士时，他又曰："贵会诸外籍人，均领教屡矣，类皆道德高尚，愿力弘大，当能本基督救世之旨，同情吾辈。"胡兰亭同样有感于国势日危，慨然回答："国危至此，尚何所顾忌？愿与君共为其难，即如君言，弟好为筹划也。"[2]胡兰亭就此委托刘静庵改组日知会，随即二人和曹亚伯共同策划，将日知会改组为革命机关。1906 年 2 月，刘静庵在改组后之日知会成立大会上发表演说，阐明日知会之改组、扩充及方向："日前同志曹亚伯由湘来鄂，与胡兰亭先生及兄弟三人，商议扩充日知会……我们日知会重又成立……以后一切责任，及开导民智，救中国危亡，成一新中国，俾黄帝子孙，不复为亡国奴……"[3]刘静庵任改组后之日知会总干事。[4]

胡兰亭既走上革命道路，便极力鼓动反清，并与刘静庵及一些基督徒组织以学生为主之"救世军"，抨击揭露清廷腐败，鼓吹革命。[5]日知会改组成革命机关后，圣公会另外两位华人牧师"黄吉亭、刘藩侯能多方维

---

① 张难先：《义痴六十自述》，《辛亥革命史丛刊》编辑组编《辛亥革命史丛刊》第一辑，中华书局，1980，第 184 页。

② 张难先：《日知会始末》，《中国近代史资料丛刊》编委会编《辛亥革命》（一），上海人民出版社，2000，第 555～556 页。

③ 曹亚伯：《武昌革命真史》上册，上海书店，1982，第 14 页。

④ 贺觉非、冯天瑜：《辛亥武昌首义史》，武汉大学出版社，2006，第 75 页。

⑤ 梅川：《辛亥革命时期为革命作出贡献的武汉基督徒》，《天风》1989 年第 10 期（复总第 82 期）。

护，殊为难得"①。三位牧师均全力以赴，借其于教会之身份确保日知会之存在，以期其在革命活动中发挥特殊作用。

改组后之日知会，仍以武昌高家巷美国圣公会救世主堂为会址。日知会报刊阅览室公开展览大量革命书报，著名者如《猛回头》、《警世钟》、《绝命书》、《民报》、《湖北学生界》等。据亲历者回忆，日知会之所以能够公开陈列如此众多之违禁书报，任人阅览，乃因教会有公开陈设书报之特权。②其所陈书报除由日知会自己在外设厂印刷供应外③，亦有些以教会名义从上海及日本订购而来。使用教会名义订购书报，邮运途中便不致被清吏检查。④日知会的革命书报大受军学两界欢迎。此外，该会每星期均举办公开演讲，欢迎任何人士参与，且演讲者大谈革命，毫不避讳。⑤会员张难先忆述其时情形时说："予到会，见流品太杂，演讲者竟大谈革命。予以革命乃秘密事，不宜公开演讲，当规静庵宜谨慎，静庵然之而不改。吾一面为静庵忧，一面服静庵胆气之雄。"⑥

刘静庵任由日知会公开鼓吹革命而毫不避忌，可能自认为日知会为教会机构，地点又设于教会之内，衙门不敢随便干预。事实上，当时确"有军警之注意，以无扰及治安之举动，且系外人居处范围，亦无可如何也"⑦。因为当时其他地方无法获阅违禁书报，亦仅日知会才有革命演讲，故武昌日知会吸引力剧增。⑧每逢假期，不少军人和学生来到日知会阅览书报，聆听演讲，并因此接触到胡兰亭、刘静庵等基督徒革命者。其热闹场面，"听众至不能容膝"⑨，拥挤异常。当然，这些中国基督徒趁鼓吹革命

① 朱峙三：《辛亥武昌起义前后记》，中国人民政治协商会议湖北委员会编《辛亥首义回忆录》第三辑，湖北人民出版社，1980，第145页。
② 贺觉非编撰《辛亥武昌首义人物传》上册，中华书局，1982，第7页。
③ 殷子衡：《狱中记》，中国人民政治协商会议湖北委员会编《辛亥首义回忆录》第三辑，湖北人民出版社，1980，第3页。
④ 贺觉非编撰《辛亥武昌首义人物传》上册，中华书局，1982，第3页。
⑤ 梁寿华：《革命先驱——基督徒与晚清中国革命的起源》，（香港）宣道出版社，2007，第332~333页。
⑥ 张难先：《义痴六十自述》，《辛亥革命史丛刊》编辑组编《辛亥革命史丛刊》第一辑，中华书局，1980，第184页。
⑦ 范腾霄：《辛亥首义前后》，中国人民政治协商会议湖北委员会编《辛亥首义回忆录》第三辑，湖北人民出版社，1980，第68页。
⑧ 贺觉非编撰《辛亥武昌首义人物传》上册，中华书局，1982，第7页。
⑨ 范腾霄：《辛亥首义前后》，中国人民政治协商会议湖北委员会编《辛亥首义回忆录》第三辑，湖北人民出版社，1980，第68页。

之机，也同时传扬福音。据亲历者言，"日知会开会数十次，揭示系传道，即讲耶稣教义"①，然后宣讲革命。来听讲福音与革命者有万人之多，②不少人因而皈信耶稣基督而成为信徒。③有学者据此估计，参加武昌起义的军人和学生之中，必有不少为基督徒。④此外，刘静庵本人还常常在圣公会之文华书院发表关于世界革命史和革命思想的演说，兼及中国革命，借以推广。⑤是故，武昌圣公会，包括其学校，便成为反清志士鼓吹革命的重要场所。

除高家巷圣公会外，武昌日知会还外设革命分支机构。如汉口伦敦传道会（Landon Missionary Society）信徒兼长江会党首领刘玉堂参加日知会后，便在汉口开设新大方客栈，作为日知会当地之秘密机关⑥，"专用作交通和接待事宜"⑦。另一位圣公会牧师胡厚齐，参观改组之武昌日知会后，大受刘静庵演讲所感动，即赴江西九江开设同类性质阅览室——开化阅书报室。日知会所派发之各种革命书报，由该阅书报室散布至九江军学、绅、商及海关人员手中。当地不少人因此深受影响而立志密谋革命。此后，这种传播革命思想之方式又由九江传至南昌，南昌一地亦成立同类性质之革命组织。⑧经过一段时间的酝酿，各省新军多受日知会熏染而倾向革命，不少军人加入日知会，甚至在军营中设立分会。湖北各地更有不少知识分子和士绅受日知会影响而暗中参与其事。⑨1905 年 8 月，孙中山在东京创立中国同盟会。未几，同盟会即以武昌日知会作为其在湖北之会所。无形之中，武昌日知会便成为同盟会在国内之分会。⑩

1906 年 10 月，江西萍乡、湖南醴陵志士谋策起义事败。湖广总督张

---

① 朱峙三：《辛亥武昌起义前后记》，中国人民政治协商会议湖北委员会编《辛亥首义回忆录》第三辑，湖北人民出版社，1980，第 147 页。

② 朱峙三：《辛亥武昌起义前后记》，中国人民政治协商会议湖北委员会编《辛亥首义回忆录》第三辑，湖北人民出版社，1980，第 147 页。

③ 曹亚伯：《武昌革命真史》上册，上海书店，1982，第 130 页。

④ 梁寿华：《革命先驱——基督徒与晚清中国革命的起源》，（香港）宣道出版社，2007，第 333 页。

⑤ 冯自由：《革命逸史》第一集，中华书局，1981，第 354 页。

⑥ 梅川：《辛亥革命时期为革命作出贡献的武汉基督徒》，《天风》1989 年第 10 期（复总第 82 期）。

⑦ 贺觉非编撰《辛亥武昌首义人物传》上册，中华书局，1982，第 232 页。

⑧ 曹亚伯：《武昌革命真史》上册，上海书店，1982，第 129 页。

⑨ 曹亚伯：《武昌革命真史》上册，上海书店，1982，第 138 页。

⑩ 贺觉非编撰《辛亥武昌首义人物传》上册，中华书局，1982，第 3 页。

之洞大肆捕杀革命党人。清吏查知武昌日知会参与其中，且怀疑刘静庵即长江会党首领刘家运之化名①，将刘静庵作为匪首予以通缉。由于事涉教会和教友，张之洞便事先照会美国领事，然后立即派兵围搜救世主堂和教会职员住所。②其时，武昌圣公会会长胡兰亭已赴日本留学，继任人兼日知会会员刘藩侯又被调往长沙，而黄吉亭正要从长沙动身前往日本，故武昌圣公会会长一职乃由余文卿担任。余文卿之子余日章在衙门中有朋侪，借此获悉清吏欲缉捕刘静庵。胡兰亭及其母亲随即将刘静庵藏匿于胡兰亭大姐家中，但刘静庵最终还是事泄被捕。③日知会另外 8 名重要成员——朱子龙、梁锺汉、胡瑛、季雨霖、李亚东、张难先、吴贡三和殷子衡，亦相继为清吏所捕。④其他会员则四处奔逃。张纯一因曾撰革命军歌，有明显罪状，便逃往汉口圣公会保罗堂会长王理堂牧师处。⑤王理堂亦具革命思想⑥，便对张纯一设法掩护。⑦

刘静庵等 9 名日知会成员被捕不久，衙门即拟定第二批拘捕名单，余日章、胡兰亭、黄吉亭三位基督徒革命者均名列其中。后来，张之洞更下令准备将刘静庵、胡瑛等人处决。一时间，圣公会中国籍牧师和信徒人人自危。⑧美国圣公会鄂湘教区主教吴德施等人见教会同工和信徒或被祸殃，或被通缉，且湖北当局诬称刘静庵为“匪首”⑨，既愤怒又痛心，随即发表声明：“刘敬安（即刘静庵）既为圣公会信徒，革命乃改良治政之不二法门，何得诬为匪首？官场既诬刘敬安为匪首，则妨害圣公会之名誉。”⑩鄂

---

① 冯自由：《革命逸史》第二集，中华书局，1981，第 66～72 页。
② 罗家伦主编，黄季陆增订《国父年谱》（增订本）上册，（台）中国国民党中央委员会党史史料编纂委员会，1969，第 228 页。
③ 曹亚伯：《武昌革命真史》上册，上海书店，1982，第 140 页。
④ 范鸿勋：《日知会》，中国人民政治协商会议湖北委员会编《辛亥首义回忆录》第一辑，湖北人民出版社，1979，第 82 页。
⑤ 张纯一：《辛巳双十节感怀俚言》，《武昌日知会事实纪略》，出版地点及年份不详，序于民国三十年，该文第 1 页。
⑥ 曹亚伯：《武昌革命真史》上册，上海书店，1982，第 143 页。
⑦ 梁寿华：《革命先驱——基督徒与晚清中国革命的起源》，（香港）宣道出版社，2007，第337 页。
⑧ 梁寿华：《革命先驱——基督徒与晚清中国革命的起源》，（香港）宣道出版社，2007，第338 页。
⑨ 范鸿勋：《日知会》，中国人民政治协商会议湖北委员会编《辛亥首义回忆录》第一辑，湖北人民出版社，1979，第 82 页。
⑩ 曹亚伯：《武昌革命真史》上册，上海书店，1982，第 148 页。

湘教区西教士素来同情中国革命者，对此惨状自然不能坐视不理。他们立刻请求美国驻武汉领事、驻北京公使、华盛顿外交部展开对华交涉。其时，基督教青年会（Young Men's Christian Association）总干事穆德（John R. Mott）前往日本开会，正顺道访问中国。在汉口时，穆德获悉刘静庵为信徒，遂答允前往北京营救。他持张纯一、余日章代撰之辩辞，拟于北京呈至清廷外务部；①并在北京透过美国驻华公使柔克义（W. W. Rockhill）向清外务部请求对圣公会信徒的宽免。穆德本人在京受到清廷外务部高级官员的特别礼遇。②在西方教会人士的鼎力营救和美国外交官员的重压之下，清廷外务部下令张之洞"从缓办理"③，免除刘静庵等人死刑，同时命按蔡司出示晓谕，对圣公会予以安抚："刘贞一（即刘静庵）之秘密运动革命，非圣公会所及知，湖北官场之对于基督徒，素来尊重，湖广总督对于圣公会之令誉，尤所欣悦，调查刘贞一案件种种事实，俱与圣公会无涉，圣公会之美名，决无损伤。"④是故，刘静庵、胡瑛被改判终身监禁，其他诸人分别被判有期徒刑；原拟之第二批缉捕名单亦被取消，余日章、黄吉亭、胡兰亭等人幸免于祸。⑤

武昌日知会虽被破获，但各会员激于义愤，纷纷另立名目重组各种革命机关，继续进行反清活动。如共进会、文学社、集贤学社、民社、益智社、振武学社……都是"日知会会员变名分设之各种机关"⑥。此外，武昌日知会对中国其他各地如新疆、奉天、河北、四川等地的起义活动，也产生了直接的影响。⑦

武昌日知会改组之初，以四散之科学补习所成员为骨干。日知会被瓦

---

① 张纯一：《辛巳双十节感怀俚言》，见《武昌日知会事实纪略》，出版地点及年份不详，序于民国三十年，第2页。

② C. Howard Hopkins, *John R. Roots*, 1865 – 1905：*A Biography*, Grand Rapids：Wm. B. Eerdmans Publishing Co. , 1979, pp. 310 – 311.

③ 殷子衡：《狱中记》，中国人民政治协商会议湖北委员会编《辛亥首义回忆录》第三辑，湖北人民出版社，1980，第12页。

④ 曹亚伯：《武昌革命真史》上册，上海书店，1982，第149页。

⑤ 梁寿华：《革命先驱——基督徒与晚清中国革命的起源》，（香港）宣道出版社，2007，第338～339页。

⑥ 诸议平：《第二十九标首义纪实》，中国人民政治协商会议湖北委员会编《辛亥首义回忆录》第二辑，湖北人民出版社，1980，第64页。

⑦ 《座谈辛亥首义》，中国人民政治协商会议湖北委员会编《辛亥首义回忆录》第一辑，湖北人民出版社，1979，第12页。

解之后，会员又分散至全国各地，重组革命团体。故日知会在武昌革命历史上具有承前启后之重要作用。"事实上，辛亥武昌首义的成功，与日知会之影响和组织军人有直接的关系。"①张难先在忆述清廷倾覆之时说，"世之饮水思源者多归功于日知会"②；又言："武昌光复，党人多颂胡兰亭、刘静庵两先生功。"③另一革命志士范腾霄亦说："辛亥武昌光复之役，其始源实为日知会，尽人皆知。而日知会创造者为潜江刘静庵先生。"④由此可见，武昌日知会及其基督徒领袖在辛亥革命的伟大事业中建立了卓著的功勋。

四　余论

信仰与救国，乃近代中国基督徒所面对之重大抉择，然而其实二者并不矛盾，相反是"合一"的。20 世纪初，身为中国人的鄂湘基督徒革命者在信奉耶稣基督之后，非但没有消减对国家之责任感，反而抱着基督宗教信仰之理想，以更大之热情投入到救国救民的宏伟大业之中。同时，基督宗教信仰亦成为近代中国基督徒推动革命事业之强大动力。对其而言，信仰与救国并无冲突，而是彼此相关。其革命救国行动，不但表现出他们的民族主义及爱国主义，而且体现了基督宗教信仰所赋予他们的理想，如福音洁净人心的效用、耶稣的博爱和牺牲精神、上帝对人类的心意等。他们的信念是：基督宗教的理想除了可以实现在自己的身上之外，还可以实现在救国救民的事业之中。这种信念有助于革命的推行。其实，有些革命者是因为看到这一点才皈信耶稣基督的。不过，基督徒革命者并非因为想利用教会从事革命才入教，而是因为看见基督宗教信仰对其个人及国家民族之价值。此乃一种内在价值之抉择，意即他们是在成为基督徒之后才利用自己之身份和教会之地位，以更好地推行革命。反言之，基督宗教信仰也

---

① 梁寿华：《革命先驱——基督徒与晚清中国革命的起源》，（香港）宣道出版社，2007，第339 页。

② 张难先：《日知会始末》，《中国近代史资料丛刊》编委会编《辛亥革命》（一），上海人民出版社，2000，第565 页。

③ 张难先：《胡齐勋》，黄季陆主编《革命人物志》第三集，（台）中国国民党中央委员会党史史料编纂委员会，1969，第310 页。

④ 范腾霄：《辛亥首义前后》，中国人民政治协商会议湖北委员会编《辛亥首义回忆录》第三辑，湖北人民出版社，1980，第67 页。

塑造了基督徒革命者之独特气质，这种气质明显地浸润于革命活动之中，被同时代之非基督徒革命者所感知和赞赏。①基督徒革命者相信从事革命活动乃合乎上帝的旨意，自己也愿意先实践上帝的旨意。基于此，基督徒革命者在革命的过程中不断祷告和依靠上帝，祈求上帝帮助他们革命成功。此亦为基督徒革命者所独具之表现。②

近代中国基督徒革命者，既是基督徒，又是中国人，他们无论在拯救人灵还是拯救国家方面，均倾其所能，竭尽全力，在爱天国和爱中国的心志上并未发生任何冲突。③作为中国基督徒，他们为救国而积极"入世"，融"反满"思想、爱国情怀和宗教信仰于一身。他们信教不忘记救国，救国不忘信教。但在这一群体中，神职人员和普通信徒对救亡革命与信仰皈依关系之看法却并非一致。对普通信徒来说，救亡考虑优于基督信仰，故其因救国而选择皈依；然于神职人员而言，救亡和信仰则同等重要。

作者单位、职务：暨南大学中国文化史籍研究所教授

---

① 梁寿华：《革命先驱——基督徒与晚清中国革命的起源》，（香港）宣道出版社，2007，第345～346页。
② 梁寿华：《革命先驱——基督徒与晚清中国革命的起源》，（香港）宣道出版社，2007，第350页。
③ 梁寿华：《革命先驱——基督徒与晚清中国革命的起源》，（香港）宣道出版社，2007，第350～351页。

辛亥革命研究
现状与回顾

海峡两岸的辛亥革命史研究与学术交流

⬤ 朱　英

辛亥革命史在 20 世纪下半叶的一段时间内，曾是海内外中国近代史研究中的"显学"，也是海峡两岸史学界共同关注的研究课题，迄至目前已经编辑出版了大量相关资料、学术专著以及工具书，发表的论文更是数不胜数。尤其是自 1980 年代以降，在辛亥革命 70、80、90 周年纪念之际，海峡两岸都同时举办有世界各国众多著名近代史专家学者出席的高规格、高水平学术研讨会，类似的情形在海峡两岸的其他学术研究领域中极为罕见。① 2011 年时逢辛亥革命爆发 100 周年，海峡两岸近代史学界更是精心筹划，周密准备，相信将会推出一批新的研究成果，使辛亥革命史研究在原有基础上更进一步走向深入。

从 1950 至 2010 年这 60 年间海峡两岸的辛亥革命史研究，在发展走向上既有某些相似之处，但也存在明显的差异；对一些具体问题的认识与看法，同样也是如此，两岸学者甚至还曾就个别问题进行过较为热烈的学术争论，其影响也超出了史学研究的范畴。就海峡两岸辛亥革命史研究的学术交流而言，在本文所涉时间范围内的 60 年间，大体上恰好可以分为前后 30 年两个完全不同的历史阶段。前一阶段是两岸学者相互隔绝，各自独立展开研究，基本上没有进行学术交流，甚至还互相保持着某种对立的状

---

① 台湾著名学者张玉法指出："对中国大陆地区的学者而言，辛亥革命是资产阶级革命，有资产阶级革命而后有无产阶级革命，故需对此第一阶段的革命加以研究。对台湾地区的学者而言，辛亥革命创建了中华民国，辛亥革命也是中国现代史的起点，研究中国现代史，了解中华民国的由来，自然从研究辛亥革命史开始。对外国学者而言，被中共逐出中国大陆的中国国民党，其前身是辛亥革命的主导者，而辛亥革命又被大陆学者指为不彻底的革命，辛亥革命的性质与内涵如何，必然引起广泛的关注。在这种情形下，关于辛亥革命的专书、论文和史料的大量出版，以及学术会议的不断举行，一直是史学界的盛事。"见张玉法《辛亥革命史论》自序，（台）三民书局，1993，第 1 页。

态；后一阶段则日益打破了隔绝两岸学术交流之坚冰，学者之间在各种场合的交流越来越密切，虽在一些具体问题上仍存在不同的观点与看法，但却对于促进两岸的辛亥革命史研究产生了积极的作用与影响。

本文即参考借鉴两岸学者先前发表的相关评介文章，分为前后两个不同历史阶段，对近 60 年来海峡两岸辛亥革命史研究与学术交流的发展历程及其特点略作评述。①

一 前 30 年两岸的辛亥革命史研究及其特点

1950～1982 年是两岸学者互不联系，各自独立对辛亥革命史开展研究的历史阶段，也明显呈现出各自的一些研究特点，但在某些方面仍然存在相似之处。

（一）"正统学派" 与 "新正统学派"

所谓"正统学派"与"新正统学派"，主要是西方史学界针对海峡两岸 1950～1960 年代初辛亥革命史研究发展状况的称呼，并非当时两岸史学界的共识，或许有学者并不接受这种说法，本文也只是打引号地借用这一称呼。②"正统学派"指的是这一时期的台湾近代史学界，而"新正统学派"则是指大陆近代史学界。当时，两岸之敌对状态非常明显，学界无任何交流，连相互之间的研究成果也极少能够看到，因而也根本不可能达成某种共识。

台湾辛亥革命史研究的"正统学派"地位，实际上早在 1949 年以前国民党统治大陆的民国时期即已建立，只不过于此之后在台湾仍继续得以延续了一段时间。国民党建立全国性政权南京国民政府之后，即通过所掌握的政治文化资源，大力宣传孙中山领导的国民党缔造了中华民国，"以中国国民党所组织之合法政府为正统"，随后相继建立中国国民党党史史料委员会和国史馆，从事辛亥革命与国民党史料整理暨研究工作，其辛亥革命史研究成果以及与之相吻和的其他著述，也自然而然地取得了正统地

---

① 因本文主要只是侧重于综合介绍 1950～2010 年海峡两岸辛亥革命史研究不同阶段的发展及其特点，故而对两岸学者研究许多相关具体问题的学术观点，未作详细介绍和评论。

② Winston Hsieh（谢文孙）较早提出这一说法，详请参阅 *Historiography on the Revolution of 1911*, Hoover Institution Press, 1975。

位。冯自由、邹鲁、罗家伦、罗香林等有影响的辛亥革命史著述者，是当时"正统学派"的代表性人物，他们或者自身即曾参加革命，或者是与国民党有着非常密切的关系。整体说来，这一时期有关孙中山和辛亥革命的"著述大多带有浓厚的官方色彩，打上了国民党正统史观的烙印。写组织源流，以兴中会—中国国民党为正统，写革命领导人，以孙中山为中心，以一党一人画线，衡量是非，褒贬人物，不乏删削史实、涂饰功过之弊。曹亚伯《武昌革命真史》由于突出湖北革命团体日知会的历史功绩，竟被国民党政府以不符事实为由查禁"[①]。

1949 年国民党因战败而不得不匆忙退守台湾岛，但为配合"反攻大陆"仍继续加强国民党统治正统性的宣传。同时，原在大陆的"正统学派"的主要代表性学者，也都跟随国民党来到了台湾。国民党很快即在台恢复建立党史会、"国史馆"，并于 1955 年在"中央研究院"创办了近代史研究所，开展孙中山、辛亥革命以及国民党党史的研究。在此特定政治背景之下，当时台湾的辛亥革命史研究，依然基本上承袭了国民党统治大陆时期的所谓"正统观念"，由此也使原有"正统学派"的辛亥革命史研究得以继续发展。

1949 之后中国共产党在大陆建立了新政权，历经将近 10 年时间，逐渐在孙中山和辛亥革命史研究中确立了被西方史学界所称之"新正统学派"。1949 年以前，陈独秀、陈伯达、黎澍、胡绳等马克思主义者虽曾出版过一些有关孙中山与辛亥革命的著作，但在当时处于非正统地位，影响并不大。中共建立新中国之后的最初几年，在辛亥革命史研究方面成果也很少，进入短暂的冷落时期。由于当时政权初建，百废待兴，政治形势仍然严峻，加之朝鲜战争趋于紧张，1951 年 10 月辛亥革命 40 周年纪念之际，中共也没有举行纪念活动。

1955 年孙中山逝世 30 周年，《人民日报》发表社论《纪念伟大的民主革命家——孙中山》，预示大陆新政权对孙中山与辛亥革命的重视。1956年，中共即举行隆重纪念孙中山诞辰 90 周年活动，毛泽东发表了《纪念孙中山先生》一文，对孙中山和辛亥革命给予高度评价，全国各地都同时举行了纪念孙中山的活动。在此前后，董必武、周恩来、朱德等其他中共高级领导人也作了很多相关论述。此后，史学界也开始重视对孙中山与辛

---

① 严昌洪、马敏：《20 世纪的辛亥革命史研究》，《历史研究》2000 年第 3 期。

亥革命的研究。1961 年，不仅在北京举行了隆重纪念辛亥革命 50 周年纪念大会，而且在武汉举办纪念辛亥革命 50 周年学术研讨会，这也是新中国建立后的首次全国性辛亥革命学术会议，对于促进大陆辛亥革命史研究的发展产生了重要影响，一批有影响的资料集、专著、论文陆续出版和发表，标志着中国大陆方面辛亥革命史研究"新正统学派"的确立。

在 1950 年代至 1960 年代初，无论是台湾的"正统学派"还是大陆的"新正统学派"，对辛亥革命史的研究都不同程度地受到政治因素的影响。台湾方面的研究在内容上虽逐渐有所扩展，但仍然是先前受政治因素左右而形成的"正统学派"居主导地位，"在思想内容上可说是'正统观念'，在方法上可说是'史料学派'的延续。当局视辛亥革命为其一党所得专享的荣耀，坚守数十年一以贯之的正统解释，对于非同盟会——国民党的人物，尤其是立宪派（包括在思想文化方面颇有建树的梁启超）一概予以冷漠"[①]。这一时期，大陆方面"新正统学派"的辛亥革命史研究，也多为政治因素所制约，强调阶级矛盾、社会矛盾的影响，重视人民群众的地位与作用，历史唯物主义成为占支配地位的指导思想。尽管在 1960 年代初期，大陆的辛亥革命史研究得到发展，尤其是 1961 年提交纪念辛亥革命 50 周年学术研讨会的论文，学术水平较高，涉及辛亥革命时期的新军、会党、张謇的阶级属性、辛亥时期的社会主要矛盾，以及资产阶级与农民的关系等问题，但在孙中山和辛亥革命的总体评价上却一直是以政治纪念中的基调作为主导。

在研究主题方面，这一时期两岸的相关研究也都是以辛亥革命重要人物为主，而且在作出评价时均难免溢美拔高之词。其中最为集中的又是孙中山，其次则是同盟会的其他重要领导人，对于其他所谓非主流人物较少探讨，这一点在台湾更为突出。1950 年代台湾有影响的研究成果，绝大多数都是属于这类作品，在某些方面难免存在一定程度的溢美之词或是忌讳之处。到 1960 年代，立宪派、立宪运动与辛亥革命的关系、抵制美货运动、收回利权运动等，才逐渐引起一部分研究者的重视，并取得了一些相应的成果，如《梁启超与清季革命》、《明清的收回矿权运动》、《光绪三十一年中美工约风潮》可视为这方面的代表作，显示了台湾近代史学界开始呈现跳出原有"正统学派"范畴的新发展趋向。大陆的辛亥革命史研究

---

① 章开沅等：《国内外辛亥革命史研究综览》，湖北教育出版社，1991，第 234 页。

多少也存在类似缺陷，如同有学者所指出的那样："第一，研究个别人物多，研究社会环境少"；"第二，研究政治方面多，研究经济、文化少"；"第三，研究革命党人多，研究其它派系少"；"第四，肯定群众自发斗争多，肯定资产阶级领导作用少"。①

另外，海峡两岸官方与史学界虽然都对孙中山及其领导的辛亥革命在中国历史上的重要地位及作用，给予了很高的评价，但各自的着眼点却有明显不同。台湾方面强调的是辛亥革命肇建中华民国与孙中山无可替代的"国父"地位，在很大程度上仍然是处处突显其正统性与合法性。大陆方面则强调孙中山是资产阶级民主革命家，辛亥革命是反帝反封建的资产阶级民主革命。辛亥革命虽然推翻了清王朝，建立了中华民国，其重要地位与作用应予充分肯定，但辛亥革命又是一次不彻底的旧民主主义革命，没有最终完成反对帝国主义、反对封建主义的革命任务，中国共产党领导的新民主主义革命，借鉴了辛亥革命的宝贵经验教训，完成了辛亥革命未能完成的革命任务。在西方与港台学界看来，此种新解释体系也难免明显蕴涵着论证中国共产党大陆统治合法性的政治意味。②

（二）台湾辛亥革命史研究的发展与大陆辛亥革命史研究的停滞

1960 年代上半期，海峡两岸的辛亥革命史研究虽然仍处于隔绝状态，但却都在一定程度上呈现出突破原有研究范式的新趋向。

台湾方面，国民党在台统治渐趋稳定，经济开始快速增长，学术研究也逐渐步入正轨。尤其是以"中央研究院"近代史研究所为主体的新一代台湾近代史学者开始崛起，加之获得美国福特基金会的长年资助，研究经费比较充实，并开始得以走出台湾远赴美国深造和从事研究工作，了解到西方的辛亥革命与中国近代史研究状况，从而视域大开。在此情况下，台湾的辛亥革命史研究必然会随着时间的推移出现新的发展。

大陆方面的辛亥革命史研究，在 1960 年代上半期也曾出现较好的发展

---

① 章开沅：《辛亥革命史研究三十年》，见《辛亥革命与近代社会》，天津人民出版社，1985，第 224～225 页。

② 李金强：《辛亥革命的研究》一文即认为："此一解释体系主要目的在于为中国共产党出现于近代中国历史舞台，由其所策动之革命，赋予'合法性'地位。"见《六十年来的中国近代史研究》（《中央研究院近代史研究所特刊》1）下册，（台）"中央研究院"近代史研究所，1989，第 760 页。

态势。1961 年自上而下地大规模纪念辛亥革命 50 周年的活动，以及首次以辛亥革命为主题的全国性学术研讨会的召开，随后又公开出版了近 50 万字的会议论文集，明显促进了辛亥革命史研究日渐趋于活跃，并开始出现某些突破原有研究格局的趋向。台湾出版的《六十年来的中国近代史研究》一书，即对该次学术会议的论文集颇有好评，认为它标志着大陆"辛亥革命研究遂由过去以政治史为主流的现象转入经济史及社会史之研究"。日本学者也视之为"辛亥革命研究史之划时代的论文集"。①此一时期，由全国政协文史资料委员会编辑的多卷本《辛亥革命回忆录》，以及各省、市乃至一些县级有关单位编印的辛亥革命回忆录等口述资料，加上《辛亥革命前十年间时论选集》、《四川保路运动史料》、《云南贵州辛亥革命史料》、《广东辛亥革命资料》、《辛亥革命江苏地区史料》、《辛亥革命在上海史料选辑》等，均陆续出版，为辛亥革命史研究者提供了诸多便利条件。与此同时，大陆学者的研究视野逐渐拓宽，特别是对辛亥革命时期经济背景和阶级关系的探讨，包括对民族资本主义工业的研究，对民族资产阶级性格的考察，对资产阶级内部阶层区分的探讨，对农民问题的研究，对资产阶级与农民关系的研究，以及对于一些重要历史人物和政治团体阶级属性的分析，此外还有对新军、会党、反满问题的研究，都具有较高的学术价值。其中的一些课题，在当时台湾史学界的研究中尚未曾涉及。

显而易见，如果这一新趋向能够得以顺利发展，大陆的辛亥革命史研究随后也很可能会取得更加值得重视的新突破。但令人十分遗憾的是，由于众所周知的政治原因，几年之后这一可喜的发展势头就被强行中断，而且大陆的辛亥革命史研究随后更进入了长达 10 年的停滞期。以研究辛亥革命史著称并在当时有切身经历的大陆学者章开沅后来曾经感慨："从 60 年代初期的形势来看，辛亥革命史研究本来可以，也完全应该有一个较大的突破。但是由于大家都已熟知的"左倾"思潮的干扰，紧接着便是十年动乱，使刚刚活跃起来的辛亥革命史研究横遭摧残。"②

"文化大革命"期间，所谓"影射史学"大行其道，根本谈不上有真正的史学研究。历史学演变成为政治斗争的工具，不仅辛亥革命史研究无

---

① 李金强：《辛亥革命的研究》，载《六十年来的中国近代史研究》（《中央研究院近代史研究所特刊》1）下册，（台）"中央研究院"近代史研究所，1989，第 763 页。

② 章开沅：《50 年来的辛亥革命史研究》，《近代史研究》1999 年第 5 期。

法正常进行，而且也难以避免地遭到扭曲。在"极左"思想的影响下，太平天国、义和团等农民运动备受赞扬，近代资产阶级则受到强烈批判，戊戌变法、辛亥革命的历史地位与作用均被"立足于批"而予以否定。"文化大革命"时期的"儒法斗争"也贯穿于辛亥革命史，被贴上"反儒尊法"标签的辛亥人物章太炎大受称赞，甚至出现抑"孙"扬"章"之情形。在这一时期，大陆的辛亥革命史研究可以说受到了严重影响。"'四人帮'影射史学的淫威所及，一部辛亥革命史就被歪曲为所谓的路线斗争史。在'三突出'的原则下，整整一代的资产阶级革命家，几乎就剩下了一个被'四人帮'钦定为'法家'的章太炎，就连伟大的革命先行者、中国革命民主派的旗帜孙中山先生，也被江青咒骂为'牛鬼蛇神'。在对资产阶级'立足于批'的口号下，辛亥革命在中国旧民主主义革命历史上所立下的丰功伟绩被一笔抹杀了。'极左'思想和封建史学结合肆虐十年，就使得辛亥革命史学园地变成了一片荒芜。"①

就在大陆辛亥革命史研究处于 10 年停滞的时期，台湾的辛亥革命史研究却获得了长足的发展，在许多方面都明显超过了大陆。其具体表现主要有以下几个方面。

首先，研究辛亥革命史的各方面客观条件日益改善。如相关研究机构进一步扩充，并不断有机构建立。除"中央研究院"近代史研究所的一批中青年学者，已成长为台湾辛亥革命史研究的中坚力量，台湾大学、台湾师范大学、政治大学、暨南大学、东吴大学、辅仁大学等许多名校设立的历史系和历史研究所，也有不少成为研究辛亥革命的新机构，汇聚了一批研究队伍。尤其是台湾师范大学、政治大学等高校的历史研究所，在 1970 年代末还与"中央研究院"近代史研究所的一些著名学者合作培养研究生，由此培养了大批辛亥革命史研究的后备人才。另外，相关资料的整理与开放为研究者提供了便利。原有的党史会与"国史馆"联合成立了"中华民国史料研究中心"，"经济部"于 1970 年前后将水利、资源、农村三个委员会的清末民初档案移交"中央研究院"近代史研究所，经整理之后向研究者开放。

其次，取得了一大批具有较高学术价值的研究成果。许多大型资料在

---

① 章开沅：《辛亥革命史研究中的一个问题》，见《辛亥前后史事论丛》，华中师范大学出版社，1990，第 42 页。

这一时期陆续出版，包括《革命文献》、《中华民国史料丛编》、《中华民国开国 50 年文献》、《中华民国大事纪要》、《国民政府公报》等。研究性的成果也相当丰硕。在人物研究方面，有《国父年谱》（增订本）、《国父孙中山先生传》、《孙逸仙先生》（第 1 册）和译著《孙中山先生与日本友人》等著作。值得重视的是其他人物研究也有不少成果问世，如《黄克强先生年谱稿》、《胡汉民先生年谱》、《宋教仁——民主宪政的先驱》、《蔡元培与辛亥革命》、《朱执信与辛亥革命》等专著。

专题研究方面的成果也比较令人瞩目，尤其是立宪运动方面的研究，成果斐然，如《立宪派与辛亥革命》、《清末革命与君宪的论争》等著作，以及研究清末资政院、清末各省谘议局和民初省议会的系列论文，这些成果一经问世即颇受关注，甚至对 1980 年代大陆的立宪运动研究也不无影响；团体研究的专著主要有《清季的立宪团体》、《清季革命团体》等，反响较大；另还有一批研究辛亥革命时期妇女、经济、社会问题，以及探讨各地辛亥革命的论文发表。这 10 余年间一批研究生撰写的与辛亥革命相关的博士与硕士论文，在选题方面也多有突破，学术水准同样值得重视。

值得一提的还有"中央研究院"近代史研究所在 1970 年代中期以后开展"中国现代化之区域研究 1860 ~ 1916"所取得重要系列成果。是项研究采用现代化理论，对清末民初中国沿江沿海近 10 个区域的政治、经济与社会变迁进行了深入探讨，先后出版多部具有较高学术水平的专著，颇有参考借鉴价值。所论之时间虽然从 1860 年至 1916 年，但却恰好可以从更长的历史时段分析辛亥革命爆发的背景，考察辛亥革命的地位与作用，也大大促进了相关地区辛亥革命史的个案研究，带动了一大批相关论文的面世。大陆学界后来开展中国近代化（或称中国早期现代化）研究，较诸台湾的中国现代化区域研究晚了 10 余年，并从台湾的这批研究成果中得到不少启迪。

复次，这一时期台湾的辛亥革命史研究，已经在许多方面明显突破了以往"正统学派"的传统研究格局，出现了多元化的发展趋向。对台湾辛亥革命史研究的这一新的发展态势，学界十分重视。例如有评论指出："台湾一地之辛亥革命研究发展约可分为三大阶段，其研究动机，由'正统学派'之研究'一元化'为重心，渐渐转为研究'多元化'之发展，此即有关课题之扩充，如立宪派、革命妇女、区域研究等，从而提出辛亥革命解释理论——'全民革命'说。随着其研究之不断精进，终于自成局面。"①大陆学者也认为，这一时期的台湾辛亥革命史研究，"在研究思路和方法上，可说是出现了多元倾向对正统观念、解释学派对史料学派的分庭抗礼"②。

台湾辛亥革命史研究的这一发展变化，与当时台湾整个史学研究的变革紧密相关。在大陆史学界与西方学术研究完全隔绝之际，台湾学界已开始与西方的汉学研究专家有所交流，而且不断有学者赴美国留学或是从事学术研究，在研究理论和方法等许多方面都开始受到西方的影响。1960 年代末，即有台湾学者指出以往历史学研究中的缺陷与不足，提出应该扩大史学研究的视野，借鉴相关学科的研究理论，改变传统史学研究方法，从而促使台湾的整个历史学研究的发展在此后出现了突破。于是，辛亥革命史研究也随之逐渐摆脱"传统学派"的束缚，呈现出多元化的新发展。这一时期虽然早先的"正统"性研究成果仍占有相当比例，但作出的评价却相对平实客观，学术性更强，政治性则开始有所减弱。更为重要的是，在过去辛亥革命史研究"一元化"时代不能入流的诸多研究内容，均逐渐受到研究者的重视，并产生了一大批有影响的学术成果，成为该时期台湾辛亥革命史研究获得长足发展的重要反映。不难看出，从一元化向多元化的发展变化，使台湾的辛亥革命史研究进入一个快速发展的新时期。这与同期大陆辛亥革命史研究与整个学术发展的停滞，形成了十分鲜明的反差与对照。

二 后 30 年两岸辛亥革命史研究的发展与变化

（一）大陆辛亥革命史研究的兴盛

由于"文化大革命"的影响，大陆辛亥革命史研究的原有良好发展势头被中断，停滞不前长达 10 年之久，恰好在这一时期台湾的辛亥革命史研究进入快速发展阶段，导致海峡两岸的辛亥革命史研究形成较大差距。不过，"文化大革命"结束之后，长期制约历史学研究的"左"倾思潮的影

---

① 李金强：《辛亥革命的研究》，载《六十年来的中国近代史研究》（《中央研究院近代史研究所特刊》1）下册，"中央研究院"近代史研究所，1989，第776页。

② 章开沅等：《国内外辛亥革命史研究综览》，湖北教育出版社，1991，第235页。

响逐渐被清除，恢复了实事求是的精神。特别是中共十一届三中全会之后，确定了改革开放的新国策，既为经济的发展提供了保障，也为学术研究的发展与繁荣创造了良好的宽松环境。以往在中国近代史研究中长期被视为禁区的某些领域和课题，成为许多学者研究讨论的热点问题，新观点、新见解也层见叠出，新领域、新课题被不断开拓，从而使中国近代史研究出现了前所未有的活跃局面。这一变革使大陆的中国近代史研究迎来了一个全新的发展时期，辛亥革命史的研究也很快趋于兴盛。

辛亥革命史可以称为这一时期大陆中国近代史研究中的重要领域之一，成果也最为突出，甚至在一定程度上引领了改革开放之后大陆新史学的发展变革。1977 年，《历史研究》杂志即发表樊百川的《辛亥革命是儒法斗争吗?》，《四川大学学报》发表李润苍的《把历史的内容还给历史》，这两篇论文对"四人帮"践踏历史研究的科学准则，歪曲辛亥革命史实的倒行逆施进行了初步清算。章开沅在 1979 年年初发表《解放思想，实事求是，努力研究辛亥革命史》(《辛亥革命史丛刊》第 1 辑) 一文，大声疾呼近代史研究者应加强对近代中国资产阶级的探讨，"要打破所谓'立足于批'的精神枷锁，要推倒所谓'资产阶级中心论'、'资产阶级决定论'、'资产阶级高明论'等诬陷不实之词，要敢于以马克思主义的理论胆识来拨乱反正，坚持正确地、全面地评价处于上升时期的资产阶级及其代表人物"。此文发表后，不仅在国内史学界，而且在海外学者中也引起了较强烈的反响。美国学者将此文译成英文重新发表，认为文中的观点反映了中国史学界研究近代资产阶级的新动向。

在 1980 年代，大陆的辛亥革命史研究即取得了受到海内外史学界高度重视的一系列成果。尤其在 1980 年代初出版的由章开沅、林增平主编的 3 卷本《辛亥革命史》，是世界上第一部深入研究辛亥革命的通史性、综论性的大型著作，普遍受到好评。①国外学者认为："无论是参与编写人数众

---

① 该著作产生了广泛而持续的影响，近年又被选入《中国文库·新中国 60 周年特辑》，由中国出版集团旗下的东方出版中心于 2010 年重版。原书主编之一章开沅先生撰写了序言，回顾了编撰该书的经过与历程，并对全书做了必要的修订，删去了一些初版时由于时代原因而导致的偏"左"词句，改正了一些史实性错误，重新选配了 100 多幅历史图片。另还删去了原版所附录的索引，选录了章开沅先生在不同时期发表的 3 篇研究辛亥革命的论文作为附录。

多、为增强说服力而提供丰富材料，还是从涉及问题的广泛范围来说，这部书都可视为三十年来辛亥革命研究的集大成者"，是"最能体现目前辛亥革命研究的观点、方法和水平"的"皇皇巨著"。①台湾学者虽认为该著的材料选择及章节安排"颇不平衡"，而且不同意"辛亥革命是一个失败的革命"、"辛亥革命是资产阶级民主革命"的结论，但也说明该著"无可否认的，《辛亥革命史》这部书，在所有有关中共的辛亥革命的学术论著中，是篇幅最大、资料最丰、最具学术形式的一部书；从世界史学的眼光看来，也是篇幅最大、最有系统的一部书"②。而台湾的辛亥革命史研究虽然自1970年代以后即发展迅速，成果众多，但令人有些不解的是始终没有出版一部综合性、贯通性的大型辛亥革命史著作。在这方面，大陆的辛亥革命史研究很快即超越了台湾。不久之后，金冲及、胡绳武合著的4卷本《辛亥革命史》也陆续公开出版，另外还出版了李新等主编，由中国社会科学院近代史研究所中华民国史研究室同人集体撰著的多卷本《中华民国史》，同样受到海内外史学界的关注。

除通论性著作之外，各种专题性的研究成果也为数甚多。例如与辛亥革命密切相关的一些历史人物的研究，包括年谱、传记、评传、研究等形式出现的著作，多达80余种。涉及的人物有主有次，有正有反，包括政治、经济、军事、思想、教育、外交等各类人物，研究范围大大拓宽。对其他专题的研究，如政治制度、政治事件、革命团体、立宪派与立宪运动、清末新政、资产阶级、商人社团、海关、租界、通商口岸、社会风俗等领域，均有多篇论文予以论述。据不完全统计，1980年代大陆发表的与辛亥革命相关的论文总计5200篇左右，是前30年的10倍。③

与此同时，众多有关辛亥革命的史料也大量出版。例如重要人物文集、史料集有《孙中山全集》、《黄兴集》、《章太炎全集》、《宋教仁集》、《秦力山集》、《陈天华集》、《陶成章史料》、《徐锡麟史料》等；重要文献资料有《临时政府公报》、《中华民国档案资料汇编》、《湖北军政府文献

---

① 〔日〕石田米子：《辛亥革命通史的新成果》，罗福惠译，载《国内外辛亥革命史研究动态》第1辑。

② 张玉法：《大陆学者对辛亥革命的看法》，氏著《辛亥革命史论》，（台）三民书局，1993，第26页。

③ 《最近十年辛亥革命研究述评》，载武昌辛亥革命研究中心编《辛亥革命与近代中国》（1980～1989年论文集），湖北人民出版社，1991，第10页。

资料汇编》、《武昌起义档案资料选编》、《清代档案史料丛编》等；专题性资料则有盛宣怀系列专题档案汇编、《辛亥革命前十年间民变档案史料》、《清末筹备立宪档案史料》、《清末海军史料》、《拒俄运动史料》、《萍浏醴起义资料汇编》等；《日本外交文书选译——关于辛亥革命》、《英国蓝皮书有关辛亥革命资料》等外文资料书籍，也在这一时期得以出版。

此外，在大陆还迅速出现了多个以辛亥革命史为重点研究内容的学术单位，各自汇聚了一批研究队伍。例如中国社会科学院近代史研究所、中国人民大学清史研究所、华中师范大学中国近代史研究所（时称历史研究所）、中山大学孙中山研究所、广东省社会科学院孙中山研究所、湖南师范大学文史研究所等，都是在辛亥革命史研究中人员相对较为集中、成果比较丰富的研究机构。复旦大学、南开大学、南京大学、北京师范大学、华东师范大学的历史系，也出现了一批致力于辛亥革命史研究的教师。另外，还建立了相关的跨区域性的研究学会，其中较有影响、延续至今的辛亥革命史研究会，起初是以大陆中南地区学者为主，得到全国各地有关学者支持而成立的。该研究会创办了大型学术集刊《辛亥革命史丛刊》和《辛亥革命史研究会通讯》、《国内外辛亥革命史研究动态》等期刊，在成立之后的30余年中多次参与举办辛亥革命史学术研讨会，并积极开展其他一些相关活动，产生了较为广泛的学术影响，受到海内外近代史学界好评。另一个影响较大的是中国孙中山研究会，该会曾多次举办高水平学术研讨会，对于推动孙中山与辛亥革命史研究的发展也发挥了重要的积极作用。除此之外，还有一部分省市后来也相继成立了辛亥革命史研究会。

总之，这一时期大陆各方面情况均显示，"从70年代末到80年代末，是辛亥革命研究的大发展、大繁荣时期。主要表现是研究者队伍壮大，思路开阔，方法更新，召开了一系列有影响的学术会议，出现了一大批富有新意的论文，还陆续出版了一些有分量的学术著作，从而使得辛亥革命研究逐渐成为历史学科众多分支中的一门'显学'"①。

到1990年代以后，大陆的辛亥革命史研究仍持续发展，尤其是在专

---

① 《最近十年辛亥革命研究述评》，载武昌辛亥革命研究中心编《辛亥革命与近代中国》（1980～1989年论文集），湖北人民出版社，1991，第1页。

题研究方面取得了若干重要成果。例如有关辛亥革命时期资产阶级的研究，无论是综合研究还是专题探讨，都取得了令国外学者十分重视的一大批成果。综合性论著有《近代中国的现代化与资本家阶级》、《资产阶级与辛亥革命》、《旧中国民族资产阶级》、《过渡形态：中国早期资产阶级构成之谜》、《中国早期资产阶级概论》等。至于专题论文则几乎是数不胜数，涉及资产阶级各方面的内容。近代中国商会与其他商人社团研究的开拓，是中国近代史和辛亥革命史研究向纵深发展突出表现。大陆史学界对商会较为系统的研究虽然发端于 1980 年代中期，但进展相当迅速，视野也日益扩展。除发表了众多专题论文外，还出版了若干有影响的学术专著。

就总体而言，1990～1999 年大陆发表的辛亥革命研究论文合计数约为 4400 篇，虽较诸前 10 年有所减少，但在整个中国近代史研究论文数量中仍占较大比例，而且有关辛亥革命的学术著作的出版呈上升趋势，数量增加，并多有新意，具有较高学术价值。另外，这一时期在大陆各地举办的有关孙中山与辛亥革命的学术讨论会近 20 次，也体现出相关研究的持续活跃与发展。在研究领域方面，也得到进一步扩展。除对一些老课题开展更为深入细致的研究之外，较为突出的是对辛亥革命时期的社会环境进行广泛的探讨，例如在社会结构、社会风尚、社会心理、社会团体、社会经济生活、社会力量配置以及城乡关系、人口、游民、自然灾害等方面，都取得了相关的研究成果。这一时期的研究，"已不再局限于辛亥革命这一历史本身，并由此而局限于革命运动的短时段，而是扩展到辛亥时期或这一时期前后的诸多领域，'辛亥革命史研究'开始转变为'辛亥革命研究'了"①。

毋庸讳言，任何一次历史事件，即使是像辛亥革命这样具有深远历史意义和影响的重大历史事件，也很难一直成为史学研究中的热点。在经历了 20 世纪 80 年代的发展高潮之后，大陆辛亥革命史研究的进一步发展势头也有所减缓。其原因是相当一部分研究者的兴趣转向了经济史、文化史、社会史等其他新的研究领域，也有一部分学者的研究，在时段上明显向晚清或民国上下推移。从表面上看，集中研究辛亥革命的成果较前减

---

① 严昌洪：《20 世纪 90 年代中国大陆辛亥革命研究综述》，载中国史学会编《辛亥革命与 20 世纪的中国》下册，中央文献出版社，2002，第 2210 页。

少，但在另一方面这一变化也对辛亥革命研究具有上下延伸与横向贯通的积极意义。所以，"从这个意义上来说，一部分辛亥革命史研究者加入文化史与近现代化研究的探讨，乃是一件大好事，因为他们可以借此把较广阔的视野与较连贯的史实，带回到辛亥革命史研究"①。

（二）台湾辛亥革命史研究发展的减缓

台湾的辛亥革命史研究，在1980年代仍保持了一段时间的继续发展。在相关著述的出版方面，各种专门的著作不断推出，如《同盟会的革命理论》、《〈民报〉与辛亥革命》、《辛亥革命起因之分析》、《伍廷芳与清末政治改革》、《同盟会与中国革命》、《孙中山先生革命与香港》等。高水平的学术研讨会论文集也陆续问世。1980年代上半期，台湾史学界密集召开与辛亥革命相关的学术研讨会，如1981年中研院近史所主办的"中国近代维新运动——变法与立宪研讨会"，1981年"国史馆"、党史会、中研院近史所、国际关系研究中心联合主办的"中华民国建国史研讨会（辛亥革命史组）"，1982年中研院近史所主办的"辛亥革命研讨会"，1985年党史会等主办的"孙中山先生与近代中国研讨会"，1986年海外华人研究会主办的"辛亥革命与南洋华人研讨会"。这些研讨会的召开，本身即对促进孙中山与辛亥革命研究的发展具有重要作用，而且会议结束后又都出版了学术价值甚高的多卷本论文集。另外，还有一些专题论文结集也相继出版。如《中国现代史论集》第三集（1980），《孙中山先生与辛亥革命》三大册（1981），《中国近代现代史论集》第十六、十七编（1986）等，这些文集收录了大批台湾学者有影响力的专题论文，不乏参考借鉴价值。这一时期，有关华侨与辛亥革命的研究在台湾取得较大进展。1986年海外华人研究会成功主办"辛亥革命与南洋华人研讨会"，对于推动此课题研究的发展产生了积极影响。

但从1980年代后期，尤其是进入1990年代以后，台湾辛亥革命史研究的发展也明显减缓。据不完全统计，1990～2008年台湾学者发表的有关辛亥革命的论文，总计53篇，平均每年只有6篇；2000～2008年更是减少为17篇，平均每年仅有2篇。"出现这种变化，有多种影响因素。"除学术研究自身发展规律的影响之外，"1990年代以来台湾地区辛

---

① 章开沅：《辛亥革命辞典》序言，武汉出版社，1991。

亥革命研究逐渐式微，与台湾政治转型加快，本土化的影响和冲击加大也有关系"①。

简而言之，台湾的辛亥革命史研究经历了 1970～1980 年代的迅速发展之后，在 1990 年代逐渐开始出现萎缩状况，这一方面是学术研究阶段性发展特点所致，在高潮之后必然会有一段低潮期；但另一方面，台湾政治格局的不断变化，也对辛亥革命史研究的式微了不无影响。李登辉执政之后，即在各方面逐步推行"本土化"政策。2000 以后民进党执掌政权，更是加速实施从政治到文化的"去中国化"政策，以至"中华民国"被视为"外来政权"，中国历史被视为"外国史"，与此同时则从政策、经费等方面大力支持台湾史研究。受其影响，台湾的许多学术机构和学术发展计划都大规模向"台湾史"倾斜，"中国史"研究明显面临被边缘化的趋势。在此情况下，台湾的辛亥革命史研究不仅难以得到充分发展，而且只能趋于萎缩。

三　两岸学者的学术交流及其影响

过去由于各方面的种种原因，中国大陆在改革开放之前，不仅与欧美发达国家的交往甚少，而且与台湾之间的学术交流也显得非常封闭，几乎没有什么直接的联系。改革开放之后，中外学术交流越来越密切，不少国外学者来华访问，许多近代史研究者也纷纷走出国门，到欧美诸国参加学术讨论会和从事研究工作，不仅收集了在国内难以看到的重要史料，而且得以借鉴西方的某些研究方法和理论视野，开拓出一系列新的研究领域和课题。在此背景之下，海峡两岸的学术交流也逐渐在 1980 年代开始以某种特殊的方式进行，在经历了起初谨慎与防范的接触阶段之后，到 1990 年代以后逐渐频繁，现今两岸的学术交流已是十分密切。

（一）芝加哥会议的首次正式对话

海峡两岸的学术交流，最早是从史学研究者共同出席海外的学术研讨会，两岸坐在一起面对面进行讨论和交流而开始的。其讨论的具体问题，

---

① 参见何卓恩《台湾学界辛亥革命研究的承转盛隐》，提交"辛亥革命与海峡两岸关系：第三届海峡两岸关系史与台湾史学术研讨会"论文，2010，武汉。

正是两岸史学界都十分关注的辛亥革命史。由此可以说，辛亥革命史作为两岸都非常重视的一个特殊研究领域，它的发展不仅对促进两岸各自史学研究的进步产生了重要影响，而且对于打破两岸长期对立的坚冰，开启两岸的学术交流也发挥了十分重要的作用，在海峡两岸的学术交流史上写下了值得重视的第一个篇章。

需要指出的是，在开启海峡两岸学术交流的过程中，日本与美国研究中国近代史暨辛亥革命史的机构、学者，作出了积极的努力。在纪念辛亥革命70周年到来之际，海峡两岸都举办了高规格的学术研讨会，而且均邀请了世界各国著名专家学者参加，但无对岸学者出席。有鉴于此，日本东京、京都的一些著名学者，为"号召台湾海峡两边与朝鲜半岛南北双方的学者都以个人资格参加会议"，于1981年10月下旬举办"纪念辛亥革命七十周年东京国际学术会议"，以"辛亥革命与国际关系"为主题，盛情邀请世界各国以及海峡两岸的学者出席这次会议。两岸史学界乃至官方对此均十分重视，也较为审慎。中国大陆学者陈锡祺、胡绳、李宗一、章开沅、金冲及提交论文参加了会议，台湾原曾也确定陈鹏仁、陈三井、蒋永敬、李国祁、李守孔5位学者出席，但由于政治方面的原因最终未能成行，使日本及世界各国学者均深感遗憾。

尽管这次会议没有能够达到使海峡两岸学者共聚一堂的目的，但日本与美国学者仍未放弃努力。1981年中国社会科学院近代史研究所公开出版了《中华民国史》第1编第1卷，台湾政界和学界均非常关注，甚至有所紧张，急于了解大陆如何编纂中华民国史。1982年4月初，美国亚洲研究学会第34届年会在芝加哥举行特别会议，即"辛亥革命和建立中华民国：七十年后的回顾"国际学术研讨会，再次邀请海峡两岸学者参加，台湾方面经郑重研究没有表示拒绝。于是，大陆方面的胡绳（时任中共中央党史研究室主任，系大陆代表团团长）、章开沅、李宗一、李泽厚、赵复三5位学者与台湾方面的秦孝仪（时任中国国民党党史编纂委员会主任委员，系台湾代表团团长）、李云汉、张忠栋、张玉法、林明德5位学者共同出席了会议。通过这次会议，两岸学者终于在隔绝了30余年之后，第一次实现了聚集一堂，面对面坐在一起进行学术交流的愿望。但在对立尚未消除的情况下，两岸学者在首次交流时均非常慎重，台湾方面似乎更加谨小慎微。张海鹏在《两岸的中国近代史学术交流》一文中说明："据张玉法院士后来告诉我，在行前，台湾代表团秦孝仪团长交代了见到大陆学者要不苟言笑的原则,事也凑巧,从旧金山到芝加哥的飞机上,两岸学者坐到了一起。胡绳团长一行主动向台湾学者微笑打招呼,台湾学者则表现拘谨。"①

由于是两岸学者之间第一次在公开举办的学术研讨会上正式对话,这次会议广受瞩目。虽然两岸学者有关辛亥革命的小组专场讨论安排在晚间9时才开始,但可容纳五六百人的大会议厅仍全部爆满,连阶梯过道的地毯上也有人席地而坐。会议举行的方式是先由外国学者对两岸学者提交的论文逐一进行评论,然后由双方推举的答辩人,即大陆的章开沅和台湾的张玉法作出回应。两岸学者的论文都高度肯定辛亥革命的历史意义与孙中山在革命中的地位与作用,但在讨论和回应中就辛亥革命的性质产生了明显的分歧。代表大陆方面的章开沅认为辛亥革命是资产阶级革命,代表台湾方面的张玉法则坚持辛亥革命是"全民革命",这就是后来海内外近代史学界所称之"张、章论战",也有外国学者认为是"马克思主义史学"与"西方中国史学"不同观点之论战。②不过,章开沅后来曾说明:"平心而论,这次讨论不算深入,争辩也并非激烈。双方都彬彬有礼,保持相当的克制。其实东道主的指导思想本来即系如此,心平气和地讨论学术问题,这本身就是一大突破。他们唯恐激烈争论将会引起感情上的伤害,所以限定两岸学者答辩发言五分钟,自由发言只有2分钟,很难有所展开。但会场情绪倒是始终热烈高昂,很多听众都是从外地赶来参加此次盛会的。"③

会后,海内外许多中文媒体都对这次会议进行了报道,有的较为客观,有的则明显反映出政治倾向,尤其是台湾的报道对"资产阶级革命说"多有曲解,于是章开沅又撰写了《关于辛亥革命性质问题——兼答台

① 张海鹏:《两岸的中国近代史学术交流》,2009年12月24日《中国社会科学报》。但据出席这次会议的章开沅介绍:"实际上,我们与台湾学者在旧金山机场候机时已经相互看见了,因为虽然分别从北京和台北出发,但都是在旧金山转机,而且是搭同一班机前往芝加哥。不过由于隔绝已久,且以座位相距甚远,也没有交谈机会,但主要还是因为双方都有些矜持,谁也不愿首先伸出友谊之手,或说第一句'你好'。倒是作为东道主的亚洲协会中国委员会非常周到,他们特地于会前在唐人街中国餐馆第一楼宴请两岸代表,为我们提供比较轻松的结识与交谈的机会。"见章开沅《实斋笔记》,东方出版中心,1998,第106~107页。

② 参阅李金强《辛亥革命的研究》,载《六十年来的中国近代史研究》(《中央研究院近代史研究所特刊》1)下册,(台)"中央研究院"近代史研究所,1989,第781页。

③ 章开沅:《实斋笔记》,东方出版中心,1998,第109页。

北学者》一文，在《近代史研究》杂志公开发表。芝加哥会议两岸学者的初次对话，难免存在紧张成分。但时过境迁，10多年后两岸参加此次会议的学者再次见面，已不再有昔日的芥蒂，戏称为"芝加哥的老战友"，相互"把酒忆旧，笑谈尽欢，同胞情谊毕竟超越了历史恩怨"①。

（二）两岸学术交流的直接进行

1980年代虽有芝加哥会议两岸学者的第一次正式对话，但两岸之间的直接学术交流却尚未正式开启，只是在1980年代末开始陆续有台湾学者到大陆访问。1990年9月，中国社会科学院近代史研究所召开"近代中国与世界国际学术讨论会"，首次邀请"中央研究院"近代史研究所吕实强、张朋园、林满红等学者出席。1991年8月，美国和日本学者在檀香山举办纪念辛亥革命80周年学术会议，两岸各有10位学者出席，当年在芝加哥会议上出现的紧张乃至对立气氛，已经明显地大为减缓，两岸学者均"相处甚欢"②。同年10月，在湖北武昌举行纪念辛亥革命80周年学术讨论会，张朋园、张玉法等3位台湾学者应邀提交了论文，其中两位学者出席。至1990年代初，大陆学者也开始应邀赴台出席学术研讨会。1992年5月，台北政治大学历史研究所召开"黄兴与近代中国"学术讨论会，以张海鹏为团长的大陆学者3人应邀出席了会议。这是大陆学者第一次出席在台湾举办的学术会议，引起了海峡两岸学术界的重视。另外，海峡两岸相关学术机构还开始联合举办以孙中山为主题的学术会议。同年6月，中国社会科学院近代史研究所与台湾师范大学三民主义研究所即联合主办了"孙逸仙思想与中国现代化"学术讨论会。这是海峡两岸学术单位第一次联合举办的学术讨论会。③

两岸史学界学术交流的另一突破，是1993年8月台湾政治大学克服诸多困难，聘请章开沅担任该校客座研究教授，为期半年。在台期间，章开沅不仅定期为政治大学历史研究所、三民主义研究所的研究生授课，而且相继在"中央研究院"、台湾大学、东吴大学、中央大学、东海大学、中兴大学等许多科研机构和大学讲学、演讲和报告，普遍受到欢迎，也使台

---

① 章开沅：《实斋笔记》，东方出版中心，1998，第106~107页。
② 张海鹏：《两岸的中国近代史学术交流》，2009年12月24日《中国社会科学报》。
③ 张海鹏：《两岸的中国近代史学术交流》，2009年12月24日《中国社会科学报》。

湾史学界对大陆学者有了更深切、更具体的了解与认识。章开沅是台湾的著名大学聘请大陆学者作为客座教授的第一人，在当时开启了两岸学术交流的新形式。此后，政治大学和其他一些著名大学又继续不间断地聘请大陆更多著名学者担任客座教授。

在此之后，海峡两岸举办有关中国近代史与辛亥革命史的学术会议，都必不可少地会相互邀请对岸学者出席，而且每次邀请的人数越来越多，学术对话也更加无所拘束。例如 2001 年在大陆举办的纪念辛亥革命 90 周年国际学术讨论会，即邀请台湾学者 10 余人出席；同年在台湾举办的主题相同的会议，也邀请了 10 余位大陆学者参加。另外，其他形式的交流与合作也越来越频繁，两岸学者之间建立了非常深厚的友谊。

关于海峡两岸史学研究者学术交流的上述发展进程，台湾资深学者蒋永敬曾在大陆举办的纪念辛亥革命 90 周年学术讨论会闭幕式发言中指出："讲到我们两岸辛亥革命研究的交流，可以说是从辛亥革命 70 周年开始的。对于那一年，我有四个字形容，即'流而未交'。那一年两岸是在日本开会。本来日本朋友想把我们两岸的学者凑合在一起进行交流。台湾学者的胆子比较小一点，怕被统战。但是怕被统战又不甘示弱，所以就到日本唱了一场对台戏。我们在横滨召开辛亥革命 70 周年纪念会，大陆学者在东京。我们两岸学者虽然是心向往之，但是'流而未交'，我们都是流到日本去了，可并没有交流。这是 70 周年的情形，对此大家心里都彼此知道一些。到了 80 周年之时，两岸的交流比较进步了。1991 年，是'交而未流'。台湾学者到大陆来参加了在武昌举行的纪念辛亥革命 80 周年学术讨论会。但是大陆学者不能到台湾，所以我认为是'交'了，但是没有'流'，没有双向的'流'。没想到 90 周年时的情形完全改变了，我们是又'交'又'流'。"① 从"流而未交"至"交而未流"，再到"又交又流"，即实现真正意义上的学术交流，可谓形象地反映了在辛亥革命史研究领域中海峡两岸学术交流从无到有的发展过程，实际上也在很大程度上体现了海峡两岸整体学术交流的发展变化进程。

（三）两岸学术交流的积极作用与影响

海峡两岸学术交流的进行，对于促进各自辛亥革命史研究的发展均产

---

① 武昌辛亥革命研究中心编《新世纪的学术盛会：纪念辛亥革命 90 周年国际学术讨论会专辑》，中国财政经济出版社，2003，第 33～34 页。

生了值得肯定的积极影响。即使是芝加哥会议的首次对话，同样也是如此。围绕辛亥革命性质的"张、章论战"发生之后，大陆学者意识到论证辛亥革命是资产阶级革命，需要对资产阶级进行更加深入细致的考察与研究，以往的研究虽在表面上也涉及所谓近代中国民族资产阶级，但绝大部分并非真正将资产阶级主体直接作为研究对象，而是使用广义的资产阶级概念，大都是将注意力放在资产阶级知识分子、资产阶级改良派与革命派身上，很少着力于资产阶级主体即工商各业资本家。因此，还称不上是严格和完整意义的资产阶级研究。于是，有关中国近代资产阶级的研究成为辛亥革命史研究中的一个热点，并开拓了辛亥革命时期商会、绅商等新的研究领域，取得了一批颇受海内外学界重视与好评的成果。

在开展学术交流的过程中，两岸近代史学界似乎还隐然出现了相互竞争的局面。例如大陆开始出版《中华民国史》，即刺激了台湾的中华民国史与辛亥革命史研究的发展。面对大陆学术与政治的新'挑战'，台湾学者纷纷主张加紧加快编修中华民国史，于是引发台湾于 1980 年代举办一系列中华民国建国及辛亥革命学术研讨会，并且出版了两大册的《中华民国建国史》第一编"革命建国"，"台湾三十多年来之辛亥革命研究成果及观点，亦乘时得以对外展示"①。

在辛亥革命 100 周年纪念来临之际，海峡两岸的官方与学界都予以高度重视，积极筹备各方面的纪念活动，其中包括出版一系列有关辛亥革命的新成果。两岸的学术与文化交流，也会随之更加密切。不过，台湾方面更强调的是辛亥革命推翻了清王朝，建立了中华民国，应纪念中华民国成立 100 周年。台湾官方还专门成立了"建国百年筹备委员会"，统一筹划相关各项活动，包括汇聚台湾重量级学者编写《中华民国发展史》。据台湾《联合报》报道，2010 年 5 月"建国百年筹备委员会"召开第二次大会，马英九在会上表示"建国百年活动可当作为期一年的'台湾博览会'"，足见其重视程度。尽管台湾方面申明两岸纪念辛亥革命的活动是"大家各办各的"，"官方互不合作"，而且编写《中华民国发展史》要体现"中华民国在地化的转型史观"，"并争取在大陆期间历史诠释权"，然

---

① 李金强：《辛亥革命的研究》，载《六十年来的中国近代史研究》（《中央研究院近代史研究所特刊》1）下册，（台）"中央研究院"近代史研究所，1989，第 776 页。

而对于两岸民间自行合作，"政府的立场是'不介入，但乐观其成'"①。实际上，两岸围绕辛亥革命主题，以民间名义开展的许多交流与合作，包括筹备举办辛亥革命与孙中山展览、两岸大学生辩论赛以及互邀学者出席学术研讨会等，在2010年均已紧锣密鼓地进行。到2011年，两岸之间必将开展更多的学术与文化交流活动。

作者单位、职务：华中师范大学中国近代史研究所教授、所长

---

① 《百年庆活动串成博览会》，2010年5月16日（台）《联合报》。

孙中山与辛亥革命二题

✏ 郭世佑

以武昌起义为标志的辛亥革命距今整整一百年来，无论在神州大地，还是在散落天涯的海外华人圈，还没有哪个时段的中华儿女能像今年这样，将孙中山为代表的辛亥先驱的业绩与影响予以高度关注和广泛评论。20 年前，即 1991 年，当这场革命 80 周年的纪念日即将到来时，由章开沅先生主编的多达 120 万字的《辛亥革命辞典》在武汉出版，所收辞目 3200 多个，另有章开沅先生等主编的《国内外辛亥革命史研究综览》（35 万字，湖北教育出版社）、林增平先生等主编的《辛亥革命史研究备要》（54 万字，湖南出版社）出版，可知辛亥革命史就已成为研究起点很高的国际学术平台。当然，研究起点很高，并不等于说研究本身就快要无话可说了。不仅社会大众所了解的辛亥革命同历史研究者笔下的辛亥革命之间还存在不小的差距，而且在中外历史研究者之间，即使在中国大陆学者之间，人们对某些重大问题的认知并非一致，而是见仁见智，甚至南辕北辙，还容易引发对认知标准的追问与困惑。本文拟就孙中山的早年"反清"活动、孙中山的武昌起义"意外"论两个方面稍作梳理，并做适当评论，就教于方家。

一 孙中山的早年"反清"活动

以推翻现有政权与社会秩序为目标的暴力革命者在走向成功的过程中，一般都出现过某种程度的迂回与分化。成功的结果一般都比较简单，其过程却很烦琐和复杂，如何走近历史过程的复杂面相，却并不容易，首先遇到的就是资料的障碍。这是因为，任何以弱抗强的冒险行为都只能是特别隐秘的，冒险者尽量不留下任何可供侦破的文字记录，更谈不上有何个人日记、书信来往与档案资料，就主要依靠革命者的个人回忆与追述，只要他们还在人世，他们都是近世以降的报刊记者、编辑重点访问的对象，他们就能源源不断地提供口述或者回忆文字，一般都是有求必应，乐此不疲，供求关系良好。然而，人的记忆是有限度的，尤其是在时过境迁之后，记忆的干扰与误差就在所难免，时间距离越长，真实记忆的难度就越大。另外，有的当事人还容易以革命胜利的结局为坐标，以胜利的必然性为线索，删繁就简，彰显主题；有的则以"亲历"的名义，逆向推导历史的过程，把某些彼此未必相干的细节条理化和逻辑化，甚至根据记忆者个人的需要，随意增减历史的细节，修改历史的记忆；还有的顺手还把自己投身暴力革命的时间往前推移，抬高自身的重要性，并将自己当年的言行紧紧围绕革命的主题，不管与革命有关还是无关，都拿来作过度的诠释。凡此种种，就给以求真为旨归的历史研究者的职业行为带来难度。久而久之，某些革命者都有意无意地把历史当成"胜利者的宣传"，美化革命者，神化革命。最典型的误差莫过于晚清时期预备立宪工会会员、江苏省谘议局常驻议员黄炎培在《我亲身经历的辛亥革命事实》一文中，把自己说成是"中国革命同盟会会员"，还把没有参加过同盟会的吴樾说成是黄"负责联络"和"我秘密收藏着的同志名单中的人"，还把武昌起义发生6天之后张謇"奏请改组内阁宣布立宪"疏说成"劝清帝后退位"疏，把合法情愿行为说成"冒险逼清"①，最近，黄炎培之子黄方毅先生所撰《黄炎培在辛亥——辛亥百年纪念》还在强调黄炎培是"同盟会上海分部负责人"，负责保留吴樾等"同盟会会员名册等机密文件"。②

关于孙中山的早年"反清"活动，史扶邻（Harold Z. Schiffrin）所著《孙中山与中国革命的起源》、吴相湘所著《孙逸仙先生传》、黄宇和所著《孙逸仙伦敦蒙难真相——从未披露的史实》、陈锡祺主编的《孙中山年谱长编》以及袁鸿林的《兴中会时期的孙杨两派关系》③、林增平的《孙中山民主革命思想的形成》④、李时岳的《评关于孙中山早期政治思想的两种新说》⑤ 等论著都提供过许多卓有成效的考释与梳理，只因资料的欠缺，

---

① 全国政协文史资料委员会编《辛亥革命回忆录》第 1 册，中华书局，第 63 页。
② 黄方毅：《黄炎培在辛亥——辛亥百年纪念》，《读书》2011 年第 5 期，第 24～36 页。
③ 《纪念辛亥革命七十周年青年学术讨论会论文选》上册，中华书局，1983。
④ 《历史研究》1987 年第 1 期。
⑤ 《史学集刊》1989 年第 3 期。

还不能说有关问题就已水落石出，还有待新的资料发现与新、旧资料的反复比照，悉心解读。

孙中山在《建国方略》第八章有志竟成自称："予自乙酉中法战败之年，始决倾覆清廷、创建民国之志"，孙中山的临终遗嘱也说："余致力于国民革命凡四十年……积四十年之经验"①，把立志"反清"的时间提前到1885 年，的确容易令人存疑，1894 年 11 月檀香山兴中会成立时的所谓秘密誓词是否存在，也难以使人确信，但也不能因为是年 6 月孙中山还跑到天津上书和求见直隶总督李鸿章，檀香山兴中会章程等文字没有"反满"字样，而淡化此时孙中山已萌发过"反满意识"并与同学郑士良等放言"反满"的可能性，包括陈少白所言孙中山在香港雅丽氏医校"天天谈革命"的回忆②。对孙中山不无偏见与误解的谢缵泰也说，"孙念念不忘'革命'，而且有时全神贯注，以致一言一行都显得奇奇怪怪！他早晚会发疯的"，谢缵泰就把孙中山看成"一个轻率的莽汉"③，在谢氏的笔下，孙中山"反满革命"的态度如此强烈，肯定不是因为 1895 年 3 月 13 日孙、谢首次会面时，孙才如此的。

正如有的学者所指出的，孙中山确立"反满思想"，并不等于同时确立近代民主思想或民权主义，正是后者才是孙中山一代民主革命先驱区别于洪秀全等旧式"汤武革命"者的关键所在。若从现有的资料来看，还在1900 年惠州起义筹备前后，未来的革命政权是推行民主共和制，还是变满人君主制为汉人君主制，孙中山的思路还存在一定的反复，直到 1903 年东京青山军事训练班的秘密誓词确定时，才基本定型，不再改变。至于是谁在促使他不再改变，杨衢云是一个不可忽略的人。如果说谢缵泰对孙中山的某些偏见不可征信，那么，原兴中会骨干、应孙中山之命赴美出任旧金山致公党机关报《大同日报》总编辑的刘成禺后来回忆孙中山在报社对他谈过原辅仁文社负责人杨衢云的影响，就值得予以重视。孙中山对刘成禺说："予少年主张，谓汉人作皇帝亦可拥戴，以倒外族满清为主体。杨衢云与予大闹，几至用武，谓非民国不可。衢云死矣，予承其志，誓成民

---

① 《孙中山选集》，人民出版社，1981，第 994 页。

② 陈少白：《兴中会革命史要》，中国史学会主编"中国近代史资料丛刊"《辛亥革命》第 1 册，上海人民出版社重印版，第 24 页。

③ 谢缵泰：《中华民国革命秘史》，江煦棠、马颂明译，陈谦校，广东省政协文史资料委员会编《孙中山与辛亥革命史料专辑》，广东人民出版社，1981，第 287～288 页。

国。帝制自为，吾必讨之。"刘成禺在回忆这个细节时，还引用陈少白也对他谈过的杨衢云"欲殴之"的细节："陈少白言，孙中山学医，后坚决排满，于共和制度，尚有出入。与衢云交，既莫逆，衢云则非造成民国不可，一日议论有出入，衢云持先生辫，盛气欲殴之。予在旁，分开两人。"① 长期以来，国民党方面为了神化孙中山的革命阅历，有意淡化在同孙中山合作时有过争权过节的原辅仁文社创办人杨衢云、谢缵泰等，值得纠偏。倘若从资料出发，回首那个群星灿烂的岁月，认真清理艰苦卓绝的辛亥革命准备时期孙中山与英年早逝的杨衢云等人的思想脉络与相互交流，丝毫不会削弱革命先驱与领袖孙中山的风采，并不影响后人对他的敬重，倒是刻意拔高与美化之举才容易令人生疑。

二　武昌起义"意外"论

1911 年 10 月，孙中山正在美国科罗拉多州的丹佛市，从报纸上得知武昌起义一举成功的消息。事后，孙中山回忆说："武昌之成功，乃成于意外，其主因则在瑞澂一逃；倘瑞澂不逃，则张彪断不走，而彼之统驭必不失，秩序必不乱也"②。在孙中山看来，武昌起义的成功出乎意外与偶然，连他自己都没有想到。孙中山的"意外"论，是近年来的有关论著与学术言谈引用较多的。平心而论，历史因素的偶然、必然同历史条件的成熟与否一样，往往是相对的，长期专注于两广地区的武装暴动而且远在美国的中国同盟会总理孙中山觉得武昌起义"成于意外"，并不等于说此前武昌地区的"反清革命"形势就是一潭死水，全靠奇迹出现。就两湖革命党人的主观条件与客观形势而言，相对于其他地方的反清暴动来说，武汉三镇的成功还不乏某些必然的因素。

衡量一场改革或者革命能否成功，天时、地利与人和，三者缺一不可。较之孙中山、黄兴等人在华南等地直接领导的历次旋起旋灭的武装暴义，武昌起义的这三个条件已大致具备。

天时，当指清朝统治的衰落。当慈禧死后的接班人摄政王载沣等人把轰轰烈烈的保路运动与国会请愿运动镇压下去，推动这两个运动的社会精

---

① 刘成禺：《先总理旧德录》《国史馆馆刊》创刊号，1947。
② 孙中山：《建国方略》，《孙中山选集》，第 208 页。

英就纷纷由和平请愿转向"反清革命"阵营，民怨鼎沸，清朝统治者变成了名副其实的孤家寡人。孙中山、黄兴领导的广州黄花岗起义虽然遭到惨败，对武汉与其他地方"反清革命"形势的推动也是显而易见的。

就地利而言，晚清武昌新政的成就在南方首屈一指，培育了清朝统治的异己力量。无论是实业的兴起与新军的编练，还是新式学堂的创建与留学生的大量派遣，都在催生清朝的离心力与反清的生力军。武昌不仅是湖北一省的政治、经济与文化的中心，也是湖南的中心。自元明以来，两湖地区已连成一体。如果说曾国藩督率的湘勇集团与洋务运动出乎意料地为瓦解清朝中央集权和冲破旧式传统文明打开了一个缺口，那么，张之洞领衔的两湖新政不自觉地孵化了清朝皇统与中国君主专制体制的掘墓人。历史的积淀就使某些偶发的事件一发而不可收。正是两湖志士的浴血奋战，使清朝腐朽统治的垮台与民权政治的启动指日可待，由此刷新中华古老文明的画卷。

天时与地利都不过是客观的因素，二者都离不开革命者的主观努力，需要人的能动性来激活，亦即"人和"因素的到位，机会往往只为准备者存在。

以黄兴、宋教仁为主体的武昌新式学堂肄业学生在家乡湖南组织的华兴会起义遭到失败后，革命的火种却在武昌锲而不舍地存活下来，这是连黄兴也没有意识到的。成立于1904年的湖北科学补习所就因为湖南华兴会的起义败露而无法正常行动，就以变换名目的形式延续下去，其中就与湘籍骨干胡瑛的努力有关。从科学补习所的挫折，到1906年日知会的成立，到1908年的军队同盟会，再到1909年的群治学社、1910年的振武学社、1911年1月30日的文学社，乃至同年9月同共进会的联合，直到引领武昌起义，武汉地区"反清革命"力量的组织序列是清晰的和连续的，关于这方面，不仅孙中山并不知情，恐怕连黄兴、宋教仁也未必十分清楚。然而，正是两湖革命志士在武昌的扎根与长期准备，并在振武学社期间就已建立组织完备的标、营、队代表制度，推行"抬营主义"[①]，才抬出全国"反清革命"的高潮。在此之前，由于倒孙风潮的发生，日本的同盟会总部已有整整四年半的时间没有开展活动，一直处于四分五裂的瘫痪状态，活跃在武汉地区的文学社与共进会固然同日本的同盟会多少有些组织关

---

① 杨玉如：《辛亥革命先著记》，科学出版社，1958，第39页。

联，但前者的组织活动毕竟与同盟会总部的整体部署没有直接关系，正是两湖志士的务实与稳进使武昌成为全国"反清革命"的中心，构成两湖人民的骄傲。宋教仁恢复同武汉地区革命党人的联系，并派谭人凤前往武汉，敦促文学社与共进会的合作，那也是在同盟会中部总会在上海组建前夕的事情，而且同孙中山的革命设想没有什么关联。

曾几何时，武昌起义"意外"论在一定程度上影响了学界关于武昌起义史的研究，湖北学者则颇有针对性地认真补救，资料的收集与专题研究双管齐下，出版了不少关于对武昌起义的论著，其中把研究视野囿于鄂籍革命党人的较多，将两湖革命党人视为整体的却相对较少，可谓美中不足。半个多世纪前，李时岳的《辛亥革命时期两湖地区的革命运动》[①] 一书就以两湖为整体，稍后，美国学者周锡瑞（Joseph W. Esherick）的《改良与革命——辛亥革命在两湖》[②] 一书也是如此，应该说，这样的研究视野要比单纯探讨湖北革命党人要宽阔些。

如果考察武昌起义成功的必然性因素，恐怕还不能局限于湖北革命党人，不能撇开扎根湖北的湘籍志士而谈湖北的革命形势。这是因为：

第一，某些亲自参加过武昌起义的原共进会成员都承认，文学社比共进会的力量与贡献要大，那么，在文学社的活动领导文学社三个核心人物中，社长蒋翊武与评议部长刘复基都是湖南人。

第二，文学社的前身群治学社与振武学社的两个负责人杨王鹏、李抱良（六如）都不是湖北人，而是湖南人。

第三，文学社与共进会的联合是武昌起义得以顺利展开的关键因素，而促成两个团体联合的两个重要人物刘复基与谭人凤也是湖南人。

第四，武昌起义之前，以孙武、刘公为首的湖北共进会就与焦达峰为首的湖南共进会协商过，两省分头抓紧准备，争取同时举兵起义。当汉口宝善里机关遭到破坏，武汉新军被迫起义时，率先响应武昌而宣告独立的省份就是湖南，率先派兵支持武昌的也是湖南，焦达峰为首的湖南共进会还是湖北共进会的同源组织。

第五，武昌起义前后，起义领导者派人邀请前来主事的两位同盟会负责人黄兴与宋教仁也是湖南人。

---

① 李时岳：《辛亥革命时期两湖地区的革命运动》，北京，三联书店，1957。
② 英译本于1976年出版与加利福尼亚大学出版社，中译本于1982年由北京中华书局出版。

　　当然，武昌作为两湖地区政治、文化教育中心与两湖革命党人的活动中心，让许多湘籍革命志士在这里找到了很好的用武之地。相比之下，在他们的家乡湖南，"反清"革命的组织反而还容易中断，而且还乱了阵脚，主持湖南独立的焦达峰与陈作新就双双在兵变中惨遭杀戮。

　　清朝覆亡之后，民国政局动荡，袁世凯趁机推行专制独裁，派人暗杀竭力推进责任内阁制的国民党负责人宋教仁，引发以反袁为目标的"二次革命"，旋因"二次革命"遭到失败，原武昌起义总指挥蒋翊武在南逃桂林时遇难。数年之后，孙中山在桂林督师北伐，在蒋翊武就义处建纪念碑，亲题"开国元勋"，嘱文官长胡汉民撰写碑文，强调"辛亥武昌发难，以公功为冠"①，几成盖棺定论。30 年前，笔者在梳理湘籍革命志士蒋翊武的事功时，亦曾如此引用，作为突出蒋翊武之于武昌起义卓越贡献的力证②。此后不久，笔者发现，只要不是以武昌起义领导者的职务挡住视线，而是从实际作为出发，那么，筹备武昌起义最重要的领导者不是武昌起义总指挥蒋翊武，而是总指挥部常驻军事筹备员刘复基，这是因为，每当文学社的关键时刻，都是刘复基率先站出来，率领社员渡过难关，特别是在广州黄花岗起义失败的消息北传之后，武汉当局戒严更甚，刘复基离开军营，租居武昌小朝街 85 号，专门从事社员联络，先是请假，嗣而脱营，此举对于文学社的发展与壮大，至关重要，至于蒋翊武的社长角色是如何具体发挥的，有关资料反而比较模糊。据文学社骨干章裕昆回忆：文学社的"实际工作多是刘尧澂负责"③。在另一骨干何海鸣的笔下，文学社的"首领"就是刘复基④。不仅如此，当文学社与共进会协商合作成功之后，起义的军事筹备提上议事日程，由于蒋翊武已随军赴防湖南岳阳，蒋的起义总指挥一职就完全由刘复基来代理。刘复基依旧以小朝街 85 号为据点，抓紧筹划，"军中计划多由尧澂统筹，与军事筹备员不时讨论，拟具略案，凡各标营届时应负任务，预向各标营代表分别具告，临时依命令实行"⑤。遗憾的是，兵未兴，先折将，10 月 9 日晚上的起义命令无法突破全城戒严

---

①　桂林翊武路蒋翊武纪念碑碑文。

②　参见拙稿《试论蒋翊武革命的一生》，《湖南师范学院学报》（哲社版）1982 年第 1 期；另见林增平主编《辛亥革命在湖南》（论文集），湖南人民出版社，1983。

③　章裕昆的座谈发言，《辛亥首义回忆录》第 1 册。

④　求幸福斋主（何海鸣）：《武汉首义的由来》，《越风》第 20 期。

⑤　杨玉如：《辛亥革命先著记》，科学出版社，1958，第 49 页。

而送到负责发号的南湖炮队，指挥部机关却被军警包围，刘复基等三人惨遭杀害，蒋翊武则趁军警不太注意他，逃离现场。10 日晚上的起义就是按照刘复基起草的起义计划启动的。

武昌起义成功后，虽然共进会与文学社之间的摩擦因孙武等个别领导人的利欲膨胀而日益突出，互相攻击颇多，共进会一方和文学社一方都不乏攻击对方领导者的言论，共进会会员贬低蒋翊武，文学社社员则斥责政治品格颇有瑕疵的孙武，双方的主观意气都比较浓，鄂、湘两省的地域隔阂也由此放大，不过，双方一谈到英年早逝的文学社领导人刘复基，彼此的口吻马上就能统一起来，一致敬佩和赞叹刘复基的革命胆识、才华及其筹划武昌起义的重大贡献，深惜和哀叹他的早逝。例如：

共进会骨干李作栋（春萱）说："刘尧澂（复基字尧澂——引者）是文学社的诸葛亮，智勇足备，能持大体，官方意在必杀。"[1]

共进会另一骨干胡祖舜说："复基多谋略，文学社视为重心，共进、文学两团体之合并，复基有大力，殆革命党中之一智囊也。"[2]

文学社骨干何海鸣回忆：刘复基"是宋渔父的门弟子，到过日本，的确是同盟会的直系分子"，是他在"军中文学社当首领"[3]。

文学社另一骨干章裕昆回忆：文学社成立时，"推举蒋翊武为社长，实际工作多是刘尧澂负责"[4]。湖北革命军总指挥部成立前后，"凡关于用兵方略，调查地形及首义先后一切大计，皆公一手为之。"[5]

文学社之前身振武学社负责人之一、武昌起义后的文学社骨干李抱良（六如）不仅在他的回忆录里对刘复基也倍加赞赏[6]，而且在他的自传体纪实小说《六十年的变迁》中还提出：谭人凤于"辛亥年阴历六月间"来鄂，见到文学社社长蒋翊武和评议部长刘复基等，"谭人凤对詹大悲说：'刘复基很不错。''我们文学社的孔明啦，大家都说他是智囊'。詹大悲笑

---

① 李作栋（春萱）的座谈发言，《辛亥首义回忆录》第 1 册，湖北人民出版社，1979，第 16 页。

② 胡祖舜：《六十谈往》，转引自郭世佑《刘复基与武昌起义的准备》，章开沅主编《辛亥革命丛刊》第 9 辑，中华书局，1997。

③ 求幸福斋主（何海鸣）：《武汉首义的由来》，《越风》第 20 期。

④ 章裕昆的座谈发言，《辛亥首义回忆录》第 1 辑，第 6 页。

⑤ 章裕昆：《文学社武昌首义纪实》，三联书店，1952。

⑥ 李六如（抱良）：《文学社与武昌起义纪略》，《辛亥革命回忆录》第 1 册。

眯眯地竖起一个大指头。"①

同盟会中部总会骨干兼共进会骨干居正对刘复基的评价是："刘尧澂，坚苦有远识，能去偏私，持大体，有建树才。其死也，人皆惜之，同志尤深痛之。"②

革命报人胡石庵也说："盖刘为予报界中人，极有肝胆，予素敬爱之，意其必成伟业。今陡闻其惨死，不禁痛泣，失其素状，良久始已。"③

一向恃才傲物的共进会领导人孙武虽然连孙中山都瞧不起，却对比自己还小四岁多的刘复基极为尊重，即使在晚年留下的遗稿中，还写有这样的话："惜乎尧澂死矣！否则宋锡全之逃与武圣关之不平，恐不能发生矣。"④

三　结论

孙中山作为三民主义理论的建构者与辛亥革命的主要领导者，其近代历史伟人的地位是毋庸置疑的，理当受到后人的敬重。他的早期"反满"思想与民权思想的萌发、定型也存在一个酝酿和充实的过程，这才符合人类生命历程的基本逻辑，孙中山在杨衢云惨遭清朝杀手谋害不久向刘成禺追忆杨氏生前对他迷恋帝制的批评，应该是真实可信的，对孙中山早年经历与思想的任何神化都无助于后人对历史的真实可信，并非只有处处高人一筹者才是革命的"先行者"。

至于孙中山说武昌起义"成于意外"，那毕竟是置身异邦的革命领导者孙中山当时的切身感受，革命条件的成熟与否，总是相对的，革命爆发的偶然性与必然性的界定也是相对的，孙中山的感叹既无法证明他的思想就已落后于形势，也不能影响后世研究者对武昌起义成功的必然性的探索。孙中山与胡汉民为献身于"二次革命"的武昌起义领导者之一蒋翊武树碑，充分体现了他们对武昌首义功臣的尊重，至于碑文"辛亥武昌发

---

① 李六如：《六十年的变迁》第 1 卷，人民文学出版社，1981，第 253 页。

② 居正：《辛亥札记》，转引自郭世佑《刘复基与武昌起义的准备》，章开沅主编《辛亥革命丛刊》第 9 辑，中华书局，1997。

③ 胡石庵：《湖北革命实见记》，转引自郭世佑《刘复基与武昌起义的准备》，章开沅主编《辛亥革命丛刊》第 9 辑，中华书局，1997。

④ 孙武：《武昌革命真相》，《华中师院学报》（哲学社会科学版）1982 年第 5 期。

难，以公功为冠"之誉，却不过一家之言，不应妨碍后世研究者对武昌起义主要筹划者之谜的深入探究。像刘复基那样在并不团结的武汉革命营垒中毫无争议地受到敬重的领导者，不仅在武昌首义的光荣历史中绝无仅有，而且在群星灿烂的辛亥一代革命先驱中并不多见。

任何一场革命的成功都凝聚着许多先驱者的血泪，许多庆功典礼却首先是为幸存者的荣耀而准备的，某些英年早逝者就容易被冷落，甚至被遗忘。人们对曾经策励孙中山确立民权革命理念的杨衢云是如此，对武昌起义的头号组织者刘复基也是如此。至今为止，刘复基的名字还仅仅保留在武昌首义三烈士的名单里，熟悉三烈士者也许还知道他的名字，不熟悉的人就无从谈起了。在纪念武昌起义与辛亥革命一百周年之际，宣传辛亥先驱的书籍、报纸、电视、网文比比皆是，每天都有，个中局面也该有所改观了，各级教科书也该稍作充实和修改了。

作者单位、职务：中国政法大学历史研究所所长、教授

武昌起义的天时、地利与人和

——大陆学界对武昌何以成为首义之区的研究

✐ 彭　剑

从 1895 年的广州之役、1900 年的惠州之役，1906 年的萍浏醴起义，到 1907~1908 年间的潮州黄冈之役、七女湖起义、防城起义、镇南关起义、钦廉上思起义、浙皖起义、河口起义、安庆马炮营起义，到 1910 年广州新军起义、1911 年黄花岗起义，等等，辛亥革命期间，革命党人发动的武装起义可谓多矣，为何偏偏是 1911 年 10 月 10 日在武昌城里发生的那场起义成为推翻清廷的首义？这一问题，很多革命亲历者也做过认真的思考。至于中华人民共和国成立之后，大陆学术界更是对这一问题展开了有益的探讨，取得了不少成果。本文拟对大陆学术界在这一问题上的学术观点做一点述评，不当之处，请方家指正。

一　大陆学界探讨此问题的基本历程

大陆学界对武昌起义何以能取得成功这一问题的探讨，大致从 20 世纪 50 年代就开始了。而其高潮，则出现在 80 年代到 90 年代初。90 年代中期以后，也有个别学者撰文讨论此问题。

1954 年人民出版社出版的黎澍著《辛亥革命前后的中国政治》一书，被学者称为"马克思主义史学家研究辛亥革命的开山之作"[①]。在这本著作里，黎澍倾向于认为，武昌起义具有一定的偶然性，因此，他将介绍武昌起义的一节命名为"武昌城里的突发事件"。并且说："酝酿了十年以上

---

① 林增平、郭汉民、饶怀民主编《辛亥革命史研究备要》，湖南出版社，1991，第 436 页。

的、必然要爆发的一次革命在一个偶然事件上展开了。"① 不过，大多数学者并不认为武昌起义是一个偶然事件，而认为其发生有必然性。如1955年出版的陈旭麓著《辛亥革命》一书就明确提出，武昌起义"虽然使人有突然的感觉，但是这并不是偶然的"。② 1961年出版的吴玉章著《辛亥革命》一书也明确地论道："武昌起义的爆发并不是偶然的。"③ 而发表于1961年的章开沅、陈祚津、陈辉合撰的论文《武昌起义与湖北革命运动》的主体，即在于讨论"辛亥革命从武昌打响第一枪，绝不是偶然的"这么一个问题④，实可视为大陆学界第一篇分析武昌首义发生及成功的专题论文。此外，1957年出版的李时岳著《辛亥革命时期两湖地区的革命运动》一书，则从湖北革命党人的准备工作入手探寻了武昌起义成功的原因。⑤

1950~1960年代初关于武昌起义何以成功的探讨，开局是良好的。可惜，好景不长。随着时局越来越"左"，正常的学术研究变得难以为继。不过，在"文化大革命"结束之后，大陆的辛亥革命史研究迅速复苏并走向繁荣。与此相应，关于武昌起义何以成功的研究，也在1980~1990年代初取得了可观的成就。

在这一时期，出版了贺觉非、冯天瑜合著的研究武昌首义的专著《辛亥武昌首义史》（湖北人民出版社，1985），此著对武昌起义何以能够成功的问题着墨甚多。人民出版社在1980~1981年间出版的章开沅、林增平主编的三卷本《辛亥革命史》、上海人民出版社出版的金冲及和胡绳武合著的四卷本《辛亥革命史稿》（第一卷出版于1980年，第二卷出版于1985年，第三卷和第四卷出版于1991年）等大型综论性辛亥革命史著作也都对这一问题做了探讨。

除上述著作之外，围绕这一问题，这一时期还发表了为数不少的专题论文。

这些论文中，有不少注重从张之洞治鄂的影响来进行探讨。如冯天瑜的《湖北成为辛亥革命"首义之区"原因初探》（《江汉论坛》1980年第

① 黎澍：《辛亥革命前后的中国政治》，人民出版社，1954，第37页。
② 陈旭麓：《辛亥革命》，上海人民出版社，1955，第76页。
③ 吴玉章：《辛亥革命》，人民出版社，1961，第125页。
④ 章开沅、陈祚津、陈辉：《武昌起义与湖北革命运动》，《江汉学报》1961年第3期，第1页。
⑤ 李时岳：《辛亥革命时期两湖地区的革命运动》，三联书店，1957，第1页。

4 期），陶宏开的《试论清末湖北近代教育——从教育角度看武昌首义的社会背景》（中南地区辛亥革命史研究会、湖南省历史学会编《纪念辛亥革命七十周年青年学术讨论会论文选》，中华书局，1983），沈继成的《从湖北新军的特点看武昌首义的有利条件》（《华中师院学报》1982 年第 5 期），陈钧、任放的《张之洞与辛亥武昌首义——兼论政治家成为历史的不自觉的工具》（《湖北大学学报》1991 年第 6 期）等论文都属于这一类型。不过，这种重视张之洞治鄂影响的见解，曾经受到过有关学者的批评。如陈辉在《论武昌首义的根本历史原因》一文中提出，不能把张之洞治鄂的成就视为武昌首义的关键因素，他坚持认为，社会经济关系才是武昌首义的决定性因素："辛亥武昌首义的根本原因，不是任何别的东西，而只能是当时中国和以武汉为中枢的湖北社会经济关系。"①

还有学者专门从湖北的革命知识分子的特点入手分析武昌首义成功的因素，如陶宏开的《湖北近代知识分子与辛亥首义》（《华中师院学报》1982 年第 5 期）、黄继宗的《辛亥首义前的湖北学界》（《江汉论坛》1982 年第 10 期）等都属于这一类型，皮明庥、涂文学的《两湖士林风气和武昌首义的文化渊源》（《辛亥革命两湖史事新论》，湖南人民出版社，1989）一文更试图从两湖的士林风气寻找首义的文化渊源。

此外，王天奖的《也谈湖北成为辛亥革命首义之区的原因》（《江汉论坛》1980 年第 6 期）一文着重分析湖北成为辛亥革命首义之区的客观原因，胡波的《武昌起义胜利原因新探》（《广东社会科学》1990 年第 3 期）一文偏重于从心理的角度，梁华平的《论亡清的历史契机与武昌起义》（辛亥革命武昌起义纪念馆编《辛亥革命研究及其它》，武汉大学出版社，1994）一文从革命时机的角度，王兴科的《试论武昌首义的地利》（《辛亥革命研究及其它》）一文从武昌所具有的地利的角度，赵德馨、周秀鸾的《湖北经济近代化进程与武昌首义》（《中南财经大学学报》1991 年第 6 期）一文从中国经济近代化的进程的角度，探讨了武昌起义得以成功的原因。

从以上简单叙述可知，在辛亥革命 70 周年到 80 周年期间，大陆学界对武昌起义何以成功这一问题，研究成果是不少的。80 周年大庆之后，也

---

① 陈辉：《论武昌首义的根本历史动因》，见湖北省历史学会编《辛亥革命论文集》，湖北人民出版社，1981，第 39 页。

偶有学者撰文探讨这一问题①，但从整体上看，新见似乎不多。因此，研究这一问题最重要的时期，还是在 20 世纪 80 年代到 90 年代初这一时期。

大陆学界在探讨武昌首义何以成功的时候，从客观条件探讨者有之，从主观条件探讨者有之，从心理角度探讨者有之，从张之洞治鄂探讨者有之，从湖北党人奋斗的角度探讨者有之，而明确标出从天时、地利、人和的角度探讨者则不多。王兴科的论文题目中明确标出"地利"二字，显然是从地利的角度来探讨，而梁华平的论文中标出"亡清的历史契机"，大抵可以算是从"天时"的角度来探讨，其余学者，则没有明确要从天时、地利与人和的角度来研究。这似乎给本文的立论提出了一个质疑：既然学术界很少明确标出从天时、地利、人和的角度来研究武昌起义，本文以总结学术界研究这一问题的学术成果为主题，却在标题中标出"武昌起义的天时、地利与人和"，那岂不是没有抓住要害？勉强成文，恐怕也会挂一漏万吧？对此，我们可以做一点说明。我们之所以会总结学术界在这个问题上的研究成果，其实是出于自己所关心的一个问题，那就是，古来很多攻守的成败，都可以找到其背后的天、地、人的因素，武昌起义能取得成功，是不是天时、地利、人和三者或其中的某一种或某两种因素作用的结果呢？因为自己特别关注这个问题，因此我们特别想从学术界已有的成果中去寻找答案。并且，我们发现，虽然在标题中直接标出"天时"、"地利"、"人和"的不多，但很多论述，其实涉及这几方面的因素。因此，用这个标题来讨论学术界研究这一问题的学术历程，挂漏虽在所难免，但应该也不至于挂一漏万。

二 天时未尽占

先看看天时方面。

很多学者在研究武昌起义的时候，都会有一个长时段的观察。通过

---

① 如李卫东《湖北学生与武昌起义》，《江汉大学学报》1992 年第 1 期；阎新华：《论武昌起义爆发与失败的原因》，《河东学刊》1999 年第 2 期；廖声武：《辛亥革命前武汉地区舆论宣传对武昌首义的作用》，《湖北大学学报》2006 年第 6 期；聂蒲生：《种豆得瓜：张之洞治鄂与武昌首义》，《安庆师范学院学报》2008 年第 8 期。此外，在"第三届辛亥革命研究青年学者论坛"（2009，武昌）上，有王伟提交的《探析荆楚文化对湖北成为辛亥革命"首义之区"的影响》一文探讨这一问题。

这种观察，他们发现，武汉历来商业发达，而在 19 世纪 60 年代开埠以后，随着外国势力的渗透，资本主义经济开始出现并获得一定发展，与此同时，新的阶级力量资产阶级也日益变得强大起来。在这样的背景下，张之洞长期出任湖广总督，在督鄂期间，兴办了大量的经济、军事、文教事业，这些事业都在客观上有助于起义的成功。另外，由于受到列强的侵略特别深，而清廷的搜刮又特别酷烈，在革命的前夜，湖北地区处在严重的动荡不安中。这些因素，被很多学者作为武昌起义成功的"客观因素"提出来。[①] 不过，19 世纪末 20 世纪初国内政局的发展，虽然大致可以视为武昌起义的一种比较宽泛的"历史时机"，但不足以用来准确解释武昌起义成功这一问题的。因为这种时局中国的其他地方也遭遇到了。

因此，很多学者没有满足于这种宽泛的铺陈，而是更进一步，寻找其他的因素。

有学者注意到了湖北在张之洞离任之后，成了清王朝统治的一个薄弱环节。冯天瑜较早提出这种观点。在《湖北成为辛亥革命"首义之区"原因初探》一文中，他明确提出，在武昌起义之前，湖北是"清廷统治比较脆弱的所在"。[②] 如果真是这样的话，那确实可以说武昌起义是抓住了一个好的历史机遇。但是，这种观点，受到了质疑。陈辉曾撰文论道，在张之洞之后，湖北并没有成为清王朝统治的一个薄弱环节："清朝在湖北的统治，决不是比它省薄弱，而是比较强大"。[③] 作者从湖北的经济力量、军事力量、特务机构、文教等方面做了一定的论证，具有一定的说服力。

有学者从革命派的角度入手，发现武昌起义之所以能够成功，乃是革

[①] 如章开沅、陈祚津、陈辉《武昌起义与湖北革命运动》，《江汉学报》1961 年第 3 期，第 1～4 页；冯天瑜：《湖北成为辛亥革命"首义之区"原因初探》，《江汉论坛》1980 年第 4 期，第 51～54、57～58 页；王天奖：《也谈湖北成为辛亥革命首义之区的原因》，《江汉论坛》1980 年第 6 期，第 66～71 页；章开沅、林增平主编《辛亥革命史》（下），第 3～10 页；金冲及、胡绳武：《辛亥革命史稿》第三卷，第 84～89 页。贺觉非、冯天瑜：《辛亥武昌首义史》，武汉大学出版社，2006，第 1 章、第 3 章。

[②] 冯天瑜：《湖北成为辛亥革命"首义之区"原因初探》，《江汉论坛》1980 年第 4 期，第 57 页。

[③] 陈辉：《论武昌首义的根本历史动因》，见湖北省历史学会编《辛亥革命论文集》，湖北人民出版社，1981，第 38 页。

命形势长期发展的结果。① 注意到革命形势的发展，笔者觉得是很有价值的，武昌起义之所以会发生并取得胜利，肯定离不开革命形势的发展。不过，即使在革命形势的问题上，也还有复杂的一面。从兴中会成立到1911年武昌首义前夕，革命形势在这十多年中无疑是在往前发展的。但这种发展并不是一帆风顺的，而是在发展的过程中也存在后退的情况，或者说，在高潮之后往往伴随着低谷。比如，1905年同盟会成立之后，出现了一次革命的高潮。但是，1907～1908年间发动的一系列武装起义，不但显示了革命高潮的热闹场面，同时，其一再失败也打击了革命派的热情，使革命由高潮滑入低谷中。1911年的"广州三二九之役"，是革命党人为了改变这种低潮形势而发动的，因此，李剑农说它是"革命党从艰难困苦到极点的境域中振拔起来的"②。但是，这次起义也迅速失败了。有资料显示，在那之后，很多革命党人受到了很大打击，革命热情不是高涨了，而是下降了。从整个革命派的情况来看，可以说武昌起义是在革命处于低谷的时期发生的。显然，很难说当时的革命形势为武昌起义的胜利提供了有利的时机。要说提供了时机的话，也许说是提供了一个不那么有利的时机才对。因为很显然，整个革命形势处在一个低谷，这是不利于起义成功的。因此，笔者认为，若从革命党人的角度来看革命形势，武昌起义不具备取得胜利的"天时"。

有学者从清廷的角度入手，发现在1908年以后朝局的变化，有利于武昌起义的胜利。如梁华平指出，1908年光绪皇帝、慈禧太后先后去世，三岁的溥仪继承帝位，其父载沣摄政却昏聩无能，这几件事情加在一起，构成了一个"亡清的历史契机"，武昌起义能取得成功，与这一亡清的历史契机有重要关系。③ 但是，1908年光绪皇帝、慈禧太后去世之后，除了武昌起义之外，革命党人还发动过几次武装起义，这些武装起义同样拥有这

① 如陈旭麓论道："1911年10月10日晚上爆发的武昌起义，虽然使人有突然的感觉，但是这并不是偶发的，而是革命党人在两湖地区长期活动和全国革命形势发展的结果。"见《辛亥革命》，第76页。李时岳论道："武昌起义前的形势是：全国革命运动的普遍高涨"，见《辛亥革命时期两湖地区的革命运动》，第126页。金冲及、胡绳武论道："当时，随着民族危机和各种社会矛盾的迅速激化，随着革命党人所进行的大量宣传和组织工作，革命行动已在全国范围内逐渐成熟。"见《辛亥革命史稿》第三卷，第84页。

② 李剑农：《中国近百年政治史》，复旦大学出版社，2002，第259页。

③ 梁华平：《论亡清的历史契机》，辛亥革命武昌起义纪念馆编《辛亥革命研究及其它》，武汉大学出版社，1994，第21页。

一"历史契机"，何以别的武装起义以失败告终，唯独武昌起义成功？对此，梁华平在文中指出，辛亥年，特别是在"三二九起义"之后发生的一些事件，如皇族内阁出台、铁路国有、保路运动等，使"亡清的历史时机"趋于成熟："1911 年 5 月，载沣宣布成立'皇族内阁'和颁布实行铁路国有政策，将这一历史契机推到了炽热点上。随之而来的保路风潮又将这个炽热点燃烧到了鼎沸的程度。"[①] 我们认为，在黄花岗起义之后清廷的很多乖张举措所造成的时局，是能够作为武昌起义的一个天时的。当然，梁华平之外，还有很多学者也认识到了黄花岗起义之后的时局对武昌起义的影响。[②]

从已有研究成果的相关论述，可以体会到，武昌起义之所以能够取得成功，确实是有"时机"的因素在。不过，在学者们所论述的众多与"时"有关的因素中，我们觉得，最能准确解释为什么是武昌起义，而不是其他别的武装起义成为了那次革命的首义的，应该是发生在辛亥年"三二九起义"之后的一系列事件所造成的时局。由于皇族内阁、铁路国有的宣布促使国内很多民众与清廷离心，四川等地的保路运动更是使社会骚动不已，这一局势，应该是武昌起义能够成功的一个重要"天时"。为何同是发生在1911 年，"三二九之役"未能成功，而武昌起义却能够成功？从"天时"的角度来看，可以说是武昌起义拥有一个比"三二九起义"好的时机。在"三二九"之后，虽然革命派坠入革命历程中的一个低谷，但清廷的乖张举措却造成天下骚然，人心离弃，因而使其成为一个不错的"天时"。

不过，就是在这一"天时"中，也不是所有因素都有利于武昌起义的成功。比如清廷的铁路国有引发广泛的反抗，其中尤其是四川的保路运动，成为辛亥年革命高潮的导火线。当四川的保路运动如火如荼的时候，清廷命令端方率领一部分湖北新军入川镇压。除此之外，湖北当局还做了

---

① 梁华平：《论亡清的历史契机》，辛亥革命武昌起义纪念馆编《辛亥革命研究及其它》，武汉大学出版社，1994，第 26 页。

② 如章开沅、林增平主编的《辛亥革命史》注意到："1911 年夏季以来，革命在全国范围内普遍发动的局势，已日益显露了指顾可待的朕兆。继设置所谓皇族内阁，宣布出卖全国铁路的'干路国有'政策之后，清政府竟不惜冒天下之大不韪，既断然拒绝立宪派人的请愿；又残暴地压制湘、鄂、川、粤的保路运动；对各处群众自发的反暴政、反苛捐的斗争，依旧是一味地镇压，屠戮，其专横、昏庸、贪婪、卖国的行径，更形昭彰……在武昌起义前夕，人民对清王朝的厌弃情绪，无以复加；一小撮清朝当权集团的处境，空前孤立。"见《辛亥革命史》（下），第 2 页。

另外一些军事调动，将很多新军调离武昌。这种调动，其实是不利于起义获得成功的。因为武昌起义的主力是革命化了的新军，新军外调，实无异于削弱了起义者的力量。我们觉得，贺觉非和冯天瑜的如下议论是有道理的："这一分割建制的大调动，的确给革命党人按预定计划起义带来了困难，因为它打乱了军队中的革命组织系统。"①

从总体上看，我们认为，就时机一面而言，武昌起义并非是在占尽"天时"的情况下爆发而取得胜利的。当然，古人早就说过："天时不如地利，地利不如人和。"不具备天时，未必不能成功也。

三　地利较明显

有多位学者讨论到武昌的地理条件，其中尤其是王兴科的《试论武昌首义的地利》一文，对这一问题论证最为精详。

孙中山曾经与宫崎寅藏讨论起义地点，认为一个能够成功的起义地点，应该是能够"急于聚人，利于接济、快于进取"的。王兴科在《试论武昌首义的地利》一文中，即分聚人、接济、进取三个方面来讨论武昌的地利。

在聚人方面，作者指出，到武昌起义之前，湖北 15000 新军中，已有 5000 左右是革命党人，另还有一部分是革命的同情者，"革命力量在新军中已占明显优势"。其他省份虽也有党人致力于运动新军，但像湖北这样强有力地掌握了新军的，则是绝无仅有的。因此，"聚人一着，对于1911年的武昌，已具不在话下的地利"。②

在接济方面，作者认为，"华南战略"所依赖的是"外接济"，而武昌则具有"内接济"。这种"内接济"，指的是此地在当时堪称先进的军事工业和民用工业，即所谓的"铁政有局，钢药有厂，兵工有厂，火药有弹"，"毡呢有厂，织布有局，麻布有局"，"铜元有局，银元有局，造币有厂"的情况。作者也认识到，这种"接济"，并不是直接的，并且在华南的广州也是具备的。关键在于转化，只有当掌握或控制着这种"接济"的新军

---

① 贺觉非、冯天瑜：《辛亥武昌首义史》，武汉大学出版社，2006，第146页。
② 王兴科：《试论武昌首义的地利》，辛亥革命武昌起义纪念馆编《辛亥革命研究及其它》，武汉大学出版社，1994，第42页。

革命化了，这种"接济"才能成其为接济。在广州，这种转化没有发生，而在武昌则发生了，因此，这种"接济"也就成了武昌发难的第二大地利。[①]

在进取方面，作者分析了武昌城自身及其四围的地理特点。

就武昌城自身的地理来讲，武昌山丘、河湖、平陆相间，而以平陆为主。西临长江，有一些小山，但并不高峻，"与其说是山，不如说是高地"。因此，武昌算不得险阻之地，这就决定，武昌城是易攻难守的。"而对于发难、'首义'来说，正好易于攻取，易于占领"，可以说是一大地利。[②]

就武昌与四围的地理关系来讲，武昌最大的地理特点是它是中国中部的交通枢纽。"在长江水路为交通主干的古代，武昌是东南的形胜"，而在1906 年京汉铁路贯通之后，武昌的水陆枢纽地位加强，则"不仅仅是东南的形胜了，而是成了全国的形胜"。这种全国形胜的地位，对于武昌起义而言，可以说也是一种地利。首先表现在易于号召天下。武昌位于中国中部，一旦发难，等于中国之中心引爆，威力大，四面扩散，容易引起震动。其次，武昌作为水陆枢纽，发难之后，易于向四围进军。[③]

就"进取"一方面，作者总结道，"武昌是具备进取的地利的"。不过，他又补充道，武昌的地理特点在提供了发难的便利的同时，也有不利的一面，因为"对于一地来说，易于攻取，必然难于防守，易于向四围进击，也必然容易四面受敌。武昌就是这样一个地方"。[④] 这种分析是有道理的。

作者还分析了武昌起义前起义方（进攻者）与被攻击者双方所处的地理位置，这对于更好地认识武昌起义何以能够取得成功是很有帮助的。作者指出，武昌起义之占领武昌，与太平军占领武昌不同，后者是由外向内进攻，而前者则是从内部进攻。由于被攻击者与大部分进攻者都在城内，

① 王兴科：《试论武昌首义的地利》，辛亥革命武昌起义纪念馆编《辛亥革命研究及其它》，武汉大学出版社，1994，第 43 页。

② 王兴科：《试论武昌首义的地利》，辛亥革命武昌起义纪念馆编《辛亥革命研究及其它》，武汉大学出版社，1994，第 44 页。

③ 王兴科：《试论武昌首义的地利》，辛亥革命武昌起义纪念馆编《辛亥革命研究及其它》，武汉大学出版社，1994，第 45 页。

④ 王兴科：《试论武昌首义的地利》，辛亥革命武昌起义纪念馆编《辛亥革命研究及其它》，武汉大学出版社，1994，第 46 页。

因此，城内的高地具有重要意义。作者认为，"就武昌起义对阵的态势来看，起义军所据地形从一开始即明显优于敌方"。① 具体表现在，参加起义的部队大部都驻在城内东部，而城内的山地均偏于城市的东部和北部，这是有利于起义部队抢占山头的。而敌方，最大的目标是湖广总督署和清军第八镇司令部，这两个地方，都偏处于城西南一隅，"刚好又无山，完完全全一块平地"。② 其西面是长江，南面是巡司河，东面和北面是街区。这样一块地方，相对于起义的枪声一响即被起义军占领的东北面大半个城区来说，"几近一块死地，全无用兵地利"。③ 这种敌我双方在城内的方位布局，是武昌起义能够成功的一个非常重要的地利。

总起来看，武昌起义的地利是比较明显的。加上起义者在一定程度上较好地认识并运用了这种地利，因而保证了武昌起义能够取得成功。④

四　人和是关键

很多学者的研究都揭示，武昌起义之所以能够取得成功，最关键的，是湖北革命党人长期的努力。在"天时、地利、人和"的语境下言说，则

① 王兴科：《试论武昌首义的地利》，辛亥革命武昌起义纪念馆编《辛亥革命研究及其它》，武汉大学出版社，1994，第47页。

② 王兴科：《试论武昌首义的地利》，辛亥革命武昌起义纪念馆编《辛亥革命研究及其它》，武汉大学出版社，1994，第47页。

③ 王兴科：《试论武昌首义的地利》，辛亥革命武昌起义纪念馆编《辛亥革命研究及其它》，武汉大学出版社，1994，第48页。

④ 王兴科认为，起义者在运用武昌城内的地形保证能够顺利占领武昌方面，是比较好地利用了武昌的地利的，但是在占领武昌之后，则没有能够很好地扬长避短，这对后来的形势产生了不好的影响。具体讲，武昌作为一个"四战之地"，易于攻取，也难于防守，易于向四面进击，也容易四面受敌。在这种情况下，符合用兵之道的，应该是"以进为守"。湖北党人在起义之前，对此有过规划，计划在攻占武昌之后，要大部兵力向北进发；另一部要占领汉口、汉阳，拆毁铁轨，以阻止清军南下；同时，要派重兵把守武胜关，并毁坏黄河铁桥，使敌不能长驱直入；另派重兵把守金口、田家镇，使敌水兵不能犯我。这种规划是完全按照武汉的地理特点制定的，但是，却几乎没有实施："尽管战略任务与地理特点都要求以进为守，但从实际的倾向性看，革命党人与其说是偏于进取，不如说是偏于保守。"这给革命造成了很大的危害："随后历史的进程表明，正是保守而不进取使革命党人一步步陷入被动：黄河铁桥未毁、武胜关未守，清军长驱直下；田家镇未守，清舰溯江而上；战线未能推出去，战场也就挪进来（汉口、汉阳）；汉口、汉阳一失守，武昌只能坐困。可以说，如果不是政治等方面的因素起作用，单按军事地理的逻辑发展，汉口、汉阳失守后，武昌是肯定失守的。"王兴科：《试论武昌首义的地利》，辛亥革命武昌起义纪念馆编《辛亥革命研究及其它》，武汉大学出版社，1994，第50页。

是人和才是武昌起义取得成功的关键。

湖北革命党人在"人和"方面的表现是多方面的。

其一，百折不回地建立革命组织。湖北的革命组织，人们比较熟悉的是科学补习所、日知会、文学社、共进会。但据相关学者研究，其实在科学补习所成立的前一年，即 1903 年，已有武昌花园山聚会，"虽然没有正式名称和确定的组织形式，但实际上是湖北革命团体的源头"。① 而在日知会遭当局破坏之后，兴起的其他革命团体，有群学社、铁血军、忠汉团、军队同盟、群治学社、振武学社、竞存社、黄汉光复党、共和会等 30 个之多。② 这些组织，或被查封破坏，或并入文学社、共进会，显示了湖北党人愈挫愈奋的革命精神。③

其二，做了深入的宣传工作。为了革命的成功，湖北党人长期"耐心地"从事宣传教育工作，从而播散了革命的种子，扩大了革命主义的影响。在这方面，他们既注意公开的宣传，也注意秘密的宣传，还采用多种多样的方式配合正面宣传，如放映幻灯、编制歌曲、吟诗联句、讲故事、做游戏，等等，从而收到较好的效果。④ 正是在这种切实的宣传工作的基础上，湖北党人在组织工作方面取得了很好的成就。而比较严密的组织工作，乃是起义能够取得成功的重要原因。因此，有人评论说："辛亥起义之所以能在武昌打响第一枪并取得胜利，武汉地区的革命舆论宣传在其中起了催生的作用。"⑤

其三，做了坚实的组织工作。诚如学者所论，"辛亥革命时期，各省革命团体中，组织的严密和坚强，以湖北为最"⑥，湖北党人的组织工作是做得比较好的。据章开沅等分析，湖北党人的组织工作，是结合了会党的

---

① 贺觉非、冯天瑜：《辛亥武昌首义史》，武汉大学出版社，2006，第 67 页。
② 贺觉非、冯天瑜：《辛亥武昌首义史》，武汉大学出版社，2006，第 83～95 页。
③ 冯天瑜在论及湖北党人组织革命团体的时候说道："1900 年唐才常的自立军在武汉被镇压，促使湖北的爱国志士抛弃改良主义，走上革命道路。自此以后，他们披荆斩棘，勇往直前，一个组织被破坏了，另一些组织又建立起来；一批人倒下去，更多的人跟了上去。"冯天瑜：《湖北成为辛亥革命"首义之区"原因初探》，《江汉论坛》1980 年第 4 期，第 55 页。
④ 章开沅、陈祚津、陈辉：《武昌起义与湖北革命运动》，《江汉学报》1961 年第 3 期，第 8 页；贺觉非、冯天瑜：《辛亥武昌首义史》，武汉大学出版社，2006，第 110 页。
⑤ 廖声武：《辛亥革命前武汉地区舆论宣传对武昌首义的作用》，《湖北大学学报》2006 年第 6 期，第 785 页。
⑥ 李时岳：《辛亥革命时期两湖地区的革命运动》，三联书店，1957，第 1 页。

传统经验、新军的组织系统和政党的组织方法，并将三者结合起来，加以
发展，形成了自己的组织工作特色。如从群治学社到文学社以及共进会，
其领导机构都是在社长之下分设文书、会计、评议等部，职员采取选任或
推任方式确定，这是向同盟会学习的带有政党组织色彩的办法。而社员按
照标、营、队等单位推任代表，逐级领导，单线联系，工作非常秘密，这
么做，是把革命组织与新军编制结合起来的表现。至于在新军中发展力量
的时候采用求神问卦、拜把盟誓以及各种暗语、手势等，则属于会党传统
形式的运用。经过长期艰苦的组织工作，文学社和共进会在新军中迅速发
展到 5000 人，占湖北新军士兵总数的 1/3 以上；在学生和其他社会力量方
面也争取了大批革命志士或同情者。①

其四，执著地运动新军。会党与新军，是辛亥革命期间党人所依靠的
两支重要力量，最后之取得成功，则主要在于新军。而对新军的重视，是
湖北党人工作的一个重要特色，诚如学者所论："湖北党人埋头苦干的韧
性战斗精神，最突出地表现在他们艰苦深入地从事新军的发动和组织工作
上。"② 虽然在辛亥革命期间，党人投入新军之中开展革命工作的各处都
有，但湖北党人在这方面认识比较早，取得的成效也比他处大。据贺觉
非、冯天瑜等人的研究，吴禄贞在 1900 年自立军失败之后就认识到，此后
的革命运动要 "从士兵学生痛下功夫"，"不能专靠会党作主力"。1903 年
武昌花园山聚会期间，吴禄贞更明确提出，要 "以改换新军脑筋为成事之
根本"。③ 受其影响，在那之后，很多党人投入新军为兵，或担任下级军
官。继花园山聚会而起的科学补习所，"不断输送具有革命思想的知识青
年加入新军"。④ 后继的其他革命团体，如日知会、军队同盟等，也 "均为
此而前赴后继"。⑤ 经过长期的不懈努力，最终实现了 "抬营主义"，将湖
北新军改造成了王朝的掘墓人。李时岳对湖北党人运动新军的评价非常中
肯："湖北的革命分子长时期潜伏在清朝的军队中作士兵或下级军官，在
那里建立革命组织和扩大革命思想的影响，准备了起义首先在武昌获得胜

---

① 章开沅、陈祚津、陈辉：《武昌起义与湖北革命运动》，《江汉学报》1961 年第 3 期，第
9～10 页。
② 冯天瑜：《湖北成为辛亥革命 "首义之区" 原因初探》，《江汉论坛》1980 年第 4 期，第
55 页。
③ 贺觉非、冯天瑜：《辛亥武昌首义史》，武汉大学出版社，2006，第 70 页。
④ 贺觉非、冯天瑜：《辛亥武昌首义史》，武汉大学出版社，2006，第 70 页。
⑤ 贺觉非、冯天瑜：《辛亥武昌首义史》，武汉大学出版社，2006，第 103 页。

利的重要条件。他们的工作比其它地区的革命分子联络军队的工作要深入得多，可以称为典范。"①

其五，起义前夕做了比较周密的策划和部署。比如，共进会和文学社几经磋商，在 9 月 24 日正式联合成立了统一的起义领导机构，并且拟定了起义的详细军事计划；在一部分新军中统一整编了原有的革命组织，以便于起义行动；推定了起义后的负责人，草拟文告，制定旗帜、符号；派人到上海迎接同盟会领导人前来主持大计；派人到湖南等省和本省的宜昌、襄阳等地联络，以便在起义后及时得到各地的响应；并想尽种种办法，筹措到了必要的起义经费。② 这样周密的策划和部署，在此前的历次武装起义中，确实是不多见的。

其六，在群龙无首的情况下，勇于发难。虽然在起义前有比较周详的策划和部署，但是，真正实施起来，还是充满了变数。其中最为严重的，是在 10 月 9 日起义机关被破坏，起义风声泄露，清廷湖北当局大肆搜捕党人，革命主要领导人或被处死，或被羁押，或已逃亡。在这样的情况下，"如果畏缩退却，延缓起义，则等于束手待毙"。湖北党人没有退缩，而是"果断地决定"立即发动起义。并且，虽然群龙无首，但革命的士兵们发挥了他们的"英勇首创精神"，主动互相联络，使起义的行动基本上是"按照领导机关原定计划进行的"。③ 并且，在发动起义之后，革命士兵表现出了英勇的战斗精神，"奋不顾身，血战通宵"，从而获得占领总督署、藩库、官钱局、电报局等重要机构的战果，"终于赢得了起义的光辉胜利"。④

其七，占领武昌之后，没有消极防御，而是积极进取。这也是保证武昌起义能保持其胜利果实的重要因素。很多学者讨论了湖北党人在一夜占领武昌之后进而及时占领了汉阳和汉口的情况。章开沅等论道："起义都具有进攻的性质。对于城市起义来说，消极防御便等于死亡。"湖北党人认识到了这一点，在起义的第二天就"毫不迟疑地"占领了汉

---

① 李时岳：《辛亥革命时期两湖地区的革命运动》，三联书店，1957，第 1 页。

② 章开沅、陈祚津、陈辉：《武昌起义与湖北革命运动》，《江汉学报》1961 年第 3 期，第 10 页；贺觉非、冯天瑜：《辛亥武昌首义史》，武汉大学出版社，2006，第 156～164 页。

③ 章开沅、陈祚津、陈辉：《武昌起义与湖北革命运动》，《江汉学报》1961 年第 3 期，第 10 页。

④ 章开沅、陈祚津、陈辉：《武昌起义与湖北革命运动》，《江汉学报》1961 年第 3 期，第 10 页。

阳，夺得了全国规模最大的汉阳兵工厂，把大炮拖上战略要地龟山顶上。随即又派兵克服了全国第二大商埠汉口。汉阳兵工厂的军火不仅接济了湖南民军，而且支持了四川的起义，而汉口的占领则阻止了清军的继续南下，有力地促进了东南各省的起义。[①] 不过，对于这一问题，有学者提出了不同的看法。如谢觉非、冯天瑜在《辛亥武昌首义史》中就提出，汉阳、汉口的"光复"都是当地的驻军起义实现的，而不是由武昌方面派兵夺取的。[②] 王兴科在《试论武昌首义的地利》一文中也表达了相似的观点，认为占领汉阳、汉口"是驻地党人的主动行动，武昌方面并无多少助力"[③]。

总起来看，湖北革命党人长时期的艰苦卓绝的努力，应该是武昌起义能够取得成功的最为重要的因素。除本节所述党人的各种努力之外，即使是在天时与地利方面，也同样显示了党人的努力。天时方面，起义的时机之成熟，一个方面是革命长期发展的结果，一个方面是清廷在内阁、路政方面措置乖张所致，但同时也是湖北党人长期奋斗的结果，并且，面对着时机的成熟，如果不擅长把握，也有可能稍纵即逝，无所作为。地利方面，虽然武昌具有比较明显的地利，但是，如果党人认识不到这种地利，或者即使认识到了但不能较好地运用这种地利，那也同样难有作为。因此，专门探讨武昌起义时机和地利的有关学者，都特别强调湖北党人对时机和地利的认识与把握。[④] 也就是说，对武昌起义而言，其所以能取得成功，在天时、地利、人和三者之中，最为关键的因素，确实是人和。诚如冯天瑜等反复申论的："辛亥武昌首义的金字，是由湖北党人的革命胆略、献身精神和脚踏实地的活动铸造出来的。"[⑤]

---

① 章开沅、陈祚津、陈辉：《武昌起义与湖北革命运动》，《江汉学报》1961 年第 3 期，第 10 ~ 11 页。

② 贺觉非、冯天瑜：《辛亥武昌首义史》，武汉大学出版社，2006，第 74 页。

③ 王兴科：《试论武昌首义的地利》，辛亥革命武昌起义纪念馆编《辛亥革命研究及其它》，武汉大学出版社，1994，第 50 页。

④ 梁华平：《论亡清的历史契机》，辛亥革命武昌起义纪念馆编《辛亥革命研究及其它》，武汉大学出版社，1994，第 26 ~ 33 页。王兴科：《试论武昌首义的地利》，辛亥革命武昌起义纪念馆编《辛亥革命研究及其它》，武汉大学出版社，1994，第 47 ~ 49 页。

⑤ 冯天瑜：《湖北成为辛亥革命"首义之区"原因初探》，《江汉论坛》1980 年第 4 期，第 57 页；贺觉非、冯天瑜：《辛亥武昌首义史》，武汉大学出版社，2006，第 112 页。

结　语

武昌起义一举成功，清廷的统治随之土崩瓦解，帝制从此终结，共和由此开启，历史意义至为明显。因此，探讨此次起义何以能够成功，也就成为学术界历久弥新的一个话题。讨论此次起义时机的学者告诉我们，它是具有天时的；讨论此次起义地利的学者告诉我们，它是具有地利的；讨论此次起义人事的学者告诉我们，它是具有人和的。窃以为，学界对此次起义地利与人和的分析，基本上都是能够服人的，但在天时方面，则可作进一步探讨，认为这次起义是在未完全占有天时的情况下发动的。武昌起义，天时未尽占，但地利较明显，能取得胜利，关键则在人和。这就是本文的结论。

作者单位、职务：华中师范大学中国近代史研究所副教授、
历史学博士

对孙中山地域研究的回顾与反思

✎ 苏全有　邹宝刚

　　近 30 年来中国大陆学界对于孙中山研究的范围之广、程度之深、水平之高在中国近代史人物研究中首屈一指，丰硕的研究成果"清楚地显示出孙中山研究正朝一个独立的史学分支——'孙学'发展的趋向"①，并且"'孙学'成为一门'显学'，这在人物研究中恐不多见"②。历史的探究总是在不断回顾与反思中前进并且深入发展，对于孙中山的研究前人已从不同角度进行过综述，但目前从宏观层面对其区域研究的综论性文章尚未出现。有鉴于此，笔者对近 30 年来中国大陆对孙中山地域研究相关专著和重要论文，以国内和国外两个方面进行梳理，并指出研究中存在的一些问题与不足，以期对孙中山研究的进一步发展有所裨益。

一　孙中山与国内

　　国内的众多地方留下了革命先驱孙中山的足迹，其或直接或间接的对当地产生深刻影响，在孙中山地域研究中孙中山与国内研究是重点所在，具体主要体现在孙中山与广东、广西、湖北、江苏、上海、京津、港澳台七个方面。

（一）孙中山与广东

　　"广东是孙中山的家乡，他在此生活、学习，发动反清起义，走上民

---

①　尚明轩：《中国大陆半个多世纪以来孙中山研究的回顾与展望》，《河南大学学报》2008年第 5 期。

②　林家有：《中国改革开放以来孙中山研究的巨大成就》，《团结》2008 年增刊。

主革命的道路；民国建立，广东又成为他从事捍卫共和、寻求中华民国新生的政治活动主要舞台；他三次在广东建立革命政权，与南北军阀的强权政治抗争。广东，是他实践自己政治理想的根据地、推行三民主义的试验场。因此，孙中山与广东的研究日渐成为学术界关注的重要课题。"①

相关专著主要有三个方面：其一，学术色彩浓厚，别开生面之作，如胡波著作《岭南文化与孙中山》②。其二，综论性著作，如中国人民政治协商会议全国委员会等主编的《孙中山三次在广东建立政权》③、丁旭光著作《孙中山与近代广东社会》④。其三，论文集及文史资料辑刊，如邱捷主编的《孙中山领导的革命运动与清末民初的广东》⑤、罗进主编的《孙中山在广州》⑥、赵德钧主编的《孙中山与香山》⑦。此外，其他相关辛亥革命、孙中山研究、广东近代史方面亦涉及孙中山与广东研究的论著，此处不再赘述。

论文方面对于孙中山与广东政权、革命运动等领域的研究是学者关注的热点与重点。主要从孙中山建立广东政权的斗争、内部关系、决策及历史作用展开探究⑧，革命运动方面主要涉及其领导的广东工人运动、农民运动以及其领导的武装起义的原因、性质与特点，国民革命纲领的实施与广东社会阶层变化⑨。孙中山与广东经济相关方面的研究是一个亮点，涉

---

① 丁旭光：《孙中山与近代广东研究综述》，《广东社会科学》1998 年第 6 期。
② 胡波：《岭南文化与孙中山》，中山大学出版社，1997。
③ 中国人民政治协商会议全国委员会等编《孙中山三次在广东建立政权》，中国文史出版社，1986。
④ 丁旭光：《孙中山与近代广东社会》，广东人民出版社，1999。
⑤ 邱健：《孙中山领导的革命运动与清末民初的广东》，广东人民出版社，1996。
⑥ 罗进：《孙中山在广州》，广东人民出版社，1996。
⑦ 赵德钧：《孙中山与香山》，中山市孙中山研究会，2001。
⑧ 丁身尊：《孙中山三次在广东建立政权的斗争》，《华南师院学报》1980 年第 3 期；张华腾：《孙中山和广东民主革命根据地》，《殷都学刊》1986 年第 3 期；丁旭光：《孙中山晚年政制观与广东政权》，《广东社会科学》1992 年第 6 期；丁旭光：《孙中山与广东政权（1923～1925）的内部关系简析》，《广东社会科学》1991 年第 1 期；吴锡钊：《孙中山在广东建立革命根据地的三次战略决策及其历史作用》，《中山大学学报论丛》1992 年第 5 期。
⑨ 陈卫民：《孙中山与早期广州工人运动》，《史林》1995 年第 3 期；付伟云：《孙中山与广东农民运动》，2007 年广东省社会科学院硕士论文；饶珍芳：《孙中山在广东领导的武装起义原因探析》，《华南师范大学学报》1992 年第 3 期；周兴梁：《孙中山庚子惠州起义的性质和特点》，《广东社会科学》2001 年第 3 期；丁旭光：《孙中山国民革命纲领的实施与广东社会阶层变化》，《学术研究》2000 年第 9 期。

及内容有其对外开放思想与广州大都市建设、汕头港的开发建设、其经济现代化理想与深圳经济特区的现代化实践、其创办广东全省商会联合会的活动及其影响、孙中山与广州中央银行、其区域经济思想与珠三角等方面①。对于孙中山广州蒙难问题学界从不同角度进行关注，相关文章主要涉及其首登何舰、何时上舰、陈策在此时的活动与作用、各方调停、楚豫舰与永丰舰、此事件的主谋者等问题②。

值得强调的是对于孙中山与广东研究中争鸣最大的当属其祖籍问题，有十数篇文章展开讨论，主要观点有"紫金说"③、"东莞说"④和"江西说"⑤。这些讨论主要是 20 世纪 80 年代初到 90 年代末，新世纪以来相对沉寂。然而就在不久前又有报道《和平或取代紫金成为孙中山祖籍地》⑥，可见学界对于孙中山祖籍问题意见并未达成一致，因此需要进一步挖掘史料，得出更为客观的结论。

孙中山有生之年在广东活动广泛，除上述研究之外学界还对孙中山与

---

① 杨万秀：《孙中山对外开放思想与广州建设现代化国际大都市》，《开放时代》1995 年第 5 期；陆集源：《孙中山关心汕头港开发建设》，《珠江水运》1998 年第 5 期；乐正：《孙中山的经济现代化理想与深圳经济特区的现代化实践》，《学术研究》2002 年第 10 期；黄增章：《孙中山创办广东全省商会联合会的活动及其影响》，《广东社会科学》2007 年第 3 期；周晓辉等：《孙中山与广州中央银行》，《五邑大学学报》2005 年第 1 期；陈澄波等：《孙中山区域经济思想及其对构建泛珠三角经济圈的启示》，《广西社会主义学院学报》2006 年第 1 期。

② 余齐昭：《孙中山广州蒙难首登楚豫舰考辨》，《广州研究》1985 年第 1 期；左双文：《孙中山广州蒙难时先上何舰》，《中共党史研究》1999 年第 1 期；余齐昭：《孙中山广州蒙难若干史实考》，《中山大学学报论丛》1992 年第 5 期；陈宏等：《陈策在孙中山广州蒙难时的活动与作用》，《海南师院学报》1994 年第 3 期；梁尚贤：《孙中山广州蒙难与各方调停活动》，《近代史研究》1997 年第 1 期；皮明麻等：《广州蒙难中的永丰舰》，《武汉文史资料》1997 年第 2 期；陶季邑：《孙中山"广州蒙难"事件主谋者新说》，《军事历史》1997 年第 6 期。

③ 邓铭培等：《孙中山祖籍东莞说质疑》，《历史档案》1989 年第 2 期；潘汝瑶等：《孙中山祖籍问题争论的始末》，《岭南文史》1993 年第 2 期。

④ 主要为邱捷的数篇文章，如《关于孙中山的祖籍问题——罗香林教授〈国父家世源流考〉辨误》，《中山大学学报》1986 年第 4 期；《〈孙中山家世源流续考〉所考证的并非孙中山的先世》，《江西社会科学》1987 年第 6 期；《再谈关于孙中山的祖籍问题——兼答〈孙中山是客家人，祖籍在紫金〉一文》，《中山大学学报》1990 年第 3 期；《为"孙中山祖籍东莞说"答疑》，《历史档案》1991 年第 2 期；《也谈关于孙中山祖籍问题的争论》，《岭南文史》1993 年第 4 期。

⑤ 赖国芳：《从〈零邑孙氏族谱〉中发现孙中山先生祖籍考的新线索》，《江西历史文物》1982 年第 1 期；薛翘：《孙中山家世源流续考》，《江西社会科学》1987 年第 4 期。

⑥ 曾焕阳：《和平或取代紫金成为孙中山祖籍地》，2010 年 6 月 22 日《西部时报》第 10 版。

广东商团叛乱问题①、与广东帮会关系②、与广东大学③、与香山买办④、广东都督选任风潮⑤、翠亨故居⑥、广州马路建设⑦等方面进行阐述，不一而足。

总体来看，对于孙中山与广东之间千丝万缕的关系，学者从不同领域不同视角进行了一一梳理探究，若和孙中山与其他地域研究相比，其成果之丰硕是不言而喻的，主要体现在孙中山与广东革命、孙中山与广东经济、孙中山广州蒙难、孙中山祖籍等方面的相关问题。

（二）孙中山与广西

孙中山曾多次莅临广西，领导过广西三次武装起义，发动援桂讨陆战争，驻节桂林督师北伐，规划广西交通建设，这些举措对广西近代社会发展产生了不可磨灭的影响，学界对此展开一系列探究。

孙中山与广西的综论性研究。中国人民政治协商会议广西壮族自治区委员会文史资料委员会编著有《孙中山先生在广西》⑧，该书将政协多年来收集到的有关孙中山先生在广西的演说以及活动的亲历亲见亲闻史料汇编成书，对研究孙中山与广西具有重要价值、意义。论文方面有蓝常周的《孙中山与广西》⑨和秦扈江的《孙中山与广西》⑩等。

孙中山与广西的起义及北伐等方面的研究是重点所在。大体来看涉及的内容主要有孙中山与梧州和桂林，1999 年召开的孙中山北伐与梧州学术

---

① 李正心：《从平定商团叛乱事件看孙中山民族革命思想的发展》，《河北师范大学学报》1981 年第 3 期；吴坤胜：《广州商团叛乱与孙中山的斗争》，《华南师范大学学报》1983 年第 3 期；袁润芳：《孙中山平定广东商团叛乱述略》，《历史档案》1984 年第 1 期；方毓宁：《孙中山平定广州叛乱的革命措施》，《历史教学》1984 年第 4 期。
② 陈剑安：《孙中山与广东帮会三杰——一个'和而不同'的个案研究》，《近代史研究》1993 年第 4 期。
③ 黄义祥：《孙中山创立广东大学的功绩》，《中山大学学报》1994 年第 4 期。
④ 胡波：《孙中山与香山买办》，《广东社会科学》2007 年第 5 期。
⑤ 付金柱：《民国初年广东都督选任风潮——孙中山与陈炯明分歧溯源》，《浙江社会科学》2009 年第 5 期。
⑥ 李文捷等：《孙中山故里翠亨民居研究》，《新建筑》2003 年第 3 期；黄健敏：《从建筑发现历史：翠亨孙中山故居的物质文化研究》，《学术研究》2010 年第 4 期。
⑦ 周丽丽等：《孙中山父子与民初广州马路建设》，《中国市场》2010 年第 23 期。
⑧ 中国人民政治协商会议广西壮族自治区委员会文史资料委员会：《孙中山先生在广西》，广西人民出版社，1996。
⑨ 蓝常周：《孙中山与广西》，《桂海论丛》2001 年第 6 期。
⑩ 秦扈江：《孙中山与广西》，《广西地方志》2001 年第 6 期。

研讨会，之后经广西人民出版社出版《孙中山北伐与梧州》① 论文集，该书收集了此次会议的数十篇优秀论文，在研究孙中山与广西，特别是其与梧州方面的内容十分广泛。2005 年中央文献出版社出版的苏理立的著作《孙中山在桂林》② 记述了孙中山 1921 年底至 1922 年 4 月间在桂林设立北伐大本营、督师北伐等革命活动。此外的相关论文涉及孙中山领导的镇南关起义③、孙中山与梧州善后处④、孙中山援桂讨陆之战⑤、梧州在孙中山北伐中的作用⑥、孙中山讨伐老桂系之战中的政治军事策略⑦、孙中山与马林的桂林会晤⑧、孙中山与广西会党起义⑨等方面。

孙中山的实业计划思想对于广西的交通、经济发展亦产生一定的影响。此方面的研究涉及孙中山开发广西的思想⑩、改良西江设想的意义⑪、广西铁路建设的构想⑫、发展广西经济的思想⑬、建设广西钦州港的思想⑭、广西交通建设思想主张与实践⑮、广西近代城市建设思想⑯等。

---

① 陈震宇等：《孙中山北伐与梧州》，广西人民出版社，2000。
② 苏理立：《孙中山在桂林》，中央文献出版社，2005。
③ 周元：《南疆举义旗，震撼清王朝——追记孙中山亲自领导的镇南关起义》，《广西师范大学学报》1981 年第 4 期。
④ 俞清新：《孙中山与梧州善后处》，《中山大学学报论丛》1988 年第 3 期。
⑤ 罗重实：《浅谈陆荣廷二次兴兵图粤与孙中山援桂讨陆之战》，《玉林师专学报》1996 年第 1 期。
⑥ 李业安：《梧州在孙中山北伐中的地位和作用》，《广西地方志》2001 年第 5 期。
⑦ 黄志忠：《论孙中山在讨伐老桂系之战中的政治军事策略》，《广西广播电视大学学报》2006 年第 1 期。
⑧ 陈伟芳：《孙中山和马林在桂林——兼论孙中山思想政治纲领的新发展》，《广西师范大学学报》1981 年第 4 期；杨振亚：《马林与孙中山桂林会晤诸事析》，《民国档案》1989 年第 3 期；马铭德：《联俄抑或联孙？——孙中山与马林在桂林会见的再认识》，《团结》2008 年增刊。
⑨ 邢凤麟：《清末广西的会党起义——兼论孙中山与会党的关系》，《广西师范大学学报》1981 年第 3 期。
⑩ 谭群玉：《论孙中山开发广西的思想主张》，《广西社会科学》1994 年第 1 期。
⑪ 姜南英等：《孙中山以梧州为中心改良西江设想的意义》，《学术论坛》1987 年第 2 期。
⑫ 韩国丽：《孙中山的广西铁路建设构想》，《广西大学学报》1990 年第 5 期。
⑬ 宾长初：《试论孙中山关于发展广西经济的思想》，《河池师专学报》1991 年第 1 期。
⑭ 黄慧锦：《略论孙中山工业化思想精华——兼论建设广西钦州港》，《广西师院学报》1995 年第 1 期。
⑮ 黄铮：《孙中山交通建设思想主张与广西的实践》，《学术论坛》1996 年第 6 期。
⑯ 李百浩等：《孙中山实业计划思想与广西近代城市建设实践——以柳州、梧州为中心》，《城市规划学刊》2009 年第 5 期。

此外，对于孙中山与广西的其他研究还有孙中山与广西各族人民的关系[①]、孙中山与广西华侨[②]、孙中山教育思想对广西的影响[③]、新桂系"自治"法律思想与孙中山民权主义之比较[④]、孙中山与广西要员[⑤]等。

（三）孙中山与湖北

孙中山是辛亥革命的推动者和主要领导人，武汉是辛亥革命的首义之地，因此孙中山与湖北有着密切的联系，而学界的研究主要集中在湖北武汉方面。

孙中山与武昌起义的相关研究涉及的问题有三，其一，孙中山与武昌起义前的问题，如武昌起义前孙中山领导起义中的军事冒险主义、孙中山在同盟会整顿和建设方面的得失[⑥]。其二，孙中山与武昌起义，如王瑛提出"武昌起义时孙中山在哪里？"的疑问，尹全海分析了孙中山"武昌之成功，乃成于意外"的论断[⑦]。其三，孙中山与武昌起义后的问题，如武昌起义后孙中山、黄兴的政治倾向和建政思想、孙中山在武昌起义后"先致力外交"的选择、武昌起义后孙中山推迟回国的决定原因[⑧]。

孙中山与武汉经济发展及城市建设方面的研究成果不断，此方面近 30 年来的研究涉及孙中山的大 T 字形战略与武汉的地位[⑨]、孙中山关于武汉

---

① 韦瑞强：《孙中山与广西各族人民》，《中国民族》1981 年第 10 期。

② 赵和曼：《广西华侨与辛亥革命》，《八桂侨史》1991 年第 3 期。

③ 韦韫韫：《孙中山普及教育的办学精神对民国时期广西教育的影响》，《广西地方志》2001 年第 5 期。

④ 薛成斌等：《新桂系"自治"法律思想与孙中山民权主义之比较》，《广西政法管理干部学院学报》2006 年第 1 期。

⑤ 尚明轩：《陆荣廷与孙中山》，《学术月刊》1997 年第 4 期；曹天忠：《雷沛鸿与孙中山》，《广西地方志》2001 年第 5 期。

⑥ 江中孝：《武昌起义前孙中山领导的反清武装起义中的军事冒险主义刍论》，《广东社会科学》1986 年第 3 期；王中茂：《武昌起义前孙中山在同盟会整顿和建设方面的得失》，《史学月刊》1991 年第 5 期。

⑦ 王瑛：《武昌起义时孙中山在哪里》，《中学历史教学参考》1994 年第 5 期；尹全海：《析孙中山"武昌之成功，乃成于意外"》，《江西社会科学》1999 年第 7 期。

⑧ 林家有：《武昌起义后孙中山、黄兴的政治倾向和建政思想——兼论"二次革命"失败的必然性》，《中山大学学报论丛》1998 年第 3 期；尹全海：《论孙中山在武昌起义后"先致力外交"的选择》，《信阳师院学报》1990 年第 2 期；关晓红：《一个影响辛亥革命进程的偶然性因素：关于武昌起义后孙中山推迟回国的决定》，《近代史研究》1993 年第 3 期。

⑨ 刘盛佳：《孙中山的大 T 字型战略与武汉的地位》，《华中师范大学学报》1993 年第 1～4 期。

现代化建设的设想①、孙中山关于武汉近代化建设蓝图看《实业计划》的可行性②、孙中山关于振兴武汉的经济构想③等内容。

上述之外，对于孙中山与武汉的其他方面研究有《论两湖志士在确立孙中山领袖地位中的作用》④、《对 1894 年孙中山"深入武汉"一事的质疑》⑤、《孙中山与黎元洪及武汉"中心说"》⑥，等等。

（四）孙中山与江苏

"南京是辛亥革命重要发生地之一，更是孙中山建立的民国临时政府的所在地，同时也是他办公、生活及逝世后归葬之地。"⑦ 因此，学界对于孙中山与江苏的研究主要集中于孙中山与南京的研究方面。

孙中山与南京的研究主要是孙中山对南京的影响方面。相关论文涉及孙中山对教育事业的贡献、孙中山的训政思想、孙中山的节制资本思想及国家资本思想、孙中山土地思想、孙中山与审判制度、孙中山与南京建都，等等⑧，此方面主要是针对孙中山思想对南京政府方面的影响。

孙中山与南京的其他研究涉及的问题有孙中山在南京的演讲、辛亥革命及孙中山在南京的遗迹、国民党与南京国民政府对孙中山的祭祀典礼、

---

① 李本义：《孙中山的〈实业计划〉与武汉现代化建设》，《江汉论坛》1999 年第 5 期；朱福枝：《孙中山先生关于武汉现代化建设的设想》，《湖北文史资料》1996 年第 1 期。

② 严昌洪：《梦想还是理想——从孙中山关于武汉近代化建设蓝图看〈实业计划〉的可行性》，《近代史研究》1997 年第 2 期。

③ 海平：《孙中山关于振兴武汉经济的构想》，《学习与实践》2001 年第 9 期。

④ 饶怀民：《论两湖志士在确立孙中山领导地位中的作用》，《华中师大学报》1998 年第 5 期。

⑤ 黄春华：《对 1894 年孙中山"深入武汉"一事的质疑》，《江汉论坛》1996 年第 12 期。

⑥ 裴祎：《孙中山与黎元洪及武汉"中心说"》，《武汉文史资料》2001 年第 9 期。

⑦ 张群：《辛亥革命及孙中山在南京的遗迹》，《档案与建设》2006 年第 11 期。

⑧ 韩荣宝：《南京临时政府成立后孙中山对教育事业的贡献》，《中南民族学院学报》1981 年第 1 期；王永祥等：《孙中山的训政构想与南京国民政府的训政体制》，《南开学报》1995 年第 3 期；张忠民：《孙中山国家资本思想及其对南京国民政府国有经济政策的影响》，《史林》2007 年第 3 期；李攀：《试析孙中山"节制资本"思想的缘起及南京国民政府的实践》，《福建党史月刊》2007 年第 4 期；文红玉：《孙中山的土地思想与南京国民政府的土地政策》，《华中科技大学学报》2009 年第 3 期；龚春英：《孙中山与南京临时政府的审判制度建设》，《五邑大学学报》2008 年第 4 期；苏全有：《孙中山与建都设置问题》，《天府新论》2004 年第 4 期；王明德：《孙中山与南京建都》，《南京社会科学》2003 年第 8 期；陈晓东：《评在临时首都地点问题上孙中山与南京临时参议院的关系》，《苏州科技学院学报》2007 年第 2 期。

抗战前南京国民政府纪念孙中山活动研究等方面①。

（五）孙中山与上海

上海由于特殊的地理位置和社会环境，也是辛亥革命活动的重要基地，孙中山曾 20 余次亲临上海，并在上海制定全国经济计划蓝图，改组国民党。因此，学界对于孙中山与上海的研究成果相对较丰。

在论著方面主要有三：其一，对于孙中山与上海综论性研究，如王耿雄的《孙中山与上海》②、王志鲜等编著的《孙中山上海史迹寻踪》③。其二，主要是图文并茂的一些著作，学术讨论方面不够深入，如汤伟康等主编的《孙中山在上海》④、黄亚平编著的《孙中山在上海》⑤。其三，属于史料汇编性质的书籍，如秦量主编的《上海孙中山宋庆龄文物图录》⑥、汤伟康主编的《孙中山与上海文物文献档案图录》⑦。

论文方面对于孙中山与上海革命的研究主要是郑灿辉和王耿雄在《上海师范大学学报》发表的数篇论文⑧，其他相关研究总论性描述，价值稍欠。其他专题方面研究所涉及内容有孙中山在上海和三大政策的形成⑨、孙中山在上海的最后一次演说⑩、孙中山建立东方大港和改建上海港计划⑪、孙中山与朱德的上海会面⑫、孙中山倡建的上海交易所开办⑬、孙中

① 卢立菊等：《孙中山在南京的三次演讲》，《档案与建设》2006 年第 6 期；张群：《辛亥革命及孙中山在南京的遗迹》，《档案与建设》2006 年第 11 期；田海林等：《仪式政治：国民党与南京国民政府对孙中山的祭祀典礼》，《史学月刊》2007 年第 4 期；余春旺：《抗战前南京国民政府纪念孙中山活动研究》，2008 年华中师范大学硕士论文。

② 王耿雄：《孙中山与上海》，上海人民出版社，1991。

③ 王志鲜等：《孙中山上海史迹寻踪》，上海辞书出版社，2009。

④ 汤伟康等：《孙中山在上海》，上海人民美术出版社，1991。

⑤ 黄亚平：《孙中山在上海》，上海书店出版社，2010。

⑥ 秦量：《上海孙中山宋庆龄文物图录》，上海辞书出版社，2005。

⑦ 汤伟康：《孙中山与上海文物文献档案图录》，上海书店出版社，2006。

⑧ 郑灿辉等：《孙中山在上海的革命活动》，《上海师范大学学报》1980 年第 1 期；王耿雄：《辛亥革命前后孙中山在上海纪事》，《上海师范大学学报》1981 年第 3 期；郑灿辉等：《孙中山在上海的革命活动述略》，《上海师范大学学报》1986 年第 3 期。

⑨ 王耿雄：《孙中山在上海和三大政策的形成》，《社会科学》1986 年第 11 期。

⑩ 陈正卿：《孙中山在上海的最后一次演说》，《上海档案》1988 年第 6 期。

⑪ 刘枫：《孙中山开发上海为东方大港的宏伟计划》，《近代中国》第一辑，1991。

⑫ 金中：《孙中山与朱德的上海会面》，《福建党史月刊》1992 年第 1 期。

⑬ 马长林：《孙中山倡建的上海交易所开办始末》，《上海档案工作》1993 年第 3 期。

山与上海粤帮①、孙中山的上海行馆②、孙中山的革命思想与同盟会③等。

（六）孙中山与京津

孙中山曾三次莅临京津开展革命活动，并病逝于北京。因此学者对于孙中山与京津有一定的探究。

孙中山与北京的研究主要集中在北京政变方面，学者从孙中山与冯玉祥北京政变概论、冯玉祥北京政变与孙中山北上谋和平统一祖国、北京政变后段祺瑞与孙中山会晤问题、孙中山对冯玉祥北京政变的认识变化等方面进行了探究④。

对于孙中山与北京方面的专题研究涉及北京湖广会馆⑤、孙中山 1912 年在北京会晤摄政王载沣问题⑥、北大与孙中山及北交大校训与孙中山⑦、民初孙中山在北京的政治活动⑧、孙中山京津保战略与反复辟斗争⑨以及孙中山逝世北京⑩等。

孙中山与天津的研究尚无专题论述，目前的数篇相关论文只是简单的对孙中山三次天津之行的概述，并未深入分析某一史实，因此在孙中山与天津方面可开垦的处女地还很多。

---

① 郭绪印：《孙中山与上海粤帮》，《档案与史学》1994 年第 1 期。
② 朱玖琳：《孙中山 1912 年至 1913 年在上海行馆的考释》，《民国档案》2003 年第 3 期，第 137 ~ 138 页。
③ 姜义华：《孙中山的革命思想与同盟会——上海孙中山故居西文藏书的一项审视》，《史林》2006 年第 5 期。
④ 袁成亮：《试论孙中山与冯玉祥北京政变》，《苏州大学学报》1992 年第 1 期；周兴梁：《冯玉祥北京政变与孙中山北上谋和平统一祖国》，《贵州社会科学》1991 年第 8 期；吴元康：《北京政变后段祺瑞与孙中山会晤问题考辨》，《历史档案》2001 年第 1 期；张连红：《大革命时期的冯玉祥与孙中山：兼考北京政变后孙、冯会晤问题》，《安徽史学》1994 年第 1 期。
⑤ 凌波：《北京湖广会馆——孙中山先生创建的国民党诞生地》，《两岸关系月刊》1997 年第 3 期。
⑥ 晓尧：《孙中山先生 1912 年在北京会晤摄政王载沣之探源》，《艺术市场》2005 年第 5 期。
⑦ 王晓秋：《孙中山与北京大学》，《北京大学学报》1996 年第 5 期；荣朝和：《北京交大"知行"校训的精神底蕴与孙中山"知难行易"思想的历史价值》，《北京交通大学学报》2008 年第 3 期。
⑧ 黄宗汉：《试论民初孙中山在北京的政治活动》，《中国人民大学学报》1998 年第 6 期。
⑨ 葛培林：《简论孙中山京津保战略与反复辟斗争》，《团结》2003 年第 6 期。
⑩ 劳允兴：《孙中山北上及其病逝北京前后》，《炎黄春秋》1996 年第 11 期。

（七）孙中山与港澳台

学界对于孙中山与国内的地域研究中对于孙中山与港澳台的研究近 30 年来亦涌出大量论著论文，由于特殊的历史与地理因素，此方面研究文章共性颇多。

论著方面主要为综论性的研究，如刘家泉著作《孙中山与香港》①、政协广东省中山市委员会文史资料委员会编辑《孙中山与香港》②、盛永华主编的《孙中山与澳门》③，以及《孙中山与澳门图集》④。

孙中山与香港和澳门有着密切而独特的关系，论文方面学界在此领域多有涉及。然而总体来看，综论性研究的文章众多且深度欠缺，且多发表于通俗性历史读物。具体来看以"孙中山与香港"、"孙中山与澳门"为题的文章就达数十篇，而相关专题深入研究的文章甚少，主要有《〈香港华字日报〉中的孙中山轶文研究》⑤、《孙中山香港之行——近代香港英文报刊中的孙中山史料研究》⑥、《孙中山与革命党人在澳门》⑦、《孙中山在澳门创建空军》⑧、《"医人"与"医国"——孙中山与澳门的另一种叙事》⑨等寥寥几篇文章。

孙中山曾四次莅临台湾，并经过历史的发展与台湾结下了不解之缘，在此方面的探讨仍有不少欠缺深度的文章，但也不乏力作，如《从台湾"都市平均地权"看孙中山民生方案的历史意义》⑩、《清末民初孙中山和梁启超等人与台湾的关系》⑪、《关于孙中山与台湾关系几个问题的评

① 刘家泉：《孙中山与香港》，中央文献出版社，2001。

② 葛培林：《孙中山与香港》，《中山》，政协广东省中山市委员会文史资料委员会编著，2005。

③ 盛永华：《孙中山与澳门》，文物出版社，1991。

④ 张世福：《孙中山与澳门图集》，上海人民出版社，1999。

⑤ 莫世祥：《〈香港华字日报〉中的孙中山轶文研究》，《近代史研究》1994 年第 3 期。

⑥ 莫世祥：《孙中山香港之行——近代香港英文报刊中的孙中山史料研究》，《历史研究》1997 年第 3 期。

⑦ 弋胜：《孙中山与革命党人在澳门》，《南京史志》1999 年第 3 期。

⑧ 柳文：《孙中山在澳门创建空军》，《纵横》1999 年第 12 期。

⑨ 刘宇聪：《"医人"与"医国"——孙中山与澳门的另一种叙事》，侯杰：《"孙中山与中华民族崛起"国际学术研讨会论文集》，天津人民出版社，2006，第 401～407 页。

⑩ 张海林：《从台湾"都市平均地权"看孙中山民生方案的历史意义》，《南京师大学报》1989 年第 2 期。

⑪ 张寄谦：《清末民初孙中山和梁启超等人与台湾的关系》，《台湾研究》1994 年第 1、2 期。

价》①、《从孙中山的和平统一思想到两岸和平发展》②、《孙中山促进台湾回归祖国的实践及其历史影响》③、《孙中山统一中国的思想内涵与当今台湾问题的历史反思》④ 等，这些文章更多的反映了现实需要，以祖国统一为着眼点。

（八）孙中山与其他地域

孙中山与国内地域研究中除了对以上重要地域重点探究之外，学界还对其他地域有所涉及，主要体现在孙中山与福建、云南、浙江等地。

孙中山与福建的研究体现在其与福建革命和福建发展两个方面。孙中山与福建革命的相关论文涉及孙中山与福建资产阶级革命党、孙中山与闽南地区护国军反袁起义、孙中山与福建华侨、孙中山与福建两次护法运动等⑤。孙中山与福建发展相关论文涉及从孙中山建国思想看福建经济的发展路径、孙中山对福建交通建设的宏伟构想、孙中山与厦门东渡港建设等⑥。

孙中山与云南的研究主要体现在其与云南革命方面，具体论文涉及综论性探究孙中山与云南辛亥革命的三篇文章⑦及孙中山与云南自治讨贼军、

---

① 左双文：《关于孙中山与台湾关系几个问题的评价》，《东南亚研究》1997 年第 2 期。

② 刘俊英：《从孙中山的和平统一思想到两岸和平发展》，《中央社会主义学院学报》2005 年第 6 期。

③ 李本义：《孙中山促进台湾回归祖国的实践及其历史影响》，《湖北大学学报》2007 年第 3 期。

④ 黄列：《孙中山统一中国的思想内涵与当今台湾问题的历史反思》，广州，《"辛亥革命与 20 世纪中华民族振兴"学术研讨会论文集》，2001。

⑤ 王民：《论孙中山与近代福建资产阶级革命党》，《福建论坛》1991 年第 4 期；陈长河：《孙中山与福建闽南地区护国军反袁起义》，《历史档案》1997 年第 2 期；詹冠群：《孙中山与福建华侨》，《福建师范大学学报》2000 年第 4 期；韩真：《两次护法运动中的孙中山与福建》，《福建师范大学学报》2003 年第 6 期；张慧卿：《第一次护法运动中的孙中山与福建》，《湖北社会科学》2007 年第 4 期。

⑥ 蔡乾豪：《从孙中山建国思想看福建经济的发展路径》，《福建省社会主义学院学报》2004 年第 4 期；黄萍等：《孙中山对福建交通建设的宏伟构想》，侯杰：《"孙中山与中华民族崛起"国际学术研讨会论文集》，天津人民出版社，2006，第 361～366 页；江涛等：《孙中山与厦门东渡港建设》，《航海杂志》1996 年第 1 期。

⑦ 李永顺：《孙中山与云南辛亥革命》，《云南师大学报》1992 年第 2 期；荆德新：《孙中山与云南辛亥革命》，《中山大学学报论丛》1994 年第 1 期；谢本书：《孙中山与云南》，《云南学术探索》1998 年第 4 期。

孙中山与驻粤滇军的关系、孙中山与云南要员关系等①。另外还有一篇文章涉及孙中山西部开发思想与云南的发展问题②。

孙中山与浙江的研究主要体现在孙中山与浙江的现代化经济发展方面，具体论文涉及孙中山在浙江的演讲、孙中山对浙江的视察、孙中山开放思想与浙江建设、孙中山《实业计划》中关于浙江交通的构想等几方面内容③。对于孙中山与浙江革命方面在《孙中山与宁波帮》④一文中有所触及，而其他文章鲜有探索。

上述之外，学界对于孙中山的地域研究中其他各地涉足甚微，但仍不乏相关论文，如孙中山与四川、山东、陕西等地辛亥革命的研究⑤，孙中山的西部开发思想及其各地的实践等内容⑥。

二　孙中山与国外

如果说孙中山与国内的研究是重点所在，那么孙中山与国外的研究更是不可或缺，因为"孙中山在 30 余年的革命生涯中，在国外度过了 17 年 6 个月"⑦。经过近 30 年来大陆学者艰苦卓绝的努力，在孙中山与亚洲和孙

---

① 林荃：《孙中山与云南自治讨贼军》，《四川文物》1992 年第 3 期；王显成：《略论孙中山与驻粤滇军的关系：以陈炯明叛变后为例》，《广东海洋大学学报》2010 年第 2 期；谢本书：《孙中山与刀安仁》，《云南民族学院学报》1993 年第 1 期；尚明轩：《蔡锷与孙中山》，《求索》1997 年第 4 期。

② 李永伦等：《孙中山的西部开发思想与云南的国际大通道建设》，《学术探索》2001 年第 1 期。

③ 杨树标：《孙中山与浙江改造：孙中山 1912～1916 年在浙江的六次演讲》，《许昌师专学报》2001 年第 6 期；朱馥生：《潮来溅雪欲浮天——孙中山浙江之行》，《江南》1991 年第 5 期；龚剑锋：《孙中山的开放思想与浙江的现代化建设》，《团结》2008 年增刊；丁贤勇：《〈实业计划〉与浙江现代交通的构想及其实现》，《民国档案》2010 年第 1 期。

④ 孙善根：《孙中山与宁波帮》，侯杰：《"孙中山与中华民族崛起"国际学术研讨会论文集》，天津人民出版社，2006，第 382～391 页。

⑤ 隗瀛涛：《孙中山与四川辛亥革命》，《文史杂志》1985 年第 1 期；李宏生：《孙中山与山东革命运动（1905～1919）》，《山东师大学报》1996 年第 6 期；张应超：《孙中山与陕西革命党人》，中国社会科学院近代史研究所编《纪念孙中山诞辰 140 周年国际学术研讨会论文集》（下），社会科学文献出版社，2009，第 973～989 页。

⑥ 吴映萍：《孙中山开发西北战略思想刍议》，《广东社会科学》2001 年第 4 期；吴传清：《论孙中山关于开发西北经济的战略思想》，《广西大学学报》1997 年第 2 期；虞天识：《孙中山西部开发思想初探》，《广东社会科学》2007 年第 3 期；李忠良：《孙中山西部开发思想研究》，2001 年广西师范大学硕士论文。

⑦ 俞辛焞：《日本决定对孙中山政策诸因素探析》，《世界历史》1997 年第 4 期。

中山与欧美的研究方面成果可谓是相当突出。

（一）孙中山与亚洲

学界对于孙中山与亚洲的研究主要集中于其所到过的东亚及其东南亚地区，主要有孙中山与日本、孙中山与越南等地。

1. 孙中山与日本

孙中山曾先后到过日本 12 次，累计侨居时间长达 9 年之多，对其思想及人生产生重要影响，孙中山与日本的研究成果在孙中山与亚洲中位居首位。

综论性研究方面有三本著作，分别是李吉奎的《孙中山与日本》[①]、段云章的《孙文与日本史事编年》[②] 和俞辛焞的《孙中山与日本关系研究》[③]。论文方面涉及"孙中山与日本"的相关综论性文章有将近十篇，其中亦有诸如陈锡祺的《孙中山与日本》[④] 之力作。

专题性研究方面，论著方面有 1985 年出版的《孙中山与宫崎滔天》[⑤]、1994 年出版的《浪人与孙中山》[⑥]。主要论文涉及孙中山对日本地震灾民的同情与支持[⑦]、孙中山与日本"大亚洲主义"的区别[⑧]、孙中山与日本华侨[⑨]、孙中山对日观念和态度[⑩]、日本近代化对孙中山的影响[⑪]、甲午战争与孙中山[⑫]、孙中山与黄兴对日战略的异同[⑬]、日本对孙中山政策的作

[①] 李吉奎：《孙中山与日本》，广东人民出版社，1996。

[②] 段云章：《孙文与日本史事编年》，广东人民出版社，1996。

[③] 俞辛焞：《孙中山与日本关系研究》，人民出版社，1996。

[④] 陈锡祺：《孙中山与日本》，《中山大学学报》1986 年第 4 期。

[⑤] 李联海：《孙中山与宫崎滔天》，重庆出版社，1985。

[⑥] 王俊彦：《浪人与孙中山》，中国华侨出版社，1994。

[⑦] 杜永镇：《孙中山对日本地震灾民的同情与支持》，《社会科学战线》1981 年第 4 期。

[⑧] 蒋翰廷等：《略论孙中山〈大亚洲主义〉与日本"大亚洲主义"的本质区别》，《东北师大学报》1982 年第 6 期。

[⑨] 段云章：《孙中山的革命斗争与日本华侨》，《华侨华人历史研究》1989 年第 2 期；陈昌福：《孙中山和日本华侨》，《上海师范大学学报》1986 年第 3 期。

[⑩] 姜义华：《日本右翼的侵华权谋与孙中山对日观的变迁》，《近代史研究》1988 年第 2 期。

[⑪] 章扬定：《试论日本近代化对孙中山的影响》，《安徽史学》1989 年第 1 期。

[⑫] 俞辛焞：《甲午战争与孙中山》，《首都师范大学学报》1996 年第 5 期。

[⑬] 俞辛焞：《护国运动前后黄兴与日本的关系——兼论孙中山、黄兴对日战略的异同》，《南开学报》1999 年第 1 期。

用①、孙中山对日外交思想变化②、孙中山联日策略③、孙中山与神户关系④、孙中山与明治维新⑤等问题，学界在这些方面的探究相当广泛与深入，为孙中山与日本方面更进一步研究打下了坚实的基础。

2. 孙中山与越南

孙中山曾五次到越南进行革命活动，学界对其与越南的研究成果虽远远逊色于日本，然亦有所体现，主要是孙中山与越南革命和孙中山与越南华侨方面。

其实对于孙中山与越南革命和越南华侨的研究是统一于一体，它们之间相辅相成。主要涉及的论文有峥嵘的数篇文章⑥，整体来看主要探究了孙中山在越南华侨中的革命活动，以及越南华侨对祖国的民主革命所作出的贡献。杨万秀认为孙中山的革命思想和他领导的辛亥革命对越南革命者发生过深刻影响，有力地推动了越南民族民生运动的发展。⑦ 周兴梁从孙中山对越南华侨进行革命宣传活动、在华侨中建立革命组织、华侨支持孙中山并参加革命等几方面论述了孙中山与越南华侨的关系。⑧ 以上所述均把越南华侨作为一个群体，此外，秦素菡的文章论述了作为越南个体华侨的黄景南在组织上积极支持和参与孙中山领导的革命组织，在经济上倾其一生积蓄为革命筹集经费，以及辛亥革命后仍然追随孙中山从事革命救国活动的人生经历。⑨

3. 孙中山与亚洲其他地域

孙中山与亚洲地域研究主要体现在孙中山与日本及越南的研究，除此之外还有孙中山或到过或产生了影响的地区，如东亚、东南亚、南亚等。

孙中山曾8次去过新加坡，新加坡是孙中山从事革命活动的重要基地之一，对辛亥革命的成功具有重要意义。学界对于孙中山与新加坡的研究

---

① 俞辛焞：《日本决定对孙中山政策诸因素探析》，《世界历史》1997年第4期。
② 李颖：《孙中山对日本外交思想发展变化述评》，《国际政治研究》2000年第4期。
③ 唐靖：《孙中山联日策略及其动机评析》，《宜春学院学报》2007年第1期。
④ 黄彦：《孙中山与神户关系考述》，《广东社会科学》2002年第5期。
⑤ 章扬定：《近代中国向西方学习思潮中的孙中山与日本明治维新》，《广东社会科学》2004年第5期。
⑥ 峥嵘的几篇文章，《孙中山与越南华侨》，《华侨研究》1986年第4期；《孙中山与越南华侨》，《文史春秋》2007年第9期；《孙中山与越南边境的反清革命》，《湖北档案》2010年第1期。
⑦ 杨万秀：《孙中山对越南革命的影响和帮助》，《学术论坛》1982年第1期。
⑧ 周兴梁：《孙中山的革命活动与越南华侨》，《贵州社会科学》1996年第5期。
⑨ 秦素菡：《越南华侨黄景南与孙中山革命》，《东南亚南亚研究》2009年第2期。

却有所欠缺，正如王金香所言："研究孙中山与华侨的关系者多注重日本和美国，而对新加坡却很少专门论述，这是一个很大的缺漏。"① 虽然此话为 1980 年代所言，然此状况却持续至今而无甚大改观。

此外，学界对孙中山与朝鲜革命、印度革命、菲律宾革命以及孙中山泰国之行有所探究②，但皆是浅尝辄止，每个地域涉及文章只有屈指可数的几篇，与众多的史料形成强烈反差，值得学界注意。

（二）孙中山与欧美

孙中山与欧美的研究成果比之其与亚洲有过之而无不及，值得一提的是近年来孙中山与美国、孙中山与苏俄的相关研究几乎每年都有相关论文出现，可谓是孙中山地域研究的一个良好势头。

（三）孙中山与美国

孙中山与美国的不解之缘源于 13 岁到达美国檀香山读中学，之后多次莅临美国本土，美国亦是其不少革命活动的场所与起源之地，其革命思想与建国理念均与美国的经验有所关联。

论著方面主要有三部，郝平著《孙中山革命与美国》③ 通过对孙中山在美国几次活动的研究考察，论述了孙中山革命理想的树立与斗争策略的形成和他在美国活动所受影响的关系，还谈及美国华盛顿、林肯等政治家及美国民主意识和制度对孙中山思想品格政治观的影响。马衮生著《孙中山在夏威夷：活动和追随者》④ 论述了孙中山在夏威夷的主要活动、当地华侨华人支持孙中山早期革命活动的事迹、夏威夷对现代中国的诞生所起的历史作用等内容。习贤德著《孙中山与美国》⑤ 论述了孙中山与美国之间的关系，同时涉及分析西方列强及苏联对待中国的态度，充分展示孙中山的建国理念与构想以及遭遇的困难与挫折，呈现当时中国各种势力、各种人物在祖国命运走向中表现的不同姿态，以及当时社会的纷繁复杂状

---

① 王金香：《孙中山与新加坡华侨》，《山西师大学报》1987 年第 1 期。
② 杨昭全：《孙中山与朝鲜革命》，《延边大学学报》1993 年第 2 期；林承节等：《孙中山与印度革命运动》，《南亚研究》1991 年第 4 期；吴金枣：《孙中山与菲律宾革命》，《浙江学刊》1982 年第 1 期；吴乾兑：《1908 年孙中山在曼谷》，《史林》1990 年第 4 期。
③ 郝平：《孙中山革命与美国》，北京大学出版社，2000。
④ 马衮生：《孙中山在夏威夷：活动和追随者》，世界知识出版社，2003。
⑤ 习贤德：《孙中山与美国》，上海人民出版社，2008。

况，在孙中山研究领域有重要的价值与意义。

论文方面学界注重探讨美国对孙中山思想的影响方面，相关内容涉及孙中山的理想共和国与美国体制、孙中山从美国宪法吸取的思想、美国现代城市制度与孙中山直接民权理论、孙中山对美国铁路的认识、孙中山对欧美民主政治学说的吸取、美国宪政理念与孙中山的宪政思想等方面①。

孙中山与美国其他方面的研究体现在孙中山的革命与美国华侨②、孙中山与美国檀香山兴中会的成立③、孙中山的美国观④、孙中山晚年与美国的关系⑤、辛亥革命前孙中山赴欧美筹款⑥、孙中山在美结缘世博会⑦等主要方面。

1. 孙中山与苏俄

孙中山与苏俄的关系有异于孙中山与美国的关系，虽然近年来研究孙中山与苏俄的成果不少，然多有论文而未有专著，学界对此方面的研究集中于苏俄对孙中山思想的影响及孙中山与苏俄的联合方面。

苏俄对孙中山思想的影响方面论文涉及的主题有俄国十月革命对孙中山的影响、孙中山效仿苏俄建军模式的理论和实践、苏俄和共产国际对孙中山晚年新抉择的影响、苏俄新经济政策对孙中山的影响、孙中山对俄国二月革命和十月革命的反应、孙中山晚年注重舆论宣传的原因等方面⑧。

---

① 张芬梅：《孙中山的理想共和国与美国政治制度》，《徐州师范学院学报》1986 年第 3 期；胡大泽：《孙中山从美国宪法吸取了哪些可贵思想》，《青海社会科学》1989 年第 1 期；赵可：《美国现代城市制度与孙中山直接民权理论》，《中州学刊》2000 年第 6 期；张松涛：《孙中山对美国铁路的认识》，《经济与社会发展》2005 年第 7 期；张晖等：《论孙中山对欧美民主政治学说的吸收和改造》，《陕西师范大学学报》2006 年第 3 期；邓丽兰：《美国宪政理念与孙中山宪政思想的演进》，《"孙中山与中华民族崛起"国际学术研讨会论文集》，天津人民出版社，2006，第 96～111 页。

② 肖飞：《孙中山与美国华侨》，《求索》2000 年第 3 期。

③ 黄彦：《孙中山和檀香山兴中会的成立》，《广东社会科学》1984 年第 1 期。

④ 陶季邑：《论孙中山的美国观》，《九江师专学报》2000 年第 1 期。

⑤ 陈三井：《论孙中山晚年与美国关系》，《广东社会科学》2005 年第 3 期。

⑥ 季云飞：《辛亥前孙中山赴欧美筹款述论》，《南京社会科学》1998 年第 6 期。

⑦ 吴海勇：《孙中山在美国结缘世博会》，《世纪》2010 年第 3 期。

⑧ 刘永明：《俄国十月革命对孙中山等先进国民党人的影响》，《北京师大学报》1987 年第 2 期；刘曼容：《论孙中山师法苏俄模式建军的理论与实践》，《广东社会科学》2004 年第 3 期；萧致志：《苏俄、共产国际和孙中山的新抉择》，《湖南城市学院学报》2005 年第 3 期；陶季邑：《苏俄新经济政策对孙中山的影响》，《新疆大学学报》1999 年第 1 期；李玉刚：《孙中山对俄国二月革命和十月革命的反应》，《历史研究》1994 年第 6 期；王杰等：《孙中山晚年重视舆论宣传原因探析——基于苏俄、共产国际因素的考察》，《贵州社会科学》2005 年第 6 期。

苏俄与孙中山合作方面论文涉及的主题有孙中山与越飞会谈时间的探讨、苏俄与孙中山联盟政策的确立、国际环境与孙中山联俄联共、联俄师俄与孙中山改组国民党、民族主义的裂变、苏俄拒绝孙中山西北军事计划的原因、孙中山谋求苏俄军事援助、孙中山与苏俄联合中的矛盾与分歧、孙中山与共产党、孙中山与苏俄重要人物的关系①。总之，学界对于孙中山与苏俄地域研究所涉及问题的程度之广泛是除美国之外的欧美其他国家无可比拟的。

2. 孙中山与欧美其他地域

在孙中山与欧美的地域研究中除上述美国与苏联之外，孙中山与英国、德国、法国等地区也或多或少有所研究。

孙中山与英国的研究主要集中于孙中山在伦敦蒙难方面，但以目前的相关成果来看，大多是发表于历史通俗期刊，研究不够深邃，主要论述的是孙中山蒙难的经过。相对而言对于孙中山伦敦蒙难的根源及其历史影响②、孙中山蒙难中的报道③、孙中山蒙难与其革命思想体系的形成④较为深入一些。

孙中山与德国的研究主要为李乐曾的《孙中山的南方政府与德国》、陈仁霞的《南方政府与魏玛共和国——孙中山联德失败之分析》和纪乃旺的《孙中山联德活动述略》⑤，这几篇文章大致论述了孙中山联德活动的来

---

① 潘荣等：《关于孙中山与越飞会谈时间的探讨》，《近代史研究》1980 年第 2 期；刘德喜：《孙中山与苏俄共产国际联盟的形成》，1985 年北京大学硕士论文；侯衍正：《国际环境与孙中山抉择联俄联共》，《江汉大学学报》1991 年第 4 期；王奇生：《联俄与师俄：孙中山晚年改组国民党的意义》，《团结》2008 年增刊；郭世佑：《民族主义的裂变——以孙中山与苏俄关系为中心的分析》，《江苏社会科学》2005 年第 2 期；杨奎松：《孙中山的西北军事计划及其夭折——国民党谋求苏俄军事援助的最初尝试》，《历史研究》1996 年第 3 期；张留见：《苏俄拒绝孙中山西北军事计划原因探析》，《郑州大学学报》2009 年第 4 期；董海鹏：《苏俄与孙中山国民党的合作、矛盾及其对第一次国共合作的影响》，《哈尔滨学院学报》2010 年第 4 期；杨奎松：《孙中山与共产党——基于俄国因素的历史考察》，《近代史研究》2001 年第 3 期；李玉贞：《孙中山与列宁关系的几个问题》，上海市孙中山宋庆龄文物管理委员会等：《孙中山：历史·现实·未来国际学术研讨会论文集》，上海，中国福利会出版社，2007，第 466～485 页；穆萍：《孙中山与列宁》，《四川统一战线》2007 年第 1 期。

② 李本义：《孙中山伦敦被难的根源及其历史影响》，《湖北大学学报》2002 年第 4 期。

③ 阎小波：《时务报译载孙中山伦敦蒙难报道述略》，《新闻研究资料》1993 年第 1 期。

④ 涂东霆：《孙中山伦敦蒙难与其革命思想体系的初步形成》，《文史杂志》2010 年第 1 期。

⑤ 李乐曾：《孙中山的南方政府与德国》，《上海大学学报》1992 年第 6 期；陈仁霞：《南方政府与魏玛共和国——孙中山联德失败之分析》，《南京社会科学》2001 年第 10 期；纪乃旺的：《孙中山联德活动述略》，《东方论坛》2001 年第 4 期。

龙去脉。

孙中山与法国的研究亦属于宏观概述性的研究，主要体现在张振鹍、王昭明、何汝璧等人的几篇论文且较有分量①，之外，还有吴乾兑探讨了1911～1913 年孙中山与法国的外交问题②、林辉锋探讨了孙中山与巴黎和会相关问题③。相对而言此方面的探究仍显薄弱。

三　问题与不足

通过以上笔者对近 30 年来大陆对孙中山地域研究的成果大致梳理可知，孙中山的地域研究内容多样化、视角及方法多元化，成果斐然。然而，从国内、国外宏观的角度进行俯视，仍存在一些问题与不足。

（一）研究状况不均衡

孙中山的地域研究中时空跨度甚大，以时间来看从其祖籍地至其逝世地，从空间来看从其毕生所经之地至其所影响之地学界均有笔墨触及。纵观地域史中的孙中山研究，因其所居住、驻留时间长短及其领导革命状况而相差甚大，其研究不均衡实乃应有之义，但某些方面的严重不均衡就值得思考。

孙中山与国内的研究多停留在其所经之处，例如对于两广的研究是学界的重点所在，从孙中山对其直接领导的革命运动到《实业计划》中的城市经济建设、交通发展等方面重点着手，并有突出成就。而其他国内孙中山尚未经历之地，或鲜有涉及或并未着手。其实孙中山的思想影响远远不止所到之地，更多的是对于全国各地无形的渗透与传播。

孙中山与国外的研究可说是其与日本、美国、苏俄的研究占重要地位，一方面由于其在日本、美国长时间居住，另一方面由于孙中山晚年与苏俄的联盟以及着眼于现实的考虑。而其所经加拿大、新加坡、泰国等地

---

① 张振鹍：《辛亥革命期间的孙中山与法国》，《近代史研究》1981 年第 3 期；王昭明：《孙中山与法国》，《近代史研究》1984 年第 1 期；何汝璧：《辛亥革命时期孙中山与法国》，《陕西师大学报》1991 年第 4 期。
② 吴乾兑：《1911 年至 1913 年间的法国外交与孙中山》，《近代史研究》1987 年第 2 期。
③ 林辉峰：《孙中山与巴黎和会——兼论第一次护法失败后孙中山的思想变化》，《中山大学研究生学刊》2001 年第 3 期。

学界虽有所涉及，但只是笼统的宏观综论性文章，专题研究不足、深度不够。另外，孙中山所领导的辛亥革命的成功不仅在国内产生深远影响，其对亚非拉殖民地或半殖民地国家亦有不可忽视的作用。孙中山足迹遍及世界众多地域，所交朋友各式各样，人数众多，对其研究中注重孙中山与国外某个具体人物关系探究亦可开拓研究者视野，扩大研究范围。

（二）比较研究相对较弱

"历史的比较研究是历史研究的一个重要领域，即使在世界史范围内对某个国家历史的研究，只要是涉及较长时段的历史发展，或者是研究具有较大社会影响的历史现象也会涉及运用比较史学或历史社会学比较研究的概念、方法和成果。"[①] 通过历史比较研究，即可找出不同事物的共性与特性，并在一定范围内做出相应解释，得出结论。学界对于孙中山地域研究中这一点也有所体现，然研究未能有重大突破的重要一点在于比较研究运用相对较弱。

孙中山的思想中很多成分源于日本、美国，而其在国外的具体体现与国内之间差异，其各种思想在全国不同地域内的影响差异均可作为比较研究的对象。而目前学界在不同地域的研究却各自为战，开展"圈地运动"，交流较少，造成广东的专家研究孙中山与广东、湖北的专家研究孙中山与湖北等此等局面，学者之间联系不够亦制约其研究的发展。

（三）研究领域需要进一步拓展

可以这样说，孙中山地域研究的领域已经很广泛，学术起点很高，但并不能说该领域已经无所作为。恰恰相反，孙中山地域研究可供挖掘的内容是与时俱进、不断发展的，这就需要我们进一步扩展其研究领域。

例如对于国内孙中山与香港、澳门的研究很多文章属于综论性的小论文，深度欠佳，这也是历史知识普及过程的一种必然结果，然致力于历史研究的学者不可忽视其尚存的内在潜力的可开发性，这并不是成果的重复。再如孙中山的实业思想对于全国的经济发展及其交通建设的作用，目前研究中相当一部分地域有所涉及，但更多的却是没有关注。历史的研究不仅在于抓住大起大落的部分，其实更多的应该关注细枝末节，将更多的

---

① 何平：《比较史学的理论方法和实践》，《史学理论研究》2004 年第 4 期。

"不重要事件"、"不重要时期"纳入研究视野，眼前将会豁然开朗。

另外值得强调的是新领域的拓展除新的理论方法运用之外，新史料的掌握亦是至关重要。陈寅恪指出："一时代之学术，必有其新材料与新问题。取用此材料，以研求问题，则为此时代学术之新潮流……此古今学术史之通义，非彼闭门造车之徒，所能同喻者也。"[①] 例如近年来不断有孙中山与苏俄之间的档案发现或者揭秘，这便对孙中山地域研究中新的探索或者深入提供了重要依据。

综上所述，面对目前已取得的成果，只要不断在以上几个方面进行综合改观，学界才能在孙中山地域研究领域上升一个新的层次，推动其深入发展。

作者单位、职务：河南师范大学社会发展学院教授
　　　　　　　　　河南师范大学社会发展学院研究生

---

① 陈寅恪：《陈垣敦煌劫余录序·金明馆丛稿二编》，上海古籍出版社，1980，第236页。

图书在版编目（CIP）数据

孙中山与辛亥革命：全2册／孙中山基金会，澳门地区中国
和平统一促进会编．—北京：社会科学文献出版社，2012.9
ISBN 978 - 7 - 5097 - 3735 - 4

Ⅰ.①孙…　Ⅱ.①孙…　②澳…　Ⅲ.①孙中山（1866～1925）–
人物研究–文集　②辛亥革命–文集　Ⅳ.①K827 = 6
②K257.07 – 53

中国版本图书馆 CIP 数据核字（2012）第 204552 号

辛亥革命百周年纪念国际学术研讨会论集

孙中山与辛亥革命（上、下册）

编　　者／孙中山基金会　澳门地区中国和平统一促进会

出 版 人／谢寿光
出 版 者／社会科学文献出版社
地　　址／北京市西城区北三环中路甲 29 号院 3 号楼华龙大厦
邮政编码／100029

责任部门／人文分社（010）59367215　　　责任编辑／范明礼
电子信箱／renwen@ ssap. cn　　　　　　责任校对／岳宗华　宝　蕾
项目统筹／宋月华　张晓莉　　　　　　　责任印制／岳　阳
经　　销／社会科学文献出版社市场营销中心（010）59367081　59367089
读者服务／读者服务中心（010）59367028

印　　装／三河市尚艺印装有限公司
开　　本／787mm×1092mm　1/16　　　印　　张／59.75
版　　次／2012 年 9 月第 1 版　　　　　字　　数／1003 千字
印　　次／2012 年 9 月第 1 次印刷
书　　号／ISBN 978 - 7 - 5097 - 3735 - 4
定　　价／179.00 元（上、下册）